U0128602

剑桥中国史

总主编/[英]崔瑞德 [美]费正清

THE CAMBRIDGE HISTORY OF CHINA

VOL.6：ALIEN REGIMES AND BORDER STATES

剑桥中国辽西夏金元史

907—1368年

[德]傅海波 [英]崔瑞德/编

史卫民 马晓光 刘 晓 吴玉贵
定宜庄 陈 煜 何 峻 王湘云 译

陈高华 史卫民 马晓光 石 晓 校订

中国社会科学出版社

图字:01—1999—1497 号

图书在版编目(CIP)数据

剑桥中国辽西夏金元史.907—1368 /[德] 傅海波,[英] 崔瑞德编;史卫民等译.—北京:中国社会科学出版社,1998.8 (2020.11重印)

书名原文:The Cambridge History of China Vol. 6: Alien Regimes and Border States,907—1368

ISBN 7-5004-2211-3

Ⅰ.剑… Ⅱ.①傅…②崔…③史… Ⅲ.①中国—古代史—辽金时代至元代 Ⅳ.K246

中国版本图书馆 CIP 数据核字(2005)第 142312 号

出 版 人 赵剑英
策划编辑 郭沂纹
责任编辑 张小颐
责任校对 王应来
责任印制 戴 宽

出 版 中国社会科学出版社
社 址 北京鼓楼西大街甲 158 号
邮 编 100720
网 址 http://www.csspw.cn
发 行 部 010-84083685
门 市 部 010-84029450
经 销 新华书店及其他书店

印刷装订 环球东方(北京)印务有限公司
版 次 1998 年 8 月第 1 版
印 次 2020 年 11 月第 20 次印刷

开 本 650×960 1/16
印 张 53.75
插 页 2
字 数 775 千字
定 价 86.00 元(精装)

凡购买中国社会科学出版社图书,如有质量问题请与本社营销中心联系调换
电话:010-84083683

版权所有 侵权必究

The Cambridge History of China

Volume 6

Alien Regimes and Border States

907—1368

edited by Herbert Franke and Denis Twitchett

© Cambridge University Press **1994**

Cambridge

New York • Victoria

根据剑桥大学出版社 **1994** 年版译出

目　录

第二章　西夏

肯永学院　邓如萍

第三章 金朝

傅海波

第四章 蒙古帝国的兴起及其在中国北部的统治

特伦顿州立学院 托马斯·爱尔森

第五章　忽必烈汗的统治

哥伦比亚大学纽约市立学院　莫里斯·罗沙比

第六章　元中期政治

新加坡大学　萧启庆

第七章　顺帝与元朝统治在中国的结束

堪萨斯大学　窦德士

第八章　元代政府与社会

哈佛大学　伊丽莎白·恩迪科特—韦斯特

第九章　蒙古统治下的中国社会，1215—1368 年

普林斯顿大学名誉教授　牟复礼

地图、表、图表目录

中译本前言

本书是《剑桥中国史》的第六卷，英文原名是 Alien Regimes and Border States，直译为《异族王朝和边疆国家》，于 1994 年由剑桥大学出版社出版。按照中国社会科学出版社翻译《剑桥中国史》的通例和本书涉及的内容，我们将本卷中译本的书名译为《剑桥中国辽西夏金元史》。

本卷分为九章，辽、西夏、金朝的历史各设一章；其他六章专述元朝的历史，另有导言和书目介绍分置前后，全书原文共计 864 页。

《剑桥中国史》规模宏大，集中了西方研究中国史的许多学者的力量，本卷也不例外。导言的作者是本卷的两位主编，慕尼黑大学名誉教授傅海波和普林斯顿大学名誉教授崔瑞德。前者是著名的辽、金、元史研究专家，著述颇丰，尤长于金史研究，在本卷中还担任第三章金朝历史的写作；后者则多年来从事中国古代史的研究，亦是《剑桥中国史》秦汉、隋唐、明代等卷的主编，在本卷中还与克劳斯-彼得·蒂兹合写了第一章辽朝的历史。第二章西夏史的作者是肯永学院教授邓如萍，她已发表过一些有关西夏历史的论著。特伦顿州立学院教授托马斯·爱尔森主要研究早期蒙古中国的历史，故撰写本卷的第四章。第五章的作者哥伦比亚大学纽约市立学院教授莫里斯·罗沙比，著有《忽必烈汗：他的生活和时代》等著作，所以专写忽必烈一朝的历史。第六章的作者萧启庆原为新加坡大学教授，现为台湾清华大学历史研究所教授，著有《元代的军事制度》、《元代史新探》、《蒙元史新研》等著作，此次担任元中期历史的写作，驾轻就熟。堪萨斯大学教授窦德士，主要研究元明思想史和政治史，著有《征服者与儒士》、《儒学与独裁统治》等著作，在本卷中撰写第七章元后期的历史。第八章作者是原在哈佛大学任教、现在米德尔斯伯里学院任教的伊丽莎白·恩迪科特-韦斯特教授，她著有《蒙古在中国的统治：元代的地方行政管理》等著作，所以专述与元代政府和行政管理的有关问题。普林斯顿大学名誉教授牟复礼研究中国史多年，在本卷中写作第九章，专门讨论元朝统治下的社会问题。如本卷原书序言所说，牟复礼还通读了本卷全稿并提出了修改意见。

应该承认，本卷是《剑桥中国史》中难度较大的一卷，因为它所叙述的辽、西夏、金、元四个王朝，都是中国历史上少数民族建立的王朝，在研究这些王朝的历史时，既要面临许多语言、文字问题，还要深入研究民族关系和国家关系的发展变化、多元文化的构成及其相互影响、社会风俗的变化等一系列问题。本卷的编著者对这些问题作了许多值得重视的探讨。

多元文化的构成及其相互影响，是 10—14 世纪中国历史的显著特征，也是本卷各章的作者反复强调和深入探讨的问题，由此构成了本书的一大特点。他们不仅较详细地论述了在中原文化影响下各王朝统治制度的变化，讨论了各族统治者和统治精英对儒学和汉文化的态度；还重点揭示了契丹人、党项人、女真人和蒙古人的文化在各王朝历史中所起的作用，各种文化的走向，以及这些文化对中国社会乃至中国文化的影响。此外，来自中亚和欧洲的文化因素，也受到了重视。文化史的研究，尤其是不同文化的比较研究，近年来颇受我国学者的注意，本书在不少方面可资借鉴。

10—14 世纪中国境内各个政权之间的关系，在本卷中被视为国际关系，宋、辽、西夏、金、元乃至吐蕃、大理之间的通使、通贡和结盟等，均被视为外交关系。众所周知，中国自古以来就是一个统一的多民族国家，10—14 世纪宋、辽、金、西夏、元及吐蕃、大理之间的关系，是国内各政权、各民族之间的关系，它们与日本、高丽、东南亚诸国乃至中亚、西亚、欧洲各国的关系，才属于对外关系。事实上，《剑桥中国史》的其他各卷，也采取了同样的处理方法，对此我们是难以同意的。

民族的发展当然是本卷不可能回避的问题，对契丹、党项、女真和蒙古的来源与发展，作者都有专门的叙述，但是又不囿于各族族源和具体构成的繁琐考证，应该说，这是本书值得注意的一个特点。在族源问题上学术界还有不同的看法，理清主要线索，指出不同的学术观点，给予读者以清晰的印象，是难能可贵的。

本卷注意人物特征和人物间的关系。对于重要人物，如耶律阿保机、嵬名元昊、阿骨打、成吉思汗、忽必烈等，不但叙述其本人的出身和经历，还很注意他们的文化背景，并能认真分析促使其作出重大决策的各种因素。本卷各章经常使用“精英”一词，用来指帮助最高统治者建国或进行统治的群体。对精英的民族构成、文化背景、社会地位、政治倾向等的分析，在各章中都占有一定的比重。这样的叙述，不但使政治史的脉络清晰，而且容易解释各次政治斗争的前因后果。在这方面最突出的，是萧启庆教授撰写的第六章。

对于这一时期的社会和经济问题，本卷在辽、西夏、金三章都辟专节加以讨论。尽管第四章至七章所述元朝历史中都涉及了经济和社会问题，本卷还是专设了两章讨论元代的社会问题和经济问题。人口问题也引起了高度重视，尽管资料有限，作者还是尽可能地对10—14世纪人口的发展作出了估计。这方面的论述不乏精彩之处，当然，还大有可以探讨的余地。

与《剑桥中国史》其他卷相同，作者很注意收集以往的研究成果，并且在“书目介绍”中，分别介绍了所写章节的主要史料来源和主要研究成果。“书目介绍”和所附“书目”，对中国读者了解国内外的研究情况，会有很大的帮助。需要说明的是，本卷各章成稿的时间差距较大，只有少数作者吸收了20世纪90年代初的成果，大多数作者使用的是较早的研究成果。特别应该指出的是，近十余年来我国辽、西夏、金、元史研究有很大进步，研究成果很多，但是在本卷中没有得到足够的反映，这不能不说是一个很大的遗憾。

尽管本卷主编在导言中专门谈到了语言问题，特别指出应该注意各种文字资料的使用，但是本卷所用的少数民族语言文字的资料并不充分，尤其是西夏史部分，对西夏文资料的应用显然较少；辽、金时期的历史，亦有类似的问题。做的比较好的是蒙古国和元朝的历史，作者注意到了从波斯文、阿拉伯文、藏文文献及欧洲文献中寻找相关资料。国内考古学家近年来对辽、西夏、金、元时期的重要文化遗址进行了系统的发掘，发现了许多极有价值的文物。本卷编著者曾多次提到了考古和文物资料的重要性，但是在正文叙述中，使用考古和文物资料明显薄弱，对社会生活和科技等方面，本卷的重视显然不够，几乎没有专门的论述，这可以说是一个缺憾。

在翻译过程中，为了便于读者阅读，我们作了以下技术处理：

（一）书目重排

原书书目按作者英文名字排序，为便于中国读者阅读和检索，我们将所有西文和日文书目仍按原书排序，保留原文，附以汉文译名。中文书目则从原书书目中摘出，分编为两部分，第一部分为古籍和史料，按成书时间先后排列；第二部分为近人研究著述，按著者姓氏笔画排列。各书目录给以统一编号。

（二）注释化简

原书注释所引书目，大多注明了著作出版机构、时间、地点和论文所载刊物等。为减少重复翻译，我们在注释所引书目前均加上该书目的编号，保留作者、篇名、卷号和页码等，删去了著作出版的机构、时间、地点和论文所载刊物。根据所加书目编号，读者可以从书目中查到这些内容。书目介绍的注释，则保留著作出版的时间和地点。

（三）对原书明显错误之处的处理

本卷有一些明显的错误。有的可能是印刷错误，如年代错误、数字错误和所引书的卷数、页码错误等；有的则是史实理解错误。对这些明显的错误，在翻译中，我们都进行了处理。原书中明显的印刷错误，尤其是数字印刷错误，经反复核对后，由译者直接改正，不另加译者注。对翻译过程中发现的明显史实错误，仍按原文译出，附译者注加以说明。

（四）译名

本卷作者大量使用 China 和 Chinese，这是西方学者的习惯用法，有时指中国和中国人，更多则指中原或专指汉人、汉族，所以必须在翻译中加以仔细斟酌，选择合适的译法。本卷作者用“满洲”指今天的东北地区，“蒙古”主要指现在蒙古国的地区，即中国古代常说的“漠北地区”，在翻译中一般改为东北地区和漠北。本卷作者习惯使用“夏国”或“夏”的称呼，为避免引起歧义，一律译为“西夏”。元朝皇帝在本卷中均称为××汗，译文完全照译。其他译名，采用《剑桥中国史》中文译本的通例。

本书的翻译，是从 1996 年 1 月开始的，翻译的分工如下：

第六卷序言、图表：史卫民

导言：马晓光

第一章：刘晓、史卫民

第二章：吴玉贵

第三章：定宜庄

第四章：刘晓、陈煜

第五章：何峻

第六章：史卫民

第七章：王湘云

第八章：王湘云

第九章：王湘云

参考文献介绍：史卫民

参考书目：陈高华、史卫民、马晓光

审校：陈高华、史卫民、马晓光、石晓

地图：马晓光、史卫民

制图：朱力雅

我们应该特别感谢萧启庆教授，他不仅帮助我们解决了书目中的许多翻译疑难问题，还审改了第六章的译稿。陈学霖、陶晋生、陈得芝、杨讷、刘迎胜、耿昇、史金波、白滨、黄振华、李玠奭、堤一昭等先生亦帮助我们订正了大量的书目译名，在此表示衷心的感谢。

《剑桥中国辽西夏金元史》，因为涉及的内容复杂，并包含了各种文字的史料和研究成果，可以说是已经出版的《剑桥中国史》各卷中翻译难度最大的一本。我们虽然得到了许多国内外学者的帮助，但还是有一些问题无法解决，留下了少数疑点，并且很可能出现不少翻译错误，希望批评指正。《剑桥中国辽西夏金元史》是反映 20 世纪 90 年代以前西方学者研究水平的集大成之作。我们希望该书中文译本的出版，有助于国内学术界的研究工作。

总编辑序

当十多年前开始计划编写《剑桥中国史》时，本来的打算当然是从中国历史的最早时期写起。但是，在我们着手写这部丛书的几年时间中，我们不论对中国史前史的知识，或是对公元前第一个千年的大部分时期的知识，都因大量的考古发现而发生了变化；这些发现始于20世纪20年代，而自70年代以来汇集成越来越大的势头。这一大批新材料一再改变了我们对早期史的看法，而且至今还没有对这些新的证据和传统的文字记载作出任何普遍公认的综合。尽管屡次作出努力，试图计划并写出能够总结我们的早期中国知识现状的一卷或几卷著作，但事实证明现在尚不能做到这一点。很可能还需要十年工夫，才能对所有的新发现进行可能有一定持久价值的综合。因此，出于无奈，我们在编写《剑桥中国史》时就从秦汉这两个最早的帝国政体的建立开始。我们知道，这样就要对前此一千多年有文字记载的前期在另外的时间另作论述。我们同样知道，公元前第一个千年的事件和发展为我们即将阐述的中国社会及其思想和制度奠定了基础。秦汉两朝的各种制度、文学和艺术、社会形态及其思想和信仰都牢牢地扎根于过去，如果没有这段更早历史方面的某些知识，就无法了解它们。随着现代世界的各个方面变得越来越息息相关，历史地了解它变得比以往更加必要，而历史学家的任务也变得比以往更加复杂。即使在史料增多和知识更加充实时，实际和理论仍是互相影响的。单单概括已经知道的内容就已成了一项令人望而生畏的任务，何况知识的实际基础对历史思考来说是越来越必不可少的。

在英语世界中，剑桥历史丛书自20世纪起已为多卷本的历史著作树立了样板，即各章均由专家在每卷编者的主持下写成。由阿克顿爵士规划的《剑桥近代史》共十六卷，于 1902 年至 1912 年期间问世。以后又陆续出版了《剑桥古代史》、《剑桥中世纪史》《剑桥英国文学史》以及关于印度、波兰和英帝国的剑桥史。原来的《近代史》已被十二卷的《新编剑桥近代史》代替，而《剑桥欧洲经济史》的编写也正接近尾声。近期在编写中的其他剑桥历史丛书包括伊斯兰教史、阿拉伯文学史、伊朗史、犹太教史、非洲史、日本史和拉丁美洲史。

就中国史而言，西方的历史学家面临着一个特殊问题。中国的文明史比任何单个西方国家的文明史更为广泛和复杂，只是比整个欧洲文明史涉及的范围稍小而已。中国的历史记载浩如烟海，详尽而广泛，中国历史方面的学术许多世纪以来一直是高度发展和成熟的。但直到最近几十年为止，西方的中国研究虽然有欧洲中国学家进行了重要的开创性劳动，但其进展几乎没有超过翻译少数古代史籍和主要的王朝及其制度史史纲的程度。

近来，西方学者已经更加充分地利用了中国和日本的具有悠久传统的历史学术成果，这就大大地增进了我们对过去事件和制度的明细的认识，以及对传统历史编纂学的批判性的了解。此外，这一代西方的中国史学者在继续依靠欧洲、日本和中国正在迅速发展的中国学研究的扎实基础的同时，还能利用近代西方历史学术的新观点、新技术以及社会科学近期的发展成果。而在对许多旧观念提出疑问的情况下，近期的历史事件又使新问题突出出来。在这些众多方面的影响下，西方关于中国研究的革命性变革的势头正在不断加强。

当 1966 年开始编写《剑桥中国史》时，目的就是为西方的历史读者提供一部有内容的基础性的中国史著作：即按当时的知识状况写一部六卷本的著作。从那时起，新研究成果的大量涌现、新方法的应用和学术向新领域的扩大，已经进一步推动了中国史的研究。这发展反映在：《剑桥中国史》现在已经计划出十五卷，但仍将舍弃诸如艺术史和文学史等题目、经济学和工艺学的许多方面的内容，以及地方史的全部宝贵材料。

近几十年来，我们对中国过去的了解所取得的惊人进展将会继续和加快。进行这一巨大而复杂的课题的西方历史学家所作的努力证明是得当的，因为他们本国的人民需要对中国有一个更广更深的了解。中国的历史属于全世界，不仅它有此权利和必要，而且它是引人入胜的一门学科。

费正清
崔瑞德

第六卷序

《剑桥中国史》第六卷译名的翻译说明于下：

中文译名依然采用威妥玛—翟理斯拼写法（Wade-Gilis Sys-tem），在现有拼写法中，这是英语写作中最常使用的翻译中文文献译名的拼法。有一些例外情况，将在下面加以说明。

日文译名依然采用赫伯恩拼写法（Hepburn System）。

蒙古文译名采用田清波创制的拼写法，见《鄂尔多斯字典》，卷 3，《古代蒙古书面语词汇索引》（北平，1944 年）。稍有变化的是将田清波拼法中的 q 改为 kh，r 改为 gh，č 改为 ch，š 改为 sh，ǰ改为 j。

藏文译名采用萨拉特·钱达·达斯《藏英大词典》（加尔各答，1902 年）的拼写法。

波斯文译名采用国会图书馆的拼写法（thev Library of Congress System）。

突厥文译名采用 V. M. 纳德里耶夫《古突厥语词典》（列宁格勒，1969 年）中的拼写法，但有以下改变：r 改为 gh，č 改为 ch，š 改为 sh。

汉文和日文人名按本身的习惯，姓在名前。中国和日本学者用西方文字发表的论著，署名按照发表时的形式，有时名放在姓的前面（如陈学霖，作 Hok-lam Chan），拼写法亦可能不用威妥玛—翟理斯拼写法。

汉文地名依然采用威妥玛—翟理斯拼写法，除了一些英文文献中惯用的尽管拼写并不标准的地名。地名表可参见施坚雅《现代中国社会：参考书目》（斯坦福大学出版社，1973 年），第 1 卷，导言，第

12页。现代地名不用连字符（如 Hopei 即今天的河北省），古代地名用连字符（如金代的河北西路写作 Ho-Pei，Hsi-lu）。

地图主要依据谭其骧主编的中国的标准历史地图《中国历史地图集》（上海，中华地图学社，1974—1976年版；北京，地图出版社，1980—1981年版），第六册，宋、辽、西夏、金；第七册，元。地图23和37采自《远东古代博物馆通讯》，第59期（1987年），第214、215页。

汉文官名一般采用贺凯的《中国职官辞典》（斯坦福大学出版社，1985年）的译法。但是，该辞典不能完全解决本卷涉及时代的所有问题。本卷所述各王朝官名的用法经常改变，读者应该记住，被宋、辽、西夏、金和元经常使用的同一个官名，常有完全不同的职能，所以有时需要不同的英文翻译。

本卷叙事中，皇帝在位时用他们的庙号，即位前用他们的原名。表1—4列举了各朝皇帝的各种年号。

年代采用标准的中国纪年，而不是西方纪年。读者应该知道，中国纪年能够正常地与西方纪年相对，但是并不完全吻合。这样，如澶渊之盟，就被按中国纪年系于1004年，尽管签约的时间实际是在1005年1月24日。

鸣　谢

由于在叙事中要涉及各种语言和文化，本卷的编者们面临复杂的时代及其史料提出的重重问题。我们在此对所有帮助我们解决问题的国际学术组织的成员们表示感谢，感谢他们的大力支持。我们要特别感谢牟复礼教授的支持，他仔细阅读并评审了本卷的全文；还要特别感谢詹姆斯·盖斯博士，他在十年中处理了本卷和《剑桥中国史》其他卷的琐碎学术事务。我们还要感谢伊丽莎白·恩迪科特-韦斯特教授，她不仅撰写了本卷中的一章，还帮助编者们审定了蒙古语、突厥语、藏语和波斯语词汇的用法；亦要感谢金淑文（Soo-won Kim）女士，她帮助我们解决了朝鲜语的问题。

编写本卷用了多年时间，在国家人文科学基金和普林斯顿大学的慷慨支持下，本卷才得以出版。

崔瑞德
傅海波

图表 1

阿保机的先世与耶律氏部族结构

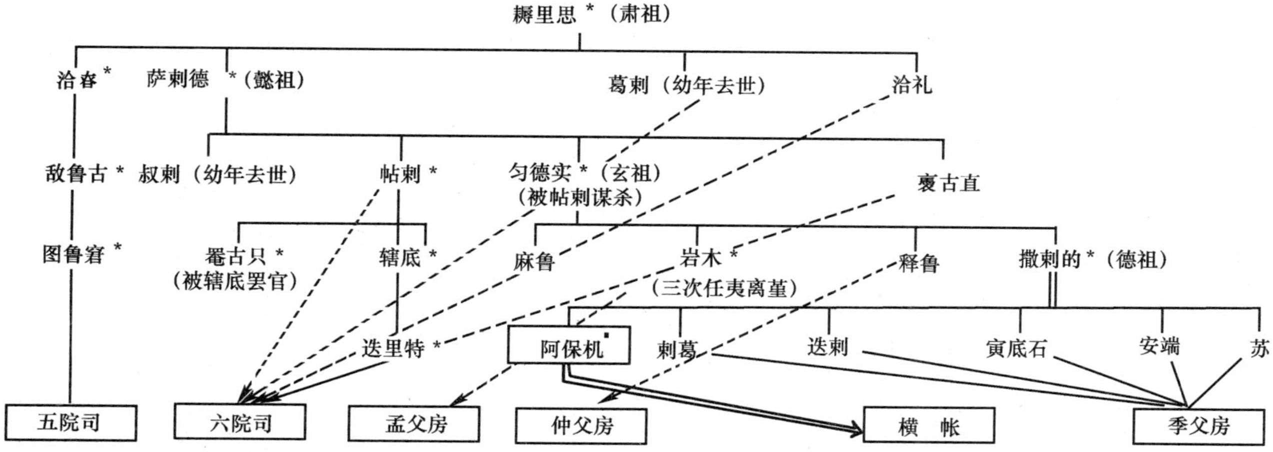

注：带 * 记号者曾任夷离堇。如表所示，有人任此职不止一次。

标明庙号的是阿保机的直系祖先。

无法标明年代，耨里想是安禄山起兵(755 年)时的人。

图表 2

辽世系表

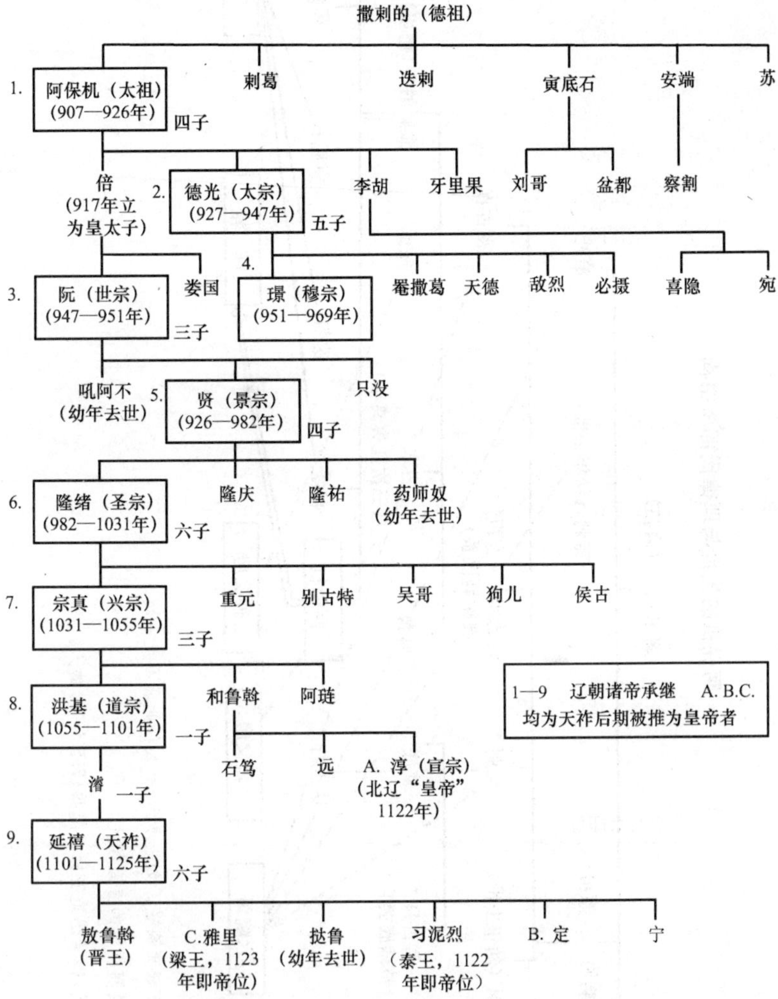

注：天祚帝的子嗣记载颇异，本表所列六子见《辽史》卷 64《皇子表》第 994—997 页。

表 1　　辽朝皇帝及其年号①

太祖（907—926 年在位）②		
	神册③	916 年
	天赞	922—926 年
太宗（927—947 年在位）	天赞	926—938 年
	会同	938—947 年
	大同	947 年④
世宗（947—951 年在位）	天禄	947—951 年
穆宗（951—969 年在位）	应历	951—969 年
景宗（969—982 年在位）	保宁	969—979 年
圣宗（982—1031 年在位）	乾亨	979—983 年
	统和	983—1012 年
	开泰	1012—1021 年
	太平	1021—1031 年
兴宗（1031—1055 年在位）	景福	1031—1032 年
	重熙	1032—1055 年
道宗（1055—1101 年在位）	清宁	1055—1065 年
	咸雍	1065—1075 年
	太康⑤	1075—1085 年
	大安	1085—1095 年
	寿隆⑥	1095—1101 年
天祚（1101—1125 年在位）	乾统	1101—1111 年
	天庆	1111—1121 年
	保大	1121—1125 年
显宗（1122 年在南京即位）	建福	1122 年

① 本表所列年号出自《辽史》，卷 1—30。《契丹国志》所记略有不同。见［327］慕阿德：《中国的统治者》，第 91—93 页、第 97 页的表格。

② 在《辽史》中，太祖即位有 907 年和 916 年两次。可能 907 年是他成为契丹最高领袖的年代，916 年是他成为中国式的契丹国的统治者的年代。

③《契丹国志》记太祖即位和建国的时间为 916 年。在此年之前，《辽史》只用年数。神册和天赞年号是否存在还有疑问，它们可能是后来为追溯 916 年以前独立的契丹国的纪年而追加的年号。《契丹国志》记天赞年号为 927—937 年。

④《契丹国志》无大同年号，天禄年号为 948—951 年。

⑤《契丹国志》无太康和大安年号。

⑥《契丹国志》作寿昌。

图表 3 **西夏统治者世系表**

（引自吴天墀《西夏史稿》第 292 页）

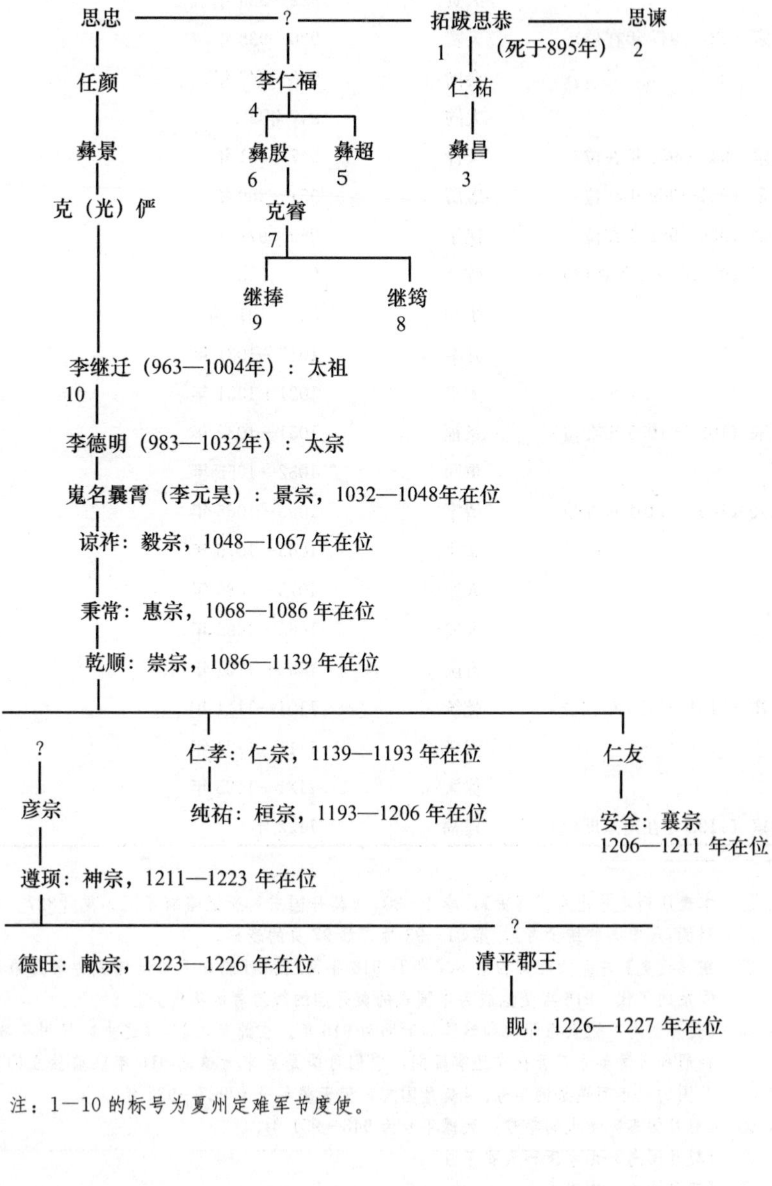

注：1—10 的标号为夏州定难军节度使。

表 2　西夏皇帝及其年号

景宗（1032—1048 年在位）	显道（1032 年）
	广运（1035 年，先为开运）
	大庆（1036—1038 年）
	天授礼法延祚（1038—1048 年）
毅宗（1048—1067 年在位）	延嗣宁国（1049 年）
	天祐垂圣（1050—1052 年）
	福圣承道（1053—1056 年）
	䄅都（1057—1062 年）
	拱化（1063—1067 年）
惠宗（1068—1086 年在位）	乾道（1068—1069 年）
	天赐礼盛国庆（1069—？1074 年）
	大安（1074—1084 年？）
	天安礼定（？1085—1086 年）
崇宗（1086—1139 年在位）	天仪治平（？1086—1089 年）
	天祐民安（1090—1097 年）
	永安（1098—1100 年）
	贞观（1101—1113 年）
	雍宁（1114—1118 年）
	元德（1119—1126 年）
	正德（1127—1134 年）
	大德（1135—1139 年）
仁宗（1139—1193 年在位）	大庆（1140—1143 年）
	人庆（1144—1148 年）
	天盛（1149—？1169 年）
	乾祐（1170—1193 年）
桓宗（1193—1206 年在位）	天庆（1194—1206 年）
襄宗（1206—1211 年在位）	应天（1206—1209 年）
	皇建（1210—1211 年）
神宗（1211—1223 年在位）	光定（1211—1223 年）
献宗（1223—1226 年在位）	乾定（1223—1226 年）
睍（1226—1227 年在位）	？宝义（1226—1227 年）

图表 4　　早期女真统治者世系表

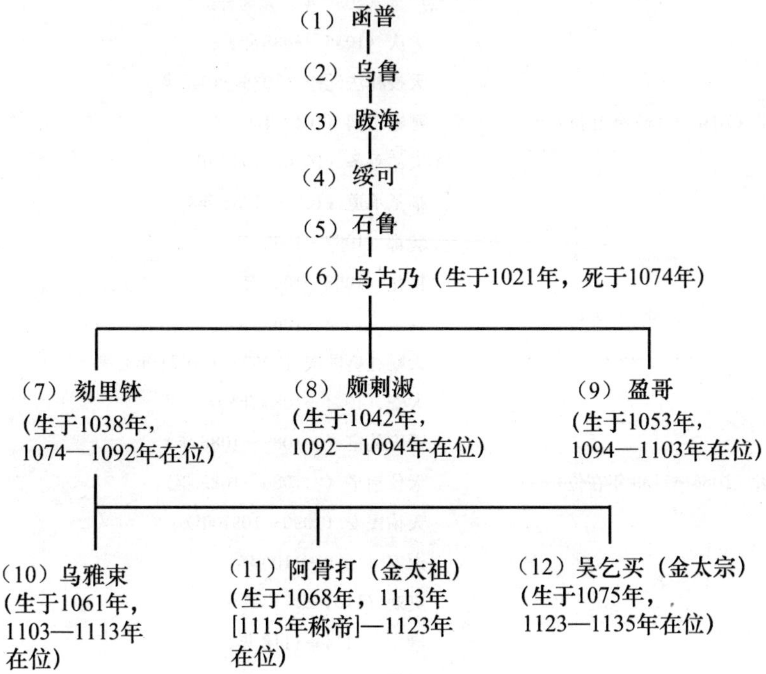

注：早期女真统治者的名字在汉文史料中时有不同写法。本表本于《金史》。1135—1136 年，完颜部的所有前统治者都被谥以庙号。

图表 5　　金朝皇帝世系表

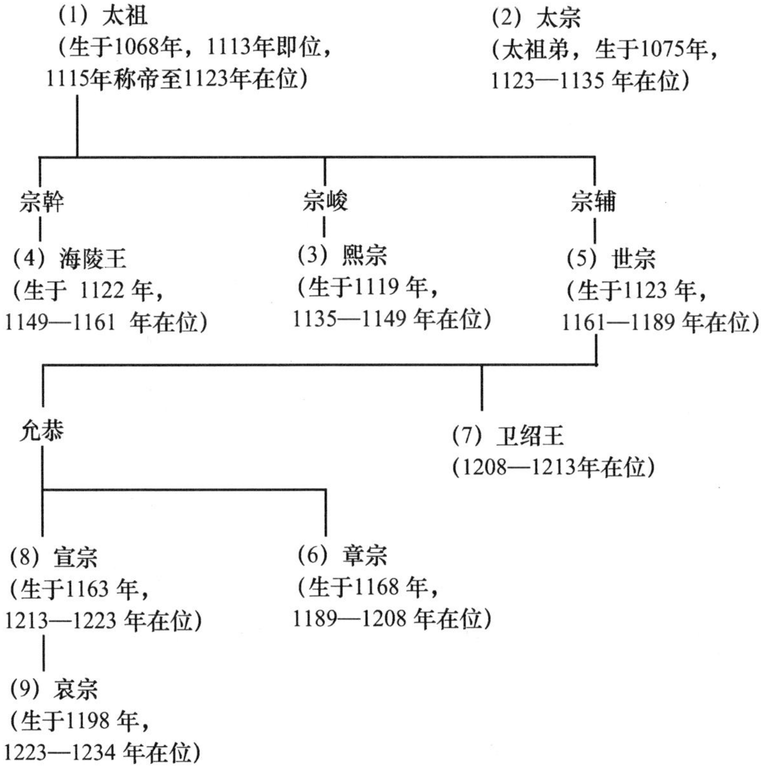

注：本表只列出了金朝皇帝的父系关系。完颜部各支系的世系，见外山军治《金朝史研究》（京都，1974 年）卷末附表。

表 3　　金朝皇帝及其年号

太祖	收国	1115—1117 年
	天辅	1117—1123 年
太宗	天会	1123—1138 年
熙宗	天眷	1138—1141 年
	皇统	1141—1150 年
海陵王	天德	1150—1153 年
	贞元	1153—1156 年
	正隆	1156—1161 年
世宗	大定	1161—1190 年
章宗	明昌	1190—1196 年
	承安	1196—1201 年
	泰和	1201—1209 年
卫绍王	大安	1209—1212 年
	崇庆	1212—1213 年
	至宁	1213 年
宣宗	贞祐	1213—1217 年
	兴定	1217—1222 年
	元光	1222—1224 年
哀宗	正大	1224—1232 年
	开兴	1232 年
	天兴	1232—1234 年
末帝		1234 年

图表 6　蒙古统治者世系表

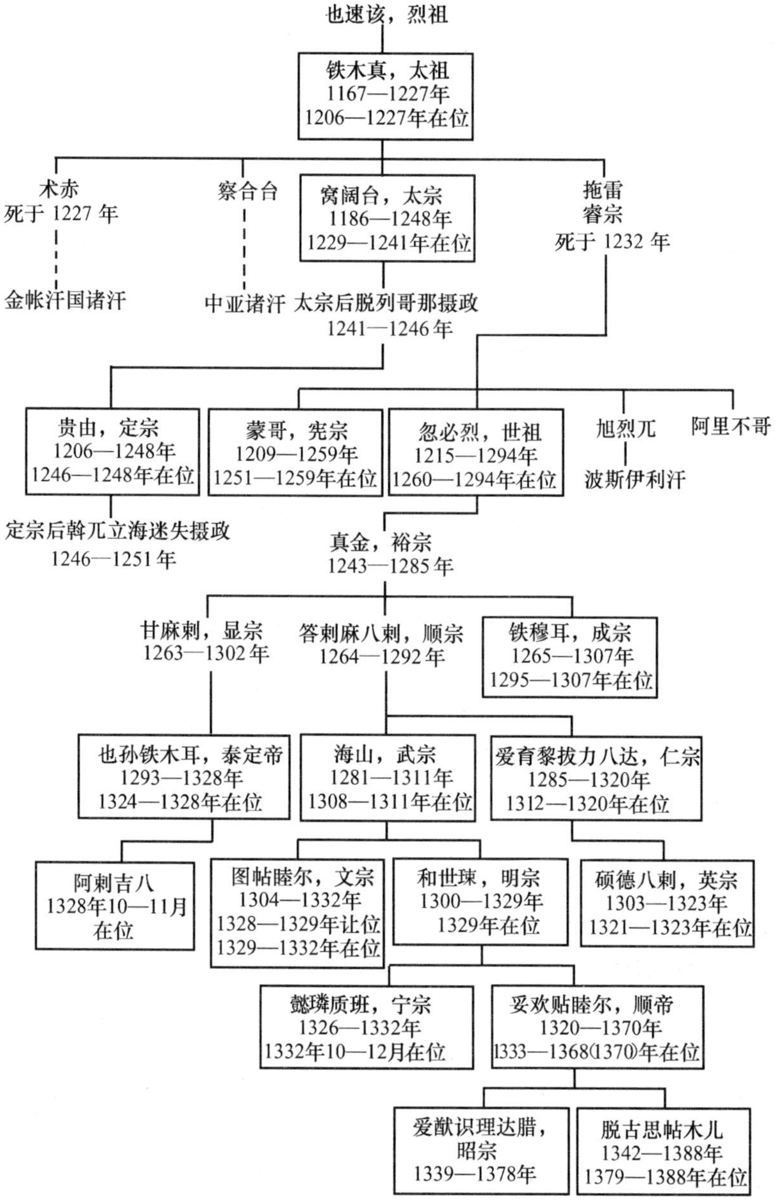

表 4　　蒙古统治者名号

蒙古名字	年号	蒙古庙号	汉文庙号
铁木真	（1206—1227 年）	成吉思汗	太祖
窝阔台	（1229—1241 年）		太宗
贵由	（1246—1248 年）		定宗
蒙哥	（1251—1259 年）		宪宗
忽必烈	中统（1260—1263 年）	薛禅汗	世祖
	至元（1264—1294 年）		
铁穆耳	元贞（1295—1296 年）	完泽笃汗	成宗
	大德（1297—1307 年）		
海山	至大（1308—1311 年）	曲律汗	武宗
爱育黎拔力八达	皇庆（1312—1313 年）	普颜笃汗	仁宗
	延祐（1314—1320 年）		
硕德八剌	至治（1321—1323 年）	格坚汗	英宗
也孙铁木耳	泰定（1324—1327 年）	泰定皇帝	
	致和（1328 年）		
阿剌吉八	天顺（1328 年）		
图帖睦尔	天历（1328—1329 年）	札牙笃汗	文宗
（1329 年让位）			
和世㻋	（1329 年）	忽都笃汗	明宗
图帖睦尔	至顺（1330—1332 年）		
（1329 年复位）			
懿璘质班	（1332 年）		宁宗
妥欢贴睦尔	元统（1333—1334 年）	乌哈噶图汗	顺帝
	至元（1335—1340 年）		惠宗
	至正（1341—1368 年）		
爱猷识理达腊	宣光（1371—1378 年）	必里克图汗	昭宗
脱古思帖木儿	天元（1379—1388 年）	乌萨哈尔汗	

表 5　都　城

都城	时间	今地	页码①
辽			
上京	918—1120 年	内蒙古自治区波罗城	124
南京	929—938 年	辽宁省辽阳	
	938—1122 年	北京	126
东京	938—1118 年	辽宁省辽阳	
中京	1006—1121 年	河北省宁城	127
西京	1044—1122 年	山西省大同	
西夏			
兴中府	12 世纪初期改名	宁夏回族自治区银川	
中兴府	改名时间不详	宁夏回族自治区银川	
金			
上京	11 世纪前—1115 年	黑龙江省阿城	128—129
	1119—1138 年	临潢（内蒙古自治区巴林左旗）	
	1138—1153 年	阿城	
	1173—1215 年	阿城	
北京	1138—1150 年	临潢（内蒙古自治区巴林左旗）	
	1153—1215 年	河北省宁城	
中都	1120—1153 年	河北省宁城	
	1153—1215 年	北京	
	1215—1233 年	河南省洛阳	
南京	1122—1153 年	北京	
	1153—1232 年	河南省开封	
	1132—1153 年?	辽宁省辽阳	
东京	1117—1132 年	辽宁省辽阳	
	1153—1212 年	辽宁省辽阳	
西京	1122—1212 年	山西省大同	
元			
哈剌和林		蒙古人民共和国	149
开平	1256—1264 年	内蒙古自治区多伦诺尔	151—152
上京	1264—1370 年	内蒙古自治区多伦诺尔	
大都	1267—136? 年	北京	157—158

① 表中所标为［475］斯坦哈特《中国的帝都规划》论及该都城的页码。

导　言

构成本卷论题的四个政权，通常受到传统的中国历史学家的消极对待，它们都被视为中国历史大转弯处的阻碍。每一个政权都由一个非汉族人的统治集团所建立，在保持自身文化特性的同时，它们都统治过一个包括众多汉族人在内的多民族的国家，并且控制了曾由汉族人长期统治的广大地区。这每一个政权，都向中国文化的整体性、根深蒂固的中国文化至上观及其国际秩序观提出了挑战。

然而，这些政权显然都取得了成功。契丹人的辽朝比汉、唐以外任何一个先前的中国王朝存在的时间都长。907 年唐朝覆亡后的一个多世纪内，位于今陕西北部和甘肃境内的党项人牢牢地掌握住了他们在晚唐时获得的地区性权力，并进而建立了自己的西夏帝国，它作为一个独立的国家存在了两个多世纪。在契丹政权崩溃两个多世纪以后，蒙古人的元朝官方史学家勉强承认了辽的正统王朝地位，但却否认西夏具有这种资格；而在我们看来，它几乎同样具有这种资格。这两个政权都是长期存在的稳固的政权，坚定地植根于部分由汉人栖息达千年之久的地区内，都面对着一个敌对的汉人政权宋王朝而长存；后者在人口数量上以 20 比 1 超过它们，其经济资源更是占有压倒的优势。这两个国家都通过战争而使宋停战，迫使宋承认了它们的存在以及作为独立政权的平等地位，并以和平为条件获取了大量财物。

女真人的金王朝取得了更大的成功，它在一个一向作为中国人世界的遥远边疆的地方出现，先是征服了辽，接着用强力控制了宋的整个中国北方地区。契丹人和党项人所建立的不过是一个包括汉人在内的多种族的边疆政权，尽管汉人可能占人口的多数并肯定是国家大量财富的生产者，但他们并不占有人数上的绝对优势；而金帝国却拥有急剧膨胀的 3000 万至 4000 万的汉族人口。与契丹人和党项人相比，女真人政权极有必要去适应传统的政权方式。它也是一个更货真价实地声称是宋的势均力敌的对手的国家——另一个中国。

蒙古人的元朝同前几个王朝完全不同。说到辽，它在中国的版图，至少在其初期，不过是一个其政治中心始终位于它家乡草原的政权所进行的近于附带性扩张的产物。女真人保持了他们在东北地区的部落领地，但很快他们实质上就变成了一个连其首都也建在中国的中国王朝。蒙古人推翻了西夏和金，占据了中国北方，而这不过是他们那意图征服世界的军事力量所进行的急速扩张的一部分，这一意图导致他们控制了从匈牙利和波兰边境直到日本海的欧亚大陆。蒙古人关于“天下”的概念，远远超过了汉、唐、宋以及任何其他中国政权所能梦想到的范围。一时间，中国不过成了一个大得多的政治秩序中的一部分。到忽必烈征服南宋并把这整个国家置于蒙古人的统治之下时，蒙古人的帝国也随之破裂成若干相互对立的汗国，但是中国——此时是整个中国，其人口超过 1 亿——仍然仅是一个更大的帝国的一部分。与前几个政权不同的是，当中国的元政权崩溃时，蒙古人仅仅是撤回到了他们草原上的家乡，在几个世纪内依然是一股较强的力量。

这些政权的每一个都有它自己成功的方式，这些占支配地位的民族的每一个也都在展示适应性的同时保持了自己的特性。他们在几个世纪内控制了中国北方的广大地区。举例来说，北京一带就被他们牢牢地掌握了达四个多世纪；而甘肃的西部地区，则是在外族人统治了六个世纪之后，才在明朝第一个皇帝时由汉人恢复了控制。此外，整个中国北方也被非汉人统治了两个多世纪。

尽管中国落入外族人之手的部分在不断扩大，还是可以从一个不同的角度来看看这些政权，把它们视为一个更为漫长的反向进程的一部分。在这一进程中，中国式的官僚统治方式成了东亚的政治规范，被那些汉人控制范围以外的政权和那些传统上非中国地区的政权所采纳与适应。这一发展可以追溯到高句丽，追溯到新罗和百济的高丽王朝，追溯到7世纪以后统一的新罗以及7—8世纪的日本。作为一个稳固的东北国家的辽，是直接承自于辽东的渤海（719—926年）的；在契丹人国家的建立过程中，对渤海的征服可能是比在937年获得中原的十六州更为重要的步骤。渤海是一个独立的国家，它有五京，有一个构造精巧的汉式的官僚政府，有一批精通书面汉语的精英，有一种在唐帝国的边疆出现并繁荣了两个世纪的发达的文化。① 一个多少与此类似的南诏政权自8世纪初建立，它占据了现今的云南。② 这两个具有强烈独立性的唐的"附属政权"，表现出大体一致的政治发展——非汉人对中国制度的适应——这是把邻近的人民纳入中国的制度与文化体系的重大步骤的一个方面。

这种发展可以以不同的方式出现：能提到的有西夏、高句丽，还有越南——它于10世纪初最终摆脱了中国人的统治，并以中国模式建立了一个独立的国家③——这些民族有的在中国的地方行政管辖下生活了几个世纪，当他们最终挣脱控制并建立了自己的国家时，都继续采用了熟悉的管理方式。在另一端，日本、渤海和南诏占据着从未被中国王朝有效统治过的地区，但它们的民族也熟悉中国及其制度，当它们自身形成独立国家时，也效仿熟悉的中国模式。这各种不同的适应就出现在一个正发生根本性变革的世界中。

晚唐的力量平衡

传统的中国历史编纂学在涉及异族时的问题之一，就是失之于用恒久不变的理论去硬套不断变化着的现实。古老的"五服论"观念幻想着这样一个世界：中国，更确切些说是中国的王朝，在这个世界上受命于天去统治人类，它是无可争议的权力的惟一合法的拥有者，这个权力既是政治上的，也是文化上的和道德上的。它周围的民族，都

① 关于渤海的出现，见［512］崔瑞德、费正清编：《剑桥中国隋唐史》，第440—443页。
② 关于南诏，见［23］查尔斯·巴库斯：《南诏王国与唐代中国的西南边界》。
③ 见［495］基思·W. 泰勒：《越南的诞生》。

是“番人”，他们并没有充分参与中国文化，应该在五服模式内心甘情愿地服从皇帝，做他的臣属；他们的国家应该是处于皇帝的道德权威之下而又在他的实际控制和他的文官直接管辖的范围之外的一种周边地带。这一模式无视多少个世纪以来与外部世界的交往，坚持作为世界的象征，就像中国的上流人物所想像的那样。建立在截然划分中国人与番人的想像中的世界基础上的这些看法的残渣浮沫，在本卷所论述的这个时期之后的几个世纪内，继续在侵蚀着中国与其他民族的关系的基础。

这个理论在遥远的过去或许具有某种合理性，那时中国的周边被那些文化发展水平较低、其政治组织结构松散而又不够完整的民族所环绕。但是到了唐代，这种情况最终发生了变化。在隋朝时期，中国还只有朝鲜半岛北部和东北地区东南部的高句丽这样一个邻居可以马马虎虎宣称为“国”，因为它主要为定居人口并具有稳定的制度。其他所有从云南直到河北边境的边疆民族都是部落民，他们中的很多人还过着半游牧生活，没有任何常设的大规模的政府机构，尽管在危机时期他们可以联合在一起形成一种潜在的威胁。也许更为重要的是，他们中没有哪个民族拥有书面语言，只有高句丽是例外，而它使用的也是中国的。到 750 年，这种状况被完全改变：晚唐的中国被一些稳定的国家所包围——云南的南诏，沿着四川、甘肃和今新疆的漫长边界上的极富侵略性的吐蕃王国，位于西域的大食王朝，蒙古草原上的突厥汗国及后来的回鹘汗国，东北的渤海，朝鲜半岛的新罗，还有远方的日本。所有这些国家都有一批通晓书面语的精英，有的是以汉文作为其书面语，有的则是使用自己的书写体系。

8 世纪 50 年代至 60 年代发生的事件进一步巩固了这种局面。在安禄山叛乱的灾难之后，唐朝军队放弃了他们远在新疆的西部保护国，也放弃了位于今吐鲁番、哈密和河西走廊的曾在中国正规的文官机构管辖之下的广大地区。甘肃全境被吐蕃人占领。从 8 世纪 30 年代至 50 年代，唐朝军队进入帕米尔地区，与大食的军队在拔汗那附近的怛罗斯城作战，并进攻南诏，试图征服东北的契丹人。763 年以后，唐完全处于守势，唐朝再也没有派出远征军企图征服任何一个邻国。甚至当9世纪50年代机会出现时，唐王室仍然谨慎小心地不打算收复丧失的西北各州。

8世纪末和9世纪初，一种新的稳定的国际形势逐渐形成，在此形势下，唐朝采用了外交与武力并重的方针，活跃于国际舞台上的其他成员也在盟约的基础上逐渐结成了稳定的相互关系。822年，唐朝和吐蕃在平等的基础上最终会盟，从而也加入了这种国家间的体系。中国从此不再是国际关系环绕的中心，尽管仍有使节和使团继续定期拜访长安。在西方，回鹘人、吐蕃人、南诏人和阿拉伯人相互纷争不已，从而发展了他们自己的结盟与和约网络；东北方的新罗、渤海和日本，通过把汉语作为共同语和采用从唐制中吸收的礼节，形成了另一个外交网络。这些网络都没有唐朝的直接参与。

840年时，中国的近邻中惟一不具备国家形态的是契丹人和奚人的部落民族，这些人生活在今河北的北部和辽宁的西部，他们此时尚是回鹘可汗的藩属，尽管也仍然与中国的朝廷维持着紧密和正常的关系。

840年左右，亚洲北部的稳定开始发生动摇。首先，吐蕃王国骤然崩溃，能令人满意的解释是其国内原因所致。紧跟其后，回鹘帝国也土崩瓦解，回鹘人放弃了他们的都城哈剌巴剌哈孙，把他们在漠北的家迁到了新疆东部的吐鲁番、哈密以及河西走廊。他们的藩属契丹人和奚人转而效忠唐王朝。

到这个世纪末，中央权力的崩溃像疫病那样在东亚蔓延：唐帝国被黄巢叛乱摧毁，从880年以后，这个帝国只是保留着一个名号而已。在907年唐朝正式覆亡前的很长时间内，中国实际上被众多独立的地方政权所分裂，它们互相争霸，战争频仍。907年以后，在长达半个多世纪的时间里，中国被分为十个之多的地区性国家。到9世纪的最后几年，日本的中央权力也开始坍塌；在朝鲜，新罗王国分裂成三个地区性的军阀国家；在东北地区，渤海走向衰落；远在西南的南诏也在分崩离析。五代期间中国的支离破碎与东亚各地此时的发展是齐头并进的。

与这一背景形成对照的是契丹人的辽国的出现。就像人们有时指出的那样，在唐朝的影响下建立起来的国际秩序，并非突然间被打破。那一秩序在8世纪末已然不见踪迹，它被改变成了某种全新的东西，被一种新颖的国际关系框架取而代之。但是这一框架也在后来被打破，公元10世纪时，国际形势在长达60年的时间里变幻无常，到处都在发生政权的崩溃。在这种近于无政府的混乱状态下，契丹人渐渐地、几乎是意外地成了中国北方以及草原世界上那场军阀政治争斗的参加者，主宰这场争斗是他们的首要目标。此外，这种四分五裂的状况延续了很多年。就中国本身来说，政治分裂持续了将近一个世纪，从公元880年黄巢攻陷长安起，直到979年宋军最终征服北汉。在这段时期的大部分时间里，中国被多达九个或十个地区性国家所割裂；在960年以前，北方一直被一系列不稳固的、短命的军事政权所统治。正是在这一时期，军事力量决定着政治状态，并继续成为宋初几十年间的一个主要因素。

10世纪初不仅是中国北方军事首领居于支配地位的时期，还是有很多地方军阀为非汉人军事首领——尤其是沙陀突厥人——的时期。李克用在这批人中最为强大，他曾经充当镇压黄巢的工具，在907年唐朝正式灭亡前的很长时间内他一直是山西北部实际上的统治者；在9世纪80—90年代使摇摇欲坠的唐王朝遭受毁灭性打击的持续不断的内战中，他是政权的竞争者之一。唐亡后，他的国家（号称晋）成了一个独立的实体。921年，李克用的继承人灭梁，重新统一了中国北方，建立了恢复旧名的后唐朝（923—937年），自称帝。

在1/4世纪中，整个中国北方都处于沙陀人统治之下，先是后唐，接着是其继任者后晋（937—946年）。早在905年，李克用就已经与契丹人结成过一次短暂的联盟。到10世纪20年代，契丹人被吸收为具有充分资格的中国北方政治的参加者：后晋成了契丹人的傀儡并将边境的16个州连同其汉人人口都割让给了契丹人。就连中国南方各个独立的朝廷也都乞求与契丹人结盟。944—947年，契丹人尝试入侵中原，他们攻入后晋的国都，灭了后晋，并草草建立了一个他们的政权；但他们明智地认为风险太大而决定撤军，把中国北方留给了另一个沙陀军事王朝后汉（947—950 年）去掌握。尽管作为一个王朝，这个政权不久就覆亡了，但它的继任者却在山西的沙陀人老家将独立地位一直保持到了 979 年。

中国北方的大片地区就这样多年处于沙陀人的统治之下；至于山西北部，则长达一个世纪。但是沙陀人并不是这一时期在中国的土地上的地方政权中惟一的外族首领。西北地区在 9 世纪 40 年代前曾是吐蕃人的占领区，而此时，它则被形形色色的地方军阀所割裂：敦煌的汉人，吐鲁番、甘州和肃州的回鹘人，凉州的吐蕃人，鄂尔多斯南部边界的党项人。就像沙陀人那样，党项人也一直居住在被唐朝作为边境要塞的地区内，并且在整个 10 世纪初的动荡不安的岁月中牢牢地掌握着他们的地方权力。他们后来作为一个强大的多种族帝国的创建者而出现，这个帝国就是西夏，它在 11 世纪初收拾了自己控制下的西北地区的所有割据性地方政权，同沙陀人一样，党项人也不是入侵中国领土的外来者，而是在深谋远虑的管理方针下定居在唐朝版图以内的非汉族人，他们长期以来就已是唐朝地方体制和军事体制的一部分。

由此我们所论述的主要政权中的两个——辽和西夏的根基都可以追溯到 9 世纪末和 10 世纪初的政治与军事动乱中去。看看它们在唐代创建的边疆秩序中是如何扎根的，这一点同样重要。

边　界

中国传统的历史学把契丹、女真和蒙古人描述为闯入“中国人”领土的“外人”。然而，这是一个错误的简单化认识，应当将其永远根除。① 无论现代的历史地图集是如何标示的，唐人同其前人一样，

---

① 关于游牧民与其定居邻人间关系的一项有意义的新分析，见［248］阿纳托尔·M. 卡扎诺夫：《游牧民与外部世界》。关于汉代以来中国与其草原邻人关系的一个新解释，见［26］托马斯. J. 巴菲尔德：《危险的边界：游牧帝国与中国》。

从未对北部边界作出过任何明确的界定。虽然人们有时也提到“长城”和一些仍然存在的早期城堡的遗迹，但这种说法只是用来表达关于中国边界的一种含糊不清的看法。[①] 从来就不存在一条连续不断的防御线或经过划定的边界。倒是有一串设防的边疆州和县，战略要地筑有少量要塞，一些屯田、军马场、烽火台和警戒哨所散布在各处。这是一个纵深防御体系，其中坚力量由灵州、太原、大同和北京等地强大的藩镇军队所组成。只有在与吐蕃接壤的地区，才迫使唐朝维持着一个庞大而固定的防御体系；也只有在这一地区，才经常通过相互协商对有争议的地区作出划定。但是在北方，唐朝的控制是由边疆各州的权限来明确的，它处于经常的变动之中。

这样的“边界”被唐初军事政策的另一方面弄得更加模糊不定。边疆地区的部落民在一定程度上被一种复杂的契约和协定体系带上了中国的政治轨道。通过这一体系，他们被纳入一种间接统治的制度中，在这一制度下，他们的酋长受到唐朝政府“羁縻”制的任命，被赐予封号、官爵、品级和俸禄。为这些部落集团设置了羁縻州和都督府，受唐朝边疆长官的监管。他们事实上并没有加入唐朝的政治体系；更确切地说，他们的酋长是根据民族习惯来统治他们的人民。这种赐予他们中国封号的等级制度，在很大程度上是用中国的术语对当时的部落组织结构的正式认定，它能稳定地持续下去，不论是对那些部落酋长还是对唐朝政府说来，同样都是一种既得利益。这些部落酋长们还不时被赐予新的封号，并得到礼物和钱财以确保他们继续效忠。

较大和较强的边疆民族及其他们的最高首领甚至通过下列方式正式步入了唐朝的组织体系：赐他们以唐室的姓，这意味着他们已被接纳为皇室的亲族；他们的统治者与唐朝的公主通婚，建立同朝廷的姻亲关系；他们未来的统治者作为“质子”到中原来接受教育，通常是在皇帝的卫队中担任一个较长时期的侍卫官。派往中原的使团，除了正式使节以外，常常包括大批显赫的部落成员，这些人也成了某种程

① 关于这个问题，见［533］阿瑟·N. 沃尔德伦：《长城：从历史到神话》。

度上的中国通。这些措施当然都不能使汉人对部落酋长们有多深的了解，但它们却成功地使部落酋长们获得了关于首都与朝廷、中国制度与管理方法的第一手知识，帮他们造就了少数通晓中国语言和习俗的有影响的人物。唐代中国的近邻中，没有哪一个实际上是不了解中国的，总而言之，它们都选择了中国模式去模仿。

由此看来，唐代中国的“边界”概念是一个多层次的概念。它有一个外部环状地带，那里的人民因为加入了纳贡体系而成为“中国世界”的一部分；有一个在羁縻制间接统治下的部落民的内部环状地带；还有唐朝军事防御体系的外界和有效的文官管理的外界。

在宜于从事长久性的农业与只能支撑游牧经济的地区之间，当然还存在着一条恒久不变的“生态学边界”，它限制了汉族农业人口扩张的可能性。最后，还有一条有时极偶然地起到与生态学界线作用相同的边界：即在那些多少同源的汉族人地区与其他人居住的地区之间的边界。在唐代，不论是军事防御体系的界线还是文官管理的界线，都不能代表种族的或文化的边界。大量非汉族人在这些边界以内生活了许多个世纪，汉族人与其他种族集团杂居和通婚，其中一些人已经部分地或完全地融合。这是一个长期的过程，至少在东汉时期当成千上万的羌人、匈奴人、鲜卑人和其他边疆民族大规模定居时就开始了。在4—5世纪，又有大批非汉族人侵者蜂拥而至。人们习惯上认为这些民族迅速地向汉人的生活方式同化，但是在6世纪，他们中的很多人仍然保持了他们自身强有力的种族的和文化的同一性，而居住在边疆地带的一些汉人却在某些方面采用了非汉族生活方式。

初唐政府还让一些较大的非汉族集团——羌、党项、吐谷浑、吐蕃、突厥、回纥、契丹，甚至来自中亚的粟特人——定居在北部边界的一些州中。这些民族的人数多达几十万。他们有的愿意融合进来并选择了农民的定居生活，尽管汉人强迫定居的尝试遭到了另一些集团的激烈抵抗。有一些人仍主要是牧民。但他们对于唐政府的重要性在于，他们负责看管着巨大的政府牧场，可以为骑兵生产马匹，并能畜养其他家畜。在这些少数民族集团中，有很多仍保留着自己的部落结构和自己的部落酋长。他们中的很多男人被编入唐朝军队，主要是充任骑兵，他们自己的酋长就是他们的指挥官。

在今甘肃省，青海东部的边疆地区，陕西、山西和河北的北部，当时形成了一条由少数汉族居民和多数非汉族人杂居的宽广的地带，他们大多能和平相处；那里还有一些从事屯田的驻军，既有汉人也有非汉人，其居住地与当地的农民和半游牧的牧民相邻。通婚在某种程度上是存在的，就这些民族的特征而言，远未达到相互间的一致，有些人以视自己为唐朝的子民为要，另一些人则强烈地信守着他们的部落传统。

由此看来，即便是唐王朝权力的巅峰时期，企图为它的北部边界设想出一条现代意义上的截然划分的国境线，明确地为主权地区作出界定并将不同的民族区分开来，这种做法是完全错误的。相反，那是一条宽阔的过渡地带，在这个地带内，所谓同一性、忠诚和权力都在不断地改变着与冲击着新的平衡。

880—907 年间唐帝国的崩溃和各个新的独立国家的出现，无论在唐朝疆域以内还是以外，都带来了势不可当的政治变革，而留下的却是前所未有的中国北方混乱的多种族边缘地带。中国的中央权力不复存在，但其地方上的军事领导权却完好无损，甚至由于来自中央的束缚力已经解除而更具有扩张性。与过去的主要区别在于，边缘地带成了新的军事和政治力量崛起从而影响中国北方其他地区的地区。以山西为基地的沙陀突厥人的国家和鄂尔多斯边疆地区的党项人政权，就是作为唐代边疆军事编制的一部分而发展起来的。沙陀人复辟唐朝的尝试，其主要的根据就是唐朝的权力正是由一个边疆军事长官的权力孕育而来的。

这也是一个古老趋势的延续：自从拓跋魏兴起以来，一个接一个的中央集权政权，都是以北部边疆的失控地区为根据地，由那些边疆军事大员们所创建的——拓跋氏本身就是在大同地区发展起来的；其后继者西魏和北周的统治者原是河西走廊地区的军事指挥官；隋王室也来自同一个集团；至于唐王室，与北周和隋都有着紧密的联系，其最初的权力基础是在太原。它们起先都是军事政权，它们都能从汉人和非汉人世界中争取到支持。

同一个趋势还在延续，但带有某些重要的区别：辽也兴起于北方边疆地区，可是它在中原取得了一个重要的立足点后，却决定进行反向的重大征服。金是从作为中国式的辽帝国在北方边疆的一个依附民族而兴起的。通常被视为自成一体的蒙古人，在铁木真即位以前很多年内都是金的边疆臣属，就像我们在后面将要看到的那样。女真人和蒙古人的特点在于，10 世纪以后边界本身已经移动了：金和蒙古的帝国外界已不同于中国世界的传统边界，也不同于辽、金与宋之间的边界，而是一个“扩大的中国世界”的边界，这条边界是通过契丹人对今蒙古、辽宁、吉林和黑龙江等地的占领，并以唐代中国的模式为基础在这里立国、确立边疆关系体系后形成的。所有这些民族都不是作为新来者或与中国体系无关的完全的局外人而强盛起来的，他们很久以来就已经是中国体系中的一部分。由于生活在边缘地带，他们可能更熟悉偏远的边疆地区，而对王朝权力和文化的真正中心则不甚了解，但是，从某种程度上说，他们毕竟仍是参与者。

外　族　人

这些民族对那些被他们用武力征服的社会来说是些什么样的外来人？他们的共同点是什么？用大倍数的历史透镜来观察，我们可以把征服王朝视为从西周以来就存在于汉人与其北方邻人之间的古老的对抗这样一个更长的阶段。在西周时期，位于渭河盆地的中心地带就曾遭受半游牧民的入侵。①

秦汉时期，匈奴联盟是汉人的主要对手。随后是公元 3 世纪的鲜卑人和其他部落，他们成功地取得了对中国北方各州的统治，并在中原的土地上建立了自己的国家。在唐王朝失去了它的霸权地位并从 10 世纪初起最终分裂为若干小国之后，边疆冲突采取了一种新的形式。960 年后宋重新统一中国，与此相并行，一种正在稳定发展的联合体国家已由严格意义上属中国边疆地区的北方诸民族建立起来。无

① 见［133］傅海波：《多种族社会中国家作为一种结构成分的作用》。

论如何，把这些由北人建立的国家视为与定居汉人的稳定的帝国完全不同的游牧帝国是错误的。建立了辽、西夏、金、元这些国家的民族，从任何意义上讲，也不是完全的游牧民族。契丹人和蒙古人的经济在最初时是以畜牧为基础的经济，他们的财富就是许许多多的马、羊和骆驼。但是，中国没有一个“游牧民”邻居是纯粹依靠畜牧的。他们始终从事着某种边地农业并进行大规模的贸易活动，从中得到一些畜牧业本身生产不出来的货物以作为生活的补充。在对中原进行征服以前，契丹人就从事一定的农业活动并已长期定居，他们同时还有一批汉人的工匠和汉人及回鹘商人。

严格说来，女真人完全不是游牧民。甚至那些生活在东北地区深山老林里的“生女真”，也是定居一处的，他们依靠渔猎和某种农业为生。他们不住帐篷，而是住在由一个个木屋组成的村庄中。东北平原上的女真人，在被契丹人吞并以前一直是渤海国的一部分，他们也不是游牧民，尽管他们有成群的马。女真人中这些生活方式上和经济上的差异，可以从“生”女真和“熟”女真这些称呼上反映出来，这些称呼在辽代就已经流行了。党项人在他们独立以前很久也已采用了一种混合经济。因此，把所有这些政权的建立者都一概而论，皆以“游牧入侵者”作为他们的特征，无疑是一种天真的、过于简单化的认识。

历史学家必须注意的另一个简单化倾向是术语的使用。当我们使用契丹、女真、党项（译者注：元代蒙古人称为唐兀）或蒙古这些术语时，应该记住每一个术语所指的不是一个纯粹同种的民族，而是一个综合的实体。契丹、女真或党项这些称呼，实际上是指在契丹人、女真人或党项人领导下的那些联盟。这些名称从语言学上说就是这些联盟内部居于支配地位的集团的名称。这些联盟本身都是多种族和多语言的，就像本卷各章所充分阐明的那样。例如，契丹联盟就包括了奚人和回鹘人这样的与突厥有亲缘关系的部落和种族集团，此外当然还有类似室韦人的蒙古人，类似熟女真的通古斯人，但是在这个联盟内使用的共同语则必须是契丹语。后来这个联盟还扩大到了渤海人和汉族人。女真人同样是这种情况，在他们的联盟中我们发现除了蒙古人以外，还有其他通古斯部落。蒙古人本身也吸收了与汪古人类似的说突厥语的部落，更不必说在蒙古人大规模远征中亚和西亚后处于蒙古人势力范围内的那些中亚人了。中国北部和西部边疆的这些民族，其种族和语言的构成总是变动不定的：所有这些部落要么是自愿加入占支配地位的部落，要么是通过武力和信仰而被置于他们的首领之下。

所有这些民族有一个共同的方针，就是把被征服的或与之结盟的部落中的士兵编入他们自己的军队，通常由他们原先的军事首领指挥。在征服汉人定居人口占数量优势的地区并在这些人口归附之后，所有征服者都遵循同样的一体化方针。在武器的制作和针对筑墙城镇使用攻坚器具方面，汉人的专门技能受到欢迎。其他一些新征召的汉人士兵则作为步兵使用，而骑兵主要是非汉人分队的特权。“契丹”、“女真”和“蒙古”军队一贯由多民族组成，并且包括了大量的汉人士兵。

因此，我们若把宋对抗其敌人的战争视为纯粹的抵抗外族人的民族战争或种族战争，这是颇有疑问的。我们或许可以把以宋为一方，以辽、西夏、金或蒙古为另一方的战争看作中国内战的一种特殊形式，其中的一方是在外族统帅的指挥下作战，它配置了人数上略占多数的非汉人分队。

当然，上述这些推断并不是肯定的结论，更明确的解释还有待于对10—13世纪的战争作更深入的研究，尤其是要从民族方面对辽、金和蒙古军队作出数量上的分析。不过这里可以举一个例子：当金朝的统治者海陵王（1150—1161年在位）动员全国在1159年和1160年与宋交战时，作为主力的女真猛安谋克军队为12万人，而被征来参加这场战争的汉人却不少于15万人，此外还有在华中进行水战的3万人的水军。因此在他们的军队中占多数的不是“女真人”而是汉人。

最后，我们还须记住，汉人与非汉人之间的对抗，不能以传统的中国方式构想为高等文明与野蛮之间的对抗。无论如何，不能设想从10世纪起在中原的土地上建立了国家的那些征服者是突然间冒出来的，也不能设想他们是在政治组织结构和文化成就都微不足道的水平上骤然起家的。

党项人的西夏国是一个特例：他们既不是征服者也不是入侵者，几个世纪以来他们都生活在同一个地区，那里成了他们国家的中心。党项人从人种起源上说很少是征服的结果，更多的是不断地吸收其他部落的成员而结成联盟的结果，联盟中也包括汉人、吐蕃人以及位于鄂尔多斯地区和今甘肃省的较小的种族集团。同样，当他们在 11 世纪中叶正式独立时，人们不能根据不着边际的假定把他们形容为未开化的野蛮人。

尽管把各式各样的联盟国家都视为完全的中国化国家是一种夸张，但汉人的帝国和他们所谓的番人之间的复杂的相互影响一直持续了好几个世纪，这却是历史事实。汉人影响其相邻民族制度结构的一个标志是，在职官方面有大量词汇从中国借了过去。早在初唐时期，突厥人就采用了一些汉语的官称。契丹人自己的很多职官称呼，也是从汉语借来的，如 hsin-kun（相温），在汉语就是“将军”；再如 hsiang-wen（详稳），它产生于几次音译，是由汉语的“相公”派生而来，本是对大臣和阁员的一种称呼。蒙古人甚至在 1206 年宣布成吉思汗为其最高统治者之前，就在他们的语言中采用了汉语的词汇“王”，他们叫 ong；还有“太子”，经由突厥语的 taysi，到蒙古语中成了 taisi（台吉）。这两个词在《蒙古秘史》中都曾使用。这类借词显示了汉地的制度与术语的声誉和影响，尽管这时是在不同于其中国原型的社会与政治环境中使用它们。

外臣与太上皇

在这些征服王朝建立以前很久就已经开始的汉人与外族人相互影响的另一个方面，是朝贡臣属关系以及在边界的组织结构中非汉人的国家所充当的角色。在中国的政治术语里，他们被视为外臣，这些外臣只是被羁縻在中国的势力范围内，他们必须带着当地的特产作为贡品献给中国的朝廷。自公元 7 世纪以来，这种做法多少已成了契丹人的惯例，许多契丹的高官显贵被唐帝国赏赐过爵位和封号。其中一些人被赐姓“李”，这意味着已赐予他们享有唐室家姓的恩荣。这种方式经常采用，借以笼络外族首领更靠近朝廷。封官也在把非汉人首领羁縻在中国的等级制度中起了作用。例如，我们知道 649 年在东北的松漠地区为契丹人设置了都督府。常常难以确定的是，这种中国外部等级所包含的纯粹名义上的成分大到何种程度。受羁縻的部落或民族当然在管理其内部事务方面保留了充分的自治权；但是，授予这些首领们的响亮的中国头衔也为他们带来了声望。

女真人在辽朝的情况与唐朝时契丹人的情况相似。金王朝的建立者阿骨打，其祖先几代人都曾担任辽朝边疆等级制度下的节度使，因此当他于 1115 年称帝时，就已经不是一个刚刚登上政治舞台的无名之辈了。在辽朝时期，除了全国性的宋代中国外，一个政治上举足轻重的新的中心在北方逐渐形成，它在对待边界居民的方式上沿用了唐宋的先例。

至今仍有人认为蒙古人的情况不同，说他们完全是在中国的边疆组织结构之外强盛起来的。其言外之意就是，在铁木真统治下的蒙古各部落，在他于 1206 年称汗之前并没有在同任何一个帝国朝廷的相互交往中处于从属地位；他们在巩固为草原地区支配性势力的过程中，并没有受到朝贡关系及其伴随而来的被一个中央大国封官加爵之类的俗套的影响。然而，这种说法必须予以摒弃。它的根据是《蒙古秘史》所描绘的 1209 年以前有关蒙古人早期历史的图画。这一资料来源指出，铁木真和蒙古人——包括他的盟友和对手两方面——作为草原上的游牧民，完全没有接触过中国文明或任何其他高等文明，不具有国家形态，也未曾同汉人的哪个帝国有密切的关系。对于蒙古人来说，12 世纪下半叶时有这么一个帝国，它就是金朝，而《金史》则对蒙古人曾作为臣属而处于受支配地位完全保持沉默。

但是，宋的资料来源则描绘了一幅完全不同的画面，它显示出成吉思汗的祖先不但是金的对手，而且是有自己的“国”的金的臣属。[①] 为什么《秘史》和《金史》都略去了这一情节很容易得到解释。《秘史》是一部浪漫化的史诗，它把铁木真的生平展示为从早年的最低贱者直到最高权力的拥有者这样一个上升的过程，所以在这部民族史诗中没有提到铁木真的先人曾为另一国臣属的任何事实。《金史》则是在蒙古人统治时期编成的，它的作者有意删去了所有有关成吉思汗或他的先人臣属地位的资料，这也是可以理解的。

我们据以推断早期蒙古人有一个自己的“国”的资料，全都来自宋人的有关材料。据记载，在一场战事爆发后的 1147 年，金人对蒙古人采取了抚慰政策，蒙古的统治者称汗，建年号天兴。[②] 这位当事的蒙古首领被某些学者确认为合不勒汗，他是铁木真的曾祖，据《秘史》载，他甚至已经“统领了全部蒙古人”。宋人的资料还提到铁木真本人曾以一个外臣的身份朝拜金廷。[③] 因此显而易见，铁木真并非《秘史》希望人们相信的那样，是一个部落背景不明的冒险家，而是一位曾经接受过金廷的褒奖、封赠和礼物的王者家庭的世袭者。

以上事例表明，契丹人、女真人和蒙古人的新兴力量的领导者同一个中央帝国的关系已经是多么深，保持的时间是多么长；还表明他们在建立一个帝国的前后，其政治上和文化上的成熟都达到了相当的程度。他们熟悉“中国的”制度。他们都是在支配内外关系的制度框架内登上帝位的，因此不难想像这些外族统治者们是多么渴望成为“天子”，多么渴望进行封赏或接受贡物；而不是被他们的“太上皇”封赏，或是派使臣给“太上皇”送去贡物。唐代初期那些较之宋代有大得多的疆域的世界皇帝的形象，当然也影响了相邻的部落联盟的领袖们，渐渐地，他们也凭借手中的权力开始要求并最终成功地当上了皇帝和天子。

---

① 见 [378] 查尔斯·A. 彼得森：《1211—1217 年宋对蒙古人侵北方的最初反应》，第 248 页。

② [596] 宇文懋昭：《大金国志》，第 99—100 页。

③ [585] 李心传：《建炎以来朝野杂记》，第 585 页。

多　国　制

中国从地理上被割裂成若干个国家，每一个都在自己的天子统治之下，这在中国当然不是第一次。这种分裂在从汉末到隋的三个多世纪内存在过，而在 10 世纪初的五代时期再度出现。就多国并存这一点而论，这个征服王朝时期与先前的那些政治分裂的时代并无不同。但是在征服王朝的形势下出现了某些新因素。

其中之一是政治中心的大转移。北京（燕）地区几个世纪以来都是一个不太重要的远北边疆地区，主要是作为一个边疆要塞城镇，在全中国范围内还不能起到政治、经济和文化上的重大作用。当辽将燕京（它的南京）作为其五京之一并使之成为辽帝国在整个定居区的首要行政中心时，情况发生了急剧变化。金步辽的后尘，也立足燕京实施统治，这时他们称燕京为中都。蒙古的皇帝也带着他们的大部分朝廷办事机构驻留此城，并改称其为大都。金朝和蒙古人的元朝在现在的北京修筑了一座雄伟壮丽的帝国都城，其中包括豪华奢侈的宫殿和园林。它给人印象之深，就是今日的来访者多少也要回想起使北京历史上第一次成为国都的金元时期。

五代时作为最高政治权力的角逐场而始终记录着历史的两座城市——长安和洛阳，最终都失去了它们的显赫地位。9 世纪 80 年代以后长安遭到毁坏，它的地位就再也没有比地方性的首府更高过，而整个西北也逐渐沦为落后地区。后梁在东部平原的交通中心河南开封建都后，洛阳同样也开始衰退。开封被重新统一了中国的宋再次作为首都。1127 年当宋人丢掉了整个中国北方和他们的都城开封后，开始了中国政治重心向东北部转移的第一步。南宋政权随即在杭州建立了“行都”，这里发展成了第二都城，其富丽豪华比开封有过之而无不及。与此同时，作为中国北方主宰者的金，在北京建立了中都，随着 1276 年以后几年间南宋的溃亡，杭州也永远丧失了其作为国家政治中心的地位，此后近一个世纪内全中国都要服从北京的号令，直至 1368 年蒙古朝廷被驱逐回蒙古人的草原故乡。明最初建都于南京，但在1420年以后朝廷迁到北京，它的地位一直保持到20世纪中华帝国的寿终正寝。这种政治中心向东北的转移改变了北京，使它从一个没有文化特性的偏远落后之地，一变而成为一个统一的中国的首都，一个拥有大规模制造业的人口稠密的都市，一个上演着丰富多彩的文化活动的舞台。然而，从经济上说，即便是在遭到蒙古人首次沉重打击之前，东北部地区始终都是一个贫穷少产的地区，北京一直依赖从长江的产稻区调进粮食，这就需要从水陆两方面对国内的运输系统进行彻底的改造。

如我们所知，中国多次被兴起于北方边疆的政权重新统一。这种情况发生在隋、宋时期，元代时再次重演。中国的统一只能肇始于北方的观念到13世纪时几乎成为一种成规，在忽必烈掌权后，当他同意了一项宋人与蒙古人的和约时，仍然将这一观念用作政治论据。北京和杭州两方的皇帝当然都认为自己是君临中国世界的正统的统治者。不过蒙古人的胃口远远大于中国的历代皇帝，因为在他们看来，他们合理的版图不仅仅是中国，还包括整个世界。这一想法在他们送给西亚、中亚甚至欧洲统治者的信中明白无误地表达出来，信中要求他们投降大汗，并使用了由汉人发明的“天下”这一术语，而它在蒙古人那里有了更为广泛和全面的意义，实际上是把所有已知世界都当作了他们“未来世界帝国”的组成部分。这一思想意识还通过忽必烈几次代价高昂的远征被带到了遥远的缅国、占城、爪哇和日本。所有这些国家都曾不受拘束地处于宋朝纳贡体系的边缘，它们只有在有所请求时才派遣赴宋使团。但是从未发生过宋廷试图派遣军队远征海外而强迫朝贡的事情，尽管它拥有一支不容忽视的海上力量。蒙古人在间接统治吐蕃时所采取的强制性做法，也可以看作他们世界性野心的一种表达。中国从没有一个王朝将任何程度的权威加于吐蕃人之上，宋王朝一直满足于它邻接吐蕃的边疆并保持现状；而中国巨大的经济、技术和军事潜力却被蒙古人利用来为扩张主义观念服务，其野心勃勃的目标远远超过了以往纯粹汉人的国家曾想达到的任何要求。

盟约关系

在中国重新统一于元朝之前，东亚世界的政治结构可以用盟约时代来形容。尽管一项承认其他政权既合法又平等的盟约原则上似乎与一个帝国所宣称的一统天下的观念相矛盾，但与其他政权订立盟约在中国已有很长的历史。早在公元前 2 世纪，汉朝就对匈奴推行了一种抚慰政策，即必要时通过送礼（主要是丝帛）、和亲以及对相邻的一些政治实体做出让步——这种情况在中国的国际关系中成了反复出现的因素——以使这个不受统治的部落联盟离开中国边疆。但是，在对付危险的敌人时此类约定总被视为仅仅是一种权宜的、等而次之的解决办法，是当一个王朝不能赢得彻底胜利和征服时所可能采用的一种手段。

就宋而言，它在 11—12 世纪征服王朝时期是以高度的现实主义政治为特征的。依靠军事手段既不能打败契丹人的国家，也不能打败女真人的国家，宋—辽以及宋—金关系史成了这样一种关系史：相对短的战争和主要通过输纳大量银绢以换得的相对长的和平，停停打打交替进行。1005 年宋辽缔结的澶渊之盟成了处理日后冲突的一个样板，在金灭辽之后，金人认为自己是辽的合法接替者，因此理当从宋朝廷得到与从前同样的岁赂。澶渊之盟除了所允诺的岁赂（这比“贡”更可接受，宋人曾小心翼翼地避免使用这一叫法，因为它含有臣属的意味）以外，其内容还包括同意修正边疆地区的划界，以及如何处理边疆地区和有争议的交界区的动乱的规定。盟约亦确立了沿边的互市，开展由国家监控的商业贸易。

但是，可能是最重要的一条内在的内容是两国相互间的承认和相互间正式外交往来的建立。定期派出的使团有两个作用：互贺元旦和君主的生辰。其他场合派出的使团是为了吊唁去世的君主或某位近亲。这些外交往来——其概念、仪式和外交辞令完全是中国人的——对双方都有详细的规定；在全权代表的出行和他们谒见时的待遇方面，礼仪规则备受重视。除了这些按惯例派出的使团外，一旦出现问题或进行某项交涉，还总要派出一些特使。

这种频繁的外交往来需要大量的文书工作，当代的资料中就保存了一大批外交信件，因此现代历史学家们发现他们自己几乎被成堆的资料所湮没。像 11 和 12 世纪这样的对其外交能进行如此详细研究的时期，看起来简直就不是一个中国近代史以前的时期。宋，也许还有辽和金的使节，在他们回到自己的国都后，要按规定写出详细的出使报告。其中的一些报告保存至今，它们提供了宋朝使臣如何看待那些北方国家的引人入胜的信息，令人遗憾的是另一方的类似的报告却没有保存下来。

但是，对其他帝国的承认，并不意味着地位上的真正平等。它们的统治者，虽然其“皇帝”的身份得到相互间的勉强承认，然而却附有一种微妙的区别：虚构的亲属关系的术语表示了地位的不同。双方的皇帝以兄弟或叔侄相称，以便至少维持某种表面上的不平等。作为这种发展的结果，中国从理论上说正是被单独一个虚拟的“家”所统治。由于在中国的家庭制中，不平等地位是可以想像得到的，因此，这种做法便暗示了敌对的皇帝之间等级上的分别。对于宋来说，1141 年的和议是不同于这种方式的一个令人痛苦的例外，它规定宋是金的“臣”，以便金在通信中可以直呼宋帝的家姓及他本人的名字。这个奇耻大辱直到二十多年后的 1164 年才得以消除，那是在海陵王统率下的侵宋金军战败之后，双方都急于恢复一种和平共处的策略。

从规范的观点看，这些调整双边关系的条约与西方人的概念不同。他们不是起草一份共有的纸据并在上面由双方签名盖章，而是由每一方向对方发出内容相同的誓书，誓书中庄严地承诺要恪守约定，并向天地神祇起誓。这些内容当然都必须经过事先商定，因此订立条约的仪式是以誓约为其形式的。这一程序是得到认可的，双方都依据相同的标准来办理。换言之，只有那些具有组织结构上相同或相似的政府及办事机构的国家才能成为缔约方。与宋缔结盟约的国家——辽、西夏、金——都采用了中国的制度，这就保证了程序上的一致性。这种一致性还扩展到了对使节的接待上。接待使节的仪式令人回想起上古中国人的观念。这些礼节和仪式可以在描述礼仪的书籍

《礼记》和《仪礼》中找到，它们是周朝末年多国制的反映，后来时代的精细复杂的外交程序由此与中华帝国之前的外交一脉相承。

毫无疑问，这种通过使节和信件而进行的外交接触，增强和促进了把这些征服国家吸收到中国的世界中来。不仅在外交程序上以中国的先例为规范，外交上使用的语言也是汉文。似乎不存在这样的情形：辽、金和西夏发给宋的哪一封信件是用其本国的语言文字书写的，或者发往中原的文本的原文是用他们自己的语言起草的。我们尚不清楚，对于这几个北方国家而言，那些必须礼仪性地放置在它们祖庙里的誓书是否是用它们本国的语言书写的。看来可以比较有把握地假设：不论这些国家的多语状况如何，在整个东亚大陆，外交上的通行语言是汉文。

也有例外的情形。821—822 年，当唐穆宗与吐蕃缔结一项盟约时，就起草了两种文本，一种是汉文，一种是藏文。正是因为这次盟约，吐蕃人在逻些城（今拉萨）树了一块石碑，上面雕刻了藏文和汉文的原文。没有证据证明 11—12 世纪的盟约也是这样使用两国语言的。甚至 13 世纪蒙古人写给宋人的书信，似乎也是只使用了汉文，并且未附蒙古文本。蒙古人在东亚从事外交活动时，既使用汉人，也使用完全汉化的非汉人，就像从前的辽和金那样。宋作为全国性的汉人国家，似乎可以不必去学契丹文、女真文、西夏文或蒙古文。我们知道，宋的一些使臣学会了说几句契丹话或女真话，但在宋代中国，没有人能阅读他们的文字。宋朝为其出使人员制定的颇为详细的规则中从未包括任何一种语言的训练，也没有任何宋朝官员能够读懂某种非汉字的原文文书。这种孤立主义的和以中国为中心的态度，在明朝统治初期发生了深刻的变化，当时建立了四夷馆，它为当局的外交往来提供外族语言文字的基本知识。

如果说中国的分裂时期一直持续到 1276 年，那么政治上的四分五裂状况无论如何在很多方面——包括外交往来上的技术性问题，如我们所示——还是被一种共同的中国文明所笼罩。中国的政治分裂中固有的地方主义在某种程度上被其他因素所平衡，这些因素趋向于将那些“藩”国包容进一个中国人的更大的文化共同体中去。宋代国家的边疆从来就不是封闭的，尽管对于生活在国界任何一边的普通人来说，不可能去做私人旅行。贸易，外交，尤其是对一种共同的文化遗产的记忆，极大地缓和了中国的政治分裂状况，至少就边界两边的意识而言是如此。五代时期以来就一直发展着的多国制，保留了非常中国化的基本成分，即便它受到北方国家的很多外来影响。

然而值得注意的是，外来的观察者——马可·波罗即是一例——对这种基本的中国共同体并不理解。对于 14 世纪的欧洲人来说，Cathay——它是由契丹种族的名称派生而来的一种称呼，意为“北中国”——是一个与 Manzi（蛮子，南中国）不同的国家。只是到了 16 世纪的“大发现时代”，欧洲人才开始明白 Cathay 与 Manzi 实际上是我们现在所称的中国这个更大的共同体的组成部分。

政府的模式

在中国，每一个征服国家同另一个征服国家以及同汉人的宋朝在很多方面都有区别。它们的制度，即使都效仿自中原，也决非该模式的简单复制，这是不言而喻的。但是，从更抽象的意义上说，指出某些在各种程度上都能适用于所有这些国家的普遍性原则，还是可以做到的。所有这些国家的政体在统治其管辖范围内的多种族地区时，都经受了本土主义与文化移入之间的根深蒂固的冲突。所有这些政体，都处于以独裁和官僚政治的成分为一方，以封建和世袭制为另一方的基本对抗的压力之下。这些冲突的趋向，在政府与行政的所有层面上，都影响了这些国家中的任何一个，正像本卷后面几章将要充分展示的那样。

人格化的权力

一个在蒙古人身上最清楚地体现出的共同因素，就是加强皇权的人格化。在一个很少或没有政府管理制度的好战的部落社会中，其首领与追随者之间的个人关系就是最为重要的。他们的首领或统治者从经验丰富和忠诚的战士中挑选他亲密的伙伴（蒙古语称为那可儿

[nöör])，而圈外人则期望有一位他们可以为其效劳的具有超凡魅力的首领。中国的政治传统中没有与这些人格化的关系十分类似的东西。即使是在后期，当统治者与其伙伴间的这种那可儿关系通过授"伙伴"以中原官称而被形式化时，社会实践中依然遵守着沿袭下来的习惯。例如，耶律楚材（1190—1244 年，成吉思汗的著名顾问）在汉文史料中是作为一位拥有中原官衔的人物而出现的，但实际上更应该认为他是大汗的那可儿（他荣幸地被大汗昵称为"吾图撒合里"，意为长髯人），而不是汉文意义上的"中书丞相"。统治者—伙伴关系的一个重要特征是它超越了部落和民族的界线。任何被认为能对统治者的声望和权力做出贡献的人都受到欢迎，而不论其种族或社会出身如何。在元代后期，皇帝的私人朋友被称作"依纳"[i-na]，这是由突厥语词的 inaq 转译而来，意为"朋友"、"亲信"。当然，这种类型的关系，与其说是官僚政治的，不如说是封建的。

另一个在辽、金、元时起了很大作用的因素是皇帝的家人，尤其是他的护卫。皇权的行使，更多地取决于统治者的家人及其近亲，而较少依靠抄袭自中原的制度。在阿尔泰语系的词汇里，统治者的家庭或营帐被称为斡耳朵（ordo，蒙古语），或称为斡尔都（ordu，突厥语和蒙古语），从这个词最终派生出了英语的 horde 一词以及其他欧洲语言里与它同源的词。在辽代，皇帝的斡耳朵是他的军事权力和他的包括所有仆人、家臣以及地位不等的皇室官员在内的家庭组织的支柱。很多用于国家办事机构的普遍性准则，似乎并不适用于对斡耳朵的管理，并由此形成了一种个人的国中之国。不仅皇帝如此，辽朝的皇后和皇室家族的亲王也有自己的斡耳朵。在汉文里与斡耳朵对应的词是"王府"，意为"被封王之人的官府"。诸如此类的官府，在纯汉人的国家（如唐、宋）中也有，但它们从本质上说还是诸王的家庭服务单位，并成为官僚机构的一个正式组成部分。斡耳朵则具有广泛得多的作用，其组织更为松散，与中原制度中的对应物有着很大区别。①

在金代，皇帝的护卫尤其是皇帝和诸王的亲军（谋克）所起

① [489] 陶晋生：《12 世纪中国女真人的汉化研究》，第 46—51 页。

的作用在某种程度上与辽的斡耳朵相同。① 金帝国卫队的各军事分队绝大部分由女真人组成，但与皇家氏族有联系的则是谋克家庭，其中也包括了为数众多的奴隶。正式的诸王的官府（王府）始见于 1191 年，然而某些此类的官府当在此前二十年就已经存在了。

蒙古人的卫队称为怯薛（kesig），这可以追溯到王朝奠基人的年代，那时的怯薛是由不论部落亲疏而选出的优秀士兵和可以信赖的追随者组成的。② 目前还不能明确地区分卫队与皇帝的普通家人之间有什么不同。卫队成员的职责并不限于护卫皇帝本人，他们还负有为皇帝的家事服务的责任，因为他们中的一些人担任着诸如博尔赤（意为“主膳者”）、哈剌赤（意为“掌酒者”）之类的职务。显然，根据习惯，这些在皇室卫队和家庭中占居高位的人，除了拥有蒙古人的职官外，还冠以中原的官称。在蒙古人统治初期，怯薛这一组织也体现了行政机关的功能。自忽必烈时代以后，随着越来越多的汉式行政机构的引入，怯薛丧失了它政治上的某种重要性，但是终元一代，它所兼而有之的皇室卫队—家人和正式的官僚行政机构这种结构上的两重性却始终保持着。卫队的一个重要作用是，当皇帝要选用人做他个人的代理人时，卫队永远是他在人力支配上的可靠的贮存所。甚至晚至 1346 年，仍有卫队成员（怯薛歹）被派往各省去担任监临官（达鲁花赤）。

独裁者与共议

近年的研究对早期的理论作了很大的修正，根据早期的理论，那些征服王朝都是被专制的独裁者所统治的。虽然这些王朝的统治者往往具有极为强大的个人权力和威望，但是，向被征服地区的所有人和

---

① [309] 三上次男：《金代女真社会研究》，第 109—418 页。这部著作首次出版于 1937 年，题为《金代女真研究》，后作者将其作了较大的修订与增补，重版作为他的金史研究论集，题为《金代女真社会研究》。

② [195] 萧启庆：《元代的军事制度》，第 37—48 页。

全中国人民所展示的，还有作为他们部落以往强有力的传统的另一部分遗产，即共议与公决。早期的契丹人就是通过一个由各部落酋长参加的会议选出他们的首领来的；在策划一次战役时，也经常召开这样的会议。女真人在战役之前，也有召集军事聚会的习惯，在会上，所有与会者，包括普通士兵在内，都可以就作战行动进行讨论。这种习惯以及与此类似的习惯，引得现代的某些学者可能多少过于热情地把早期的女真人社会形容为“军事民主”。

甚至在那些以中原王朝为样板的帝国建立起来以后，这些传统依然延续下来。例如，我们知道 1197 年金廷就是采用了高级官员表决的方式，以决定选择哪一条路线来对付蒙古人的进攻。这样一种以投票来决定军事问题的组织方式，是他们原有的公决传统的一种遗存，并且是对帝王独裁权力的一种牵制。与此类似的讨论作战方针和策略的会议，在党项人中也有。

有关公决的最有启发和研究意义的事例是蒙古人的朝会或部落聚会——忽邻勒台（khuriltai）。新的统治者要在这样的会议上被选出或宣布；对于这样一种程序，只有在假设蒙古帝国已被他们不知不觉当作了成吉思汗家族的家庭遗产时，才能作出充分的说明。由于不存在其他正式的继承法则，因此统治者家族的每一个男性成员都相信他自己也是一个有资格得到皇位的潜在的继承人。从选举这个词的严格意义上说，忽邻勒台大会并没有做到；它也不进行投票。参加忽邻勒台大会要求继承皇位的人，都要同时拥有军事上的追随者，相当大的权力、威望和能对最终的宣布发生影响的众望所归的领袖品质。作为大会的结果，意见并不总是一致。有时，某些持有异议的皇位觊觎者会召开他们自己的忽邻勒台大会；甚至在忽必烈在位时代，就有一些竞争对手以此为由不止一次地威胁要求得到大汗这一最高位置。这些皇位觊觎者，既有与他世系相同的，如他的弟弟阿里不哥；也有属成吉思汗另一系的，如他的竞争对手海都。所有这一切都表明了皇权及其传承的不确定性。辽、金、元时期有如此多的统治者通过谋杀和放逐来清除他们的前任或竞争对手这一事实，就可以被看成缺乏固定的继承准则的直接结果，也是在宣布谁为继承人时依靠大家同意这种无法预知的因素所带来的直接结果。把这归因于典型的“野蛮人”原始状态是不行的。

公议的原则，也存在于元代政府体系的较低的层次中。集体协商决定在大多数行政机构的运作中都作为一项标准。官员每天都要参加会议，不参加者要受到处罚。这样的会每天早晨在京城的政府部门和地方的行政机构中召开，一直到县一级。出席会议的官员必须签上他们的姓名；由于很多人不识字，这些人则要在簿子上盖上他们的印章，以证明他们的出席。按中国的说法，这些会议称为“圆坐”（围一圈坐），或者称为“圆议”（围一圈议事），它给我们以圆桌会议的印象。这些程序与汉人的标准的政府实践不同，汉人的做法是把决定问题的责任赋予个人而不是集体；而前者的程序可能常常在官僚们中间造成稽延时日、依违不决、各谋其政的结果。

中央权能

对征服王朝政府体系的一项研究还显示，它们的中央集权化程度相当低，与早期倾向于把它们描述为独裁和集权的假设大相径庭。辽朝从它早期起就是一种双重的行政体系，一方面用于契丹人和其他部落，一方面用于对汉人的统治，被分别称为北面官和南面官。他们的政府体系，在官署的设置上既混乱又笨重，他们所负责的范围也是界限不明。高官显要们的个人权力，远远超过了官职本身所能带来的声望和权限。在金朝统治的初期，也能发现这一类似的体制。女真人的政治制度是 12 世纪初建立在勃极烈制基础上的，这个女真语词的意思可以不太严格地用来指“任命的酋长”。在王朝的创建者太祖时期，勃极烈制主要涉及对女真人口的统治。1126 年中原的官僚政治制度正式引入，但它只用于臣属的汉人人口。

因此，金代早期的政府体制看来是有意模仿了辽的双重制，但有重要的区别：他们的司法和行政的管辖范围与辽代相比界限更为不明。两种类型的行政体制间的相互影响盘根错节，使得金代早期政府组织的历史也因此而扑朔迷离。对金朝政府组织加以无情改造的举措是由海陵王采取的。他极力清除女真贵族政治的影响，要根据中原的模式来改造他的国家，并不择手段地引进强大的中央集权，包括血腥的清洗。他还废除了大部分猛安谋克首领世袭的官职，并试图把他们的职位转变为正规官员的职务；作为正规的官员，他们的官职不再是自动继承的，而必须是经过任命的，必要的话，帝国政府可以撤销它们。由于海陵王在巧妙利用中原的政治传统以为他自己的个人权力提供论据方面极为娴熟，因此，以效仿唐宋模式而对更具代表性的中原官僚政治制度的引进，带来的却是披着中国外衣的专制主义。另一方面，他似乎也认识到，尽管中原的制度能使权力集中到中央，但若完全彻底地采用中原的政府标准，也可能会缩小或约束他自己的个人权力。因此，直到金王朝终结之前，其政府体制一直是一个以原有的传统结合了中原的官僚政治实践的混合体。

尽管流行的观点认为蒙古人实行的是将权力集中到中央的做法，但蒙古人统治时期的中央集权制仍是十分有限的。他们重新统一了中国这一事实，常常把另一事实——以明显地缺乏系统以及权力往往混乱而破碎为他们政府的特征——弄得模糊不清。部落联盟在得到公认的世袭首领们的统治下始终发挥着举足轻重的作用，它们的首领们对自己的属下实施着严格的个人统治。蒙古人统治中国的一个特点是，大量的封地被赏赐给皇室成员、皇族亲属以及有功的将领们。这些拥有封地的人往往也拥有自己的军队，从财政上说，他们的领地或多或少也能避开负责整个帝国税收的财政部门的控制。

中原式的功能型官僚政治制度是在1214—1215年蒙古人吞并了金朝的北半部后首次（和不完全地）引进的，建立高效能的官僚政治的更实质性的步骤，只是在很晚的时候，主要是在忽必烈在位时实施的。但是，即便是国家组织结构中原化之时，也决非原封不动地照搬。例如，有充分的理由认为，元代中国的行省同宋代的路相比就具有相当不同的特征，它们更像外域的政府，或像环绕着宗主国领域的一个个藩属国。它们在内部实行某种程度的集权，而同首都大都（北京）周围的帝国区域保持着颇为松散的联系。① 从这个角度来说，元代的中国看起来几乎就是一个由强大的地方政府统治下的各个地区的聚合体。在 1340 年以后，当地方反叛和脱离控制的军阀威胁到帝国的统一时，这种相对地缺少强大的中央控制的状况，当然为国家的渐趋瓦解提供了条件。

就连蒙古人的军事体制，也不是强有力地集权的。在首都，有一个为管辖全中国及中国以外的军事单位而设立的枢密院，但它不过是一个直属的次级系统，它能有效指挥的仅仅是皇室的护卫军及在中国北方的其他少数部队。护卫军本身是一个混合体，它的各分队吸收了很多民族的成员，从高加索山脉的阿速人到东北的女真人都有。

元代政府的另一不寻常之点也需在本文里提到。宣政院是它的最重要的部门之一。② 它负有性质相当不同而看来又毫不相容的职责：一方面它要监管元代全国的佛教徒，另一方面它又像一个行省政府那样管理着吐蕃及其毗邻地区，同时它又具有很大的权力，包括在动乱时期动员远征军。但是，这并不意味着它是一个蒙古中央政府所设的下一级的吐蕃地方政府权力机构。该部门的长官多由喇嘛教的僧人担任。它的这一切不仅与中国的政治传统迥然相异，而且是元代政府组织结构无系统的又一例证。元代的中国决不是一个铁板一块的中央集权国家，尽管在《元史》中把它杜撰为已经盛行了中国中央集权的文官行政制度。

破碎的法律体系

征服王朝的法律体系也是零散破碎而不是整齐划一的。中国传统的法律对各种族几乎是一视同仁的，一个非汉人的种族集团一旦被吸纳进这个国家的范围内，他们的法律处置便要遵循中国的律令。这一惯例只有一个例外可以在唐律中找到，它规定“化外人”（处于文明之外的人）之间的犯罪行为，要根据他们本土的习惯法进行判决。如

① ［110］戴维·M. 法夸尔：《元代政府的结构与职能》，第 52—53 页。
② ［143］傅海波：《元代中国的吐蕃人》。

果这类人是对汉人实施犯罪，则要依据汉地的法律条款对他们提起诉讼和作出处罚。① 以领土为标准决定法律的适用范围，其基本原则在法学理论上叫做“出生地主义”（ius soli）。与之相对的是个人原则——血统主义（ius sanguinis），它承认对不同种族集团作不同的法律处置。所有的征服王朝都是多民族的并且包括了大量汉族人口，它们的法律体系一般地说运用的是血统主义的原则。在辽代，汉地的法律（即汇编成册的唐律）被用于汉人和渤海人，但作了某些修改，主要是在处罚方面比唐律的规定更为严厉。部落的习惯法则适用于契丹人和其他非汉人的种族集团。辽并不打算创立一套全面系统的法令，尽管它屡次整理和颁布了一些现成的章程和条例。②

相反，党项人却创制了非常复杂的汇编成册的法律，它们用西夏文书写，是唐律与党项习惯法的混合物。这部法典的大部分留存至今，并有一个译本。③

在整个 12 世纪，金人的法律一直是一个汉人法律与女真人和其他种族集团的习惯法的混合物。汉人的（唐的）法律只是逐步被采纳的，这一过程在 1201 年颁布的泰和律中达到了顶点。泰和律在很大程度上以唐律为基础，它一直实行到 1234 年金亡以后；甚至在蒙古人征服了中国北方以后，它仍然应用于汉人。④ 泰和律的废除只是 1271 年蒙古政权以元为其王朝的名称之后的事。且不论金人的法典，就是他们的法——主要是家庭和继承法——也包含了许多与汉地的法律理论和实践大相径庭的原则。在这些原则中，应该提到的是，他们容忍寡妇再嫁给丈夫的兄弟，允许儿子们在父母在世时就去建立自己的家庭。与唐律相比，残存的泰和律上的条款往往更为严厉，并倾向于加强家长对其妻子和晚辈的权威。

---

① ［565］《唐律疏义》，卷 6，第 4 篇，第 133 页。［233］华莱士·约翰逊：《唐律》，卷 1，第 252 页。

② ［119］傅海波：《从辽朝（907—1125 年）看多民族社会的中国法律》；［145］《辽史中的“刑法志”》。

③ ［260］克恰诺夫：《天盛旧改新定律令（1149—1169 年）》。

④ ［128］傅海波：《女真习惯法和金代中国的法律》；［129］《金代的法律制度》。

蒙古人统治时这种法律及法律程序上的差异甚至比此前几个王朝有过之而无不及。司法权被各民族分割得七零八碎。① 举例来说，具有上诉法院职能的大宗正府，就只对蒙古人有司法权。涉及中亚人的案件，如果上诉，则要由都护府去解决。处理种族关系的原则也偶有例外。其中之一与异族通婚有关。父母二人中哪怕只有一人是蒙古人——丈夫或妻子——就必须应用适用于蒙古人的法律。混合法庭的采用，也应当看成血统主义原则的一个表现。例如，在的斤统治下，即在哈剌火州（今吐鲁番）的亦都护治下的畏兀儿人，他们与汉人之间的所有案件，必须由一个混合法庭来审判。还有一些应用于某些职业集团的专门的混合法庭，包括军人法庭。佛教和道教人士的严重犯罪，则属于普通的民事法庭的管辖范围；但若是僧俗间的不太严重的纠纷，就要由该僧侣的主管和一名当地的文官来共同裁决。在行医人士与患者和患者家庭之间发生的案件，要由一位从医的代言人与当地官员来裁决。乐人团体的成员与其他人之间的案件遵循同样的诉讼程序。从这一点上说，个人、种族、职业集团的原则充斥着元代的整个法律体系。法律和审判制度破碎到了严重的程度。此外，蒙古政权没有一部像唐、夏、金、宋那样的全面而系统的法典。司法实践遵循的是从好几部法律手册中集中起来的一个个章程和条例，其中的一些完整地或部分地保存至今，因此有可能比辽和金更为详细地对元代的法律制度作出研究。

官员的地位

有一种深深地影响着朝廷气氛的半法律性行为，它就是“廷杖”。在所有的征服王朝的统治下，任何级别的官员都有可能在帝王的指令下并当着他的面遭受杖击的惩罚。就是低级政府部门中，官员们也不能免除体罚。这种对官员的体罚在隋文帝时代是很普通的事。② 在唐

① [412] 保尔·拉契内夫斯基：《元法典》的“导言”。

② 关于隋文帝任意而残酷地虐待其官员，见 [737] 汤承业：《隋文帝政治事功之研究》，第 81—83 页。

代，有时也实行廷杖，但那只是偶然的事例。① 宋代与之形成对照，它不仅在理论上，而且在实践中都遵循着一条古老的原则：刑不上大夫，礼不下庶人。在宋代，这种体罚从未强加到官员的身上。但是，那些征服者们却不理会这一传统的中国特权。那种使人蒙受屈辱的杖击成了政府里的正常现象。② 对官员的鞭笞，尤其是对大臣当庭施行的杖击，可以被当作野蛮人的兽性和帝王暴虐行为的证据。但是，它也可以被看成在这些外族政权统治下平等主义倾向的结果，这些倾向是对传统中国将官与民截然分开的基本的社会和法律壁垒的否定。

一般地说，在这些王朝时期，皇帝们在朝廷上以及在最接近的臣僚中所实行的强大的、个人化的、随心所欲的独裁政治，始终是由一种以权力的破碎甚至常规管理的松散为特征的不成系统的行政管理相伴随的。他们的国家并非固若磐石，而是被多线指挥所削弱。明王朝的创建者如此经常地施行残酷无情的独裁政治，也许就是元代统治者常常表现出的野蛮行为的一种继承③，但它也可能恰恰证明了下述看法的道理：明代第一个皇帝的专制主义是他恢复和加强皇权并摆脱元代政体的非系统性、松散性甚至混乱性而作出的坚定努力。他本人曾把元朝的覆亡归咎于他们制度上的疏失、散乱和放任，从对前代的这一感受出发，他尽力预防可能危及国家和他的皇权的类似事情发生。如果人们同意这种解释，那么明代国家的强化就是不得已而为之的，因为中国本身已被几个连续的外族政权严重地削弱了。

---

① 某些事例发生在武后的“恐怖统治”时期。最臭名昭著的例子，是玄宗时期位居高官的宠臣姜皎在朝廷受到鞭打，随后于722年死去，这是皇帝的亲信以背叛而定罪的极少见的事例。对他的惩罚引起了激烈的抗议。这种做法在唐代后半期再未恢复。见［735］庄练：《明清史事丛谈》，第4—5页。

② ［128］傅海波：《女真习惯法和金代中国的法律》，第231—232页。对辽、金、元时期有代表性地选出的案例，见［735］庄练：《明清史事丛谈》，第1—10页。

③ 见［321］牟复礼：《中国专制主义的成长：对魏特夫运用于中国的东方专制主义理论的评论》。

多语状态

控制与管理一个多种族社会的问题，不可避免地同其语言状况联系在一起。外族政权在以往中国的历史上就存在过，这一点毫无疑问；但是就我们所知，六朝时期的那些外族统治政权几乎并未把征服者的语言用于他们所建立的中原式的国家中，也没有哪个政权具有一种能用于施政和管理的书面语言。与此相反，对于10—14世纪的征服时期来说，我们有充足的证据甚至有留存至今的公文来清楚地证明汉人的语言和文字是如何以及在何种程度上与其他语言和书写系统同时使用的。从前作为惟一的政府语言的汉语，从未遭受过像这个时期这样的挑战。

由于对占人口大多数的严格意义上的汉人的征服，当然使得汉人和征服者都不得不去适应政府的管理方式和领土内的多语状况。只要一涉及口语，官僚机构中的那些不熟悉汉语的外来者们就得主要依靠译员。由于这一原因，所有征服王朝都有一些译员与他们的官员随行，以便这些官员能处理与汉人有关的问题，特别是在诉讼和审问时。使用中间人不仅使处理问题的过程复杂化，而且经常导致滥用职权。对译员的行贿能够成为在不知不觉中影响官员裁决的一种手段。从另一方面说，语言能力成了在官僚机构中升迁的一个重要因素，就像在很多元代大臣的经历中可以看到的那样。

与鲜卑和拓跋（他们从未有自己的文字）这样的早期征服者不同，10—14世纪的每一个外族王朝的统治者都下令创立一套本民族的文字。这些用来书写非汉语语言的书面系统，对语言学家具有很大吸引力；其中的一些不断被译解，应该视为现代学术的辉煌成就。契丹人在920年创制了所谓契丹大字，又在925年创制了看上去像音节文字的小字；他们的独体字和音节文字，既是一些简单的汉字，又带有对汉字人为改造后的形态。① 女真人同样创制了两种文字，也叫大

---

① 一般简要的论述，见［237］丹尼尔·凯恩：《四夷馆的女真译语》，第11—20页；以及［863］清格尔泰等：《契丹小字研究》。

字和小字，分别创制于1119年和1138年。有一段时期，三种书面语言（每一种都有自己的文字）同时使用：汉文用于汉人和渤海人，契丹文用于契丹人，女真文则用于女真人的国家行政部门中。后来在1191—1192年，契丹文字被官方废止，因此法律上承认的只有汉文和女真文。

不幸的是，存留至今的契丹和女真文字的实物材料很少，我们没有写在纸上或丝织物上的官方文献，有的只是一些契刻的碑文或印章上和金属工具上的题名，还有少量留在墙上和陶瓷上的粗糙的涂刻。虽然女真文字从书写法上说是以汉字为样板的，但他们的字只有极少数与汉字的本义相联系；女真人的大多数文字符号，包括义符和音符，更是他们自己创造的。无论如何，它们之所以能被译解，是因为16世纪初由明朝的四夷馆编的一部《汉文—女真双语词汇汇编》一直保存到了今天。① 党项人也有一套文字，它乍看上去很像汉字，但实际上完全无关。它是以包括复合表意在内的极为复杂的原则为基础的。由于保留了大量的实物，包括碑文、抄本、书籍（其中有很多译自汉文），就使得对它的六千多个各不相同的文字的译解有了可能。曾经有过西夏文字随着西夏国家的灭亡而消亡的假设，但事实上在整个元代它一直存在于党项人之中，用西夏文书写的最晚的一件可确定年代的实物是1502年的佛教碑刻。②

蒙古人在1200年以后强盛起来之时，他们很有意识地不去创制一套像其前任那样的复杂的书写系统，而是用畏兀儿人的字母文字书写蒙古语。这套书写系统今天在中华人民共和国的内蒙古自治区仍然是正式的蒙古文字。因此，对于蒙古人的第二套民族文字——它是由吐蕃的八思巴喇嘛（1235—1280年）制定，1269年作为民族文字颁行——现代的学者既不必去译解，也没有任何阅读上的问题。这是一套打算用来书写所有语言的通行文字，以藏文字母为基础。然而，藏

① 见［237］凯恩：《四夷馆的女真译语》中最近的一项研究。

② 见［705］中国社会科学院考古研究所编：《新中国的考古发现和研究》，第631页的徐苹芳的注释；［814］郑绍宗、王静如：《保定出土明代西夏文石幢》，第133—141页。

文的字母不是横写而是竖写的，所以这种文字能和汉文在一起隔行对照书写。尽管除了一些碑文的拓印件外，没有官方的汉文—蒙古文双语文献保留下来，但是可以确定的是，相当一部分保存在一些元代藏品中的用口语写成的汉文司法原文，追溯其源，它们当是蒙古原文文献的汉文对译本。其结果，这些文本里的汉文是不符合语法的，因为这些词是按照根本不同的蒙古语的词序和句法来排列的。官方使用的汉文白话，是其自身的一种创新，因为在 13 世纪末以前，只有汉语文言在政府和行政机构中使用。此外，就是在蒙古人统治时期，它也从未被汉语的口语完全取代，元代自始至终的许多敕令和法令仍然是用文言写就的。因此我们可以说，在元代，即便是在使用汉语语言和文字的范围内，某种双语状况也在发展着。

翻　译

在这些外族人中，那些亲汉人的知识分子精英不仅经常不断地学习用文言写作的高深技巧，而且持之以恒地努力把汉文文献通过翻译介绍给他们的同胞。翻译也应当看作一种创新。早先的六朝时期的征服者们就不能给他们的人民以汉文原作的译本，因为他们还没有能记录下它们的书面语言。毫不奇怪，在征服王朝的统治下，选择什么样的汉文原文进行翻译，很大程度上是以什么才是对统治汉人有用的东西这一考虑为基准的。尽管有关契丹文译著的资料既稀少又零碎，但还是可以知道，除了法律和医学著作以外，还有一些汉文的历史著作被翻译过去，其中有马总（823 年去世）所撰的 9 世纪通史《通历》（译者注：即《通纪》），还有《旧五代史》。选择后者可能是因为五代时期正是契丹人的帝国兴起的时期。契丹时期的另一部译著是《贞观政要》。这部唐太宗与他的大臣们之间的答问录，提供了一套有关唐代治国方略的生动的书面指南；由于它的政治风格和讲求实效的内容，故颇受所有非汉族征服者的欣赏。后来这部书还被译成西夏文、女真文和蒙古文，几个世纪后又译成满文。在契丹人的译著中明显地见不到儒家经典，这是令人吃惊的，因为儒家经典在汉人的眼中一向被视为治理国家和调整社会关系的基本准则。契丹皇帝和大臣们熟知并且利用儒家经典，但似乎他们读的是汉文本子。

汉文著作在更充分地选择后译成了女真文。大量儒家经典被翻译过去，包括《论语》和《孟子》。个别道家著作如《道德经》也有译文。在历史著作中，我们发现有《春秋》的译本，它当然也是儒家经典之一；还有王朝的正史如《史记》、《汉书》和《新唐书》。此外，白居易（772—846年）的79篇考试范文选《策林》也被译成了女真文，它可能是为女真应试者准备的策试的对照本。根据高丽的资料，我们知道，论述战略的典籍和初级读本《千字文》，也都有女真文的本子。因此，看来女真人比契丹人更渴望让他们的民族了解中国的历史与文明。遗憾的是，不论契丹人还是女真人的译著，连一块残片也没有保留下来。

党项人的情况不同，他们的翻译活动甚至比女真人所做的更为全面。与契丹人和女真人的译文形成明显反差，我们不必再依靠第二手资料，因为已有大量西夏文的文本被发现，其中包括了儒家经典如《论语》和《孟子》，各种专科书籍、治国方略著作的译本。军事论著如《孙子兵法》，也有西夏文的文本保存下来，译自汉文的医学典籍和有关兽医学的内容编在一起，后者对于西夏这个产马国来说是一个重要的知识领域。

对翻译成西夏文的汉文原作的选择，是以实用性的考虑为基础的。对于蒙古文译著来说同样也是如此，但其中显然没有关于军事战略方面的汉文作品，大概是因为征服了整个中国的蒙古人并不认为能从中国古代的战略家身上学到更多的东西。现已知道曾有过一些译自汉文的印刷本书籍，包括《孝经》，儒家的解经著作《大学衍义》、《贞观政要》以及一些有关治国方略和行政管理的书籍。在这些著作中，只有蒙古文的《孝经》仍保存着，另有少量残片可能是政书《大元通制》的蒙古译文。元代还有其他一些译著，但不是印刷的，如医书和药典、政治伦理著作以及《书经》。在非印刷的蒙古译本中，还有一些教育和训导性的著作，例如中国历史故事集和格言集。其中的一些译本与其汉文原作并不完全一致。

以上所说的这一切都涉及我们所称的世俗文献。然而，从数量上说，对佛教文献的翻译一定远远超过世俗文献。在辽、金时期，尽管佛教有着广泛和巨大的影响，但还不清楚佛教作品是否曾被译成契丹文或女真文。另一方面，党项人依据汉文的文本，用自己的语言文字翻译出版了大部头的佛经集成。1302 年西夏文的佛教经典在杭州印刷，这时西夏国已经灭亡很久了，这个版本有若干卷流传至今，此外在哈拉和屯还发现了大量西夏文的佛经作品。在元代，许多佛教著作被译成蒙古文，其中部分译自汉文，部分译自藏文，有些印刷的佛经残卷已在中亚发现，主要是在吐鲁番地区。但是，这些只相当于元代所翻译的佛经集成的一小部分。能反映元代佛教信徒中多语状况的一个令人印象深刻的遗迹，是北京以北居庸关的一处壁刻。那些赞扬皇帝宗教活动的虔诚的内容，是用六种文字记录的——梵文、汉文、蒙古文（八思巴文）、畏兀儿文、藏文和西夏文，雕刻在中国的最后一个蒙古皇帝统治时期即 1345 年所修建的巨大的门洞的内墙上。

探求一下当时的广大臣民对这些国家的多语状态及这些国家的政府部门究竟能感受到何种程度，这也许是个合理的问题。答案充其量也只是推测性的。由不通汉文的外族法官主持的审判，对一个汉族平民来说，很可能最经常出现的情况就是要面临语言问题。在最直接同平民百姓接触的政府的基层，其工作人员主要是由汉人的职员担任的。只有在其活动不直接与普通百姓发生关系的高级政治和军事官员中，就其整体而论，外族人才随处可见。在辽、金、元时期情况确实如此，而对于西夏官僚机构的民族构成情况，实际上还没有可以利用的资料。我们可以进一步假设，在所有的征服王朝时期，许许多多的汉人农民很可能从未接触过一个外族人，至少在乡间是如此。城市，作为由外族军人驻守的控制区，情况则不同。同样，城市以外的汉人，大概也没有多少人看到过外族语言文字的公文。

不管怎样，在一般人中至少还有一种实物经常不断地向人们提示着外族的统治，这就是货币。尽管同铸有汉文的钱币相比，铸有契丹文的钱币少得可怜，但已知它是存在的。迄今为止，人们只发现了一枚铸有契丹文字的钱币实物，这枚钱币可确定的年代为 1095—1101 年的寿昌年间。就我们所知，女真人从未铸造过带有女真文的钱币，他们使用的自己的钱币上只铸有汉文。党项人发行的钱币上铸有汉文和西夏文两种文字。金的纸币上印刷的完全是汉文，上面并没有女真文字。元代铸造的钱币是用汉文来表示的，但其拼写用的是八思巴文字，元代的纸币也是如此。现存的元代纸币实物上有不少汉文，但只有该钞票的正式名称除了使用汉文外，再附有该汉文的八思巴文音译。在元代，任何持有货币的人因而都知道国家发行的纸钞和钱币并不完全是汉式的。买卖商品的人还有另一种机会被提醒着这个国家的多语状态：官方认可的秤砣，它上面铸有汉文、蒙古文和波斯文（阿拉伯文字），这种实物仍有一些保存至今。

外族统治下的汉族中国人

外族人对汉族人的这种长期统治造成了什么结果？毫无疑问，征服地本身有无数生灵陨灭，大量财产被毁，社会各个层面都发生分裂与位移。辽造成的破坏最小，他们通过谈判得到了中原的土地；由他们造成的分裂和破坏，对前渤海人的影响则要广泛得多。西夏的破坏也最小，他们似乎是原封不动地从几个现有政权手中接管了今甘肃的大部分土地。金对辽帝国的征服未遇到全力抵抗，没有造成征服地区的普遍破坏，但原为宋领土的他们的中国北方征服地区却经受了多年的残酷战争，物质损失巨大，社会分裂严重。蒙古人的夏、金征服地区，只是在初期的战役中遭受了局部的破坏。蒙古军队在西夏荡平的几乎只是位于今宁夏的西夏中心区，而在中国北方的征服地区，他们对定居人口进行了惩罚性的蹂躏和残害，与他们在伊朗、俄罗斯和印度北部的所作所为毫无二致，摧毁城市，屠戮民众，甚至企图把中国北方变为他们的放牧场。

因此，在 1/4 世纪里，中国北方经历了该地区特有的战争和行政上的混乱。在金代晚期的 1207 年，这个帝国所拥有的人口为约 5300 万人，通常情况下全中国的人口则一直保持在 1.1 亿至 1.2 亿之间。到这个世纪末的 1290 年，中国全部注册人口已经降至不足 6000 万人，并直到 14 世纪末的明代初期一直维持在这个水平上。东北部地区的人口下降尤为严重。1207—1290 年的 80 年内，河北和山东的人口灾难性地降至此前人口水平的 1/3 略强。

很多因素造成了对这些数字说明上的困难。但是很清楚，13 世纪经历了人口的大量损失，其各种原因差不多都是由蒙古军队在中国北方的破坏性作用所造成的，尽管可能还有其他的因素起了作用。相比之下，对中国南方的入侵和征服，是由蒙古人的一个已经牢固地扎根在中国并已习惯于中国的方式的元政权进行的。忽必烈有种种理由努力使中国南方尽可能完好无损，并使其生产基础不招致毁灭，但这一地区在整个 13 世纪也是人口下降严重，虽然还没有达到从前金朝统治区域那种灾难性的水平。

1234 年以前，蒙古人对他们的中国北方征服地区强制实施了种种不同的政策，并且在 13 世纪 70 年代把它们强加于中国南方，从而增强了在宋代就已经形成的人口发展趋势。尽管 11—12 世纪间中国人口在稳定增长，但其分布却发生了根本的变化。在唐代的 742 年，中国人的 60%生活在淮河以北。但是到了 12 世纪，情形颠倒了过来，多数人在南方生活。虽然整个中国的人口已增加了一倍，但西北地区的人口实际上是在下降，东北地区也没有增长，尽管相当多的人口开始集中到现在的北京附近，北京是辽和金的大都市。元代的征服——其北方遭受了蹂躏而南方却相对未经触动——加速了这一趋势，除了其首都大都（北京）附近外，对西北地区的衰败和东北地区的相对死气沉沉状态听之任之。河北的部分地区直到 16 世纪一直未能恢复到唐代中期的人口水平，它们也从未能恢复其相对的重要性。

就征服地区本身来说，这些政府并不是只把破坏力释放在汉人身上。所有外族王朝起初都是一些军事政权，它们都同其邻人进行着经常不断的战争，这些邻人既有中国、高丽这些定居王国，也有北方草原上的部落。为了作战它们需要征集大批军队，其成员既有部落民，这些人始终生活在一个随时准备从事战争的国家里，是骑兵的来源；也有它们的汉族属民，他们被用作步兵从事对定居国家的作战，在这里战争是相对静止性的，有必要攻陷筑围的城市。它们的一些战役付出了巨大的生命代价：辽对高丽的入侵，西夏同宋和金的经常性战争以及忽必烈时期对日本的流产的入侵，仅仅是随手举出的几个事例，这几次战役都损失了好几万人。经常性战争的巨大代价还包括这一时期所有国家在物质资源上的极度消耗：宋代中国从生产力的巨大增长中所获得的收益被大量耗费在了维持一支庞大的军队上。征服王朝动辄对统治下的定居人口不断随心所欲地征用人力和军需物资。它们的中央管制型经济逐渐发展成了一种永久性的家庭综合体系，这些家庭可称之为国家的特殊产品生产者或特殊服务提供者，包括军事服务。

同这些王朝的组织结构相联系的还有在数量上飞快增长的奴隶和半奴隶性的依附民，二者既有国家所有也有私人控制的，一个普遍的趋势是向着个人的社会从属关系的方向发展。在女真人的金代，占有奴隶的情况尤其普遍。每一个征服王朝看来都允许皇室成员拥有大量的私人部属并对他们自己的非中央控制的领地进行管辖。

把生活在宋王朝统治下的普通汉人家庭的状况与同时生活在各征服王朝统治下的家庭进行比较，实际上是可以做到的：税收水平差别很小，在日常管理上也没有哪个更具压迫性。很多乡下人可能极难得亲眼见到一个外族统治者。但是在城市里，情况就不同了。军队和行政机关就驻扎在那里，每一个征服王朝还都带来了一群非汉族商人以及为政府服务的商业代理人，在契丹人和女真人统治时期是回鹘人，在元代则是来自西方和中亚各地的人（色目人）。

对于受过教育的汉人精英分子来说，因其所受的教育中浸染了做官为国的思想，因此在适应新秩序上更为困难。契丹人和党项人所控制的汉人地区，向来支撑不起一个较大的、受过良好教育的精英集团。这些地区始终是文化落后的地区，就是在公元900年这些地区已被军事统治了几个世纪时，当地的文人学士也起不了多大作用。但是随着这两个国家的渐趋成熟，就越来越需要有文人在政府中服务，其中有很多是汉人。辽最终有了它自己的考试体系，自己的翰林院（它完全有资格有个契丹名称）、自己的国史官以及为皇帝及其法定继承人解释经典的儒家学者。南面的官职几乎全被汉族官员所充任。受过教育的人秘密地抄写、刊印和学习宋朝作者的作品。佛教在皇家保护人的荫庇下极为繁荣，很多僧人很可能是汉人。中国的艺术也得到延续。至少有一位早期的契丹王子是个造诣颇深的画家，他的作品被收入宋徽宗的藏品集中，有一幅庋藏至今。在辽墓中发现的壁画，是流行于初唐的富有活力的中国彩画像传统的生动而感人的派生物。辽代的建筑师以中国（或渤海）为样板来设计城市，并修建了伟大的寺庙建筑群，其中的一些石塔仍保存完好。

显而易见，中国的文化生活——地方性的、较为老式的，但可能依然基本上是中国式的——在持续着，契丹贵族一直把中国文化紧密地同他们自己连接在一起。有许多汉人在这个政府中服务，其中少数人当上了最高级别的官员。但是，种族的同一性问题是个复杂的问题。某些取得成功的汉人家庭变得越来越像他们的统治者，他们与契丹的贵族家族通婚，他们在朝任职的时间一长，就不可避免地要采用契丹人的生活方式。一般的汉人官员可能保留了更多的自己的文化传统，但他们是被排除在真正的权力地位之外的。重大的决策，尤其是军事决策，仍然是契丹朝臣独占的领域。

辽朝政府企图对其汉族臣民和部落民实行不同的管理章程，但这并不意味着对其汉族人口管理不当。曾在1090年作为使节出访过辽朝的苏辙，就颇为惊奇地发现针对汉人的法律并非不堪重负，尽管他对腐败现象的蔓延程度感到吃惊。

表示不满的看来并不是汉人。他们是一个从未举行过一次反抗契丹人的起义的多数人种族集团，即便是在最后，当辽南部的汉人区开始受到宋人和女真人的同时威胁时，这部分人仍然对宋进行了激烈的抵抗，而后甚至连象征性的抵抗都没作就把南京（译者注：即燕京）放弃给了女真人。

要对党项人统治下的情形作出描述更为困难，因为我们的资料不够充分，对于西夏国的种族集团还不能像对契丹人那样作出恰当的地理上的划分。但在这里，中国的文化生活看来也在生机勃勃地继续着，这里有大批的西夏文和汉文的出版物及印刷品，在统治集团和汉族人之间也没有尖锐的种族冲突。

至于女真人的征服地，情形则有了改变。不论在辽还是西夏，占支配地位的非汉人集团并未在数量上被其汉族臣民远远超过。当女真人征服了辽以后，他们接管了易于对付的边疆地区的北方汉人；而当他们进一步征服宋的江北地区时，却发现自己还要去控制4000万以上的庞大的、不断增长的汉族人口，这几乎相当于8世纪时唐代中国的全部人口。到1207年，他们的人口统计数字为5300万人。女真人无疑被其汉人臣民以大于10比1的比例所超过，他们对这一形势的反应是有趣而复杂的。

自然，女真人要花些气力来维护他们种族的同一性。与汉人的通婚是受到禁止的，起先汉人还被命令采用女真人的习俗和发式，但至迟在1152年以后，当北京成为中都和政府所在地时，女真贵族集团——与契丹统治集团不同——就不再在他们的部落家乡生活，不再满足于动荡不定的半游牧生活方式。作为整体的女真人仍然留在东北，但皇室及其数以百计的占统治地位的女真氏族的绝大部分，都生活在了由汉人所包围的从前辽或宋的领土内。就像蒙古人后来那样，女真人把被征服的汉人居民区分为不同的等级："北人"(从前辽的臣民)和"南人"(在前宋范围内生活的人)。金世宗比较喜欢任用前宋的官员。女真人强制推行了一项新的政策，将其军队大量分遣到他们遍布在中原领土上的大片屯田里去屯驻。这些屯田，加上其他的官田，吸纳了相当数量的中国北方农业人口，它们都是由汉人依附民来从事耕作的。

但是中国社会作为一个总体几乎没有被搅乱：商人、工匠、地主和农民仍然干着他们的本行。文人学士被吸收进政府部门，当女真人沿着唐代的轨道建立了中原式的中央政府后，汉人继续在大多数政府机构中供职。高雅文化受到保护。各种体裁的文学作品大量涌现，有对经典的诠释，有散文和诗歌，大部分诗歌体现了唐代或11世纪宋代的保守的标准，而不受同时代南宋的创新风格的影响，金代学者对后者尚一无所知。

在儒家学说——独立于已在南方逐渐占据其他思想方式上风的理学学说——一如既往地发展的同时，佛教特别是道教在女真人统治下兴盛起来。一种以一批新的半民众型听众为对象的新文学体裁也出现了：带有情节的演唱和纯朴自然的戏剧表演。印刷品继续展示出精良的水准。由那些修养良好的女真人和契丹人与汉人一道享有的金文化，也许还达不到南宋文化尽善尽美的程度，但是它具有一种极富生长力的、独立不羁的传统，同样是坚定地以中国的历史为根基的。

蒙古人涌入中国的舞台，其猛烈程度远远超过了女真人。他们的第一次大规模进攻，是对党项人的西夏国发动的，它与左右着整个东欧和伊朗大众想像力的关于蒙古人的恐怖形象最为接近。党项人的国家及其高度文明几乎被荡涤一空。下一次进攻转向了女真人的金朝，它遭到毁灭，它的领土在近 1/4 个世纪里陷入混乱状态。

在忽必烈上台之前，中国对于蒙古人来说一直是不急之务，其不过是他们的庞大帝国的一部分，是一个战利品、掠夺物、有特殊技能的俘虏和无可比拟的工匠的丰富源泉。正是在肆无忌惮地劫掠中国资源的这个时期，生活在这么一个外族政权统治下的中国的汉人第一次遭受了各级社会的普遍分裂与破坏。同样是第一次，汉人的精英分子除少数人外都被排除在了政府部门之外。

对中国南方的征服是一个完全不同的过程。忽必烈决心建立起结合有许多中华帝国特色的国家组织结构。但是蒙古人仍然避免依靠汉人官员，依靠汉人官员曾是契丹和女真帝国的特征，而蒙古人的精英集团中则包括了其他一些少数种族的成员，他们是来自中亚和西亚的贵族，充当管理人、包税人和中间人的角色。一些汉人文人学士拒绝为其新主人效力，他们有意地避开尘世而去过隐居生活。然而久而久之，有些汉人也担任了公职，他们多数人是吏员，少数人是官员；作为精英的文人学士依然存在着，尽管他们在生活中不再以做官为首要目标。很多受过教育的人选择了新的职业，如教师、医生、商人等。其结果，精英们的“儒家”生活理想、道德价值、社会准则比从前更为广泛地向社会传播，所波及的一个社会层面是蒙古统治集团的精英及其色目盟友，他们中的很多人成了颇具才能的汉文作家和中国文化完全的参与者。在有限的范围内，少数非汉族精英分子被吸收到了中国的知识界中。

14 世纪中叶，元朝走上了它的末路，这不是因为又有了新的一批入侵者的入侵，而是由于它内部的崩溃。现在仍远不清楚最终推翻这个王朝的众多地方起义的原动力是什么：自然灾害、时疫和气候恶化都加剧了暴政、剥削和行政管理失当的结果。可以弄清的是，到14世纪40年代和50年代，在各个阶层的汉人中都存在着强烈的不满，他们采取了传统的大规模盗匪活动的方式，教派活动也已出现，军队中发生兵变。从历史上说，这些现象正是与中国历代王朝倒台并生的现象，但此时因政府为外族人政府、其掌管者多为外族人这一事实而使它们具有了新的锋刃。

以明朝的建立为终结的持续了20年的国内战争，其破坏性肯定至少可以同女真人征服中国北方时相比，并且超过了蒙古人征服中国南方时的情形。只有蒙古人征服北方的第一阶段才比它更加凶狠残暴和肆行无忌。但是即使在这些国内冲突爆发之前，元代中国就已在承受着与此前那些政权的征服地相比沉重得多的压力。

这些征服王朝真的代表了中国社会、中国经济、中国政治制度和中国文化的“自然”发展中的大倒退吗？没有这些征服王朝，代表11世纪宋代中国特征的高速发育的形态和合理的组织结构就能延续下来吗？它们使得某些学者所说的出现于宋代的一个“近代时期”夭折了吗？或者说这些宋代的发展无论如何是死路一条，它们是被国力的局限、被中国的这种规模和多样性、被汉人的精英分子不能对实践和实效给予应有的重视与关心所毁灭的吗？为什么在明代，当他们最终把蒙古人从中原驱逐出去时，仍不能恢复由宋代提供的更为高级的政府模式，相反，却继续保留了金、元时期制度发展的那么多方面，并恢复到了被所有征服者都推崇的唐代模式上来了呢？这些都是很复杂的问题，可能得不到解答。但是，它们无疑都在提示着人们：本卷所涉及的这个难解的和多样性的时期，值得作为中国发展中的一个十分重要的不可分割的阶段来仔细研究，这一时期当然不是以最后一批蒙古军队撤过边界即告终结。

第一章

辽[1]

概述

10世纪初叶辽朝的建立，是中国第二个并且更为广泛的外族统治时期的开端。这个时期长达近五百年，并在1279年蒙古征服全中国时达到顶点。中国在以前还从未遭受过如此漫长的外族政治和军事统治。契丹人的辽朝、党项人的西夏、女真人的金朝和蒙古人的元朝，相继控制的中国疆土越来越大。残存的中原王朝，不得不面对这些在中国国土上的征服王朝，即使不承认其为凌驾自己之上的王朝，亦将它们视为平等的国家，在平等的基础上与它们建立了长期的外交关系，并向它们提供岁币和贡物。这样的国家关系完全有悖于中国人的传统世界观念，按照中国人的观念，中国是文明世界的中心，周围的其他民族和国家都应向它表示臣服。

北亚游牧民族新兴力量的最好说明，是辽朝建立者的族名契丹，以Kitaia、Cathaia或Cathay等形式，在整个欧亚大陆成为中国的代称。[2] 在俄罗斯和整个斯拉夫语世界中，至今还用这个称呼来称中国。

契丹人实际上只控制了中国一小部分边缘地区，但是他们的统治延续了两个多世纪。由于其统治范围东起高丽，西至阿尔泰山，所以

---

① 在撰写本章时，我反复参考的是辽史研究的力作［541］魏特夫、冯家昇的《中国社会史：辽（907—1125年）》。该书是各种语言的研究成果中最为全面和深入的研究著作。

② ［373］见伯希和：《〈马可·波罗游记〉注释》，第1卷，第216—229页。

有效地隔断了中国与中亚和西亚的直接联系。因而，西方自然得出了横跨东西的契丹是中国的真正主人的结论。这种对契丹长期统治的误解和夸大，亦深印在同时代的亚洲人脑海中，直到辽朝灭亡之后，这种看法还延续了很长时间。

建立王朝前的契丹

契丹人早期历史的资料较少。① 汉文史料第一次提到契丹的名称是在公元 4 世纪。但是这些早期记载相互矛盾，很难确认这一名称究竟指的是什么民族。一般认为契丹出自鲜卑宇文部，该部在 2 世纪以后控制着中国的东北边疆。345 年，宇文部被建立了燕国的更强大的鲜卑慕容部击溃，分为三部，其中一部称为库莫奚，契丹亦属其中。388 年，库莫奚又分为库莫奚（后来通常简称为奚）和契丹两部。魏收于 554 年完成的北魏史书《魏书》，是最早把契丹、库莫奚和室韦视为独立民族的正史，并指出它们都出自鲜卑。② 当时它们都是游牧民族，契丹居于辽河（西拉木伦河）上游的草原地区，即今天辽宁省和吉林省与内蒙古相邻的西部地区；库莫奚居于契丹南面和西面的山区，即今天河北和山西北部；室韦居于契丹之北，位于内蒙古与黑龙江西部相接地区。

魏收提到的契丹，究竟是一个独立的契丹族的名称，还是这些人仍是称为库莫奚的一个大部落集团的一部分，至今还不清楚。不仅如此，《魏书》中提到的组成契丹族的一些小部落，在同一本史书中还以完全独立的身份出现。这些看似矛盾的记载，可能既反映了魏收写史时能够利用的资料有限，也反映了在漫长的北魏时期（386—535 年）这些部族正处于不断的分化过程中的事实：契丹先从库莫奚中分离出来，然后在合并其他原来独立的部族的过程中，逐渐发展成契丹族。契丹被北魏的创建者拓跋部击败，沦为其属部。479 年，在漠北

① 前王朝时期契丹历史的最详细论述，见［367］爱宕松男：《契丹古代史研究》。

② ［562］见魏收等：《魏书》，卷 100，第 2221—2224 页。

柔然的扩张威胁下，契丹的大部分向东南迁移到辽河中游地区。进入6世纪时，契丹日益强大起来。

契丹及其邻部的内部种族构成还不清楚。毫不奇怪，汉文史料对这一问题的解决帮助不大。传统中国史家对外族的记载，不注重其人种和详述其族类，而是注重外族与中原王朝的关系，甚至由外族人建立的北魏也是如此。外族人受到关注，或是因为他们的臣服提高了中原王朝的声望，或是因为他们的存在威胁到中国的统一。

史家认定契丹与库莫奚同源于宇文部，将契丹和它的邻部奚、室韦均视为鲜卑的后人；后来又试图将其与匈奴连在一起，匈奴在汉代时曾统治了整个北亚；由于这样的溯源缺乏证据，所以我们难以确定这些民族的种族成分。它们的名称常常表示政治联盟并以此与中国人接触，而不是稳定的种族群体。在北亚游牧社会中，这种政治联盟经常变化，总是在危急时刻由许多内部关系复杂的小部族结成军事联盟。这些联盟通常是很不稳定的，主要靠领袖人物的威望来维系，在强有力的领导下短期内实现共同目标和统一之后，又会不可避免地再次分裂。

当代学者尝试利用语言资料解决契丹的族源问题，但是对契丹语言的研究还不能提供有力的证据。我们知道按照语言学的分类，契丹语属于阿尔泰语系（北方草原的所有语言均属于这一语系），但是在阿尔泰语系的突厥、蒙古、通古斯语族中，还要加以选择。可供选择的范围很窄，我们知道的词汇只有区区二百余个，其中一半列在14世纪才成书的《辽史》中。不幸的是，《辽史》所列的词汇大多是姓名、官名和名号，这些词汇很容易从一种语言传给另一种语言。因为契丹长期处于有很强政治影响的操突厥语言的民族之下，先是拓跋的属民，然后臣服于突厥，最后臣服于回鹘（辽朝创建者的部落曾与其保持长期的通婚关系），所以许多部落名称和契丹官名非常自然地是来自突厥语。我们所知的基本词汇过少，而这些词汇又肯定有一些是借词，所以难以断定契丹语是属于蒙古语族还是属于通古斯语族。契丹人可能说的是一种受通古斯词汇影响的早期蒙古语，也可能是受蒙古词汇影响的通古斯语，不管是哪一种语言，都使用了许多突厥语借词。

用生活习俗和物质文化的资料同样很难解释契丹的族源问题，因为这些东西也很容易从其他民族借用。我们不能指望这方面的资料对契丹族源提供任何明确的结论，是因为契丹的居地西面是包括干燥草原和沙漠的广阔地区，居住着操突厥语或操蒙古语的部落，东面是东北地区森林覆盖的平原和山地，是通古斯语族民族的家乡。契丹文化与它的一个邻族有共同的特性，当然不足为怪。

但是，有一种文化特性支持《魏书》所说的契丹、奚和室韦同源的说法，这就是男子的发式。契丹的男子将头顶的头发剃光，留下两鬓的头发垂至肩部或胸部。奚和室韦都采用同样的发式，据信他们共同祖先的鲜卑，也采用这样的发式。

关于契丹人的起源，生活习俗和物质文化给我们的证据并不比语言资料多。但是，契丹的先人显然隶属于称为鲜卑的部落集团之中。除此之外，都不过是推论。

契丹诸部在6世纪时还只是一个弱小的联盟。553年，北齐大败契丹，掳掠了大量契丹部民，掠走了许多牲畜。① 隋朝初年，契丹内部斗争不断，586年后不久，一些部落成为突厥人的属民，其他部落臣服于隋朝。《隋书》（成书于636年）把契丹描述成所有蛮族中最原始的部族，这一叙述反映的可能是契丹人还不稳定的组织形式，而不是他们的文化水平。在和平时期，契丹各部各自为生，在其疆域内放养羊、马畜群和狩猎。只是在有战事的时候，他们的首领才聚在一起选举一位临时的领袖。②

契丹诸部的政治命运主要取决于他们更为强大的邻居和经常变化的力量天平，天平的一方是成功统治中国北方的王朝，另一方是北方、东北、西北和其他地方的敌对邻族。在中国强大时，如5世纪在拓跋魏的统治下，契丹即被纳入其政治控制之下；当中国衰弱时，契丹就成为其他游牧民族的属部，如突厥在6世纪取代柔然成为北亚的

① ［563］李百药等撰：《北齐书》，卷4，第57页。

② ［564］见魏徵等撰：《隋书》，卷84，第1881—1882页。

主人，契丹即成为其属部。东部的一些契丹部落甚至向以东北地区东南和朝鲜北部为中心的高丽称臣。

然而，契丹人的临时联合亦能形成较强的军事力量，605 年契丹人对河北和山西北部隋朝疆域的大举入侵，就是一个证明。这引来了强大的隋的惩罚性征讨，使契丹蒙受巨大损失，其人口一时锐减。①

7 世纪 20 年代和 30 年代，随着唐朝的兴起，形势发生了根本变化，唐不仅是强大的中原王朝，还在 630 年击败突厥后成为北方草原的霸主。在这些年代中，契丹又逐渐被纳入中原的政治控制之下。623 年，契丹的一个首领入觐长安；628 年，在召开了一次部落首领会议后，另一个首领又到长安要求正式臣服。在 645 年太宗征高丽时，一些契丹部落参加了唐军的征战；647 年，以窟哥为首的大贺氏八部联盟臣属于唐朝。②

我们难以确知窟哥是在危急时刻选举出来的临时领袖，还是按新方式选举出来的终身领袖，或是通过承袭成为领袖。628 年率领部众臣服的首领也是大贺氏的成员。显然到了 7 世纪 40 年代，在以前的更富政治经验的突厥宗主的影响下，契丹的联盟变得更加稳固和更具凝聚力。唐廷决定通过强有力并忠于朝廷的世袭领袖间接控制契丹人。为实现这一目标，窟哥被赐予唐朝的国姓“李”，并被任命为松漠都督，这是为间接管理契丹诸部特别设立的官员。通过这些措施，唐廷希望确保窟哥与唐朝的合作及其属下部民的服从。

唐廷的政策推行得很顺利，近一个世纪中，大多数契丹首领出自李（大贺）氏。但是，与所有北亚的游牧民族首领继承方式一样，继承人并不总是首领的直系后裔，而经常是同一氏族的成年旁系亲属，如叔伯和兄弟，并且要在定期的部落首领会议上“选举”产生继承

① ［573］司马光等撰：《资治通鉴》，卷 180，第 5621—5622 页。

② 关于唐代的契丹，见［567］刘昫等撰：《旧唐书》，卷 199 下，第 5349—5354 页；［571］欧阳修、宋祁等撰：《新唐书》，卷 219，第 6167—6173 页；［569］王溥：《唐会要》，卷 96，第 1717—1719 页。亦见［512］崔瑞德、费正清主编：《剑桥中国隋唐史》，第 3 卷，第 314—316、438—440 页。

人。在统治者必须直接展示他的权威的社会里，不可能容忍儿童、软弱和无能的人成为统治者。同样的继承方式延续到了辽朝。在 7 世纪 90 年代以前，李氏的后人被唐廷封官加爵，并有数人成为唐军的著名将领。

但是，唐与契丹间的关系并不是一帆风顺的。7 世纪末叶，唐对边疆地区的控制有所削弱。从高宗初年起，从塔里木盆地到高丽，横跨亚洲的唐军逐渐退却，采取守势。吐蕃人成为他们的主要战略目标。同时，在 680 年前后，突厥再度强大起来，并开始重构其草原霸主地位。唐试图征服高丽的行动以惨败告终，在东北东部出现了一个新的国家——震（后改称渤海）。最后，是契丹人试图摆脱唐的监护。696—697 年，被骄横的唐朝地方长官的暴虐行为激怒的契丹首领李尽忠率部起兵，对河北发动大规模进攻，深入唐境，攻占了几座大城市，重创唐军。但是由于两个原因，入侵失败了。突厥的可汗不愿豢养出一个敌对的草原势力，他从背后向契丹发起进攻，将其击败，掳走了大批部民和畜群。此后当唐廷在 697 年调集新军征讨契丹人时，最初参加契丹起兵的奚人背叛契丹投唐。士气低落的契丹军溃散并被驱赶出来，伤亡惨重。唐朝迅速地将契丹从其境中逐出，但却没有立即恢复对契丹的控制。

直到 715 年，在突厥的力量削弱和在玄宗统治下唐的扩张再次加强后，契丹才又臣服于唐。716 年，仍是李（大贺）氏成员的契丹首领亲自前往长安朝贡。和以前一样，契丹的首领们得到了唐廷封授的高官和爵号，为加强羁縻，唐将皇族的一位“公主”嫁给契丹的领袖，契丹统治氏族的成员则被送到长安去做“质子”。唐朝又建立起了对契丹八部的间接统治。其后的几年，唐对契丹的影响达到了顶点。

但是，唐朝的控制没有维持多久，由于契丹内部的争执，双方的关系不久就开始发生变化。尽管有唐廷的授封，李（大贺）氏的领导权还是削弱了。一个名叫可突于的契丹部长成为事实上的领袖，操纵着李氏王位继承的立废。虽然他从未对李氏的世袭统治权提出过挑战，也从未试图取代他们的位置，但是他具有绝对权威。8 世纪 20

年代末，他前往唐廷，受到唐朝大臣的粗暴对待。他由此深恨唐廷，在730年返回后杀死契丹王，挟持契丹和奚叛唐，投靠了突厥。虽然可突于及其扶植的契丹王在734年被李氏的支持者杀死，唐廷却未能重建对契丹的控制权。唐廷想为契丹选择一位新领袖，但以失败告终。此外，契丹内部的纷争导致了领导权的变化，唐廷支持的大贺氏，被一个新的统治氏族遥辇所取代，我们将在后面加以详述。

745年，唐廷试图用建立新通婚联盟的办法来恢复双方的关系，但是没有成功，送去的皇室新娘被杀，契丹再叛，唐范阳（今北京）节度使安禄山随即企图以武力征服契丹。751年，安禄山攻入契丹境内，但是被打败，损失惨重。755年，他派出一支更强大和经过充分准备的军队再次进攻契丹。这一次安禄山的军队取得了胜利，契丹人被击溃。但是就在同一年晚些时候，安禄山自己亦叛唐，率军攻入河北，在他的军队中，则包括了大量的契丹、奚和室韦骑兵。中国卷入血腥和漫长的内争，这场长达十年的内战使唐帝国陷入混乱，几乎到了崩溃的边缘。唐朝再未完全恢复其统治。

许多契丹人、奚人和室韦人仍然效力于唐，尤其是在军事方面效力。一些原来归属于安禄山的契丹和奚人将领，后来降唐，并在河北藩镇中起着重要作用。如叛乱之前拥有汉人人口350万的成德藩镇，762—781年由一个奚人家族统治，其后782—820年由三代契丹统帅统治，最后由一个回鹘家族世袭统治，直到唐朝灭亡。与成德藩镇同样大小的魏博藩镇，822—826年由一个奚人统帅管辖。我们不知道这些统帅与他们在唐境外的本部部民有什么联系，但是他们在自己的军队和藩镇的管理机构中使用了大量的契丹人和奚人。

755年后契丹族的历史更难叙述。契丹人没有像西方的吐蕃人那样乘唐朝暂时衰弱的机会进攻唐朝和蚕食其土地。可能是内部的争斗和安禄山叛乱前进攻契丹造成的重大损失，极大地动摇了契丹联盟的基础。无论如何，契丹人的疆界立即与强大的反叛王国的辖境相邻。契丹人不与之对抗，而是和平相处，并奉成功地取代了突厥成为北亚霸主的回鹘为宗主。

这并不意味着契丹切断了与唐朝的所有关系。契丹和奚都与以今天北京为基地的范阳（后改名卢龙）节度使保持着长期的特殊关系，此节度使习惯上兼任押奚契丹使之职。安禄山叛乱之后，处于半独立状态的卢龙节度使仍然保留着这一官职，并且履行其职责。由于卢龙有强大的军事力量，其边境比较安定，奚和契丹很少来侵扰。契丹虽然臣属于回鹘，但仍然定期向唐朝派遣贡使。当贡使抵达卢龙镇治所幽州（今北京市）时，节度使即选派几十人前往长安，其他人则滞留幽州。在756—842年之间，我们所知道的这样的使团至少有30个。历朝皇帝按惯例款待、酬谢贡使，但不再授予契丹首领唐朝官爵，因为唐廷已知道契丹是回鹘的属部。

840年，草原上的回鹘汗国解体，此后形势又发生了变化。842年，契丹首领屈戍断绝了以前与回鹘的朝贡关系，再次附唐，并要求得到武宗的正式册封。唐廷恢复了契丹以前的封号，以此作为其归附的标志。

遗憾的是，唐朝史书关于唐与契丹关系的叙述在这个关键时刻终止了，亦没有为9世纪最后十年的契丹提供更多的资料，而这一时期恰恰发生了许多导致契丹走上建国之路的事件。为接上这关键的一环，我们只能依靠《辽史》，该书提供了此时统治契丹的遥辇可汗的世系（见下页表6）。《辽史》的编撰者承认这个世系不完全可信。《辽史》还提供了辽朝的建立者（耶律）阿保机所出的迭剌部的更为详细的世系表（见图表1）。

这个世系表可能早在10世纪40年代就编成了，它的编制当然是为了确立耶律皇族的正统地位。可能是着眼于众多的汉人臣民，契丹皇族宣称自己是中国传说中的英雄、中国农业保护神神农帝的后裔。但是，这个中国式的神话远没有关于他们自己民族来历的传说重要。按照这个传说，契丹的始祖奇首可汗一次乘白马沿老哈河而下，在老哈河与潢水（西拉木伦河）汇流处，遇到了一位驾青牛车的女子。此地显然是契丹和奚人的古代牧地。奇首与该女子结婚，生了八个儿子，他们就是后来构成契丹族八部的祖先。辽朝时期，在同一地区神圣的木叶山还供奉着奇首可汗、他的妻子和八个儿子的像，并以白马和青牛献祭。

表 6　**遥辇诸可汗**

1	洼	本名屈列，可突于730年所立傀儡首领。734年与可突于一起被杀。遥辇氏祖先。亦名楮特。
	李过折	恢复大贺氏掌权的首领，原为可突于同党。可突于被唐击败时，李过折杀死可突于及其傀儡可汗洼，于735年被唐廷封为松漠都督。但是同一年被夷离堇（主要军事首领）涅里（雅里）所杀。涅里逊位于遥辇氏的阻午。
2	阻午	原为涅里臣僚，涅里立其为可汗。本名迪辇，汉名李怀秀。745年，唐廷封其为松漠都督、崇顺王，尚静乐公主。当年后不久，杀公主叛唐。746年，唐廷更立722年来使的李楷落，但楷落滞留长安，未能取代阻午的地位。
3 *	胡剌	
4	苏	
5	苏质	亦作鲜质。
6	昭古	
7	耶澜	《辽史》以为即于842年降唐的屈戍。
8	巴剌	亦名习尔或习尔之。
9	痕德堇	亦名钦德。901年立为汗。

* 《辽史》指出安禄山叛乱后，可汗的继承不是很清楚。

已经难以确定这个传说有多么古老，但是以八部成员作为契丹的核心在早期史料中已经出现，并且八个古代部落的传统似乎从5世纪直到阿保机时代始终未被打破（甚至部落名称都有一定程度的连续性）。这个有关八个原始部落的传说与建国前的选汗制度有密切关系。每三年八个部落的酋长聚在一起，选举（或确定连任）他们中的一位作为联盟的可汗。可汗的任期不是终身的，他可以被罢免和取代。在这样的情况下，他不得恶意对抗其继任者，并允许他安然返回自己的部落。

这样的政治组织形式并不是契丹所独有的，在其他北亚民族中也能发现。这是一个确保领导权掌握在受到部落贵族信任的、有能力的人手中的设计。先是大贺氏，后是遥辇氏的“世袭”领袖，并不是由长子继承权决定的简单的世袭继承。由于本氏族有很多合格的候选人，领袖继承不一定传给年长的氏族成员，甚至不传给年长的一代成员。此外，这是一种经过其他部落集团首领选举和定期确认的继承制度。

辽朝的创建者阿保机不是居统治地位的遥辇氏族的成员，而是出自迭剌部（后来改名为耶律氏）。为确定他取得领导权的合法性，官方的辽世系追溯的领导权从奇首可汗开始，直到耶律氏可信的祖先雅里。雅里又被认定为可突于的同党涅里或泥礼，据说他杀死了大贺氏领袖李过折，此人是唐在734年可突于死后试图确定的新领袖。涅里在大贺氏联盟解体后把分崩离析的契丹各部重新组织起来，并在让位给遥辇氏的阻午之前统治了契丹一段时间；遥辇氏的九代成员统治契丹，并且第一次采用了可汗的称号。同时，迭剌氏的涅里的后人，也在联盟中占据各种要职。列出这些世系是要证明在雅里/涅里让位给遥辇氏之前，迭剌部早已取得了领导权。

906年或907年，遥辇氏的最后一位可汗痕德堇或钦德因政绩不佳被罢免，八部首领选举迭剌部长、联盟的军事统帅（于越）阿保机取代他的位置。旧秩序走到了尽头。

阿保机起而争权的背景

不首先认真观察9世纪末的国际形势，就不可能理解契丹作为北亚强大力量的崛起。人们易于将契丹的崛起简单地归因于唐朝的衰落。但是这只是发生在9世纪末叶一系列复杂变化中的一部分。9世纪40年代初回鹘帝国被黠戛斯摧垮，使契丹摆脱了原领主的控制，并造成了自6世纪以来由突厥诸族控制的北方草原的权力真空。虽然为我们提供主要史料的中国史家自然关注的是契丹人成功地建立了一个疆域包括传统中国东北边疆地区的强大王朝，契丹人早期的真正成功可能是先征服了广阔的草原地区，然后才是东北地区。契丹的进攻矛头首先指向强大的邻部奚和室韦。奚和室韦被征服后，契丹牢牢控制了今天长城以外的地区，随即转向更强大的对手，先是辽东富裕、强大、组织良好的中原式王国渤海，接着就是中国本身。

重要的是撇开中国史家关于“野蛮的”游牧民族与中国的“标准”关系的骄傲自大的说法——按照这种说法，中国是整个人类世界无可争辩的文化、政治和道德中心——而应该试图从契丹人的眼光看待这种关系。对契丹人来说，中国不单单是一个强大的邻居或“先进”文化的源泉，在所有草原民族看来，中国还有巨大的、令人惊奇的财富，并且是大量各式各样的商品的生产者。一些商品是生活必需品（因为游牧民族不能自给自足），一些商品是契丹贵族需要的奢侈品，还有一些商品则能与邻族贸易或者通过内亚与西方进行交易。

从安禄山叛乱以来，契丹看到了他们过去的宗主回鹘通过获取唐廷为与其保持和平而赐予的大量金钱和为装备骑兵而购买他们仅有的财富马匹积聚了大量财富。成群结队的契丹人以“使者”的名义进入幽州，他们更急切地盼望有机会得到中国的商品，特别是精美的丝织品，而不是与中国先进文明的接触；同时，把这些使者的大多数留在幽州的节度使，也确实向他们提供了贸易机会，首先是购买契丹的名马。在阿保机之前，契丹对唐朝还没有领土野心。他们要的是中国的财富，中国的产品，以及中国的俘虏，特别是有特殊技能的俘虏。当这些需求不能通过贸易得到时，他们就越过唐朝边界进行突袭，将掠取的牲畜、人口和所有有价值的物品带回本部。

在回鹘帝国灭亡后的几十年中，契丹所面临的中国也发生了戏剧性变化。9 世纪 40 年代的唐朝仍然是一个极强大的帝国，它的军队不断给予契丹沉重的打击，它的中央军仍能对任何危险的边镇保持足够的威慑力量。契丹与之保持密切联系的河北诸藩镇，可能享有很大的自治权，但都从未认真尝试过摆脱唐的控制。

但是，从 9 世纪 70 年代中期开始，面对地方的混乱和大规模起义，唐朝的秩序迅速崩溃。在 884 年黄巢的致命性起义最终被镇压下去之后，唐廷已孤立于首都周围地区，帝国被近 50 个藩镇所分割，许多藩镇甚至不再保持对唐廷的表面忠诚，所有藩镇都是高度军事化的。形势极不稳定，皇帝丧失了权力。从 9 世纪 90 年代起，皇帝成为一个又一个北方军阀操纵的傀儡。890 年之后契丹在与中国接触和冲突时，面对的已经不是任何中央力量，而是一跨过边界就遇到的诸藩镇。

但是这并不意味中原的边防突然变得软弱无力。唐朝长期依赖实际上独立的河北藩镇保卫东北边疆，当中原日益军事化时，各独立藩镇都很注意保持强大的军队。惟一不同的是面临压力的边疆诸镇在危机出现时不再寻求中央政府的支持，而是与其他藩镇联合，于是形成了一个经常变化的地方藩镇临时联合的格局。

10世纪初，与契丹相邻的边境地区由两大藩镇控制（见地图1）。在西面今山西省的北部是以太原为治所的河东镇。这一要地从883年以来就控制在桀骜不驯的统帅李克用手中，此人在最终镇压黄巢起义中起了极重要的作用。他和他藩镇中的许多贵族是以勇猛和凶残著称的突厥沙陀人，因为7世纪以来，唐廷在这一地区安置了许多出自不同民族的部落。9世纪90年代，李克用成为中国北方血腥权力争夺中的一个主要竞争者。虽然李克用暂时处于朱温的庇护之下，但在10世纪20年代，他的后人还是建立了自己的王朝后唐。

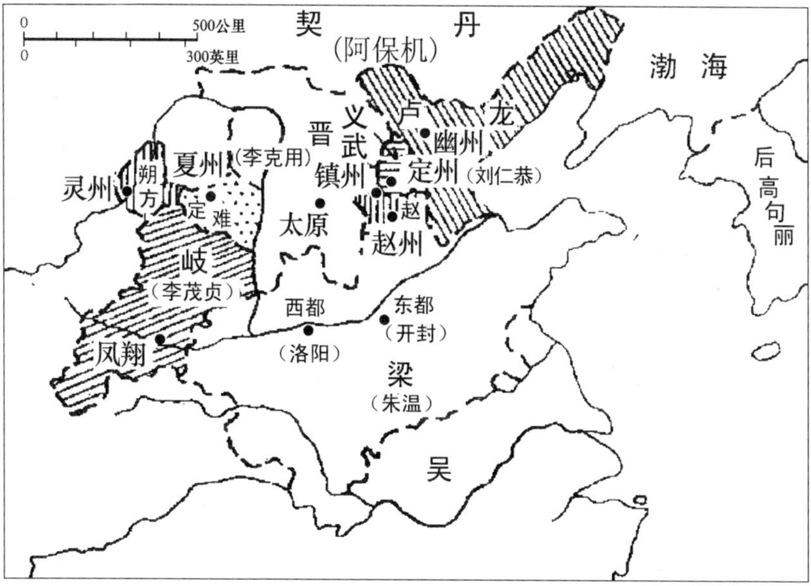

地图1 契丹和中国北部，908年

在东部，契丹面对的是占据了今河北北部大部分地区的卢龙镇。卢龙镇像其他河北藩镇一样，在世袭首领统治下保持了150年

的半独立状态，不向长安的政府交纳赋税，拒绝接受唐廷在其控制区域内任命的官员。以幽州为中心的卢龙镇独立性更强，因为这一地区的反唐意识已有很长的历史。从 895 年到 907 年，卢龙镇由强悍、好战的统帅刘仁恭统治，他是在李克用的支持下取得这一位置的。

卢龙镇比其他河北藩镇贫穷并且人口稀少，不能维持一支庞大的正规军队。为保护其漫长的边疆免受来自敌对的军阀和部族的攻扰，它主要依赖组织良好的团结兵，特别是在北方边疆地区。卢龙的大多数士兵是本地人，许多家庭几代在军队中服役。[①] 士兵作战不是为了遥远的朝廷和皇帝，而是为了他们的房屋和家庭。他们以勇敢著称，不仅挫败了契丹的进犯，还在刘仁恭的率领下主动出击，跨过边界焚烧契丹人的牧场，掳获人口，驱掠其马、羊畜群。

9 世纪末，唐朝的衰弱还不足以使契丹能够联合各部建立一个强大的国家，倒是中央控制转为农业区边陲的河东、卢龙镇控制后，藩镇对契丹邻人的强硬姿态，尤其是卢龙镇的强硬姿态，加强了契丹人的团结。唐的中央力量可能永远消失了，但是中国的边境地区还和以前一样强大和军事化。正是在这样的形势下，阿保机出现了，带领契丹各部建立了一个强大的王朝。

阿保机的兴起

契丹的创建者是阿保机（872—926 年），后来追谥为辽太祖（907—926 年在位），尽管他在世时还没有采用辽的国号。872 年，阿保机出身于迭剌部。在阿保机死后几年，迭剌部才以耶律为姓氏，但是史料中常将该部以前各代的成员亦错误地称为耶律氏。他们最初与其他契丹人一样，除了在辽朝时与耶律氏通婚的萧氏外，没有姓氏。9 世纪末叶，迭剌部在契丹人中已经上升到显著地位，

① ［303］松井秀一：《卢龙藩镇考》。

仅次于可汗的氏族遥辇氏。在迭剌部内部，首领（夷离堇）的继承不是直接从父亲传给儿子，而是遵循游牧民族的惯例，兄弟比儿子更常继承夷离堇的名号。图表 1“阿保机的先世与耶律氏部族结构”显示了迭剌部世系和首领的传承，但是他们的实际传承顺序和时间已无可稽考。迭剌部权力的建立不仅通过战争和掠夺，还通过一个联盟体制。他们与另一个氏族（后来以萧为姓）建立了复杂的联姻关系，这个氏族源出回鹘，对中国边疆地区有很深的了解。

阿保机的父亲撒剌的（后来尊谥为德祖）任夷离堇时，契丹人开始从事更先进的农业，发展冶铁和制盐业，并且鼓励纺织。迭剌部的权力不仅限于本部，阿保机的伯父（耶律）释鲁已经成为可汗之下契丹人中最重要的官员，他是于越，类似首相并是所有契丹军队的统帅。

阿保机就是在这样一个游牧部落的指挥官中长大，这些指挥官已经经受过各种生活方式的磨炼，并且在他们的社会中聚集了许多汉人流民、俘虏和部落民。阿保机是个身材高大和极聪慧的人，他似乎懂汉语，尽管在与他的契丹部下接触时很少使用汉语，他担心接受汉人的观念会导致他们丧失自己的特性和尚武精神。阿保机的迅速崛起不仅是因为他的出身，更重要的是他在经常性冲突和征讨契丹邻族时表现出来的果敢军事行为。9 世纪末，他成为可汗亲兵的指挥官挞马狘沙里。

901 年，阿保机被选为迭剌部夷离堇。在任期间，他亲自率军多次北征室韦，东北进攻女真，南讨强大的奚。902 年，他领军大举进攻中国边境的河东镇。此时河东节度使李克用正全力对付朱温的进攻，朱温已经逐步稳定了他在中国北方的统治，但 901 年和 902 年都在河东被李克用击败。阿保机的这次进攻带回了 9.5 万名俘虏及大量的驼、羊、马和牛。903 年，他再次攻入河东镇北部，占领了几个城市，得到大量的战利品。到 903 年年底，阿保机的注意力转向卢龙镇，攻掠今北京北面的边境地区。当年秋季，他被推选为统帅于越，年仅 31 岁。

阿保机连续不停地征战。904 年、905 年和 907 年，他连续北征室韦的黑车子部，906年两次攻奚。但是他的主要注意力当时集中在中国边境上，与卢龙节度使刘仁恭的强大力量对抗。905年，[①] 阿保机与他的更可怕的邻居、中国北部的一个强大竞争对手、河东镇的沙陀统治者李克用举行了一次和平谈判。阿保机率领7万契丹和其他部族的骑兵，在云州（今大同）与李克用相会，在这里他们盟誓为兄弟，象征性地交换了战袍和马匹。李克用当然是急于保证他北方边境的安全，并希望新结成的军事联盟使他在正与朱温进行的斗争中处于有利地位；阿保机则希望李克用在他与卢龙交战时保持中立。这次和约表明阿保机当时已被视为重要的力量，他的个人威望已经超过了名义上的统治者可汗。至少在沿边的汉人眼中，他已经是契丹人的领袖。

同时，卢龙边境的战争仍在继续进行。从903年到907年，卢龙边境每年都受到攻击。在一次战争中，节度使刘仁恭的一个养子被俘。而刘仁恭则采用每年秋季越过边境焚烧草地遏制契丹人放牧的方法进行报复。在一次行动中，他们甚至俘虏了阿保机的一个妻兄。这些反击给契丹带来很大困难，牲畜损耗，饥荒不断，所以软弱的痕德堇可汗不得不用大量的马匹贿赂刘仁恭，请求他保留契丹人的牧场。907年，痕德堇应被重选为可汗。各部的首领耻于他对刘仁恭的妥协，将他罢免，推举阿保机为可汗。[②] 阿保机任命从弟迭栗底继任迭剌部夷离堇[③]，并以自己的弟弟剌葛

① [645] 脱脱等撰：《辽史》，卷1，第2页，记为905年。但是 [568] 薛居正等撰：《旧五代史》，卷137，第1828页，记为907年；[573] 司马光等撰：《资治通鉴》，卷266，第8676—8679页，亦采用了907年的说法。司马光在考异中引用了今已散佚的支持两个年代的早期史料。

② 这里采用的是欧阳修的叙事，见 [572]《新五代史》，卷72，第886页。[568] 薛居正：《旧五代史》，卷137，第1827—1828页，称阿保机是通过选举的正常途径上台的。但是 [645]《辽史》，卷1，第2页，则有完全不同的说法。按它的说法，痕德堇死于906年年底，契丹群臣奉遗命请立阿保机为可汗。但是，这肯定是伪造的说法。痕德堇在一段时间里依然是一位有实力的首领。[573] 司马光：《资治通鉴》，卷266，第8678页（考异），引用一条已散佚的史料，记载了908年痕德堇与阿保机二人曾纳贡于梁廷。

③ [645]《辽史》，卷1，第3页。

统领耶律家族。

尽管有军事上的成功，阿保机如不对他俘获的民众采取有建设性的策略，仍不能长久地维系对全体契丹人的统治。他出征的主要目的是获取另外的人力。被征服的部落民成为他的部下并增加了他的追随者。他们中的一些是纯粹的牧民，但是其他人，尤其是来自奚和室韦的人，则是熟练的冶金工匠和其他工匠。大多数汉人俘虏定居在阿保机自己的领地中，常住在被称为“汉城”的地方。早在902年就第一次出现了有关这种汉城的记载，当时阿保机还只是迭剌部的夷离堇。① 这座东楼（龙化）城建在契丹始祖的传统居地旁，安置从山西北部来的俘虏。后来，几百个被俘的女真家庭也在此城定居。我们知道后来又建立了近四十个同类的城市，有些是阿保机的弟弟安端建的，有的是由其他贵族成员建的。汉族人口的原籍常被提及，似乎同一战役的俘虏经常被安排在一起居住。

这些汉城都有城郭（为便于防御居民均住在城内），按照中国矩形城市模式建造，四边有门，有城楼、街道和带钟鼓楼的市场。一些城中还有孔子庙和佛寺、道观，以及祖庙和驿站。汉城不是被奴役的殖民地，也不是流放犯的居所，而是变成充满活力的商业和制造业中心。城中的许多汉人居民不是俘囚，而是从混乱的和受压迫的中国边疆各镇自愿跑来的流民。这些居民，不管是自愿的还是不自愿的，对契丹的建国有很大的帮助。②

阿保机的强大不仅来自俘虏，尽管这些俘虏起了重要的作用。来自契丹各部的许多战士加入了阿保机个人的卫队，他逐渐建立起个人的权力基础，这个基础潜移默化地破坏了契丹人的传统部落结构和各部之间的权力平衡。显然，他不仅能够除掉旧统治者，还能埋葬旧的

---

① ［645］《辽史》，卷1，第2页。

② 对“汉城”最全面的研究是［825］姚从吾的《说阿保机时代的汉城》。此后［226］札奇斯钦的研究《契丹人和他们的城市》也很有用，他吸收了蒙古史学家波里对许多辽代城址的考证成果。亦见［782］陈述：《契丹社会经济史稿》，第83—109页。

统治制度。

阿保机称汗与登基

基本史书《辽史》告诉我们，阿保机于907年“即皇帝位”并建立起自己的王朝。其他史料则含糊地把这一事件定在904年至922年之间。[①] 11世纪的《新五代史》对这一事件则给予不同的记载，认为当重新选举到期时，阿保机拒绝放弃他的于越或可汗位置，并使契丹联盟同他的追随者和汉人臣民们一起，建立起他自己的“部落”。由《辽史》本身产生了更进一步的混乱，因为它在别处记述了916年的第二次登基仪式。907年这一时间本身令人产生怀疑，因为它与唐的正式灭亡时间一致。从人们所熟知的他们强调辽王朝继承的正统性这一角度而言，这是辽朝史学家选择他们王朝开端的一个方便的和引人注目的年代。

矛盾也许最好这样进行解释，即假定阿保机在907年成为无异议的契丹传统意义上的领袖，而在916年，当他应再一次进行部落首领的重新选举时，他却举行了一次皇位登基的正式仪式，即采用了帝号，并采取了某种中国传统帝王的习惯服饰，以此宣布他与后梁的汉人统治者地位平等。

在这两个重要年代之间发生了很多事情。阿保机继续进行平

① 10世纪30年代以前的契丹确切年表几乎不可能建立。大体上我依据了《辽史》，虽然它经常自相矛盾并与记述中国五代和早期宋朝的其他历史著作相抵牾。有关这一早期阶段的记载，有许多混乱之处：像阿保机的名字，就曾被记为阿布机、阿保堇或安巴坚。阿保机死后所追封庙号的时间不同地被系于926年或947年。契丹国家采用辽作为王朝名称的时间在不同的史料来源中被记为926年、937年、938年或947年。后来，契丹国的名称被恢复，这一变化的时间被记为983年或1013年。辽这一名称在1066年又被恢复，但《辽史》甚至没有记载新王朝名称的更换或辽朝名称的恢复。一些不一致的地方不是能简单地解决的。许多过程是由这样的事实引起的，即系统的王朝实录直到11世纪末才发展起来，而其编纂者们对这些实际上回溯到10世纪中期或末期的早年发展产生了混乱。为每一个有争议的名字、事件或时间都进行注释，而又不想使脚注的叙述过长，这是不可能的。

定各部落的战争。908 年，他进攻了室韦。910 年和 911 年，奚人的暴动被镇压。912 年，他进攻了位于今天蒙古地区距其领土遥远的西北边界的阻卜（或术不姑）。915 年，轮到了乌古（有人认为即弘吉剌）。辽朝的疆土稳固地向西与西北扩张。

与此同时，与中国边界地区的关系也极度紧张。在卢龙，统治者刘仁恭被他的儿子刘守光废黜，后者继续执行其父亲对契丹的敌视政策。909 年，一支由萧氏后族的一名成员率领的契丹军队深入河北，并在今天天津西南某地打败了刘守光。然而，刘的野心膨胀，911 年他宣布自己为独立的燕国皇帝（曾经是安禄山叛乱政权的名称）并开始侵略邻近地区以扩张他的领土。可就在他称帝的同一年，契丹占领了山海关西面的平州。912 年，阿保机亲自率领一支军队进攻刘守光。此后的一年，李存勗——自他的父亲李克用在 908 年死后，一直是河东的沙陀统治者，后来，他成为后唐的庄宗皇帝（923—926 年在位）——对刘守光的扩张行为感到震惊，决定进行干预，侵入卢龙并占领了其首府幽州。刘守光被俘，燕国灭亡，卢龙被并入当时被称为晋的沙陀版图。自此，李存勗有效地控制了与契丹领土接壤的全部边界地区，并稳固地发展成为一个强有力的政权，该政权对由他父亲的老对手朱温于 907 年建立的以河南为中心的梁王朝构成巨大的威胁。

当然，阿保机曾与李克用结为兄弟，但后者从未原谅过他随后试图与自己的仇敌、后梁皇帝朱温建立友好关系。控制了当时包括河北北部与河东地区的后晋强大地盘的李存勗，对契丹来说，是一个远远超过刘守光的更强大和更具威胁性的对手。对阿保机来说幸运的是，李存勗对中原更抱有野心。因而，契丹边界暂时出现了难得的休战状态。

对阿保机来说，与其邻居的关系是次要的，因为他面临着在契丹人中间维持其最高权力这一主要问题。在 907 年被推选为首领后，他试图加强其绝对权威的计划并非一帆风顺。最大的威胁来自于他的弟弟们与耶律氏的其他成员，他们已经成为遥辇氏瓦解后的契丹新贵族。在传统契丹社会中，可汗与部落酋长的继承通常是在兄弟或堂兄弟之间进行的。再者，惯例要求首领每三年重新选举一次，那时，部落议事会的其他成员或他自己氏族的其他候选人也许会取代他。在 910 年，当重新选举到期时，阿保机没有履行这一程序，他的兄弟们感到被剥夺了他们自身的继承机会，故而试图阻止他建立一个基于父传子承的世袭王朝，因为这将会永远结束他们自己当首领的要求。其中最不满的是阿保机最年长的弟弟剌葛。

911 年四个弟弟发动了叛乱，而 912 年这四个弟弟策划的另一次谋害阿保机的阴谋在实施之前被揭露。913 年，当阿保机的第二个三年可汗任期结束，而他又一次拒绝进行重新选举时，由他的弟弟们、他的叔父与担任迭剌部首领的族弟所发动的一次更为严重的叛乱爆发了，这次叛乱被更加血腥地镇压下去。所有这些叛乱都失败了，而且他们的失败加速了阿保机集权的进程。不过他还不是一个完全专制的君主，他依然完全受制于契丹部族制度，这使他不能轻而易举地消灭所有的对手。虽然他的叔父和族弟以及三百多名支持者被处死，但他弟弟们的生命则被保留下来。

为了对弟弟们和其他旁系亲属进行补偿并阻止在耶律氏中发生进一步的叛乱，阿保机将他们的家族合并为所谓的三父房，这包括了阿保机祖父的所有子孙，他们成为辽帝国特权亲缘集团之一（见图表 1）。但皇族内部对永久性继承统治的不满和有关继承的斗争远没有停止。917 年剌葛再次叛乱并逃到了幽州，在那里，后晋王李存勖收留了他并授给他地方官职。后来，当李存勖于 923 年成为后唐皇帝时，他处死了剌葛以作为对阿保机友好亲善的表示。918 年，阿保机的另一个弟弟迭剌发动了又一次短暂的叛乱。领导权的争夺与继承问题经常在阿保机子孙中爆发。

916 年，当应该再一次进行部落首领的重新选举时，阿保机依然采取激烈步骤以加强其永久性权力。首先，他举行了一次汉式登基仪式，宣布自己为契丹皇帝并采用了一个年号①，以此宣称他独立于后梁（以前契丹采用它的纪年）并表示他现在处于与中原统治者平等的地位。也许更为重要的是，他宣布他的长子倍（900—937 年，契丹名图欲）为继承人。这就正式摈弃了他的弟弟们与其他氏族成员们的继承权，也侵犯了部落长老按契丹传统方式选举他们首领的权利。倍本人受中国文化的影响很深，极不愿意恢复契丹旧制。建立中国式政权的另一个象征性举措是建立第一座孔庙。但对于这些嗜血成性与残暴的斗士来说，孔庙似乎是不相称的，虽然少数契丹贵族已开始通晓汉字。

918 年，阿保机开始了建设世袭政权的另一项步骤，他下令建造一个规模宏大的都城皇都，后来被称为上京。该城建立在西拉木伦河以北的临潢（该地后来成为蒙古人的城市波罗城），那里是契丹诸部落古老的中心地区。为了建造该城，在农忙季节征集了大批劳力：阿保机还没有掌握汉式的统治农业人口的要领。据说，工程在百日之内就完成了，但实际上还持续了一段时间。后来在同一年，他下令在都城建立了孔庙、佛寺和道观。阿保机临终的那一年，都城又被扩建，一系列的宫殿与祖庙建立起来。最后，都城的面积达到了方圆 27 里，它按照标准的汉式设计，建立了城墙、城门、街衢、宫殿、官署、寺庙、驿舍等。它实际上是一个双重城市，其南面是一个单独的汉城，有着密集的房舍与集市。它还有为在北方贸易中起着重要作用的回鹘商人提供的特殊区域，以及为外国使臣居住的馆驿。我们不能准确地获知该城扩建的时间，因为 931 年该城的部分城墙还重建过，而进一步的扩建在 11 世纪还在继续进行。那时，它还是五座京城中惟一的一座。

永久性都城的兴建标志着阿保机政权组织集权化的迅速发展。这时，阿保机似乎已经着手建立有辽一代的双重行政管理体制，北面官

① 对于阿保机的年号神册（916 年）和天赞（922 年）也有很大争议，有些学者认为是后来追加的。当时能得到绝对证实的第一个年号是阿保机临终之年（926 年）所采用而被其继承者太宗所继续使用的天显年号。见［327］慕阿德：《中国的统治者》，第 91 页。

负责管理统治地区的部族事务，而南面官主要仿照唐朝制度构建，负责定居人口特别是汉人的事务。早在910年，阿保机就任命他的内兄萧敌鲁管理北面官系统。这一发展于947年帝国正式分为北院和南院时达到顶点，但显而易见，这一发展进程远远早于此时。在阿保机以后的统治时代里，被俘的汉人官员在发展行政管理体系方面发挥了重要的作用。曾经作过卢龙地方财政官员的韩廷徽，确立了税收制度并主要负责设计南面官的中原管理体制。①

确定这一早期政府组织变化的发展年代是不可能的。大概相当多的情况是因人而定和非正式的。有了固定的都城，并不意味着开始具备像正式的中原王朝那样带有固定官署与宫廷的永久性政府组织。相反，政府依然是皇帝的扈从，而宫廷则四处巡游不定，每年往返行进于四季狩猎场所（捺钵）并不时地跟随皇帝进行经常性的战役。②"宫廷"是一个巨大的可移动性城市，它由帐篷组成，并由一长列牛拉四轮车来驮载。扈从部分地靠他们营帐周围的土地为生，当地居民有时被豁免赋税以作为其补偿。至少在早期，都城的帝国宫殿还不是人们所期望的大片华丽建筑，而是皇帝居住时所搭设的营帐地点。

916年和917年，阿保机又试图插手中原事务。当时，李存勗和后梁末帝（朱友贞）正在为争夺河北中部和南部而鏖战。阿保机趁机侵入李存勗在河东与河北北部的地盘。917年，契丹围困幽州达二百多天，最后只是在李嗣源率领一支大军从河东赶到后，才被赶走，李嗣源后来成为后唐的第二代皇帝明宗。921年和922年，契丹又侵入河北，这次是应名义上依附于李存勗与河东沙陀首领的一个地方统治者之邀而来的。他们轻而易举地突破主要的边界关口，控制了今天山海关（当时称榆关）以东的一些中原领土，向南一直推进到镇州。这一次，李存勗亲自调动一支军队击退了他们。

在此之后不久，中原形势发生了巨大转折。923年，李存勗最终

① [645]《辽史》，卷74，第1231—1232页。

② 有关捺钵，见[830]姚从吾：《说契丹的捺钵文化》；还可参见傅乐焕从1942年开始的著名研究，修订稿收入他的[871]《辽史丛考》，第36—172页。

消灭了后梁并建立起自己的沙陀王朝后唐，从名义上恢复了唐朝。他现在成为中原无可争议的主人，而后梁皇帝们则从未做到。到 925 年，他已控制了除鄂尔多斯南面两个小州（灵州和夏州）以外的整个中国北部，925 年的秋冬季节，他又战胜了四川的大国前蜀（见地图 2）。此时，他已成为契丹难以对付的劲敌。尽管仍有一些边界冲突，但阿保机暂时保持中立，没有进一步发动像 917 年那样规模的战争。

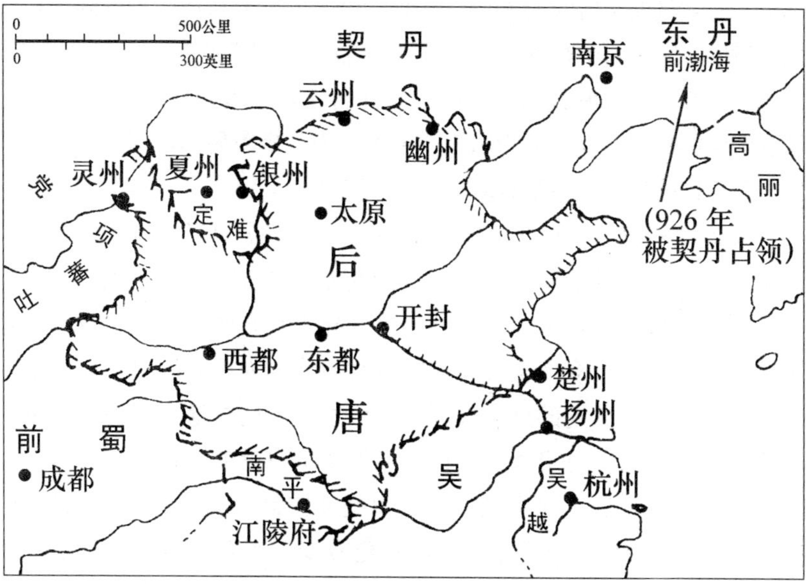

地图 2　契丹和中国北部，926 年

相反，他将注意力转向了北部和西部。919 年，乌古被最后征服。接着在 924 年到 925 年，阿保机对草原地区进行了大规模的远征，征服了漠北北部诸部落，一直到达鄂尔浑河畔的古回鹘都城窝鲁朵城。在他亲自率军向西进入准噶尔东部的同时，他还派出另一支军队向西南穿越沙漠，对位于戈壁与青藏高原之间定居于甘肃走廊西部的回鹘人建立起统治。与此同时，另一支契丹军队，在阿保机的次子德光（契丹名德堇，后成为辽朝太宗皇帝，927—947 年在位）的率领下，向南穿过戈壁，控制了阴山地区和鄂尔多斯东北角的诸部落人口，包括吐谷浑遗民及一些小党项部落。

926年，扩张征服返回家园后仅仅一年，阿保机又发动了一次更富野心的远征。这次目标是强大的渤海国，它统治着东北地区东部直到沿海地带的大片地区，在924年双方有过边界冲突。渤海与阿保机的其他对手不同，它不是草原游牧民族的部落联盟，而是中国式的集权国家，它长期以来不仅与中原而且与高丽和日本保持着稳定的关系。这是一个富裕的国家，有五京、十五府、六十二州和众多的城邑，而且，至少在南部分布着大量的定居农业人口。然而，它在军事上却证明不是阿保机军队的对手。它在两个月内就灭亡了，它的国王与贵族被迁到契丹宫廷。阿保机没有立即吞并其领土，而是改其名为东丹国并任命自己的长子、深受汉族影响的继承人倍为国王。东丹成为一个附属国，但暂时保持了它自身机构的完整，甚至继续使用它自己的年号。

阿保机对渤海如此小心翼翼的原因还不完全明了。他也许考虑到尚未成熟的契丹统治制度还不足以应付治理大部分居住着定居人口、并拥有众多城市的幅员辽阔的领土这一异常复杂的问题；他也许只是希望避免招致人口众多且具有潜在敌对情绪的人民的怨恨；而且他也许希望为他自己选定的继承人分配一块永久性的封地，因为正如事实所证明的那样，契丹贵族并不拥护后者继承自己的汗位。

灭亡渤海之后，阿保机看起来像是又恢复了向中原扩张的打算。926年，后唐都城洛阳发生了一次宫廷政变。李存勗虽然取得了军事上的成功，但他的政权组织并不稳固。926年年初，他在河南与河北的军队发动叛乱并杀死了他，拥立他的养子、来自河北的一位节度使李嗣源（庙号明宗，926—933年在位）代替他（译者注：李嗣源[明宗]不是李存勗[庄宗]的养子，而是李克用的养子）。后唐的新皇帝派出一名叫姚坤的使臣向仍在渤海的阿保机通报他的登基。姚坤后来详细地记载了他被接见的情况，这一记载被保存下来。从中我们获知，阿保机宣称他想要先占据幽州与河北，然后才能与后唐进行和解。[1] 当使臣抗议时，阿保机缓和下来，只对镇州与幽州——比以前

① 有关这一介绍阿保机生动形象的有趣文件的详细研究，见[827]姚从吾：《阿保机与后唐使臣姚坤会见谈话集录》。

的卢龙镇稍大一点——提出领土要求。但使臣仍然予以拒绝。恰在此时，阿保机突然染病身亡。在随之而来的纷乱中，这项侵略计划被遗忘了，而如果他还在世的话，他显然是要对河北发动大规模入侵的。

阿保机死时只有54岁。虽然他作为契丹领袖只有20年，却使契丹完成了从地区性的强大部落联盟向具有良好组织的政权的变革，这一政权控制了漠北与东北的诸游牧民族，以及以前渤海的领土。他的国家容纳了许多来自边界地区的汉人，建造城邑安置他们，并鼓励各种手工业与定居农耕，他基本上接受了政权需要双重组织形式的思想，这样既能管理南面的定居农业人口，又能用传统方式统治他们领域内的游牧民族。

阿保机鼓励吸收中国的思想体系与其他方面的文化。但同时他又极力维护契丹文化，这最突出地表现在为其民族创制文字上。在他即位时，契丹人还没有文字，汉字是惟一适用的记录手段。920年颁布了第一种契丹文字（“大字”，借用了与契丹语言有很大不同但又对其影响很大的汉字），这种文字到阿保机统治末年已广泛使用。925年，当回鹘使臣访问宫廷时，皇帝的弟弟迭剌（阿保机称他为家族中最聪慧的人）受命接待他们，在学会他们的文字（拼音文字）后，发明了第二种文字“小字”。

这样，到阿保机统治末期，双重政治体制的运行成为可能。在这种体制下，北方各部所在地区用契丹文处理政务，记录文件，而南方（汉人）地区既用汉文又用契丹文。这有助于契丹人保持自身的民族尊严与文化特性，但也在契丹贵族精英中间播下了长期冲突的种子，他们中的一些人固守部落传统社会的准则与习俗，而另一些人则或多或少地接受了与之差异很大的中国观念与做法。由阿保机所创建的国家“双重”性质也许是有成效的，在契丹人越来越融入汉人世界的同时，他们却又保留了其固有特色。

继承危机与太宗朝

根据阿保机在916年所作的安排，在他死后，皇位应无可争议地自动传给其指定继承人耶律倍（900—937 年）。[①] 但事实并非如此。倍温文尔雅，是一位娴熟的画家，他的部分作品后来成为宋朝皇室的收藏品；一位会用契丹文和汉文写作的有造诣的作家；一位拥有大规模私人图书馆并喜爱中国文化的藏书家；也是一位音乐、医学与占卜方面的专家——但对于重视传统的契丹首领们来说，这并不具有吸引力。虽然阿保机的个人权威足以排除契丹人的一切习俗与惯例而使他成为继承人，但后来似乎阿保机也意识到他的次子德光才是更佳人选，而一旦阿保机死去，很显然皇位就不可能简单地传给倍了。

皇位继承的决定性因素在于阿保机杰出的遗孀淳钦皇后（后尊为应天皇太后）。她在阿保机生前就拥有巨大的权力，是契丹政权中扮演特殊角色的掌权皇后中的第一人。她以积极公开的姿态发挥着作用。在阿保机统治时代早期，淳钦皇后就曾为阿保机制定过铲除一些反对他的部落首领的计划。后来，她建立了她自己的军帐（斡鲁朵）并指挥着她自己的 20 万骑兵部队（译者注：应为 2 万），当阿保机外出征战时，她就率军负责维护后方秩序，甚至连她本人也曾指挥与敌对部落作战。阿保机死后，淳钦掌管了所有的军国重事。当阿保机下葬时，虽然有三百多人被埋在阿保机的陵墓中，但她自己却拒绝按习俗陪葬，因为她宣称她的儿子们年龄尚小而国家没有人治理。作为替代，她砍下了自己的右手放在阿保机的棺椁中，而她自己则活下来以担任摄政。当皇位继承确定时，她仍然牢牢掌握权力并在以后的许多年里发挥着巨大影响。

淳钦皇后本人不赞同选择倍，她尽其所能促使他放弃皇位以拥立他的弟弟德光（902—947 年），似乎连阿保机也最终承认德光是更佳人选。按照传统的契丹部落模式，德光是一位更具有潜力的领导人，尽管他也像倍一样受过教育并是一位有才能的书法家。他在 921 年到 922 年入侵河北的战役中崭露头角，并在 924 年到 925 年的西征中作为统帅发挥着重要作用。

倍似乎觉察到他自身的危险，所以在宫廷中促使契丹显贵们相信

① 见［826］姚从吾：《契丹君位继承问题的分析》对辽朝继承问题进行的全面探讨。

他愿意放弃权力以支持他的弟弟。几个月过去了，可是皇位继承仍未确定。最后，接近927年年底时，倍与他的母亲接洽并正式撤回他的权利。而后，德光继承了皇位。通常他是以死后的庙号太宗而为人所知。

然而，倍还是前渤海国现为东丹国的统治者（人皇王）。经过长期的继位问题之后，太宗把倍当作对自己权力的最大威胁，惟恐他利用富裕和人口众多的东丹国作为基地以实现他被挫败的取得契丹皇位的要求。倍的夫人中至少有一位是渤海皇室成员。929年，太宗下令将东丹的都城和所有人口迁到了东平（今天的辽阳），那里被指定为契丹国的南京。虽然东丹国没有被废除，但它此时向并入契丹帝国更迈近了一步，而且逐渐失去了自926年以来所享有的特殊的半独立地位。倍似乎已处于被监视之中。930年，他浮海逃到中原。在洛阳的后唐明宗宫廷，他受到了隆重的接待，并在那儿开始流亡生活，一直到937年被石敬瑭杀死。[①] 石敬瑭是在契丹皇帝的支持下推翻后唐政权的，他始终是一个向契丹谄媚的傀儡。

当太宗统治时期，边界地带的战事依然在进行。928年，北方的乌古又出现新的叛乱。929年，皇帝的弟弟李胡被派去进攻大同北面的边界地区。933年，他对一些仍然没有屈服的党项部落进行了一次远征。但他统治时期最重要的方面是契丹逐渐卷入了中国北部的政治纷争。

后唐政权证明是不稳定的。它的皇帝明宗曾进行过重要的政府改革，恢复了朝廷的权力与影响，成立了超过地方将领手中军队的禁军。但他的统治时代以厄运告终，就在他临死的前几天，一位王子企图发动政变。他的儿子李从厚（庙号闵帝）在位仅仅五个月，其父的养子李从珂就篡夺皇位并将其杀死。针对这一情况，一直在明宗庇护下生活的前契丹继承人倍写信给弟弟太宗，建议他进攻后唐帝国。此事发生在934年。

---

① 或者根据另外的记载，在石敬瑭即将攻陷洛阳之前，被后唐的最后一位统治者杀死。见［645］《辽史》，卷72，第1211页。

936年，李从珂下令将强大的河东统治者石敬瑭调往山东任职，以便加强朝廷对他的控制。石敬瑭起兵反抗，李从珂指挥一支军队向太原的石敬瑭发起进攻。石敬瑭是另一位沙陀突厥人，是前皇帝李嗣源的女婿，他的叛乱导致了其他地方的叛乱。面对李从珂的沉重压力，他立即向契丹皇帝请求军事援助。太宗亲自率领5万骑兵经雁门关越过边界，在石敬瑭的首府太原附近击败了后唐的军队。后唐政权迅速瓦解。936年十一月，契丹封石敬瑭为新王朝后晋的皇帝，他只不过是契丹的一个傀儡。

937年，为了讨好他的新主子，石敬瑭杀死了不幸的倍，后来在同一年，他与辽太宗达成协议，把太宗认作自己的父亲，以此表示他的王朝臣属于契丹。后晋君主似乎意识到他已完全被契丹人所控制，因而提出以巨额的岁币来赎回被他们占领的幽蓟重镇。契丹予以拒绝，经过次年的几次艰难谈判后，契丹人割占了以前属中原的十六个州，包括从大同到幽州的广阔地带。这一新领土的获得，使契丹人控制了防御中原的所有战略关隘，并在河北获得了相当大的立足点（见地图3）。

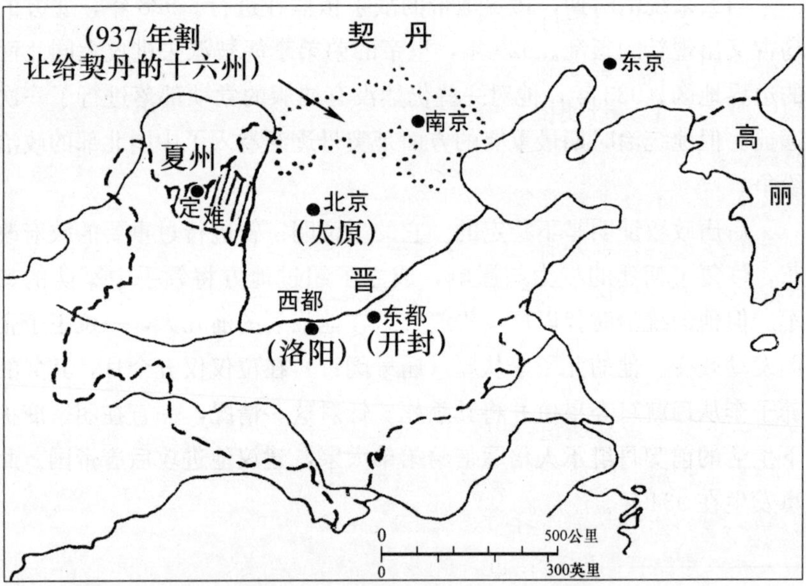

地图3 契丹和中国北部，943年

太宗实现了他父亲的领土野心，此外，他还成为中原皇帝名义上的宗主。中原政权首次公开承认外族王朝的宗主权。虽然太宗同他的傀儡之间的约定仅仅维持了几年，942 年石敬瑭死后，即被废除，但其影响是深远的。契丹人到他们的王朝结束都一直控制着十六州的大部分地区。幽州成为契丹的新南京（以前的南京、东丹国的中心，现在成为东京，而且发展成一个甚至比上京还大的城市）。强大的契丹统治强加于以前的中原王朝领土，而且契丹国并入了大量的汉人人口。中原北部与东北部边界地区现在成为边疆民族领土的组成部分，一直到 14 世纪后期，都在中原王朝的控制之外。对契丹人来说，现在也无法摆脱地卷入了汉人世界诸事务中。

令人怀疑的是，主要的参与者们是否理解这些事件的重大含义。石敬瑭是一个突厥人，而不是出身于汉人，也许这可以解释为什么他对中原臣服于一个非汉族政权这一问题并不感到敏感。与地位的细微差别相比，他更为关心的是维持与契丹人的和平以便能够集中精力处理国内的迫切问题。在他统治时期（936—942 年），他小心谨慎地履行属国的义务，当契丹与中国南部的各个国家，尤其是他的邻国与对手南唐开始建立亲密关系时，他也没有表示过反对。他甚至允许到中国南部的契丹使臣从陆路通过他的领土，而不是像以前那样走海路。

契丹人不仅了解其邻近的北方诸政权，而且熟知江南的情况。早在 915 年，地处今天浙江的沿海国家吴越的统治者钱镠就曾派使臣由海路到达契丹宫廷。吴越正式承认中国北部各连续王朝的最高权力。他们与契丹建立关系主要是出于商业方面的考虑：他们希望保护他们在渤海和高丽的贸易利益。对契丹人而言，则是寻求与东南亚和印度洋地区的海上贸易通道，以获得舶来品、香料和奢侈品。南唐也与契丹建立了关系，但就他们而言，诱因是政治方面的。他们希望与契丹结成反对后唐的联盟（译者注：后唐［923—936 年］与南唐［937—975 年］并没有同时存在过，此处的后唐应当为后晋）。南唐国王与契丹皇帝互相以兄弟相称，这样，在契丹人眼里，与其北邻的后唐相比，他们给予了南唐较高的地位。在 937 年的同一次朝觐中，太宗分别接见了后唐、太原半独立的统治者刘知远以及新即位的南唐皇帝派来的使臣。这样，契丹深深地卷入了中原各个独立政权之间复杂的政治关系之中。

与南唐的关系并不纯粹是正式的。南唐于 940 年、941 年和 943 年接连向契丹提供有关后晋形势的重要情报。后晋灭亡而且契丹于 947 年在开封建立政权的企图失败并撤走后，南唐又提议结成军事联盟，以对抗继承后晋的短命的后汉政权（948—951 年）。最晚在 957 年，他们还向辽提供过有关北方后周政权的军事情报，后者当时正对南唐构成威胁。

契丹与南方国家吴越和南唐之间的关系在 10 世纪 30 年代和 40 年代达到高峰，吴越甚至一度使用过契丹年号。但太宗的入侵也向南方显示出契丹所造成的潜在威胁。951 年辽皇帝穆宗即位后，这位政治上迟钝的契丹统治者对插手中原各国之间旷日持久的权力斗争显得没有兴趣。此后，与南方各宫廷的外交关系与贸易都急剧衰退。954 年穆宗的叔叔奉命出使南唐遭到暗杀后，他们彼此的关系就更加恶化了。这样，尽管南唐使臣曾于 955 年和 957 年到达辽朝，仍然寻求援助以对付后周，但他却拒绝再派出任何使臣。

942 年石敬瑭死后，契丹与后晋的关系开始迅速恶化。虽然石敬瑭也许是契丹人的傀儡，但他却完全恢复了王朝对分裂的各镇的权威，加强了政府组织，建立起一支强大的中央军队。他的继承人石重贵（庙号出帝，942—946 年在位）受到了帝国军队统帅景延广为首的强烈反对契丹的宫廷派别的影响，公开否认太宗及其“北朝”以往的最高权力。943 年，石重贵废除了契丹商人在后晋都城开封的特权，没收了他们的财产，将代表契丹在后晋从事贸易的人遣返契丹，并带去一封给太宗的侮辱性信件。

太宗决定入侵。944 年末，契丹军队数路越过河北边界，随后而来的是太宗的主力部队。战争拖拖拉拉地打了三年，而且并不是所有的战役契丹人都占上风。945 年暮春时节，侵略军遭到惨重失败，太宗不得不骑上一头骆驼狼狈地逃离战场。但契丹人继续进攻，后晋军逐渐被削弱。大部分战役所在的河北地区遭到了严重摧残。946 年末，后晋军统帅、皇帝的舅舅杜重威投降，从而决定了战争的最后结局。太宗没有遇到任何抵抗就进入了都城开封。

947年年初，太宗乘坐龙辇，举行盛大的入城仪式，进入开封。他占据了后晋皇帝的宫殿，在正式的朝堂升朝，命令残余的后晋大臣都到场。后晋皇帝与他的家人被流放到东北的辽上京。后晋帝国的军队在杜重威投降后，被缴械解散，他们的战马被没收。太宗正式宣布大赦，为契丹国采用了一个新的王朝名称——当时被称为大辽，并采用了一个新年号和一部新历法（实际上是939年后晋朝制定的）。他选择的新年号为“大同”，这公开表明太宗决心成为整个中国北部的皇帝。据辽宫廷的起居官记载，后晋人口中的100多万户被并入了他们的帝国。

可是，汉人想的却是其他问题。契丹军队军需不足，此刻正为寻找粮草而大肆劫掠都城与乡村。沉重的赋税强加在开封市民身上，到处都充满了对入侵者暴行的怨恨和恐惧。百姓们开始袭击契丹人，整个河北到处都是反抗和起义。契丹人完全没有准备好去统治这样一大块领土，而上面居住的充满敌对情绪的定居人口远远超过了他们。太宗对他的扈从抱怨道：“我不知道汉人难制如此！”

契丹人于是开始彻底劫掠都城。他们决定将后晋朝全部官员带回东北。虽然这证明是不可能的，可在947年三月，他们开始将主要部门的官员、宫女、宦官、占卜者和百工计数千人；还有书籍、地图、历象、仪器、乐谱、宫中乐器、皇帝出行的卤簿、法物以及铠杖；甚至包括刻在石板上的经书都运往上京。当太宗洗劫宫殿与各政府机构时，他的军队也在继续掠夺城市及其周围的农村。

已经受到普遍抵抗与游击进攻困扰的契丹人此刻面临着更严重的威胁。刘知远，作为绝对独立的沙陀据点太原的统治者，当契丹人入侵河北时，他袖手旁观，此刻却拒绝承认太宗为皇帝，也不到太宗在开封的“宫廷”朝觐。947年二月，刘知远宣布自己为皇帝，建立起敌对的新王朝——后汉。邻近地区的不满力量聚集在他的旗帜下，对开封和洛阳构成了直接威胁。太宗此时处于危险境地，他不仅面临整个河北地区普遍的抵抗、地方起义与叛乱，还面临着这位北方重要统帅与其进行全面军事对抗的威胁，太宗解散后晋帝国军队时，刘知远的军队丝毫未损。

太宗明智地决定北撤，宣称是为了“避免夏天的炎热”，但实际上是为了避免他的军队在敌境陷入无法抵抗的窘境。他占有都城开封仅仅三个月的时间。在第四个月，辽军及其庞大的辎重行李开始撤退，他们在途中经常受困于汉人的进攻。这次入侵显然是一次极大的失策。太宗本人承认他犯有重大过失，即纵容劫掠乡村，对城市强加酷税，对仍为中国北部权力结构中关键因素的地方统治者处置失当。另外，他发动的战争也从未赢得契丹贵族的普遍支持。以后，辽朝皇帝再也没有能认真地策划一次征服中国的战争。

在抵达河北北部的辽朝境内前不久，还只有 45 岁的太宗突然病倒并死于栾城（今河北石家庄南）。辽朝刚刚在入侵中国时遭受了巨大的灾难，此刻又面临着另一次内部的继承危机。

与此同时，刘知远于六月份进入开封，建立起五代中最短命的后汉朝（947—950 年）。他把其首府太原留给了他的堂弟刘崇掌管。这一地方权力基地非常强大，以致短命的后汉朝灭亡时它却幸存下来。当 950 年后汉灭亡时，刘崇自己宣布为皇帝，建立起独立的地方政权北汉，这一政权延续到 979 年，直到灭亡，它的命运一直与契丹紧密相连。

世宗继位

太宗死后不久，耶律阮（918—951 年，契丹名兀欲）在河北镇州“即皇帝位于柩前”，他是阿保机原先的继承人倍的长子。他的叔父太宗像喜欢自己的儿子一样喜欢他；他跟随皇帝对后晋作战并参与占领开封，在契丹贵族中间以勇敢善战的统帅而赢得了声誉。耶律阮不仅慷慨大方、待人宽厚又不失尊严，而且骑射精湛，故而受到了普遍的尊敬。他于六月份抵达辽南京（现在的北京）并率领军队继续北进。

耶律阮靠阿保机长孙的地位取得皇位，招致了势力依然强大的应天皇太后的反对。她支持已故皇帝的弟弟、自己喜爱的三儿子李胡继承皇位的要求。她的要求并不是毫无根据的，因为 930 年太宗已经指定他为继承人，或根据一些史料所称为皇太弟。这又是一次中国世袭继承模式与契丹部族兄弟继承习惯的冲突。皇太后派李胡率领一支军队去阻截阮返回都城。当李胡战败时，这位难以对付的老妪又率领自己的部队去对抗新皇帝。在上京南面的西拉木伦河畔，两支军队对峙了数天。

这场危机在一位名叫耶律屋质（916—972 年）的皇族调停下得以解决。这次皇太后没有能够如愿。屋质与契丹贵族们以李胡因残暴而招致普遍怨恨为由反对他即位。皇太后屈服了，并对李胡说这是他咎由自取。①

正统世袭继承人与先皇帝弟弟之间的对抗就这样以有利于前者而得到了解决。但这并不等于耶律阮的世袭主张已成功了，相反，他的对手是因为他本人不适合做统治者而遭到了贵族们的反对。虽然皇太后失败了，但影响这一决定的是“选举”合适候选人的契丹原则。再者，身后庙号为世宗的新皇帝（947—951 年在位）的反对派力量依然强大。他短暂统治时期的大部分时间都花费在应付皇族与贵族们的分歧方面。

皇太后与李胡从宫廷被流放到祖州去过退隐生活，那里是契丹人祭祀祖先的中心（太后活得比世宗还长，死于 953 年，终年 74 岁）。如果新皇帝希望这样会稳固他的地位的话，那他很快就会大失所望的，辽朝国内形势依然动荡不安。

948 年，太宗的次子天德密谋杀害皇帝（译者注：天德是太宗的第三子）。阴谋败露后，天德被处死。虽然其他谋反者遭到了处罚，

① ［645］《辽史》，卷 77，第 1255—1256 页。有关这些事件的有趣材料是由撤离开封时被作为萧翰的随员而带走的一名后晋官员胡峤记载下来的。949 年萧翰由于参与一次阴谋而被处死后，胡向东逃跑并最终于 953 年重返中原。他的记载被引述于［572］欧阳修：《新五代史》，卷 73，第 904—908 页；［589］马端临：《文献通考》，卷 345，2704c—2705c。译文见［61］沙畹：《出使契丹和女真的中国旅行者》，第 390—411 页。

但都保住了性命。他们中有皇太后的一位侄子萧翰，他娶了新皇帝的妹妹阿不里。次年，他又与一些反对派贵族卷入了另一次阴谋当中。尽管他又被证实有罪，但皇帝又一次息事宁人并赦免了他。最后在949年，朝廷截获了一封信，里面说萧翰正在策划另一次叛乱，此次是与阿保机的一位健在的弟弟安端。这一次世宗再也无法忍耐了，萧翰被处死，公主也死于狱中。

统治制度的发展

世宗并没有完全穷于应付一系列经常性的阴谋活动。在他短暂的统治时期内，有过一些重要的制度变革。这些变革并不完全是新生事物，而是许多年来逐渐发展变化的结果。《辽史》提供了一份详细的，也是经常混乱不堪的、存在于11世纪早期的成熟的政府体制画面，[①]但很少有各种官制与机构产生阶段的线索，且几乎没有关于它们是怎样相结合而组成有效的管理体制的记载。世宗的统治时代显然是一个重要时期。从938年占有中原十六个州以来，建立越来越复杂的统治制度来治理数百万的中原新臣民已属必要。对中原短暂的占领使数量众多的前中原官员被纳入辽朝体制，随之而来的是采用许多中原统治技巧的趋势。

辽朝行政制度最引人注目的特点是多年来逐渐形成的双重政府体制。自10世纪早期以来，已经有把官府分为“南面”与“北面”的习惯。皇族自身也被分为由阿保机的六支近亲组成的南面与由更多的远亲组成的北面两部分。阿保机任命了北面与南面的首相（北府宰相、南府宰相）。这一制度的特点以太宗晚年发布的一道敕令为标志，他下令北面官与皇太后（部族旧制的主要代表）穿契丹服，而南面官与皇帝本人则着汉式服装。[②]政府机构的南面与北面并不是严格按地理划分的，“北面官”负责契丹与诸部，不管他们生活在哪里；而

① ［645］《辽史》，卷45—48，第685—831页。

② ［645］《辽史》，卷56，第908页。

“南面官”负责汉人居民，正如阿保机在其统治时代早期所设立的中原机构（汉儿司）那样。

世宗统治时代初期，当他返回上京后不久，就正式将帝国分为南北两套系统（北面、南面）。这是对辽朝领土的真正地域划分。南面包括统治汉人与渤海人的南部和东部地区，北面为主要居住着契丹及其属部的地区。由于北面也包括定居的汉人、渤海人甚至回鹘人，故而它也是一个双重管理体制。它分为契丹北枢密院、契丹南枢密院。北枢密使通常为耶律皇族的成员，而南枢密使则大部分是萧氏后族的成员。北面的行政系统虽然不排外，但主要由契丹人出任并冠以传统的契丹称号。最有权势的官职是契丹枢密使、北府宰相与南府宰相、由萧氏后族成员担任的北大王与南大王，以及军事统帅于越。这些人掌管了所有的军事和部族事务，像军队将领的选拔、各部牧群的分配和草场的划分等。在他们之下是一大批令人眼花缭乱的部族官员，有管理前渤海王族的官职，有一系列为皇室服务的官员，诸如匠官、医官、围猎官以及负责皇室牧群、牧场与马厩的官员等。没有人可能将北面行政体制同有序的唐政府模式相混同。它在本质上是部落领袖一个庞大的私人扈从，它的职位许多是为皇族或后族的一支或另一支成员所设置并通过世袭选举（世选）担任。

南面官府同从传统契丹制度演变而来的北面官府相比则更加成熟。它形成于 948 年以后，那时世宗在开封陷落后返回都城并将大批的汉人官员带到契丹都城。它模仿了唐朝和五代的政府制度。契丹在此以前，于 937 年兼并边界十六州的前后就使用过许多中原官号，但这些官号在多大程度上反映了汉式机构的实际职权还不清楚。在许多情况下，它们显然是荣誉性称号，是契丹皇帝根据唐朝宫廷授予没有实际职权的职位与荣誉性官爵的已有做法，以作为对效忠皇室的奖赏。

然而，在 947 年，契丹人借用了中国宫廷的全套外壳，最终建立起了一个中国式王朝。南面官府仿照唐朝模式而设计。它同北面官府一样，主要机构设在上京。它有备皇帝顾问的老臣三师与三公这样的传统机构，也有类似于唐朝早期三省部门的复杂机构。它有一个汉人枢密院，结合了五代枢密院与唐朝尚书省的职能，下设五房而不是六部；还有一个以大丞相和两个副职的丞相为首的，包括一群秘书与顾问的秘书机构（起初为政事省，1044年后为尚书省），以及一个负责起草文件的机构（门下省）。这些部门中的每一个，至少在名义上，是类似于唐朝模式的复杂机构建制，但是秘书机构在政治决策中发挥了某种显著作用。还有依唐朝设计组建的监察机构（御史台）、翰林院、国史院以及各类学士机构。此外，还有一个皇室机构部门、各种特殊的寺与监、为继承人正式设立的东宫机构以及皇室卫队的军事组织（卫）。

基层地方组织也按照中国的设计开始成型。除了上京以外，此时还有一个位于辽阳的东京，统治着前渤海的领土，一个位于现在北京的南京，统治着937年所取得的前中原王朝领土。1007年，第四座都城中京设在以前奚人的都城，当时奚被最后并入了契丹国家。最后，1044年在大同建立了西京。每一座都城并不是帝国政府轮流办公的地方（像唐朝早期的长安与洛阳那样），而是一个道、一个当地行政管理网的区域性中心。每一个道似乎遵循适合于当地人的统治手段。在10世纪，这一情况由于以下事实而更为复杂，即两个比较大的被征服民族奚和渤海，在他们自己的首领领导下享有很大程度上的自治，他们作为属国进贡而不是作为臣民纳税。只是在11世纪初期，这些民族才完全并入了辽朝的政治体系。

这些都城，尤其是南京与东京的总管（留守），在其各自地区内行使着极大的权力，他们是辽朝政治体系中最强有力的人物之一。他们掌管着各级许多州县，这些州县是帝国定居地区实际的行政单位，在许多地区，它们与传统方式的部落组织并存。

南面的政府体系，至少从其外在形式上看，与唐和五代的政府体系相似。它的许多官员，尤其是中下级官吏，都是汉人。然而，熟悉9与10世纪中国制度的历史学家也许会受到影响，对那些在中国体制下具有巨大权力与影响的官衔拥有者作出与事实不符的夸大描述。北面与南面官员除了种族不同外，还有一个重要的差异。辽朝皇帝经常性迁移，从一个传统的季节性狩猎营地（捺钵）到下一个营地，所以每年只在上京住很短的时间。每一年有两次，即阴历的五月和十月，北面与南面行政部门的官员被招到皇帝的行营商讨国事。冬天，南面行政部门的官员们南下中京处理南面官管辖区汉人臣民的事务。但是在一年的大部分时间，由于皇帝庞大的扈从队伍是在北方地区行进，与各部首领发生联系，故而皇帝依然被期望亲自作出所有影响国家的重大决定并裁决狱讼。在游幸期间，他由北面行政部门的大部分高官陪伴，他们与他生活在一起，个人关系密切，既是国家的高官，又是他的伙伴（像蒙古时代的“那可儿”）。与此相比，南面行政部门只有个别的官员，一名宰相、一小群秘书及其起草文书的官员，充当他的日常随从。显然，北面行政部门官员凭借他们经常接近皇帝的优势，比南面行政部门的官员享有更大的实权。

这样，南面行政部门基本上是一个南面官管辖区及其定居人口的行政机构。它的官员听起来很高的官衔并不能消除这样的事实：日常的决策与所有的军权（南面官被特别排除在朝廷军事事务的讨论之外）都被集中在出自北面行政部门的皇帝的契丹随员手中。

总而言之，我们不应当受辽朝历史所描绘的官制组织的过多影响。许多官职似乎只是临时设置的。尽管有自世宗时代开始并断断续续地持续到 11 世纪的官僚机构化，但契丹人世界的权力与正式有序的政府组织很少有关系；它始终强烈地依赖于个人的自身素质与业绩、他的家庭关系、他与皇帝和权臣的私人关系、他的交往以及他的军队。在契丹人世界中，强有力的个人和强悍的军队依然给制度的完善蒙上了阴影。

与中国境内诸国的关系

在世宗统治时期，辽尽管撤出了开封，但仍卷入了中国北部动荡的政治中。948 年，南唐想要重新与辽结盟以对付他们的北邻，这次是北方新的汉政权，但他们遭到了拒绝。949 年至 950 年的冬季，世宗对河北发动了大规模入侵，进攻了后汉境内的几座城市并劫掠了大批俘虏与战利品。南唐宫廷派出使臣祝贺辽的胜利，也许他们仍然希望结盟。950 年冬季，世宗亲自发动了另一次对河北的入侵。

中国的形势此时经历了一次重大变化。951 年初，开封摇摇欲坠的后汉政权灭亡了，它的第二代皇帝被杀死，取而代之的是帝国军队的统帅郭威（904—954 年），他登基为后周的皇帝。与此同时，太原的刘崇分离出去，成为河东独立的国家北汉的统治者。契丹在他们边界再一次面对两个中原政权。

后周与辽的关系一开始就不顺利。他们派来通报王朝更替的使臣们带来了一封信，其措辞冒犯了世宗，他随即将他们投入了监狱。随即在同一年，后周向刘崇发动了进攻，后者派出使臣向辽求援，并带来一封信，在信中，他谦卑地称自己为世宗的“侄子”，以此向辽称臣。世宗派出使臣册封刘崇为皇帝以加强他们之间宗主与附庸的关系。纠缠不休的南唐又一次提出了结成反后周同盟的要求。

951 年晚秋，世宗亲自指挥大军南征后周。但在大军出发前，他在又一次阴谋中丧生，这一次阴谋是由阿保机弟弟的儿子策划的，目的仍在维护皇室幼支的继承权。皇帝与许多契丹贵族一样，沉湎于酗酒，当他和他的扈从们在出征前祭祀其先父后，酩酊大醉，毫无防备，阿保机弟弟安端的儿子察割杀死了他。然而，谋反者们忽视了谋求朝臣们的支持，所以立即被处死了。

世宗只有 33 岁，因为他没有成年的儿子，所以皇位传给了太宗的长子璟（931—969 年，契丹名述律），谥庙号为穆宗。对南方的战争自然被放弃了。

穆宗朝，951—969 年

新皇帝并不是一位出色的君主。像他的前任那样，穆宗是一个酒徒，他整天大醉不醒，对国事的关注更是忽冷忽热，汉人称他为“睡君”。

皇室成员不满的问题依然存在。952年，世宗的弟弟娄国策划谋反，而他的一位舅父同一位重要的汉人官员则密谋投向后周。阴谋被粉碎后，娄国被处死。953年，李胡的一个名叫宛的儿子策划的另一次阴谋暴露。虽然宛本人得到赦免，但其他几个密谋者被处死。959年，娄国的共谋者之一敌烈又一次策划叛乱；960年，宛的哥哥、李胡的长子喜隐由于阴谋叛乱被擒。这次，李胡本人受到牵连并死于狱中。在以后的穆宗统治时期，他的皇室宗亲们才平静下来。

穆宗不仅不理政事，而且行为放荡，花费甚至对一般契丹人来说也过多的时间从事狩猎。他还对他的扈从残暴、凶狠且喜怒无常，尤其是当他喝醉酒的时候。实际上，在他统治时期的末年，他曾命令他的一位重臣不要执行他酒后所通过的判决，而是等到他酒醒后让他复审。《辽史》中他的本纪是一连串恣意施暴的可悲记录。

中国其他地方的事件使辽朝进入不幸的时代，辽朝在这样一位无能的君主统治下，实际上已陷于瘫痪。而新兴的后周政权在郭威（951—954年在位）和有作为的柴荣（世宗，954—959年在位）的先后统治下，成为一个比五代时期任何一个朝代都更加组织有序和强大的国家。他们最终削弱了地方政府的权力并牢固地重建强大的中央集权。

在穆宗统治时代之初的952年，北汉皇帝刘崇向辽求援以对付后周。辽朝派高模翰率领一支军队帮助北汉击退了后周入侵者。954年，后周又一次进攻北汉，契丹军队又被派去救援。辽显然重视他们与北汉的联盟，因为在同一年他们遣返了一些被误抓的北汉军并帮助北汉镇压了发生在辽汉边界地区的地方性反汉叛乱。北汉不止一次派遣使臣赴辽商讨战略事宜。

958年末，北汉派出几名使臣报告后周再次入侵的消息。959年初夏，后周对辽实施进攻。他们的军队在四月份占领了益津、瓦桥、淤口三座重要边界关隘，五月又夺取了十六州最南面的瀛州和莫州（见地图4）。面对后周的猛攻，辽军后撤。穆宗惊醒并南下南京指挥战事，加强防御以等待周军。然而，双方并没有遭遇。后周皇帝病倒并不得不返回开封，在那里，他于六月去世。后周军撤退了，穆宗也

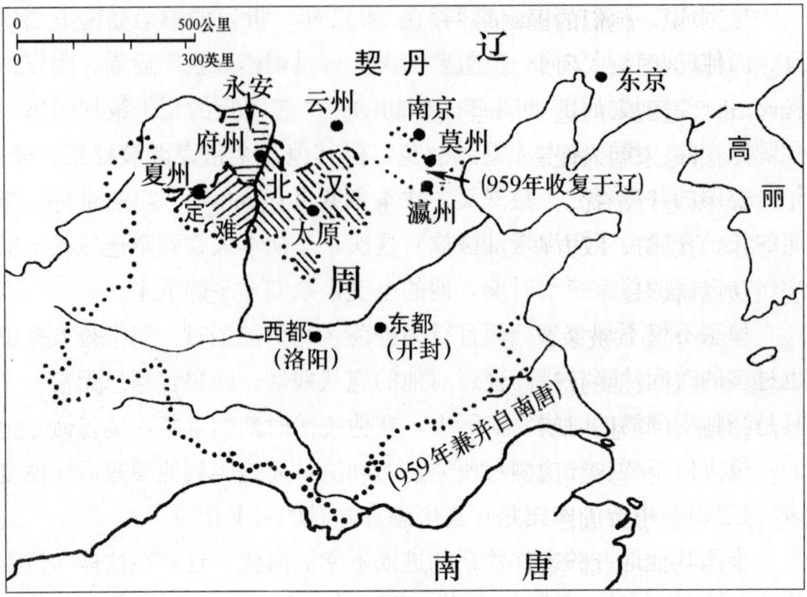

地图 4　契丹和中国北部，959 年

返回上京。

无论是因为穆宗缺少勇气还是契丹人不想重蹈 947 年的覆辙，在穆宗时代，辽似乎采取了纯粹消极的防御战略。这不仅与后周和以后的宋在中国边界是这样，在北方边界也同样如此，除了 965 年与乌古和室韦曾有过小的摩擦外，并没有新的战事记载。

960 年宋代替后周成为中国北部的主人。新王朝在一定程度上恢复了中国自 9 世纪中期以来不曾出现的稳定局面。建国以后的许多年，宋致力于巩固政权，对唐朝灭亡后分裂中国的各个独立王国重建中央的权力。这一重新统一过程自后周就已经开始了，它击败了四川的后蜀国，收复了秦岭以北的所有领土，并于 957 年发动了对南唐的毁灭性打击，收复了长江以北的所有领土。但还有很多事业有待进行。

在北方，宋朝宫廷的注意力与其说是在辽，倒不如说是地处山西、小而顽固的北汉国。北汉的统治者，正如我们已看到的，在 10 世纪 50 年代已经与世宗建立起良好的关系，辽继续支持他们反对宋。

对于辽来说，他们的国家是一个非常宝贵的缓冲地带和战略据点，不管宋怎样试图攻入河北北部被占领的州县，它都很容易被包抄。963年，北汉遭到宋的进攻，他们立即向辽乞援。964年，一支辽军被派出帮助击退宋朝入侵者。辽也对宋巩固959年后周军队获得的边界地区的企图进行干扰。963年和967年，为了阻止宋朝在959年被收复的益津关设防，双方在边界曾经有过小规模冲突，但并没有出现大规模的战争状态。

969年穆宗被杀。这一年的整个正月他都在暴饮，在此期间，他又粗暴地对待他的侍从。二月，他又忙于册封附属于他的北汉新统治者刘继元。但是，他接着又开始残忍无理的暴行，残杀了好几名护卫。最后，在忍无可忍的情况下，六名近侍在夜晚杀死了他，为辽朝除掉了一个嗜血成性和反复无常的暴君。

这一次皇位继承没有遇到什么麻烦。阿保机的所有兄弟都已死去，他们子孙的力量似乎也在这一时期早期的几次叛乱中丧失殆尽。当皇位传给皇室长支成员时，再也没有人起而反对了。世宗的长子已经过世，皇位传给了他的次子贤（948—982年，契丹名明扆），他于969年到982年在位，庙号为景宗。

景宗朝，969—982年：与宋朝对抗

到新皇帝景宗登上皇位之时，中原的形势发生了根本变化。后周，虽然在重新建立中国政治的稳固方面飞速地迈进，但由于959年世宗（柴荣）的突然死去和6岁儿子的即位而遭到了削弱。这个男孩在一位名叫赵匡胤（庙号太祖，960—976年在位）的将领所领导的军事政变中被推翻，赵匡胤在960年建立了一个新的王朝——宋。宋太祖最终解除了自9世纪晚期以来中国真正的权力拥有者——藩镇将领们的权力，并在稳定的文职官员统治下为其新王朝建立起强有力的中央政府。太祖一个接一个地将割据中国长江以南的独立国家消灭并置于宋的控制之下：963年长江中游的楚国（译者注：楚国已于951年为南唐所灭），965年四川的后蜀，971年广东与广西的南汉，975

年江苏、安徽和江西的南唐相继灭亡。当976年他的弟弟光义（庙号太宗，976—997年在位）继承他为宋朝皇帝时，只剩下两个独立政权还没有并入帝国：浙江的吴越和山西的北汉。吴越在978年向宋投降，只有北汉尚存。

北汉，这一位于山西的沙陀突厥人的最后残余势力，自951年它建立后，就与辽紧密相连，当时它的首任皇帝受到了辽世宗的册封。甚至连怠惰的穆宗也明白北汉对于辽防御战略的重要性并在10世纪60年代初期竭力帮助北汉击退宋的一次进攻。一个独立的汉国对辽非常有利，它使辽宋边界缩短为河北平原相对狭小的地带，并为辽提供了一个盟友。它会从山西北部高原几乎坚不可摧的基地对宋进行包抄，以此对宋通过河北平原向北进攻辽的企图构成威胁。然而，北汉是一个小国，尽管它有勇敢善战的军队，却完全不能与宋进行全面战争，除非依靠与强大的辽帝国结盟。

北汉小心谨慎地维持着这一联盟。971年景宗即位不久，他们开始按月派遣礼宾使节到辽朝宫廷以争取支持。不过，宋已决心灭掉北汉并在974年开始与辽协商签订和平条约，以确保当他们进攻北汉时辽保持中立。

975年初，宋辽开始定期互换外交使节。977年，宋甚至设置了五个边界官员负责与北方的贸易。宋太宗也许希望稳定边界并制造辽与它的属国北汉的不和，但如果是这样的话，他的努力是白费了。

太祖统治时代的最后一年即976年，宋侵入了北汉。北汉向辽朝宫廷求助，一支军队被派出并帮助北汉击退了入侵。第二年，宋对北汉的新攻势又导致了另一次求援。契丹又一次派步兵和骑兵帮助北汉军队进行抵抗。

979年，在吴越投降以后，宋太宗对剩下的最后一个独立国家北汉发动了全面进攻。辽派出一名使臣到宋朝宫廷，要求作出解释，却被不客气地告之不要介入这场冲突，否则他们也要遭到进攻。979年初春，辽派出军队援助北汉，但宋朝军队对他们进行了截击。辽军遭到惨败并伤亡惨重。六月，宋朝军队攻克太原，北汉皇帝向宋军投降。最后一个独立国家被消灭和吞并。

然而，此时的宋太宗在取得完全胜利后，却作出了一个非常轻率的决定。他不顾所有将领的反对，也没有给已经精疲力竭并过分展开的军队任何休整和巩固的机会，就转而向东，穿过太行山诸隘口，侵入了契丹在河北北部的领土，以图收复 937 年被契丹占据的十六州。

在包围辽南京（今北京）的进军途中，宋太宗赢得了与辽军队交战的几次初步胜利，可接着在七月份，宋与辽军主力在南京西南的高梁河展开了激烈的决战。① 这对宋来说，是一次全面的灾难，宋军遭受了巨大的伤亡。辽军抓获了许多俘虏并缴获了大量的武器盔甲、辎重、装备、钱币和粮食。倒霉的宋朝皇帝受了伤，与他的军队失去联系，只身逃离战场并乘一辆驴车向南逃窜。他的一些将领以为他死了，不知道是否应当拥立宋朝建立者的儿子为皇帝来代替他。本来以胜利占领北汉为开端的行动，现在却以可悲的失败而告终。

当时，辽朝掌握了主动权。980 年，景宗亲自指挥对河北的进攻。夺取了瓦桥关并击败一支宋军。982 年，他发动了另一次进攻，但这一次辽军被击败，景宗被迫撤军。

这些事件的后果是辽宋之间的关系发生了完全改变，不再围绕缓冲国北汉周旋。两大帝国此时沿着从大海一直延伸到黄河上游拐弯处的一条连续边界互相对峙。而且辽继续占领着十六州，这始终在宋朝宫廷激起复仇的情绪。战争的再次爆发只是一个时间问题。

与宋朝的这些麻烦并不是景宗时代仅有的军事问题。973 年，辽与党项人发生了边界问题，973 年和 976 年，又与入侵并劫掠辽朝领土的东北的女真人发生了边界冲突。在以后的许多年，这两个民族都将给辽惹来许多麻烦。

981 年发生了一次旨在拥立喜隐的儿子为帝的政变。喜隐是李胡的儿子，他在穆宗时被投入监狱，可后来景宗即位时却得到了赦免。一群被俘的汉人士兵试图拥立喜隐的儿子，但却遭到失败。喜隐被迫自杀，而他的儿子则被处死。

---

① 有关这一战役，见［871］傅乐焕：《辽史丛考》，第 29—35 页。

982年秋天，景宗虽然还很年轻，却在游猎途中突然病倒并死于自己的营帐。他临终遗嘱，将皇位传给他的长子隆绪（982—1031年在位，庙号圣宗）。新皇帝只有11岁，所以由他的母亲景宗睿智皇后（后来尊称为承天皇太后）摄政。

承天皇太后摄政

睿智皇后是另一位在辽朝公众生活中发挥重要作用的杰出妇女。[①] 原因之一在于辽朝皇室极不同寻常的婚姻结构，皇室从单一的萧姓后族娶妻，而后者也娶皇室公主并享有担任各种有权势官职的世袭权利。[②] 为此，皇室的新娘总是来自那些与官僚政治密切相关的家庭，睿智也不例外，她是萧思温（死于970年）的女儿，而萧思温在景宗时代初期担任北院枢密使和北府宰相，[③] 他被任命后仅两个月，睿智就被立为皇后。在景宗生前皇后就已经在政治上发挥了影响，而此刻她被委托统治辽帝国。虽然她已成为皇太后，但她并不像称号那样让人想像得那样老，她仅年过三十。

在圣宗漫长时代的前半期，直到皇太后1009年死去，真正的权力掌握在皇太后和三位重臣的手中，其中两位是汉人。自979年宋朝入侵以来，这三个人就已掌权，而皇太后已习惯于与他们共同执掌朝政。

资历较深的人物是室昉（920—994年），[④] 他是河北蓟州人，学识渊博，大约在938年取得“进士”的头衔，这是契丹人统治下首次关于“及第”的记载。其实，他的“进士”头衔差不多是

① 她的传记，见［645］《辽史》，卷71，第1201—1202页。

② 有关这一制度，见［541］魏特夫和冯家昇：《中国社会史：辽（907—1125年）》，第191—192、206—212页；［185］詹尼弗·霍姆格伦：《辽朝（907—1125年）契丹统治下的婚姻、亲族和继承》，第44—91页。

③ ［645］《辽史》，卷8，第90页。他的传记，见《辽史》，卷78，第1267—1268页。

④ 他的传记，见［645］《辽史》，卷79，第1271—1272页。

一种个人荣誉，因为考试制度到下半个世纪才永久性地建立起来。当太宗于 947 年占领开封时，他受命负责礼仪和起草诏书，随后继任南京的一个职位，之后，在穆宗统治时期又担任了十多年的翰林学士。他深受景宗的器重，官职稳步晋升，直到 979 年成为北府宰相。983 年圣宗即位时，他试图告老还乡，但被拒绝并被另外加授中书令的职务。室昉成为一个重要人物，他主持了招纳贤才和减轻人民税收负担的一系列改革并赢得了广泛的尊敬。990 年，他再一次请求致仕并获准常住南京。993 年他推荐韩德让代替他的职位并被任命为荣誉性的上京留守（译者注：据《辽史》本传，应为中京留守，而实际上有可能是南京留守）。不久，他就死去了。

韩德让①也是一位出身蓟州的汉人，但他的背景与室昉有很大的不同。他的祖父韩知古②自幼被契丹人俘获并成为阿保机皇后家的成员，很快获得了阿保机的信任。契丹领袖让他主持管理汉人的机构（汉儿司）并负责宫廷礼仪。他和另一位中国降人康默记③建议阿保机建立汉城，被授予听起来很高的头衔左仆射和左尚书。在整个阿保机时代，他都声名显赫。926 年康死后，韩知古成为中书令。他是契丹国最有势力的汉人家族的始祖。

他的儿子韩匡嗣（死于 981 年）④ 深受阿保机的遗孀承天皇太后的喜爱，成为阿保机先庙的长官（详稳，辽官名）。他与皇室关系密切，所以虽在穆宗时的 960 年参与喜隐谋反，却得以幸免。在 10 世纪 60 年代，他成为还是皇位继承人的景宗的密友。在登上皇位后，景宗先后任命他为上京和南京的留守，并担任了枢密使。在 979 年宋

① 他的传记，见［645］《辽史》，卷 82，第 1289—1291 页，他后来的名字为耶律隆运。他以一系列的名字在历史中出现。1001 年，皇帝赐他新名德昌。1004 年，他被赐予皇姓耶律。1010 年，在他临终前，他又被赐予新名隆运。他没有儿子，而他兄弟们的子孙直到辽朝灭亡都地位显赫，仍继续使用韩姓。有关他的家庭，见［769］李锡厚：《试论辽代玉田韩氏家族的历史地位》。

② 他的传记，见［645］《辽史》，卷 74，第 1233 页。

③ ［645］《辽史》，卷 74，第 1230 页。

④ ［645］《辽史》，卷 74，第 1234 页。

朝入侵时，韩匡嗣被击败并弃军而逃。景宗想要处死他，但皇后与内戚为他求情而救了他。981年，韩匡嗣被任命为西南招讨使，不久即死去。他不仅对景宗有着强烈的私人影响，而且还是一位强有力的贵族，他拥有自己的私属城邑，此城在991年才成为一个正式的州。他有五个儿子，他们为韩氏家族的百年政治权力奠定了基础。[①]

韩匡嗣的两个年长的儿子韩德源（大概死于980年）和韩德让（941—1011年）在景宗即位前均在其藩邸服务。韩德源于960年到979年期间历任各种职务，但在约980年死前使自己留下了贪污腐化的名声。[②] 韩德让[③]被景宗选拔继承他的父亲韩匡嗣为上京和后来南京的留守。他在979年抵抗宋朝入侵、保卫南京的战斗中崭露头角并被任命为南面行政系统的枢密使。当景宗去世时，他和耶律斜轸接受遗命，主持拥立年幼的圣宗为皇帝。皇太后非常喜爱和尊重他，韩德让稳步地成为辽帝国最有权势的人物。宋朝史料也许出于恶意，把他说成是皇太后的情人。最后在1004年，他被赐予皇姓耶律。他的三个弟弟也占据了要职。他们中最重要的是韩德威，他继承了他父亲西南面招讨使的职位，从983年到10世纪末，一直负责处理党项人的事务。[④]

圣宗初年其他有权势的人物是契丹人与皇族成员。耶律斜轸[⑤]是统帅（于越）耶律曷鲁的孙子，在969年就已被皇太后的父亲枢密使萧思温推荐给景宗。景宗对他印象很深并将皇后的侄女嫁给他。他在979年与宋作战时崭露头角并赢得了皇太后的信任。圣宗即位后不久，皇太后举行了一次不同寻常的仪式以确保他的忠诚。小皇帝与耶律斜轸在她面前相约为友，互相交换了弓矢鞍

① 见［802］罗继祖：《辽汉臣世系表》，重版载杨家骆编：《辽史汇编》，卷4，35号，第2—4页。

② ［645］《辽史》，卷74，第1235页。

③ 他的传记，见［645］《辽史》，卷82，第1289—1291页。

④ 有关韩德威的家族及其半契丹化身份，见［541］魏特夫与冯家昇：《中国社会史：辽（907—1125年）》，第220页和注420。

⑤ 他的传记，见［645］《辽史》，卷83，第1302页。

马。[①] 皇太后随后授予斜轸许多重要职务，任命他为北院枢密使。他一直到 1004 年与宋作战期间死去前都很有权势。另一位帮助稳定统治的契丹人是统帅耶律休哥，他从 984 年一直到 998 年去世前都担任枢密使的重要职务，而且在这一时期的所有战争中都发挥着作用。[②]

从以下事实可以看出韩德让稳步登上顶峰的大致步骤：当 998 年耶律休哥去世时，韩继承了他的职位于越，而当斜轸一年后死去时，他又担任了他的北院枢密使之职，他除了原先的南院枢密使一职之外，又占有了这两个职位。从 999 年到 1011 年，韩掌握了辽朝政府的全部军政大权，领导了其下的中原和契丹两个组成部分，这远远超过了他前后任的任何大臣。[③]

当承天皇太后活着的时候，她专权是毫无疑义的。这些重臣是皇太后的人，而新皇帝则完全受他的母亲控制，甚至当他成年时，他的母亲还当众呵斥他，有时还打他。新皇帝即位后不久，她就采取了一项非常措施以确保她摄政的权力。在辽朝统治者正式登基前，他要正式通过重要的契丹宗教仪式再生仪，在这一过程中，他象征性地再一次降生。[④] 在契丹部落贵族的眼里，这一仪式确定了新皇帝的统治权力。在这一情况下，皇太后本人不是一次，而是至少三次经历过这种仪式，其中第二次是在 984 年，而第三次是在 986 年。以后，担任摄政的皇太后们也都举行同一仪式就职。

皇太后并不是一位反复无常的暴君，而是一位深深懂得权力的现实性和统治艺术的统治者，她总是愿意听取他人的建议。她赢得了辽朝官员，无论是契丹人还是汉人的极大忠诚。她不仅是

① [645]《辽史》，卷 10，第 111 页。

② 他的传记，见 [645]《辽史》，卷 83，第 1299 页。

③ 见 [667] 万斯同：《辽大臣年表》，重版载杨家骆编：《辽史汇编》，卷 4，33 号，第 8—9 页。韩从 999 年占据着所有这三项职位，直到 1002 年七月，另一个汉人邢抱朴成为南院枢密使。然而，在 1004 年初邢死时，这一职位又归还给韩德让。

④ [645]《辽史》，卷 53，第 979—980 页；[541] 魏特夫与冯家昇书，第 273—274 页。据《辽史》，卷 116，第 1537 页，规定每 12 年重复一次。见 [456] 岛田正郎：《辽朝史研究》，第 339—347 页；[694] 王民信：《契丹的"柴册仪"和"再生仪"》。

一位成功的朝政管理人才，而且还仿效阿保机的皇后（应天皇太后）成为一位军事统帅，领导着她自己的、能够投人1万骑兵的斡鲁朵。[①] 甚至在1005年承天六十多岁时，她还指挥军队同宋作战。《辽史》很贴切地概括了她的成就："圣宗称辽盛主，后教训为多。"[②]

圣宗时代是辽朝发展的一个重要时期。从983年到1031年的一系列流血与旷日持久的战争使契丹军事力量扩展到了极限，虽非全部以胜利而告终，但以结束了北亚一个世纪的局部冲突和不稳定的和解与各方力量均衡而结束。与宋在1005年的和解和与高丽在1019年到1020年间的对峙标志着辽朝与主要邻国的大规模战争状态的结束。在国内，这一时代也经历了奚的最后和平并入、渤海人大规模叛乱的被镇压、西北诸部落的平定。只有辽朝与新兴国家西夏的关系问题和与女真诸部旷日持久的纷争问题还在下一个统治时代干扰着各方力量均衡。这些事件在北亚产生了一种力量均衡并一直延续到12世纪的第二个十年。它们和正在从内部转变的契丹国家的基本变化一样，在同一时间发生。正是这些变化，将新的中原影响施加于行政管理之上，这是我们首先应当注意的。

朝政的变化

考试制度

早在太宗时期，就有一些选拔政府后备官员的考试，但是在景宗

① ［645］《辽史》，卷31，第367页；卷35，第404页。

② ［645］《辽史》，卷71，第1202页。她的姐姐胡辇，嫁给了圣宗的叔祖罨撒葛，也是一位有成就的军事统帅。罨撒葛死后，她掌管他的斡鲁朵，并进行了平定远在西北的阻卜部落的战争，在那里，她于鄂尔浑地区建立了要塞可敦城。见《辽史》，卷13，第145、149页。1006年，她由于参与谋反而遭到监禁，但此事的细节并不清楚。她在1007年死于监禁。见《辽史》，卷14，第162—163页；［595］叶隆礼：《契丹国志》，卷13，第142页。

统治时期的977年于南京建立一个考试机构之前，并没有正式的和有组织的考试。① 首次进士考试于988年举行②，考试延续到辽朝末年，起初像唐朝那样定期举行，以后则变得不定期。开始，每次考试只产生一名或两名候选人，但在大约公元1000年以后，则有20名或40名，有时是更多的候选人通过每次考试。③ 并不是所有的这些进士都能够当官；后来，金朝政府宣称他们的先朝辽只给每十个合格者中的两个或三个人安排职务。④ 也许使汉人官员中产生出大量精英人物的考试在实践上的成功，起初还不及其作为正式中国王朝规范行为和尊奉中国社会准则而从公众中选拔人才所具有的象征意义。⑤

辽朝汉人高级官员的儿子和孙子们也像唐朝那样享有入仕（荫）的世袭权利，而且这样的新人选通常比考试合格者更有前途。这一做法同契丹人世袭继承（世选）的普遍传统做法相符。许多职务是为耶律氏和萧氏这些特殊氏族的成员所设置的。契丹人被禁止参加汉式科举考试。圣宗死后不久，皇族的一个杰出的学者式成员耶律庶箴，由于允许他已成年的儿子非法参加进士考试，而被责罚了200皮鞭。⑥ 他的儿子不再被任用，后来还是因为能够通过连续用三支箭射杀三只野兔来证明其精通真正的契丹武功——射箭，才被提升。⑦ 汉式考试所设置的科目有时也有独具特色的契丹式特点：在1036年，进士考生必须以《日射三十六熊赋》为题撰写他们的韵文（赋）！⑧

---

① ［645］《辽史》，卷8，第64页。

② ［645］《辽史》，卷12，第133页。

③ 见［541］《中国社会史：辽》里的表格，第491—492页。

④ ［646］脱脱等撰：《金史》，卷51，第1129页。

⑤ 有关这一问题的极好概括，见［541］《中国社会史：辽》，第454—464页。

⑥ ［645］《辽史》，卷89，第1351页。

⑦ 他和他的父亲均是精通汉语的作家，而且据说儿子耶律蒲鲁在6岁时就能够读懂契丹大字。他的父亲还是提倡扩大契丹姓氏、不局限于耶律和萧氏的官员之一。

⑧ ［645］《辽史》，卷18，第217页。

历史记录的系统保存

在圣宗朝以前，似乎有宫廷日记人员，而且一些历史的或者更确切地说是传说的作品被受命编纂。在941年一件有关王朝创始人奇首可汗的事迹被官方编纂①；而在太宗时期，《七贤传》（七位名流的传记）写成。②

在圣宗时代，已有历史编纂机构国史院和国史负责官员监修国史。在991年他们呈献了第一部辽朝的实录，这些景宗统治时期的记录被分为20卷，监修国史室昉按传统方式获得奖赏。③ 我们还知道在圣宗时代一种每天的记录（日历）——以后实录据以完成的原始材料——已经被编纂，而在1003年官员们被告诫“修日历毋书细事”④。1011年规定：“已奏之事送所司附日历。”⑤ 到兴宗朝的1044年，我们发现这一时期最杰出的学者之一担任翰林都林牙、兼修国史的萧韩家奴⑥把大量中国历史著作翻译为契丹文⑦，而且还同两位杰出的契丹学者耶律谷欲和耶律庶成开始⑧早期实录的编撰。

大约在994年辽朝第一次产生了他们自己的历法。⑨

法律编纂

10世纪80年代辽帝国逐步汉化的发展趋势，还可以通过按照汉人方式编纂早期混乱与不规范的一系列法律措施来印证。当时口头的契丹习惯法适用于契丹人和其他部落民，而唐朝编纂的法律适用于汉

① ［645］《辽史》，卷4，第49页。
② ［645］《辽史》，卷77，第1259页。
③ ［645］《辽史》，卷13，第141页。
④ ［645］《辽史》，卷14，第158页。
⑤ ［645］《辽史》，卷15，第169页。
⑥ 他的传记，见［645］《辽史》，卷103，第1445—1450页。
⑦ ［645］《辽史》，卷103，第1450页。
⑧ ［645］《辽史》，卷103，第1450页；卷104，第1456—1457页。
⑨ ［645］《辽史》，卷42，第518页。

人。重视以汉式法律作为适用于所有臣民的标准法律似乎归功于皇太后的影响，她以汉式法律为基础，非正式地解决了在她之前出现的所有争端。①

在983年，由南京地方当局呈献的唐朝法典被下令翻译成为契丹文以供北府行政官员们使用。② 通常，唐律载明的刑罚比契丹习惯法量刑要轻，而且唐律更系统更合理。汉式法律至高无上的另一表现是994年的一项规定，即任何契丹人违反了十恶罪——一个纯粹的汉式观念，建立于儒教伦理价值之上——之一，与汉人同罪。③ 1027年，一部汉式法典被下令编纂修订。④ 该项工作完成于圣宗死后。

对辽朝所有臣民都适用的汉式法律的实施，导致了契丹人内部的敌对反应，圣宗死后的1031年，新皇帝的弟弟、北面官的首领耶律重元要求五京各自设立一个契丹警巡使，以监督法律的执行。这或许是作为对契丹人情绪的一种让步。⑤

作为辽朝统治者中一位公正的，也许是最优秀的皇帝，圣宗留下了美名。但即使是他，也要对武断的个人裁决负有责任，特别是当他喝醉酒时。鉴于此前穆宗曾有过类似的事情，因此在1014年，他下令在他喝醉酒的情况下，他的大臣们不要根据他的各种决定行事，而是要等到翌日由他复查他的决定。

国家与农业

10世纪末，辽朝的经济还是支离破碎的：北方诸部落保持着他们的草原生活方式，依靠他们的牲畜和最低限度的农业生活；但南方的奚人则一直从事农业，渤海人也是如此，而且在占领十六州以后，

---

① 见［581］王偁：《东都事略》，重印本载赵铁寒编：《宋史资料萃编》第1编，第11—14卷，卷123，第1899页。皇太后之死，见［584］李焘撰：《续资治通鉴长编》，卷72，第1645—1646页。

② ［645］《辽史》，卷10，第110页。

③ ［645］《辽史》，卷13，第145页；卷61，第939页。

④ ［645］《辽史》，卷17，第201页。

⑤ 关于重元的请求，见［645］《辽史》，卷112，第1502页。关于1044年推迟已久的建议的执行，见《辽史》，卷19，第230页。

其原有的汉族农业人口越来越成为生产的中心和契丹帝国人口最稠密的部分。圣宗时政府开始采取一些措施来发展交通，鼓励发展农业和保证合理的税收。

在整个圣宗统治时期，采取了一系列措施允许并鼓励开发和清理荒地，而荒地的耕作者将要作为纳税人。有时候，土地连同耕牛一起分配。1014年的禁止诉讼妨碍农业的法令或许与这些措施有关。996年禁止军队无故行猎和破坏庄稼。监察官被派出查看庄稼和鼓励农业与果树种植。有时皇帝还亲自检验收成。

类似的措施一直延续到约1070年。引起持续争端的是在南京道地区灌溉土地以种植稻谷的汉式举措。在景宗统治时期（969—982年）这样的建议被拒绝，1064年一项禁令被重新强行实施。在1068年，最终下令允许种植稻谷，但军事要道除外。由于水渠与稻田的布局将会构成契丹骑兵作战的不利地形，所以政府的拒绝理由显然是基于军事考虑。

道　路

在圣宗朝初期（984—989年），为方便马车通行和发展邮传制度而注重修筑道路与桥梁，这对于上传下达的便捷是极其重要的。[①] 在1027年，出于安全考虑，官道两旁各宽30步的狭长地区被下令清理出来。

赋　税

契丹的税收历史几乎不可能完全阐明。部落民有传统义务提供皇帝需要时所设定的劳役或赋税。然而，似乎可以肯定的是，政府正常收入的绝大部分是由南京道定居人口缴纳的。这里的赋税比所有契丹地区的还要重。至少宋朝史家认为，辽朝税收比宋帝国要沉重得多。汉人百姓的劳役似乎没有规律可循，人力的专门调用有时很少考虑农业生产的正常需要。

---

① ［541］《中国社会史：辽》，第164—165页。

甚至在辽朝末年，其全部税收也没有达到正常的汉式水平。912年，在阿保机的汉人谋士韩延徽（882—959年）的建议下，契丹首次在定居臣民中设立赋税制度。他们继续施行唐朝制定的两税法，加上各种附加税诸如农业履行税，而且他们经常征发人力强迫劳作。海盐和湖盐被征调以实行盐的专卖。还有酒、粬和其他各种商业税在榷场交易和货物运输中加以征收。

圣宗时代没有新的发展，但很明显，多次战争的消耗导致财政拮据。991年首次进行了一次土地测量[①]和人口调查登记，997年进行了各斡鲁朵部民人口的调查登记。[②] 在10世纪90年代政府多次通过各种方法来重新调整赋税：991年北府宣徽使被派赴北京周围地区调查逃税和劳役的情况[③]；994年政府下令建立“均税法”[④]，这样做的意义还不清楚，当然到圣宗时代晚期，仍存在着极其的不公，所以他的继承人下令重新实行新的赋税制度。[⑤] 995年，一些地区的赋税增加很多，997年因南京道新定税法太重，百姓无法承受而减税。[⑥] 998年实行了进一步的让步措施[⑦]，1002年南京及平州地区又一次免租税，而且减少了关市税。[⑧]

1005年与宋的和议立即减轻了辽朝的财政拮据状况。宋朝政府提供的岁币占辽朝全部国库收入的很大比重。可是以后几年中新的贸易税又被征收，沉重的赋税继续实行。

货 币

甚至在阿保机时代之前，契丹就曾铸造铜钱，而且太宗统治时期（927—947年）曾任命过一位官员掌管钱币和铁器的铸造。

① [645]《辽史》，卷13，第139页。
② [645]《辽史》，卷13，第149页。
③ [645]《辽史》，卷82，第1290页。
④ [645]《辽史》，卷13，第145页。
⑤ [645]《辽史》，卷59，第925页。
⑥ [645]《辽史》，卷13，第148页。
⑦ [645]《辽史》，卷13，第149—150页。
⑧ [645]《辽史》，卷14，第157页。

傀儡后晋政府的建立者与契丹的忠实奴仆石敬瑭提供了大量铜钱支援辽朝的经济。但据宋朝俘虏胡峤的记载，在景宗统治时期，即使在京城也是以丝而不是以钱作为流通的重要手段。[①] 起初契丹严重倚赖从中原进口的钱币，所以在辽朝统治地区发现了大量宋朝钱币。只是在景宗晚期，随着 982 年乾亨通宝的发行，才开始钱币的流通和正式铸造。[②] 983 年圣宗即位时开始了另一种新铸币统和通宝。当几乎一个世纪前由卢龙节度使刘仁恭在今北京附近埋藏的一大批铜钱被发现后，又带来了一大批储备钱币，而到圣宗统治时代晚期，似乎已供应充足。[③] 大量宋朝钱币在辽朝领土流通。但我们掌握的材料中所提到的钱币的数量，同唐或宋相比仍非常少。圣宗统治时期以后，货币的使用大大增加，但钱币的铸造仍供不应求。

1055 年钱币供应的危机似乎加剧了。铜和铁的私造与交易被严格管制，对回鹘人和蒙古人的金属出口被禁止。[④] 从 1056 年开始，通行东京铸造的钱币。[⑤] 11 世纪剩下的时间，虽然新币于 1055 年、1065 年、1074 年、1084 年、1102 年和 1112 年被铸造，甚至高丽史书也提到了铜钱在辽朝的广泛应用，但辽朝似乎对流通中的钱币的质量不大控制。保存下来的辽朝钱币的粗制滥造证实了这一点。到 11 世纪 70 年代，开始出现对钱币短缺的传统官方反应：铜器铸造禁令（1084 年）和金属与钱币出口禁令（1088 年）。[⑥] 在 1090 年，作为使节被派往辽朝的苏辙记载道，那里所有流通的钱币都是宋朝的铜钱。[⑦] 到 12 世纪初期，政府开支开始远远超过其岁入和钱币生产，

① [572] 欧阳修：《新五代史》，卷 73，第 906 页；[645]《辽史》，卷 37，第 441 页。

② 钱币学著作主张鉴定为更早的铸币，但是这些铸币的可靠性有些是可疑的。见 [864] 彭信威：《中国货币史》，第 371 页。

③ [645]《辽史》，卷 60，第 931 页；[541]《中国社会史：辽》，第 181—187 页；[864]《中国货币史》，第 370—372 页。

④ [645]《辽史》，卷 60，第 931 页。

⑤ [645]《辽史》，卷 21，第 254 页。

⑥ [645]《辽史》，卷 60，第 931 页；卷 22，第 270 页。

⑦ 见 [576] 苏辙：《栾城集》，卷 42，第 938 页。

王朝伴随着严重的钱币短缺而结束。

中京的建立与奚的最后归并

经过了阿保机统治时期一系列反叛和契丹人的讨伐后，从太宗时代起，奚人最终接受了在契丹国家内同渤海相类似的半独立地位。① 他们保留了拥有自己官员的国王，他们作为诸侯向契丹政府纳贡，而不是作为臣民向其纳税。在 10 世纪最后十年与宋的边界战争中，契丹的领土遭受侵犯，这给了奚人一次他们早已期盼的与契丹人绝交的机会，但他们依然几乎完全保持着忠诚。在 994 年和 997 年之间圣宗推行了一系列行政改革，奚人以前的“纳贡”体制终止了，奚王变成领取俸禄的辽朝官员。为了控制以前奚人的领地，建立了汉式的地方行政机构，而且汉人移民到那里开垦肥沃的土地。1006 年奚王以前的居所被指定为契丹的中京。② 1007 年建立起城墙，汉人从辽东被迁移到这个新城市定居；一座辽朝的祖庙被建立起来，而且还建立了接待宋、高丽和西夏使节的馆驿。1009 年为圣宗的临幸做了进一步的准备，而 1018 年到 1020 年之间又建立起更多的宫殿庙宇。③

新都城大概作为祭祀的中心和接待外交使团的场所使用了一段时间：宋朝使节宋溥和路振于 1008 年访问过中京并留下对它的描述，1013 年来到这里的王曾也是如此。都城有内墙和外墙，但路振去的时候似乎还没有人大规模定居。与其他四个规模相当大的都城（上京、东京、南京和后来于 1044 年在大同建立的西京）不同，中京保持了相对小的规模，只管辖有限的地区，带有很少的下级地方行政区和主要为汉人和奚人组成的编户。但它的建立最终把奚人并入契丹国家，而且自 11 世纪起他们作为一个独立民族在我们的

① 关于奚人在契丹国家中的地位，见［456］岛田正郎：《辽朝史研究》，第 8—10 页；［768］李涵、沈学明：《略论奚族在辽代的发展》。

② 关于中京，见［456］岛田正郎：《辽朝史研究》，第 443—456 页。

③ ［645］《辽史》，卷 14，第 163 页；卷 16，第 184、185、188 页。祖庙于 1019 年为景宗、1020 年为太祖而建。

史料中出现的越来越少了。

对外关系

尽管圣宗统治下契丹国家的国内政治与制度有这么多的变化，但最重要的变革却发生在对外关系上。在他即位时，辽朝仍然与宋处于战争准备状态，与高丽王国几乎隔绝，而且仍然面对与他们的属民——东面和东北的女真与西南和西面的各种党项人和蒙古诸部落之间经常性的难题。到他的漫长的统治时代晚期，与宋和高丽宫廷之间的稳固的国家间关系已经建立起来，这导致了近一个世纪的和平与稳定。

与宋的重新敌对，986年

宋太宗979年侵辽的屈辱性失败使他渴望复仇并在宋朝宫廷产生了强烈的反响。980年，李昉和扈蒙劝说皇帝，宋帝国缺少军事能力重新对辽发动进攻，但979年的屈辱使大臣们痛心疾首，他们经常以活灵活现的侮辱性言词提到契丹，诸如应当受到充分惩罚的祸害与未开化的野蛮人等等。到985年宋已准备发动另一场大规模入侵，而且这次他们试图与高丽国王组成联盟，以对辽发动联合进攻，“保卫他们共同的文明准则”①。

986年，太宗再不能继续忍耐了，他动员了一支庞大的军队，以把契丹人从“失地”赶出去。三支军队在河东的雁门和飞狐与河北的雄州同时穿越国界。宋军最初粉碎了边界防卫力量并占领了一些边界领土。一些辽朝边界指挥官叛降宋朝。但形势很快逆转，辽军统帅诱使入侵者深入其领土，远离他们的供给线，然后加以包围并从各个方面进攻他们。辽军在三个战场都赢得了巨大胜利，宋军丢盔弃甲，死伤惨重并扔下了大批俘虏。②

这次入侵不仅对宋来说是又一场军事灾难，也给辽朝边界地区造

① 见［535］王赓武：《小国的辨术：宋朝初期与其邻国的关系》，第53页。
② 关于战争的详细记载，见［869］程光裕：《宋太宗对辽战争考》，第95—161页。

成了严重的混乱与破坏，在那里许多人逃离家园；南京和西京南部地区是入侵的主要目标，那里遭到破坏而且许多年不能恢复。然而，数以千计的宋朝降军被编入辽军，一些宋朝官员和科举进士被吸收进辽朝国内的行政管理机构。

宋太宗和他宫廷里的一些人仍然决心采取新的军事行动。在 988 年和 989 年，太宗下令他的大臣们廷议对付契丹的可行措施。在协调现实与皇帝最后一次主张中国宗主权的理想主义的解决方案的旨意方面，大臣们面临着棘手的问题。一个边界问题的外交解决方案被提出来，虽然这只是作为面临劲敌的政治上的“权宜之计”，但并没有策划新的重大战役。

辽与高丽的关系

在 10 世纪的最后 20 年，辽朝发现自身不仅陷入与宋，而且陷入与棘手的女真边界部落，与东面的高丽，与西面鄂尔多斯地区正在形成的党项人国家——西夏的敌对状态。

契丹人与高丽的关系直到 10 世纪 80 年代才变得比较重要。在契丹于 926 年侵占渤海的严峻时期，冲突迫在眉睫，而高丽恰处于政治分裂时期。在 9 世纪的最后十年，新罗国家开始崩溃，叛乱首领已建立起三个独立国家：后高句丽在北部，后百济在西南，而王建领导的一个叛乱政权位于西海岸。918 年，王建篡夺了后高句丽的领导权并于北部与西北部建立起高丽王朝（他以其庙号太祖而闻名，918—943 年在位）。这样，在 926 年高丽被分成三个国家，完全没有能力参与保卫渤海，即使他们想这样做。直到 935 年新罗才最后投降高丽，而直到 936 年以前，高丽国王太祖才征服后百济并重新统一半岛（见地图 5）。

在以后的十年里，高丽王国开始了有计划的扩张并在平壤建立了一个新的“西京”①，以加强其在北部的地位。作为自封的古高句丽国

① 这可以根据显示其中有一些带有相当多的戍守部队的新的地方行政中心的建立的表格推断出来，载［807］金渭显：《契丹的东北政策》，第 79—81 页。

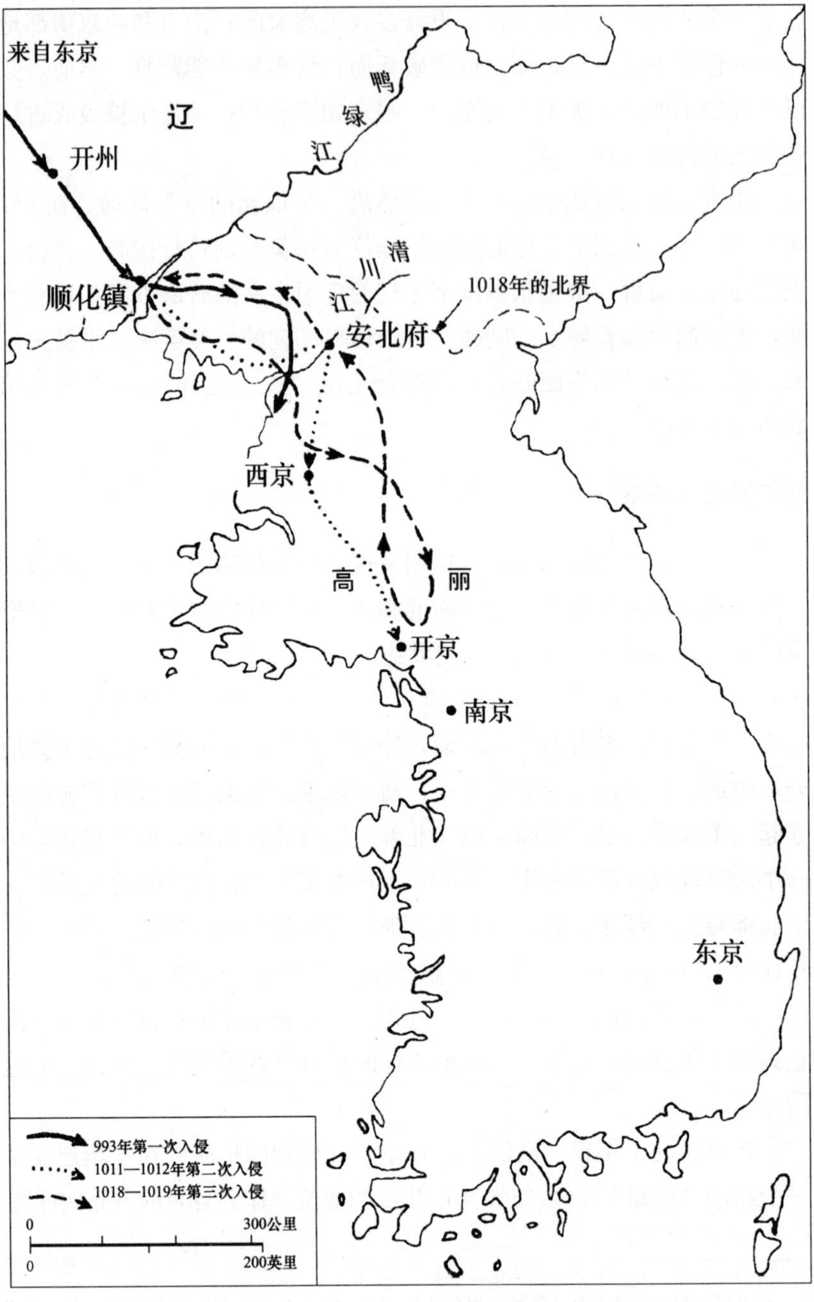

地图 5 993—1019 年辽对高丽的数次战役

的继承人，他们的统治者试图重新征服大同江以北至鸭绿江流域的领土。然而，由于这一地区被许多女真人和其他部落民族以及渤海遗民所占据，所以仍没有急切的理由与契丹发生冲突。再者，在高丽宫廷，任何向北方的领土扩张都受到强有力的反对。许多贵族和官员强烈地认为，高丽国家像新罗时代一样，应当将其统治目标限制于半岛。①

不过，契丹人对渤海的征服，以及随之而来的在辽阳周围对众多渤海人口的重新安置，微妙地改变了形势。在926年，并不是所有的前渤海领土都并入辽国版图，也并不是所有的渤海人都承认辽朝的统治。渤海王室的许多成员已逃到高丽避难。渤海自身是由残留的高句丽统治精英建立起来的，因此把东北高丽王朝看作是远亲和潜在的同盟。② 再者，在辽朝边界之外，有三支渤海人保持着独立：今黑龙江省松花江流域的西北渤海人，生活在今辽宁省鸭绿江以西的一支渤海人，以及三者中最强大的一支，于926年在牡丹江流域建立起独立国家定安国（朝鲜语 Chŏngan），其都城兀惹（Wo-jo），在前渤海国的上京（今吉林省东京城）。③

975年定安国与辽发生冲突。一支契丹讨伐军被派去进攻定安国，但失败了。在985—986年，辽再次侵入这一地区。而在10世纪80年代，契丹与生活在鸭绿江流域的各个女真部落之间产生了许多麻烦，宋试图与后者建立某种反契丹的同盟。991年辽在鸭绿江流域下游建立了三个带有驻军和军事殖民地的堡垒，以阻挡女真和宋之间通过海上进行联络。

所有这些举措对高丽产生了威胁。当高丽国王定宗（945—949年在位）动员了一支强大的防御部队和辽意识到高丽会是多么强大的对手时，辽朝于947年入侵高丽的计划中途流产。直到10世纪80年

① 关于高丽宫廷态度两极分化的明晰分析，见［419］米歇尔·C. 罗杰斯：《中世纪高丽的国家意识：辽、金对高丽的影响》，第152页。

② 关于这一关系，见［281］李基白：《新编高丽史》，第103页。

③ 关于定安国，见［532］和田清：《定安国》；［182］日野开三郎：《定安国》。

代，契丹和高丽的关系仍很疏远，因为女真诸部和定安国为高丽北部边界和辽边界提供了一个缓冲地带。但到990年，辽明显想要吞并这一地区。辽朝重新恢复紧张局势的新举措不仅暴露了辽和高丽之间潜在的不和，而且把它与更广泛的国际形势联系起来。

从962年起，高丽与宋一直保持着文化和外交关系[1]，就像他们以前同五代依次保持的关系一样。963年国王光宗（949—975年在位）受到宋太祖的册封。到10世纪，高丽人在各个方面彻底地受到中国文化影响的浸染，他们仇视、瞧不起却又害怕契丹人。这样，当985年宋朝皇帝试图争取高丽作为保卫共同文化传统的同盟者时，他们是把它建立在有说服力的真实情感之上的。然而，任何一方都不愿意把他们的同盟付诸实践。因此，在986年宋朝入侵期间，高丽拒绝出兵向辽进攻。

至于契丹人，则相信高丽对他们的东部边界构成了严重的潜在威胁。契丹对女真和定安国的进攻加剧了紧张局势。契丹人也许还担心高丽会鼓励辽朝统治下庞大的渤海居民的地方性分离，这种分离最终导致了1029—1030年的大规模叛乱。

在992—993年，辽朝东京留守萧恒德[2]受命入侵高丽。他率领一支号称80万的大军越过边界，要求把前高句丽鸭绿江南北的领土割让给辽。高丽宫廷向宋求援，但无人相助，宋和高丽的“同盟”再一次证明是虚假的。然而，高丽人能够很好地自卫并准备了强大的防御。他们的国王成宗（982—997年在位）率领一支强大的军队向北开到平壤。与此同时，在经过几次战役后，辽军主力向前开进到清川江。正在这时，似乎辽军指挥官断定征服高丽是不可能的，所以开始在辽军主帅萧恒德与高丽指挥官徐熙之间进行谈判。最初辽让高丽在完全投降或灭亡之间作出选择，而高丽则倾向于屈服。但徐熙勇敢的坚忍不拔使他们达成了谈判协议，即高丽成为辽名义上的附属国，而

① 见［302］丸龟金作：《高丽与宋的交往问题》。

② 萧恒德的传记，见［645］《辽史》，卷88，第1342—1343页。在高丽史中一般用萧恒德的称呼逊宁来指他。

且断绝与宋长期建立起来的联系。高丽国王受到辽朝皇帝的册封。高丽被授权自由处理鸭绿江流域南部女真诸部落，而他们也及时地据此采取了行动：徐熙于994—996年率领他的军队进入这一地区并建立了一批堡垒以维持和平。[①]

自994年起，双方开始经常互派使节。994年成宗进献给圣宗一些女乐人，圣宗似乎出于儒家道德观念，谢绝了她们。几批高丽学生被派去学习契丹文。996年国王成宗又派遣一名使节请求联姻，辽朝宫廷答应把萧恒德的女儿（她的母亲是出身于皇室的一位公主）嫁给他。当997年成宗死后，998年契丹宫廷正式册封他的继承人王诵（庙号穆宗，997—1009年在位）为国王。

在以后的数年里，辽致力于入侵宋朝和随后的和约谈判。在999—1000年和1004年的战争期间，高丽—宋朝同盟的恢复毫无可能：每一次高丽国王都正式向辽朝宫廷祝贺对宋的胜利。

对宋战争

宋辽军队自10世纪80年代起就沿边界互相对峙，时而爆发局部战争。994年宋朝宫廷采取了一些试探性步骤以建立和平关系，但都被辽朝拒绝。双方宫廷彼此之间都有强烈的领土要求。宋朝统一派仍然期待全部收回938年由后晋割让给契丹的“十六州”。契丹提倡雪耻之战的人，则被986—987年他们轻而易举的胜利所鼓励，渴望重新占领莫州和瀛州，这两个州是938年后晋割让给他们的诸州中最南面的两个，959年被后周夺去。这一地区他们称为关南，即“关隘的南面”。

10世纪90年代末，形势发生了变化。由于与高丽的战争，敌对的宋—高丽同盟的威胁已经缓解。与此同时，中国西北党项人的西夏王国在他们好战的首领李继迁的领导下，正成为宋朝边界的巨大麻

---

① ［281］李基白：《新编高丽史》，第125页和地图，第127页；［173］韩沽劤：《高丽史》，第138—139页；亦见［419］罗杰斯：《中世纪高丽的国家意识》，第154—156页，他对传统记载的准确性提出了疑问。

烦。在另一个党项人首领于982年降宋后，李继迁仍然顽强地保持独立。986年李继迁叛宋后向辽称臣，并作为附属统治者被授予各种职位和称号。989年春季，他被赐予一位新娘，她是一位被匆忙授予“公主”称号的皇族成员，而且第二年李继迁正式被辽宫廷册封为西夏国王。

这样，西夏和辽之间建立了一个基本的正式同盟，但这是相当不稳定的。992年，在得知西夏与宋正在秘密谈判后，契丹派出了一支由韩德让的弟弟韩德威率领的讨伐军沿黄河上游进攻西夏领土。在997年和1001年，生活在辽朝领土西部的其他党项部落发生了进一步的骚乱。虽然李继迁极不听话，但他仍保留了对契丹的臣属地位，而且，他的军队仍能够威胁宋朝漫长的西北边界。

随着997年真宗的即位，宋朝宫廷不再由马背皇帝统治，而是由北宋所有君主中也许最为消极的皇帝领导。辽廷的领导阶层也发生了变化。998年，在任最久的契丹统帅耶律休哥去世。到第二年夏末，皇帝颁布诏书，宣布军事动员以对宋作战。恰好在这次战役的准备阶段，北院枢密使耶律斜轸亦去世，这使韩德让成为契丹国内皇帝和皇太后手下最强有力的人。辽军的进攻首先指向定州的重要战略中心，进攻遂城县城。辽军的首次进攻被击退，但在冬季，辽军在同一地区赢得了第二次战役的胜利。与此同时，另一支契丹军队向东深入到瀛州。在瀛州附近给宋军以沉重打击后，这支军队又向南深入，直到乐寿（今河北献县）。然而，辽军没有能够占领定州和瀛州的州城，而且1000年新年后，终止了进攻，军队也解散了。

1001年冬季，辽军这次由皇帝本人率领，又侵入定州东北部，而且在遂城击败宋军。这次宋军向东深入反击，而在这次进攻被击退后，又恢复了对峙局面。1002年夏季再次发生边界冲突，1003年辽军在萧挞凛率领下重新对定州发动进攻，这次他们深入望都，在那里的战役中他们俘虏了一个名叫王继忠的指挥定州地区军队的宋朝重要官员。所有的这些季节性攻势似乎并没有导致对宋朝领土的永久性占领（见地图6）。

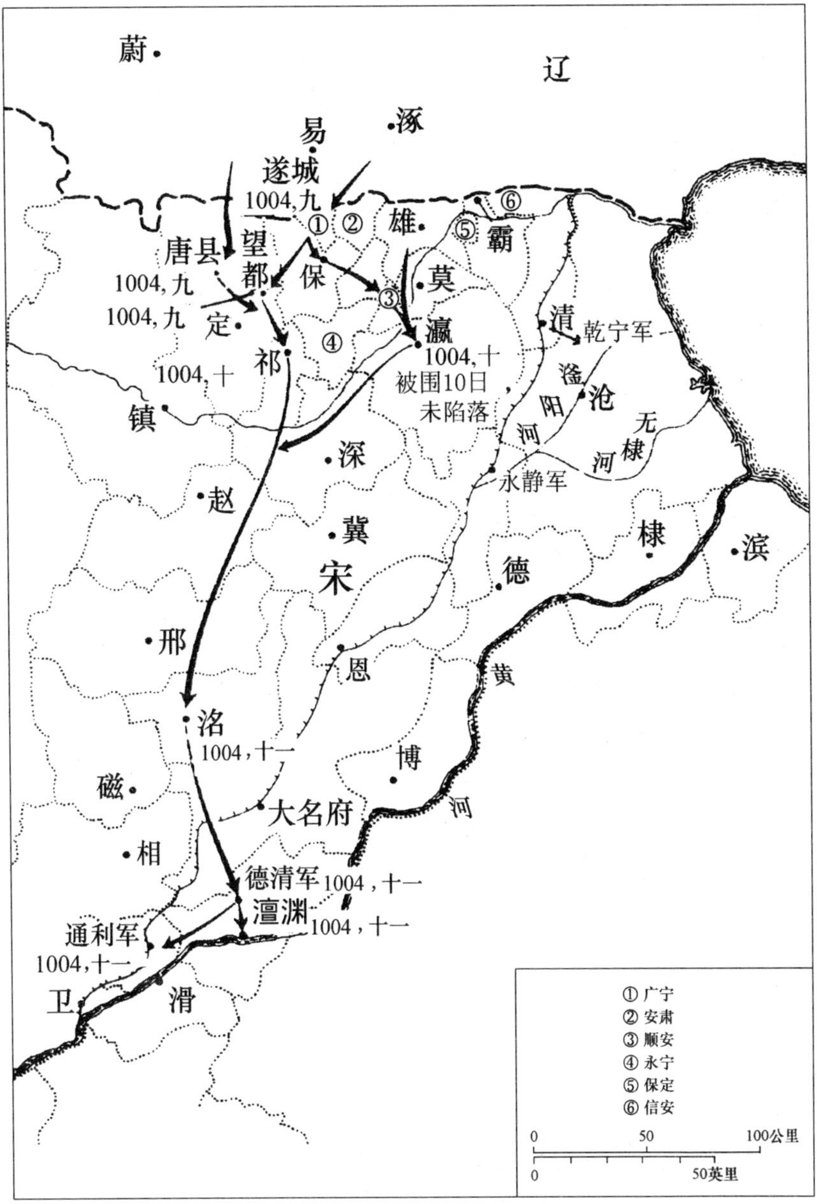

地图 6　辽侵宋，1004 年

1004年，辽廷决定全面入侵。在八月份，有消息传到宋廷，契丹轻骑袭击了莫州和冀州之间的地区，但已撤退，好像并不愿意与宋军交战。① 雄州长官觉察到了问题的严重性，奏请批准沿海州县打开沿运河和海岸的水闸，淹没广大地区以阻止契丹对那一地区的任何进攻。② 几天后，宋廷下令在定州地区部署了最精锐的军队并在河北和河东地区对青年男子进行了军事总动员，以武装和训练他们进行地方防御。

入侵开始于秋末，辽军由皇帝和皇太后亲自指挥。西部大军最初沿前些年的同一路线进攻，攻占了遂城和望都。③ 但他们并没有攻占定州城本身，而是转而向南于十月攻占了冀州城，然后迅速向南横扫河北西侧。与此同时，军队的另一部分分出来攻打瀛州，这是北方平原地区极其重要的要塞，也是契丹想要重新占领的关南地区的中心。这座城市被包围了两个多星期，双方军队进行了艰苦的争夺，但契丹最终没有能够占领这座城市，因此他们的军队撤下来转而向南前进。十一月，他们在洺州（今邯郸东北）击败一支宋军，并推进到靠黄河北岸的澶渊（有时读作 tan-yuan），在那里，在真宗指挥下，宋朝集中了他们的主力部队进行抵抗。契丹军离宋朝都城开封不过100公里。

激战在此地发生。在首次出击中，率领军队穿越河北的契丹统帅萧挞凛④于伏击中被远距离弓弩射死，契丹人的进攻被击退。契丹军队同时对附近的通利军也发动了一次快速但只是破坏性的袭击。

和平谈判已进行了一段时间。⑤ 甚至在1004年入侵发生前，宋

---

① ［584］《续资治通鉴长编》，卷57，第1251页。

② ［584］《续资治通鉴长编》，卷57，第1252页。

③ ［584］《续资治通鉴长编》，卷57，第1265—1266页。

④ 萧挞凛在宋朝史料中以萧达览的名字出现，是一位身经百战的将军，他曾参与早期同宋朝、高丽以及跟随皇太后的姐姐胡辇在蒙古边界的战役。见［645］《辽史》，卷85，第1313—1314页。

⑤ 这些事件有各种不同的说法。辽朝碑文（见［541］《中国社会史：辽》，第355页，注45；［645］《辽史》，卷14，第160页）声称是宋朝提议谈判的；宋朝史料则声称辽朝先提出谈判要求，见［644］脱脱等编：《宋史》，卷7，第125页；［595］《契丹国志》，卷7，4a。［584］《续资治通鉴长编》，卷57，第1268—1269页，提供了一个非常详细的记载，以下我将要谈到。

朝就害怕军事冲突并渴望和解。契丹人虽然曾诉诸武力，但也愿意谈判。契丹一方的关键人物是王继忠，他是在 1003 年被契丹人捕获的宋朝官员。[①] 在赢得皇太后的信任后，他被任命为户部使，并娶了出身于阿保机最早的汉人谋士之一，康默记家族的一名妇女为妻。王继忠不但曾是一名宋朝的重要将领，而且曾经是真宗的一位私人密友，早在他即位前就服务于他的王府，而且在他的宫廷机构中效力。他的宋朝方面的对手是毕士安（938—1005 年），毕和王曾一同效力于真宗家族，而且现在是真宗的顾问。毕士安鼓励真宗亲自到前线并且推荐寇准（961—1023 年）去密切注意可能的和平迹象。

在皇太后的赞同下，王继忠通过宋朝莫州长官向宋朝皇帝递交了一份国书，宣称辽廷希望恢复友好关系。[②] 在辽军占领了他们要求的关南的领土后，这份国书被递交。宋朝皇帝很惊讶，而且最初怀疑这是一个骗局，但他最后被说服开始谈判。然而，这一开端由于王钦若（962—1025 年）延迟派遣宋朝使节的胡乱行为而被推迟了几个星期。然而，这一耽误却有利于和平：到宋朝使节曹利用（死于 1029 年）赶到辽朝帅府时，双方已做好谈判的准备。宋朝已阻止住了辽军的前进而且占据了有利的设防位置，以强大的力量与辽军对峙。而辽朝达到了占据关南州县的最初目的，并深入了宋朝领土。

辽希望宋割让这些领土以交换和平，否则和平就不能实现。曹利用坚决拒绝了辽的所有领土要求，提出以每年交纳银和绢来代替。他警告说，改变这一建议的惟一后果是继续战争状态。辽朝让步并接受宋朝提出的条款，也许应归于双方都意识到他们已陷入军事僵持状态。契丹人意识到从长远看他们的境况已远非强大，虽然他们正在朝宋朝都城进军。他们的军队与太宗 947 年占

① 有关他们的传记，见［645］《辽史》，卷 81，第 1284—1285 页；［644］《宋史》，卷 279，第 9471—9472 页。

② ［584］《续资治通鉴长编》，卷 57，第 1268 页；［644］《宋史》，卷 7，第 125 页。

领开封时所处的形势一样。他们被困在由未受损失的宋军从东西包围的狭长地带，甚至在他们所占领的地区内，一些只是被辽朝轻骑绕过的具有战略意义的州县和要塞也仍然在坚守。这些强大据点中值得注意的是定州和瀛州。实际上，辽军面临着被切断归路和困于敌境的危险。

澶渊之盟，1004 年

谈判仅仅几天之后就签订了和约，而且双方宫廷交换了记载和平条款的盟书。他们达成如下协议：

> 1. 宋朝应当每年提供给辽朝绢 20 万匹和银 10 万两以作为“助军旅之资”。
>
> 2. 边界应当认真划分。
>
> 3. 双方应当采取严格措施制止对边界的非法侵入，任何一方不得对另一方耕种土地进行侵扰。
>
> 4. 任何一方不得对逃犯提供庇护。
>
> 5. 可以对边界现存要塞进行修整，但不得沿边界建立新的要塞和水渠。
>
> 6. 双方应当遵守条约，为避免违反，以借助于上天制裁的庄严誓言宣誓证明，他们应当致力于友好关系，而且他们互相尊重领土完整。

其他协议规定了囚犯的遣返和建立两个帝国之间外交与商业交往的规范。

这项条约中所使用的术语有着深刻的象征性意义。宋朝坚持每年给辽的岁币应当叫做“助军旅之资”，以避免加给他们的屈辱性称呼——“贡物”。同样地，岁币由边界雄州的宋朝下级官员交付，以表明开封的朝廷认为这只是财政事务，而不是含有屈从的政治行为。宋廷称呼他的北方邻居为“大契丹国”或大辽国，而契丹则称宋为“南宋”。两朝彼此以“南朝”和“北朝”称呼对方。他们的君主结成了虚构的“兄弟”亲属关系。宋朝皇帝将称辽朝皇太后为他的叔母，辽朝皇帝为他的“皇弟”，而辽朝皇帝则称呼宋朝皇帝为“兄长”。[①] 这一关系使他们陷入仪式交换的无休止的循环中，在这些循环中，契丹和宋朝使节在对方宫廷中的待遇与其他国家大相径庭。每一国家遵守另一国家已故皇帝个人名字的避讳。在新年庆贺，皇帝生日，皇帝或皇后去世，以及新君登基这样的仪式场合，要互派特使。

澶渊之盟是在意识形态要求之上的政治务实主义的巨大成功。它为一个世纪的稳定与和平共处铺平了道路，并通过两个宫廷之间不间断的使团互访得到加强和保障。通常在地方当局间有一些小的侵扰，而在 1042 年和 1074—1076 年间则发生了更严重的危机。但是和约仍被遵守，两国从海边到黄河拐弯处的边界被清晰地划界并由双方警惕地守卫，这构成了现代意义上的真正的国际边界，而这在中国历史上是空前的。最重要的是，这一条约取得了非凡的成功，非常有助于整个 11 世纪两国的长期稳定和经济与文化的进步。[②]

条约的效果被普遍歪曲了，尤其是宋朝给契丹的岁币被描绘成给宋朝国家造成了沉重的负担。这当然不符合事实。每年送给契丹绢的份额仅仅相当于南方一个州如越州的产量。而且支付的款项必须置于辽—宋贸易的整体中去加以考虑。979 年战争之后，贸易持续不断，只是在实际的敌对状态期间才发生短暂的中断，而条约缔结之后，又甚至在更大的规模上得以恢复。在这一贸易中，宋朝获得了大量的盈余，而且据估算，岁币中银的大约 60%，作为各种中国产品特别是绢的支付款项，最终仍回到宋朝手中，因为北方对

---

① 两位君主的彼此称呼以及两宫皇太后的亲属关系，决定于他们的实际年龄和辈分，而且每一统治时期都会改变。见［491］陶晋生：《两个天子：宋辽关系研究》，第 107 页的表格。实际上，它证明了宋朝皇帝通常比同时的辽朝皇帝年龄大，因而被称呼为“兄长”，但这是偶然的结果，而不是设计的结果。在其他统治时期，这一关系是叔侄关系，而且从 1076—1101 年宋朝皇帝哲宗称呼长寿的辽朝统治者道宗为他的“祖父”。

② 关于澶渊之盟，见［868］蒋复璁：《宋史新探》，第 142 页以下；［695］王民信：《澶渊缔盟的检讨》。用西方语言对这一条约进行最充分研究的是［444］克里斯蒂安·施瓦茨—席林：《澶渊之盟（公元 1005 年）：中国外交史的一大贡献》。亦见［204］A. 忽瑟维对这一著作的长篇评论，该文提出了许多重要的修正。

其有着无休止的需求。

尽管资助对于极富有的宋帝国来说并不是一项巨大开支，但它对国库收入相对不足的契丹来说则显得极其重要。他们把绢用于自身巨大的国内消费，比如在和约之后立即建立了新中京，而且他们还用大量的绢与他们的邻居，包括回鹘人、党项人、高丽人和蒙古地区诸部落的部民进行贸易。

因此，这种安排对于双方来说均是一个很好的交易。宋朝以有限的代价获得了持久的和平。契丹获得了稳定的额外收入来源，而且在某种程度上减轻了他们南边的边界防卫并致力于国内发展。

与高丽重新开战，1011—1019 年

直到皇太后在 1009 年去世，东部边界一直保持着和平，高丽使节还正式参加了她的葬礼。然而，就在同一年，高丽宫廷发生了一次剧烈政变。西京（平壤）的地方长官康肇被召唤到首都开京帮助消灭一个密谋废黜国王穆宗的小集团。在完成他的使命后，康肇本人却杀死了国王而拥立了一个期望在他的保护下进行统治的新统治者王询（庙号显宗，1009—1031 年在位）。

契丹不顾高丽新国王停战的恳求，派出了一支由 40 万人组成的远征军越过鸭绿江去惩罚这个杀死他们前任附属的凶手。远征军的总指挥是萧恒德的哥哥萧排押与耶律盆奴。首次冲突高丽获胜，但在第二次进攻中辽军获胜，康肇被俘杀。辽军占领了平壤北面的几个边界州县。高丽国王试图投降，但开京的地方长官杀死了辽军使者并准备抵抗。这样一来，辽军就向南进军并在城外的激战中获胜后占领了开京。萧排押和耶律盆奴洗劫并焚毁了都城，破坏了宫殿、官府建筑和高丽的文档。高丽国王逃到南面去避难，但他的军队却重新组织起来。辽军开始撤退到边界地区。投降的地区起而反叛，而且在严冬，军队陷于群山之中，在最后渡回鸭绿江之前被迫丢弃了许多武器与装备。

于是高丽国王请求和平。但是辽朝要求他亲自来朝觐以履行作为

附属的顺从义务，还要求他割让极重要的边界地区。高丽拒绝了，随之而来的是十年的敌对关系。双方在边界地区设防，而高丽的不妥协则由于一次国内政变又得到加强，这一政变使武将而不是文官控制了高丽宫廷。

1014 年，辽朝下令在几个边界州县设防并建造了跨越鸭绿江的一座被严密防守的永久性浮桥。从 1015 年起到 1019 年战争不断，1015 年、1016 年和 1017 年辽对高丽的进攻，有时高丽获胜，有时契丹获胜，但简而言之都不是决定性的。1018 年契丹组织了一支新的庞大远征军，任命萧排押为统帅。军队在 1018 年末越过鸭绿江，但遭到一支人数众多的高丽军队伏击，损失惨重。高丽军队还切断了他们的归路，所以萧排押向南进军，计划像 1011 年那样占领都城开京。但这次高丽军队沿都城做好防御准备，契丹人则常常被高丽人的袭击所困扰，被迫向鸭绿江地区撤退。在茶、陀二河之间的龟州，他们遭到高丽主力部队的包围与攻击，契丹军队几乎全军覆没，只有几千人逃回辽朝边界。这是圣宗时代契丹人所遭受的最惨重的失败。结果，萧排押被剥夺了他的所有头衔与官职，并且失宠。

在 1019 年夏末，包括许多部落军队在内的另一支大军被征集起来去进攻高丽。但现在显然双方的任何一国都不能取得绝对胜利。1020 年，国王显宗派出使者向辽称臣，辽圣宗宽容地赦免了他，1022 年派出一名使节正式册封他为王。朝贡关系得以恢复，使节定期交换。当 1031 年显宗去世时，他的儿子与继承人王钦（德宗，1031—1034 年在位）被辽廷册封为王。从这一时间几乎到辽朝结束，高丽始终保持着忠实的属国地位，两国间基本保持着和平。

然而，高丽宫廷没有忘记他们 1010 年所遭受的灾难。当重整十年战争期间所造成的破坏时，他们就此在新的基础上建立起他们的防御体系。1029 年在重建的都城开京建起了更坚固的外墙；1033 年到 1044 年间，沿从鸭绿江口到通海（日本海）的整个边界构建了防御城墙。高丽不再给它的好战邻居以冒险的机会。

渤海叛乱，1029 年

标志着圣宗漫长的时代结束的是臣民反抗契丹人的首次真正严重的叛乱，即渤海人的大规模叛乱。

在其首任国王倍于 930 年逃走后，渤海国的旧有领土部分被并入契丹国，东丹王国已逐渐并入了辽朝东京道的行政体系。许多渤海旧有的行政组织被废除，而且在前渤海领土植入了一些汉人和契丹人的定居点，他们中的许多人是来自皇室各个成员的诸斡鲁朵的士兵。但是，从另一个重要的方面来说，渤海保留了一个有利的位置：为了征税的目的，旧有的渤海领土被当作一个承担纳贡的边界国家来看待，每年交纳 1000 匹马和 15 万端布的贡物。[①] 在这一地区没有盐和茶的专卖税，只有极低限度的商业税。

几乎没有疑问，对高丽的战争，由于谷物和人力的大量征集已使东京地区穷困不堪。而后在 11 世纪 20 年代，东京连续两个汉人税收长官试图把实施于南京道的税收体制扩展到这一地区，并强征更加严厉的税收和劳役。这似乎是由南京的情况所引起的，那儿已经历了数年的饥荒，正遭受着食品短缺和巨大的税收拖欠。渤海人受命建造船只以运送谷物到现在的北京周围地区。但这一路途很危险，许多船只和水手覆没。这些变化引起了广泛的不满。

叛乱由古老的渤海王室后裔大延琳领导，他是东京的一名军队指挥官。1029 年八月，他囚禁了总督萧孝先和他的妻子，杀死了令人厌恶的税收长官和都指挥使，自立为帝，宣布建立新王朝兴辽。他将自己的行动通知了高丽宫廷并请求他们的援助。然而，高丽拒绝给他帮助，所以他很孤立。再者，鸭绿江畔的要塞保州的渤海指挥官也拒绝参加叛乱并把消息通报给契丹地区长官，后者杀死了大延琳指挥下的可能反叛的所有渤海士兵。只有少数被同化了的女真部落加入反叛政权。

---

① ［645］《辽史》，卷 72，第 1210 页。

被击败后，大延琳意识到他的军队敌不过辽军，就撤军以保卫他的都城。在叛乱后刚好一年的时间，他的一名部将背叛了他，向辽军打开了东京的城门。大延琳被俘，他的残余军队被迅速消灭，他的短命王朝也随之结束。

为了避免任何更大的麻烦，东京的新长官萧孝穆迅速对汉人税收长官所造成的不合理状况进行了调整，并用巧妙手段恢复了秩序。但原有的渤海贵族，除了那些保持忠诚者外，都被从东京流放，重新安置于中京统治下的渤海湾沿岸某一地区。许多难民渡过鸭绿江逃进高丽领土，他们当中不仅有渤海人，还有不少契丹人和奚人，他们最终都在高丽定居下来。①

兴宗朝

圣宗死于1031年六月。他几乎在位半个世纪，因此已60岁。在病榻上，他唤来他的亲信大臣萧孝穆和萧孝先以监督其继承人的即位。他的指定继承人是他活下来的最年长的儿子宗真（1016—1055年，契丹名字为夷不堇，庙号兴宗），随即继承了皇位。

兴宗还是一个15岁的孩子，很明显摄政是必须的，但这产生了一个复杂的问题。兴宗不是由圣宗的合法皇后齐天后所生。虽然齐天后为圣宗生了两个儿子，但都夭折了。然而，在1016年，韩德让的侄女萧孝穆的姐姐耨斤，作为圣宗的妃子（封为元妃，死后谥为钦哀后），为其生了一个儿子，这就是后来的兴宗，齐天皇后收养并抚育了他。②

虽然圣宗临死前的遗嘱曾命令新皇帝保全齐天后的生命，但新皇帝一即位，耨斤就开始密谋除掉她，这样，她本人就能成为摄政者。

① 关于渤海人的叛乱，见［645］《辽史》，卷17，第203—206页；郑麟趾等编：《高丽史》（东京，1908—1909年），卷5，第71—73页。

② 钦哀后还生了第二个儿子重元和两个女儿。

因此，她使齐天后和她的两个最强有力的支持者，皇国舅萧匹敌[1]和她自己的女婿北府宰相萧浞卜[2]错误地被牵连于图谋的叛乱中。萧匹敌和萧浞卜被逮捕，送到了上京，他们的许多亲戚与追随者被处死。对他们的支持者的清洗持续了好几个月。齐天后被流放，之后不久，耨斤派人去谋杀她，而她则自杀了。[3]

这样，耨斤就自封为皇太后而且正式担任摄政。她的生日被宣布为应圣节[4]，显然，她决心成为辽的真正统治者。在1032年的元旦，她上朝，受到了皇帝和宫廷官员们的朝拜，并接见了宋朝使节。[5]

她还对她自己家族的成员们滥赐爵位和官职，尤其是对她的弟弟及其支持者们。然而，为了达到她的支配目的，耨斤需要更换年轻的皇帝，后者已被她的行为所激怒。[6] 虽然皇帝是她的亲生儿子，但他是在齐天后的家里长大的，自然深爱着他的养母。1034年，皇太后与她的弟弟们计划废黜兴宗，而以他的弟弟重元代替他[7]，后者是她亲自养育的，所以她认为重元会更屈从于她的命令。但是，重元不想成为这样的人，并且把正在预谋的事情报告了他的哥哥。皇帝立刻采取了行动，剥夺了皇太后的印绶，把她流放到了在庆州的圣宗陵墓，并且亲自控制了政府。

然而，兴宗并不能完全消除耨斤的势力。她的亲族仍然盘踞着许多权力部门。1037年，皇帝试图和解，因此开始用盛大的仪式来对待她，定期去拜见她以表达他的敬意。虽然她从未原谅他，但

---

① 萧匹敌是前大臣萧排押的父母双亡的侄子，他在宫廷中长大，并娶了圣宗的姐姐。

② 萧浞卜还以萧啜不和萧钮不里的名字出现，他是曾多次嫁人的公主严母堇的第一位丈夫。

③ [645]《辽史》，卷18，第211—213页；卷71，第1202—1204页；卷88，第1343页。[595]《契丹国志》，卷8，第68—69页，记载稍有不同。

④ [645]《辽史》，卷71，第1203页。

⑤ [645]《辽史》，卷18，第313页。

⑥ [595]《契丹国志》，卷8，第69页。

⑦ 他的传记，见[645]《辽史》，卷112，第1501—1503页。在宋人史料中，他的名字写作宗元。

兴宗还是恢复了她在复杂的分权模式中的部分权力。① 1037 年，皇帝任命耨斤的弟弟萧孝穆为北院枢密使。事实上，以后她有多至五个弟弟都占据着这一职位，而且到 11 世纪 70 年代为止，大部分北府宰相由她家族的成员担任。1039 年，皇太后被允许回到都城，在那里，她像 10 世纪 80 年代圣宗的母亲所做的那样行了再生礼，当着契丹贵族的面重建了她的地位。② 宋朝宫廷又开始派出几个使节向她表达像皇帝一样的敬意，这一仪式当她被流放时曾被中断。③

与此同时，兴宗与皇太后家族的几个成员仍保持着密切的个人关系。他还对他的弟弟重元参与平定政变给予了报答，授予他以特别高贵的“皇太弟”地位。此后，重元于 1038 年继承了最高职位——“判北南院枢密使事”，从 1045 年一直到兴宗统治时期结束又担任了北院枢密使和南京留守。最后一项职务似乎是额外的任命，因为这一职位给予了重元控制庞大的汉族人口的权力，尽管他在宫廷中似乎更专注于“本土主义的”契丹人的利益，正如我们以后所要看到的。

这样，兴宗宫廷的政治非常复杂，皇太后和地位更低的重元分别由亲族和伙伴所组成的竞争集团所支持。他统治时期的头十年以及更长的时间，是在建立皇帝与这些包括皇族和后族萧氏在内的各种集团的权力平衡的错综复杂的政治谋划中度过的。

通常，倾向于赞成汉人统治方式的圣宗所制定的那些政策并没有被明显地违反。随着辽朝所颁布法律的第一次正式编纂，即《新订条制》的颁布，法律的法典化进入了一个更加重要的阶段。这受到了汉人模式的深深影响。④ 这一法典包括 547 项条款，把

---

① 至迟在 1054 年她向宋朝使者王拱臣提倡契丹方式的兄弟间继承，反之，兴宗则重申中国方式的世袭继承。看起来，她似乎仍然支持重元作为皇位的候选人。见［584］《续资治通鉴长编》，卷 177，第 4281—4282 页。

② ［645］《辽史》，卷 18，第 222 页。

③ ［595］《契丹国志》，卷 8，第 71 页。

④ 受命编纂它的人之一是耶律庶成，他是一位把汉文医学著作译为契丹文的熟练翻译家。另一个是萧德，他是一位礼仪与法律专家。见［645］《辽史》，卷 89，第 1349 页；卷 96，第 1400 页。

自阿保机统治时期起所施行的所有法律编在了一起，于 1036 年颁布，并被普遍使用。1046 年，立法的集权控制进一步加强，地方行政机关受命每年向首都汇报所有的司法案件。① 1051 年，法典被进一步修改。②

然而，新法典留下了许多汉式成文法与部落习惯法之间没有被解决的反常现象。反对增强法典的汉化和反对给予汉人臣民良好待遇的征兆在圣宗和新皇帝统治时开始出现。1044 年，在赞成契丹化的重元的建议下，于五京的各处设立契丹警巡使用以在新的法律制度下保护契丹人的利益。③ 1046 年，禁止契丹人将奴婢卖给汉人臣民；④ 而在 1043 年，所有居住在帝国南半部的汉人被禁止持有弓箭。⑤

相反，新叛乱的渤海人的待遇则被放宽。在萧孝穆的影响下，1041 年在东京道打马球的禁令被解除。⑥ 马球被认为是军事训练的一种形式。东京留守特别受命向中央政府推荐他辖区内的“廉干清强”的官吏。⑦

1044 年，当云州（今大同）升为西京时，地方行政管理体系通过以五京为中心的道而告完成。西京管辖 938 年所获领土的西半部和位于现在内蒙古的黄河河套北面的阴山地区。⑧ 这一领土正式成为西京道的组成部分，有相当多的汉族人口（见地图 7）。

但是，圣宗时期频繁战争的后果成为兴宗时代国内统治的主要问题。很显然，数十年的战争导致了人民的困苦与混乱，而且有迹象表明契丹战争机器开始衰退。

最紧迫的问题是由于劳役和兵役的频繁征发所压在富人和穷人身

① [645]《辽史》，卷 19，第 233 页。
② [645]《辽史》，卷 20，第 243 页。
③ [645]《辽史》，卷 19，第 230 页；卷 112，第 1502 页。
④ [645]《辽史》，卷 19，第 233 页。
⑤ [645]《辽史》，卷 19，第 228 页。
⑥ [645]《辽史》，卷 19，第 225 页。
⑦ [645]《辽史》，卷 19，第 226 页。
⑧ [645]《辽史》，卷 19，第 231 页；卷 37，第 438 页。

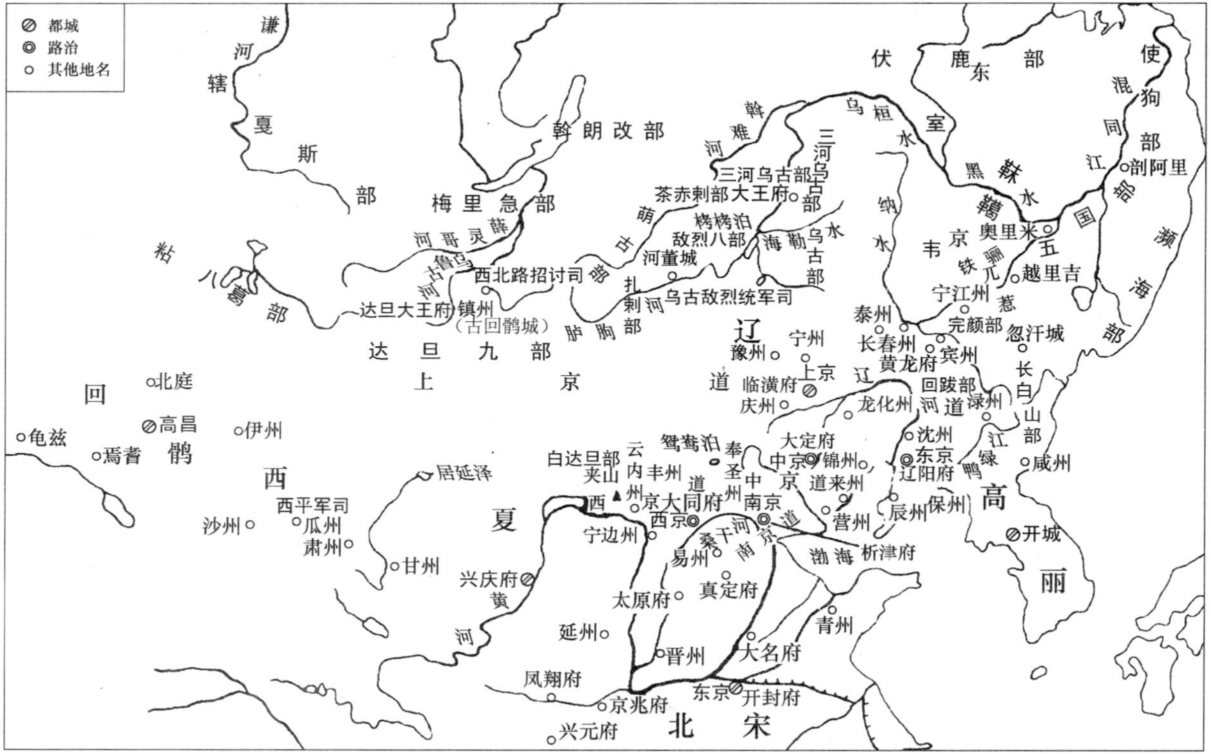

地图 7　辽朝简图

（译者注：本图采自蔡美彪等著《中国通史》第 6 册）

上的负担，尤其是在遥远的西部和北部边界。在11世纪30年代末的某些时期，皇帝曾就如何对付由于过重的劳役和兵役而引起的日益增长的危机与贫穷、国内的不满和盗贼蔓延等问题，向他的大臣们征求过意见。宫廷最杰出的儒士萧韩家奴上奏了一个详细的奏折，建议从遥远的边界地区撤回过分扩展的要塞，放弃对契丹人徒劳无益的领土扩张政策。他主张集中兵力，努力加强南边和东边真正重要的边界。① 遗憾的是，我们不知道皇帝的反应如何。不管当时的结果怎样，直到11世纪末，对设在边远的部族的要塞提供后援所造成劳民伤财的抱怨一直不断。②

为了给征集劳役提供基础，1039年"诏括户口"——下令进行户口登记。③ 1046年下令对军队及其家属进行登记注册④，并在1051年又对军队户籍做了进一步调查统计。⑤ 军队似乎也已缺少马匹，而这曾经是契丹人的主要资源。为此，1043年下令禁止在葬礼时以马或牛为殉葬品⑥，1048年又派出主管官员对马匹进行登记注册。⑦

对军队训练，特别是对汉人军队的训练也存有深深的顾虑。1035年，军队受命监督他们的炮手、弩手、弓手和剑手的定期训练。⑧ 1046年，皇帝视察了汉人军队的训练，而他们使用了炮和弓箭。⑨ 但是，对汉军炮手和弩手拙劣技术的关注一直持续到下一朝。⑩ 这些技术与契丹传统的骑兵机动作战无关，但这对他们与定居的邻国宋朝和高丽作战则是极为重要的。这一关注表明，当辽朝军队从未能成功

① [645]《辽史》，卷103，第1446—1449页；译文见[541]《中国社会史：辽》，第557—559页。
② [645]《辽史》，卷104，第1455页。
③ [645]《辽史》，卷18，第221页。
④ [645]《辽史》，卷19，第233页。
⑤ [645]《辽史》，卷20，第243页。
⑥ [645]《辽史》，卷19，第228页。
⑦ [645]《辽史》，卷20，第239页。
⑧ [645]《辽史》，卷18，第217页。
⑨ [645]《辽史》，卷19，第232页。
⑩ [645]《辽史》，卷26，第308页，1095年记事。

地占领一处任何规模的设防地区后，契丹将领们已认识到圣宗时代作战的教训。

兴宗时的对外关系

兴宗留给其继承人的遗命之一是完整地维持与宋的和平条约，[1]这是保证王朝稳固的最重要因素。这样，两个宫廷间继续持续不断地定期互派使节。与高丽也谨慎地保持着友好的关系。对外关系的中心问题已转移到西南部，那里西夏国的力量已迅速增长。西夏已深深陷入与契丹和宋的关系中，它威胁要用战争吞并整个北部边界。

在 11 世纪初期，西夏已开始同时向契丹和宋进贡，并竭力在二者之间挑拨离间，以捍卫自身的独立并赢得机会扩张自身的领土和影响。他们的野心针对西部，在那里，他们一直向回鹘人扩张（见第二章）。这一向西扩张使他们陷入与契丹的冲突中，他们的竞争是为了控制向西的贸易路线，而不是为了领土。

那时，在现在的甘肃西部有三个独立的地区。凉州控制在吐蕃军阀手中。在甘州是一个回鹘人的国家，控制着甘肃走廊的中部。再往西，以敦煌为中心，是沙州政权，由汉人军阀曹氏家族所统治。后者似乎在 11 世纪初期还在回鹘人的控制之下。1006 年，沙州统治者曹［宗］寿向圣宗宫廷派出了一个进贡使团，这似乎鼓励了圣宗对临近的甘州回鹘人政权的进攻。在 1008 年、1009 年和 1010 年，契丹向甘州派出了远征军。虽然契丹取得了某些有限的胜利，于 1010 年洗劫了肃州并赶走了那里的居民，但这些战争并没有能够征服同时受到西夏进攻的这一地区。1027 年，另一支远征军包围了甘州，但没能占领这座城市，并以撤退的军队在今内蒙古西南部遭到阻卜部落的伏击而结束，阻卜总是强烈地阻止契丹人对西部扩张的企图。

与此同时，西夏继续逐步合并河西地区（甘肃西部）。1020

① ［595］《契丹国志》，卷 7，第 66 页。

年，他们建立了一座新的城市兴州（后改名兴庆，今银川）。到1036年，他们占领了甘州地区，虽然沙州直到11世纪50年代仍至少保持着半自治，但西夏宣称甚至塔里木盆地深处的和阗也是他们的附属。1038年，西夏王李元昊自称大夏皇帝，并派出一支外交使团到开封，以一封充满挑衅与傲慢的信，断绝了与宋的臣属关系。西夏新皇帝曾在1031年兴宗即位不久与契丹公主成婚，但两人关系不睦，而到1038年初公主去世时，契丹宫廷派出了一名使节对公主的死因进行调查。[1] 出于某种奇怪的原因，《辽史》没有提到元昊僭越帝号或契丹宫廷的反应。

与此同时，宋朝采取了激烈的行动。他们首先剥夺了宋廷授予元昊的所有称号，给他当头一棒，而且中止了党项人赖以繁荣的边界贸易。宋与党项新国家的关系逐渐恶化，到1040年边界摩擦逐步升级为全面战争。战争状态时断时续，一直拖延到1044年，才由一系列谈判所打破。尽管尽了最大努力，宋朝军队还是接连遭受惨败，党项人证明了他们自己是难以对付的敌手。

在这一冲突的初始阶段，辽廷没有介入，它接受了双方派出的大使，每一方都告之其在战争中的进展。然而，宋朝陷入严重困境这一事实不久就明朗了，而且，在1042年宋朝遭受极为惨重的失败后，契丹决定向其施加压力，以求取得宋对长期有争议的关南地区的领土让步。这一外交压力导致了和平解决。1042年，契丹以增加来自宋廷的银10两、绢10万匹为条件，放弃了领土要求。条约肯定了1005年所建立的“兄弟关系”，而且可能契丹还答应宋朝，他们将努力说服元昊与宋朝签订和约。宋朝认为西夏和辽会成为亲密的同盟。但这一同盟只是大而无当的虚构：当1043年元昊请求辽朝同他一道进攻宋朝时，兴宗拒绝了他，而且，西夏与契丹之间的裂痕也开始逐渐扩大。

元昊暂时表示愿意与宋朝签订和约，但他提出的条件是不能接受的，而且他的交往方式被认为是无礼的。谈判拖延了两年，当宋廷得

① ［645］《辽史》，卷18，第220页；卷115，第1526页。

知西夏和契丹已爆发了敌对行为而且首批契丹讨伐军队在1044年被击败后，谈判才最后达成协议。

由于生活在辽朝边境内的一些党项部落民叛乱并逃入西夏领土避难，过去的同盟之间于1044年初夏爆发了战争。辽朝指责李元昊煽动了这些部落叛乱，虽然几乎可以肯定是他们自己在西夏边界设防和禁止部民们所依赖的马市而引起了麻烦。当叛乱在1044年被粉碎后，辽朝立即派遣了一支讨伐军进入西夏领土。

宋朝抓住了自己与西夏谈判的机会。在西夏统治者接受作为宋朝藩属地位的条件下，于1044年冬天与西夏签订了一项条约。作为回报，宋朝答应每年给西夏类似于辽的岁币，虽然数量较少：每年银7.2万两和绢15.3万匹，外加大量的茶叶。边界贸易仍定期举行，市场对党项人开放。但是条约有一个重大缺陷：它不像与辽朝所签订的条约，没有能够划定两国的边界，因而，在以后的70年里，不断发生边界争端和爆发战争。

虽然宋朝利用了契丹与西夏爆发战争这一时机，但契丹1044年的入侵并不成功。在首次入侵以惨败告终并且丧失两名契丹统帅后，边界又集结了大军。九月份，皇帝的弟弟重元和北院枢密使萧惠被授予先头部队的指挥权以发动全面入侵。李元昊立刻派出使节，甚至亲自来与辽朝皇帝和谈。但是兴宗的顾问们自信能取胜，所以他们劝说皇帝拒绝求和，而在战场上处理这一问题。这是一个灾难性的决定。辽军在西夏都城西面的贺兰山脉的一次激战中被彻底击溃。许多契丹高官，包括皇帝的内弟被党项人俘虏。于是兴宗被迫接受了元昊先前的臣服提议，恢复了和平。

失败使皇帝及其宫廷十分沮丧。1048年，随着李元昊去世，西夏皇位传给了一个婴儿，党项宫廷由于一次残酷的权力斗争而被削弱。契丹找到了复仇的机会，1049年秋天，一支辽朝大军侵入西夏，分三支向都城推进。兴宗亲自率领的一支军队几乎没有遇到抵抗，但由于缺少喂马的水和牧草而被迫撤军。皇帝的内弟萧惠率领的另一支军队沿黄河向南前进，由一支船队和补给船支援，但遭到伏击而大败，损失惨重，萧惠几乎丧命。第三支军队则取得小胜。它洗劫了元昊在贺兰山脉为其宠妃建立的一所离宫，年轻的遗孀和几名党项高级官员家属被俘，但这对其他地区的严重损失来说只是小小的安慰而已。

1050年的第二次战争则更成功一些。辽朝军队劫掠了西夏的乡村并且接受了一位党项将领的投降。西夏福祼皇帝的母亲向辽廷求和，请求恢复朝贡关系，并于1050年向辽派出了一名正式贡使。但数年之后双方才最后达成协议。辽朝最终放弃了遣返1044年叛乱的党项部民的要求，作为补偿交换，党项人同意交纳年贡。辽朝留下了元昊的遗孀而归还了一个被攻占的边界要塞。1053年，和平关系最终得以恢复，但两国的关系在几十年中依然极其冷淡。

道 宗 朝

1055年，只有39岁的兴宗病倒并死于一次他的经常性巡幸中。他留下了一个与主要邻国保持和平的帝国。在前几年，他应高丽国王的请求，授予了高丽王储一个显赫的官职。西夏国王派出使节请求下嫁一位契丹公主联姻，并进呈另一份友好誓表。1055年初，兴宗接待了宋朝来的例行使节，后者馈赠他两头驯象，他还接待了更多的西夏使节。

就国内而言，兴宗时的帝国也是相对和平与繁荣的，虽然他与他的母亲皇太后的关系依然紧张。他的曾被封为皇太弟的弟弟重元长期盘踞着南京留守的位置，并刚有了一个儿子。①

兴宗的皇位由其长子耶律洪基（1032—1101年，契丹名为涅邻或查剌，庙号道宗）继承。在过去的三年中，他与他的父亲一起理政，处理政府的例行事务。② 兴宗显然打算他的儿子不仅应当继承皇位，而且当他在位时，就应当做好统治的准备。道宗“即皇帝位于柩前”，向他的宫廷颁布了一道谦虚和安抚性的敕令，而且开始

① [645]《辽史》，卷20，第247页。

② [645]《辽史》，卷21，第251页。

了一轮复杂的仪式和对各个祖先陵墓与祠堂进行祭祀。按照惯例，与高丽、西夏和宋互派了使节。从宋朝来的使节之一就是著名的学者与史学家欧阳修。这样，道宗的父亲所建立的国际秩序继续保持。

皇位继承并没有立即产生纠纷。钦哀皇太后仍对1035年兴宗把她从政治统治地位中驱逐出去耿耿于怀；而且，即使他去世后，也没有能够哪怕是假装去哀悼他，她教训兴宗悲痛欲绝的孀妻说："汝年尚幼，何哀痛如是?"仅仅在一年之前，她告诉一名宋朝使节说，她赞成兄终弟及的真正的契丹继承方式，而不是父死子承的世袭继承。[①] 她显然已支持重元的要求，后者的称号为皇太弟，在契丹人背景中已具有对皇位的隐含要求，而她在兴宗在位时已曾经密谋使他登位。

兴宗本人显然已意识到重元继承皇位的危险性。1054年，他对宋朝使者王拱辰说："吾有顽弟，他日得国，恐南朝（即宋朝）未得高枕也!"[②] 但无论如何，皇太后没有采取行动，即使她的兄弟与亲戚们占据着高位并且自然能够影响皇位继承。重元被授予新的荣誉皇太叔和独一无二的个人特权。皇帝既不直呼其名，重元也不拘礼节。但是，在被授予这些不同寻常的荣誉后，他被遣返南京，在新皇帝的名义下统治其民。钦哀皇太后被授予太皇太后的称号，而道宗的母亲仁懿后则成为皇太后。[③] 重元于1056年被任命为统帅（于越），而太皇太后则于1058年底病倒并死去。[④]

在道宗朝初期，萧革[⑤]和萧阿剌[⑥]两人在宫廷中发挥着巨大影响。后者是萧孝穆的儿子，所以仍是极有权势的钦哀皇太后家族的成员。萧阿剌在宫廷中长大，早就是兴宗的一位密友，在兴宗朝曾任同知北

---

① [584]《续资治通鉴长编》，卷177，第4282页。
② [584]《续资治通鉴长编》，卷177，第4282—4283页。
③ [645]《辽史》，卷21，第252页；卷71，第1204页。
④ [645]《辽史》，卷21，第256页。
⑤ [645]《辽史》，卷113，第1510—1511页。
⑥ [645]《辽史》，卷90，第1355页。

院枢密使、同中书门下平章事和东京留守。道宗即位后，他被任命为北院枢密使，所以他就同投机者萧革在宫廷中分享了权力。不久，二人发生了争吵。大约1059年，萧阿剌请求致仕，但却被宫廷派出任东京留守。1061年，他于一次祭祀祖先的盛大仪式时回到宫廷，[①] 并对政府的措施提出了严厉而有力的批评。这些批评所直指的萧革，向皇帝进谗言中伤阿剌，尽管皇太后为其求情，皇帝还是下令缢杀了萧阿剌。

《辽史》高度评价了萧阿剌不懈的忠诚和对政治的通晓，推测说，如果他没有被杀，既不会发生重元的叛乱，也不会发生以后皇后的被处死和皇太子的被谋杀。无论如何，阿剌的被杀是一个重大政治错误，而且是道宗缺乏判断力与固执不变的缺点的首次严重暴露，即使当诬告指向那些最亲近他的人时，他也总是热衷于相信这些诬告。

宫廷暂时落入了追逐私利的萧革（他在1062年致仕）和耶律仁先与耶律乙辛手中。

在这些年里，宫廷内由于激烈的个人勾心斗角而分裂。皇帝太软弱，既不能居间协调也不能解决问题。再者，基本问题也仍然存在，它们中的主要问题是由于契丹国家的逐渐汉化和中央权力对传统上是部族事务的苛求所造成的持续紧张状态。已有的“合理化”、集权化和汉化影响的趋势也依然存在，虽然最初新皇帝煞费苦心地在宫廷建立了某种书院气氛——在那里，他的官员和契丹权贵们能够自由地呈奏无拘束的建议。[②] 这些趋势的象征是，在1055年，所有的官员，而不仅仅是皇帝和汉人南面官，被要求在重要典礼时，穿戴中国宫廷服装。[③]

新皇帝和皇后都有较高的中国文化的素养并受到良好的教育，而且他们写诗。皇帝对儒学和佛教都非常感兴趣。也许道宗赞成汉族文化与法律倾向的最有力证据是他对后备官员的汉式教育和对考试制度

① 据［645］《辽史》，卷90，第1355页，举行的是瑟瑟礼；而据同书卷113，第1511页，则是南郊献祭。后者似乎更为可信。

② 关于道宗统治时期政治两极分化的分析，见［785］陈述：《契丹政治史稿》，第137—152页。

③ ［645］《辽史》，卷56，第908页。

的不断重视。通过每次考试（通常约每隔四年举办一次）的进士人数从兴宗时的 50 人或 60 人猛增到 100 多人。[①] 1059 年，国家教育制度通过建立州县学校[②]以及五京和黄龙府学与兴中府学的更高级学校[③]而得到了改革。除了阿保机已在上京建立的帝国学府（国子监）外[④]，1060 年又在中京建立了第二座帝国学府[⑤]，并最终下令举行仪式祭祀儒教先圣先师。[⑥]

皇帝亲自参与处理有关考试制度的事务。1070 年设立了一种新的、被称为“贤良科”的特殊宫廷考试，参加者必须呈交 10 万字的作品。[⑦] 1072 年，道宗亲自为进士科和贤良科的宫廷考试出题。[⑧]

对辽朝契丹族臣民采用汉式法律所造成的紧张状态，在道宗朝初期又一次表面化。1058 年，道宗下诏部落审判官（夷离毕）：“诸路鞫死罪，狱虽具，仍令别州县复按，无冤，然后决之；称冤者，即具奏。”[⑨] 部落审判又一次被置于地方政府的汉式法律审查之下。

正如我们所知，重元在 1044 年的类似场合已代表契丹人的利益进行过请求，这完全可能构成一次反对汉人的本民族保护主义的派系斗争，从而导致了他在 1063 年图谋发动政变。

1063 年重元的叛乱

史料对这一事件的叙述是混乱、支离破碎而且互相矛盾的[⑩]，它表明重元不是最初的发动者，但被他野心勃勃的儿子涅鲁古和一群心

---

① [541]《中国社会史：辽》，第 492 页（表格）。
② [645]《辽史》，卷 48，第 807、811、817—821 页。
③ [645]《辽史》，卷 48，第 807、811、820 页。
④ [645]《辽史》，卷 48，第 807 页。
⑤ [645]《辽史》，卷 47，第 788 页。
⑥ [645]《辽史》，卷 21，第 258 页。
⑦ [645]《辽史》，卷 22，第 269 页。
⑧ [645]《辽史》，卷 23，第 275 页。
⑨ [645]《辽史》，卷 21，第 256 页。
⑩ [645]《辽史》，卷 22，第 262 页；卷 64，第 988—989 页；卷 112，第 1502 页；卷 114，第 1514 页（译文见 [541]《中国社会史：辽》，第 421 页）；[595]《契丹国志》，卷 9，第 88 页。

怀不满的贵族拥戴为名义上的领袖而被卷入了这次阴谋，他的儿子已于1061年被任命为知南院枢密使事。这些人中主要有圣宗的孙子耶律贴不和圣宗与钦哀后的女儿严母堇当时的丈夫萧胡睹。萧胡睹为同知北院枢密事。①

涅鲁古最初打算让其父亲装病，这样皇帝就会前来探望，然后他们就有机会刺杀道宗。当1063年初秋皇帝到中京道西南的太子山（今承德附近）去行猎时，谋叛者们抓住了机会。他们率领一支由弓弩手组成的军队去伏击皇帝与他的营帐。道宗起初不相信发生了叛乱，虽然皇太后已经提前得到了一个耶律氏的忠实成员所发出的警告。② 然而在最初的遭遇战中，道宗受了伤，自己的马也被击中。一些忠实的仆人救了他，他的母亲皇太后则指挥部分卫队帮助他击退了进攻者。涅鲁古在最初的进攻中被一支流箭射死。同谋者之一、皇帝的一名侍从耶律撒剌竹，率领着一群心怀不满的猎手去支援叛军，但是叛军已经失败了，他们的实际领导者死了，而且他们令人不解地使自己错过了攻占皇帝营帐的最佳时机。虽然在天刚破晓而且战斗正在激烈进行时，他们宣布重元为皇帝，但他们还是完全被打败了。重元向北逃窜，他对听从儿子的计划并陷入毁灭而深感痛苦，并在荒野中自杀身亡。③ 在战役中负伤的萧胡睹也逃走并投水而死。

南京留守耶律明是这一阴谋的参与者，当得知重元失败的消息之后，他率领一支奚人军队进入都城并武装起来，图谋参加叛乱。但他的副手召集汉人军队进行抵抗，当皇帝的紧急旨意到达时，他逮捕并处死了耶律明。叛乱时被派往宋朝宫廷的一批使节也牵涉进了这次阴谋，当他们一回到辽朝领土，就被逮捕并被解往都城处死。

① [580] 王鼎：《焚椒录》（序言为1089年），2b—3a，断言重元还被他的妻子所煽动，后者曾经与道宗的年轻皇后有过一次争吵。

② [645]《辽史》，卷71，第1204页。

③ [595]《契丹国志》，卷14，第153页；[580] 王鼎：《焚椒录》，3b，均误认为他是被处死的。

比较清楚的是，这不仅仅是由皇室敌对成员或只是由于皇室不和所再次引发的另一个夺取权力的投机尝试。更确切地说，这是由一些重要的和有权势的人物策划的范围广范的阴谋所促成的。想要肯定地说出他们的确切目的是不可能的，但估计最可能的是他们叛乱是为了阻止对契丹游牧部落贵族利益的进一步侵犯。不管叛乱的原因如何，道宗的反应是迅速而强烈的。所有的阴谋者同他们的直系亲属被处死，其中包括萧革，他的儿子娶了重元的女儿。在各最高机构的掌权者中进行了大规模的调整。

这并不是道宗漫长而大体和平的统治时期所发生的皇族间的最严重的事件。

耶律乙辛及其集团的统治

甚至在重元叛乱之前，辽廷的权力已经逐渐转入了以耶律乙辛（死于 1083 年，契丹名胡睹衮）[①] 为首的一群官员手中。作为皇族五院部的一名成员，乙辛从一个贫穷的青年成长为兴宗手下的一名宫廷侍者，而且，在那个时代的晚期成为一名护卫太保。道宗时，他得到进一步的恩宠，于 1059 年被任命为南院枢密使；不久，于同年改知北院。

乙辛权力的迅速上升与萧姓后族幼支家长氏族（少父帐）的衰落相一致，后者自从萧排押于 1005 年成为北府宰相以来，一直发挥着巨大的影响。这一官职后来几乎被幼支家长氏族的成员所把持，而且在兴宗统治时期，他们的权力得到了钦哀皇太后的有力支持。1058 年她的去世标志着他们统治的真正结束，虽然这一支的个别成员继续占据着高位。

在重元叛乱不久前，乙辛已巩固了与另一位强人的个人联盟，这个人就是后来的南院枢密使耶律仁先（1013—1072 年，契丹名查剌），[②] 他在 1042 年与宋谈判期间曾达到顶峰。仁先长期以来是

① 他的传记，见 [645]《辽史》，卷 110，第 1483—1486 页。

② 他的传记，见 [645]《辽史》，卷 96，第 1395—1397 页。

重元及其集团的主要对手，重元在1060年试图策划通过任命他为麻烦的西北边界地区的西北路招讨使而把他从都城调出去，这样他们就可以在宫廷自由行动。乙辛通过向道宗恳求而成功地挫败了这一计划，后来仁先和乙辛在平定叛乱时发挥了关键作用。① 平定叛乱后，他们在一段时间内共同控制了北枢密院；1065年，仁先被封为于越。

在以后的15年里，乙辛支配着宫廷和皇帝。他的公认对他有敌意的传记显示，虽然他在逐渐发挥着无可匹敌的影响，但他本质上是一个自私自利的投机者，他挑选不中用的和腐败的人任职，接受贿赂，而且允许军队恣意妄为。惟有皇后的家族拒绝接受他的控制。甚至起初试图限制他的一些更加专横行为的耶律仁先，也发现自身处于危险之中而自愿接受了南京留守的职位。在那里，仁先显示出自己是一个模范统治者。②

要勾勒出乙辛统治时期的公正画面是非常困难的。那一时期的史料对他及其拥护者们怀有刻毒的敌意。在《辽史》中，他和他的集团被列入特殊的"奸臣"下的一组冷酷无情的反面传记中。③ 但这些部分主要是以按照道宗的孙子与继承者天祚帝的旨意所编写的《实录》为基础的，④ 正如我们所要看到的，他有很充分的理由憎恨乙辛并咒骂他的人格。显然，乙辛的统治是唤起强烈情绪的一段插曲，在进入12世纪时仍然令人记忆犹新。

似乎清楚的是，乙辛掌权并不意味着自圣宗时代起延续下来的中央集权、赞成汉化的趋势发生任何明显变化或者中断，也不意味着鼓

---

① [645]《辽史》，卷110，第1484页；卷96，第1396—1397页。

② [645]《辽史》，卷96，第1387页。

③ [645]《辽史》，卷110、卷111，特别是这些章节的前言（第1483页）和史家的评论（第1495页）。

④ 这一实录由天祚帝下令编撰，于1103年由耶律俨完成。《辽史》的编纂者还用来作为材料来源的《契丹国志》，几乎完全忽略了道宗统治时期的事件，而且它的记载充满了错误。同样有敌意的《焚椒录》由王鼎（死于1106年）于1089年写成，它保存下来是由于天祚帝解除了对作者的监禁，并把他流放到遥远的边界地区，由于天祚帝的个人态度，他一直住在那里。见[654]《辽史》，卷104，第1453页。

吹中央集权、赞成汉化者与引起重元之乱的“本土保护主义者”、赞成契丹利益者之间的紧张状态的结束。然而，在道宗统治时期，这些冲突势力并没有导致形成不同种族构成的宗派集团。乙辛的某些支持者是汉人，他的对手也是如此。要想发现引起宫廷分裂的个人间仇恨与联合的真正利害关系是非常困难的。

皇帝本人与这些政治斗争保持着一段距离，而且还很愚蠢、多疑和易受别人影响，他总是随时留心所谓不忠诚的造谣中伤。他没有发挥真正的领导权力，而只是追求自身利益。道宗是一个天生的学者式人物：在 1064 年他下令搜集帝国书库所缺的书籍①，而且他继续热心于考试制度，考试在这些年得到了进一步的发展。道宗还显示了对历史的兴趣。在 1074 年，政府颁行了《史记》和《汉书》②，大约就在这时建立了为辽朝编纂国史的机构，这一机构在 1085 年完成了前七位皇帝的实录。③ 皇帝征召杰出的学者前来讲解各种经典，他自己也写诗和散文。他还继续尊奉佛教④，有时候，他不顾地方官员们的反对，广施恩惠给各种僧侣，皇后也是如此。⑤

然而，契丹本土主义者对汉化的抵制在重元叛乱失败后并没有衰退，契丹贵族阶层也并没有被削弱。例如，在 1069 年，政府被迫下令禁止皇室成员倚仗权势，欺压百姓。⑥ 道宗也被迫采取措施抚慰契丹势力。例如，在 1067 年，虽然道宗当时正全神贯注于佛教研究，但他还是举行了传统的“再生”礼，以再现其作为契丹民族领袖的正统性。⑦

对汉人，开始实施一些引人注目的措施来加以限制。1070 年，他们被禁止从事狩猎，因为这被认为是军事训练的一种方式。⑧ 1064

① [645]《辽史》，卷 22，第 264 页。
② [645]《辽史》，卷 23，第 276 页。
③ [645]《辽史》，卷 24，第 290 页；卷 104，第 1456 页。
④ 见 [541]《中国社会史：辽》中所收集的资料，第 304—307 页。
⑤ [645]《辽史》，卷 24，第 284 页。
⑥ [645]《辽史》，卷 22，第 268 页。
⑦ [645]《辽史》，卷 22，第 267 页。
⑧ [645]《辽史》，卷 22，第 270 页。

年，禁止私人出版书籍[①]，这一措施只能对汉人精英聚集的地区产生影响。在 1063 年[②]、1064 年[③]和 1070 年[④]，禁止贩卖金属，特别是禁止向西夏贩卖铜；禁止向曾经惹麻烦的阻卜部落以及回鹘人贩卖铁[⑤]。1064 年颁布禁令，作为针对富人的节俭立法的一部分，禁止在南京道生产御用彩缎。[⑥]

最后在 1070 年，道宗“以契丹、汉人风俗不同，国法不可异施”，命令乙辛和耶律苏再一次更定法律。[⑦] 这次修改废弃了制定一部为公众所普遍接受的受汉人模式强烈影响的法典的早期尝试。新法律试图划定和保存契丹与汉人风俗的传统区别。最终成书的法典几乎是 1036 年《新定条制》的两倍，而在 1075 年到 1085 年间又加入了进一步的修订和补充，直到法典扩大到一千多条。这些新法律，正如其所规定的，试图把汉人和契丹习惯法汇集在单独的一部法典中，它们是如此的庞杂而且远离具体执行的步调，以致被证实是行不通的。新法律最终在 1089 年被废弃，而 1036 年的法典得以恢复，由此保留了法律的基本框架直到王朝灭亡。[⑧]

另一个变革时代到来的征兆是在 1074 年，当时博学的官员耶律庶箴（死于 1082 年）建议在契丹诸部推广汉式姓氏，这意味着采取外族通婚的汉式原则。但是皇帝立刻回绝了这一建议，他宣称“旧制不可遽厘”[⑨]。

很显然，契丹与汉人之间，或许是中央集权与赞成部落利益之间的区别与紧张状态继续影响着政治，而且延续了半个世纪的汉化措施已经达到了一个转折点。

---

① ［645］《辽史》，卷 22，第 264 页。
② ［645］《辽史》，卷 22，第 262 页。
③ ［645］《辽史》，卷 22，第 264 页。
④ ［645］《辽史》，卷 22，第 270 页。
⑤ ［645］《辽史》，卷 22，第 270 页。
⑥ ［645］《辽史》，卷 22，第 264 页。
⑦ ［645］《辽史》，卷 62，第 945 页。
⑧ ［645］《辽史》，卷 62，第 945—946 页；［145］傅海波译：《辽史中的“刑法志”》。
⑨ ［645］《辽史》，卷 89，第 1350 页。

自然灾害

在道宗统治时期经常影响政府的另一个主要因素是自然灾害和饥馑的经常性威胁。从1065年直到道宗统治时代末期，很少有一年辽帝国的某一地区不遭受某种自然灾害。① 最初这些灾害主要影响南部农业地区；后来，在11世纪80年代和90年代，游牧地区似乎也受害很大。这些灾害通常被记录下来，既因为需要对当地人口进行救济，又因为它们曾迫使政府准许免除税收。政府必须经常丧失国库收入，而且要面临提供救济的巨大开支。此外，还有普遍的苦难和有关大量无家可归的家庭和流民的奏报。但是政府能做的事很少。甚至当机会出现时，像在1074年东京道发生的灾难性洪灾之后，政府曾下令修建洪水控制工程，却被借口“大兴役事，非利国便农之道”而遭到反对。②

对这些自然灾害的影响给予任何准确的估计都是不可能的。我们甚至没有可靠的根据来估算这一时期辽朝的人口，而这在11世纪的中国宋王朝则是可能的，那里人口有了很大的增长而且生存危机正在形成。当然，宋朝在中国北部地区也遭受了一系列类似的自然灾害，特别是在11世纪70年代和80年代影响整个地区的破坏性蝗灾。然而，有一次灾害非常残酷地袭击了游牧人口。在1082年到1083年的严冬，一次罕见的大雪冻死了大量的牲畜与马匹（史书记载其数量占60%或70%，也许是夸大），而这是游牧地区财产的重要组成部分。③

处死皇后和谋害皇太子

1072年，惟一能在各个方面与乙辛相匹敌的耶律仁先死了。1075年，皇太子濬（1058—1077年，契丹名耶鲁斡，死后称为顺宗，虽然他从未登基）开始参与宫廷事务而且被授权掌管北面官的一些政

① 有关原始材料的辑录，见［541］《中国社会史：辽》，第389—395页。
② ［645］《辽史》，卷105，第1460页。
③ ［645］《辽史》，卷24，第288页。

务。他既是一名骑射绝人的典型的契丹勇士，又是一个聪慧好学的年轻人。[①] 耶律乙辛觉察到濬对皇帝的支配和影响已对自己形成一个潜在威胁。作为首要步骤，他决定首先除掉这位皇子的母亲宣懿皇后。[②]

1075年，皇后，一位非常有教养和受过良好教育的才女、诗人与音乐家，遭到一名宫廷奴婢和一名教坊小官的诬告，说她与侍从左右的伶官赵惟一通奸。耶律乙辛将这一诽谤上告皇帝，虽然赵惟一甚至在严刑之下也坚决否认这一指控，但乙辛与他的盟友、博学的汉人学者张孝杰显然捏造了一些据说是皇后写给赵惟一的情诗作为证据。赵与他的全族被处死。皇后被赐死，她的尸体用席子裹着送回娘家，当众以示羞辱。[③]

除掉皇后以后，乙辛以他的一个亲信萧霞抹的妹妹取代了皇后。这个女人通常以她后来的称号惠妃被提及[④]，她被推荐给道宗且被带进皇宫。1076年，乙辛的另一个敌人皇太后也去世了。她死后的几天内，新配偶惠妃被正式册封为皇后。[⑤] 乙辛期望惠妃能在宫廷中直接为其施加影响，且保证他家族的前途，因为她的妹妹嫁给了他的一个儿子。[⑥]

---

① [645]《辽史》，卷23，第277页；卷72，第1215页。

② 宣懿是在1001年给她的谥号，见[645]《辽史》，卷27，第318页。她当时的称号为懿德。她的传记，见《辽史》，卷71，第1205页。她的墓志铭收于[808]金毓黻：《辽陵石刻集录》，8b—10a。

③ [645]《辽史》，卷62，第945页；卷71，第1205页；卷23，第277页。这一事件被详细记载在辽朝仅存的史书王鼎的《焚椒录》（序言作于1089年）中。它宣称是以目击者的回忆为部分根据的。虽然四库全书的编纂者以补充材料来评价它的价值，见[668]纪昀等人编：《四库全书总目提要》，卷52，第1154—1155页，但显而易见，它是由非常有偏见的观点写成的。《契丹国志》有关皇后的传记，几乎每一件记载她的事情都是错误的，且并没有提到她被迫自杀。有关这一事件的详细研究，见[829]姚从吾：《辽道宗宣懿皇后十香词冤狱的文化的分析》；[185]霍姆格伦在《婚姻、亲族与继承》中认为（第80页）这一事件是道宗后宫中敌对的后妃间的一次斗争。但是这一观点没有可资引用的证据。在《辽史》，卷71，第1205—1206页中所提到的惟一的另一个后妃，是在宣懿皇后死后才进入后宫的。

④ [645]《辽史》，卷71，第1205页。

⑤ [645]《辽史》，卷23，第277—278页。

⑥ [645]《辽史》，卷71，第1205页。

由于宣懿皇后与皇太后都已去世，乙辛又被迫去对付皇太子。皇太子由于其母被杀，发誓要对他进行报复，而且他已获得宫廷中许多人及百姓的同情，他们都明白皇后是被不公正地处死的。她自杀后不久，乙辛逃过了一次刺杀他的拙劣企图①，而且确知一旦皇太子继承皇位，他和他的同党将会很快被法办。

乙辛再一次诉诸诬陷与诡计。1077 年五月，他上奏皇帝进行诬告，声称一些都是他的政敌的官员们密谋废黜道宗而拥立皇太子来取代皇位。虽然为了慎重起见，皇帝把被控告的官员委派到地方上去，但他发现控告不实。于是乙辛唆使一些宫廷低级官员伪称他们参加了这一阴谋，以使这一案件重新审理。虽然皇太子甚至被乙辛的同党毒打和讯问，但他否认了所有的指控，他指出无论如何他最终会继承皇位，所以他不会僭越。审问者们篡改了证词而宣称他已认罪。皇帝被激怒了，废皇太子为庶人，并把他送到上京监禁起来。不久，乙辛派密使杀死了他，并指使上京留守上报说他已病死。与此同时，道宗对他在情绪激动时所做的事情感到后悔，并想征召皇太子的遗孀到宫廷；乙辛害怕真情由此会全部败露，派人也将她杀死。②

乙辛暂时安全并保住了他的地位。他不但除掉了他的主要权力竞争对手，而且成功地使他的许多政敌牵连进了这一所谓的阴谋，他们在随之而来的清洗中被处死。他自己的同党被提升和表彰，提供假证以重新审理案件的宫廷侍者甚至与皇室公主结了婚。

乙辛的覆灭

然而，乙辛的命运依然依赖于他带进宫中的新皇后。他自然期望在适当的时候她会生育一位他可以支配的皇室继承人。但是皇后一直没有生育。在绝望中，乙辛让皇后的妹妹与自己的儿子离异，接入皇

① ［645］《辽史》，卷 110，第 1484—1485 页。

② ［645］《辽史》，卷 72，第 1215—1216 页；卷 23，第 279—280 页；卷 110，第 1485—1488 页；卷 62，第 945—946 页。

宫。但是她也没能生出任何孩子。对乙辛极为不利的是，皇太子留下了一个生于 1072 年或 1075 年的儿子（延禧，1072—1128 年，契丹名阿果，后为天祚皇帝，1101—1125 年在位，无庙号）。[①] 由于皇帝必须决定一位继承人，所以在萧兀纳的强烈要求下，他选择了这个孙子。同时还有另一个可能的候选人，他是道宗的弟弟和鲁斡之子，他的侄子淳（1063—1122 年，契丹名涅里，在 1122 年曾作为北辽皇帝统治过数月，死后称为宣宗）。[②]

这位小继承人是乙辛实现野心的障碍。1079 年，当皇帝欲赴冬捺钵狩猎时，乙辛要求把小皇孙留在都城。几位敌视乙辛的廷臣立刻确信他计划谋害皇孙，声言皇孙将会被置于危险之地，并自愿留下来保护他。皇帝最终被说服带着孩子同行。[③]

这一事件似乎最终使皇帝清醒地认识到了乙辛的邪恶与野心本质。于是，在 1080 年，乙辛的贵族等级被贬；最高官职被剥夺，并被贬逐到兴中府任职。然而，他已来日无多，1081 年冬天，他因与外国交易违禁物品的罪名被判以死罪。由于他的极高地位，他的一个同党使死刑得以减轻，被流放于今山海关北面海边的来州。[④] 后来，乙辛被控告私藏武器和盔甲以及阴谋叛逃宋朝，终于被处死。[⑤]

随着乙辛的灭亡，曾经支持过他的整个腐败集团也瓦解了，他们中的最重要人物是萧余里也和耶律孝杰。

耶律孝杰与乙辛集团中大多数的腐朽与堕落的契丹贵族有很大的不同。起先，耶律孝杰是一位出身于汉人家庭的贫穷学者，名叫张孝杰，他于 1055 年以第一名的成绩通过了进士考试。他在官府中一直稳步升迁，直到 11 世纪 60 年代初引起了皇帝的注意，并成为北府宰

① [645]《辽史》，卷 24，第 276 页，以 1075 年作为延禧的出生时间。然而，这很可能是错误的。《辽史》，卷 30，第 351 页，记载他 1125 年死时 54 岁，由此可推出他出生在 1072 年。

② [645]《辽史》，卷 98，第 1413 页。

③ [645]《辽史》，卷 110，第 1485 页。

④ [645]《辽史》，卷 24，第 286 页；卷 110，第 1486 页。

⑤ [645]《辽史》，卷 110，第 1486 页。

相。由于在皇后的覆灭中他扮演了邪恶的角色，所以皇后自杀后，他被赐予国姓。乙辛失势后，以贪得无厌和公开受贿而臭名昭著的耶律孝杰，于1080年以非法动用官府款项的罪名被贬为地方官。1081年他被废为庶人。然而，后来他被允许返回都城，而且在11世纪80年代末的某一时候平静地死去。

当乙辛被流放时，新皇后也被驱逐，贬为惠妃并被从皇宫流放去守皇陵乾陵。① 她的妹妹从皇宫中被驱除并遣送回家。② 然而，皇帝并没有为乙辛阴谋的不幸牺牲者恢复名誉。直到1101年天祚帝即位后，皇后才被重新安葬于皇陵并追加谥号。皇太子则较为幸运些。1083年，道宗恢复了他的身份，追谥他为昭怀太子，并且在玉峰山完全以皇帝的礼仪重新安葬。③ 但是被清洗的贵族和高官依然没有被恢复名誉，那些已被流放的人仍然在受苦。道宗并没有对那些曾经引起他疑心与发怒的人宽宏大量。

耶律乙辛覆灭后的道宗时代后期，相对来说平安无事。道宗此刻已经是一位老人（他在1082年已50岁），而活跃与迁徙的契丹生活方式甚至对一位皇帝来说也是紧张而苛刻的。他的先人只有一个活过60岁。然而，皇帝继续对知识与宗教感兴趣，学者们被征召来阐述各种儒教经典，僧侣也被征召来讲解佛教经文。1090年，一位宋朝使节详细评论了道宗对佛教僧侣们的慷慨布施及佛教在社会中到处弥

① ［645］《辽史》，卷24，第287页；卷71，第1205页。

② ［645］《辽史》，卷71，第1205页。以后在1086年的某一时间，她们的母亲燕国夫人削古，由于以前曾经勾引过梁王而被处死。梁王是从1080年三月到1083年十一月皇太孙延禧的封号。如果是指延禧的话，则这一指控似乎是难以置信的，因为她被处死时，他还只有11岁，而当他拥有梁王封号时，他是在5岁到8岁之间。极有可能的是，这一事件牵涉到的不是延禧，而是他的父亲皇太子，他从1063年以后也拥有相同的封号。见《辽史》，卷22，第263页。因此，这一事件也许是由于皇太子死后在1083年被恢复名誉的结果。由于她的被杀，削古的女儿、前皇后被免为庶人并被送去过隔离式生活。见［645］《辽史》，卷71，第1205页；卷24，第292页。（译者注：此处有误，据［645］《辽史》卷24《道宗纪》载，大安二年七月丁巳，“惠妃母燕国夫人削古以魇魅梁王事觉，伏诛”。魇魅，在这里是指用迷信的方法祈祷鬼神或诅咒，并不是勾引的意思。）

③ ［645］《辽史》，卷72，第1216页；卷24，第288页。

漫着的影响。[①] 可是，道宗越来越疏懒于政务。一件轶事告诉我们，在他时代的后期，他甚至以候选人掷骰子的方式来选拔高官；以至后来编纂皇朝实录的史学家本人说自己也曾通过这种方式被选中。[②]

从11世纪80年代起，皇孙耶律延禧，当时的燕国王，被谨慎地推举继承帝位。1086年道宗向这位年轻的燕国王庄严地展示了先帝太祖和太宗所使用的铠甲和武器，并向他叙述了创业征伐的艰难。几个星期后，燕国王举行了"再生"礼；这是他被选定为统治者的一个重要标志。[③] 1088年，他被任命为一系列机构的首脑，以便在政府中进行训练。同年他结了婚[④]，而且在1089年和1093年相继有了两个儿子[⑤]，这是世袭的进一步保证。

乙辛及其集团的覆灭并没有带来政策上的任何明显改变。在乙辛时开始的法典契丹化改革仍在继续进行，而在1085年又进行了更多的修改，但这些都被证实在执行时是行不通的。[⑥] 1090年，整个新法律体系被放弃，1034年的法律得以恢复。在其他方面，这20年的历史记载，除了对遭受自然灾害的地区准许免税和进行赈济外，很少有行政措施的著录。

最值得注意的事情是必须处理与邻国的关系。与诸大国的关系总的说来仍保持着和平。1074年与宋曾有过一次麻烦的边界划界危机，但经过漫长的谈判后，这一问题于1076年通过外交途径和平地解决。[⑦] 条约自身仍然有效，而且继续定期互派使节。对西夏和高丽的

---

① [576] 见苏辙：《栾城集》，卷42，第940页。有关辽朝佛教影响规模的一些资料，见[541]《中国社会史：辽》，第291—297页。

② [645]《辽史》，卷98，第1416页。

③ [645]《辽史》，卷24，第292页。

④ [645]《辽史》，卷24，第297页；卷25，第300页；卷27，第317页。

⑤ [645]《辽史》，卷71，第1206页；卷25，第298、302页。

⑥ 1090年在给宋朝皇帝的一份报告中，苏辙评论道，汉人与契丹人之间待遇的悬殊很大部分被限定于暴力犯罪的判决，而并不是人们普遍所相信的那样对汉人百姓不适用。他还报告了辽朝法律制度下的普遍贪污与贿赂。见[576]苏辙：《栾城集》，卷42，第940页。

⑦ 见[500]克劳斯·蒂兹：《1074—1076年的辽宋边界冲突》。

关系也是如此：1078 年高丽国王请求割予鸭绿江以东的领土，但被拒绝，且没有引起两国关系的任何中断。[1]

道宗的真正问题是与北部和西北部边界诸游牧民族的关系。辽朝的部落边疆从没有被清晰地划定，它构成一个地区，这一地区由分裂而不稳定的诸游牧群体居住，他们分散地臣服于辽朝宫廷。常常是同一民族的一些组成部分被吸收进辽帝国的部落单位，而他们的其他亲属却生活在边界之外。由于部落群体的结合、分裂和变化无常，故而形势总是容易发生变化。对于两个民族来说，这一情况显得特别复杂：一是东北地区北部和东部的女真，二是生活在蒙古腹地鄂尔浑河与色楞格河流域的阻卜诸部落。

阻卜战争，1092—1102 年

阻卜是与塔塔儿人（鞑靼，达旦）同种或者有密切联系的一支蒙古人。[2] 同建立王朝前的契丹人一样，他们是一个包含不同游牧部落的“国家”，当必要时，这些部落会联合在一起，而后会成为一支强大的军事力量。辽朝把他们列为属民，而他们则非常规矩地来朝呈送贡品。他们中的一些部落生活在辽朝境内，甚至有些效力于某个皇室斡鲁朵。然而，他们非常桀骜不驯，契丹人无论何时想要向西北扩张，他们都非常猛烈地对其进行抵抗。在进入 11 世纪时，辽朝与阻卜已开始有巨大的麻烦：在 997—1000 年、1007 年、1012—1023 年和 1027 年爆发了数次战争，这些战争几乎都与契丹向今甘肃的回鹘人控制地区扩张同时。1069 年，又爆发了一次新的阻卜叛乱，后被耶律仁先平息下去。自此，友好关系又得以恢复，1086 年阻卜首领来朝，道宗命令年轻的皇孙延禧以未来盟友的身份与之结交。

1089 年，阻卜受到一个强有力的首领磨古斯的领导。1092 年，契丹在蒙古边界进攻了一些他们的邻部，而在这次冲突中，阻卜也卷

---

① ［645］《辽史》，卷 115，第 1522 页。

② 见［698］王国维：《鞑靼考》，《观堂集林》，卷 14，5b—12a。

了进去。1093 年，在磨古斯的率领下，他们沿辽朝西北边界发动了一系列的猛烈进攻，驱散了许多在那儿放牧的契丹马群。其他一些部落也加入了他们的叛乱，其中包括生活在呼伦诺尔（今黑龙江西部）周围的敌烈，他们以前曾于 1073 年发动过叛乱。阻卜的入侵对契丹的牧区是一个严重威胁，朝廷把镇压的任务交给了知北院枢密使事耶律斡特剌。经过八年不断的残酷战争，他终于收复了辽朝的牧场并迫使阻卜臣服。1100 年春天，磨古斯被俘并被送到京城，在那儿，他被凌迟处死。但是战争依然冗长乏味地拖延下去。到这一年年底，斡特剌又与西北其他部落开战，直到 1102 年他镇压了这些叛乱并击退阻卜新的一次入侵，和平才得以恢复。

虽然这次战争是契丹的最后一次军事胜利，但道宗的时代毕竟以胜利而告终。当他于 1101 年去世时，他的帝国依然保持着强大、稳固和国内和平，并享受着周边民族对它的尊敬。

天祚帝朝与辽的衰落

皇位继承顺利进行：皇太孙延禧在先帝灵柩前继承了皇位，公布了一个新的年号，而且按惯例颁布了大赦。他立刻着手对导致他祖母和双亲之死的乙辛及其同党进行死后报复。乙辛及其同党的坟墓被掘开，他们的尸体被损毁，他们死后追封的官职与称号被剥夺，他们所有的家庭财产被没收并被分发给遇害者的家属。他们所诬告的受害者们被恢复官职和贵族头衔，并把没收的财产返还其家属，那些被长期流放的人也被召回宫廷。被错误地强迫自杀的皇后的遗体被重新埋葬在已故皇帝的陵墓。新皇帝的父亲，即被谋杀的皇太子，就像他曾真正作为君主进行过统治那样，被追加了庙号。

发泄完他被压抑的仇恨后，新皇帝似乎陷入了因循守旧与无所作为。然而，这种无所作为可能仅仅是由于史料而产生的错误印象。天祚帝统治时期的实录没有编纂，而《辽史·本纪》对他在位头十年的记载，则简直如同他远征出猎与巡游帝国时一鳞半爪的行程记，再穿插上对周边民族使节的接待。[①] 对自然灾害的上报依然不时地出现，而在1105年天祚帝还微服出行，巡视百姓疾苦。但他被严厉地指责为游畋无度，尤其是专横、行暴和为人残忍。[②] 几乎没有国内政策决策的记载，保留下来的仅是1105年出身商人家庭的人员被禁止参加进士考试，这是对古老的中国社会惯例的一个相当奇怪与过时的采纳，这与契丹人的传统是非常不相称的，它显示出中国观念渗透进政府的程度。

在1103年到1105年之间，西夏不断派出使节请求帮助解决他们与宋朝的麻烦，而在1105年的某一时候，他们请求契丹去进攻宋朝。辽廷明智地予以拒绝，但却通过一次联姻巩固了与西夏关系。它还派出一名使节到宋廷要求停止对西夏的进攻，并归还他们已经夺取的西夏领土。

与女真的战争

直到1112年，契丹国家仍然表面安定。天祚帝成功地阻止了使辽陷入与宋和西夏争执的企图，阻卜已恢复了忠诚并于1006年、1110年和1112年派来了使节，与高丽的关系也仍保持和睦。冬末，皇室一行按惯例到今哈尔滨偏西的混同江（今松花江）进行季节性垂钓远行。在这里，又根据惯例，包括从东北东部的“生”女真在内的东北部落诸首领前来效忠。在皇帝营帐内招待他们的“头鱼宴”上，首领们被命令依次起舞，以作为臣服的一个象征。当轮到他们中的那位阿骨打时，他拒绝这样做，甚至被命令再三也是如此。由于他的故意挑衅性行为，天祚帝想要处死他，并看出他是一个潜在的敌人。但是权臣萧奉先劝阻了他，他对阿骨打可能产生的危害嗤之以鼻。这将

① [595]《契丹国志》，卷10，第99—100页的相关部分，在一些方面也没有考虑到他统治时期的头十年。接下来有关王朝覆灭的相对详细的记载，大部分源于史愿所写的《金人亡辽录》。史愿来自辽南京，他投降了宋朝，并在被送还金朝前做了许多年官。他的书（除了零星片断外，早已失传）于12世纪中期在宋朝广泛流传。见[871]傅乐焕：《辽史丛考》，第168—171页。

② 特别是见于[645]《辽史》，卷62，第946—947页，耶律余睹1121年降金时所做的严厉谴责。亦见[646]《金史》，卷133，第2847—2848页。

被证明是导致王朝终结的一次致命失误和决定。

女真是一个通古斯民族，其部落分散居住在东北地区东部的宽阔地带，从高丽在鸭绿江流域的北部边界，穿过今天吉林和黑龙江东部以及符拉迪沃斯托克（译者注：即海参崴）以北的原苏联滨海省一直向北延伸（第三章概述了他们的早期历史）。他们从阿保机上台特别是从渤海被征服以来就同契丹保持着密切的联系。他们在10世纪已足够强大，以致宋朝认为他们是反对辽朝的一个潜在同盟，而他们也已经不时地给辽和高丽制造严重的麻烦。11世纪末，他们被辽朝统治者长期分为三大群落。首先是“熟”女真，他们是10世纪被契丹所俘获的部落后裔，被安置在辽河流域且已完全被同化。再往北在吉林省东部生活着“顺”女真，他们被当作一支附属民族，与朝廷有着密切与定期的联系。但是最庞大和最主要的部分是“生”女真，他们居住在松花江中下游和黑龙江的东部山区。他们是辽廷名义上的属民，但不易真正控制。这些群落中的每一支又分裂成许多部落与氏族组织，他们不但以小农定居形式生活，而且也从事打猎、诱捕和放牧牲畜的生活。

在整个11世纪，“生”女真诸部的一支完颜部逐渐建立起对其邻部的统治并将女真诸部落凝聚为一个强大的民族。辽廷承认了完颜氏为女真的首领，并任命他们的首领为女真节度使。阿骨打是完颜氏的一个杰出的首领，虽然在1112年他还不是他们的总首领。

在天祚帝朝初期，女真与辽的关系已经逐渐变得紧张起来。女真人非常痛恨辽朝在主要的边界贸易城市宁江州的地方官员经常欺诈他们的行径。他们指责辽朝使者的傲慢自负，这些使者在通过女真人的领土时，奸淫妇女并殴打村里的长者。而且他们厌恶他们的传统义务，即向辽朝皇帝进贡名叫海东青的特殊鹰隼，海东青生长在沿海地区，为了猎取它们，女真人经常不得不打开一条穿过他们的邻部五国部领土的出路。

1113年，阿骨打被部落首领们选为女真族的领袖以继承他的哥哥乌雅束（1103—1113年在位），并被辽廷按惯例授予汉式官职节度使的称号。阿骨打立即开始骚扰辽朝，他提出了几年来积淤心中的不满：即阿疎的问题。阿疎是一个女真首领，曾反对过完颜氏的霸权并在辽朝境内避难。阿骨打多次徒劳地要求将他遣返，并开始在边界建立防御工事。在1114年晚秋，由于阿骨打的要求又一次被辽廷拒绝，他进攻了宁江州，宁江州是主要的边界贸易点和辽朝皇帝按惯例接见女真首领的地方。

最初天祚帝并没有太在意，只是让地方军队去对付入侵者，虽然他从东京附近派出了一些渤海军队去援助他们。这一有限的军队完全被击败，辽朝低估了女真的力量与凶猛。1114年十月，天祚帝征集了由精选的契丹人和奚人组成的一支军队，由他的北院枢密使萧奉先的弟弟萧嗣先指挥，但是这支军队也在松花江令人吃惊地失败了，并且损失惨重。萧嗣先尽管无能，但逃脱了惩罚，这更使契丹将领们的士气低落。到当年年底，宁江州附近的几个边界州县已投降了女真，一些邻近部落也加入了他们。

1115年初，天祚帝转而求助于外交手段，派出使节与阿骨打开始和平谈判。但在一月末阿骨打已宣布自己为新的金王朝的皇帝。他拒绝了从辽廷来的信件，因其称呼他的名字而不是他的新头衔。而且他继续要求遣返阿疎并从黄龙府撤回辽朝的驻军，黄龙府是这一地区的主要行政中心。

零星的边界战斗在整个1115年连续不断，而女真通常占上风。与此同时，双方都在准备新一回合的战争。

1115年初秋，在松花江以西，天祚帝集结起一支自己亲自指挥的庞大军队。九月，在天祚帝能使这支军队发生作用之前，阿骨打已经占领了黄龙府这一辽朝最东面的主要军事前哨基地。而后，当天祚帝最终于1115年冬天越过松花江进入女真领土时，他的讨伐性战争被一次阴谋暗中破坏了。这次阴谋是要废黜他，拥立他的叔父亲王淳（1062—1122年，契丹名涅里，追封庙号为宣宗）为皇帝。

耶律章奴叛乱与渤海人起义

阴谋者们在御营副都统耶律章奴的领导之下，他是一名不满天祚帝统治的皇室成员。他与亲王淳的妻子和儿子串通一气，并说服其他官员加入这一阴谋。叛乱者们离开了远征军向上京进军，他们派人通知了当时任南京留守的亲王淳，告知了他们的计划。然而，这位亲王很犹豫，因为他知道许多杰出的和强有力的贵族成员仍然支持皇帝。当从天祚帝处派来的使者吩咐他对叛乱者采取预防措施时，亲王决定借机保持忠诚。他将章奴的使者斩首并将他们的首级送往皇帝处。

然而，叛乱并没有立即结束。叛乱者们穿过契丹乡村进军，进行劫掠并集结支持者加入他们的行列。但是他们没有能够攻占上京，而且当他们进攻帝国在木叶山脉的冬捺钵时，被一小支忠于辽朝的女真军队击败。二百多名有罪的贵族被处死，他们的妻子和孩子被没为奴。耶律章奴在伪装成一名使节并企图逃到女真人处时被抓获，后来他被腰斩为两截。他的肢体被分送到其他都城加以展示，以使其他的潜在背叛者气馁。

虽然亲王淳依然保持中立，而且并没有以不忠于其侄子与君主的罪名而受到控告，但这次叛乱并不仅仅是一群契丹贵族企图把摇摇欲坠的帝国从天祚帝无能的统治下解救出来的一次尝试。因为除了耶律章奴以外，叛乱的领导者们都与亲王淳有着血缘或姻亲方面的密切联系，叛乱也许可以假定为是由于统治集团内部另一次权力斗争而引起的。天祚帝和淳成为皇位竞争者并不是第一次了。40 年前，在耶律乙辛派人谋杀了天祚帝的父亲后，他曾徒劳地倡议亲王淳为新的皇位继承人。当乙辛下台时，亲王淳也失宠并被从宫廷流放。虽然章奴的叛乱失败了，但是，这仍然加强了亲王的地位。为了确保他的忠诚，天祚帝授予他秦晋国王的封号并任命他为辽朝军队的统帅，委托他指挥对女真人进行防御作战。

章奴叛乱及先前 1115 年失败的影响立即可以感觉得到。战争波及邻近的渤海地区，那里总是遍布着不满情绪，而且前些年曾发生过一次小叛乱。1116 年初东京发生了一次大规模起义，令人痛恨的契丹留守被刺杀，一名叫高永昌的渤海官员宣布自己为新国家大元①的

① 据郑麟趾：《高丽史》，卷 14，第 204 页。在［595］《契丹国志》，卷 10，第 108 页中，他的称号为大渤海国皇帝。

皇帝并向阿骨打请求援助以对付辽朝讨伐军队。女真人的援军轻而易举地击退了辽军，但接着就转而进攻渤海叛乱者，并在五月份杀死了高永昌。结果，辽河以东五十多个州的全部地区都落入了女真人的手中。这使整个战略形式改变为对女真人有利。现在战争不再局限于遥远和相对不重要的边界地区，而是威胁着辽帝国的心脏。大批渤海人和契丹人逃到高丽定居下来（见地图 8）。

预料到女真人会向西进军，天祚帝命令他的叔叔亲王淳从南京道与西京道和渤海地区的难民中征募由精锐士兵组成的一支新军。然而，由他征募来的“怨军”2 万人对平民的破坏远远大于敌人，而且到处士气低落。在南部地区的汉人中间爆发了叛乱。[1] 当女真人在 1117 年初进攻松花江上的春州时，东北部的军队甚至不战自溃。当年年底，女真人越过辽河，在战斗中击溃了亲王淳的新军，并占领了辽河西面的几个州。阿骨打采用了一个新的帝王称号并宣布他自己为新的金王朝的皇帝。

流产的和平谈判，1118—1120 年

在这紧要关头，双方突然停止了敌对行为。1118 年初，天祚帝发起和平谈判，在两年中双方互派使节。但是女真人的要求非常苛刻：阿骨打还不准备消灭辽国，但他要求辽廷册封他为大金国皇帝。援引澶渊和约的先例，他进一步要求辽朝皇帝称呼他为兄长，并要求众多的皇子和公主到金廷作人质，交纳绢银为岁币，正式割让上京、中京和兴中府三路地区。这将使辽仅仅控制南京和西京道地区而剥夺他们的部落故土。后来在 1118 年末阿骨打稍微放宽了这些要求，但辽廷仍然在他的条件面前犹豫不决，尽管他们发现自己已处于绝境。他们保有的领土在 1118 年经历了一次可怕的饥荒，而且发生了越来越多的地方叛乱与不断的叛投金朝事件；在最西面，阻卜又开始叛乱。

阿骨打也面临着他自己的国内问题。虽然他的最初胜利意想不到

① ［645］《辽史》，卷 28，第 335 页。

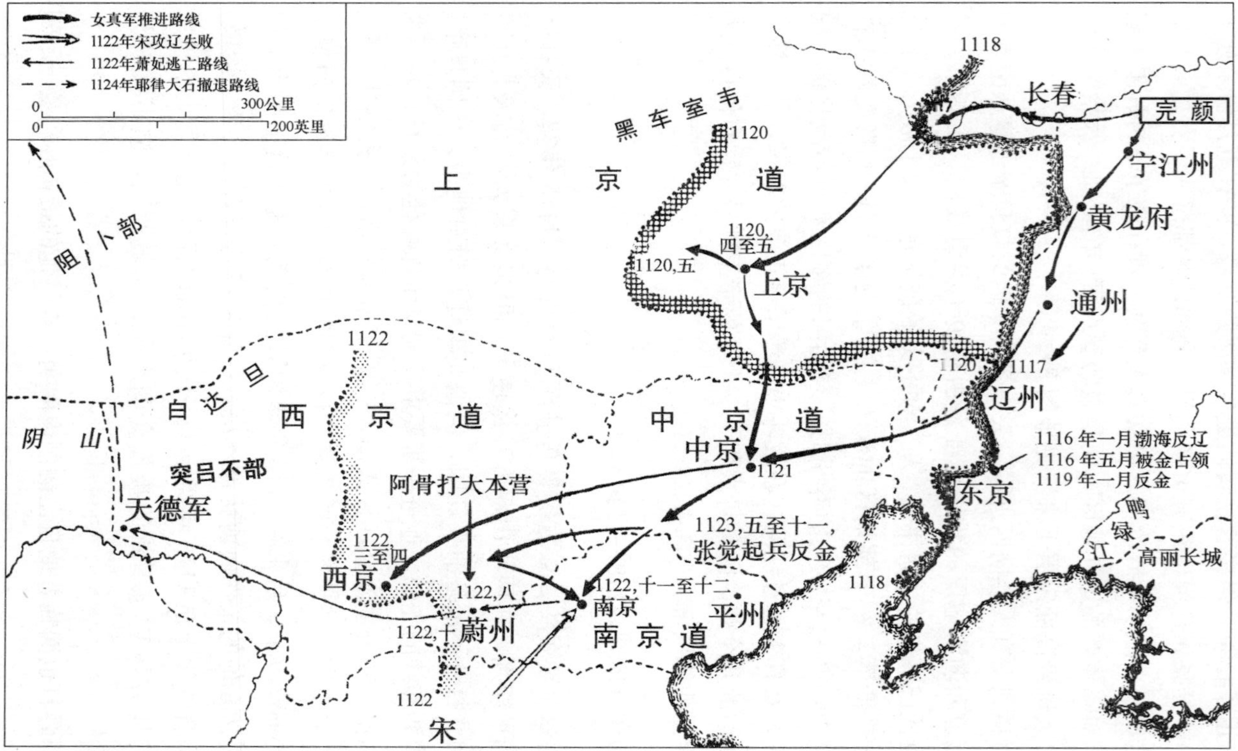

地图 8　辽的崩溃与金的入侵，1117—1124 年

的容易，但他的战争肯定加剧了女真人资源供应的紧张。再者，控制新征服的领土已证明远非易事。1119 年初，在东京爆发了一次反对金朝占领的叛乱。叛乱被镇压下去，秩序得以恢复。1118 年底，辽廷同意册封阿骨打为东怀国王，但是阿骨打对于这一称号和册封文书的语言，以受到羞辱为理由而加以反对，故而他在 1119 年夏季愤怒地拒绝了求和。1120 年三月，他终于不耐烦地打破和谈。敌对状态又恢复了。

重新开战，1120 年

阿骨打的首要目标是上京，并于五月份攻取了上京，用此举显示他给予这个衰老王朝以致命一击的决心。上京位于辽朝的心脏地带，是契丹人传统的牧区，虽然它早已失去其政治与行政的重要性，但它依然是王朝意识形态与礼仪的中心。契丹人的圣地，如圣木叶山，就位于它的附近。女真入侵者洗劫并破坏了皇陵和其他重要宗教场所的建筑物。

达到主要目的后，阿骨打由于夏季的酷热和远离他的本土基地而暂时停止了攻势，但辽朝并没有利用这一喘息时间组织起它的防御。在那年的秋季，天祚帝同往常一样行猎。士气低落的宫廷又一次为国内纠纷所动摇。辽帝国一些最强有力的人已对天祚帝的自我放纵、依靠佞幸与谄媚、司法专横、无休止地征用人力以及对钱物的贪得无厌感到厌烦。最重要的是，他们不满他的宠臣萧奉先阻止皇帝听从他们的建议，甚至阻止皇帝了解形势是如何真正令人绝望。1121 年春天，天祚帝的第二位妻子、晋王的母亲文妃与她的妹夫耶律余睹将军密谋废黜皇帝，而拥立她自己的儿子代替他。这一密谋被皇帝的宠臣萧奉先揭发，他是与之竞争的皇妃元妃的哥哥，他希望确保她的一个儿子继承皇位。文妃被迫自杀，而其他密谋者则被处死。她的儿子晋王，由于每个人都对他寄予极高的希望，故被免死。主要的密谋者耶律余睹同他的家眷和追随者逃走了，五月份，余睹叛投了女真人，后者当然乐于接受他。他获准仍然指挥他的军队，而且在 1121—1122 年冬季率领一支女真军队去进攻中京。中京及其周围地区于 1122 年一月陷入女真人之手。

此时，天祚帝正在南京或其附近。留下亲王淳指挥南京道后，他抛弃其宫廷并准备一次远离推进中的女真人的大溃逃，首先是向西北穿过居庸关进入西京道。萧奉先仍然决心确保他外甥继承皇位，故而对皇帝说，耶律余睹和他的女真同盟已决心消灭他而拥立晋王。皇帝立即命令这位不幸的皇子自杀。此后不久，天祚帝终于对萧奉先的操纵感到厌烦，并迫令他自杀。

在以后的三年中，天祚帝总是成功地在追踪者到来之前逃脱。在离开南京的四个月中，他已后退到沿辽—西夏边界的河套以北的险峻难达的阴山山脉。在那里，他试图从各地部落中征募新的军队。紧跟其后，女真人于 1122 年三月占领了西京，但并没能在整个西京道建立稳固的统治。再者，党项人由于害怕他们自己的边境遭到入侵，转而开始支持辽朝皇帝并派出军队阻挡女真人向西进军。阿骨打于是从东北赶来，不久在西夏边境击败了一支契丹—党项联军。为了排除天祚帝潜在的盟友，保障他们自己的有利形势，并阻止与党项人的进一步的联系，女真人迁走了许多西面部落并把他们重新安置在兴安岭以东。天祚帝依然隐藏在阴山里，阿骨打转而向东去占领辽南京。

自天祚帝抛弃下属向西逃跑后，与宫廷的所有联系都被隔绝，南京的高级官员在奚王和耶律大石的率领下，于 1122 年三月已宣布亲王淳为他们的新皇帝。这援引了当年安禄山之乱唐玄宗逃到四川时唐肃宗夺取皇位的先例。天祚帝被降级为亲王头衔（正是由于这个原因，他没有追封庙号）。[1] 辽帝国由此分裂：天祚帝的权力，正如所述，被局限在极西的游牧部落地区。亲王淳控制的领土被限定在南部定居地区，而且他统治的辽帝国已缩小为一个小小的汉人边界国家，它的官员大部分是汉人。曾经几乎完全由契丹游牧民组成的军队，现在也成为契丹和奚人指挥官率领下的由汉人军队和从东面来的难民组成的杂牌军队。为了补充这些

① ［645］《辽史》，卷 29，第 343—344 页；卷 30，第 352 页。

不太可靠的部队，统帅耶律大石试图从契丹与奚人难民中征集一支新的部落军队。然而，这些征募来的军队处于如此穷困境地，以致他们被给予一个绰号“瘦军”。与其说他们是一股新生力量，还不如说成了南京道百姓的一个沉重负担。

宋朝的卷入

宋朝对这些事件的卷入从几年前就开始了。早在1112年，宋廷即从一名叛国者事先得知了女真对辽的威胁。1117年，认识到契丹国家即将灭亡，宋朝在交易马匹的幌子下建立起与女真人的外交关系，他们希望建立起一个反辽联盟，并瓜分它的领土。① 这是一个目光短浅并有潜在危险的步骤。不但朝廷违反了与一个强大的近邻国家所签订的神圣和约，这会丧失其他近邻国家的信任；而且打破保持宋朝一个多世纪安全的北部边界力量的平衡也是极冒风险的。宋廷认为这是收复937年丧失给契丹的十六州之地的机会。从一开始这就是一个假象：事实证明阿骨打愿意归还给宋朝的只是燕（南京）及其所属六州。

此外，由于宋朝深深地陷入其他地区，所以它并不能立即介入。1107年后，与西夏的和平好不容易得以恢复。但在1114年，两国的外交关系又破裂，西夏侵入宋朝领土并围攻了定远。1115年宋朝用大军进行反攻，在制造了大规模的破坏后，却遭到一次毁灭性的失败。战争一直拖延到1119年，大批宋朝军队被陷于西夏前线。到1119年，两军终于达成和平协议，宋廷才得以真正考虑进攻契丹。②但是，1120—1121年的浙江方腊起义，又分散了其注意力。③

只要女真人的进攻指向辽朝的部落地区与渤海地区，宋朝的利益就不会直接受到威胁。但是当1122年阿骨打开始进攻与宋朝自身疆

---

① ［498］达格玛·蒂勒：《缔约：宋金间的外交（1117—1123年）》，是用西方语言对宋金之间谈判所做的最详细研究。亦可参阅陶晋生的明晰论述，［491］《两个天子：宋辽关系研究》，第87—97页。

② 见［261］克恰诺夫：《宋夏战争》。

③ 见［238］高友工：《方腊起义的原始资料》。

界有六个州接界的西京及西京道时，宋朝突然感到震惊。由于他们在西夏边界以及在南方的军事困境，宋朝还没有进攻辽以支持女真人的战争，虽然他们已经准备着手做了。既然辽朝看起来已容易征服，所以开封的宋朝政权希望南京道剩下的官员和百姓会乐意向宋朝的一支入侵军队屈服。1122 年春末，宋朝草草地征集起一支大军。在劝说辽廷投降的一次尝试失败后，初夏爆发了战斗。然而，由萧干和耶律大石率领的一小支契丹与奚人军队却不太费力地击退了宋朝的入侵。

最后的灾难

亲王淳成为皇帝仅仅三个月就死去了。他没有后嗣，而是遗命传位给秦王。秦王是天祚帝的儿子，由元妃所生。然而，此时秦王正与他的父亲在西部躲藏。因此，亲王淳的妻子被推举为皇太后与摄政者[①]，但是她无力阻挡王朝的迅速瓦解。在绝望中，辽朝大部分汉人臣民此时都在寻找方法以挽救他们自身的生命，而与宋朝合作看起来是最诱人的选择。曾经帮助过拥立亲王淳为皇帝的李处温秘密主张投降宋朝。但皇太后强迫他自杀并以叛国罪处死了他的儿子。而后在1122 年秋末，她的主要将领之一郭药师和重要边界州城易州的指挥官高凤率领他们的军队叛投宋朝。听取了郭药师的建议后，宋朝的将领们又试图攻占南京。郭率领他的军队攻进城里，但他的宋朝盟军却没有能够挡住萧干率领下的一支忠实的契丹援军的到达，契丹援军几乎彻底消灭了入侵者。

宋朝对南京进攻的失败给了阿骨打亲自介入并占领这一地区的机会。辽朝的皇太后多次徒劳地恳求他承认秦王作为他的属王，但阿骨打拒绝了，他确信辽朝的残存领土应由他来占领。1122 年仲冬，他没有遇到任何抵抗就突破居庸关并占领了南京。在金军到达之前，辽朝皇太后、契丹与奚人高级官员和许多非汉人百姓立即通过另一条道

① ［645］《辽史》，卷 29，第 394 页。

路逃离南京并向北进入奚人地区。[①] 在那里，他们分为两部分。奚人和渤海军队跟随萧干进入奚人本土，在此处他于1123年初建立了一个短命的大奚王朝，并一直延续到五个月后他死于自己的军队之手。[②] 与此同时，耶律大石率领皇太后和契丹军队向西投奔天祚帝。当他们终于在西夏边境附近的天德（今内蒙古乌拉特旗以北）见到皇帝时，淳的不幸遗孀以不忠的罪名被处死，而大石虽然谴责天祚帝抛弃他的宫廷与都城，却得到了宽恕。天祚帝无法处死这样一位能干的将领，特别是他有7000名身经百战的战士跟随其左右。

1123年初夏，耶律大石在一次战役中被女真人俘获，女真人强迫他带路去袭击天祚帝的营帐，在那里他们几乎俘获了所有的皇室亲眷与随从。[③] 只有一位皇子梁王设法与他的父亲逃进了附近的阴山山脉。当天祚帝接受了党项人对其进入西夏避难的邀请时，这位皇子和他的随员们极力反对，他们离开皇帝营帐，向北部戈壁的乌古和敌烈诸部进发。在那儿，梁王被草草拥立为帝，又建立了另一个短命王朝。而党项人的统治者李乾顺同时也改变了给辽朝皇帝一行提供避难的主意。当天祚帝扎营于鄂尔多斯北部等待党项人的护送时，女真人派出了一名使者到达党项人的宫廷，他警告说，如果乾顺为天祚帝提供避难的话，会导致严重的后果。为了使威胁局面得以缓和，女真人还提供给西夏沿黄河的一带领土。在争取党项人支持的最后一次无效尝试中，天祚帝正式册封乾顺为西夏国皇帝。但是党项人的统治者对这一可怜表示并不在意。数月后，在1124年初，乾顺宣布自己为金朝的藩属。

此刻，辽朝皇帝又一次越过黄河并来到今呼和浩特以北某地的突吕不部寻求暂时的躲避。耶律大石于1123年末从女真人处逃出，现在又重返他的阵营。迫于女真人的搜索，皇帝向北进入漠北地区。他的财产现在已少得可怜，以致他的随从们不得不用他们的衣物与乌古

① ［645］《辽史》，卷29，第345页。

② ［645］《辽史》，卷29，第345—347页。

③ ［645］《辽史》，卷29，第346页。

和敌烈诸部交换食物。然而；他仍然以在夏季发动一次攻势去收复西京道和南京道的计划而自欺欺人。大石强烈地表示反对，他指出了这样一种计划的荒谬与不可行性。

当天祚帝顽固地坚持他的意图并开始进攻附近州县时，大石对他的异想天开已感到厌烦并决定走自己的路。1124 年八月，他宣布自己为王并率领其追随者向西北越过戈壁进入漠北①，天祚帝则不可避免地失败并被穷追不舍，最终在 1125 年二月于应州（今山西应县）附近被俘获。他被带到女真人在东北的宫廷并被剥夺了皇帝称号，赐予“海滨王”的头衔，这是他在 1118 年授予阿骨打“东海王”称号所受到的嘲弄（译者注：此处有误，天祚帝册封阿骨打为“东怀国皇帝”，而非“东海王”）。

关于天祚帝的监禁生涯或他死亡时的年代和情况，我们所知甚少。《辽史》和《契丹国志》都记载说他在 54 岁时死于监禁。因为《辽史》以 1075 年为他的出生年代，所以他的去世可定在 1128 年。根据《金史》，天祚帝在 1126 年仍然活着，当时他的一名家奴诬告他打算逃跑。

天祚帝被女真人俘获标志着辽朝的灭亡，但这并不标志着一个独立的契丹国家的终结。在漠北，耶律大石在鄂尔浑河畔的可敦城（镇州）建立了他的大本营，那里是契丹在这一地区的军事与行政中心。他很可能获得了可敦城要塞 2000 名戍军的支持，而且还得到了当地诸部落的效忠。他自立为帝并且采用了葛儿罕的称号，即“普天下之汗”的称号。但是，他并没有转而向东与金作战，大约在 1130 年，耶律大石率领他的游牧部族向西开拓新的领土。在一年之内，回鹘承认了他的宗主权，而且，他还在河中地区东部建立了一个根据地。之后，他逐步征服了从帕米尔到咸海之间的所有地区。

大石把他的都城设在离伊塞克湖（Issyk-kul）西端不远的八剌沙兖（虎思斡耳朵）。他的帝国一直延续到 13 世纪初，以哈剌（黑）契丹或西辽的名字而著称（见地图 9）。显然，他的权力并没有扩展到

① ［645］《辽史》，卷 29，第 349 页。

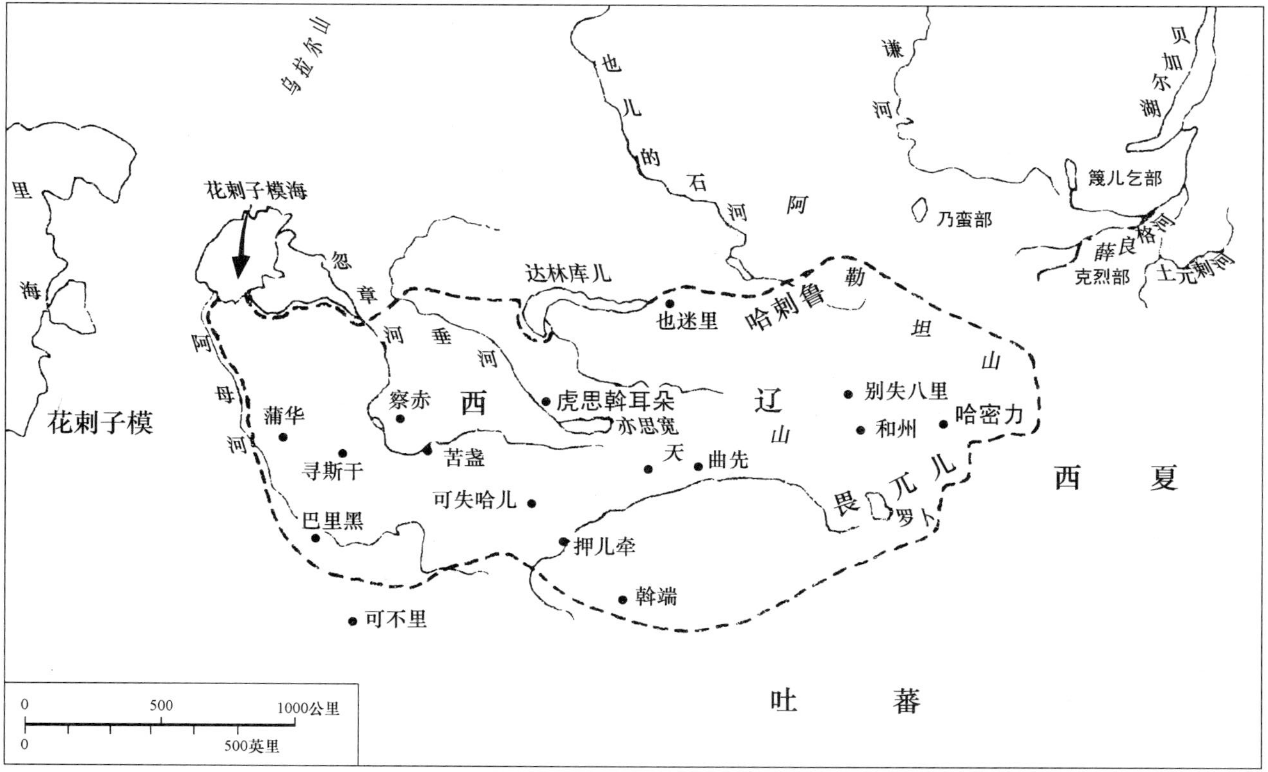

地图 9 西辽(哈剌契丹),1131—1213 年

漠北，而正是在那里他开始向西艰苦跋涉的。1131 年发动的一次对金朝的远征以惨败而告终，这使大石确信恢复辽朝对以前领土统治的企图是无益的。从那以后，西辽的历史就与中亚而不是与中国相联系了，而且对它的记载几乎完全是阿拉伯和波斯史料了。[①]

① 有关哈剌契丹的进一步详情，可参考［541］《中国社会史：辽》，第 619—674 页中论述这一问题的精彩附录。

第二章

西　夏

概　述

12 世纪中叶，是西夏（约 982—1227 年）统治的鼎盛时期，此时，西夏的疆域囊括了鄂尔多斯和甘肃走廊地区。在东北部，其国土沿黄河与金朝相邻；在西方，延伸到了敦煌至玉门以外的地区；在北方，到达了戈壁南缘的额济纳（黑城）；而在南方，则抵达了青海湖畔的西宁和兰州城。西夏的首都中兴位于黄河沿岸的贺兰山脚下，党项皇帝通过首都，统治着全国三百多万人口。除了作为主体民族的党项人之外，西夏的臣民包括汉、吐蕃、回鹘以及形形色色的羌人和突厥人的族群。

西夏境内各民族间的界限或清晰可辨，或含混不清。当时并没有禁止异族间通婚的法律条文，所以我们就很难对西夏境内的各个民族进行明确的界定。党项语、汉语和吐蕃语都是西夏官方认可的语言，并且都在社会生活中得到了广泛的应用。虽然目前对于西夏行政机构的内部职能所知甚少，但是就其外部结构而言，西夏政权明显属于汉地的模式。皇室收入主要来源于税收和内外贸易，税收大多以实物来支付，主要限于畜牧业和灌溉农业的产品。①

佛教是西夏的国教，佛教地位显赫并得到了西夏王室和宫廷

① 对于西夏史的一般性研究，可参见［266］克恰诺夫的《西夏史纲》和［771］吴天墀的《西夏史稿》，这两部通史性的著作基本上综合了学术界的研究成果。目前正在进行的翻译项目和考古发掘，丰富了党项原始资料的内容，但是现在还无法就这些资料的综合性研究状况进行全面评价。［719］史金波的《西夏文化》是近年研究西夏文化的一部很受欢迎的著作，在这部著作中可以见到一些新的原始资料。

的慷慨保护。党项人信奉的佛教是一种混合宗教，它属于北方佛教的一支，在中国—尼泊尔风格的艺术品中，吐蕃密教和汉地大乘经典的传统奇妙地糅合在了一起，这种风格通常被称作“黑城”风格。从现存的有关西夏的文字和实物资料中不难推断，这种宗教极大推动了党项文化，像《孝经》、《论语》、《孟子》之类的流传久远的汉文经典都有西夏文的译本，西夏的政府官员和文人们往往将这些经典作为他们的研究对象，当然他们同样也喜欢阅读一些庄子、老子、军事论著、占卜指南以及一些针对大众伦理的佛教训诫之类的著作。作为信奉佛教的统治者，党项皇帝一方面努力塑造自己成为神圣的偶像，同时也在其宫廷里给予吐蕃喇嘛以崇高的地位。①

对于党项帝国而言，12 世纪大体上可以说是一个和平的时代，帝国在当时人的眼中也不再是令人生畏的战争机器，而在一百多年前，为了维护自身的独立地位，党项人不得不经常与宋朝，有时也与辽朝展开殊死的战斗。在辽朝崩溃之后（1125 年），党项统治者非常理智地与东方邻人金朝保持了诚挚的关系，与高昌、龟兹、于阗、哈剌契丹、鞑靼、乃蛮、克烈部等西方或北方的贸易伙伴，他们肯定也保持了类似的友好关系。在蒙古入侵前夕，党项国家在东亚的文化和政治中占据了重要的地位。

这个复杂而成熟的政权经历了若干世纪的风雨沧桑，它的王族的源头一直可以追溯到隋代（581—618 年），甚至更早的党项。独立的党项政权出现于 982 年，并在 1038 年正式宣布成立“大夏”政权，建国 245 年之后，在 1227 年被蒙古人摧毁。近年的研究表明，西夏统治家族的残余从蒙古人手中逃脱，在四川西部重新建立了他们的统治地位——虽然规模要小得多。在明代，他们以“土司”的身份为明朝服务，直到 1700 年左右才寿终正寝。据信，现代川西某地还居住着这个民族的后裔，他们所操的方言

① ［266］克恰诺夫：《西夏史纲》，第 8 章；［699］王忠：《论西夏的兴起》，第 32 页。

与西夏的语言有近亲关系。[①]

党项族的起源

在最早的汉文文献记载中，将党项人称作“党项羌”，并将他们记述为汉代西羌的后裔。自远古以来，羌人就占据着青海湖周围的草原和青海湖以南，黄河、大通河、湟水源头附近的山地。在这一片地区的边缘地带，就是位于吐蕃东北部，习惯上称作安都的地方，早期党项和吐蕃的先民们大概都混杂居住在这一地区。对党项语言的研究证实，就分类而言，操党项语的人可以归为藏缅民族的古代成员。而就其文化来说，党项人则具有其他羌族族群的许多特点。

“Tangghut”（党项）这个名字最初是在鄂尔浑突厥鲁尼文碑铭中出现的，时间是在公元 735 年。可以肯定，这个字最初必定是来源于某种阿尔泰语系的形式，此后很可能是通过中亚的媒介——可能是于阗语或粟特语，从吐蕃的自称衍生出来的。后来，党项（汉文中又作“唐古特”或“唐兀”）就成了北亚和中亚地区对于某些居住在安都——青海湖，甚至甘肃地区的部落群体的通称。这个名称一直使用到了 19 世纪。在以后的汉文、突厥文、阿拉伯文的文献中，以及 19、20 世纪前往汉藏交界地区的西方探险家的传记中，都广泛使用了这个称谓。[②]

在他们自己的语言中，党项人自称为“Mi”、“Mi-ñiah”或“Mi-ñag”（汉文作“缅药”或“弭药”），而“Mi-ñag”也是藏文中对党项人的称谓。在 7 世纪唐史中曾明确记载，“其故地陷于吐蕃，其处者为其役属，吐蕃谓之弭药”。在以后的吐蕃文献中，“Mi-ñag”是指

---

① ［771］吴天墀：《西夏史稿》，第 127—137 页；［763］李范文：《西夏遗民调查记》。

② 有关党项与羌语的关系，见［700］王静如：《西夏研究》，第 2 卷，第 275—288 页。关于党项名称的更详尽的讨论和相关论点，见［98］邓如萍：《谁是党项人？党项的人种与种族特征》。

位于北方的一个王国，也就是青海湖以东及东北的那个地区。到了最后，这个词终于演变成了对整个西夏领土的称谓。在11世纪期间，青海湖的吐蕃人和于阗人在与宋朝宫廷的书信往来中，就是以这个名字来称呼西夏的党项人的。到13、14世纪时，“Mi-ñag”（汉文作“米纳古”或“米纳克”）这个词就与“河西”（蒙古语“Khashin”）等同起来了，都被用来指称原来西夏的臣民和属地。在四川西部的地名和口碑传说中出现的木雅和木纳，也属于“Mi-ñag”的异称。总之，无论其来源如何，“Mi-ñag”是一个得到广泛应用的名称，而它的种族和地理属性迄今还不十分清楚。①

党项人在其发展过程中受到了周边地区文化的深刻影响，尤其是在东亚大陆具有支配地位的印度—吐蕃、汉、突厥—蒙古三种文化，对党项文化的影响尤其重大。在公元4世纪到7世纪期间，青海湖地区处在吐谷浑鲜卑政权的统治之下。这个鲜卑政权的缔造者吐谷浑是慕容部人，他在4世纪初年率部从东北迁徙到了青海湖地区，并创建了以他的名字命名的政权。吐谷浑政权统治了羌人地区的腹地，在青海湖周围水草丰美的牧地上过着游牧生活，而且与当地上层人物结成了联姻关系。到隋代时（581—618年），党项人是作为吐谷浑属部宕昌和邓至的遗种出现在载籍中的。他们的最初出现是在6世纪末叶，这个时间恰恰与突厥第一汗国的崩溃和唐朝的兴起同时，所以说，党项的出现与当时的形势不无关系。到628—630年，唐朝军队击溃了突厥人，粉碎了突厥与吐谷浑的联盟。此后不久，新兴的吐蕃政权的军队也开始从西南部进攻吐谷浑，并对党项形成了巨大的压力。到680年，吐蕃人取代早先吐谷浑在青海湖地区的地位，迫使众多的党项人逃离故土。

以上事件引发了一系列民族迁徙活动，生活在唐朝西北部草原和边缘地区的民族开始大批涌向东方，寻求自己的居地。其实早在

① 史泰安进行了这方面的基础性研究，见［474］史泰安的《弭药与西夏：历史地理与祖先传说》。

584—585年时，就有大批党项部落在其首领拓跋宁丛的率领下归顺当时隋朝的边疆当局，但是他们并没有提出重新定居的要求。① 6、7世纪时，党项社会是由“互不相统”的部落或“姓”组成的松散的联合体构成的，部落或姓的区别（或排列），以其各自能够召集的骑士数量为基准。据汉文文献记载，这时党项部落的主要特点是“好为窃盗，常相陵劫，尤重复仇，仇人未得，必蓬头垢面，跣足蔬食。要斩仇人，而后复常”。一次军事上的突发事件，就可能使他们团结成为一个整体；否则，他们的相互间交往只限于“三年一聚会，杀牛羊以祭天”的习俗。半定居生活主要依靠羊、豕、牦牛、马、驴等家畜来维持，劫掠在客观上增强了他们选择自治地位的兴趣，而这在促进独立政权产生的同时，也束缚了它的发展。② 西夏政权在很大程度上就是由党项拓跋部及其联盟创建的。

从一开始，拓跋就是一个最有名的党项部族，与其他见于汉文史籍记载的早期党项部族不同，拓跋氏毫无疑问是高贵的鲜卑姓氏，而且属于后魏皇室所出的部族，在吐谷浑中也有姓拓跋的部族。基于以上事实，有些学者认为党项拓跋部就是吐蕃化了的鲜卑上层，他们就像其先辈吐谷浑一样，统治着大量的羌人。其实早在11世纪初期，第一位西夏皇帝就已经提出了这种解释，他自称是源于后魏统治者的后裔。但是其他现代学者认为，号称与后魏皇室有亲缘关系，不过是为了表明其统治集团合法地位的一种手段。③ 在中国北方和内亚地区，拓跋这个名称显然曾经具有崇高的威望。

比较可信的，作为在政治上占有统治地位的集团拓跋的情形是：最初与吐谷浑结为联盟，然后摆脱吐蕃的统治，最终归附唐朝。到了西夏时期，又重复了类似的模式：与契丹结为联盟，反

① [564]《隋书》，卷83，第1846页。关于6至8世纪期间党项的出现，见[148]保罗·弗里德兰：《早期党项史》。

② [564]《隋书》，卷83，第1845页；[566]《通典》，卷190，第10121页。

③ [356]冈崎精郎：《党项古代史》，第23—25页评价了有关这一问题的争论；[771]吴天墀：《西夏史稿》，第2—4页，第8—10页注[3]，主张鲜卑说。

对青唐（青海湖）吐蕃。尽管与内地有过痛苦与长期不和的经历，但是党项始终与内地保持着密切的关系——主要是指经济上的密切关系。

归附唐朝和定居鄂尔多斯

在唐朝军队628年收复鄂尔多斯地区之后，在党项首领细封步赖的率领下，党项人在628—629年掀起了归附唐朝的第一次浪潮。拓跋赤辞是一位强硬的党项首领，他通过联姻，与吐谷浑王慕容伏允结成了联盟。最初，拓跋赤辞拒绝了唐朝的招诱，到635年吐谷浑统治者自缢之后，拓跋赤辞及其追随者得到了唐朝的抚慰，他才非常勉强地归附了唐朝。631年，党项地区被分作了32个“羁縻”州，这些羁縻州属于唐朝新设立的松州都督府的管辖范围。拓跋赤辞被任命为西戎州都督，而且唐朝还将皇室的李姓赐予了拓跋赤辞，但是直到唐朝末年，党项人才接受了这个姓氏。其他党项首领也都被任命为各自新设立的都督府、州的都督、刺史职务。这样一来，生息在青海湖以东、黄河源头附近的河曲地区的大约34万党项人就全都处在唐朝的统治之下了。

大体与此同时，唐朝政权在鄂尔多斯地区安置了10万归附唐朝的东突厥人，突厥人也被安置在按照原有的部落设立的羁縻府州之内。在7世纪期间，唐朝一直在鄂尔多斯和陕西北部安置突厥残部，同时，这里也成了党项和吐谷浑部族的居住地。

这时的吐谷浑政权已经衰落，638年，吐蕃开始了对吐谷浑的攻击。吐蕃王国向东北方的扩张，对党项和其他生活在马背上的羌人部落形成了巨大的压力。到680年，吐蕃政权就已经征服了所有羌人的领土。留下来的党项人与其他种族的集团相互融合，被吐蕃人称为“弭药”（藏文“Mi-ñnag”；吐蕃人将归附他们的吐谷浑人称作“A-zha”）。其他的党项部落在拓跋氏的率领下，乞求唐朝当局允许他们放弃河曲地区水草丰美的故土，内徙唐朝。移徙的党项人被安置在庆州（今甘肃庆阳）境内，并重新组织成了几个特别设置的羁縻州。党项羁縻州归静边都督管辖，其实，静边都督就是由松州都督移植而来的。

紧接着，在 692 年开始了党项人进入唐朝边疆地区的第二次移徙浪潮。据记载，这次重新安置的党项人数量达 20 万之多。这些人分别被安置在位于鄂尔多斯南部的灵州与夏州之间新设置的 10 个羁縻州之内。① 到 7 世纪末年，在草原上兴起了强大的东突厥第二汗国，此后，他们对鄂尔多斯和山西北部地区进行了多次掳掠活动。721—722 年，正当唐朝与突厥达成协议，在朔方大规模开设边市时，爆发了一场粟特人领导的、主要由已经归附唐朝的突厥人发起的起义。这些突厥人早先被安置在灵、夏二州境内，他们的起义活动很快就蔓延到了整个鄂尔多斯地区，历时一年多以后，唐朝才将这次起义镇压下去。虽然有些党项人也参加了起义，但他们的大首领拓跋思泰采取了支持唐朝军队的立场，并因此而得到了应得的奖赏。② 拓跋思泰是拓跋赤辞的直系后裔，当时担任静边都督。

唐朝政府曾努力重新安置居住在这里的突厥人，促使他们弃牧就农，这次起义很可能就是因此而被激发起来的。不管怎么说，由于起义的失败，突厥人和粟特人先前在鄂尔多斯地区的至高无上的地位被大大削弱了，到 755 年安禄山叛乱爆发时，党项人就已经成为在黄河以南、鄂尔多斯边缘地区占据支配地位的民族。当东突厥第二汗国在 744 年崩溃后，草原的统治权过渡到了突厥属部之一的回鹘人手中。此后，在草原南部、河西、鄂尔多斯以及唐朝各地区之间进行的有利可图的马匹和家畜贸易中，回鹘人就成了与党项人争夺控制权的主要对手。

---

① 关于党项的迁徙和重新安置，见［148］弗里德兰：《早期党项史》，第 131—136、165—175、211、236 页及注释［17］；［569］《唐会要》，卷 98，第 1756 页；［571］《新唐书》，卷 221 上，第 6215—6216 页。

② ［512］崔瑞德：《玄宗》，《剑桥中国隋唐史》（上），第 435—436 页；［386］埃德温·G. 普利布兰克：《内蒙古的粟特居地》；［148］弗里德兰：《早期党项史》，第 212—216 页。

在安禄山叛乱期间（755—763 年）和随后吐蕃入侵唐朝西北地区时期，部分党项人趁机掠夺边疆地区的汉族居民点，或是与突厥人和吐谷浑人一起加入了当地叛乱行列。后来，这些反叛的党项人又和本地的突厥、吐谷浑加入了吐蕃军队，或投到反叛唐朝的回鹘将军仆固怀恩的麾下（764—765 年）。吐蕃人曾越过陇右（今甘肃），试图占领唐朝的都城长安，其他一些主要居住在灵州和夏州的党项部落采取了与吐蕃合作的态度，后来有些党项人转而效忠于唐朝，而有些人则成了吐蕃入侵者的向导，接受吐蕃的官职和衔号，并通过联姻与吐蕃形成联盟关系。

到 765 年，唐朝政府得以部分重建自己的权威，但是吐蕃在这时已经完全占据了陇右（河西与甘肃东部）。唐朝政府计划将各个不同的党项部落以及党项部落与吐蕃之间分离开来，根据这一计划，唐朝政府对四分五裂的鄂尔多斯地区的人口重新进行了安置。与此同时，唐朝还采取紧急预防措施，以割断吐蕃与鄂尔多斯部落居民间的商业联系。在这次重新安置的活动中，静边州和夏州六府党项被移徙到了夏州以东、银州（今陕西米脂）以北的地方。静边州大首领、左羽林大将军拓跋朝光也因为他对唐朝的忠诚，被派回来抚绥并重新安置他的部落。[①] 拓跋朝光很可能是拓跋赤辞的直系后裔。虽然拓跋赤辞本人显然并没有得到静边都督这个职务，但是这一官职最终还是授予了他所代表的拓跋家族。党项人的行政中心由庆州向北移到了银州，在创建以夏州附近地区为基础的政权的过程中，拓跋部得到的新的官号也为他们带来了荣耀。

在前吐蕃时期，有一批党项人残留在了庆州境内，其中主要为野利、把利和破丑三个氏族，有一位叫拓跋乞梅的党项首领也留在庆州，但我们既找不到他与拓跋朝光有关的材料，也不知道他与吐蕃有多深的关系。这样一来，就导致了党项部落的重新组合，党项人被公开分为日后可能成为对立面的两个不同的分支，当时将这两支党项人

① ［571］《新唐书》，卷 221 上，第 6217 页；［148］弗里德兰：《早期党项史》，第 217—226页。

分别称作平夏部（在夏州）和东山部（在庆州）。①

虽然有些党项人还在继续与吐蕃勾结，但是其他的党项人已经成了吐蕃掠取牛羊活动的目标。盐州，由于其地处夏州之西，并且直通唐朝朔方节度使官府所在地灵州，所以多年来一直是吐蕃与唐朝反复争夺的地区。786 年，吐蕃人入侵到了鄂尔多斯南部地区，并深入到了夏州，党项刺史拓跋乾晖（拓跋朝光之子）放弃了夏州城，使夏州陷入吐蕃之手。虽然吐蕃在第二年就撤离了夏州，但他们此后还在继续从事掠夺鄂尔多斯居民的活动。通过饲养牛羊、贸易活动以及掠夺定居的边疆居民的活动，夏州以外的党项部落在人口数量和物质财富方面都得到了迅速增长，但他们自己也因此被看作是天生的强盗。在徒劳地想遏止唐朝官员的贿赂和渎职行为的同时，唐朝政府还不时地试图禁止与这些部落间的私人贸易，停止以汉地丝绸和武器交换鄂尔多斯牛羊的违禁贸易活动。②

周期性的镇压和报复性的掠夺，形成 9 世纪党项与唐朝关系的一个鲜明特点，而这种情况则是由于唐朝对其边缘地区控制能力的削弱而引起的。频繁的事变表明，党项部落畜牧财富的增长引起了唐朝边疆官吏的贪欲，他们或是利用不公平的市易规定来剥削党项部落，或是公然掠夺党项人的牲畜。为了报复，党项人经常在吐蕃的帮助下侵掠夏—盐地区的唐朝边境州县。对唐政权及其军队来说，家畜的牧养和马匹的供应具有至关重要的意义，当经营家畜和供应马匹的活动转由党项人控制时，唐朝通往灵州的交通线便时时面临着被阻断的危险。③

也就是在这样一种背景之下，在 846—849 年之间，最早出现了南山党项这个名称。南山党项是指居住在夏州西南、延安以北、横山附近山间谷地的党项部落。他们的首领后来被确认为野利氏的首领。据记载，南山党项比平夏党项更贫穷，也更好斗，他们是平夏党项的

---

① [771] 吴天墀：《西夏史稿》，第 4 页。

② [571]《新唐书》，卷 221 上，第 6217 页；[569]《唐会要》，卷 98，第 1757 页。

③ [148] 弗里德兰：《早期党项史》，第 258 页。

世仇。南山党项很可能是来自庆州或盐州的流亡者，他们被夹在了两大势力之间，在他们的北面是党项平夏部，南面是唐朝，党项与唐朝间相互争夺，都宣称对这片边境地区及其居民具有统治权。①

唐朝的灭亡

通过9世纪后半期和10世纪的大部分时期的长期发展，在内亚草原和中国缓慢地形成了新的力量组合。840年左右，当吐蕃与回鹘帝国同时崩溃之后，在河西和鄂尔多斯地区出现了一些新的居无定所的抢劫集团。最后有一股回鹘人在甘州定居下来，他们最初得到了本地吐蕃首领的庇护。一个新的回鹘王国在甘州扎根，并在10世纪时逐渐将其势力扩展到了相邻的肃州和瓜州的绿洲。

当河西汉人张议潮在沙州组建了效忠唐朝的军队之后，吐蕃人在河西的影响进一步被削弱。大约851年前后，张议潮遣使入朝谢恩，号称归义军。张议潮的地方政权一直存在到了10世纪，这时的归义军已经成了曹氏家族世袭统治之下的、独立的河西汉人前哨基地。沙州政权与甘州回鹘之间不时发生战争，但是在10世纪初年，为了保证由中亚通往内地的商路在大部分时间里保持通畅，双方达成了临时的妥协。②

甘州回鹘也与吐蕃人占据支配地位的凉州政权保持着友好关系，沙州政权则通过联姻与信奉佛教的于阗王保持密切的联系，因为对于沙州和于阗政权来说，吐蕃是他们共同的敌人。尽管各自的利益有别，但是于阗、沙州、甘州以及凉州诸政权间有一个共同的利益，就是通过河西到达塔里木盆地的转输贸易，通过贸易他们各自都可获得大量的财富。党项影响的增长及其控制转运

① ［356］冈崎精郎：《党项古代史》，第71—75页。

② 关于9、10世纪甘州回鹘和河西的状况，见［172］J. R. 哈密顿：《中国史料中五代的回鹘》；［381］伊丽莎白·平克斯：《前宋时期的甘州回鹘》；［295］前田正名：《河西历史地理学研究》，第355—362页；森安孝夫对这一问题的重新评价，见［317］森安孝夫：《畏兀儿与敦煌》。

贸易的野心，使他们的这些利益受到了严重的威胁。虽然唐朝统治者已无力统治河西，但是他们对河西马匹的需求并没有因此而减弱，正相反，唐朝统治者对于来自河西的马匹的依赖，在与党项的关系中占据着中心地位。

在蒙古草原的回鹘汗国崩溃之前，前往唐朝的回鹘商人和使节往往都是取道阴山，经阴山向南渡过黄河，通过鄂尔多斯到达夏州，然后再到唐朝都城。党项人这时已经在与唐朝的马匹贸易中确立了自己的地位，回鹘人选择的这条道路穿越党项地区，从而对党项的地位构成了威胁。840 年以后，边疆马匹贸易道路向西迁移，途经灵州，这样一来，党项与回鹘在河西贸易的问题上又成了势不两立的死对头。居住在灵州路沿线的党项部落胁迫唐朝使节，掠夺回鹘商队，然后将战利品卖给其他的部落。对于唐廷来说，灵州向来就具有重要的意义，尤其这里又是唐朝采购马匹的首选之地，所以党项掠夺活动的后果，往往促使唐朝派遣军队来保证这条通道的安全。

9 世纪末年，唐朝统治集团处于风雨飘摇之中，这种形势使西夏党项的野心大大膨胀。当 875 年黄巢起义爆发之后，唐朝北方与河西的联系就中断了。早在 873 年，夏州资深的党项首领拓跋思恭就已经占领了宥州（静边以东，在今陕西），并自称刺史。880 年末，当黄巢攻陷长安时，拓跋思恭率领新集结的汉—党项羌军队帮助效忠唐朝的武装，将起义军赶出了长安。881 年，拓跋思恭因功被任命代理夏、绥、银节度使（他的前任已叛投起义者），不久以后，就由代理转为正式节度使。882 年，拓跋思恭管辖的地区改名为定难军，这一地区包括了夏、绥、银、宥四州之地。后来又包括了静边，到了五代时，静边就成了静州。①

此后，拓跋思恭在其对手沙陀突厥首领李克用的领导之下，继续支持唐朝的统一活动。当黄巢在 883 年被击败之后，唐廷授予了这位党项将军几个阶位更高的职衔，并赐予唐朝国姓李，封夏国公。

---

① ［571］《新唐书》，卷 221 上，第 6219 页；［356］冈崎精郎：《党项古代史》，第 79—84 页。

党项与沙陀最早相遇是在 847 年，当时吐蕃、党项与回鹘大肆劫掠河西，唐廷在盐州发动了一场讨伐战役，在这次战役中，沙陀首领朱邪赤心（后改名李国昌）受命担任前锋。后来，朱邪赤心因在镇压庞勋起义的过程中起了重要的作用，在 869 年接受了唐朝赏赐的国姓。在此后的十年里，他不断对缘边地区的部落发动战争，从而巩固了自己在振武（位于夏州东北）的地位。朱邪赤心至少在 878 年曾袭击过党项人。党项与沙陀相持的局面最后是由于党项原来的盟友吐谷浑的介入而被打破的。到李国昌的儿子李克用时，沙陀终于击溃了吐谷浑，将其统治权扩大到了整个山西北部地区。[①]

与此同时，拓跋氏在唐朝的庇护之下，小心翼翼地扩充在鄂尔多斯地区的势力，以避免与沙陀之间的不必要的对抗，或者对李克用手下强大的沙陀部人表示出不必要的恭顺。895 年左右，拓跋思恭去世了，他的弟弟拓跋思谏继承了思恭的指挥权和其他的头衔。拓跋思恭的另外两个弟弟后来也担任了节度使职务，但是第二个弟弟投降了西川节度使王建，而王建在 907 年建立了前蜀政权。在多年苦心经营的基础上，拓跋思恭和他的追随者离开了鄂尔多斯地区，返回了与党项故地相邻的地区。[②]

五代时期的党项

在唐末争夺中国北方统治权的斗争中，朱温是一个强有力的争夺者。907 年朱温后梁政权（907—923 年）的建立，正式宣告了唐朝的灭亡。李克用仍然是山西北部的强大的独立政权的统治者，905 年，他与契丹结成联盟，这样就使夏州直接与东方敌对的邻人对抗。客观形势迫使党项人必然与后梁乃至一切与沙陀—契丹轴心相对立的势力

① ［512］《剑桥中国隋唐史》第 700、756、785—786 页；［356］冈崎精郎：《党项古代史》第 79—84 页；［316］加布里埃尔·莫尔：《从北魏到五代时期的吐谷浑》，第 195—206 页。

② ［356］冈崎精郎：《党项古代史》，第 88 页。

结成联盟。

拓跋思谏死于908年，继承权落入了他的养子，拓跋思恭的孙子李彝昌的手中。一年之后，李彝昌死于夏州军队发动的一次兵变，拓跋思恭家族大权旁落，继承权转由以李仁福为首的旁支掌握。李仁福是李彝昌的叔叔，早先曾担任过夏州军队的普通将领，他是被那些与他地位相当的将领们推举出来担任节度使的。此后不久，夏州成功地抵御了凤翔、河西节度使李茂贞和李存勖联军的长达一个月的围攻，后来一支后梁的援军赶来解了围，李仁福因此被授予很高的官阶。922年，李仁福向洛阳输送了500匹马，此举可能就是对后梁帮助他抗击沙陀的回报。李存勖是李克用的儿子，正是他创建了后唐政权（923—937年），后唐位于山西境内，是一个强大的独立政权。

在这一时期，辽朝的建立者阿保机发动战争，迫使居住在契丹西南边疆地区的部落归附，这些部落中，也包括一部分党项部落。尽管有些党项部落开始向辽廷称臣纳贡，但是没有任何证据能够表明夏州节度使与辽朝间在这时有了正式接触。李克用早年与阿保机建立的友谊一直持续到了923年。这时，沙陀人建立的后唐已取代后梁，成为中国北部具有统治地位的政权。面对契丹日益增长的威胁，党项首领李仁福不得已承认了新的后唐政权，以换取后唐对自己地位的认可，并接受了后唐册封的更多封号，至924年，李仁福“累官至检校太师兼中书令，封朔方王”①。

虽然从表面上看来，沙陀与党项的关系是非常诚挚的，但是沙陀人还是怀疑李仁福与契丹之间在私下建立了秘密联盟，而怀疑的根据显然只是捕风捉影的谣传。正因为如此，在933年李仁福去世时，后唐朝廷就转而试图要由自己来直接统治夏州地区。李仁福的儿子李彝超原来继任了夏州定难军节度使，后唐命令李彝超改任延州彰武军节度，而由原来担任彰武节度的粟特人安从进取代李彝

① ［568］《旧五代史》，卷132，第1746—1749页；［572］《新五代史》，卷40，第436—437页；［356］冈崎精郎：《党项古代史》，第135—140页。

超，任定难军（夏州）节度使。正如后唐朝廷所虑，这样一种调换必定会严重威胁到党项人的利益，从而引起激烈的反抗。李彝超上言“缘三军百姓拥隔，未放赴任”。安从进在 5 万兵士的护送下赴任，兵士们包围了壁垒森严的夏州城。党项人固守城池，并得到了附近的部落联盟的支持，这些部落将邻近的农村抢夺殆尽，切断了围攻者的供给线。相持了三个多月之后，后唐军队终于还是被迫撤退了。李彝超向洛阳后唐朝廷上书谢罪，并正式被委任为定难军节度使。为了表示谢意，李彝超向后唐献马 50 匹。① 夏州继续保持了政治稳定、经济繁荣的局面。

党项人的财富当然主要是来源于牲畜，而在北方出售马匹，尤其是党项财富的重要来源。对后唐统治者而言，如何能够尽量缩减来往于洛阳的无穷无尽的外来马匹贸易的巨额耗费，同时又保证军队马匹的充足供给，往往使他们陷于进退两难的境地。在五代的有关记载中，清楚地反映了后唐明宗（926—933 年在位）面临的这种窘境。在洛阳的马匹贸易者中，回鹘和党项人扮演了最重要的角色。党项人以醉后联袂歌舞来回报明宗的盛情款待，并以鄂尔多斯地区的轶闻趣事来取悦沙陀君主。929 年，后唐朝廷宣布，所有马匹贸易转由榷场交易，禁止外国商人前来京都。但是这个计划显然是遭到了失败，在禁令颁布之后，仍然保持着“番部羊马，不绝于途”的局面。②

除了从事贸易获利之外，另外一些位于灵州和庆州境内的党项部落仍然是以劫夺来自西方的回鹘商队为生。932 年，党项部落杀害了一位回鹘使节，后唐邠州（陕西彬县）刺史药彦稠率领军队惩罚了这些部落。次年，也就是 933 年，当安从进前往夏州赴任时，药彦稠也率领一支军队相随。很可能就是因为后唐统治者惧怕党项与契丹通谋侵袭灵州附近地区，才在 933 年萌发了从夏州赶走李（拓跋）氏的想

---

① ［356］冈崎精郎：《党项古代史》，第 141—155 页。

② ［570］《五代会要》，卷 29，第 462—464 页；［568］《旧五代史》，卷 138，第 1845 页；［572］《旧五代史》，卷 74，第 912—913 页。

法。933 年战役的失利，使夏州更加独立于后唐之外。在鄂尔多斯地区那些劫掠成性、仇杀成风的部落中，夏州党项的地位是很微妙的，除了中国北部逐渐强盛起来的中央政权和东北地区迅速崛起的契丹国等更强大的政权之外，夏州党项显然也非常想扩大自身对于鄂尔多斯地区诸部落的影响。

李彝超死于 935 年，继任者是他的弟弟（也有资料说是他的哥哥）彝殷（因为与宋朝开国君主的庙讳相犯，后来改为彝兴）。直到 967 年去世为止，李彝殷统治夏州长达 32 年。现存资料表明，就未来出现的西夏的发展，以及汉—党项关系而言，在李彝殷长期统治时期就已经形成了某种固定的模式。

943 年，因李氏统治氏族内部不和而导致了一场公开的战乱。李彝殷的弟弟、绥州刺史李彝敏密谋推翻他的哥哥。阴谋败露之后，李彝敏与其同盟者（包括一个弟弟）逃到了延州。延州位于绥州以南 340 里，这时属后晋（936—946 年）控制。后晋朝廷答应了夏州首领提出的送回叛乱者的请求，命令延州官员将李彝敏及同党送返夏州，最后李彝敏被处以死刑。李氏家族成员有二百多人与这次阴谋活动有牵连，结果在党项内部进行了一次大规模的清洗。李彝殷将忠心耿耿的宥州刺史李仁裕从宥州调往绥州，以替代李彝敏的位置。此后不久，这一地区的羌人啵母部族起兵杀害了李仁裕，向南逃到了后汉（947—950 年）管辖的地区。948 年，李彝殷请求后汉朝廷允许他越界惩罚啵母羌部，但是被后汉拒绝。[①] 对于这次战乱的起因和啵母羌部怨恨李仁裕的原委，史书中都阙而不载。

几年之后，庆州以北的野鸡族在 952—953 年聚众起义，反抗庆州刺史的掠夺。朝廷本来想以招抚的方式平息起义，但是由于地方官员的腐败无能，反而使起义的规模进一步扩大。如同以往一样，战争的矛头很快就指向了那些相对比较富足的部落。与中国北方饱经战争

① [568]《旧五代史》，卷 132，第 1749 页；[356] 冈崎精郎：《党项古代史》，第 157—159 页。

蹂躏的定居乡镇相比，这些部落显然有更多的财富，尤其是有更充裕的食物。朝廷派出的军队往往都得自筹粮草，所以有时允许他们保留类似这种绥靖战役的战利品。①

对于契丹人，夏州党项一直保持着一种小心翼翼的态度。944年，当辽军准备南下进攻早先由契丹册立的后晋政权时，李彝殷答应后晋，派遣4万军队向东渡过黄河，进入契丹领土，以起牵制作用。不管他是否这样做了，总之，后晋向他授予了契丹西南面招讨使的职衔。

948年，李彝殷派军到达了延州边界，究竟是什么原因促使他出兵，现在还不清楚。从表面上来看，这次出兵是应一位叛乱将军的秘邀来援助他的。很可能李彝殷此举是为了与他的对头延州彰武节度使高允权作对。当逼近一支后汉军队时，李彝殷的军队就撤退了，但是这次行动是夏州在一年内第二次显示它的实力（请比较啵母事变）。作为对党项的让步，后汉朝廷949年将静州划归定难军管辖，并授予李彝殷中书令的荣誉头衔，而夏州则向后汉献马作为回报。

当短命的后汉朝溃灭之后，兴起了两个相互对立的后继国家，即北汉（951—979年，位于太原）和后周（951—960年），其中北汉与契丹有着密切的关系。党项人李彝殷最初与北汉和后周都保持着交往，但是最后还是正式承认了后周，与北汉的关系逐渐疏远。为了表示感谢，后周授予李彝殷陇西郡王的衔号（李仁福早年就曾得到过这个封号），并在954年册封他为西平王，竭尽笼络之能事。② 后来，夏州与后周和宋初朝廷都保持了诚挚的关系。962年，党项首领向开封献马300匹，以表示对宋朝为消灭北汉做出的不懈努力的支持——北汉最终是在979年被宋朝摧毁的。

在困扰夏州政治局势的本地势力中，最突出的是那些独立的和总

---

① ［572］《新五代史》，卷74，第913页；［570］《五代会要》，卷29，第354—355页。

② ［568］《旧五代史》，卷132，第1748—1749页；［356］冈崎精郎：《党项古代史》，第161—163页。

是处在敌对立场的党项部落，这些部落生活在位于夏州东北部的麟州和府州一带，这里曾经是沙陀的统治区。他们的首领折氏早年是拓跋氏的宿敌，后来又效忠于宋朝，与西夏为敌。拓跋氏与折氏间的家族世仇绵延不绝，直到北宋灭亡之后，女真金朝为了协调与西夏间的关系，在 12 世纪中叶将折氏家族成员流放到了遥远的山东，他们间的家族仇恨才告结束。①

当 967 年李彝殷去世时，宋朝授予了他夏王的谥号。虽然自 963 年起，朝廷就决定禁止非汉人在陕西西北部沿边地区担任镇将，但是宋朝皇帝还是任命李彝殷的儿子李光叡（克叡）执掌夏州军政大权。② 然而，权力的平衡还是在朝着对中央政权有利的方向发展，979 年，当北汉灭亡之时，在党项东部边界沿线，宋、辽之间的缓冲国也就随之消失了，北汉的灭亡使宋、辽及党项间的形势变得更加不易捉摸。由这些事件引发的李氏内部的危机，在 981—982 年的继承权问题上达到了顶点。

党项人谋求立国，982—1002 年

李克叡死于 978 年，不到一年，他的继承人相继去世。因为后者的儿子尚未成年，就由他的弟弟李继捧担任节度使，李继捧的就任显然没能得到其他氏族首领的赞同。这样就引起了对宋朝态度各不相同的李氏长辈间的不和，从而形成了两个相互对立的阵营。由于对李继捧继位是否合适存在着争议，于是李继捧请求宋朝出面予以干预，而绥州的党项刺史则借此机会迫使李继捧向宋廷称臣。我们并不清楚李继捧称臣的动机，但是称臣的结果，使李继捧不得不随宋朝派到夏州的使节一起返回开封，在朝廷上，李继捧正式将夏、绥、银、宥（根据其他说法，还包括静州）献给了宋太宗，“帝甚喜之”。这样一来，宋朝就在 982 年以和平手段得到了后唐在 933 年以武力手段没有能够

① [646]《金史》，卷 128，第 2761 页；[865] 韩荫晟：《麟府州建置与折氏源流》。
② [644]《宋史》，卷 1，第 14 页。

得到的东西。

李继捧的堂弟继迁以勇敢、尚武知名。963 年，李继迁出生于银州。在父亲死后，由一位长辈当了他的保护人，李继迁就是在这位长辈照料下长大成人的。据说，李继迁的保护人在 981 年因在夏州袭击李继捧失败而丧命。当宋朝官员开始将李氏成员抓起来，赶到内地重新安置时，李继迁与他的同伙逃往北方，进入了平夏的牧场，在这里，他恢复了党项各部落间的联系。形势变化的结果，在党项氏族内部清除了汉化程度较深的成分——这些人大部分都自愿迁移到了内地，而由留下来的拓跋部落传统的保护者们创建了独立的鄂尔多斯政权。

李继迁在距离夏州东北 300 里的地斤泽建立了他的第一个营帐。宋朝规定的税收不时激起银、夏地区的动乱，李继迁纠集了 2 万人的军队，开始袭击银、夏二州地方政权。[①] 在鄂尔多斯北部和黄河北岸，有几个以游牧为生的党项大部落，他们已经习惯于一方面将“贡”马送往宋廷，以换取作为礼物的茶和丝绸，同时又常常阻滞和劫掠宋朝马匹的转运通道——最初是与契丹共谋，后来是作为李继迁的同党。但是在这些部落首领中，有许多人也尽量想保持对宋朝的臣属关系，这样做主要是为了得到经济上的好处，提高自己的声望。此外，李继迁这时正在向这些部落首领施加压力，使他们加入自己的行列，与宋朝脱离关系。当然就这些部落而言，他们与宋朝保持关系，无疑也是为了提高自身在与李继迁交往中的地位。与宋朝断绝关系，就意味着拒绝将马匹卖给宋朝的代理商，而这样做与他们自身的利益是直接抵触的。

在李继迁与宋朝交界的南部边境沿线地区，分布着数量众多而且种族不同的吐蕃—羌人集团，其中包括重要的南山党项部落。对李继迁来说，更为棘手的是解决好这些部落的问题。这里

---

① [644]《宋史》，卷 485，第 13984—13986 页；[584]《续资治通鉴长编》，卷 23，7a、14a、16a；卷 24，20—21a、22b。[139] 傅海波：《宋人传记》，第 2 卷，第 521—522 页有李继捧传。

的部民被内部倾轧和相互冲突的臣属关系弄得疲惫不堪，他们反对一切外部的控制。许多首领长期向宋朝提供武力援助，并因此而得到了丰厚的礼物，故而他们在宋朝与李继迁的关系中或者是保持中立，或者是帮助宋朝攻击李继迁。① 但是这些部落与宋朝间的这种脆弱的臣属关系是十分不稳定的，它随时都有可能终止，而且常常需要使用武力来重建。这样就使党项人在争夺部落属部的斗争中处于优势的地位。尽管如此，与宋朝政权的富足和强大相比，李继迁的资源是相当匮乏的，而他能够成功地将这些四分五裂、朝秦暮楚的部族结合成为一个忠实于自己的牢固的整体，这不能不说是一个奇迹。

在平夏和南山部民反抗宋朝边疆官吏的暴虐统治的斗争中，李继迁以自己的氏族充当他们的保护人，与此同时，他还与他们结成联姻关系，以权力和劫掠作为诱饵，所有这些，都是李继迁用以保证他们臣服于自己的策略。李继迁本人在强大的南山野利氏中选择了一位妻子，于是野利氏就成了西夏早期的上等“内”氏族之一。野利后及其氏族在西夏历史上曾经显赫一时，他们的地位一度甚至可以与萧后氏族在契丹国的地位相当。②

李继迁与契丹朝王族也建立了联姻关系。986 年，李继迁表示归顺辽朝，向辽请婚。989 年，他如愿得到了辽公主，并在 990 年被辽帝册封为“夏国王”。③ 与辽新结成的联姻关系，给西夏带来了无穷无尽的麻烦。对党项人来说，臣服辽朝从来也没有妨碍过他们与宋朝的交易，但是随着党项与辽的联姻，在三方关系中不断产生出层出不穷的猜疑和争吵。而且，居住在辽朝边界以内的党项部落也成了西夏、辽两国间多年摩擦的根源。1004—1005 年，在与宋

① [644]《宋史》，卷 491 和卷 492 有党项和吐蕃的传记；[804] 罗球庆：《宋夏战争中的蕃部与堡寨》。

② [356] 冈崎精郎：《党项古代史》，第 191—192 页；[545] 魏特夫：《中国社会史：辽(907—1125 年)》，第 7 节，“第三种文化”，第 20 页。

③ [356] 冈崎精郎：《党项古代史》，第 199 页；[645]《辽史》，卷 115，第 1524—1525 页。[771] 吴天墀：《西夏史稿》，第 92—99 页，评述了党项与契丹的关系。

朝缔结了一个令人满意的和约之后，契丹可以从容考虑在与党项人争夺河西贸易的控制权和对回鹘附庸国的支配权造成的威胁了。然而对于维持各方势力的平衡而言，党项与契丹名义上的联姻关系仍然起着不可或缺的作用。

这时宋朝并没有对党项采取敌对的态度，也没有向鄂尔多斯边界地区派遣大批军队，而是依靠劝说、施加经济压力和威胁来保持与党项的关系。通过在边界地区战略要地设置要塞，通过“抚绥”边界地区宋朝管辖区内非汉族群落的造反，通过鼓励与吐蕃和回鹘的进贡贸易，宋朝很轻易地利用了党项部落的分裂局面。其实，宋朝与党项之间自始至终都处在某种非正式的战争状态。党项人往往将与宋朝交易得来的钱币熔化，用来制作兵器。从 983 年起，宋朝开始限制边疆贸易，并以货物代替钱币来交换马匹，这样就减少了流入党项的金属。993 年，宋廷又计划禁止在沿边界地区出售优质的党项盐，希望以此来阻塞李继迁同伙的财源，并逼迫他们归降。但是这条禁令引起了强烈的反对，并由此而出现了大批走私贸易，所以很快就被废止了——虽然后来又曾在名义上恢复过。[①] 尽管在与西夏的关系中，宋朝占有经济上的优势，但是讨伐不合作的边疆部落的局部性战争，极大地降低了为宋朝效力的吸引力。

李继迁的策略主要是充分利用外交手段，加强军事实力，并千方百计补偿因宋朝禁断贸易所造成的损失。早在 984 年，他就以向麟州提供驼、马来试探汉人的态度。此后不久，宋朝军队袭击了他在地斤泽的营地，李继迁仅以身幸免。985 年，李继迁再克银州，并着手重新夺取定难军的拓跋氏传统领地。在汉人谋士张浦的帮助下，李继迁在重新得到的地区草创了政府机构，并将鄂尔多斯的汉人和部落首领召集起来，在他的政府中任职。后来，张浦被宋太宗羁留“做客”有年，但是尽管太宗使尽了浑身的解数，最终还是没能诱使李继迁降宋。

---

① ［584］《续资治通鉴长编》，卷 24，20b；［878］廖隆盛：《宋夏关系中的青白盐问题》。

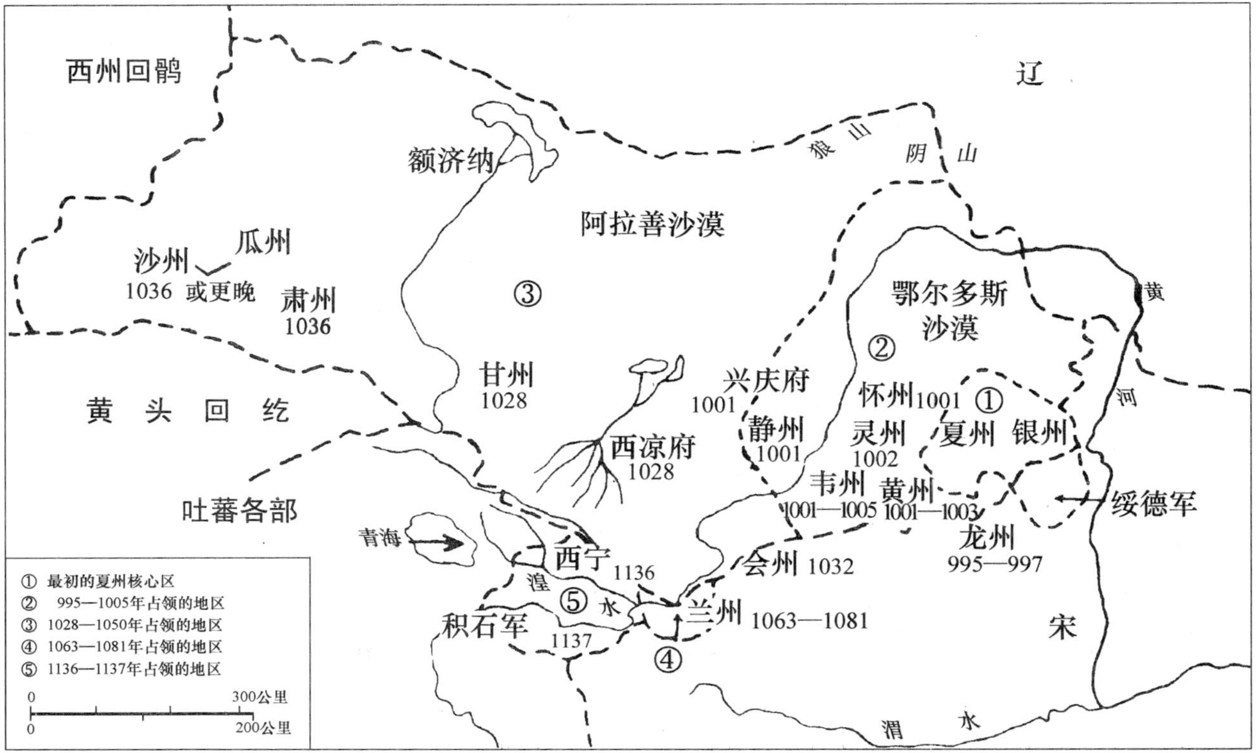

西州回鹘
辽
额济纳
狼山
阴山
阿拉善沙漠
沙州
1036 或更晚
瓜州
肃州
1036
③
鄂尔多斯
沙漠
黄
河
②
甘州
1028
兴庆府
1001
怀州1001
①
静州
1001
灵州
1002
夏州
银州
黄头回纥
西凉府
1028
韦州
1001—1005
黄州
1001—1003
绥德军
吐蕃各部
龙州
995—997
青海
西宁
1136
会州 1032
湟
⑤
水
兰州 1063—1081
积石军
1137
④
宋
渭
水
① 最初的夏州核心区
② 995—1005年占领的地区
③ 1028—1050年占领的地区
④ 1063—1081年占领的地区
⑤ 1136—1137年占领的地区
0
300公里
0
200公里

地图 10 西夏的发展

就党项首领而言，首要的任务就是建立一个稳固的资源基地。尽管宋朝一直在竭力禁止走私活动，走私贸易还是很猖獗。1002 年，李继迁自己在灵州路开放了季节性的集市，吸引了许多买主。但是平夏地区在经历了几十年的战争和动乱之后，已经变成了一个在政治、经济各方面都很落后的地区。甚至在 994 年宋朝军队夷平夏州的古城堡之前，李继迁的军队就已经分别向西方和南方朝灵州和兰州方向发展了。到 1001 年，党项军队已经发展到了 5 万人，他们成功地切断了灵州通往内地的生命线。1002 年三月，党项攻陷灵州，以灵州作为他们的第一个首都。黄河沿岸地区为党项的扩张提供了一个丰饶的根据地①（参见地图 10）。

1003 年，灵州被改名为西平府。李继迁建都灵州后，立即开始恢复这里的运河系统，并将鄂尔多斯的居民强迫迁往新首都，以增加农业人口，扩大税收基地。也就是在这一年，宋朝承认既成事实，正式将 982 年李继捧放弃的鄂尔多斯五州之地归还给了李继迁。与此同时，李继迁已经在距离灵州西南 500 里的凉州开辟了另一条通道——凉州成为甘肃走廊与开封之间朝贡贸易往来和马匹交易的中枢。

凉州和党项人入占河西

多年以来，凉州一直是由一个吐蕃—汉人混杂的部落联合体统治着，这个部落联合体立足在凉州以南一处叫做“六谷”的水草丰美的山间谷地。部落联合体分为左、右两翼，但在名义上由一位大首领统治。在 1001 年，一位叫潘罗支的人突然在一夜之间取代了第四代大首领的地位。② 史书中对潘罗支的记载很模糊，但是他的影响却很大。据推测，潘罗支的崛起可能与他联合了强

---

① ［584］《续资治通鉴长编》，卷 51，5a；［644］《宋史》，卷 485，第 13988 页；［356］冈崎精郎：《党项古代史》，第 205—215 页。

② 有些中国学者将他的名字读作“博罗齐”。

大的朗氏家族有关，这个家族曾经统治过潘州（今四川松潘），并在吐蕃朝出任过大相。① 潘罗支还得到了与凉州关系密切的者龙十三部的支持。在宋朝秦州（今甘肃天水）地方当局看来，较之于他的前任，潘罗支显然可以对李继迁形成更有力的威慑，所以他们对潘罗支采取了支持的态度。然而，原来的六谷大首领保留了左翼首领的位置，而且显然也接受了宋朝将他们作为对潘罗支抗衡的安排。

早在 985 年，党项人就认识到了西宁、兰州、凉州三角地带的商业和战略价值，所以李继迁当时曾发兵攻打过会州（位于兰州东北方，黄河东岸）。党项人对凉州的进攻开始于 996 年或更早，灵州陷落之后，他们更加强了对凉州的进攻。1003 年末，李继迁占领了凉州，接受了已逃入城中的潘罗支的伪降。结果吐蕃人伏击了李继迁，党项军队被击溃，首领李继迁受了致命伤，最后在 1004 年初死于灵州附近，时年 41 岁。②

党项人很快就采取了报复行动。一支党项人秘密加入了者龙族的分裂派，并在 1004 年年中暗杀了潘罗支，者龙族联盟也因此而分崩瓦解。此后，忠于潘罗支的一派驱逐了其他部落，拥立潘罗支的弟弟斯铎督节度凉州，重新控制了局面。尽管斯铎督马上就得到了宋廷的任命，但是他的统治基础已经被大大削弱。紧接着在 1006 年之后，这一地区又数年遭受了瘟疫的袭击。就在这时，在凉州以南、青海湖以东、位于湟水流域的河州地区，以宗哥族为中心，正在形成一支新的吐蕃政权。据记载，有几位知名的六谷首领逃到了党项人那边，而其他的部落则被吸引到了宗哥政权一边。

---

① 关于凉州，请参见［295］前田正名：《河西历史地理学研究》，第 383—399 页；［588］徐松：（1781—1848 年）辑《宋会要辑稿》，卷 195，方域 21，第 14—23 页；［222］岩崎力：《西凉府潘罗支政权始末考》和［223］《西凉府政权的灭亡与宗哥族的发展》。

② 关于李继迁去世时间的不同记载，见［688］戴锡章：《西夏记》，卷 3，20b—21a 的论述。

吐蕃宗哥朝的兴起

宗哥是指青海湖以东的支都地区（位于今青海省的东部，见地图11），它还是位于今西宁（当时称为青唐）与乐都（当时称为邈川）和湟水（藏文作 Tsong-kha）之间的一座城的名称。宗哥部最初是以凉州忠诚的者龙部盟友的身份出现在宋代史料中的。[①] 潘罗支死后，宗哥部加强了与甘州回鹘的联盟，以维护他们各自的商业利益。宗哥部护送回鹘商业特使从南方远远地绕过凉州，并通过西宁到达宋朝境内的秦州。

大约就在此时，安都的元老们也在寻求一位新的、血统高贵且门第古老的君主，这样做的目的，部分是为了抵御党项人在这一地区日益增长的压力。在西方，他们在高昌发现了这样一位人选，他就是欺南陵温篯逋（997—1065 年），据称，欺南陵是出自雅砻皇室的后代，这样就使他比潘罗支更多地得到了吐蕃人的忠心拥戴。而且他不久又得到了与高贵的皇室地位相应的宗教身份。欺南陵最初被护送到了河州，当地人称他为唃厮啰。[②] 这个词的意思是“佛之子”（藏文作“Rgyal-sras”）。从这个称呼中，可以看出当地人将他视为皇族政权首脑的迫切心情。但是野心勃勃的宗哥僧人李立遵（或李遵）与邈川首领温逋奇将唃厮啰“掠取”到了河州西北的廓州，并立为国王（藏文 Btsan-po），欺南陵时年 12 岁。新政权很快就得到了发展，并再次移到了李立遵势力范围的中心地区宗哥城。李立遵将自己立为大相，并将两个（或一个）侄女（有些记载说是他的女儿）嫁给了唃厮啰。

1014 年，唃厮啰与渭州（甘肃平凉）宋朝地方当局取得了联系，

① ［223］岩崎力：《西凉府政权的灭亡与宗哥族的发展》；［295］前田正名：《河西历史地理学研究》，第 505—509、575—577 页。有关的吐蕃资料，见［377］L. 毕达克：《吐蕃与宋、蒙古的关系》，第 176—177 页。

② 译者注：读作“Ku-ssu-ssu-lo”。但是也有学者读作“Chiao-ssu-lo”。

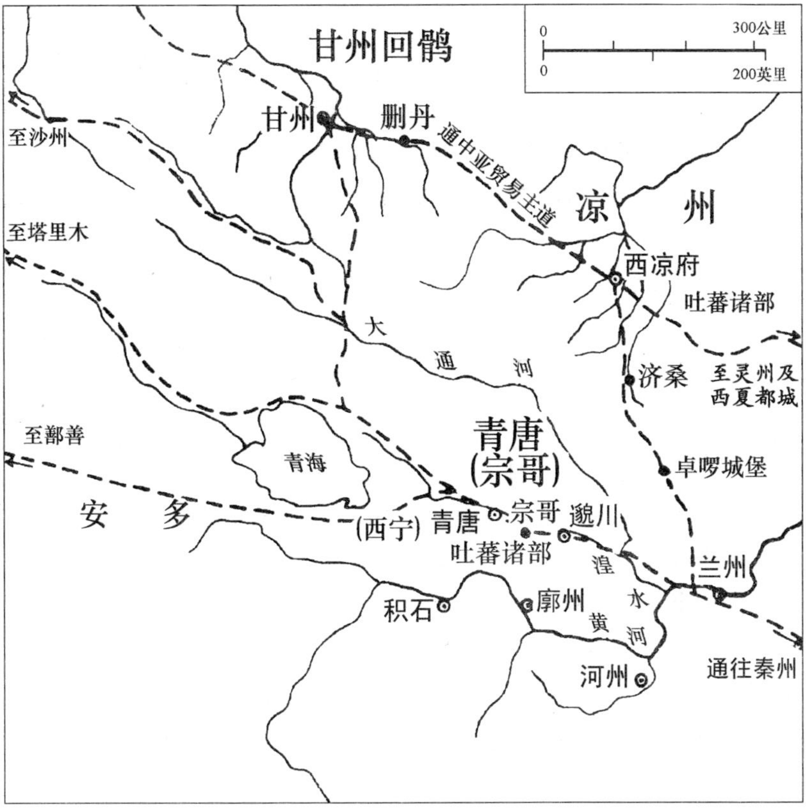

地图 11 宗哥地区

并且接受了宋朝的官职。1015 年初，由宗哥诸首领派出的联合使团到达了宋廷。此前秦州和渭州地方官的报告中已经指出，宗哥自称有六七万军队，愿意在朝廷的支持下抵抗党项人的入侵，但是另一方面，他们又煽动边境部落，嗾使他们联合起来反对宋朝进入渭河流域的牧地。另外，李立遵与他的傀儡君主之间的权力争夺也正在向白热化发展。1016 年，李立遵已经还俗，并从 16 个部落中找到妻子。唃厮啰的权威应该是在李立遵之上，但是李立遵根本无视这一点，他反复向宋朝乞请封地，甚至请求得到赞普（藏文 btsan-po）的称号。宋廷虽然并不信任李立遵，但是对他潜在的利用价值却深信不疑，所以在 1016 年也授予了他一个名义上的官职。

在1013—1016年间，宗哥吐蕃与盟友回鹘人发生了争吵，并封锁了通往甘州的道路。党项军队也在这时加紧了对回鹘和凉州的攻势（有些史料将李继迁之死归结为潘罗支麾下的回鹘武士）。1015年，党项军再次占领了凉州城，但是在1016年又被杀害了断铎督的回鹘人驱逐了出来。凉州后来又成了吐蕃人与回鹘人共同控制的地区，这种情况一直持续了15年。1016年，当新的回鹘可汗继位之后，宗哥吐蕃与甘州回鹘终于解决了他们之间的争端。然而事实表明，这两个民族间的紧张关系和敌对局面，对凉州的命运产生了决定性的影响。①

1016—1017年间，在渭河河源一带爆发了部落起义，李立遵和唃厮啰都与这次起义有密切关系。这次起义爆发的原因，部分还得归于宋朝政府的西进。宋朝这时将防御地带向前推进到了渭河源头，并在这里兴建了许多堡砦和木材收集点。1016年九月，秦州刺史、缘边安抚使曹玮（973—1030年）彻底打败了吐蕃人，镇压了起义，但是零星战斗一直持续到了1017年。1014年，曹玮报告，吐蕃人的反抗已被彻底粉碎，唃厮啰已经退兵，他原来的臣民悉数向秦州纳质投降。据有些史料记载，唃厮啰将这次失败的责任归结于李立遵。11世纪20年代初，唃厮啰最终迁到了邈川，并以温逋奇为新的大相。②

在此后许多年里，有关唃厮啰的情况都不清楚。在后来某个时期，唃厮啰曾请求与秦州贸易，并希望得到宋朝的承认，对此，秦州的宋朝官吏派代表去邈川，将与他的联系固定下来。根据宋朝史学家李焘（1114—1183年）记载，这件事可能发生在党项人1028年攻克甘州之后——虽然党项征服河西的确切时间在很大程度上只是推

① 有关回鹘与凉州、宗哥间的复杂关系，见［644］《宋史》，卷490，特别请参见第14115页和［588］《宋会要辑稿》，卷197，蕃夷4，第3—9页；又见［224］岩崎力：《宗哥城唃厮啰政权的性质与企图》。

② 但是迟至1024年，在宋朝资料中唃厮啰与李立遵的名字都是一起出现的。1025年之后，李立遵在有关记载中消失，也就是在这一年，李立遵得到了宋朝的月俸（虽然也有些谣传，说李立遵在1016年就已经被曹玮的部队杀害了）。

测。[1] 1032 年，唃厮啰和他的大相温逋奇都接受了宋朝的任命。但就在这时，温逋奇发动了叛乱，并囚禁了他的君主。唃厮啰后来得以逃脱，并杀死温逋奇，溯流而上，将首府移到了青唐。由于党项人吞并河西的结果，大量避难者都从河西来到了这个城堡里。大约在 1032 年党项人攻克凉州之后，早先斯铎督的联盟者，回鹘、吐蕃也加入了臣属唃厮啰的行列。[2]

就能够断定年代的这些历史事件而言，1032 年显然是非常重要的一年，它不仅是唃厮啰一生的转折点，而且标志着青唐上升为宋、西夏、辽及内亚各方进行商业和政治交往的枢纽。同时，这一年也是李元昊开始掌权的一年。在西夏统治者中，李元昊是最著名、最精明能干的一位，他的继位开创了位于青唐和兴州（新的夏都）的两支敌对政权直接对抗的新时代。

李德明，1004—1032 年

现在我们应该回过头来，追溯 11 世纪初年在党项人中发生的事件了。1004 年，李继迁的长子阿移继承了父位，时年 21 岁。后来他以李德明的名字闻名于世。为了将党项的势力向甘州及其以西地区推进，李德明最初致力于维护与辽、宋间的良好关系。

1004 年，这位新的党项统治者得到了辽朝授予的西平王的称号；到 1010 年，他的称号就已经上升为“夏国王”——这是他父亲曾经拥有的称号。除了常规的带有外交性质的贸易往来——很可能是党项人每年派遣贡使前往辽廷，在党项与契丹的关系中，这时开始显露出了真正的敌对色彩。

位于辽西北方的阻卜（鞑靼）属民的叛乱和反抗活动，促使辽

① ［584］《续资治通鉴长编》，卷 111，17a。曹玮见［139］《宋人传记》，第 2 卷，第 1063—1064 页；又见［800］昌彼得、王德毅编：《宋人传记资料索引》，第 3 卷，第 2197—2198 页。

② 关于青唐和唃厮啰，近年有两项研究成果，一是［823］祝启源：《唃厮啰政权形成初探》，一是［746］孙菊园：《青唐录辑稿》。

廷在1008年、1010年和1026年多次发兵攻打甘州回鹘，以努力保障其遥远的边疆地区的安定。尽管取得了一些有限的局部胜利，但是辽廷的这些军事行动可能没有一次能够达到预期的效果。与此同时，党项军队也在1008年、1009年、1010年和此后发兵攻打回鹘。1015年，他们攻克了凉州，但是在次年又被回鹘人打败并赶到了城外。虽然辽廷和西夏都对甘州发动了攻势，但是这并不意味着他们采取了协同行动的立场。就控制河西及其贸易通道而言，辽廷和西夏实际上处在敌对的立场。对于辽廷来说，控制河西的重要性只是限于边缘地区；而对于党项政权而言，控制河西则具有至关重要的意义。①

1006年，辽廷接待了河西另一主要政权的使臣，这是一个以沙州（今敦煌）为中心成立的政权，沙州统治者曹宗寿同时还曾向宋和辽请求官职。曹宗寿的继承人是曹贤顺，他是最后一位见于记载的沙州曹氏的统治者。1014年，当曹贤顺继位时，他也是同时与两个朝廷保持联系的。大约就在这时，沙州统治者开始自称为沙州回鹘，而后来到了1041—1042年间，又自称为沙州北庭汗国。以上事实为这样一种推测提供了证据，即在甘州回鹘被征服之前，他们曾经兼并了沙州。这一时期曾有许多甘州回鹘移居沙州，这一点是毫无疑问的，但是更大的可能性是，来自天山地区的回鹘人在11世纪20年代初占据了沙州。鉴于吐鲁番的西部回鹘与契丹间久已存在的密切关系，对于党项人在这一地区的野心而言，沙州回鹘政权的存在显然是一个巨大的障碍；而对辽来说，沙州回鹘的存在则使他们处于十分有利的地位。而在事实上，沙州也确实在几十年的时间里一直顽强地抵制了党项的吞并。②

到11世纪50年代，辽廷才开始谋求与青海的吐蕃人发展关

---

① [223] 岩崎力：《西凉府政权的灭亡与宗哥族的发展》，第79—80页；[356] 冈崎精郎：《党项古代史》，第239—289页。

② [644]《宋史》，卷490，第14123—14124页；[295] 前田正名：《河西历史地理学研究》，第560—570页；[317] 森安孝夫：《畏兀儿与敦煌》，第331—335页。

系，而李立遵则显然曾寻求过辽廷的帮助却毫无结果。1018 年，李立遵曾要求允许他派遣贡使假道西夏前往辽廷，但是在有关文献中并没有发现类似使臣到达辽廷的记载，这很可能是由于西夏的反对而未能成行。由于西夏拒绝了李立遵的请求，辽帝托言狩猎，率领军队深入到西夏境内劫掠。李德明击退了辽军，作为补偿，辽在次年遣使“赍玉册金印，册（李德明）为尚书令，大西夏王”。① 虽然其中的细节并不十分清楚，但是这件事暗示党项与辽朝之间的关系这时已经濒于破裂。此后，李德明努力缓和双方的关系，并在 1031 年辽朝新皇帝兴宗继位时，使他的儿子和继承人李元昊做了契丹皇室的驸马。

1004—1005 年，宋、辽之间澶渊和约的缔结以及此后出现的缓和局面，为李德明与宋朝间的谈判营造了非常有利的氛围。很可能是为了观望宋、辽和谈的后果，李德明尽量拖延了与宋朝的第一次接触。尽管存在着无法解决的分歧，但是双方都迫切希望达成和约。在宋真宗最初提出的要求中，包括西夏归还灵州和向宋朝称臣纳质（这在党项的历史上是没有先例的），而李德明则对这些条款持反对态度。但是双方最终还是达成了妥协方案，允许李德明保持 1006 年拥有的定难军节度使和西平王的称号，而宋朝则提供绢、钱、茶等物，并在每年捐赠冬衣。这样一来，就建立了西夏对宋朝的形式上的朝贡关系，而宋朝则承认党项统治者事实上的君主地位。在李德明统治期间，他一直迫使宋朝在贸易上做出巨大的让步，但是在争取越境销售党项盐方面却没有获得多少成功。最早的官市（榷场）是 1007 年在保安军辖区（今陕西志丹县）开设的，后来在 1026 年，又同意在山西北部的并州（今太原）和代州（今代县）设立了私市（和市）。

这时，因为宋朝皇帝正致力于保持沿边境地区的和平，小规模的边境冲突、繁荣的食盐销售以及其他一些非法的贸易活动等，都不足以削弱李德明在与宋朝皇帝交往中所处的优势地位。党项的使臣享有

① [645]《辽史》，卷 16，第 183 页；[644]《宋史》，卷 485，第 13991—13992 页。

充分的贸易特权，他们大批涌入宋都开封，使西夏君主具有了一个稳定的、获取丰厚礼物的渠道，党项因此也变得更加繁盛富足。1020年，在灵州西北、黄河对岸靠近怀远镇的地方建造了新的西夏都城，新都被命名为兴州（1033年改名为兴庆府）。新的政权中心地处于阿拉善与黄河之间，具有非常重要的战略地位——阿拉善保卫着它的后方安全，而黄河则形成了东、西两翼的屏障。到12世纪初年，夏都通常又被称为“中兴”，很可能这是其党项名的汉文同义词，蒙古语“Erighaya”，可能也是由都城的党项名衍生出来的，用来指宁夏地区的一个名称。[1]

在李德明晚年，他的长子李元昊统率着河西的党项军队，并赢得了作为一名武士和战略家的美誉，在不少史料中，都记述了这对父子间的一段未经证实的对话。在谈话中，年轻的王子对李德明向宋朝的卑躬屈膝行为和贪恋由边境贸易得到的汉地产品的态度提出了批评。他相信，父亲的政策削弱了党项社会和经济的基础游牧，从而对党项的文化价值，毫无疑问，也对其武力优势构成了威胁。李元昊还特别谴责了李德明实行贸易代理人的做法，认为他们在宋朝市场上没能得到赚钱生意。[2] 1028年左右，随着甘州的陷落，党项开始了征服河西的活动，对河西的征服主要是由李元昊完成的。由北方农耕边缘地区进一步向南扩张显然是不可能的，从某种程度上来说，征服河西可以看作是党项向西方扩张，并从而巩固西夏社会游牧基础的一场运动。

李元昊后来实行的政策，显然是要明确和保持党项政权独特的文化面貌，目前还没有证据表明李德明对他的儿子继承王位持反对态度，但是正如后来发生的激烈的宫廷阴谋所揭示的那样，李元昊的野

① [584]《续资治通鉴长编》，卷96，26b；[688] 戴锡章：《西夏纪》，卷5，15b。“中兴”这个名字是在 [646]《金史》，卷61、62和党项法典中正式出现的，这就使人对吴广成记述的以中兴为名是在1205年的说法产生怀疑。见 [679]《西夏书事》，卷39，11a。关于夏都的蒙古和党项名，见 [266] 克恰诺夫：《西夏史纲》，第56页；[265]《西夏旧城旧地考》。

② [644]《宋史》，卷485，第13993页；[575] 苏轼：《东坡志林》，卷3，第51页。

心在当时曾引起过争论和关注。

党项征服后的河西

在汉文载籍中，有关党项在河西活动的记载颇多错讹，而且缺漏也很多，好像汉文记载是有意要淡化西夏征服和吞并河西的确切时间。一般来说，都将党项平定河西的时间定为 1036 年，具体而言，甘州大约是 1028 年陷落的，凉州是在 1032 年，而在河西诸政权中位于最西边的沙州政权则在 1052—1053 年还保持着独立的地位——就在这一年，沙州向宋廷派出了最后一批贡使。在敦煌石窟中发现的党项统治时期的题记，早期的时间在 1074 年。换句话说，这表明最晚到此时，沙州就已经完全处在党项的统治之下了。前田正名指出，伊斯兰教哈剌汗朝的扩张及其对喀什噶尔和于阗的征服，是促使沙州向党项政权称臣的重要原因。在历史上，于阗曾是沙州的盟友。其实早在 1038 年，李元昊就已经声称于阗是他的属国，但是看来于阗并不承认这种身份。时隔 38 年（1025—1063 年）之后，于阗的使臣又来到了宋廷，而于阗人在青唐的政治和商业事务中也扮演了非常重要的角色。[①]

当党项的竞争对手以及未来的附庸国开始使用河西走廊以北和以南的贸易通道时，党项人原本希望通过占领河西而获取种种唾手可得的商业利益都化成了泡影。从塔里木盆地出发的商人或经由北道，沿着戈壁南缘到达契丹朝廷，或是迂回向南，到达青唐——青唐这时已发展成了一个繁荣的货物集散地。对于宋朝而言，青唐是宋朝马匹的重要来源地，也是联系西域的桥梁，而且青唐尤其是一股潜在的军事威胁力量——这里有可能成为党项与吐蕃联合起来反对宋朝的基地。

---

① ［295］前田正名：《河西历史地理学研究》，第 565、628—645 页；［356］冈崎精郎：《党项古代史》，第 270—279 页。党项称于阗为其属国，最初见于李元昊给宋廷写的一封信（［644］《宋史》，卷 485，第 13995—13996 页）。后来在李远的《青唐录》中也记载了这件事。《青唐录》是一部宋朝的著作，已佚，残存的内容见陶宗仪：《说郛》，卷 35，11a—13a。

正因为如此，宋朝也非常重视青唐的关键性作用。为了购买马匹，宋朝在西北边境设立了一些边市，1038 年以后，宋朝的大多数马匹都是通过这些边市从吐蕃进口的。11 世纪 70 年代，王韶被委派创建熙河路，以“绥靖”青海，这样一来，宋朝廷强制实行的、禁止汉人在这一地区扩张的禁令就被彻底废除。王韶还吸收了更多的当地酋领，使他们成为享用宋朝俸禄的属臣。① 熙河路的设立还带来了另外的后果，如熙河路诸指挥日益增多的挑衅行为引起了其他一些地方政权的恐慌，使党项与契丹的关系从 11 世纪 70 年代末期起逐步得到改善，西夏与青海的各种往来非常活跃。

12 世纪时，河西的形势发生了重大变动。宋人对青海的短期占领（1099 年，1104—1119 年），女真对陕西的征服，使青唐的商业网络得以扩散，为党项人在 1136—1137 年吞并这一地区扫除了一切障碍，而金朝也在这时正式将青海割让给了西夏。② 到这时，党项的贸易地位也有了相当大的改观，正如洪皓（1088—1155 年）在他的日记中所称，回鹘地饶物产，“多为商贾于燕（今北京，1153 年为金中都），载以橐驼，过夏地，夏人率十而指一，必得其最上品者，贾人苦之”。毫无疑问，正是因为宋夏战争的结束，11 世纪末以来党项中央政权进一步稳定，才促成了西夏贸易地位的转变。

据洪皓记载，金人人侵中国北方之后，早先居住在秦州的众多回鹘人都迁回河西，成了党项的臣民。③ 从 12 世纪中叶起，回鹘人开始在西夏的政治、文化活动中扮演重要的角色——自一开始，他们就是西夏佛教文献的翻译者。在辽朝最终覆灭的日子里，党项人曾忠心耿耿地帮助过契丹皇室，所以可以断定，中亚哈剌契丹朝

---

① ［877］廖隆盛：《北宋对吐蕃的政策》。王韶被收入［139］《宋人传记》，第 2 卷，第 1137—1141 页及［800］《宋人传记资料索引》，卷 1，第 203 页。有关他的活动的记载，可见［660］陈邦瞻（1589 年去世）编：《宋史纪事本末》，第 41 页。

② ［646］《金史》，卷 78，第 1772 页；卷 91，第 2017 页；卷 26，第 653 页。但是有关证据还不是很清楚，而且记载也互有出入。又见［679］吴广成：《西夏书事》，卷 34，第 16 页。

③ ［579］洪皓：《松漠纪闻》，卷上，第 3 页。关于洪皓，见［139］《宋人传记》，第 2 卷，第 464—465 页；［800］《宋人传记资料索引》，卷 2，第 1505—1506 页。

（即西辽）信仰佛教的契丹统治者必定与宗教信仰相同的党项人保持着友好的关系。最后应该指出的是，从党项法典可以明确看出，在 12 世纪初年，西夏与其北方和西方的邻人都保持了正常的贸易和外交关系。

李元昊(嵬名曩霄,景宗),1032—1048 年

1032 年，当李德明的儿子李元昊将凉州并入党项帝国之后不久，李德明在夏天去世了。[①] 虽然宋朝史料中对李元昊的记载常常带有浓重的流言和传说色彩，但是从汉文史料中可以了解到的有关这位党项首领的情况，却要比其他所有西夏统治者加起来还要多。李元昊自幼就通晓汉、蕃佛典、法律、占卜，并精于军事谋略。即位伊始，他在政治、社会、文化诸领域发起了一场大胆的改革运动，意欲增强党项统治者的权力，进而力求表明自己独特卓异的地位。此外，这位傲慢的君主还特别希望宋朝承认他与契丹统治者的地位相等。但是，李元昊牺牲与契丹的联盟关系，发动与宋朝间的长期的消耗战争（1039—1044 年），换来的不过是一些局部的胜利。李元昊中央集权政策（也许还有疏远宋、辽的政策），在西夏招致了强烈的反对，并最终使他遭到暗杀的结局，同时也使西夏的中央权力大大分散。然而，李元昊无疑是最具天才、最富想像力的党项统治者，无论是在人民大众的头脑里，还是在西夏的政体结构中，都有他留下的难以泯灭的印记。

历史学家不能确定在 1038 年之前，这位新君主的活动的具体年代，但通过几次象征性的活动，基本上可以勾勒出他所从事的活动的大体轮廓。首先是改姓。991 年，宋朝曾赐李继迁赵姓，而契丹还使用着古老的李姓。李元昊继位之后，将党项皇室李姓改为党项姓氏嵬名，而宋朝当局还继续使用着皇族赵姓。自李元昊改姓后，党项统治氏族中所有“内”亲都采用“嵬名”为姓。嵬名元昊还接受了“兀

① [588]《宋会要辑稿》，卷 33，礼 41，12b。大多数记载将李德明之死系于冬天，即宋朝最初得知死讯的时间。

卒”的衔号，兀卒这个词在党项语中相当于党项皇帝或可汗，汉语将其释为“青天子”（“天之青子”或“青天之子”）。[①] 其次，为了避父亲的名讳，元昊还改变了宋朝在西夏境内行用的年号。不久，嵬名元昊就开始在西夏推行一套独立的、行用汉地政权职官术语的、具有汉族风格的职官衔号系统，但是所有的职官衔号都有与其相对应的党项名称。

在嵬名元昊土著化的革新措施中，最有名的是他在 1034 年左右发布的剃发的法令，据载，“初制秃发令，元昊先自秃发，及令国人皆秃发，三日不从令，许杀之。”

剃去头颅顶部的毛发，将前刘海蓄起来，从前额垂到面部两侧，在亚洲许多民族中（朝鲜、鲜卑、渤海等）都可以见到这种发式的不同变体。与此比较而言，据说古代羌人是将头发松散地垂覆在面部。我们似乎可以认为，颁发秃发令的目的，主要是要改革“落后”的羌俗，并将西夏的国民与辽、宋、吐蕃等邻人区别开来。[②]

嵬名元昊还颁发了有关服饰的规定，凡文官武将、庶民百姓都各有所服。从西夏的服饰令中，可以看出吐蕃和回鹘对党项的影响。[③]

1036 年左右，西夏颁行了党项文字，这一事件的意义要比以上列举的改革重要得多。一般来说，都将党项文字的创制和完善归功于党项学者野利仁荣（西夏名将野利遇乞和旺荣兄弟的男系亲属），但是创立党项文的工作可能在李德明统治时期就已经开始，并持续进行了许多年。党项文字由六千多个字构成，行用于政府机

① 关于李（嵬名）元昊的姓和称号，见［644］《宋史》，卷 485，第 13993 页；［584］《续资治通鉴长编》，卷 111，16b；卷 122，9b；［771］吴天墀：《西夏史稿》，第 30—33 页；［345］尼古莱·A. 聂力山：《西夏语文学》，第 1 卷，第 48—49 页。关于内亚和中国皇帝称号的讨论，见［34］彼得·A. 布德勃格：《达颜、成吉思和单于》。

② ［584］《续资治通鉴长编》，卷 115，14b；［355］冈崎精郎：《西夏李元昊及其秃发令》。

③ ［644］《宋史》，卷 485，第 13993 页；［699］王忠：《论西夏的兴起》，第 21 页；［771］吴天墀：《西夏史稿》，第 205 页；［496］A. P. 捷伦捷也夫—卡坦斯基：《党项人的外表、服装和器具》。

构和学校，在这些学校里，同时还开始了将汉文和藏文文献翻译为党项文的工作。一百多年后，“制蕃字师”野利仁荣在 1162 年被封为广惠王。从 11 世纪 40 年代起，在西夏与宋朝的交往中，就出现了西夏贵族和官衔名称的党项文形式，为了让类似西夏官员和与其地位相当的宋朝官员平起平坐，这些官衔只是在宋朝对外机构和外交文件中使用（采用汉文音译）。[①] 虽然这些文件的党项文本并没有能够保留下来，但至少有许多官职名称（大多数的含义还不清楚）借助于宋朝载籍得以保留至今。

嵬名元昊在军事和行政领域的改革奠定了党项国家政治构架的基础。元昊力图在西夏政权内推行文、武官分开任命的双轨并行制度，这种制度在辽朝久已为人所熟知。在这种制度之下，西夏的汉族臣民必定会乐于在官僚机构中供职，而在军事上则理所当然地保持了党项精英的统治权。然而，文武分途的结构在党项政权中并不十分清晰，而且在党项政权的构成中也没有发现明显地类似于辽政权的缜密的两面官系统，所以文武分途并不能为分析党项政权的构成提供适合的基准。这样说并不意味着辽模式没有对党项政权的创制产生影响，而是说这个问题还有待于进一步深入探讨。

早期党项军队的战斗力主要依赖于由部落首领控制的独立的军队（溜），而这些军队往往都处于高度分散的状态。为了加强对军事首领的控制，嵬名元昊颁发了一整套军事规章，目的是要解决诸如征兵、训练及奖惩之类的问题，然而他并没有放弃传统的部落长者议事的习俗。据载，嵬名元昊“每举兵，必率部长与猎，有获，则下马环坐饮，割鲜而食，各问所见，择取其长”。[②]

其他一些措施反映出了当时党项边界的扩张和军事力量的壮大。西夏分作 12 个称为“监军司”的军事区域，其中六监军司为左厢，

① ［771］吴天墀：《西夏史稿》，第 203、215—217 页。关于党项文字的创制和创制者，见［266］克恰诺夫：《西夏史纲》，第 259—262 页；［345］聂力山：《西夏语文学》，第 1 卷，第 79—80 页；［347］西田龙雄：《西夏语的研究：西夏语的再构成与西夏字的解读》，第 2 卷，第 539—540 页的英文简介。

② ［644］《宋史》，卷 485，第 13993 页；［771］吴天墀：《西夏史稿》，第 200—219 页。

治夏州以东，辖治国家东半部；六为右厢，名义上治甘州，辖治西半部（见地图 12）。

这种独特的内亚结构，也是吐蕃在凉州的军事组织的特色，而且很可能正是吐蕃人为党项的军事组织类型提供了范例。每一监军司照例由“贵戚豪右”中任命三名官员充任首领（关于他们的治所，参见地图 12）。次一级的官职由普通党项人或汉人担任。高居于整个结构之上的是左、右厢的两名首领，这个职务通常是由王族或王后的戚属担任，他们的权势几乎可以与一国之君相提并论。这些部落寡头政治集团的代表者与君主嵬名间的关系，逐渐不可避免地演变成了一种你死我活的关系。

在嵬名元昊统治的鼎盛时期，党项军队的数目达到了 15 万到 30 万，他们中的大多数都被指派去保卫边境地区和内部战略要地，从而分别处于这个或那个监军司的管辖之下。当决定要调动军队时，由中央政权派信使用银牌向被调动的将军发出指令，由将军从征兵册中召集需要的兵员。所有身体强健的 15 岁至 60 岁的男性公民，都有服兵役的义务。[①] 接受银牌，就意味着遵奉君主征召军队的要求。此外，党项统治者还经常与将军们在战前盟誓，嵬名元昊在 1038 年就曾这样做过。

十二监军司建立之后，逐渐演变成了地方政府的最重要的机构。除此之外，党项统治者还改组和扩大了来源于宋朝制度系统的官僚机构。嵬名元昊创建了中书省（主政）、枢密院（主军）、三司（理财）和御史台（监察），此外，十六司在名义上也是在尚书令的监理之下。这些官署的最高职务是由汉人或党项人担任的。其他一些职官采用了党项官称，如同最高军事职务一样，这些官职显然也是为党项统治集团的精英专门设置的。[②] 但是在汉官垢名称的表象后面，西夏政府机构

① 关于西夏军队，见［644］《宋史》，卷 485，第 13994—13995 页；卷 486，第 14028—14029 页；［771］吴天墀：《西夏史稿》，第 200—219 页；［266］克恰诺夫：《西夏史纲》，第 115—132 页。

② ［644］《宋史》，卷 485，第 13993 页；［584］《续资治通鉴长编》，卷 120，23b。

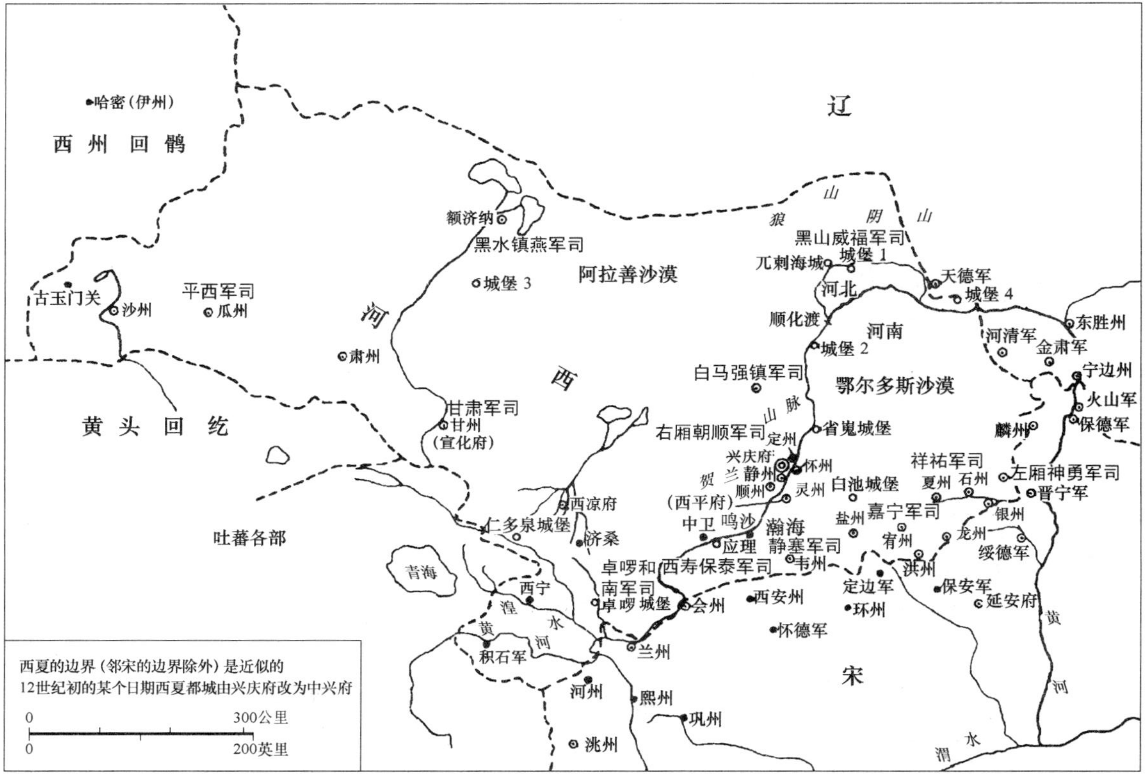

地图 12 西夏，1111 年

的实际运作情况究竟如何，仍然是模糊不清的。例如，我们对西夏政府的财政活动几乎一无所知。

在1035—1036年间，西夏军队发动了对青海的吐蕃人、兰州附近的部落以及河西回鹘的战争。在上文中，已经讨论了旷日持久的征服河西的战争。吐蕃与党项在湟水谷地进行过几次激烈而持久的战役，双方都遭受了严重的损失。虽然没有征服青唐，但是嵬名元昊还是利用唃厮啰与其年长的诸子以及被杀害的前大臣之子间的日渐疏远的关系，孤立了这位吐蕃首领，并迫使他临时撤退到了青唐以西的地区。此后，党项军队挺进兰州，确保了后方一线免遭吐蕃的袭扰，切断了吐蕃与宋朝的联系。后来他们甚至深入到了马衔山（今临洮县以北），修筑堡塞，守卫这一地区。①

大体上就在这一时期，尤其是在1038年之后，宋朝试图与吐蕃建立联合战线来抵御西夏，但是这一努力实际收效甚微。对于西夏来说，唃厮啰的衰落最终将意味着更大危险的降临，因为它并没有能够阻止宋朝在11世纪末年对这一地区的吞并。

对于反对他的政策和统治的人，嵬名元昊总是迅速而果断地采取行动，在许多记载中都保留了这方面的实例。1038年秋天，正当嵬名元昊准备最后公开登基称帝时，最高军事首领（嵬名）山遇率领军队逃入宋朝边界，寻求庇护。但是宋朝将山遇引渡给了元昊，被元昊处死于宥州。山遇和他的弟弟是元昊的“从父”，曾担任西夏军队左、右翼的首领。这次事件表明，嵬名元昊急于摆脱宋朝属国地位的行为，在西夏内部遭到了广泛的反对。宋朝拒不接纳山遇则说明，尽管宋廷对西夏统治者充满了疑虑，但他们最终还是不愿因为隐匿所谓的背叛者而违反与西夏订立的和约。②

---

① ［584］《续资治通鉴长编》，卷117，17b—18a；卷119，第16—17页；［644］《宋史》，卷492，第14161—14162页。

② 关于山遇的叛乱，见［584］《续资治通鉴长编》，卷122，8a—9a；［574］司马光（1019—1086年）：《涑水纪闻》，卷12，la—2a。

嵬名元昊的登基最终还是按照预定计划进行。首先，元昊假作要盟誓进攻宋朝鄜延路，会同诸首领歃血为盟，将血与酒混合盛在骷髅中，饮酒为誓。然后，野利氏兄弟野利旺荣（又称刚浪陵）和野利遇乞分别被任命为西夏军左、右翼的首领，以取代此前图谋叛逃的元昊的从父。野利氏兄弟不是皇位继承人的母亲野利皇后的叔叔就是她的兄弟。他们掌握了西夏的大权，成了炙手可热的人物。①

1038年的十月，元昊正式即位，称大夏皇帝，时年30岁。他宣布了新的年号，而且同时还为父、祖追谥了帝号和庙号。此后，新皇帝巡幸西凉府（西夏对凉州的正式称谓）祠神，并积极调兵遣将，做好了军事上的准备。与此同时，元昊派遣特使携书信前往宋都，通报西夏建国的消息，并请求宋朝承认西夏为友好而享有独立自主地位的西邻。书信写作者明确希望达到的目的，其实只有通过战争手段才能实现。

此前，宋廷对元昊称帝已有风闻，所以对夏使的到来并不十分惊异。宋仁宗（1022—1063年）没有采纳处死西夏使团成员的建议，表示愿意接受普通的礼节，但是拒绝接受驼、马等礼物。同样，夏使也“不肯受诏及赐物”，被护送返回边界。后来，仁宗下诏削夺了元昊的官爵，并关闭了所有的边市。嵬名皇帝也将宋朝所赐袍带并一封“嫚”书送返宋廷，声言：②

> 藩汉各异，国土迥殊，幸非僭逆，嫉妒何深！况元昊为众所推，盖循拓跋之远裔，为帝图皇，有何不可？

此后，双方立即开始了谈判，以解决在党项统治者的地位及其名分方面的分歧，到1044年才最终达成协议。与此同时，两国都投入

① 关于野利氏，下文将具体予以讨论。关于元昊即位典礼，见［584］《续资治通鉴长编》，卷122，8b、10b—11a、14b—15a。

② ［584］《续资治通鉴长编》，卷125，11a—b。有关后来的战争与谈判经过，见［771］吴天墀：《西夏史稿》，第59—71页；［261］克恰诺夫：《宋夏战争》。

了一场破坏甚巨的消耗战争，这场战争因党项人取得了三次较大的胜利而特别引人注目。左翼首领野利旺荣作为党项首席谈判代表，先后与宋朝的范仲淹（989—1052 年）、庞籍（988—1063 年）等人在延州进行了和谈。

到 1042 年，因为西夏统治者拒绝在给宋朝的书信中称臣，谈判在中途被搁置。但是也就在这一年，辽朝进行了外交干预，党项军队也令人惊奇地击败宋军，从而打破僵持局面。[①] 这时，契丹人迫使宋朝进一步在关南做出领土上的让步——关南是河北地区的一个战略楔入点，可以直接威逼开封。在接受契丹人这些要求的过程中，宋廷极力主张由契丹人向他们的属国西夏施加压力，调解自己与西夏的矛盾关系。宋朝还进一步秘密向庞籍授意，只要西夏统治者向宋朝称臣，宋朝就接受西夏提出的议和条件，而且元昊还可保留本民族的“兀卒”的称号。

1043 年初，党项统治者在致宋仁宗的书信中，就双方间的关系提出了一种新的表述程序：“男邦泥定国兀卒曩霄上书父大宋皇帝”，“邦泥定”似是西夏党项名的异译（汉文写作“白上国”），“曩霄”则是元昊本人的新名字。宋朝一位大臣指出，这种表述不过是当时在宋、辽外交往来中使用的类似程式的翻版。[②] 最后，宋朝否决了元昊的新建议。

数月之后，宋朝也提出一些条款，其中特别强调党项君主可以称“主”（高于王，低于帝），接受“岁赐”。不久，西夏一方回复宋廷，提出了 11 项要求，其中包括增加岁赐数额、给予党项使节更多的贸易特权、允许在宋朝境内出售白盐等。宋人再次发现，党项人又模仿了契丹的先例。辽朝以他们最初要求的关南的土地作为交换条件，已经满意地使宋朝增加了财政援助数额。这种明显的仿效行为使宋廷确

① ［492］陶晋生：《余靖和 1042—1044 年宋对辽、夏的政策》。范仲淹收入［139］《宋人传记》，第 1 卷，第 321—330 页和［800］《宋人传记资料索引》，卷 2，第 1648—1652 页。

② ［584］《续资治通鉴长编》，卷 139，6b—7a；［644］《宋史》，卷 485，第 13998 页。

信它的两个北方邻人西夏和辽是勾结串通在一起的。这种认识使宋廷很快就陷入了非常尴尬的境地，因为仅仅一年之后，宋朝猜想的这两个同盟伙伴之间就因一些反叛的党项边境部族而爆发了战争。

当党项皇帝最终同意接受称“臣”的地位之后，宋廷扩大了居住在开封的政府邸店里的党项使节的贸易权，并增加了岁赐的数额，但是党项盐的买卖却并没有合法化。① 1044 年五月，正当和谈完成之际，契丹人就以追击反叛的边境部族为名，入侵到了西夏境内。党项人大胆地谋求与辽、宋同等的外交地位的行为，也许是导致契丹发动讨伐战争的主要原因之一。由于辽廷提出了不要立即与西夏议和的警告，宋朝谨慎地拖延对嵬名元昊的册封。但是当得知契丹被打败之后，宋朝就马上采取主动，派遣使节在 1044 年冬天与西夏达成了和约。

除了上文提到的诸点之外，宋、夏条约还议定西夏在宥州，而不是在党项都城接待宋使，规定会见使节时，采用与接待辽使相同的宾客礼。恢复边境榷场。岁赐总数 25.5 万，其中：绢 15.3 万匹，茶 3 万斤，银 7.2 万两。② 但是宋、夏和约中对边界问题存而未议。由于未能划定一条清楚的边界，为双方日后的激烈争端留下了深深的隐患，直到宋朝北方领土尽陷于金，宋、夏双方没有了共享边界之后，这一争端才得以消弭。

与此同时，西夏与契丹间的战争仍在继续。党项统治者巧妙地挫败了辽朝的三次入侵之后，又赶快明智地缓和了与恼羞成怒的辽廷的关系。③ 虽然双方关系暂时得以缓解，但是几年之后，争端再起，我们甚至不能肯定，辽朝是否正式册封过嵬名元昊的继承人谅祚（Liang-tso）。

---

① ［584］《续资治通鉴长编》，卷 142，8a—13b；［771］吴天墀：《西夏史稿》，第 69—71 页。

② ［846］黄庆云：《关于北宋与西夏和约中银绢茶的数量问题》。

③ 关于契丹对夏的入侵，见［644］《宋史》，卷 485，第 13999—14000 页；［645］《辽史》，卷 19，第 230—231 页；［577］胡道静编沈括（1031？—1095 年）：《梦溪笔谈校证》，第 787—790 页。

嵬名元昊帝位的继承

对于嵬名元昊之死，有各种不同的记述；关于他的继承人的出身，记载也非常混乱。① 当对宋朝的战争行将结束时，党项皇帝将已经与自己的儿子订婚的没哆氏新娘纳为自己的妃子。虽然这一乱伦的行为遭到了广泛的谴责，但是元昊此举的目的，很可能是为了削弱皇后野利氏家族的炽烈势力。没哆氏后来生了一个儿子。元昊正式指定的继承人是野利皇后之子宁凌噶。野利旺荣和野利遇乞是野利家族位尊权重的长者，他们分别把持着西夏宫廷和军队的大权。旺荣和遇乞可能认为形势的发展会对自身的利益构成严重的威胁，于是他们安排宁凌噶与皇后叔父（也可能是哥哥）野利旺荣的女儿结成了夫妻。后来，在举行婚礼的前夕，野利旺荣邀请皇帝到帐内做客，图谋暗杀元昊。但是，他们的阴谋不慎败露，结果野利旺荣、野利遇乞和野利氏的其他三个成员都被处以死刑。在有些史料中，将上述事件的时间定在 1042 年或 1043 年，并将事件的起因归结为宋朝的颠覆活动，但是我们认为，这些事件很可能是发生在夏、宋和约缔结一两年之后，即 1045 年或 1046 年。

野利皇后虽然当时没有受到惩罚，但是此后不久就遭到了皇帝的贬黜，没哆氏被立为皇后。然而先前的野利皇后仍然保持着对皇帝的巨大影响，她最终使皇帝回心转意，痛悔自己轻率地处死了皇后的清白无辜的族人，并竭力寻求这次屠杀的幸存者。于是嵬名元昊找到了野利遇乞的妻子（出自著名的没藏氏），并将她带进了皇宫。当皇帝开始临幸没藏氏时，野利前皇后将她转移

① 本段内容，请参见下列记载：［584］《续资治通鉴长编》，卷 162，1a—2a；［574］司马光：《涑水纪闻》，卷 9，9a—b；卷 10，5b、9a；卷 11，11b—12a；［581］王偁（卒于 1200 年）：《东都事略》，卷 127，6a—b；［688］戴锡章：《西夏记》，卷 11，llb—12a；［679］吴广成：《西夏书事》，卷 18，12b—13a。

到了首都郊区的一所寺庙里，但是皇帝仍然与没藏氏保持了私通的关系。据宋朝正史称，1047 年二月，没藏氏生下了一个男孩，这个孩子出生于“两岔”河边，所以因河名命名为“谅祚”。其他的记载将谅祚的出生时间定为皇帝死后两月，即在 1047 年末或 1048 年初。[①]

谅祚是在母舅没藏讹庞家里长大成人的，没藏讹庞曾在野利遇乞手下服役。野利皇后的被贬（1047 年?），激起了被剥夺了继承权的太子宁凌噶刺杀皇帝、为野利氏报仇雪恨的愿望，太子的行为得到了没藏讹庞的默许。当年末，在劓去了父亲的鼻子之后，宁凌噶逃进了没藏讹庞的宅邸，但是没藏讹庞却立即逮捕了这位倒霉的年轻人，并将他与其他幸存的野利氏成员一起处以极刑。

为了确保他们的傀儡幼帝的地位，没藏氏的长者没藏讹庞炮制出了一套完善的方案，野利氏败落之后留下的权力真空，很快就由没藏氏填补了。元昊在遇刺后的次日就去世了，为了选定新的君主，西夏召集了大首领议事会。部落长者一致同意嵬名元昊的侄子作为皇位继承人，因为元昊的侄子是由已故的皇帝在遇刺前就已经选定，并在临终遗嘱中再次明确指定的继承人。只有没藏讹庞对此持反对意见，他提出的理由是很虚伪的，讹庞认为由侄子继承皇位，将会违反既定的长子继承惯例，而且称被选定的继承人缺少“功业”。为此，没藏讹庞提出了以幼年的皇帝私生子为继承人的建议。据记载，他的建议没有引起任何异议，这不能不说是十分令人惊诧。于是元昊的幼子成了新皇帝（庙号毅宗，1048—1068 年在位），他的母亲被尊为皇太后。没藏讹庞则成了摄政者和宫廷的“家相”，即西夏事实上的统治者。

在反对部落寡头政治集团的斗争中，嵬名元昊最终没能使王权保持不坠。在元昊以后的 50 年中，西夏实际上是由后族统治的，最初 15 年由没藏氏秉政，后来权力又转落在了势力强盛且

① ［644］《宋史》，卷 485，第 14000 页；亦见前页注①所列资料。

娴于权谋的梁氏手中。这种由母族执政的类型显然深深地植根于党项（和吐蕃）的社会政治和血缘亲族的传统之中。

国政危机：毅宗朝（1048—1068年）、惠宗朝（1068—1086年）和1100年前的崇宗朝

与毅宗同时代的汉族文人们，对他极尽诋毁之能事，将毅宗描述为一个冥顽不化、轻率荒忽的年轻人、元昊的不肖子孙。但是事实上，当毅宗成人时，他一直致力于改变极端不利的局面，以维护自己的自主地位，他还制止了国家权力和声望的衰落。作为政治阴谋的牺牲品，皇太后是在1156年（译者注：应为1056年）去世的。1061年，年仅14岁的毅宗，便铲除了没藏讹庞。为了寻求比没藏讹庞更可靠的联盟者，毅宗与自己的同谋梁氏结姻（梁氏早先是没藏讹庞不得宠的儿媳），并任命梁氏的弟弟梁乙埋为新的世袭家相。① 梁皇后及其兄弟两代主政，西夏的命运一直处于风雨飘摇之中。大批嵬名氏成员被镇压、流放，或被剥夺了权力。而其他人则主要是基于荣誉和忠诚，接受了后族专政的现实。

强大的梁氏集团在西夏政治生活中占据了支配地位，他们的权力建立在与他们结为联盟的部落首领控制的武装力量的基础之上。这些部落与宋朝边疆大吏及其属下的非汉族部落有着世代的血仇宿怨。这样一来，大权在握的梁氏集团就得以煽动起对宋朝毫不妥协的敌对态度——宋朝曾长久地危害西夏的利益，而一旦统治集团内部的反对呼声加剧时，要改变这种做法就变得越来越困难。另一方面，为了反对好战的部落集团，维护自己的权威，党项皇帝经常被迫做出亲宋的姿态。毅宗解决了与宋朝间长期悬而未决的边界争端，议定了一条新的东部边界；同时，他还安排设立了与宋朝边界

① [584]《续资治通鉴长编》，卷184，10b，15b；[577] 沈括：《梦溪笔谈》，卷25，第452页。关于梁乙埋和他的儿子乙逋的名字，见[693] 卜平（李范文的笔名）：《西夏皇帝称号考》。

的榷场，早年因为没藏讹庞挑衅性地在屈野河沿岸从事移民活动，这些榷场曾被宋朝关闭。

大约在没藏讹庞去世前后，毅宗请求宋廷恩准“去蕃礼，从汉仪”，并请求服饰汉族衣冠。① 毅宗的行为引发了一系列关于汉族与党项礼仪的争论，双方时而他占上风，时而你据优势，这种波动反映了主张亲汉派与党项排外派之间的相互力量对比的变动。后来，皇太后主张拥护党项礼仪，而只要有机会皇帝就要改用汉族的传统习俗。在兴州朝廷的权力斗争中，汉族的标志制度，甚至是具体的汉人，都成了双方斗争的武器（和被攻击的对象）。

毅宗这些举动的意义已经远远超出个人权威的范围。从另一个角度来说，也可以将它看作是试图得到宋朝承认并增强党项的威望的一种努力。辽朝在这时已经冷淡了与西夏朝廷之间的关系，转而竭力向与党项人时和时战的吐蕃人表示好感。1058 年，辽廷将毅宗没有得到的一位契丹公主嫁给了唃厮啰的儿子并且是最后的继承人董毡。② 与此同时，宋朝与西夏间永无休止的外交较量也在继续进行：党项使臣一再要求得到与契丹使臣相等的礼遇，而宋朝官员则抱怨党项使臣素质低下，言辞无礼；双方相互攻讦不已。

1067 年，一位宋朝边疆官员靠施展阴谋，夺取了西夏的城市绥州。③ 作为报复，党项人杀害了一名宋朝官员，斥责他为口是心非的奸诈之徒。经过冗烦的争论之后，宋朝决定坚守绥州，这一决定大大激怒了党项人，此后他们就开始不断地骚扰这一地区。同年底，毅宗去世，年 20 岁。他很可能是在战斗中受伤而死去的。在这年冬天，毅宗的长子，7 岁的嵬名秉常（惠宗）继承了

① ［644］《宋史》，卷 485，第 14001 页。很可能是梁氏唆使毅宗这样做的。虽然有证据表明，梁氏出自一个古老的宕昌姓氏，但是沈括称，梁氏出自汉族。［577］《梦溪笔谈》，卷 25，第 452 页。

② ［584］《续资治通鉴长编》，卷 188，2b—3a。

③ ［683］彭百川：《太平治迹统类》，卷 15，1b—2a。

皇位。

毅宗着手进行了一系列的改革，逐渐放弃了他父亲创立的处理汉人与党项关系的旧例。[①] 汉人之所以对他和他的政策深恶痛绝，与其说是因为他的一些所谓的性格弱点，倒不如说是因为他的背离传统的行为。

惠宗朝(1068—1086年)

惠宗统治时期，或更确切地说。是他的母亲梁太后统治时期，是一个纷扰频仍的时期。1070—1071年，因为宋朝拒绝就解决绥州事件进行谈判，导致了宋朝与西夏间一场没有结果的战争。随着这场战争的爆发，拉开了惠宗统治时期的序幕。此后，宋朝为取代青唐的吐蕃人，开始着手制定在西方兴建边境要塞的庞大计划。宋、夏条约一再被违背，竞逐军功的丰厚赏赐大大刺激了宋朝各级官员对战争的狂热情绪。

在扩张主义情绪的鼓动下，宋朝变本加厉，在1081—1083年，1091—1093年和1096—1099年频频对西夏发动进攻。1081年，宋军收复兰州，挺进青唐。随着战争的继续和战场的扩大，梁氏集团对于独立性日益增加的武将的依赖也越来越强。皇族嵬名氏的成员是这些武将的首领，他们统治着西夏的中部和东南地区，而且与控制着邻接陕西西部和青海地区的西南地区的仁多氏结成了联盟。

与此同时，党项与契丹的关系开始得以改善，而受到强大压力的吐蕃人也在谋求发展与西夏之间更密切的联系。1072年，党项皇帝甚至将自己的妹妹嫁给了董毡的儿子蔺逋叱（Rinpoche）。[②]

年幼的党项皇帝是在母亲梁太后和太后的弟弟梁乙埋的完全支配下长大成人的。为了保证梁氏家族能够继续掌握政权，他们将梁乙埋

① [584]《续资治通鉴长编》，卷196，23b。
② [584]《续资治通鉴长编》，卷233，6b—7a。

的女儿嫁给了皇帝。1080 年，惠宗因不满于母亲的支配，放弃了皇太后在 1070 年恢复的党项朝廷礼仪，转而赞成汉人礼仪。次年，夏廷揭露了一起阴谋，据称，年轻的皇帝与他的汉族宠臣李清策划，要将鄂尔多斯南部地区归还宋朝。事情败露之后，李清被诛，惠宗也被临时囚禁在了距离皇宫五里远的一所戒备森严的城堡里。皇帝的支持者立即召集军队，公然反对梁氏的统治。国相梁乙埋派遣使臣前往他们的营地，用银牌招谕，企图要他们声言效忠梁氏，但是最终还是徒劳无益。

在几个月的时间里，宋朝官员一直在静候西夏内乱的结果。最终，宋朝皇帝下令调动了一支大军，由宦官将军李宪率领，分兵五路“讨伐”党项都城。但是由于宋朝各路将领之间很快就发生了争吵，所以五路军队没能在指定的时间会合。但是在 1081 年，李宪还是设法攻克了兰州。自 8 世纪以后，兰州就处在吐蕃的统治之下，大约在 1063 年，才开始纳入党项的统治范围。[①] 此外，李宪和其他的将领们还使西夏南部诸州蒙受了重大损失，进行了毁灭性的破坏。当然，他们自己也为此付出了沉重的代价。

战争初期，梁太后和她的将军们退守首都和灵州，仁多唆丁率领亲嵬名氏的军队在西南部抵抗李宪的猛烈进攻，保卫天都山地区的皇宫和政府建筑，仁多唆丁的军队遭受了重大的伤亡。在这场战斗中，仁多—嵬名联盟将其指挥中心设在了兰州北面的卓罗监军司。[②] 1082 年末，两个敌对的集团终于联合起来，在陕西北部的横山打败了宋朝军队。

到 1083 年末，宋朝遭受的损失越来越大，最终被迫接受了党项的议和方案。但是，宋廷拒绝就归还已经被宋军攻克的地区进行讨论。这些地区在将来的战争中对宋朝具有重要的意义，尤其是兰州附

① [683] 彭百川：《太平治迹统类》，卷 15，12a—26a。关于党项统治下的兰州，见 [688] 戴锡章：《西夏纪》，卷 13，9b；[584]《续资治通鉴长编》，卷 226，3a。关于李宪，见 [800]《宋人传记资料索引》，卷 2，第 912 页。

② [295] 前田正名：《河西历史地理学研究》，第 593—613 页。

近的地区更是如此。宋朝很快就巩固了对兰州的控制，并在此基础上进一步向外拓展了自己的势力范围。

老成持重的惠宗终于在 1083 年重新得到了皇位。梁乙埋死于 1085 年，他的儿子梁乞逋继承父位，成了新的国相，勇武好战的梁太后也死于同年年末。1086 年，惠宗也去世了，西夏皇位传给了年仅 3 岁的儿子嵬名乾顺（崇宗，1086—1139 年在位），由惠宗的寡妻、梁乞逋的妹妹摄政，是为新的梁太后。这样一来，虽然历经了一场公开的较量，但夏都中兴府的权力最终还是又落在了梁氏下一代的手中。

与此同时，在宋朝京都内也发生了一次权力的转换，结果使宋、夏和约关系得以短期恢复，也使宋朝归还了少量的堡寨。但是太后与她的弟弟、国相梁乞逋之间很快就产生了矛盾冲突。在边境地区，广泛流传着兴州发生了军事政变的谣言。辽朝也因为不喜欢西夏新的摄政者，对西夏的恶感越来越强烈。

这时，梁乞逋与吐蕃首领阿里骨结成了联盟。阿里骨是董毡（死于 1083 年）的养子，作为继承人，他是不受欢迎的。青唐的阿里骨政权受到了他的对手、位于邈川的温溪心的挑战。就地理位置而言，邈川与卓罗的仁多集团控制的党项西南部地区相邻。吐蕃两大统治中心间的长期分歧，导致了邈川与忠于西夏皇帝的卓罗的首领们之间的友好关系的发展，而青唐敌对的吐蕃政权则与梁乞逋结成了联盟。① 在 11 世纪 90 年代，青海地区几乎一直处在极度动荡不安的形势之下。1096 年阿里骨之死引起争相继位的混乱局面，宋朝趁机在 1099 年扩大了在青海的控制范围，但是宋朝在这一地区的每一步行动都遭到了党项的强烈抵抗。

期盼已久的党项宫廷政变显然是在 1094 年发生的。仁多保忠、嵬名阿吴及其同伙在这一年杀害了梁乞逋，并且夷灭了他的族人。当时皇太后手中掌握着一支具有相当实力的军事力量，并且得到了这支

---

① ［295］前田正名：《河西历史地理学研究》，第 606—609 页；［584］《续资治通鉴长编》，卷 402—404，卷 444 以下；卷 467，8a—b。

部队的有力保护。但是有证据表明，太后是站在谋杀者一边的，这是因为她怀疑自己的弟弟阴谋反叛她本人和她的儿子——12 岁的皇帝。[①] 但是面对危急的军事状态，要想全面恢复嵬名皇族政权显然也是不可能的。

早在 1091 年和 1093 年，宋朝对西夏发起过进攻。此后在 1096 年，他们又发动了一场旨在摧毁西夏并占领青海的全面攻势。这场战争一直延续到了 1099 年。辽朝对宋朝的劫掠暴行感到震惊，前后三次向宋朝发出严厉警告，督迫宋朝息鼓偃兵。但是辽朝这时正陷入与西夏以北的蒙古草原地区的阻卜的旷日持久的战争之中不能脱身，所以辽朝的威胁也并没有使宋朝罢兵。[②] 激烈争夺的四年战争，再加上边疆市场的长期关闭，加重了西夏人民的损失和灾难，使他们的生计和土地都遭到了毁灭性的破坏。

皇太后死于 1099 年，传言她是因为没有帮助契丹人镇压属部的反叛而被辽使毒杀的。[③] 数月之内，宋朝对于西夏派来告知太后死讯并求和的党项使节采取了非常冷淡的态度。嵬名氏的元老们决意结束战争状态，或者至少摆脱梁氏的控制，所以他们竭尽全力想缓和与宋朝的关系。

党项人一方面在宋朝京都进行和谈，同时又继续积极抵抗宋朝进入青海的行动。然而宋军夺取了天都，在天都设置要塞，并攻克了会州。位于邈川、宗哥和青唐的各吐蕃集团长期处于无休止的动乱之中，1099 年秋，当宋军挺进湟水河谷时，这些集团时叛时降，没有能够组织起有效的抵抗。宋军统帅集团几乎也处在同样的混乱状态之中，将军们与他们的部属的相互责难告发，降黜罢免、官复原职就像走马灯一般，使人眼花缭乱。党项军队也是在一片喧嚷吵闹之中，吐

① 有关此事，史料阙载。请参见［588］《宋会要辑稿》，卷 175，兵 8，31b—32a。［679］吴广成：《西夏书事》，卷 29，15a—16b 提供了惟一可以确定这次事变时间的记载，其他同时代的有关记载还有待进一步发现。

② ［645］《辽史》，卷 115，第 1528 页；［584］《续资治通鉴长编》，卷 492，8b—9a；卷 507，3b—4a。

③ ［679］吴广成：《西夏书事》，卷 31，1b。

蕃军队的数量这时达 6 万或 7 万人，仍十分强大，足以挫败宋朝占领青海的企图。①

1099 年九月，当青唐首次投降之后，旋即又被邈川集团重新攻克，他们在青唐城安置了自己的亲信作为阿里骨的继承人。此人的地位不仅得到了宋朝的确认，他还在 1102 年通过婚约的形式与党项皇室结成了联盟关系。在 1102—1104 年间，宋军再次占领青唐。此前青唐已在 1099 年被易名为鄯州，1104 年，又被改名为西宁。② 到 1109 年，宋朝政府已经以汉文名称对青海地区所有的吐蕃城镇进行了登录，但是它却从来没有能够有效地控制这一地区。直到北宋末年（1128 年），以宋朝与吐蕃和党项各为一方，青海地区仍然是双方长期争夺的地区。

以上的描述可能会给人这样一个印象，即 11 世纪末期的西夏社会是动荡不安的，深深地陷入了内部的派别争端和与邻人间的不时的战争之中。但是西夏社会在另外两个方面的长足发展同样值得注意。

首先是在皇帝的保护之下，佛教作为国教得到了迅速的发展。如果不是更早的话，佛教的发展进程在李德明时代就已经开始了。梁皇后特别关注佛经的翻译，到 11 世纪末年，所有的三藏经典都已译成了西夏文。这本身就是一项不朽的成就。西夏兴建或修复了大量的庙宇。像辽、高昌、吐蕃这样一些外来佛教中心地区的高僧大德和经典，都纷纷聚集在了西夏境内。③

其次，与宋朝的贸易线，对西夏来说具有至关重要的意义，这条贸易线的长期断绝，极易对西夏的经济和食物供给造成致命的影响。西夏这时在经济和食物供应诸方面形成了一套相当成熟而复杂的结构。一旦摆脱了长期战争造成的对经济和食物的特殊需求，西夏的经济结构就足以维持国家机构发展的需要，并为 12

① ［584］《续资治通鉴长编》，卷 514，7a—20a；卷 515，7a—13a；卷 516，3b—22b。

② ［644］《宋史》，卷 492，第 14167 页；卷 87，第 2154—2170 页。

③ ［717］史金波：《西夏译经图解》；［719］史金波：《西夏文化》；［259］克恰诺夫：《党项译经史》。

世纪的文化繁荣局面创造优裕的经济基础。这时的党项不仅以其家畜、猎鹰和其他牲畜著称于世，而且以本地出产的工业产品而闻名。其中包括珍贵的驼毛毯，足以与最优质的宋朝出版物相媲美的插图印本书籍，大黄和其他草本植物，优质盐——盐在易货贸易中是作为通货使用的，这与纺织品在辽朝的作用大体相同。至于党项人自己的经济观，正如一条党项格言所说："屠畜于党项山者有羊，觅利于汉商者有钱。"①

西夏的成年：崇宗（1086—1139 年）与仁宗（1140—1193 年）

崇宗和他的辅弼大臣们领导这个国家经历了与宋朝间的最后的斗争时期，并且支持辽朝反抗女真征服者——金。西夏对辽朝的支持一直持续到了 1124 年辽朝覆亡时，这时新的形势迫使西夏与中国北方的新主人达成了协议。更为重要的是，他们创设了一套对党项政府的控制制度。虽然到 1139 年，即在崇宗末年为止，陕西与金尚无确定的边界，虽然女真人一再背弃他们对一些领土的许诺，让党项人十分恼火（党项人一再提出对夏—金边界有争议的地区拥有主权），但是西夏还是赢得了一个长期的和平时期——这时西夏已逐渐断绝了与宋朝的关系。

崇宗和他的继承人仁宗的国内政策的主要目的是增强中央政权对军队及其首领、对仍然握有实权的部落贵族的控制权。部落贵族对于任何削弱他们传统特权的措施，当然都采取了反对的态度，尽管皇帝努力向这些首领灌输儒家思想，但是他们对朝廷的忠诚主要还是通过君主与大氏族之间的妥协契约来维系的，正是通过这样一种妥协，契约诸方才得以保证各自的地位。在法律文本和 12 世纪时花费了几十年时间创设的制度条文中，都将这种契约关系列入了正式内容

① ［771］吴天墀：《西夏史稿》，第 170—188 页；［266］克恰诺夫：《西夏史纲》，第 79—99 页；［269］《新集对联》，党项格言引文在第 155 页，俄文译文见第 90 页。

之中。[1]

崇宗是在嵬名氏的长者们的拥戴下重新得到王位的，在他统治的初年（即在 1099 年他母亲去世之后），崇宗与嵬名氏的元老们共同掌握政权，并决心在此基础上巩固嵬名氏对国家政权的控制。首先，他们面临的任务是削弱军事官僚集团，而首当其冲的则是嵬名氏原来的盟友。1103—1104 年，皇帝褫夺了仁多氏的军权。仁多保忠遭到贬谪，并因怀疑谋反，又被召回了首都。后来，崇宗授与其弟嵬名察哥以高位，由他来统率党项军队。作为一名完全称职的将军，嵬名察哥在任职后的十年里，取得了好几次对宋朝军队的重大胜利，直到大约 1156 年去世为止，他一直是党项政府中最具实力的人物之一。[2]

在贞观年间（1101—1113 年）——这是崇宗为了乞求他所极为推崇并尊为楷模的唐太宗的护佑，而精心选择的一个吉祥的年号——崇宗发布了名为《贞观玉镜统》的军事法典，该法典原为西夏文，有残片保留。[3] 崇宗还设立了一所国学，有生员 300 人，由政府提供俸薪。他还尽量擢拔具有才能，特别是有学问的人担任官职。据晚出的一条史料记载，皇室嵬名仁忠亲王精通汉文和西夏文，他曾在内廷任职，并在 1120 年接受了爵位。后来他就成了政府中“文官”集团的代言人，并常常斥责军队最高首领嵬名察哥的腐败和滥用权力的行为。[4] 崇宗及其继承人利用对廷臣的任命让两个集团疲于相互攻讦。

---

① ［97］邓如萍的博士论文：《党项和党项人的国家西夏》，第 5 章，“党项政府机构”，特别请参看第 202—252 页。这篇论文的大部分观点是根据克恰诺夫对党项律令的翻译和研究成果写成的。克恰诺夫这部四卷本的著作现在已出版。见［260］克恰诺夫：《天盛旧改新定律令（1149—1169年）》。这部著作的内容包括党项原始文献、俄文翻译和注解。克恰诺夫曾对党项律令的内容作过简短的说明，详见［264］《西夏法典(12—13世纪)》。

② ［679］吴广成:《西夏书事》，卷 36，10b—11b；［644］《宋史》，卷 486，第 14019—14021 页。

③ ［267］克恰诺夫：《西夏军事法典：1101—1113 年的〈贞观玉镜统〉》。

④ ［644］《宋史》，卷 486，第 14109 页；［679］吴广成：《西夏书事》，卷 32，12b；卷 33，3a；卷 34，15b—16a。

联姻关系这时显然也是处在严格控制之下。1105 年，皇帝与辽朝公主结姻，但是史料中没有记载辽公主和仁宗之母（汉人曹妃）究竟是谁当了皇后。在党项与其宿敌宋朝的斗争中，一直得到辽朝的坚定支持，出于感谢，党项皇室与契丹人发展了一种密切的关系，甚至当形势已十分明朗，保持与契丹间的亲密关系的基础已经不复存在时，党项人还继续帮助辽朝的末代皇帝逃脱女真的追袭。据称，崇宗的契丹妻子和她的儿子是在契丹皇帝被女真追击者抓获之后，于 1125 年因伤恸过度而死的。①

根据相当晚出的资料（即 19 世纪时吴广成所著《西夏书事》）记载，崇宗在他统治的倒数第二年（1138 年），最终将宋朝降官任得敬之女册立为皇后。任得敬后来曾任国相，掌握西夏朝政达二十年之久，最后，他还试图在西夏的东部地区创立自己的政权。就 12 世纪的西夏历史而言，任得敬的经历确实是非常突出的事件之一，但是这件事是由吴广成记述的，缺乏早期史料的佐证。据载，使任得敬得以掌握朝廷大权的那位女儿最初是皇妃，后来被立为皇后，不久又成了皇太后，但她在其他的史料中没有被提到过。可是从这件事可以看出，虽然客观环境已发生了很大的变化，然而将任得敬独擅大权的情形与 11 世纪时他的前辈梁氏相比，两者还是不乏相似之处。

1139 年六月，崇宗去世，时年 53 岁。帝位由他的儿子、16 岁的嵬名仁孝继承（庙号仁宗），仁宗的统治也长达半个多世纪。这两个长期在位的皇帝最终使西夏皇室的统治得以稳定。仁宗继位之后，尊其母曹氏为“国母”，并指定罔氏为皇后。罔氏出自一个门第高贵的党项氏族。②

在仁宗继位前的三四十年间，中国的北部和西北部地区战祸频仍，灾害不断，所以在仁宗统治的初年，就面临着起义造反和盗匪遍地的严峻局面。据吴广成记载（这些记载同样也没有其他资料证实），

---

① ［679］吴广成：《西夏书事》，卷 33，17b。

② ［644］《宋史》，卷 486，第 14024 页。

1140年，一群心怀不满的契丹流亡者在李（或萧）合达的率领下起而造反。在当年冬天被镇压之前，造反者曾包围了灵州。1142—1143年，饥荒和地震又引发了夏州和兴州附近地区的严重叛乱。仁宗颁布了免税赈济的措施，在镇压李合达、平定部落起义的过程中，仁宗在很大程度上依赖于他的汉族将军任得敬。据记载，仁宗本来要授予任得敬以宫廷的职务，但是在他的顾问、多疑的嵬名仁忠的劝说下，还是将任得敬外派灵州统军，从而将他排斥在了宫廷之外。①

紧接着仁宗在1144年又将儒学机构引入了政府之中。首先，他下诏在全国设置学校，其次又在宫禁中为7—15岁的皇室子孙开设了小学。另一所学校是在1145年创建的"大汉太学"。儒家的祭礼正式实行，并发布命令广建庙宇，在全国各地普遍实行释奠礼。1147年，还开始实施了通过考试选拔官员的策举制度。② 虽然从其他史料中得知，西夏是承认考试学衔的，但是在党项法律中，还没有发现有关这种作为补充官员手段的考试制度的论述，相反却有许多专门规定官位继承问题的条款，这表明，官职的世袭可能仍然是一条更常见的入仕途径。最后，仁宗在1148年设立了内学，"选名儒主之"，可是在宋史的简短记述中，没有留下关于内学具体内容的记载。

在探讨党项实施这些措施的动机时，必须要考虑到党项的新的东邻——金朝在这时的崛起。12世纪40年代和50年代，女真统治者也采取了类似的措施。金朝这时已经通过战争和外交手段，在东亚占据了最重要的地位，就金朝而言，采取这些措施的目的，是要创建一个汉族风格的宫廷和官僚机构，以与自己已经获得的至高无上的地位相称。党项使臣每年都要前往金廷，他们对女真的活动肯定是非常清楚的，反之亦然。《宋史》的记载时有错误，如果《宋史》所载年代正确的话，那么党项的改革要比女真早5—10年的时间：例如金统治者完颜亮（1149—1161年在位）下诏修筑孔庙是在1156年，比党项

---

① ［679］吴广成：《西夏书事》，卷35，9a—11b；［646］《金史》，卷134，第2869页。

② ［644］《宋史》，卷486，第14024—14025页。译者按：《宋史》："十五年八月，夏重大汉太学，亲释典，弟子员赐予有差。""大汉"应是宋人自谓，夏所建者是"太学"，"大汉太学"似不当理解为学校名。

人建孔庙整整晚了十年。① 党项统治者提倡儒教，很可能是出于对国内情况的考虑。具体地说，兴州的具有影响力的“儒家”信徒的发展壮大，对于更合理化、更仪式化的皇帝特权典仪的信奉以及官僚政治程序的需要；官僚政治是党项统治者用来反对在党项政权中已露端倪的柔弱、腐败的倾向，反对军事精英的根深蒂固的影响的斗争武器。

任得敬其人就是军事精英的代表人物。事实表明，嵬名察哥充当了任得敬在军队首脑中的保护人，通过察哥的帮助，任得敬才在首都谋得了一席之地。正如我们所见，任得敬的努力最初遭到了嵬名仁忠的反对，据传说，在仁忠去世之后，任得敬以贿赂的手段进入了宫廷，并得到了尚书令的职务。不久，他就成了中书令——虽然任得敬担任中书令到底有多长时间，中书令一职在西夏职责如何，目前都还不很清楚。1156 年，嵬名察哥死后，任得敬大权独揽，不仅对自己的戚属委以官职，而且对诬蔑自己的人进行镇压。②

《宋史》确指任得敬在 1160 年得到了由党项君主册封的楚王的称号。就目前所知，他是由西夏统治者册封的惟一的一位汉人。一般说来，只有功勋卓著的党项皇室子孙才有资格得到这种荣誉，所以对许多朝臣来说，这件事不仅是对西夏惯例的违犯，而且对西夏政权也是一种危险的僭越行为。据说，这位国相在 1160 年末宣称，新建立的学校，诸如百无一用的汉学之类，与西夏社会根本不相适应，而且为供奉学者浪费了本来就很贫乏的资财。学者和僧人是仁宗最密切的伙伴，对他们的这种攻击仁宗反应如何，尚不得而知，但是西夏的学校都原封不动地保留了下来，这说明任得敬显然遭到了挫败。1161 年，皇帝进一步设立了翰林院，以编修西夏实录。翰林院是一个内廷机构，它与御史台和学校一起，形成了与国相抗衡的中心；而由国相控制的中书和枢密衙署，则在 1162 年移徙到了内廷之外。③

① ［489］陶晋生：《12 世纪中国女真人的汉化研究》，第 41—44 页。

② ［679］吴广成：《西夏书事》，卷 36，3b—7a，12a。

③ ［644］《宋史》，卷 486，第 14025 页；［679］吴广成：《西夏书事》，卷 36，13b—14b。

1161—1162 年，西夏开始卷入金、宋战争。四川的宋朝地方当局曾请求党项人帮助他们打击女真，但是没有成功，与此同时，西夏军队还短期地占领了他们声称属于自己的陕西境内的宋、金领土。任得敬这时掌握着党项军队，而且他后来又谋求四川的宋朝官员支持他个人的计划，所以有理由认为，任得敬参与了这些活动。

从 1165 年到 1170 年，这位国相殚精竭虑，以灵州和翔庆附近的地区作为指挥中心，努力要在陕西北部和鄂尔多斯地区经营一块属于自己的独立领地。任得敬还进一步插手了庄浪（西藩）部落的骚乱。这些部落的故土位于洮河流域，不幸的是，这一地区当时正好处在划分不明确的宋、金、夏三方交界的边境地区。在这次事件中发生的金、夏之间关于管辖权的争议，预示了将要在 13 世纪初年发生的那场使这个地区卷入动荡漩涡的战乱。任得敬这时极力结交金世宗（1161—1189 年在位），但是并没有成功，后者精明地避开了西夏国相暗示性的表示。任得敬发现从金朝方面得不到支持，于是转而与宋朝四川宣抚司交换秘密情报。一支西夏的巡逻队抓获了后者派出的一名间谍，从他身上搜出了给国相的一封信，并将罪证上交了皇帝，而皇帝则将信转交给了金朝。①

在得到西夏国相背信弃义的确切证据之前，金朝统治者已从俘获的宋朝间谍以及其他来源得到报告，说西夏在其西南部边境地区从事可疑活动。金廷还得知，任得敬派遣大批军队和役夫，在位于庄浪地区的党项边境基地祈安城（原积石城）修城筑堡。金世宗派官员前往调查，但是为时已晚。不但城已建成，无法阻止，而且他们也没有得到任何证据来确证宋—夏交通的传言。针对金廷的调查，党项人（即

① 关于庄浪，见［646］《金史》，卷 91，第 2016—2018 页。关于西夏与四川的联系，见［644］《宋史》，卷 34，第 643—644 页；卷 486，第 14026 页；［587］周必大（1126—1204 年）：《文忠集》，卷 61，17b—18a；卷 149，16a—17a；［646］《金史》，卷 61，第 1427 页。（译者注：《宋史·西夏传》下：“乾道三年五月，任得敬遣间使至四川宣抚司，约共攻西藩，虞允文报以蜡书。七月，得敬间使再至宣抚司，夏人获其帛书，传至金人。”所获者为任得敬之使。）

任得敬本人）保证说，筑堡役兵完全属于边疆防御性质，别无他图。①

皇太后任氏（即任得敬之女）死于1169年或1170年，很可能是女儿的死促使国相任得敬逼迫仁宗将西夏的东半部赐给了他，他将这块封地命名为楚。为了进一步得到承认，任得敬又劝说夏主上书金朝，请求金廷对任得敬加以册封。金世宗对此表示极不赞同，而且私下里对夏主不能惩处不廷之臣表示非常惊讶。世宗最后拒绝册封任得敬，并退还了左右为难的夏使带来的礼物，但答应派官员就此事进行调查。这显然是多余的。

1170年八月，仁宗的亲信秘密逮捕并处死了国相及其族人和党羽。西夏使团呈递了一封仁宗致金朝皇帝的感谢信，信中谦恭地声称，西夏别无所求，只希望保持两国间的和平，并希望位于原国相与吐蕃发生过冲突的地区的共同边界能够维持现状。②

关于任得敬其人，我们没有任何可靠的资料可资利用，所以要对这一事件，尤其是对仁宗的行为作出解释，可能是要冒一定风险的。首先，党项皇帝并不是专制君主，他的行为受到了部落传统习俗的强烈制约。表现在制度方面，辅弼大臣的特殊地位就是对皇帝权力的重要制约，尤其当辅弼大臣是皇帝配偶的家族的成员时，他的地位就更为重要。在吐蕃人和回鹘人中，国相都掌握着重要的权力，而吐蕃、回鹘模式对党项政权的影响则是无可置疑的。③

另外还有一点也很重要，仁宗作为首位不是在战场上成长起来的党项皇帝，他没能培养出与军队之间亲密的个人联系。相反，仁宗最初将军权授予了叔叔嵬名察哥，后来又交给了任得敬。在相当长的时间里，这一措施都带来了很大的便利，而且从军事的观点来看，也不

---

① ［646］《金史》，卷91，第2017—2018页。

② ［646］《金史》，卷134，第2869—2870页；［679］吴广成：《西夏书事》，卷37，13a。

③ ［438］佐藤长：《古代吐蕃史研究》，第2卷，第11—14、28—29、711—738页；［381］伊丽莎白·平克斯：《前宋时期的甘州回鹘》，第106—107、114—115页；［3］安部健夫：《西回鹘的都城何在?》，第439—441页。

失为一种成功的安排。但是一旦需要时，皇帝就不得不从另外的途径寻求支持，而且还不能与军队发生正面冲突。

仁宗显然是在教育和文化机构中找到了支持自己的力量，他本人就生长在这种环境之中，并且终其一生都致力于扶植教育、文化事业。他为平民制定了儒教规范，并且广泛宣传皇帝本人就是大众奉行的菩萨。在汉文编年史中，丝毫也没有提到仁宗对佛教的保护和他对“觉心”（bodhichitta）的修习，但是大量党项资料表明仁宗所从事的佛教活动的重要性及其深远的意义，说到底，这种活动也是每一个党项统治者热心从事的传统事业。仁宗忙于行善积德以赢得人们的拥戴，提高并炫耀自己的威望和道德权威，同时还可以在一点儿也不影响自己对宗教的虔诚的条件下，不露声色地损害对手的名声。他对任得敬发动了一场意识形态领域的战斗，在这场战斗中，仁宗采用了各种手段，终于将国相逼上了叛逆谋反的道路，使其违背了作为一个独立的统治者首先必须使自己名正的道德准则。当仁宗的国相终于作为变节者暴露在光天化日之下时，实际上就已经注定了他将要灭亡的命运；所有能够使他克敌制胜的因素，现在都已经不复存在了。

在当时必定存在着将西夏分裂为东部汉人的鄂尔多斯政权和西部的草原河西政权的一种原动力。这种动力深深地植根于地缘政治、文化现实之中，而并不仅仅是简单的部落分权倾向。但是从根本上来说，与此相反的，保持领土完整的动力却要强大得多，这一动力来源于另外一个最重要的地缘政治现实：即西夏、宋、辽（后来由金取代）三方关系模式的存在，西夏、宋、辽在欧亚大陆权力体系中互成鼎足之势，宋和金都不允许在中国北方另外建立一个独立的王国。在此之前，金朝试图通过齐或楚傀儡政权统治中国北方的失败，就是一个有力的证据。

如果说任得敬代表了西夏社会中对于改变官方政策方向不满的保守势力的话，仁宗的所作所为就是坚决捍卫嵬名氏统治的合法性，并维护国家领土完整的具体体现。他的统治大体上相当于一种以半神性的佛教统治者为首的文官政体，他的权力建立在与军事体制（即与部落贵族）妥协的基础之上。正是因为有了这种妥协，世袭特权才得到国家的确认，而对王权的忠诚则被大大削弱了。① 这些问题大多在党项律令中都有所反映，《天盛旧改新定禁令》是在天盛（1149—1170年）末年，即大约在任得敬被处死的时候发布的，这恐怕并非仅仅是一种巧合。②

接替任得敬担任国相的是斡道冲。斡道冲其人出自一个世代在党项宫廷中担任史职的党项家庭，作为一名儒士和西夏文、汉文教师，斡道冲用西夏文翻译了《论语》，并加了注释。此外，他还用西夏文写了一部关于占筮的论著——对于党项人来说，这是一个永远都具有吸引力的题目。这两部著作都是斡道冲在世期间出版的，后来一直流传到了元代。在斡道冲去世后，仁宗给了他很高的荣誉，将他的形象画下来，并陈列在各地的孔庙和国学里。③

仁宗这位党项皇帝特别擅长制造舆论，而且非常善于扮演有道之君的公众形象，在这些方面他与女真皇帝金世宗极为相似。但是金世宗赢得了儒家的赞誉，以“小尧舜”知名于世，而夏仁宗的美名则作为佛教圣徒广为流传。④ 仁宗监督和参与了从他的先辈起就已经开始进行的编辑和修订所有佛教译文的工作。虽然在元代又进一步加以完善，但实际上在仁宗统治的末年，西夏文的三藏就已经完成，并在14世纪尽数付梓。⑤

---

① 见［455］岛田正郎：《辽朝官制研究》（英文摘要）。司律思是最早注意到党项统治者与佛教关系的学者之一，见［449］司律思：《蒙古鄂尔多斯的民间传说》，第172页。关于党项人对夏皇帝的佛教尊称，见［693］卜平：《西夏皇帝称号考》。

② 参见本书第204页注①。

③ ［614］虞集：《道园学古录》，卷4，第83—84页；［787］陈垣：《元西域人华化考》，英文译本，第128页。在这部书中，误将他的姓“Wo（斡）”拼成了“Kuan（翰）”。［544］吴其昱：《列宁格勒藏〈论语〉西夏文译本》。

④ 参见［345］聂力山：《西夏语文学》，第1卷，第82页。关于仁宗敕建新修甘肃黑水桥的文献，见［696］王尧：《西夏黑水桥碑考补》。［669］钟庚起：《甘州府志》，卷13，11b—12a曾著录了该碑铭，但是没有引起吴广成或戴锡章的注意。沙畹翻译了铭文的汉文部分，见［60］沙畹：《A. I. 伊风阁西夏史论评述》。

⑤ ［700］王静如：《西夏研究》，卷1，第1—10页；［241］希瑟·卡尔梅：《早期汉藏艺术》，第35—45页。有关1227年之前和之后的党项人的佛教活动和党项文三藏的情况，见［719］史金波：《西夏文化》，第64—105页。

对于宗教的热情，促使党项皇帝进行了最有说服力和最广泛的宣传活动。在仁宗统治时期，皇帝及其家庭成员，特别是他的第二个配偶罗皇后（汉人后裔），资助印制了大批最受欢迎的佛教文献，并在各种庆典场合广泛散施。就佛经的印制而言，最恢宏的场面出现在1189年。为了庆祝仁宗继位50周年，在这一年特意用西夏文和汉文印制了10万部《观弥勒菩萨上生兜率天经》和5万部其他经典，印刷佛经成了庆祝活动的最重要的内容。

1189年是东亚地区变故频仍的一年。金世宗的去世和宋孝宗的让位，都发生在这一年，所以党项统治者有充分的理由来慷慨地表明自己对佛陀的感激之情。尽管与女真人偶有冲突，但是在仁宗漫长的统治年代里，大部分时间都相安无事。从总体上来说，西夏、金朝一直保持着一种非常诚挚的关系，当然，由于经济利益的冲突和小规模的领土争端，在他们之间也确实存在着矛盾斗争，到了12世纪末年，矛盾变得日益激烈。

女真人指责党项在边市贸易中以无用的珠玉换取他们的优质丝织品——这使我们想起了北宋也曾抱怨于阗使臣带来的粗劣的玉石充斥宋朝市场，结果金朝在1172年关闭了兰州和保安的榷场，直到1197年才重新开放。此外，女真对于陕西边境的越境非法贸易也极为不满，并因此而关闭了绥德的榷场。这样一来，剩下的就只有东胜和环州的边市了。12世纪70年代，干旱和饥荒席卷中国北部地区，而就在同一时期，党项在边界的侵掠活动也日渐增加。1178年，党项人袭击了麟州（这时掌握在金朝手中），从而将他们的掠夺活动推向了高潮。1181年，女真皇帝终于重新开放了绥德的榷场，并许可党项使臣享受在金朝首都贸易三日的特权。[①]

1191年，一些党项牧人因迷路而进入了镇戎辖境，金朝逻卒驱逐了党项人，但后来反而被西夏人俘虏。而且党项人又设下埋伏，杀害了前来追赶的金朝官员。事后仁宗拒绝引渡肇事者，只是向金朝保

① ［646］《金史》，卷134，第2870—2871页；［596］宇文懋昭：《大金国志》，第17页以下。

证，这些人已经受到了惩罚。

相对来说，这些事件确实对双方广泛的友好关系造成了轻微的损害。在1189年和1193年，金世宗和夏仁宗都先后去世了。此后，他们各自的继承人的短暂的统治，实际上不过是内忧外患时代到来的序曲，其主要原因，就是在铁木真（未来的成吉思汗）领导下的蒙古人的日益强大和统一。

西夏末世与蒙古的征服

当仁宗在1193年去世时，他已经70岁了，帝位由长子纯佑（桓宗，1193—1206年在位）继承，时年17岁。纯佑是汉裔罗皇后所出。对于桓宗统治期间的西夏历史，我们几乎一无所知，但是1205年蒙古人首次入侵西夏领土，显然是这一时期最重大的事件。

从1206年桓宗被废黜，到1227年西夏被成吉思汗灭亡，在这空前动荡的年代里，党项皇室一直只能勉力维持国祚不坠。西夏最终没有复兴，既不是因为它内政的衰败，也不是由于它天生孱弱。如同它的更强大的邻人一样，西夏是被蒙古人摧毁的，蒙古这个新的草原强权的出现，毁灭性地打破了宋、金、西夏在东亚地区三足鼎立的局面。随着篡权废立现象在西夏历史上第一次出现，在西夏朝廷形成了抗金和抗蒙古的集团。

从12世纪70年代以来，来自草原上的纷扰不时地影响着西夏和金朝的关系，这种情况在官方史书中也有反映。女真人关闭西方边境与西夏的三处榷场的一个重要原因，就是怀疑党项人在边界从事间谍活动，并且可能与位于远在西方的哈剌契丹发生了交往。他们认为这些行为与金朝自身的利益是相抵触的。[①] 我们还知道，一位曾被铁木真的父亲打败的克烈部酋长，可能于12世纪70年代在西夏避难，后来就再也没有见到关于他的记载。

① [646]《金史》，卷50，第1114页；[644]《宋史》，卷486，第14026页。

据说另一位克烈部首领在流亡途中也曾留居党项有日，党项人赐予他“札阿绀孛”（Jakha Gambu，大意是“顾问长老”）的荣誉头衔，后来，他就以这个名字知名于世。札阿绀孛的哥哥脱斡邻勒（王汗）是铁木真的盟父，而且他的几个女儿都嫁给了铁木真的家族，所以铁木真容忍了札阿绀孛反复无常的不忠行为。著名的唆鲁和帖尼别吉，就是札阿绀孛的女儿，她也是蒙哥、忽必烈和旭烈兀的母亲。札阿绀孛显然还将一个女儿嫁给了党项皇帝，据说当成吉思汗最后猛攻西夏时，她的美貌打动了成吉思汗。① 很可能通过建立广泛的婚姻关系，党项统治家族的影响当时已经深入到了草原，这一判断有助于解释他们在蒙古帝国中所具有的特殊的地位。

克烈部与西夏的关系还不止于此。1203 年，当脱斡邻勒最终被铁木真打败之后，这位克烈部首领的儿子亦剌合桑昆通过额济纳逃往吐蕃东北部地区，后来又被追赶到了塔里木盆地，最终被当地的首领杀害。② 虽然党项政权显然拒绝了克烈部逃亡者的避难请求，但是因为亦剌合桑昆逃跑时经过了党项的地盘，这就为 1205 年蒙古人入侵河西提供了口实。在入侵河西的战争中，西夏的好几个武装居民点都遭到了抢劫，大批牲畜被赶走。③

1206 年，铁木真宣布接受成吉思汗称号，也就在同一年，中兴府发生的政变将一位新的统治者推上了党项王位。桓宗被自己的堂弟嵬名安全（襄宗，1206—1211 年在位）废黜，一个月之后，在囚禁

① ［405］拉施特：《史集》，第 1 卷，第 2 分册，俄译本，第 109—110、127 页；［375］伯希和、韩百诗译注《圣武亲征录》，第 230、261 页；［414］列里赫：《克烈部的西夏封号札阿绀孛》，第 41—44 页。

② ［405］《史集》，第 1 卷，第 2 分册，第 134 页；［375］《圣武亲征录》，第 107 页。［653］《元史》，卷 1，第 23 页将此事误系于 1226 年，并将它作为成吉思汗在这一年入侵的原因。

③ 吴广成称，在这次事件中，由于党项人成功地摆脱了蒙古的威胁，所以他们将首都兴州易名为中兴。但是这种说法只是出于臆测，不足取信。参见第 182 页注①。［653］《元史》，卷 1，第 13 页；［405］《史集》，第 1 卷，第 2 分册，第 150 页；［375］《圣武亲征录》，第 118 页。

中去世。罗太后在被迫之下致书金朝，请求金主正式册封篡位者为西夏王。[1] 当襄宗继位之后，罗太皇太后就在记载中消失了，估计她可能是被送进了某个荒僻的寺院。

次年，金朝失去了藩臣汪古部和西北边疆地区由部落混合组成的边界守卫者（Juyin，汉文“乣”），兀剌海城堡附近的地区也遭到了蒙古人的掠夺。[2] 蒙古人现在可以毫无顾忌地入侵山西和鄂尔多斯地区了。

掠夺兀剌海的蒙古人直到1208年春天才收兵撤退。在这期间，西夏连续派遣使节前往金朝首都，他们很可能是寻求与金朝建立联合战线，以抵抗蒙古人的入侵。但是对于两国来说，不幸的是金章宗恰恰在这年冬天去世了，章宗身后无嗣，帝位由他的一位昏懦无能的戚属（在历史上以卫绍王知名，1213年被黜）继承。卫绍王拒绝与党项人合作，据说，他声称：“敌人相攻，中国之福，何患焉?”[3] 无论实际上发生过什么事情，党项与女真的关系从此迅速恶化。

1209年秋天，在接受了高昌回鹘的自愿归降之后，成吉思汗对西夏发起了一次大规模的入侵。蒙古人经由“黑水城北和兀剌海城西”进入河西，打败了由西夏皇子率领的一支军队，并俘虏了西夏的副元帅。接着，进逼并攻克了兀剌海城，西夏守将投降，西夏太傅西壁讹答也成了蒙古人的阶下囚。从兀剌海起，蒙古军队转而南下，向位于中兴府以西、起着拱卫京师作用的克夷门发起进攻。克夷门是阿拉善的一处险关要隘，蒙古军队在这里遭到由另一位西夏皇子率领的守军的顽强抵抗。最后，蒙古人终于打败了守军，并擒获了夏军的统帅，进而包围了西夏都城（见地图13）。

在围攻中兴府的战役中，蒙古人使用了古代的水攻之计，引黄河

---

① ［646］《金史》，卷134，第2871页。

② ［42］保罗·比尔：《成吉思汗兴起时汉地与蒙古边界的作用》，第66—68页。又见［394］罗依果对《蒙古秘史》卷11中“Juyin”（乣）的解释。

③ ［646］《金史》，卷62，第1480页；卷12，第285页。关于金主的这番话，见［597］《大金国志》，卷21，第23—24页。

地图 13　蒙古军第一次入侵西夏，1209 年

水灌中兴府。但是由于堤围溃决，反而淹没了蒙古军队的营地，所以他们被迫解围撤军。但是在撤军之前，蒙古人先派遣被俘的西壁讹答代表他们 入城谈判，与西夏订立了城下之盟。1210 年，党项君主名义上臣服了成吉思汗，除了贡献大批骆驼、鹰隼和纺织品之外，还被迫向蒙古首领纳女请和。①

与西夏的城下之盟，使成吉思汗在进攻金朝之前确保了自己西翼的安全。此后不久，党项人就开始掠夺金朝边境的州县，西夏的入侵使这两个邻国间的外交往来大为衰退，到 1212 年之后，两国之间就完全断绝了来往。1212 年，党项皇帝不明不白地死了，族子嵬名遵顼（神宗，1211—1223 年在位，死于 1226 年）代而为帝。在党项皇族子弟中，遵顼是最早获得西夏“进士”殊荣的一位，他当然首先是要站在自己阶层的立场。②

如何处理与蒙古人的关系，是否放弃与金朝长期的联盟关系，面对这些问题使党项朝廷陷入混乱。神宗似乎是要同时解决这些问题。为了迎合蒙古人，他对金朝西南的临洮路发动了进攻，这次战争为党项人提供了洗雪原来在领土问题上的宿怨旧仇的机会。1214 年之后，在蒙古人步步紧逼的强大压力面前，女真人将都城从燕京（北京）向南移到了汴京（开封），能否控制临洮，这时就成了生死攸关的重大问题。由于宋朝停止了向金朝的岁赐，女真人在财政上也已经濒临绝境，对于被困在河南的女真人来说，他们陕西的领土就成了食物、人力和马匹的重要供给地。

1214 年末，一支得到西夏支持的起义军使兰州也陷入了战火之中，这一事件严重损害了金朝多年来对这一地区的统治。不仅如此，党项朝廷在 1214 年还开始与四川的宋朝地方政府进行谈判，建议双方联手进攻金朝的西部领土。西夏与宋朝谈判一直持续到了 1221 年，但是实际达成的协议却只有 1220 年的一次流产

① ［653］《元史》，卷 60，第 1452 页；卷 1，第 14 页；卷 169，第 3977 页；［394］罗依果译《蒙古秘史》，第 84—85 页。

② ［646］《金史》，卷 134，第 2871 页。

的联合行动。[①] 1216 年下半年，西夏为蒙古军队借道，允许他们穿过鄂尔多斯地区，进攻陕西的金朝领土，西夏还在这次战役中为蒙古人提供援军，但即便是在这种情况下，女真人也只能投入一支军队与西夏军队作战。[②]

对于西夏来说，对金的战争不仅在政治上是不得人心的，而且在经济上也等于是一场毁灭性的灾难。在西夏朝廷里，反对抗金战争的呼声越来越强烈，但是一次次的和平尝试都没有取得多少成效。尽管在西夏内部始终存在着投靠蒙古阵营的现象，但是有一点很清楚，朝野舆论对联合蒙古人的政策一直都持鄙视的态度。在 1217 年冬季或 1218 年初，一支蒙古军队逼近了西夏首都，他们很可能是要迫使党项人履行早先的承诺，支持成吉思汗经略中亚、攻打花剌子模的军事行动，当然他们也可能是要对党项人拒绝提供帮助的行为进行惩罚。虽然还不清楚实际上是否发生过战斗，但是党项人拒绝了蒙古人的命令，这一点是无可置疑的。而且在这次事件中，一位叫做阿沙敢不的人还因为敢于公然藐视大汗的权威，而声名大振。[③]

1219 年，成吉思汗将木华黎留下来负责中国北方的行动，自己亲自率军远征中亚。这样一来，他对党项人的报复行动也就相应地延缓到了远征之后。在蒙古大军出征中亚期间，西夏与金的战争一点也没有缓和的迹象。后来到了 1223 年，一切都发生了变化：木华黎死于本年三月之后，蒙古人对金和西夏的压力暂时缓解了。年底，神宗将帝位让给了次子嵬名德旺（献宗，1223—1226 年在位）。在此前后，金朝的统治者也是一位新即位的皇帝。1224 年下半年，西夏、金开始和谈，以结束战争。1225 年九月，达成正式和约，确立两国为兄弟国关系，金为兄，西夏为弟，双方各自保持本国封号。紧接

① [644]《宋史》，卷 486，第 14027 页；卷 40，第 774—775 页；[585] 李心传：《建炎以来朝野杂记》，卷 19，乙集，8b。

② [646]《金史》，卷 110，第 2421 页；卷 14，第 318—322 页。

③ [653]《元史》，卷 1，第 20 页；[646]《金史》，卷 15，第 334 页；[394] 罗依果译《蒙古秘史》，卷 11，第 95—96 页。据《秘史》本段记载，成吉思汗的使节提醒西夏，早在 1209 年时，他（实际上应该是他的前任）曾经答应过要做大汗的右手（即西翼）。

着，又通过会谈解决了关于礼仪、边界榷场等一系列存在争端的问题。① 西夏、金和约显然是一个与传统相背离的条约，尽管短命，但它标志着西夏外交取得的辉煌胜利。

关于成吉思汗对西夏的最后一次战争以及他的死亡，有关记载非常零乱，而且细节抵牾也很多。但是对于出兵的时间，大多数记载都是一致的，即成吉思汗在 1225 年冬季发兵，1226 年春季入侵河西。自从 1219 年在蒙古入侵中亚的战役中拒不派遣援军之后，党项人变本加厉，拒绝向蒙古汗的宫廷提供质子，而且密谋与一些不知名的部落联合，计划共同抵抗蒙古人。②

《蒙古秘史》中记述了一个其他记载中都没有提到的事件：当 1225 年冬天向党项领土进发时，成吉思汗在中途停下来猎取野马，因坐骑脱缰，他被摔下来受了重伤。这样一来，蒙古大军就不得不停下来，等候大汗痊愈。为了顾全体面，成吉思汗派遣使臣通知党项君主，要他必须就其轻慢无礼的行为作出解释，然后成吉思汗将会根据他答复的情形，决定撤军还是继续入侵。当蒙古使节来到党项朝廷时，阿沙敢不又一次傲慢地声称，他完全对先前说过的那些无礼的话负责,并且更为嚣张地嘲弄了蒙古人，表示要在战场上一分高下。当听到这个答复后，成吉思汗发誓要洗雪耻辱：“虽死呵也要去问他!”③

尽管隐藏在这些事件背后的内容我们只能去推测，但是党项朝廷这时似乎又一次大权旁落了，掌握朝政的不是皇帝，而是权臣。肯定是阿沙敢不拒绝和谈或妥协，才招致了蒙古人对党项国家进行彻底的毁灭性打击。

蒙古军队首先攻克了党项河西诸州，进而孤立了夏都。1226 年

① ［646］《金史》，卷 17，第 375—376 页；卷 38，第 869 页；卷 110，第 2424、2433—2434 页；卷 62，第 1487—1488 页。

② ［653］《元史》，卷 1，第 23—24 页；［373］伯希和：《〈马可·波罗游记〉注疏》，第 1 卷，第 309—311 页；［394］罗依果译《蒙古秘史》，卷 12，第 21—25、44—45 页；［388］罗依果：《耶律楚材的〈西游录〉》，第 63—64 页，注［138］。

③ ［394］罗依果译《蒙古秘史》，卷 12，第 23 页。

二月，黑水（Edzina）及其邻近地区陷落。蒙古大汗从浑垂山（或许就是祁连山）夏营地进攻肃州、甘州，大将速不台分兵经略撒里畏吾儿和其他居住在甘州、沙州以南山区的部落（见地图 14）。

供职于蒙古人的两位党项官员察罕和昔里钤部参加了这次战役。当进攻肃州时，昔里钤部的哥哥担任肃州守将，尽管昔里钤部劝说哥哥及早投降，但他还是进行了顽强抵抗，结果城破之后，除了昔里钤部的亲族家人之外，肃州百姓尽数遭到屠杀。[①]

无独有偶，在攻打甘州时，察罕的父亲指挥守城，与昔里钤部一样，察罕也试图劝说弟弟和父亲投降，以避免遭受与肃州同样的命运。但是忠于职守的守将杀了察罕的父亲和弟弟，拒绝投降。然而，甘州被攻破之后，察罕凭借自己的崇高声望和为了蒙古的事业的不遗余力挽救了该城百姓，最后只处决了拒不投降的 36 人。[②]

蒙古军主力在秋天挥师东南，直逼西凉府（凉州）。凉州是一座非常重要的中心城市，守将斡扎箦是斡道冲的后代。在进行了短暂的抵抗之后，斡扎箦就举城投降了蒙古，搠罗、河罗等地也纷纷仿效。[③]

攻略河西之后，成吉思汗继续向前挺进，渡过黄河，顺流直指东北，进抵灵州。这时党项皇帝献宗已因惊惧而死。献宗去世时只有 45 岁，帝位由倒霉的嵬名晛继承，他是献宗的近亲。十一月，当蒙古军队包围灵州时，党项人派出最后一名使节前往金廷，请求女真人停止聘使往来。嵬名氏指挥一支党项大军向西南开拔，以解灵州之围。成吉思汗匆匆渡过封冻的黄河，与前来解围的党项增援部队遭遇，在冰天雪地的战斗中打败了增援部队。在这年十二月，耶律楚材

---

① ［653］《元史》，卷 121，第 2977 页；卷 122，第 3008—3009、3011 页；卷 120，第 2955 页。关于昔里钤部，见［723］白滨和史金波：《大元肃州路也可达鲁花赤世袭之碑》。

② ［653］《元史》，卷 120，第 2955—2956 页。

③ ［653］《元史》，卷 134，第 3254 页；卷 146，第 3465—3466 页；卷 1，第 24 页。关于“搠”的读音，见［374］伯希和：《评 E. 海涅什的〈成吉思汗的最后一次出征和去世〉》。

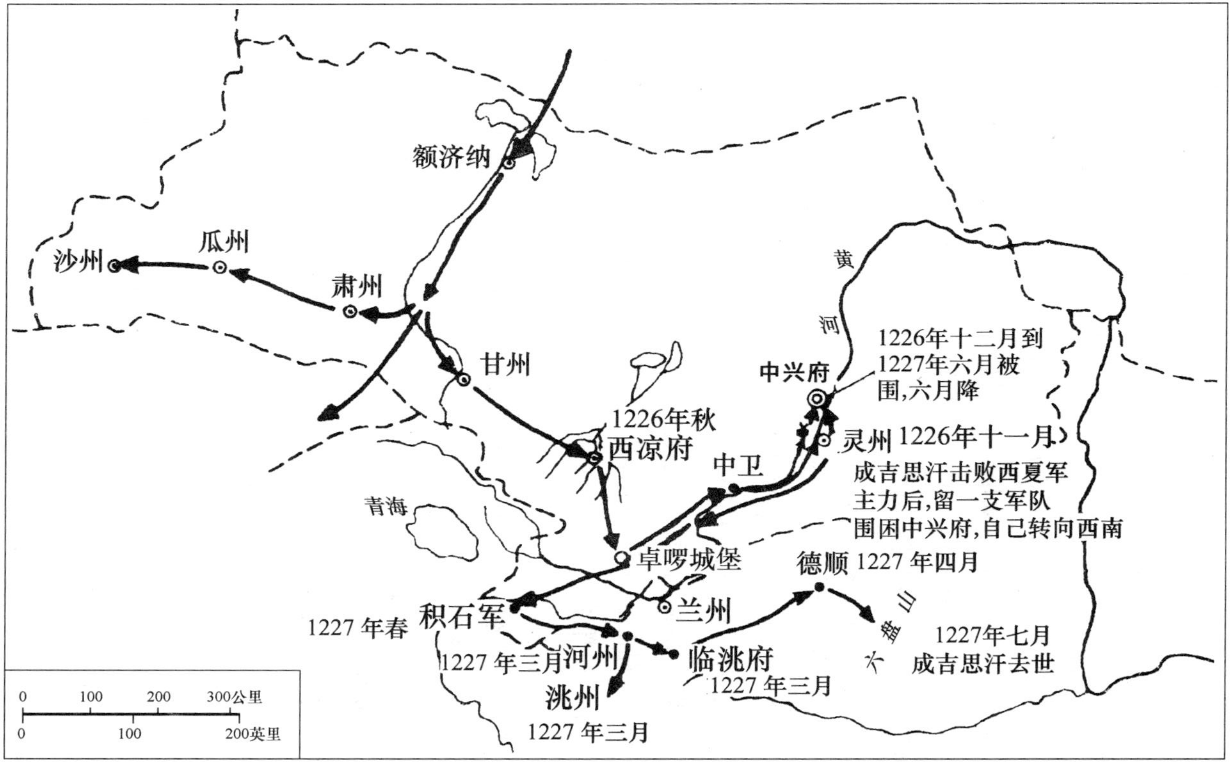

地图 14 成吉思汗入侵西夏,1226—1227 年

目睹了灵州的陷落和被劫掠。据载，城破之后，“诸将争取子女玉帛，楚材独收遗书及大黄药材”①。

攻克灵州之后，成吉思汗将营帐扎在了盐州川。后来，成吉思汗留下一支部队包围夏都，而他本人则转而向南，再次渡过黄河，向西方攻略，经临洮向积石州挺进。1227 年春，蒙古大汗横扫临洮，征服了临洮大部分地区。此后，在六盘山停下来“避暑”②，成吉思汗本来就已染疾，他很可能就是死在了这里。

对中兴府的围攻持续了六个月。1227 年六月，被困的党项君主绝望地与蒙古人协议投降。蒙古人一直隐瞒着成吉思汗的死讯，当党项君主根据议定的投降条款出现在城头时，他们突然宣布了大汗的死讯，并立即杀死了党项君主，洗劫了中兴府。察罕努力使中兴府避免了全面屠杀命运，营救了四处溃散的幸存者。③

据说蒙古人处理党项皇室的做法和对中兴府居民的异乎寻常的大屠杀，是事出有因的。这种做法“意味着要为成吉思汗来世提供一支可观的卫队”，这样做的结果，敌对国王的“德行”就会转化为一种服务于死去的大汗，并对他大有助益的保护性的精灵。④

尽管西夏遭到了彻底的蹂躏，但是许多党项人在西夏灭亡后还是活了下来，并继续在元朝供职。作为色目人（西域和中亚人），党项人享有比女真人和契丹人更高的社会地位和特权，就更不用说汉人了。⑤ 一些小规模的党项群落避居到了中原中部地区（河北和安徽），直到明朝末年，他们显然还在继续使用本民族的文字。党项皇室的支

① ［653］《元史》，卷 146，第 3455 页；［388］罗依果译：《西游录》，第 65 页，注［142］。党项大黄是一种很有名的中药材。

② 积石州，伯希和失考。积石州是位于黄河以南金朝临洮路的属州，而不是在黄河以北。见［373］伯希和：《〈马可·波罗游记〉注释》，第 1 卷，第 310—311 页。

③ ［653］《元史》，卷 120，第 2956 页。

④ ［388］罗依果译：《蒙古秘史》，卷 12，第 49—50 页。

⑤ ［105］伊丽莎白·思迪科特—韦斯特在《蒙古在中国的统治》，第 66—67 页中指出：“蒙古、回回、畏兀儿、乃蛮和唐兀达鲁花赤的子弟单独管理并且在承荫时高于同级的契丹、女真和汉人达鲁花赤子弟。”

系也逃离了原居地，迁徙到了四川西部、西藏北部等地，甚至可能到了印度东北部地区。在这些地方，他们或是成了当地的世俗统治者，或是担任了佛教社团的首领。①

从党项人的先祖拓跋氏到蒙古时代之后党项人的种种行迹，在传说和历史记载中，西夏的缔造者们为后世留下了纷繁复杂的历史遗产，到现在为止，这笔遗产还远远没有得到充分的了解和评介。幸运的是，考古发现为了解西夏社会提供了丰富的文献和其他实物资料，较之契丹或女真的资料，党项的资料要多得多。由于苏联、中国和日本学者刊布了有关的译文和摹本，使这些资料的利用成为可能，有一天可望写出一部不仅仅依赖汉文编年史的西夏文化和社会史。

① ［716］史金波、白滨：《明代西夏文经卷和石幢初探》；［509］G. 杜齐：《西藏画卷》，第 1 卷，第 164 页；［474］史泰安：《弭药和西夏》，第 237 页，注［2］；［771］吴天墀：《西夏史稿》，第 127—137 页。

第三章

金　朝

概　述

长期以来人们一直承认，对于周期性的中国历史来说，按照王朝划分的模式并不是很令人满意的标准。不过，确实有某种例外，如征服王朝，其中每一个王朝所进行的统治，都同时代表了一个外族征服时期。金朝（1115—1234 年）就是这些王朝中的一个。它首先推翻了契丹人的辽朝，使外族继续对中国北部大部分地区的统治，只不过统治者从契丹人换成了女真人而已。今天属于北京的这个地区曾经由非汉族人统治长达四百年之久，并随之带来他们的社会的和人种的所有影响——这个事实是太容易被人忽略了。最先侵入中国北部的是契丹人，然后进入了女真人，最后从 13 世纪早期开始，又闯进了蒙古人。与契丹人与女真人相比，蒙古人更为成功，他们征服了整个中国。就这样，金朝和女真人的统治，既是从北部边疆进入中国本土的非汉族入侵者组成的长链中的一环，同时又颇具自己的特点。女真人用来统治汉人的方式，决不是无足轻重的。契丹人、女真人，还有蒙古人，他们相继采用了不同的政权形式，也程度不同地接受了汉族的文明。将这些差异进行对比，有助于了解外族统治中国的各种类型。

我们有充分理由把金朝当作是外族势力统治中国北部的一个传统舞台。有了女真人，通古斯民族才第一次作为一个统一的实体，一个强大的政治力量，出现在世界历史上。女真人建立的金朝虽然覆亡，这些通古斯部落却没有随之从历史舞台上消失。几个世纪以后，女真人的直系后人满洲人，重振了他们先人的业绩，集聚了占压倒优势的军事实力。这次，在 17 世纪，他们在女真人 12 世纪被击败的地方获得了成功：他们征服了整个中国。还要提到的是，在中世纪的欧洲，“金”（汉语的意思是“金子”）是最先为人所知的中国朝代的名字。马可·波罗提到“金王”（Roid'or），是对蒙古人称呼金朝统治者的忠实记载。在蒙古语中，Altan khan 的意思就是“黄金可汗”，虽然马可·波罗对于“金王”与传奇的普罗斯特·约翰二人相遇的记载令人难以置信。因而，就像历史上许多消息传递的情况都颇具讽刺意味一样，这个最先被欧洲中世纪史料所记录的中国朝代名称，竟是一个非汉族朝代。

女真人及其开国前的历史

女真人的族源异常复杂。困难始于他们的族名，不同的文献将他们的族名予以不同的汉文译写。本章所用的 Jurchen 一词，出自汉文的“朱里真”，似乎是它的最初形式。然而至今，在西方的学术著作中，更常见的写法还是“Jürcded”或“Jürchld”，这实际上是女真族名的蒙文译写（-d 是蒙古文表示复数的后缀）。“女真”一词始见于 10 世纪初，显然与“庐真”有关，据说那是契丹人对于这个族名的读音。辽朝时，因为“真”字恰与辽兴宗的名字相合而需避讳，“女真”由此而被官方改称为“女直”。种种歧异使这个族名的混乱现象进一步加剧，特别是在较早的西方文献中。在 16 世纪，女真人自称为“诸申”，这很明显地是来源于较为古老的词汇：Jurchen。①

不过，女真语在语言学上的亲属关系却是很清楚的。女真人讲的是一种通古斯语，因而一些学者认为，它与突厥语和蒙古语同属一个语系，是具有同源关系的语言，就是说，它们是从同一个语系派生出来的。至今在西伯利亚东北部的部分地区和中国东北地区东部，仍然有人讲这种通古斯语。新疆固尔札西部的锡伯族自治县仍是一个讲满

① 伯希和考证了女真族名的各种写法和读音，见［373］《马可·波罗游记注释》，第 1 卷，第 376—390 页。

语的独立地域。消亡于16世纪末的女真语与满语具有紧密的亲缘关系，这一点很早就被西方所发现，也被满族人自己所明确地意识到。[①] 女真语也是最早被用书面文字记载下来的通古斯语言。我们有关12、13世纪女真语言研究的主要材料，是《金史》中所保存的以汉字转写的女真词汇。编纂于16世纪的汉文与女真文对照的词典，尽管反映的是语音发展的后期阶段，但它对于金朝统治时期“旧女真”常用语的研究，也还是有用的。

女真人源起于东北地区东部那些覆盖着茂密森林的山地，如今归属于黑龙江以南的苏联远东省份（译者注：原文如此）。在早期——就是说在10世纪——女真人似乎就已经扩展到东北平原了，松花江流域一带已成为他们定居的中心。这里我们应该注意的是女真人的生活方式，它虽然与汉族那种定居农业文明相对立，却也不能以简单公式化的游牧方式来说明。在这一点上，女真人不仅不同于契丹人，而且更不同于蒙古人。后两种人更符合于传统上对于草原游牧文化（逐水草而居，住毡帐，主要家畜是马与驼，很少甚至完全没有农业）的描述。可见女真人的生活与经济方式是根据他们各自所处的环境而定：在森林中，占优势的是渔猎；在平原上，则是饲养牲畜或从事农耕。女真人饲养马匹，甚至还输出马匹，但他们主要的家畜是牛。他们地区重要的物产是类似于猎鹰和隼的海东青，辽朝甚至汉族的皇帝都热衷于搜求此物。从一份向辽朝和汉人进献贡礼的清单上可以看出，女真人输出的产品包括：马（中国正是一个需求无尽的市场）、海东青、黄金与珍珠，还有林业产品（蜂蜜、松子及人参，一直是重要的一种中药材）。很明显，女真这些贡品在中国的对外贸易中所占比重很小，在依靠进贡建立起的关系中，有很长一段时期，女真人都只是微不足道的因素。但无疑，与这些比他们更发达国家的偶然接触，在女真人心中点燃了一种渴望，就是效法这些朝廷，也获得这样的威严和显赫，就像他们那些从东北的林莽中走出来的使节曾见到的那样。

---

① 刘应（1651—1737年）发现了这一点，见［521］《韃靼史纲》，第288页。

汉文文献一致认为，女真是靺鞨（朝鲜语 Malgal）部落中的一部，他们曾长期活动在今朝鲜与东北之间的边境地带。靺鞨本身与其说是一个统一的种族文化的共同体，倒毋宁说是一个由不同部族组成的混合体。在唐朝时，他们曾经是位于东北地区南部的渤海国的臣民，后来在 10 世纪，靺鞨部落中的一些部又组成了一个以“五国”著称的群体。这个群体说是个联盟也许更合适些，它位于今天吉林省的东北部，并成为女真人的祖先之一。靺鞨的另一部分是被称为“黑水靺鞨”的七个部落，居住在黑龙江的中下游地区（“黑水”是黑龙江的诸多名称之一）。女真人的第一代祖先就源起于黑水靺鞨，如果我们相信女真人带有传统意义的祖先是从 12 世纪初算起的话。

在更详细地叙述女真诸部如何逐渐发展成一个联盟国家之前，有必要讲述一下汉文文献对他们建国之前的早期历史的记载。女真的族名最早见于汉文文献的时间并不是很清楚的。靺鞨的出现已是 5 世纪末，而能够与 Jurchen 这一族名联系起来的最早记录很可能是在公元 748 年，当时一个大使和“小汝者”人曾向唐朝宫廷赠送金银。这些“汝者”据说就是室韦九部联盟中的一个，在唐代，他们曾将势力扩展到东北的北部与西部，因而一些讲通古斯语的部落统统被他们纳于麾下。① 不过，Jurchen 这一族名到 10 世纪初就消失了。可见，唐帝国在 9 世纪末的分裂导致了中原边境上多个新政权的形成，而 Jurchen 人也的确是其中之一。他们既派进贡特使到辽朝宫廷，也派使节到汉族的朝廷，先是到后唐（据史载公元 925 年曾经通使），然后从 961 年开始是宋廷。大多是经由辽东半岛的海路。

根据当时中国边疆地区总的政治背景可以解释女真人为什么恰恰于这个时候出现。9 世纪时，势力从辽东湾一直扩展到东北地区东北部的渤海国，曾独占了获利的贸易以及向中原的进贡通路。926 年渤海国被契丹辽朝所吞并，随着渤海国统治的衰亡，加上辽朝松散的统治机构，使处于比他们更远地区的民族和部落得以有机会直接与外部建立联系。926 年以后，这些生活在东北平原、特别是辽河流域的女

① ［408］保尔·拉契内夫斯基：《室韦是蒙古人的祖先吗?》，第 235、246—251 页。

真人被置于辽朝的直接统治之下，被称作“熟女真”，以区别那些被称为“生女真”的同族。“生女真”生活在辽朝的势力范围之外，仍然沿袭着林中人、狩猎者和捕鱼者的古老的生活方式。至于据说在961年到1019年期间曾到过开封的使者与商人究竟是这两种不同的女真人中的哪一种，我们一无所知。不过，那些携带着“好马”，取道山东登州的海路进入宋境的使节们，应该是那些在东北平原上养马并且能够成功地避开契丹主子控制的“熟女真”。还有一些密使，应该也是从熟女真那里派遣的。我们可以肯定的是，契丹人曾竭力阻止他们属下的女真人向宋朝进贡和贸易。991年，他们曾在从东北通往中原的必经地点附近设置木栅，以此来割断陆路交通。但宋与女真之间的海上交往却一直持续到11世纪初还未曾断绝。1010年，契丹与高丽间进行了一场战争，女真人站在高丽一方。战争的结果是契丹遭到惨败而退却。而对女真人来说，作为高丽联盟中的一员取得的这场胜利，却使他们的使节在此后相当长的时间内，只能以高丽使团成员的身份进入宋的朝廷。

金朝文献中有关女真早期历史的叙述虽然极其公式化，但多多少少与上面所述的外界记载是相符的。那些部落首领同时也是金的统治氏族——完颜部的祖先们，在1136至1137年间都被加封为皇帝，他们的顾命大臣也被封为“国相”。这在中国历史上是一个循环往复出现的特征，为皇帝的家族制造祖先成为一个趋势，无论他们早先的出身多么卑微或者野蛮，后来总会以高贵的显要身份出现而且被汉化。由于女真人没有留下任何文字记载，他们的早期历史留下的只是口头传说，所以对于诸部长乌古乃（1021—1074年）之前的时代，我们无法按时间进行叙述。女真诸部被联合起来并向类似于国家的部落联盟转化，是在乌古乃的时候开始的。

根据传说，完颜氏族从始祖传至乌古乃是第六世。这个氏族的始祖名叫函普，推算起来应该是生活在公元900年前后，也正是女真人为外部世界所知之时。10—11世纪之间女真人的社会生活主要的还是由部落的自立和个人的活动所决定的，虽然从乌古乃的父亲起就已经接受了辽朝的节度使封号，但这样的封号几乎没有任何意义，既无实权，也无实际作用，它的含义无非表示对辽朝松懈的主权予以承认和对自己正式臣属于辽的地位表示接受而已。即使金朝官修史书也承认，在11世纪中叶，女真人还没有文字，不知历法，也没有官府。作为氏族独立性的另一个重要的衡量标准源于这样的事实，就是在东北地区东部，在这段时间之内，可以说没有哪个地名是以“某某人的某某城镇”来命名的。

完颜部的崛起遭到了许多部落酋长的抵抗，正需要金朝建国者的祖父乌古乃这样具有才略的人，才能将诸部征服。据说，乌古乃是个勇敢的战士，嗜酒好色，食量过人。他成功地占领了全部东北地区的东部，东起朝鲜半岛与东北地区接壤处的宗教崇拜中心长白山，北至“五国城”。乌古乃被辽赐封为生女真的节度使，甚至还被辽帝接见过一次。有一件事可以作为他实力日渐雄厚的证据，那就是他已在筹划通过从其他氏族中购买铁和铁制武器来扩充军事装备（女真人向来以擅长冶铁著称）。但是，乌古乃之所以能够将反抗过他的氏族和部落最终锻造成一个更有组织的实体，主要还是基于女真人想尽可能地从契丹人手中争得独立的共同愿望。

女真人对契丹人不满的一个原因是契丹人对他们的虐待。他们每年一度被迫向辽朝进献的特产包括珍珠、海东青以及貂皮。每年，当辽使与女真贡使到双方边界进行交易时，似乎总有强抢或暴力事件发生。事实上，乌古乃本人和所有他的继任者都有辽赐予的节度使头衔，但这看来全然没能使他们成为辽的忠实臣民。另一方面，与辽的接触以及因此而对组织和结构更加健全的政府模式的了解，都使他们认识到，凭借女真人传统的部落组织，是不足以与契丹人对抗的。使女真人得到了合法的和事实上独立的人，就是后来被尊奉为金太祖的乌古乃的孙子阿骨打。

阿骨打的统治和金朝的建立

在阿骨打之前，当他的长兄乌雅束（1103—1113年在位）统治时期，女真人已经具备了充分的实力，足以使他们与高丽的边境得到巩固，与此同时还争取到了越来越多的氏族与部落归附于完颜部。完颜部的故乡位于按出虎水河畔（今阿拉楚喀河，位于哈尔滨以东，系松花江南部支流之一）。此地多年来一直是女真的政治中心，后来又成为他们的国都（即上京，坐落于今哈尔滨东南的阿城附近）所在地。乌雅束死后，1113 年，阿骨打被部落长老们推举为女真的联盟长，并沿袭旧例被辽封为节度使。由部落推选首领的做法在女真人之中沿袭已久，虽然有关首领继承的问题并没有严格的规则存在，但选择只能限于完颜部之内。

不久之后，阿骨打的军队与辽朝之间就爆发了一场全面战争。开始时，阿骨打手下受过训练的士卒不超过几千名，但随着他屡次获胜，越来越多的首领带着自己的队伍投奔到完颜部的军中。这场战争的起因——虽然这至多不过是女真一方找的借口——阿骨打向辽索要阿疎，阿疎是女真的一名部长，多年以前投奔于辽。辽国拒绝交出阿疎，并且对此后女真一方提出的要求一概置之不理。阿骨打在极短的时间内就打退了派来进攻的辽军，使自己成为东北地区无可争议的最高首领。

1115 年春天，阿骨打正式称帝，建国号为金。“金”得名于按出虎水，在女真语中，“按出虎”的语义即为“金”。[①] 以一条河流的名字为一个朝代命名的做法源于辽朝，“辽”即因位于东北南部的辽河而得名。与此同时，一个汉族式的年号也产生了，这就是“收国”。在原有的姓名之外，阿骨打又为自己取了个汉名，具有讽刺意味的是，他的汉名叫做“旻”。

至此，一个汉族皇帝建元称帝时所要做的一切，都已经被阿骨打完成。而我们从现存的史料中得知，在这些决策背后，还有个运筹帷幄之人，他就是渤海国出身、年轻时曾考取辽朝进士的杨朴。杨朴曾在一篇上疏中指出，阿骨打不能仅仅满足于带领女真人获得事实上的

---

① 这条河也因此而被重新命名为 ancuqu，这个词在满语中为 ancun，义为“耳环”，有时也引申为“金”，但这个“金”与满语中的 aisin 亦即“金”并不相干，后者是满洲皇室的姓 Aisin Gioro（爱新觉罗）的组成部分。

独立，还应该立大志，得到皇帝的尊位。在另一篇上疏中，他表示希望阿骨打的皇位能够得到合法的承认，还略述了达到这一目标所必须的步骤。这具有不可忽略的意义，因为它所列举的那些特有的做法，是想成为一个合法君王所不可或缺的。

杨朴借用了汉族传统上开基建国的做法，如他所说，就是自古英雄开国，或受禅，或求大国册封。因此他起草了一份向辽朝请求册封的文书，提出了十项要求，其中包括，首先，为阿骨打乞徽号为“大圣大明皇帝”，国号大金。其次，允许他乘用玉辂、服衮冕，玉刻“御前之宝”。辽与金之间以兄弟通问，这种将国家关系转化亲戚关系的模式，自 11 世纪以来，就在东亚大陆的多元并立的国家间逐渐流行。还有，在生辰、正旦日互相遣使。1004 年宋辽缔结和议之后，这一做法便也成为外交惯例。所有这些要求，如果被辽认可的话，倒也会使辽金之间形成一种虽不容易但尚能共存的关系，也不至威胁到契丹国家的继续生存。但是另外一些由杨朴向阿骨打所建议的要求，使辽几乎无法容忍，因为这影响到了辽的根基：这些要求包括将辽东和春州两路无条件地割让给金，付给金朝的岁币共计银 25 万两和绢 25 万匹，这些贡物实际上正是宋付给辽的岁贡之数。看来，阿骨打和他的顾问们早就有了灭辽的念头。①

金朝对辽摆出的威胁姿态很快就被辽所意识到，此后几年，面对金朝的迅速崛起直至与自己分庭抗礼，辽的态度是既无意于与他们议和，对女真的军事征讨又频遭败绩。但尽管两国间战争频仍，外交往来却未完全中断。不过，随着女真人在军事上取得越来越多的胜利，他们的要求也在不断增加。

1117 年年初，在辽军的一次败仗或者说是被迫大规模撤退以后，阿骨打又向衰颓的辽强行提出新的要求。在 1118 年所提的和约条件中，阿骨打要求辽朝向他称兄，这意味着两国的地位比照 1115 年发生了颠倒。金还要辽割让出东北更大的三路地区，并且将一名皇子、

① 关于早期辽金关系的细节，见［120］傅海波：《有关女真的汉文史料：〈三朝北盟会编〉中有关女真资料的翻译》，第 151—166 页。

一名公主和一名皇室女婿送到金廷来作人质。最重要的，还有要在涉及辽与宋、与西夏、与高丽关系的外交文书上都写明对金朝的服从，要辽同意将此前宋付给辽的岁币合法地转由金来接受，并认可金的霸主地位，而让高丽和西夏作为它的东西两翼。①

辽朝天祚帝的拖延态度颇令阿骨打与他的朝廷不满，阿骨打一再表示拒绝接受辽的外交文书，因为他们不肯充分考虑他关于皇帝地位的新要求。但他是有能力达到目的的，就在此际，他已征服了东北南部富饶肥沃的谷地，其中包括辽的“东京”辽阳，那里曾是渤海文明的中心。辽军将领纷纷投奔于金，他们中不仅有许多契丹人，还有其他部落的诸如奚人（源于一个讲突厥语的部落，居于辽朝西南山地），都率领所属军队一起归附于金军。这些叛降者往往也被证明是不可靠的，有的也曾起来反抗过新主子，但阿骨打总能将其迅速地镇压下去。

我们应该记得，从一开始，女真军队中就包括了许多非女真的成分，主要来自早期归附他们的部落和民族中的人。阿骨打在指挥一个由多种民族成分组成的军队的问题上显得很有才能，而辽的末代统治者却连本民族内由各种势力混合编成的军队也掌握不了。在辽朝一方，所有的和解企图最终都遭到失败。当辽朝同意授予阿骨打“东海国王”的称号时（译者注：应为“东怀国皇帝”），遭到阿骨打的愤怒拒绝，他在好几年前就已自称大金皇帝了，而“王”则显然要低一等。这场毫无结果的谈判拖延的时间越长，阿骨打的地位就变得越强大，和解似乎已经不再是必要的了。如果说在阿骨打崛起的早期阶段，彻底推翻辽朝可能还不是他最主要的政治目的的话，那么现在，确切地说是在1119年以后，这已经是伸手可及的了。

阿骨打取得的这些成功，无论给人以多么深刻的印象，人们还不过是把他看成为一个善作决策的能干的军事领袖，并未觉得这需要多么出色的外交技巧，他的突出之处，至多是善于掌握部众而已。但实事上远不止此，阿骨打是一名特别无情的、才能出众的将领，他善于

① ［645］《辽史》，卷28，第336—337页。

抓住对手因指挥失策、御众过苛、组织涣散等因素而虚弱的机会来取胜。1117年以后，他又以一个才智出众的外交家和战略家的面目出现，那正是金辽的双边关系为包括宋在内的三国关系所取代之时。

被金考虑在内的第四个强大的政权，是党项人所建的西夏，西夏此刻尚未直接卷入中原的纷争。1124年以前，党项人多少可以算是辽的支持者，但就是在金与西夏在这年开始接触以后，金取代西夏的直接邻国宋，宣布了对西夏的宗主权。夏金联盟正式建成，是由阿骨打的后继者吴乞买实现的，这使金朝的地位得到了进一步的提高。[①]正如我们见到的那样，早在北宋建国初期，女真人就与宋廷建立了和平的往来；他们逐渐成为北方霸主的过程，一直被开封密切地注视着。

让我们再回头看，辽宋关系自1005年起一直是建立在一份和议之上的，和议约定宋朝每年要向辽交纳岁币，并正式承认辽对中国北部燕云十六州（包括北京）的统治，以此来换得北部边境的和平。当辽朝已经明显呈衰势时，宋开始寻找潜在的同盟者来帮助他们收复这块从未被忘记的、在10世纪上半叶的政治分裂时期丢给了契丹人的中原领土。现在，在宋朝的政治家眼中，对辽怀着刻骨怨恨的金，恰成为共同抗辽的天然盟友，依靠金朝支持来收复失地的希望在宋朝的国都燃起一片兴奋情绪。1117年，宋朝派遣了一名使者到金，名义上是去商谈买马事宜，而真实目的，却是就宋金联合抗辽一事进行谈判。

在1117年到1123年之间，宋朝向金廷遣使共计七次，金朝向开封遣使也达六次，这还没算上持续不断的信件往来。所有这些外交接触和谈判都集中于三个要点：宋金联合对摇摇欲坠的辽朝的进攻；领土（将燕云十六州退还给宋）；从前交纳给辽的岁币。但是就在这一期间，宋在这场交易中的地位急剧地恶化了，因为阿骨打很快就发现，尽管宋朝也多少做了些准备，但金军并不非得依靠宋军的援助，

---

① 关于金—西夏关系的按年编写的记事，参见［646］《金史》，卷61、62；此外有西夏的专传，见卷134。

仅凭自己就能攻取辽朝的南部，包括它作为中心的燕（北京）。而从宋朝方面来说，却以为只要加入这个军事同盟，它为自己所提的那些领土要求就能够让金所接受。不久，金也提出了自己的要求，那就是，他们应该取辽而代之，成为宋过去交纳给辽的岁币的合法接受者。

到1123年，当宋金之间终于缔结了一份正式和约的时候——这是两国间最早的一个和约——军事形势已经发生了根本的变化。宋朝收复燕的企图宣告失败，而金军则不仅将辽赶出了西京与中京，而且到1122年底，还攻克了辽的南京：燕京。辽帝国已沦为遥远西部的一个流亡政权，它的覆亡指日可待。随着金国占有燕都，阿骨打的地位变得无懈可击，宋却只有招架之功，而无还手之力了。他们不得不接受阿骨打关于将燕地退还给宋的条件，不仅被交还给宋的燕地并非六州的全部，而且金还以退还燕地导致税收减少为由，在宋过去交纳给辽的岁币上，又额外要宋添加上一笔巨额补偿。

也许有人会问，阿骨打的军事地位既然已如此强固，他又何必还要与宋缔结这样一个正式和约呢？一个可能的回答是：他想使岁币的交纳正式化，这笔总数为银20万两和绢30万匹的财物，大概还不致使宋朝的国库枯竭，但对于阿骨打的这个年轻的金朝来说，这项收入就为数颇为可观了。再有，通过和议这一形式，他的皇帝地位得以被郑重地承认。和议的条文，就像汉人早期的外交通例，是以一式两份平等的誓约来表示的，从双方各执一份的文件行文中丝毫看不出地位的区别。阿骨打被称为“大金大圣皇帝”，而宋朝的统治者也与之相仿。这意味着金朝现在已经成为一个与宋平等的国家，而此时距金正式建国称帝仅过去十年。

1123年的三四月间，两国互换了誓约的条文，可是，对于如何将这六州移交给宋的具体做法，在这些条文中却毫无涉及。其他细节，诸如边界如何划定，也被留给此后想当然的推论来规划了。大环境的普遍不稳，加上诸多悬而未决的问题，使中国北方边境始终呈现出不安定的局面。1123年的这个和约，标志着一个漫长的战争时期——几乎长达20年——的开始，这场残酷的、蹂躏性的战争所几度威胁到的，正是宋统治的中国的生存。

阿骨打与宋缔结和约的时候，辽朝已遭到毁灭性的失败。1122年，金兵攻陷辽中京（位于今满洲热河省的查干苏布尔汗。译者注：原文如此）。辽朝天祚帝向西逃窜。在南京（今北京）另一位契丹皇族成员被拥立为帝，旋即病死。金兵直抵南京。面对突然而至的金兵，尽管当地有人企图抗击，但契丹人却无力组织这些力量。1125年，辽朝的最后一个皇帝天祚帝被俘，降封为王。这标志着辽朝——这个曾让宋朝的中国闻风丧胆的对手——统治的正式结束。但是，就在它的灭亡之处，作为宋的北方邻居，现在又兴起一个与它作对的国家，至少与从前的辽一样危险。阿骨打没能活着看到辽的灭亡和宋的受辱，他死于1123年和议缔结的数月之后。但是，他所开创的事业，为金朝日后的辉煌打下了根基。

从战争到并存:1142年和议以前的金宋关系

阿骨打死后，庙号太祖，其弟吴乞买（1075—1135年）继位。新的统治者像他已死的兄长一样，面对1123年时那种颇为混乱的局面，显示了出类拔萃的军事和外交智慧。虽然与宋已经缔结了和议，但是以什么手段使和议的条文得以实现的问题，却仍然悬而未决。宋朝显然是金朝最可怕的潜在敌手，所以吴乞买着手加强金与其他邻国接壤地区的实力。将辽的残余势力最后清除是相对容易的，但在金的西部边境上，还有个西夏，在当时，它显然还不足以对金构成严重威胁，但却往往在金朝的西部挑起争端。吴乞买对西夏采取了安抚政策，1124年，金与西夏缔结了和议，西夏承认金的宗主国地位，向金称藩。与此同时，金下令修补对东邻高丽的防御工事，并迅速地控制住了原渤海国一些地区的动荡局面，这就使得金可以全力以赴地处理与宋的关系问题了。

起初表面上看来一切正常，尽管1124年曾有冲突爆发，但是甚至到1125年末，宋还派遣使节到金廷去，对吴乞买的即皇帝位正式上贺表。局势虽然十分紧张，却还没有恶化到爆发全面战争的地步。究其主要原因，可能还是由张觉事件引起的，这一事件正是对辽朝灭亡、金兵进攻的形势所导致的风云变幻、混沌不明状态的一个具体说明。张觉原来是辽驻在平州（今北京东部永平）的节度副使，他暗杀了降金的前辽朝的燕京守将，理由是这个官员将燕京百姓中的大多数向平州迁移，使百姓迁徙流离，不胜其苦，起事后张觉宣布投诚于宋，宋再次任命他担任原来的官职。

虽然这一切都是在阿骨打生前就发生了，但他的后继者反应并不慢，一支女真军队被派去攻打平州，张觉逃到燕，那里的前辽朝守将郭药师也同样投降了宋。但是金朝是将张觉作为一个叛徒，一个造反者看待的，他们要宋把他引渡。宋廷同意了，下令将他处死并将他的首级送到金朝。通过这件事，郭药师看清了对于那些贸然决定投诚的人，宋朝并不具有庇护的实力，他因此下决心投降金，金仍然命他为南京守将。1125 年秋天，金朝下诏大举伐宋，张觉事件虽然不能说就是这一决定的惟一起因，但在其间无疑是起了促进作用的。不出数月，金兵占领了山西和河北的大片地区。1126 年初，他们越过了黄河，兵临宋朝国都开封城下（见地图 15）。

宋廷发觉自己已经濒临绝境，竟没有一支能用来解除开封之围的后备军队。不过对金这方面来说，要想攻打被围的宋朝国都，也不啻是一场军事冒险，必将使金兵在人员和给养方面受到严重损失。因此，身为金军统帅的阿骨打次子斡离不，便接受了宋朝提出的就撤兵问题进行交涉的请求。斡离不无法与他远在东北的皇帝吴乞买商议，他只能自行与宋磋商，但我们不难设想，他在军事和外交方面都握有全权。

金提出的撤兵条件相当苛刻，要宋割让太原、中山和河间三镇之地（这意味着宋将丧失今天山西、河北两省的大部分地区）；还有，在原来交纳的岁币之外，再交纳一笔巨额的战争赔款，送一名宋朝的亲王到金的帐幕作人质。在保存至今的双方誓文的两份文件中可以看到，宋完全接受了金的条件，反映出一种毫无指望的臣属地位；岁币的数目增加到每年银 30 万两，绢 30 万匹，还有 100 万贯钱。

向宋征收的战争赔款如此之高，竟相当于 180 年的岁币之和。宋钦宗的弟弟康王被送到斡离不的营帐作人质，陪他前往的是主张与金

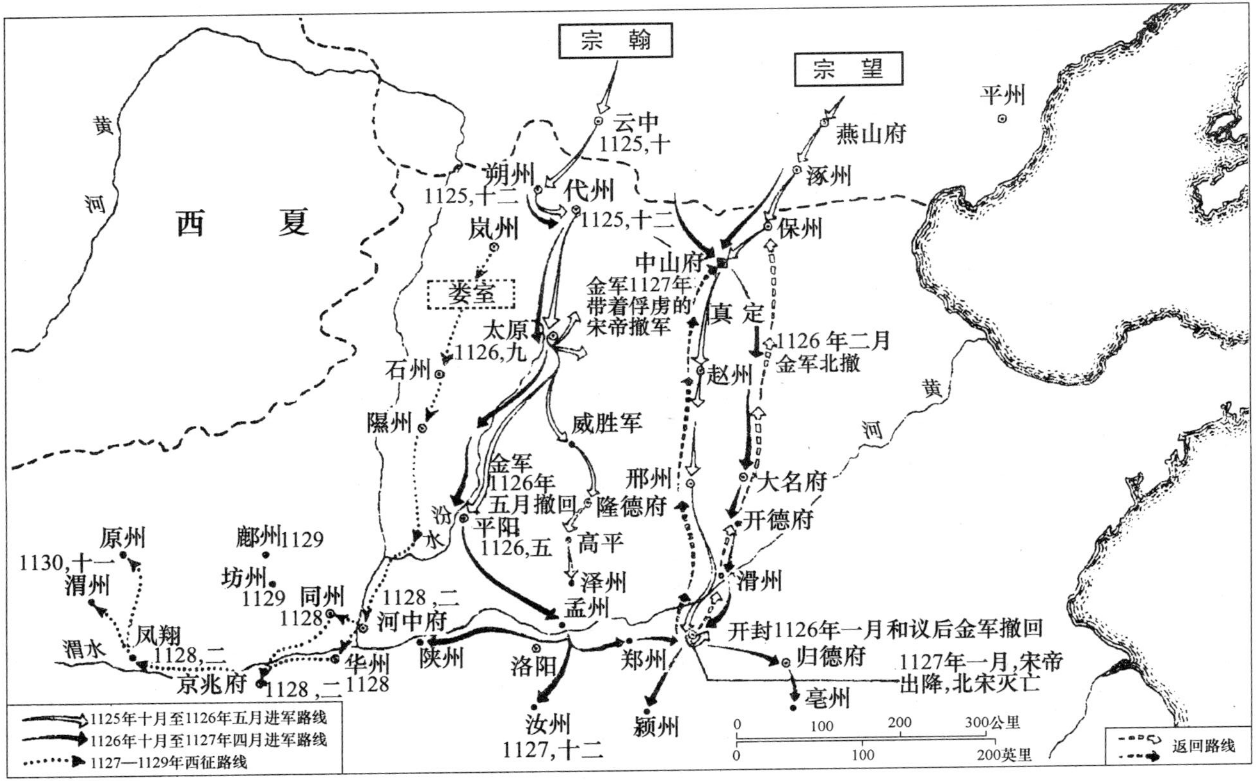
宗 翰
宗 望
平州
云中
1125,十
燕山府
涿州
朔州
1125,十二
代州
1125,十二
保州
西 夏
黄
河
岚州
中山府
娄室
金军1127年
带着俘虏的
宋帝撤军
真 定
太原
1126,九
1126 年二月
金军北撤
石州
赵州
隰州
威胜军
黄
河
金军
1126年
五月撤回
邢州
大名府
隆德府
开德府
汾
水
平阳
1126,五
高平
原州
鄜州1129
1130,十一
渭州
坊州
1129
泽州
滑州
同州
1128
1128 ,二
河中府
孟州
开封1126年一月和议后金军撤回
凤翔
渭水
1128,二
陕州
洛阳
郑州
归德府
1127年一月,宋帝
出降,北宋灭亡
华州
1128
京兆府
1128 ,二
亳州
汝州
1127,十二
颍州
1125年十月至1126年五月进军路线
1126年十月至1127年四月进军路线
1127—1129年西征路线
0 100 200 300公里
0 100 200英里
返回路线

地图 15 金人侵北宋

议和的少宰张邦昌。谈判持续了约一个星期，最后斡离不同意对宋的誓文文本进行某些修订，然后在 1126 年 2 月 10 日下令解除了开封之围。宋朝以如此高昂的价格买得了以一个与金作为同等主权国家而继续存在的地位，结果这一地位的维持却非常短暂。军事和政治上的失利所导致的直接后果之一，是把持宋朝朝政多年的蔡京及其党羽被清洗。还有一个后果，是宋徽宗（1100—1126 年在位）退位，将帝位让给了钦宗（1126—1127 年在位）。新形势产生的一个局部效果是高丽国王倒向金的一方，向金称臣，时值 1126 年夏。至此，金的两个主要邻国——高丽和西夏，都已臣服于金朝皇帝。

宋金间的战火不久再度燃起。对于金为什么进行这场军事冒险，其真实原因至今仍难以说清，可能是金已经洞察了宋在军事上是多么虚弱，因而下决心将宋朝一举灭掉；也可能像金的文献材料所说，金想再打一仗就是原因，何况找借口并不难。事实正是如此，战事一起，金国立刻就抱怨宋破坏了停战局面甚至唆使一些前辽的将领抗金。1126 年 11 月，金兵再次向南挺进并渡过了黄河，完成了对开封的包围。这一次，金兵用武力击垮了城内的抵抗。1127 年 1 月 9 日，经过激战后获胜的金兵入城，进行了残酷的掳掠。皇帝钦宗与逊帝徽宗以及大批宫廷与皇室的成员成为俘虏。康王即位，是为高宗，他撤到尚未受到金兵威胁的地区，竭力组织抵抗。徽、钦二帝被降为庶人，宋朝的全面崩溃终成事实。1127 年 5 月，两名废帝与他们的随从一起北迁，这就在宋朝的中心留下一个真空地带。

开始时金朝并没打算将这一地带纳入自己国家的版图之内，而只是想代之以一个新的以张邦昌为首的汉人朝廷，国号大楚，带有对长江流域的古国楚的怀念，国都位于建康（即今南京）。被金指派来扮演傀儡角色的张邦昌并没能将这个政权维持多久，就在宋廷的指使下被杀掉或者毋宁说是畏罪自杀了，可见金的优势不是绝对的。同时，在中国北方的大部地区，还有大量城镇被控制在忠于宋朝的将领手里，许多地方组织了抗金义军。金因耗费军事资源而造成的负担是如此沉重，以至于那一阶段，它已不可能继续对长江以南地区的进攻。使金朝攻势减缓的另一个原因是 1127 年斡离不和金的另一名军事统帅斡鲁之死，以及1129年的阇母之死，三人都是皇帝的近亲。斡离不是阿骨打之子，斡鲁是阿骨打的表兄弟，而阇母是他的弟弟。与汉人特别是宋朝的习惯相反的是，金的宗室无论在军事还是政治事务上都是地位显赫，所以氏族关系在金朝中是极其重要的因素，宋则大大不同，它是非家族化的，甚至往往是统治集团中的党派更起作用。

在1127年北宋灭亡之后的几年中，金兵一再试图攻取长江南部的战略要地（见地图16），迫使宋放弃了1129年一度成为临时国都的建康（南京），撤退到浙江省的绍兴，但金兵的铁蹄甚至也踏进了浙江地区。不过，长江以北的中国地区所呈现的混乱无序状态，使金无法将其永久地并入自己的国土。整个中原变成金兵、宋朝遗民及互不统属的义军之间你争我夺的大战场，但谁也占不了明显的上风。金朝再次尝试建立一个缓冲国，想以此来解决这一难题，其目的不仅是为了防宋，同时也想将更多的宋朝文臣武将吸引到这个名义上由汉人统治的政权中来。试图在中国北方创建一个新国家还有一个原因，即女真人缺乏受过训练的可以为他们的利益而开发利用这一地区的人才。

他们最终选择了刘豫（1073—1143年?），他是河北本地人，曾于1100年前后考取进士，在宋的许多地区和中央做过官，1128年在济南（山东）做地方官时改变立场投金，颇受太宗和一些女真将领的赏识。终至1129年末，他被指派为大齐国的皇帝，这个国家的国都最初位于河北大名，但是刘豫却选择了东平（山东）作为东都并居住在那里，然后1132年，他又迁到前宋的国都开封。他十分艰难地试图在他治下的中国北方建起一套可资运转的政府体系并恢复萧条的经济生活，结果却将强制性的征兵和沉重的赋税强加在百姓头上。他派军队与女真人一起攻宋，甚至还取得了为数不多的几场胜利，例如1135年攻陷战略要地襄阳等等。

但是，岳飞统率下的宋军于1134—1135年发起了反攻，收复了大部分失地。形势的逆转使得刘豫对于女真人的军事价值大大下降。1135年，一向庇护刘豫的金太宗驾崩，继承人是阿骨打的孙子，庙号熙宗（1119—1149年），他对刘豫显然没有什么好感。1137年齐国

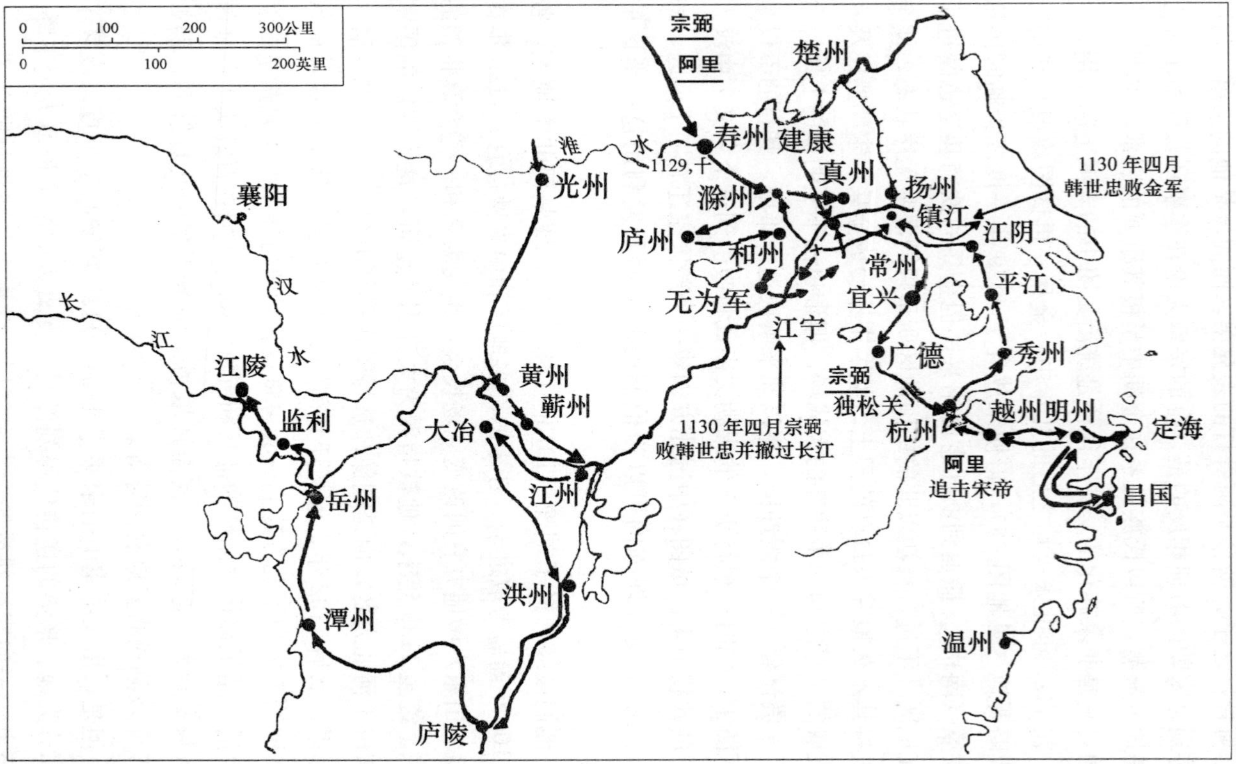

地图 16 金军进袭江南，1129—1130年

被废，刘豫从皇帝降为王，据说他曾经与岳飞举行过秘密谈判被人察觉。刘豫先被送到河北，然后又送到东北地区西北的临潢，过着被监视的隐居生活，后又被命自尽。由女真的征服者组织，汉族降官出面建立一个汉人傀儡政权的做法就这样归于失败，金朝被迫面临选择，或努力创造一个与宋并存的局面，或继续他们的侵略政策并最终灭宋，二者必居其一。

很难说金朝是何时才最终意识到，他们是不可能征服宋帝国的。早在1132年就已经有过一场流产的和谈，而最终促使女真人下决心与宋和谈的因素之一，很可能是1135年宋朝废帝徽宗之死。徽宗死于松花江畔的五国城，他和他的前宫廷人员曾被关押在这里。

金朝政府认识到，控制在自己手里的皇室人员是具有头等价值的外交资本，于是便相对提高了对他们的待遇。他们的命运开始逐步改善，这在金的史料中都有记载（宋朝史料则对此保持沉默）。1127年初，徽宗和钦宗被降为庶人，1128年又曾被迫在阿骨打的陵寝向他的牌位鞠躬并为他穿孝——这是强迫所谓罪犯所做的赎罪仪式。此后两名前皇帝被正式封为昏德侯与重昏侯，这头衔分明带有侮辱性。六名宋朝的王妃被分别赐给完颜家族的成员为妻。1137年，宋廷正式收到徽宗死亡的讣告，当和约签订在望之时（1141年），徽宗还被追封为天水郡王；他的还在世的儿子钦宗则被封为天水郡公，即使是金，也是重视辈分的。

要注意他们这块名义上的新封地位于一个中立地区，他们的封号也不像原先那样带侮辱性。天水在今天甘肃省东部的渭河上游。几个月以后，钦宗得到了与他那“公”的爵位相符的俸禄。和议缔结之后，被掳到金的宋皇族的男性成员也都得到了俸禄，到1150年又惠及于皇族中的妇女。换句话说，金是将这些俘虏作为人质对待的，他们总是能够利用他们对宋施加压力。不过，随着1156年钦宗故去，金丧失了最重要的人质，再也无法用他来阻止宋对和议的违背了。

订立于1142年的、协调宋金关系几乎二十年的这一和议，是一场拖沓冗长的谈判的结果。金的优势在于能够用归还宋徽宗及其皇后、皇太后的灵柩作为交易的筹码。他们还持续不断地派兵侵入黄河以南地区来向宋施加军事压力。1140年，他们再次攻占了整个河南和陕西，这两地早在1139年当和谈获得初步成果之后就已被归还给宋了。但是尽管如此，只要在杭州——1138年定为南宋国都——的抗金势力仍然当权，和议的缔结就是不可能的。只是在最有战绩最孚众望的宋朝将领岳飞被他的对手秦桧除掉之后，签订和议的道路才最终被打开。1141年，岳飞在狱中被屈辱地害死，这一卑鄙的行为使和议的倡导者秦桧在中国历史上遗臭万年。

宋金之间的和谈几乎就是在此时开始的。这是一场纠葛甚多且旷日持久的谈判。似乎是从金这方面，通过都元帅完颜宗弼给宋国传递过去一个信息，即只要宋同意将淮河作为两国的国界，和平就可以实现，这是1141年10月的事。完颜宗弼是阿骨打的第四子，曾受命总管中国中部的事务。两个月以后，宋对此表示了原则上的同意。宋朝的史料记载了双方国书的提要，日期是从1141年10月到1142年10月，但和约的具体条文，或者更准确地说，是金与宋的誓书，却没有保留下来。我们如今能够见到的，只是1141年末宋朝接受条件的誓书的片断。和平的条件是苛刻的，宋同意以淮水中流作为边界，这意味着整个中原都被送给了侵略者；还有，后来在1206年战争中起过重要作用的战略要地唐、邓二州（位于今湖北［译者注：应为河南］），也割属金朝。从1142年起，每年一度贡银25万两、绢25万匹，于每年春季的最后一个月由宋派人送到位于淮北金朝边境的泗州镇交纳。此外，还有关于沿边安全措施的条款，如不得追赶从宋逃到北边的人，宋不得在边境各州驻扎重兵；宋还答应不隐匿北边的逃人，而是将其引渡给金。

宋朝的表辞极尽谦卑之能事，对宋朝新的藩方地位表示承认，称金为“上国”而自称为“弊邑”，这种谦卑还表现在将岁币称之为“贡”。但是最丢脸的还是，金不再把宋当作一个拥有主权的国家来对待，而只是将其看作侍从，这就可以理解为什么宋朝的史料中丝毫未曾保存有金朝册封高宗赵构为宋帝的册文了。与此相反，这一册文却被载于《金史》的宗弼传中，该传中还附有宋主遣人送给金国的誓表[①]。这显然是记载宋朝皇帝一生经历的文献中最难堪的一件。至于他自称为“臣构”，其自我否定显然也达到了极端。

将这份册封高宗的册文记载下来的金朝使臣是一个汉人，曾在辽朝做过官，然后又被金廷雇用。他被高宗接受来作为一个正式见证，时值 1142 年 10 月 11 日，显然应该把这个时间作为敌对行为结束而一个新的共存时期开始的标志。金撤回了军队，同意将徽宗及其皇后的灵柩退还给宋。不过，现存的有关两国间磋商的文件和高宗誓文的片断都未提及两国间贸易的恢复，这是很令人奇怪的，这肯定应归结为史料的缺漏，因为事实上，合法的边境榷场已经建立，最重要的一个是泗州。贸易很快就再度繁荣起来。

南部边界的稳定和对中原的最后征服，导致了金朝政治和经济中心自北向南的逐渐转移（见地图 17)。越来越多的女真人定居在中国北方，使金朝最终成为这样一个国家，无论在伦理上和经济上，都在很大程度上汉化了。而从宋的一方来说，因和约签订所带来的并存局面也颇为可贵，尽管不得不正式接受藩属国的地位，但高宗毕竟得以稳定了局面，尤其是因为终于掩埋了徽宗遗体，使他得以尽孝道，也使他母亲获得赦免。虽然金朝拒绝将钦宗放回，但这一拒绝未必不是正中高宗下怀，因为如果他的哥哥回来，他作为皇帝的地位如何，就颇为微妙了。

1142 年后的金朝政治史

看来就是这样，1142 年以后，一个和平的共处时期已经实现在望。此后 70 年间有过两次干扰，一次由金引起，一次则是由宋引起。由此可以证明抗金派的势力并没有随着 1142 年和议的签订而消亡，宋廷围绕这一问题的争论仍在持续。不过，和议还是即刻就为两国带

① ［646］《金史》，卷 77，第 1755—1756 页。关于宋金和议的论述，见［144］傅海波《宋金条约》一文。

地图 17　金朝简图

（译者注：本图采自蔡美彪等著《中国通史》第 6 册）

来了此后数年的和平。金已经把自己看成是中国正统的王朝，并且不断地向汉化的政治实体转变。这种从残存很多部落的、封建领地因素的社会向一个官僚政治组织的转变，不可能不伴随着女真贵族中保守势力的反抗。熙宗（1135—1150 年在位）幼龄践位，在他执政期间所发生的外交和军事事件中，他从未起过主要的作用，所有军国大政，他都委之以宗室大臣。在这位继承人身上，缺少从太祖和太宗身上所体现出的强烈的领袖气质，再者，他也不是个很有才能的人，甚至常常沉溺于杯中，比通常以豪饮著称的女真人更甚。不过，金朝此时既然并未处于任何危急的环境，一个像他这样的统治者就很可以被那些更有眼光的宗室大臣所容忍，而且实际上也没有更多的事来妨碍他对个人享乐的追求。的确，在西北草原上一些桀骜难驯者与金朝之间也曾爆发过边境战争，但金朝如今也学会像宋那样采取姑息政策了。

蒙古人就是在这样的背景下以主要角色登台了。这似乎已是 12 世纪中叶，他们的部落已经相当巩固，足以使金朝将其作为潜在伙伴并与其签订协议了，宋朝一方的汉文史料对此的记载是在 1145—1147 年，蒙古国被“安抚”而且——

> 册其酋长熬罗勃极烈为朦辅国主，至是始和，岁遗甚厚。于是熬罗勃极烈自称祖元皇帝，改元天兴。大金用兵连年，卒不能讨，但遣精兵分据要害而还。[①]

文中的熬罗勃极烈指的是哪一个蒙古酋长，至今尚不清楚，这个头衔是一个混称；后一半“勃极烈”（bogile）是女真词，意为首领、酋长，而前一半“熬罗”（a’ uru {gh}）可能是蒙古词的“主帐”。一位现代日本学者提出，熬罗勃极烈（Ao-lo Po-chi-lieh）应该是指合不勒汗，即成吉思汗的祖父，《蒙古秘史》告诉我们，他确实曾经

① 与蒙古的这个协约不见于《金史》，但见于［597］宇文懋昭：《大金国志》，卷 12，第 99—100 页；［585］李心传：《建炎以来朝野杂记》，卷 19，第 591 页。

“统治全体蒙古人”①。

这就是说，在1146年到1147年前后，蒙古的酋长已经成为金朝的“外臣”，并且还有与这一身份相符的特定封号。《蒙古秘史》和《元史》对此都缄口不言，这并没有什么可使我们奇怪的。而《金史》也对此事缺载，很可能是因为此书编纂于蒙元时期，因而对于蒙古在成吉思汗祖先的年代所曾具有的臣属地位，基本上都忽略过去。因此，一个同样值得注意的现象是，所有我们今天所知的有关早期蒙古与金关系的材料，都来自宋人的记载，宋人是不必理睬蒙古统治者所强加于人的那些禁令的。

不管怎么说，事实是在1146年以后，蒙古人已经成为草原上的主要势力。对于他们，辽朝时的政权就已经感到很难控制了。如今这种政治格局，多少与前代的情况相似，那个时候，是女真人自己曾做过辽朝东边的臣属，而且在竭力从他们的主子那里争取形式上和事实上的独立。同样在1146年，金朝还想把西辽争取到自己一方来，西辽即哈剌契丹，是由耶律大石在中亚建立的一个帝国。但是金朝在外交上的这一主动之举却以失败告终，主要使节在前往遥远的西方途中被杀。就是这位使节，在1144年曾成功地与西夏以西的回鹘人建立了联系。与宋、高丽和西夏等国不同，不管怎样，回鹘不是每年正旦和皇帝寿辰时定期派遣使节到金廷朝贺，而只是不定期地送一些当地特产给金廷，以表示敬意而已。

在东亚这种复杂纷乱的局面之中，金的地位却如此坚固地建立起来。要说还有什么引起不安的因素的话，那就是金朝皇帝个人的原因了。除了他上述那些行为之外，他似乎总为狂躁所扰，接连不断地以各种微不足道的借口来杀害大臣甚至本氏族的成员。必然的结果是，朝内结成了反对他的集团，并于1150年1月9日动手将熙宗杀掉。这个集团的主谋，是熙宗的表兄弟迪古乃，汉名完颜亮（1122—1161年）。他理所当然地登基称帝，但《金史》并不承认他为皇帝，提到他的时候，总是称为海陵王。1180年，在他已死去多年之后，甚至

① ［485］田村实造：《蒙古族起源的传说和蒙古人迁徙的有关问题》，第12页。

被降为庶人。

海陵王的插曲

在中国暴君的位置上，海陵王有幸占得一席之地。宋朝与金朝的史料异口同声地将他说成是一个嗜血的怪物。从这个角度说他确实远比熙宗更坏，对他来说，杀掉对手简直就是在履行一道手续，哪怕这个对手是本族的宗室成员也在所不惜。他把被杀害的兄弟的妻妾拿来充实自己的后宫，在中国历史学家的笔下，他的荒淫被描绘得比嗜杀更甚，以致在后来的几百年中，他竟至成为流行的黄色书籍中的主角，他那些劣迹在书中被津津有味地加以描述。但是，如果仅从伦理观念来判断他这样一个人，可能是要犯错误的。其实，比起最初印象所显示出的那个残忍无情的篡权者来，海陵王要远为复杂得多，他的真实的方法和目的，往往是隐藏在表面上那种愚蠢的暴力行径背后的。从他身上所体现的是一个更集权化的、有更多支配权的氏族首领向专制主义的独裁君主转化的最后阶段。与此同时，让人听起来似乎奇怪的是，他还强烈地倾慕汉族的文明，在一些方面，他对女真贵族进行残酷打击的行为，也可以解释成在进行一场斗争，他以此来打击那些旧的部落式的和封建式的生活方式的拥护者。他的另一个目的，是清洗吴乞买的后代，因为他想争得从阿骨打一系传下来的皇位继承权。海陵王热心阅读和钻研汉族的经典及史书。宋朝的不少汉人都对他有深刻的印象，这些人都是在宋金恢复邦交之后与他见面的。通过这些人，他养成了不少典型的汉族习惯，诸如下棋和饮茶，以致从他自幼就得到过一个绰号 Po-lieh-han（勃烈汉），这是女真语，其意是“貌类汉儿”①。

在海陵王的统治下，实施了一系列旨在使女真的国家和社会汉化的改革。无论是礼乐、仪式上还是财政政策和行政管理上，他不再满足于女真国的政治中心仍然偏处于东北的不发展地区的现状，决心将政治中心南移。在此之前一直是金朝南京的燕京（今北京）被重建起

① ［597］《大金国志》，卷 13，第 103 页。

新的宫殿。1152年，海陵王开始定居于燕京，将它定名为中都。几年之后的1157年，他甚至下令毁掉位于东北地区北部中京的那些女真宫室，而且将这个城镇降到低等的一个州的首府地位。他还下令在前宋的国都开封修建皇家宫室，将其称之为南京。

所有这一切都表明海陵王是多么想成为中国的统治者而不仅仅是一个女真族的首领。他把自己看成为全中国未来的皇帝，并且认为自己对中国的统治将会像宋朝的统治一样正当，但他的这种抱负，可不是凭他那些汉化措施就能成为现实的。在主要通过诛杀清除掉那些赞成继续采取与宋并存政策的对手之后，海陵王开始准备一场新的侵宋战争。借口并不复杂：他于1158年谴责宋朝违法在边境榷场上购买马匹是破坏了1142年的和议。

从1159年起，海陵王为发动大规模侵宋战争而进行全面备战。为了避免因西夏边界问题可能造成的骚乱，他急遣兵部尚书去巡视并界定西夏边界。他大括天下骡马，据载，调马总数一度达到56万匹。将各处兵器都集中在一起并临时储藏于中都。海陵王知道发动这样一场大规模战役不能仅仅依靠女真兵，所以又签发诸路汉军，此举遭到各地汉人的反抗，《金史》中载有由汉人，特别是在东南部与宋接壤地区的汉人发动的几场较小的叛乱。在百姓中募兵的活动，一直持续到1161年夏天。

海陵王预见到向宋朝的进攻在很大程度上将要依赖于河运，与宋朝水军进行水战也是不可避免的。为此，又藉诸路水手得3万人，并征调大批船只进行运输和充作战船。遵循女真旧俗，海陵王亲自担任最高统帅。1161年七月，大兵从中都出发抵达南京（开封）。此后不久，为了表明他将继承正统来统治整个中国，他竟尽情地展示自己的残忍，下令将亡辽耶律氏和宋赵氏家族所有子男全部杀害，以此来检验是否还有伪称为前辽和前宋皇室的人存在。据载，仅在1161年夏天，就有130多人被杀害。海陵王的残忍行为使契丹人中一直存在的不满加剧了，他们诉诸于公开的反抗，海陵王不得不派遣一支人数达1万人的军队开赴东北进行镇压。海陵王的另一个暴行是杀害了他的继母、皇太后徒单氏和她的十余名宫廷侍婢，理由是她敢于谏止他的伐宋之举。

海陵王显然从未发布正式的伐宋宣言，在他大举备战的整个时期，通常的外交往来和在正旦及皇帝生辰派遣使者前往朝贺的仪式，一直都在持续而未受到任何干扰，尽管金的战争动员不可能不引起宋廷的注意。1161 年夏季，金朝照例派遣使节去祝贺宋高宗的生辰，这位使节直至 1161 年 6 月 14 日才被召见。按照《宋史》的说法，有个使节“举止无礼”，还威胁宋廷说海陵王不久就要对宋用兵，这一无礼行为让他付出了生命的代价。无论如何，宋朝已经有了充分的警觉，并且抓紧时间加强他们在边境上的工事。

海陵王此时已将重兵集结于淮水。10 月 15 日他从开封出兵，几日之后金兵渡过淮水（10 月 28 日），开始向长江逼进。将长江作为最重要防线的宋朝，却既无法制止金的侵略，也无法阻止金兵到达江边。他们只能将大量军队集中于长江南岸来抵挡金兵任何过江的企图。好在在另外一些战场上，宋朝还算取得了一些局部的胜利，收复了西部边境上一部分原被金朝占领的州县。海陵王最初可能曾抱有的打一场“闪电战”的希望，因此而被打破了。

海陵王设帐于扬州附近，此刻他属下的一些将领企图溯江而上，于上游约 60 公里处的采石（今天的安徽省马鞍山南部）渡江，但这次的渡江努力在 1161 年 11 月 26 日到 27 日宣告失败。宋朝的史学家后来将金兵未能南渡过江作为一场伟大的胜利，并将其与公元 383 年那场著名的淝水之战相比，在那场战役中，南迁的晋国号称击败了由前秦统治者苻坚率领的北方侵略军。

淝水之战在中国的史书中被奉为典范，它强调的是，汉族文明的捍卫者是能够击败野蛮的北方民族的入侵的。今天的学者则认为，淝水之战即使不是一个彻头彻尾的神话，至少在其重要性上也被极大地夸大了。[①] 采石之战的胜利是否也被宋做了类似的理想化的夸大处理，也同样是一个问题。据宋朝的史料说，宋在采石仅有 1.8 万名士兵，而金却有 40 万人。这是显而易见的讹传，虽然仅就集中于采石

① ［418］米歇尔·C. 罗杰斯：《淝水之战（公元 383 年）的神话》。

一带的军队来说，1.8万名可能是一个相对准确的数字，但宋集中于长江中游防线的总兵力，在其他文献所载的数字则是12万人。而据他们所说的金朝那40万人，其实是海陵王属下金兵的总数，并且这个数字中还包括了许多服务于军队的非战斗人员。即使是宋的史料，谈到进攻者一方的失败时也不尽一致，有的说是在过江时被溺死于江中；也有的则说是到达南岸之后在搏斗中被战败的。

如果我们推测金朝损失的兵力不超过4000人，应该是不差的。换言之，采石之败对于金朝并未造成致命的影响。我们肯定记得，防卫的宋朝一方占据着相当的优势。早在战前，女真将领就提到，宋舟甚大而金舟小而慢，此外，金的将领需要耗费大量时间才能集结起足够的战船和士兵，以至于发动突袭成为不可能。再者，金所处的位置，使他们无法发挥他们最可怕的武装力量——骑兵。当代的一名中国学者在仔细分析了当时的背景和战争本身之后得出结论说，采石之战相对来说只是一场小规模的军事交锋①，但是此战在心理上造成的影响却是决不可忽略的，宋朝因此而获得了信心，再次感到了自己的强大。

海陵王这场鲁莽战争的最后结局，主要倒不是因战败而是因其他因素造成的。在备战的这几年，海陵王甚至在他自己的亲信中都引起了仇恨。所以当1161年的12月15日他与他的五个妾一起被一群将士射死于扬州附近的营帐时，就没有什么可奇怪的了。海陵王的独裁统治，导致了女真贵族以及契丹人、渤海人、汉人的普遍不满，结果是皇室中比较稳健的一派发动了政变，将他推翻并拥戴他的表兄弟乌禄为帝，后者早在1161年的10月27日就已经在辽阳登基称帝了，此时距海陵王的被杀还有好几个星期。辽阳的这一惊人消息肯定在12月中旬就传到了扬州，并因此激发那些将士采取了行动。新的皇帝庙号世宗（1123—1189年），即位后面临的是一个极端困难的局面：契丹人的反叛，中国各省的动荡不安，以及因对宋战争引起的各种争议等等。这对于世宗的才能是不小的考验，世宗则向世人证明

① ［845］陶晋生：《金海陵帝的伐宋与采石战役的考实》。

了，他有能力克服所有这些困难，并使自己在历史上占据了这样的地位，即他不仅位居于在那些伟大的女真首领之中，而且也是中国诸多登上皇帝宝座的最杰出人物中的一个。

世宗朝的鼎盛(1161—1189 年)

新即位的皇帝完颜雍（本名完颜乌禄，生于 1123 年，在位时间是 1161 年至 1189 年，庙号世宗）是太祖之孙，他的父亲完颜宗辅在早期的金朝中是个与众不同的人物。他的母亲并非出身于那些与完颜氏世代联姻的女真氏族，而是渤海人的后代。渤海的成分构成了金朝人口中文化较为先进的部分之一。早在海陵王还在世的时候，未来的世宗就已经是他的一名公开的反对派，并因此未能留在首都任行政长官，而是被派到东京任留守。东京位于辽阳，是原来渤海国的领地。

1161 年夏天爆发契丹人的起义，世宗在他的辖区之内成功地镇压了难以驯服的契丹人。主要靠着渤海人的支持，同时在某种程度上也靠着那些对海陵王一意孤行发动侵宋战争不满的女真贵族的支持，称帝之后，世宗便迅速赶到了中都（今北京）。他在 1162 年年初颁布的第一个诏令，就是撤回长江前线的金兵。同年春天，他还遣使到宋，要求正式与宋恢复通好。但是世宗丝毫没有放松警惕到遣散武装的地步，在淮河地区以及西南前线，亦即金与宋的蜀地（四川）接壤的地区，还在不断地发生边境冲突。最后到 1165 年，宋与金之间终于又签署了一个和议，这个和议使宋的地位有所改善。宋不必再向金称臣而改称为侄。这样，虽然从礼仪上说，金仍然高于宋一头，但“臣”的称呼总算是见不到了。“贡”也被更中性的词“岁币”来代替，宋需支付的岁币数量还与以前一样（译者注：实际是银、绢各减 5 万），以淮水划界也没有变化。当边境榷场开放的时候，为防止意外，世宗还派遣了 6 万士卒驻扎于与宋的边界一线，从 1165 年以后，金与宋的边境保持平静达四十年。

宋金和议拖延数年才得以缔结，确实应该归咎于宋。宋一直寄希望于金内部的动乱，也就是契丹人的反叛。金发动侵宋战争的时候，契丹人和奚人曾一致拒绝金的签发，乃至起兵反抗他们的女真主子。奚是一个突厥部落。契丹人起义的中心在西北路一带，位于今天长城附近。一些契丹首领曾试图与宋建立接触以获得支持。但这支起义军于 1162 年秋被世宗击溃，一些被打散的契丹兵逃亡到宋。现存的契丹军事单位被废除，其成员被分散编入女真的军事单位之中，只有始终忠实于金的一些契丹首领被允许保持了原来的头衔。为了防止那些仇视金朝的当地人的反叛，也为了抵御更为桀骜难驯的西北边邻蒙古人，此后几年，世宗在西北路的几十个城镇设立了军事要塞。

短短几年之内，世宗就这样成功地使他的国家无论内外环境都得到了稳定。在他统治的漫长时间之内，在诸多领域如行政机构、经济以及教育等方面进行了改革，除了在与蒙古的边境上战争还时有发生之外，金朝享有了长达 25 年不受干扰的和平时期。世宗竭力想做一个公正的、节俭的统治者，并获得了“小尧舜”的美誉。[①] 不过，与他的前任不同，他并不盲目地崇拜汉族文明，相反却对淳朴的女真旧习眷恋不已，在仍然生活于祖先发源之地东北的女真人身上，他看到过这些旧俗的具体体现。世宗对女真的贵族和平民中日益增长的汉化倾向感到忧虑，并且采取了诸如下令禁止取汉名、着汉服等措施，想使女真民族保持民族特性。金朝的故址会宁被重修，被重新抬高到上京的地位。1184 年到 1185 年间，世宗几乎全年都在上京度过，设宴举行赞扬祖先功绩的纪念活动，倾听歌者对当年阿骨打创业的颂扬。

可以肯定的是，正是由于世宗时长期的内部稳定和相对繁荣，在后来那些年甚嚣尘上的倾轧纷争中，金朝才得以维持下来。到他的继承人即位时，金朝开始衰落，但这既不能过多地归咎于女真统治集团中少数人的玩忽，也不能归咎于最高决策层的无能，而是因为他们遇到了敌人的攻击，这个敌人对于金的可怕程度，甚于当年女真人对于宋朝。12 世纪的最后几年，人们眼看着成吉思汗统治下蒙古联盟的崛起，并眼看着他们在获得至高无上的霸权和实现对整个欧亚大陆统治的过程中攀上了第一道阶梯。

---

① ［646］《金史》，卷 8，第 204 页。

宋朝的北伐：1206—1208年的战争

世宗死于1189年初，定为太子的显宗早在1185年就已死去，所以继承帝位的是世宗的孙子，庙号章宗（1168—1208年）。章宗并没有他祖父那样的雄才大略，但是他为人和善，能够在宗室和身任文武大臣的地位显赫的女真贵族之间维持一种理解和一致。关于女真人的汉化问题，尽管朝廷曾颁布了种种禁令，但汉族的生活方式还是越来越多地被女真人乃至契丹人所采用。然而，衰亡前的种种征兆却在逼近，其中最感棘手的就是蒙古的威胁。如果说前些年这还不过是一种恐慌的话，现在它已发展成一支不可忽视的力量。另一个对于金朝内部稳定可能构成的潜在威胁，是多少超出于政府的控制能力之外的，即使它是最好的政府。此前的几年间，黄河在河北与山东的平原曾一再地决口，1194年的一次，不仅淹没了大片地区，并且形成了两个新的河道（见地图18）。这些大灾荒影响的都是国内最肥沃的、经济上最重要的地区。与之俱来的结果通常便是农民破产流亡，驿传中断，民众之中不时发生的骚乱。近年来的研究者认为，金朝的衰落很大程度上应归咎于这些自然灾害，它动摇了国家的经济基础。①

对于金朝的内部状况，宋并非一无所知，尽管宋对于蒙古势力的崛起究竟知道多少，至今还是一个有待解决的问题。但章宗统治下的金朝政府却终于理解了蒙古的危险程度，而且从1192年起，沿西北边界大规模地修壕堑，立堡塞，以防御塔塔儿、汪古、珊竹和其他蒙古部落的入侵。这些防卫措施，以及多次以“惩罚”为由向蒙古地区的出兵，都大大加重了金朝的赋税负担。偏偏在此时，黄河的洪水又冲垮了中国北方农业收入最有盈余的地区。政府于是诉诸于拘括汉人尤其是那些逃税人的土地，将其分给他们所依靠的女真人。这种做法伴随的必然后果，就是加剧了汉人和女真人的紧张关系。

在这种环境下，金朝当然顾及不到有关是否放弃与宋并存的政策

① ［506］外山军治：《金朝史研究》，第565—592页，详述了12世纪和13世纪初叶黄河决口的情况。

等等事宜。在与宋接壤的地区，他们的农业收入不仅受到黄河决口的影响，而且还受到一连串旱灾、虫灾的蹂躏，关键地区山东所受的影响甚至比其他地区更甚。宋廷深知金朝所陷入的困境：向中都（今北京）一年两次派遣的使者就是定期的情报来源，他们恰好要横穿金朝领土上这些受灾最重的地区。

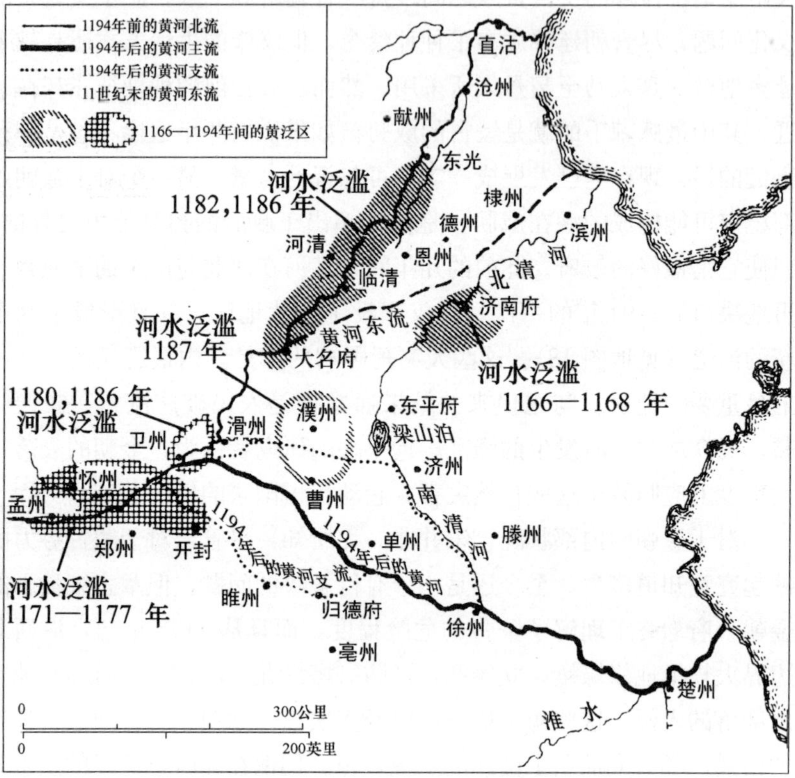

地图 18　黄河改道，1194 年

也许不完全是巧合，在后来参加伐金战争的宋朝将领中，有为数不少的人曾经一次或多次出使过金国。从 1204 年起，宋朝的军队就对金朝淮河一带边界进行不断的侵扰。担负这场收复失地重任的宋臣是韩侂胄，1194 年在拥立宁宗一事上有功，曾两次（1189 年和 1195 年）出使金朝。宋军在金朝边界上发动的袭击，不是出于他的暗中唆

使，就是出于他的默许，以致在1204年后的几年间，双方的敌意一直在持续上升。最初，这一切并未妨碍正式的外交往来，也未影响到宋向金支付的岁币，但是每当朝廷举行仪式并附带会见外国使节时，就能感觉到那种仇视在升温。在1206年（2月5日）宋廷举行新年朝贺时，金朝贺正旦使节误以为宋朝大臣直呼了金朝皇帝的父亲的名字，认为这冒犯了禁令，因此提出强烈抗议，宋朝当然将此看成是金使傲慢无礼。所有这一切使双方都被激怒，两国间已无法保持原来的关系了。

1206年夏季，宋朝大臣韩侂胄认为出兵北伐的最后时机已经成熟。辅佐他的制置使叶适（1150—1223年）是著名的学者，被委任起草一份伐金诏书，叶适却以反对兴兵为由拒绝了，结果被贬斥到一个州去做官。取代他的李壁，是韩侂胄的追随者，也是主战派成员之一。他起草的伐金诏书于1206年6月14日颁布后，在宋朝各地广为流传。六天以后，宋帝正式宣告北伐战争开始，举行了庄重的祭告天地、祖先、社稷的仪式，这个仪式一旦举行，战争便已无法挽回。与此同时，金朝明白战争势在必行，他们也按照通常的惯例，动员全体军队，举行隆重的仪式，向祖先和神灵告称1165年和议现状已被破坏，他们将出师应战。

宋朝的这份伐金诏书被全文保存下来，其内容是表达对金统治的愤慨，声讨金朝的罪行。它断言金朝因作恶多端和无能，已经失去了上天的护佑，因而也就失去了统治他们国家的合法资格。诏书还强调，他们坚信金朝统治下的汉人能够起来反抗女真人并且站在宋朝一边。

宋军部署在最重要的前线即淮河一线的总兵力达16万人。这个数字看来是可信的。金军于1206年12月动员来防御宋军的兵力，从东到西，包括驻陕西与宋富饶的四川接壤地区的军队，总数为13.5万人。表面上，战争开始时，宋军在人数上要比对手略占优势。但很快就可看出，宋朝在这场战争中注定是失败者。的确，宋军能够夺下淮河北岸的边境城镇泗州，但这算不上什么伟大胜利，因为这个城镇就像一个曾亲历该地的宋人所记载的那样，仅靠一道低矮的泥墙防护，根本无法防守。宋朝又企图派兵攻取金的战略要地湖北北部的唐、邓二州，但可悲地遭到失败。

不过，数万宋兵的溃散也部分地归因气候。多日来连续的大雨，冲垮了不得不在野外露营的士兵们的帐篷。给养无法及时到达，将士们为饥饿所困。军马所需的干草也变湿腐败。当时的宋朝史料也承认，宋朝对于这场战争组织混乱，领导无能。而在金朝一方，1206年秋，金兵已深入到宋的领土，对宋的大量城镇展开了围攻，他们还向西进军，占领了宋在陕西南部的几个军事要塞。

宋朝曾寄希望于金朝的汉人，以为他们会兴奋地与米军一起抗金，事实证明这只是幻想。汉人的大规模反抗并没有发生。相反的倒是宋在四川的节度使、世代在四川任高官的吴曦公开宣布降金，被金封为蜀王。由于吴曦手下掌握着7万士兵，此举对于宋军在四川的防御是一个沉重打击。发生于1206年12月的吴曦反叛，导致了宋军西线的全面崩溃。宋朝遭受了最沉重的打击，但是1207年3月29日，一批忠于宋的官员杀死了吴曦。尽管从1207年4月以后双方之间再没有过重大的、决定性的交锋，战争却仍在继续。

为恢复和平共存局面所做的初次试探出于宋朝一方。就像1140年那次主战派与主和派的争夺权力一样，这回在杭州的宋廷中，主张与金并存的一派再度得势。韩侂胄被罢免官职，不久后被杀(1207年11月27日)。他和他的一派被指控应对发起这场不负责任的战争承担责任。而金朝对于被拖进这样一场没完没了的战争也不感兴趣，便同意恢复正常关系，而实际上，他们更希望的，是追回宋朝支付的岁币。金希望停战还有一个原因，那就是北方边境上蒙古的威胁。在1207年下半年到1208年的和谈期间，金朝坚持要将韩侂胄作为主要的“战犯”，一再要求将他引渡。得知韩已被诛之后，他们又要求将韩的首级献给金作为赔罪的证物。宋朝最终接受了金的要求。1208年7月，金廷宣布停战，1208年11月2日，新的和议在宋的努力下正式达成。宋同意付给金的岁币增加了白银5万两，绢5万匹，韩侂胄的首级被涂漆后封于函中，当然也被很快送到金朝。这个令人毛骨悚然的战争证物被摆放在金朝皇族祭奠祖先的家庙中。①

章宗生前看到了与宋的和平关系的恢复。他死于1208年12月29日。在他近二十年统治的几乎整个期间，他都在致力于加强金的防御能力，同时为把金朝变成像唐、宋那样政治体制的国家而加紧进行各项改革。为了将当时制、律混淆的法律予以统一，他下令修订一部新的法典，这就是颁行于1202年的《泰和律》，在这点上他功不可没。另一意义重大的事件，是大约与此同时，章宗与谋士们经过长久拖沓的讨论之后，终于从五行中选定了土作为金朝的德运。

按照传统的政治观念，每个正统的王朝，都相应地以五行中的一种物质来表示。宋朝选定的是火，代表他们王朝的颜色便是红色。对这种所谓德运的正式采用，是极富政治意义的行动。它意味着金朝从此以后就作为合法的继承者，在汉人正统的王朝中占据了一席之地。而从政治意义上说，选定土，意味着代表整个世界，这特别是针对于宋的，金认为自己对天下的所有一切，也就是说对全部文明世界的统治都已合法化。宋朝因而再不能宣称自己是中国土地上进行合法统治的惟一国家。甚至如果说宋金关系恶化的原因应该部分地归咎于金使用汉人的概念为自己树立了正统王朝的新形象，那么，这种假设可能也是合乎情理的。②

总之，章宗的统治标志着女真人汉化的顶点，也是对世宗那种出以公心但多少有些不合时宜的保持旧俗做法的反动。1206年到1208年的战争说明了金朝的军事实力基本上并未减弱，它仍然是宋朝不能轻视的对手。但是这一切，包括国内旨在解决汉族人民与女真统治者之间关系的诸多改革，在蒙古人的猛攻之下都瓦解了。

金朝不被承认的皇帝

1208年之后的金朝处于这样一个时期，即来自外部的威胁与内

① 关于1206年之战的深入研究，见［174］科林娜·汉娜：《开禧间（1205—1208年）德安城攻防战研究》。亦见［138］傅海波：《南宋战争史研究与资料》。

② ［48］陈学霖在《中华帝国的正统观：女真—金朝（1115—1234年）的讨论》一书中对这些问题做了深入研究。

部的统治危机并存，对于皇位继承权的问题一直存有争议。开始时按照女真旧俗，皇位在传给下一代之前都是先在兄弟之间相传。章宗死后，更准确地说是他还未咽气的时候，他的哥哥（译者注：应为叔父）卫王就被宫廷内的一个集团拥上了皇位，这就是完颜永济，世宗第七子，由渤海国出身的王妃所生。史家并不承认他是皇帝，因此他是以卫绍王之名被载于史册的（1208—1213年在位）。

蒙古的入侵和内部的纷争（1208—1215年）

早在章宗统治时期，金朝就已经在加固西北边防，进行抵御蒙古入侵的准备。一道以墙堡与沟壑组成的界壕被修筑，部分地利用了金朝早期所修筑的防御工事。这道界壕从今天的齐齐哈尔向西南方向伸延，依大兴安岭的走向，远至今天内蒙古的达赉诺尔湖，最终与中国古老的长城接连。可是，这些界壕的军事价值却因沿线驻防的军队都是由契丹人和奚人而不是可靠的女真兵组成而大大的减弱了。

成吉思汗选择金朝作为他的进攻目标，其原因似乎可以回溯到12世纪末叶的几起往事。作为蒙古部宿敌的塔塔儿部（辽、金史料称之为阻卜）与蒙古部曾经发生过多起血腥仇杀。塔塔儿部与金曾有过松散的关系，但在1190年前后，他们不肯再效忠于金。于是在1196年，金宗室完颜襄便率领了一支金兵前去镇压，蒙古人也参加了这场战役来向他们的宿敌报仇。金与蒙古的军队深入漠北，并最终于1196年的8月成功地对塔塔儿人予以毁灭性的打击，他们的部落长也在这场战役中被杀。

在这场战役中蒙古人与脱斡邻勒统治的克烈部在一起作战，这个部落曾与他们结成联盟，金朝皇帝对于他们协助镇压塔塔儿的势力和野心而给予酬报；脱斡邻勒被赐为王，从此便被称为王汗；而铁木真（他是在1206年登基称汗时才被称为成吉思汗的）得到的却只是个较低的、可能源于契丹的官衔（札兀惕忽里）。无论怎样，从那时起，尽管金朝赐给他的官衔确实提高了他在众多草原部落中的威信，但他却只能将自己看成是金的藩属。不证自明的是，当他1206年即位称成吉思汗以后，就不再满足于被金作为藩属对待了，他的目光已瞄准

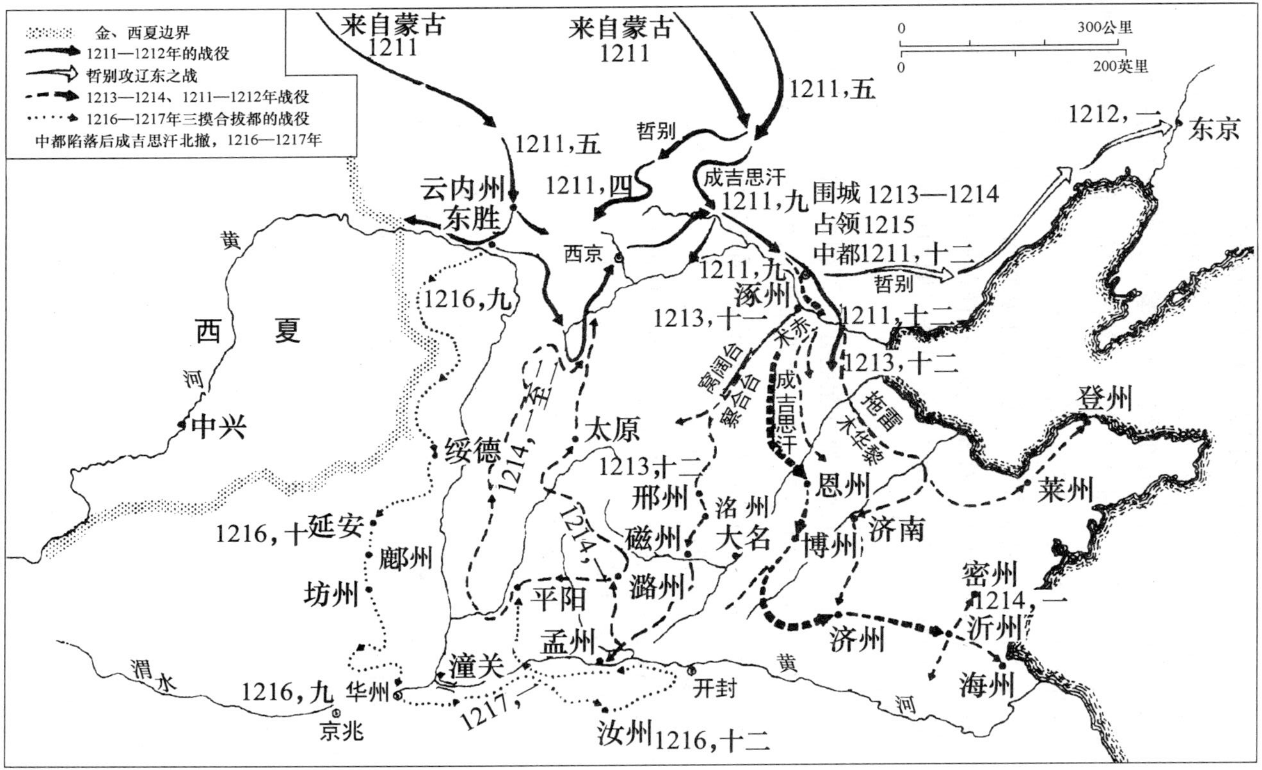

地图 19　成吉思汗的对金战役

从金手中夺得正式的独立，摆脱以前那种藩属地位。想要征服金朝领土的另一个动机，很可能因为在草原游牧民眼中，金朝有着令人难以置信的财富。第三个动机，可能就是为俺巴孩汗的死复仇了。俺巴孩汗曾被立为葛不律汗的继承者和蒙古诸部联盟的首领。他是葛不律汗的族兄弟，也是蒙古泰赤乌部的鼻祖。他也与塔塔儿部有仇，在相互间不断的仇杀中，他终被塔塔儿部所俘，送交给金主，而金也许残忍地将他杀害了。成吉思汗既然自认为是蒙古部落首领俺巴孩汗的合法继承人，对俺巴孩汗这样耻辱地死于金人之手，很有可能心怀怨恨。当然，由于缺乏可资证明的史料，这不过是一种推断而已。

最后，成吉思汗憎恶金朝可能还有一个原因，那就是对金主本人的个人偏见。当卫绍王还是金朝一个地位较低的亲王时，曾从成吉思汗那里接受过所呈的贡物，在这位蒙古统治者的眼中，他的举止颇为无礼。后来卫绍王即位，传诏蒙古，按礼节本当叩头拜受的，但成吉思汗一听说金的新君是那个以前曾侮辱过他的卫绍王，便勃然大怒，并于1210年断绝了与金的朝贡关系，决心对他的女真主子发动一场全面战争。[①] 正在此时，他又得到金朝被严重的饥荒所困的消息，这肯定促使他下定了决心。

1211年春，蒙古人兵分两路侵入金朝边境，东路由成吉思汗亲自率领（见地图19）。章宗年间所筑的界壕被轻易地跨越，不久蒙古军队已经能够通过战略上的必经之地居庸关，那是金中都（今北京）的北部屏障。由金兵的高级统帅派去的增援部队在蒙古人面前不堪一击。然后，蒙古人就开始在首都附近的村庄到处掠夺和蹂躏，但那时他们还毫无包围并攻取城市的打算。在西线，蒙古人侵入了山西，从而阻挡住了正从陕西调发来企图解救东路金兵的后备部队，这支部队原是金朝驻扎于陕西以捍卫与西夏的边境的。所有这一切都证明了成吉思汗的战略才能。不过从表面上看，1211年这次战役并没有达到它的目的，或者说，它只不过是一连串以试探为目的的突袭和以掠夺

① ［653］宋濂等撰的《元史》收有关于此事的译文，见卷1，第15页。并见本书第4章。

村庄为目的的远征。在冬季，蒙古人撤回了他们的军队，从而给了金朝一个重新组织北方和西北防御力量的机会。

1212 年秋季，蒙古人再次发动进攻。翌年春，他们再次通过了居庸关，这一次他们甚至更加向南，直深入到中国北部，蹂躏了河北、山东和山西的部分地区，夺下了几个城镇。在 1213 年到 1214 年间那个冬季，蒙古人有效地实行了对中都的封锁。

所有这一切都正好发生于金廷本身陷入混乱无序状态的时候。1213 年八月，当那个连自己的即位是否合法还是个疑问的卫绍王正在为他的国家的防御能力深感忧虑之时，却死于一场宫廷政变。这场政变的头目是一个女真贵族、来自纥石烈部的胡沙虎，他曾在西京（山西大同）任右副元帅，蒙古人来时却弃城逃走。胡沙虎拥立章宗的哥哥吾都补（1163—1223 年）为帝，后者庙号宣宗（1214—1223 年在位）。胡沙虎废掉卫绍王并拥立一个他相信自己能够控制的皇帝上台的原因之一，显然是因为他惟恐自己会因丢失了战略要地而失宠和遭到惩罚。

这些事件都恰恰发生在蒙古军队向中都进军的时候，他们的骑兵分队已经袭击了河北、山东和山西的北部。然而，除了金朝宫廷内部的纷争之外，造成金兵决定性失败的，还有另一个因素，那就是中国北方因持续干旱而引起的大面积饥荒，这也使女真这部战争机器的后勤部分受损。在做最后挣扎的时刻，政府曾经力图化解民族之间一切现存的差异，以此来鼓励各种群体的人民一致起来抵抗蒙古人，文武官职都向契丹人和汉人开放了，再没有了以前的各种限制。

1214 年春天，金廷遣使向蒙古人求和，并将卫绍王的一个女儿送给成吉思汗为妻。蒙古人从中都撤兵，但北方的政局却仍是动荡不定的，于是，宣宗决定迁都到南京（开封），这里不仅位于中国农业最发达平原的中心，而且北部可以用黄河作为防线。成吉思汗却将这次迁都说成是金朝为恢复战争所做的准备，因此决定再次向中都进军。1215 年 5 月 31 日，中都城被蒙古人以及归附于他们的原金朝臣民如契丹人、汉人等团团包围。迄至当时为止，这个首都是蒙古人在东亚所征服的人口最多、最重要的城市。

大约与此同时，金和西夏之间的外交关系，在已经紧张了多年之后终于崩溃。1214 年以后的十年，是以时断时续的战争和紧张的对峙为特征的时期。金与西夏以前的友好关系被这一可悲的阶段所代替。这在很大程度上加剧了两国宫廷内的互相倾轧和权力斗争，并逐渐损害了他们反击蒙古人的能力。

山东的造反

中都，作为金朝的政治中心和军事重心，它的悲惨陷落，是与这个国家在其他方面所遭受的严重挫折并行的。

1214 年，金要宋提前一年支付 1208 年和议所规定的岁币，以弥补过去的损失，却遭到宋的断然拒绝，因而加剧了本已摇摇欲坠的金朝的财政危机。这又与山东地区所爆发的诸多造反事件遥相呼应。山东在中国是这样一个地方，纵观历史，它从来都是社会反抗和宗教叛乱的温床（见地图 20）。

第一个起来造反的是杨安国，他出身于山东东部一个以杨姓为主要居民的富裕村庄，以制靴和制作其他皮货为业，这个职业使杨安国获得了一个绰号叫“杨鞍儿”。杨是一个强健而又残忍的男人，是村里的头领，并且早在 1206—1208 年交战期间，他就已经聚众起兵来反抗金朝的统治。战争结束后，杨安国重又降金，金政府给予他较低的州刺史和防御使官职。当 1213 年到 1214 年间蒙古人的进攻瓦解了金朝的权力机构的时候，杨安国再次揭起了叛旗，开始在山东半岛东部的一些县城进行掳掠。1214 年夏天，他竟然在沿海的一个小县城（今蓬莱）自立为帝，建元天顺。这对于金朝的统治来说，实在是太过分了。尽管北方还承受着蒙古人的沉重压力，金廷还是派遣了一支由仆散安贞率领的军队去攻打他，结果是这支金兵获胜，1214 年秋末，杨安国的军事据点被纷纷攻陷，杨企图乘舟逃走未果，金兵将其俘获，并于翌年年初将他无缘无故杀死，而他的“帝国”又延续了几乎不到三个月。

杨安国并不是山东惟一的造反者。在山东中部地区，还有不止两支独立的叛军，在 1215 年仆散安贞那次惩罚性的军事行动中他们也遭到了镇压。但是在山东各地，仍然到处有造反的武装在坚持，杨安

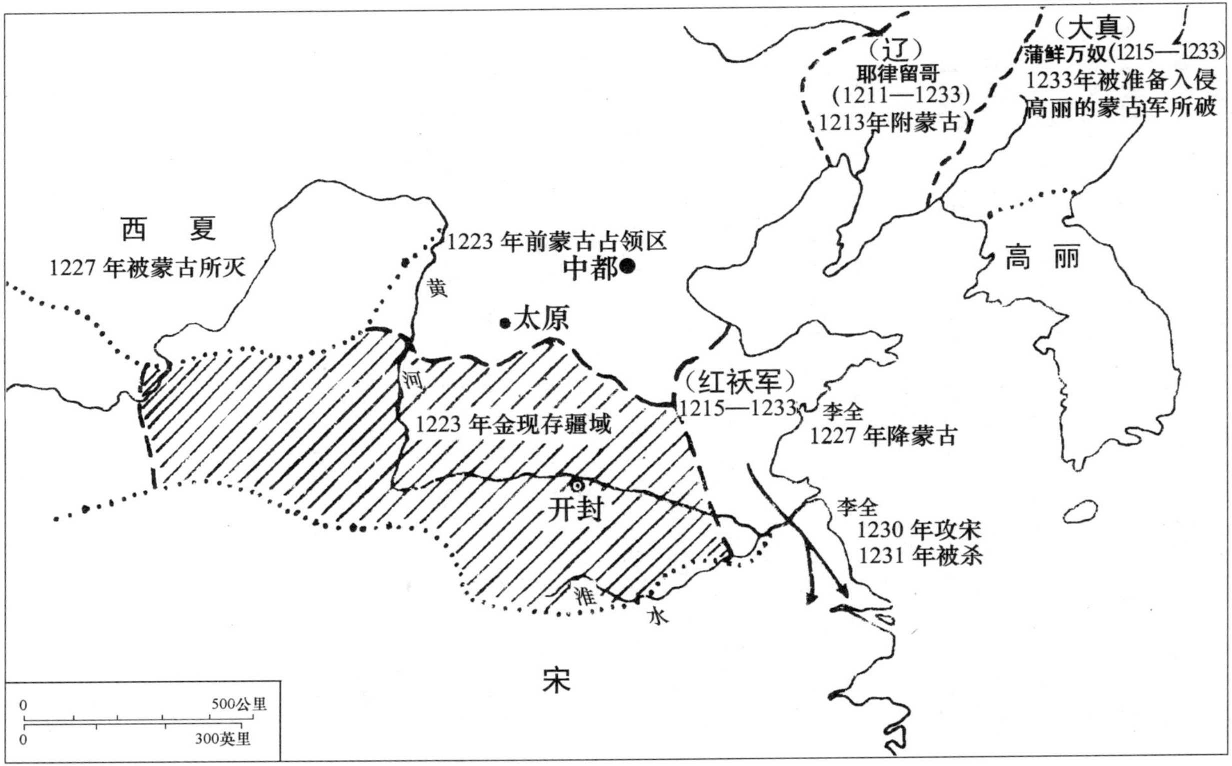

地图 20　辽东和山东的反叛

国原来的副手以及其他造反者在半岛上那些难以登攀的山区继续开展着游击战。1215 年前后，这些起事者的头领们选用红布来制作服装，从那以后就被称为红袄军。红在中国往往是一种吉祥的颜色，象征着幸运与希望。不过，他们之选择红色，无论从哪种可能性上说，都与这些起事者对故宋的感情毫不相干（红是宋朝的代表颜色，与五行中的火相对应），也不能归因于任何宗教或宗派对于各色造反武装的诱导；山东所有的这些企图动摇金朝统治的起事者头领，其动机和目的似乎都是纯粹利己的、现实的。他们中的每一个人都只是想自立为王，使自己成为一个地方政权的中心。

当 1127 年黄河又一次暴发的洪水阻挡了金朝在山东用兵之际，宋朝政府却打算利用红袄军为自己渔利，他们向造反的首领封赐官衔，应允给予他们物质援助。这些首领中有一个就是李全，这是个富于传奇色彩的人物，以体格强悍、性格残忍著称，曾与杨安国联姻而成为亲戚，或是他的妹夫，或是他的女婿。1218 年宋朝封李全为京东路总管，但事实上他或多或少保持了独立，而且可以随心所欲地对他的领地实行管辖。到 1219 年，对于山东东部李全所横行的地区，金朝政府已经失去了控制。李全对宋的归附，无论怎么说都只是一种形式。而且并没能持续多久。从 1225 年起，鉴于蒙古军队向山东的进逼，李全终于意识到他还有向侵略者投降的一条路。1227 年，他正式宣布归附蒙古，从此便反转来对付他原来的保护者宋朝。1230 年，他甚至率兵侵入宋朝领土，向长江边上的扬州发动袭击，但这次军事行动未能取得成功，李全也于 1231 年 2 月 18 日被杀。他的死标志着红袄军的覆灭。1231 年他的养子李璮（马可·波罗所称的“Liitan sangon”）承袭了他的官职，继续着由他父亲开始的督军生涯。李璮像李全一样叛服无常：1262 年他又妄图把山东进献给宋，结果被忽必烈汗处死。①

① 关于杨安国的红袄军，参见［646］《金史》，卷 102，第 2243—2245 页；［21］弗郎索瓦兹·奥班：《13 世纪初叶的北中国：困难境况下中原统治的重建》。关于李全，参见［644］《宋史》，卷 476、477；奥班写的李全传，收入［139］《宋人传记》，第 2 卷，第 542—546 页。

在后来的中国传统史书中和在现代，红袄“运动”经常被贴上民族主义乃至爱国主义的标签，被当作是下层阶级排外感情的具体体现。但实际上，山东的这些暴动并不是被这种现代观念如民族主义等等所激发起来的。他们只不过是一些铤而走险者，妄图把自己与无论哪个强有力的政权结合在一块，从而提高他们自己的声望和获取更高的报酬。在正常的情况下，他们中无论哪个都不可能坚持长期的抗金斗争，但时值乱世又继之以蒙古人的入侵，他们的反叛在一个有限的程度上便得以成功，使金朝残存的东部地区摆脱了女真人的控制。

东北地区的失陷:耶律留哥与蒲鲜万奴

女真人的故乡东北，特别是相当繁荣的辽东地区，本来应该是金朝政权可以撤回的大后方，况且他们中有许多人还一直生活在那里。一位女真大臣也确实对宣宗进行过这样的劝谏，他劝宣宗从中都（北京）撤回东京（辽阳），而不是迁到开封去。可是，当蒙古人于1211年发动进攻的时候，金朝虽然还能严密控制住辽东地区，却已经将东北地区的北部和中部丢失了，丢失起因于耶律留哥的叛乱。留哥是辽宗室的后裔，他像许多契丹的造反者一样，胸怀摆脱女真统治谋求独立的希望。他带领他的追随者，主要是契丹的骑兵和战士，在1212年宣称臣服于成吉思汗，然后便迅速取得了对东北地区中部和北部的控制。到1213年，他甚至被允许自称辽王，1214年金廷出兵前去对他进行镇压，但失败了。

留哥的傀儡政权一直到1233年才被蒙古所灭。应该对金廷镇压耶律留哥那场战争的失利负责的将领，是万奴，女真蒲鲜部落人。被契丹的反叛武装打败之后，万奴便率领军队撤到东北西南部的东京一带。如同其他人一样，他明白金朝的末日已近，因此竭力想从这个一度强大的帝国的废墟上，为自己开辟一块地盘出来。

1215年春，万奴也叛金独立，自称天王，国号大真。像几乎所有此前中国的国号一样，它并非出自于地名（金本身也是如此，虽然金这个字是五行之一，所以可能也具有某种象征意味）。在道教的著作中，“大真”是对“金”的一个高度文学化的表述。不过，这个国号主要的意义还在于，万奴认为自己是金朝衣钵的真正继承者，为强调这一点，他还采用了金的宗室姓氏——完颜。国号中的道教含义，以及万奴政权种种其他特征都是受一个非常奇特的人物——汉人王浍影响的结果。王浍祖籍为今天的沈阳，是个算命专家，注释过《易经》，同时还是个道教信徒。虽然他过着隐居生活，但他的足智多谋早已声名远扬，因为远在1190年之前，金廷就曾要召见而被他所拒绝，1215年当宣宗又召请他并以高官相诱时，再次被他拒绝。可是，他却成了万奴的主要谋士，而且一直为万奴出谋划策，直到九十多岁。

万奴看到，东北地区中部那些平原地区都已被与蒙古联盟的耶律留哥牢牢控制着，他毫无重获的机会，便转而向东部并且向北部求发展。他的疆域位于东北地区东部的山林地带，处于松花江的前上京地区也在其间，因而万奴的疆域与高丽接壤，他肯定很想朝这个方向扩展他的势力，但他对高丽的侵略并没有取得稳固的成果。大真国存在了大约18年，直到1233年蒙古人征讨高丽时，才一举将它灭掉，万奴也被蒙古人所俘。万奴在政治上所扮演的角色堪与山东的反叛者李全相比：二人都在远离金朝中心的边境地区自立为王，都曾想在蒙古人进兵之时乘机独立，但时而又在名义上与蒙古人联在一起。

东北的丢失，先弃与留哥，次丢给万奴，最后又陷于蒙古，是对金朝非常沉重的打击，因为对于仍然留在中国本土的国家来说，这割断了他们与那些饲养牛马的主要地区的联系，同时也割断了他们与真正可以依赖的纯粹的女真人的联系。而像1215年的那种情况，金丢掉的不仅有河北北部那些盛产粮食的地区，还丢掉了他们的骑兵所赖以获得大量马匹之地。令人惊讶的是，尽管遭受了这些可怕的、毁灭性的打击，金朝却还能够作为一个国家存在了好几年。其原因之一可以肯定的，是从1219年起，成吉思汗兵锋所向，是向西去攻打西亚；另一个原因则很可能是出于对蒙古人的恐惧，这种恐惧使忠于金的女真人与汉人团结在了一起。

金朝的覆亡，1215—1234 年

1215 年事件使金朝的领土缩小到仅限于黄河周围地区，它成为被几个政权夹在中间的缓冲国，这几个政权有蒙古、西夏、山东李全的红袄军，当然还有南边的宋。虽然金的战略形势似乎已经绝望，开封的金廷却还是想以向南发动一场伐宋战争来补偿北边的损失。1217 年，金决定向淮河的宋境发起进攻，但这一次，金兵却再也不能像 1206—1207 年那样深入地攻入宋的领土了。何况西夏也同时从西部边境向金发起了进攻，在这一边金朝倒是还能将入侵者击回去。紧接着的，就是为争夺淮河边境城镇而引起的一连串不分胜负的混战。金朝开始一再地呼吁议和（其间总有想让宋继续交纳岁币之意），但到 1218 年，宋甚至连金朝的使节进入宋境也不再允许了。金于是又向宋发动了一场战争，这次虽然在战术上取得了一些胜利，在战略上却毫无建树。

与此同时，由成吉思汗手下最能干也最受倚重的统帅木华黎（死于 1223 年）率领的蒙古军队，毫不放松地在军事上向金施加压力，兵锋主要指向山西，攻陷了战略要地的太原城（见地图 21）。宣宗似乎有过再次侵宋的计划，因此试图与蒙古磋商议和。1220 年，金遣侍郎乌古孙仲端为使节去谒见成吉思汗，而成吉思汗当时正设帐于河中。金提出的议和条件，是承认蒙古为长兄之国，双方从而停止采取敌对行动。这种想把成吉思汗的政权也纳入那个从 10—11 世纪就一直存在于东亚大陆诸国中间的子虚乌有的亲戚关系之内的企图，这次遭到了失败。金朝派到蒙古的第二个由女真贵族担任的使节同样也未能成功。这一次，成吉思汗命人向金提出，要宣宗不再称帝，而在蒙古国之下称河南王。但金拒绝了蒙古人所赐给的这个王的称号，和谈就这样于 1222 年宣告破裂。

宣宗死于 1223 年，皇位由他的第三子宁甲速（生于 1198 年，汉名守礼、守绪，1223—1234 年在位）继承。这就是金朝的最后一个皇帝，庙号哀宗。他在位的十年间亲眼见到了金王朝和女真统治的覆

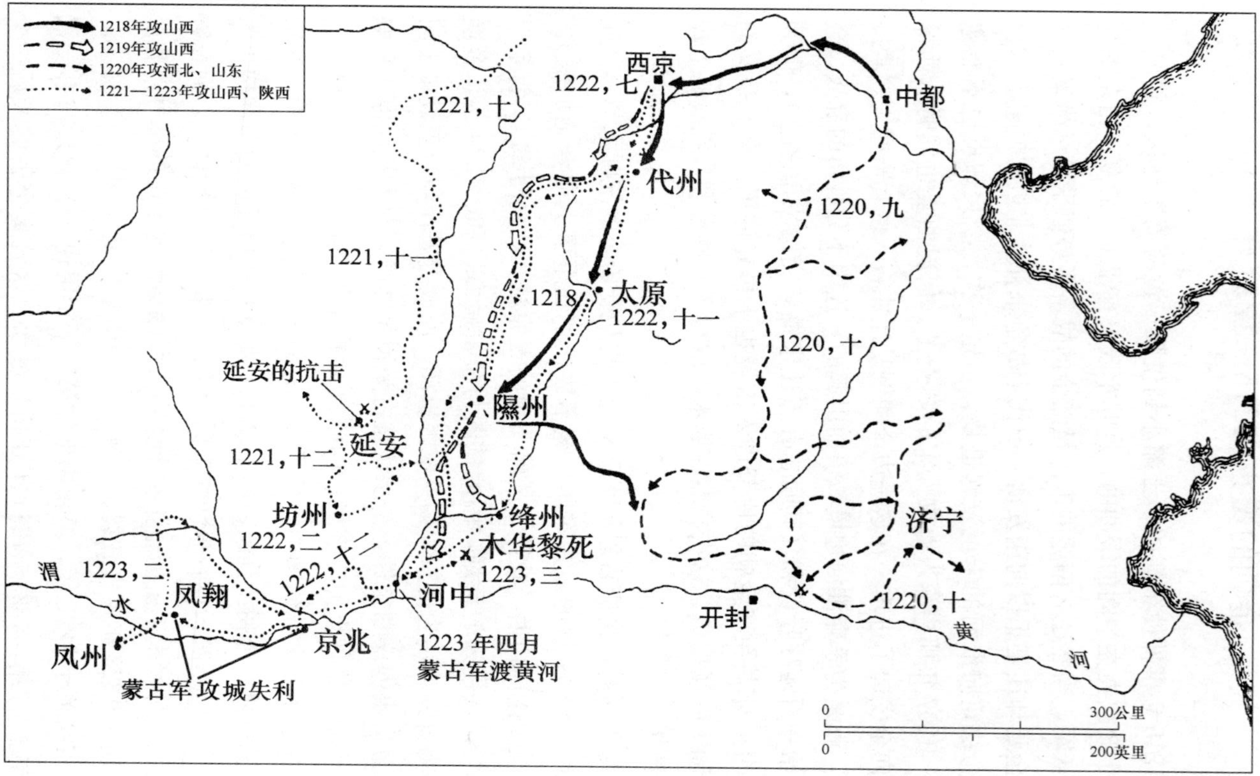

地图 21　木华黎的对金战役

亡。哀宗登基的时候，他的政府已经丧失了对所有黄河以北地区的实际控制，除河南以外，前金朝所能控制的领土已经只剩山东、山西的一部以及陕西了。

木华黎既死，成吉思汗本人又远在西线，蒙古军队的进攻与袭击便多少失去了以往锐不可当的气势。在哀宗即位之初采取的几个行动中，其一就是与宋议和（1224 年），金朝正式放弃了对岁币的要求，宋则同意不再采取敌对行动。同时，在新年与皇帝生辰时互派贺使的做法也被中止了。这意味着除了偶尔几次的干扰（1160—1165 年和 1206—1208 年）之外，左右了宋金两国长达一个世纪的正式外交关系的结束。至于对西夏的关系，哀宗更倾向于调解，在此之前的一段时期，西夏不断在边境上引起冲突，其中颇有些是得到蒙古援助的。1224 年金与西夏的和谈开始，1225 年 9 月签订了和议，金同意与西夏约为兄弟之国，在外交往来时各用本国年号，这个和议使西夏的地位有所上升，不再像过去那样是金的藩国了。边境贸易也开放了，这对金来说事关重大，因为既然东北的牧场已经不再为他们所有，他们骑兵的马匹现在只得大部分依赖于从党项人那里输入了。而党项人曾自行停止将马匹从陕西边境输入金国，则可以肯定地说是因他们本身正遭受蒙古再次进攻的结果。金的一方，已经放弃了采取扩张主义政策的一切希望，只要在现存疆域内能够保持稳定就已经满足了。在镇压山东红袄军的战争中，他们甚至也获得了一些局部的成功。

1227 年成吉思汗去世时，征伐西夏的战争尚在进行。哀宗想通过遣使吊唁的方式与蒙古和解，蒙古人却不肯在大帐接见金的使节。西夏与金的外交关系已于 1226 年中止，西夏宫廷所遣的最后一个使节是 1226 年 11 月 6 日到达金朝都城，去通告西夏国王死讯的。四周之后，金廷按常规尽责地遣使前往哀悼，但因蒙古对西夏的进攻，而未能进入西夏的领地。西夏于 1227 年灭亡，加上 1227 年 8 月 25 日成吉思汗的死，使金朝得以从蒙古人的压力下享受到一段短暂的喘息时期。

新继位的大汗窝阔台开始实行他灭金的作战计划，而金尽管屡遭重创，却还在顽强地坚持抗击（见地图 22）。1230 年和 1231 年，窝阔台组织大军攻打金朝都城汴（开封），蒙古军兵分两路，一路由窝阔台亲自率领出山西，另一路由成吉思汗的幼子拖雷率领进入陕西。战略目标是从南北两路对开封进行钳形夹击。两路军队于1231—1232年冬会合之后，统一由速不台指挥。速不台智勇超群，十年之后，他使加利西亚和匈牙利都在蒙古军队的铁蹄下发抖。虽然金朝统帅调动了3万士兵驻守黄河北岸，以保卫黄河滩畔的都城，但蒙古军队还是在1月28日渡过了黄河，2月6日，第一支蒙古骑兵就已经出现在首都的城墙之下。同年（1232年）4月8日，也就是在勒令金廷正式投降并送交人质之后两周，蒙古人开始围城，金廷则竭尽全力动员起全城的成年男子进行抵抗。在蒙古人要金投降的两周之内，金朝政府一直在千方百计地设法与蒙古人谈判。在1232年夏天，又进一步进行了几场和谈。可是7月24日，当两名金朝官员在蒙古使节唐庆下榻的寓所将他和其余三十多人一并杀死之后，这一切和谈的努

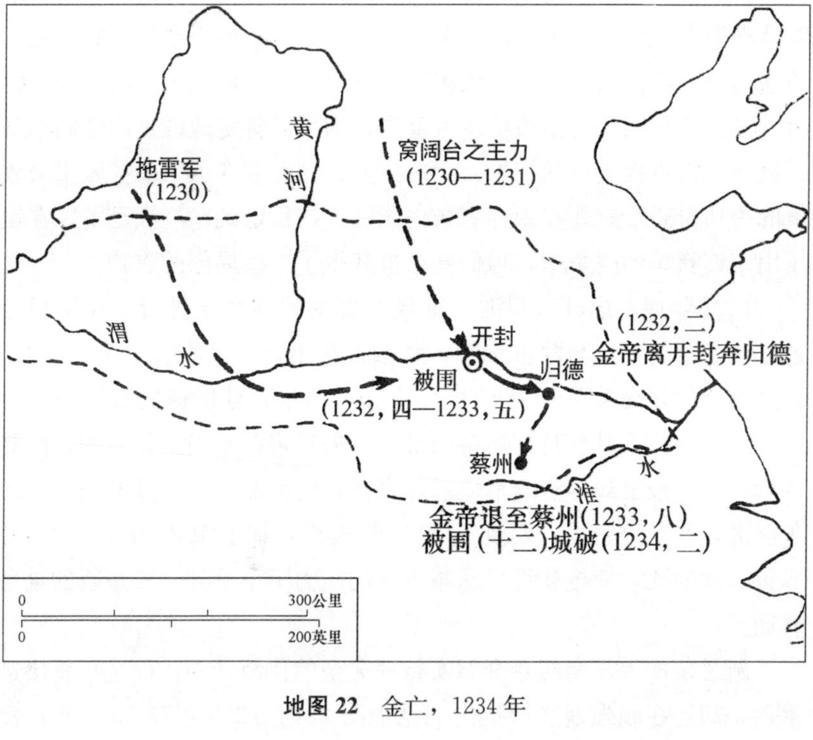

地图22　金亡，1234年

力便都彻底结束。发生了这次叛逆事件以后，蒙古人的攻势重新凶猛起来。

被围困的国都，形势混乱而绝望，1232 年夏天爆发的一场传染病更是雪上加霜。为应付紧要关头之需而贮藏的物品很快告罄，尽管国家无情地强制征调百姓的粮食，城中却仍为严重的饥馑所苦。一部记载首都被围期间情景的笔记至今仍存，作者是位曾在金朝做过官的汉族文人，所记之事为他所曾亲历。① 他的悲惨描述为人们提供了当时政府完全陷于无组织状态的证据。一边是走马灯似的相互任免、升迁和处决有叛国嫌疑者；而另一边，则令人惊讶，城市竟然还能固守，女真和汉族的军士们有能力在蒙古与汉人联军的攻击面前组织起有效的防御。开封的围城之战对于研究军事史的学者来说，也是很有意义的，因为双方都运用了火药，即使还不能以投射器将其发射出去的话，肯定也能靠人工将装填火药的火器投掷出去。开封的守城军士用这些弹药掷在人和马身上，具有致命的杀伤效果。还有一种据说是由汉族工匠发明的武器，称为突火枪，以硬黄纸 16 层叠在一起成筒状，长约 60 厘米，然后将柳炭、铁渣、磁末、硫磺、砒霜之类混在一起紧紧填装进去，以绳系在枪头，军士各带一个小罐，里面藏有火炭，临阵时点燃，火焰可冒出枪端三米多远，无人敢于接近，到药烧尽时，枪筒也不会损坏。②

是年冬，哀宗决定趁机离开都城。在一大群效忠于他的女真和汉族大臣扈从之下，哀宗于 1233 年 2 月 26 日抵达河南归德，随后又出走，当年夏天，亦即 1233 年的 8 月 3 日，哀宗逃到蔡州，将其作为立脚点。首都就这样被丢给了守城的将士们。其中的西面元帅崔立筹划着投降蒙古，以使首都也使自己免罹灭顶之灾，因为开封一旦被蒙古人攻陷，结果必然导致一场不分青红皂白的屠城。崔立将仍然效忠

① ［594］刘祁：《归潜志》，卷 11。该书被埃里希·海涅什译成了德文，见［163］《两个王朝的灭亡：1232—1233 年和 1368—1370 年目击者的报告》，第 7—26 页。

② ［646］《金史》，卷 116，第 2548 页；关于火毬或火炮，见《金史》，卷 113，第 2495—2496 页。近年的研究，见［369］潘吉星：《火箭的发明》。

于已经出奔的皇帝的文武官员统统清洗掉，5 月 29 日，向速不台的军队打开了城门。虽然蒙古军队还是按照“常规”在城内抢掠，但似乎为时不久，他们就允许城内居民和北人之间进行以物易物的交易了；城里人把他们仅余的财产、贵重物品和银子都拿出来换取从北方运来的米和谷物。不过，屠杀事件仍时有发生，五百多名完颜家族的男人被带出城杀掉。而崔立，他可能曾幻想过在汉蒙联合的统治层中得到一个高位，却并没能享用到自己的妙算所结的果实，一个被他侮辱过妻子的部将将他暗杀了。

开封虽然失守，但蒙古人要给金帝国的残余以最后一击，还尚需时日。哀宗的处境如此绝望，以至他只能遣使到宋，想让宋给他一些粮食。他的使节向宋指出，蒙古人是最大的危险，金一旦被灭，立刻就轮到宋。当然，宋朝将领们不仅拒绝给予金朝任何援助，而且继续与蒙古联兵准备攻取金朝最后的营垒。但即使这样，当 1233 年 12 月蒙古军队的进攻开始之后，蔡州这个小城镇也仍然坚持了一段时间。哀宗曾企图从蔡州出逃，但未获成功。他将“皇位”让与一位远亲，然后自缢身亡。这位金朝末代皇帝最终于 1234 年 2 月 9 日蒙古军队破城之时死于巷战之中。[①] 完颜氏建立的金王朝由此宣告结束。而宋朝至此也大仇得报。但是正如金朝那个使节所曾警告的那样，他们因此而相邻的，是一个比女真人更为可怕的对手。

一个朝代的灭亡，总会使中国的历史学家和历史哲学家津津乐道。他们总是想以道德的沦丧来解释一个国家的覆亡，这种道德原则的具体化，就是儒家的伦理。但是对于金朝的灭亡，在这点上却没有多少话好讲。即使是正统的史学家也不得不承认，“忠”这一基本道德一直到金朝的最后阶段也仍然存在着，虽然也确实有叛徒和投机者，但无论官员和士兵，无论女真人还是汉人，即使到了最危急的最后关头仍保持忠贞的人数之多是令人惊讶的。

---

① 《金史》中有关蔡州事件的记述，主要得自一个当时的目击者所写的《汝南遗事》，作者王鹗，生卒年为 1190—1273 年，见［50］陈学霖：《〈汝南遗事〉导论：1234 年蒙古包围下的晚金宫廷实录》和［52］陈学霖：《王鹗（1190—1273 年）》。

行政体制

金朝的兴起、衰落和灭亡在很大程度上是与他们制度沿革的历史联系在一起的。固有的女真传统，从辽朝继承下来的统治方式以及汉族（宋）的影响等因素交相作用，构成了金朝的政权和行政体制的复杂的基本特征。在这个朝代中，引起政治制度进一步变革的，又往往是迫于政治形势的结果。这些相互作用的因素，使金朝的制度史研究成为一个复杂的领域，以致我们在这里也仅仅能够勾画出一个粗略的发展轮廓。

从部落会议到汉制的政府

建国前和建国初，女真的政治制度尚处于早期形态，它与高度等级化和部门化的汉族官僚制度有着很大的区别。下文就是对金建国前女真政治制度的描述："无大君长，亦无国名，散居山谷间，自推豪侠为酋长，小者千户，大者数千。"①

即使在阿骨打及其祖先们已经称霸，并将一度反抗过他们的诸女真部落都置于自己的统一指挥下之后很久，我们还能找到许多可以追溯到部落时代的特征，特别是在有关军事的事务上：

> 自主将至卒皆自驭，无从者。以粟粥燔肉为食，上下无异品。国有大事，适野环坐，画灰而饮，使人献策，主帅听而择焉，其合者即为将，任其事。师还，有大会，问有功者，随功高下与之金，举以示众，众以为薄，复增之。②

这些半平等主义习俗的痕迹是过了很长时间才消失的。在此之前

① 《北风扬沙录》，载陶宗仪编《说郛》，1963年台北版，卷25，24b。

② 《北风扬沙录》卷25，25b。亦见［597］《大金国志》，卷36，第278—279页对于早期女真人军事活动的简短概述。

例如阿骨打就不曾指望大臣们在他面前磕头。而金朝早期的统治者，则根本不知道在汉族的等级思想中皇帝与臣民之间存在着不可逾越的鸿沟。可以明确地说，金熙宗和海陵王统治时期不断加强的专制不是别的，就是采用汉制的结果。甚至晚到 1197 年，当金的国家机构已经完全采用了汉制之后，我们仍然能够看到模仿古老的部落会议议事方式的奇特现象。在朝廷一次有关是不是应该对蒙古人发动进攻的讨论中，曾在大臣中运用了投票决定的方式，官方史家对这次表决结果的忠实记录如下："议者凡八十四人，言攻者五，守者四十六，且攻且守者三十三。"①

从另一方面看，只要这个政权的活动范围有所扩大，某种方式的中央控制便成为必须。这里说的扩大，有时通过外交接触，但最主要的还是通过开辟新的领土。阿骨打就是在这种情况下创建了可以称作是最初的官制。这些臣僚，汉文译作"勃极烈"，女真语是 bogile。这个词，后来在满语中作 beile（贝勒），专指清代皇族的爵位，满族人将它一直用到 20 世纪初。bogile 的本意似乎是"头目、酋长"，早在女真开国前就已被使用，因为 1113 年当阿骨打从长兄那里继承王位的时候，就被称为"都勃极烈"。

阿骨打以"都勃极烈"这个头衔，取代了辽朝按惯例赐予他的节度使的荣誉称号，而"勃极烈"一词也由于为他所用而身价倍增。这个头衔的身价之高，还有一个事实可证，那就是只有完颜部落中属于皇帝近亲者才可以得到。1115 年，金朝曾立过形形色色的勃极烈，通常在这个头衔之前都冠以 gurun 一词（汉文为"国论"），即"国"。居首者是大勃极烈，由推定的皇位继承人担任，其下的勃极烈有"诸部统帅勃极烈"、"第一勃极烈"、"第二勃极烈"、"第三勃极烈"和"副勃极烈"等，这些名称都是根据女真语（以汉语音译）和汉语意译翻译过来的。

副勃极烈的官阶要低于其他的勃极烈，而且在一般情况下，多为战争时临时赐予。从目前所存的名目繁多的勃极烈名称可见，由于作

① [646]《金史》，卷 10，第 242 页。

用不同，当时在勃极烈之间已经有了等级的差别。总的来看，诸部统帅勃极烈是主管政治事务的首领，而第二、第三勃极烈则是他的左右手。还有一种勃极烈，其的主要职能是处理外交事务，称为“乙室勃极烈”（这个词的前半部分还无法解释）。虽然可以将这些差别看作是建立一个特殊化官僚制度的开端（所有的勃极烈都有他们的部属），但从严格意义上说，把这些勃极烈当作是官衔可能是个错误。它们远远更有可能是颁给某个人的一种待遇，因为有的勃极烈在就职者亡故之后就被取消。勃极烈制度曾有过许多变化，在它的后期阶段，即使在名称上都能明显见到汉族的影响，所有的勃极烈，在太宗死后不久（1134—1135 年）就都被废除了。

迄至此时，女真人的统治不仅已达到辽朝故地，还达到了中国北方的大部分地区，主要是河北和河南。于是如何来统治这样一个由许多不同民族组成的国家，而这些民族又各自有着不同的经济和社会背景，便成为他们面临的一个难题。从数量上说，汉人当然占据了大多数，其中既有原来辽朝的属民，也有新征服地区的百姓。一开始，女真人是按照契丹辽朝的旧例对他们进行治理的，契丹制度的明显特征是它的双重性：对于契丹部民和与他们有关的部落，继续采用固有的部落组织来管理；对于汉人，则仍将他们置于主要是从唐代沿袭下来的那套汉族的行政体制的管理之下。

金征服了中原之后，便也建立了类似的双重性的制度。女真人被组织在自己的单位中（猛安谋克，见下节），而对于以汉人为主体的新征服地区，则于 1137 年创建了一个新的行政官署，称作“行台尚书省”。这个官署从 1137 年一直存在到 1150 年，1200 年以后又曾作为一种军事上的权宜机构而重建。蒙古人建立的元朝沿袭了金朝的这个机构，并将其演变成一套健全的行省制度。由此可见，“省”这个中华人民共和国地方行政制度的基本单位，可以往前回溯到金朝，此后又历经元、明和清几个朝代，一直到 1911 年民国成立之后。行台尚书省这个名称中的“行”一词，表明了它最初的可变动的性质，也就是说，它不像中国一般的地方行政单位那样，明确地设置于某个固定的城镇，而只是被设置于当时认为政治上适合的地区。此外，这个官署也不是一个独立的机构，它从属于尚书省，因而也就成为中央制度下派属的一个部门。女真人在对新占领的地区和人口，从一般性统治向更为集中的管理方式转化的过程中，就是通过所创建的这一制度，朝着中央集权的统治方式迈进了一大步。在这个官署所掌握的许多职权中，有一项就是通过科举考试，为官僚制度选拔人才。建立于1136—1137年的大齐国的崩溃，为齐国那些文官打开了进入金国的新官僚机构的途径。不过，女真人中的特权阶层，仍然把持着统治大权。

尚书省的情况也是如此。它早在1126年就已在东北的上京被设立，那时金对宋战争的胜负还未见分晓。尚书省很快就发展成一个完备的而且是最重要的行政官署，在金朝的整个统治时期，它都是主要的决策机构。尚书省的名称与它下属的各种机构的名称一样都用汉文，其执政官员大多数是皇族和其他女真贵族，后期也有些契丹人、奚人和很少数的汉人、渤海人在这个官僚机构中担任了较高的职位。

尚书省的最高长官是左丞相。在这个官署多年执政的16名官员中，有不少于11人出自完颜宗室，4人来自其他女真部落，还有1人是渤海人。而右丞相一职，曾一连五任由皇族出任，两任是其他部落的女真人，两任是渤海人，三任是契丹人，还有两任是汉人。但在尚书省品级较低的官员中，契丹和汉人却占了很大的比例。① 皇族在决策机构中占据如此优势的现象是很有趣的。对比那些汉族王朝如唐、宋的统治惯例，皇族中即使有人能够成为最高级官员，也是非常罕见的。

女真人认为，比起儒家那些抽象的有关伦理道德的准则，他们部落联盟的忠诚，对于金朝是远为有力的保证。至于在金朝的政治机器中存在已久的贵族政治与汉族官僚机构之间的敌对，其最后解决的结果肯定是对贵族政治和部落派系有利的，至少在最高的决策层是这样。

---

① [310] 三上次男在《金代政治制度研究》（第2卷）第217页排列了一个打破民族界限的最高官员任职表。

除了尚书省外，还有两个中央机构，就是中书省和门下省，但这两个省的地位与尚书省却无法相比。有一段时间，在三省之上设立过一个“领三省事”的官职，并成为中央官制中的一个层次，但在1156年，当海陵王统治时期，这个官职和中书省、门下省一并被取消了。从此以后，只有尚书省仍然存在。所有这些官制对于后来蒙古人的元朝都造成了深刻的影响，在元代，中书省成为最高的政治决策机构，而尚书省却仅临时性地存在过。

另一个中央机构是御史台，这个官署在中国各朝有很长的历史。金于1138年建御史台，终金之世而未改。御史台在海陵王和世宗时期曾被提到很重要的地位，1172年和1181年它又两次被扩充，地位也有所提高。在章宗统治时期还进行了一些变革，这些变革都有助于提高这个对官僚制度下各个部门行使政治上的批评和监督职权的机构的地位。值得注意的是，世宗曾将御史台中考中进士的人特别加以晋升，因为对于这个事事均需慎重处理的机构，他认为这些人特别适宜。

从12世纪40年代起，尚书省之下就设有六部：吏部、户部、礼部、工部、刑部和兵部，数个世纪以来，它们一直是中国中央官僚制度中的主要部分。六部的组织结构和作用根据中国当时盛行的模式而在唐、宋（还有辽）各有变化，这里无需赘述。这里应提到的另一个中央机构是枢密院，始建于1123年，在与宋交战期间曾经南移，一度掌管过有关汉族人口中诸如赋税、徭役和兵役等事务。枢密院后来发展成为皇帝的一个参谋部，是中央最高的军事指挥机构。从这点来看，它与宋朝的枢密院非常相似，但对比于宋朝的行政官署，金的枢密院一直是从属于尚书省的。

海陵王统治时是官署设置最多的时期，他为了把金朝国家从部落的和贵族的政治体制转化为中国的官僚政体而采取了大量措施。到12世纪末，几乎所有宋曾设立过的中央官署都已有了金的摹本。它们的名称可能不同，但作用却是相同的。在这些官署中，还确实包括了那些明显具有汉族传统特色的机构，诸如掌管天文、占星的官署，国史馆，以及掌管与皇帝家族和礼仪事务有关的各种行政管理机构与部门等。

不过还有另一方面，那就是金朝同时还忠实地继承了契丹辽（还有渤海国）的许多传统。与那些正统的汉族王朝通常只建一个国都不同，辽立有五京，金朝也是如此。这两国的情况都可以作如下解释：即它是连统治者也还没有固定居处的那个时代的残余，同时也是一种依季节不同而移居的仪式化制度的遗留。从一个更实际的角度上说，多国都的制度也为在不止一个场所建立中央集权化制度提供了某些手段。金朝的五京制度特别复杂，因为像南京和中京的名称，在不同时期所指的，都不是同一个的城市。

通过国都名称的变化，能够很清楚地看到金朝主要政治中心转移的情况。燕京（今北京）在被海陵王立为政治中心以前一直称为南京，而从海陵王以后，则被称为中都，蒙古人攻陷北京以后，洛阳又成为中都了。

在汉族人口占优势的地区，地方行政制度机构主要是按照唐、宋等朝代汉族的统治模式建立的，因此，它是金朝官制中比较缺乏有特色的部分。县和府（或州）是地方行政机构的基层单位，它们行使职能的方式多少与同时代汉族的宋朝类似。县、州之上相当于省一级的机构，是路，金朝共有 19 路。在地方和省一级的行政机构上，宋与金之间行政区域惟一的不同在于金朝的地方，部分地属于军事组织，而在边境地区则是部落组织。这些将在有关金朝兵制的小节中再作概括的介绍。

人才的选拔

即使从上一节对于金朝官制的简要叙述中也可以看出，这样一个官僚体制对于官吏的需求是大量的。有关金朝后期官僚体制中的官吏数目，我们可以通过图表得到一些概念。在 1193 年官吏数目为 11499 人，其中 4705 人是女真人，6794 人是汉人。这个数字在 1207 年据说已提高到总数为 4.7 万人。由此来看，金朝拥有官吏的数目，至少可以与北宋前期相比（1046 年是 1.27 万人）。[①] 那么，为数如此

① 关于宋代的数字，见［255］爱德华·A. 克拉克：《宋朝初期（960—1067 年）的市民职役》，第 55 页。金代的数字，见［646］《金史》，卷 55，第 1216 页。

众多的官吏，是通过什么途径入仕的呢？

正如在此之前的辽朝一样，金朝也采取一种双重的取士政策。在汉族一方，建科举之制，根据人的才能高下来取士；与此同时，人才的选授和升迁还有另一个区别对待的原则，区别的依据，则是个人所出身的社会集团关系或个人的地位。因而，这样的一些制度诸如荫袭制、世袭职官、以官功入仕等，都成为入仕途径中重要的组成部分。在科举取士和某些社会群体有优先权这两个原则之间，金朝一直努力寻求一些保证女真人特权的手段。开国初，当女真人占领辽朝领土以后，曾将辽朝的官制简单地纳入金的官僚机构之内，正规的取士制度却发展得颇为迟缓。

金朝科举制始建于1123年，那年金朝第一次开科取士。从1129年起，进士科的考试每三年举行一次，后来则是一年一次。最初（即金刚刚吞并了宋的领土的时候）南方与北方的考试有所区别，称为南北选。北方侧重于词赋（据说是在早期），而南方偏重于经义。造成这种南北差别的一个原因，估计是想让北方的科考更容易些，因为曾为辽朝遗民的北人，在女真人的眼中可能要比南人更可信赖。经义科的考试一度曾被取消，在1188—1190年又重新恢复和组织。除了五经（易、礼、诗、书和春秋）之外，还要考《论语》、《孟子》和《孝经》、《扬子》（扬雄的《法言》），以及道教的经典《道德经》。

虽然具有实权的职位，特别是最高层的职位，大多数都由女真人把持，但汉人还是通过进士科考试，找到了进入官僚集团的重要途径。在金代，有越来越多的汉族高官是通过考中进士，而不是通过诸如赐给某人官爵或者军功等等途径取得这种地位的。不过非汉人和非女真人（如契、奚和渤海人）在科举中的地位却似乎无足轻重。在整个金朝统治的历史时期，可能仅仅有五个渤海人和一个契丹人考中过进士。

世宗皇帝肯定意识到自己的不足，科举制度则为国家提供了可靠的职官，因此在1173年，他特地创立女真进士科，为女真人打开了一道新的入仕之门（在此之前还没有过为女真官员设立的考试科目），并鼓励他们多中进士。专为女真人设进士科可能有双重目的：它既与世宗竭力想保持女真的语言和习俗的总原则相一致，同时也有可能出于一种考虑，就是希望能有更多的女真平民进入官僚集团，以此来取代多少有些桀骜不驯的女真贵族们。但是，不同于渴望抓住科举之机以进身的汉人，从总体来看，女真人不中进士照样可以得到入仕和升迁的机会。在位居高官的 208 个女真人中，仅仅有 26 人中过进士。对于他们来说，他们的民族特权和世袭特权仍然是入仕和升迁的主要途径。

荫袭为一种重要的特权，是专门给予那些欲将自己的官位作为一个等级传给后人者。从国初到世宗统治时期，对于七品以上官员所荫家庭成员的数量还毫无限制。后来定荫叙法，按官员等级规定了所荫之人的限度，最高的一品官可以荫六人，以下根据官品，所荫人数递减，八品以下则不可用荫。这个规定当然是对高品级官员有利的，而他们中又以女真人为主。金统治时期所实行的世袭之选也与荫袭制有类似之处，例如，女真完颜部人有进入宫廷任侍卫的特权而无须通过正式的荫例。女真平民也可以被选入宫廷做宫廷卫兵并将此作为晋身之阶。很显然，这与蒙古的宿卫（怯薛）制度是相似的。此外，女真的猛安谋克制（见第三小节）中官员的世袭，也是建立在民族特权地位之上的一种世选形式。

最后，以军功及军事领袖的身份入仕，对人口中的女真人也是有利的。因为在金朝统治的大部分时期，军事组织更多地还保留着女真军队的原状。差别还不仅限于入仕，这些人一旦进入官场，其晋升的速度就远远快于那些靠正规阶梯一步步往上爬的汉族同僚们。升迁已被形式化，它既要看个人的政绩，也要看资历。对官员政绩，有着复杂的考核制度，旨在尽量做到客观。

金朝的人才选拔和升迁，就这样显示出诸多的双重特征。但是我们应该强调的是，女真人并没有将官职全部垄断，在有关汉人入仕的问题上也并未造成任何普遍的不满。毋宁说金朝一直在寻求的是一种妥协，它试图形成一种选拔制度，这种制度能够在作为人口组成部分的不同民族之间造成一种平衡。在为汉人采取开科取士制度的同时，也对此加以一些限制，并为女真人的入仕升迁保证了种种优先权，这无疑是有助于社会稳定的。的确，在金朝，科举制度在人才选拔上所起的重大作用，是另外两个非汉族建立的王朝辽与元所无法比拟的。[①]

军事组织:猛安谋克和对边境的管辖

猛安谋克制度是女真人特有的一种社会和经济组织。有关它的研究很多，这不仅因为它本身固有的吸引力，也因为它在许多方面是满洲八旗（niru）制度的先驱。在17世纪，满洲人就是用这一制度对于他们所征服的汉地实行军事控制的。[②] 汉语中的猛安谋克是两个女真词的音译：猛安的意思是“千”，来自蒙古语（mingghan，满语：minggan）。早期，在战争中统领千人的首长（千夫长）被称为猛安，后来这个词也被作为他所统领的这个单位的称谓；谋克在《金史》中被释为百人的首长（百夫长）。但是这个词并不是数词，而与满语mukūn（穆昆）有关，在字典里的释义是“氏族，家庭，村庄，人群，部落”等等。

猛安谋克制是建立在女真人按部落划分的基础之上的，它并不是纯粹的军事组织，而是一个包罗丰富的社会制度。原则上，女真的全部人口都被阿骨打置于这个组织之中。很快地，它就成为对所归附人口实行控制的最重要的军事和政治手段。谋克是这个制度中最基层的单位。每个谋克所统的户数是不同的。从理论上说，它本应该统领300户，但实际上往往少于此数。同样，一个猛安所统领的户数也达不到它的名称所说的1000户。一般地说，一个猛安是由七到十个谋克组成的。

谋克之下又有“蒲里衍”（对于这个词还有几种其他译法），这个词可能与满语的feniyen（群，人群）有关。像其他词汇一样，蒲里衍既是单位的称谓，也是首长的官称。每个蒲里衍统领50户。每户

① 关于金代选官制度的深入研究，见［488］陶晋生：《女真统治对中国政治制度的影响》。

② 关于猛安谋克制，见［309］三上次男：《金代女真社会研究》，第109—417页。

中健全的男性，都必须到军中服役。男性奴仆也要充军，在军中担任副从（称为阿里喜，参见满语 ilhi）。凡作战时，每个全副武装的士卒都有资格携带一个充任杂役的阿里喜。在女真人的故乡东北地区，每个谋克都居住在由木栅围起的村庄里或者周围，大多数以最初居处的地点来命名，甚至在他们迁离他乡之后，通常也都保留着这些名字。

猛安谋克制据说是由阿骨打于 1114 年正式创立的，但事实上却可以追溯到更久远的年代，此后又经历了诸多变革。女真灭辽之后，便将臣服于他们的契丹人、奚人、汉人和渤海人都编成猛安谋克纳入这个制度之中。这个制度中的首领均为世袭，这对于率领部属一并归降女真人的契丹首领来说，曾是相当重要的诱因。

不过，一个契丹谋克仅有 130 户左右，少于女真谋克的户数。至于被正式编入一个渤海谋克或汉人谋克中的户数究竟有多少，我们还不知道。但至少在我们知道的一个例子中，一个汉人谋克中仅仅有 65 户。① 1124 年以后，就不再新编汉人谋克了，但这时金朝军队中的汉人人数肯定已经相当可观，因为在 1126—1127 年间的伐宋战争期间，曾有数组按每万人为一队的汉人在女真人的指挥下参加了反对他们同胞的战役。至于他们中有多少人是单纯因战争而被签募进来的，又有多少人是正式编入汉人猛安谋克的，至今仍然不很清楚。猛安谋克制之外的兵卒数量，通常总是根据军事环境的需要而变化。当战事紧张的时候他们被从百姓中签发，而当战争即将结束的时候又被解散。不过到金朝濒临灭亡的那几年，当猛安谋克制度已经严重地衰落时，汉族人口，甚至包括高官显贵，也都被毫不留情地括入军队之中。

在汉人和渤海的猛安谋克中，1145 年废除了首领的世袭，但对契丹人和奚人的首领世袭却保留下来。与此同时，现存的猛安谋克被分为三等。第一等是由皇族任首领者，第二等的首领是其他的女真人，第三等则是由契丹人、奚人、汉人和渤海人构成的。不过，这种

① ［646］《金史》，卷 44，第 993 页。

企图按照不同民族给予不同地位的做法，被海陵王于1150年废除。这个统治者，正如我们所述及的那样，试图抑制女真贵族的权力，曾举行过一场大迁徙，把仍然由皇族统领的猛安谋克从上京迁移到金朝南部的诸城镇。猛安谋克制度遭到的一次沉重打击，是因金朝签发契丹和渤海人参加伐宋而引起的反叛，这些人大多驻防于西北边境，他们有充足理由为自己的安全担心，因为如果将这里的士卒征调一空，这一地区就会持续不断地受到蒙古人突袭的威胁。契丹和奚的猛安谋克于1161年起来反抗。这场反抗被镇压下去以后，许多猛安谋克被遣散了，很多户被分散到女真的猛安谋克中，仅仅那些仍然效忠于金的猛安谋克被保留下来并像以前一样得到首领世袭的特权。

另一个损害了这一制度实力的因素是经济的。由于猛安谋克同时也是行政的和经济的组织——它与汉族王朝中那些军事移民颇为类似——国家分配给他们用于农耕的土地，按理说是认为他们能够在经济上自给。但许多女真人由于缺乏农事经验，又不习惯于在汉地的条件下耕种，他们中有些人将土地租给汉人，这导致了他们的无所事事与过度饮酒，并因此荒疏了军事训练。有些谋克所分得的官地过于贫瘠，更无法与耕作技术熟练的汉族农民竞争，又受高利贷主的盘剥，致使猛安谋克中大量女真平民沦为穷人。他们不仅仅被汉人也被更富有、更有权势的自己的同胞剥削，特别是受皇族的盘剥，这些皇族以牺牲那些不幸的女真人的利益，当然也有汉人的利益，来谋求大量的土地。

最初，猛安谋克的军士们无论酋长还是平民，都生活在一起："略不间别，与父子兄弟等"①，普遍过着俭朴的生活。而与此形成尖锐对比的是，后来的女真人，在贫富之间已形成一道深刻的鸿沟。世宗皇帝对于他那些贫困同胞日益恶化的生活状况给予了深切的关注，采取了诸多救助措施，如对于最贫困的谋克由官府颁给官粮，鼓励他们学习农耕技术，提倡节俭，制定反对奢侈的法律来禁止酗酒和过度挥霍，定期进行军事训练。同时还实行军事移民，把原生活在穷困地

① [597]《大金国志》，卷36，第278页。

区的猛安谋克迁移到较为富裕的地区去。这种做法还有一个目的，就是想让这些分散生活于汉地的女真人居住得更为密集。

1183 年，金廷对于猛安谋克的人口进行了一次普查，被注册的不仅有人口，还有土地、家畜和奴仆。普查的结果所显示出的贫富差别如此巨大，以至于世宗的政府只得采取重新分配土地和没收过度侵占土地的方式来解决这一问题，这些措施使情况暂时有所改善。对于社会史学家来说，这次人口调查的数字是很有意思的。除了财产被单独登记的皇族不计，猛安谋克的全部人口为 6158636 人，生活在 615624 个户之中。在这些人口中，4812669 人是平民（他们中大多数是女真人），其他是依附于个体家庭的奴仆。猛安的数目是 202 个，谋克的数目是 1878 个。[①] 世宗之后，这个制度明显地失去了效力。蒙古人入侵时，金朝政府已经被迫越来越多地依赖于签募来的兵卒。但直到猛安谋克制最后崩溃，它始终是女真军事机器的基本组成部分。

皇帝和皇太子有他们自己的谋克，称为“合扎谋克”（合扎是女真语的音译，可能与满语的 hashan 有关，意即“护卫，篱笆”）。这支侍卫亲军有数千人，都是从诸军中选拔的，所取之人身高必须达到五尺五寸，还需通过军事考核。这支侍卫亲军内还有一个核心部分，称为“近侍（护卫）”，人数在二百左右。惟独他们在皇帝在场时有执兵仗的特权。这些护卫的身高至少要达到五尺六寸。

金朝军队的最高指挥机构相对来说比较简单，几个猛安谋克构成一个万户，字面上的意思是“一万户”，比它高一级的长官是都统，再上面作为最高统帅的是都元帅，但这个官职只存在于战争时期。金朝较高层的军事机构都沿袭于辽朝。的确，在辽朝统治下，那些部落一直未被打破，它们又被金朝统统接收过来，有的甚至连名称都没有改变。这些组织绝大多数驻防于西北边境，其中包括契丹人、奚人以及其他民族的成员。与以女真人为主体从事农耕的猛安谋克不同的

① 关于猛安谋克人口统计的分析，见［183］何炳棣：《中国宋金时期人口的估算》，第 33—45 页。

是，这些部落都以放牧为生，事实是如果举例来说，反映在管理一些部落的官名，就称为群牧使。但是也像女真的猛安谋克一样，这些组织既是军事单位也是自给自足的社会经济团体。金朝共设 12 个群牧使。他们中有些由前辽朝皇族宫帐的成员（斡耳朵）和他们的后代组成，但也有一个群牧使由女真人担任。看起来，这些群牧使的正式设置在时间上较晚，应该是在世宗和章宗时期，与准备防御蒙古人的入侵有关。

另一个从辽朝沿袭下来的特征是一种称为乣的单位，最初源于阵前士卒的分队。金朝共有九个称为乣的单位，大多数驻扎在东北。最后，还有八个特殊的职官，名叫诸部节度使，这个名称就表明了它所统辖的是所属人口中有部分党项人、蒙古人、契丹人，还有奚人。他们沿国家的西部和西北部边境一线驻扎，像其他组织一样，是为边境防御而设立的军事组织。

社 会 结 构

一件不可思议且颇具有讽刺意味的事，就是在《金史》这部被看成为“半野蛮人”国家的官修史书中，却比绝大部分汉族王朝的史书中保存了远远更为清晰的有关人口控制和人口普查制度的材料。① 即使像宋朝，尽管如我们所知，也有很丰富的统计数字，但却没有按年龄段统计的精确数据，也没有类似的人口登记政策。但是从《金史》的有关章节中，我们却可以得到毫不含糊的材料，不仅有按年龄的统计，而且还有三年一籍的方法。人口登记从最基层的统计做起，也就是说，由村里的头目，在猛安谋克中则是由寨使负责。寨使人数根据户数不同而异，50 户以下的村寨一般只有一个寨使，300 户及 300 户以上的，寨使有时多达四个。在村镇和城市中有里正、主首。在籍户开始的时候，这些人必须到各家去登记家庭成员的姓名、年龄和性别，所得实数汇总后层层上报，在籍户开始后的三个月之内必须送达

① 何炳棣也强调过这一点。

户部。与其他有些朝代对人口年龄的统计准确度很差的情况形成对照的是，金朝的统计有对不同年龄段的明确记录。17 岁到 60 岁之间的人都被称为“丁”；不过，身体有残疾和智力不足者，则不能算在丁之内。

《金史》中保存有三次（1187 年、1195 年和 1207 年）全国籍户的数字。它们不仅对于金史的研究很有意义，而且将其用来与宋的人数进行参照，对于估算 12 到 13 世纪全中国的人口总数，也是非常有价值的（参见表 7）。

表 7　　　　金朝的人口总数

年份	户数	人数	每户平均人口
1187	6789499	44705086	6.59
1190	6939000	45447900	6.55
1195	7223400	48490400	6.71
1207	8413164	53532151	6.33

由于我们看不到金朝早期的数字，因此人口的增长只能以 20 年为一个周期来估算，即平均每年的人口增长率是 0.9%。如果将其与中国历史上其他时期的数字相对照（例如，在 1779 年到 1794 年间人口平均增长率是 0.87%），这个数字肯定是合理的。在金朝，每户的平均人口数多少要高于其他朝代通常的五到六人。金朝的户规模较大，原因是奴仆使用的普遍。例如，在 1183 年的籍户中，猛安谋克户的户平均人口为 7.8 人，而每户平均占有的奴仆数则不少于 2.18 人。皇族每户拥有的奴仆人数更为可观，每户超过 163 人。如果将所有这些因素都考虑在内的话，可以推定，作为一个社区内的生活和消费单位中的核心家庭，它的规模与中国历史上其他时期的家庭是大抵相同的。

金朝的人口相当多。在 12 和 13 世纪，仅仅金朝，不包括宋，就有不止 5300 万人，远远超过同时期任何一个欧洲国家的人口。1207 年时，金朝的国土供养着几乎与 742 年的唐朝所全部拥有的那么多人口。至于这样的几千万人在地理上是如何分布的，我们并不十分明了。《金史》的《地理志》记载了当时每路的户数，可惜的是，它并没有说明这些数字所据的年代。不过可以推断，这是在蒙古人入侵之前，是1215年金朝将东北丢给蒲鲜万奴前不久的数字，因为这个总户数甚至比1207年籍户时还多。金朝人口在整个国土上的地理分布可参见地图23。

从这一分布情况可见，几乎金朝全部人口的1/4都生活在开封附近（今河南）的黄河平原。另一个人口稠密区是山东东部。第三个负载人口最多的是北京及其京畿地区。很明显，女真人的故乡东北：人口是非常稀疏的，虽然人口如此之少可能与籍户的缺漏有关，因为当地通讯困难，在人迹罕至之处进行籍户又多有不便。另一个引人注目的地区是与西夏交界处的那些战略要地亦即今天的甘肃，几乎是渺无人迹。显然，在整个金朝，最大的城市是南京（今开封），这个国都的人口共计1746210户。第二大城市是中都（今北京），有225592户，而位于东北的上京（会宁）仅仅有31270户。东京（今辽阳）不过略多一点，有40604户。

种　　族

虽然对于金朝人口的分布的轮廓，我们能够了解得比较清楚，至少对于其中一年是这样，但对于金朝内部各种族有关人数的了解，就要少得多了。没有任何统计数字能够提供各个种族即使在某个地区的准确比例。有关猛安谋克人口的数字也无法用于这个目的，因为这些军事单位不仅包括女真人也包括其他各族人。所以我们在这里只能做一个非常粗略的评估。如果说在1183年自由的南迁军户有480余万的话，我们大体可以推定，其中的大多数也就是80％是真正的女真人，其他的则是契丹人、渤海人或者汉人，由此可推论，女真人口应该估计在400万左右，远低于总人口的10％。

不是所有的女真人都认为自己优越于其他种族。生活在新占领区的女真军户是与周围的汉族人口相隔绝的，最能强烈地感受到自己享有特权的是官僚集团中的女真人，他们不仅可以占据最重要的地位，

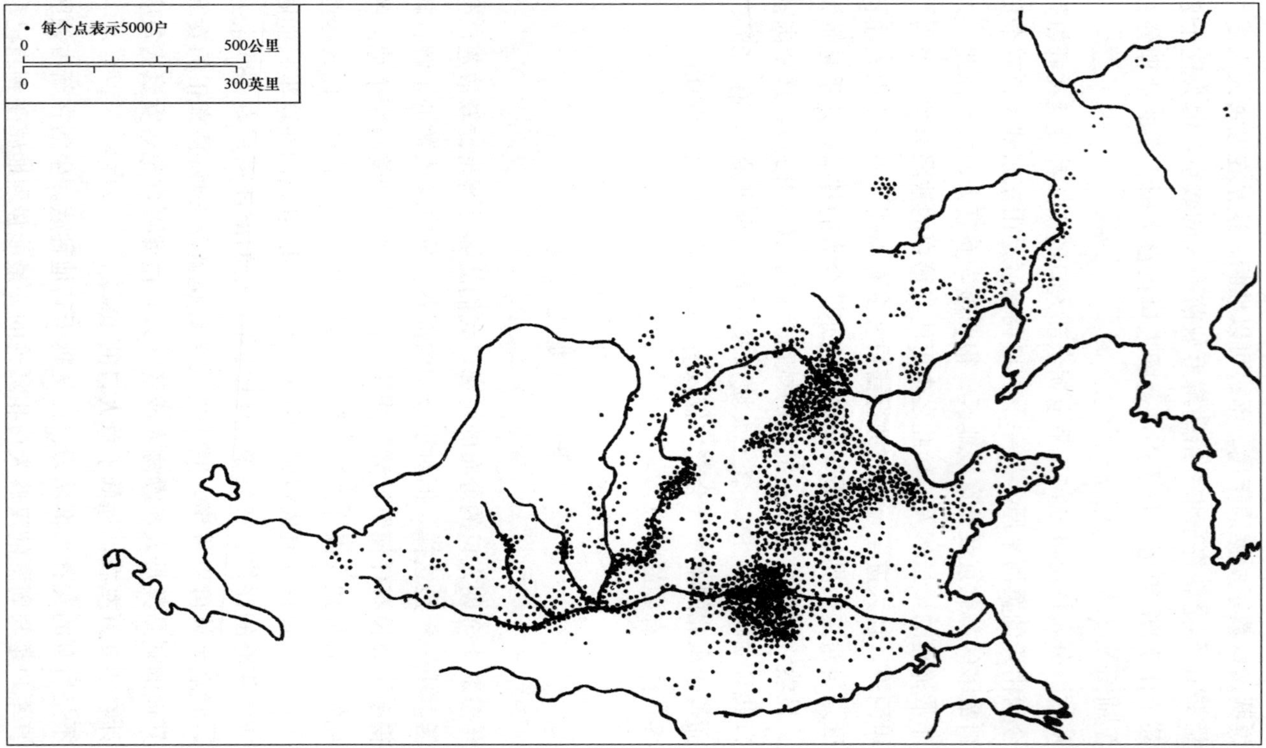

地图 23　金朝的人口分布，1211 年

升迁也比其他人迅速得多。与汉人和其他种族人的通婚至晚到 1191 年已被视为合法，当然这种现象的出现肯定要早于此时。金朝官方的民族政策，在其统治年间，也经历过相当多的变化。在征服中原之初，女真人曾试图强迫汉人采用他们的服饰和发型。就像满族人在 17 世纪命令汉人剃发易服一样，他们的先人在 1126 年也曾强迫汉人改变自己的服装和头发的式样，1129 年又下诏再次加以强调，但是看来这条诏令并没有被很严格地遵守，在倡导汉化的海陵王统治时期，河南的汉人就曾被允许穿戴自己的服饰。

世宗废除了这一政策，他并无意把汉人变为女真人，而只是想保持女真人的民族一致性。与早期的政策相反，到他统治的时候（1161—1189 年），许多女真人似乎已经采用了汉人的行为方式并且忘记了自己的民族传统，包括他们自己的语言。为此世宗禁止女真人穿戴汉人的服饰，禁止他们采用汉人的姓名。皇室的亲王，凡是已经取了汉名的，必须恢复他们童年时的女真原名。宫廷中只准讲女真语，宫廷侍卫凡忘记了女真语的，必须重新学习。女真的歌者遵命在皇帝面前演出复活旧俗的节目。而章宗时所下的另一诏令，则旨在维护民族自尊：1191 年他下诏禁止汉人在提到女真人时使用“番”这类字眼。但是，尽管有这一切将女真人与汉人隔离以及保持民族特性的良好愿望，越来越多的女真人还是融合到了这个国家占大多数的汉人之中。只有东北地区边境山林的那些女真人集中居住地带，他们的语言和习俗还仍然保持着。1200 年以后国家的危机和不断的天灾导致了女真人更进一步的汉化。1201 年朝廷下诏，对于累经签军立功的契丹人户，待遇与女真人相同，1215 年又废止了对非女真人军户的差别待遇。女真人种族特点的逐渐消失，原因之一就是他们所生活的驻防地分散遍及全国各地。相反，即使是在金朝的统治下，契丹人也仍然是一个内部关系远远要紧密得多的民族实体，这一事实应该归因于他们所生活地区的偏僻，在那里他们能够维持传统的部落生活方式。

对于女真这个少数民族来说，他们对待汉人也并非一视同仁，而是清楚地将其划分为“北人”与“南人”。北人是原先归附于辽朝的汉人，南人则是居住于河南和山东的前宋遗民。这从世宗，这位具有敏锐观察力的皇帝的一些论述中可以明显地看出，他认为北人不可靠，其俗诡随，善于随风倒，而南人在他看来则率直正派，“南人劲挺，敢言直谏者多”。[1] 这个看法明显地不同于有关地域特点的老生常谈。13 世纪，北方汉人还是像他们 12 世纪时的河南祖先一样普遍地具有重信义的特点，而“真正的”南人，特别是广东人，则颇与 12 世纪的燕京人相像。

尽管女真人在迅速汉化，但在管理帝国时肯定存在语言问题。上朝时汉文的奏本必须被译成女真文时，常常造成拖延和误解。特别是在早期，那时即使是受过教育的女真人，也很少能够掌握汉语。更复杂的问题出在文字上，1119 年女真人正式颁行了一种特殊的文字，即所谓的女真大字，它明显是在契丹大字的基础上创制的。1138 年又颁布了一种女真字，称为“小字”，现在仅存于很少的一些石刻中。金亡之后这种文字还被满洲人继续使用到 17 世纪。这样，女真字、契丹字和汉字一起，成为金代并存的三种完全不同的文字，以至于在各民族间和在官僚机构中，就不仅简单地存在着语言障碍，而且还存在着文字障碍。

这是个很有意思的现象，即一种官方通用的女真文字的创制并不意味着其他两种文字的废止。对于汉语这是很容易理解的，它毕竟是人口中占绝大多数的人和他们中的文化精英所使用的语言。金朝与高丽、西夏和宋的外交通信似乎一直是完全使用汉字的。但是在金朝的官僚机构内，契丹文字也继续通行，所通行的如果不是那种极为复杂的契丹大字的话，那么至少也是半拼音化的契丹小字。1138 年规定，对于汉人和渤海人的委任要用汉字书写，对于女真人用女真小字，对于契丹人则用契丹字。此后几十年间，甚至在国史馆这类敏感的机构中，契丹字也始终被使用着。在所有的金朝皇帝中，世宗要算是最有民族感情的一位，但他本人也赞许契丹文字，说它比女真字能够更好地表达深奥和复杂的诗句，这反映了契丹小字在字母和语音能够很容

① ［646］《金史》，卷 8，第 184 页。

易地表示女真语发音的特点。而更重要的还是这样一个事实，即契丹文在相当长时期内一直充当了汉族文学向女真人传播的媒介。汉文的著作被翻译（或者转写?）成契丹文，然后又从契丹文译成女真文。直到世宗之后，契丹字才被停止使用了。1191 年至 1192 年间朝廷开始排斥契丹字，在国史馆一类机构中，仅仅认识契丹字的人都被解雇了。

汉人建立的宋朝对于他们的女真对手的文字，从未付出过任何努力来了解研究，这是很令人奇怪的。当他们掳获到女真字的文件或其他材料时，竟没有一个人能够看懂。中国后来的朝代，特别是明清两朝，都曾建立过负责翻译的机构和学习翻译的学校，形成一套复杂的制度。但是在宋朝，也许是出于民族自尊心，却不肯去付出这种努力。而在高丽，事情就完全两样了，女真语一直被教授和学习，直到金朝灭亡后的几个世纪。①

社会阶层

从金朝复杂的民族问题转到它的阶级结构，我们面临着一个明显的难题，像所有的朝代史一样，我们所依据的主要文献《金史》，都是从都市的和官僚机构的角度出发来记录人物、事件和结构的，至于金朝统治下中国人口的社会状况及其变化，我们却知之不多。但是我们有理由设想，这些文献之所以相对较少，其原因是与北宋相比，金朝统治期间的社会并没有发生值得注意的变革。在中国农村地区，生活与在宋朝统治时期肯定没有太多的不同，而像开封那样的城市生活，我们也不难想像，当攻城的激战过去以后，生活很可能就一切如故，惟一不同的就是宋朝宫廷和它那帮高官显宦已不存在。所以不能说女真人对中国北方的征服导致了社会的大变动。虽然许多中国人，特别是上层人士，从外族入侵中深深感到个人的痛苦，但中国人口的阶级结构并没发生根本的改变。富人、受过教育的人和有社会影响力

① [541] 魏特夫、冯家昇在《中国社会史：辽（907—1125 年）》第 253 页有关于金代三种文字并用造成的复杂局面的叙述。关于朝鲜使用女真文的研究，见 [286] 列修：《女真文在高丽》，第 7—10、15—19 页。

的人继续依靠剥削劳动大众、佃农和贫穷的小地主为生。我们也不能说在金朝农民受到的剥削比在辽朝或宋朝时更为苛酷。女真人征服中原后出现的惟一新因素，就是对奴隶的广泛使用。

关于女真人口和它的阶层之内的变动，我们掌握较多的是这个社会阶梯最上层的有关材料。金朝最高的社会阶层毫无疑问是皇室完颜氏。也有其他完颜氏，他们是那个部落中非贵族家庭的后代，但后来统治金朝的酋长们的家庭比一般完颜氏享有大得多的威望和权力。他们是女真这个少数民族之中的少数，一个小的精英集团。但是正如我们在前面章节所提到的，他们中许多人身居高位，尤其在建国之初的那些年，他们实际上掌握着国家的军事和政治大权。根据 1183 年的籍户数字，这部分人共有 170 户，包括了 982 名氏族成员。在这个数字之上，还必须加上 27808 个奴隶，也就是说每个皇族家庭都拥有 163 名以上的奴隶。由于占有奴隶的多少是一个重要的社会和经济指标，并影响到财产税的征收，所以将其与每个普通的猛安谋克户平均占有两个奴隶相比，我们就能对这些家族的财富之巨有个大体的概念。皇族与普通军户间的不平等还表现在拥有土地的数量上。皇族每户平均占有土地数为 2166 亩，而普通军户每户仅仅占有 274 亩。皇族成员豪富而傲慢，他们中的大多数虽然占有土地，却不居住在那片土地上，而生活在京城中。他们的懒惰和挥霍不仅在普通百姓中，而且也在世宗那样严厉的统治者那里激起了怨恨。世宗对他们一再训斥，其中一段话的内容就是说，这些皇室的亲戚都居住在城市中，仿效汉族的生活方式，丢掉了他们的民族特点，也丧失了他们原有的作战能力。

皇帝和皇族成员肯定很早就开始受到汉族文明的影响了。再没有比将阿骨打和他那一群人当成是野蛮人更荒谬的了。金朝及其他少数民族王朝统治之下被汉化程度的一个重要标志，就是个人的姓名。凡是女真家庭，当孩子出生时都要为他取一个女真名字，至少当他们旧有的语言和文化习俗尚未消失时一直是如此。不过取汉族名字的现象也很早就出现了。孩子除了取女真名之外还要再取一个汉名，早在阿骨打那一代就已经如此。更过分的是，取名时女真人还往往遵从汉族的所谓“排行”制度，就是凡属同一代的所有男性成员，名字中都要有同一个汉字，或者都要从事先预定好的一个序列中抽取一字（有时这个序列是特殊的一句诗）。举例说，阿骨打的下一代，汉名中的第一个字就都是“宗”（祖先），这显然是在有意识地仿效宋朝的习俗，因为在宋朝的赵姓皇室之内，取名时也要遵循建立在排行原则上的严格规定。[①] 汉族传统上还有一种惯例，即将皇族的姓氏赐给有功的外族人，特别是汉族以外的部落酋长，这种事在金朝也不乏其例，曾有 30 人得到过这种廉价的荣誉。但在皇室认可的情况下，其他女真氏族的姓氏有时也被赐给非女真族的官员。无论怎么说，取汉名也标志着女真氏族内接受汉族影响的程度。

在不同的文献中，对于女真姓氏的数目记载也不相同。关于建国前的时期，汉文史料曾谈到过有“三十个姓”；另一条史料则说有七十二姓（这显然是一个虚数，因为七十二被认为是一个与“上天”有关的数，有时就是“几十个”的意思）。《金史》中有很长的女真姓氏的名单，总数为 99 个，如果再加上被单独举出的完颜氏，应该共有 100 个。这看起来太像玩数字游戏了，何况在历史上实际出现的姓氏甚至比列举的这些更多。在这篇氏族的名单上还有一种奇特的划分方式，即将其中 83 个姓氏称为“白号之姓”，16 个称为“黑号之姓”。[②] 我们并不清楚这里提到的黑白之别到底意味着什么，很可能白姓是被作为更古老更优越的姓氏，因为女真人和蒙古人一样，将白色作为吉利的颜色。[③] 在 83 个白号之姓中，有 27 个，其中包括完颜

① 关于女真氏族宗谱以及人名和氏族名的各种汉文拼写的目录，可见［781］陈述：《金史拾补五种》。关于汉族人名的排行制度，见［30］沃尔夫冈·鲍尔：《中国人的名字：名、字和小名的形式和主要含意》，第 200—210 页。对女真人的姓名，还没有系统的研究，或可用满族人的名字来帮助解释女真姓名。

② 99 个姓氏的记载见于［646］《金史》，卷 55，第 1229—1230 页。元朝的姚燧（1239—1314 年）在他所著《牧庵集》，卷 17，2lb 中却有不同的说法，他说共有 68 个（译者注：应为 66 个）“白”姓和 44 个“黑”姓，总数是 112 个（译者注：应为 110 个）。同时他还用“白书”或“黑书”的“书”字来代替《金史》中的“号”，书的准确含义可以与《金史》中所用的“数”字联系起来看，但也一样难解。

③ 关于黑白的意义，见［780］陈述：《哈剌契丹说——兼论拓跋改姓和元代清代的国号》。在第 71 页中他说黑有时意味着内，部分黑号氏族与白号的外氏族互相通婚，其意颇与本文相左。

氏，都受封于女真人的东北故乡即金源郡；30个姓封在河北（广平郡）；26个姓封在甘肃（陇西郡）。而16个黑号之姓则被封于河南和江苏北部（彭城郡），也就是在国家的最南部。虽然在《金史》的有关段落中对此未作任何解释，但受封地点的不同在某种情况下肯定是与最初猛安谋克组织向新占领区的迁移有关的。此外我们也还不清楚，这些是否仅仅是有名无实的封号，或者是否还具有对这一封地的控制权或对土地的实际拥有。

再进一步观察我们可以发现，事实上100个姓氏并非全部都是女真姓。白号之姓中就包括有一些非女真的氏族或部落，例如契丹的耶律，突厥的温古孙，还有蒙古的吾古论。因此，在女真这个作为统治者的少数民族之内，除了有社会阶层的区别之外，也还有种族的不同，尽管被列入这些姓氏内的非女真氏族肯定在过去各自不同的民族背景上，已经经历过某种程度上的政治同化与融合。所有这一切都表明，这些各部落在向女真这个民族共同体集聚的过程中，具有非常不稳定的特征。

女真民族中另一种社会分化的表现基于这个事实，即身为皇室的完颜氏只与另外八个姓氏通婚，这八个姓氏都具有纯粹的女真血统。① 这八个姓氏在社会上都享有很高的声望，我们还发现他们中很多人位居显要。可见，金朝皇族的婚俗正好介于汉族的惯例与辽朝皇族的婚俗之间。汉族的婚姻在理论上对于从什么样的家族选择配偶并无限制，辽朝皇族却只与固定的一个姓氏通婚，在蒙古人建立的元朝，皇室的惯例也是如此。

如前所述，奴隶的使用构成金朝社会中的一个特征。奴隶位于金朝社会的最底层，但是在这个“遭遇悲惨的贱民”内部，按照财产的多少又可明显分出不同阶层。金朝的户，除了有特权的女真贵族以及

① 根据［646］《金史》，卷64，第1528页，这八个姓氏是徒单、唐括、蒲察、拏懒、仆散、纥石烈、乌林答和乌古论。在这些姓氏中，唐括和蒲察是“黑号”，其余的是“白号”。不过这里列举的姓氏并不完全，因为除了这八个姓氏之外，太祖和熙宗都曾立过裴满氏为皇后。参见［646］《金史》，卷63，第1502—1503页。

免役的汉族品官之外，可以分成数种：课役户、不课役户、本户、杂户、正户、监户、官户、奴婢户、二税户等。[①] 这个区分是很不成规则的，因为它将财产的、种族的和社会经济的各种差异都混为一谈，但我们却可以由此对不同人群内的等级获得一个全面的概念。课役户与承担徭役之户都是拥有土地的家庭，不课役户则由老弱病残者组成。本户是女真户，杂户是契丹户、汉户、渤海户或其他种族之户，这一划分始于 1195 年，可能是为了避免麻烦，无需再探究某人的族属。“正户”一词专指曾是猛安谋克户的奴隶，然后放免为良，但仍归于各自谋克的长官管理之下的那些人。

在 1183 年籍户的猛安谋克人口中，包括了所有曾经沦为奴隶的人，他们想必都是汉人。相对来讲正户一词便是正身户之意。监户是那些被宫籍监所控制的户，他们以前是平民，后来被籍没，成为朝廷的官奴，在官府中主要是在管理宫殿的机构中服役。官户是这样一些人，他们本来就是奴隶，后来又被迫入太府监从事劳役，与“普通的”家庭奴隶，亦即属于私人所有的奴隶是有区别的。最后是二税户，他们与其被简单地看作是要加倍纳税的户，还不如说是一种奴隶更准确些，这群人由这样的户组成，他们曾被辽帝捐赠给了佛寺，于是他们既要向寺庙交租，又要给官府纳土地税。实际上，他们是寺庙的奴隶。这些人的数量肯定是相当多的，因为直至 12 世纪末，废止寺庙的奴婢制度才被提上日程，并由皇帝颁诏将他们放免为良。

如果与金朝在战争期间曾发生的大规模掠人为奴事件相比，将人口捐赠给寺庙要算是一个相对人道的方式，这些奴隶中最多的想必都是被俘的平民。百姓沦为奴隶还有一个普遍原因，那是在中国历史无论哪个时期都存在的，每逢遇饥荒或因贫穷不能糊口时，便卖身或卖子女为奴。所有这些沦为私人奴隶的原因（与官府籍没的奴隶相对比）都有史料证明在金朝也曾存在过。占有奴隶最多的人当然是皇族成员。当世宗还是一个亲王的时候就拥有上万名奴隶。奴隶的身份是

① 有关户的情况参见［646］《金史》，卷 46，第 1028 页。有关女真户与其他种族的户的区别（女真为本户，汉户及契丹等谓之杂户），参见《金史》，卷 46，第 1036 页。

世袭的，以至于那些由战俘沦为奴隶的不幸者不仅自己本身受苦，还要世代为奴。一个平民女子和一个奴隶结婚，这个女子便要降为奴隶，但如果她婚前不知道丈夫的奴隶身份的话，可以要求离婚。已经放出为良的奴隶所生的子女，如果是在父母还是奴隶时出生的，当他与一个平民结婚时，可以被认为是平民，甚至能够参加科举。①

奴隶并不意味着在任何情况下都是绝对贫穷地生活于最低生活水准之下的。有时候，一个奴隶可能以大管家的身份获得某些影响和地位。举例说，1190 年皇帝就曾下诏，禁止皇室的家奴以种种不法的借口侵扰商人或者勒索债务。

奴隶的赎免，在理论上总是可能的，但在不同的皇帝统治时期掌握的尺度也不同。在早期，恢复平民身份多少要取决于奴隶使主的慷慨。在 1116 年则规定，一个奴隶被放免为良所需的赔偿，是以两人赎取一人。此后，在 1141 年颁布的诏令是，凡官赎为良者，赎一个成年男子需用绢三匹，赎一个妇女或儿童需用绢二匹。再以后，大约在 1200 年左右，便可以用钱来赎取了，赎金的价格，一个成年男子是 15 贯，妇女和儿童减半。② 可见，可以赎身的似乎仅限于因贫或类似情况而卖身为奴的人，而不包括战俘。总之，金朝统治时期对奴隶的广泛使用一直继续到元朝，直至 13、14 世纪仍然是社会结构中的一个特征。至于奴隶人口中绝大多数都源于汉人，这一点已毋庸赘述，尽管其中也不排除有些女真人和其他族人的奴隶在内。

现在应该是很清楚的了，在金朝，中国社会的基本单位与其他朝代一样，是户。金朝的家庭制度，至少在汉族人口中，与同时代宋朝的家庭制度肯定并无不同。我们在史料中经常可见有关金朝婚姻和家庭地位的法令，但这些法令和条例究竟是仅仅针对女真人的，还是广泛地涉及到所有金朝属民的，有时不甚清楚。相当详细的条例，似乎

---

① 对于奴隶婚姻规定的详细记述，参见［646］《金史》，卷 45，第 1021 页。

② 关于用物品赎放奴婢的实际做法，参见［646］《金史》，卷 2，第 29 页；用钱，见 58 卷，第 1353 页（译者注：《金史》原文是："遇恩官赎为良分例，男子一十五贯文，妇人同，老幼各减半。"本文却作"妇女和儿童减半"，疑有误）。

大都是针对早期女真或其他非汉族习俗与汉族传统之间的冲突的。女真人同渤海人一样，曾存在着相当普遍的私奔习俗，这种旧俗在世宗时被禁止。另一种与汉族习惯相违背的是收继婚以及与亡妻的姐妹结婚的风俗，这也就是在女真人习惯的父死娶其妾、兄死妻其嫂或娶侄儿、叔伯等人的寡妇为妻的习俗。在世宗朝，这些旧传统或被废止或被修改：私奔被禁止，收继婚与娶亡妻姐妹为婚仅限于在女真人之中，却不允许汉人与渤海人如此。①

对汉族传统习俗的另一个让步是提倡族外通婚。以前，女真人只能与自己本氏族内的人结婚，但阿骨打时已经不再认可同姓为婚的做法，凡同姓为婚者可以断离。在他之后，甚至继父继母的子女，尽管完全没有血缘关系，也被禁止通婚。娶妾是合法的，但在 1151 年规定，官员一人只能娶两个妾。至于这个限制是否产生过效力，那就不得而知了。至于衡量社会习俗的一种尺度，即对于通奸——也就是说对于妇女的性自由——在金朝精英集团中是取宽容态度的。这在 1170 年的诏书中得到反映，诏书规定，凡官员之妻犯奸，不得再享受命妇品级。但如果她的诰命并非得自丈夫而是得自儿子的官位，却不受这条规定的影响。不难设想，那些坚定的道学家对于这种行为会进行怎样的谴责。

类似的这种在部落习俗与汉族传统之间的冲突，还表现在法律上。女真人的旧法是建立在“以眼还眼，以牙还牙”的原则和损害赔偿的基础之上的，轻罪被判鞭笞，杀人者被处决，他们的家资，以 40％入官（统领或者酋长），60％给受害者家属，杀人者的亲属被没为奴。但如果将马牛杂物送给受害者家属来赎身也是可以的。在这种情况下，对罪犯惟一的惩罚就是割下他的耳朵或鼻子，以标明他的罪犯身份。

金朝法律在从部落法到汉族成文法的转化中，可以区分为几个阶段，在太祖时期，旧的习惯法尚无大的改变，而在他的后继者太宗时期，在女真习惯法的基础上又常运用一些辽和宋的法律。这时的法律还是极其粗糙的，对于盗窃罪处以死刑等量刑过重的情况相当普遍。

① 参见［646］《金史》，卷 6，第 144 页。

第二阶段则以试图编纂整理现存法规为其特征，曾兼采隋、唐、宋和辽各朝律例，类编成书（1145 年）。不过，这部《皇统制》还不是像《唐律疏义》或者《宋刑统》（宋朝一部百科全书式的刑事法）那样完备的法规。它被看作是极其粗略又残酷无情的。

这一转化的第三个阶段是世宗朝。世宗对有关法律的事有浓厚的兴趣，并且下令编纂一部制、令完备的法律文书。该书编成于 1190 年，共计 12 卷。但是世宗并不满意，他认为该书制条过分拘于旧律，还常有难解之词。因而他下令再做一次完全彻底的修订。金朝法规的完全汉化，以章宗朝为最后阶段。在初步增删校订的基础上，《泰和律义》被正式编成颁行并于 1202 年五月生效。

《泰和律义》全书并未能留存下来，但是《金史》对它有着详细的介绍。[①] 该律共有 563 条（唐律只有 502 条），并附有辑录了 713 条法令的集子和一部包括有皇帝诏令和为六部所定法规的《六部格式》。从这部在章宗朝编纂的大部头的汉文法律文书中，可以看出学者们（他们都是汉人）所能够发挥的能量。非常遗憾的是《泰和律义》全书已经散佚，但是，在全部 563 条中，有 130 条我们已经通过后来法律著作的引用而知其内容，最重要的是收入元朝政书《元典章》中的那些，以至于我们可以将《泰和律义》中大约 1/4 的内容与唐、宋的法律进行比较。

在编纂成书的唐律和金律之间，有些差别是可以用经济发展来解释的。在唐律中，估算被禁货物或非法获利的价值时用绸缎，而在金朝则用货币，表明货币经济已很普遍。从另外的一些差异中，我们还可以看出，金律特别注重强化国家和家长的权威。譬如，对于一个在规定时间内未能尽到职责的官员的惩罚，在金律中更为严厉。我们还发现，凡对一家之长和丈夫的权威造成威胁的罪行，在金律中所定的惩罚也更重。但如果一个丈夫“因故”殴打其妻，而她曾犯过罪并被打致死的话，像这种情况丈夫便可以不受惩罚。金律扩大了奴隶所有者对于奴隶所享有的权力。如果一个奴隶咒骂他的主子，按唐律的判决是放逐，在金律中却是死罪。此外，对于一些类型的性犯罪，金律

① 见［646］《金史》，卷 45。

也比唐宋时期判得更重。

在金律中最令人感兴趣的条例，是反映这个朝代多民族特征的部分。民族的原则被公开优先考虑。同一民族的人（同类）相互间的犯罪，被试图按照其民族的习惯处理。女真婚姻中的一些特别的习俗也受到金律的允准。不同民族的继承法各异，如果在父母或者祖父母健在之时分家，唐律中规定是要受罚的，但对于女真人，只要儿子能够自立，就可以建立自己的家庭，这一习惯也在蒙古人中流行。金律明确地允许女真人当父亲或者祖父还在时，儿孙单独成家另过。这种习俗导致所继承的家庭财产被过早分割，这可能源于女真军事移民的贫困，早在大定时期（1161—1189 年）一位女真大臣就已注意到了这一事实。

当金朝被蒙古帝国吞并时，《泰和律义》在新占领区的汉族人口中仍然有效。直到 1271 年它才被正式废止，这正是蒙古大汗忽必烈建国号为元的同一年。总而言之，金朝法律的发展，从无限制的血亲复仇到 1202 年以后汉族的制度占据压倒优势，可以肯定地说，是与女真社会的进化并行的，这一进化指的是从无阶级的氏族社会向一个按照汉族传统建立的多民族国家模式的转变。我们也许还能够说，尚有控制的女真人法律审判的严酷性，在那几年中被固有的不受控制的中国传统法律制度的严酷性取代了。《泰和律义》被正式废止因而就标志着在中国北部法律史上一个重要的转化时期的结束。①

经 济 状 况

农业和畜牧业

在金朝，土地原则上是一种商品，能够被继承、买卖或者抵押，

① 至今为止还没有用西方语言对金朝法律制度的任何全面研究。[346] 仁井田升在《中国法制史研究：刑法》第 453—524 页中叙述了金代的法律制度。[714] 叶潜昭的《金律之研究》同样重要。关于早期的女真习惯法，亦见 [128] 傅海波：《女真习惯法和金代中国的法律》。

但除了必须种桑以外，官府对于农民和佃农在土地上必须种植何物，还没有统一的规定。比较特殊的是屯田军，我们所掌握的史料无论是谈到一般的土地所有权还是谈到属于猛安谋克的土地，往往并不是很清楚的。除了私有土地以外，可垦土地中有相当大的部分属于官府，它们或者被作为公有地，或者被分配给品官，作为给予他们的实物俸禄。至于私有土地、猛安谋克地以及官有土地等在全部土地中各自所占的比例，我们并无准确的数字，而仅有一些孤立的例子。举例说，1221 年在河南的可垦土地中，有大约 1/4 以这样或那样的形式归属官府。此外，长城及其他军事要塞附近的全部土地，还有黄河两岸的冲积平原也都被视为国有。政府掌握着如此大量的土地，最主要是用于分配给屯田军户，但在土地尚未开垦或者尚未租佃的情况下，普通农民也可以向国家申请一块土地去耕种。在 1214—1216 年间的灾荒之后，有 50 多万屯田军户逃到河南和山东避难，并在那里向政府索要土地。看起来，官府或者女真贵族是经常将土地从它法定的所有者手中强行夺走的，因为国家总在不断颁布法规来反对这种滥用特权的行为。

在前几个世纪（延续至唐朝的前期与中期）曾在中国实行的那种均田政策到金朝时，除了在屯田军内，已经不复存在。对于屯田军户，实行的是计口授田的政策，其所分配的土地数额是根据时间和地点的不同而有所增减的。一般来说，一个成年人（译者按：这里疑有误，《金史》原文为“其制：每耒牛三头为一具，限民口二十五受田四顷四亩有奇”，也就是说，“一具”并非指一个人，而是指二十五口人。见《金史》卷 47，第 1062—1063 页）。所受之田，在世宗朝为 4 顷另 4 亩，外加 3 条耕牛。国家还制定了关于耕牛数量的限制（以及由此而来的关于官民占田数量的限制），但它似乎只在新分配或重新分配土地和耕牛时才产生效力，因为多年来贫富间巨大的差别一直在屯田军中发展，就像在非屯田户的农业人口中一样。据我们所知，1183 年屯田军占有大约 1690380 顷土地，这在金朝已耕种的土地总数中所占比重是相当高的。至于金朝已耕地的总数，我们只有通过地税的数目进行间接计算：地税为收成的

10%，其中，上等地每亩需交税1.2石，中等地每亩交税1石；下等地为0.8石。我们还知道1171年全国从地税所得的岁入约为900万石谷物。如果按每亩平均纳税1石来计算，纳税土地总数能够肯定在90万顷左右，或者说为1300余万英亩。虽然这个1171年的数目与1183年已经相隔了12年，但我们还是能够得出结论，即在全盛的世宗统治时期，国家已耕田地中有多数是掌握在屯田军户的手中。

金朝农业发展的水平，在地区之间存在着明显的差异。河南，特别是开封附近地区，明白无误地是农业生产的中心。在1219年，当金朝的国土已经急剧减少的时候，河南的可垦土地还有197万顷，其中被耕种的还不到一半，仅有96万余顷，这无疑是由于农业人口大规模迁移和边境地区战局不稳所引起的。全国谷物（粟和稻）的总产量据估计可以到每年9000万石左右，其中有10%被国家作为地租征走。国家每年的开支，如果以谷物计算，在1192年为900万石以上（700万石粟和200万石稻），主要用于文武官吏的俸禄。我们还知道，当时每人每月平均消费粮食5斗，或者说是每年6石。这就是说，全国每年从土地上获得的平均收入正好足够供养全国人口，但是如果能储备较充足的粮食，就需要有好的年成了。谈到粮食产量，金朝显然是无法与南宋竞争的，那里的大多数地区，水稻每年都可收获不止一季。

金朝政府很早就意识到了这种粮食产量不稳的背景，并对用灌溉等措施增加可耕土地等事予以了非常的关注，特别是在章宗朝。金朝的地方官，凡在所治地区使可浇地亩扩大的，都能受到升官的奖励。增加粮食产量的另一个措施是开垦梯田（零星坡地），这使山坡上的土地也得到开发。不过，所有这些措施似乎都实行于相对较晚的时期，而且仅仅适用于局部，以至于金朝从整体上看，粮食生产的环境并未得到根本的改善，这也可以解释为什么稻米成为从宋向金进口的重要商品之一了。

养蚕肯定也在生产中起到了作用。凡因受田而得到土地的农户都需种植桑树。据我们所知，要求屯田军户所种桑树的数目是每40亩中必须用一亩种桑；另一段史料甚至提到，有些地区必须将10%的土地用来义务种桑。虽然丝绸的重要产地都在南宋，并且丝绸也是由宋向金输出的货物之一，但金显然也已有了自己生产的纺织品，能够满足最基本的需要。

畜群的大规模牧放主要集中在东北地区的中部和西部、山西北部和甘肃，包括现在属于内蒙古的地区。金朝将这些牧场从辽朝手中夺来，辽的畜群也就因而落入到新主人手中。女真官员被指定作为司牧官，牧人则都是契丹人或其他部落的人。司牧官及其下属都从猛安谋克人口中、包括奴隶中选取。这些官吏要对他们所司的牲畜（马、骆驼、牛和羊）头数负责。如果牲畜头数减少或者死亡数超过了规定的比例，他们便会受到惩罚和降黜；而当牲畜的增长率高过了平均数则会受到奖励。最好的成绩是每年在每10头牲畜中蕃息马（或驼、牛）2匹或羊4只，同时马匹的死亡率低于15%。1160—1162年契丹的起义曾使金朝的畜群数下降到几乎为零；在9个牧场中，有5个牧场所放牧的家畜已经完全失散和被叛军转移走，他们所拥有的畜群已经比他们的敌人女真人更多。在剩下的4个牧场中，牲畜已经为数甚少。要想在这些地区恢复原有的牲畜头数，需要很长的时间。很久以后，到1188年，畜群终于再次达到了可观的头数。掌握在政府手中的牲畜头数共计47万匹马，13万头牛，4000峰骆驼和87万只羊。[①]

不仅在金朝北部，而且在以前中国南方的一些省份也都有牧场存在，虽然规模要小得多并为定居的农业所局限。在河南的开封附近，有6.3万顷土地（在已耕地中只占很小比例）被用来作为牧场，在山西省则有3.5万顷。鉴于马匹在战争中的极端重要性，在紧急关头国内所有的马匹一律被括充公。屯田军户的畜群按常规都是从北方补给的，因此1215年东北平原的失陷，便使金朝发动战争的可能性明显减少了。

---

① 金朝拥有的马匹数还不及一个世纪以前的1086年辽朝拥有马匹数的一半，那时的一次籍查曾查出辽朝共拥有马100万匹，见［645］《辽史》，卷24，第291页。

狩猎曾是原始时代女真人主要的生产活动之一，而当作为国家中心的朝廷南迁之后，狩猎便日渐成为少数统治者的一种体育运动了。金代的前几朝皇帝直到海陵王时为止，都仿效契丹辽在一年四季的狩猎习俗：春季钓鱼和打野鹅，秋天打鹿，冬天猎虎。不过这些季节性的狩猎活动在迁都到北京之后已经成为不可能，因为他们已意识到这种大规模的围猎活动会妨碍农业生产。这样，狩猎就被限制于每年冬季举行一个月。而对猛安谋克户来说，则仅限于每年冬季举行两次，每次不超过十天。

制造业与手工业

虽然在常见史料中并没有特别地加以说明，但我们还是能够肯定地说，过去北宋领土上平民百姓所从事的技艺和手工业，在金占领这些地区后仍是城镇居民从事的职业。金朝统治时期，中国社会内部社会结构的变动，在上层确实要比在中下层更剧烈，中国社会中经济活动的变动肯定也同样如此。大量史料还向我们证实了官营手工业和商品生产中国家垄断即榷货的存在。榷货的种类包括盐、酒、曲、醋、香、茶、矾、丹、锡和铁。其中有一些，例如盐和酒，必须在官府的监督之下才能生产，并需通过官方才能经营，而像茶和丹一类，则在输入和出售的环节上需有官府的特许。

从税收的角度来看，盐是最重要的商品。盐的集中产地在山东，在那里盐的主要生产和销售中心早在唐朝时就已经繁荣起来。东北和大漠南北地区也有一些盐池和盐湖，所产之盐仅供当地消费，但即使产量如此之少，辽朝也要征税。女真军队入主中原之后，盐业生产规模扩大，不得不建立起新的垄断机构。金代以七个盐使司来控制盐业生产和经营，其中以山东盐使司获利最丰。盐的销售必须要凭官府的钞（用于大宗销售）和引（用于零售）才得允许。其重量标准（袋或套）因地区而有不同。我们掌握一些盐价的详细数字：每市斤 30 文至 43 文之间。我们可以据此来与大约同时期（1180 年前后）的米价每 1 斗 300 文作一个比较，也就是说，如果按重量来算，盐与米差不多一样昂贵。①

零售贸易有时也掌握在当地大商贾手中，他们在本地的活动是垄断榷场，这对于小商小贩是一种损害。大商人这些活动之所以成为可能，是由于盐钞与盐引就像支票或纸币一样是一种不记名的不限量可转让证券。但是，尽管有这些牟利者的侵入，国家却仍然可以从盐课中获取巨额利润。国家每年规定出一个从盐课所得利润的固定限额，并以此来调节产量、销量，它成为国家岁课中最大的一宗。1198 年以前，七盐使司岁课收入一直不少于 6226636 贯。以后增加到 10774512 贯，这个数字几乎等于国家岁入的一半。

另一种由官府作坊生产的商品是酒。对酒的禁榷与北宋其他财政制度一起出台于 1125 年。就像禁止私人生产和经营盐业一样，国家也禁止私人酿酒。从榷酒所获利润也有额度，也就是说也制定指标，但是我们从史料记载的少量数字中可知，酒税的利润要远远低于盐课。酒的主要垄断机构设在中都（今北京），每年所获利润仅为几十万贯。很显然，禁止私人酿酒的法令是经常被违反的，特别是在女真贵族的家族之中。另一方面，也常有些合法的例外，诸如在一些特定场合如婚礼和丧礼时都需酿酒。从税收的角度来看，曲和酒是一样的，它也被列入禁榷之列，主要是因为它是酿酒所必不可缺的原料。有趣的是，国家竟将釉作为实物官俸的一部分，这也透露出当时民间私自酿酒的普遍。

像中国历朝一样，金朝也有许多官营作坊。它们生产武器和诸如纺织品和刺绣一类的消费品，官府也经营印刷业的作坊。官营作坊可以从民间征募能工巧匠，因为原则上每个工匠都被登记在册并有应召去劳作的义务。尽管我们还找不到太多史料来研究私营作坊中劳动力

① 我们几乎找不到任何有关金朝统治下对于物价的详细记载，只发现了一些有关价格的零散数字，例如，在楼钥（1137—1213 年）记述宋朝使节出使金朝（1169—1170 年）情况的《北行日录》中，曾有一些关于物价的记载，如在金朝边界附近一个州的集镇上，楼钥曾用 210 文钱买了 1 磅面粉，120 文 1 斗粟或其他谷物，240 文 1 斗米（[582]《北行日录》上，12b）。在河北，上等绢一匹为 2500 文钱；1 盎司粗丝值 150 文钱；马比一头最好的驴更贵，值 4 万文钱（《北行日录》下，8b）。

的状况，但是我们对于官营作坊中工人的报酬却的确有详细的材料。举例说，应募到军器监的工匠，每人每日支钱 100 文和大约 1 公升米；印刷业的工匠收入更高些，每日支钱 180 文，另外再赐给绢帛。从一份固定的报酬单来看，都头和作头等工头的收入相对还要高些。

奇怪的是，采矿业却大多留给了私人经营。当时已有金、银、铜、铁冶。金朝的前几位皇帝，曾规定了金银坑冶要征金银税的制度，但到世宗朝又下诏免税。1192 年，炼银业被再次置于官府的管理之下。榷铁的时间要相对晚些，是在 1219 年，当东北失守而今北京地区也丢给了蒙古人以后才开始的。金属冶炼和采煤业在金朝似乎曾有过较高的发展。① 至于中国北方（主要在河北）的银矿开采，再加上每年通过从宋获取岁币而使白银大量输入，国库的白银积蓄肯定相当可观。不过，金银也像所有商品一样，要服从于 1180 年的法规征收商品税。对于全国的商品总额，如今还没有能够使我们按所给年份进行估算的数据，但是对于今北京地区，我们却是掌握这样的数据的。金和银的销售按其价值所收税为 1%，其他商品为 3%，后来这一税率又提高到金为 3%，而其他商品为 4%。利用这些数字我们可以统计出，1196 年今北京地区工业和商业的总值为 700 余万贯，将其与世宗朝的 1180 年代相比，比后者提高了 1/3。② 但是，只有我们能够将这些数字与中国其他部分的同样数据以及与全国的商业总额进行比较，它们才是有意义的。

交通与对外贸易

征服了中国北方以后，金朝得以接管了原有的运输系统，包括陆路和水运。交通运输之至关重要，主要是因为像北京这样的大都市，其粮米都必须依赖于从外部输入。开封的环境要好一些，因为这个城市位于精耕细作且粮食自给有余地区的中心。水运远比陆路更为重

① 关于金属冶炼与采煤业的详细论述，可参见［178］罗伯特·哈特威尔：《中华帝国经济变化周期：750—1350 年中国东北的煤和铁》。

② ［646］《金史》，卷 49，第 1106 页。

要，在河南、山东和河北一带已有一个由大运河和其他河流组成的庞大漕运系统。而西北各省就只得更多地依靠陆路运输了。虽然在全国各个州县所在的城镇之间都有道路相连，但陆路还是比水路运输更为昂贵。对于谷物、大米、盐、铜币和其他商品的运输价格，我们都掌握有准确的数据，从这些数据可以看到，有些货物的陆路运输费用要比水路高出两到三倍。陆运价格也要根据道路是平原还是山区，以及根据季节而有所不同。在夏秋两季，脚夫的工钱也要比在冬春两季更高些，但总的说还是很低的，每天分别为90文到114文。

所有的这些数据，都是官府的实物税、地方贡品以及官方贸易利润的价格，但我们还是可以从中看出当时水运与陆运相关价格的情况。私商和他们的商队，在陆路只能凭人力和牛车进行运输，因为官府不准他们用马。官府还常将自己的船只和整个船队长期地租出去，租期有时长达数年。虽然租价与所运货物的价值相等，但租金的支付也可以拖延五年以上甚至更久。第一年的租金最为昂贵（20%），以至于仅仅通过运输这一项，物价就增加了1/4。

如果说水路和陆路的运输系统就是这样部分由官府控制而部分掌握在私人手中的话，那么驿传则是完全由国家控制的。早在与辽和北宋作战时期（1124年），金的驿传系统就已建立。每隔50里置一驿，那里的马匹随时等候着特派的驿使。在1206年战役期间，又建立了限时专递的制度，据说它是非常迅速的，驿使能够日行300里。马匹是从百姓中强行征调来的——这很像人们熟知的元代驿传系统。在金朝，也像在元朝一样存在着对驿传的滥用，这指的是将国家的驿传用于谋私。

交通运输网络的一个重要作用，是向金与宋、高丽和西夏的边境榷场输入和输出货物。对外贸易是金朝经济中重要的组成部分，其收入甚至超过了从宋朝所获的岁币。宋金之间的边界并不像将中国划成两部分的长城那样构成了一道“铁幕”，因此，这里所谓的对外贸易，其实就是以前在同一国家的不同地区之间的国内贸易。尽管自从作为缓冲的齐国（它也正因此而获利）建立以后，宋金之间的贸易就有了小规模的发展，但两国间正规化的商业往来是从1142年和约之后才开始的，和约的必然结果之一是双方都同意各在沿边地区设置榷场。宋朝的主要中心是安徽东北部的县城盱眙，流过开封城的汴河就在那里与淮水交汇。而金朝的中心是泗州。除此之外，被官方所准许设置的榷场，在宋朝一方共有 9 个以上，金朝一方则有 11 个，其中在山东的一个，多半是专为海上贸易而设的。宋金之间贸易仅仅是在 1161—1165 年海陵王发动侵宋战争期间，以及 1206—1208 年宋朝发起北伐战争期间才被中断，此后便时有时无地维持着，直到 1217—1218 年战争爆发和金朝灭亡才告结束。

对宋金两国来说，对外贸易都属于国家垄断的一种。双方都禁止进行非官方的交易，宋朝的商品在金的榷场上必须按照金朝政府规定的固定价格出售。宋朝的批发商不得进入金的领土，只有携带的资金或商品的价值在 100 贯钱及其以下的小商人才能进入。他们进入金境必须得到允许，在离开金国时还必须持有已向政府纳过税的销售证明。宋朝向商品收取 20%的商税，另有 2%以上要交给官方的经纪人，0.4%作为给脚夫的运价。金朝一方的费用高达 30%。除此之外，每个宋商还必须为得到食宿的供给而出 3 贯钱。这些安排对于两国都是相当可观的一笔收入，但为了千方百计地规避如此繁琐的合法程序，走私也就不断出现了。

另一个引起不满的因素是榷场场官的受贿行为。大定年间（1161—1189 年）泗州榷场岁收入是 53467 贯，到 1196 年增至 107393 贯，与前者相比已经加倍。金朝还有规定限额或者说制定目标的制度，旨在为货物规定出一个必须达到的成交数额。最大宗的输入商品是茶，看起来金朝的每个人，包括农民，都要喝茶，而一旦贸易因某种原因受到干扰，茶当然就变得紧缺。金朝曾在河南试种茶树但遭到了失败，以至于金只能依靠从宋进口。①

大定年间泗州榷场每年平均的进口货物，读起来就像一个食品杂货铺列出的清单：新茶 1000 斤、荔枝和龙眼各 500 斤、金橘 6000

① ［243］加藤繁论证了宋金间贸易的经济作用，见《中国经济史考证》，第 2 卷，第 247—304 页。

斤、橄榄 500 斤、芭蕉干 300 箱、苏木 1000 斤（用作染料），产自浙江的温柑 7000 箱、橘子 8000 箱、砂糖 300 斤、生姜 600 斤、栀子籽 90 称（亦作染料），还有未规定数量的其他货物如犀象丹砂之属。[①] 虽然宋朝禁止向金输出大米和铜钱，但是看来大米与家畜都能被越境输入到金。金朝也禁止输出货币、谷物、铁制兵器和甲胄。从金输出的货物包括东北产的北方珍珠、人参等药材和纺织品，还有——如果能够出口的话——马匹，虽然从理论上说马匹的出口是被禁止的。金朝另一种出口商品肯定是古董，因为 1157 年金曾发出过禁止古董出口的诏令。从被卖到宋朝的古董可见，这是宋朝知识阶层对于艺术品的收藏日益流行的结果。如果将所有的项目包括非法边境贸易都算在一起的话，很难说金在对与宋贸易中是出超还是入超。

金与西夏的边境上存在着类似的榷场。西夏主要从金购买纺织品和丝绸，向金输出马匹和来自内亚的玉。官办榷场建立于 1114 年，是两国交换条件的一个内容。金与高丽、与蒙古之间也有一些贸易往来，但有关与这两国的贸易关系，我们却知之不多。

货　币

金朝的币制可以为格雷欣的法则（译者注：指在同时流通两种货币时，实际价值高的货币必然被实际价值低的劣币挤出市场）作一个很好的例证。金朝货币在纸币的发展史上扮演的是很重要的角色，金朝几次企图使纸币成为流通货币，但结果却加速了通货膨胀。金朝货币的基本问题是铜的短缺，铜是由国家垄断的，铜器铸造与交易都由国家控制。当铜缺少时，国家也允许私人冶炼和铸造，但要由官府来规定销售价格。金朝开国初期曾使用辽和宋的铜币，后来也用齐的铜币。直到 1157 年的海陵王时期，金才造出了第一批铜币。在世宗统治的那些和平年代，经济越发展，就越感到铜币短缺问题的尖锐。尽管惩罚措施严酷，人们还是开始制造假币，但是这些假币质量差于政府发行的铜币。为了解决紧缺问题，国家开始发行铁币，但这些铁币

① 见［646］《金史》，卷 50，第 1114—1115 页。

到1193年便退出了流通，因为它实在太不合用。国家铸造铁币的一个目的，是为了阻止铜币流入宋地，所以这种铁币主要流通在南方各省。问题在于必须要有足够的铜币来作为法定货币，以供全国的税收和私人贸易之用。人们经常抱怨没有足够的流通铜币，这里的主要原因是铜币都被私人储藏起来。我们知道1178年进入流通的货币总数是6000余万贯。考虑到金朝当时拥有4000余万人口而且经济正处于繁荣时期，这些货币并不算多。不过，铜币并不是惟一进入流通的金属，因为在支付时用得最普遍的还是银锭，至少在进行大宗交易时是如此。

纸钞首次印行于1157年，这时金朝国都已从东北的会宁迁到北京，仿照的是宋朝的纸币交子，以七年为限，七年以后或者回收或者调换新钞。1189年，这个期限被废除，仅仅还存在一些地区性的限制。纸钞的货币单位按照当时金属币值而定；其发行纸钞的面值有贯和文，能够与现金相兑换。政府力图将纸钞的发行数量限制在合理的范围之内。纸钞的总面值不能高于实际流通的货币总数。与此同时，政府还制定了限钱法，以限制私人多积铜钱的做法。

1197年金朝又发行一种新的纸钞，能够与银相兑换。金朝国库的白银储藏是大量的，其中一部分被铸成银锭，每块重量为50两。凡支付税金，既可用银也可用新发行的纸钞；在有些情况下，则只能付一半的纸钞，另一半则必须付银，这使货币流通变得复杂化了，因为旧的铜币还在流通之中，而法定货币有如此之多的形式，它们的兑换率会随时变化。某些纸钞仅限于在中都、南京和其他城市流通，使问题进一步复杂化了。银本位的纸钞在流通中还是相对可靠的，只要政府同意以纸钞来纳税，它的价值就应该被看成是稳定的。

可是1206年战争的爆发使这个流通环境发生了变化。耗资巨大的战争极大地加重了国家财政的负担，显然也导致了纸钞的过度发行，特别是当蒙古入侵之时。面值高达1000贯的纸钞被印出来并进入了流通。从那以后，金政府便不断发行纸钞，想以此来稳定货币，金朝的财政史就由这样的一连串绝望的努力所构成。每隔几年，就会有新的纸钞以高得吓人的面值发行出来，实际价值却急剧下跌，1221

年，市面流通的面值800贯的纸钞只等于1两白银。纸钞急剧贬值的原因之一，是在发行新钞的同时，旧钞仍可继续使用流通，以至于纸钞在国家经济中泛滥成灾。

白银当然是保值的，结果凡是能得到它的人便都将它囤积起来。在1217年到1221年的四年间，纸钞贬值到40000比1。我们不难设想这一现象对于私有经济方面所造成的影响，商人和小贩的店铺被迫关闭之事时有发生，因为他们不愿用货物去换取毫无价值的纸钞。[①]甚至当金朝的最后时刻，也就是朝廷已经逃亡到蔡州之时（1233年），还发行了一种在理论上可以与银兑换的新钞，但此后才过了几个月，金朝就灭亡了。

总之，金朝在最后20年间的币制紊乱，与其说是由于不当的财政政策，毋宁说是因战败及其由此而导致的岁入损失和经济生产普遍衰退的结果。

多年来，尤其当世宗和章宗统治时期，金朝货币的确曾像宋朝货币一样是很稳定的。无论如何，金朝的教训并没有阻止元朝财政政策的制定者，他们花费多年建起的元朝货币制度，就是以纸钞流通为基础的。这曾使像可马·波罗那样的旅行家十分惊讶，当他们看到一张被印上字的纸竟能当钱使用的时候，简直就不敢相信自己的眼睛。

税课和国家预算

一个国家的生存，不能不靠某些形式的税收，在中国历史上也如同其他地方一样，问题是纳税的多少及怎样量入为出。元朝时（14世纪40年代）编纂《金史》的学者们对于金朝的财政政策并未给予很高的评价，如同他们为自己所见的金代经济发展而撰写的简明扼要的概述中指出的[②]，金朝经济政策的弊病在于急一时之利，造成了对

① 应该作为一个奇特现象提出来的是，1223年发行的钞币不是印在纸上而是印在丝绸上，这是一种想给钞币自身以价值的无益的尝试，但发行量很小。只有很少的几张当时的纸钞和一块印钞用的刻版留存至今；参见［331］闵宣化：《1214年的钞版》。

② ［646］《金史》，卷46，第1027—1031页。

百姓的长期损害；它还指出该政策是宋的宽柔与辽的操切相结合的产物，摈弃了两国之所长而并用了导致两国灭亡的短处。元朝的统治者当然应该多少汲取金的教训才是。他们的这一判断如果从今天客观的角度来看，显得过于苛刻了。金朝真正意义上的衰退是很晚才开始的，约在 1200 年以后，这一衰退更多地应该归咎于它的对外政策，而不应归咎于它法律的不健全和对内的病民政策。金朝挡开了来自各方面的或跃跃欲试或一心复仇的邻居，的确，国家岁入的一大部分，也许可以说是最大部分，是用来维持它的战争机器了。

金朝建国之初，毫无疑问，国家的经济环境是非常好的。金从辽朝和宋朝都城继承了巨额的财富和库藏。攻取开封以后，金所获的宋朝库藏甚巨，共计有：绢 5400 万匹，大物缎子 1500 万匹，金 300 万锭，银 800 万锭。① 而当作为缓冲的齐国于 1137 年被废黜的时候，它的库藏包括有钱 9870 万贯，绢 270 万匹，金 120 万两，银 1060 万两，还有谷 90 万石。② 这些巨额库藏的一部分，特别是纺织品和贵金属，可能是宋朝时贮入库中后来又转移到齐国手中的；但无论是怎样来的，总之它构成了难以估量的财富。然后历经多年，通过从宋获取的岁币以及从国内百姓中收取的租税，这笔财富还在持续地增长。由此我们有理由提出疑问，如此巨大的财富在什么情况下，又是怎样被消耗掉的呢？因为到 1191 年，金朝的库藏竟然仅剩下 6 万两金（1200 锭）和 55.2 万锭银了。

在政府开支中，似乎有一项是因赏赐而消耗掉的额外支出。在每一个可能的场合，朝廷都要按照地位的不同而无节制地加以赏赐。在葬礼上要颁赏，对于上至将军下至谋克之副，凡官兵立功都要颁奖，还有给皇室和朝臣的结婚礼品，我们可以在《金史》上三番五次地看到这些记载。1142 年一个作战有功的皇亲得到的赏赐有 1000 个奴隶、1000 匹马、100 万头羊、2000 两银和 2000 匹缎。而在这个等级阶梯的另一端，我们所见的赏赐则只有很少的几贯钱。1167 年，当

① ［597］《大金国志》，卷 32，第 236 页。
② ［590］《刘豫事迹》，36b。

皇帝得知大兴府狱空时，竟下诏赐钱 300 贯，作为宴乐之用，以此来犒劳官员们。

这些出自皇家库藏中的巨额赏赐意味着在非消费性的物品（钱和贵金属）中，有一大部分是处在流通之中而并非被贮藏起来，因此实际上朝廷的赏赐甚至影响到了小店铺老板和饮宴上演奏的乐手。同样地，朝廷也用钱来支付官员的俸禄。总之，我们可以看到，这部分钱无论作为赏赐还是俸禄，它最终还能以纳税的方式回到国库中。但真正的问题却在于，国家的经济并不仅是建立在金钱上，而且更是建立在以实物特别是以谷物和稻米所纳之税和开支上的。这些最基本的物产并非轻易就能够增加，而是要服从于反复无常的自然条件（旱或涝）。然而致命的却是，大量的粮食贮藏，在平常的年份尚且要用于实际消费，而当危机年头，需要供养庞大的军队时，消费量就更大了。

通过有关平常年份的可资利用的很少几个数据，我们可以看到国家开支得以在其中运转的一个界限。1171 年谷物的总储藏量为 2070 万石。而国家每年可以收入的谷物为 900 万石，其中有 700 万石被用于日常开支，主要是官俸支出。所余的部分，有 100 万石用于赈济受到自然灾害袭击地方的百姓。这意味着政府所掌握的仓储总量足够两年之用。1180 年租税收入 2000 万贯钱，其中被花费掉了 1000 万贯，可见在钱这一方面，剩余是相当可观的。短短几年之后，在 1192 年，谷物和大米的储藏量分别是 3786.3 万石和 810 万石，其库藏总数足够提供官俸和军费五年之用。而这时掌握在国家手中的钱已达 3034.3 万贯，这一笔钱足够支付两年略多一点的一切日常开支。但是如果发生一连串粮食歉收或战事，或者二者加在一起的话，很快就能将这些储藏用掉，而偏偏几年之后，这种情况就发生了。

我们已经讨论了垄断对于国家财政的重要性。我们现在就简短地将几项较重要的租税列举一下：地税是一项实物税，一年需交纳两次，一次在夏季，一次在秋季。税率是按照纳税者所占有的土地来决定的。上田每年每亩收粟 5.3 升，其中夏税 0.3 升，秋税 5 升，另加重量为 15 斤的一捆稻草，至于这些稻草（或者干草）是用来作为牲畜的饲料还是用于建筑或者修缮，我们还搞不清楚。官地需要交租来代替一般私地的税，但这仅仅是名称上的区别。此外，凡城镇中租住官府的建筑物也要交租。

在土地税以外，还征收一种叫做物力钱的财产税。它是建立在对财产包括土地，以及田园、果园、树木、房屋、牲畜进行总估算的基础之上的。对于猛安谋克户所征的财产税则以牛的数量为准（即牛头税）。不同于通常品官免税的特权，这种财产税是从品级最高的大臣往下每个人都必须交纳的，对于女真人也不存在特权。

财产税在社会上引起很大怨恨，原因是每户的财产都须由官方进行评估，对财产的普查最主要的是由政府官员进行，但由于百姓对官吏无情征掠的普遍不满，一度也改由乡贤主持。这种根据评估征收财产税的制度则为这一事实所困，即财产状况在两次评估之间常常发生变化。我们经常看到有些沦为贫困的户却仍然需按他们原来的财产征税，而一些新富起来的户却可以按照他们以前财产而交纳少得多的税。在经济地位上的变化之普遍，表明了社会中存在着等级之间的变迁性。我们并没有哪类财产应该交纳多少税的具体数字，但我们知道在一年中（1198 年）从这项财产税征收的总额是 250 万贯，这远远少于原定计划的 300 万贯以上。原定计划中有大约 1/5 因为贫穷和无法纳税等原因而被勾销。

1180 年制定的商品税率规定，金银的税率为 1 分，而所有其他商品为 3 分。后来又提高到金为 3 分，所有其他商品为 4 分。在战争的危急关头，还征收过额外的财产税，第一次在 1163 年。我们不知道具体数目，但透过史料我们可以看到强行掠夺的现象肯定一直在蔓延。最后，通过出劳役或者出驿马来免除租税，也可算是政府的一项收入来源，但这里也完全没有可资利用的数据。毫无疑问，在货币方面，远远高于其他收入的一项是榷盐，但是国家的生存却还是主要依靠粮食，而粮食在国民经济中却是最不稳定变化无常的因素。

学术、文学和艺术

南宋文明的灿烂光辉，甚至当蒙古人入主中原后，也曾深深打动过诸如马可·波罗一类的外国人，它确实使金统治时期的成就显得黯然失色。不过，我们还是可以问一问，这威力影响中国知识阶层在后来几个世纪的价值判断到什么程度，这里指的特别是明朝，因为从他们的观点来看，外族入主中原不过是野蛮人对从宋到明延续下来的历史的一段干扰。仅仅是在另一个由外族也就是满族建立的朝代，金朝的作者才受到了更多的注意，他们的作品才被重新刊行或者被从各种各样的史料中搜集起来编成文集。金朝在学术史和文学史上所处的地位，就是以后来收入各种文选和诗集的那些金代著作为衡量标准的。这里我们发现了一个值得注意的缺陷，那就是在儒家学说的大传统中，似乎没有任何一个属于金朝的学者的位置。要想搞清这究竟是由于后人的偏见，还是由于金朝学者在质的方面确实有所不同，是一件很困难的事。

按照纯粹的标准衡量，金朝在章注学以及诗、文等方面的学术成果还是相当可观的。[①] 不幸的是，这些写作于金朝的文学作品中的绝大部分，我们今天都仅仅知道篇名，作品本身却散佚了。这又一次让人联想到后世那种有意的视而不见，它还让人不得不想到这种态度是否公正的问题。说到底，传统也是包含有选择的，但按照汉族的传统，在选择过程中却把金绕过去了。在朱熹(1130—1200年)这个大人物的遮蔽下，中国北方的学术贡献只不过就是些述而不作的章注之学了。

学术界的因循守旧，满足于对唐和北宋思想的重复，似乎成为金统治下中国哲学的一个特征。虽然宋金两国间并没有相互隔绝，但是交流上的自由往来和学术上的接触却急剧减少了。在金朝的知识界中，对于南宋的许多书籍的确是一无所知。事实上，就是朱熹的那些主要著作，也是当1235年金朝覆亡之后，才由一个被蒙古人俘虏的名叫赵复的南宋学者介绍到北边来的。[②] 因而，北方学者的乡土气，

---

① 在台北国防研究院1970年出版的新的两卷本《金史》的第2卷中，收有一份由杨家骆所辑的金人著作篇目，这个篇目列举的篇目不少于1351个（包括《碑铭》）。

② 关于金代学者与南宋理学的情况，见［56］陈荣捷：《朱熹和元代理学》，第199—200页。

在某种程度上正是因这种缺乏交流的状况而引起的结果。但是，这并不是用来解释北方文化相对荒芜的惟一原因。

金朝最初几十年间绵延不绝的战争固然造成了有害的影响，除此之外，随着宋朝从开封迁都到杭州所造成的人才枯竭也确实应该被考虑在内。开封作为两个世纪以来的国都，现在降到了地方城镇的地位，多少年来，凡是从宋路经开封的目睹者无不为当年光辉的凋谢而叹息。在这种萧条的学术气氛占据优势的情况下，改变只能是逐渐的。

在熙宗朝，皇帝亲自参加尊孔活动，提倡崇儒。1140 年孔子的第 49 代后裔被授予衍圣公的爵位。从此时起直到大约 12 世纪末，一个以汉族模式建立起来的官僚制度使汉族文人大大增加了入仕的机会。学术和艺术生活在很大程度上已经得到了恢复。到 12 世纪末，在汉人、汉化的女真人和契丹人中间都有学者涌现，他们都是金朝科举制度的产物，都因世宗朝长期的和平而获益。当蒙古人入侵这个国家之后，这些人便在最广阔的意义上代表了中国的文化。在中国北方的蒙古统治者之所以能逐渐从野蛮状态中摆脱出来，正是这些在金朝时就曾使中国文化传统形成并且将其保持下来的人们的伟大成就。即使他们中没有一个人能够达到与他们同时代的南宋学者那样的学术高度，但在这样一个史无前例的狂暴的、天翻地覆的时代，中国传统价值之得以存在下来，这些金朝文人，不论他们是什么民族背景，都是功不可没的。

自然科学如同哲学一样，金的贡献更多地是在传统地墨守成规的那些方面，而较少创新。对于从北宋所继承的科学遗产，没有任何新的从理论上进行的讨论和突破。具有诸多宇宙哲学因素，因而在中国一直属于实用学科的天文学，在金朝的发展则仅限于司天台等官署之中。金朝时颁行过几次新历，最后一次在 1180 年，这一历法使用了很长时间，直到蒙古人的元朝于 1281 年又颁行一个新历之后才被取代。金人也撰有几部地理学著作，还刊行过几种在金朝领土上的游记，但在这个领域里，也像在天文学一样，重在阐述而非理论上的创新。与此形成对照的，倒是金朝（还有元朝初期）

中医学的繁荣，这种繁荣可能与中国北方对道教的普遍尊奉有直接关系（见下一节）。[①]

金代的文学也像金代的学术一样被后世所忽略，所以其中大多数作品在此后几百年中逐渐散佚，保存下来的只有个别作者收集起来的少数文集。不过除此之外，还必须要包括被清代汇编的由个人创作的诗词。散见于这些文集中的诗词共有5500余首，出自大约400名作者之手。如果我们考虑到与宋朝相比，金是一个存在时间相对较短，国土相对狭窄，人口相对较少的朝代的话，这已经是很值得注意的数量了。用古汉语创作的诗和散文仍然沿袭了由北宋文学大师尤其是苏东坡所建立的模式，在整个12世纪，苏东坡在金朝文人中都享有极高的声望。

南宋发展起来的文学风格显然并没有传到北方的金朝，无论风格还是形式，金朝的诗词仍然遵循唐和北宋的格调。中国文学史专家曾经指出，金朝诗歌是在这个朝代已经衰落的时候才达到它的巅峰的。金朝杰出的文人元好问（1190—1257年）一直活到金亡后的蒙古时期，他在所纂的《中州集》中，收集了由金人创作的2000余首诗，不仅仅收入了出生于金统治时期的作者的作品，还收入了曾接受女真人的官职因而站到金朝一方的那些宋朝作家的著作。正是后者使元好问招致了偏激的文学批评家的责难。

金代对于11世纪北宋著名文人的特别尊崇，恐怕不能仅仅从美学的角度解释，其间可能还有着潜在的政治原因。像苏东坡、司马光、欧阳修和黄庭坚（只举几个人的名字）这一类文人属于所谓保守派，反对倡导新政的王安石及其追随者，恐怕并非偶然。宋徽宗统治时期保守派不仅被逐出权力圈子之外，甚至在一段时期内，连他们的著作也遭到了排斥。1127年金兵攻陷了宋朝国都时，曾将他们对手的失败归咎于蔡京及其党羽的灾难性的政策，这些政策在他们看来十

① M. V. 沃罗别夫研究了金代在自然科学方面的贡献，见［531］《论金代的自然科学》。朱达·拉尔论述了金代中医的情况，见［402］《蒙古时期医学的发展：金元两代中医的复兴和发展》。

分荒谬，而蔡京等人是王安石倡导的改革政策的支持者。攻占宋都之后，金朝就着手派人搜寻保守派的著作和抄本，而将他们发现的皇家所藏的王安石著作统统丢掉了。①

元好问拒绝为蒙古人效劳，他把自己看成是已经灭亡的金朝的遗民。也许正是对蒙古人的拒绝加强了他在中国文人中精神上的地位，以至于他成为蒙古统治初期中国北方的一个领袖人物。金朝灭亡前不久，他就以金初的两部诗集为底本，开始编纂《中州集》。他这种以一个朝代的作者为主编辑文集，并且在每个作者的作品之前附上简短传记的方法，被看成是一个创新。后来的许多文集都是遵循这种方法编成的。元好问编纂文集的主要目的，是想使中国文学的价值能够在这一时期保存下来，同时他还想为那些他认为有价值作为传世之作的作者留下传记。也就是说，谁的作品能够被收入他的文集，取舍标准不仅是其文学价值，还有道德上的和政治上的评价标准。对于后一种标准，他的做法更像一个历史学家，而且的确，他写的一些传记，后来被收入了《金史》。②

除了具有史料价值外，《中州集》对于金代的诗词包括律诗和曲也都给予了评价。在后来的几个世纪，中国评论家对于金诗的文学水平褒贬不一。在这里，要想弄清楚哪些属于偏见而哪些是客观的评论，实在是很困难的。不过对于金诗，似乎自有公论，即作为一个规律，金诗是质朴率直的，排斥在艺术形式上进行更多探索。1215 年蒙古入侵之后，金代文学又出现了一种新曲调，此时金朝旧有的领土已经土崩瓦解，这个王朝的覆亡指日可待。敏感的人们已经预感到世界的末日正在逼近，文明化的人类将会被一种难以形容的野蛮时代所统统吞噬。后世的中国文学批评认为，正是 1215—1234 年之间的丧乱，启示了这个时期的诗歌精神。在中国的文学作品中，几乎没有哪一首诗曾像元好问和他的同时代人在金朝最终覆亡的 1233 年所写的

① [506] 外山军治：《金朝史研究》，第 594—618 页。金朝曾想将司马光的一个侄孙司马朴立为傀儡皇帝，只是因为他本人拒绝，他们才又指定张邦昌来代替他。

② 关于元好问和他的《中州集》，见 [47] 陈学霖：《金代史学三论》，第 67—119 页。

那样散发出如此绝望和无助的气息。

不过，上面所提到的较早的文集和诗选，却没有将一个值得注意的群体的作品收入进去，但如果我们想对金朝诗词成就的概貌有比较清楚的了解，就不能不将这个群体的作品考虑在内，这就是道教教众的诗作。这些诗作不见于通常的文集，而都收在道家的道藏之内。它们往往是用文言和隐语混杂在一起写成的奇特作品，在内容上是神秘主义的，与非道教作者所选的题材也完全不同。这类宗教诗词迄今为止还没有人研究，在中国文学史上甚至还从未被人提到。但是无论这些诗词本身，还是作为在宗教信徒中间的一种情感表达，它都应该引起我们的兴趣。这种宗教曾在广大群众中，甚至也在非官方的文人圈子中广泛流传。

金朝文学中还有一个非正统的类型，是一种说唱伎艺，汉文叫做“诸宫调”，从这个名称就可看出它属于音乐占很大成分的类型。诸宫调由长短不一的套曲组成，每套曲子都带有一个序目和终曲。曲子之间用不同的宫调区分，各种宫调并不重复。除此之外还要插入唱、念，以至于从某种形式上说，它被当作元代杂剧的先驱。我们尚不清楚诸宫调在中国起源的具体时间，但是可以肯定的是它在 11 世纪已经出现。不同于元代杂剧的曲调，诸宫调中没有那些戏剧化的以第一人称出现的抒情唱词。它们通常是由专业的女演员来表演的，而且它是一种不折不扣的都市的艺术形式，一种在剧场里进行的娱乐，除了配有歌曲和打击乐之外，还伴随有一种很丰富的模拟表演。从现存的诸宫调的残本来看，它还具有讽刺和诙谐的特点。从我们所知的大量诸宫调曲目来看，很明显的是以历史传奇和色情题材为主，可惜的是被完整地保存下来的只有一篇，这就是以一个著名的爱情传说为基础写成的《西厢记》，作者被确认为董解元。① 至少还有一篇，讲的是公元 10 世纪时后汉的创建者刘知远（895—948 年）的故事，被大体保存下来并有了一个译本。② 而所有其他金代的诸宫调，我们却只能

① ［510］见《董西厢诸宫调：一个中国传说》。

② ［95］M. 答里吉洛娃—维林杰洛娃、詹姆斯・I. 克伦普英译：《刘知远诸宫调：藏龙卧虎的民谣》。汉文原文的抄本是在中国西北的宁夏的黑水城遗址发现的。

通过一些书籍的引用和一些残片来窥见其貌了。近年来许多学者致力于对金代诸宫调的研究，这不仅因为它是向元代戏剧过渡时的“失去的一环”，也因为它们自身具有的文学价值。它们代表了一种将俚语与文学语言相结合的文学类型，在中国北方的城市中肯定曾有极其广泛的听众。

还有一种可以追溯到金朝的文艺类型是一种短剧，汉文名称是“院本”。虽然它并非仅仅存在于中国北方，但它也像诸宫调一样，曾盛行于金代。“院本”之义，即“在剧场演出的本子”，元代的戏剧也常常采用此名。它是从多种娱乐形式混合在一起的一种滑稽歌舞的杂剧发展而来的，有时还带有很大的诙谐模仿的成分。就我们所知的很少的金代院本也可看出，它们中绝大部分的滑稽可以说已到了猥亵的程度，而且的确让人颇感遗憾的是，在已知的 700 个剧目中，我们今天只能看到的极少的部分，还都是些不完整的残片。① 元代戏剧中的许多诙谐因素可能就是在金代早期院本之上进行的加工提炼，这些院本与用文言创作的金朝文学作品中那种更严肃更超然的、格外缺乏幽默感的情绪，再一次形成了鲜明的对照。无论如何，金朝的文言文学并没有对后世造成很大的影响，但它的俚俗的文学形式和表演艺术却的确成为中国文学中一个不可分割的部分。

作为少数民族的女真人对于这一文学发展可以说是无所作为的，只有个别几个受过教育的女真人全盘接受了汉族文化，并且以文言诗人自居。但他们的人数微不足道，而且在金朝堪称伟大的文学人物中没有一个人具有女真血统。看起来，女真人虽然渴望吸收汉族文化，但实际上却是被动的而不是主动的。没有任何人想到过把女真人口述的诗歌以译成汉语的方式保存下来，以至于女真人的诗歌就这样永远地散佚了。如今我们只能在这里或那里偶然见到女真民间诗歌的一些断片，譬如一个萨满教徒对杀人者所唱的难懂的咒语。② 再如世宗皇帝在 1185 年用民族语言即兴演唱的一首歌颂祖先艰苦创业的颂歌，

① ［81］詹姆斯·I. 克伦普：《院本：元杂剧的祖源》。

② ［646］《金史》，卷 65，第 1540 页。

可惜在《金史》中这首被译成文言的歌词读起来就像是由一个汉文译者排列的一堆拙劣的、平淡的字句组合，我们敢肯定，原来的女真歌词是远远更富于文采，更具有史诗意味的。①

另一方面，虽然有几部被译成女真文的汉文著作，却没有一部用女真文写的著作被保存下来；我们所知的，仅仅是被翻译成女真文的汉文著作的篇目。从这些篇目可以看出，除了儒家经典之外，绝大多数的译作是有关汉族的治国方略和兵法等内容的。也就是说，给受过教育的女真人提供这样的书籍，使他们能够从中了解汉族学术的基本原理以及伦理道德规范，这是选择翻译的原则，至于纯文学作品和小说则取摈弃态度。然而不管怎样，比起辽朝和后来的元朝，金朝的翻译活动肯定要更具规模。事实证明，金朝皇帝尤其是金世宗，还是很热心于让自己的族人通晓汉文化中的精华的。

这里还应补充的是金朝的书籍印刷。虽然女真人自己的印刷品均已失传，但金朝时所印的汉文著作还留下了几部样本。从中可以看到金朝无论在其雕版还是印刷的技术水平上，都保持了北宋时期曾经达到的高水准。的确，金朝的一些版本完全能够与南宋时期所印的最好的版本相媲美。②

对于金代的绘画艺术和书法，虽然至今尚无定论，但我们实在是不敢恭维。③ 中国、日本以及西方的艺术史家们总是被以南宋风格为代表的绘画艺术所吸引，它无疑是极其出色和风格多样的。但是这种魅力本身就说明了12世纪到13世纪初的中国北方，没有可与南宋相媲美的绘画艺术。在写成于14世纪的一部关于绘画的论著列举出47名金朝的画家，但他们中却没有一个能够在公认的中国绘画史上占据重要地位。更何况这部著作看起来是在文字记载的基础上而不是在对于绘画作品进行实际观赏的基础上完成的。④ 据说章宗的父亲和海陵

① ［646］《金史》，卷39，第891—892页。

② 吴广庆（译音）：《四个外来王朝下的中国印刷术》，第453—459页。

③ 对金代绘画和书法的简述，见［44］苏珊·布什：《金朝（1122—1234年）的文人文化》。

④ ［631］夏文彦：《图绘宝鉴》，卷4，第93—96、129页。

王都有画作。被列入书中的还有宗室完颜玮（1172—1232年）①，他也是一名杰出的诗人，与元好问等文人都是好友。被列入书中的还有几名女真人和两个契丹人，其中之一的耶律履（1131—1191年），是耶律楚材的父亲。但是我们不难想像，绝大多数的画家还是汉人。

章宗皇帝十分醉心于艺术，他对1127年从覆亡的宋室接手的收藏品兴致勃勃。现存的许多唐和北宋的绘画上都可见到章宗的印玺，如在今天保存于大不列颠博物馆的著名卷轴《女史箴》上就是如此。章宗还命一个在当时的艺术上和文学上都颇有造诣的著名画家兼诗人王庭筠（1151—1202年）为自己的收藏作指导。② 章宗本人对书法有积极的爱好，他曾一心想与既是艺术家又是艺术保护人的宋徽宗在这两方面展开竞争，他甚至仿效徽宗的手迹，这一点我们可以从现存的他写的书籍末尾的题笺上看出来。在对金代绘画尚无定论的今天，我们不妨这样说，金朝模仿的是北宋那些大师的风格，说到底也就是画院画家的风格，这些画家的作品曾流传到北方，并且被金朝宫廷收藏。无论如何可以肯定的是：贵族画家，也就是受过教育的非职业的艺术家所崇尚的，是将文学修养融入自己的绘画之中，这种风气在金朝似乎就像在南宋一样已成为一种时髦。

这一类绘画——在纸或绢的卷轴上的画——从哪方面讲都只是一种精英的艺术。没有哪个有身价的贵族画家肯于屈尊去用壁画装饰一个寺庙的墙壁，那是职业画匠做的事。画匠的作品也有些一直保存至今，但是正因为这是他们的职业，所以这些作品的创作者大多没有留下姓名。有时候，甚至想搞清创作这些壁画和其他装饰性艺术品——诸如雕刻等等的准确日期也是不可能的。

雕刻艺术的情况也一样。与日本的境遇不同的是，中国的雕刻主要是由那些默默无闻的艺术家创作的。考虑到当时中国北方修建的大量佛寺和道观，其中必不可缺的装饰和必需供奉的塑像，使这一时期

① 苏珊·布什将完颜玮读成了完颜涛，见其书第112页注5。

② 关于章宗这位收藏家和书法家，见［44］布什书，第103—104页；及［506］外山军治书，第660—675页。

的雕刻作品，为数颇为可观。在此之前的辽朝曾经赞助佛教，并使佛教艺术繁荣起来，金朝建立后这一势头仍在继续发展。金朝雕刻有个令人感兴趣的特征，就是经常运用大理石等石料，而在南宋却完全见不到相似的石雕。在风格上，宋朝的传统在中国北方一直被保持着。这里可以看出两个基本的倾向，一种倾向是对唐朝艺术那种质朴和拟古风格的竭力模仿，这种模仿之成功竟达到这样的程度，以至我们这个世纪的艺术商人常常将金、元乃至明朝时的中国雕刻艺术品充作唐代的作品。另一种则更趋向于生动、无拘无束和流畅，有位艺术史家将其誉为“富于想像的巴洛克式艺术”。① 1949 年以后，一些金朝祖先墓葬中的石雕以及建筑被陆续发掘、发现并且在中国考古学的杂志上发表，因此，出版由艺术史家以学术性的方式来撰写的、能够准确划分日期或年代的更有代表性的雕刻艺术品全集的条件，可以说已经具备了。

我们还要指出的是，今天北京有些颇为壮观的建筑，是在金朝时修建的。就我们所知，带有美丽景色的花园和湖泊的皇宫遗址建于 1179 年，原是金朝的夏宫，每当一年中最炎热的几个月，世宗和章宗总是在这里度过。忽必烈统治时期将金朝这个避暑胜地改建成元朝皇帝冬季居住的宫殿，而且从此便成为紫禁城的一部分。② 总之，金朝并不存在艺术发展的历史。不过，如果我们将金朝时中国的艺术作如下描述的话，也许并不为过：它是保守的、传统的，但也因此而使唐和北宋初期的艺术风貌得以长久地保持了下来。

宗 教 生 活

早在立国之前的渤海国时期，女真人与佛教就已有过接触了。10 世纪时女真的酋长阿古乃就是一个佛教徒，他是被金世祖称为“始

---

① ［466］奥斯瓦尔德·希瑞：《宋、辽、金朝的中国雕塑》。这一研究，主要靠的是日本考古学家和艺术史家发表的资料。

② 对北京金宫殿的历史叙述，见［242］乔治·N. 凯茨：《紫禁城创建时代新说》。

祖”的函普之兄。女真人进占辽朝故地后，便与从辽宫廷得到大笔赞助的繁荣的佛教不期而遇。这深刻地影响到女真皇族对佛教的态度以及金朝政府的政策。在皇族中，几乎没有哪个皇后和妃子不好佛事，世宗的母亲在晚年甚至出家当了尼姑。世宗本人年轻时也一度受到佛教的吸引，只是后来又多少有些疏远，但他却仍然对佛寺和僧侣予以资助。章宗也是如此。

金朝皇帝对于控制在自己手中的官方佛教的尊崇程度，可以用他们的捐赐来衡量。无论世俗的和佛教的文献都经常记载寺庙和僧侣所受的捐赠，这些赠品的数量往往颇为可观。海陵王曾一次赐予诸寺僧侣绢500匹，其他纺织品50匹，银500两，但这如果与世宗的捐赠相比，就算少的了。世宗在1185年曾一次赐给寺庙田2000亩，栗树7000株，钱2万贯。除了赐钱以外，寺庙也常常得到农田，致使一些宗教社团成了大土地所有者。同样，寺庙还拥有为数大量的奴隶（前面已提到他们要加倍付税）。

世俗百姓获取宗教功德的另一个方式是供养僧侣，这也被金朝宫廷所实行。将度牒赐给僧侣也属捐赠的一种，因为想要得到僧职的人数是有限制的。有时候，皇帝可以凭其特权在一个典礼上一下子赐予几千名僧侣度牒。朝廷的这些赞助方式，也被其他女真贵族和有钱的汉人纷纷效法。

但是另一方面，皇室对佛教（还有道教）的赞助也是与严格的国家控制联系在一起的。在这点上金朝效法的不仅仅是辽朝，更是以往大多数汉族朝代的做法。辽朝早在991年就下令禁止私度僧尼，金朝在1130年重申了这一禁令。像宋朝一样，金朝的立法中也包括了关于为僧尼授予僧职的详尽的规定。[①] 初学者必须通过考试才能得到度牒。考试内容是从佛经中选出的五部，以能阅读百字为限，这些佛经都选自大乘佛教的经典，包括一直很普及的莲华经。每次放度的人数仅限于80名，1190年以后，考试又被规定为每隔三年才举行一次。

① ［646］《金史》，卷55，第1234页。有关僧侣的剃度，亦见［597］《大金国志》，卷36，第275页。

就这样，金朝存在着一个与官僚机构相类似的由国家控制的僧侣阶层。在其每个行政管理单位官方选择一个道行高的僧侣来做僧官，他任期仅为三年。凡在他所管辖的地段，如僧尼犯有较轻的过失，这些僧官有审理的全权，但如罪在杖责以上，就必须送交僧录都纲司审理了。国家控制的另一个内容是不得到官方许可，任何人不准私建庙宇。国家之所以要施行这些限制和控制，都是基于这个事实，即僧侣享有免税免役的特权。而另一方面，当面临危机国库急需钱财的时候，国家也握有将度牒广为抛售之权。据载，这种情况首次出现于1160年海陵王准备大举伐宋之时。当时一张度牒的卖价在100贯到300贯钱之间，这是一项相当可观的收入。

在金朝占主要地位的是汉地佛教，在这点上它继承了北宋的传统。在金朝的佛教僧侣中似乎看不到有与吐蕃、中亚以及印度等佛教中心进行接触的迹象，也看不见有哪个金朝的虔诚僧侣曾到佛陀诞生和宣教的圣地去取经或朝奉。同样，似乎也没有外邦的僧侣来金朝统治下的中国北方说法。只是曾有一名印度高僧于1130年到五台山去传教并表演过奇迹①，这个事件显得很孤立。这个僧侣好像属于密宗的信徒。在金朝，最繁荣的教派是禅宗和净土宗，在中国，这二者曾长期作为正统的和可以接受的教派（不像有些教派）而为官方所承认。

金朝对于佛教思辨哲学的贡献微乎其微，没有从梵文翻译过来任何一部新的经典，没有任何一个生活在金朝的佛教徒的著作被收入明藏（就我们今天所能见到的那一部）之中。但这并不是说金朝在佛教理论方面是停滞不前的。值得注意的是，当时就是在佛教僧侣中间，也存在着一种三教融合的倾向。其领袖人物是行秀，以万松老人而闻名于世（1166—1246年）。他对佛教经典、儒家学说和道教思想都同样精通，并且颇得金朝宫廷的赏识。他有一些作品存世但并未被收入明藏之中。耶律楚材曾在佛学方面师从于他，另一位不平常的居士李之纯（1185—1231年）也是他的门生。李不仅是一个博学多才的作家和诗人，也是一个有深度的思想家。在他所著的《鸣道集说》中，

① [633] 念常：《佛祖历代通载》，《大正藏》第49部，卷20，685b—c。

收集了儒教和道教作者的文章，用以表示他们的教义与佛教的基本教义之间存在着可以相互兼通的东西。这可能是表现金朝知识精英之中宗教思想概貌的最突出的例子了。①

在金朝，俗界的以及未得皇室资助的好佛者也致力于刊印藏经。1148—1173 年期间，金版大藏经在解州（今山西）雕印完成，资金是由山西和陕西虔诚信徒发起征集的。该藏经收集了佛典 7000 余卷，其中的 5000 卷左右于 1933 年在解州一个佛寺被发现。②

与在官方学派和宫廷中奉行的佛教形成鲜明对比的，是民间生机勃勃的宗教教派的运动。有些教派诸如白云宗和白莲宗，属于中国神佛救世活动中的一个教派，一直持续到 19 世纪。也有人认为它在某种程度上受到了摩尼教派的影响（白色经常被与摩尼教徒联系起来）。有身份的僧侣和官方都将这些教派视为非正统的邪教。1190 年还曾有一个教派被官方所禁，可能是属于密宗，因为它的信徒崇拜毗庐遮那，神秘的五行毗庐中最高的一位。③

但是，在所有被禁的教派中，最活跃的因而也是最遭迫害的教派，似乎要算头陀教。头陀是梵文 dhūta 的音译，意思是“奉行教规”，似乎这一教派有一套自己制定的特殊的仪式和戒律，而要求信徒必须遵守。这个教派在金代被视为异端，到蒙古统治时期更被视为邪教的一种。可惜的是我们对于它的思辨智慧和教义背景一无所知，因为我们对头陀教的所有了解都来自与它敌对的一方。④ 他们谴责头陀教捣毁佛教的偶像，虐待僧侣，败坏道德，甚至还毁灭孝行。但是除了如他们所指出的这一宗派在履行崇拜和信仰的方式上使他们不满以外，这些责难并不能说明什么。头陀教中很多信徒来自工匠和商人阶层，他们之所以遭受迫害（于 1188 年被驱逐），可能是因运动中的

① 《鸣道集说》的原文保存在念常编《佛祖历代通载》中，见卷 20，695c—699c。

② 吴广庆前揭文第 456—457 页及图 4。1949 年以后，这些经卷被移交北京的国家图书馆。金藏中的一些佛典已被重新复制，从中可以看到金代印刷艺术已达到很高水准。

③ ［646］《金史》，卷 9，第 216 页。亦见［388］罗依果译《西游录》第 40 页注 13 所引书目。

④ 有关头陀宗的论著目录，见［388］罗依果译《西游录》，第 38—40 页。

平等主义倾向引起的。他们在僧界和官府的敌人用“糠孽”的称呼来强调对他们的轻蔑，这个词可以被解释成“讨厌的瘟疫”。无论如何，这种带有恶意的宗派主义，是金朝统治下中国北方的宗教尚有活力的证明，同时，这也是各阶级之间社会经济发展不均衡的表现。

金朝也存在着由僧侣领导的起义。这些起义的起因，有一些可能是官府对宗教的过分控制激起了僧徒的怨恨。其他一些则可能出于民族仇恨，打击目标是女真人的统治，但是这些都仅限于推论。以神佛救世为号召的教派起义，崇拜的主要是弥勒佛，宣称弥勒将成为千年佛祖降临，这些教派起义从 5 世纪以来便在中国断断续续地爆发，在金朝有时也爆发过。虽然 1161 年发生于河北的一场起义可能是为了反抗国家因准备伐宋战争而在民间进行繁苛的征调，但 1171 年在河北和山东西部爆发的起义则肯定是宗教性质的，其理论源于对莲华经中一个片断的奇特解释。①

至于道教，我们也同样可以从两方面加以区别，一方面是国家对这一宗教的宽容与控制，一方面是民间普遍的宗教运动被视为异端。国家用对待佛教僧尼同样的方式来对待道士与道姑：度牒由官府监督发放，举行考试，将道士按不同等级分别予以审判权等等。所有这些都与宋朝时相应的规定并无不同。甚至考试入门者的五篇文章也与宋朝的一样，采用《道德经》和《道藏》中的另外四篇文章。不过，人们对道教的热情恐怕要普遍高过佛教，在 12 世纪期间的中国北方，还有几个新的道教宗派出现。北方的道教与南宋的毫无联系和交往，在南方，繁兴的是讲究符水咒法的天师（道教宗派）一派。北方的道教学派始终是相当独立地在发展。

道教中最重要也最著名的宗派是全真派。② 它给当时人留下的印

① ［646］《金史》，卷 88，第 1961 页。

② 罗依果将“全真”译为 integral realization，其他学者则有完全不同的译法，如 perfect realization（霍姆斯・韦尔奇）、completely sublimated（阿瑟・韦利）。关于全真派，见［388］罗依果译《西游录》第 40 页注 13。亦见［92］戴密微：《马可・波罗时代中国的宗教形势》，第 196—201 页。第一个较深入研究全真派的西方学者是阿瑟・韦利，见［534］他翻译的《长春真人西游记》，第 13—33 页。

象是如此强烈以至于直到元代，全真道的一些教主还以创造奇迹的圣人形象出现在杂剧中。这本不值得奇怪，因为在这个教派的历史上从来不乏奇特的人物。全真道的创立者王喆（1112—1170 年），山西人，考进士科落第之后，孤独一人沉思冥想，就这样度过了许多年。由于他独特的举止，有时也被人称为“狂王”。1167 年他到山东半岛东北部的山中居住，吸引了大批信徒。我们这里有必要指出，他和他主要的学生都受过教育而且出身于中产阶级。全真教中没有一个教主是无产者。继承王喆衣钵的人是丘处机（1148—1227 年），他成为全真教中无可争议的领袖，同时也的确是中国金朝时最著名的道士。他的著名是因为 1219 年他与成吉思汗的那次会晤，由此而使道教在蒙古统治时期得以享有特权地位。丘早就是重要人物，是以“长春”一名而广为人知的。1188 年时，他甚至还被金世宗召入宫中接见。

虽然从根本上看，全真道是属于道教的，但我们在它的教义中还是发现了强烈的三教合一的因素。它从三教中各选一篇编在一起，以启示人们认识基本的原理：从儒家选取的是《孝经》，从道家选取的是《道德经》，从佛教选取的是《般若心经》，后者是大乘佛教中《般若波罗密多心经》的简明读本。该教以少私寡欲为主，修行方式有集体持斋，控制肉体的欲望，戒酒戒肉戒女色等，认为这一切能使人正心诚意。该教还讲究“识心见性”，认为这是使灵魂得到拯救的必经之路，必须由此才能觉悟而成“真人”，才能摆脱世俗的羁绊，进入天人的境界。在全真道中，是将自我禁欲和自觉领悟看作得到拯救的最根本途径，而不是像道教其他学派那样重在从事化学的炼丹和念咒画符，这是很值得注意的。人们也许会以为，成为一名高士需要严酷的修炼，肯定令人望而生畏，而不是被引诱，但是事实上，在这个教派周围却很快就聚集了大批的信徒。这个长春教派甚至发现在社会精英阶层都有他们的追随者。据说曾有个沉迷于这一教派的信徒，竟成为身居高位的女真贵族们的“全真师”。①

这个新教派终因其狂热而受到人们特别是佛教界的怀疑，1190

① ［646］《金史》，卷 119，第 2602—2603 页。

年长春教被正式禁罢。但是这一禁令并没有造成哪怕是最轻微的影响，当金政权在蒙古的侵犯之下开始瓦解的时候，这一教派甚至又繁荣起来。究其原因，可能是在一个社会普遍动荡不安和混乱的时期，它所指出的获得拯救的道路似乎能够使人们逃避开阴暗的现实生活。有人想将全真派说成具有民族主义的性质，说它是对女真人及其统治在精神上的一种抵抗。① 即使确有其事，这种抵抗也是基于不合作和自愿退隐之上的被动反抗，而不是那种积极的一触即有可能引发一场武装斗争的运动。

从长春教诸多教主留传下来的著作包括诗词中，也可看出这一教派浓烈的文人气息。长春派道士对于中国文学价值的不朽贡献并不亚于官方学者的贡献。长春派道士的著作已全部收入15世纪所辑的正统《道藏》之中。②

多亏了长春道诸教主的文学活动，我们今天才能充分地了解到这个教派的全部历史。但是这并不是说其他非正统教派就没有留下什么文字记载使我们了解其历史，12世纪的中国北方还存在着太一教、混元教、真大道教等等道教教派。其中太一、混元二教的活动曾于1191年一并受到限制，真大道教则一直秘密活动于地下，直到明朝才再次出现，然后又再次受到当局的迫害。③

最后还要提到的是金朝的外来宗教。我们对于伊斯兰教和景教的情况一无所知，虽然这些宗教都曾被外国人带入到中国北方并被他们所奉行。不过，我们却有证据说明金朝时曾存在过一个犹太人的群落。1163年犹太人曾在开封建立过一个礼拜堂，15世纪有碑铭记载了这一事实。据我们推断，这些犹太人是从中东（波斯）经由中亚旅行商队所走的道路，而不是跨海进入这里的。④

---

① ［788］陈垣：《南宋初河北新道教考》。

② 长春真人自1224年起住持于北京的白云观，现存的两部《道藏》刊本之一即藏于此观，并于1933年被重新发现。

③ ［388］罗依果译《西游录》，第42页注19。

④ 关于开封犹太人群体的详情，见［284］唐纳德·D. 莱斯利：《中国犹太人的遗存：开封的犹太人群体》。但是，金代的文献资料没有相关记载，同时代的史料中也没有提到建立过礼拜堂。

结　论

对于有些读者来说，本章对于金朝历史的叙述，相对于这个朝代很短的存在时间，可能是显得太长了。但是对中国历史上任何一个时期或地区，也包括金朝都同样真实的是：只要深入进行研究就可以发现，有意义的有时也相互矛盾的细节，丰富得令人惊异，结果使得人们无法对“中国”作出概括；事实上在12和13世纪，根本不存在一个铁板一块的“中国”，我们毋宁说，中国文明在北方和南方呈现出了非常不同的形态。对金史进行的每一次研究因此肯定都是对一个区域的研究。再从更广阔的历史范围来看，金朝在有的方面属于过渡时期；在其他一些方面如宗教和俗语文学等领域，属于无先例经验的时期；而在另一些方面，则属于保守主义的时期。要想决定哪些特征更强些，是变革的还是保守的，是很困难的事。

固守传统的人的确曾更多地表露出了一种想让北方从统一中分裂出来的感情。一旦女真人打算放弃对南方的征服企图，一种渴望安定的感情确实曾在知识精英中间普遍扩散。奇怪的是这里根本谈不到对于南方，对于汉族建立的宋朝的背叛。在金朝及其他的统治精英中，似乎已培养出强烈的以他们自己为合法政权的情感。他们自认为是“真正的”中国即唐和北宋传统的维护者。金朝在1206年以后对与宋那种以冲突为主的局面的令人惊讶的克制，在一心复仇的宋和不可战胜的蒙古之间的夹缝中求得国家生存的能力，也许多少可以用金朝认为自己的统治是正统的感情的日益增长来解释，这种感情肯定是构成官兵忠诚的基础，他们中的许多人曾宁死不降。

金于1203年颁土龙法，宣称以五行中的火为德运的宋朝从此让位于德运为土的金朝，以这种方式确定自己在汉族王朝更迭中的合法性。① 从今天人的感情来看，这可能显得像一场愚蠢的投机，但是对

① ［646］《金史》，卷11，第260页。关于这一问题的研究，见［48］陈学霖：《中华帝国的正统观：女真—金朝（1115—1234年）的讨论》。

每一个生活在中世纪的中国人来说，它的含义却深远得多：最迟到1203年，至少在女真人自己眼中，他们所建立的金朝已经完全汉化，已在最高层面上成为正统王朝那连续不断的链条中的一环。这个最高层面，说得纯粹些，就是天道运行的层面。为了达到这个认识水准，女真人花费了将近一个世纪，但也就是在这个世纪，金朝走过了从一个愚昧的部落社会到国家的全部道路，而且这个国家，即使以汉人的尊卑秩序来看，也还是完全正统的。现代历史学家也许不再将女真人仅仅看成是打乱中国历史进程的野蛮人了。毫无疑问，金朝取得的成就，以及金朝知识阶层对于他们所代表的中国真正价值的自信，都赋予文化以更多的活力。当蒙古人的进攻把一切打得落花流水的时候，他们却能使中国的生活方式永久地保存下来。

第四章

蒙古帝国的兴起及其在中国北部的统治

蒙古与铁木真，1150—1206年

种族分布

1236年底，大批蒙古军队在大将速不台的率领下越过伏尔加河，右翼向北进入不里阿耳领土和斡罗斯诸公国；左翼则进入北高加索和钦察草原西部。到1241年军事行动奉命停止时为止，斡罗斯诸王公已被征服。也许蒙古人看来更重要的是对他们进行抵抗的欧亚游牧部落最后一部分——大批钦察部落已经被置于他们的控制之下。从中国东北到匈牙利，所有"毛毡帐篷下的人"，无论是主动或者是被迫，现在都已成为一个庞大的游牧民族统治下的成员。

13世纪在蒙古人推动下的草原部落的空前统一，与12世纪的分裂和纷争形成鲜明的对比（见地图24）。那一时期政治和社会融合的水平，常常是单个部落，或者充其量是各部落之间小而不稳定的联盟。这些部落联盟中最强大的，是西边的钦察和准噶尔地区的哈剌契丹。它们确实能够控制草原的几个部分和邻近它的内地。但是，它们只不过是古代庞大的游牧帝国——如匈奴人、突厥人或哈札尔人所建帝国的苍白无力而且不完善的翻版而已。缺乏政治上的统一同样也是草原东半部的特点。蒙古高原的某些部落（亦儿坚，irgen）保持了它们内在的凝聚力，但其他部落则分解成部落的组成单元——氏族（斡孛黑，obogh），而后成为独立实体，他们为了牧地、政治领导权和他们农耕邻居的支持而你争我斗。虽然构成成吉思汗帝国内在基础

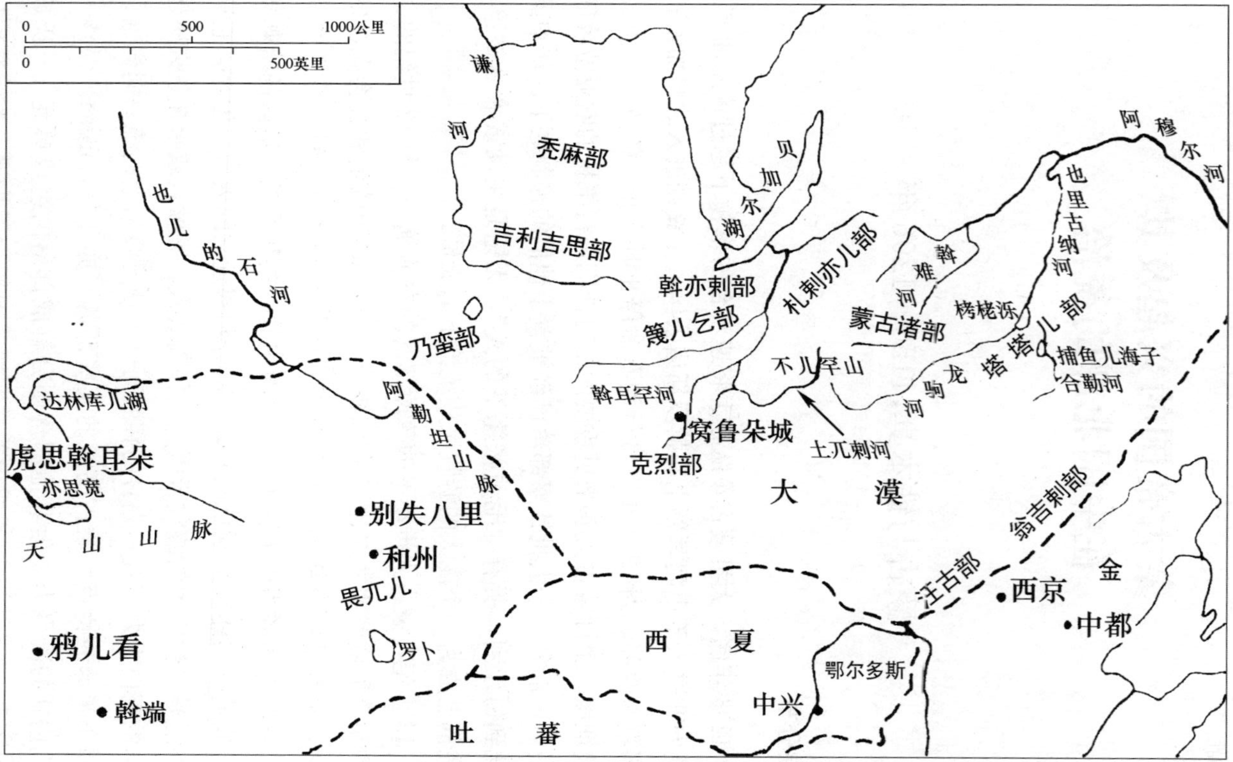

地图 24　草原世界，1190 年

的蒙古主要部落的历史资料很有限，但对于它们的地理分布和它们的内部融合程度，我们还是能够知道其大概。①

最西边的部落为乃蛮，有可能起源突厥。他们居住在阿尔泰山脉的南坡和也儿的石河（今额尔齐斯河）的上游。乃蛮是一个有着固定首领（罕）的相当凝聚而稳固的群体，直到12世纪末，统治家族的内讧才切实地破坏了他们的统一。由于乃蛮最接近位于吐鲁番盆地和天山北坡的回鹘文化的中心，所以总体上他们在文化方面比蒙古中部和北部的部落要较为先进。乃蛮从他们南面的先进的定居近邻畏兀儿那儿学到了各种各样的行政管理方法。他们也共有相同的宗教传统，即受到土生土长的萨满教习俗强烈影响的基督教聂思脱里派。

克烈，在乃蛮的东面，在他们邻居的影响下也信奉基督教聂思脱里派。在整个12世纪，他们拥有稳固的统治地位和一定程度上的政治统一。他们领土的核心在色楞格河与斡耳罕河（今鄂尔浑河）流域的上游。这一地区由于战略上和观念上的原因，在东部草原所有成功的游牧部落联盟的形成过程中，起着关键性的作用。

蒙古高原东南部地区，是戈壁地区的心脏，居住着说突厥语的汪古部。他们的主要居住地天德——马可·波罗笔下的Tenduc——刚好位于靠近战略要地鄂尔多斯沙漠的黄河拐弯处的北面。这儿构成了金朝和唐兀或称西夏王朝的边界。显赫的汪古部王室，是聂思脱里派的坚定信徒，他们认为他们自己至少在名义上是女真人的臣属。

弘吉剌，亦作翁吉剌，在汪古的北面，占据着大兴安岭西坡。他们在12世纪晚期与金朝保持着联系，而且在那时，他们由几个不同首领相当松散地进行统治。弘吉剌与他们西边的近邻——蒙古部保持着经常性的通婚关系。这一习俗在蒙古帝国建立之后，依然继续。

怯绿连河（又名龙驹河，今克鲁伦河）南面的草原地区，属于蒙古高原更强大和更富于侵略性的部落之一——塔塔儿人。在金朝的煽

① ［168］韩百诗：《成吉思汗》，第7—22页，充分探讨了12世纪蒙古诸民族的历史和分布情况。这部分我已直接引用。虽然这一成果为一般性的概述，但它建立在广泛研究的基础之上。

动下，塔塔儿在草原政治生活中，扮演着非常活跃的角色。女真人为了保持游牧部落的分裂状态和他们自己边界的安全，积极挑动塔塔儿与邻近部落，特别是克烈和蒙古的冲突。由于这一政策的巨大成功，由大规模的屠杀而造成的各个部落之间的长期不和，成为12世纪中叶所特有的现象。

成吉思汗自己所在的部落——蒙古，生活在克鲁伦河与鄂尔浑河之间，正好位于塔塔儿的北面。在12世纪50年代初至70年代的25年里，他们自身陷入彼此不共戴天的分裂状态，这样，就常常成为他们的邻居进行劫掠的牺牲品（见后面“蒙古人的早期历史”节）。在所有东部草原部落中，蒙古也许是最分裂，而且看起来最不会产生能够统一“毛毡帐篷下的人”的领袖人物。

蒙古的西北面，是三姓篾儿乞的领域。三姓篾儿乞，正如他们的称呼，共分为三支，每一支都有自己的首领。他们分布在色楞格河的下游，贝加尔湖的南边。虽然三姓篾儿乞偶尔也联合起来发动对邻部的袭击，但他们像其他居住或靠近于森林地区的部落，如谦河（今叶尼塞河）上游的吉儿吉思和生活在贝加尔湖附近的斡亦剌一样，并没有高程度的凝聚力。

社会等级

与草原游牧部落的一般情况一样，这些蒙古部落是由不同数量的假定有联系的氏族“斡孛黑”组成。这些氏族通过父系追溯到称为始祖的祖先。① 因为其全体成员被认为是一个骨头（牙孙，yasun），即同一祖先的后裔，所以氏族本身是实行族外婚制的实体。它的领导成员决定迁徙路线、分配牧场、组织狩猎和劫掠，而且作出有关加入或退出部落联盟的决策。这些氏族的一个明显特点是常常容易分成许多分支：当氏族在数量上增加或经历了内部的倾轧后，他们分裂为氏族

① 关于蒙古的社会和经济，见［228］札奇斯钦、保罗·海尔：《蒙古社会与文化》，第19—72、245—296页；［525］符拉基米尔佐夫：《蒙古社会制度史》，第39—158页；［24］伊丽莎白·E. 培根：《斡孛黑：欧亚大陆的社会结构研究》，第47—65页。

分支，这些分支依然能够繁殖而发展成新的氏族。由于不断有氏族分支脱离原始的主系形成为另一个氏族，而且由于取得军事成功的大氏族具备了部落的许多特征，所以，史料对这些氏族的命名相当模糊和混乱，这使我们很难确定某一时期某个分支的确切形态或它同其他诸分支的关系。

虽然家族关系很明了，但氏族和部落本质上是由单个人组成的政治实体，这些人的血缘纽带常常是虚假多于真实。在草原，共同的政治利益被典型地演绎成宗族关系。所以，古老的蒙古人（和其他部落的人们）的宗族血统是意识形态上的宣传，而不是生理学关系方面的可信描述，目的是加强政治团结。这就说明了以这种氏族和部落（它们本身就是任意地临时构成的）为基础的政治组合为什么天生就是变动的、灵活的和不稳定的。这也解释了为什么部落联盟和帝国结合得如此之快，而后在内部纷争与外部压力之下又迅速瓦解。[①]

在氏族和氏族分支之下是游牧部落的帐落——阿寅勒（ayil），这是蒙古草原经济的基本生产单位。阿寅勒通常由一个大家庭构成，它有自己的毡帐（格尔，ger）和牲畜。为了协作劳动或地方防卫，几个阿寅勒也许会临时组成一个古列延（gûre’en），意为“圈子”，也就是以毡帐和套车环绕而成的营地。

除了分成血缘群体外，蒙古社会还被分成几个松散的组成阶层——贵族、平民和奴隶。贵族们宣称，他们这个氏族的名称是从他们祖先的名字得来的，作为其直系子孙，他们享有贵族这种地位。这个阶层为氏族和部落提供政治领导。然而，对于权力的继承或任命没有严格的规定，选择首领有相当大的随意性，主要根据个人贡献和经历，通过氏族重要成员的非正式一致同意而产生。良好的家世资格当然是有利的，但不是必须的，贵族出身总是被认为能够培养成为有能力的成功的首领。要成为部落或部落联盟的统治者，要通过更加正式的程序——召开由贵族和有声望人士组成的会议，或称忽邻勒台（khuriltai）。

① 见［291］拉迪·保罗·林德纳的论述：《什么是游牧部落？》。

血缘集团的下层和旁系组成的平民，被称作“黑发”或“黑头”，构成人口的大部分。虽然贵族们占有大量牲畜并使用最好的牧场，但这两个阶层之间既没有明显的社会差别，也没有生活方式上任何巨大的不同。社会阶层的底层是孛斡勒（bo'ol），即奴隶或仆从，他们通常是从对邻近部落或定居居民的掠夺中获得的。个人和整个血缘集团都能够成为其他人或血缘集团的仆从，也就是说，单个人能够成为他的捕获者的个人奴隶，而一个氏族或其一部分，如在战争中失败，也都会成为获胜的斡孛黑的奴隶或被保护者。无论是个人或者是氏族的一部分，都有义务为他们的主人从事家务、畜牧或者农业劳动。在战争期间，他们要拿起武器为主人战斗。虽然孛斡勒明显处于从属地位，但他们常常被看作家庭的组成部分，甚至没有正式解放也能得到事实上的自由。

重要氏族首领或部落汗的那可儿（Nököd，单数为Nökör），或被译为“伴当”，在古代蒙古社会中是另一个重要的阶层。他们构成有雄心壮志的首领或汗的扈从，为他提供军事和政治建议，一般说来还要执行主人发出的任何命令。从追踪迷失的牲畜到外交谈判中担任个人的使者。作为对他们效劳的回报，那可儿可以得到保护、物品和食物。作为真正的密友，他们和主人一起战斗、生活、饮食。那可儿是从各个社会阶层招募的。有一些那可儿是贵族成员，他们和不属于他们自己部落或氏族的统治者保持着自由的关系。有一些是在战场上表现出能力和忠诚的孛斡勒，比如说著名的木华黎统帅，成吉思汗把他从奴隶阶层提升到伴当阶层。那可儿虽然有着种种不同的社会背景，但他们却有一个共同的特点：据我们所知，他们同他们的主人没有血缘关系。

最后，从结构方面而言，12世纪蒙古诸部是非常复杂的实体。通常，这样一个部落的核心是由氏族和氏族分支组成，为了政治需要，这些氏族和分支根据一个公认的但却是人为设计的家谱而宣称有一个共同的祖先。隶属这个核心的是各种无血缘关系的人：氏族之间通过婚姻关系，单个奴隶和附属氏族通过军事征服和捕获而被奴役，而那可儿则从不同的外来渠道中吸收。

经济状况

蒙古高原居民的基本职业是放牧畜群。蒙古人拥有的牲畜共有五大种类——马、绵羊、骆驼、牛和山羊，其中的每一种都有它特殊的用途，这五种牲畜的价值有着公认的高低顺序。马，是草原游牧部落骄傲的财富，可用于军事活动、迁徙和管理畜群。没有它们，就不可能有干旷草原游牧部落的粗放性、流动性的经济。居第二位而且数量最多的牲畜是绵羊，它们和最末种类的山羊一起，提供肉食和羊毛。居第三位的是骆驼，主要用来在南面荒凉的戈壁地区运载货物。居第四位的是长角的牛，也有丰富的数量，用来提供肉食、牛皮和运输。运载部落首领帐篷的有名的大轮车（格尔·帖列格，ger tergen）即由一队牛群来拉。所有的牲畜都提供乳汁，乳类的副产品如阿剌亦黑（ayiragb，发酵的马奶，突厥语称忽迷思，kumis）、酸乳酪和各种干乳酪是蒙古人饮食中的主要食品。即便是牲畜的粪便也有用处，当它干燥后，是荒芜草原上燃料的主要来源。

为寻找水草而进行的经常性迁徙放牧既不是毫无目标也不是漫无边际的。每年有一个从春天经夏天到冬天驻营的固定的周期。冬天营地经常由几个有关联的阿寅勒共驻，通常位于受到保护的河谷，有较为永久性的设施。因为蒙古人的畜群很复杂，由具有不同行进速度和对饮食要求差异很大的牲畜组成，所以迁移时，牧民必须精确地盘算每天迁徙的距离、选取的路线、预期的季节状况等等，以适应畜群的不同需要。这样，他们庞杂的畜群（加上人和财产）的每次重要迁移都成为一个复杂的后勤供应问题，需要仔细计划和实施——这对蒙古人是一种训练，后来在远距离的军事战役时，他们能很好地加以运用。

由于严酷的环境状况和由此而形成的蒙古高原有限的维持畜群的能力，游牧部落合理地分散到所有可利用的草场去放牧，就显得很必要。氏族极其重要的作用之一，就是帮助和平地分配草场，裁定有关牧地的内部纠纷，在与外敌的竞争中保护本氏族成员。所以，单个的牧民会认为，有保障地、季节性地使用氏族的部分领地，比个人、永久拥有土地会更好；换句话说，即收益权比所有权更好。

虽然蒙古人对草原游牧有着很强的依赖，但狩猎在他们的经济生活中也占有重要的地位。这增加了他们的食物供应，提供了用以穿衣和交易的皮毛，有利于控制食肉动物的数量，特别是对他们的畜群有着经常威胁的狼群的数量。以氏族或氏族分支为单位进行的狩猎起到军事训练的作用，这加强了个人的技能，提高了不同亲缘集团所组成的队列间的协调。

在南西伯利亚的森林地区，部落经济中狩猎的相对重要性要大大增强，以至于古代蒙古人通常把“林木中百姓”（槐因・亦儿坚，hoi-yin irger）和那些生活在草原上的人区别开来。虽然狩猎是他们的支柱，但西伯利亚的部落——斡亦剌、八剌忽、豁里秃麻和其他部落——也有马匹，按照游牧的（虽然不是草原的）生活方式，亦总是被看作基本的劳力来源，正在扩张的以草原为基础的部落联盟常从中抽取人力。

农业不是游牧家庭经济的一个独立的部门，但对蒙古地区的居民来说并不陌生：西伯利亚的部落，至少叶尼塞河地区的部落，在土地上种植，就像沿着长城的汪古部一样。实际上没有一个欧亚大草原的畜牧民族是纯粹的游牧经济而不与定居世界联系或接触。的确，纯粹的游牧经济是一种假设的概念，而不是一种社会现实。我们最好把草原游牧生活看成一种统一体，它既包括近乎定居的迁徙生活，又包括几乎固定的理论上可能、但现实中却从未实现的“纯粹”游牧社会，这种社会从自己的畜群中获得每一件使用或消费的东西。[①] 对所供给的冬季食物和牲畜饲料的需要，以及对茶和丝料之类奢侈物品的渴求，也曾在游牧部落中出现。由于他们自身的经济永远不能彻底满足对这些物质的需求，所以游牧部落必须被迫转向他们的定居邻居索取农业产品。就蒙古地区的部落而言，这就意味着要承认和中国保持不断的经济联系。得到所需产品最好的方法是以皮、毛、马或其他东西

① ［231］道格拉斯・L. 约翰逊：《游牧生活的特性：西南亚和北非游牧民的比较研究》，第1—19页，讨论了游牧连续运动的概念。

向汉人“进贡”来换回诸如谷物、金属制品和奢侈品之类的“赠品”。如果自给自足的中国人拒绝交易的话，那些游牧部落就会以武力相威胁。简言之，草原居民用战争和战争威胁来强行索求向中原王朝交纳贡物的权力。

这一经济交往总是使游牧部落陷入错综复杂的与汉人的政治联系网中，汉人为了自身的目的，利用纳贡体系作为控制或操纵野蛮人的一种方法。这样从汉人的观点来看，赠与货品、贵族爵位或贿赂的目的，从总体上来讲，政治大于经济。① 这种性质的交互作用提供了一种重要的推动力，在草原人民中促成了国家的形成，虽然这对汉人来说是极不情愿的：游牧部落形成了更大的政治联合——部落联盟，而且产生了形式上的国家结构，其基本作用是处理与定居国家的关系，摆脱它们的威胁。主要的游牧帝国总是产生在定居国家的边界附近而不是在欧亚草原的最深处，这就是原因所在。②

蒙古人的早期历史

成吉思汗自己的部落以及蒙古的种族起源的大致轮廓和早期历史，已有了一致的确认。③ Mongol（更确切应为 Mongghol）的族名，最早以“蒙兀”的形式见于唐代史书的记载。在这些记载中，蒙兀总是被描绘成汉人熟悉的一个庞大的种族群落——室韦的一支。在可确定的他们最早的家乡小兴安岭附近的阿穆尔河南部地区，室韦通过原始农业、养猪、狩猎、捕鱼和放牧等手段来弥补贫乏的生活。虽然室

① 这几点札奇斯钦作了非常清楚地说明，见［227］《中原与蒙古游牧民的贸易往来和冲突》。

② 在［25］《匈奴帝国联盟：组织结构与对外政策》，第 45 页，托马斯·J. 巴菲尔德很有说服力地论证了游牧部落联盟是在与游牧部落相邻的定居国家的外来刺激下形成的，而不是内在发展的结果（即阶级结构变化的结果）。与之相反的观点，参看［339］S. 纳楚克道尔吉：《中亚游牧民族中的社会组织及其发展》。

③ 对蒙古人及相关群体的人种起源进行最广泛讨论的，是［520］L. L. 维克托罗娃的《蒙古人：民族起源与文化渊源》；亦见［263］克恰诺夫，《6—12 世纪上半叶的蒙古》；［408］保尔·拉契内夫斯基：《室韦是蒙古人的祖先吗?》；［169］韩百诗：《成吉思汗先世史：以汉、蒙文史料及拉施特的记载为依据》。

韦以出令人畏惧的勇士而闻名，但他们很少给邻居造成威胁，这是因为没有部落的中央集权：缺少至高无上的首领，所以政治领导权被广泛地分散在数不清的传统酋长手里，他们的权力无法扩大到当地的部落之外。根据唐代的材料，室韦被认为是突厥汗国的臣民，而后者在553—745年统治着蒙古高原。

在10世纪的某一时期，室韦的组成部分蒙兀开始向西面的斡难河（今鄂嫩河）迁移，在那儿他们成为与他们语言上有联系的契丹的属民。[①] 他们向西向南继续他们的迁移，最后于11世纪在鄂嫩河与克鲁伦河一带建立起了他们自己的家园。蒙兀从东北北部到东蒙古地区的迁移，使他们在混合经济中更加依赖草原经济。新的牲畜——骆驼和绵羊，加入了他们牛群和马群的行列。森林地区部分季节的、有限的草原经济，转变为草原地区一年四季的、完全的草原经济类型。

蒙古人自己有关他们起源的传说没有点明他们原来的家乡，只是暗示了使他们来到鄂嫩河—克鲁伦河的迁移。根据记载在《秘史》中的神话[②]，蒙古人的祖先是上天降生的一条苍狼（译者注：孛儿帖赤那）和一头来源不明的白雌鹿（译者注：豁埃马阑勒）。这对夫妻离开一个不为人知的地区，越过同样不知名的海或湖，然后占据了不儿罕·合勒敦（Burkhan khaldun）周围的地区。不儿罕·合勒敦是一座山，现在认为即是鄂嫩河与克鲁伦河河源附近肯特山脉的大肯特山。在这儿，他们的惟一子嗣巴塔赤罕降生。他是所有的众多蒙古部族的始祖。

我们获知，巴塔赤罕的第十一代孙名叫朵奔篾儿干，娶了豁里剌儿部的一位年轻女子阿阑豁阿。她丈夫在世的时候，她给他生了两个儿子。朵奔篾儿干死后，她与驾着月光的神人又生了三个儿子。三个儿子中最小的叫孛端察儿，是孛儿只斤斡孛黑的创建者，这是蒙

① 蒙古语言及其与契丹语和鲜卑语的关系的早期历史，可参阅［290］路易斯·李盖蒂：《拓跋语：一种鲜卑语》；和［239］卡拉：《蒙古游牧民的书籍》，第8—13页。

② 见［76］柯立夫译：《蒙古秘史》，第1—42节（第1—10页），以下简称《秘史》。关于蒙古人与突厥人及其他内亚民族起源的神话比较，见［464］丹尼斯·塞诺尔：《传说中的突厥人的起源》。

古氏族中最古老的氏族，铁木真，即后来的成吉思汗，就出生于此氏族。

虽然成吉思汗早期祖先的谱系充满了奇异和神秘的成分，但它仍透露了有着重要历史内涵的蒙古社会结构的一些有趣特点。首先，巴塔赤罕与成吉思汗之间的联系，并不是人们所想像的，只是建立在惟一的父系血统基础之上。根据蒙古人自己的“官方”记载，阿阑豁阿这名妇女，是从虚构的过去历史存在的血缘系统链上的一个关键环节。她在其他均为男性的血缘线中的重要和尊贵位置清楚地表明了蒙古社会中妇女的崇高地位，预示了她们后来将要在帝国的出现和巩固中所要扮演的重要角色。其次，部落和氏族有着虚构的祖先。虽然从理论上讲，蒙古部落和它的高贵氏族孛儿只斤的所有成员都有亲缘关系，但每个部落或氏族的成员都包括非男性亲属的群体。外来成分的融合——他们是出于政治目的而联合起来的依附氏族或群体——在蒙胧的和传说中的过去，仅仅用“发现”共同的祖先这一权宜之计而实现。这样，正如我们先前所探讨的，部落和氏族在很大程度上是人为产生的，是用编造系谱、用神话传说的祖先给血统上无关的各部分提供虚构的血缘亲属关系来实现的。这样的做法使无关的种族群落间有了后来制造出来的共同血统（也就有了相互的义务），它是草原游牧部落间国家形成过程中的一个共同与必要的因素。

在成吉思汗的祖先中，海都似乎是史料最全的第一人。在老一辈世系中，他是孛端察儿的玄孙。根据拉施特保存的材料[①]，海都在几个蒙古氏族之上实行了松散的宗主权力而且成功地使一个沿克鲁伦河从事游牧生活的部落——札剌亦儿处于他的控制之下。虽然没有提供确切的时间，但海都显然在辽王朝（907—1125 年）的最后几十年中都很活跃。

然而，人们通常认为海都的孙子合不勒建立了最初的蒙古“国

① ［404］拉施特：《史集》，第 1 卷，第 177—197 页，提供了成吉思汗直系子孙的最详细的记载。

家”。他使用可汗的称号而且统治着所有的蒙古人。[①] 拉施特告诉我们，在合不勒时代，蒙古人和女真人之间的紧张关系加剧了，后者显然把蒙古团结一致的发展看作对他们安全的威胁。为了缓解来自这方面的危险，女真人决定通过谈判使蒙古人进入他们的纳贡网。他们邀请合不勒来宫廷，但外交行动失败了。这个蒙古首领，先在一次盛宴上饱餐一顿，之后开始大醉，在激动之余，他用手抓住皇帝，揪了他的胡子，接着被人制服。最初，金朝皇帝（蒙古和波斯史料中的阿勒坦汗或“金”汗）决定宽恕这一鲁莽行为，允许合不勒回去。然而，出于另外的考虑，他又派官员去追赶，要把这个自命不凡的首领追回宫廷进行严惩。皇帝追赶合不勒的动因仅仅是为了诱使他进入陷阱而杀死他。当这些事件后不久合不勒死去，女真人才没有进行报复。

在汉文史料中没有关于这一插曲的直接印证，但是金代编年史记载了 1135—1147 年间由于蒙古人不断地骚扰北部边界而被迫采取强硬的军事对策。[②] 虽然女真人与合不勒流产的外交谈判和蒙古人的袭击看起来似乎是有联系的，但这并不能够确确实实地肯定：金朝的记载从没有把合不勒这一名字同边界骚乱联系起来。人们仅能根据大体上的年代推断，他是这有问题的 10 年中蒙古人的首领，故而有可能是袭击的发动者。

不管怎样，合不勒死后，女真人和蒙古人之间的仇恨持续不减。不久以后，蒙古人通过他们与弘吉剌部的婚姻关系，卷入了与塔塔儿人的严重纠纷。女真人向后者提供支持以削弱和分化他们桀骜不驯的邻居。面对这些难以对付的敌人，蒙古人迅速地召开忽邻勒台，选举俺巴孩作为他们的新汗。作为泰赤乌氏族的建立者，俺巴孩是海都的第二个儿子察剌孩的后裔，这样，他就是已故合不勒的从兄弟。他的统治时期显然很短暂，当他被塔塔儿人捕获并移交给金廷后，即行结

① [76]《秘史》，第 52 节（第 11 页）。

② [485] 田村实造：《蒙古族起源的传说和蒙古人迁徙的有关问题》，第 9—13 页，收集、翻译和分析了有关这些冲突的汉文材料的绝大部分。另外的记载，请参阅 [596] 宇文懋昭：《大金国志》，卷 10，1a；卷 12，2a、3a。

束。在那儿，他被钉在木驴上缓慢而痛苦地死去。以后，蒙古人选定合不勒的第三个儿子忽图剌作为俺巴孩的继承人。汗位回到孛儿只斤氏族使俺巴孩的子孙泰赤乌氏族产生了怨恨，这是以后的日子里，两氏族之间发展起来的深仇大恨的根源所在。

忽图剌统治时间，我们仅仅知道他为了报复塔塔儿人参与害死俺巴孩而对塔塔儿人开始了一系列不成功的进攻。他死时周围的环境和是否有一个继承人都没有被提及。蒙古人力量和团结的衰落和瓦解，不管是否由他的死亡而引起，可以相当肯定地确定在 12 世纪 60 年代，即铁木真出生的那 10 年。

虽然在合不勒、俺巴孩和忽图剌统治下达到的暂时统一构成了向国家形式迈进的第一步，但这只不过是一个不稳定的试验性步骤，是一个意义易被夸大的步骤。这三个人从本质上讲，是在战争期间被推举的部落军事首领或汗。他们并不是《秘史》记载的永久性的皇帝或可汗（Khaghans），《秘史》错误地记载了年代。而且，甚至没有恰当的证据暗示这个时候出现过任何类型的行政机构或者独立的、与传统的血缘结构相对立的权力系统。[①] 对这一短暂统一的经验和回忆也许对蒙古民族的团结有益，但对于后来蒙古帝国赖以建立的有关制度方面的基本原则来说，它没有留下任何遗产。初步的工作必须从头开始。

铁木真的家庭和青年时代

成吉思汗的父亲也速该是合不勒汗的次子巴儿坛把阿秃儿的第三子。也速该是孛儿只斤氏族的分支乞颜牙孙的一名成员，这个分支显然是由他的直系祖先建立的。也速该在有关蒙古人反对塔塔儿的战斗中首次被提到。我们获知，在 12 世纪 50 年代或 60 年代俺巴孩被俘获和被处死的时候，也速该把他后来的新娘，即弘吉剌部的诃额仑，

① N. 伊斯拉克讨论了 12 世纪蒙古人“国家”的状况，见［218］《蒙古封建制的形成》；简—菲立浦·戈理提出了相反的理论，见［153］《成吉思汗前的蒙古族（12 世纪）》；亦见［334］尼古拉·蒙库耶夫：《古代蒙古人简述》。

从同她订婚的一个篾儿乞人那里绑架走。娶了这位心甘情愿的诃额仑后，也速该参加了针对塔塔儿人的袭击行动，这些行动也许就是由他的叔叔忽图剌发动的。

他在一次攻击后刚回来，诃额仑就在鄂嫩河谷的某处，生下了她四个儿子中的长子铁木真。有关铁木真早期的孩童时代，原始资料中没有提供更多的情况，甚至没有提供确切的出生日期，虽然实际上可以肯定他于1167年来到这个世界。[①] 在8岁的时候，铁木真被带到他母亲所在的氏族——弘吉剌，以挑选合适的妻子。也速该为他的儿子选中了弘吉剌首领之一德薛禅的9岁女儿孛儿帖。出于真诚的表示，也速该留下铁木真与他未来的岳父在一起，自己则离开而返回自己的营地。在回来的路上，他碰到了一群塔塔儿人并加入了他们的筵席。招待他的主人认出他就是大规模进攻他们的首领，决定暗地里进行报复。他的食物被掺入毒药，当也速该过了三天回到家里后，他病倒了，而且在他的长子被带来见他之前就死去了。

也速该的死很快证明了这不仅仅是他家庭的个人不幸。在也速该活着的时候，他虽然不是一个富有的和有影响力的人物，但仍有一小群跟随他的部下，而且显然对孛儿只斤氏族的领导有某种发言权。他大概死于1175年或1176年，他死后，他的亲属和支持者开始瓦解。自从忽图剌当选之后就对孛儿只斤氏族怀有忌妒之心的泰赤乌氏族首先逃走，也速该的近亲和属民，在俺巴孩的不满的寡妻鼓动下，不久也加入了逃跑的行列。尽管诃额仑坚定地努力阻止这一叛逃，但看来蓄谋已久的孤立铁木真家庭的企图最终还是成功了。

诃额仑、她的四个儿子和一些忠诚的部下被抛弃在鄂嫩河上游地区自谋生路。没有了牲畜和亲属的经济支持，他们处于靠捕鱼和挖草根维持生计的境地。铁木真和他的兄弟们就这样在贫寒和极度匮乏的条件下，过早地成熟了。

正是在这段艰苦磨炼的时期里，年轻的铁木真在与他的两个同父

① 有关铁木真的出生日期，见［373］伯希和：《〈马可·波罗游记〉注释》，第1卷，第281—288页（译者注：中国学者多认为铁木真出生于1162年）。

异母兄弟别克帖儿和别勒古台（他俩都是也速该一个妾的儿子）的激烈冲突中，第一次显示出了冷漠自私的性格和残忍果决的处事能力。他们最初是为了争夺抓到的一只云雀而发难的。当这样的事情再一次发生，即别克帖儿和别勒古台从铁木真和他的大弟弟拙赤合撒儿手中夺走他俩捕获的一条鱼之后，深受委屈的铁木真决心报复。在拙赤合撒儿的帮助下，他诱骗别克帖儿来到俯瞰他们营地的一座小山。铁木真和拙赤合撒儿从相反的方向，用弓箭冷酷地射杀了冒犯过他们的异母兄弟。诃额仑对他们俩杀死她继子的行为进行了严厉的痛斥，看起来主要是因为在他们容易受到外来进攻的时候，这一行为削弱了家庭的力量。铁木真默默地承受了母亲的斥责，但从没有对这次恐怖事件表示过任何悲痛或负罪感。正如在以后的生活中铁木真经常表现出来的那样，他不是一个能轻易容忍任何冒犯他尊严的男人，那些向他的地位提出挑战或者阻碍他通向权力之路的人总是要为他们的冒犯行为而受到严厉的惩罚。

被孤立的五六年光阴，在别克帖儿死后不久出乎意料地暂时结束了。正如诃额仑预见，泰赤乌人害怕报复，就又回来查看也速该的儿女。当发现六个儿子中的五个活下来并已长大成人时，泰赤乌人包围了他们，要求他们交出长子铁木真，也许是作为人质以担保其他人的行为。铁木真当时 14 岁或 15 岁，他逃离母亲的营地，在一片密林中隐藏了九天。饥饿最后驱使他走出森林，等候已久的泰赤乌人立即扑向了他。被带上了枷具后，他作为一名囚犯在泰赤乌人中待了一段时间，每晚上由不同的阿寅勒轮流看守。当铁木真在泰赤乌的一个属民，好心的逊都思部人锁儿罕·失剌的帮助下成功地逃走后，这种羞辱和难熬的境遇才结束。

铁木真回到家里重新团聚后，在不儿罕·合勒敦南面的群山中避难。这里的生活依然艰难——他们的食物主要由土拨鼠和田鼠构成——而且不太安全。尽管他们很贫穷，但他们的财产不久还是引起了某些过往强盗的注意，他们偷走了几匹阉割的公马。铁木真出发去追寻歹徒，在经过各种磨难之后，带着失窃的马匹胜利地返回了对他十分感激的家中。这次历险特别值得一提，因为在追寻过程中，铁木真得到了他第一个追随者和战友博尔术，从而开始了建立私人扈从的历程。

而且，这段插曲似乎极大地增强了铁木真的自信心。不管怎样，不久以后，他到弘吉剌地界去迎娶了几年前与他订婚的未婚妻孛儿帖。德薛禅毫不犹豫地承认了他与死去多年的也速该的誓约，把女儿嫁给了这个意志坚定的求婚者。通过这次联姻，铁木真不仅得到了一位妻子（她的聪明和坚强性格是他通向权力之路的巨大财富），而且又重新建立起了与老盟友弘吉剌的联系。他家族的被孤立与被抛弃时代终于结束了。

作为盟友的王汗

铁木真的婚礼一结束，他就把注意力转到与另一个邻近部落克烈建立友好联盟关系方面。他亲自去见他们的首领脱斡邻勒，此人更以他的头衔“王汗”而闻名。他用孛儿帖的嫁妆——一件黑貂皮大衣作为见面礼。铁木真提醒这位首领，作为他已故父亲也速该的安答，即“生死朋友”，王汗现在对他来说，就“像一位父亲”①。王汗承认了这一请求的合法性，而且愿意出力帮助他的新的被保护者铁木真招集离散的部众。他以王汗身份做出这样的保证，这一做法立即产生了显著的效果：也速该死后离散的部众开始回归旧部，铁木真追随者的人数大大增加了。

在与王汗会面回来后不久，篾儿乞部民在脱黑脱阿的率领下，袭击了铁木真的营地，劫走了孛儿帖，以作为对也速该劫走诃额仑的最终的报复。当进攻开始时，铁木真不光彩地跑到了不儿罕·合勒敦山的安全地带，自然而然地转向他的保护人寻求帮助以确保孛儿帖安全释放。王汗同意了，并建议他们还要去请求铁木真的孩提朋友和安答札木合的支持。札木合是蒙古氏族之一札答阑部的首领。制定详细的计划之后，在1184年，孛儿帖被劫走后大约九个月，铁木真、王汗和札木合的联合部队向驻营在色楞格河的一个支流勤勒豁河畔的篾儿乞部进发。由于几乎

① 有关这一情况，见［217］弗吉克·伊索诺：《“安答”关系初探》。

没有敌军进逼的预先警报，篾儿乞人没有能够发动有效抵抗就彻底失败。孛儿帖被重新找到时平安无恙，并且获得了许多掳获物。许多篾儿乞人被俘或被杀，但其骨干力量则在脱黑脱阿的率领下避开搜寻，躲到南西伯利亚的森林避难去了。获胜的结果使大量部众开始聚集到铁木真麾下。其中一些人是同一氏族分支乞颜牙孙的亲属成员，而其他非亲属成员也试图在铁木真迅速发展起来的扈从中找到位置。

铁木真和他的安答札木合最初打算继续他们的军事合作关系并一起行动。然而，对属民的争夺和潜在的对分裂的蒙古诸氏族再统一的权力的争夺，使二人的关系变得紧张起来。在孛儿帖的坚决要求下，铁木真最后与他的老伙伴决裂并开始独立行动。铁木真的前迫害者泰赤乌人与札木合结盟的决定则更加扩大了裂痕。

决裂之后，铁木真移到克鲁伦河上游地区。在那儿，他的追随者，主要是他的亲属，于阔阔纳浯儿即“蓝湖”的岸边，召开了一次忽邻勒台大会。这次集会是在1187—1189年的某一时间举行的。会上，铁木真获得了汗这一称号①，而且表明了他想做全蒙古人领袖的意图。虽然按严格的世系来说，铁木真的家系上溯为合不勒汗的次子巴儿坛把阿秃儿，名义上较合不勒汗的长子斡勤巴儿合黑的子孙资格要浅，但这并不构成新汗权力道路上的严重障碍。他自身的家庭，因其背景，有着充分的威信，完全能够奠定实现他领导权力要求的基础，而这些要求在与对手进行的政治和军事斗争方面，能够被检验与证实。

为了向他的朋友和敌人同时显示他目的的严肃性，新汗立刻着手建立适应他新地位的王室机构。从他的伙伴（那可儿）中，他任命了司厨、司牧、箭筒士、车夫和管家。他最早的伙伴当中的两位，博尔术和者勒蔑，被任命为那可儿之长。汗室和它的成员照顾新汗的个人需要和经济利益，而且充当了后来形成的帝国卫队和帝国行政的核心。

铁木真称汗的消息被传送到王汗处，他听说后很高兴，而札木合则

① ［76］《秘史》，第123节（第55页）记载说，这时的铁木真被授予了更崇高的成吉思汗的称号（海洋般的统治者）。但似乎更可能的是，在他统一蒙古诸部后，于1206年后这一称号才被授予。

相反。两个对手之间的冲突不久就发生了。札木合由于自己一个年轻的亲戚被铁木真的一个追随者所杀而受到伤害。他率军向蒙古首领的奥鲁（营盘）前进。战斗在靠近色楞格河的克鲁伦河流域的一个地方答阑版朱思进行。这次战役的结果在原始资料中的记载不同，但这一天的胜利极有可能属于札木合。不过，他的胜利绝不是决定性的，只不过是以后漫长的悲惨斗争中的第一个回合。而且，战役一结束，札木合自身的行为疏远了他的许多支持者，由于这个缘故，忙兀与兀鲁兀的首领们率领他们各自的部落投奔到铁木真方面来。他们的叛投必定被认为是铁木真的一次政治收获，这在战败后给了他和他的支持者一定的安慰。

答阑版朱思战役发生于 12 世纪 80 年代晚期，在以后的年代里，我们很少知道铁木真的活动或他的行踪，直到 1196 年他才作为金朝的同盟者又出现在舞台上。由于资料的模糊和混乱，要证实介于这些年之间所发生的事情是很困难的。然而，有一个重要的插曲，即王汗暂时的倒台，可大体确定在这些年发生。根据对这些事件的重新整理，我们得知，在也速该生前（即 1176 年以前）曾经经历过这样一次厄运的王汗，面临他自己家族内部的叛乱，又一次被迫逃离自己的领地。这一次，他离开了蒙古，到哈剌契丹避难。

经历了一次漫长但不为人知的流浪生活后，王汗在无助和穷困潦倒的情况下回到了自己的家园。由于他过去提供过帮助，在 1195 年或 1196 年的某一时候①，铁木真友好地接待了这位不幸的流浪者，并帮助他恢复了对克烈部的统治权力。不管王汗流浪的确切时间怎样，他肯定是在 1196 年之前回到了蒙古，因为在那一年，他和铁木真联合发动了对塔塔儿人的进攻。② 金朝在 1195 年与他们旧有的联

① 见［168］韩百诗：《成吉思汗》，第 47、57 页。

② 虽然进攻塔塔儿的日期被金朝的材料所证实——见［375］伯希和与韩百诗译注：《圣武亲征录》，第 1 集，第 195—199 页——但王汗复辟的时间仍有分歧。［409］保尔·拉契内夫斯基在《成吉思汗：他的生平和活动》第 48—49 页论证说，王汗的复辟直到 1197 年才发生，因而他没有参与 1196 年对塔塔儿的战争。［761］李则芬：《成吉思汗新传》，第 104—105、107—108 页，主张王汗参与了对塔塔儿的进攻，然后流亡，后来于 1198 年在铁木真的帮助下恢复了权力。按我的意见，王汗的流亡和复辟均发生在 1196 年以前，而不是以后，不管怎样，他肯定参加了 1196 年对塔塔儿人的进攻。

盟反目，这是极好向他们的共同敌人塔塔儿人复仇的机会。塔塔儿人，正如铁木真对王汗所说的，他们“杀害了［我们的］祖父和父亲”[①]。这一建议被接受后，在1196年春天，克烈人、蒙古人和女真人的联军在鄂嫩河——克鲁伦河地区大败塔塔儿诸部。胜利后，他们获得了屠杀战败者和充实自己属民的机会，同时他们也获得了名义上的封赏：作为对他们为金朝服务的回报，女真人授予王汗“王”的封号（汉语为王，蒙古语则为ong），而授予铁木真相对较低的封号：札兀惕忽里，它的意思不是太清楚。[②] 虽然这些头衔就其性质而言显然是荣誉性的，但它们赋予了被授予者们一种威望，在草原的政治文化中，任何提高个人形象的事情都是必要的。

战役刚结束，铁木真就首次在没有克烈部的支持下单独发动了一次进攻，即对主儿勤氏进行惩罚。主儿勤是他以前的盟友，但他们背弃了参加进攻塔塔儿的誓言。铁木真彻底打败了他们，处死了他们的首领并收降了幸存者。这不仅在忠诚与军事纪律方面给了他人一次难忘的教训，而且根除了主儿勤的统治阶层，他们是合不勒汗长子斡勤巴儿合黑的子孙。铁木真为自己完全除掉了仅有的在他之上的蒙古显贵家族（见图表6）。

草原诸部的统一

虽然铁木真独自成功地处置了主儿勤氏，而且现在享有独立于王汗的稳固地位，但在处理较重大的事情方面，他仍需要他的保护者的支持。1199年，他们俩联合发动了对西部人数众多但处于分裂状态的乃蛮部的战争。[③] 札木合表面上与他的安答和解，跟随他们一道行动，他们对付的是两个乃蛮汗之一的不亦鲁黑，他统治着阿尔泰山北

① ［76］《秘史》，第133节（第62页）。关于蒙古文化中复仇的重要性，见［64］拉里·V. 克拉克：《〈蒙古秘史〉的复仇主题》。

② 这个有些令人费解的头衔，也许来自契丹语。伯希和在［373］《〈马可·波罗游记〉注释》中曾详细地加以讨论，见卷1，第291—295页。

③ 关于1199—1202年间成吉思汗战争的年代，材料来源中有相当多的混乱。本节的叙述我采用了韩百诗重新订正的年代，见［168］《成吉思汗》，第61—76页。

坡乞湿泐巴失海子的山地乃蛮部落。乃蛮的抵抗不久即被摧毁，不亦鲁黑向北逃到叶尼塞河上游。

平地乃蛮部的统治者为太阳汗，他早先拒绝帮助他的兄弟与对手不亦鲁黑，现在却感到了威胁，并过迟地调集援军去抵挡蒙古与克烈军队的进一步入侵。胜利者们在凯旋的路上，于杭爱岭南山脚的一条河巴亦答剌黑，与新的乃蛮先遣部队遭遇。由于双方部队相遇时天色已是黄昏，战斗被迫推迟到第二天早晨进行。如果《秘史》记载可靠的话，札木合仍然暗地里对他的安答怀有忌心，他狡诈地劝说意志软弱的王汗抛弃铁木真，让后者单独面对乃蛮部队。夜幕降临时，克烈人悄悄离去，只是在天亮时，他们的背叛行为才被发现。然而，阴谋者们的计划并没有得逞，乃蛮援军并没有像他们所预料的那样去进攻铁木真，而是乘正在退却的克烈首领不注意，向他们发起了进攻。被札木合所抛弃并受到痛击的王汗不得不向他刚刚背叛过的同伴要求帮助。铁木真派兵援助，成功地把王汗从困境中解救出来。后者自然对他的援救者非常感激，并请求原谅。铁木真令人费解地接受了他的道歉，恢复了克烈的财产和部众，以后双方停止了纷争。

对乃蛮作战之后，铁木真与他的老对手，脱黑脱阿率领的篾儿乞人进行了一次短暂的、非决定性的战斗，然后即将注意力转向泰赤乌人。1200 年，蒙古领袖在王汗的帮助下，进攻了沿鄂嫩河畔的他的近亲，使他们遭受了巨大损失。他们落到蒙古人手中的首领们立即被处死，剩下来的主要是妇女和儿童，铁木真把他们分给了他的追随者们。

面对铁木真的不断胜利，又成为公开敌人的札木合，组织了一个以他为首的对立同盟。1201 年，在鄂尔浑河，12 个部落的联盟授予札木合古儿汗（众汗之汗）的称号。这些部落包括札答阑、篾儿乞、乃蛮、斡亦剌和泰赤乌的残部。札木合计划立刻发动进攻。铁木真得知他的企图后，与他的不太可靠的老盟友王汗一同去迎战他的对手。随后的战斗在一次遮眼的暴风雨中沿克鲁伦河展开。在这次战役中，蒙古首领发动了一次决定性的和及时破坏性的进攻，瓦解了由乃蛮不亦鲁黑汗指挥的对方先头部队。等到札木合与他的部队赶到战场时，铁木真胜局已定。看到局势已无法挽回，札木合转而进攻他的被击败并陷入了混乱的同盟军，劫掠了他们，然后向鄂尔浑河逃窜。王汗追赶反复无常的札答阑部，铁木真则集中力量尾追和消灭泰赤乌残部。战斗最后沿土拉河展开。虽然铁木真在战役中身负重伤，但他仍指挥军队取得了辉煌胜利。泰赤乌人又一次被击败，他们的领导成员被有计划地根除，泰赤乌部最终被消灭。

1201 年到 1202 年的冬天，铁木真安心于休整部队以预备与可恨的塔塔儿人作最后摊牌。在战斗的前夜，他向军队发出明确指令，严厉地提醒他们，他们的首要任务是杀死塔塔儿人，而不是取得战利品，任何人在战斗结束前被发现有抢劫行为的，将遭受严厉的惩罚。这次进攻发生在 1202 年的秋天，沿喀尔喀河的塔塔儿人遭到致命的失败。幸存者被赶到一起关起来，而后被毫不留情地杀死。只有妇女和儿童得到幸免。又一个旧恨得到雪耻：也速该的仇报了，他的儿子现在已成为东部蒙古的主人。

铁木真名望和权力的迅速崛起需要重新调整他和王汗之间的关系。克烈部一旦正确地了解到形势的变化，就最终意识到蒙古首领不再是自己的附庸，而是一个单靠自身意愿就能实现长远目标的平等地位的人。王汗不愿意与他以前保护的人决战，宁愿寻求妥协。应王汗的要求，铁木真与他在 1203 年初在土兀剌河（今土拉河）河畔举行庄严的仪式，重申父子之盟。为使铁木真作为义子的地位正式化，王汗提议让这位蒙古首领作为他的法定继承人。这样，老王汗可以在平静与荣耀中度过剩下的日子，而他的野心勃勃的“儿子”也可及时地继承中部蒙古部众的所有权。

铁木真当即答应下来，但毫不奇怪，这项提议引起了王汗的亲生儿子与原定继承人桑昆的妒忌。后者试图劝阻他父亲把协议最后定下来，而且吵闹着反对把他的妹妹察兀儿别乞嫁给铁木真的长子术赤这一早已定下来的协议。当桑昆的最初规劝遭到父亲的断然拒绝后，他即陷于无处不在的札木合的影响之下。札木合怂恿桑昆按照他自己的利益去保证他合法的继承权。桑昆认定铁木真必须要被除掉，但没有他父亲的同意，他对采取行动犹豫不决。因此，他在这一问题上力劝他那非常优柔寡断的父亲，直到为此厌倦了的父亲让步，至少暂且同意了儿子提出的杀死野心勃勃的蒙古首领的建议为止。随后，桑昆将其计划付诸实施。1203年春天，他宣布不再反对他妹妹嫁给术赤，以引诱铁木真参加庆祝筵席。在那儿，他图谋杀死他讨厌的新“兄弟”。然而，铁木真在去参加庆祝筵席的路上获知了这一阴谋，并在桑昆的阴谋得逞之前就逃脱了。

此处这些事件的前后顺序，就各种原始资料而言，有些混乱，但似乎有理由重新整理为以下的样子。[①] 得到谋害他性命的消息后，铁木真和一些追随者躲避到喀尔喀河南面的班朱尼（不同的记载为河或湖）。虽然追捕他们的克烈人力量占绝对优势，但铁木真的部下从来没有动摇过。被他们的忠诚所感动，铁木真喝了班朱尼的脏水，发誓永远记住他们的坚定与忠诚。他们从那儿移向邻近的合剌合勒只惕沙地，在那儿得到数支蒙古部队的支援后，铁木真向克烈军队开战。蒙古人虽然有望获胜，但死伤严重。也许是仍然占劣势的缘故，他们沿着喀尔喀河支流撤退。[②] 铁木真在蒙古东北地区度过了夏天，寻求新的兵员，重新集结力量并且与他指责为背信弃义的对手们进行了谈判。在秋天，他返回了西部地区，在鄂嫩河与克鲁伦河之间建立营盘，并准备与克烈部进行决战。他奇袭了看起来正驻营于南部巴颜乌拉地区某处的敌人，经过三天的会战，彻底击败了他们。王汗逃跑了，后来死于乃蛮人之手。他的整个部众被征服并被分配给胜利的军队。

掌握了中部蒙古，即以前克烈部的领地，铁木真即控制了战略要地鄂尔浑河河谷，这给他的军队提供了通往鄂尔多斯沙漠和中原以及经阿尔泰到准噶尔地区，并进而向通往西部欧亚草原移民与入侵路线

---

① 我对从成吉思汗由桑昆手中逃脱，到数月后他最后战胜王汗的诸事件的描述是以柯立夫的透彻研究为基础的。见［72］《班朱尼誓约的史实性》，第378—381、387—392页。

② 亦见［409］拉契内夫斯基的重新整理，《成吉思汗》，第64—68页。他论证说，铁木真在发现桑昆的阴谋后，首先跑到合剌合勒只惕沙地，在那儿，他被克烈人击败，然后，他和他的人数不多的残余支持者们到班朱尼避难，在那儿进行了盟誓。

的捷径。[1] 蒙古对王汗前领地的占领也意味着在乃蛮的东部边界形成了一个新的危险邻居。乃蛮太阳汗感到了威胁，提议与汪古部联盟，希望吸引后者夹击蒙古人。然而，汪古部首领阿剌兀思剔吉忽里识时务地拒绝了他并很快将乃蛮的意图通知了铁木真。

尽管铁木真的一些顾问产生过犹豫，但他仍坚持与乃蛮开战，并着手按照十进位制，即按照十、百、千人的单位来组织军队，以迎接即将来临的战斗。在 1204 年 5 月，经过适当的萨满仪式祭旗（tugb，秃黑）之后，蒙古军队开往西面与乃蛮开战。两军在阿尔泰山的南坡遭遇。乃蛮人和他们的同盟者——篾儿乞人和斡亦剌人，以及札木合与他的札答阑人——遭到了决定性失败，蒙古人给其将士们增加了许多新的战利品。

太阳汗在战斗中阵亡，但似乎总是在决战前夜抛弃盟友的札木合，这一次又故伎重演并暂时逃脱了追捕。他依然逍遥自在，在草原上游荡了好几个月，才被他的几个追随者出卖并带给铁木真。经过亲自询问札木合行为与态度后，蒙古首领把他的安答又是背叛者札木合处死了。

成吉思汗与早期蒙古国家，1206—1227 年

1206 年的忽邻勒台

虽然篾儿乞和乃蛮的异己部分仍在继续反抗，森林部落还有待征服[2]，但到 1205 年，铁木真实际上已经成为蒙古高原的主人。为了使他的地位正统化并宣布这个新生的强大联盟的诞生，在第二年，即虎年，召开了大忽邻勒台。进行这一庄严时刻的地点选在斡难河河

① 关于草原历史中这一地区的战略意义，见［318］拉里·摩西：《内亚联盟形成过程的探讨》，第 115—117 页。

② 篾儿乞人与乃蛮人各种形式的反抗一直持续到 1219 年才被最后镇压下去。

源。尽管没有进一步的地理细节被提供，但似乎可以肯定的是，宴会是在蒙古人的神圣之山不儿罕·合勒敦附近举行的。在那儿，他们神话中的祖先，苍狼与白鹿，养育了所有蒙古诸氏族的奠定者巴塔赤罕。

遗憾的是，没有参加者的官方名单。然而，从《秘史》中保存的，根据忽邻勒台决议而产生的任命高级军事职务的冗长的名单来看，显而易见，所有被征服的部落和氏族的代表都参加了，当然也有铁木真的那可儿和他的近亲。

大会开始后，第一项程序就是升起铁木真的九游白旗，对草原人民来说，这是一个充满了象征意义的举动。白色，也许是受摩尼教的影响，被认为是游牧民族最吉祥的颜色；而数字九为本土固有传统，自古以来便与好运和其他魔力联系起来。这样，秃黑（tugb）旗帜的亮出，表明并大肆宣扬了铁木真的时运或神授的超凡魅力，即根据草原的政治观点所给予他的对“毛毡帐篷下的人”实施统治权的权力。如果拉施特有关会议程序的记载可以接受的话，[①] 忽邻勒台然后又授予了铁木真成吉思汗的称号。成吉思汗，通常解释为“海洋般的统治者”，也就是说，享有普遍的统治权力。根据波斯史书的记载，这一称号被萨满教的首领帖卜·腾格里[②]公开授予铁木真。于是铁木真正式即位，接着他对他的种族各异的追随者——以后都被称为蒙古人[③]——发表了讲话，并且表达了对他们的帮助与忠诚的感谢。仪式

① [76]《秘史》，第123节（第55页）记载说，远在1206年忽邻勒台之前，铁木真就得到了这一称号。如果这是确切的话，后者的会议只不过是重新确认了这一长期保持的称号。然而，我更倾向于拉施特对这一事件的描述，这里有两点理由：首先，铁木真在他统一蒙古之后，比在这之前获得这一崇高称号似乎更合乎逻辑；其次，《秘史》常常年代错误地使用称号。

② [404] 拉施特《史集》第1卷，第308页。晃豁坛氏族的帖卜·腾格里，亦以阔阔出而知名，是铁木真的一位早期支持者和有影响力的顾问。他于1206年的忽邻勒台后，在挑拨成吉思汗与他的弟弟拙赤合撒尔的不和的企图暴露后不久失宠。在成吉思汗的明令下，这位一度强有力的萨满在一次摔跤比赛中被蒙古统治者的另一位兄弟铁木哥斡赤斤杀死。有关这一情节，参看 [429] 让—保罗·鲁：《成吉思汗朝的萨满》，第424—427页。

③ 即使它的成员包括许多异族的、毫无联系的种族群体，联盟中的领导部落仍然把它的同一种族（ethnonym）（已成为有政治色彩的）加于全体之上，这是游牧政策的典型事例。

一结束，成吉思汗就投入到组织他的领地这一重要事务中。

行　政

在1204年乃蛮战争的前夜，成吉思汗按十进制组建了他的军队，他还建立了一支私人卫队（怯薛）。最初组建时，这支卫队包括70人的白天护卫（秃鲁华，turgha'ud）、80人的夜间护卫（客卜帖兀勒，kebte'üd）和1000名勇士（把阿秃）组成的特殊队伍。怯薛作为一个机构，直接出自于成吉思汗在12世纪80年代晚期最初组建的家族统治体制。它的全体成员，像家族体系的成员一样，从他的那可儿中征募。从编制方面而言，他们既作为护卫（怯薛歹）兼可汗私人的保卫者，同时又作为照顾他个人需要与照看他财产的家庭管理者而效力，要区分二者，如果不是不可能的，也是很困难的。在后者的职能中，怯薛歹履行的职务有管家（扯儿必）、厨师（宝儿赤）、箭筒士（火儿赤）、门卫（玉典赤）和牧军马者（阿塔赤）。此外，护卫们还兼管女性随从与小执事诸如牧骆驼者与牧牛者的行为，照管汗的帐篷、马车、武器、乐器和府库，预备汗的饮食。①

随着成吉思汗权力与财富的继续增长，怯薛的行政与经济职权也自然随之增长。怯薛从1150人到1206年1万人的大幅度扩充，不仅仅是出于安全和威信的考虑，更主要是用来满足新生蒙古帝国不断增长的行政需要。而且，由于怯薛世家体制既提供了个人服务，又提供了运转机构，通过它们，成吉思汗管理着他迅速增长的属民、领土和经济收益，故而无论他去哪里——去战斗或围猎，这一体制总是伴随着他。这样，早期蒙古国家的“中央政府”实际上是帝国护卫军，处于其统治者选择落脚的任何地方。

这时，成吉思汗还设立了一个新的职务，即大断事官（也可札鲁忽赤），来监督与协调新扩大的行政体制的活动。他选择了被他家所收养的塔塔儿弃婴失吉忽秃忽来担任这一职务。大断事官的职责多种多样。根据成吉思汗发布的命令，他将划分并分配属民，即决定怎样

① ［195］萧启庆：《元代的军事制度》，第34—38页。

把属民分配给各军事单位与汗室。正如他的头衔所显示的那样，失吉忽秃忽具有帝国最高的法律权威；与怯薛中挑选出的成员合作，他将审判所有的恶人，而且被授予掌握犯人生杀的大权。同时，他被指令制定并维护一部“青册”（阔阔·迭卜帖儿），在那里面，所有的司法决议，包括成吉思汗本人的法律训言（札撒）都被保存起来以备用作将来司法判决时的判例。所有有关部众分配的事例也记载在里面。由此可见，阔阔·迭卜帖儿是一个法典与人口登记的混合物。①

1206年定期进行登记的方法的采用，很有可能是由于成吉思汗具有远见的决定所产生的，这一把其本族语言写成书面文字的决定产生于数年之前。在1204年，当乃蛮人被击败时，一名服务于乃蛮宫廷的畏兀儿人官员塔塔统阿落入了蒙古人之手。在与这位有学识的俘虏进行长谈后，成吉思汗命令他用回鹘字母书写蒙古语，然后教他的儿子们认识新字母。被收养的成吉思汗的“第五子”失吉忽秃忽肯定是最初掌握字母和用它来写本民族语言的人之一。塔塔统阿还介绍了印章在官方事务活动中的用法，这也很快被蒙古人所采用。②

军事制度

成吉思汗在1204年引进蒙古军队的十进位制遵循了已有的草原传统。然而，它被采用的规模则是空前的。在1204年所形成的军事单位方面并没有多少数字可提供。而在1206年却有一个完整的蒙古军队战斗序列保存在《秘史》中，1227年的一个类似名单也保存在拉施特的《史集》中。③ 根据前者的材料，1205—1206年乃蛮人被打败和所有其他部落随之投降之后，成吉思汗以他可利用的极度扩充的有生力量组建了95个千户（敏罕）。在此之上还要加上10个千户组

① [385] 帕维·鲍查：《第一部蒙古法典的复原及其内容》；[742] 刘铭恕：《元代之户口青册》。

② [653] 宋濂等编：《元史》，卷124，第3048页。

③ [76]《秘史》，第202节（第141—142页）；[404] 拉施特：《史集》，第1卷，第399—413页。

成他的私人护卫军。1227 年成吉思汗去世时的数目则表明从蒙古诸部征调的千户的数量已经增加到总数 129 个。这些军队几乎不可能长期维持名义上的兵力，但至少在理论上来说，成吉思汗军队的纯蒙古成分的兵力在 10.5 万与 12.9 万之间。随着蒙古人的领土扩张，同一制度又被强加于属民——草原游牧部落和定居居民——身上，到 13 世纪中叶，蒙古军队的数量，虽然在任何地方没有被记载，但肯定是 1206 年或 1227 年数量的好几倍。

千户，而不是更有名的万户（土绵），是成吉思汗时代的基本军事单位。当需要增加时，10 个千户会联合组成一个临时的万户。其中一个下级千户的指挥官被任命为这一更大组织的指挥官，而同时，他又继续指挥他自己的千户。看起来，成吉思汗所有的将领都永久地作为千户长（那颜，蒙古语 noyan，复数为 noyad）而效力，甚至被委任掌管更多军队时，也还是如此。大部分指挥官是成吉思汗的伴当和其家族成员，由于这个原因，军队许多最高级长官都拥有诸如牧羊者（火你赤）、管家和箭筒士之类似乎不太重要的头衔。

作为一支军事力量，蒙古军队的成功依赖于它的机动灵活、纪律严明和听从调遣。他们没有超人的技术优势，也没有秘密武器。所有的游牧军队都天生机动灵活，但没有一个像成吉思汗的军队那样纪律严明。据我们所知，成吉思汗的训言（札撒）似乎主要是关于军队纪律方面的。残存下来的片断表明，对不服从命令的处罚是严厉的，而且军事单位共同对其单个成员的行为负责。

指挥官在战场上有效地协调大兵团运动的能力是蒙古军事机器的另一个明显证明。这一听从调遣的特性得自和平时期经常性的训练，通常以各军事单位加入的大规模狩猎为形式。这也有纪律方面的因素。蒙古战地指挥官被要求严格按照事先安排好的行动计划行事。如果一支军队没有能够在指定的时间和正确的位置出现，它的指挥官就会立刻被处罚，不管提供什么借口也无济于事。[①]

---

① 有关蒙古军队的武器、训练与纪律，见［463］丹尼斯·塞诺尔：《内亚的战士》和［465］丹尼斯·塞诺尔：《论蒙古的兵法》。

蒙古军队除了它的首要任务之外，还有重要的行政职能。在1204年和1206年产生的千户的全体成员包括服兵役的战士以及他们的家属与奴隶。每一个千户既是一个军事单位，又是同一官员那颜控制下的地方政府的一个组织。十进位的建置给成吉思汗提供了一个机会来暗中破坏部落的权力与忠贞，并在一定程度上用军队纪律和团结一致来取代它。以前的对手诸如塔塔儿、克烈或乃蛮之类作为部落群体被有计划地破坏了，并被零散地分配给混合千户或者是分散成为由其他人组成的千户的属民（孛斡勒）。只有表现忠诚的旧有的同盟部落被允许组成他们自己的同一种族的千户。例如，弘吉剌人被允许以一个部落组成千户，以他们自己的首领为长官。但即使在这种情况下的部落，不论它忠诚的记录如何，也只是被束缚在一个新的制度框架下并服从于严格的军事纪律。千户，既是军事动员的一种手段，也是社会控制的手段。

蒙古人的思想体系

在13世纪初期，蒙古人精心制造了一个思想体系，不管怎样，他们自己满意的是，这使成吉思汗家族的统治权合法化并为他们的扩张政策进行辩护。虽然这一体系肯定到13世纪40年代已经定型，但这些原则被最初表达并传播的确切时间还不清楚。不过，似乎有理由认为，在1206年，成吉思汗和他的顾问们在他称汗时已经注意到了称汗的合法性这一问题。虽然蒙古意识形态的其他部分也许是后来被加上去的，但在这个时候概括整个思想体系是非常适宜的。

蒙古人的主权概念，像许多其他欧亚民族一样，植根于神圣的王权观念。在蒙古人自己的模式中，至高无上的权力由天神即草原游牧部落的主神长生天（蒙哥·腾格里）授予一位地上首领。作为天神选定的代表，成吉思汗受到长生天的保护和扶植，后者保证他军事与政治冒险的永久成功。这样，伴随他夺得权力的鸿运就成为天意的表明。死里逃生、危险的及时警告和战场上出乎意料的胜利，都被用来证明成吉思汗是地上惟一的合法君主。前面提到过的他的九游白旗，也标志并肯定了他的好运和由此而产生的统治君权。

由于成吉思汗控制了鄂尔浑河河谷及其在突厥铭文中称为于都斤山的周围山脉，控制了东部草原所有的以前游牧政治中心地区，故而他更加自负。根据蒙古地区以前的突厥传统，好运（qut）和君权与对这些神圣山脉的占有有着极其密切的联系。确实，蒙古人有他们自己的圣山不儿罕·合勒敦，在那里他们的汗必须驻留，但值得注意的是，当成吉思汗选择帝国首都的地点时，他选择了位于于都斤山心脏地带的哈剌和林，这可能是为试图利用这一地区固有的好运并动摇游牧世界的观念。[①]

授予成吉思汗并随后传给他的继承人的君主权力在特点上是世界性的。在发动战争之前，蒙古人习惯于向其邻国发出要求投降的命令，他们宣布有权，如果不是义务的话，将全世界置于他们的统治之下。他们边界之外的所有国家被认为是正在形成的蒙古帝国的组成部分，而且所有的国家都被要求毫不犹豫和毫无疑问地接受蒙古人的宗主权。因为在蒙古人眼里，他们的扩张是由神核准的，所以，任何拒绝投降的人都会由于阻挠了神意而遭受最严厉的惩罚。[②]

天命与一统天下的主张在众所周知的中国政治原则中也有反映，但在蒙古人整体观念中可以找到完全与突厥人类似的观念。虽然不能排除直接的汉人影响，但似乎更有可能的是，蒙古人引进的这些观念，不论其原始出处如何，均是通过突厥人，尤其是畏兀儿人作为媒介传入的，而后者对蒙古国家在其形成年代时的影响是非常广泛的。[③]

早期的征服

除了帮助加强和巩固成吉思汗对东部草原地区的统治外，1206年的忽邻勒台还制定了各种新的军事和外交行动计划。会议结束后不

① 成吉思汗于1220年指定哈剌和林作为他的首都，但直到窝阔台时期的1235年才开始营建都城，见［653］《元史》，卷58，第1382页。

② 有关蒙古人意识形态的开拓性研究是［529］埃里克·沃格林的《1245—1255年招降欧洲君主的蒙古令旨》。亦见罗依果的重要文章［395］《论成吉思汗的帝国思想基础》。

③ 关于与突厥类似的观念，见［158］彼得·B. 戈尔登：《西欧亚大陆前成吉思汗游牧部落的政治组织和国家观念》。

久，蒙古人发起了肃清不亦鲁黑汗及其追随者的战斗，这导致了乃蛮的灭亡。

第二年，即1207年，成吉思汗派使者前往南西伯利亚的森林诸部。他的招降命令取得了预期的效果：叶尼塞河上游的吉儿吉思、贝加尔地区的斡亦剌以及其他森林部落均不战而降，并向他们的新统治者进献了皮毛、猎鹰和骟马等贡品。随着他们北部边界的安定和即将开始的新的征兵，蒙古人现在可以把他们的注意力直接转向他们南边的邻居了。

到1207年，已出现金朝边界防卫体系开始被破坏的明显迹象。女真人没有能够阻止草原各部在蒙古推动下的统一，而且他们在戈壁地区的主要守护人——汪古部的阿剌兀思剔吉忽里公开与成吉思汗进行了谈判。主因（汉语为乣）为居住在敏感的金—党项—汪古边界地区的一混合种族，他们经常充当金朝的军事辅助力量。当他们起来反抗其领主，抱怨不平等的待遇时，女真人的边界问题就更加恶化了。女真人确信汪古部首领为骚乱的中心，于是刺杀了阿剌兀思剔吉忽里，希望汪古王族的一名忠于金廷的成员能代替他。然而，他们的计划没有奏效，其继承人，被杀害的君主的一个侄子，立即与女真人决裂，并正式承认了蒙古的宗主权。①

由于控制了有战略意义的汪古领土，成吉思汗现在既能够对金朝，又能够对西夏的党项人王国发动大规模进攻。他决定首先征服西夏，在此之前他曾于1205年和1207年对其领土进行过试探性进攻。一支大军集结起来，向南进军，于1209年春末进入党项人的领土。在成吉思汗的亲自指挥下，蒙古军队击败了西夏的边界守军，一直推进到西夏的首都，靠近黄河的中兴府（今宁夏银川），并于10月包围了它。当正面攻击证明无效后，蒙古人试图引黄河水淹没这座被包围的城市。然而，他们的计划在执行中出现失误。黄河平原的灌溉渠水冲破了堤坝，在淹没西夏首都的同时也淹了蒙古人的阵地。面对意想不到的变化，双方决定寻求结束敌对状态。1210年1月开始的谈判

① ［42］保罗·D. 比尔：《成吉思汗兴起时汉地与蒙古边界的作用》，第63—68页。

达成了一项双方可以接受的妥协方案：党项君主向蒙古人称臣，保证派军队支持蒙古人今后的军事行动。作为回报，成吉思汗解除了围困，并从西夏领土撤回了他的军队。随后，提高了威信的蒙古大汗带着新妻——一位党项公主返回了草原；他的军队首次打败了一个强大的定居国家的军队。

返回家园不久，成吉思汗接受了另外两个定居民族畏兀儿人和哈剌鲁人的投降。然而，这次，他们的降服是自愿而不是被迫的。畏兀儿人长期作为哈剌契丹王国（以准噶尔地区和斜米列奇为中心）的属民，在他们宗主的压迫统治下，多年来已变得越来越不满。1209 年，畏兀儿人在忍无可忍的情况下发动了叛乱，杀死了驻在他们首都的惨无人道的哈剌契丹政府官员。为了寻求蒙古人的保护，畏兀儿君主巴而术阿而忒的斤立即向成吉思汗表达了忠诚和服从。后者很高兴，命令巴而术带着适当的贡品亲自来蒙古宫廷。因为成吉思汗正在进攻党项，耽搁一段时间后，畏兀儿君主终于有机会在 1211 年春天到克鲁伦河畔朝觐了成吉思汗。作为第一个自愿加入帝国的定居国家君主，巴而术被认作成吉思汗名义上的“第五子”，而且排在归顺诸国国王的首位。① 排在第二位的是哈剌鲁人阿儿思兰汗，他是伊犁河谷的一座城市海押立的君主，他的入觐在巴而术之后。与畏兀儿人相似，阿儿思兰汗当机会来临时，摆脱了哈剌契丹的统治，自愿更换了主人。

二者都向蒙古军队贡献了附属军队，但重要的是，为数众多与文明发达的畏兀儿人为他们的新主人提供了一批熟练的行政管理和办事人员，他们曾被成吉思汗和他的继承者们所重用。蒙古人对畏兀儿人这种性质的服务的严重依赖导致了蒙古人在官职设置、财政制度和政治原则上大受突厥影响。

对金朝的最初进攻

蒙古人的下一个对手金朝，拥有一支庞大的和训练有素的军队，

---

① 有关这一情节，见［13］托巴斯·T. 爱尔森：《13 世纪的元朝和吐鲁番的畏兀儿人》，第 246—248 页。

但他们对军队的需求也是极为广泛的。在西部，他们卷入与党项人的边界战争；而在南部，他们面临着南宋，后者从未放弃重新占领北方的企图。就在1206—1208年间，金宋发生了冲突，虽然金朝获胜，但它南部的边界安全仍是一个需要关注的焦点。

完全了解了金军的部署后，成吉思汗于1210年对他的敌人采取了第一个敌对步骤，即与金廷断绝了朝贡关系（约从1195年开始）。然而，他推迟了军队的实际进攻，直到次年征服了西夏。没有了其他的直接敌人，现在成吉思汗能够集中力量进攻他最强大的近邻金朝了。[①] 蒙古军队于当年年初从克鲁伦河出发，春季到达了汪古部领地，他们利用那里作为即将发起的入侵的出发地。全军的中路军和左翼即东翼军由成吉思汗率领，沿金朝北部边界攻占了许多城堡，其中包括通往首都中都（今北京）大门的关键要塞居庸关。金廷向他们遭到威胁的边界派出了大批援军。但他们在北上途中被各个击溃。金朝的防御由于这些失败而如此混乱不堪，以至于蒙古军队的小分队能够抵达并掠夺中都的近郊地区。同时，蒙古军队的右翼即西翼军在成吉思汗的儿子们率领下在西面进入山西，攻陷了一些城市，蹂躏了农村，更重要的是牵制了敌军。当1212年初撤退的命令下达后，两面的蒙古军队撤回北方，放弃了即使不是全部也是大部分他们所占领的金朝领土。所有能掌握的资料均表明，1211年的战争的直接目的在于掠取战利品和获得情报，而不是获取土地。[②]

金朝军队迅速重新占据了他们的边界地区，以准备迎战下一次进攻。1212年秋季，蒙古人返回来，又开始进攻女真人的外围守军。诸要塞如居庸关再一次被攻克，而且这是在1213年，成吉思汗把任务交给其附属部队后完成的。一旦边界防线被突破，蒙古人即迅速向南推进，比以前更加深入金朝疆土。他们到达黄河北部的农耕地区时，军队被分成了三部分，分别破坏山东、河北和山西。一些城市被

① 有关对金朝的战争，见［301］亨利·D. 马丁：《成吉思汗的兴起及其征服中国北方》。

② ［76］《秘史》，第248节（第184—185页）；［227］札奇斯钦：《中原与蒙古游牧民的贸易往来与冲突》，第198页。

占领并遭到劫掠，但通常蒙古人把注意力集中在开阔的农村，无论何时，只要有可能的话，他们都绕开坚固的据点。

到 1213 年末，蒙古军队已严重破坏了金朝的心脏地带，开始撤回北方。但是这次他们保留了对所有重要边界通道的控制，并留下一支军队包围中都以进行封锁。包围城市的努力被证明是不成功的，但是惊恐的金朝皇帝不得不遣使求和。他向蒙古人提供了许多贡品——金、丝和马——作为结束敌对状态的回报。蒙古人接受了这些条件，并且按约于 1214 年春天解除封锁。金廷由于这次经历而失魂落魄，他们利用这次解围的机会撤离中都，转到开封；1214 年夏季，他们以开封作为新都。

当成吉思汗在秋末得到金朝皇室逃离的消息后，他立即下令他的军队返回不久前包围过的城市。由于守军的顽强抵抗，通过猛烈攻击占领中都的企图没有成功。最后，成吉思汗于 1215 年 1 月来到中都战场，亲自指挥进攻。当蒙古人显然已阻挡住金朝的援兵时，守城军队的士气开始瓦解，这座城市于 5 月底向围攻军队投降。在被占领后的几个星期内，都城被有计划地洗劫而且部分地被大火焚毁。在他的直接军事目的完成和对大量战利品进行适当登记后，成吉思汗离开中都回到蒙古，并且在被占领的金朝疆土上留下了守军。

然而，都城的陷落并不是金朝所遭受的惟一严重挫折。1212 年，蒙古大将哲别横穿辽河流域，到接近本年年底时，暂时占领了金朝的东都东京（今辽阳）。这座城市的失陷又是一次惨败，反过来还促成了另一居于东北的民族契丹人的普遍叛乱。自从他们自己的辽王朝在 1115 年（译者注：应为 1125 年）灭亡后，他们一直不愿意做金朝的臣民。乘着其对手不断溃败的机会，蒙古军队于 1214 年成功地进攻了辽河两岸的金朝据点。东京于 1215 年再次被占领，随后成为契丹叛乱首领耶律留哥的主要根据地，他现在已正式向蒙古称臣。① 到下一年为止，女真人的故乡东北的大部分已落入蒙古人之手（见地图 25）。如果此时蒙古军队集中

① 关于契丹人反抗金朝的起义，见［225］札奇斯钦：《契丹反对女真压迫的斗争：游牧与农耕》。

返回成吉思汗怯绿连河大帐的路线
托吾儿河
1215，一
搠只哈撒儿
安岭山脉
大兴
成吉思汗营地
1214—1215
1214，十
潢河
(1212，三)
成吉思汗与叛金的
契丹人耶律留哥缔约
河涂
1214，五
木华黎
张致反叛
(1215，三至1216，十)
辽河
滦河
1215，一
1214，五
高州
兴中
1215，七
东京
(辽阳)
北京
锦州
1215，三
1216，八
1215，五
兴州
1215，二
居庸关
1216，十
哲别
辽东半岛
中都
滦州
(1212，二)哲别攻破
(1215，十)被耶律留哥所占
哲别1211年二月至1212年二月进军路线
搠只哈撒儿1214年十月至1215年三月进军路线
木华黎1214年至1216年进军路线
0
300公里
0
200英里

地图 25 东北诸战役，1211—1216 年

进攻，也许会使金朝完全崩溃，然而，在西域所发生的事件不久将会使成吉思汗花费近十年的时间率领蒙古军队主力向西发动一系列的进攻。

西　征

蒙古人进入西域开始于1208年，当时，他们组织了一次惩罚性的远征去对付叛离的篾儿乞与乃蛮部民组成的联盟，后者在西蒙古额尔齐斯河上游建立了一个行动基地①（见地图26）。蒙古军队摧毁了叛乱，杀死了他们的首领，成吉思汗长期的敌人脱黑脱阿。残余的篾儿乞人逃到畏兀儿领地，后又来到钦察草原，而乃蛮余部则逃入哈剌契丹即西辽的领地。后一群人的首领是屈出律，他的父亲太阳汗在1204年与蒙古人作战时阵亡。

屈出律逃难时，哈剌契丹王国正忙于与占据西突厥故地和呼罗珊大部分地区（阿富汗和伊朗北部）的一个穆斯林国家花剌子模进行争斗。乃蛮首领在一段时间内浑水摸鱼，最后与哈剌契丹君主结盟。不久，他成为国王主要顾问并且利用这一受信任的职位于1211年攫取了哈剌契丹王国的权力。日趋衰落的西辽帝国在屈出律强有力的领导下迅速得以恢复。他迫使花剌子模沙摩诃末撤回到锡尔河上游地区，并且于1213—1214年将其统治权力扩张到了塔里木盆地占优势的穆斯林居民那里。

乃蛮篡位者的成功开始引起成吉思汗对西方的注意。正当此时，蒙古统治者在中国取胜的消息传到了算端摩诃末耳中。1215年，花剌子模沙派出一个外交使团到达中国北部成吉思汗处，以探听这支东方新生力量的消息。成吉思汗热诚地欢迎了使团成员，表达了与他的西方邻邦建立和平关系和商业往来的愿望。为了这一目的，成吉思汗派出使团回访摩诃末，使团于1218年春季到达花剌子模。谈判开始了，几天以后，算端同意签订一项与成吉思汗建立和平与友好关系的

---

① 巴托尔德详细论述了西征，见［29］《蒙古入侵时代及其前的突厥斯坦》，第355—457页；［380］I.P.彼得鲁合夫斯基：《1219—1224年蒙古军在中亚的远征及其后果》。

地图 26　成吉思汗的西征

条约。然而，他们之间的友好关系不久就由于发生在锡尔河上游的一个花剌子模城市讹答剌的引人注目的事件而突然结束了。

条约签订后不久，这座城市的首领显然得到了算端的默许，杀死了一支蒙古人组织的庞大贸易商队的成员，夺取了他们的货物。作为对这一事件的反应，成吉思汗立即派出一名使者前往花剌子模沙，要求惩罚犯罪官员，归还被没收的货物。由于难以确知的原因以及对蒙古人的了解有限，摩诃末断然拒绝了这些要求，而且轻蔑地处死了成吉思汗的使者。蒙古统治者被这些暴行所激怒，开始准备发动战争。

在对付他的新敌人之前，成吉思汗不得不完成对其他两个前线的行动。首先，在北方，森林部落斡亦剌、秃麻和吉利吉思的叛乱不容忽视。叛乱开始于1217年而且不断扩散，直到1218—1219年冬天，术赤率领蒙古军队的右翼才到达南西伯利亚并迅速平定了叛乱。[①] 其次，在东突厥斯坦必须清除屈出律与哈剌契丹。这一地区的进攻在哲别的领导下开始于1216年，他受命毫不拖延地解决乃蛮人，并成功地完成了这项使命。到1218年底，屈出律被杀，通向花剌子模地区的哈剌契丹领土也被蒙古军队所占领。

通往西方的交通路线既已安全，成吉思汗随即沿额尔齐斯河集结起一支庞大的军队。由蒙古正规兵和从属国征集的大批附属部队组成的大军于1219年夏天向花剌子模进发。主力军在成吉思汗的率领下向锡尔河南部敌人的人口中心区进发，而一支掩护部队则在术赤的率领下进入锡尔河北面的草原地带，在那里与那些和花剌子模统治家族关系非常密切的游牧部落钦察和康里交战。摩诃末与他的将领们的建议相反，并没有与入侵者在开阔地带交战，而是用他数量上胜过蒙古人的军队去守卫王国的各重要城市。虽然这些决定或许葬送了他获胜的任何机会，但还是迫使蒙古人陷入了一系列费时的和破坏性的围城战。讹答剌、花剌子模、也里和撒麻耳干的陷落都是特别的流血事

---

① [76]《秘史》，第239节（第173—174页），错误地将术赤对森林诸部的战争系于1207年。对《秘史》年代混乱的考释，见[372]伯希和：《卡尔梅克史评注》，第1卷，第5、57页（注39）、第60页（注58）。

件，在那儿，蒙古人驱使解除武装的战俘冲向严密防守的城墙，为他们的攻击部队提供“人障”。而且，一些曾被攻陷的城市起来反抗他们的新主人并被重新征服后，又扩大了屠杀的范围。在这些城市中，野蛮的报复行为正式以集体处决的方式降临于人们身上。

当摩诃末得知他的战略失败后，惊慌失措地逃到了里海中的一个岛屿上，他于1211年前后死在那里。他的儿子与继承人札兰丁用他所支配的少量军队继续进行不懈的抵抗。为了追赶强有力与劲头十足的札兰丁，一支蒙古分遣部队追踪他，从伊朗北部穿过阿富汗斯坦进入了印度，然后又回到伊朗和哲儿拜占。虽然在蒙古人的打击下，札兰丁总是能设法逃脱追捕，但是英勇顽强并不能长久地拖延花剌子模国的灭亡。到1223年，突厥斯坦和呼罗珊已被征服，蒙古守军和镇守者（达鲁花赤）被安排在所有的城市。尽管札兰丁的事业已毫无希望，但他拒绝投降，仍继续他徒劳无益的抗战，直到1231年他死于曲儿忒匪徒之手。

随着花剌子模境内有组织的抵抗结束，蒙古人开始着手准备他们下一步的一系列远征。速不台和哲别这时正在与谷儿只和哲儿拜占作战，他们请求允许他们越过高加索山去进攻钦察人，成吉思汗立即答应了。这样，在1221年，速不台发动了对欧亚草原西部的著名远征，或者更确切地说是武力侦察。他率领着由三个万户组成的一支军队进入了南俄罗斯草原。1223年春末，他在喀剌喀河（一条流进黑海的小河）战役中击败了斡罗斯诸王公和西部钦察人组成的联军。接着，速不台向西武力搜索斡罗斯诸公国直到第聂伯河，而后才折回向东，在与伏尔加地区的不里阿耳进行了一次短暂交锋后，于1224年返回蒙古西部。获得必要的情报后，术赤受命发动一次后续战争以使西部草原纳入蒙古版图。

成吉思汗在此同时从突厥斯坦撤出了他的大部分军队，1224年夏季他到达额尔齐斯河，1225年春季到达蒙古中部。回到家乡后，他计划发动另一次战役：1223年党项君主在没有通告的情况下，撤回了他支持蒙古对金战争的军队。蒙古统治者决心严惩这一不忠行为。

木华黎的对金战争

当成吉思汗在1215年底或1216年初到达克鲁伦河时，蒙古对金的进攻暂时减少了，但并没有停止。成吉思汗最能干和最受信任的将领之一木华黎继续努力清除辽河流域的女真军队，1216年他完成了这项任务。在占领这一地区的主要城市后，木华黎于1217年秋回到蒙古向他的主人报告。出于对他战绩的满意，成吉思汗赐予他"太师国王"的称号，并且任命他为统帅，以发动一场新的战争去夺取仍在女真人手中的中国北方领土，即太和岭以南的土地。

木华黎于同一年回到南方，在中都（此时改名为燕京）和西京（今大同）建立起军事指挥机构。他控制下的军队包括蒙古左翼军的2.3万人，扩编的由7.7万名汉人、女真人和契丹人组成的附属军队。后者在与金朝战争的早期，不是投降就是叛逃到蒙古人一方。蒙古人在政策上鼓励和奖赏这些背叛，而且效果令人满意，大量金军指挥官，特别是那些非女真族的指挥官，带着他们整个的军队投奔过来。正是这些起关键作用的附属军队的扩充，占去了木华黎可使用军队的3/4。这使蒙古人甚至在占他们军队大部分的中军和右翼军从中国北部撤出进行西征后，也还能对金朝保持不断的压力。①

在新战役的初期，木华黎从中都和西京发动了一场三路的攻势，企图从金朝手中夺取山西、河北和山东。率领中军主力推进到河北的木华黎，不久就遇到强烈的抵抗。他不得不用直接进攻的方式夺取城市，这使双方都损失惨重。而有时花费这样高的代价所夺取的城市又失掉了，不得不再次攻取。虽然进展非常困难，但木华黎仍缓慢推进。到1218年，在留下金朝叛将张柔巩固蒙古人在河北的战果后，木华黎又将注意力转向山西。

---

① 黄时鉴仔细地计算了木华黎能够使用的军队的数目，见［847］《木华黎国王麾下诸军考》。对战役的叙述，见［390］罗依果：《木华黎、孛鲁、塔思和安童》，第45—55页；以及［301］马丁：《成吉思汗的兴起》，第239—282页。有关1217—1225年蒙金战争中宋朝的作用，见［379］查尔斯·A. 彼得森：《旧幻想与新现实：1217—1234年宋的对外政策》，第204—220页。

太原位于山西西北部，是金朝西北面的战略堡垒。在太原于10月被攻陷后，蒙古人得以稳固地向南推进。到1219年底，只有山西最南面的狭长地带仍在蒙古人的控制之外。木华黎于是又回到河北中部，并在1220年的夏秋两季接受了金朝控制下的残余城市，包括大名要塞的投降。此后，他推进到山东西部，于十月未经战斗而占领了重要城市济南。

由于金朝在南方的错误军事卷入，使1220年蒙古人进展顺利成为可能。1217年，在与蒙古人战斗的间歇期间，金朝皇帝愚蠢地同意对宋开战，因为三年前宋朝中止了对金廷的朝贡。从1217年到1224年，每年由金朝发动的一系列进犯虽然常常在局部获得成功，但他们从未获得绝对胜利。宋朝尽管在开始时遭受挫折，但仍拒绝谈判，他们继续抵抗，在1219年夏天甚至在汉水流域一度设法击溃了金军主力。

金朝分散兵力的做法显然得不偿失。从宋朝得到的疆土无论如何也不够补偿他们在北方丢给蒙古人的土地。而且，从长远利益来看，这明显破坏了他们对付木华黎军队的能力。然而，金朝毫不畏惧，在1220年，他们征集了一支新军，准备进行反击以重新获得他们损失的一些地区。新军刚组建起来即进攻山东东部，在那里已掀起反抗女真人的汉人起义（红袄军），这很快就引起了蒙古人的注意。一当木华黎得知了这支新军的存在后，他立刻在1220年底从济南移师南进，在离开封不远的黄河南岸的一个浅滩黄陵冈对其发动了进攻。他以决定性的胜利击败了敌军，而且由于这次成功，蒙古人扩大了他们的控制地区，占领了除山东东部和陕西之外的黄河北岸金朝的大部领土。山东东部仍在红袄军手中；陕西则仍在金朝的统治之下。

在任命汉人叛将管理投降地区之后，木华黎回到北方，沿路进行扫荡。同时，金廷由于反攻失败，派出了一个由乌古孙仲端率领的使团来到西部成吉思汗处，商讨可行的和谈条件。蒙古人要求金朝皇帝接受“王”的称号，这样就承认了成吉思汗的宗主地位；而且必须撤出陕西。然而，金廷认为过于苛刻，所以敌对状态仍继续存在。

在1221年中期，为了向金朝重施压力，木华黎在陕西和甘肃东部发动了一次巨大攻势。在首次越过鄂尔多斯之后（这得到西夏军的默许，西夏还提供了为数 5 万人的附属军队），木华黎于当年年底和第二年年初攻陷了陕西北部和中部的许多重要城市。到 1222 年春季，他留下了他的将领之一蒙古不花指挥在陕西的进攻，而他自己则越过黄河进入山西，在这一地区阻挡金朝的一次新的反攻。在接下来的战斗中，蒙古人占领了河中和沿黄河的其他设防城市。但在陕西，蒙古不花却由于金军广泛的封锁行动而陷于困境。甚至在木华黎和他的军队于 1222 年秋季返回之后，蒙古人仍然不能迫使包括长安和凤翔等许多重要城市投降。而在这紧要关头，西夏军队的突然撤回更进一步削弱了蒙古人的军事力量。由于进攻力量大大削弱，木华黎在 1223 年初解除了对凤翔的包围。在对西夏边界进行了一次短暂的报复性进攻后，他回到了山西，在那里不久就病倒并去世（在 3 月或 4 月）。

去世的指挥官立即被他的弟弟带孙代替，但是蒙古人的进攻势头已减。金朝充分利用这次机会，立刻结束了与宋朝的敌对状态，将其军队撤回到山西南部，收复了以前丢失给蒙古人的一些领土。红袄军在与其结成松散联盟的宋朝的支持下，也利用这一形势扩大了他们在山东的统治，而且短暂地占领了河北的部分地区。后者的行动促使武仙的突然叛变。武仙是不久前投降蒙古人的原金朝将领，1225 年，他又一次转变立场，这一次，他将其命运与宋朝联系在一起。面临这些挫折以及成吉思汗决定对付反叛的党项人，蒙古人在以后的几年中，只得满足于对中国北方的控制。

对中国北部的管理

正如成吉思汗本人所承认的那样，蒙古人绝少懂得城市的法律和习惯，而且很难依靠自身能力从事复杂的定居社会的行政管理。因此，有必要吸收大量的熟练专家，尤其是那些有着行政管理和经商经验、愿意帮助蒙古人管理和剥削其统治下的农村和城市居民的人。甚至早在入侵金朝之前，成吉思汗即开始组织由这样的专家组成的骨干，这些专家来自契丹和汉人官员，由于种种原因，他们抛弃金朝的职位而投奔了蒙古人。① 到1211年发动对金作战为止，成吉思汗的身边已有一批既非常熟悉金朝的行政管理体制，又非常熟悉中国北部情况的顾问。

随着蒙古人越来越猛烈的进攻势头，叛投者的人数也显著增加。汉人官员在第二次波动中数量最多，但也首次出现了一些女真人投奔到蒙古人的阵营中效力。没有进行抵抗而叛降的行政官员按惯例都保留了他们管理县和州的旧有职位。他们的首要职责是维持秩序，征调本地区的人力物力，为蒙古人的军事机器服务。

改变立场的汉人和契丹人军事将领参加了进攻金朝的战争，他们或者独立作战，或者与蒙古军队联合作战。这些将领由成吉思汗或后来的木华黎批准任职。他们得到汉式或蒙古式的官职，被授予权力的符牌（蒙古语：gerege或baisa，汉语：牌子）以作为他们新地位的一种标志。

为了协调军事和行政管理工作，蒙古人借鉴金朝的先例，建立了一系列行台中书省（译者注：应为行台尚书省）。这类机构原来是金朝政府的最高行政管理机构尚书省的分支机构，最早于12世纪初组成，它们简称为行省，主要建立于新征服的领土以及后来受到进攻威胁的边界地区。其负责官员，也被称为“行省”，在他的管辖范围内被授予全权，而其管辖范围与金代正式的路（下面分为数州）相当。

蒙古人迅速地采用了这种制度以适应其需要。1214年，建立了第一个行省，其首领为蒙古将领三模合拔都。中都被攻陷后，1215年，契丹人石抹明安被任命为燕京（中都）“行省”。1217年大规模战争重新爆发后，迎来了汉人反叛的又一次浪潮，一些汉人首次被任命为“行省”。

像他们的金朝对手一样，蒙古人任命的“行省”在就职后也获得了处置全权。他们中的大多数人是武将，既然被授予重要职务，在被任命之前就都要仔细地筛选。虽然“行省”这一职务至少在表面上与

① 在准备这一节时，我主要参考的是［391］罗依果的精辟研究：《蒙古早期的北中国人》。

蒙古习惯相异，但它被有效地纳入了蒙古社会政治体系。① 被任命这项职务的汉人或其他族人被授予一种适当的军衔，而且在某种情况下，还被任命担任护卫军中的职务。这样，他们成为成吉思汗或他属下的国王木华黎的伴当（那可儿）。为了确保他们的忠诚，这些官员的儿子们被留在各种怯薛中作人质。这样，一个汉式行省，就其军政合一的权力、正式的军衔和与汗廷关系的程度而言，大体上相当于千户（敏罕）或万户（土绵）的高级蒙古指挥官（那颜）。

由于蒙古统治体系中的忠诚纽带是高度个人化的，所以任何种类或重要的官职通常均为世袭的。“行省”也是这样：儿子继承父亲，时间一长，行省辖区即变成私人领地。从长远角度而言，这种“封建化”进程会带来蒙古宫廷所不希望出现的后果。但在短期内，它是巩固对中国北部新征服地区统治的有效方法。

站在统治中国的蒙古行政管理体系顶点上的是统帅木华黎。他无疑听命于成吉思汗，但从总体而言，他享有广泛的自治权力。一位宋朝使臣赵珙曾于 1221 年访问过木华黎的营帐，他把他同中国的皇帝相比，虽然他知道木华黎实际上并不是最高统治者。② 当然，没有其他蒙古指挥官像“国王”那样，被赋予如此多的权力和行动自由。

在长期与金朝作战的过程中，木华黎自然也渐渐熟悉了中国文化的一些方面。据赵珙记载，“国王”的衣着和服饰是中原式的，他营帐中所采用的宫廷礼节也同样如此。而另一方面，赵珙记载说，在木华黎的营帐中，妇女地位很突出，她们可以自由地与男人喝酒和交谈。所有这些均证实了蒙古社会习惯的影响与存在。③ 毫不奇怪，自 13 世纪前半叶发展起来的蒙古对中国北部的统治制度，是由汉人、女真、契丹、畏兀儿和蒙古的行政管理方法与社会习惯所组成的一个复杂的结合体，这是自汉朝灭亡以后，沿中国草原边界所形成的混合

① ［391］罗依果：《蒙古早期的北中国人》，第 128—132 页。

② ［598］赵珙：《蒙鞑备录》5b；［164］E. 海涅什、姚从吾编译：《〈蒙鞑备录〉与〈黑鞑事略〉》，第 35 页（以下简称海涅什编译本）。

③ ［598］赵珙：《蒙鞑备录》，13a；［164］海涅什编译本，第 79 页。

政治的典型。

蒙古在中国北部的政策

蒙古对金的战争造成了普遍的破坏、杀戮和社会混乱。他们用蹂躏乡村孤立大城市的手法，意味着城市和农村居民都要遭受严重伤亡和穷困。花剌子模沙摩诃末的一位使臣，在1215年中都投降后不久来到该城，在那里他遇到了非常可怕的场面。他记载道，前金朝都城的周围地区，几天里的所到之处都布满了死人的尸骨，而且，由于大量尸体没有被掩埋，瘟疫传播，造成新的死亡，他的一些随行人员亦未能幸免。① 由于1217年后汉人官员大量进入蒙古政府部门，特别是说服木华黎命令他的军队停止对生命与财产肆意破坏以后，情况多少有了一些改善。不过，在整个13世纪20年代，中国北部仍然是一个动荡的战争舞台，平民人口的死亡数一直居高不下。

那些在军队屠杀、瘟疫和饥饿中幸存下来的人和处于蒙古行政统治之下的人都面临着许多新的磨难。蒙古人从他们立国之日起就总是苛刻剥削他们的臣民。臣民的主要义务之一是提供附属部队以支持蒙古人的进一步扩张。由于围城和封锁对蒙古人来说是新生事物而且需要大量的人力，所以汉人军队被迅速征集起来以完成这项任务。这些汉人军队中，有些是在他们的长官率领下完整地投靠蒙古人，而其他则是由在新政权下保留原职的金朝官员从平民中新征募来的。到1213年，已有汉人军队被用来对金作战，他们被称为汉军或黑军。这些军队在战争期间稳定地发展起来，到木华黎去世时，在数量上已大大超过了蒙古军队。

除了军事征兵外，汉人还被迫为他们的君主提供各种各样的物品和劳役。窝阔台时代之前，没有迹象表明，在蒙古国家包括中国北部在内的定居地区存在着统一的赋税征收制度。虽然有关1211—1227年期间金统治区内情况的资料很少，但看来蒙古人的政策和其他战争

① ［312］米哈伊·阿老丁·术兹扎尼：《纳昔儿史话》，第335—336页；［313］拉弗梯译本，第2卷，第965页。

频仍地区一样，只要需求增加，他们就从臣民那儿征收他们需要的东西。这样，赋税征收只是一特定的没有规范的做法，实际上是为了满足战争的应急需要而实行的一系列无止境的极度征用与勒索。[①] 通常，蒙古人按种类征收实物赋税，像谷物、布匹、坐骑和武器（或者能制成武器的金属制品）等。在这一时代，所有国家义务——不管是兵役、劳役，还是各种赋税或金钱——都用"差发"(alba khubchiri)一词概括。中国北部人口中，从这些各种各样的赋役中惟一能得到豁免的一类人是宗教人士。1219 年，禅宗和尚海云为他的佛教僧徒争得了一项免税许可，1223 年，蒙古宫廷又把这项特权授予道教长春派，后来，又授予其统治区内其他主要宗教集团——回回、基督教徒等。[②]

正如我们所注意到的，当 1217 年汉人在行政机构中影响增长后，中国北方的严峻情况稍有缓解，并开始进行重新建立毁坏的设施、恢复农业和复兴社会与教育事业的尝试。但这些努力只是局部性质的，从来没有得到蒙古统治当局的积极支持。这种情况直到金朝最后灭亡与 13 世纪 30 年代初期和中期耶律楚材改革时才得到重大改善。

征西夏与成吉思汗之死

当成吉思汗出征花剌子模时，他曾向党项人征兵，但由于党项人违背了以前的誓约，所以要求没能实现。数年以后，党项人又有了另外的想法，为了恢复与蒙古人的关系，他们派出军队帮助木华黎从金朝手中抢夺陕西的地盘。但在 1223 年年初，政策又发生逆转，西夏出人意料地撤回了这些军队，这反映出西夏宫廷的严重分裂状态。一个属国的这样反复无常的行为既是一种军事威胁，又是一种对蒙古人声望的挑战，是完全不能容忍的；必须让党项人作出解释并使他们永

① ［653］《元史》，卷 153，第 3609 页，记载刘敏于 1223 年被任命负责燕京（中都）地区的税收。这也许表明一个更有序和熟练的征税体制在这时已被引进某些固定地区。但在 13 世纪 30 年代的财政改革之前，总起来说，还没有证据表明一个中央控制下的统一有序的税赋征收计划在中国北方存在。

② ［555］姚道中：《丘处机与成吉思汗》。

远保持协调一致。

为了试探西夏宫廷的态度，或者可能是促使其进一步分裂，成吉思汗于1225年春提出一项建议，给党项人以和平的方式向蒙古国臣服一次最后的机会：他们的君主嵬名德旺，必须立即给成吉思汗的宫帐送去一个儿子作人质，以担保他以后的忠诚。但是，西夏没有对这项建议给予答复，而且在1225年秋季，他们与金朝签订了和平条约，这就更加触怒了蒙古人。[①] 战争于是不可避免了。

与1209年快速进攻中兴府的入侵不同，1226年的战役有着预定的目标，即征服或摧毁西夏王国的西部地区以使其都城、宫廷与王国的其他地区隔开。1226年春天，蒙古人由进攻党项人在戈壁西部的一个重要前哨基地哈剌和卓——马可·波罗称为亦集乃，汉人称为黑水——开始了战争行动。不久，那里的西夏要塞被突破，蒙古军队向南进入甘肃走廊，进攻肃州城和甘州城。到夏末，这两座城池均被攻陷，肃州且被屠城。成吉思汗在位于附近群山脚下凉爽的大帐指挥了这两场战役，现在他重新组织军队，一部向西进攻瓜州，其余的则向东进攻西凉。后者为西夏王国的主要城市之一，于7月不战而克。随后，因获胜而士气旺盛的蒙古军队又受命越过黄河，向西夏的都城中兴进发。1226年末，他们抵达并包围了都城南边的一个重要设防要塞灵州。当西夏统治者感到威胁，并派出一支大军去解救这座被围困的城市时，成吉思汗立即率增援部队渡过黄河并打垮了西夏援军。到1227年初，中兴府本身也陷入了重围，而且到夏末，它已陷入崩溃的边缘。

成吉思汗的军队包围中兴府后，他本人即沿渭河流域向南进军，并于1227年春夏两季进攻金朝西部边界的据点。然而，在8月，这位蒙古首领病倒，不久就去世了。显然，由于他在1225年秋天所遭受的落马旧伤复发并引起了并发症，导致了他的死亡。他死于六盘山

① [301] 马丁：《成吉思汗的兴起》，第283—308页；[373] 伯希和：《〈马可·波罗游记〉注释》，第1卷，第304—330页；[262] 克恰诺夫：《蒙古—西夏之战与西夏的灭亡》，第46—61页。

南麓某处，死讯被暂时封锁。为了实现他的临终遗愿，对西夏都城的围攻一直持续到 9 月城市被攻陷和劫掠为止。

西夏王国灭亡后，成吉思汗的遗体立即被运回蒙古，葬于不儿罕・合勒敦。军队被留下来巩固新取得的战果，但进一步的入侵行动则停止了。这因为皇族及其主要顾问和将领们在去蒙古本土集合，以悼念他们领袖的去世，并把汗国的诸项事务安排妥当。

帝国的组织:窝阔台和贵由汗时期

成吉思汗遗产的分配和 1229 年的忽邻勒台

成吉思汗第一次面临继承问题是在 1219 年入侵花剌子模前夜。他的幼妻也遂指出了在即将发生的战役中他所面临的许多个人危险，在她的劝说下，这位蒙古领袖决定立即解决这一紧要问题。在接下来发生的宫廷辩论中，一场激烈的争吵很快就在两个主要候选人，他的两个较年长的儿子术赤与察合台之间爆发。察合台为了实现他夺取汗位的愿望，公开对术赤的父亲血统表示怀疑，他提醒人们注意这样一个事实，即他的哥哥是在孛儿帖被篾儿乞人俘虏一段时间后逃出来不久出生的。争吵随之发生，他们的父亲看出，很显然他们的个人不睦是不可调和的，谁也不会接受对方继承汗位。为了避免一个有争议的继承人，成吉思汗即转向他的第三个儿子窝阔台。这是一个折中的候选人。而对他的其他三个儿子来说这一解决方案证明是可以接受的，他们都公开庄严地向他们的父亲发誓：他们将尊重这一决定，在窝阔台即位时，他们将毫不犹豫地忠于和支持他。为了消除对这一点产生怀疑的任何可能性，成吉思汗在他八年后临终前又重新肯定了窝阔台继承汗位的权利。①

作为消除他后代之间紧张与冲突关系的一项补充措施，成吉思汗

---

① ［76］《秘史》，第 254—255 节（第 189—197 页）；［404］《史集》，第 1 卷，第 443 页；［38］波义耳：《成吉思汗的继承者》，第 18 页。

在他去世前的几年时间内，分配给他每一个儿子一份领地及属民。在理论上，他们每人均要留在各自的领地内，但要承认成吉思汗所选择的继承人的最高权力，积极与后者协力，进一步扩张帝国的疆界。按照蒙古的传统习惯，长子术赤于1207年或1208年的某一时间，第一个获得了他的领地——额尔齐斯河地区。依据成吉思汗的命令，他的领地后来扩大，包括了欧亚草原西部地区和斡罗斯诸公国。其他儿子分授领地的时间不清楚，但极有可能是在13世纪20年代初期。在这次分配中，察合台获得突厥斯坦西部、塔里木盆地和天山地区西部；窝阔台获得准噶尔和阿尔泰山西麓；最小的儿子拖雷，作为他们家庭的守护者（斡赤斤），获得蒙古本土。① 中国北部，据我们所知，并没有被包括在那时的任何分配方案中；也许这是成吉思汗保留在其自身权力之下的领土之一，随后传给了他的继承者。

同样重要的是，成吉思汗事先还准备在他的儿子和其他亲属之间分配他军队中的蒙古军部分。他留给他三个较年长的儿子每人4000人的军队，给其他各个亲属的军队人数更少。剩下的军队共10.1万人则没有分配，而是划归拖雷所有。拖雷作为幼子，按照游牧习俗，得到了他父亲剩余的财产。② 当然，拖雷把这些军队——蒙古人军事机器的核心——置于帝国的支配之下，而且至少当初他是这样做的。然而，在以后的几十年里，正是拖雷对这支军队的控制，对成吉思汗家族之间竞争日趋激烈的权力问题产生了深远的影响。

最棘手的继承人与财产分配问题在成吉思汗生前已被安排好了，蒙古帝国的首次权力转移在最小的争吵程度下得以顺利完成。虽然拖

---

① [19] 阿塔蔑力克·志费尼：《世界征服者史》，第1卷，第31页；[18] 波义耳英译本，第1卷，第42—43页；[29] 巴托尔德：《蒙古入侵时代及其前的突厥斯坦》，第392—393页。

② [404]《史集》，第1卷，第399—417页，提供了每个单位的完整分配细目。然而，需要强调的是，这个细目表“仅仅”包括在蒙古本土发展起来的那些军队。虽然缺少细节，但很明显，除了4000人的“蒙古军”作为基干外，三个较年长儿子中的每一个还有被征集起来的辅助军队供自己调遣的权力。这样，1227年术赤、窝阔台和察合台所控制的军队的数量实际上要比拉施特记载的要多出许多。有关进一步的探讨，可参阅[470] 约翰·M. 史密斯：《蒙古人力与波斯的人口》，第273—275页。

雷作为另一位候选人曾被提出过，但他的奋斗目标并不迫切。他被提为候选人很有可能不是为了对窝阔台进行一次严重的挑战，而是为他今后的称汗打下基础。不管怎样，没有发生公开的分裂，而且为窝阔台继位的各项准备工作也在缓慢地进行着。首先，成吉思汗被妥善地安葬，皇室亲属和军队将领们被从帝国很远的地区招来。在汗位空缺期间，拖雷作为蒙古本土的守护者，被指定掌管国家事务，也就是说，成为监国者。[①]

当意见达成一致和准备工作就绪后，1229 年秋天的某时，忽邻勒台终于在靠近克鲁伦河的阔迭额·阿赖召开。按照成吉思汗的遗嘱，与会的人正式向窝阔台劝进，而窝阔台经过一些礼节上和仪式上的谦让后，终于被“说服”，接受了古老的突厥称号——合罕，或者皇帝，以此区别于他现在享有“汗”的称号的兄弟们。为了表达他们对他即位的承认，窝阔台被他潜在的汗位竞争对手他的兄弟拖雷和察合台、他的叔叔铁木哥斡赤斤扶上了宝座。而后，根据《秘史》的记载，护卫军和箭筒士被付予“窝阔台合罕”，即统治权力被交付其手中。即位仪式结束后，举行了盛大的庆祝宴会，在宴会上，窝阔台向到会的显要人物分别赏赐了礼物，以示谢意。[②]

重新扩张与金的灭亡

花费了一生大部分时间进行征战的窝阔台，以一次军事力量的冲击开始了他的时代。按照新召开的忽邻勒台所达成的决议，帝国的边界必须多方位向外大力推进。

他父亲时代遗留下来的最迫切的任务之一，就是征服钦察草原和斡罗斯诸公国。早在 1221 年或 1222 年，成吉思汗就把这一重要任务交给了术赤，但后者全然不顾他父亲如何发怒，从来没有一心一意地

---

① ［653］《元史》，卷 115，第 2885 页。

② ［76］《秘史》，第 269 节（第 209 页）；［11］《世界征服者史》，第 1 卷，第 144—149 页；［18］波义耳译本，第 1 卷，第 183—189 页；［653］《元史》，卷 2，第 29 页。有关窝阔台的新称号，见［393］罗依果：《汗、合罕与贵由的印》，第 272—281 页。

完成这项任务。1227 年，在他父亲去世前几个月，术赤死了。这一地区的军事行动过去是拖拖拉拉，现在则完全停顿下来。窝阔台成为合罕后，立即重新发动了这场战役。1229 年，他派出三个新万户去清除伏尔加河下游地区，以作好对欧亚草原西部边缘发动大规模进攻的准备。占据伏尔加河与乌拉尔河之间地区的东部的钦察部对入侵军队进行了出人意料的顽强抵抗，这破坏了蒙古人后来对乌拉尔山脉以西发动战争的计划，并使之推迟了好几年。

1235 年，经过最高级商谈后，老将速不台率领援军被派赴伏尔加地区。1236 年抵达战场后，他很快摧毁了抵抗，随后向西攻入斡罗斯和钦察草原，并于 1241 年以前使之降服（见地图 27）。① 尊奉成吉思汗生前的指示，窝阔台尽责地把这一大片领土分给了术赤的儿子们。长子斡尔达分到了额尔齐斯河与乌拉尔河之间的领土；次子拔都分到了斡罗斯诸公国和西部钦察草原。

在中东也还有未完成的任务。1230 年，窝阔台任命他的护卫之一绰尔马罕掌管这一地区的蒙古军队，命令他追踪逃亡的札兰丁，而后者在伊朗西部仍然试图组织一个反对蒙古人的联盟。在首先巩固了自己在呼罗珊的统治后，绰尔马罕进入外高加索，以追赶末代花剌子模沙。1231 年，当这个棘手的叛乱首领被强盗杀死的消息传到蒙古指挥官那儿时，他又指挥军队攻入小亚细亚，那里原由鲁木国的塞尔柱人进行着统治。他们像东部钦察人一样，进行了顽强抵抗。直到 1243 年，经过长期艰难的战争后，绰尔马罕的继任者拜住指挥下的西亚蒙古军队才能够对塞尔柱人的领土实行有效的统治。

在东北亚，窝阔台对高丽发动了大规模的战争（见地图 28）。蒙古人最初进入半岛是在 1218 年他们征服东北地区时。由于不能抵抗入侵军队，高丽王朝同意每年纳贡以换取蒙古军队的撤退。获得第一批贡物后，蒙古人按约撤回军队。然而，由于 1225 年蒙古人的主要收税官莫名其妙地死去，所以在 1231 年秋天，窝阔台以这一事件为

---

① [12] 托马斯·T. 爱尔森：《西征的前奏：1217—1237 年蒙古对伏尔加—乌拉尔地区的军事行动》。

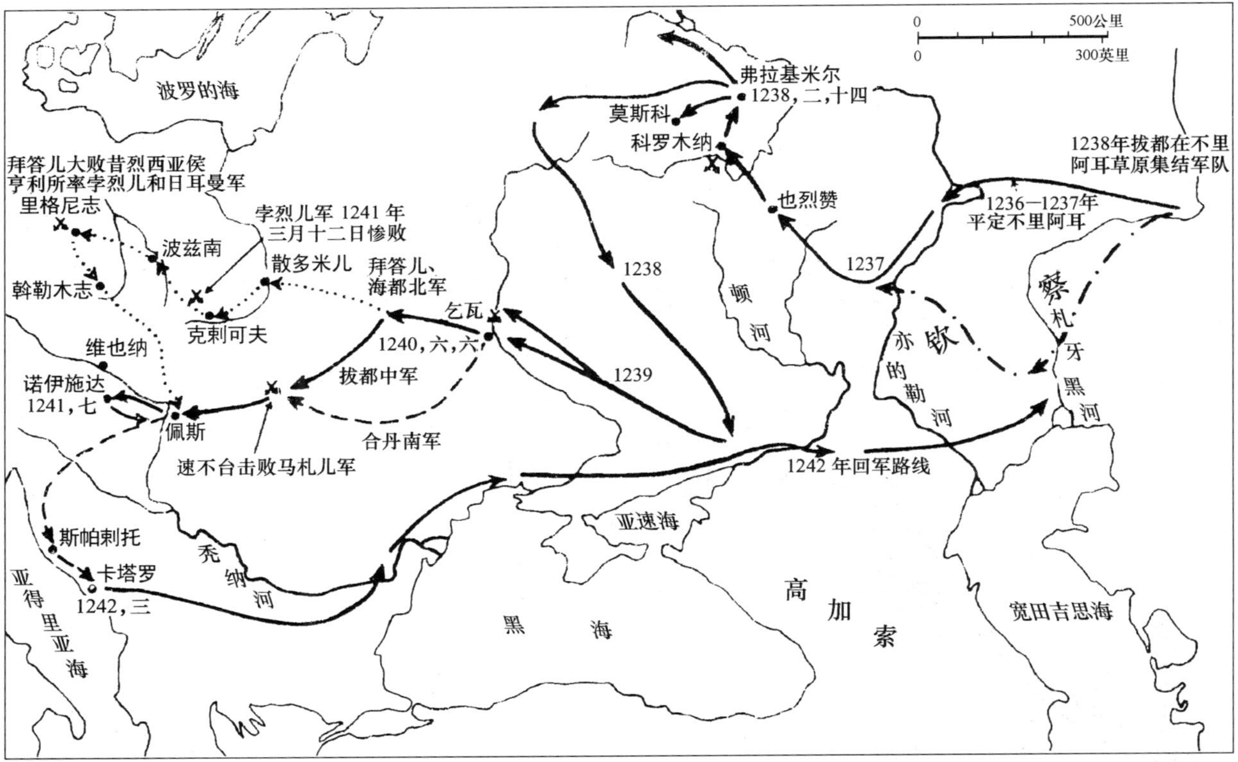

地图 27　拔都进攻斡罗斯与欧洲

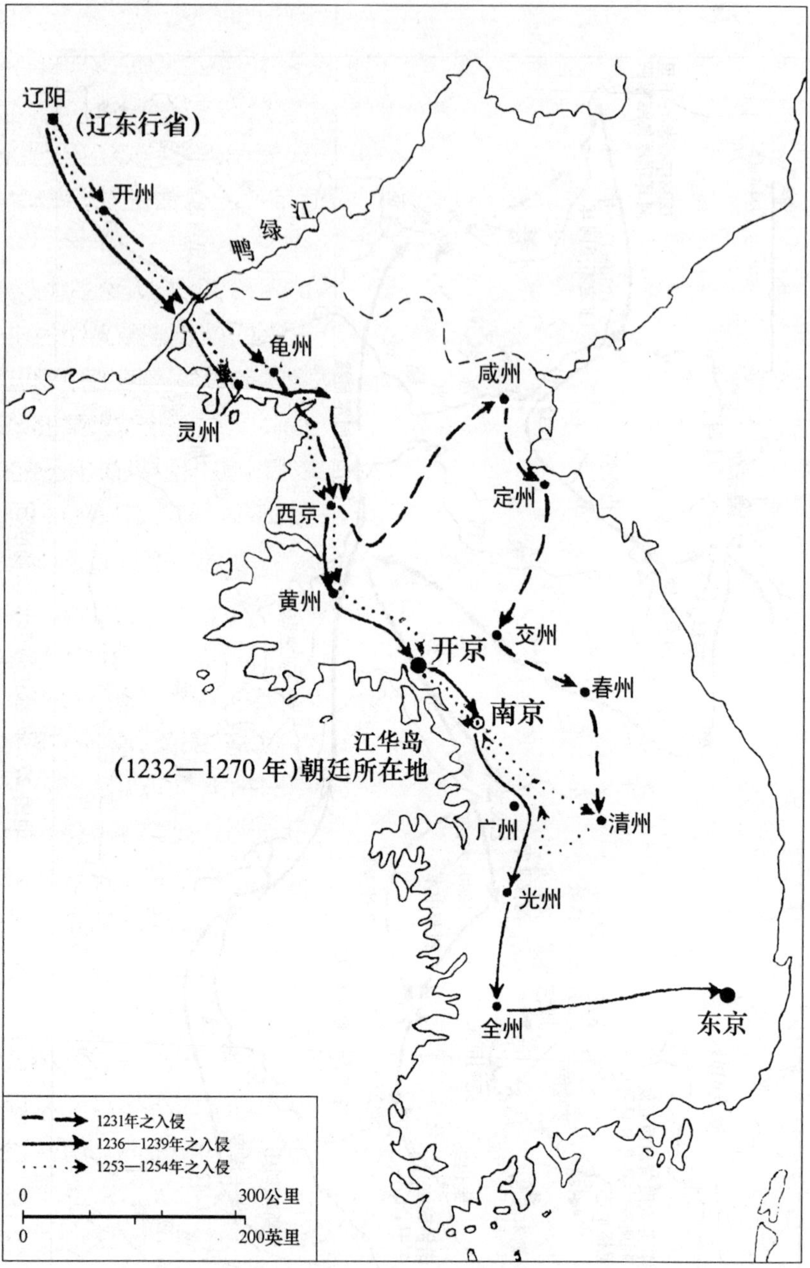

地图 28 蒙古对高丽的几次入侵

借口，对高丽发动了一次新的进攻。到12月，蒙古军队包围了都城开京，迫使高丽国王投降。蒙古人对他们新臣民的要求是繁重而无止境的，到1232年夏，高丽人起而反抗，杀死了蒙古人驻在这个国家北部的监临官（达鲁花赤）。高丽统治者意识到蒙古人不久就要进行报复，所以放弃了开京，跑到黄海海岸边的一个小岛——江华岛去避难。作为对这些挑战的回击，蒙古人发动了一系列战役，以迫使高丽对他们统治的承认。经过1241—1247年一段时间的休战后，战争继续进行，一直到1259年高丽人最终服从外族的统治为止。[①]

尽管在欧亚其他地区进行了如此大规模的战争，窝阔台还是决心完成另一项未竟事业——消灭金朝。1223年木华黎去世时，金朝已经重整旗鼓，收复了一些被入侵者占据的失地。由于那时蒙古人一心要惩罚党项人，所以被迫减少了他们在中国北部的作战。虽然在13世纪20年代后期，零星的战斗仍然在各个边界地区时有发生，但蒙古人并没有试图在金朝的最后根据地河南给其以致命的打击。

窝阔台于1230年开始对金朝发起初步进攻。不久，蒙古人痛切地感受到，女真人的国家虽然受到沉重打击，但仍然能够进行有力的防御，必须制定新的作战计划和增加军队才能给其以致命一击。因此，蒙古人重新集结起军队并于1231年着手实施一项新的战略计划。军队的左翼在速不台的率领下在山东作战；中军在窝阔台的率领下进入山西；而右翼则在拖雷指挥下攻入陕西。后一支军队随后进入四川北部，并向宋朝政府请求允许他们通过其领土，以准备由东南向开封发起一次出其不意的攻击。策划这次大规模的包抄行动，是为了避免去进攻控制着通往金朝首都西部通道的、难以攻克的要塞潼关。

蒙古人的借路请求被拒绝后，只好用武力沿宋朝边界打开一条通道。1232年初，拖雷的军队在三峰山击溃金军主力，而后又继续向开封进军。夏季，三支军队齐集开封，由速不台统一指挥蒙古各军。在交接指挥权后，窝阔台和拖雷都得了重病。窝阔台在返回蒙古的路上病症发作，随后又恢复了健康。可他的弟弟在到达北方后身体更加

① ［280］加里·莱迪亚德：《蒙古人侵高丽及〈蒙古秘史〉的成书时间》，第1—16页。

虚弱，到接近年底时就去世了。

与此同时，速不台在整个秋季加紧了对这座被围困城市的攻势。到1233年2月，金朝皇帝哀宗逃离了都城。几周后，被扔下的士气低落的守军停止了抵抗。5月，开封的城门向蒙古人打开。金朝皇帝此刻已处境危急，他避难于河南西南的蔡州，并向宋朝宫廷请求援助，而后者想从可恨的女真人手中夺回丧失已久的领土，拒绝了金朝的提议，反而与蒙古人协商建立同盟。尽管攻势加强，但这座城市仍在继续抵抗。到1233年秋季，蒙古和宋朝联军会合于蔡州城下。经过数月的抵抗，哀宗意识到无路可逃，也没有获胜的希望，于是自杀身亡。之后不久，1234年2月9日，蔡州失陷，金朝随之灭亡。

在战争的余波中，宋朝由于想从金朝的灭亡中捞取好处，进行了一次占领整个河南的错误尝试。不幸的是，宋朝军队并不能胜任这项任务，不久就被蒙古人击溃，蒙古人根本就没有打算与他们的新盟友分享胜利果实。

行政管理的重新调整

为了统治这一庞大的和不断扩张的帝国，按照惯例，新皇帝以怯薛（护卫军）的全体成员组成他的中央行政机构，他们中的大多数人是作为他父亲的遗产传给他的。[①] 窝阔台选择了原来他父亲宫廷机构里的一个内侍，聂思脱里派基督教徒镇海，居于他的中央大臣的首位。作为一个克烈人（虽然有些材料说他是畏兀儿人），他至少从1203年起就为蒙古人效力。在他早期经历中，他曾担任过一系列军事和行政职务，并且很称职。但直到窝阔台时代初，镇海才作为帝国的重要大臣而突然达到顶峰。行政机构中的许多其他重要官员，如最

① ［76］《秘史》，第269节（第204页），记载保卫成吉思汗的那些卫士在窝阔台登极后被分给了他。虽然大部分怯薛确实分给了窝阔台，但［406］《五世系表》（一份未出版的有关拉施特《史集》的家庭资料），手稿1051—106r，127r—1，提供了一个很长的成吉思汗四个儿子的继承人的世系表，指明成吉思汗的“个人千户”转到了拖雷手下，这是怯薛中最精锐的军队。参见［404］《史集》，第1卷。第555页；［38］《成吉思汗的继承者》，第163页。

著名的耶律楚材，也以类似的方式被起用。毫不奇怪，那时中央政府的模式比在成吉思汗时没有多少改变。然而，就地方政府而言，由于获得了包括城市和农村在内的大量定居臣民，对帝国管理机器进行大的调整成为必要。在成吉思汗时期，蒙古人满足于把新征服的定居人口置于负责的战区指挥官管理之下，他们作为全权的军民官而发挥作用，就像木华黎在中国北部那样。外来的官吏，像在中国的畏兀儿人和在突厥斯坦的汉人，被用来帮助蒙古人进行治理。但是，这并不能消除征服者对本地行政管理机构与人员的强烈依赖性，他们被有计划地吸收进来为征服者自身的目的服务。

为了确保这些当地的精英忠诚地服从命令和促进帝国的利益，蒙古人在重要的人口中心、从属军队驻地和附属国的宫廷设立了特殊官员达鲁花赤。在帝国早期，这些监督户口调查、赋税征收、军事征调的官员均从大汗的那可儿中挑选。史料中提到的第一位达鲁花赤是札八儿火者，他在1214年6月到1215年5月的某个时间被派到中都。[①]我们还不能确知这一官职的制度根源，但它与金朝的官职“行省”和哈剌契丹王国的“八思哈”有联系，二者的职权均与后来的达鲁花赤相类似。突厥语八思哈与蒙古语达鲁花赤有完全相等的语义，二者的意思均为“监临者”。[②]

窝阔台对他所继承体制的重大改革是为了削弱战区指挥官的行政管理权力，而把这些工作移交给专职的“民职官员”，因为前者的首要职责毕竟是军事征服，而后者能够全身心地致力于财政和行政事务。1229年，他首次组建了两个这样的由民政官领导的行省，一个在中亚，另一个在中国北部。后来，一旦在13世纪40年代于中东建立起稳固的蒙古人桥头堡后，第三个行省也马上在伊朗北部建立。

这次改革的目的是为了维护大汗本人对帝国定居地区的财富的最高权力，特别是避免贡物和税收被地方上的帝国汗室成员攫取。后者

① 《元史》，卷120，第2961页。

② 关于达鲁花赤，见［68］柯立夫：《达鲁花赤考》。关于达鲁花赤与八思哈之间可能的联系，见［519］伊斯特万·瓦撒理：《八思哈制的起源》。

的利益虽然肯定是次要的，但在新体制下绝对没有被忽视。到窝阔台时代晚期，已经建立起这样的习惯做法，即允许有利害关系的地方诸汗和帝国其他诸王在行省人员中派驻他们的私人代表，并在选择首席行政官员时有发言权。这样，这些行政管理工作，在某种程度上就成为由大汗领导的整个成吉思汗家族的共同事业。看起来，这种共同管理的方式的结合体制，由于窝阔台和地方汗察合台之间发生了争吵，最初在突厥斯坦的行政管理中发展起来，以后才被应用于中国和伊朗。①

突厥斯坦的首任长官是马合木·牙老瓦赤，他是一个说突厥语的花剌子模商人，1218 年作为一名外交使者（因此，他的名字牙老瓦赤为突厥语使者之意）进入蒙古宫廷效力。从咸海到党项之间的所有定居地区都属于他的管辖范围。马合木·牙老瓦赤的被任命形成了成吉思汗王朝行政管理上的持久的家族传统；他为数众多的子孙们至少有四代一直受雇于突厥斯坦和中国的各个蒙古王室。②

与马合木·牙老瓦赤同时的在中国北部的人物是有名望的耶律楚材。他是出身于辽朝统治家族的汉化了的契丹人。作为有着广博知识和精神境界超凡脱俗的人，他是儒教和佛教禅宗的信徒。像他的先父一样，他仕途活跃，在金朝担任过多种行政职务。当 1215 年中都陷落时，他正在那里。三年后，依照帝国旨意，他来到蒙古参见成吉思汗。这个契丹人给蒙古统治者留下了极强烈的印象，他以书记官（必阇赤）和宫廷占星家的身份被任命为扈从。

1219 年，耶律楚材陪同他的主人去中亚，直到 1226 年才回到中国。在汗位空缺时期，摄政者拖雷派他到前金都城去平息附近地区发生的一次骚乱。他很快完成了使命并恰好在窝阔台即位时返回蒙古。值此 1229 年，中国北部被交由他负责。③

---

① [43] 保罗·比尔：《蒙古不花剌的汉—契丹管理机构》，第一次指出了他称之为“共有的卫星式行政管理”的这些行省机构的性质，并追溯了它们的发展。

② 有关这一家族的简史，见 [7] 托马斯·T. 爱尔森：《马合木·牙老瓦赤》。

③ [399] 罗依果：《耶律楚材（1189—1243 年），佛教徒和治国儒者》。

耶律楚材和他的改革

作为蒙古人十几年的忠实仆从以及对中国情况极为了解的人，耶律楚材对于窝阔台在中国北部所设置的都课税使这一新职位有着完全的胜任资格。然而，对他的任命并没有迎合蒙古统治阶层的一些人，这些人恰恰害怕合罕任命一个有着耶律楚材背景和观点的人进入这样的机构，其主要目的在于以牺牲他们自身的利益作为代价，来维护帝国对税收的直接控制。这种担心在服务于蒙古帝国的汉人军事指挥官中也存在。即使后者有时积极地支持耶律楚材复兴汉文化生活的改革，但在 13 世纪 20 年代混乱的情况下，他们还是习惯于在最小限度的外界干扰下统治他们的领地。因此，像他们的蒙古同僚们一样，他们对实行行政或财政中央集权的任何企图也倾向于抱有深深的怀疑。[①]

耶律楚材令人不安的财政改革建议，最初出现在窝阔台时代早期发生的有关帝国政策总体方向的辩论中。[②] 在这些辩论中，宫廷官员与极端派的代言人——拜答儿（别迭）正式提出一项计划，即减少中国北部的人口，把其耕地变成蒙古人放牧牲畜的牧场。耶律楚材通过有力的辩论改变了这一骇人听闻的建议，即如果将固定的税收计划引进这一地区的话，财政收入会大大增加，这将给帝国国库带来更多的长期利益。窝阔台被说服，因为如果这一计划成功的话，将会加强他作为合罕的权力。他给予这个契丹人一次机会去尝试实现他的政策建议。耶律楚材在进行的宫廷辩论中赢了这一回合，而现在则须证明他的措施能够获得他所许诺的国库税收。

耶律楚材实现计划的第一个正式步骤是在临近 1230 年年底实行的，当时窝阔台在中国占领区的十个路中的每一路都任命了税收长官（征收课税使）。[③] 所有的人都是汉人，而且大部分是金朝的前官员。

---

① ［196］萧启庆：《严实，1182—1240 年》，第 119—122 页。

② 有关耶律楚材的财政与行政改革，见［399］罗依果：《耶律楚材》，第 201—207 页；［333］尼古拉·TS. 蒙库耶夫：《关于蒙古早期大汗的汉文史料》，第 34—36 页。

③ 《元史》，卷 2，第 36 页。

他们将根据耶律楚材设计的全新的体制去监督税收。在新的体制下，每一个成年人要在以丝估价财产的基础上交纳固定的赋税（差发），对农村人征收的税率要比都市人高很多。每户耕种者还要交纳一定数量的谷物，无论他们土地的数量和质量如何；而那些在城镇里的人则用丝交纳补充税，用以为过路的政府信使提供食物。大部分用丝估定的税收折为银子交纳给官府。虽然谈不上公平，但这一体制确实建立了稳固的税收种类，而且明确规定了税额的基础。[①] 按照税收的设计者的厚望，税收——至少在理论上——现在已有序而且可预知了。更重要的是从蒙古人的角度来看，他们的确得到了更多的收入。

窝阔台对其效果非常满意，以至在 1231 年任命耶律楚材为自己的中书令；也就是说，他被赋予了中国北方全部的行政管理职责。然而，在新职位上，他仍然从属于镇海领导下的中枢机构，由中书令发布的所有政府文件必须由镇海连署才能生效。[②] 尽管如此，耶律楚材财政改革的成功加强了他的权力，他利用已增长了的影响力推动了更多的改革。

虽然中国北部的情况由于这些早期措施有了某种程度的改善，但许多问题仍未解决，而新的问题不久就暴露出来了。首先，蒙古人不再满足于原来设定的税率；比如在 1231—1234 年之间，谷物税额从每户 2 石涨到 4 石。其次，蒙古人不能改变他们超出固定税额横征暴敛的旧有习惯。这些困难的出现，部分是因为蒙古当局首先计算政府开支，然后确定税收额以满足他们的预算需要。由于开支增多，要确定新的税率或者随时引进特殊税收以弥补预算中的不足部分。这些赤字会由于帝国政策的改变或新的军事战争而产生，但很多则仅仅是由于蒙古统治者的个人贪欲。进入他们腰包的、以银为形式的贡物被定期地送给回回商人（内亚和中亚的穆斯林）进行投资。然后，回回人

---

① 早期蒙古财政制度的最全面记载保存在［599］《黑鞑事略》，13a—b。该书由彭大雅、徐霆撰写，两人都是宋朝的使者，于 1234—1236 年游历过中国北部。对该书的翻译与相关部分的研究见［442］舒尔曼：《13 世纪蒙古的贡纳制》，第 312—318 页。

② ［599］《黑鞑事略》，10a；［164］海涅什编译本，第 133 页。

就用这些资本购买货物进行交易或以极高的利息率借给百姓。这些诸王和商人们之间的合伙关系（汉语称为斡脱），常常带来巨大利润，所以蒙古统治阶级成员们总是渴望得到额外的资本以进行新的商业冒险。①

在蒙古领导阶层中，没有比合罕本人更严重的违犯者了。窝阔台随便地把大量现金送给斡脱商人去投资，据说，有时为此目的，他给某个商人500锭金或银（波斯语叫巴里失）。为了说明这个数量的大小，请不要忘记，在1230年，耶律楚材从他的全部辖区中也仅仅收到了1万锭银。尽管他的官员特别是马合木·牙老瓦赤反对，合罕却仍继续这一做法，直到他的统治结束。② 毫无疑问，照此额度无法把金钱留在金库，上调税额的压力永远存在。

然而，由较高税额引起的穷困并不是斡脱商人造成的仅有危害。作为合罕或是有权有势的宗王的代理人，他们利用自己的关系向百姓勒索钱物。这些商人在中国北部惯用的骗术是谎称他们用某位宗王的钱购置的货物被盗，强迫当地百姓——百姓惧怕官府报复——去赔偿他们的“损失”。

1231年后的中国北部继续存在着大量流动人口这一事实，是形势还没有恢复到正常状态的一个进一步明确的征兆。尽管有这些改革，许多人（一个临时的统计说有全部人口的50%）仍然有充分的理由放弃他们的家园，而这仅仅是为了躲避官府赤裸裸的、永无止境的苛求和其代理人的劫掠，另外有的人从税收名簿中消失了，因为他们被迫成为蒙古高官的奴隶和仆从。

耶律楚材敏锐地感觉到这一问题，1234年他建议窝阔台在中国北部进行人口调查，查出隐藏和流动人口，让他们返回家园和登记入册。合罕同意并且指定由失吉忽秃忽——青册的原始保存者——具体负责。这次人口调查在1234年实行，在宫廷引发了关于未来税收政

① ［599］《黑鞑事略》，15a—b；［144］海涅什编译本，第152页。

② ［19］《世界征服者史》，第1卷，第165—166、170—177页；［18］波义耳译本，第1卷，第209—210、213—215页。

策的新的辩论。尽管耶律楚材对税收税类的建立感到满意，但他仍要求课税方法上的根本变革。按他的意见，今后应当以户计赋，而不是像 1231 年以后在中国实行的那样按人丁来征收，但蒙古人更喜欢按人丁估税的做法，这是一种在中亚行之有效的方法，是在 13 世纪 20 年代早期马合木·牙老瓦赤引入他自己的财政改革中的。最后，达成一种妥协，原有的按人丁课税的方法被大大削弱，而一种以丝支付的新的户税被采用。从总体而言，耶律楚材赢得了一分。关于农业税，他建议进行的修改得到采纳。谷物税，最初是对每户按统一税率征收的，现在将要按各户拥有土地的数量和质量来征收。

当 1236 年人口调查结束时，引进了新的制度。其结果是可喜的：更多的公平征税方法被采用，单个家庭实际上的负担大大减轻了，有些户减轻 90%之多。但是由于 1234 年侵占河南和对一直隐藏或流亡人口的登记而使税收基础扩大，整个官府的税收仍然维持着。耶律楚材现在达到了他的权力和影响的顶峰，但麻烦却在地平线上开始出现。

耶律楚材的失势

在即位最初的活跃时期过去以后，自 13 世纪 30 年代中期起，窝阔台渐渐失去了管理帝国的兴趣，当他开始沉溺于饮酒、玩乐以及奢侈生活的时候，各地方和地区的势力积极地施展他们的影响。在宗王自治的支持者和帝国中央集权的坚定拥护者之间发生的斗争，其转折点是 1236 年和 1237 年。

最初清楚地表明耶律楚材开始失去合罕重视的迹象发生在 1236 年，当时窝阔台决定大量增加王公们在中国北方的封地（蒙古语：忽必；汉语：封地）。根据皇帝旨令，所有地位较高的宗王和公主都接受了大量的农业用地作为增加私人收入的来源。例如，术赤后人被赐予平阳 41302 户，而察合台得到太原 47330 户。①

尽管耶律楚材设法使窝阔台颁布了另一项法令，规定帝国宫廷保

① ［653］《元史》，卷 2，第 35 页；卷 95，第 2414 页。

留在私人封地内收税和征兵的权利，如此大规模的分封封地仍然成为中央集权拥护者们的重大挫折。就像耶律楚材清楚地预见到的那样，没有一个积极而且强有力、能够坚决实施自己意愿的合罕，中央政府实际上不可能在封地内行使很多的权力。那些封地内的属民，没有任何形式的保护，只得屈从于无休止的暴政和剥削之下。

耶律楚材不可否认地输掉了一场致命的战役，但他仍然致力于改革。这一次他将注意力转向了行政机构的改革。蒙古人自己已经在这方面迈出了一步。随着金朝在 1234 年的灭亡，蒙古人开始意识到他们自己的法律——成吉思汗的札撒——在管理一个定居的社会时作用有限。于是他们决定在他们的中国领土上普遍实行金朝的法规，即《泰和律》，它在唐朝模式的基础上编纂而成，最初颁布于 1201 年。尽管这是一个值得高兴的进步，耶律楚材的头脑中还酝酿着更宏大的计划，这就是他希望能够导致最终在中国北部完全恢复儒家模式的政府。

为达到这个目的，耶律楚材首先在 1237 年寻求窝阔台的许可，举行整个北方文职人员的考试，以此作为使中国的知识分子恢复到他们以往在政府中的地位的手段。那些人在过去的数十年里饱经贫困，而且失去了地位。合罕对他的这个计划表示同意，随后耶律楚材在下一年组织了各“路”的考试。4000 多人通过了考试（其中 1/4 的人在参加的时候身份是奴隶或者战俘），但使这位契丹族大臣失望的是，只有少数成功的候选人被派去担任实际职务。[①] 代之而来的多数情况下，他们在自己的家乡充做行政管理的顾问。蒙古人无意将中国北部（或者任何其他被征服地区）交由当地的官员管理。实际上，在以后的岁月里，外来行政专门人才的作用，主要是畏兀儿人和突厥斯坦居民，在中国北部政府机构内继续存在，甚至有所增加。

耶律楚材的行政管理计划没有被接受，进一步证明了他的影响有限。以后的事情将会表明，他不只是无法发展他的改革，而且已实施的措施也绝不是可以免受攻击的影响，尤其是在过去十余年里，他的

① 关于这个时期儒生的处境，见［299］牧野修二：《金后期和元初期〈十经〉的翻译》。

财政政策步履维艰。这次攻击的核心力量是那些耶律楚材从来未能有效控制住的内亚和中亚商人。他们在蒙古统治集团中的影响力一向很强，而且在耶律楚材影响被削弱的情况下稳定地增长。1239 年窝阔台被说服将中国北部的税收交给回回商人奥都剌合蛮承包，这就绕过了国家正式的税收系统。当年确定的税收额不出所料地大量地增加到银 4.4 万锭。第二年年初，合罕为商人的成就感到高兴，于是安排这个包税人主管中国北部的税收部门，充任提领诸路课税所官。① 商人集团的胜利暂时告一段落。

新政策给汉人居民带来的有害影响，可以在窝阔台于临近 1240 年年底的时候颁布的旨令中发现。按照这份旨令的说法，平民和官员被迫向无处不在的内亚和中亚（回鹘）商人大量借款以应付他们不断增长的纳税义务。利率数额是如此之高，利息通常在一年之内就与本金相等。按照合罕“仁慈”的旨意，此后利息超过原来借款的数目是不合法的。②

在奥都剌合蛮的管理下，斡脱商人们——他们同时以包税人和放债者的双重面目出现——在损害了蒙古统治下的汉人臣民的情况下无疑获得了高额债息。事实上，很难想像有比这一时期普遍存在于中国北方更具破坏性和剥削性的经济制度存在，税务承包人竞相以大数目向宫廷争取征税的权力，这就使税额不断上涨。当然，商人们总是为了获得最大的利润，在超过定额的情况下尽可能征收税款。因为很少有人能付得起如此高额的款项，所以他们被迫去向斡脱商人（同时也是包税者）去借高利贷。应该被提到的是，后者的资金是由蒙古宫廷或者其他宗王用他们可怜的臣民最初交纳的税款提供的。

就这样，到了窝阔台统治的晚期，耶律楚材在宫廷中的影响已经消失了，改革计划的实施也非常艰难。他继续保有中书令的头衔，依旧是御用占星术士，但不再能够参与讨论国家大事。最能显示出耶律楚材失势的事件发生在 1241 年，当时窝阔台最终采取行动，推翻自

---

① [653]《元史》，卷 2，第 36 页；[601]《圣武亲征录校注》，106b。

② [653]《元史》，卷 2，第 37 页。

己施行于中国北部的破坏性的财政政策。情况实在太糟糕了，以至于合罕决定将奥都剌合蛮赶下台，并且重新建立一个较为合理的征税制度。然而，其结果是，窝阔台并没有转向耶律楚材，而是起用了另一个中亚的回回、说突厥语的花剌子模人马合木·牙老瓦赤。在1239年以前，他一直是阿母河行省的首脑。显然，在宫廷内普遍存在的政治气氛下，窝阔台认为他不能将中国北部的管理权交还到耶律楚材或者其他汉人利益的维护者手中。

然而，撇开耶律楚材而选择牙老瓦赤，这并不是说宫廷想要（哪怕是变相地）继续奥都剌合蛮的政策。马合木·牙老瓦赤是一个完全依靠自我奋斗的改革家，尽管在他的汉人同事中从未得到什么较高的评价。他曾经调整了突厥斯坦的税收，反对窝阔台宫廷的奢侈铺张，而且在他以前的职权范围内与分封体系的扩大进行斗争。虽然事实是他在从1241年晚冬到1242年春季的短暂的任职期内无法减少到处蔓延的官员腐败现象和封地所有者之间的不断争斗，对他的任命仍然表示出了帝国对中国北部的政策的改变。①

简而言之，尽管牙老瓦赤的政策在许多方面与耶律楚材相似，但是他被指派去取代奥都剌合蛮一事清楚地表明契丹人已经失去了个人影响力。在乃马真摄政期间（1241—1246年），耶律楚材于1243年体面但悄然地死于哈剌和林。

窝阔台之死与乃马真摄政

在合罕积极参与的灭金战役结束之后，宗王们强烈要求窝阔台留在蒙古本土，过优裕的生活，享受成吉思汗家族成功的帝国扩张所带来的巨大利益。合罕最初拒绝了他们的请求，因为他渴望领导即将开始的进攻斡罗斯公国的战役。但是在他注意到这些建议后，他最终被“说服”了。② 从13世纪30年代中期开始，窝阔台既屈服于宗王们

① 关于这个时期中国北部状况的简要叙述，见［609］姚燧：《牧庵集》，卷15，4a。

② ［119］《世界征服者史》，第1卷，第156—157页；［18］波义耳译本，第1卷，第198—199页。

的压力，同时也由于自己的爱好，过着奢华而且悠闲的生活，把大多数时间都用于宴饮和游猎。因此而导致的权力空虚被他的第二个妻子脱列哥那急切地填补上了，她很快就在宫廷中巩固了自己的地位，并开始以她那迅速衰弱下去的丈夫的名义发布诏令。

窝阔台在他统治的后期酗酒的程度实在太厉害了，以至于特别指定了一个宫廷官员来控制他每天饮酒的数量。然而这种方法是无效的。1241 年的 12 月 11 日，窝阔台在出猎途中的一次酗酒后死去，时年 56 岁。这位蒙古帝国的第二任合罕的墓地显然在他位于准噶尔的分地或附近，而不是与他的父亲一起葬在不儿罕·合勒敦的山中。①

按照蒙古人的习俗，一个家庭的男性家长死后，在他的长子成年之前，由他的寡妇代管他的遗产，并享有他的权力。蒙古统治家族继续遵从社会习俗中长期以来所认可的这一原则，在早期蒙古帝国内部利用它作为转移政治权力的一种途径。换句话说，帝国本身被看作是合罕家族的世袭财产，并可相应处理。因此，窝阔台死后，他的寡妇，已经牢固地控制住了宫廷的脱列哥那，也可管理他的遗产，也就是说，在通过忽邻勒台正式确认新的皇室男性首领——一位新的合罕之前，她将担任帝国的摄政者。②

脱列哥那在汉文文献中称为"六皇后"③，一旦掌权，就不顾强烈的抵制，努力策划将她的儿子贵由（1246—1248 年在位）送上汗位。由术赤的次子——金帐汗拔都领导的反对者们最终未能阻止贵由登基，但是他们以各种理由，设法拖延了最终决议的做出约四年半左右的时间。在这种人为地延长了的整个空位期间，有才能而且坚定的

① ［35］见波义耳：《窝阔台汗的葬地》。

② 这个原则在成吉思汗去世时并不适用，因为他的正妻孛儿帖，有可能即位的诸子的母亲，已在他以前死亡。而且，成吉思汗最后一次疾病时间短暂，他的次妻中没有人有机会在宫廷中建立自己的权势。

③ 很可能她的实际称号不是"六皇后"而是"大皇后"，即她的蒙古称号也可合敦（Yeke Khatun）的直译。显而易见，这一错误是 13 世纪时在汉人作者中产生的，因为"六"和"大"在字型上是相似的。见［397］罗依果：《论脱列哥那 1240 年的旨令》，第 42—43 页。

脱列哥那继续用她已故丈夫的名义管理国家事务。

可是，脱列哥那的权威在军事领域中受到了某些限制。窝阔台去世时正在进行的大规模军事行动，比如入侵中欧，都自动停止了，因为蒙古宗王们和多数高级将领必须回去推选继承人。脱列哥那摄政期间恢复了一些军事行动，但所有行动的目标和规模都明显地有所限制。例如，拜住得到允许完成消灭鲁迷国塞尔柱王朝的战斗。另一个同样是范围有限的作战行动是攻击淮河以南宋朝控制的区域。这场战役以 1245 年蒙古军占领寿州（今安徽寿春）而告终。[①]

然而在行政管理和财政事务方面，有许多迹象表明，摄政者享有广泛的权力，并打算将这些权力运用到最大限度。例如，1244 年脱列哥那批准在外高加索地区发行新的货币，旨在使人头税的征收更加容易。这是一个开端，在下一个十年里，蒙哥汗（1251—1259 年在位）更加有系统和更加广泛地努力使帝国税收货币化。[②] 摄政者不仅仅是一个暂时代理者，这一点可由她的人事策略进一步证实。她从政府里将镇海和其他一些中央部门的官员赶走，并且对行省的领导者进行了清洗：波斯的阔里吉思、阿母河的马思忽惕伯、中原的马合木·牙老瓦赤，所有这些窝阔台任命的人，很快都被免职。牙老瓦赤尤其为脱列哥那所痛恨，为了从她的代理人手下保全性命，他被迫逃走，最后得到了窝阔台次子阔端的庇护。

脱列哥那将这位逃走的花剌子模人的职位又交给了以前被免职的奥都剌合蛮。中原再次落入贪得无厌的包税人手中。虽然脱列哥那摄政期间实行于中国北部的经济和社会政策很少有记载，我们仍然可以做出合理的推测，那与奥都剌合蛮首次掌权时应该是十分类似的。

贵由的即位与宗王之间的争端

虽然脱列哥那所做的人事更动，砍掉了行省的共同管理性质，从而招致一些蒙古宗王的不满，但即使这样，也没有人公然站出来反对

---

① ［653］《元史》，卷 2，第 38 页。

② ［445］M. A. 塞非迪尼：《具有大蒙古国别乞铭文的钱币》。

她。在她的反对者们看来，她的权势只不过是暂时的，而她那些令人不快的政策在将来的某个时候会很容易被改变。然而，在继承权问题上，脱列哥那遭到了强烈的抵制。任何帝国权力的易主都不可避免地成为激烈政治斗争的焦点，而且最终会导致宗王之间的武装冲突，因为至少在原则上他们所有的人都有资格登上汗位。而在蒙古人的不健全的但在发展中的继承体制下，即继承人由大汗提名，实际上很容易防止上述情况发生。[①] 因此，由于全体皇族的长期利益以及它的每个成员的个人野心都处在紧急关头，脱列哥那为了达到她的目的，被迫就这些关键性问题与所有派系谈判。

脱列哥那将她的长子贵由推上汗位的计划主要遭到来自两个方面的反对。首先，因为窝阔台曾经提名他的孙子失烈门（他是已故合罕三子阔出的长子）为继承人，所以摄政者的家庭内部出现了不满和抵制。[②] 这可以解释为什么脱列哥那的敌人，诸如马合木·牙老瓦赤等可以在其他窝阔台系的宗王们那里获得庇护，以及为什么脱列哥那一定要罢免她丈夫的大臣。虽然失烈门的继承人身份被脱列哥那成功地剥夺了，但在皇室的其他分支中立即出现了另一股更加难以对付的反对力量。

贵由在同辈的宗王中树立了强大的敌手，他们中最重要的是金帐汗国的创建者、公认的术赤系的领袖拔都。这两个人公开地鄙视对方。存在于他们之间的根深蒂固的敌意起因可以往前追溯：在1236—1241年欧亚大陆西部的征战中，两人的个人意见不合乃至关系破裂。当时争论的问题是谁人在上，谁位在前。这一争执如此激烈，以致窝阔台被迫亲自出面调停，作出了有利于拔都的结论。[③] 这自然进一步损害了两个宗王间的关系，以及贵由和他父亲间的关系，并可能是促使窝阔台决定选择他的孙子失烈门为继承人而非他儿子的

① 关于草原民族中继承斗争的性质，见［113］傅礼初：《奥托曼帝国中的突厥——蒙古人的君主制传统》。

② ［404］《史集》，第1卷，第445页；［38］《成吉思汗的继承者》，第120页。

③ ［76］《秘史》，第275—276节（第215—217页）。

原因所在。

1241年，当窝阔台身患重病的消息传到了依旧长期不和的西部战线的蒙古宗王们之中时，贵由立即离开了前线赶回他父亲的身边，可能是想解决他们之间的不和，并藉此提出他个人对汗位的要求。合罕在他儿子到达前死去了，但脱列哥那已经代表她儿子展开了积极的行动。用一种也许是很不体面的方式仓促宣布了她丈夫的死讯后，脱列哥那在1241年秋天匆忙召集了忽邻勒台，希望能够确保贵由迅速即位。

拔都自己虽然并没有掌握帝国的野心，但他决定要阻止他所痛恨的对手贵由登基。因此他声称一次严重的痛风正在困扰着他，以此为借口拒绝前去参加忽邻勒台。术赤系所用的这种策略使贵由的即位问题拖延了几年之久。[①] 在此期间，脱列哥那继续坚持她的做法，以她的地位和影响为她的儿子寻求支持。在许多阴谋诡计和政治上的明争暗斗之后，摄政在皇室内部得到了她所必需的一致支持。1246年夏天，一次新的忽邻勒台在克鲁伦河边召开，正式推举贵由为大汗。对此强烈不满的拔都直到最后依旧抵制，他再次称病，拒绝出席贵由的即位典礼。他派长兄斡儿答代替他作为术赤家族的代表去参加正式仪式。

拔都和贵由间的公开冲突虽然避免了，但是术赤系对新大汗的接受却是非常勉强和不情愿的。当时反对贵由即位的激烈程度被一位与这些事件生活在同一时代的作者在其著作《鞑靼关系》中揭示出来，他说，新的皇帝“以一票的多数”当选。[②] 当然这并不完全准确，但真实地反映了蒙古宗王间不断滋长的紧张政治气氛。进一步反映皇室内部发生分裂的事情，是另一个有资格获取汗位的人，成吉思汗的幼弟铁木哥斡赤斤，希望在意见广泛分歧的局势下获利，试图在不正式召开忽邻勒台的情况下为自己夺得汗位。正如方济各会修士迦儿宾所说的那样，因为“他想不经推举而获得汗位”，所以王公们集会同意

① [404]《史集》，第1卷，第523—524页；[38]《成吉思汗的继承者》，第120页。
② [467] R. A. 斯克尔顿译：《芬兰地图及其与鞑靼的关系》，第84页。

将其处以死刑。[①] 这是在内部权力斗争中第一个被杀的皇室成员。

于是贵由在一片怀有敌意和猜疑的舆论中即位。此后的继承危机将证明会有更多的人为此丧命，并终将损害大蒙古国的团结和力量。

贵由管理下的王国

贵由在登基的时候年届四十，像多数蒙古王子一样，他的青春都消耗在各项战事上。他曾经攻打过金朝，参加过1239—1240年间征服北高加索的战斗。根据可以找到的所有材料来看，他在即位以前儿乎甚至完全没有朝政管理经验。

贵由刚开始他的统治，就对他的支持者——上至皇室宗亲，下到低级书记——给予大量价值昂贵的赏赐：珠宝、华丽的服饰，以及大量金钱。波斯史料对此的记载给我们留下的明显印象是，他在即位的时候所表现的异乎寻常的大方，并不仅仅为了展示皇家的慷慨，而是偿还为了夺取汗位所欠人情的大规模政治性的报酬。[②] 实际上，在他短暂而且无所建树的统治期间，贵由继续着无节制地对皇室成员和军队进行赏赐的习惯，这大大削弱了帝国的库藏。

作为一个善意的表示，新的大汗恢复了许多在脱列哥那摄政期间被解职的行政管理官员的职位。中书令镇海与他以前的同事们一起官复原职。对突厥斯坦的管理权再一次被交给了马思忽惕伯。他的父亲马合木·牙老瓦赤以大断事官（也可札鲁忽赤）[③] 的名义被派去主管中国北部的行省。脱列哥那在中原的代理人奥都剌合蛮在被免职后处死。尽管以前的统治制度在很多方面都被重新恢复，贵由仍有可能让他的几个亲信出掌重要位置。其中主要是他的阿塔毕（atabeg），或者说是他的老师聂思脱里派教徒乃蛮人合答。按照迦儿宾的说法，合答掌握了“整个帝国的监察机构”[④]。

---

① [87] 道森：《出使蒙古记》，第25页。

② [19]《世界征服者史》，第1卷，第209页；[18] 波义耳译本，第254—255页。

③ [610] 程钜夫：《雪楼集》，卷25，17b。

④ [87]《出使蒙古记》，第66—67页。关于他的阿塔毕称号，见 [19]《世界征服者史》，第1卷，第213页；[18] 波义耳译本，第1卷，第259页。

帝国统治方式中共同管理原则的恢复，似乎无论在名义上还是在实质上都得到新大汗的认可，它在很大程度上是其他宗王派系作为他们支持贵由登基的代价而对窝阔台系索取的让步。例如贵由在位的第一年，在对大名路（今河北）皇家领地的管理中发生的不法之事被报告上来以后，这一关系重大的事件由两人共同进行调查。一个是宫廷的代表，党项人昔里钤部，另一个是拖雷家族的长期随从不只儿。应该注意到，有趣的是，这一事件中决定性的资料，大名路的审查文件，被拖雷系的代理人所控制，而非大汗的代表。① 贵由的皇室同胞对帝国的事务很感兴趣。

令人遗憾的是，关于这一时期帝国管理中国北部的安排和措施的资料是非常缺乏的。就连大断事官马合木·牙老瓦赤的活动也不为人所知。从仅存的记载可知，贵由的主要管理工作是尽力收集帝国人口的最新数字。一道在中原地区进行人口调查的命令于1247年底发布。大约在同时，伊朗和斡罗斯公国在一定的范围内也进行了类似的工作。在中原获得的所有数据的记录在任何地方都没有保留下来。如果这项工作确实曾经开展，可能从未完成。②

一般说来，在贵由管理下的帝国政府缺乏活力，而且表现出了一种分散的倾向——如果不是分裂的话。其结果是，地方官员享有充分的机会去役使下属的人民，而这又导致了在中国北部的乡村和城市中，"盗匪"和叛乱到处蔓延。③ 中央权力的被侵蚀，部分是由于术赤系的不妥协。但形势由于贵由自己的领导无方而恶化。像他父亲一样，他早年是个酒鬼，长期疾病缠身也令他付出许多代价。在他登上汗位的时候已变得如此衰弱，以至于在管理帝国事务方面既没有活力，也没有兴趣。他对发挥他的臣民的力量没有任何的全面计划，而且由他提出的寥寥无几的政策从未得到过有力的贯彻实施。例如，最初，他宣布要取

① ［653］《元史》，卷122，第3012页；［609］姚燧：《牧庵集》，卷19，10b—11a。

② 关于这次登记的详情和史料，见［8］托马斯·J. 爱尔森：《1245—1275年蒙古在俄罗斯的户口调查》，第36—38页。

③ ［606］胡祗遹：《紫山大全集》，卷151，20b—21a，叙述了1247—1249年之间几次这样的突发事变。

消一切在窝阔台和脱列哥那时期颁布的未经正式认可的皇家诏令（札儿里黑，jarligh）和象征权力的符牌，但是很快他自己在这一点上也变得同样的不严格，以致他的继任者蒙哥被迫再次设法去控制这些弊端。看来贵由所有精力都用于宴会、狩猎和时刻提防拔都上了。

仿佛是为了给帝国增加灾难，贵由的放荡走向了极端。他不停地将数目很大的金钱和珍宝赏赐给他的支持者们，这很快就使他那些忠诚的大臣们提出了警告。不过，宫中在这方面提出的批评，对大汗没有什么明显的影响，他自己宣称他首先希望能够在赏赐的数目和慷慨的程度上超过他的父亲。[①] 在这方面，他确实有希望达到领先地位：波斯的编年史记载了贵由在临死的时候签署一份字据，以国库储存来抵付他赏给支持者们的总价达 50 万锭银的各项奢华品。[②] 这个数字可能被夸大了，但它清楚地表现出贵由沉溺于此并向斡脱商人借贷了大量财物。贵由与斡脱商人们的大量交易，以及商人们因此给宫廷带来的影响，这些表明在窝阔台的时代滥用这些斡脱商人的情况——承包税收、高利贷、侵吞款项以及勒索——再次成为风气。

贵由之死和斡兀立海迷失摄政

贵由短暂的在位期间，军事行动很少进行，并且被限制在一定范围内。1246 年至 1247 年，对湖北和安徽的宋防线发动了有限的攻击。大概在同一时间，西亚的新统帅宴只吉带在伊朗进行了一些较小规模的战役。蒙古在这一时期失去了其特有的侵略性与皇室成员间持续的紧张气氛大有关系。拔都对于贵由接掌汗位的妒忌，是造成他们之间分裂的核心问题。这两个人之间的公开冲突看来一触即发，所以宗王们不愿意将自己的大量军队投入新一轮的对外扩张中去。帝国正处在内战边缘，即将成为敌人的王公们为了不可避免的军事冲突而节约使用自己的力量。

---

① ［404］《史集》，第 1 卷，第 574 页；［38］《成吉思汗的继承者》，第 188 页。

② ［19］《世界征服者史》，第 3 卷，第 83—85 页；［18］波义耳译本，第 2 卷，第 603—604 页。

虽然史料叙述比较模糊，但某些证据似乎暗示，贵由以罕见的坚定与果敢先发制人，迫使拔都摊牌。1247 年秋天，大汗离开了漠北，前往他在叶密立河流域的分地，诡称是一次巡视。实际上，他以后的行动表明，所谓“巡视”的真实意图是他想不引人注意地进入准噶尔地区的适当位置，以便向他的敌人在西部的领地出其不意发动袭击。究竟是什么事情——如果曾经发生过的话——促使他决定在这一特定时间前去攻击术赤系已无从可考。无论如何，贵由一抵达准噶尔，就着手整编和扩充他的军队，为即将开始的攻击做准备。大汗发布诏旨，命令“蒙古人户每百以一名充拔都鲁（蒙语：badur）”[①]。因为后者是皇家卫军中的重要组成部分，通常用做大汗的前锋部队或者精锐突击部队。[②] 很明显，贵由对不久即将开始的进攻行动做了反复考虑。

大汗的准备工作完成以后，便于 1248 年春天离开了准噶尔的营地，率领大批军队，向西前进。此时拔都驻军于阿剌豁马黑，此地位于巴尔喀什湖以南，正处于贵由大军的行军方向上。在这个关头，拖雷的寡妇，表面上看似与窝阔台系关系很好的唆鲁和帖尼别吉秘密遣人前去警告拔都，要他注意大汗的动向以及敌对意图。这个行动明显的是要为她精心安排的将其子蒙哥推上帝国宝座的计划争取术赤系的支持。

拔都及时得到了警告，整军待战。贵由虚弱的身体终于支持不住了，他死于横相移儿，该地离畏兀儿人的夏都、位于天山北坡的别失八里有一周路程。一场酝酿已久的对抗终于被避免了，战争随着贵由的死亡而烟消云散。贵由的遗体按照他的遗孀斡兀立海迷失的意愿，被运回他在准噶尔地区的分地加以埋葬。

尽管拔都对窝阔台系的敌意是公开的，但他仍然承认斡兀立海迷失在忽邻勒台推选出新大汗之前作为帝国摄政者的权利。不过，她的权力受到了限制，因为拔都规定她必须保留死去的大汗的大臣和官员们的职位，而且在脱列哥那时代曾经发生的对管理人员的大清洗将不

---

① ［653］《元史》，卷 2，第 39 页。袁桷也注意到了贵由计划对拔都的进攻，见［611］《清容居士集》，卷 34，24b—25a。

② 见［195］萧启庆：《元代的军事制度》，第 36 页，关于“勇士”的详述。

会再被宽恕。①

不同于迅速集结在拖雷长子蒙哥周围的反对派们，窝阔台系很难为空着的汗位确定自己的候选人。斡兀立海迷失被迫在平息自己家庭内部的不和上花费大量时间，同时还要阻止拖雷系的合法候选人登上汗位。按照志费尼的叙述，在这种形势下，空位期间政府很少处理公务，不过是在“跟商人交易，临时拨款给各地和各邦，派遣下层驿使和税吏而已”②。

关于斡兀立海迷失摄政期间帝国定居地区实行税种和税率的细节十分缺乏，但是《大元马政记》③ 中记载的对游牧民的牧群征税（khubchir，忽卜赤儿）的资料是可以查到的。这种税构成了游牧人口对中央政府的主要财政义务。按照保存在《大元马政记》中的法令所规定的细目，这种税最初在 1234 年的时候确定每百头牲畜纳一头的比例。根据这种制度，拥有牲畜数目少于百头的牧人根本就不必纳税。不可理解的是，按照 1250 年 7 月发布的诏令，斡兀立海迷失和她的顾问将税率做了大幅度的调整，上升到每十头牲畜要交纳一头。我们很难弄清这一措施背后的依据，因为其结果很可能减弱而不是加强了帝国关键的核心力量——游牧民——对窝阔台系竞争汗位的支持。在这方面的短浅目光表现了窝阔台系全体成员的愚蠢无能，他们把汗位留在家庭内部的努力徒劳无功，更显示出这一点。

帝国的极盛：蒙哥汗时期，1251—1259 年

蒙哥和他的对手

因为内部分裂且无法产生一致的候选人而使自身团结起来的窝阔

---

① [19]《世界征服者史》，第 1 卷，第 217—218 页；[18] 波义耳译本，第 1 卷，第 263 页。

② [19]《世界征服者史》，第 1 卷，第 219 页；[18] 波义耳译本，第 1 卷，第 264—265 页。译文引自波义耳书。（译者按：此处译文引自中译本上册，第 310 页。）

③ [638]《大元马政记》，29b—30a 有关译文见 [33] 鲍登和札奇斯钦：《大元马政记简注》，第 254—255 页。

台家族，很快便发现他们对汗位的觊觎受到成吉思汗后裔的另一支拖雷家族的有力挑战。拖雷家族为了这个时刻已在拖雷的寡妇唆鲁和帖尼别吉（死于 1252 年）领导下做了长期的准备。她是一个颇有能量和政治才能的女人，自从 1232 年丈夫死后便主持家族的事务。[①]

唆鲁和帖尼别吉为把她的儿子蒙哥推上汗位进行了周密的策划。首先，她孜孜不倦地塑造拖雷家族慷慨和无私地为帝国效劳的形象。为了使这一目的合乎道义，她使她的家族在爆发于 13 世纪 30 年代和 40 年代的诸王争斗中保持中立，并且温顺地接受了忽邻勒台的各种决定。同样，根据她的意见，拖雷家族一直和在位的大汗合作，并用他们的大量军队支持帝国的出征。尽管有些做作，这种精心造成的坚定地忠于成吉思汗遗训的声誉，后来被用来证明拖雷家族的道德品质适合担当帝国最高职位。

唆鲁和帖尼别吉还带头为蒙哥问鼎汗位向其他家族寻求支持。在和窝阔台家族保持友好和适当关系的同时，她和她的家庭私下培养与术赤家族的友谊，对拔都日益衰退的健康表示强烈的关心，给予他作为成吉思汗家系中长者的首领应受到的尊敬。由于敌视窝阔台家族，同时也因为他自己对汗位缺乏兴趣，拔都在拖雷家族追求汗位时很自然地与之结成同盟。当贵由打算挥军西进时，唆鲁和帖尼别吉及时向拔都发出了警告，这正是两个家族达成秘密谅解而联结在一起的必然结果。

在贵由汗死后，术赤家族立即公开表示他们与拖雷家族的事业休戚相关。拔都决心使窝阔台家族不再拥有汗位，所以急速地在阿剌豁马黑（他曾在该处等待贵由军队的到来）召集一次忽邻勒台，表明他将选择蒙哥为大汗。窝阔台家族拒绝参加这次忽邻勒台，他们宣称，新汗的选举应在斡难——怯绿连地区举行。他们的这个理由得到察合台诸子的支持，因此得以推迟会议的召开。

但是，除了阻止立即确认拖雷家族的候选人之外，窝阔台家族很

① 关于她非凡经历的描述，见［425］莫里斯・罗沙比：《忽必烈汗和他家族的妇女》，第 158—166 页。

少有作为。贵由的两个儿子脑忽和忽察都公开要求嗣位，还有他们的堂兄弟失烈门，三人各建立自己的宫廷，每个人都有一群支持者，结果是斡兀立海迷失无法使之形成针对敌手的共同阵线。

与此同时，蒙哥的支持者未被早先的抵制所阻挡，仍坚持劝说窝阔台家族成员参加会议。在施展了种种花言巧语之后，拖雷家族的代表终于成功地与忽察和脑忽达成协议：如果他们不能亲自前来，至少会派代表参加忽邻勒台。在此基础上，由拖雷系和术赤系控制的阿剌豁马黑大会在 1250 年举行。[①]

拔都开宗明义，他建议由蒙哥继承汗位，并主张立即给予确认。正当忽邻勒台打算这样做时，一名来自斡兀立海迷失处的使者意外到达，建议失烈门为窝阔台家族的候选人。对于失烈门来说，现在提出来已为时过晚。在申辩时，使者指出，窝阔台曾正式指定失烈门为他的继承人，拖雷家族反驳说，已故合罕的训令早已为他的家庭公然违背，这一理由不再有效。[②] 失烈门的代言人难以反驳这种论点，只得坐下。拔都和速不台之子兀良合台命令与会者拥戴蒙哥为大汗，人们未经进一步辩论就照办了。在适当的缄默以后，蒙哥登上了汗位。然而，出于对蒙古传统和对他们对手批评的敏感，拖雷家族决定在斡难——怯绿连地区召开第二次忽邻勒台，正式确认新汗并举行登基仪式。

在过渡期间，唆鲁和帖尼别吉与拔都再次试图说服敌对家系的成员心平气和地接受蒙哥的当选。经过一年的努力，少数窝阔台家族和察合台家族成员投靠拖雷家族。有了这些背叛者掌握在手中，第二次也是正式的忽邻勒台于 1251 年夏在阔兀帖阿阑召开，这是 1206 年成吉思汗登基之地。拔都自己没有参加，但却派去了他的兄弟们和儿子们，带着一支庞大的护卫军。出席的还有成吉思汗兄弟的后裔以及少

---

① 关于这次忽邻勒台的日期，有 1249 年或 1250 年的不同记载。见［371］伯希和：《蒙古与教廷》，第 3 卷，第 199—201 页，注 3。

② ［653］《元史》，卷 3，第 44 页。［403］拉施特：《史集》，俄译本，第 1 卷，第 1 分册，第 140—141 页。

数窝阔台家族和察合台家族的诸王。因此，表面上，成吉思汗家族的各支系都有代表与会。不出所有人意料，没有任何反对就认可了上一次对蒙哥的选举。在接着举行的庆典上，新大汗特别关心那些脱离本家族前来与会的人，为他们做出的牺牲给予慷慨的赏赐。

那些抵制两次忽邻勒台的人们现在面临困难的选择：要么默认既成的事实，要么设法废黜大汗。在与家族协商后，落选的窝阔台系候选人脑忽和失烈门在两者之中选择了后者，决定采取孤注一掷：公开宣布他们前往参加即位典礼，向蒙哥表示祝贺，并承认他的权威，暗地里决意刺杀没有疑心的大汗和他最接近的支持者。

他们的大胆而又准备得很好的计划几乎成功，但由于纯粹的偶然事件而突然暴露。为了寻找一头丢失的牲畜，蒙哥家中的一名驯鹰人偶然遇到一辆失烈门辎重车队的马车，它是因损坏而落在后面的。他发现不少武器被秘密地藏在车中，便急忙回到大汗营帐，警告他的主人可能遭到袭击。心存怀疑的大汗一旦清楚了这个情报是真实的，便派遣他的禁卫首领忙哥撒儿处理这一威胁。阴谋家们并不知道他们的计划已经泄露，被轻易地解除了武装并且遭到逮捕。[①] 分裂和愚笨使窝阔台家族失去了汗位，而他们为挽回损失而贸然采取的行动，不久就使他们中的许多人付出了生命。

清洗、统一和正统

为诸王的阴谋所警觉，蒙哥担心出现更多的危害自己生命的阴谋，同时渴望报复，便发动了一次无情的广泛的清洗。术赤系和拖雷系的军队组成一个巨大的捏儿格（蒙古语，意为士兵排成半圆形的战斗队列），并且下令肃清待罪诸王在蒙古、准噶尔地区和突厥斯坦的同谋。已经在监禁中的待罪诸王则由大汗亲自审问。忽察、脑忽、失烈门和其他后来牵连到阴谋之中被证明有罪的人，起初被流放，或监

① 这段情节在多种独立的资料中详细叙述，例如，[653]《元史》，第 3056 页；[87]《出使蒙古记》，第 147—148 页；[19]《世界征服者史》，第 3 卷，第 39—47 页；[18] 波义耳译本，第 2 卷，第 574—579 页。

禁在军营之中，随后被全部处死。斡兀立海迷失和失烈门的母亲合答合赤同样受到审讯。她们被带到唆鲁和帖尼别吉的营帐，并被指控谋反和使用巫术。在饱受屈辱和虐待以后，她们都被处死，或者如一些资料所说，被允许自杀。

窝阔台和贵由的大臣镇海、合答以及他们的同僚，被带到蒙哥的大断事官忙哥撒儿面前，他们被宣告犯有唆使脑忽和失烈门叛乱之罪，需用生命来抵偿。作为窝阔台系长期的家臣，他们不能改变效忠的对象和进入新的政权，因为一个蒙古亲王与他的家臣总是荣辱与共的。

地位较低的人物则由蒙哥派遣到帝国各地的断事官（札鲁忽赤）审查。例如，在阿富汗斯坦的也里，一个亲察合台系的书记被蒙哥的代理人定罪，在进行泛泛的审问以确定这个地区的蒙古官员反拖雷系的程度之后，被处以死刑。① 即使在遥远的伊拉克，断事官也设法查出并惩罚反对者和叛乱者。

这场血腥的清洗决不仅限于皇家和政府官员，它涉及到了所有附属国家的首脑，他们每个人都被要求亲自前往哈剌和林谒见新的合罕。那些保持中立或者支持拖雷系的人得以保全地位，而那些表示同情窝阔台系的人们则被迅速消灭。畏兀儿的亦都护撒林底被发现与斡兀立海迷失结成同盟，便根据蒙哥的命令被斩首。亦都护的兄弟和继承人玉古伦赤曾向拖雷系表示忠诚，充当了撒林底的刽子手。同样的命运也降临在位于伊朗境内的一个附属国起儿漫的统治者身上。

受害者的总数已无法知道，但无可置疑是个大数目：忙哥撒儿声称他亲自审问和处死了 77 个大臣和官员，根据当时包括蒙哥自己在内的目击者的证言，毫无疑问，窝阔台系和察合台系宗王的队伍相当可观地缩小了。② 显而易见能从蒙哥的罗网中漏脱的反对者很少，因为在他统治的其余岁月中，宗王的反抗是个别的。

---

① ［439］撒亦夫·伊本·穆哈默德：《也里州志》。

② ［87］《出使蒙古记》，第 203 页；［249］刚扎克茨·乞剌可思：《阿儿马尼（亚美尼亚）史》，第 236 页。

拖雷系的胜利自然导致皇族宗王间关系的较大调整。首先，蒙哥于 1251 年安排他的两个弟弟忽必烈和旭烈兀分别管理中原和西亚地区的时候，实质上创造了两个新的地区汗国。通过这个行动，他巩固了拖雷系对帝国中大多数经济上出产丰富的地区的控制，而且因此加强了他对其他皇室族系的权力。

那些屈服于大汗的窝阔台系的成员被授予广泛分散在内亚的领土。窝阔台的一个孙子海都被赐予巴尔喀什湖以南的海押立城，他的兄弟灭里得到了沿也儿的石河的土地。结果，“顺从的”窝阔台系的成员对自己的地位没有什么办法，并且谨慎地彼此分离起来。在海都复兴家族的时机来临之前，这种情况将持续近二十年。

关于察合台系，在位的亲窝阔台系的也速蒙哥汗被废黜并处死，由他的侄子——曾在 1242 至 1246 年间掌权的哈剌旭烈兀取代他。由于贵由支持也速蒙哥而被免职，哈剌旭烈兀因此被激怒，并成为拖雷系早期的拥护者。他是一个多病的人，死在前往他位于中亚的斡耳朵（营帐）的道路上，根据皇家的法令，他的小儿子木八剌沙继承他，由他的寡妇兀鲁忽乃摄政。

这样，两个竞争的族系暂时变得衰弱，而且顺从大汗的意志。蒙哥与拔都的关系必然是在一个非常不同的基础上处理的。就谱系而言，术赤系长于蒙哥，并且在争夺汗位的斗争中是蒙哥的主要支持者。因此大汗给予拔都特殊的尊敬，并对他的援助表示极大的感谢。但这并不像有些人设想的那样：拔都是一个最强大的汗位拥立者，他保证拖雷系拥有汗位，从而使自己获得帝国的西半部为报答。[1] 事实上，拖雷系通过自身的努力使实力强大起来。唆鲁和帖尼别吉是真正的汗位拥立者，而且拖雷系掌握着大部分成吉思汗的军队，这使实力的天平倾向他们一边。

实际上，蒙哥从来未曾在外交或军事事务上给拔都以任何皇家特权。到达术赤系领土的外国使节通常被转送到哈剌和林与大汗直接进行谈判。大汗能够而且确实从术赤系的军队中调派相当大的分遣部队

---

① 这是 W. 巴托尔德在［28］《突厥斯坦史》中的论点，见第 2 卷，第一部分，第 148 页。

参加其他皇室族系成员获利的战役，例如在1257年至1258年旭烈兀攻击报达的战争中就是如此。金帐汗国的内部事务由两者共同管理：一切主要的行政工作——实行人口调查、征集赋税和类似的事情——由大汗和术赤系的代理人共同承担。在理论上，共同管理的原则在其他地区的汗国同样起作用，但实际上，只有在金帐汗国的范围之内二者是平等的。在帝国的其他地方——中亚、中原、伊朗——皇帝明确地占据着对其辖下的汗王的统治地位。

在加紧巩固自己势力的同时，拖雷系将很大的注意力放在正统问题上。继承权明显地引起了争论，蒙哥感到有必要向全体蒙古人民证明他的即位是正当的。

在关于继承权的争论中，拖雷系通过强调两次忽邻勒台的“合法性”巩固了蒙哥的执政地位。他们指出皇室的所有支系都曾派出代表，所以会议也因此宣布了合法的一致意见。相反地，他们强调，窝阔台系不讲信义地背叛了正当组成的忽邻勒台的决定。为使这个消息传遍各地，实行清洗的审判被当成讲坛，窝阔台的宗王们自己在法庭上陷入了绝境，供认了他们的罪行，承认两次忽邻勒台的合法性。蒙哥因此合法拥有了王冠。为了支持他们对汗位的所有权，拖雷系将蒙哥描绘成成吉思汗传统的化身，一位惟一不屈不挠恪守札撒的规范并具有执政资格的人。蒙哥本人自豪地主张“遵祖宗之法，不蹈袭他国所为”①，简洁地概括了拖雷系这方面的情况。为进一步地努力使他们自身遮蔽在祖先的覆荫之下，1252年，拖雷系开始正式地对成吉思汗表示崇拜。同时，埋葬在父亲身边的拖雷被追封为汗，并且也成为官方倡议的崇拜对象。

为反驳拖雷系的说法，窝阔台系只是争辩成吉思汗在指定窝阔台为他的继承人，曾经打算将汗位保留在他第三个儿子的家族里，因而，无论蒙哥得到什么资格或认可，都不能被认为是合法的大汗。当然，他们的前提是，拖雷系有争议的继承权源于成吉思汗和窝阔台在这个问题上的声明互相矛盾。无论拖雷系的这些或其他断言是否真实

① ［653］《元史》，卷3，第54页。

都不是关键，重要的是拖雷系广泛而且有效地传播了有利于他们的合法继承权的可信的事实。

政府机构

早在即位之前很长时间，蒙哥就为了可能将转移到拖雷系手中的皇家权力建立了一个影子政府。① 新的中枢机构代替了由镇海和合答为首的政府，以皇家护卫军的指挥官忙哥撒儿为首脑。忙哥撒儿是一个来自札剌儿部的蒙古人，职位是也可札鲁忽赤。他负责管理中央政府的日常事务，并监督诸王分地的管理。仅次于他的是克烈部的孛鲁欢，一个聂思脱里派的基督徒。他负责书记和财产管理，安排会见，并且随时记录大汗的旨意。忙哥撒儿死于 1253 年，此后，孛鲁欢继承了死去的同僚的职位，但未改变他原先的职能。

在两届政府中，中枢机构在汉语中都被称为中书省，其下再划分出几个部，各自有自己的长官。这些部分别负责祭祀和萨满、管理斡脱商人、驿站（站赤），以及国库和武器库。在政府的上层官员中，掌权的几乎都是蒙古人。然而具体办事人员，大多数都是非蒙古人，因为每个上层官员都需要一大群能流利地使用帝国疆域内各种主要语言——比如汉语、吐蕃语、畏兀儿语、党项语、波斯语以及蒙古语的书记，以协助他进行工作。办事机构是如此之大，保存的记录是如此广泛，以至哈剌和林的 1/3 归他们专用。他们在许多大营帐中生活和工作，并且经常陪同大汗出巡。

根据一种固定的制度，蒙哥用他自己的扈从以及拖雷系的部众充实了中央政府，其核心人物都是从他的父亲那里继承来的。忙哥撒儿和孛鲁欢的经历显示了这种选拔人才的模式。最初这两个人的祖先在成吉思汗的护卫里担任低级职务。成吉思汗死后，他们的家庭由拖雷继承，从此忙哥撒儿和孛鲁欢开始了在拖雷护卫中任职的生涯。拖雷死后，这两人都为唆鲁和帖尼别吉效力，并且在蒙哥即位前的年代里被提升到了蒙哥家族机构中显著的地位。这种选拔和效力的模式在低

---

① 这一部分是以我的论文 [6]《蒙哥汗时期的护卫与统治机构》为基础写成的。

阶官员中同样适用。中书省里所有的汉人书记的经历都从担任拖雷或蒙哥的怯薛中的必阇赤开始。总之，蒙哥手下所有官员的能力和忠诚都在拖雷系完全控制政府之前而效命于拖雷系的年代里被考验并进一步证实了。在早期的蒙古帝国里，试图在这种选拔的过程中区分出护卫、家族和中书省有什么机构上的明确差别是困难的，这样做也许是没有意义的。从任何角度来讲，它们都是一个统一体，它们同时作为护卫机构、精锐军队、法庭和帝国政府而存在。

在中书省之下，蒙哥保留了由窝阔台最初设立的地区行政机构体系。这些机构被恰当地称为行省（汉语称作行中书省），实际上是中书省的分支机构。蒙哥选择的掌管这些行省的人——中原的马合木·牙老瓦赤，阿母河的马思忽惕伯，还有伊朗的蒙古斡亦剌部人阿儿浑阿哈——都是自贵由时代留下来的。这三人之所以能够在政权的更替中生存，是因为他们都是有经验的行政官员，而且，至少从理论上讲，他们是在帝国定居部分中成吉思汗整个族系的代理人。

蒙哥尊重在各地区共同掌权的原则，允许有关蒙古诸王各自任命代理人（在波斯的记载中称作"那可儿"）在行省任职。例如，在中原，马合木·牙老瓦赤的主要助手是忽必烈的一个汉人助手赵璧。值得一提的是，这位花剌子模人的另一个助手，是大汗自己家庭的长期追随者不只儿。同样的情况也在伊朗通行，拔都、旭烈兀、唆鲁和帖尼别吉以及蒙哥都在阿儿浑阿哈的幕府里安插了他们指派的那可儿。

在地区一级，本地的精英人物，例如，斡罗斯公国的贵族和吐蕃寺院的教派通常留在适当位置，在由大汗从家臣中指定的达鲁花赤（在西部地区通常被称为八思哈）警惕的监视下执行政府职能。

这样的管理体系本质上是在蒙哥以前诸汗时形成的。实际上，蒙哥并非是改革者，他仅仅是运用流传下来的制度。然而，他是一个成功地支配着政府机构的强有力并且从不倦怠的管理者。当然，他能够直接驱使和牢固控制他的中书省，因为他与他的机构生活、工作、饮食都在一起。而且在他的直接监督下，中书省从上面严密地监控着地方政府的工作，经常审计他们的账簿，审查各级官员。另外，蒙哥的那可儿被直接派往行省，从内部监视那些机构，而且，他的达鲁花赤从基层仔细地检查那些人的所作所为，向大汗报告任何反常行为。蒙哥对他的帝国的各项管理活动——从策划到实施——都了如指掌，并且专心致志，因而在绝大多数场合他有可能不顾宗王或地方势力的反对，推行他的政策。

皇帝的计划

不同于他的前任贵由，蒙哥登上汗位时已胸有成竹。他对帝国有着宏大的设想，既包括国内的改革，又包括对外扩张。在计划中，蒙古人民，无论是贵族还是百姓，都将注意力和精力完全投入其中，并为他的统治成功做出重大贡献。①

大汗在1251年的忽邻勒台之后很快就首次宣布了他的改革措施，其目的是要保证中央政府自由利用帝国的财物并削减诸王和官员们无限制的征税。② 作为第一步，蒙哥废除了自成吉思汗时代以来所发布的象征权力的牌符、印章和札儿里黑（诏旨）。这样做的目的是为了从他的对手那里夺取帝国的资源，使他们不能继续未经许可就占用物品和劳役。他还严格地限制了他们使用站赤即驿站系统。诸王、官员、宗教的显要人物和斡脱商人早已习惯利用站赤为他们的个人需要服务，这妨碍了帝国驿传的使用，还增加了被分配去维护驿站的平民家庭本已沉重的负担。此后，只有官方授权的个人才有权力使用这个系统。分地宗王的权力也受到严密的监视，如果没有首先与帝国宫廷协商，他们再也不许对他们私人领地中的百姓随意召集和征税。

最后也是最重要的，蒙哥在他整个帝国里对估税和征税制定了统一和固定的体系。作为保证最大征税量的措施，大汗发布旨令，在已归属蒙古人统治的领土内恢复经济；在各个战场，破坏和屠杀要控制在最小程度；遗弃农耕地和被破坏的城市对帝国国库毫无益处。

① 据1254年访问蒙哥的鲁不鲁乞记载，蒙古人因他们的成就而骄傲，他们的远征将使世界上所有的人向他们投降。见［87］《出使蒙古记》，第149—150页。

② 这些措施的相同记载见于［653］《元史》，第45页；［19］《世界征服者史》，第3卷，第75—78页；［18］波义耳译本，第2卷，第598—599页。

这些改革的效果是很难衡量的。的确，1258 年对报达的掠夺表明破坏性的行为仍在继续。但即使旧习性非常顽固，蒙哥仍在认真地努力去阻止对定居地区进行不必要的破坏。事实上，严重违反旨意的蒙古官员受到严厉处罚。1258 年的某个场合，大汗鞭打了他儿子阿速带的随从，原因是在汉地干涉农业活动。同时，他对从汉地农民的菜园里抢夺蔬菜的官员处以死刑。在另一事例中，一名被控谋杀了一个波斯平民的蒙古万户长在犯罪地点呼罗珊的城市徒思的城门前被处死。①

复兴的计划也产生了一些实际效果。1219—1223 年间遭到严重破坏的突厥大城市的经济生活恢复到了被征服前的水平；中原的一些区域，例如河北的邢州，也被重建。为了支持这次改革，蒙哥将斡脱商人置于控制之下，大幅度减少宫廷的支出，并且成功贯彻并实施了新的税收措施。分地内部的状态的资料是有限的，但是只要大汗感到帝国利益受到危害，他就会对这些领域进行干预（详细情况见“忽必烈与中国北部”一节）。

蒙哥不是出自道德的考虑，而是为获得并控制支持扩张计划所需的资源而减轻和调整他的臣民的负担。他打算同时对南宋、高丽和西亚展开大规模的进攻，这样，从掠夺成性的诸王到逃税的农民，任何妨碍和阻止物资流动的人都会引起蒙哥的愤怒和憎恨。在计划中，平民仍然被压榨，但这是在一个正规和有系统的基础上，并且限制在帝国代理人的管理下。

通过将内部的改革和新一轮扩张相结合，蒙哥完成了两个较为重要的目的：首先，他使分裂的蒙古的统治精英忙于准备和实施军事作战行动；其次，以为军事行动取得物资为名，他使权力集中于中央，因而得以巩固对汗位的掌握。在这些情况下，对不满的诸王来说，在帝国贯彻成吉思汗命令他的人民去征服世界的遗愿时，是很难对蒙哥的权力发起挑战的。多数蒙古人，不管他们在其他问题上有什么分歧，通常都同意蒙古帝国的主要使命就是征服。

① [653]《元史》，卷 4，第 51 页；[403]《史集》，第 154 页。

无论这些政策中有多少是为自己利益服务的，都不能认为蒙哥只不过巧妙地利用成吉思汗的言语和声望来为自己的个人利益服务，他看上去是真诚地相信蒙古人有一个伟大的使命——统治全世界，并且对他来说，使他祖父的遗愿化为现实是义不容辞的。

动　员

为了确保进一步的征服战争所需的物资，蒙哥要求进行新的并且精确的全国性人口调查。这次人口调查旨在认定并动员帝国的财富和人力以投入战争，因而将牲畜、果园、原料（例如铁和盐的储备）还有人都列入清单。无论是调查范围还是严密程度，蒙哥的统计清单都超越了以前窝阔台和贵由的成就。①

在中原进行的调查始于 1252 年，是在蒙哥派驻马合木・牙老瓦赤机构里的代表不只儿的指导下进行的。在 1255 年、1257 年和 1258 年进行的补充调查弄清了流动人口的数字，并对新近投降地区的居民进行登记。在西亚，人口调查由阿儿浑阿哈负责。他与大汗的私人代表密切合作，在阿富汗、伊朗、伊拉克以及外高加索进行调查，时间在 1253 年和 1258 年间。在金帐汗国所做的登记最初于 1254 年发出命令，事实上统计在 1254 年开始于北高加索，1259 年在斡罗斯公国最北端的城市诺夫哥罗德达到高潮。

在这次调查里，就像以往一样，进行人口调查的队伍由大汗、各地区的汗以及其他有关的皇室成员的代表组成。积累起来的资料登记入册，调查一结束，就直接呈送给蒙哥。因为最新的人口调查数字都在控制之下，中书省能够对他们预期从特定地区或者附属国所得到的征税数量和军队征兵数目作出合乎情理而又精确的估计，这样使地方势力很难克扣应当上缴中央的资源。

按照马合木・牙老瓦赤于 13 世纪 30 年代在突厥斯坦创立的制度，平民百姓的纳税负担在被登记的时候就分别确定了。依照他的设计，一共只有三种基本税：向成年男子征收的人头税（khubchir，忽

① ［8］见爱尔森：《蒙古在俄罗斯的户口调查》，第 38—52 页。

卜绰儿)，以钱币支付；由农村人口以实物支付的农业税（khalan，哈阑)，以及在城市的市场和许多关卡所有商业交易以现金收取的商业税（tamgha，探合)。[①]

根据当时的穆斯林编年史家的详细叙述，忽卜绰儿是在帝国的每一处按照个人的支付能力而确定征收的。最初的税率在每年穷者 1 个第纳儿和富者 11 个第纳儿之间。但在事实上，这种方案只在最初制定和进行试验的地方——帝国的伊斯兰地区实施过。在中原分等课税的原则被保留下来，但忽卜绰儿（汉语科差或差发）的几个重要方面被修改，以适应汉人的习惯。在那里，收税以家庭为基础，而非个人，而且交纳珍贵物品，特别是丝绵以及白银。而且，最初每户每年为六两白银和半斤丝绵的最高税额，很快就减少了。蒙哥时代的科差，除了用白银交纳的部分数量增加了之外，与耶律楚材 1236 年进行的税制改革以后的情况差不多完全一样。

为了促进这项赋税的征收，蒙哥做出努力，在帝国各地，至少在那些已经有了货币经济经验的地区，投放更多的货币进入流通。[②] 在中原，根据皇帝的命令，在 1253 年建立了一个纸币流通的管理机构（交钞提举司)。毫无疑问，根据 1254 年鲁不鲁乞在哈剌和林所观察到的实例，交钞提举司实际上发行过纸币。但汉文史料没有指明这种货币的流通范围和支付科差款项的作用。然而，正如鲁不鲁乞在他著作中的某个地方特别提到的那样，汉人定期向他们的领主交纳不明数量的丝绵，以及 1500 个雅思科特（突厥语，yastuq，“枕”或锭)。[③] 由此可以作出合理的推测，至少在蒙哥统治初期，纸币实际上并未被广泛地运用于纳税上。

在中亚、伊朗和外高加索确实有迹象表明，地方造币厂在 13 世纪 50 年代中叶制造了大量的第纳儿，忽卜绰儿实际上是用这种货币交纳的。在金帐汗国的疆域内，只有伏尔加的不里阿耳地区在交纳贡

① 关于赋税种类的演变，见［469］约翰·M. 史密斯：《蒙古人和游牧民的税收》。

② ［28］巴托尔德：《突厥斯坦史》，第 149 页，首先指出蒙哥使赋税货币化的努力。

③ ［87］《出使蒙古记》，第 144、169—170 页。

赋时使用货币。斡罗斯公国从没有制造货币的传统，所以蒙古人满足于征收毛皮或其他价值昂贵的商品作为忽卜绰儿（斡罗斯称之为dan'）。

在游牧民之中，忽卜绰儿仍然是依照畜群的规模进行计算的。蒙哥即位后，开始于斡兀立海迷失时期的过高的什一税很快就被废除，恢复了以前的百一税。

至于农业税，蒙古人在许多地方都依照当地旧例，在中原，他们保持了由耶律楚材精心设计的体系，征税的数目，在土地的数量和质量的基础上进行估价。在西亚，则普遍使用流行于伊斯兰地区的什一税。

因此，概括地说，蒙哥很快就设立了三种税，实行于全帝国的定居地区。每一种税种的估税和税率都有明确的规定，而且规定了贡品和农业税每年只征收一次。虽然不合理的现象继续存在，过度征税也没有完全杜绝，但政府继续不断努力，参照各地方的惯例和经济现实状况，对征税清单进行调整。即使存在不断的调节（通常在地方一级），在帝国极其复杂的居民中仍实行着相当统一固定的体系。

蒙古人为了实现军事目的而进行的新兵征召与人口调查也有着密切的关系。人口统计以后，中国北方的人口被分为三个基本种类：军户、民户、投下户。军户以"土绵"（汉语称为万户，意为1万个家庭）为组织，在理论上，每个万户可以提供1万个士兵作为蒙古正规军的辅助兵种参加战斗。在蒙哥统治期间所动员的新军总数已无法知晓，我们可以从不同地区报告的数字作出判断，那会是一个很大的数字：1255年，山东建起一支2万人的军队；1257年，格鲁吉亚提供了10个万户。此时的蒙古野战军队具有两方面特征，一是庞大，二是多民族化。在1253年到1259年之间进攻宋朝的军队，除了蒙古人和突厥分支军队以外，还包括了汉人、西夏人、高丽人、畏兀儿人，以及阿速人。阿速人是北高加索的居民，在1254年的人口调查之后被迫服役。

除了正规的新兵征集之外，人口调查还被用于甄别有技能的工匠，然后将他们分派到帝国的武器制造部门、矿山工作，或者作为特殊兵种在军队中服务。蒙古人的人力动员系统的有效性和灵活性可以用下面的事情说明：一支由 1000 名汉人炮手组成的军队随同旭烈兀西征，帮助他攻破了报达的城墙。蒙哥之所以能够向他的弟弟提供这样一支军队，是因为在 1252 年的人口调查期间，所有中国北部的铁匠、木匠和黑色火药的制作者都被登记为炮手，并建立了专门的名册。所以当后来他们认为西亚需要那些专门人才的时候，蒙哥和他的顾问们只需要打开专门的名册，找出所需数量的适当人选就可以了。

新的征服

1251 年的忽邻勒台达成协议，开始计划向西亚、高丽和中国南部发动一系列战役，蒙哥决意要完成成吉思汗的遗愿，而且自信他可以动员到所需的军队和物资，于是便迅速地实行了新的征服计划。随后的一年，已经准备好能够同时展开三个方面的行动。出征西亚的军队集中于蒙古西部。先锋军于 1252 年夏天出发。次年，主力出发。虽然名义上是由大汗的弟弟旭烈兀负责，但当军队抵达预定目标后，战场实际的作战指挥便被委托给怯的不花。他是先锋军的指挥官，蒙哥家族的管家。①

遥远的征途，大量的人畜，随军携带的辎重和围城的装备，由此可以想见后勤方面的困难是多么的巨大，旭烈兀挥军西进的计划需要多么精心的安排。西征军的主力于 1256 年抵达呼罗珊，在那里会合了来自金帐汗国和察合台汗国的增援部队，还有根据最新的人口调查动员起来的为数众多的地方辅助部队，包括波斯人、亚美尼亚人以及其他民族的成员。最初使人感受到这支联合军团令人生畏的力量的是他们击溃亦思马因派的战斗。亦思马因派（他们作为刺客集团而为欧洲人所知）是伊斯兰教的一个派别，以暗杀作为政治武器而名声昭著，并且令人生畏。刺客们隐藏在伊朗西北部的群山之上，用众多的城堡组成网状防御系统，并进行了殊死的抵抗。但在蒙古军持续数月的攻击之下，他们开始投降了。1257 年年初，亦思马因人的多数城

---

① 此次战役的详细探讨见［36］《剑桥伊朗史》，第 5 卷，第 340—352 页。

堡停止了抵抗，他们的领袖也被蒙古军俘获。蒙哥深深地认识到亦思马因人的特殊技能，出于对自身安全的考虑，他下令将所有幸存的亦思马因人处死，从该派大师开始。

接着，旭烈兀挥师前往阿拔斯哈里发王朝所在地报达。哈里发谟斯塔辛拒绝了旭烈兀让他们投降的命令，此举无异宣布了他自己和大多数报达市民的死刑。蒙古的各路人马在 1257 年下半年会师城下，并且构成了严密的包围圈。1258 年 2 月，怯的不花的攻击部队攻克了报达，在接下来的七个充满血腥的日子里，蒙古军肆意地在城中进行掠夺和大屠杀。

与此同时，还进行着一些次要的战役：伊拉克和伊朗西部的中等城市都受到攻击，大量的远征军被派往克什米尔和昔思田。1259 年，这些战役结束了，旭烈兀完成了蒙哥交付的任务，在西亚牢固地建立了蒙古人（拖雷系）的统治。旭烈兀试图扩展他新建立起来的王国，又将攻击的矛头指向了更遥远的叙利亚。但是，其结果是一场大灾难，埃及的马木鲁克王朝于次年 9 月在爱音扎鲁特击溃了入侵者，并俘虏了蒙古军的统帅怯的不花。①

在亚洲的另一端，于 1252 年下半年展开了对高丽人的攻击，指挥官是成吉思汗的弟弟拙赤合撒儿的长子诸王也古。这一次，蒙哥错误地选择了指挥官，也古既不忠诚，也不服从命令，而且拙于处理各种事务，因此，大汗在 1253 年下令由皇帝护卫军的官员札剌儿带取代了他的职位。札剌儿带在以后的五年里取得了一些进展，但是仍然无法彻底战胜勇敢地进行抵抗的高丽人，这迫使蒙哥在 1258 年又向半岛派遣了大量援军。虽然向战场上投放了大量生力军，在高丽人勉强地承认了蒙古的宗主国地位之前，蒙古军仍然在苦战中度过了一年。

在中国南部前线，也有大批蒙古军队在调动中。如果对宋进行正面攻击，就需要冒险强渡长江下游，其代价将会很高。为了避免这一点，蒙哥决定在中国西南部建立一个作战基地，从那里可以发动侧翼

① ［468］约翰·M. 史密斯：《爱音扎鲁特：马鲁克的胜利或是蒙古的失败?》。

的攻击。出于这个想法，在1252年夏末，蒙哥派遣他的弟弟忽必烈远征并占领南诏——或者更严格地说是大理，这个王国被云南的段氏家族所统治，连接着宋朝防御很薄弱的西部和西南部边境。[①] 蒙古军自陕西出发，在秋天抵达黄河上游的一条支流洮水。先锋军由汉人将领汪德臣率领，攻入四川盆地，击溃宋朝地方守军，在利州城（后称保宁）建立起蒙军的主要基地。通向南方的道路已被扫清，交通线安全可靠，于是忽必烈率领主力部队向大理国前进。1253年秋天，在越过了荒凉多山的地区之后，忽必烈将指挥部设在了云南西部的金沙江畔。在这里，他将军队兵分三路，目标直指王国的首都大理（见地图29）。

在1253年12月到1254年1月之间，大理被征服了。虽然大理的统治者曾经拒绝了忽必烈要求他们投降的命令，但首都及其居民们还是被饶恕了。如同曾经在其他许多地方所为，蒙古人保留了当地的王朝，将其置于蒙古官员的监管之下。国王段智兴在晚些时候被送往蒙古，并且授予“摩合罗嵯”（意为“大王”）的称号。

1254年底，忽必烈回到蒙古本土，与他的大汗兄长会面。速不台的儿子兀良合台是蒙哥派给忽必烈作远征军指挥官的，他留在西南指挥进攻当地的蛮人和罗罗部落。他的平定工作确实是成功的，1257年初，在与宋军的一次交锋后，他回到了甘肃北部。从那里，他派遣使者前往蒙哥的宫廷向大汗禀报：云南已经牢牢地在蒙古人的控制之中。皇帝对兀良合台的成绩感到满意，因此给予他荣誉和慷慨的赏赐。

随后兀良合台又返回云南，着手准备蒙古人对东南亚的第一次入侵。1257年下半年，他进入安南，迫使统治该地的陈王朝逃往一个孤岛以求安全。第二年春天，安南国王意识到任何进一步地抵抗都是徒劳的，便将他的儿子作为人质送往大汗的宫廷，表示承认蒙古人的

① 汉文文献中有关这次战役的最详细报告，可在此次行动的指挥兀良合台的传记中见到，见［653］《元史》，卷121，第2979—2981页。亦见［147］奥托·福兰阁：《中华帝国史》，第4卷，第316—319页。

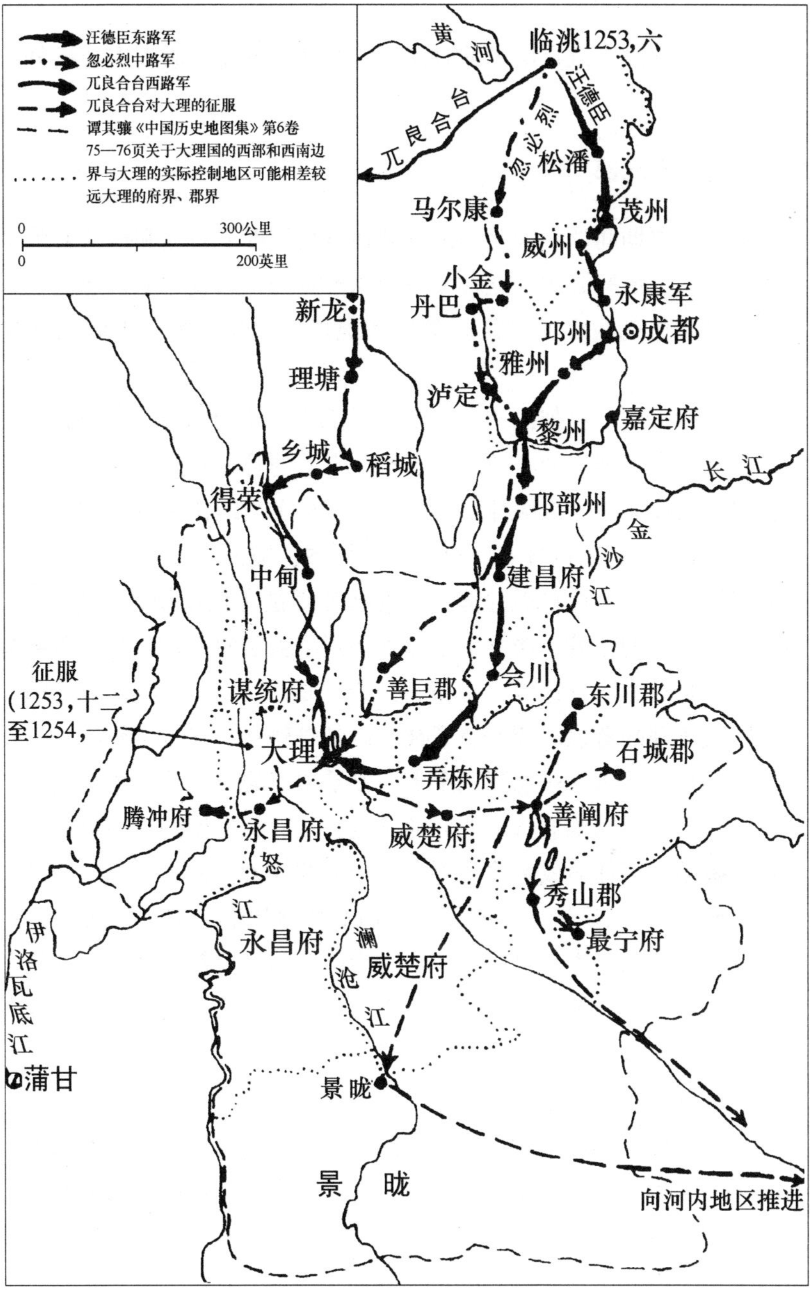

汪德臣东路军
忽必烈中路军
兀良合台西路军
兀良合台对大理的征服
谭其骧《中国历史地图集》第6卷75—76页关于大理国的西部和西南边界与大理的实际控制地区可能相差较远大理的府界、郡界
0
300公里
0
200英里
黄河
临洮1253,六
兀良合台
忽必烈
汪德臣
松潘
马尔康
茂州
威州
小金
丹巴
永康军
新龙
成都
邛州
雅州
理塘
泸定
嘉定府
黎州
长江
乡城
稻城
得荣
邛部州
金沙江
中甸
建昌府
征服
(1253,十二至1254,一)
谋统府
善巨郡
会川
东川郡
大理
石城郡
弄栋府
腾冲府
善阐府
永昌府
威楚府
怒江
秀山郡
最宁府
永昌府
澜沧江
威楚府
伊洛瓦底江
蒲甘
景眬
景眬
向河内地区推进

地图 29　对大理的征服

宗主权。

现在，到蒙哥亲自出场的时候了，长期计划的征服南宋的战争开始了。

忽必烈与中国北部

蒙哥在位期间，中国北部的管理在很大程度上被他和他的弟弟忽必烈之间的关系所制约。这种关系的基本特征，通过将忽必烈在中原的地位与旭烈兀在西亚的某些类似状况加以比较，可以得到最好的展示。

他们所得到的相似的地位来自于大汗有意识的安排：1251 年秋天，忽必烈和旭烈兀同时被授予了作为宗王的管辖范围。正如拉施特所指出的那样，这一次大汗明确地而且直截了当地让两位王子作为他的左膀右臂。[1] 他们的任务也是完全相同的。旭烈兀被分派在西亚扩展并巩固蒙古——拖雷系的势力，忽必烈则是在东亚做同样的事情。为了实现他们的任务，两个王子分别得到了由怯的不花和兀良合台指挥的蒙古野战军队，这两人是蒙哥从自己的私人护卫里选拔出来的。出于行政管理的考虑，两个王子被允许各自建立一支由当地的专门人才组成的官员队伍——旭烈兀手下主要是中亚的回回人，忽必烈手下则是汉人，以帮助他们管理他们的领地。然而蒙哥保留了在两个兄弟的管辖范围之内任命或解除重要官员职务的权力。换句话说，二者都是“伊利汗”，也就是从属的汗，他们对各自领地所拥有的权力，完全取决于大汗的意愿。另一方面，因为他们的土地都是在再次分配中由他们的长兄所授予的，而不像术赤系和察合台系在成吉思汗进行最初的封赏时就得到了各自的土地和封号，所以他们二人都没有得到像其他地区的汗一样的地位。

尽管他们的地位实际上相同，他们的职责也完全一致，但兄弟二人和蒙哥的私人关系却在几个重要方面有所不同。拿旭烈兀来说，他满足于他的身份。他通过正式采用伊利汗这个称号的方式大肆宣扬他

---

① ［404］《史集》，第 2 卷，第 685 页。

对大汗的服从，而且，根据记载，他从未与蒙哥发生严重的争执。

作为另一个臂膀的忽必烈，是比较难驾驭的。他时常向大汗的权威挑战。深藏不露的觊觎大汗权力的野心，使忽必烈对中央政府进行详细的研究，还经常与大汗及其代表发生冲突。例如，1252 年，他与不只儿发生争执，因为他发现对方过于倾向将在法律上犯有小过失的汉人臣民处死。毫无疑问，在这一年，由于那些试图阻止把回回的理财方式引入中国的儒生谋士的影响，忽必烈及时向大汗表示了他对花剌子模人马合木·牙老瓦赤被重新任命为中国北方行省首脑的不满。随后在马合木·牙老瓦赤与忽必烈在行省的代表赵璧之间出现的关于管理方式的冲突，其实不过是反映了大汗与忽必烈之间不断增长的紧张关系而已。

在忽必烈管理中国北部的问题上，他们之间最严重的对抗爆发于 1257 年。事件的发端在 1251 年。这一年，忽必烈获得了对中国北部的宗王管辖权，他当即在河南、京兆（在今陕西）和邢州（在今河北）开始了一系列的改革，计划在这些地区重新建立中国模式的政府，使这些地区经济得到复苏。1252 年，当蒙哥宣布他决定为皇帝家族分配新的封地的时候，忽必烈采纳了他最信任的儒士幕僚之一姚枢的建议，要求并得到了位于战略要地又极富饶的渭水流域作为他的私人分地（忽必）。过了两年，在云南战役及与大汗的会面之后，忽必烈回到封地，倚仗谋士们的帮助，继续着他对管理体制改革和使经济恢复元气的努力。他在京兆进行的工作，就像在河南和邢州所做到的一样，取得了相当大的成功和进步，而且在 1257 年以前一直没有受到干扰。1257 年，蒙哥对忽必烈的行为发动了一次出人意料的大规模调查。他有理由怀疑他的兄弟试图在京兆及河南建立一个独立的政权基础，并且可能借此对汗位发起挑战。

开始进行调查的理由显然是因为有人控告在陕西存在着贪污受贿的情况。领导调查的是哈剌和林护卫军的副长官阿蓝答儿。他率领的调查组迅速地前往陕西和河南地区，查封了大批行政档案，下属地方官员都受到了严厉的审问。基于他们所发现的情况，在报知大汗并得到了准许之后，调查机构将忽必烈任命的陕西宣抚使罢免，并且迅速将他的一些下属处死。为了进一步表现大汗的权力，蒙哥命令在这个省份征收特别税。这种税在对其支付和运送方法稍作调整后，实行全额征收。

受到了这种颠倒黑白伤害的忽必烈，此时尚无力与大汗对抗。按照姚枢的劝告，他采取了惟一可以选择的行动，在 1258 年初前往蒙古本土，以此重申他对大汗的忠诚，并请求他长兄的原谅。后者从这一谦恭的行动中得到了安慰，虽然严格地制约了忽必烈管理中国北部的权力，但是没有采取进一步的惩罚措施。

蒙哥先发制人的清洗得到了完全的成功，现在他认为事情已经结束，而且作为对忽必烈恢复了信任的表示，大汗邀请他那悔过了的弟弟协助策划并实施进攻宋朝的第二阶段的战役。①

攻宋与蒙哥之死

当兀良合台所指挥的云南战役看来已必胜无疑的时候，蒙哥开始认真考虑对南宋进行大规模的正面攻击。从 1254 年开始，蒙古人沿南宋北部边界的袭击和侦察活动增加了，同时展开了政治攻势，其目的是促使宋朝边境官员叛逃。1256 年的夏天，以宋朝扣押蒙古使者为理由，大汗正式宣布了攻击宋朝的意向，并为这一军事行动的计划进行了初步的商讨。1257 年初，进攻部队被派往南方，蒙哥决定亲自指挥参与此次战役的三路兵马中的一路。一年以后，大汗在前往南方的路上经过戈壁，在那里他会见了忽必烈和其他宗王，仔细检查即将到来的战役的细节。在 1258 年春天，蒙哥和他的军队抵达甘肃的六盘山，并建立了临时的大本营。他在这里度过了五月，为长驱直入四川做最后的准备。

尽管在忽必烈攻打大理的时候，四川曾被蒙古部分地占领过，它仍然牢牢地掌握在南宋的手中。宋的统帅调动可以利用的所有军队以加强散布在这一地区各处的堡垒城市。因此，蒙哥将他的军队划分为

① 关于忽必烈的改革以及其后与大汗的对抗，见［856］萧启庆：《元代史新探》，第 285—294 页；［54］陈学霖：《姚枢（1201—1278 年）》，第 25—28 页。

三支独立的队伍，然后着手一个接一个地攻陷那些堡垒。大汗作为其中一支军队的指挥官，于1258年秋天攻入四川北部，通过猛烈的攻击占领了一些城市，随后到达了自1253年起就在蒙古人掌握中的利州。在检查了利州的防御工作之后，他移师前往四川盆地的中心地带。在那里，他将1258年的剩余时间都用来围困各城市，还接受了为数颇多的南宋官员的投降。1259年初，他挥师前往四川西部进攻雅州（今雅安），于一月将其攻克。

然后，蒙哥回师向东，挺进到嘉陵江畔的一个主要堡垒城市合州，并在其周围集结了数量可观的军队。对这座城市的攻击于2月开始，战事在整个春天和夏天愈演愈烈。但是，合州进行了顽强的抵抗，成功地击退了蒙古人的进攻。七月，由于无法攻克此城，蒙哥下令解除包围。在留下了3000人对合州加以封锁以后，大汗派遣了大部分部队前往袭取四川南部的重庆。在此期间蒙古军的两支偏师投入了战斗，从不同的方向攻入宋的领土。当蒙古宗王塔察儿在东翼谋取淮南（今安徽省）的时候，忽必烈在1259年八月统领中路军在湖北开辟了新的战线，进攻长江中游的南宋城市鄂州。与这些战役相配合，兀良合台统军自云南南部向东北进入南宋疆域，其目标是与忽必烈的军队会师长江。

现在，蒙古野战军队从北、西、南三个方向同时发动了攻击，宋朝的防线受到了严重的威胁，偏安的朝廷处在生死关头。终于，他们所面对的不幸局面得到了暂时的缓解。1259年8月11日，因为痢疾，或者是因为在合州城外的山岭中被宋的抛石机击中所受的创伤，蒙哥死了。[①] 他的将领们停止了在四川的行动，将他的遗体运回北方，并将他的死讯通知皇族。一个月后，忽必烈得知了长兄的死讯，他立即终止了对鄂州的围攻，同时取消了所有即将对江南进攻的进一步计划。

对宋朝来说，蒙哥之死意味着他们得到了二十年的喘息机会。而

① 关于他死亡的原因，见［462］谢尔盖·什科里尔：《火炮前的中国砲》，第336—337页，注18。

对蒙古帝国来说，此事带来了一场新的引起分裂的继位冲突，其所造成的伤害是永远无法完全恢复的。

结语:处在内战前夜的帝国

蒙古帝国在蒙哥的统治下达到了势力的巅峰。他有效地集中了帝国的权力，并且因此得到所需的资源用以完成了成吉思汗和窝阔台对西亚及高丽的征服，把蒙古人的统治扩展到了中国西南部，并开始了对宋的战争。但即使他有着如此众多的成就，蒙哥仍应对在他死后立即出现的倾轧和冲突负有重大责任。作为中央集权的拥护者，蒙哥由于在任命上的错误和疏忽，给统一的帝国播下了造成其永远分裂的内战（1260—1264 年）的种子。

在这些错误中最具破坏性的是蒙哥没有在他自己家庭内部指定一个无可置疑的继承人。众所周知，蒙哥从未对继承人问题表态。他或许曾经有意暗示他的幼弟阿里不哥有优先权，因为在蒙哥于 1258 年启程前往南方的时候，阿里不哥被留下管理哈剌和林。但如果这确实是他的意图，那么考虑不周而且不可理解的是，他没有进一步昭示天下，明确他的选择，或者加强阿里不哥的权势。所以，这种含糊的状况导致了忽必烈和阿里不哥为了继位的权利而斗争。拖雷系的分裂进而给其他支系那些心怀不满的成员提供了一个重申和提出各不相同而且经常相互冲突的利益要求的良好机会。

幸存下来的察合台系诸王仍然承受着因为蒙哥对他们家族大清洗所带来的痛苦，乘机迅速地在突厥斯坦建立起他们自己的独立汗国。1260 年。察合台的一个孙子阿鲁忽轻易地废黜了拖雷系指定的察合台系首领、他的堂兄弟木八剌沙。此后，对阿富汗斯坦和东突厥斯坦抱有野心的察合台汗国几乎不间断地与伊朗的伊利汗国以及中国的大汗作战。

窝阔台系对于 1251 年的事件更加怨恨，同样表示出了独立的姿态。窝阔台的孙子海都在他的家族中是第一个对帝国权力表示蔑视的。1256 年，他逮捕了一个大汗派来的使者，并且拒绝将其送回宫廷。当时，蒙哥大概正专注于指挥即将爆发的攻宋战争，所以没有对反叛的宗王采取任何行动。后来，当继承权之争在忽必烈和阿里不哥间爆发的时候，海都尽其所能促使争端激化，希望能够使拖雷家族彻底崩溃。[①] 作为窝阔台系一员，他自然认为大汗的位置是他家族的专有之物，而且他首次（在 1269 年）组织起一个中亚蒙古宗王的联盟，以对抗忽必烈及其继任人的统治，一直持续到 14 世纪初期。在被迫对海都进行长时间而且代价昂贵的战争的忽必烈看来，蒙哥没有在窝阔台系的维护者们最初显露出反叛的迹象时将其扑灭是不可理解的，也是不可原谅的大错。

在术赤王国，也有麻烦在酝酿。拔都在 1255 年左右死去，他的两个短命的后裔经过蒙哥的批准后先后即位，先是他的儿子撒儿塔（在位时间约是 1255—1257 年），而后是他年幼的孙子兀剌赤（在位时间约是 1257 年）。兀剌赤死后，拔都的一个兄弟别儿哥登上汗位，同样获得了蒙哥的准许。别儿哥刚刚皈依伊斯兰教，1260 年的时候，他支持阿里不哥，并且发动了对忽必烈的同盟者伊利汗旭烈兀的战争。一些当时的穆斯林历史学家[②]把别儿哥对伊利汗的仇恨归结为一个虔诚的教徒无法容忍在伊斯兰世界长期以来的宗教中心巴格达发生的暴行和破坏，但是他对旭烈兀不满的真正原因是关于外高加索的支配权。1252 年，蒙哥将格鲁吉亚（曲儿只）[③] 封给别儿哥，但是旭烈兀出于对这个人口稠密的国度的贪心，对术赤系宗王在该地的权利置之不理。这一侮辱激怒了别儿哥，他与伊利汗的主要敌人埃及马木鲁克王朝结盟，于 1262 年侵入伊朗。一个有着蒙古皇室血统的宗王为了与另一个蒙古汗王争夺而与异族势力结盟，这是第一次。

1260 年的继位危机使大部分在蒙哥时代隐藏在假象之后的、蒙

---

① ［653］《元史》，卷 153，第 3619 页；［373］伯希和：《〈马可·波罗游记〉注释》，第 1 卷，第 126—127 页。

② ［312］术兹扎尼：《纳昔儿史话》第 430—431 页；［313］拉弗梯译本，第 2 卷，第 1255—1257 页。

③ ［653］《元史》，卷 3，第 45 页。汉文曲儿只可以追溯到格鲁吉亚的典型波斯语和阿拉伯语 Gurj，见［373］伯希和：《〈马可·波罗游记〉注释》，第 2 卷，第 738—739 页。

古诸王间的个人恩怨和领土争端迅速地暴露了。1264 年忽必烈击败阿里不哥的决定性胜利未能根除深层的分裂。充其量恢复起来的团结也是暂时的，而且非常脆弱。无论如何已经有四个独立的汗国分别存在，各自追求自己单独的利益和目标。只有伊利汗国对忽必烈保持着忠诚，依旧承认居于中国的大汗拥有至高无上的地位。但即使是他们，也在处理自己的内部事务的时候行使着广泛的自治权。四大汗国彼此间继续相互影响，直至进入 14 世纪。他们都是作为主权国家而存在。他们之间缔结联盟，互相攻伐，交换使节，进行商业贸易。以元朝的中国和伊利汗的伊朗为例，他们之间有着文化和科技互相影响的大量计划。但是四大汗国再也没有在某次共同的军事行动中齐心协力。进攻南宋和阿拔斯哈里发国是蒙古帝国最后一次联合军事行动。蒙古人将所有已知世界置于他们统治之下的企图，从未能实现。

第五章

忽必烈汗的统治

最初岁月

1229年当忽必烈的伯父窝阔台而不是他的父亲拖雷被选择为成吉思汗的继承人时，似乎忽必烈在蒙古历史上只能扮演次要的角色。几乎没有人能预见到他最终将成为蒙古帝国中最有权力的人物。

有此远见的人其中之一是忽必烈的能干非凡和聪明的母亲唆鲁和帖尼别吉。与几乎同一时代的阿基坦的埃莱诺一样（译者注：埃莱诺先后为法王路易七世和英王亨利二世的王后），唆鲁和帖尼养育了四个成为君王的儿子——蒙哥、忽必烈、旭烈兀和阿里不哥。两位母亲都献身于儿子们的前程，并且在自己的儿子们登上王位之前从不停止努力。唆鲁和帖尼的同代人把她看成那个时代最伟大的妇女之一。希伯来医生巴·希伯尔思（Bar He-braeus）引用他的时代的一首诗把唆鲁和帖尼描述为“如果我发现女性中还有别的妇女像她，我会说女性远远超出男性”[①]。如果没有她的政治手腕以及她对他们的培养，她的儿子们不会成功地取代窝阔台家族成为主要的蒙古皇室家族。

唆鲁和帖尼深深地影响她的儿子们。首先，她确保儿子们是有文化的，对于渴望统治一个伟大帝国的人来说，有文化是一种必不可少的能力。此外，她以自己的表率作用教导他们一些基本的政治准则。例如，在中国北方的她的属地里，她既不剥削汉族臣民也不在这个地区进行抢掠。她意识到如果她鼓励而不是干预当地的农耕经济便会增

---

① E. A. 沃利斯·布治译：《叙利亚编年史》，第1卷，第398页。

加税收。她对宗教的宽容政策也给她的儿子们留下深刻的印象。尽管她本人是一个聂思脱里派基督教徒，她向佛寺、道观以及伊斯兰宗教学校（madrasa）捐助金钱以及其他具体的支持。① 她认为在自己的分地上对宗教的赞助会使她更容易进行统治。在对自己分地的管理中，唆鲁和帖尼吸收几位汉人幕僚设计出的管理汉人臣民的适当制度，这些政治制度在她的臣民中是有作用的。

1215 年 9 月 23 日唆鲁和帖尼生下忽必烈，恰好在 1215 年成吉思汗占领北京。关于忽必烈的童年、教育和游历的史料是有限的。但是，这一点看来是清楚的，即对他的抚育由他的母亲承担，因为在忽必烈的童年和青年时代，他的父亲拖雷离家在中亚或中国征战。唆鲁和帖尼招募一位名叫脱罗术（Tolochu）的畏兀儿人教忽必烈读写蒙古文。② 她确保通过她的汉人幕僚使忽必烈受到汉人方式的影响，但奇怪的是从未教他阅读汉语。她还为忽必烈争取到了第一个官职。她说服大伯窝阔台将邢州封给忽必烈管辖，邢州地处河北地区，在 1236 年拥有上万户的人口。以他的母亲为榜样，忽必烈通过鼓励农业以及宗教上的宽容政策寻求与他的汉族臣民保持良好关系。也像他的母亲，他在自己的周围笼络了一批志同道合的幕僚，其中大部分是汉人。③ 在他以后的事业中，他常和聂思脱里基督教徒、吐蕃佛教徒以及中亚穆斯林教徒磋商，而不把自己囿限于汉族幕僚之中。

忽必烈最早的谋士们是一群折中主义者。海云和尚（1205—1257 年）向他介绍佛教的戒律和习俗，并且安排忽必烈和刘秉忠（1216—1274 年）见面，后来证明刘秉忠是忽必烈的最重要的大臣之一。赵璧（1220—1276 年）向忽必烈讲演儒学。毫无疑问，姚枢（1201—1278 年）是对忽必烈影响最大的儒士幕僚，因为姚枢是一位“务

① ［38］波义耳译：《成吉思汗的继承者》，第 199—200 页。

② 关于脱罗术和其他畏兀儿人对蒙古人的影响，见［398］罗依果：《蒙古统治下的突厥人：13—14 世纪突厥与蒙古关系初探》，第 281—310 页。

③ 关于这些汉人幕僚，见［853］萧启庆：《忽必烈时代“潜邸旧侣”考》；［828］姚从吾：《忽必烈汗对于汉化态度的分析》。

实并多才多艺的且善于使自己的传统学识适用于新环境的儒士”[①]。他的实用主义和现实主义对忽必烈和蒙古贵族有一定的吸引力。姚枢的建议总是隐含在蒙古人所能理解的逻辑之中。一些儒学谋士仅仅勉强地为忽必烈服务。赵復是这些不太合作的谋士中的一个，他只被忽必烈召见过一次。在他们的谈话中，忽必烈询问他如何征服南宋。赵復的回答是：“宋，吾父母国也，未有引他人以伐吾父母者。”[②]

尽管偶尔会发生这种抵触，忽必烈还是建立了一个由顾问们组成的“幕府”。他可以在具体问题上征求他们的意见，也可以和他们讨论儒家道德学说。其他蒙古贵族都没有吸收这么多的儒士，帮助统治他自己在邢州的领地无须这么多的扈从。很清楚，忽必烈预见到自己在蒙古帝国中尤其在中国的更重要的作用。至于他的幕僚们则出于各种不同的原因为他服务。有的是为了金钱或者为了豁免劳役及其他义务；有的希望在中国恢复统一和秩序，并且认为蒙古人具有统一中国北部和南部的最好机会。另一些为忽必烈工作的人是为了改善他们的众多百姓的现状并且试图促使蒙古人汉化。

但是，忽必烈并不把自己局限于作为幕僚和行政官员的儒士中。他的汉族臣僚不可能受到完全信任，而且他们也不能帮助忽必烈实现他的所有目标。例如，在军事方面，忽必烈依赖蒙古统帅的建议及辅佐。他把当前的和以后的军事行动都委托给蒙古人。他用畏兀儿人和突厥人作翻译、地方长官和文书主管。所以，1259 年蒙哥去世时，忽必烈已经招募了代表不同地区、不同民族和不同职业的幕僚和官员。尽管他不是第一位从被征服的民族中寻找幕僚和助手的蒙古人——窝阔台和蒙哥在他以前已经这样做过——但他是惟一拥有如此多的志同道合的幕僚的蒙古人。

一位对忽必烈有影响力的顾问是他的妻子察必。尽管有关她的一生及事业细节的文献甚少，但足以揭示对于一位追求成为伟大帝国统

① ［54］陈学霖：《姚枢（1201—1278 年）》，第 45 页。
② ［653］《元史》，卷 189，第 4314 页。

治者的男人，察必是一位合适的伴侣。她劝告忽必烈防止蒙古家臣把他分地中的肥沃农田变成牧羊的牧场。她的理由是如果忽必烈鼓励这种转化，他不仅会破坏自然农耕经济，而且还会疏远他的汉族臣民。察必还是一位虔诚的佛教徒，尤其热衷于吐蕃佛教。她生下的第一个儿子取名为朵儿赤（来自藏文的 rDorje）。毫无疑问是她敦促忽必烈邀请像海云那样的僧侣来到他的领地并且和他们讨论深奥的佛教教理和教义。她对佛教的热情肯定促使他支持这种宗教。总之，忽必烈认真地考虑了察必的各种见解。

然而在他的兄长蒙哥于 1251 年就任汗位之前，包括他的妻子察必在内的这个杰出的谋士集团尚未使忽必烈崛起。忽必烈仍是一个朦胧的人物，这个时期的蒙古文、汉文或者波斯文史料中很少提及他。但是，随着他的兄长夺取权力，忽必烈开始担负重大责任；并在该时期的历史上得到更多的注意。他出来说服蒙哥为控制蒙古帝国向窝阔台家族进行挑战。随着他的哥哥在 1251 年获得成功，忽必烈加入到宫廷的内部决策圈中，蒙哥在争取汗位斗争中的对手们能得到相对宽大的处理，他起到一定作用。

蒙哥统治期间忽必烈的第一项重要任务是承担一次军事远征。蒙哥希望继续他的前任们的扩张政策，并命令他的弟弟旭烈兀把蒙古统治扩大到中东。而另一个兄弟忽必烈则受命率军对现今云南省内的大理王国远征。对中国西南这一地区的控制可为蒙古人提供进攻南宋王朝的另一个基地。1252 年七月忽必烈接受蒙哥发动远征的命令，但是直到 1253 年九月他才向大理进军。① 大理战役的准备对他来讲特别重要，因为这是他的第一项重要任务。在 36 岁时他终于得到一次进攻极其重要的军事目标的机会。他不希望糟蹋掉这次可以证明自己是军事指挥家的机会。

1253 年夏末忽必烈准备好完成蒙哥交给他的这项任务。他的军

① 关于这次远征及其意义，见［653］《元史》，卷 4，第 59—60 页；［839］夏光南：《元代云南史地丛考》，第 107 页；［659］杨慎：《南诏野史》，第 184—186 页；［354］多桑：《蒙古史》，第 2 卷，第 310—314 页。

队从陕西出发向大理进军。在发动进攻之前，忽必烈派遣三位使者要求大理投降。大理国王段兴智以及在国王后面执掌实权的宰相高祥对此所做的回答是杀死了这三位使者。因此忽必烈向大理国发动三路进攻，他的军队打败敌人，迫使敌人退回到首都。汉文史料称赞姚枢阻止了不必要的杀戮。他劝说忽必烈命令部下制作一幅带有禁止杀戮字样的帛旗，使城内的居民确信如果投降，他们的生命可不受伤害。由于这种保证，大理选择了投降。忽必烈没有食言：居民没有受到伤害，他们的政府系统只有很少的改变，并且允许段氏家族和忽必烈指定的宣抚使分享权力。

忽必烈的第一次军事远征是凯旋而归，他实现了蒙哥的愿望。他的军队损失很小，并且他把蒙古的控制扩展到一个非常重要的地区——一个向中国南部发动进攻的基地和一条扩大与缅甸及印度贸易的通道。通过领导一次成功的战役忽必烈在蒙古人的眼中证明了自己的能力。一个人要在蒙古贵族中得到认可必须显示军事首领的才能，现在忽必烈表现了自己的气质，确保在蒙古同胞中提高自己的形象。

忽必烈和中国，1253—1259年

从西南战役凯旋回到他的分地之后，忽必烈开始把注意力集中到他的分地的行政管理之上。依靠儒士幕僚的支持和协助，他发展农业、发行纸币鼓励贸易并且征收赋税。总而言之，他的分地既稳定而富庶，使得忽必烈得以考虑长期规划。他在尝试中，要求一位名叫刘秉忠的佛教僧人给予指导，刘秉忠是海云介绍给忽必烈的一位著名诗人、书法家、画家、术数家和天文学家。[①] 刘秉忠劝说忽必烈培养、保护和使用被他描述为国家财富的儒士。他还督促这位蒙古宗王开办训练儒士的学校，恢复传统的科举考试并重新引入古代中国的礼乐制度。最后，他建议为忽必烈的汉地臣民制定不过分沉重的税收和军事

① 关于刘秉忠的作用，见［49］陈学霖：《忽必烈时期兼通佛道的政治家刘秉忠（1216—1274年）》。

义务。除了没有恢复科举之外忽必烈批准了所有的建议。他不希望全部使用汉人幕僚，或者至少不希望全部使用讲汉语的幕僚和官员。

刘秉忠和忽必烈之间最重要的合作可能是在这位蒙古宗王的农耕世界的新分地内建设一座都城。1256 年，他们在滦河以北后来属内蒙古清代城镇多伦诺尔以西 36 里处选择了一个地点。这个地点夏天的气候比中原北部凉爽，四面环山，水源丰富，足以供应中等规模的城市。它靠近汉人农业边缘地区和蒙古人牧场的边线，距北京约有十天的旅程。[①] 这样，传统的蒙古人就不能指责忽必烈放弃传统而站在汉人一边。然而，忽必烈已对他周围的汉地臣民发出了变革信号。

对忽必烈的定居臣民发出的另一个信号是名为开平的新城，开平以中国过去的都城为模型。许多建筑的布局基于中国古书《易经》的规定。城分为三个区。外城为方形，由 12—18 英尺高的土墙包围。大部分居民居住在这个区域里的土房和木房里，外城还有几座佛寺。第二个区是内城，容纳忽必烈和他的扈从。高 10—16 英尺的砖墙包围着内城。建筑在土台上的皇宫大安阁是这个部分的最重要的中心。在宫殿内，“大殿、房屋和走廊全部贴金并且油漆得富丽堂皇。宫中的绘画、肖像、鸟树花草等等美妙精巧，使人愉快和惊奇”[②]。在内城中还分布着许多其他殿堂和官府。开平城的最后一部分是外城北面的猎场，由草地、树林和河流组成。猎场中驯养着供忽必烈打猎的各式各样的动物，尤其是鹿。园中还饲养着白牝马和母牛，它们所产的奶，除了大汗和他的后裔之外，谁都不准饮用。[③]

目睹忽必烈分地中的这些发展，蒙哥必然会对他的弟弟与其汉人臣民的认同不安。蒙哥的大臣们也指责忽必烈避开传统的蒙古法律采用汉人的法律统治他的分地。1257 年蒙哥派出两位亲信大臣调查忽必烈分地的状况，揭露出他们声称的大量违法和越权行动后，他们逮

① 关于这座都城，见［177］原田淑人：《元代夏都上都》；［252］驹井和爱：《元上都与大都的平面比较》；［214］石田干之助：《关于元之上都》。

② ［328］慕阿德、伯希和：《马可·波罗游记》，第 1 卷，第 185 页。

③ ［328］《马可·波罗游记》，第 1 卷，第 187 页。

捕和处死了几位高级官员。[①] 不过清洗未殃及忽必烈。几个月之后，蒙哥面临两个关键问题，并且感觉到要解决这两个问题，忽必烈的协助非常宝贵。第一个问题是已经上升到猛烈的械斗并且破坏庙宇道观的佛教和道教之间的宗教冲突。第二个问题是征服比中原最富裕地区更为富庶的江南地区。忽必烈和他的汉人谋士可以帮助蒙哥解决佛道之间的争端并且同时帮助他得到中原汉人的忠诚。因此蒙哥在1258年上半年安排了和他弟弟的一次会面，他们两人重归旧好。事实上，他们都需要对方。

这次会见后不久，忽必烈召集300位佛教僧侣、200位道士以及200位儒士和朝廷官员对有争执的问题进行辩论。他要对这两个宗教团体的论战主张进行裁决。道教和佛教都追求“唯我独尊”并且都期待着非宗教权威的支持。辩论的焦点是所谓“化胡”理论（野蛮人的皈依），道教徒坚持认为老子曾离开中国到西域去，在西域老子把自己变换成佛祖并且开始传播佛教学说。他们暗示佛教只不过是老子发展的道教中的一种简单的庸俗化形式，以便吸引比较落后的印度人。道教的辩护者依据两本古书《化胡经》和《八十一化图》中所找到的证据。[②] 但是，他们的佛教对手尤其是吐蕃的八思巴对这些著作的可靠性提出疑问。他们指出包括司马迁的伟大历史著作《史记》在内的早期中国史料都没有提到过这两部著作。八思巴提出这两本书是后来的伪造品。忽必烈赞同这种观点。

这位蒙古王子向道教徒提供一次挽回的机会。他邀请道教徒表演他们精通的绝技。由于不能完成这项挑战，道教徒被宣判为是这次辩论的失败者。忽必烈命令烧毁所有的《化胡经》和《八十一化图》，并且把没收道教徒的财富归还给佛教寺院。[③] 忽必烈没有禁止道教，仅仅抑制他所认为的过分行为。惩罚性的清洗会激怒道教徒，他们的

---

① [653]《元史》，卷158，第3713页。

② [497]约瑟夫·蒂洛：《蒙古时期的佛道之争》；[257]库伯：《元代佛道之争研究绪论》。

③ [58]沙畹：《蒙古时代的汉文碑文碑铭和文献》，《通报》第9卷，第381—384页。

许多支持者将会阻碍蒙古人统治中国北方的努力。忽必烈的决定以及他惩罚道教徒的温和态度看来得到了他的汉人臣民的赞同。

因这场辩论而获盛名之后，忽必烈接受了一项新的任务。1258年年底，蒙哥作出征服江南的计划。他计划在四条战线上展开进攻。由他本人统率的军队首先试图占领四川然后向东挺进。忽必烈接着应该率领另一支军队从开平出发在长江中游的鄂州渡过长江，并在鄂州吸引住南宋军队。另外两支军队将从云南以及陕西的六盘山出兵，后者进逼宋朝重镇襄阳。蒙古人显然希望西部战场的迅速胜利会导致宋朝投降。因为遇到宋兵的顽强抵抗，蒙哥自己指挥的征战没有达到他的预想。1258 年 3 月占领成都之后，他的远征军在 1258 年下半年和 1259 年的前七个月徒劳地陷入试图占领牢固守卫的合州城（今四川合川县）的战斗之中。1259 年 8 月 11 日，蒙哥病死于合州附近的军中。

蒙哥去世后，蒙古人在欧亚大陆上的征战全部停顿下来。蒙哥的军队不再向前移动，也未和其他三支进攻宋朝的军队进行联络。在中东，扩大蒙古在西部疆域控制的蒙哥的弟弟旭烈兀仓促地返回蒙古本土，只留下一支小部队守卫新占领的地区。蒙古帝国的这种混乱是由于缺少对汗位的有序继承而造成的。具有最伟大军事能力的领导者经常能取得胜利。

1259 年在拖雷家族中展开了皇位争夺。这不仅仅是一场两个人之间的争夺，因为他们各自代表着蒙古贵族中的主要派别。忽必烈受到被他征服的国家的文明的吸引并且寻求他的民众的建议和帮助，他代表着受到定居世界影响，并且希望同他们和解的蒙古人。而他的弟弟阿里不哥则作为传统的蒙古方式及准则的捍卫者出现。对于阿里不哥，草原世界要比农耕世界更有吸引力。他不信任他的两个哥哥旭烈兀和忽必烈，并且认为他们受到外来准则和观点的腐蚀。由此引发了涉及到蒙古帝国未来方向的兄弟之间的争斗。

这场争夺推迟了几个月。1259 年 9 月中旬，忽必烈通过他的异母兄弟派出的信使获悉蒙哥的死讯，他的这位兄弟要求忽必烈返回蒙古本土选举新的大汗。此时忽必烈刚刚到达长江北岸并且正准备向南入侵。按《元史》的说法，他告诉使者："吾奉命南来，岂可无功遽还?"[①] 波斯史家拉施特证实了这个说法，注明忽必烈的反应是，"我们带着一支多如蚂蚁和蝗虫的军队来到这里；我们的使命尚未完成，我们怎么能够返回，难道仅仅因为传闻"[②]? 看起来忽必烈希望击败宋朝以提高汗位争夺中的地位，他应该作为一位成功的军事领导人投入这场争夺。出于这个原因，他没有立即返回北方。

忽必烈和阿里不哥的汗位争夺

1259 年整个冬天忽必烈的军队坚持对南宋作战。他们首先渡过长江，接着围攻坚固设防的鄂州城。这场战役的胜利将支撑忽必烈在蒙古帝国中的声誉，而该城的宋朝保卫者誓死不投降。但是，南宋丞相贾似道希望媾和。他派出一位使者答应每年向忽必烈进贡银两丝帛，所要求的回报是保证把长江维持为他们的共同边界。忽必烈的儒士幕僚赵璧对此事的评论是："今已渡江，是言何益!"[③] 忽必烈企望胜利。

接踵而来的危机挽救了宋朝。蒙哥死后阿里不哥立即调动军队并且和有影响的蒙古显贵结盟。1260 年初，阿里不哥的一个盟友向开平城进军。丈夫出征期间坚守在后方的察必立即派出一位使者将他弟弟的计划和行动通知忽必烈。忽必烈必须放弃对鄂州的围攻，向北回军迎击阿里不哥。忽必烈从鄂州撤出大部分军队，只留下一支象征性的军队保卫已占领的地区。[④] 贾似道利用忽必烈的突然撤军命令向蒙古的这支小部队发动进攻，并且迅速击败蒙古军，收复了宋朝领土。贾似道兴高采烈地把这场小规模交战吹嘘为巨大的胜利，错误地引导宋廷拒绝与蒙古和解。

---

① ［653］《元史》，卷 4，第 61 页。

② ［38］波义耳译：《成吉思汗的继承者》，第 248 页。

③ ［117］傅海波：《贾似道（1213—1275 年）：宋末权臣》，第 227 页。

④ ［653］《元史》，卷 4，第 62—63 页。

此时忽必烈正在回兵并于1260年春天抵达开平。《元史》说许多宗王“请求”忽必烈继承汗位。在三次正式“拒绝”之后，忽必烈答应他们的请求，在5月5日仓促召集的一次忽邻勒台上被选举为大汗。因为大部分蒙古贵族没有出席这次会议，忽必烈的选举受到异议。例如，一个月之内，阿里不哥在蒙古旧都和林宣布为大汗。在三个其余的主要汗国中，阿里不哥可以得到斡罗斯的钦察汗国和中亚的察合台汗国两个汗国的支持。忽必烈惟一的支持者是他的弟弟旭烈兀，而旭烈兀本人在中东正面临着对他的权威的严重威胁。在返回蒙古的途中，旭烈兀获悉埃及马木鲁克朝统治者于1260年9月在叙利亚的爱音扎鲁特击败了他的军队。[①] 另外，钦察汗国为试图把他从沿着斡罗斯—波斯边界的阿哲儿拜占驱逐出去已向他宣战。旭烈兀的注意力被牵制到别的地方，从而在皇位继承的斗争中对忽必烈的帮助是很小的。

为了得到支持，忽必烈不得不依靠汉地的资源和汉人臣民。他发布了一份由他的儒士幕僚王鹗起草的诏书[②]，承认对于统治中国光靠蒙古军事技能是不够的，为了统一中国需要一位仁义的和按照先人传统进行统治的贤人，并且暗示他正是这样的人。他还提出减少百姓的赋税和徭役负担。[③] 在发布这份诏书几天后忽必烈采用了汉制年号“中统”[④]，尽管他还没有为他的王朝采用一个汉文国号。他设立的政府机构中书省和宣慰使司类似于传统的中国机构。事实上，忽必烈希望向所有的汉人示意——他想采纳典型中国统治者的服饰和风格。但是南宋的汉人不接受这种让步。他们把忽必烈派来对双方冲突进行外交协商的使者郝经扣押起来。1260年郝经被投入牢中，一直关押到70年代忽必烈成功地发动对南宋的军事征战为止。

忽必烈自己可以利用中国北方的资源，并且利用占据中原的优势

---

① ［285］波拿德·路易士：《埃及与叙利亚》，第212—213页。

② 见［52］陈学霖：《王鹗（1190—1273年）》。

③ 诏书全文，见［653］《元史》，卷4，第64—65页。

④ 见［426］罗沙比：《忽必烈汗：他的生活和时代》，第245页注12。

封锁向阿里不哥提供的物资供应。以和林为基地，阿里不哥需要输入大部分粮食，忽必烈决心切断他弟弟的供应线。甘肃、东北以及更西的畏兀儿是由忽必烈的盟友控制的。阿里不哥供给的主要来源是以中亚为基地的察合台汗阿鲁忽。起初阿鲁忽支持阿里不哥争夺帝位，但是对税收及分配掠夺品的争执使他们反目。因此，1262 年以后，阿里不哥没有可依赖的盟友以及可靠的供应来源。对他来说，放弃帝位争夺只是时间问题。在几次小冲突之后，1263 年阿里不哥向忽必烈投降。对忽必烈足够有利的是，几年后阿里不哥在被监管中死去，使人怀疑他是被毒死的。尽管阿里不哥死了，忽必烈的权力仍然面临着其他威胁。在把自己扮演成为蒙古帝国（见地图 30）的大汗的努力中，忽必烈仍然摆脱不了对他即位的合法性的怀疑。[①]

同样，接受忽必烈为中国的皇帝也是脆弱的，出现了几位权力的竞争者。他的第一个对手是山东益都的李璮。汉文史料描述李璮是一个“反叛的逆臣”，因为他最终倒戈反对忽必烈。从而，他被看成为是一位反叛而不是一位献身建立中国王朝的忠臣。撇开不谈这种错误的表述，李璮的确对忽必烈自称为中国皇帝构成了直接威胁。早期，在对宋朝的战争中李璮和蒙哥合作并且袭击过几座滨海城镇。当忽必烈 1260 年登上中国皇位时，看来没有理由怀疑李璮对蒙古的忠诚。另外，李璮是王文统的女婿，而王文统刚被忽必烈任命为中书省的平章政事，这是政府里最有影响的官职之一。

1260 年和 1261 年，忽必烈送给李璮金银，作为对宋战争的费用。但在 1261 年下半年，李璮准备和忽必烈决裂并且实行与南宋的一项和约。由于可以从山东贮藏的盐和铜得到巨大财富，李璮拥有向蒙古统治发起重要挑战所需的资源。他可能已经得到宋朝给予支持的保证并且必然认为和南宋的贸易以及其他经济关系要比与蒙古的友好关系更有实利。另外，在种族上作为一个汉人，他可能具有忠于宋朝的感情。不论出于什么动机，1262 年 2 月 22 日他背叛了他过去认可

① 关于忽必烈为取得继位合法性所做的努力，见［126］傅海波：《从部落领袖到至高无上的皇帝和神：元代的正统观念》，第 25—52 页。

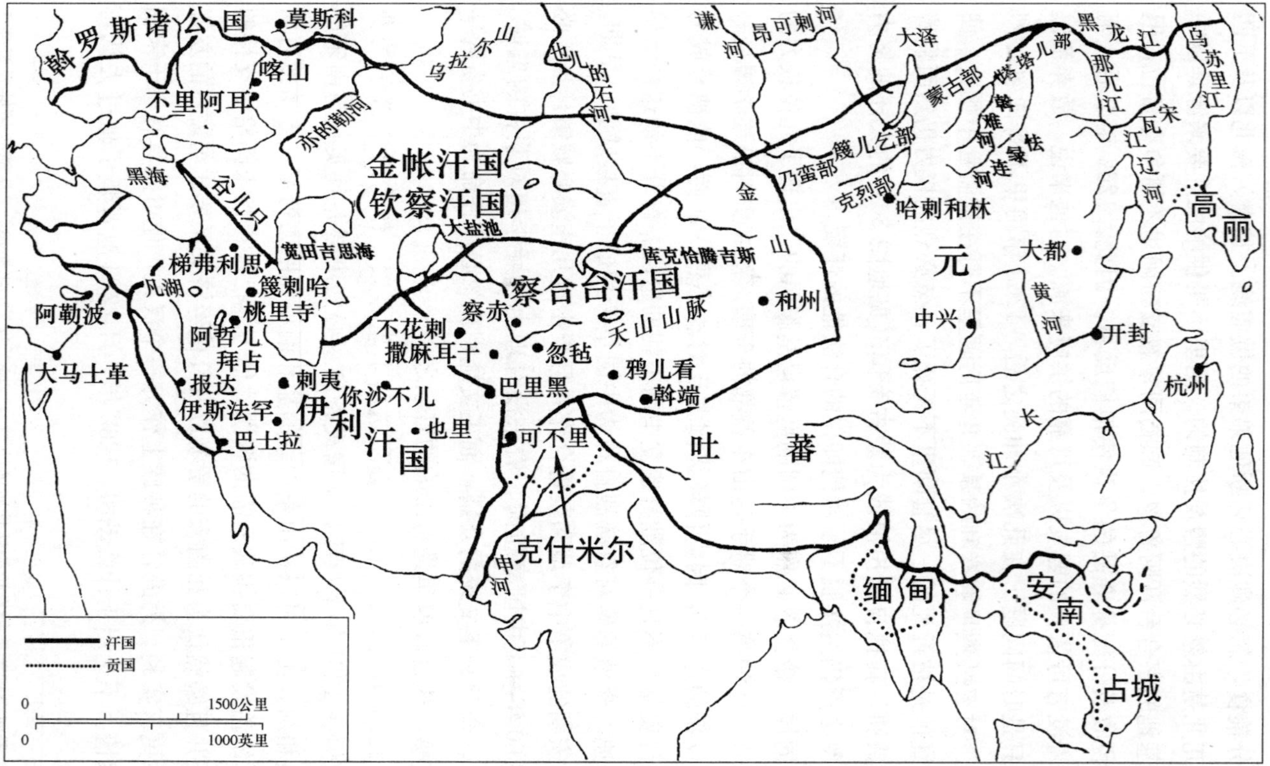

斡罗斯诸公国
莫斯科
喀山
不里阿耳
乌拉尔山
也儿的石河
亦的勒河
金帐汗国
(钦察汗国)
黑海
谷儿只
谦河
昂可剌河
大泽
黑龙江
乌苏里江
蒙古部
塔塔儿部
那兀江
宋瓦江
斡难河
怯绿连河
辽河
高丽
乃蛮部
篾儿乞部
克烈部
哈剌和林
金山
大盐池
库克恰腾吉斯
宽田吉思海
梯弗利思
凡湖
篾剌哈
桃里寺
阿哲儿拜占
阿勒波
大马士革
报达
伊斯法罕
巴士拉
剌夷
你沙不儿
伊利汗国
也里
察合台汗国
察赤
不花剌
撒麻耳干
忽毡
天山山脉
和州
鸦儿看
斡端
巴里黑
可不里
克什米尔
申河
吐蕃
元
大都
中兴
黄河
开封
杭州
长江
缅甸
安南
占城
汗国
贡国
0
1500公里
0
1000英里

地图 30　蒙古诸汗国

的君主。忽必烈立即对此做出反应，派出几支最信任的军队来对付这位麻烦的汉人领导人。忽必烈的两位主要将领史天泽和史枢以及儒士幕僚赵璧前去粉碎李璮的反叛军队。数量上的优势在几个月之内就显示出来，8月初李璮被击败并被抓获。朝廷的士兵按通常为贵族施行的处死方法，把李璮放在一个袋中用他们的马把他踩死。他的岳父王文统在此之后很快也被处死，并且为了对王文统受到的惩罚提供法律根据，公开宣布了王文统在叛乱中的造反及“叛迹”。[①]

李璮的反叛在忽必烈的统治中是一个转折点，因为它增加了忽必烈对汉人的猜疑。在一个重要经济地区发生的由一位重要的汉人领导的并且得到一位受信任的最高层汉人显贵隐蔽支持的叛乱肯定会对忽必烈产生影响。从这个时刻开始，他自然地对仅仅依赖他的汉人助手统治中国产生怀疑，作为替代他从非汉人幕僚中寻求协助。即使在他成为大汗和中国皇帝之前，忽必烈已经招募出身于不同种族的幕僚。但是，李璮的背叛引起更大的对依赖汉人的怀疑，忽必烈更强烈地意识到需要非汉人的幕僚和官吏。

他的妻子察必支持统治上的这种努力。察必渴望成为有权力的皇后，而不仅仅是一个部落首领的妻子。[②] 她对不同背景的尤其是吐蕃背景的官吏的庇护也补充了忽必烈的政策。然而，他们两人仍意识到他们的大部分臣民是汉人，从而容纳某些汉人价值观念和制度是必不可少的。

忽必烈早期实行的行政制度意在吸引汉人的支持并且反映蒙古人的利益。但是，和以前的中国朝代不同，忽必烈新设计的政府不实行科举。这种需要对孔子学说进行反复学习和探讨的考试从7世纪起为中国的各朝代提供了许多官员，并且被北方的辽、金所采纳。但是，忽必烈不急于把自己囿于由汉人思想熏陶出的幕僚和官员的圈子之内。此外，他想拥有任命自己官员的权力。不过他所建立的制度应该

① 关于李璮叛乱的研究成果，有［368］爱宕松男：《李璮之乱及其政治意义：蒙古统治下汉地封建制向州县制的转化》；［743］孙克宽：《元初李璮事变的分析》。

② ［653］《元史》，卷114，第2871页；［66］柯立夫：《〈元史〉中的察必皇后传》。

是他的汉人臣民所熟悉的。

传统的中国政府机构中书省负责大部分行政事务，如接收呈交给皇帝的奏章以及制定法律。中书省的负责人在主要的政治决策上和忽必烈商量，然后由左丞相和右丞相监督的六部执行。[①] 枢密院负责军事事务，御史台监察全国官吏的行为并且向皇帝呈写报告。尽管中央事务的大部分框架类似于更早的中国各朝代，但地方控制系统是不同的。中国分成行省，各省由行中书省丞相管理。皇帝还指定蒙古人或中亚人为专门代表（达鲁花赤）检查各省官员及各省 180 路地方官吏的活动。

忽必烈的政治制度明显地不同于以前中国各朝代的政治制度。首先，他把居民分成为三个种族。蒙古人占据最重要的位置，然后是称为色目人的西亚和中亚人。称为汉人的中国北方居民最初构成最低的阶层，而在征服中国南部之后称为南人的南方汉人变为最低的阶层并且排除在一些最重要的文职之外。忽必烈认识到如果想避免被人口多得多的汉人（数量上至少是 30 比 1）所吞没，蒙古人必须拥有控制权。概括地说，比起以前的中国各朝代对控制的强调要更多。

忽必烈关心的是官员（其中不少人不是蒙古人）保持忠心、诚实和廉洁。"蒙古的监察系统……要比任何一个前朝的系统更为渗透得多，并且它与中央集权紧密联系的程度在中国的监察史上是前所未有的。"[②] 忽必烈寻求保持官员的忠诚同时防止他们滥用职权。受贿的官吏、在履行职权时缺乏热情的官吏或者向他们的臣民过分征括的官员受到严厉的惩罚。同时忽必烈需要新的制度来控制和保持蒙古人的统治地位。从窝阔台的时代开始，许多蒙古贵族得到封地的赏赐，在他们自己的封地里他们认为自己是至高至上的并且几乎不允许干预。忽必烈必须使这些封地得到中央政府的监控，坚持使这些统治者必须

---

① 六部是：（1）吏部，选拔官员；（2）户部，掌管户口、赋税和钱钞；（3）礼部，掌礼乐、祭祀和燕享；（4）兵部，掌屯田、驿站、军需和训练军队；（5）刑部，掌刑狱和制定法律；（6）工部，掌修浚城池和工匠程式。

② ［201］贺凯：《明代中国的监察制度》，第 27 页。

遵守他的政府制定的法律和制度。另外，他期望由他而不是封地的拥有者来征收赋税和征募国家的军队。

最近的研究提出忽必烈在控制上的努力是徒劳的。一位学者写道："由于在任命重要官员时常常破例……中央政府在全帝国范围内的行政事务的参与上顶多是短暂的并且仅限于非常有限的活动。"[①] 按照这个观点，中书省的作用只在忽必烈的旧分地和首都周围是有效的，对于地方事务的控制不像他所希望的那样遍及各地。同样，他对地方官员和封地领主的控制也是有限的。在他的统治期间，他赦免过腐败的和顽固对抗的官吏，这表明在推行自己的法律时他不时受到挫折。然而这些失败不应该夸大，因为在 13 世纪 60 年代的前几年忽必烈已经建立看上去切实可行的对中国的行政管理。这种行政管理对于汉人是熟悉的，但它和以前的中国体制相比又有相当的不同，以便容纳忽必烈和蒙古人的价值观念和体制以及他们更大的控制臣民的需求。

向外扩张

在中国建立政府之后，忽必烈现在把他的注意力转向对外关系。和他的蒙古前辈一样，忽必烈懂得必须坚持领土扩张。在蒙古人的心目中，衡量一位统治者的成就在某种意义上讲是看他是否有能力将更多的财富、人民和领土并入他的版图。同样，汉人相信贤明的君主应该使外国人臣服并且接受中国至上的观念。外国人应该不可抗拒地受到中国统治者的德政以及浩荡皇恩的吸引。蒙古人和汉人的世界观念导致忽必烈把扩张放在首要位置上。忽必烈获取权力的方式也可能导致他追求对外征服，因为他曾经受到他自己弟弟的挑战，在他作为蒙古世界的统治者的合法性上确实笼罩着疑云。忽必烈可能试图通过进行对外战争消除这种怀疑，因为新的征服将会支撑他在蒙古人中的声誉。

① ［110］戴维·法夸尔：《元代政府的结构与职能》，第 51 页。

对宋朝的征服

出于安全上的考虑也促使忽必烈对南宋开战，和其他中国王朝一样，宋朝渴望统一中国。在宋朝朝廷中复仇主义是政治辩论中的一部分，而且尽管此时宋军相对较弱并且没有构成对蒙古的直接威胁，但它可能恢复元气，并且它的首要目的之一是收复被蒙古占领的中国北方领土。忽必烈应该在南宋变成更强大的对手之前征服宋朝。宋朝的大量财富是另一种吸引。南宋土地肥沃，这对北方极其重要，因为北方的人口超过北方的食品供应能力，因此北方需要很好的利用来自南方的谷物供应。宋朝与南亚、印度及中东的海运贸易使南宋的沿海城市富裕起来，这是忽必烈的另一个经济动机。

但是要占领中国南方存在许多障碍。尽管蒙古军队和骑兵在北方的气候和地形条件下是成功的，但他们不习惯南方的气候和地形。他们对中国南方亚热带地区的折磨人的高温没有准备，也不适应南方或西南地区的疾病、寄生虫病和蚊子肆虐的热带雨林。他们的马匹不能很快适应高温，并且在南方农田上不能像在平原上那么容易得到草料。另外，蒙古军队需要采用以前未使用过或至少很少使用过的军事技术。例如，为了对付南方的水军，他们需要造船、招募水手并且需要更加精通水战。在陆地上他们需要围攻人口众多、守卫良好的城镇。事实上，在蒙古人攻打的国家中，宋朝人口最多，资源最丰富。而对大宋帝国的占领需要大量的支出和努力。

表面上南宋是繁荣的。像首都杭州那样的活跃城市追求奢华并具有为此所需的资源。杭州拥有豪华的饭馆、茶馆及戏院；“别的城市都没有这样地聚集财富”①。南宋的繁荣来自广泛的国内贸易以及和亚洲及中东其他国家的贸易。认识到可以从贸易中征集潜在的税收，南宋政府在最重要的港口中任命海上贸易监督人（提举市舶使）；雇用商人监督国家专卖并在社会上给他们以较高地位；还鼓励与中国开

---

① ［155］谢和耐：《蒙古人侵前中国的日常生活，1250—1276 年》，第 84 页。关于杭州，亦见［326］慕阿德：《马可·波罗游记别注》。

展贸易的外国商人。随着海上商业的繁荣，宋朝关心航运并且相应地关心水军力量的提高。朝廷建立海军抵御沿海的海盗，装备着火箭、火器和炸弹的大战船成为南宋武装力量的重要分支，构成蒙古入侵的一种障碍。[①]

虽然商业繁荣和水军强大，13 世纪中期宋朝内部面临许多严重的政治和经济困难。许多善于经营的大地主通过压迫农民或者得到官僚亲戚的偏袒，从而积累大量财产并且获得免交赋税的特权。随着越来越多的土地从税收名册上消失，朝廷的国库需求不能得到满足。宦官和外戚在朝廷的政策制定中起着重要的作用，有时压倒高级官员。军事上的开销不断上升，腐败和低效使军队战斗力下降。从 13 世纪 60 年代初期，大臣贾似道开始试图改革并约束牟取暴利的宦官、外戚和官吏。他清洗一些这样的人物并使自己的党羽担任重要的官职，从而使宫廷两极分化，疏远并扩大对立面。因此，到了和蒙古对抗时，宋朝朝廷陷入了严重的分裂。

最初，忽必烈和宋朝的交往不是交战性的。1260 年他的使者郝经建议宋承认忽必烈是天子，换取实质上的自治，并且通过蒙古对贸易的支持以获得更大繁荣。宋朝扣留了郝经并且不理睬 1261 年由崔明道和李全义率领的第二个使团。[②] 然而忽必烈继续向南方的汉人作出和解的姿态。他释放他的军队在边界上抓获的汉族商人，宽宏大量地对待南宋的逃兵，并坚持化干戈为玉帛。

因为宋朝拒绝放弃它的主权，武装冲突不可避免。从 1260 年之后出现小冲突，1265 年在四川发生了大的冲突。战争于 1268 年爆发，一直持续到 1279 年（见地图 31）。从 1268 年到 1273 年的襄阳之战是战争中最长的战役并被证明是最关键性的。位于汉水沿岸的襄阳是具有决定意义的重要战略要地，是通向长江中游盆地的最后一个要塞。宋人在那里修建了几乎坚不可摧的防御工事，其中包括如拉施

① [293] 罗荣邦：《海路贸易及其与宋水军的关系》，第 81 页。

② [653]《元史》，卷 4，第 70 页（译者注：李全义，应为李合义，见《元史》点校本卷 4，注 9）。

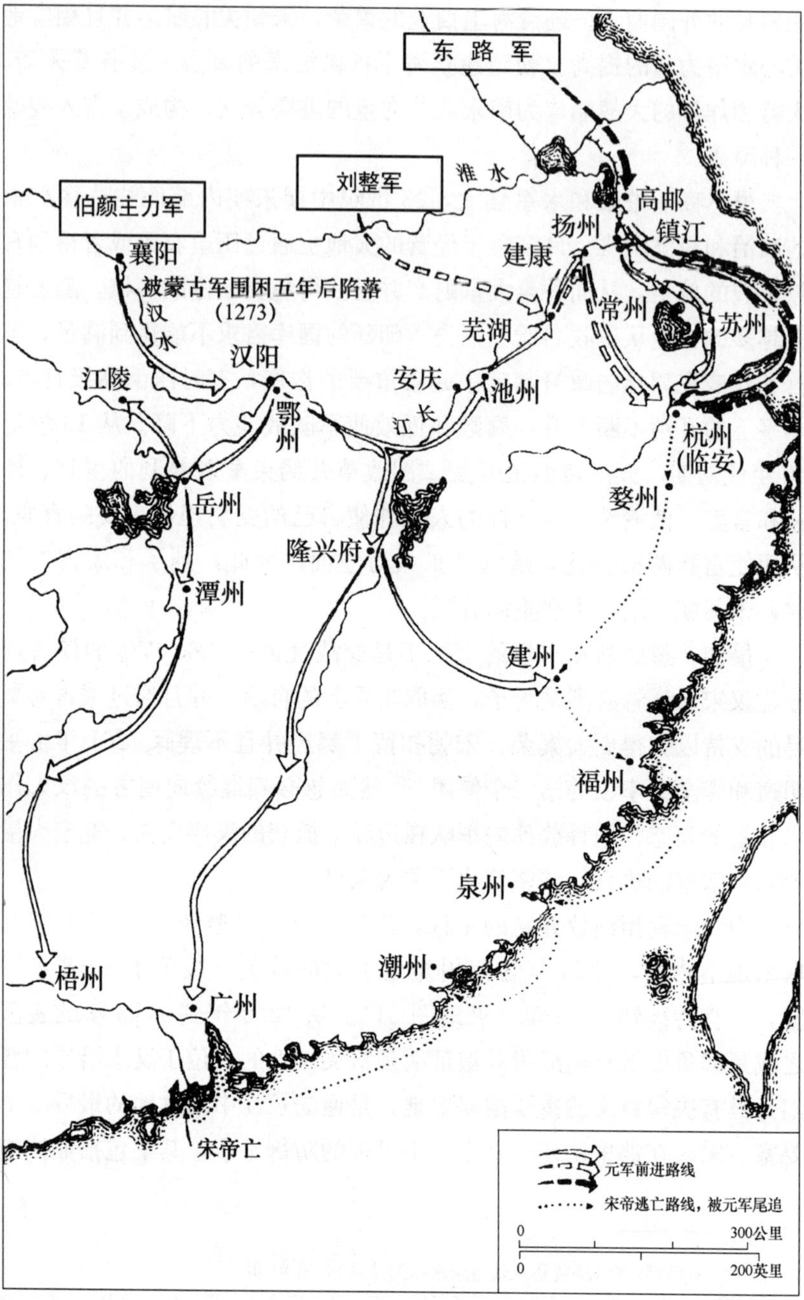
东 路 军
刘整军
淮 水
伯颜主力军
襄阳
被蒙古军围困五年后陷落
(1273)
汉
水
高邮
扬州
镇江
建康
常州
苏州
芜湖
汉阳
江陵
安庆
池州
鄂
州
长
江
杭州
(临安)
岳州
婺州
隆兴府
潭州
建州
福州
泉州
潮州
梧州
广州
宋帝亡
元军前进路线
宋帝逃亡路线，被元军尾追
0
300公里
0
200英里

地图 31　对宋的征服

特所描写的“坚固的城堡、厚实的城墙和深深的护城河”[①]。为了战胜守卫者的抵抗，蒙古军队需要取得汉水上的水上霸权以阻止来自宋朝首都的给养和增援部队。蒙古军队还需要熟练掌握攻城战术和使用火炮。为了提供这种专门技能，忽必烈挑选了一组来自各种族的军官，并为他的军队招募蒙古人、汉人、畏兀儿人和波斯人，为他的水军招募高丽人和女真人。

围困开始于1268年秋天，但是很迟之后才实现全面封锁，从而在围攻的头三年中宋朝能够向它被围困的要塞发送给养和增援部队。同时忽必烈反复地派出他自己的增援部队向襄阳的保卫者增加压力。例如，从1269年4月到1270年4月，他向该地区的指挥官派出10万官兵和5000艘战船。但是襄阳的保卫者坚持不投降。然而，1272年初宋朝朝廷在打破围攻中遇到更多的障碍。从这时起，襄阳完全孤立。但蒙古指挥官认识到强攻城堡和要塞要付出沉重伤亡。如果他们选择避免流血，毫无疑问他们会被钳制，为了打破僵局他们需要帮助。

两位回回技工提供了蒙古人所寻求的帮助。忽必烈的侄子、波斯的伊利汗阿八哈应大汗的要求派出亦思马因和阿剌瓦丁前来中国。[②] 这两位回回人在1272年下半年到达襄阳并建造了能够远距离发射大石块的投石机和石弩。年底蒙古军队开始使用这些设备。有记载说“当该炮发射时声音惊天动地，它所击中的所有东西都被击破和摧毁”[③]。借助这种大炮的神威，蒙古人最后强行攻城，剩余的宋军用密集的石块和弹射器反击但未能挡住敌军。1273年3月勇敢的宋军将领吕文焕投降，几乎持续五年的围攻终告结束。

襄阳失守之后，宋廷士气低落，贾似道信誉扫地。贾似道试图通过亲自主持抵抗蒙古军队的进攻尽力挽回声誉。他知道进击的蒙古人

---

① ［38］波义耳译：《成吉思汗的继承者》，第290页。

② 此二人的汉文传记，见［653］《元史》，卷203，第4544—4545页。

③ ［326］慕阿德：《马可·波罗游记别注》，第76页。

将沿东南方向向宋朝首都杭州进军，决定在西北方向上靠近扬州城的地方进行抵抗。贾似道率领13万大军等待敌人。为了加强自己的入侵力量，忽必烈决定指定一位攻宋军队的统帅。

1273年夏天，忽必烈选择了伯颜，一位可能是那个时代的最有才华的军人担任远征军的指挥官。在旭烈兀领导下的波斯和中东战役中以及在大理战役中伯颜已功成名就，但是现在他得到最重要的任命。[①] 认识到这项任务极其重要，伯颜对远征做了大量准备。他还鼓励和欢迎汉人背叛者。

完成计划制定和对军队的训练之后，1275年1月伯颜从汉口渡过长江。两军展开了水陆激战，但很快宋军被迫后退。3月中旬，伯颜终于在离扬州不远的丁家洲遇到主要对手贾似道。除了蒙古具有包括投石器和石弩在内的大炮之外，双方势均力敌。大炮意味着差异，伯颜击溃宋军并予以重创。贾似道的军队开始逃跑，贾似道被迫重聚军队并且退却。他在首都杭州的政敌得到了他们一直寻找的机会，他们剥夺他的官职并把他流放到南方省份福建。在途中，贾似道被押送他的人害死。

宋廷处于慌乱和无序状态。当蒙古人继续向前推进时，南宋的皇族面临其他困难。年轻皇帝度宗于1274年8月12日突然病逝，由他的年仅四岁的儿子赵㬎继承皇位。赵㬎的祖母谢太皇太后为孙子摄政，但她体弱并且缺乏好顾问，尤其因为越来越多的有权势的臣僚投靠了蒙古人。同时，在丁家洲战役之后伯颜的军队包围扬州并且占领一个又一个的城市，多有宋军和居民不战而降。除了投降之外皇太后没有别的选择。1275年末，她派出使者答应向蒙古进贡。但是伯颜拒绝这些提议，声称除无条件投降外他对一切都不满足。

1276年1月末，太皇太后最终承认宋朝皇帝是忽必烈的臣民并把国玺交给伯颜。[②] 宽厚地接受宋朝的投降之后，伯颜告诫他的手下不要抢劫和掠夺并把皇族护送到北方忽必烈的驻地。同样，忽必烈对

---

① [65] 柯立夫：《〈元史〉中的八邻部人伯颜传》（译者注：伯颜未参加征大理之战）。

② [653]《元史》，卷9，第176页。

投降的皇族是关心的。尽管他没收一些珠宝和官服，但他为皇太后和皇后提供住处、年俸及侍从。年幼的皇帝同样得到从小已习惯的奢侈，但他很快被放逐到吐蕃并且成为一位虔诚的佛教徒，后来在1296年他离开宫殿出家，终于1323年被迫自杀。

尽管占领杭州，但是尚未完成对南宋的征服。一些宋朝忠臣带着皇帝的两位异母兄弟逃到南方。1276年6月14日他们聚集在福州拥戴7岁的哥哥赵昰为皇帝。面对这样一位年幼的皇帝，宋朝忠臣需要一位强有力的摄政王来保证他们事业的生存。由于主要官员政治观点不同，不能选出单一的摄政王。缺乏团结和不断的争吵削弱宋朝并且使蒙古人率领的军队更有信心以最快的速度向南挺进。

畏兀儿将军阿里海牙率领的军队经湖南和现在的广西向西南挺进。当年年底，另一支由蒙古将领唆都指挥的部队占领福州，迫使宋朝忠臣向更南的港口泉州退却。泉州的主管海上贸易的招抚使回回人蒲寿庚最初欢迎逃来的皇帝和他的随从，但是蒲寿庚很快感觉到宋朝官吏的傲慢和专横，随之即爆发争执。[①] 1277年4月他把忠诚转向到蒙古人，因为蒲寿庚指挥着一支精良的船队，对忽必烈来说这是一次重要的变节。同时，在这一年中忠于宋朝的大臣在南方从一个港口转移到另一个港口，从潮州开始，接着到惠州，最后在年底抵达广州。唆都不断追击他们，并在1278年2月占领广州（在今广东）。忠于宋朝的大臣仍然不投降，而且再一次逃跑。但是，压力、艰苦的生活以及不断变化的气候和环境都使年幼的皇帝难以承受，在5月8日他将满10岁时夭折。

他的死对宋朝的忠臣是一个沉重的打击，但是他们的领导人张世杰和陆秀夫最后一次把他们重组在一起，推戴已死皇帝赵昰的异母兄弟赵昺并以他的名义进行统治。此时他们以中国东南边陲的雷州半岛附近的硇洲岛为基地。蒙古人的持续进攻迫使他们再次逃跑，这次从广州过海到达崖山岛。蒙古人对岛进行封锁。1279年3月19日，宋

---

① 关于蒲寿庚，见［258］桑原骘藏：《蒲寿庚考》；［297］前屿信次：《泉州的波斯人蒲寿庚》。

朝船队试图打破封锁，但在接踵而来的战斗中陆秀夫背负小皇帝蹈海，宋朝的末代皇帝夭折在海上，宋王朝最终被蒙古人推翻。三个月之后，张世杰在他的船队遭到飓风摧毁时溺死。一些忠臣逃到占城，他们计划恢复力量并且对蒙古在中国的统治进行挑战，但是他们已没有能力做到这一点。

到了1279年，忽必烈和蒙古人粉碎了宋朝的残余力量。但现在忽必烈可能面临更加难以对付的局面，因为他必须获得他征服的汉人的效忠。为赢得他们的信任和支持，他不能仅仅表现为一位只对掠夺中国南方财富有兴趣的“蛮人”占领者。相反，忽必烈需要建立一个为蒙古人服务但又不过分压迫当地百姓的政府。某些政策和人员使用上的延续还可以使蒙古统治平稳过渡。因此．忽必烈对他的军人下令允许汉人不受妨碍地从事经济活动。他还试图为他的政府招募汉人官员，许多有才能的“南人”为蒙古人工作。但是，一些学者和官员拒绝为蒙古人服务，并且投身到非政治的事务中。一些人物，例如著名的儒将文天祥，表现对宋朝的忠诚，则被蒙古人监禁或杀害。[①] 在忽必烈后来的统治时期，史书上没有记载重要的宋朝造反者，明显地显示出他在世界上人口最多的国家中建立蒙古统治的能力（见地图32），他遇到的困难却很少。

征服高丽

在平定高丽中，忽必烈取得了同样的成功。1258年，他的兄长蒙哥派出远征军平息叛乱并使高丽处于蒙古控制之下。武力的炫耀导致高丽的屈服，其象征是世子王禃（译者注：王禃初名王倎，封王后改名）作为人质抵达蒙古宫廷。忽必烈和这位年轻的高丽人相处得很好。当第二年蒙哥和高丽国王去世后，在一支蒙古部队的护送下忽必烈把王禃送回高丽并授予他高丽国王的封号。反过来，王禃很快地通过把世子送到忽必烈的宫廷作为人质以表现他的忠诚和“信

① 关于文天祥，见［39］威廉·A．布朗：《文天祥：一个宋朝爱国者的传记研究》；关于其他拒绝为蒙古人服务的官员，见［320］牟复礼：《元代的儒家隐士》。

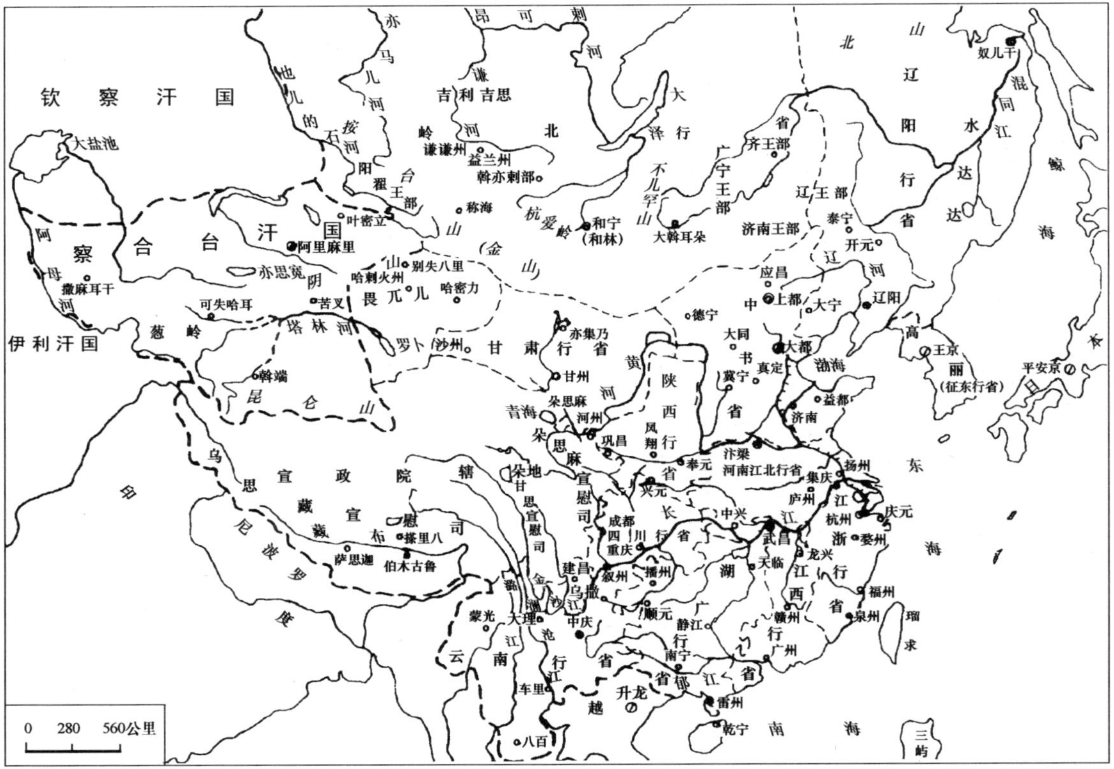

地图 32　元时期形势图

（译者注：本图采自韩儒林主编《元朝史》）

诺”。在后十年中，高丽和蒙古朝廷间的关系持续改善。王禃向蒙古进贡，而忽必烈用慷慨的礼品回酬，允许高丽商人和中国进行贸易，并在经济困难时向高丽提供谷物和肉类。

忽必烈甚至在政治骚乱时帮助他的盟友。1269 年，一位名叫林衍的军官发动军事政变。在得悉发生暴乱消息后的一个月内，忽必烈派出 3000 名特遣军驱散叛乱军队并恢复了王禃的王位。1273 年，残存的反抗者被赶到大陆南海岸旁的济州岛。为了巩固与高丽皇族的关系，忽必烈让他的女儿和高丽世子订婚，并成为以后在中国的蒙古王朝统治者的一种惯例。作为回报，高丽人每年派使团向中国进贡土拨鼠、水獭、白银、猎鹰、陶瓷和药品直至忽必烈去世；高丽向忽必烈的宫廷递交人口登记册，并且向派到高丽宫廷的蒙古监临官提供给养。济州岛的一部分变成养马的牧区，这些马匹进贡给蒙古或者用于贸易。在 13 世纪 70 年代中期平定高丽后，忽必烈对高丽提出了蒙古在军事和经济上的要求。①

入侵日本

也许忽必烈对高丽最艰巨的要求是在他的对日关系中作出帮助。尽管在 13 世纪初期高丽被称为倭寇的日本海盗所烦扰，他们仍希望避免牵连到蒙日关系之中。例如，1266 年他们通过描述日本岛屿附近的汹涌海洋和狂暴气候劝阻忽必烈派往日本的使团不要继续前进。为高丽的不合作所激怒，忽必烈严厉地进行惩戒，他并且在 1268 年派出另一个由高丽人参加的使团。日本幕府首领和体现出武士自尊及爱国特点的摄政王北条政村，不接受作为中国的蒙古统治者的仆从地位，因此他们断然拒绝使团的提议，甚至不答复忽必烈的来函。在这封信中忽必烈把日本君主称为“小国之君”。1271 年和 1272 年派去的使者得到相同的待遇，这两次使者返回中国后都描述了在日本所受到的粗

① 郑麟趾等编：《高丽史》，卷 1，第 570 页；[653]《元史》，卷 6，第 122 页；[181] 威廉·E. 亨索恩：《高丽：蒙古的入侵》，第 154—160 页；[171] 韩百诗：《蒙古时代高丽史札记》，第 179—183 页。

鲁和屈辱的待遇。忽必烈不能容许日本人对他的无限期的蔑视。

1274 年忽必烈开始组织迫使日本接受进贡国地位的惩罚性远征。这次行动由 1.5 万名蒙古人、汉人和女真人士兵以及六千至八千高丽军队组成，由 7000 名高丽水手引导，从高丽的合浦（接近现代的釜山）出发驶向日本。他们占领对马岛和壹岐岛并且在九州东部海岸上的福冈登陆。因为忽必烈完全低估了日本人的抵抗力量，这并不是一支很强大和给人深刻印象的军队。尽管日本不具有能和蒙古人的长射程武器例如弩和石弩相匹敌的武器，而且他们的将领不像蒙古将领那样有经验，但是他们早就部署好沿海岸的防御，并且是在自己的土地上进行战斗，更加熟悉地形和气候。

11 月 19 日，看来日本人在福冈要输掉反抗蒙古人的第一场战争，但是那天晚上突然袭来未曾预料到的大风暴。日本人习惯这种“反常的”事件并且轻而易举地就隐蔽到任何他们能够找到的躲避处。但是蒙古人被吓坏了，在他们的高丽属下的劝说下返回到船上并驰向宽阔的大海等待风暴平息。后果是灾难性的：风、浪、岩石毁坏了几百艘船，1.3 万人丧生。[①] 远征以蒙古人的灾难告终，残余的部队开船返回并向忽必烈报告惨败的消息。因为忽必烈企图再次彻底征服南宋，所以他不能立即向日本报仇。1275 年他派出另一个使团，但是使团的使者很快被趾高气扬的日本统治者杀死。尽管忽必烈不能允许这种蛮横的行为不受到惩罚，但是数年之后他才能够向日本派出惩罚部队。

忽必烈与中亚

同时，在中亚的察合台汗国，是一个与忽必烈对抗的、企图从他手中夺取控制权的劲敌。同对忽必烈的地位不造成实际威胁的高丽和日本的关系不同，与中亚的关系涉及到谁应得到蒙古汗位的敌意挑

① ［437］乔治·桑塞姆：《1334 年前的日本史》，第 440—444 页；［507］卢萨库·楚诺答、L. C. 古德里奇：《中国王朝史中的日本》，第 74—76 页；亦见［245］川添昭二：《日本和东亚》。

战。忽必烈的主要对手海都不仅是一位蒙古人，而且是皇族家庭中的一员。海都是大汗窝阔台的孙子。因为中亚与忽必烈的领土具有共同边界，敌对关系会使中国西北的边境受到打了就跑的侵扰，内亚游牧民的这种袭击使得汉地农民一年四季遭受损害。在这样的袭击之后，游牧民可轻易地逃向中亚草原和沙漠中无边无际的辽阔空间，躲避定居居民的追击军队。这种攻击破坏了忽必烈鼓励的跨越欧亚大陆的远距离商队贸易并且危害忽必烈在中亚建立牢固的城镇和绿洲。如果敌人控制这些必不可少的屯驻地点，他们可以破坏贸易。

忽必烈的侄子海都代表蒙古人中游牧民族的利益，这种利益威胁着日益在中国呈定居趋势的蒙古王朝。海都喜欢游牧生活，喜欢作为牧人的君主的生活，但不喜欢作为农民的统治者的生活。他的住所是开阔的空间，而不是在人口众多的都城里的豪华宫殿中。比起由中央政府统治的充满官僚气息的定居农业社会来，他更偏爱游牧社会。中国史料却把他描绘成是一位掠夺者和一个背信弃义的叛徒。但是他的确既不想破坏这个区域里的繁荣城镇也不想粉碎那里的贸易基础。实际上，海都曾积极地阻挡对中亚绿洲的掠夺并且肯定指示过他的下属不要骚扰居民。不过，他对这些城市征税，并且用所得到的收入支持他的军队。无论如何，他表现为蒙古传统的捍卫者，并且在他看来，忽必烈是背叛者。①

难以确定忽必烈和海都彼此开始敌对的准确时间。早在 1266 年 7 月 9 日，忽必烈就任命他的儿子那木罕为北平王，试图让这位年轻人负责中国北部的军事事务并且防止海都对中国西北地区的侵犯。五年之后忽必烈指派他的儿子到阿力麻里（今新疆霍城）的中亚前哨，保护这个地区不受海都的侵扰。忽必烈还派去几位那木罕的侄兄弟去陪伴他，铸成大错。因为他们全部卷入激烈的争执，严重妨碍了远征，并最终导致了远征的失败。

在粉碎中亚的反对者的远征中，那木罕几乎没有进展。他成功地

① 对海都抱有敌意的汉文史书的评价，见［687］柯绍忞：《新元史》，第 6850 页；［689］屠寄：《蒙兀儿史记》，第 1595—1597 页。

建立了军队的补给线，但不能很快地制约敌人。海都的军队以游击战的方式行动而不与他进行传统的战斗。一旦发现自己在数量上处于劣势或者处于险境，他们立即脱身逃到他们熟悉的草原上或沙漠里。因为不能轻而易举地追击机动性极强的游击部队并和他们正面作战，那木罕的军队灰心丧气。为了打破僵局，1275 年忽必烈派出妻子的侄子安童（1245—1293 年）支持那木罕。安童是一位有能力的和杰出的人物，当时已任右丞相。到达那木罕的营地之后，安童很快意识到，宗派主义使诸王分裂，并妨碍着有效的军事行动。但是，由于站在那木罕一边，安童也被卷入这场争论之中。

1276 年下半年，陪伴那木罕的几位宗王秘密计划破坏远征。包括阿里不哥的两位儿子和蒙哥的一位儿子在内的谋反者拘捕了那木罕并把他交给斡罗斯的钦察汗，而把安童交给海都。[①] 他们二人被监禁几乎达十年之久，但是没有受到伤害。谋反者由于发现海都在和他们结盟的问题上含糊其辞而感到失望，海都不希望他们呆在他的王国内。不久他们就移居到认为更安全的蒙古草原上。最终钦察汗和海都均不能从两位俘虏身上勒取到赎金并且看出继续监禁他们没有好处，便释放了那木罕和安童。当 1284 年他们返回时忽必烈热烈地迎接他的儿子和他的内侄，并且再次授予他们过去的职务和头衔。

在那木罕和安童被拘捕的那十年期间，忽必烈并没有袖手旁观。获悉那木罕被俘之后，他派出他最有能力的和最有声望的将领伯颜去营救儿子。刚从南宋王朝凯旋归来的伯颜几次受到挫折。和那木罕一样，伯颜不能制服敌人，因为海都的军队继续躲避。那木罕无人统率的军队也做出过一些勇敢的努力，试图营救忽必烈的儿子，但是他们的营救同样失败了，未能救出那木罕。

最终忽必烈明白他不能控制中亚并且不得不承认海都是这个区域的实际统治者。甚至他的最杰出的将领都不能把忽必烈的宗主权扩大到中亚。他承认自己的失败，勉强放弃在该地区的草原和绿洲的统治

① [38] 波义耳译：《成吉思汗的继承者》，第 266 页。

地位。他退到易于防御的汉人居住地，容忍海都在农耕地区之外自由地统治。但他不能防止海都以这些村庄作为其主要目标加以袭击。他所遇到的困难是，支援他的军队和当地友好居民的供应线漫长而脆弱；游牧民持续不断的骚扰对他的士兵和盟友都造成不便和威胁；他所追求的使这个区域的绿洲和城镇自给自足的目标从未实现。简而言之，忽必烈对中亚的进攻一事无成。

在对付漠北的挑战中他成绩斐然。曾经背叛忽必烈的儿子那木罕的谋反者迁移到漠北，并且计划攻击蒙古国的传统首都哈剌和林。忽必烈和他的政府对付漠北的这种威胁的准备要比在更远的西部地区所做的准备强得多。一段时间以来，他们通过对当地居民减轻赋税和传播更先进的农业技术来鼓励哈剌和林附近地区的农业。[①] 他们还建立驿站，以此加强与中国北部的蒙古新首都的战略和商务联系，并且还派遣手工业者帮助本地人发展他们自己的手工业。这些措施使他们获得当地居民的支持，从而在反对反叛宗王的战争中得到当地人的合作。1279 年上半年，忽必烈的军队发动了征讨叛王的远征。在当地百姓的支持下，几个月之内他们打败并且抓获了这些反叛的宗王。这一年年底时，漠北又成为忽必烈帝国的一部分。

社会和经济政策

在征服中国南部以及高丽和平定中亚以及漠北的同时，忽必烈不是没注意到在中国北部面临的困难。1260 年他试图去统治的中国北部现在面临着需要他去解决的严重困难——尚未从 1211 年至 1234 年蒙古和金朝的冲突所造成的破坏中真正恢复过来。农民不能断定蒙古统治者的意图。应有人向他们保证，既不会没收他们的土地也不会对他们施加任意过度的赋税。但是，与阿里不哥以及南宋的连续战争阻碍了商业，并且由于缺乏可接受的法律条文造成很

① [85] 窦德士：《从蒙古帝国到元朝：帝国在蒙古和中亚统治形式的变化》，第 143—160 页。

大的混乱。因为中国以前以科举为教育的中心，科举的废止，使教育系统一片混乱。以前的宗教不符合忽必烈和蒙古人的政策标准。佛教上层僧侣集团知道忽必烈同情他们，但道教徒不清楚新统治者是否会歧视他们。儒家担心蒙古人会废除传统的宫廷仪式并且会降低儒士的地位。也许最重要的是，忽必烈的汉人臣民关心着自身的地位。他们肯定会被排斥在某些高级官职之外，但在其他方面他们也会受到歧视吗？

如果忽必烈希望在汉人社会里建立秩序，他必须对这些问题作出回答并且处理这些问题。他所设置的政府机构有重要的作用，但是需要方向上的指导。忽必烈需要将官员执行的政治、社会和经济政策连接起来。他必须公开他管理中国而不仅仅是剥削中国的计划，从而他的官员可以仿效他并协助他摸索对定居文明的统治。某些学者对忽必烈早年亲自参与指导统治决策感到惊讶。这一次他是会继续在设计政策和计划中起到积极的作用呢？还是仅仅由他的汉人幕僚向他呈交建议，然后不加思考地采纳这些建议？诚然，忽必烈的确没有制定许多随后被执行的政策。但他也没有袖手旁观仅仅等待着提议。他积极地征求建议。他的一位官员引用了一段诏书："有上书陈言者，皆得实封呈现。若言不可采，并无罪责；如其可用，朝廷优加迁赏。"[①] 一位当时的监察御史王恽，告诉人们忽必烈在朝廷上参与审议。例如，在 1261 年 5 月的一个星期的时间中，王恽得到忽必烈的三次召见，讨论政府事务。

忽必烈在有计划有条理地规定和阐明他的政治和经济观念之前，他必须先减轻中国北方人民的苦难。蒙古人接管之前的战争在中国北方造成巨大破坏并丧失了大量的人口。[②] 很清楚这种劫难使幸存者承受着巨大的痛苦。在忽必烈统治的最初几年，他根据请求反复地对他的领地上的许多地区给予帮助和豁免。汉文史料记载他经常免去或减

① ［278］劳延瑄：《王恽〈中堂事记〉：译注与介绍》，第 24 页。

② ［184］何炳棣：《1368—1953 年的中国人口研究》，第 258 页。见［275］兰德彰在《蒙古统治下的中国》的前言中（第 20 页）对人口问题的短评。

少遭受经济困难的地区的赋税。他还向受到自然灾害折磨的村庄提供纸币、谷物和布匹。① 但是，除了这些应急措施，他还需要制定恢复中国经济的长期规划。

这个规划的中心点之一是鼓励农业。1261 年忽必烈建立劝农司，劝农司挑选农艺学上有造诣的人去帮助农民更好地利用他们的土地。该机构每年向中央政府递交农业、蚕业和水利控制工程的报告。最终忽必烈组建了一个庞大的官僚机构以促进更有效地利用土地和推动生产发展。他下令建造粮仓存储剩余的谷物，为歉收年份食品短缺提供安全保证。他对定居居民的关心表现在 1262 年的一个敕令中，这份敕令禁止牧民在农田中放养牲畜。他不希望自己的蒙古人民对宝贵的农业区域进行蚕食并且造成其他的损害。②

忽必烈还摸索着帮助农民自行组织起来恢复经济。1270 年他给予称为“社”的组织正式的地位，以鼓励农业生产和促进垦殖，社由约 50 户人家组成并且由社长或者村庄的长者指导。忽必烈命令各社适时耕作、植树、开荒、改善防洪措施及灌溉、提高丝绸产量以及在河湖中养鱼。忽必烈和他的幕僚把社设想为农民的自助组织，而且还想给社植入其他的功能。他们希望利用社恢复农村的稳定并且帮助进行监视和进行统计。③

也许政府的最有新意的目标是利用这个新组织促进普及教育。每个社都有为村里的儿童们建立学校的义务。当农田中只需要很少劳动力时农民的孩子就去上学。这一阶段的编年史对这个教育系统作出浮夸的判断。至 1286 年，按照《元史》的说法，有 20166 个社学。但是这个数字看来是言过其实的，因为社的领导者意识到期待他们做什么，从而可能向中央政府夸大他们的报告，虚报学校数

① 关于这些应急措施，见［653］《元史》，卷 4，第 70—71 页；卷 5，第 83—86 页；卷 6，第 113—114 页。

② ［639］《大元仓库记》，第 1—3 页；［412］保尔·拉契内夫斯基：《元法典》，第 1 卷，第 189—190 页。

③ ［212］井崎隆兴：《元代社制政治的考察》，第 6—10 页；［750］杨讷：《元代农村社制研究》。

量增加的假象。普及教育系统的幻想肯定从未实现，事实上，甚至在全中国普遍组建社的证据也是很少的。[①] 然而这种幻想揭示忽必烈和他的幕僚们的观念：教育农民，让政府为他们的利益服务。中国的蒙古统治者不再认为自己只属于游牧民，所以农民也应该受到公正的对待。

更为明显的证据是政府在限制农民负担上的努力。忽必烈设计出一种固定的正规的征税制度，免除包银并且限制投下的权利。根据新制度，过去强迫农民交给投下的难以计数的钞和丝现在移交给政府，然后由投下和中央政府均分。农民每年交税粮但不需要再考虑投下领主强加的反复无常的征收。他们与包括手工业者和教士僧侣在内的其他人口一样支付人头税。他们其他的主要负担是可以和赋税一样沉重的徭役义务。忽必烈修建道路、都城、扩展大运河并且组织驿站系统，所有这些都需要大量的劳力投入。然而他寻求通过他的统治限制对农民的过分要求，有时还放弃为徭役指派的其他赋税。但是他不能控制所有的官员，并且一些对农民的劳力要求是不合理的。忽必烈不像许多传统的蒙古人，不是仅仅追求剥削中国农民，这似乎是很清楚的。[②]

和他的祖先一样，忽必烈爱护手工业者。和传统的汉人不同，他给手工业者较高的地位。因为蒙古人自己只有很少的工匠，他们所需要的手工业品靠外族人提供。忽必烈在他的政府里设置了一些机构组织手工业者并保障他们的福利。例如他的机构中有一所将作院，负责向宫廷提供珠宝、布帛和纺织品。为了赢得手工业工匠的忠诚，忽必烈制定了对他们有利的制度。政府向他们提供相当高的工钱以及食品和布匹配给并且豁免徭役，还允许他们完成每年的朝廷定额后制造可销售的产品。但是，作为对这些优惠的回报，由政府管理世袭的手工业阶层。13 世纪后期，大约 30 万户人被划分为匠户，而且不能更改户籍。尽管有这种限制，总的说来手工业工匠是从中国的蒙古人统治

---

① 见［441］舒尔曼：《元代经济结构》，第 47 页。

② ［17］有高岩：《元代农民的生活》，第 951—957 页。

中获益的。[①]

商人可能是从忽必烈的政策中获益最大的阶层。由于儒家士大夫不赞同贸易，中国各王朝对商人施加大量限制。但是忽必烈没有这种偏见，并且实际上给予商人很高地位。斡脱这个以回回人为主组成的商人集团，就受到政府的支持。在蒙古征服的最初年代，斡脱曾向蒙古贵族提供极需要的贷款。作为报答，1268 年忽必烈建立了“斡脱总管府”，向斡脱提供低息贷款。斡脱将这些经费主要用于商队。斡脱和中国商人的商业交易税为 3.33%的低额。[②]

为了便利贸易并且促进商人的福利，和中国历史上以前的任何朝代相比，忽必烈在更广泛的范围内使用了纸币。1260 年忽必烈发行三种纸币，但是用银储备支持的中统元宝钞比别的纸币更为流行，并且受到汉人的信赖。朝廷原意用纸币接收应交纳的赋税逐渐建立起了对新纸币的信任。纸币的稳定有助于发展贸易从而提高了商人的利益。1276 年以前该系统运转良好，因为政府严格控制纸币印行总数。1260 年朝廷印刷总面值为 73352 锭（银锭）的纸币，1265 年总量逐步增加到 116208 锭。[③] 1276 年由于对南宋及日本的战争造成开销激增，朝廷急剧地把印行总量扩大到 1419665 锭。但是由于成功地征服南宋后得到的大量税收，使朝廷得以控制通货膨胀。

忽必烈的政府还通过改善运输系统帮助贸易和商人。把大运河延长到中国北部的蒙古首都和修建道路是两个显著的成就。马可·波罗对这些道路的印象极深并且写道：

> 他（忽必烈）指示在道路两边每隔二三步远种上树……大汗下令这样做是使每个人都能看见道路，从而商人可以在树阴下面

① ［879］鞠清远：《元代系官匠户研究：质认为元代官局匠户是奴隶的人们》；参见［89］约翰·德弗郎西斯、孙任以都编译的《中国社会史论著选译》中选择的译文，第 234—246 页。

② ［427］莫里斯·罗沙比：《元代初期的穆斯林》，第 282—283 页。

③ ［653］《元史》，卷 93，第 2371—2372 页。

休息，并且不会迷失方向。[①]

交通上最显著的成就是驿站系统。至少从汉朝起中国就有驿传和驿马，但是蒙古统治者大规模地扩大了该系统。驿站的设置是为发送和传递官方邮件，但是旅行的官员、军人和国宾也可使用它，驿站还帮助运输国内外贡品，便利贸易。它并不是商人的旅店，不过商人照样利用它，并且是国内外贸易网络中的重要环节。在忽必烈统治的后期，中国有 1400 个驿站，共配备 5 万匹马、1400 头牛、6700 匹骡、4000 辆货车、近 6000 条船、200 多条狗和 1150 只羊。[②] 任何地方相隔 15 里到 40 英里有一座驿站，服务员在驿站工作，以完成他们徭役中的一部分。在紧急情况下，骑马的信使可以以每天 250 英里的速度传送重要消息。这是 13 世纪以及其他世纪的一种有效的邮政服务。尽管受到官员、商人、随员的滥用，驿站有效地运行，这是包括马可·波罗在内的大量外国旅行者证实的事实。[③]

所有这些进展都表明忽必烈对商人的关心以及在鼓励贸易上的努力。不像许多汉人，忽必烈和他的蒙古支持者对商人没有偏见。来自那个时代的观察者的证据表明在忽必烈统治期间蒙古人的确是成功的，商业蒸蒸日上。例如，马可·波罗写道："我相信世界上没有别的地方能聚集这么多的商人，并且比世界上的任何一个城市里的更贵重、更有用和更奇特的商品都汇集到这个城市里。"[④]

其他一些行业阶层在忽必烈的统治下比在别的汉族皇帝的统治下过得更好。医生是从蒙古统治中获益的这样一个集团。作为一个实用主义者，忽必烈重视医学并且给医生较高的社会地位。他在开平和中国北部建立以回回医生为主的广惠司的分支机构为宫廷服务。蒙古官员咨访回回医生，翰林院增添了 36 卷回回医学药方。

---

① [328] 慕阿德、伯希和：《马可·波罗游记》，第 1 卷，第 248—249 页。

② [836] 袁冀（国藩）：《元史研究论集》，第 243 页；关于驿站制度的深入研究，见 [359] 彼得·奥勃理赫特：《13—14 世纪蒙古统治下中国的驿传制度》。

③ [328] 慕阿德、伯希和：《马可·波罗游记》，第 1 卷，第 246 页。

④ [328] 慕阿德、伯希和：《马可·波罗游记》，第 1 卷，第 235—237 页。

忽必烈还设立太医院，其任务是规定挑选医学教员的标准，监督对医生的训练以及医学教科书的准备，编制医生的资格考试并且负责所有的医生和药物。它剔除不胜任的医生并且确保未通过考试的候选者不得从医。如李约瑟指出的那样，“存在着普遍地提高医生医术的步骤”①。在这种努力下，朝廷在首都建立了四个回回药物院，所有这些学校都受到波斯医生治疗方法的影响。②

这些努力富有成果，被医学吸引的优秀人才要比以前各朝代所吸引的更多。朝廷不轻视医生职业，优秀人才把这个职业看成是有用的和有利的，因为通过病人可以接触权贵并且医生的工作符合儒学对正直和利他的强调。医生经常被豁免徭役，这是选择医学职业的另一个原因。

忽必烈还重视科学家并且努力促进他们的工作。他向他们提供财政支持并且试图提高他们在汉人社会中的地位。听说波斯人取得大量的科学发现之后，他邀请天文学家札马剌丁到中国说明这些发明。札马剌丁 1267 年到达宫廷时带来日晷仪、星盘、地球仪、天球仪，以及一种新的、更准确的中国人称为万年历的历法。四年之后，忽必烈建立回回司天监招募和吸引波斯和阿拉伯天文学家到他的宫廷来。后来汉人天文学家郭守敬（1231—1316 年）利用波斯曲线和计算推导出另一种历法《授时历》，这种历法略作修改后到整个明代还在使用。③ 在忽必烈的保护下，地理考察和地图绘制蒸蒸日上。阿拉伯和波斯的旅行家和商人带来有关亚洲和欧洲的信息，从而“活跃的中国地理学把来源于阿拉伯的非中国世界的数据结合进来”。④ 教士和艺术家是另外两个得到忽必烈偏爱的群体，在后面对宗教及艺术的讨论中将更清楚地表明忽必烈对他们的态度。

① ［342］李约瑟：《中医文化》，第 263 页。

② 关于这些学校，见［402］朱达·拉尔：《蒙古时期医学的发展：金元两代中医的复兴和发展》。

③ ［247］E. S. 肯尼迪：《撒勒术克和蒙古人统治下的伊朗精密科学》，第 668—673 页；［653］《元史》，卷 7，第 136 页；卷 164，第 3845—3852 页。

④ ［135］傅海波：《蒙古帝国时期的中西接触》，第 59 页。

总之，对于那些在中国历朝未得到很好对待的职业阶层，忽必烈努力排除对他们的歧视。手工业者、医生和科学家获得更多的利益并且得到朝廷更多的关心，因为忽必烈显然希望在统治中国上得到他们的支持。他还保证不剥削农民，并且实际上鼓励了农业的发展。受到蒙古人损害的主要阶层是地主精英，从这个阶层中涌现出大量的士大夫统治阶级。忽必烈和蒙古人作为国家的统治者取代了他们。废止科举制度之后，汉人精英只有很少的选择。一些人顺从了，并为蒙古人服务；一些人放弃公共生活成为隐居者或者把兴趣转向艺术；还有一些人不满蒙古人的统治，形成潜在的破坏力量。汉人精英感觉到他们是排除在蒙古人给予利益的阶级和职业之外的主要群体。但忽必烈和宫廷试图通过保留某些政府机构，如翰林院、国子学、集贤院及国史馆来安抚他们，在这些机构中任职的人以士大夫为主。

军队是另一个需要确定它和朝廷的关系的群体。忽必烈主要关心的是不使蒙古人对军队的控制受到危害，他所建立的组织及制度反映着这个目的。1263 年，他重建枢密院以监督卫军、怯薛（蒙古大汗的侍卫军）和万户（即“万户之长”）。这些单位主要由蒙古骑兵和以汉人为主的步兵组成。所有的蒙古成年男性有义务被征募，某些汉人家庭则被指定为世袭的军户。对他们豁免施加在普通百姓上的一半赋税。但是，反过来，他们需要支付自己的费用，有时这是一项沉重的经济负担。[①] 这些负担，加上军官对资金的侵吞勒索，最终导致士兵逃亡和武装力量的衰落。但是，一直到忽必烈去世之后，这些问题还没有引起很大麻烦。

使人更为焦虑的是汉人军队的征募。忽必烈不能仅仅依赖汉人，他需要用蒙古军队去制约他们。因此他使用蒙古怯薛作为自己和宫廷的侍卫军。同样，在沿着边界部署驻军时，他感到需要保持军队中蒙古人的优势。

忽必烈还认识到蒙古人对军事供应和军事设施的控制是必不可少

① ［195］萧启庆：《元代的军事制度》，第 16—25 页。

的。例如，朝廷禁止汉人买卖竹子，因为竹子可用于制作弓箭；竹子由朝廷专卖。[①] 忽必烈还力求保证朝廷得到可靠的战马供应。随着蒙古人开始在中国转向定居生活，在得到马匹上他们面临着和汉人一样的问题。为了提供政府所需的马匹，忽必烈命令汉人臣民拥有的每100匹马中要上交给朝廷一匹马。他还保留买马的权利，强制马主按官价卖马。企图隐藏马或者私下卖马的汉人家庭会受到严厉的惩罚。称为太仆寺的政府机构照管马匹并且管理集中在漠北、中国北部和西北部以及高丽的牧场。尽管史料间或提及走私马匹和别的欺骗行为，在忽必烈统治期间，朝廷能得到足够数量的马。[②]

朝廷另一项关心的事情是制定用于它的疆域里的法规。蒙古人的传统的法律“札撒”缺乏统治定居文明所需的复杂性，相反，它只反映游牧社会的价值观，不适用于中国。在夺取权力期间，忽必烈保留了金朝女真人的法律，但在1262年他命令他最信任和最有影响的两位幕僚姚枢和史天泽制定一部更适用于他的汉人臣民的新法律。从1271年开始执行这些法律，不过蒙古的法律、惯例和习惯还影响着新的法律。

在法律上蒙古人明显的比汉人得到优待。死罪的种类为135种，要比宋朝法典中规定的数量少一半还多。按照蒙古惯例，通过向政府上缴一定的赎金，犯罪者可以免遭惩罚。忽必烈可以发布大赦，而且他的确这样做了，甚至对反叛或政敌都予以大赦。为了避免滥用被告的权力，行省和中央政府的官员对地方司法裁决的重罪进行日常的审核。因为缺乏对法律执行情况的详细研究。很难辨别这些法令上的改革是否转化成比以前的中原王朝更为宽容和灵活的系统。然而该法律中体现的忽必烈及蒙古人所支持的法律思想看来的确不如以前的汉人法律那么严厉。[③]

---

① ［211］井崎隆兴：《元代施行竹专卖及其意义》。

② ［638］《大元马政记》，第1—3页。［33］鲍登、札奇斯钦：《大元马政记简注》，第261—263页。

③ ［63］陈恒昭在《蒙古统治下的中国法律传统：1291年法典复原》中，认为元代法律确实比以前的中国法律更为宽容和灵活，见第19页。

作为中国皇帝的忽必烈

尽管忽必烈希望不仅仅被当作中国皇帝，但是他不能强迫别的汗国接受他的权威。作为蒙古大汗，他渴望统治广大地域，寻求对他作为整个蒙古帝国不容争辩的统治者地位的承认。斡罗斯的钦察汗国支持阿里不哥的汗位继位资格并且对忽必烈的胜利并不甘心。控制中亚察合台汗国的海都是忽必烈的死敌。只有波斯的伊利汗国创立者忽必烈的弟弟旭烈兀和他的后代承认忽必烈为大汗，但他们基本上是自治的。钦察汗国和伊利汗国纠缠于阿哲儿拜占牧场所有权的冲突中，转移了他们与大汗关系的注意力。

面临对他的大汗地位的这种有限的承认，忽必烈变得更加认同中国，并且寻求对他成为中国皇帝的支持。为了吸引汉人的忠诚，他必须是一个表里如一的传统的中国皇帝。如果他希望得到中国士大夫或精英的支持或者至少他们的默认，他必须恢复一些儒家的仪式和习惯。忽必烈保持一个蒙古人的本色并且不放弃蒙古人的价值观，不过他意识到为了得到汉人的支持他必须做出某些调整。

忽必烈给他的汉人臣民的最明确的信号是把首都从漠北迁到中国北方。在他的幕僚刘秉忠的帮助下，他接受把首都从和林迁到今天的北京的想法。1266 年，他下令建造汉人称为大都而突厥人称为汗八里的城市。蒙古人直接从汉语翻译，称它为大都。尽管回回人监督这项工程并且有大量外国工匠参与建设，在概念上和风格上这座城还是中国式的。因为忽必烈希望大都作为他努力吸引传统的汉人儒士的象征，设计者遵循了中国模式。但是，他选择了一个不落俗套的地点建设首都。和以前的大部分位于黄河或其支流附近的中国首都不同，大都位于中国北部边境附近（见地图 33）。

忽必烈选择这个曾是辽、金首都的地点，一是因为他领悟到他的帝国不仅仅只包括中国，二是他希望保持对他的蒙古故乡的控制。这个在中国北部的行政中心将向他提供一个监控地点并向他提供确保他对故园权威的基地。大都的主要欠缺是谷物储备不足。为弥补这个缺

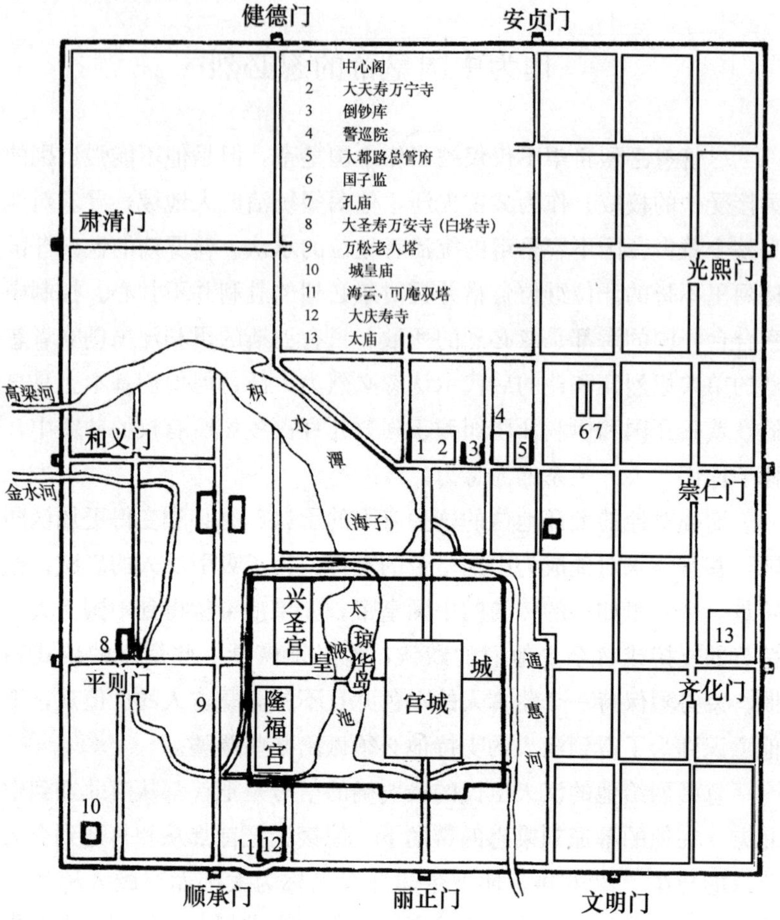

地图 33 元大都平面图

（译者注：本图采自陈高华著《元大都》）

点，忽必烈从中国南方运来大量的粮食，最终还将大运河延长到首都。

回回建筑师也黑迭儿和他的助手把大都建筑成典型的中国式的首都，但又带有一些蒙古格调，城市呈矩形，围在用土夯实的城墙之中。在它的外城墙之内是两道内城墙包围的皇城及忽必烈的住所和宫殿，百姓不得进入。城市按东西轴和南北轴对称地布局，宽阔的街道从 11 座入城的城门按几何图形延伸。街道足够宽阔，以至“九轨可并驰”。在所有的城门处，三层高的城楼用以警告对城市即将来临的威胁和危险。[①] 紫禁城里的所有建筑，包括皇帝自己以及后妃的住所、接见外国使者的大殿，以及湖、花园和桥都明显地和典型的中国式的首都相同。然而，在一些建筑物中蒙古装饰是明显的。在忽必烈就寝的帐篷里挂着貂皮帐帘，这是他念念不忘蒙古人的狩猎生活象征。在宫里的花园中设立蒙古风格的帐篷，忽必烈的儿子们经常居住在帐篷里而不是住在宫殿里。当忽必烈的后妃们临产时，她们就被移到帐篷中分娩。[②] 忽必烈从蒙古草原为他的宫殿台基带来青草和泥土，这样他自己和他的蒙古伙伴就不会忘记他们的传统。但是，最大的影响仍是汉人的。

汉族对城市建设的影响也许最清楚地表现在忽必烈下令在宫殿附近建造的庙宇。太庙的建设表明他想取悦于儒家精英的愿望。汉人极为重视对祖宗的崇敬，建造太庙表示忽必烈想保持有关敬仰祖宗的礼仪。忽必烈还为他的八位包括成吉思、窝阔台和蒙哥在内的祖先建造牌位。毫无疑问相同的动机促使他在都城建立地坛和社稷坛。1271年，他下令按汉人方式每年在这些祭坛进行祭祀，以便在神的保佑下确保丰收。他甚至建造孔庙，在那里宫廷官员向这位中国圣人祭奠并进行一年一度的仪式。忽必烈很少参加这些典礼，仅仅派汉人幕僚代表自己。

1274年阴历一月忽必烈首次在他的新首都主持朝会。随着大都成为更具汉人风格的都城，忽必烈原来的夏都开平或上都，即塞缪尔·泰勒·柯尔律治诗中的行宫（译者注：英国诗人，1772—1834年，《忽必烈汗》是他的著名诗作），变成别的用途。上都成为继续举行蒙古人萨满教仪式的主要地点，有元一代这些仪式一直在这里举

---

① 两个14世纪的史料，陶宗仪的《南村辍耕录》和萧洵的《故宫遗录》，对当时北京的建筑和规模有极有价值的描述。南希·S. 斯坦哈特在她的博士论文［478］《蒙古影响下的都城建筑：忽必烈的帝都大都》中，引用了这些史料。亦见她的论文［479］《忽必烈的都城规划》。中国的考古学家亦开始对大都遗址进行考察，他们近年的发现，见［702］元大都考古队：《元大都的勘察与发掘》；［703］《记元大都发现的八思巴字文物》；［704］《北京后英房元代居住遗址》；［797］张宁：《记元大都出土文物》。

② ［411］保尔·拉契内夫斯基：《中国汗廷中的蒙古祭礼》。

行。[①] 上都不再是真正的首都，而越来越多地作为忽必烈的夏天休息场所和猎场，此地是他赖以保持和重申他与传统的蒙古事务息息相关的纽带。上都没有那么多的政府机构，从这一点上看，上都的蒙古风格更浓，而汉族影响较小，所以这为蒙古大汗提供了良好的宽松氛围，使他从中国皇帝必须承受的压抑的生活方式中摆脱出来。

忽必烈与宗教

忽必烈还在国内宗教政策方面尽力迎合他的中国臣民。尽管他自己继续出席蒙古萨满教的仪式，他母亲的培养已使他牢记对新征服地的主要宗教提供庇护及支持的政治重要性。13 世纪 60 年代忽必烈需要同支持他统治中国的各派宗教发展关系，从而确保蒙古对这个国家的控制。即使在他僭取中国皇帝的名分之前，他已经试图吸引汉地宗教的上层人物，但是现在这种努力更为重要和更加迫切。

首先，忽必烈力图与儒家保持良好关系。在开始建设大都的 1267 年，他下令建造太庙并且制作祭奠祖先所需的祖宗牌位，而且他选定了国家的历法，这是农业社会统治者必不可少的工作。他的王朝名称的选择对于儒士将是一个最重要的信号。采纳富有汉地象征的汉语名称将表示忽必烈希望和中国某些传统融为一体。1271 年，在刘秉忠的建议下忽必烈从《易经》中选择了“大元”作为国名。元的涵义是“乾元——天地万物的起源”或者“原始力”，但最重要的是，新朝代的名号直接出自汉族传统经典著作之一。[②]

同一年，忽必烈在朝廷中重新实行传统的儒家礼仪以及伴随礼仪的乐舞。如果朝廷想防止导致洪水、干旱或地震的自然灾害，采用相应的礼仪是必不可少的。忽必烈不仅命令重新引入这些礼仪并且让他的儒家幕僚们教授 200 余名挑选出来的蒙古人演习朝仪，这是他希望

① [653] 见《元史》，卷 77，第 1923—1927 页，特别是 1924 页。

② [432] M. D. 撒彻迪：《元代国号考》。

迎合汉人的另一种表示。①

从忽必烈为最终被指定为继承人的次子所规定的训练和教育中，可以进一步看到他对儒教和汉人价值观的敏感。在佛教僧人海云和尚的帮助下，他为儿子取了一个汉文佛教名字真金。② 为了使真金接受第一流的汉式教育，他指定姚枢、窦默和王恂——他的最好的儒家幕僚中的三人作为这位年轻人的老师。这些学者向真金讲授汉人经典著作，并向他介绍阐述早期中国各朝代皇帝及大臣的政治观点的文献。

忽必烈还让他年轻的儿子接触中国领土上的其他宗教信仰。这样真金接受佛教喇嘛八思巴的传授，八思巴为他的年轻学生写了一篇题为《彰所知论》的短文，向他说明佛教。③ 一位重要的道教大师向他介绍这门神秘的宗教。忽必烈为汉人对真金的信任不断增加而高兴，所以授予他的儿子更多的责任，并且不断地提升他，1273 年达到顶点，指定真金为明确的皇太子。忽必烈这样指定自己的继承者，完全打破了蒙古习惯，因为这样做抛开了正常的选举过程，所遵循的是传统中原王朝的通常做法。

吸引儒家学者的另一种方法是为传播他们的观点提供实质性的支持。例如，忽必烈鼓励把汉文著作翻译成蒙古文。诸如儒学经典《孝经》和《书经》，以及真德秀（1178—1235 年）所著《大学衍义》等理学著作，也在忽必烈的支持下得到翻译。④ 蒙古精英可以享用这些作品，忽必烈以此告知汉人他尊重儒家思想。他还招聘一些杰出的学者来教育汉人以及蒙古人和中亚人，此事给汉人学者留下深刻的印象。被招聘的杰出人物之一是许衡（1209—1281 年），忽必烈在 1267 年任命他为国子祭酒。许衡被公认是那个时代最伟大的学者之一，因为在讲学中他专心务实而得到他的蒙古保护人的欢悦。他的成功在于

① ［653］《元史》，卷 67，第 1665—1666 页；卷 88，第 2217 页。

② 这个名字有时在蒙古语中读作 jingim。但严格说来，是一种误读。

③ ［189］康斯坦茨·胡格译：《真金王子的西藏佛教经书》；［143］傅海波：《元代中国的吐蕃人》，第 307 页。

④ ［149］沃尔特·富克斯：《元代的蒙文译著》。

“他不涉及纯理论、形而上学的内容或者更高深的内容”①。在他给忽必烈的建议中，他强调务实的观点，这是一种肯定会在蒙古宫廷中获得好感的态度。

忽必烈赞同用传统的中国方式记载元朝历史的建议，这也使他得到儒士的称赞。儒学重视过去，强调利用历史经验指导行为，所以它为这种官方认可的编年史工程提供了依据。1261 年 8 月，儒家学者王鹗（1190—1273 年）建议收集辽朝、金朝以及早期的蒙古统治者的历史记录。② 他还建议朝廷在翰林院下建立翰林兼国史院以搜集记录并且撰写辽史和金史。忽必烈表面上没有汉人对编写历史的热情，然而批准建立国史院，这是另一个他希望获得儒士赞同的决定。

如果忽必烈希望自己被看作是中国的统治者，他必然要求助于除儒家之外的宗教和信仰。他特别急于想要影响的宗教团体之一是伊斯兰教。早在唐朝伊斯兰教就传到中国，到了忽必烈时代尽管他们正在向西北和东南集中，还是可以在全国各地找到回回商人、工匠和士兵——他们当中的大部分是来自中亚的移民，也有一部分汉人是皈依伊斯兰教的教徒。忽必烈对回回人执行一种仁慈的政策，因为他们有助于他在中国的统治。忽必烈把回回人招募到政府中，从而减少自己对汉人幕僚和官员的依赖。他允许回回人组成实际上自治的社团以回回宗师作为领导，由哈的为他们解释穆斯林法律。回回居民区有他们自己的集市、医院和清真寺，不禁止他们使用自己的民族语言，也不禁止他们遵循伊斯兰教意旨。事实上，忽必烈任命回回人在财政机构担任重要职位并给予他们特权。他豁免他们常规的赋税，并且招募他们担任汉人极少能够担任的达鲁花赤。回回人十分感激，并以忠心为宫廷服务作为回报。回回人中最有名的是来自不花剌的赛典赤·赡思丁，在 1260 年他被任命为中国北方一个地区的宣慰使并且以后提升

① ［56］陈荣捷：《朱熹和元代理学》，第 209 页。

② ［52］陈学霖：《王鹗（1190—1273 年）》及［46］《元代官修史学：辽、金、宋三史的修撰》，第 64—66 页。

为西南地区云南行省的平章政事。①

另一个团体是佛教徒众，忽必烈也希望得到他们的支持。早在13世纪40年代他本人就接受过禅宗的僧侣海云的教导，但他很快发现中国禅宗太深奥、太超脱，不符合他的追求。例如，当一位禅宗大师告诉忽必烈“万物皆空惟灵仅存”时②，看来他对实际事物毫不关心。但藏传佛教为忽必烈的理想提供一种适用得多的工具。几十年来吐蕃僧侣在世俗的政治事务中起着积极的作用，比起禅宗僧侣，他们在实际事务中提供了更多的经验。

吐蕃僧侣八思巴喇嘛（1235—1280年）证明是忽必烈在佛教徒中最接近的盟友。八思巴的大部分童年是在蒙古宫廷中度过的，通过长期和蒙古人的联系，他吸收了蒙古的许多价值观。他还是吐蕃佛教萨斯迦派主要领导人的侄子，1253年忽必烈对萨斯迦派作出崇信的表示，因此八思巴在他自己人民中赢得的如果不是崇拜也是尊敬。在汉地和吐蕃他都给予忽必烈宝贵的支持，因此蒙古君主对他特别友善。他家族的成员和蒙古皇室成员通婚。1260年忽必烈任命八思巴担任新职位国师，在第二年初让他掌管所有的佛教事务。

1264年忽必烈建立总制院管理吐蕃并监督政府和佛教僧徒的关系，八思巴成为总制院的第一位行政长官。在敌对的佛教派别必里公派领导的反叛中，八思巴在吐蕃的权威受到挑战，但1267年忽必烈调兵帮助这位年轻的佛教教长恢复了权力。1268年忽必烈的军队打垮了持异议者后，他虽然恢复了八思巴的权力，但又安置了一位蒙古人为吐蕃的宣慰使来帮助控制吐蕃。③

忽必烈希望八思巴和他的佛教僧徒能够通过提供他所需要的宗教法令作出回报。八思巴论述了寺院和国家的地位，并得出政教合一的

---

① ［427］罗沙比：《元代初期的穆斯林》。

② 译自［230］冉云华：《大都的中国佛教：新形势和新问题》，第395页。

③ 关于八思巴的史料，见［340］中野美代子：《八思巴字与〈蒙古字韵〉研究》，第152—165页；［143］傅海波：《元代中国的吐蕃人》，第305—311页；［377］毕达克：《吐蕃与宋、蒙古的关系》。

结论①，因此这位吐蕃佛教徒的确在这项交易中完成了自己的任务。八思巴把忽必烈等同于佛教的智慧佛文殊菩萨，并且按佛教传统歌颂他为宇宙之王。为提高他的派别和皇帝的联系，八思巴建议在宫廷仪式开始时采用佛教活动。每年阴历二月十五日组织消灭“恶魔”和保护国家的仪式，并且还在每年的阴历一月和六月安排音乐、典礼和游行。佛教僧侣参加这些庆典，从而使忽必烈在他的帝国里的佛教徒中享有更大的信誉。

反过来，忽必烈给予佛教徒特权和豁免。他在位时，佛教僧侣多年享有免税；朝廷为建设新的寺庙和修复佛道之争中损坏的寺庙提供资金；政府还为寺院拥有的工艺品作坊和土地提供工匠和奴隶。② 政府的支持、赐赉和豁免使寺庙成为繁荣的经济中心，这有助于确保佛教僧徒对忽必烈的政策的支持。

道教是忽必烈试图从中寻求支持和帮助的另一种宗教。1258 年忽必烈在佛道辩论中对佛教的支持使他不为道教所喜爱。然而他为道教驰名的法术所吸引，并承认他们对较低阶层群众有吸引力。因此朝廷为建设道观提供资金，并向他们提供佛教已得到的相同豁免和特权。一些道教领袖意识到需要与佛教和蒙古人相容共处，并且首先寻求儒、佛、道三家的和解。以后他们为忽必烈和他的朝廷演习和道教祭礼有关的祭祀和典礼，尤其是重要的皇家祭礼——祭泰山。他们愿意为忽必烈举行这些典礼是一种支持的信号，这种支持被传递给道教的普通信徒。在忽必烈统治的前二十年中道教徒相对地保持沉寂。

忽必烈与西方基督教徒

忽必烈甚至还寻求获得中国数量不多的基督教徒和外国基督教徒的支持和协助。在忽必烈即位以前，基督教使者已经到达蒙古宫廷，例如约翰·普兰诺·加宾尼和鲁不鲁乞，而且几位工匠例如著名的手

① ［126］傅海波：《从部落领袖到至高无上的皇帝和神》，第 61 页。

② ［348］野上俊静：《元代道佛二教的争执》，第 250—251 页；［410］保尔·拉契内夫斯基：《蒙古大汗和佛教》。

工艺人威廉·布涉曾为大汗蒙哥服务过。[①] 但忽必烈采取更关切的态度邀请和招募外国基督徒。

马可·波罗是忽必烈时代中西方交流中的最有名的基督徒。[②] 这位威尼斯旅行者声称于1275年到达中国，他的著作是许多年中欧洲人了解中国的惟一渠道。[③] 马可·波罗告诉我们，他的父亲尼柯罗·波罗和叔叔马菲奥·波罗先于他到达中国。这两位商人于1252年离开威尼斯，在君士坦丁堡做了几年生意，并且在1265年下半年或者1266年上半年到达忽必烈的宫廷之前在俄罗斯和中亚旅行。根据马可·波罗的说法，忽必烈"面带最仁慈的微笑"并且"以很高的礼节接见他们，使他们感到极大的喜悦和欢乐"[④]。在彬彬有礼的交谈之后，忽必烈提出他的请求：他要求老波罗们劝说教皇当他们返回中国时派100位有知识的基督徒同来。他断言他们可以帮助他的子民皈依基督。不过他做出这个请求的主要动机是吸收有学问的人帮助他管理中国领土。由于这种对待宗教的折中主义，忽必烈不急于使他的百姓转变为基督徒。但是他需要使教皇和基督教统治集团相信，他希望有学问的欧洲人帮助用基督教指导他的人民。

当老波罗兄弟于1269年返回到基督教的世界时，他们面临失望。

① 见里奥剌多·奥勒斯基的引人注目的著作［360］《威廉·布涉：汗廷中的法国艺术家》。

② ［135］傅海波：《蒙古帝国时期的中西接触》，第54页。关于马可·波罗及其著作的文献很多。慕阿德、伯希和的《马可·波罗游记》是最好的译本；亨利·玉尔的《马可·波罗游记》也是有用的译本，亨利·考狄对这一译本作了补充，出版了《玉尔编译〈马可·波罗游记〉的注释和补遗》。对马可·波罗书的最好的研究是［361］里奥剌多·奥勒斯基的《马可·波罗的亚洲》。

③ 有些学者认为马可·波罗从未到过中国，他叙述的一些事件来自于他与波斯、阿拉伯的商人或旅行者的交谈。见［162］约翰·W. 海格尔：《马可·波罗到过中国吗？从内证中看到的问题》。马可·波罗自己的叙述引来了这样的疑问。例如，他说曾参加蒙古人对宋重镇襄阳的围攻，但是围攻在他到达中国前两年的1273年已经结束。在他的叙述中，还有其他明显的夸张和漏洞。正如傅海波在《蒙古帝国时期的中西接触》第54页所说，这些疑问还远未解决。亦见［67］柯立夫：《关于马可·波罗离开中国的中文史料和到达波斯的波斯文史料》。近来杨志玖在［752］《元史三论》中驳斥了这些疑问，论证了马可·波罗确在忽必烈时代到了中国，见第97—132页。

④ ［328］慕阿德、伯希和：《马可·波罗游记》，第1卷，第77页。

他们很快获悉，教皇克莱门特四世于一年前去世，他们尽快完成忽必烈的请求和尽快返回中国的计划受阻。正当他们决定在没有教皇的祝福下返回时，新的教皇被选出了，他们受到接见。但是，他们不能得到所请求的100位有学问的基督徒。总之，1271年他们向大汗的宫廷出发。在尼柯罗的儿子马可·波罗陪伴下，他们最终于1275年到达中国。忽必烈肯定对他寻求的100位有学问的人没有伴随他们而来感到沮丧，但是他显然对马可·波罗的才智有了深刻的印象。根据马可·波罗的记载，这位大汗派他到中国和东南亚的不同地方去充当这位皇帝的“耳目”，并带回他所到之处的见闻。①

同样，马可·波罗被忽必烈的才能打动。马可·波罗看到的是高居权位的大汗，并以谄媚的词语描写他。马可·波罗把忽必烈评价为“毫无疑问是全世界空前绝后的最伟大的君主”②。他较详细地描述宫廷宴会、新年庆典、忽必烈率领的狩猎和带鹰出猎，并且报告诸如纸币、煤及驿站系统等奇特事物，所有这些都会给欧洲人留下深刻的印象。这位年轻的欧洲人和蒙古人打成一片并且明显地钦佩蒙古人，这肯定让忽必烈十分满意。他认为善待这位年轻人对自己是最有利的，尤其如果他希望诱使更多的欧洲人到他的宫廷的话。

忽必烈通过对基督教实行宽容政策进一步吸引欧洲人。他的母亲通过笼络聂思脱里派设定了这条道路。忽必烈没有变为基督徒，但是他在宫廷里任用聂思脱里教徒。他不限制聂思脱里教的习俗，而且马可·波罗也曾提及他在甘州、肃州和西北的其他小城市中偶然遇见的教堂。忽必烈还豁免教士的赋税和兵役。最后，他建立了一个专门的政府机构崇福司监督他国土内的聂思脱里教牧师。③ 他把两名聂思脱里教高级教士派往中东。这是他吸引基督徒的另一迹象。

---

① 这可能是马可·波罗的又一夸张说法。见［162］海格尔：《马可·波罗到过中国吗?》，第26—27页。

② ［328］《马可·波罗游记》，第1卷，第77页。

③ ［325］慕阿德：《1550年前的中国基督教徒》，第131—132、225—228页；［653］《元史》，卷89，第2273页。

在1275—1276年，列班·骚马和麻古思离开大都去访问耶路撒冷的圣地，如果没有忽必烈的同意和支持，他们也许难以通过中国北部和中亚。列班·骚马和波斯的蒙古伊利汗会见并且受一位伊利汗的派遣和欧洲人商谈结盟。他受到罗马教皇的接见，并且获准在巴黎与腓力四世、在波尔多与英格兰国王爱德华一世见面。这些会面并没有导致有学问的基督徒进入忽必烈的王朝，也没有造就和欧洲人的同盟。然而这显示了元朝朝廷对基督教的容忍，在政府中任用基督徒官员并且欢迎同更大的基督教世界接触。①

忽必烈与中国文化

作为中国皇帝，忽必烈希望把自己扮演成中国文化的保护人。如果他想被视为汉人的天子，他就不能看起来像一个粗暴简单的“蛮人”。从最初的年代开始，蒙古的统治者都爱好珍藏著名工匠的作品，忽必烈可以利用这种传统对艺术尤其是对手工业进行支持。然而他又不能放弃蒙古式的服饰，以免被蒙古传统的维护者指责为偏爱汉人。此外，作为大汗，他负有在他的领土范围之内促进各民族文化的责任。他不能仅仅和中原文化联系。为了使所有的不同文化保持平衡，既需要在政治上保持经常的警惕又要有间或的变通。

忽必烈对他领土中的文字的政策揭示出他对文化问题所持的态度。需要有适当的文字来记录他的新政府的国库、军事和福利事务。然而蒙古人在收集和保留这些记录上经验不足。有实用性的文字是必不可少的，在成吉思汗统治期间蒙古人创造了一种用畏兀儿字母拼写自己语言的文字。忽必烈最初依靠汉人书记官，他们通常用文言文书写。但是，忽必烈强迫他们用白话书写，因为“采纳文言文意味着文

① E. A. 沃利斯·布治在［41］《中国皇帝忽必烈汗的僧侣》中全文翻译了两位教士的叙利亚文行记。亦见［428］罗沙比：《来自上都的旅行者：列班·骚马与从中国到西方的首次旅行》。

化上对汉人的屈从”[①]，而且还因为对于学习汉语的蒙古人来说白话更容易理解。大部分宫廷文件最初是用蒙古文书写的，其中有许多被费力地翻译成白话汉语。但是畏兀儿体蒙古文不能准确地记录蒙古语言的语音。另外，它难以准确地记录汉语，因而不能实现忽必烈推广官方文字的计划。

忽必烈希望使用他选定的文字帮助统一他的疆域并且确保全面的统治。他希望超过那个时代他能得到的书面语言汉字和畏兀儿体蒙古文。作为一个居住着不同民族并且使用着多种语言的帝国的统治者，忽必烈希望有一种能记录所有这些不同语言的文字。总之，他渴望在短期内研制出一种通用的文字。但是，他没有意识到的是，实施一种不为人知的文字是不会马上被接受的。一种无论多么精确或者多么有效的人工设计的文字，将会遇到过分依恋传统文字的人们的坚决的排斥。

然而忽必烈仍决定创制一种更好更通用的文字。他把创制一种新文字的任务交给吐蕃人八思巴。1269 年八思巴创制了用藏文 41 个字母拼写的蒙古新字。由于文字的方形形状，八思巴文字有时称为“方形文字”，在对蒙古语语音的表达上它比畏兀儿语更准确。它还更准确地反映忽必烈的帝国中包括汉语在内的其他语言的语音。八思巴文字看来理想地适用于记录忽必烈帝国中的所有语言，适用于作为通用文字，并且有助于统一蒙古统治下经常对抗的各民族。忽必烈自豪地把它叫做蒙古文字（蒙古字），最终称它为国家文字（国字）。他命令用国字书写宫廷文件并且建立加速传播新文字的学校。[②]

然而忽必烈的期待未能实现，因为这种文字不很容易被接纳。甚至他自己的官员都违反必须在宫廷文件中采用这种文字的规定。1269 年建立的各个学校同样也不是像所希望那样有效。1272 年一位官员的报告表明汉人官僚的孩子和亲戚都不学习这种文字。尽管他不断努

① ［396］罗依果：《论元代的语言问题》，第 68 页。

② 关于这种新文字，见［384］尼古拉·鲍培翻译的《蒙古八思巴字文献》和［340］中野美代子：《八思巴字与〈蒙古字韵〉研究》。

力和反复劝告，八思巴字从未取代畏兀儿体蒙古文或汉字。保存下来的八思巴文字实物是很少的，只在一些印章、铜钱、纸币、瓷器上和一些敕令及佛经中发现这种文字①，而汉字和畏兀儿体蒙古文还保持着优势。元朝灭亡后这种文字也随之消失了。

八思巴字的失败不应该归咎于它在技术上功能不全。语言学家认为它在发音的准确性和灵活性上是一个奇迹。它显示朝廷对一种通用文字以及对一种反映那个时代的白话文的书面文字的关心，但它是官方设计的而且是从上而下强制推行的。忽必烈希望使用八思巴字鼓励白话文在写作中的普及。通过强调白话文，他表示他无须遵守士大夫管理政府的原则和方法，这些原则和方法需要使用文言文，并且注重历史知识对当代政治决策的作用。因此不应对在宫廷文件之外还使用白话文感到奇怪。白话文渗透到元朝文学中，而且白话文和通俗艺术比中国历史上的任何时期都要繁荣。

在忽必烈时代和以后几位继承者统治时期，中国戏剧尤其繁荣昌盛。宋末元初城市的发展为戏剧的兴起提供了适当环境，因为它既提供了观众又提供了演出所需的资金。如果没有城市文化以及政府和平民的资助，戏剧就不会繁荣。元代城市的确有不少成为伟大戏剧的温床。尽管精彩的表演和不少于 500 部的创作剧目已不复存在，但从那个时代至少保留下来 160 部戏剧。在许多城市中很快发展出具有几十座剧场的地区。在以前总是被视为社会贱民的男女演员发现自己处于更值得羡慕的地位，至少在蒙古人统治的早期是如此。因为小品——穿插着唱歌、舞蹈和杂技——是元代戏剧的流派特性，所以被称为“杂剧”，并使它更易理解，更吸引普通观众。大部分戏剧是由专业剧作家以及由于废除科举制度而排除在官职之外的汉人文士写的。

忽必烈和蒙古朝廷都促进了戏剧。他们很少进行干预，剧作者可以设计各种主题不用担心政府的审查。一种更积极的趋势是忽必烈和

---

① ［653］《元史》，卷 7，第 142 页；［109］戴维·法夸尔：《元代的官印和花押》；［472］斯坦因：《内亚大陆》，第 1 卷，第 441—455 页；［254］小山富士夫：《带有八思巴字的中国陶瓷》；［22］约翰·艾尔斯：《元代的典型瓷器》。

其他官员曾命令在宫廷进行一些剧目的演出。他们看来还充当了一些剧作家的庇护人，他们对白话文的支持方便了剧作家的写作，因此对元剧的发展做出贡献。汉人剧作家对自己的艺术创作是负责的。然而，这种鼓励（至少不扼杀）元代戏剧的环境，都应归功于忽必烈和他的蒙古下属。忽必烈知道在汉人眼中一位好皇帝应该是国家文化的支持者，而戏剧作为一种正在中国发展的艺术形式应该得到支持。①

在小说的发展以及使大批读物在中国流传方面，忽必烈没起什么作用，但他的文化和文学政策提供了有利的发展环境。忽必烈强调白话文对于经常描写低层人物的小说家很有益处。采用白话允许小说家再造普通百姓的语言模式并表现更大范围的人物。

朝廷还促进书籍的更广泛传播，因此元朝的印刷术保持了宋朝所达到的高水准。② 1269 年忽必烈建立专门机构，印刷得到了官方资助，又在 1286 年向学校分配土地，以让学校利用土地的收入印刷书籍。印刷业的发展使得书籍更容易得到并且开始形成明清的文学特点。

绘画是另一种受到宫廷影响的文化形式。忽必烈和他的蒙古同伴发现绘画是可以接受的，因为欣赏绘画时他们不必去克服难以应付的语言障碍。这位大汗个人的虚荣也使得他的蒙古同伴要对视觉表现有所反应。忽必烈有一张自己的正式肖像，他又委托画家刘贯道画出他在狩猎中的形象。他下令把南宋的皇家绘画收藏运送到大都，在大都几位汉人鉴定家对这些画进行分类。宋朝的绘画是他自己的收藏的基础，随着他庇护一些画家并且得到这些画家的一些作品，他的收藏不断增加。一些艺术史学家强调忽必烈和蒙古统治者在中国绘画上的负面影响或者缺少影响，但是最近的研究已对元朝作出某些肯定。③

确实有一些伟大的汉人画家拒绝受聘或者拒绝与蒙古人合作，但

① 关于这一时期戏剧的较深入的研究，是［80］詹姆斯·I. 克伦普的《忽必烈汗时期的中国戏剧》。

② 吴广庆：《四个外来王朝下的中国印刷术》，《哈佛亚洲研究杂志》第 13 期，第 459 页；亦见［194］夏志清：《中国古典小说导论》，第 8 页。

③ ［282］李雪曼、何惠鉴：《蒙古国时期的中国艺术：元代（1279—1368 年）》，第 1 页。

是同样多的画家在元朝初期得到支持和保护。有些拒绝为外族征服者供职的人变成隐士，而其他对被征服的宋朝保持忠诚的人则专注于个人事业以掩饰他们对蒙古人的厌恶。绘画是这样一种值得注意的职业，从而形成一个和宋朝皇家画院的官方画家相区别的称为业余画家的群体。

他们逐渐形成的文人画派颇具画家的感情色彩，这自然能使画家谨慎地表达他们对蒙古人的敌意。例如，郑思肖（1241—1318 年）是以他的中国兰花画著称的，当“问他为什么在花根周围不画泥土时，他的回答是泥土被北人偷去了”①。龚开（1222—1307 年）、钱选（约 1235—1301 年）以及其他的画家也把他们的艺术当作反抗社会的微妙手段。另一方面，宫廷任用一些伟大的汉人画家做官。它任命名画竹家李衎（1245—1320 年）为吏部尚书；高克恭（1248—1310 年）1302 年在刑部得到一个位置；而书法家鲜于枢（1257—1302 年）任职于御史台和太常寺。通过在政府中担任挂名职务，忽必烈还资助了许多其他画家。

忽必烈在画家中最有名的支持者是赵孟頫（1254—1322 年）。因为赵孟頫是宋朝宗室后裔，他对蒙古人态度的转变提高了忽必烈在汉人中的威望和合法性。对于那些批评他背弃宋朝而为“北人”服务的人，赵孟頫回答说：每个人根据他所处的时代在世上生活。② 尽管许多蒙古人怀疑赵孟頫的忠诚，忽必烈任命这位画家为兵部郎中，赵孟頫以诚心诚意地完成工作对此做出回报。他建议改革驿站服务并且减少汉人的赋税。在艺术上，他发现在蒙古人的统治下比以前的宋朝有更大的自由。他论证说，宋朝宫廷画院的建立使画家变得毫无价值，而元朝统治者不干扰画家的艺术创造并且让他们接触新的主题和新的旋律——例如，画马。

忽必烈和蒙古人对手工艺的影响甚至更大。当忽必烈取得中国

① [45] 詹姆斯·卡希尔：《山水画：元代的中国画》，第 17 页。

② [320] 牟复礼：《元代的儒家隐士》，第 236 页；[124] 傅海波：《赵孟頫：一个中国政治家、学者和艺术家在蒙古统治下的生活经历》。

政权时，他遵循他的蒙古先辈的政策，确保对手工业者提供良好的支持，使之能够生产他和他的人民珍视并需要的商品。他在工部下建立监视和控制中国手工业者的机构（诸色人匠总管府），并且向手工业者提供包括豁免大部分赋税在内的许多特权，但是对他们的时间或者他们的产品要有相应的征用。毫不奇怪，在忽必烈统治时期技术和美学都取得了进步。因为认识到陶瓷的潜在利润，朝廷特别促进陶瓷生产。这样朝廷既可以得到它所需的瓷器，又能将剩余产品与东南亚及中亚进行贸易以得到可观的利润。德兴、安福、德化、龙泉和景德镇的窑场位于中国东南并且很容易从这个地区的大港口把瓷器运送到外国。元朝的工匠从蒙古人那里得到很大的灵活性并且不受宋朝审美准则的约束，可以进行创新，并且试验生产美丽的陶瓷产品。青花瓷源于蒙古人时代，白瓷和一些青瓷也源于这个时代。①

对中国建筑，忽必烈也有间接的影响。他的吐蕃帝师八思巴对吐蕃一座新建的黄金塔有着极深的印象并且得知该建筑是由尼波罗国（今尼泊尔）工匠阿尼哥（1244—1306年）设计的。1265年八思巴带着这位尼波罗国工匠回到内地并且把他介绍给忽必烈，忽必烈对这位年轻的外国人也颇有良好印象。忽必烈分配给阿尼哥几项工程。阿尼哥设计了一座佛庙（今白塔寺）、大都一个公园里的一座亭子、涿州的一座庙宇和上都的寺庙，作为对他的庇护人的回报。显然对阿尼哥感到满意，1273年忽必烈提升他为管理手工业者的诸色人匠总管，使他成为中国所有手工业匠人的主管。忽必烈的妻子察必同样为这位外国建筑家所陶醉，她为阿尼哥安排了与一位出身显贵的宋朝皇族后代女性的婚姻。② 这样忽必烈和他的家庭认可了一位伟大的匠人并对他的努力表示了欢迎和奖掖。

---

① [307] 玛格丽特·梅得利：《元代瓷器与硬陶器》；[234] 保罗·卡尔：《伊斯兰地区的中国瓷器》；[382] 约翰·A. 波普：《14世纪的青白瓷：伊斯坦布尔脱卡比·撒拉伊博物馆的一组中国瓷器》。

② [213] 石田干之助：《出身尼泊尔王族的元代工艺家阿尼哥》，第250—251页。

忽必烈本人以及作为整体的蒙古人都没有直接为中国的艺术和手工业做出贡献。然而他们对艺术的保护是不容置疑的，并且这样的支持促进了艺术的发展。同样，通过使艺人和手工业者得到较大自由和灵活性，从而激励了他们的创新和试验。他们本身是外族人，愿意为汉人艺术引入非汉人的风格和思想。例如，忽必烈对阿尼哥的支持导致在汉地建筑中出现西藏和尼泊尔风格。当然忽必烈对汉人和非汉人的一视同仁有助于他的一统天下的主张。

保存蒙古旧俗

忽必烈需要被承认为中国的君主，但他同时还必须表明自己是蒙古人的大汗以及蒙古统治下的非汉人疆域的统治者。过分强调汉人的特点会减损他作为辽阔蒙古疆域的统治者的形象。忽必烈不能让人觉得他认为汉族文明比他自己民族的文明更有吸引力，并且必须避免被中国文化所吞没。最终他制定了用来保护蒙古特性和内部统一的政策。总的来讲他不鼓励蒙古人和汉人之间的亲善关系。

忽必烈没有将自己的政治倾向和汉人的政治倾向混为一谈。直到1315年即他去世20年后才重新恢复科举考试，一度使受过教育的汉人失掉一种过去最普遍最传统进入官僚阶层的途径。财政管理落入到非汉人手中。整个帝国安置了对官员进行暗中监视的御史，显示出比以前的任何一个朝代更注重控制。同样，军队的地位仿佛要比在传统的中国朝代中更为重要。一些学者认为蒙古人开创了一个在宫廷增加暴力和野蛮行为的时代，但是这种责备难以证明是有根据的。[①] 看来不能说中国传统中的暴政少于蒙古传统。鞭笞和酷吏不是在蒙古人的时代中突然出现的。

忽必烈采取了一些积极措施保留蒙古人的仪式和习惯。他继续举行一些传统的蒙古庆典，并且按照蒙古风俗祭山、祭水和祭树，用萨

① ［321］牟复礼：《中国专制主义的成长：对魏特夫应用于中国的东方专制主义理论的评论》，第17—18页。

满教士表演传统的仪式。每年8月，在他离开上都到大都度过秋天和冬天之前，他举行洒马乳的祭祀仪式，据说这样会保证一年的好运气。这项祭礼包括奉献一匹马和一些羊，向上天祈祷，呼唤成吉思汗的名字，然后挥洒专门喂养的牝马的乳汁。以这种方式，忽必烈向祖先表示敬意，祈求他们保佑即将来临的冬天。如果皇族中的一位成员得病，忽必烈命令把他或她移到帐幕里并且每天祭供两头羊，直到病人康复。在忽必烈参加战斗之前，他倾倒马奶酿成的奠酒，祈求上天帮助他打败敌人。①

忽必烈同样赞成世俗的蒙古习俗。不像汉人妇女，蒙古妇女没有缠足的习惯，忽必烈不把这条强迫汉人妇女遵守的限制强加给蒙古妇女。大部分蒙古人继续穿着他们的民族服装，并且在忽必烈的生日和新年那一天举行精心安排的奢侈盛宴，无节制地豪吃狂饮，这使人想起游牧部落的庆典。在这些盛宴上，宾客大量饮酒。酗酒就是早期蒙古历史的一部分，并且的确是所有北方民族的生活方式，被明显地在忽必烈的统治中继承下来。

大汗对打猎的迷恋可能是保留蒙古方式的最有力证明。根据马可·波罗的记载，忽必烈带着驯化的狮子、豹和山猫打猎，它们追逐并且经常捕获野猪、野牛、熊和野驴。他还带着大约500只大雕（猎隼）捕捉天上其他的鸟类。打猎中，由驯鹰人、猎人和士兵组成的大批随从陪伴着忽必烈。②

忽必烈在制订一项坚持蒙古传统、接受汉人习惯和力求广泛性的文化政策上令人钦佩地获得成功。他希望以不同的姿态出现在他所面对的不同人面前。对于蒙古人，他仿佛是民族传统的一位坚定捍卫者。他参加打猎，和蒙古妇女结婚，并且自觉保护她们的权力。对于汉人，他承担起艺术的保护人的角色，他资助汉人画家、制瓷工匠和其他手工业者，并且允许汉人剧作家和小说家自由创作。在其他的领域里，他对通用文字的支持和对在中国的外国工匠的鼓励和支持，产

① [411] 拉契内夫斯基：《中国汗廷中的蒙古祭礼》，第426—428、434—442页。
② [328]《马可·波罗游记》，第1卷，第231页。

生了元代文化中的世界主义；作为一名疆域超出中国的统治者，这一点毫无疑问地为他增添了光辉。

在位后期的经济问题

1279年被证明是忽必烈统治的一个分水岭。在这以前，他在事业中很少经历失败。他粉碎了包括他弟弟在内的所有的反对者。他和他的幕僚建立了以汉人模式为基础的但不以汉人思想和风格为支配地位的政府。两个都城上都和大都是良好规划、实用和美丽的。他精心制定的政策得到他疆域中大部分宗教领袖的赞同。他的军队占领了中国的其他地区并且维护了蒙古人对高丽和漠北的控制。他鼓励创造性的艺术，他招募国内一些最有才华的工匠，为宫廷和贵族阶层及对外贸易生产精致的工艺品。他的最明显的失败是对日本的半途而废的入侵，但是他可以文过饰非，把这次失败归咎于摧毁他的军队的可怕的自然灾害——风暴。在他统治的前20年中，所有的其他事务似乎都在平稳地发展。

但是，表象是靠不住的。在表象后面隐藏着一些棘手的问题。一些儒家学者不顺从蒙古人的统治，随着南宋合并到元帝国，他们的不满更加明显。南方的学者没有经历过外族人的统治，相当多的人最终拒绝与蒙古人合作。忽必烈本人在1279年后开始迟钝。当时他年近七十岁，受到健康问题的折磨。痛风使他苦恼，令他难以行走。

忽必烈面对的最紧迫问题是财政问题。他的建筑工程、他对公共事务的支持以及他的军事远征需要的巨额消耗。为了得到必要的资金，忽必烈求助于回回理财大臣阿合马。在《元史》中把阿合马划归为“奸臣”中的一个，中国史料和西方史料都责骂他。[①] 根据他自己的辩护，我们应该认识到阿合马知道对他的评价是根据为宫廷聚敛的税收额而定。他聚敛的金额越高，他的权力、威信和收入越大。他肯定专权纳贿，但是必须记住，他的指责者（那些书写中国历史的人）

① [114] 傅海波：《阿合马在忽必烈时期经济发展方面的贡献》。

是对他的政策反感的官员。

从1262年后在中书省任平章政事到1282年死去，阿合马负责国家的财政管理。他首先把登记交税的户数从1261年的1418499户增加到1274年的1967898户。[①] 然后他对商人征收更高的赋税，对新生产的产品实行国家垄断，并禁止私人生产某些商品。总之，阿合马的政策对于国库是有利的。然而中国史料指责他牟取暴利和任人唯亲。他们宣称他利用新的赋税和垄断使自己致富。另外，他们指责他任命回回人为高官显爵，并且试图把自己无经验的、并且可能是不称职的儿子们安插在官僚机构中有权势的位置上。但是，从另一个角度来看，汉人的责备好像不那么严重。把志趣相投的助手和亲戚安插到政府中完全是合情合理的。如果阿合马要克服反对意见和执行他的政策，他必须把他的支持者安排在重要的位置上。他的确强加沉重的赋税并提高商品的价格，但是他在宫廷中的位置——更不必说到提升和奖励的可能性——取决于他满足蒙古人收入要求的能力。他是蒙古朝廷的一个兢兢业业的代理人，这个朝廷对于收入有着巨大和迫切的需求。

但是，阿合马的政策激起宫廷中一些最重要的汉人的反对。忽必烈的儒家幕僚对阿合马的权力愤恨不满，并且指责他牟取暴利，还指责他是谄媚小人，办事奸诈。13世纪70年代后期，皇太子真金显然加入了反对他的行列。真金反对阿合马的儿子和亲戚得到显赫位置。1282年4月10日，当忽必烈在他的陪都上都时，一个汉人阴谋小集团把阿合马从他的家中诱出并将他刺杀。[②] 几天之内，忽必烈返回首都并且处死这个小集团的成员。不过他的汉人幕僚最终使他相信阿合马的奸诈和腐败。尽管他们用来反对阿合马的证据值得怀疑，但是忽必烈确信这位回回大臣有罪，因此将他的尸首掘出吊在一个集市上，然后忽必烈放出自己的狗群去咬阿合马的尸体。

然而除掉阿合马没有解决忽必烈的财政问题。由于他多次发动对

---

① [114] 傅海波：《阿合马在忽必烈时期经济发展方面的贡献》，第232页。

② 见 [326] 慕阿德：《马可·波罗游记别注》，第79—88页，关于刺杀阿合马的叙述。

日本和东南亚的远征，在阿合马死后税收需求变得更加紧迫。同时，在13世纪80年代初，忽必烈失去一些他最忠诚的汉人幕僚，包括许衡、姚枢和王鹗；他们都在这个阶段去世。他们的去世使得非汉人幕僚有更多的机会影响忽必烈。忽必烈本人的体弱多病与这些麻烦混合在一起，他越来越多地放弃了统治者的责任，这可能是一部分原因。

中国史料指责另一位称为奸臣的卢世荣利用忽必烈的困难增大自己的权力。阿合马死后，卢世荣任中书省左丞（译者注：应为右丞），管理财政。和阿合马一样，他试图加大政府的税收来应付朝廷不断增长的费用。他试图以专卖、增加市舶税、发行更多的纸币（一种更容易地偿还政府债务的方法）以及擢用商人为课税官员等措施来增加政府的收入。① 卢世荣的经济计划与他的前任理财官员阿合马一样引来敌意。汉人指责他牟取暴利、任人唯亲以及剥削他的汉人同胞，还指责他迫害、追捕甚至处死竞争者和对手。这些指责的准确性是令人怀疑的，因为史料中并没有说明卢世荣本人对这些事件的看法。和阿合马一样，卢世荣只是试图提高极度需要的税收，但是他的努力引起他的许多汉人同事的敌视。皇太子又一次成为反对卢世荣的领袖。1285年5月，卢世荣被捕并且在这年年底被处死。卢世荣的死可能除去了一个被汉人视为横征暴敛的人，但是不能缓和朝廷面对的财政问题。

除了财政问题之外，忽必烈还面临着南宋与其他疆域的经济统一的困难。如果忽必烈希望实现其他任何经济和政治目的，中国必须是真正统一的和中央集权的。忽必烈首先释放被他的军队俘虏的大批士兵和平民，以争取江南的汉人。接着他发布以恢复中国南方经济为目的的命令，其中包括禁止蒙古人掠夺农田，并建立贮存剩余谷物的常平仓来保证遇到灾害时有足够的供应。朝廷一般不没收南方大地主的土地，也不削弱他们的权利基础，只是在统治集团的上层增加另一个等级——蒙古统治者。征收的农田税并不繁重，而且在灾年会被免除。盐、茶、酒和一些商品实行专卖，但是由专卖导致的价格不足是难以负担的。忽必烈推动南方繁荣的另一个基础是海上贸易。自身利

① ［127］傅海波：《蒙古统治下中国的货币和经济》，第72—74页。

益肯定是这些政策中的动机因素，因为南方的经济恢复最终将意味着更大的利润。

尽管他做出努力，南方一些汉人的敌意没有平息下来，损害着忽必烈的经济计划。有好几次反对蒙古统治的起义，1281 年忽必烈的军队粉碎了其中的第一次，这是由陈桂龙率领的起义，如果中国历史学家正确的话，有 2 万名造反者被斩首。为了制服福建的另一场更严重的造反，朝廷调动了 10 万蒙古军队。在忽必烈统治结束之前，其他的起义持续不断。但是大部分抵制蒙古人的汉人不采取这种暴力手段。一些人认为“北人”对中国文明和思想不感兴趣，拒绝为蒙古人服务。另一些人找到专门的学术领域追求自己的知识趣味，干脆避免和蒙古人有所牵连。这种反抗使忽必烈和元朝丧失他们急需的专门人才，而连续不断的骚乱迫使他们在南方驻扎军队并造成很大的开销。总而言之，到忽必烈统治的后期，南方并没有完全统一，而且经济问题加上政治分裂在这个地区不断干扰着元廷。

由于在南方的努力没有全部成功，忽必烈着手实现满足北方核心疆域的需要。因为他把首都建在大都，忽必烈需要保证这个新城市中稳定的粮食供应，这迫使他从中国南方更富庶的地区运入粮食，因为大都附近的区域不能生长足够供给大都的粮食。最初忽必烈依靠两个在征宋战争中协助蒙古将军伯颜的海盗朱清和张瑄沿着中国的东海岸通过海路向北方运送粮食。1282 年他们的第一次海运非常成功，超过 90％的粮食到达北方，在沿岸的变化莫测的大海中仅损失六条船。大约有四年时间朱清和张瑄独揽运送极端需要的粮食的海运，因此他们变为“中国南方两位最富有和最有权势的人”。[①] 但是，13 世纪 80 年代中期，台风和恶劣的气候条件造成大量沉船，使朝廷认识到需要另辟一条替代的运送粮食的途径（见地图 34）。

朝廷决定把大运河延伸到以使船运的粮食可以方便地到达大都。这项工程需要在山东省开凿 135 英里长的从济宁到临清的运河；商品

① [292] 罗荣邦：《忽必烈时期（1260—1294 年）关于粮食运输的争论》，第 262—266 页。

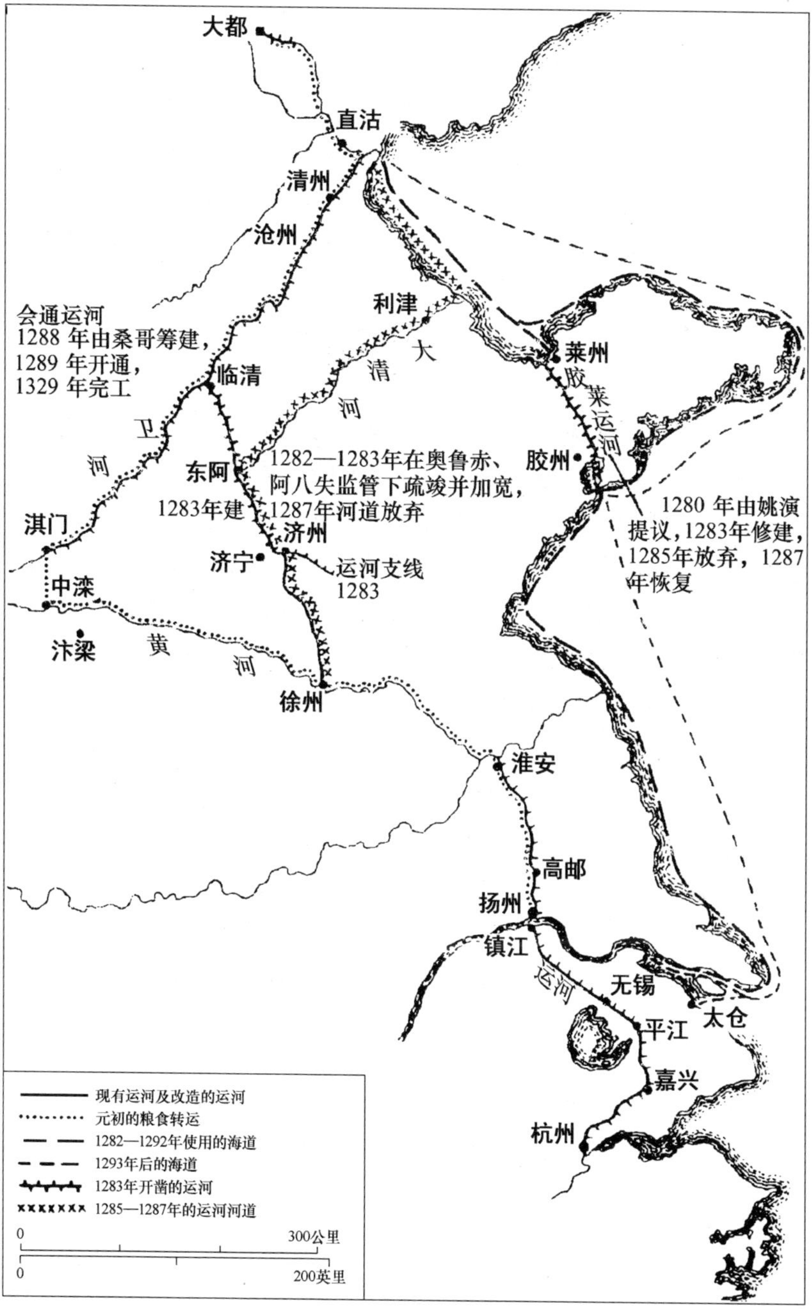
大都
直沽
清州
沧州
利津
会通运河
1288 年由桑哥筹建，
1289 年开通，
1329 年完工
临清
大
清
河
莱州
胶
莱
运
河
卫
河
东阿
1282—1283年在奥鲁赤、
阿八失监管下疏竣并加宽，
1287年河道放弃
胶州
1283年建
淇门
济州
济宁
运河支线
1283
1280 年由姚演
提议，1283年修建，
1285年放弃，1287
年恢复
中滦
汴梁
黄
河
徐州
淮安
高邮
扬州
镇江
运河
无锡
平江
太仓
嘉兴
杭州
现有运河及改造的运河
元初的粮食转运
1282—1292年使用的海道
1293年后的海道
1283年开凿的运河
1285—1287年的运河河道
0
300公里
0
200英里

地图 34　元代粮食转运系统

可以从临清通过卫河上转运到离大都不远的直沽。这样，粮食可以从长江直接运送到忽必烈的都城。1289 年 2 月完成了这项扩建，并将这条称为会通河的运河对船运开放。[①] 延长这条运河所需费用极大，大约 300 万劳工参加建设（译者注：实为用工 250 万），为此政府花费了巨款。维护也是高成本的，这条运河所需的大量开销毫无疑问的是 13 世纪 80 年代后期烦扰蒙古朝廷的财政问题中的一个重要因素。

桑哥理财和佞教

桑哥是试图解决忽必烈朝财政问题的三个“奸臣”中的最后一位。和阿合马一样，他不是汉人，但他的民族成分颇为模糊。历史学家曾认为他是畏兀儿人，然而近来的研究认为他是吐蕃人。他首先作为八思巴的弟子中的一位而崭露头角。忽必烈对桑哥的能力和足智多谋印象深刻，1275 年以前的某一时间他提升这位年轻的佛教徒为主管吐蕃和佛教事务的总制院使。在这个位置上，尤其在粉碎吐蕃 1280 年的叛乱以及以后的驻守要塞、建立有效的驿站系统并在这个区域安抚不同佛教方面，桑哥非常成功。在 1282 年阿合马被谋杀和 1285 年卢世荣被处死之后，桑哥成为政府中最显赫的人物。以这种身份，他受到对他的前任相同的批评。他最终因腐败、窃取忽必烈及国家的财富和令人作呕的色欲而受到控告。一些 13 世纪 80 年代最显贵的人，其中包括著名的画家和官员赵孟頫，反对他并且向忽必烈告发他的恶毒意图。[②] 但是，有一点似乎是清楚的：忽必烈珍惜桑哥的才智并继续加以重用，而且在 1287 年 12 月提升他为右丞相。

桑哥的哪些政策受到汉族官员的敌视？一个是他积极支持在中国的外族人。他是畏兀儿学者和画家的保护人；他说服忽必烈停止政府

---

① [653]《元史》，卷 15，第 319 页。

② [134] 傅海波：《从〈元史〉卷 205〈奸臣传〉看忽必烈时期的畏兀儿政治家桑哥的活动》，第 90—100 页；[376] 毕达克：《元代的吐蕃政治家桑哥》。

支持的反穆斯林运动；他还在1289年赞助建立了回回国子学。他作为外族人的保护者不可能得到汉人的喜爱。桑哥的财政政策也招致敌视。他提高商税并且提高盐、茶和酒的价格。更引起非议的是他对纸币的改革，因为这受到潜在的破坏性通货膨胀威胁。1287年4月，桑哥用称为至元钞的新钞取代旧钞，这种新钞是用忽必烈的年号命名的。要按5比1的比率把旧钞换成至元钞。那些被迫把自己的不太值钱的旧钞按不甚满意的兑换率进行兑换的汉人因为他们的实际财富价值下降而愤慨。

由于他明显地支持一个名为杨琏真加的僧人，桑哥在汉人中的声望受到特别严重的损害。杨琏真加来自中国的西部并且可能是吐蕃人或者是唐兀人。几乎在南宋被推翻的同时，他被任命为中国南部佛教的总管（江南总摄，掌释教）。[①] 这个职位实际是在桑哥的管辖之下，因为桑哥负责全中国的佛教事务。杨琏真加建造、恢复和整修了中国南方许多庙宇，但是他还把一些儒教和道教的庙宇改造成佛教的寺庙，这种改变在汉人中造成很大的仇恨。

更使汉人感到厌恶的是杨琏真加为了筹集建造和修缮寺庙所需费用而采取的方法。1285年，他掘开南宋皇陵并洗掠了已故皇帝和皇后的陪葬财宝。他挖劫了101座陵墓，掠走金1700两、银6800两、玉器111个、玉带9条、杂宝贝152个和大珠50两。[②] 杨琏真加用这些宝物支付佛教寺庙的建造和修复费用，并且还把一些宫殿建筑改成佛教寺庙。使事态变得更糟的是他强使民力重建或改造寺庙并且将大地主的田地没收变为寺产。南方土地所有者对他们的土地受到专横掠夺而寺庙却免除赋税万分愤怒。这些土地所有者也开始指责杨琏真加牟取暴利、腐化及追求女色。

使杨琏真加受到指责的更为严重的违法行为是对南宋皇族遗骨的亵渎。据说一位皇帝的尸体被从坟墓中掘出，吊在一棵树上，然后加

---

① 关于杨琏真加，见［143］傅海波：《元代中国的吐蕃人》，第32—35页。

② ［844］陶希圣：《元代弥勒白莲教会的暴动》；［861］阎简弼：《南宋六陵遗事正名及诸攒宫发毁年代考》，第28—36页。

以焚烧，最后的侮辱是将尸骨与马骨、牛骨混在一起重新埋葬。① 由于这种严重败坏道德的行为使杨琏真加受到谴责，但是官方的历史学家对他如此强烈地充满敌意，以至很难确定这种说法的可信程度有多大。为什么杨琏真加要采取违背和刺激汉人情感的行为，故意地和不必要地激起南方汉人的愤怒呢？这种无缘无故的行为很难讲得通，而且简直不可相信。杨琏真加确实的成就只能进行推断。他是一个虔诚佛教徒，试图提高他的宗教的利益，而且在他的年代佛教的确在南方繁荣发展。到 1291 年，在这个国家里有 213148 位和尚和 42318 座寺庙，至少部分地应归功于他的保护。②

杨琏真加滥用职权引起南方汉人的怨恨并终于导致对他的保护者桑哥的指责。按照汉人的观点，他们两个人是剥削者和暴虐者。因为他们的财政及个人不端行为遭到汉人官员攻击，并由攻击变成了行动。1291 年 3 月 16 日，忽必烈解除了桑哥的职务并且把他监禁起来。8 月，作出了处死他的决定。③ 三个奸臣中的最后一个现在也死了，但是这三个人的行为影响着忽必烈，因为是他作为统治者任用了他们。一个接着一个的大臣受到重用，而且他们当中的每一位一段时间内都成为这个国家的实际上的统治者。但是，在几年之内，他们都走向反面并都受到非议，被指责犯有严重罪行并且最终或者被处死或者被谋杀。无疑许多职务较低的官员感到疑惑，中国是否存在领导人物，忽必烈确实在统治国家吗？他了解国家的事务吗？他了解他的下属的行为吗？他开始执行有时和他以前力倡的政策截然相反的政策。宗教上的宽容政策曾经是他各项政策的基石，并且对于蒙古人的成功起过重要作用，现在看起来已被放弃。中国的宗教问题更加突出了。

例如，忽必烈在 13 世纪 70 年代后期和 80 年代初期开始颁布反对穆斯林的法规，似乎出人意料，因为在早些时候他在政府中任用了许多回回人，而且直到 1282 年以前阿合马居于最高的理财大臣的位

① [93] 戴密微：《南宋陵墓》。

② [410] 拉契内夫斯基：《蒙古大汗和佛教》，第 497 页。

③ [653]《元史》，卷 16，第 344 页。

置。但是忽必烈可能已意识到回回财政官员在中原引起敌对态度，他还可能担心回回人在政府中的权力增长。无论动机是什么，他在1280年1月发布命令，禁止回回人屠宰羊的方法而且对违法者处以死刑。[①] 不久之后，他又禁止割礼。

忽必烈的镇压行动更多的是出于政治上的考虑而不是对伊斯兰教的憎恨。他担心政府中存在一个权力过大的回回人集团，并且担心他们的勒索可能造成叛乱。他的反穆斯林政策一直持续到1287年。[②] 到此时忽必烈明白如果他继续迫害回回人，外国的穆斯林商人将不会再来中国，因此他又变得宽厚起来并且撤销他的反回回人的命令。这种政策上的改变还由于他认识到在他的政府中回回人所占据的重要位置。他自己曾任命那位名叫赛典赤·赡思丁的回回人为云南行省平章政事，赡思丁未向该地区的居民强加伊斯兰教，又对这个遥远地区的汉化作出了出色的成绩。像赛典赤·赡思丁这样杰出的回回人的成就在抑制忽必烈的反回回人政策的决策上一定起着重要的作用。

忽必烈对佛教和道教的政策也造成对抗。由忽必烈主持的1258年的佛道辩论没有结束这场宗教之间的冲突，在忽必烈的帝国中敌意依旧。根据汉文史料，1280年一些道士故意放火焚烧大都长春观，并企图把责任归于和尚。朝廷指派几位官员进行调查并且揭露了道士的诡计。两个道士被处死，一个道士被割掉鼻子和耳朵，另外六个道士被流放。[③]

这个事件给忽必烈提供了一个进一步削弱道教的借口。1281年下半年，他命令烧掉除老子的《道德经》之外的所有道教书籍，而且毁掉刻版。同时，他禁止道士出售符咒并强迫一些道士皈依佛教。道教虽保存下来，但是道教的政治和经济影响从根部被切断。取得巨大胜利的佛教徒贪婪地盯着他们宗教对手的失败，并且日益变得过分自信。13世纪80年代佛教得到越来越多的财产、土地和权威，史料中

---

① ［653］《元史》，卷10，第217—218页。

② ［38］波义耳：《成吉思汗的继承者》，第294页。

③ ［62］陈观胜：《中国的佛教：历史的考察》，第425页。

充斥像桑哥和杨琏真加之类的僧人滥用权力的记载。这些佛教徒开始脱离汉人，而作为外来人的蒙古人也由于他们对佛教尤其对来自吐蕃和中国之外的其他地区的佛教徒的保护和支持而使威信大大降低。

灾难性的对外战争

忽必烈在中国国内的困难预示着在国外存在同样灾难。对内和对外政策的特点都是缺乏控制。忽必烈曾经执行过的平衡式行政权威仿佛已不复存在。考虑不周的失策几乎成为惯例，不再是例外。无论作为中国皇帝还是作为汗中之汗，忽必烈都面临着无情的压力，不得不用扩大疆域的办法来证明他的品质、优点和敏锐。因此，他进行了几次考虑不周的莽撞的对外冒险。

对日本的第二次入侵

这种冒险中最突出的是对日本的又一次远征。在 1274 年的第一次远征失败以及日本幕府将军多次断然拒绝向中国派出进贡使团之后，忽必烈准备对日本发起另一次入侵。但是，七年后他才得以派出一支远征军，只有在平定南宋之后他才能够把注意力转向日本。

为这次出征忽必烈选择了多民族的统帅——一位高丽人是水军将领，范文虎是汉军将领，忻都则是蒙古军将领。他为他的将领准备了一支强大的入侵力量：10 万军队、1.5 万名高丽水军和 900 艘船。[①]

元朝军事统帅计划对日本岛施行两路攻击（见地图 35)。4 万名士兵从中国北部出发，由高丽船运到壹岐岛，与从福建泉州出发的军队会合，然后联合向日本的其他地方发起进攻。然而，因为规模较大的南路军的延误，1281 年春季北路军单独出发。6 月，北路军占领壹岐岛，并且接着向九州岛进军。同时，南路军最后完成准备并向九州的集合地出发。依靠一支这样强大的军队和这种势头，胜利应该牢牢

① ［653]《元史》，卷 11，第 226、228 页。

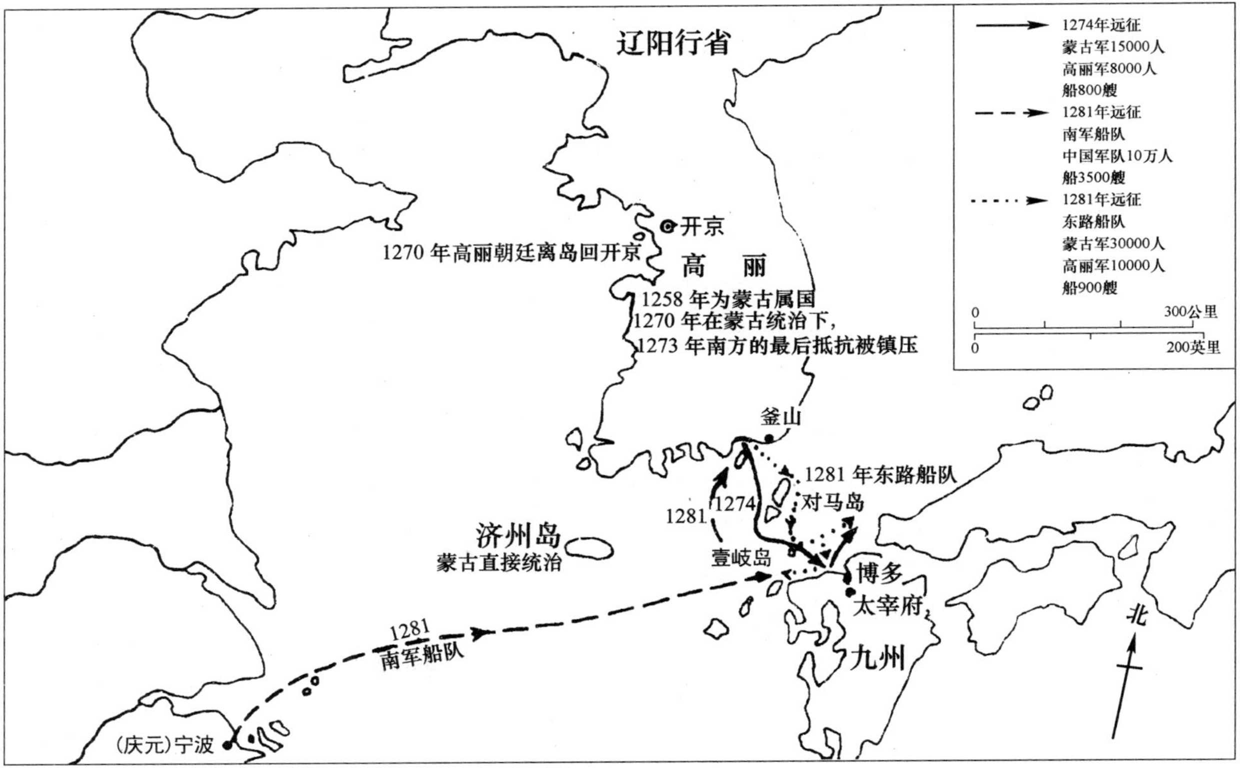

地图 35　忽必烈对日本的入侵

在握。①

然而这次远征悲惨地失败了。蒙古统帅和汉人指挥官之间的紧张状态削弱了远征军。作为出征军主体的汉军与这场战争没有重大利害关系，所以在激烈的战斗中未能尽力发挥作用。此外，在九州登陆之后，他们没有采取防范敌人或自然环境的保护措施，他们不得不宿营于开阔地，没有给他们提供既可防御又能向敌人发起突袭的城堡、要塞或城市。两支军队几乎战斗了两个月，但是没有出现明显的胜负。接着一场自然灾害使蒙古人的希望破灭。1281 年 8 月 15 日，一场台风袭击九州海岸，在这场风暴中蒙古军队几乎损失一半的力量。日本人坚持认为这场台风是苍天为保护他们的国家送来的，它是一场“神风”，是苍天保佑不让日本的敌人征服和占领日本国土。

这场失败对于蒙古人是一次灾难性的打击。这场失败打破了其战无不胜的神话，忽必烈的臣民现在认识到蒙古人是脆弱的。蒙古人力量的主要基础之一——他们给对手造成恐惧的心理优势——即使没有毁掉也大大动摇了。最大的损害是这场远征中的庞大开支，它马上造成一些税收问题，迫使忽必烈转向汉人憎恨和鄙视的阿合马及卢世荣等财政官员。忽必烈的努力再次暴露他在财政策略上缺乏控制，这在 13 世纪 80 年代尤为显著。

在南亚的战争

同样，忽必烈在南亚的战争大都未经过深思熟虑并且造成了毁灭性的挫折。这些远征是为满足蒙古人传统的扩张野心以及忽必烈的个人需要，他要通过新的征服对他的合法性提供更坚实的基础。但是他和他的朝廷都没有考虑到蒙古人全然不习惯热带的酷热和多雨、稠密的丛林以及热带疾病。

早在 13 世纪 70 年代（见地图 36），在东南亚已爆发第一次战争。1273 年，忽必烈向缅甸的蒲甘王朝派出三位使者，要求蒲甘王朝

① 在［661］陈邦瞻的《元史纪事本末》中，有关于这次远征日本的简述，颇有用处，见第 25—31 页。

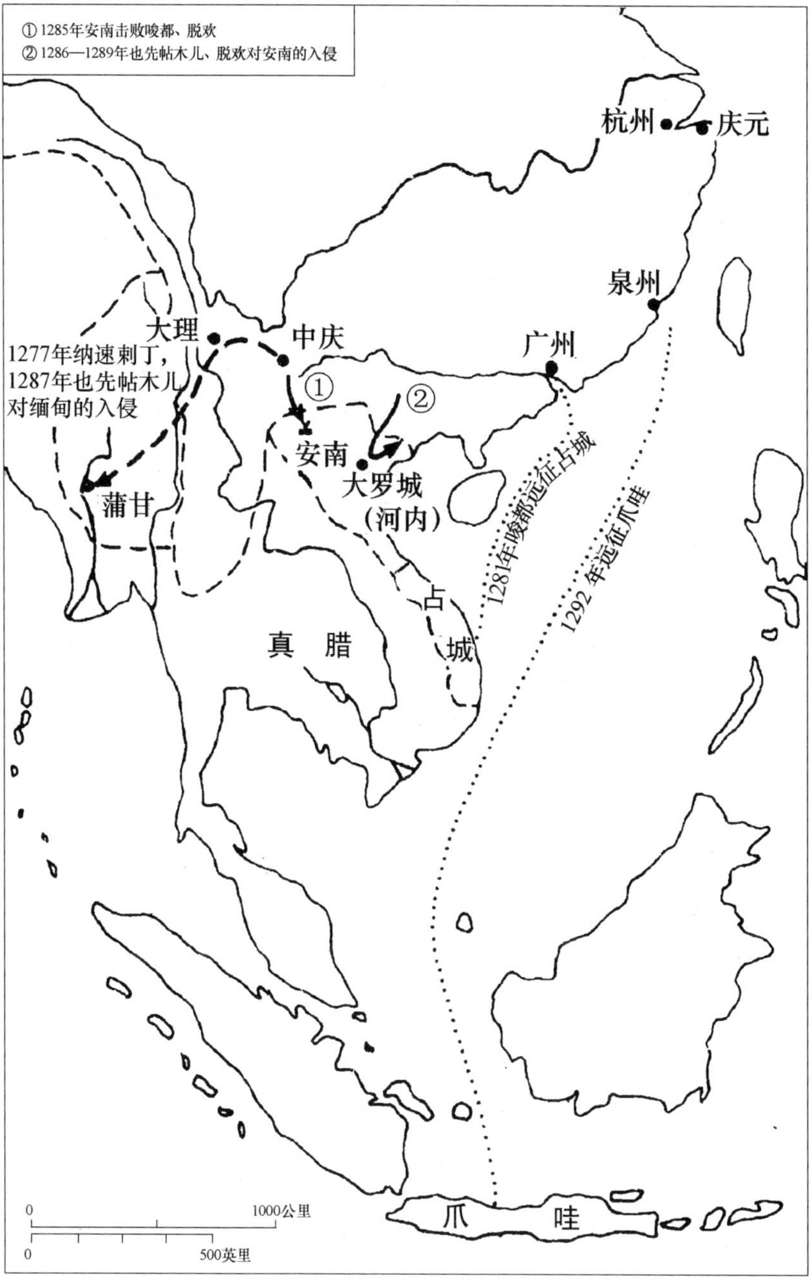

地图 36　忽必烈对东南亚的入侵

向中国进贡。自称为“3600 万战士的最高统帅和每日 300 盘咖喱菜的巨食者”和拥有 3000 名嫔妃①自负的暴君那罗提诃波国王，处死了这三位胆敢向他提议对大汗恭顺的不幸使者。1277 年忽必烈下令他最信任的回回侍从赛典赤·赡思丁的儿子纳速剌丁率军远征，为三位使者的被害报仇。在关键的战斗中，那罗提诃波具有使用大象的优势。纳速剌丁命令他的弓箭手瞄准毫无防护的大象。大象溃散，形势转为有利于蒙古人。② 但是没有抓住那罗提诃波本人，在没有彻底平定蒲甘的情况下，纳速剌丁返回中国。

接着忽必烈转向占城（大致相当于今天的越南南部），占城的国王阇耶辛诃跋摩（Jaya Indravarman）四世和蒙古人是敌对的。这位占城国王拒绝向元朝进贡并且斥责忽必烈的几位使者。忽必烈的反应是于 1281 年派遣广东一位主要官员唆都进行讨伐。唆都率领 100 艘战船和 5000 名士兵的军队在占城的海岸登陆，但是这位国王采用游击战阻止蒙古人的前进。接着忽必烈决定寻求安南（今越南北方）的合作，以反对安南的南方邻居。尽管已向忽必烈的朝廷派出使者，但是安南国王陈日烜不想让蒙古军队通过他们的领土到达占城，他激烈抵抗由唆都和忽必烈的儿子脱欢率领的蒙古军队。游击战、炎热和疾病使入侵者付出沉重的代价。在越南边境思明（Ssu-ming）的决定性战斗中，蒙古人被击败，唆都战死。

1286 年和 1287 年进行的由纳速剌丁和忽必烈的孙子也先帖木儿率领、后来脱欢亦加入的第二次远征，甚至到达河内，但是由于炎热和不利的环境被迫撤军，这使忽必烈大发雷霆。但是安南国王和占城国王认识到如果他们不答应对大汗形式上的承认，蒙古人会继续侵扰，因此他们开始进贡，从而蒙古人在 13 世纪 80 年代后期结束了对他们的远征。③ 1287 年，忽必烈派他的孙子也先帖木儿再次讨伐蒲甘

---

① ［338］谢利·迈登斯、卡尔·迈登斯：《阳光城：难得访问的缅甸蒲甘城》，第 79 页。

② ［328］慕阿德、伯希和：《马可·波罗游记》，第 1 卷，第 289—290 页。

③ ［653］《元史》，卷 14，第 286、289、303 页；卷 15，第 311、326—327、330 页；卷 16，第 333 页。

"傲慢"的国王。这次战争是成功的，国王那罗提诃波被推翻，而他的继任者向蒙古朝廷进贡。但是这次远征耗费巨大，并且很难说蒙古人的花费是有道理的。

更著名的和更惊人的对爪哇的战争，也难以证明是有道理的。1289年，忽必烈派出一位名叫孟琪的使者要求爪哇屈服。爪哇国王葛达那加剌害怕元朝夺去他对东南亚香料贸易的控制，以在这位不幸的使节脸上刺字作为答复。忽必烈利用这个事件作为发动对爪哇的军事远征的借口。看来他没有从对日本的海上远征的失败中吸取教训。他再次装备一支庞大的远航军队去惩罚对他的使者采取暴力的统治者。1292年远征军从泉州出发，第二年年初大部分军队在爪哇登陆。由于爪哇的反叛军队趁机对葛达那加剌的薄弱地区发起进攻并且杀死这位国王，最初远征军极为成功。葛达那加剌的女婿韦查耶王子向蒙古军队"降服"，并且保证帮助他们粉碎反叛。他这样做了，但接着又背叛蒙古远征军。他伏击一支庞大蒙古军队，迫使其他军队撤退并且返回中国。[①] 忽必烈的又一次远征遭到失败，远征的巨大开支又在朝廷日益严重的财政问题上火上浇油。

吐蕃和东北的叛乱

在忽必烈理应直接管辖的地区爆发叛乱也许进一步加剧了他的逐步失控。这些对他的权威的挑战对忽必烈要求作为中国皇帝及帝国大汗是沉重的打击。忽必烈的最坚定可靠的吐蕃同盟者八思巴1280年去世，几年后在吐蕃发生第一次暴乱。1285年八思巴的萨斯迦教派的对手必里公教派反叛，1290年忽必烈必须派出一支惩罚性的军队去恢复萨斯迦教派的权威，也就是恢复蒙古人的权威。[②] 第二次叛乱在东北爆发，由东北的蒙古指挥官乃颜领导，乃颜和忽必烈在中亚的敌人海都结盟。忽必烈肯定认为乃颜的威胁至关重要，因为他本人亲

① 关于蒙古人对爪哇的远征，见已经过时但还未能完全被取代的［160］W. P. 格罗内瓦特：《1293年蒙古人对爪哇的征服》。

② ［545］特里尔·V. 怀利：《吐蕃的第一个蒙古征服者再释》，第131—132页。

自率军征讨这位叛将。马可·波罗声称他的军队由 46 万人组成，这肯定是一个极其夸大的数字。[①] 无论如何，忽必烈征募了一支庞大的军队，尽管年老有病，他自己仍然坐在安置在四头大象背上的轿子里亲自前往战场。1287 年秋天，双方相遇，在一整天战斗中双方势均力敌，但是傍晚，形势转而对聂思脱里教徒乃颜不利。忽必烈抓住他并且将他处死。

忽必烈的晚年

尽管取得这次胜利，总的来讲 13 世纪 80 年代忽必烈在对外事务中总遇到挫折。这些年还给他个人带来悲剧和不幸。他的爱妻察必于 1281 年去世，她长期以来一直给予他支持和忠告。察必的儿子、忽必烈自己指定的继承人真金于 1285 年去世。真金被精心地培养成中国的下一位皇帝和他的汗位的继承人。真金四十多岁的早逝必然沉重地打击忽必烈并且使宫廷沮丧。为了寻求安慰，他越来越多地转向酒和食物。过度饮酒，使他的健康成为问题。在他的余生中，过于肥胖和痛风折磨着他。汉文史料揭示他晚年特别沮丧和抑郁。在 1293—1294 年的冬季，他愈加衰弱。1294 年 2 月 18 日，他在宫中去世。

忽必烈统治的成就是显著的。与其他蒙古大汗相同，他继续从事军事征伐。他最辉煌的胜利是征服中国的南宋，把一个人口超过 5000 万具有大量财富和资源的领土置于他的控制之下。比起更早的许多次蒙古人的战争来，这场战争需要更缜密的计划和后勤，从而确保忽必烈作为蒙古人中一位伟大统帅的地位。而他在政治上的成就可能是令人印象深刻的。他希望使汉人相信他日益汉化的同时，本民族同胞仍对他信任。他设立了进行统治的行政机构，在中原建设了一座首都，支持中原宗教和文化，并且为朝廷设计出合适的经济和政治制

---

① 见［373］伯希和：《〈马可·波罗游记〉注释》，第 2 卷，第 788—789 页；［330］闵宣化：《蒙古诸王乃颜》。

度。然而他并未抛弃蒙古传统，保持着大量的蒙古习俗，在政府和军队的关键位置上任用蒙古人，废止科举制度使他不致在政府职位上受制于汉人。尽管在统治的最后十年中面临着困难与失误，忽必烈留给他的继承者的是一个稳定和大体上繁荣的国家。

第六章

元中期政治

概　　述

“元中期”指的是1294—1333年，即元朝的建立者忽必烈（世祖，1260—1294年在位）去世和元朝的最后一个皇帝妥欢贴睦尔（顺帝，1333—1368年在位）即位之间的时期。在这39年中，帝位快速转换，有9个人即位，由此造成了官员的不断变换和国家政策的经常变化。这是一个政治风云变幻无常的时期，在这一时期发生的事件逐渐削弱了忽必烈留下的强大帝国，并为在妥欢贴睦尔统治下王朝的衰亡铺设了道路。

元中期的皇帝不仅继承了忽必烈的大帝国，也承接了各种各样的问题。[①] 忽必烈成功地将原来以草原为基根的“大蒙古兀鲁思”或“大蒙古国”的重心转到了中原，并使元朝成为第一个统治全中国和内亚草原的征服王朝。他还为庞大的多种族、多文化帝国提供了一个综合汉制和内亚制度的可行的制度构架，并从蒙古、中国和佛教源流中饰以正统的标记。[②] 正因为如此，忽必烈后来被他的继承者视为最尊崇的王朝创建者和祖先，并且精心保护他的衣钵。至于忽必烈留给

---

① 下文中关于忽必烈作用和遗产的评价，主要根据以下论著：[833] 姚从吾：《元世祖忽必烈汗：他的家世、他的时代与他在位期间重要措施》；[810] 周良霄：《忽必烈》（长春，1986年版）；[561] 周良霄：《论忽必烈》；[722] 白钢：《关于忽必烈附会汉法的历史考察》；[366] 爱宕松男：《忽必烈汗》（东京，1941年版）；[426] 莫里斯·罗沙比：《忽必烈汗：他的生活和时代》（伯克利，洛杉矶，1988年版）。

② [126] 傅海波：《从部落领袖到至高无上的皇帝：元代的正统观念》（慕尼黑，1978年版）。

后人的各种问题，则是与帝国本身一样巨大和复杂。

从基础上讲，元在中国和更为广阔的蒙古帝国中的地位需要认真地重新考虑和界定，并据此做出更多的调整。中原是帝国的最重要构成部分和统治重心所在，还是它只是蒙古世界帝国的一部分，而应献出全中国的资源来维系帝国？如何满意地回答这些疑问，总是摆在元统治者面前的严肃并影响深远的问题。一方面，忽必烈虽宣称自己是全体蒙古人的大汗却难以落实，并且从一开始就受到来自内亚的宗族的严重挑战；到忽必烈去世时，元与窝阔台汗国、察合台汗国的战争还在继续。另一方面，草原传统势力迫使忽必烈无法将他的王朝全然置于传统的中原政府模式之上，并且在中原的根基越扎越深，使得元朝内部的文化适应过程趋于舒缓，给忽必烈的继承者留下了一些重要的问题。

从政治方面讲，忽必烈建立的政府制度是蒙古家产封建制和中原传统官僚专制的混合产物。在早先的蒙古制度下，皇亲和皇帝家族的有功侍臣都享有世袭的政治、经济和军事特权。虽然忽必烈曾试图削弱这些贵族的特权，但是他没有在这个方面走得太远，因为害怕违反蒙古国的一个基本原则：帝国是所有成吉思汗子孙的共同财产。结果是贵族们在公共生活的各个方面继续起着重大作用并享有许多利益，在他的继承人统治时期，巨大财政压力和政治上的不安定，恰证明了这一点。与此同时，忽必烈强化中央集权和官僚体制的措施，尽管不够完善，却使官员获得比前忽必烈时期官员大得多的权力。在后忽必烈时期，官员已成为一个重要的权力中心，经常超越宗王而与皇帝争夺权力。

从文化和社会方面讲，在蒙古、色目（西亚和中亚人）精英与他们的汉人臣民之间有巨大的鸿沟需要弥合。这个鸿沟的存在部分是因为一般汉人在种族制度下遭受着政治歧视和社会歧视。在受过教育的汉人精英中，对这种歧视感受尤深，因为孔子的学说和儒士没有得到在以前汉人王朝下所得到的尊重。元朝政府甄用统治精英靠的是出身而不是成就。因此，蒙古人和色目人所受研习汉学的激励不大。由此产生的结果是，既然传统的汉人精英（儒士）未能分享权力，在一定意义的范围内，蒙古和色目精英仍然是汉文化传统的门外汉并且在社会上被隔离于当地居民之外。这种分隔使元王朝具有很强的“殖民”色彩。

从外交和军事方面讲，在忽必烈统治下的元的对外政策，与以前的蒙古大汗一样，是“帝国主义”的，总是准备动员统治区内的所有人力和物力为扩大帝国进行持续不断的战争。① 但是，到忽必烈朝后期，对外征服的报酬率已经明显地减少，因为帝国已经达到它的最大的地理极限，此时应该是集中全力加强内部团结而不是对外扩张的时机。

最后，由于过度的军事征伐、庞大的赏赐和其他宫廷消费，元朝政府自始即面临长期的财政问题，不得不依靠色目理财能手用聚敛方法来开辟财源。由此产生的结果是，这些聚敛者与孔子思想捍卫者之间冲突不断，后者主张节省政府开支和减轻百姓赋税负担。从财政上讲大幅度削减开支当然是人们所期盼的，但是政治上很难实行，因为它将直接影响蒙古国家在中国的基础。

综上所述，忽必烈的成就虽然伟大，但是他的遗产并不完全是积极的。元代中期的后继者所面临的挑战，不仅是保存他的政府体系的问题，还要创造性地解决他所留下的多种问题，亦要解决忽必烈去世后出现的各种新问题。这就要求按照传统的中原路线进行更多的改革和改变一些殖民特征，把王朝的根在中原扎得更深，但是，同时还要保证王朝的安全和征服集团精英的利益。

铁穆耳汗朝(成宗),1294—1307 年

忽必烈未给他的后人解决的比较特殊但是很重要的问题是帝位继承，在蒙古帝国的历史中，它总是引起不安和紧张的因素。忽必烈无力解决这一问题，部分是因为蒙古人的帝国是成吉思汗所有子孙的共

① ［9］托马斯·T. 爱尔森：《蒙古帝国主义：蒙哥汗对中国、俄罗斯和伊斯兰地区的政策，1251—1259 年》，第 7 页。

同财产的观念与汉人的君主专制观念相抵触；还部分因为在忽必烈时期的一些偶发事件。[①] 忽必烈不能将家产封建制的蒙古国家完全改变为君主专制的中原式政府，他也没打算这样做，当出现帝位继承问题时通过忽邻勒台在皇子中选择新的大汗的传统做法不能被否定。[②]

忽必烈为维持他的皇帝特权，试图用中国方式来确定他与正后的长子为正式的继承人，他选定了真金（1243—1285 年）为正式的继承人，但真金在 1285 年去世，比忽必烈本人的去世早九年[③]，忽必烈的尝试中途夭折。由此造成的后果是，在后忽必烈时代，经常在前朝大汗提名的继承人和要求通过“选举”即位的人之间为争夺帝位产生激烈的抗争。

后忽必烈时代的帝位之争与以前的汗位之争有三点不同。

第一，竞争者的范围只限于忽必烈的后人，特别是几乎清一色的真金后人。因为在蒙古人中有这样的共识：元朝是忽必烈创建的，其他皇族成员能够在各次帝位之争中作为支持者参加新皇帝的选举。但是他们自己不能参加帝位的竞争。真金的后人最有帝位继承资格是基于这样的事实：真金是忽必烈的长子并且是他指定的继承人。

第二，宫廷中有权势的大臣在新汗即位问题上起着越来越重要的作用，而皇族成员的作用日益降低。[④] 在传统蒙古制度下，是由蒙古诸王和王妃来决定“选举”的进程。官员（那颜）作为皇族成员的属下参加忽邻勒台，但从不允许他们独立发表意见。大臣在新汗即位问题上越来越起着重要的作用，显然是忽必烈加强中央集权和政府官僚

① 关于整个元代帝位继承危机的研究，见［852］萧功秦的《论元代皇位继承问题》；亦见他对也可蒙古兀鲁思（即忽必烈即位前的蒙古帝国）汗位继承的研究［851］《论大蒙古国的汗位继承危机》。关于一般游牧社会缺乏有效的继承制度的研究，见［113］傅礼初的《奥托曼帝国中的突厥—蒙古人的君主制传统》和［112］《蒙古人：生态环境与社会视野》，特别是后文的第 17—18、24—28 页。

② 关于忽邻勒台在“选举”蒙古大汗时的作用，见［549］箭内亘的《关于蒙古国会忽邻勒台》；［811］周良霄：《蒙古选汗仪制与元朝皇位继承制度》；［103］伊丽莎白·思迪科特—韦斯特：《元代的中央机构》，特别是第 525—540 页。

③ 关于真金的去世和他的影响，见［848］黄时鉴：《真金与元初政治》。

④ 见［852］萧功秦：《论元代皇位继承问题》，第 30 页。

化的结果，也是元政府的家产封建性质因而削弱的结果。

第三，帝位继承经常引起纷争，两种候选人交替登基，一种立足于中原，正常情况下得到在首都的大臣们的支持；另一种立足于草原，常常统率着强大的驻边军队。这两种利益关系和背景完全不同的候选人的交替，加上一系列皇帝在位时间很短，导致了政府的一般政策尤其是文化倾向的大幅度摇摆，使得这一时期的政治变化无常。

铁穆耳的即位

在 1294 年 2 月忽必烈去世后立刻爆发了第一次继承人危机，因为忽必烈并未正式册立他的孙子、真金第二子铁穆耳（1265—1307 年）为继承人。在真金 1285 年去世之后，年迈的忽必烈在确定继承人上显然一时犹豫不决。根据波斯史家拉施特的说法，是真金的正妻阔阔真(亦名伯蓝也怯赤，1300 年去世)、铁穆耳之母在积极促成儿子即位。[①] 但是，虽然在 1293 年 7 月铁穆耳被授予皇太子印，当时他被派往蒙古本土，以出镇宗王统管草原的全部军队[②]，但是他并未得到像他父亲那样的正式的皇太子册立。这可能反映了忽必烈在他的孙子是否合适做未来的大汗上持保留态度，因为他相当清楚铁穆耳是个嗜酒者。[③] 这样，在忽必烈去世时继承问题还是一个悬而未决的问题。

铁穆耳的帝位竞争对手是他的哥哥甘麻剌（1263—1302 年）。作为真金的长子，甘麻剌与铁穆耳一样有资格成为他们的祖父的继承者。因为甘麻剌曾多年任蒙古本土的指挥官并于 1292 年被封为晋王，

① [407] 约翰・A. 波义耳译：《成吉思汗的继承者》，第 300—301 页。根据汉文史料，是畏兀儿佛教徒兼儒士官员阿鲁浑萨理（1245—1307 年）最早向忽必烈进言铁穆耳是合适的帝位继承人。见 [653] 宋濂等著《元史》，卷 130，第 3177 页。

② [653]《元史》，卷 18，第 381 页。

③ [407] 波义耳：《成吉思汗的继承者》，第 301 页；[653]《元史》，卷 134，第 3261 页。

统领成吉思汗的“四大斡耳朵及军马、达达国土”①，他的所享有的武力支持和他弟弟的一样坚实。但是，铁穆耳显然比他的哥哥有优势：他不仅被忽必烈指定为继承人，还得到了阔阔真的帮助。这一点很重要，因为阔阔真以其贤淑得到忽必烈的喜爱并且很有影响。虽然甘麻剌的母亲还难以确定，但从阔阔真站在铁穆耳一边的事实，似可看出甘麻剌不是她的亲生儿子。②

同样有意义的是重要的大臣支持铁穆耳即位。忽必烈为他去世后指定了三个辅政大臣：玉昔帖木儿（1242—1295 年），成吉思汗的著名伴当博尔术（死于 1227 年）的孙子，枢密院知院；伯颜（1236—1294 年），八邻部人，曾领军灭宋并多年任北方和西北诸军的统帅；不忽木（1255—1300 年），受儒学影响的康里政治家，中书省平章政事。这三个大臣都通过不同的途径与铁穆耳或他的母亲建立了密切的关系。③ 除了这三个大臣外，中书省右丞相完泽（1246—1303 年）曾以重要辅臣身份陪同铁穆耳前往蒙古本土。④ 忽必烈是否为铁穆耳即位做过特殊的安排尚不清楚，但是这些朝廷重臣显然都在向这一方向努力。

当 1294 年 4 月 14 日在夏都上都举行忽邻勒台时，支持甘麻剌的不乏其人。⑤ 但是他们被铁穆耳的支持者所战胜。实际上，据说玉昔帖木儿曾说服甘麻剌带头推动铁穆耳即位。⑥ 同时，战功显赫的伯颜为使铁穆耳即位采取了更强硬的姿态。据说他握剑站在大殿阶梯上，宣布忽必烈的旨意并解释为什么要立铁穆耳为帝，结果是

---

① [653]《元史》，卷 29，第 637 页；卷 115，第 2894 页。

② 虽然在《元史·甘麻剌传》中称甘麻剌为阔阔真之子，但是在同书阔阔真传中列举她的儿子时没有提到甘麻剌，见 [653]《元史》，卷 115，第 2893 页；卷 116，第 2896—2897 页；亦见 [811] 周良霄：《蒙古选汗仪制与元朝皇位继承问题》，第 43 页。

③ [653] 见《元史》，卷 119，第 2498 页；卷 127，第 3115 页；卷 130，第 3163—3173 页；[622] 苏天爵：《元朝名臣事略》，卷 4，12a；[65] 柯立夫：《〈元史〉中的八邻部人伯颜传》，第 269—270 页。

④ [653]《元史》，卷 130，第 3173—3174 页。

⑤ 拉施特所述在忽邻勒台上解决争执的方式，虽然有趣但是完全不可信，见 [407] 波义耳：《成吉思汗的继承者》，第 321 页。

⑥ [623] 苏天爵：《国朝文类》，卷 23，7a。

“诸王股栗，趋殿下拜”[①]。显然伯颜和玉昔帖木儿的威望和他们背后的强大军事和官僚机器产生了很大的影响并使他们操纵了忽邻勒台。这些首要大臣在决定谁将成为新大汗上起了决定性的作用，这在蒙古历史上是没有先例的，预示着未来将产生许多推动新君即位的官僚。

忽必烈成就的守护者

铁穆耳13年的统治自始即以守成为基调。作为忽必烈帝国的直接继承者，铁穆耳汗和他的臣民一样期望成为他祖父统治模式的守护者。在1294年5月10日颁布的即位诏书中，新汗正式宣布他要奉行和保护忽必烈朝的成规。[②] 这成为他统治期间的基本准则。

铁穆耳朝的守成性质明显地表现在主要政府机构的官员人选和重要政策两个方面继续保持忽必烈晚年的格局。除了赐给忽必烈朝的蒙古高官荣誉爵号外，铁穆耳汗在他的政府中保留了忽必烈在1291年吐蕃权臣桑哥失势后为缓解桑哥财政政策影响而任命的大多数中书省宰臣。[③] 完泽还担任右丞相并且是独相，直到1298年才任命哈剌哈孙（1257—1308年）为左丞相。

铁穆耳在位初期的首要人物完泽，主要是因为他谨慎和宽厚而不是因为他的才干而成为朝廷重臣。[④] 出自著名的蒙古斡剌纳儿部的哈剌哈孙则不仅以他的才干和正直著称，还以雅重儒术而闻名，在完泽1303年去世后，他成为朝廷中最有影响的人物。[⑤] 铁穆耳朝初期的另

① ［65］柯立夫：《〈元史〉中的八邻部人伯颜传》，第270—271页。

② ［653］《元史》，卷18，第381—382页。

③ ［653］《元史》，卷112，第2803—2813页；［689］屠寄：《蒙兀儿史记》，卷157，13a—18a。

④ 关于完泽，见［622］苏天爵：《元朝名臣事略》，卷4，1a—2a；［653］《元史》，卷130，第3173—3174页。

⑤ ［623］苏天爵：《国朝文类》，卷25，1a—10a；［622］《元朝名臣事略》，卷4，2b—7b。

一个有影响的人是康里大臣不忽木。[①] 不忽木成长于宫廷中并在国子学中受到理学大师许衡（1209—1281 年）的教育，他是有元一代最有名的非汉人儒士官员。他先任平章政事，后任御史中丞，在铁穆耳朝主要起为儒学辩护和规范朝政的作用。

这些蒙古和色目重臣得到了一群汉人官员和回回理财者的支持。汉人官员包括何荣祖、张九思（1242—1302 年）、梁德珪（1259—1304 年）和何玮（1254—1310 年），他们有着不同的思想信念和政治背景。在回回理财者中，麦术丁和阿里曾是忽必烈朝阿合马和桑哥手下的官员。但是最突出的回回人是著名的回回大臣赛典赤·赡思丁（1211—1279 年）的曾孙伯颜，拉施特说他是“极尊贵、有权势的大臣”，任撒希伯底万，撒希伯底万在波斯语中通常指财政大臣。[②] 显然铁穆耳是在继续奉行忽必烈保持中央行政人员的种族和思想平衡政策。

完泽和哈剌哈孙掌管下的行政机构采取了确保政治和社会稳定的政策。在财政方面，废除理算欠税是桑哥失势之后已经采用的政策。[③] 铁穆耳朝继续施行这一政策，并且几次免除部分地区或全国的差发和赋税。[④] 铁穆耳汗强烈反对为增加收入向民众征收任何额外的赋税，他于 1302 年下令禁止征集除赋税定额以外的任何东西。[⑤]

在思想方面，铁穆耳的政府表现出对儒学和儒士的尊重。铁穆耳即位后不久，即发出崇奉孔子的诏书。[⑥] 主要在哈剌哈孙的推动下，新建文宣王庙于大都，并徙国子学于其中，同时增加了国子学的学生。[⑦] 哈剌哈孙与儒士关系特别密切，据说常在裁决大政时征求儒士

① 关于不忽木，见［607］赵孟頫：《赵孟頫集》（任道斌编校），第 158—162 页；［653］《元史》，卷 130，第 3163—3173 页。

② ［407］波义耳：《成吉思汗的继承者》，第 322 页。

③ ［653］《元史》，卷 18，第 383 页。

④ ［653］《元史》，卷 96，第 2470—2476 页。

⑤ ［653］《元史》，卷 20，第 440 页。

⑥ ［653］《元史》，卷 18，第 386 页。

⑦ ［653］《元史》，卷 20，第 441 页；卷 21，第 467、471 页。

的意见。①

衰落的迹象

按照《元史》的说法，忽必烈朝加上铁穆耳朝是元代的巅峰期。② 但是已经有迹象表明铁穆耳朝标志着元廷衰落的开始。铁穆耳汗本人没有他祖父的心智和身体活力，而这些对继续领导帝国是需要的。他的大臣完泽亦不是足以替代前期领导的强有力人物。在两个人过度宽容和拖拉的管理下，政府似乎失去了行政活力和财政平衡。官员队伍急剧膨胀。虽然朝廷和京城官员合计定额是 2600 人③，御史台于 1294 年上报官员在京城食禄者超过 1 万人，在各行省则更多。④ 实际形势变得如此严重，以至在 1303 年下令中书省淘汰所有冗员。⑤ 官府冗员的大量增加，并没有促进行政效率的改变。郑介夫在 1303 年上书朝廷的《太平策》中指出：忽必烈在 1291 年颁布的《至元新格》中要求官员限期五天处理一般公务，限期七天处理中等公务，限期十天处理重大公务，但是官员常用半年才能处理一件不重要的事务，要用整整一年处理一件重要公务。⑥ 铁穆耳汗亦对普遍存在的官府延误政务问题深恶痛绝，他在 1294 年曾为此严厉申斥中书省臣，甚至表现出对臭名昭著的桑哥时期行政效率的怀念。⑦

政府受到愈演愈烈的贪污腐败之风的影响，铁穆耳汗朝发生了一系列腐败丑闻。政府高层的最大丑闻发生在 1303 年。在前一年，朱

① ［653］《元史》，卷 136，第 3293 页。

② ［653］《元史》，卷 93，第 2352 页。

③ ［628］《元典章》，卷 7，26a。

④ ［653］《元史》，卷 18，第 383 页。

⑤ ［653］《元史》，卷 21，第 447 页。

⑥ 郑介夫的上书，见［664］邵远平：《元史类编》，卷 25，11a—22a。关于 1291 年法典的有关条文，见［63］陈恒昭：《蒙古统治下的中国法律传统：1291 年法典复原》，第 108—109 页。

⑦ ［653］《元史》，卷 18，第 388 页。

清（1237—1303 年）和张瑄（死于 1303 年）被控有罪。[①] 他们曾是海盗和贩私盐的盐徒，在宋亡时率领大量船只叛宋降元。他们利用为元廷海运粮食和私自从事海外贸易积聚了大量财富。审判的结果是他们的全部家人都被囚禁并没收全部财产。

对此案的调查发现朱、张二家曾向朝中的几个高官行贿。中书平章伯颜、梁德珪、段贞、阿里浑萨里和另外四名中书省官员因为受贿在同一天被撤职。[②] 甚至完泽亦因接受朱、张贿赂而受到弹劾。[③] 为清除腐败，盛怒的大汗诏定赃罪为 12 章，并在 1303 年春季派遣官员调查国内七个地区的案情。[④] 他们调查出贪官污吏 18473 人，获赃 45865 锭。这显然是一个压低了的上报数字。[⑤] 但是，大汗没有坚持消除腐败的努力。不仅完泽在这起贿赂丑闻中全然无损，大多数因受贿而被撤职的中书省臣也在后来的两年中又被起用。[⑥]

官府冗员和官僚腐败只是造成贯穿元朝中后期政府日益严重的财政困难的部分原因。造成财政困难的另一个重要原因是常年对贵族尤其是皇室成员的慷慨赏赐。[⑦] 忽必烈慎于赏赐，对他的家族成员尤为“吝赐”。但是从铁穆耳开始，元廷的大汗在忽必烈确定的岁赐额之外，还给皇室成员和勋臣大量的慷慨赏赐。如此慷慨赏赐是政治的需要，由于帝位之争愈演愈烈，既要酬劳皇室成员和勋臣，也要继续保

① 关于朱清、张瑄案，见［514］植松正：《关于元代江南的豪民朱清张瑄》；田汝康：《蒙古统治者与中国海盗》。

② ［653］《元史》卷 21，第 449 页。拉施特说有 11 个相臣被捕，但是被国师胆巴（1230—1303 年）所救。他所述被捕的原因是因为这些人接受了向宫廷出售珍宝的商人的贿赂。见［407］波义耳：《成吉思汗的继承者》，第 330 页。关于胆巴的调解，见［142］傅海波：《胆巴：汗廷中的吐蕃喇嘛》。

③ ［653］《元史》，卷 21，第 448 页。

④ ［653］《元史》，卷 21，第 449 页。赃罪 12 章的条文，见［628］《元典章》，卷 46。1b—2a。

⑤ ［653］《元史》，卷 21，第 449、456 页。刘敏中奉使宣抚所奏呈的报告，详见［612］《中庵集》，卷 7，11b—21b。

⑥ ［653］《元史》，卷 21，第 460—465 页。

⑦ 关于不同形式的赏赐，见［715］史卫民：《元岁赐考实》；［220］岩村忍：《蒙古社会经济史研究》，第 421—432 页。

证他们的支持。在1294年铁穆耳即位时，皇室成员得到的赏赐比在忽必烈时期得到的岁赐额金多4倍，银多2倍。① 此外，铁穆耳还因不同原因给予一些皇亲巨额特殊赏赐，如1294年给三个驸马赐银的总数就超过了12万两。②

巨额赏赐很快造成国库枯竭。③ 1294年铁穆耳即位后两个月，中书省报告："朝会赐予之外，余钞止有27万锭。"④ 第二年年初，中书省又报告忽必烈时期的储蓄几乎全被用来支付皇室成员和勋臣的赏赐。⑤ 简而言之，由于后忽必烈时期蒙古政治特殊性质的影响，以宫廷赏赐形式出现的政治贿赂已成为元廷财政陷入困境的原因之一。

因为铁穆耳的政府反对增加税额，除借用钞本银之外无法解决财政赤字问题。元廷乃于1294年下令诸路平准库作为钞本贮藏的银936950两，除留192450两作钞母外，全部运往京城，显然是支付日常开支。四年之后，又借用了20万锭钞本。到1299年，元廷的财政形势更为恶化，花费的一半借自钞本。⑥ 借用钞本又转而极大地削弱纸钞制度的信誉，并引发了恶性通货膨胀，其程度远比13世纪80年代发生的通货膨胀剧烈得多。⑦

向和平过渡

铁穆耳朝是持续不断的征伐和大致和平两个时期之间的有意义的过渡期。忽必烈朝后期发动的所有对外战争都以失败而告终。铁穆耳

① ［653］《元史》，卷18，第382页。

② ［653］《元史》，卷18，第382页。

③ 元廷1298年的收入是金1.9万两，银6万两，钞360万锭。见［653］《元史》，卷19，第417页。关于赏赐予政府收入的关系，见［494］田山茂：《元代财政史的有关资料：以收支额为中心》。

④ ［653］《元史》，卷18，第384页。

⑤ ［653］《元史》，卷19，第402页。

⑥ ［653］《元史》，卷18，第387页；卷19，第417页；卷20，第426页。

⑦ ［864］彭信威：《中国货币史》，第409—410页；［296］前田直典：《元代纸币的价值变动》。

改变祖先的扩张政策，是因为他清楚地知道更多的征服将无任何成果并且耗费巨大。他即位后立刻取消了忽必烈在位最后几年规划的对安南的征服，代之以将安南作为纳贡国。1298 年，铁穆耳否定了再次入侵日本的建议，并在第二年派遣一名僧侣作为和平使者前往这个岛国。[①] 铁穆耳朝的对外征伐，只有 1300—1301 年的征缅之战和 1301—1303 年征八百媳妇之战，八百媳妇是在今天泰国北部和缅甸东部的一个小国。虽然这两次战役都以失败告终，但其原有目的亦不在于征服二国。发动征缅之战是因为缅国人废黜了奉元廷为宗主的国王而要对其惩罚，征八百媳妇则是由于该国侵蚀元朝领土而采取的征讨行动。[②]

铁穆耳汗最大的政治和军事成就是成功地结束了与窝阔台后汗海都（约 1235—1301 年）、察合台后汗笃哇（1282—1307 年在位）的耗时和耗力的战争，他们从 1268 年或 1269 年开始对忽必烈的大汗地位提出挑战。[③] 但是，这一成果来之不易。尽管忽必烈在 1/4 世纪中经过持续不断地努力将他的中亚敌手阻挡在生产粮食的定居地区之外，海都和笃哇在忽必烈去世时又卷土重来，把他们的控制区延伸到畏兀儿地区并不时侵入蒙古本土。

铁穆耳在位的大多数时间不得不为保卫内亚地区耗费大量资源，实际上在他当政的初期在蒙古本土就遭受了一系列的挫折。1298 年的一个冬夜，笃哇突袭合尔哈都由宗王阔阔出（死于 1313 年）指挥的驻守漠北的元军主力，阔阔出是铁穆耳的叔父，代铁穆耳统军于漠北。此战的结果是铁穆耳女婿高唐王阔里吉思（死于 1298 年）被俘，

---

① ［653］《元史》，卷 208，第 4630 页；卷 209，第 4650 页。

② ［653］《元史》，卷 211，第 4659 页；［623］苏天爵：《国朝文类》，卷 41，32a—33a。［642］《元朝征缅录》，此书被翻译成了法文，见［200］于贝尔：《印度支那研究（5）：蒲甘王朝》。

③ 关于对海都和笃哇的战争，见［29］W. 巴托尔德：《蒙古入侵时代及其前的突厥斯坦》，第 492—494 页；［373］伯希和：《〈马可·波罗游记〉注释》，第 1 卷，第 124—129 页；［107］惠谷俊之：《海都之乱的考察》；［85］窦德士：《从蒙古帝国到元朝：帝国在蒙古和中亚统治形式的变化》；［195］萧启庆：《元代的军事制度》，第 56—58 页。

在漠北的元军伤亡惨重。①

海山（1281—1311年）重建防卫体系后，元在漠北的地位才得以恢复。海山是铁穆耳长兄答剌麻八剌（1264—1292年）之子，于1299年受命统军于漠北，取代无能的阔阔出，其时年方18岁。② 除了诸王统率的蒙古军和驻守漠北多年的宿将床兀儿（1260—1322年）统率的钦察军外，海山手下还有来自各卫的汉军和新从汉地调来的蒙古军。

再次得到加强的元军在次年秋季转入攻势，在阿尔泰山南将海都击败。1301年9月，海都和笃哇发动了最后一次攻势，于是在阿尔泰山之东的铁坚古和合剌合塔爆发了更具历史性决定意义的战役。这次战役本身可能是未分胜负，所以在汉文和波斯文史料中对战役的结果有截然不同的记载。③ 重要的是该战役的间接结果，笃哇在作战中负伤，而海都死于战后不久，可能也是在战斗中受了伤。④

海都之死，清除了蒙古诸汗国媾和的主要障碍。恰是海都的同盟者笃哇首倡和议。笃哇已倦于无望的挑战大汗权威，他更关心的是在中亚建立自己的统治，所以他设法使海都之子察八儿在1303年夏季成为窝阔台汗国的统治者。当年秋季，笃哇说服察八儿与他一道向铁穆耳表示他们将停止敌对行动，并且承认铁穆耳是全体蒙古人的大汗。

铁穆耳对这一建议很快做出了积极反映。虽然笃哇提议的为媾和召开的忽邻勒台并未举行，停战的和约还是达成了。由铁穆耳、笃哇和察八儿共同派出的使者于1304年年初抵达伊利汗完者都（1304—1316年在位）的汗廷，请求完者都同意和平并重建全体蒙

① 关于这次失败，见［407］波义耳：《成吉思汗的继承者》，第326—327页；［741］刘迎胜：《元朝与察合台汗国的关系》，第76—77页。

② ［653］《元史》，卷22，第477页；［305］松田孝一：《海山出镇西北蒙古》。但是，松田孝一将海山出镇的时间误为1298年。

③ ［653］《元史》，卷22，第477页；［407］波义耳：《成吉思汗的继承者》，第329页；［741］刘迎胜：《元朝与察合台汗国的关系》，第78—79页。

④ 关于海都之死的矛盾记载，见［27］巴托尔德：《中亚史四论》，第1卷，第128—130页；［740］刘迎胜：《〈史集〉窝阔台汗国末年纪事补证》，第49—50页。

古人的统一的建议。① 和约对完者都及其他蒙古汗国的统治者都有很重要的意义。完者都在1305年致法兰西国王腓力四世的信中骄傲地宣布蒙古人世界已取得了和平，并且鼓励欧洲诸王以蒙古人为榜样。②

虽然1303年取得的和平是短暂的，但它不仅重新确定了元廷与其他蒙古汗国的宗主关系，还为元朝通过离间察合台后人和窝阔台后人的关系彻底解除来自中亚的威胁提供了机会。

在外部压力减轻后不久，曾是同盟者的笃哇和察八儿之间为疆域问题发生了冲突。在这次冲突中，铁穆耳支持笃哇。1306年秋季，铁穆耳派遣海山率领一支军队越过阿尔泰山南麓去支援笃哇。海山从背后向察八儿发起进攻，俘虏了察八儿家族的几个成员，并远进至也儿的石河。察八儿别无选择，只得向笃哇投降。③

察八儿后被笃哇所废，可能是在1307年，他的幼弟养吉察儿被笃哇立为窝阔台汗国的傀儡汗。在这种环境的压迫下，察八儿于1310年海山在位时向元廷投降，这就标志着困扰了元廷近四十年的窝阔台汗国的完结。笃哇及其继承者绝大多数时间承认元廷的宗主地位，持续地向大都派出贡使。此后元廷与察合台汗国之间除了1316—1320年间的短暂冲突外都维持着和平关系。④ 这样，忽必烈未能达到的确立元廷对整个蒙古世界的宗主地位的目标，终于在铁穆耳朝后期得以实现。

---

① 关于1303年和议的最详细记载见于［387］波斯史家哈撒尼的《完者都史》，第32—35页。汉文史料见［623］苏天爵：《国朝文类》，卷26，13b—14a；［653］《元史》，卷21，第454、456页。研究成果，见［253］W. 柯维思：《蒙古人：12世纪（原文如此）初叶世界和平思想的倡导者》；［435］佐口透：《14世纪元朝与西方三王的关系》；［739］刘迎胜：《元代蒙古诸汗国之间的约和及窝阔台汗国的灭亡》；［740］刘迎胜：《〈史集〉窝阔台汗国末年纪事补证》，第50—51页。

② ［319］田清波、柯立夫：《1289—1305年伊利汗阿鲁浑、完者都致美男子腓力四世的信》，第55—85页。

③ ［653］《元史》，卷22，第477页；［623］苏天爵：《国朝文类》，卷23，13b；［740］刘迎胜：《〈史集〉窝阔台汗国末年纪事补证》，第51—53页。

④ ［13］托马斯·T. 爱尔森：《13世纪的元朝和吐鲁番的畏兀儿人》，第259页。

卜鲁罕皇后干政

虽然铁穆耳汗能够重建蒙古世界的和平，但是他没能保证自己家族和宫廷的融洽，亦不能使皇位继承平稳过渡。由于年轻时饮酒过度，铁穆耳晚年一直被重病所扰。① 卜鲁罕皇后利用这种形势，在宫廷和家庭事务中起了积极的作用。卜鲁罕出身于著名的蒙古贵族家族伯牙吾氏。1299 年，皇后失怜答里去世，卜鲁罕被立为皇后。真金妻阔阔真于次年去世，这无疑使卜鲁罕有了更大的政治影响。

卜鲁罕显然是个有能力的女人，《元史》本传用的是敌对调子，也还是强调她影响下的朝政绝大部分是“平允”的。② 1302—1303 年朱清和张瑄的案子就是由她处理的，从他们家中查抄的巨额财产转到了她的中政院之下，大大增加了她的财产。③ 1305 年 6 月，她把自己的儿子德寿立为皇太子。为了保证德寿能够平稳地继承帝位，宫廷中所有潜在的对手都被清除。答剌麻八剌的儿子爱育黎拔力八达（1285—1320 年）在 8 月被封为怀宁王，送往怀州（河南沁阳）。但是没有想到皇太子德寿死于 1306 年 1 月。④ 铁穆耳汗于 1307 年 2 月 2 日去世，终年 41 岁，没有了明确的继承人，帝位继承问题还是有解决。

---

① ［407］波义耳：《成吉思汗的继承者》，第 301—302 页。

② ［653］《元史》，卷 114，第 2873 页。

③ ［627］王逢：《梧溪集》，4 下，第 205 页；［653］《元史》，卷 21，第 459 页；亦见［514］植松正：《关于元代江南的豪民朱清张瑄》，第 48—53 页。

④ ［653］《元史》卷 21，第 465、467 页。德寿为卜鲁罕之子是一个推论。虽然《元史》，卷 114，第 2873 页称皇后失怜答里是德寿的母亲，但拉施特、杨瑀和陶宗仪都说德寿是卜鲁罕之子。见［407］波义耳：《成吉思汗的继承者》，第 319 页；［648］杨瑀：《山居新话》，13b；［649］陶宗仪：《南村辍耕录》，卷 5，第 76 页。波斯编年史《贵显世系》说铁穆耳汗有四个儿子，长子名为 Qung-taisi，显然意为“皇太子”，就是指德寿，但是没有指明他的母亲。见［167］路易斯·韩百诗：《〈元史〉卷 107〈宗室世系表〉译注》，第 136 页。关于德寿与卜鲁罕的关系及德寿之死的研究，见［866］韩儒林：《西北地理札记》，《穹庐集》，第 69—89 页，特别是第 83—84 页。

海山汗朝(武宗),1307—1311年

铁穆耳的继承者海山是在许多皇族成员和高官卷入的武力冲突之后才登上帝位的。铁穆耳去世时没有明确的继承者，贵族和大臣立即分成了两派，每派支持一个帝位候选人。① 一派由卜鲁罕皇后本人控制，得到了以中书省左丞相阿忽台（死于1307年）为首的一批中书省大臣和中政院官员的支持。他们企图先以卜鲁罕皇后摄政，然后推举安西王阿难答（死于1307年）即位。② 另一派以右丞相哈剌哈孙为首，得到了宗王秃剌（察合台重孙，死于1309年）和牙忽都（拖雷后人，死于1310年前后）的支持。他们谋求以答剌麻八剌的儿子海山和爱育黎拔力八达继承帝位。③

两派力量各有有利的方面。按照蒙古帝国的传统，卜鲁罕在丈夫死后采取摄政行为合乎蒙古政治传统。她提出的帝位继承人阿难答是真金弟忙哥剌（死于1278年）之子、铁穆耳汗的堂弟；阿难答作为长辈在帝位继承中占据有利地位。④ 但是，帝系问题一旦提出，阿难答就处在弱势地位了。海山和爱育黎拔力八达的支持者以“旁系子孙不能继承帝位”为由强烈反对阿难答，因为阿难答是后忽必烈时代惟一的非真金后人的帝位争夺者。此外，虽然阿难答出镇唐兀之地，统有一支大军，并且在与海都和笃哇的战争中起过重要的作用，但他在京城是一个新客，缺乏当地大军对他争夺帝位的支持。阿难答是个虔诚的穆斯林，这同样有损于他，当时元皇室中佛教徒居多，这使阿难答明显处于不利的政治地位。⑤

① 关于1307年的帝位继承危机，见［84］窦德士：《征服者与儒士：元代后期政治发展面面观》，第12—17页；［852］萧功秦：《论元代皇位继承问题》，第26—30页。

② ［653］《元史》，卷22，第477—479页；卷24，第535—536页；卷114，第2873—2874页。

③ ［653］《元史》，卷117，第2907—2910页。

④ 关于阿难答和他的家族，见［304］松田孝一：《从安西王看元朝的分封制度》。

⑤ ［407］波义耳：《成吉思汗的继承者》，第323—328页。亦见［873］温玉成：《元安西王与宗教》。

另一派的不利方面是在铁穆耳汗去世时没有一个帝位候选人在京城。海山还在西蒙古，爱育黎拔力八达在他的封地怀州。但是，这兄弟俩人比阿难答更有理由继承帝位，因为他们毕竟是真金的孙子。此外，俩人有作为帝位候选人的足够资历。海山是内亚之战中的英雄并且依然指挥着帝国最强大的军队。在另一方面，他的弟弟爱育黎拔力八达有好儒的名声，在汉人中颇得人心。① 但是，没有哈剌哈孙的支持，他们不可能夺得帝位；哈剌哈孙不仅控制着中枢机构，还在铁穆耳患病以后掌握着帝国卫军。作为右丞相，他能用暗中拖延的办法拒绝副署卜鲁罕皇后发出的诏旨，并且拒不让卜鲁罕一派使用所有的印信和动用国库款项；同时，他派出使者催促海山和爱育黎拔力八达尽快赶回京城。②

爱育黎拔力八达赶到大都后，于 4 月 4 日率领哈剌哈孙交给他的军队突袭宫廷，杀死阿忽台，囚禁了宗王阿难答和皇后卜鲁罕。反对势力就这样被消灭了，但是两兄弟间面临困难的选择。虽然爱育黎拔力八达因为控制了京城而居于有利地位，但海山不仅是年长者，还握有超过弟弟实力的军事力量。在他们的母亲答己（死于 1322 年）仲裁之下，兄弟二人达成协议，爱育黎拔力八达取消宫廷政变后的摄政举动。作为回报，海山在即位后封他的弟弟为皇太子。海山随即带领 3 万士兵从蒙古本土赶来，1307 年 6 月 21 日他在上都的即位是以忽邻勒台的方式举行的。③ 但是，很清楚，1307 年的继承危机没有就此解决。此外，是在京城的以哈剌哈孙为首的大都官员的支持及海山本人控制的强大军队使他夺取了帝位。忽邻勒台不过是海山一派在以武力夺取帝位的事变后为取得必要的合法权威举行的一次仪式而已。

行政机制的变异

仅在位三年半的海山汗的政治作风方面与他的前任截然相反。

---

① ［84］窦德士：《征服者与儒士》，第 13—15 页。

② ［612］刘敏中：《中庵集》，卷 15，12a—b。

③ ［852］萧功秦：《论元代皇位继承问题》，第 28—30 页。

一方面，铁穆耳汗尽力保持忽必烈的统治模式。另一方面，海山则对这种模式不大尊崇。1310 年，汉人监察御史张养浩（1270—1329 年）在上书中尖锐地指出，皇帝的每一项政策都与忽必烈时不同，他质问是否皇帝要否定忽必烈时期的政府模式，建立自己的政府模式。①

从海山早年的经历可以部分理解他的政治倾向。② 虽然他和爱育黎拔力八达一样曾师从于儒者李孟（1265—1321 年），但是时间很短，他受儒家文化的影响显然很少。他成年后即成为部署在草原上的元军的最高统帅，并且总是军务缠身。海山显现的是标准游牧骑士的鲁莽和朴实，对他的曾祖父费尽心机建立起来的官僚统治和政府管理机制感到不耐烦。出于对大都现设机构的不信任，虽然哈剌哈孙在新帝即位中贡献颇大，海山在即位后仅两个月就把哈剌哈孙调到漠北任新建的岭北行省的右丞相。③ 此后，海山依靠的主要是他从漠北带来的侍从和将领。

漠视现存制度导致了海山滥授贵族及官吏官职，以致资格不符的冗员充斥官府。显然是为了赢取对其权威的支持，海山在 1307 年和 1308 年就加封了 19 个王号，其中 14 个是“一字王”。在这 14 个一字王中，只有两个是大汗的儿子，这就完全打破了忽必烈时期的不成文法的规定，按照这个规定，只有大汗的儿子才能被封为一字王。④ 海山还更无节制地滥授爵号和随意任用高级官员。正如张养浩所言，甚至演员、屠夫、佛教僧侣和道士都被授予中书省臣的名号，工匠被授予国公和丞相的名号。这一说法一点也不夸张，它可以从现存史料中得到证明。⑤

---

① ［603］张养浩：《归田类稿》，卷 2，第 36 页。

② ［653］《元史》，卷 22，第 477—478 页。

③ ［653］《元史》，卷 136，第 3294 页。

④ ［352］野口周一：《元武宗朝的王号授予：关于〈元史·诸王表〉的一个考察》；［762］李则芬：《元史新讲》，第 3 卷，第 349—351 页。

⑤ ［603］张养浩：《归田类稿》，卷 2，10a—b。［653］《元史》，卷 22，第 481、484、501 页；卷 23，第 524 页。

除了滥授官职和爵号外，造成海山朝冗官增加和管理机制败坏的另一个举措是近侍为牟取私利不通过政府的正常途径，擅自颁布有关人事、财政及司法的诏令。此处所说的近侍，显然是指那些接近海山和皇太后答己的内廷官员和担当宫廷侍卫的怯薛成员。[①] 在海山即位后的两个月里，“内降旨”给官的有 880 余人，得官者 300 人。尽管中书省不断提出异议，这种做法还是持续不断，因为这些内旨若非出于皇帝本人的意愿，亦是得到皇太后答己的同意，她经常干预政府事务。[②]

官僚机构的迅速扩大在高层已经明显地显露出来。据 1307 年的报告，中书宰臣已达 14 人，御史大夫 4 人。[③] 一年之后，枢密院在上书中指出忽必烈时期枢密院长官只有 6 人，而现在已增至 32 人。[④] 为节省支付迅速膨胀的官员队伍的开支，海山于 1307 年颁诏按照铁穆耳汗于前一年确定的官员员数裁减官员。但是，这一诏令显然没有得到实际效果，两年后海山本人也承认“员冗如故”。[⑤]

官僚机构的膨胀自然大大增加了政府的开支。海山本人的花费更加剧了财政紧张局面，在赐赉方面他甚至比铁穆耳汗还慷慨。海山按照铁穆耳时的定例向参加他即位大典的诸王和官员颁发赏赐，但是由于储蓄告罄，到当年秋季应赐的 350 万锭钞只赐出 170 万锭。[⑥] 此外，为在大都、上都和五台山圣地修建佛寺，为政府官员建宅，为购买珠宝，亦有巨额的花费。[⑦] 更大的花费是在旺兀察都（今河北省张北县白城子）新建中都，以使皇帝在每年的两都巡幸时有一个舒适的

---

① 关于怯薛的影响，见［195］萧启庆：《元代的军事制度》，第 41 页。

② ［653］《元史》，卷 22，第 485、487、492、497 页；卷 23，第 509、516 页。

③ ［653］《元史》，卷 22，第 481 页。

④ ［653］《元史》，卷 22，第 501 页。

⑤ ［653］《元史》，卷 22，第 504 页；卷 23，第 527 页。

⑥ ［653］《元史》，卷 22，第 481、486 页。

⑦ ［63］《元史》，卷 22，第 486、488、489、496、497、504、509 页；卷 23，第 517 页。

中间停住地点。[①]

由于从前任者继承的府藏不足，加上无节制的花费，海山在他即位初年就遇到了财政困难。在他即位后仅四个月，中书省汇报的政府财政状况是这样的：常赋岁钞 400 万锭，入京城供中央政府日常开支的实际只有 280 万锭。但是，从皇帝即位以来，已经支出 420 万锭，应求而未支的还有 100 万锭。[②] 1307 年的政府开支共计纸钞 1000 万锭，粮 300 万石。[③] 面临如此严重的财政亏空，海山用挖掘货币储备的方法来应付开销。至 1310 年秋季，借用钞本 10603100 锭。[④] 此外，还预售盐引，以弥补财政亏空。[⑤] 在现有财源全耗尽之后，海山政府所面临的财政问题已达危机程度。

“新　　政”

海山汗对严重的财政危机的反应，不是根据他的下属官员的不断建议采取缩减开支和裁减冗官的政策，而是做了一个鲁莽的尝试：重建尚书省以增加税收。[⑥] 为增加税收而设立尚书省在忽必烈时期有过两次，是在色目理财大臣阿合马和桑哥的领导之下，但是都因为采取高度剥削政策引起普遍怨恨而被撤销。

海山即位后不久就接受了老侍从、宣政院使脱虎脱（畏兀儿人，死于 1311 年）建立尚书省的建议，但是御史台坚决反对。[⑦] 由于政

① 关于中都的兴建，见［653］《元史》，卷 22，第 493、495、498 页。亦见［550］箭内亘：《蒙古史研究》，第 640—643 页；［373］伯希和：《〈马可・波罗游记〉注释》，第 1 卷，第 322 页；札奇斯钦：《元代中都考》，《边疆研究所年报》，第 18 期（1987 年），第 31—41 页。

② ［653］《元史》，卷 22，第 488 页。

③ ［653］《元史》，卷 23，第 510 页。

④ ［653］《元史》，卷 23，第 516 页。

⑤ ［653］《元史》，卷 22，第 491、495 页。

⑥ 关于尚书省的历史，见［15］青山公亮：《元朝尚书省考》。

⑦ ［653］《元史》，卷 22，第 488—489 页。

府财政状况进一步恶化，乐实（死于 1311 年）和保八（死于 1311 年）催促海山重建尚书省以推动财政改革，并终于在 1309 年 9 月重建了尚书省。①

虽然中书省还应处理政府的主要事务，而尚书省只应负责与财政改革有关的各项政策；但是新建的尚书省很快就剥夺了中书省理财、用人和司法等最重要的权力，并被赋予更大范围的决定权。所有的行中书省都改名为行尚书省，尚书省的触角通过它们直达全国各地。尚书省的主要官员是左丞相脱虎脱，平章三宝奴 和乐实，右丞保八。脱虎脱和三宝奴二人都是海山的老侍从。② 乐实是忽必烈朝的官员，曾因贪污而被撤职。③ 保八在此之前的经历不详，估计是因为他有理财经验而被委以重任。

海山“新政”的中心是货币改革。新发行的至大银钞被用来取代原有的中统钞和至元钞。纸钞的兑换额是新钞与至元钞以一当五，而 1287 年发行的至元钞比 1260 年发行的中统钞已经贬值了 5 倍：这是半个世纪中通货膨胀的一个生动标志。为强化新钞的价值，金、银禁止使用，并且在元朝第一次铸造了两种铜币，称为“大元通宝”和“至大通宝”。这次货币改革是为了解决通货膨胀并且弥补日益增大的预算赤字。1310 年发行的纸钞总量是 145 万锭，等于旧中统钞 3630 万锭，为前三年任何一年印行纸钞量的 7 倍，是元廷此前印行纸钞最多一年的 1302 年印钞量的 3.5 倍。④

为增加税收还采取了其他措施：国家垄断的盐引的出售价格比铁

---

① ［653］《元史》，卷 23，第 513 页。

② 关于脱虎脱，见［687］柯绍忞：《新元史》，卷 199，11b—13a。关于三宝奴，见［610］程钜夫：《雪楼集》，卷 2，11b—12a。

③ ［653］《元史》，卷 15，第 319 页；卷 17，第 366 页。对虞集所撰乐实碑文的摘要，见［676］钱大昕：《潜研堂金石文跋尾》，卷 16，29a—b。

④ 关于币制改革，见［653］《元史》，卷 23，第 515—520 页；卷 93，第 2370—2371 页；［441］舒尔曼：《元代经济结构：〈元史〉卷 93—94 译注》，第 139—140 页；［127］傅海波：《蒙古统治下中国的货币和经济：元代经济史研究》，第 57—59 页；［477］南希·S. 斯坦哈特：《元代中国的货币流通》，第 68—69 页。

穆耳朝末年增加了35%。[①] 解除了产酒的禁令，并专设了酒课提举司负责征收酒税。铁穆耳朝取消的欠税，也重新理算。江南民户每年收粮超过5万石的，亦要向官府增交粮税2%。

为了更有效地征收赋税，征税者根据其征收的赋税超过1307年赋税限额的比例论赏。为了稳定粮价，在各地建立了"常平仓"；从长江流域海运的粮食额在1310年则增加到293万石。[②] 为减少政府开支采取的措施很少，只是有限地减少了中书省、御史台、枢密院和通政院主要官员的员数和裁减了各机构的冗员。[③]

总的说来，尚书省及其设计的改革从一开始就注定了失败的命运。早在忽必烈朝建立尚书省的尝试，已充分证明了是不得人心的举动，并留下了高压和盘剥的公众印象。因而尚书省自始即遭受强烈反对。右丞相塔思不花和御史台官员曾反对尚书省的设置。[④] 海山的老侍从、右丞相亦纳脱脱以及出身汉儒的官员敬俨、张养浩、高昉（1264—1328年）和御史台的官员都对尚书省的政策提出了强烈的批评。[⑤] 有些受命到尚书省任职的汉人官员拒绝履任。[⑥] 此外，尽管新政策可能成功地增加税收，纸钞的过量发行和盐引价格的急剧提高，势必加大通货膨胀压力并使物价涨幅更高。[⑦]

欲解决预算赤字和通货膨胀问题势必大量削减宫廷和政府开支。但是，这不仅与海山的既定政策背道而驰，亦会引起贵族和官僚的强烈不满并遭到他们的反对。海山为解决财政困难选择了一条便捷的途

① [653]《元史》，卷23，第520页。亦见 [296] 前田直典：《元代纸币的价值变动》，第118—120页。元代盐价的研究，见 [790] 陈高华：《元代盐政及其社会影响》。

② [441] 舒尔曼：《元代经济结构》，第124页。关于海运粮食，见 [774] 吴缉华：《元朝与明初海运》。

③ [653]《元史》，卷23，第511、520、522页。

④ [653]《元史》，卷22，第488页；卷23，第513页。

⑤ [653]《元史》，卷23，第518页；卷175，第4091、4094页；[687]《新元史》，卷201，第156页。

⑥ [613] 马祖常：《马石田文集》，卷12，第146页；[653]《元史》，卷176，第4168页。

⑦ [630] 长谷真逸：《农田余话》，上，6b；[733] 全汉昇：《元代的纸币》，第403页。

径，但是他采用的通货膨胀方法实际上恶化了他的政府所面临的问题。无论如何，改革并没有机会展现结果，因为它仅仅实行了 16 个月；海山于 1311 年 1 月去世，爱育黎拔力八达在当年初春即位，废除了所有改革措施。

爱育黎拔力八达汗朝(仁宗),1311—1320 年

早年的倾向

1311 年 4 月爱育黎拔力八达继承兄长海山的皇位，是元朝历史中第一次和平与平稳的帝位继承。按照先前的约定，海山在 1307 年将他的弟弟封为皇太子，并像忽必烈在位时确定真金为继承人后的做法一样，任命爱育黎拔力八达为中央各机构名誉上的最高首脑，这些都为帝位的平稳转移创造了条件。[①] 从海山与爱育黎拔力八达的兄弟情分和兄终弟及的和平即位方式来看，人们可能会认为两朝皇帝在政策和用人上保持连续性。但是爱育黎拔力八达即位初年的表现恰恰相反：海山的主要大臣都遭清洗，大多数政策都被废止。这些作为，可以追溯到爱育黎拔力八达的文化、思想倾向以及他与兄长间的复杂政治关系。

爱育黎拔力八达从十几岁起就学于儒士李孟，李孟向他灌输的儒家伦理和政治观念对他后来的政治态度有很强的影响。[②] 爱育黎拔力八达在怀州任宗王及后来身为海山的皇太子时期先后在身边任用的汉儒有陈颢（1264—1339 年）、王毅、王约（1252—1333 年）、赵孟頫（1254—1322 年）、王结（1275—1336 年）、张养浩、尚野（1244—1319 年）、姚燧（1238—1313 年）和萧㪺（1241—1318 年）；艺术家有商琦和王振鹏；此外还有色目学者板勒纥人察罕（他后来成为一个伟大的翻译家）和畏兀儿散曲作家小云石海涯

① ［653］《元史》，卷 22，第 480 页；卷 24，第 536 页。

② ［653］《元史》，卷 175，第 4084 页。

（贯云石，1286—1324 年）。结果是爱育黎拔力八达不仅能够读、写汉文和鉴赏中国绘画与书法，还非常熟悉儒家学说和中国历史。[①] 在儒家政治学说的强烈影响下，爱育黎拔力八达自然反对海山所建尚书省的各项聚敛政策。

爱育黎拔力八达与他的兄长之间固然具有手足温情，但亦有政治上的微妙关系。因为爱育黎拔力八达实际上为他的兄长夺得了帝位，海山总是怀疑他有自己篡夺帝位的图谋。爱育黎拔力八达的老师李孟在海山即位后立即弃官而去，因为他被指控曾力促爱育黎拔力八达自己即位。爱育黎拔力八达在政治上不便为李孟辩护。[②] 从爱育黎拔力八达的地位考虑，东宫詹事丞王约不断劝告他在政治上持忍让态度。[③] 尽管如此，尚书省平章三宝奴和主要的宦官李邦宁还曾建议以海山之子和世㻋（1300—1329 年）取代爱育黎拔力八达的皇太子位置。[④] 爱育黎拔力八达似乎对他兄长的政策所起作用甚少，他对这些政策的反对直到他自己即位后才显示出来。

清　洗

爱育黎拔力八达对兄长政策的反对和热切希望元朝政府更加儒化，促使他在即位前后很快进行了血腥清洗并废除了兄长的绝大多数政策。1311 年 1 月 30 日，海山去世后仅三天，爱育黎拔力八达就撤销了尚书省，将其主要官员脱虎脱、三宝奴、乐实、保八、王罴逮捕并处死。[⑤] 在其后的几个月中，废止至大银钞和铸币，中统钞和至元钞又成为官方通行的仅有货币。官员的人数裁减到 1293 年的水平，曾经升级的各官署则恢复到忽必烈时期的地位。海山批准的各项公共

---

① 关于汉文化对爱育黎拔力八达的影响，见［653］《元史》，卷 24，第 535—536 页；［557］吉川幸次郎：《元代诸帝的文学》，第 235—240 页；［122］傅海波：《蒙古皇帝能读、写汉文吗?》，第 31—33 页；［84］窦德士：《征服者与儒士》，第 13—15 页；［801］罗贤佑：《元朝诸帝汉化述议》，第 71—72 页。

② ［653］《元史》，卷 174，第 4087 页。

③ ［653］《元史》，卷 178，第 4140 页。

④ ［653］《元史》，卷 138，第 3324 页；卷 204，第 4551 页。

⑤ ［653］《元史》，卷 24，第 537 页。

建筑计划，亦全部停工。[1]

爱育黎拔力八达在朝廷中加强了士大夫在政府中的地位。除了任用蒙古和色目丞相外，他成功地将他的老师李孟和出身于显赫汉军世家的儒帅张珪（1264—1327 年）任命为中书平章政事，给予他们管理政府的极大权力。爱育黎拔力八达最早采取的行动之一就是把忽必烈时期的 16 位老臣召到京城，包括著名学者李谦（1234—1312 年）、郝天挺（1261—1317 年）、程钜夫（1249—1318 年）和刘敏中（1243—1318 年），他们中的不少人被委以要职，其他人则成为顾问。[2] 爱育黎拔力八达还不断下令选取文学之士入翰林院和集贤院。[3] 他的重用儒士，不仅仅是为了装饰门面。在他们的导引和支持下，爱育黎拔力八达在位初年采取了一些重要的举措，推动了元朝进一步汉化和儒化的改革。

恢复科举考试

爱育黎拔力八达使官僚队伍更加儒化的大胆尝试，是他改革元朝制度的最重要措施。儒士以前在元朝政府中之所以没有起到重要作用，主要原因是以前各朝都没有把他们的学问视为补选官员的基本标准。大多数高官是以出身为评选标准而产生（通过承袭和荫的特权，荫即降等承袭其父辈的官职），而多数中下级官员则是由吏入官。结果是大多数官员并没有受过儒学教育，也不具备儒家的政治倾向。

为改善通过承荫得官者的教育水平，1311 年下诏规定汉人职官子孙承荫，需考试一经一史，考试合格者直接任职，免去见习期。[4] 蒙古和色目职官子孙承荫者可以选择考试，通过考试的人授官时比原袭职务高一等。可能是为了减少儒官的竞争，由地方机构胥吏出身的

---

① [653]《元史》，卷 24，第 545—546、549、552 页。

② [653]《元史》，卷 24，第 537 页。

③ [653]《元史》，卷 24，第 545—548 页。

④ [653]《元史》，卷 83，第 2061 页。

官员可以出任的最高职务自四品官降为五品。① 但是，爱育黎拔力八达所做的最有意义的制度变化，是恢复了科举考试制度。

科举考试是中原王朝甄选统治精英的主要途径，关系重大，所以在忽必烈朝不断围绕恢复考试问题展开争论，但是没有任何实际行动。在恢复科举考试问题上意见不一致有两个原因。② 第一，由于元廷主要依靠承袭制补充官员队伍，采用考试制度将会损害蒙古、色目甚至汉人贵族家族的承袭和荫的特权，所以会遭到反对。第二，在汉人士大夫中对考试是否是补充精英的有效制度和采用何种科目亦存在完全对立的看法。一派赞成采用宋朝和金朝的考试科目，注重文学和经学的考试。受朱熹对考试制度的观点影响颇深的理学家反对这种观点，主张在科目中去掉文学，注重重要经典和策问考试。

因为没完没了的争论，科举考试一直没有恢复。爱育黎拔力八达即位后，形势发生了变化。改善官员水平的急迫需要和皇帝本人欲使他的政府更加儒化的迫切要求，使得请求恢复科举考试的呼声再次高涨起来。③ 此时因为理学在元廷官员圈中已经占了明显的优势，以前理学家提出的方案几乎未遭任何反对就被采纳了。

1313 年颁诏并在其后的两年中首次实行的新考试制度，显然有利于理学家的观点。考试科目重经学而轻文学。它还指定朱熹集注的《四书》为所有参试者的标准用书，并以朱熹和其他宋儒注释的《五经》为汉人参试者增试科目的标准用书。这一变化有助于确定理学的国家正统学说地位，具有超出元代本身的历史意义，并被后来的明、清两代基本沿袭下来。④

---

① ［653］《元史》，卷 183，第 4220 页；亦见［729］许凡：《元代吏制研究》，第 53—54 页。

② 关于元代科举考试长期停废的原因，见［2］安部健夫：《元代知识分子与科举》；［692］丁昆健：《元代的科举制度》；［824］姚大力：《元代科举制度的行废及其社会背景》，第 33—38 页；［88］狄百瑞：《理学和心学》，第 53—54 页；［273］刘元珠：《关于元代的考试制度：北方程朱理学儒士的作用》。

③ ［653］《元史》，卷 175，第 4089 页；卷 178，第 4142 页；［616］黄溍：《金华黄先生文集》，卷 43，5b。

④ ［88］狄百瑞：《理学和心学》，第 57—66 页。

除此之外，新考试制度还有一些反映元朝统治下特有的多民族社会的特征。在新制度下，蒙古和色目人的考试不仅比汉人、南人简单，他们还在种族制度下享有“同等席位”，通过各省考试参加会试的名额，按照四等人的划分，每等人 75 个名额。另外，为了不损害旧贵族家族的承袭特权和扰乱现存的官僚体制，登第殿试的名额控制在较低水平上，每次考试不超过 100 人。此后元廷举行了 16 次考试，考中进士的共计 1139 人。这个数字，只比同时期文官总人数的 4％稍多一点。① 因此，科举考试制度并不意味着对享有特权的贵族子弟利益的严重损害。

爱育黎拔力八达推行的考试制度，应被看作施行平等任官机会的汉人观念和作为征服王朝的元朝的社会政治现实之间的结合。然而，爱育黎拔力八达恢复科举考试制度，既有文化意义，也有社会和政治意义。把儒家学说作为甄选精英的标准，给汉族士人入仕提供了一条正常的道路。这对江南的士人更为有利，因为直到此时他们多被排除在官场之外。此外，考试制度也鼓励蒙古人和色目人学习汉学，特别是那些不属于贵族家族的人，并由此加速了征服者的汉化。②

编撰法典

编撰法典是爱育黎拔力八达改革元代制度而产生预期结果的另一个领域。可能是因为在多元文化社会确定统一的法典有难以克服的困难，也可能是因为蒙古统治精英认为统一法典会限制他们的权力所以采取了反对的态度，元廷从未制定一个通行全国的标准法典。缺乏法典引起了汉人官员的极大焦虑，他们进行了多次努力编撰法典和律例，以作为判案的依据。最早的补救措施是 1291 年颁布的《至元新

---

① ［824］姚大力：《元代科举制度的行废及其社会背景》，第 47—48 页。关于爱育黎拔力八达推行的科举考试制度及其后来的发展，亦见［315］宫崎市定：《元朝的蒙古官职和蒙汉关系：科举复兴意义再探》；［755］杨树藩：《元代科举制度》。

② ［859］萧启庆：《元代科举与精英流动：以元统元年进士为中心》，第 129—160 页。

格》，这大体上是个法令汇编。[①] 此后铁穆耳朝和海山朝编修法典的努力几乎毫无成效。

爱育黎拔力八达很快采取措施对这样的形势加以补救。在1311年即位的当月，他命令中书省臣汇集从忽必烈朝初年以来的律令条规。这一汇编工作于1316年完成。[②] 但是对汇编的复审过程比预期的时间长得多。直到硕德八剌即位后两年的1323年，这一法典才以《大元通制》的名目正式颁行。这个新法典收录了建国以来的法律条文2400余条，分为断例、条格、诏制、别类四大类。[③]

《大元通制》虽不是一个全面性的法典，按照现代法制史学者的观点，此书"是元代法律成熟的标志，因为它有充实的内容并采用了以《泰和律》为代表的中国传统法典的结构"。《泰和律》是金朝的法典，它的编撰遵循的是唐代法典模式。[④] 但是，作为征服王朝的法典，《大元通制》没有完全照搬以前的中国法典。它在许多方面反映了蒙古人的习俗和元代特有的制度特征。[⑤]《大元通制》和也是在爱育黎拔力八达朝由江西地方政府或私人编辑的《元典章》，是元代法制史的两个里程碑，也是征服王朝的元朝日趋成熟的反映。

书籍翻译和出版

爱育黎拔力八达对汉文化的喜爱，他和他的臣僚（特别是蒙古和色目臣僚）对儒家政治学说和汉人历史经验的渴求，可以从爱育黎拔

---

① ［63］陈恒昭：《蒙古统治下的中国法律传统》，第14—23页；［517］植松正：《汇辑〈至元新格〉与解说》。

② ［63］陈恒昭：《蒙古统治下的中国法律传统》，第24—26页；［623］孛术鲁翀：《大元通制序》，《国朝文类》，卷36，7a。

③ 《大元通制》的条格类的一部分保存下来并在1930年由国立北京图书馆重印，名为《通制条格》。

④ ［63］陈恒昭：《蒙古统治下的中国法律传统》，第29页。

⑤ 见黄时鉴：《大元通制考辨》，《中国社会科学》1987年第2期，第157—171页；亦见［1］安部健夫：《〈大元通制〉解说》。

力八达下令翻译或出版的著作的数量和性质上反映出来。[①] 翻译成蒙古文的汉文著作包括：儒家经典《尚书》[②]；宋人真德秀（1178—1235年）撰写的《大学衍义》；与唐太宗（627—649年在位）有关的两部著作，吴兢（670—749年）撰写的《贞观政要》和太宗本人为他的继承者撰写的《帝范》；司马光（1019—1086年）撰写的伟大史书《资治通鉴》。

在爱育黎拔力八达赞助下出版的汉文著作包括：儒家经典《孝经》，刘向撰写的《烈女传》，唐代学者陆淳研究《春秋》的论著以及元代官修农书《农桑辑要》。[③]

虽然以上所列在爱育黎拔力八达同意下出版的汉文著作，反映的是他作为天子有倡导大众道德和增加物质福利的责任，翻译著作的选择，则显示了他的实用主义目标。在下令翻译《贞观政要》时，他指出此书有益于国家，并希望蒙古人和色目人能够诵习该书的译本。[④]蒙古君主显然希望蒙古和色目精英，包括他自己，能够学习儒家的政治学说和汉人的历史经验，特别是唐太宗的教诫，能把国家管理得更好。

限制贵族特权的失败

爱育黎拔力八达按照中原传统方式对元朝政府的改革无法走得太远，因为他不能削弱蒙古诸王的行政权、司法权和经济特权来加强中央集权。尽管忽必烈推行了中央集权的政策，蒙古诸王仍然拥有对他

---

① 关于元代将汉文著作翻译成蒙古文，见［149］沃尔特·富克斯：《元代的蒙文译著》；［118］傅海波：《蒙古统治下的中国史学：民族涵化中史学的作用》；关于元代仅存的蒙文汉译著作《孝经》的研究和译注，见［71］柯立夫：《早期蒙文译本〈孝经〉第一章》、《早期蒙文译本〈孝经〉第二章》；［69］《早期蒙文译本〈孝经〉第十八章》。亦见罗依果：［392］《蒙文译本〈孝经〉》；［389］《蒙文译本〈孝经〉续论》。

② 关于下列书的翻译，见［653］《元史》，卷24，第536、544页；卷25，第565页；卷26，第578页；卷137，第3311页；卷181，第4172页。

③ ［653］《元史》，卷24，第536页；卷26，第587页。

④ ［653］《元史》，卷24，第544页。

们领地（投下）相当多的行政、军事、财政、司法权。[①] 进一步削弱他们的权力是政治冒险，因为这将面临蒙古和元帝国一条最基本原则的正面挑战。爱育黎拔力八达尝试削弱诸王权力的失败，主要是因为这一原因。

1311 年冬季，爱育黎拔力八达下令撤销诸王的札鲁忽赤（汉译断事官），蒙古人犯盗诈者，命所隶千户鞫问。[②] 由于札鲁忽赤代表诸王处理他们领地中的蒙古人的法律事务，撤销札鲁忽赤显然意味着取消了诸王直接审理他们属下的蒙古人案件的权力。[③] 皇帝的这一命令似乎只实行了很短的时间，因为已知晋王也孙铁木儿（后来的泰定帝，1323—1138 年在位）和周王和世琜（海山之子，后来的明宗，1329 年在位）两人在 1316 年被允许在他们位下设立了几个札鲁忽赤。[④]

爱育黎拔力八达削弱诸王行政权力的尝试受到更激烈的反抗，亦以失败告终。在右丞相铁木迭儿（死于 1322 年）的建议下，1315 年爱育黎拔力八达下令诸王分地的达鲁花赤[⑤]由中书省任命的“流官”担任，诸王只能任命副达鲁花赤。[⑥] 一年以后，甚至

① 研究元代“投下”的成果很多，如［336］村上正二：《元朝投下的意义》；［220］岩村忍：《蒙古社会经济史研究》，第 401—469 页；［413］保尔·拉契内夫斯基：《蒙古时期投下的意义》；［809］周良霄：《元代投下分封制度初探》；［822］洪金富：《从投下分封制度看元朝政权的性质》。

② ［653］《元史》，卷 24，第 547 页。

③ 关于断事官，见［483］田村实造：《中国征服王朝研究》，第 2 卷，第 444—463 页；［711］札奇斯钦：《说〈元史〉中的札鲁忽赤并兼论元初的尚书省》。

④ ［653］《元史》，卷 25，第 572—573 页；［628］《元典章》，卷 9，7a。亦见［105］伊丽莎白·恩迪科特—韦斯特：《蒙古在中国的统治：元代的地方行政管理》，第 96—97 页。

⑤ 达鲁花赤是个蒙古语词，原意为“镇守者”，后专指各官府的最高监治长官。按照元朝的制度，在中央和地方的许多机构，达鲁花赤都位于所有在职官员之上，他们的作用比行政官员大得多。除了极少的例外，只有蒙古人和色目人才能充任达鲁花赤。见［68］柯立夫：《达鲁花赤考》；札奇斯钦：《说〈元史〉中的达鲁花赤》，第 465—631 页；［105］伊丽莎白·恩迪科特—韦斯特的《蒙古在中国的统治：元代的地方行政管理》是研究达鲁花赤制度的专著。

⑥ 《元史》，卷 25，第 569 页。

连诸王任命副达鲁花赤的权力也被取消了。由于达鲁花赤是诸王分地内的主要长官，常由宗王的亲信侍从充任，这样的做法招致一些宗王和御史台的激烈批评，他们指出这样做既违背了成吉思汗与兄弟们共享天下的约定，也破坏了忽必烈制定的制度。面对这些责难，元廷不得不在 1317 年取消改革措施，再次允许领主自辟达鲁花赤。①

海山时期对诸王的赏赐相当靡费，但是爱育黎拔力八达朝在缩减岁赐额方面未做多少努力。在海山去世的当月，爱育黎拔力八达以诸王朝会普赐金 39650 两，银 1849050 两，钞 223279 锭，币帛 472488 匹。② 岁赐和海山朝的特殊赏赐依然照颁不辍③，爱育黎拔力八达没能做出大幅度削减赏赐额的举动。这样的赏赐是蒙古制度的一部分，爱育黎拔力八达需要确保诸王的继续支持，首先是支持他登基，以后还要支持他违背与兄长的约定以自己的儿子硕德八剌为皇太子的举动。此外，由于诸王的贫困和急需朝廷以赏赐的方式进行财政补助，这样的赏赐亦是必要的。根据 1319 年的统计数字，领主收入所依赖的“五户丝户”的总额只占窝阔台汗（1229—1241 年在位）1236 年初建分封制度时封户总数的 1/4。④ 爱育黎拔力八达如进一步减少诸王的收入便会破坏分封制度，而分封制度是元朝政治结构的一个重要基石。

经济和财政政策

爱育黎拔力八达无力削减赏赐恰是使他不能恢复政府财政机能的一个因素。主要的原因是爱育黎拔力八达没有任何可行的经济—财政政策，他也不能坚持推行他的其他政策。他的基本经济观念是典型的

① ［628］《元典章》，卷 9，9a—10a；［653］《元史》，卷 25，第 573—574 页；卷 26，第 579 页；亦见［103］伊丽莎白·恩迪科特—韦斯特在《元代的中央机构》第 545 页的评述和她的《蒙古在中国的统治：元代的地方行政管理》，第 97—101 页。

② ［653］《元史》，卷 24，第 538 页。

③ ［715］史卫民：《元岁赐考实》，第 148 页。

④ ［220］岩村忍：《蒙古社会经济史研究》，第 458—461 页。

儒家观念：省刑薄赋，使百姓各遂其生。① 实际上，除了废止海山的聚敛政策外，爱育黎拔力八达的政府还试图以停止海山时期开始的公共建筑计划来减少政府开支，削减冗官，在可控制的范围内适度增加赏赐的数额。假如他们能使之制度化，这些政策确实能够减少政府的开支。但是他们没有这样做：削减冗官和减少赏赐额都没有持续进行。② 爱育黎拔力八达除了在他即位初年曾实行劝农外，没有其他的增加国家税收的计划。③

更激烈的措施于 1314 年和 1315 年出台，是时铁木迭儿第二次出任右丞相。这些新举措使人想到海山时的政策，所以不能确定有多少举措出自皇帝之手。正如我们将在后面所述，铁木迭儿是皇太后答己的宠臣，爱育黎拔力八达很难控制他的举动，而在《元史·铁木迭儿传》中，把这些举措全归在他的名下。④ 铁木迭儿增加国家税收的举措包括重将对外贸易置于市舶提举司之下和预卖盐引及官府监造的铁制品。⑤ 但是他最重要的计划，是要重新进行早年桑哥时推行的"经理"⑥。

经理的建议最早是由忽必烈时期留下的中书平章政事张驴提出来的，目的是通过核实田产来增加税收。⑦ 该计划要求江浙、江西和河南三省的土地所有者在 40 天内向官府报告田产的实际情况，报告不实者要受到处罚。假如施行得当，这次经理不仅能够大大增加国家税收，还有助于建立更平等的税收机制。确实，在宋旧境内的有田富民经常有田而不交税，而贫民甚至在卖了土地之后还要纳税。

---

① [653]《元史》，卷 26，第 577 页。

② [762] 李则芬：《元史新讲》，第 3 卷，第 377—378 页。

③ [653]《元史》，卷 24，第 538、552、556、558 页。

④ [653]《元史》，卷 205，第 4577—4578 页。

⑤ [653]《元史》，卷 94，第 2402 页；卷 205，第 4578 页；[441] 舒尔曼：《元代经济结构》，第 224、233 页。

⑥ 关于桑哥的经理，见 [513] 植松正：《元代初期对江南的控制》，第 57—60 页。

⑦ [653]《元史》，卷 25，第 566、567、571 页；卷 94，第 2353 页；[441] 舒尔曼：《元代经济结构》，第 31—32 页；[754] 杨育镁：《元代江南田赋税制考》，第 155—157 页。

当经理于1314年冬季正式实行时，由于官员的上下其手导致的执行不当，引起了广泛的困扰和怨恨，尤其是江西南部有田富民的怨恨。结果是1315年的秋季在江西宁都爆发了大规模起义，起义的领导者蔡五九自号为蔡王（1315年在位）。[①] 虽然起义在两个月中就被镇压了下去，政府不得不完全停止经理，甚至在1316年免除了自实田的租税。[②] 结果是铁木迭儿偏离爱育黎拔力八达政策主线的增加国家税收的举措突然终止。此后，政府并未采取任何措施来巩固其财政。

派别之争

爱育黎拔力八达改革元朝制度未能成功，不仅是因为遇到诸王对抗，还因为他被宫廷内部的激烈派别之争所扰。爱育黎拔力八达从未成为他的家族乃至宫廷的主人，因为他的权力总是受到来自他的母亲皇太后答己及其属下的强烈限制。出身于与皇室保持世婚关系的弘吉剌部的答己，是一个擅权和道德有问题的女人。[③] 爱育黎拔力八达从未采用任何有效的措施来阻止她干政。这样，在她的保护下，她在徽政院和宣徽院的亲信实际上组成了一个对抗中书省的权力中心。在答己的亲信中，铁木迭儿是爱育黎拔力八达朝和硕德八剌朝初期权力最大的人。爱育黎拔力八达在位的最后两年，围绕铁木迭儿的权力之争使政府陷于瘫痪。

虽然铁木迭儿出身于著名的蒙古家族，但他完全是在皇太后的庇护下得以生存并得到了权力。[④] 他发迹于宣徽院，该院是管理宫廷宴享饮食事务的机构。从海山即位时始，铁木迭儿任宣徽使，他赢得了

① 关于蔡五九起义，见［792］陈高华：《元代前期和中期各族人民起义斗争》，第306—308页；［751］杨讷、陈高华编：《元代农民战争史料汇编》，第1卷，第151—159页。

② ［653］《元史》，卷93，第2353页；［441］舒尔曼：《元代经济结构》，第38页。

③ 答己的传，见［653］《元史》，卷116，第2900—2903页。关于徽政院作为权力中心所起的重要作用，见［708］方广锠：《元史考证两篇》，第231—233页。

④ 铁木迭儿出身于八邻部分支速合纳惕部，他的祖父不怜吉歹是蒙哥朝的著名将领。他的伯父忽鲁不花是忽必烈朝初年的左丞相。见［689］屠寄：《蒙兀儿史记》，卷122，1b。

皇太后的信任并与她建立了密切的关系，为他后来的生涯取得了政治资本。1311 年 2 月，在爱育黎拔力八达即位前两个月，皇太后即任命铁木迭儿为右丞相，这可能违背了爱育黎拔力八达的意愿。在 1313 年春季铁木迭儿第一次去职之前，他任中书省的最高职务达两年之久。[①] 在被迫离开中书省之后，铁木迭儿加强了与徽政使失列门及皇太后其他宠幸的联系。[②] 在答己的重新支持下，铁木迭儿又在 1314 年秋季成功地再次出任中书省右丞相。[③]

据说铁木迭儿第二次任右丞相之后，更加腐败和专横，“以憎爱进退百官”[④]。不久就出现了对立的两派：一派以铁木迭儿为中心，另一派由李孟、张珪、中书平章政事契丹人萧拜住（死于 1320 年）、以唐兀人杨朵儿只（1279—1320 年）和汪古部人赵世延（1260—1336 年）为首的御史台官员等组成。[⑤] 双方的冲突在 1317 年夏季达到顶点，是时监察御史 40 余人以奸贪不法弹劾铁木迭儿。由于证据确凿，爱育黎拔力八达下令逮捕铁木迭儿。但是，由于铁木迭儿还在皇太后的保护之下，爱育黎拔力八达最终只解除了他的宰相职务。[⑥]

另一次冲突发生在 1319 年初夏。由于铁木迭儿被委任为太子太师，在御史中丞赵世延的率领下，四十多名监察御史上书朝廷指出此人不可辅导东宫，并且列举了他的十余条罪状。尽管如此，在皇太后的坚持下，铁木迭儿的任命依然保留。中书平章张珪因反对铁木迭儿任职，在皇太后的命令下遭到杖责。至此时，铁木迭儿的主要对手都被强行去职或放逐。作为太子太师，铁木迭儿得以在爱育黎拔力八达

---

① 根据《元史》本传，铁木迭儿 1313 年去职是因为健康原因（《元史》，卷 205，第 4576—4581 页）。但是我们从其他史料得知，他的去职实际上是因为他的罪行所致，见［614］虞集：《道园学古录》，卷 16，1b。

② ［614］虞集：《道园学古录》，卷 16，1b；［653］《元史》，卷 175，第 4075 页。

③ ［653］《元史》，卷 25，第 566 页。

④ ［653］《元史》，卷 176，第 4112 页。

⑤ ［653］《元史》，卷 175，第 4073 页；卷 179，第 4153—4154 页；卷 180，第 4164—4165 页；卷 205，第 4578—4579 页。

⑥ ［653］《元史》，卷 26，第 579 页；卷 205，第 4579 页。［614］虞集：《道园学古录》，卷 16，1b—2a；卷 18，3b—4a。［616］黄溍：《金华黄先生文集》，卷 43，4b。

朝剩下的最后六个月控制着整个政府。①

表面上，铁木迭儿与他的对手之间的冲突，是邪恶、腐败的宰相对抗忠臣及耿直的台臣的典型事例。但是：深入研究就会看出这是在政府高层进行的带有政治和思想色彩的激烈的权力之争。一方面，铁木迭儿及其在宫廷中的同盟者得到了皇太后的支持。铁木迭儿与后来图帖睦尔（1328—1332 年在位）和妥欢贴睦尔（1333—1370 年在位）时的权臣不同，燕铁木儿（死于 1333 年）和篾儿乞部的伯颜（死于 1340 年）都享有凌驾皇帝的个人权力，铁木迭儿的权力则来自皇太后，而且有赖于皇太后的支撑。铁木迭儿本身权力的增长，就意味着皇太后对政府作用的增长。皇太后的对立面是爱育黎拔力八达本人，他即使并没有采取积极的支持行动，他的存在对铁木迭儿的为数众多的对手就是鼓励。实际上，爱育黎拔力八达一定非常反感他的母亲不间断地干预政务并经常违背他的意愿将她的亲信委以要职。

虽然没有明显的思想倾向，主要由蒙古和色目官员组成的铁木迭儿一派，关心的显然是保留与他们有密切关系的特权。因此，他们反对爱育黎拔力八达的改革。铁木迭儿尽管不是一个阿合马、桑哥式的理财家②，但还是采用了被他的反对者视为聚敛手段的财政政策。铁木迭儿的对手虽然是一个种族混合集团，但绝大多数是由于支持爱育黎拔力八达的改革而站在一起的儒士，他们把铁木迭儿及其同伙视为达到自己政治目标的障碍。

儒士一派没有扳倒铁木迭儿的原因有两个。第一是皇帝对他母亲的软弱。爱育黎拔力八达天性慈孝，“事皇太后，终身不违颜色”③。

① ［653］《元史》，卷 26，第 589 页；卷 205，第 4579—4580 页；［619］许有壬：《至正集》，卷 76，19b—20a；［614］虞集：《道园学古录》，卷 18，10b—11a。

② 窦德士认为铁木迭儿是“忽必烈朝理财之臣的继承者”（［84］《征服者与儒士》，第 37 页）。但是，阿合马和桑哥原来都是蒙古统治机构之外的人，因为他们具有理财能力而被忽必烈所信用。铁木迭儿与他们不同，他原来已经是统治机构中的一员，他的掌权与财政事务全无干系。

③ ［653］《元史》，卷 26，第 594 页。

孝顺不仅是爱育黎拔力八达的天性，也是他所设计的儒式政府的基本准则。爱育黎拔力八达之所以没有除掉铁木迭儿，就是因为他不愿意反抗和触犯他的母亲。第二是爱育黎拔力八达的儒治政策在政治上和思想上都无法为既成权力体制所接受。这种政策有损于诸王和蒙古、色目官员的传统政治和经济特权。于是，儒士在与铁木迭儿的对抗中，很少得到蒙古和色目精英的支持。

爱育黎拔力八达死于1320年3月1日，终年35岁。爱育黎拔力八达朝以极大期盼和果断行动开端，所以还是被一些历史学家称为“延祐儒治”①。它虽然为元朝增加了更多的中原色彩，但是实际上没有成功地遏制蒙古和色目精英的既得利益，因此没能从根基上改造蒙古—元朝的“整体结构”。

硕德八剌汗朝(英宗),1320—1323年

和平即位

爱育黎拔力八达的18岁儿子硕德八剌于1320年4月19日继承帝位，这是元朝仅有的一次按照汉人长子继承原则的和平帝位移交。和平的帝位继承主要是因为爱育黎拔力八达早已注意到可能发生的争执。有的史料记载在海山和爱育黎拔力八达的约定中，爱育黎拔力八达死后应由海山的儿子继承帝位。② 但是，这些史料的可信程度值得怀疑，因为有关帝位继承的记载在1328年海山的儿子继承帝位后肯定被修改过。以硕德八剌取代海山的长子和世㻋（1300—1329年）为皇太子的想法，按照我们所掌握的史料，出自皇太后答己、铁木迭儿或爱育黎拔力八达本人。③

---

① ［745］孙克宽：《江南访贤与延祐儒治》。

② ［653］《元史》，卷31，第639页；卷138，第3324页。

③ ［653］《元史》，卷27，第597页；卷31，第693页；卷116，第2902页；卷138，第3325页。

可能在爱育黎拔力八达的宫廷中的普遍看法是应该以爱育黎拔力八达之子继承帝位，而不是让他兄长的儿子继承帝位，因为爱育黎拔力八达在海山去世后，马上对海山的大臣进行了血腥清洗并改变了海山的所有政策。不管怎样，硕德八剌在1316年被册立为皇太子，并在一年后被任为中书省和枢密院的名义上的最高长官。[①] 为了保证硕德八剌顺利即位，他的潜在对手和世㻋于1315年被封为周王，送出京城。[②] 有一次爱育黎拔力八达甚至戏称要禅位给他的儿子。[③] 这些精心安排的结果是在爱育黎拔力八达去世后三个月（译者注：应为一个半月），硕德八剌没有遭任何反对继承了他父亲的帝位。

铁木迭儿的恐怖统治

铁木迭儿在爱育黎拔力八达1320年3月去世到1322年10月他自己去世之间，得到了比他在爱育黎拔力八达朝还大的权力。按照已是太皇太后的答己的旨意，在爱育黎拔力八达去世后仅三天，铁木迭儿就第三次被任命为右丞相。[④] 由于铁木迭儿有太皇太后的全力支持，亦由于皇帝本人是个没有经验的年轻人并被身为太子太师的铁木迭儿在前两年中牢牢地控制在手中，铁木迭儿轻易巩固了自己的权力。他将自己的族人和亲信委以要职，打击报复那些攻击过他及在过去不与他合作的人。在铁木迭儿的亲信中，黑驴、买驴和赵世荣被授以中书省平章政事的职务，黑驴和买驴是铁木迭儿最倚重的亦列失八的儿子。木八剌和张思明（1260—1337年）被任命为中书省右丞和左丞。[⑤] 此外，铁失（卒于1323年）被任命为御史大夫，通过他，铁木迭儿可以控制多年操纵在政敌手中的御史台。[⑥] 铁木迭儿还让他

---

① ［653］《元史》，卷25，第575页。

② ［653］《元史》，卷25，第572页；卷31，第693页。

③ ［657］危素：《危太朴集》，卷7，17b—18a。

④ ［653］《元史》，卷27，第598页。

⑤ ［653］《元史》，卷27，第598页；卷112，第2822—2825页。

⑥ ［653］《元史》，卷207，第4600页。

的几个儿子担任了重要职务。[①]

为彻底清除反对者，铁木迭儿针对他的政敌采取了一系列行动。多次指出铁木迭儿贪赃枉法的杨朵儿只、萧拜住和上都留守贺胜（伯颜，1264—1320 年），被用捏造的罪名处死。[②] 尽收爱育黎拔力八达的老师李孟的封拜制命，降授为集贤侍讲学士。[③] 于 1319 年率领监察御史攻击铁木迭儿的赵世延、平章政事王毅、中书省右丞高昉（1264—1328 年）、参议中书省事韩若愚（1260—1333 年），都被铁木迭儿诬为有罪，幸由皇帝本人出面干涉才被免予处死。[④] 由此，在硕德八剌朝初年，铁木迭儿的权势已达到近乎独裁的地步。

硕德八剌亲政

铁木迭儿的所作所为，年轻的皇帝硕德八剌并没有坐视不管。皇帝不久就成为与强权的铁木迭儿斗争的儒士效忠的核心。硕德八剌准备推行儒治，因为他与他的父亲一样，都受到过良好的汉学教育。在他成为皇太子之后，朝廷官员不断向他的父亲建议选择耆儒对他进行教育。[⑤] 硕德八剌的老师有汉儒王集和周应极，有名的画家、书法家和鉴赏家柯九思（1290—1343 年），畏兀儿诗人小云石海牙。[⑥] 在儒学和佛学的极深影响下，硕德八剌能够背诵唐诗，并擅长书法。[⑦]

---

① ［653］《元史》，卷 27，第 623、626 页。

② ［653］《元史》，卷 205，第 4580 页；卷 179，第 4154、4151、4157 页。［614］虞集：《道园学古录》，卷 13，6a；卷 16，2a；卷 18，4a。

③ ［653］《元史》，卷 175，第 4089 页。

④ ［653］《元史》，卷 27，第 605 页；卷 136，第 3303 页；卷 176，第 4112 页；卷 205，第 4580—4581 页。

⑤ ［653］《元史》，卷 26，第 585 页；卷 174，第 4061 页。

⑥ ［653］《元史》，卷 187，第 4269 页；［614］虞集：《道园学古录》，卷 19，10b；［618］欧阳玄：《圭斋集》，卷 9，21a；［758］杨镰：《贯云石评传》，第 187 页；［816］宗典：《柯九思年谱》，第 187 页。关于小云石海牙，见［294］理查德·J. 林恩：《贯云石》。

⑦ 陶宗仪：《书史会要》，卷 7，1a；［619］许有壬：《至正集》，卷 73，61b；［557］吉川幸次郎：《元代诸帝的文学》，第 240—245 页；［122］傅海波：《蒙古皇帝能读、写汉文吗?》，第 73 页。

从即位初年，硕德八剌就显出了超出他年龄的政治独立性和决定意志。他甚至在即位之前就敢于违抗祖母的旨意，拒绝以她的亲信取代爱育黎拔力八达朝的大臣。太皇太后确实为他的独立性而怒气冲冲，发出过“我不拟养此儿耶”的感叹。① 为遏制太皇太后和铁木迭儿的权力扩张，硕德八剌于 1320 年夏季任命 22 岁的拜住（1298—1323 年）为左丞相。

这一任命给年轻的皇帝带来了两点政治好处。第一，拜住得天独厚的家族背景有助于他得到蒙古旧贵族的支持。拜住家族在蒙古人中的影响是无与伦比的，因为他是成吉思汗的伴当和统帅木华黎（1170—1223 年）的后人，是忽必烈时期颇有影响的丞相安童（1245—1293 年）的孙子。② 第二，拜住是在蒙古人中最能得到儒臣支持的人。安童曾以反对忽必烈的色目理财之臣和坚持政府的儒治原则而享名天下。③ 拜住本人受到过良好的儒学教育，在 1315 年就任太常礼仪使后，他与许多儒士建立了密切的关系。④ 这样，硕德八剌和拜住组成了一个年轻和有力的联盟，能够从不同方面限制铁木迭儿的影响，并且保护儒臣不受铁木迭儿的迫害。

两个集团的冲突在硕德八剌即位后仅两个月就达到了高潮。是时，以硕德八剌之弟兀都思不花取代他做皇帝的阴谋败露。⑤ 由于参与谋划废立的都是太皇太后的幸臣和铁木迭儿的亲信，皇帝拿不定主意如何处置他们。恰是拜住鼓励皇帝在太皇太后和铁木迭儿插手之前采取果断行动，将其全部处死。但是铁木迭儿本人未受到处罚，甚至没收的谋逆者家产还有一部分被赐给了铁木迭儿。⑥

---

① ［653］《元史》，卷 27，第 599 页；卷 116，第 2902 页。

② 关于拜住家族的影响，见［857］萧启庆：《元代四大蒙古家族》，第 141—230 页。

③ 关于安童，见［390］罗依果：《木华黎、孛鲁、塔思和安童》。

④ 关于拜住，见［616］黄溍：《金华黄先生文集》，卷 24，1a—8a；［653］《元史》，卷 136，第 3300—3306 页；［730］匡裕彻：《拜住及其新政》。

⑤ ［653］《元史》，卷 27，第 602 页；［628］《元典章新集·诏令》，5a；杨志玖指出这是硕德八剌编造的“谋逆”，为的是孤立太皇太后，见［753］《元代回回人的政治地位》，第 262—263 页。

⑥ ［653］《元史》，卷 27，第 603 页；卷 136，第 3301 页；卷 175，第 4075 页。

健康因素亦对年轻的皇帝有利。铁木迭儿的身体每况愈下，皇帝因此能给拜住更大的权力。铁木迭儿死于1322年10月，此后一个月太皇太后亦去世，硕德八剌终于得以亲政。[①] 第二年的前半年，御史台官员指斥铁木迭儿及其同伙私吞公款和贪赃，全面清算铁木迭儿于此开始。[②] 在宫廷中未受挑战长达十年以上的这一集团遭到沉重打击，但是并没有覆灭。

至治改革

没有了太皇太后和铁木迭儿的阻碍，硕德八剌现在完全自主了。铁木迭儿死后他立即采取的行动之一就是在1322年12月任命拜住为右丞相。作为硕德八剌朝后期的独相，拜住起到了宰执、道德启发者和规劝者的作用。他在政府中任用大批汉人儒臣，其中不少是在铁木迭儿擅权时去职的人。儒臣的首要人物、前中书省臣张珪，重被任命为中书省平章政事，并成为拜住推行改革的主要助手。[③] 在前朝大臣中，吴元珪（1251—1323年）和王约两人被封为集贤院大学士，韩从益被封为昭文馆大学士。这三位年长的学者都被指定参议中书省事。赵居信、擅长写作的孛术鲁翀（1279—1333年）和已经年过七十的吴澄等有名的年长儒者则在翰林院任职。[④] 这样一来，儒臣在硕德八剌的宫廷中得到了极大的尊重并产生了影响。

在拜住和这些儒臣的倡导和辅助下，硕德八剌进行了一系列改革，有些不过是再次采用或延伸他父亲时的政策。[⑤] 他重采他父亲裁减冗官的政策，试图压缩官府的规模。他重申他父亲的原则，忽必烈朝以后的冗官全部罢除，随后又罢免了皇太后、皇后属下机构的大量

① ［653］《元史》，卷205，第4580页。
② ［653］《元史》，卷28，第626、630—631页；卷124，第3046页；卷136，第3304页；卷205，第4581页。
③ ［653］《元史》，卷175，第4074页。
④ ［653］《元史》，卷28，第626—627页；卷183，第4220页。
⑤ 关于硕德八剌的改革，见［850］萧功秦：《英宗新政与南坡之变》。

官员。[1] 1323年2月，他又申命振举台纲，要求御史台官员纠察官员的各种不法行为。[2]

恰在此时，为了行政合理化和司法公正化，《大元通制》的校定完成。[3] 在财政方面，于1323年5月采用了"助役法"以减轻人民的差役负担。[4] 官府规定居民按资产多少各出一定比例的土地，以土地的出产补贴应役者。这一制度的目的显然是减轻小土地所有者的差役负担，因为并不要求他们出田助役。[5]

虽然硕德八剌决心继续他父亲的改革，但在情感上他并不成熟，思想上也不能一贯到底，因为到他1323年去世时才只有20岁。虽然他大胆尝试削减政府开支，他还是喜好浮华和铺张。最大的铺张是他对佛寺的施舍。

硕德八剌对佛教的热情不亚于对儒学的热情，他有一次甚至问拜住是否能够依靠佛教来治国。[6] 他亲自造访山西的佛教圣山五台山，遣派僧侣去海外取经，并且对缮写金字经文不断给予资助。此外，他还下令各州为忽必烈朝的帝师、吐蕃高僧八思巴（1235—1280年）建立帝师殿，规模大于孔子庙。花费最大的工程是在大都西面的寿安山修造的大昭孝寺，用了三年时间，动用了数以万计的士兵从事工役。硕德八剌对这项工程异常关注，为此有四名上书反对该工程的监察御史被处死或贬出朝廷。[7]

可能是因为硕德八剌笃信佛教，伊斯兰教在他在位期间颇受歧

① [653]《元史》，卷28，第625页；卷175，第4079页。
② [653]《元史》，卷28，第628—629页；[636]《南台备要》，卷1，14a—15b。
③ [653]《元史》，卷28，第628—629页；亦见孛术鲁翀：《大元通制序》，《国朝文类》，卷36，6a—9a。
④ [653]《元史》，卷28，第630页，详见[791]陈高华：《元代役法简论》。
⑤ [616]黄溍：《金华黄先生文集》，卷27，9b—10a；卷10，11b—12a。
⑥ [616]黄溍：《金华黄先生文集》，卷24，5a。
⑦ 大昭孝寺即今天有名的西山卧佛寺，见[619]许有壬：《至正集》，卷47，70a；[794]陈高华：《元大都》，第74页。

视。① 上都的回回寺被毁掉，改建成帝师殿。负责传授波斯语言的回回国子监被废罢。② 回回散居郡县者，每户岁输包银 2 两，而在以前他们是享受免税待遇的。

南坡之变

不论硕德八剌朝统治的得失，其结束是既突然而又悲惨。1323 年 9 月 4 日，皇帝一行从上都返回大都，在上都南面 30 里的南坡驻帐。当天深夜，御史大夫铁失带领他管领的阿速卫军，冲进皇帝的大帐，将硕德八剌和拜住二人杀死。③ 直接参与这次政变的，有知枢密院事也先帖木儿、大司农失秃儿、前中书省平章政事赤斤铁木儿、前云南行省平章政事完者、铁木迭儿之子前治书侍御史锁南、铁失弟宣徽使锁南。除了这些高官外，还有五名宗王卷入了此次事变：安西王阿难答的弟弟按梯不花、阿里不哥之孙齐王孛鲁、阿难答之子新封安西王月鲁铁木儿、曲吕不花（身份不详）和蒙哥汗后人兀鲁思不花。

在刺杀皇帝之后，反叛者迅速赶到大都，控制了政府机构。同时，派遣使者前往漠北去请晋王也孙铁木儿即位。

反叛者的组成反映了冲突的性质。主要的策划者铁失，既是皇亲，也是以前铁木迭儿的亲信。他是与皇族保持世婚关系的亦乞列思部人，铁穆耳汗的女儿益里海涯之子。④ 更重要的是，他的妹妹速哥八剌（死于 1327 年）是年轻皇帝硕德八剌的皇后。⑤ 铁失本人被铁穆耳收为养子并成为他的亲信。在爱育黎拔力八达朝任宣徽使之后，

---

① 关于硕德八剌的反伊斯兰教政策，见［753］杨志玖：《元代回回人的政治地位》，第 263—264 页。

② 关于回回国子监，见［199］黄时鉴：《元代中国的波斯语》。

③ 关于南坡之变，见［653］《元史》，卷 28，第 632—633 页；卷 29，第 637—638 页；卷 136，第 3305 页；卷 207，第 4600 页；［850］萧功秦：《英宗新政与南坡之变》，第 43—46 页。

④ 铁失的传记，见［653］《元史》，卷 207，第 4599—4600 页；［689］屠寄：《蒙兀儿史记》，卷 122，4b—5a。

⑤ ［653］《元史》，卷 114，第 2876 页。

在硕德八剌朝初年他是朝中最有权势的大臣之一，以御史大夫兼忠翊卫、阿速卫都指挥使。虽然在清除铁木迭儿一派时铁失也涉嫌贪赃，他却得到皇帝的赦免，显然是因为他是皇帝的姻亲。同铁失一样，其他谋反者多数是铁木迭儿的蒙古和色目同盟者，他们已经被撤职或即将被撤职。在 1323 年清除铁木迭儿同党进一步深入时，他们担心惩罚将落到自己头上。因此，他们参与密谋，是为了救他们自己。

更有意义的是，在 16 个知名的反叛者中有 5 个是宗王。但实际上参与此事的宗王比列出来的人要多得多。在也孙铁木儿即位后不久，右丞相旭迈杰（死于 1325 年）告诉他能够自拔逆党、尽忠朝廷的“宗戚”，只有买奴一人。① 诸王与铁木迭儿的关系，现在尚不清楚。

诸王作为一股势力有充分理由怨恨硕德八剌。在硕德八剌很短的在位时间中，有两次因为财政困难取消了诸王的岁赐，这在元朝历史上是前所未有的举动。② 此外，为了增加皇室的权威，硕德八剌似乎比他以前的各位皇帝在封王上控制得更严，③ 并试图对诸王进一步加以约束。④ 他不顾皇室宗亲享有的传统特权而采取这些限制诸王的措施，促成他们参与谋反。

简而言之，铁木迭儿一派的残余势力与不满的蒙古诸王结盟，终于演出了南坡之变。探视其更深的背景，硕德八剌的被杀是两个政治集团之间冲突的极点，而这种冲突至少在爱育黎拔力八达朝初年就已经开始了。⑤ 爱育黎拔力八达和硕德八剌在汉化的蒙古大臣和汉人儒臣的支持下，做了多种努力使元廷更加儒化，这意味着加强中央集权

---

① ［653］《元史》，卷 29，第 642 页。

② ［653］《元史》，卷 27，第 606 页；卷 28，第 621 页。

③ 硕德八剌在位的三年半时间中，封王的只有 7 名宗室成员，而在铁穆耳朝有 15 人封王，海山朝 28 人封王，爱育黎拔力八达朝有 30 人封王，见［351］野口周一：《元朝后半期的王号授予》。

④ 见［653］《元史》，卷 28，第 632 页的例证。

⑤ ［850］萧功秦：《英宗新政与南坡之变》，第 41—43 页。

和官僚体制。另一方面，以皇太后答己和她的亲信铁木迭儿、铁失为首的一派似乎不只是为他们自己的利益而斗争，他们还在蒙古、色目贵族和官员中得到了广泛的支持，这些贵族和官员对有损于他们世袭政治、经济特权的改革自然是持反对态度。虽然硕德八剌在答己和铁木迭儿死后赢得了短暂的胜利，他的进一步行动却激成反叛，并导致了他自己的悲惨死亡。

也孙铁木儿汗朝(泰定帝),1323—1328 年

硕德八剌的继承者也孙铁木儿①不仅仅是谋杀硕德八剌的主要受益者，很可能也是密谋的参与者。从他的家庭背景和早年历史，很容易看出也孙铁木儿有谋求帝位的野心。如前所述，他的父亲真金的长子甘麻剌，在 1294 年是帝位的强有力的竞争者。1302 年，也孙铁木儿袭封晋王，统领成吉思汗四大斡耳朵，成为当时真金的孙子中地位最高的人。因此，在 1307 年他与海山、爱育黎拔力八达一样具有继承帝位的资格。在其后几朝皇帝在位时，也孙铁木儿凭借在漠北的广大封地和强大的军队，不仅成为朝廷最为尊崇的宗王中的一个，享受各种优待，还成为不服从朝廷约束的草原诸王的领袖。毫无疑问，对

① [653]《元史》，卷 29，第 637—638 页。也孙铁木儿的卒年和生年还都无法确定，因为在《元史》本纪中的有关记载相互矛盾。他的生年被记为“至元十三年”（1276 年），但是他在 1328 年去世时所记岁数为 36 岁（《元史》，卷 29，第 637 页；卷 30，第 687 页）。高文德近年在一篇札记中认为 1276 年的生年是对的，应将他去世时的岁数改为 53 岁。见 [842]《元泰定帝寿年证误》。我没有采纳高文德的意见，而是采用了慕阿德和李则芬的意见，他们认为《元史》所记“至元十三年”应为“至元三十年”（1293 年）之误。见 [327] 慕阿德：《中国的统治者》，第 103 页；[762] 李则芬：《元史新讲》，第 3 卷，第 481 页。我的理由有三点：第一，也孙铁木儿的父亲甘麻剌生于 1263 年（《元史》，卷 115，第 2893 页），从生理上说他不可能在 13 岁时就有了一个儿子。第二，也孙铁木儿据说出生在“晋邸”（《元史》，卷 29，第 637 页），而甘麻剌在 1292 年才被封为晋王。第三，也孙铁木儿在即位诏书中将海山和爱育黎拔力八达称为“哥哥”（《元史》，卷 29，第 638 页），在海山之子图帖睦尔的一份即位诏书中，则称也孙铁木儿为“叔父”（《元史》，卷 32，第 709 页）。海山生于 1281 年，爱育黎拔力八达生于 1285 年，也孙铁木儿作为他们的族弟，不可能生于 1276 年。他应该生于 1293 年。死于 1328 年，享年 35 岁。

硕德八剌采取的针对诸王的限制措施，他与诸王一样不满。

没有也孙铁木儿的默许，假如不是积极支持的话，铁失和其他谋叛者可能不敢贸然行事，这毕竟是蒙古帝国历史上第一次刺杀皇帝。据称也孙铁木儿的王府内史倒剌沙（死于 1328 年）与谋叛者有密切的联系，后者在谋杀发生的前两天告诉也孙铁木儿他们准备发难，事成后推立晋王为新皇帝。《元史·泰定帝纪》称也孙铁木儿得知这一阴谋后马上派人去向硕德八剌发出警报，但是在他的使者到达上都之前谋杀事件已经发生了。这段记载，可能是也孙铁木儿即位后他的手下为洗刷罪名而写上去的。[1] 1328 年从也孙铁木儿的儿子手中夺走帝位的图帖睦尔（1328 年和 1329—1332 年在位），指斥也孙铁木儿与铁失潜通阴谋，杀死硕德八剌。他的指责，可能不是无稽之谈。[2]

清 洗

不管与谋叛者的关系如何，也孙铁木儿在接到谋叛者送来的玉玺后不久，于硕德八剌被刺杀后整一个月的 10 月 4 日，在漠北的克鲁伦河畔正式即位。他的即位虽然是血腥事变的结果，也孙铁木儿还是在即位诏书中郑重宣布自己是真金的长孙，受到汉地和漠北诸王、大臣的拥戴，具有继承帝位的合法性。[3]

可能是根据原来与谋叛者达成的协议，也孙铁木儿在即位的当天即以也先帖木儿为中书省右丞相，铁失为知枢密院事。但是，这一协议并没有维持多久。一个月后，也孙铁木儿的手下实际控制了两都，新皇帝立即在大都和上都对以前的同盟者进行了血腥的清洗。也先帖木儿、铁失和参与事变的其他官员都被处死，与逆谋有关的五王都被

① ［653］《元史》，卷 29，第 637—638 页；卷 136，第 3305 页；卷 207，第 4600 页。

② ［653］《元史》，卷 32，第 709 页。

③ ［653］《元史》，卷 29，第 638—639 页。在元代所有皇帝的即位诏书中，只有泰定帝的诏书是用汉文白话体写的，它显然是从蒙古文原文翻译过来的。这表明在也孙铁木儿即位时，身边没有汉人文士。武英殿版《元史》所载该诏书的文言体全文，是后来翻译的，见［795］张元济：《校史随笔》，112a—113b。

流徙远方。[①] 清洗谋叛者是也孙铁木儿加强他即位合法性的妙举。通过这一举动，他把自己和弑君事件完全划开，因为这一事件从蒙古人和汉人政治伦理观点看来都是不可原谅的罪行。出于报复心理，汉人臣僚不断请求新皇帝清除铁木迭儿和铁失的所有同党及其家庭，[②] 但是被也孙铁木儿拒绝，因为在官场中完全依赖一派并清除其他派别对他并不有利。[③]

宫廷主要官员

观察也孙铁木儿本人和他的主要宫廷官员，可以看出在忽必烈朝之后历朝中，也孙铁木儿的机构是最“非汉化”的。1293 年出生于漠北的也孙铁木儿，即位时已经是 31 岁的成年人。他有很深的草原背景，没受过汉式教育。他的主要官员大多数是从漠北带来的王府高官，包括相继为中书右丞相的旭迈杰和塔失帖木儿（约死于 1335 年），先任中书省平章政事后为御史大夫和中书左丞相的朝廷灵魂性人物倒剌沙及知枢密院事按答出。[④]

倒剌沙是回回人，可能是在他的影响下，回回人在也孙铁木儿朝得到了前所未有的重要地位。[⑤] 任中书平章政事的有两个回回人：乌伯都剌（死于 1328 年），曾在爱育黎拔力八达朝和硕德八剌朝两次出任同一职务，但都被铁木迭儿撤职；伯颜察儿，赛典赤伯颜的弟弟。在枢密院中，倒剌沙之兄马某沙和阿散火者出任知枢密院事。甚至参

① 《元史》，卷 29，第 639—641 页。也孙铁木儿可能与仍然忠于硕德八剌朝的大都官员有一个秘密协定。以张珪为首的大臣曾向也孙铁木儿发出一封密书，请求他继承帝位并且处罚谋叛者。见虞集撰《张珪墓志铭》，载［623］《国朝文类》，卷 53，17b—18a。相关段落在虞集的《道园学古录》卷 18，12a 中漏载；亦见 12b—13a 所记大都官员对刺杀事件的最初反映。

② ［653］《元史》，卷 29，第 641、646、648 页；卷 175，第 4075 页；［619］许有壬：《至正集》，卷 76，20b—21b。

③ 此后，甚至谋叛者被籍没的家财亦被给还其家，见［653］《元史》，卷 29，第 649—650 页。

④ ［653］《元史》，卷 29，第 639 页；［689］屠寄：《蒙兀儿史记》，卷 157，26a—28a。

⑤ ［753］杨志玖：《元代回回人的政治地位》，第 264—266 页。

与谋杀硕德八剌的阿散，亦被任命为御史中丞。在也孙铁木儿的蒙古和回回大臣中，没有人对汉文化有很深的了解。

与回回人相反，汉人在政府中所起作用甚小。中书省右丞张珪是前朝留下来的惟一高官和惟一能够在新朝廷中起重要作用的汉人。但是他的影响显然有限，因为他的建议经常不被采纳。1325 年，张珪因年老多病辞去中书省的职务，成为地位崇高但在政治上并不重要的翰林学士承旨。[①] 其他的汉人中书省臣，如杨庭玉、许师敬（许衡之子）、史惟良（1273—1347 年）和王士熙，官职都不高。[②] 这样，也孙铁木儿的朝廷明显不同于以前的朝廷，确立了有漠北草原和伊斯兰教背景的人占优势地位的格局。

调和政策

也孙铁木儿本人及其主要大臣的背景，决定了他不可能继续进行爱育黎拔力八达和硕德八剌的改革。但是也孙铁木儿一朝也并不意味着完全回归传统的草原帝国制度。作为中原王朝的皇帝，也孙铁木儿不能使历史时钟倒转。作为通过阴谋和暴力夺得皇位的统治者，他需要得到最大可能的支持。因此，也孙铁木儿的朝政的主调是调和，以赢得所有关键性政治集团和宗教集团的支持。为取得官府机构的支持，也孙铁木儿对受到铁木迭儿不公正待遇的官员做了慰抚。被枉杀的官员杨朵儿只、萧拜住和贺胜都被恢复了名誉。被流徙的御史李谦亨、成珪和被撤职的中书省臣王毅、高昉，都在也孙铁木儿即位后几个月被召回和重新任职。[③] 为补偿拜住的被杀，他的儿子答儿麻失里被任命为宗仁卫亲军都指挥使，该卫原来就是由拜住管领的。[④]

为强化他作为全体蒙古人的大汗的地位和遏止诸王的反抗，也孙铁木儿做出了极大努力以赢得皇室各系诸王的赞誉。他对答剌麻八剌

---

① [653]《元史》，卷 175，第 4074—4083 页。
② [653]《元史》，卷 112，第 2826—2828 页。
③ [653]《元史》，卷 29，第 640 页。
④ [653]《元史》，卷 29，第 643 页。

的后人最为关照，因为帝位是从他们手中夺去的。海山的两个儿子图帖睦尔和阿木哥，前者被硕德八剌放逐到海南岛，后者被放逐到山西大同；1324 年，也孙铁木儿下令将他们召回。图帖睦尔的哥哥和世琼亦于 1327 年遣使来贡，他已在起兵反对爱育黎拔力八达失败后逃到察合台汗国境内。① 察合台汗怯别（1320—1327 年在位）、燕只吉台（1327—1330 年在位）、伊利汗不赛因（1317—1335 年在位）以及钦察汗月即伯（1312—1341 年在位）与元廷的通贡确实比以前频繁得多。② 为进一步巩固皇室成员的支持，也孙铁木儿新封了 24 个王，而硕德八剌在位期间只封了 7 个王。③ 也孙铁木儿也推翻过去降低军事结构封建色彩的趋向而指派宗王统军出镇汉地和草原。④

硕德八剌停发或削减的岁赐和特殊赏赐都被恢复。事实上皇帝对诸王相当宽容，甚至对他们中的部分人所犯罪行亦不做惩处。成吉思汗幼弟铁木哥斡赤斤的后人辽王脱脱就是一个典型的例子。脱脱诛杀本族人上百人，尽管御史台多次揭发其恶行，但皇帝却未对他采取任何行动。⑤ 为赢得诸王的支持，也孙铁木儿不仅与爱育黎拔力八达和硕德八剌削弱诸王世袭封建特权的政策背道而驰，还放松了对他们的控制。

在文化和宗教方面，也孙铁木儿也想赢得最广泛的支持。作为中原的皇帝，也孙铁木儿适当地显示出了对儒家传统的尊重。他在即位后不久就派遣官员前往曲阜圣人的出生地祭奠。他还否决了废止科举考试和将太庙的一岁四祭改为一岁一祭的动议。⑥ 最有意义和最令人吃惊的是也孙铁木儿恢复了经筵制度。

---

① ［653］《元史》，卷 29，第 643 页；卷 30，第 680 页。

② ［435］佐口透：《十四世纪元朝与西方三王的关系》，第 173—178 页。

③ 见［850］萧功秦：《英宗新政与南坡之变》。

④ ［653］《元史》，卷 29，第 646、647、649、651 页；卷 30，第 669、670、672、677、678、679 页；卷 117，第 2910 页。

⑤ ［653］《元史》，卷 29，第 644、646 页；卷 175，第 4076 页；［619］许有壬：《至正集》，卷 76，22a—b。亦见［192］崛江雅明：《铁木哥斡赤斤的子孙》，第 240—250 页；［713］叶新民：《斡赤斤家族与蒙元汗廷的关系》。

⑥ ［653］《元史》，卷 29，第 640、641 页；卷 172，第 4027 页。

经筵是儒家的传统制度，即著名学者向皇帝讲解经典要义及其与日常事务关系的皇室咨询活动。虽然忽必烈朝之后经筵曾非正式的举行过多次，但经筵制度在元朝还没有正式恢复。由于也孙铁木儿不懂汉语，在 1324 年恢复经筵后通过翻译向皇帝讲解经典。讲解者有著名的汉人学者王结（1275—1336 年）、赵简、吴澄、虞集（1272—1348 年）、曹元用（卒于 1329 年）、邓文原（1259—1328 年）、张起岩（1285—1352 年），还有畏兀儿翻译家忽都鲁都儿迷失和蒙古著名作曲家阿鲁威。

最初讲解的是已经翻译过的经典，但是另有几部著作亦为经筵而组织了翻译。[①] 经筵的实际作用可能不过是使蒙古君主熟悉汉人的政治观点和历朝历史。经筵对朝廷的实际政治倾向显然影响很小，最早建议实行经筵制度的翰林学士赵简在 1327 年曾懊丧地表示，没有任何一个政策源自经筵。[②]

也孙铁木儿不能只尊崇儒教。作为一个典型的蒙古统治者，他亦尊崇伊斯兰教，并特别尊崇佛教。显然是在朝廷中的回回大臣的影响下，也孙铁木儿对伊斯兰教颇为呵护，于 1324 年拨款在上都和山西大同建造了礼拜寺。[③] 同一年，下诏免除了伊斯兰教士（答失蛮）和基督教士（也里可温）的差役。[④] 回回商人尤其得到了官府的好处。虽然累朝拖欠斡脱（回回官商）的债务已于 1324 年取消，但是元廷在当年付给斡脱的钱超过 40 万锭，在此后的三年中，又付出 10.2 万锭，以解决历朝售宝未付钞问题。[⑤]

也孙铁木儿对儒教和伊斯兰教的尊崇，都是出于政治目的；他对佛教的尊崇，则出自他个人的信仰。他对佛教的捐赠与硕德八剌一样

---

① [653]《元史》，卷 29，第 644 页；[615] 虞集：《道园类稿》，卷 33，16b—18a。

② [615] 虞集：《道园类稿》，卷 33，17b。

③ [653]《元史》，卷 29，第 648 页。

④ [653]《元史》，卷 29，第 653 页。

⑤ [653]《元史》，卷 30，第 678 页；[104] 伊丽莎白·恩迪科特—韦思特：《元代中国的商人组合：斡脱》，第 149—151 页。

多。除了花费巨金建造寺院、佛塔和作佛事外①，也孙铁木儿还不断请帝师公哥列思巴为他及他的家庭做佛事。帝师在元廷享有的待遇如此之高，以致他的弟弟琐南藏卜在 1326 年被赐封白兰王并与公主成婚；当帝师抵达都城时，中书省官员都要奉命出城远迎。② 不仅帝师的家庭成员得到极大尊崇，许多喇嘛亦得到封号并被赐予金、玉印章。③ 也孙铁木儿确实是皇室尊崇所有宗教的蒙古传统政策的维护者，但是要做到这一点，当然要很大的财政支出和其他花费。

图帖睦尔朝(文宗),1328—1332 年

帝位争夺战

1328 年 8 月 15 日，也孙铁木儿死于上都，终年 35 岁。他的去世立即引发了元朝历史上最血腥和破坏性最大的帝位之争，争夺的结果是帝系重新回到了海山后人手中，并一直延续到元朝灭亡。④ 也孙铁木儿死后，四年前被封为皇太子的他的幼子阿剌吉八（卒于 1328 年，亦被称为天顺帝）于 10 月在上都即皇帝位，拥立他的有中书右丞相倒剌沙、辽王脱脱和也孙铁木儿的侄子、不久前被封为梁王的王禅。

与此同时，大都宫廷中已经发生政变，目的是重使海山汗的儿子成为正统的皇位继承人。⑤ 自爱育黎拔力八达在 1316 年以自己的儿子硕德八剌取代海山的长子和世瓎为皇太子后，试图恢复海山儿子帝位继承权的努力即成为一股政治暗流。也孙铁木儿之死不过是为这股

① ［709］札奇斯钦：《蒙古与西藏历史关系之研究》，第 289、294—295 页。

② ［653］《元史》，卷 30，第 669 页。关于琐南藏卜，见［166］韩百诗：《〈元史〉卷 108〈诸王表〉译注》，第 137 页；亦见［779］陈庆英在《元朝在西藏所封白兰王》一文中关于白兰王封号的讨论。

③ ［653］《元史》，卷 202，第 4521 页。

④ 关于 1328 年图帖睦尔的复位，见［84］窦德士：《征服者与儒士》，第 31—52 页；［851］萧功秦：《论元代皇位继承问题》，第 32—36 页。

⑤ ［653］《元史》，卷 31，第 694 页；卷 32，第 704 页；卷 138，第 3326 页。

暗流的表面化提供了机会。

卷入帝位争夺的有三位关键性人物。虽然和世㻋和他的弟弟图帖睦尔是帝位的竞争者，但推动帝位争夺的实际上是海山的旧侍从燕铁木儿。和世㻋与图帖睦尔在爱育黎拔力八达朝和硕德八剌朝曾受到政治迫害。和世㻋于1316年被封为周王，被派往远离都城的云南，以给册封硕德八剌为皇太子扫清障碍。为表示抗议，和世㻋在陕西举兵，但很快失败，在此后的12年中，他成为一名政治流亡者，在察合台诸汗的庇护下，居于中亚的塔尔巴哈台地区。[①] 1321年，硕德八剌将图帖睦尔放逐到热带的海南岛。三年之后，也孙铁木儿将图帖睦尔召回，封为怀王，不久又送往建康（南京）和江陵（湖北）。[②] 作为前大汗的儿子，和世㻋兄弟在诸王中受到一定程度的同情；而更重要的是经过各种政治变迁存留下来的一些原海山汗的追随者，依然效忠于海山汗的后人。但海山后人的重登帝位，靠的主要是燕铁木儿的政治才能和军事实力。

燕铁木儿出身于一个在对抗乃颜（卒于1287年）、海都和笃哇诸叛王战争中功名显赫的钦察家族。[③] 燕铁木儿的父亲床兀儿（1260—1322年）和他本人都是海山征讨叛王时的统帅和海山即位的拥立者，海山在位时该家族的地位达到了顶点。但是，在其后的两朝皇帝在位时，此家族的地位一落千丈。也孙铁木儿去世时．燕铁木儿出任级别不高但主掌要务的枢密院佥院一职。可能是出于对海山家族的效忠，加上恢复本家族崇高地位的个人心愿，使燕铁木儿起而反对也孙铁木儿的后人继位。

并不是所有参加兵变的入都像燕铁木儿一样与海山家族有密切的关系，参加者亦不都以海山的后人即位为主要目的。有些人要追究硕

---

① [653]《元史》，卷31，第693—694页；亦见藤岛建树对和世㻋的研究，[151]《元明宗的生涯》。

② [653]《元史》，卷32，第703页。

③ 关于燕铁木儿，见 [653]《元史》，卷138，第3326—3334页；[613] 马祖常：《马石田文集》，卷14，6b—11a；亦见 [84] 窦德士：《征服者与儒士》，第10—11、39—50页。

德八剌被杀的罪责①，还有些人则是因为不喜欢或惧怕倒剌沙、脱脱和王禅而参加兵变。② 因此，帝位争夺的最初阶段是试图使答剌麻八剌的后人即位。因为当时已没有爱育黎拔力八达的后人在世，所以拥戴海山的儿子即位成为争位的口号。③

1328 年深秋也孙铁木儿患病，燕铁木儿立即着手组织兵变，他计划在两都同时动手。燕铁木儿虽然职务不高，但有利的是在皇帝离开大都后掌管着留在都城的卫军，因为按照元朝的制度，枢密院和中书省的主要大臣每年都要随同皇帝巡幸上都。在皇帝出行时留守京城的西安王阿剌忒纳失里④的协助下，燕铁木儿于 9 月 8 日清晨成功地冲进宫中俘虏了乌伯都剌和在大都的其他大臣。但是，燕铁木儿在上都的 18 名同谋被发现和处死。这样，对立的两派各控制了一个都城。

在控制大都之后，燕铁木儿马上组织了一个临时政府并遣人报告在江陵的图帖睦尔和在河南的篾儿乞部人伯颜。⑤ 伯颜是帝位争夺中的又一个重要人物，他在海山征讨诸王叛乱时是其手下的一个低级幕僚。⑥ 伯颜当时任河南行省平章政事，能够控制这个具有战略要地地位的行省，调集所需军队和物资，并亲自护送图帖睦尔抵达大都。10 月 16 日，图帖睦尔在大都即位，并宣布当他的兄长和世㻋从中亚返回后即让出帝位。

---

① 以前是硕德八剌亲信的任速哥据说首倡起兵以雪先帝之仇。他与前湖广行省右丞、畏兀儿人速速商讨后，在也孙铁木儿去世前就力劝燕铁木儿领导起事，见［653］《元史》，卷 184，第 4235—4237 页。

② ［653］《元史》，卷 32，第 704 页。倒剌沙的擅权、保护回回商人和贪官污吏，见《元史》，卷 32，第 707 页；卷 182，第 4194 页；卷 176，第 4112 页。

③ 关于爱育黎拔力八达的后人，见［167］韩百诗：《〈元史〉卷 107〈宗室世系表〉译注》，第 138 页。

④ 阿剌忒纳失里是越王秃剌之子，见［167］韩百诗：《〈元史〉卷 107〈宗室世系表〉译注》，第 57—58、61—62 页。

⑤ ［653］《元史》，卷 31，第 694—695 页；卷 32，第 704—705 页；卷 138，第 3326—3327 页。

⑥ 关于篾儿乞部人伯颜，见［653］《元史》，卷 138，第 3335—3339 页；［613］马祖常：《马石田文集》，卷 14，1a—5a；［170］韩百诗：《篾儿乞部伯颜传札记》；［84］窦德士：《征服者与儒士》，第 53—74 页。

在随后爆发的冲突中，上都派的理由似乎更为充分，因为他们支持的是前皇帝指定的继承人。但是，这种道义上的说法是远远不够的。在忽必烈朝之后的帝位争夺中，真正起作用的是争位者的军事实力和政治因素，而不是正统因素。

相反，大都派在地理和经济方面占有明显的优势。大都派可以从中书省直辖地区及河南、江浙、江西、湖广等行省得到大量的人力和物力资源，而上都派只能得到岭北、辽阳、陕西、四川和云南行省的支持，这些行省或是经济贫困地区，或是边远地区。① 同样重要的是，在上都派中，没有人能像燕铁木儿一样按自己的意志行事并极具政治头脑和军事才能。

最初是上都派占上风，他们攻破长城的几个关口，向大都逼近。但是，燕铁木儿亲自率军往来作战，很快使形势转而对大都派有利。对上都派的致命打击是来自东北和东蒙古的突袭。可能是在燕铁木儿的叔父、东路蒙古军都元帅不花帖木儿的影响下，许多东路蒙古诸王支持大都派。他们的军队在不花帖木儿和齐王月鲁帖木儿（成吉思汗幼弟的后人）率领下，在 11 月 14 日包围了上都，而此时上都派的绝大多数军队仍在长城一线作战。惊慌失措的上都宫廷被迫在第二天出降。倒剌沙和绝大多数上都派的首要人物被拘捕，随即被处死；年轻的皇帝阿剌吉八则被报失踪。② 上都的投降，扫清了海山后人继承帝位的障碍。

上都的投降并不意味着大都派取得了全面胜利。上都派在其他地方的战斗还持续了很长时间。直到 1328 年 12 月，在陕西的上都派还没有放下武器，③ 而四川的上都派到第二年 5 月才投降。④ 在当地部

---

① ［84］窦德士：《征服者与儒士》，第 39—42 页。

② ［653］《元史》，卷 32，第 705—715 页；卷 138，第 3326—3331 页；［613］马祖常：《马石田文集》，卷 14，6b—11a。

③ 关于陕西上都派的活动，见［653］《元史》，卷 32，第 712—719 页；卷 137，第 3314—3317 页。

④ 关于四川上都派的活动，见［653］《元史》，卷 32—33；亦见［725］冯承钧：《元代的几个南家台》，第 213—216 页。

族的支持下，以王禅以前的追随者宗王秃坚为首的云南上都派顽强战斗，坚持了四年之久，到 1332 年 3 月才放弃了他们的努力。① 也就是说，帝位争夺战及其引起的连锁战争，使图帖睦尔朝成了一个战争年代。

王忽察都弑君

与上都派的战争只是帝位争夺的一部分。在这次帝位争夺中最具戏剧性和悲剧性特色的是海山两个儿子之间的斗争。不管是图帖睦尔还是燕铁木儿，都不准备将帝位交给和世㻋，因为他离都城太远，在皇位争夺战中没起任何作用；尽管如此，和世㻋毕竟是海山的长子和正统继承人，要以他的名义来争夺帝位，他们不得不显示出对他的尊崇。因此，在攻占上都之后，大都宫廷立即派人向和世㻋报告，敦请他前来大都即位。在察合台汗燕只吉台的陪同下，和世㻋从河中地区启程前往汉地，并于 1329 年 2 月 27 日在哈剌和林之北即位；和世㻋以图帖睦尔为皇太子，这完全是按照他们的父亲与叔父的旧例行事。他被图帖睦尔及燕铁木儿貌似真诚的政治姿态所惑，指定自己的追随者出任中书省、枢密院和御史台的要职，这无异破坏了图帖睦尔和燕铁木儿在汉地精心缔造的政治权利。但是，这不过是加强了燕铁木儿除掉他的决心。②

两个皇家兄弟于 8 月 26 日在海山时建为中都的王忽察都会面，重聚似乎弥漫着欢乐气氛。但是，四天之后，和世㻋突然死亡。9 月 8 日，图帖睦尔在上都再次即位。和世㻋之死显然是燕铁木儿主谋的结果，可能是与图帖睦尔合谋。《元史・明宗纪》记载和世㻋之死为

---

① 关于云南上都派的活动，见［653］《元史》，卷 33—36；［74］柯立夫：《1340 年阿鲁忽的令旨》；［748］杜玉亭：《元代罗罗斯史料辑考》，第 30—43 页。

② ［653］《元史》，卷 31，第 696—697 页；［151］藤岛建树：《元明宗的生涯》，第 22 页。和世㻋及其追随者在世时显然不清楚所处环境，以致处理当时情势发生了严重错误。按照明朝初年还很流行的说法，和世㻋的扈从无礼地对待前往蒙古奉献帝位的燕铁木儿，使他无比愤怒和恐惧，见［655］胡粹中：《元史续编》，卷 10，15a。

“暴卒”。[①] 私人撰史者权衡则明确指出和世瑓是被毒死的，而燕铁木儿就是谋杀者。[②] 1340 年，和世瑓之子妥欢贴睦尔（顺帝，1333—1370 年在位）指责图帖睦尔害死了他父亲，作为报复手段，下令将图帖睦尔的牌位从太庙中撤去。[③]

和世瑓没有像他父亲在 20 年前所做的那样以“草原争位者”身份夺得帝位，被一些历史学家视为元代政治中草原边疆因素终结和元朝对蒙古帝国胜利的标志。[④] 在 1303 年蒙古人重构和平和海山朝在漠北建立岭北行省之后，草原地区诸王的重要性似乎是降低了。但是，这一事实并未阻碍也孙铁木儿作为“草原争位者”与硕德八剌朝内的谋反者密切合作，于 1323 年夺得了帝位。

更重要的是和世瑓与他的父亲在都城官员的支持和军事力量方面有极大的不同。作为草原诸军的最高统帅，海山一直是元朝统治机器中的一分子并且与宫廷保持着密切的联系，因此在帝位继承危机爆发时，以哈剌哈孙为首的京城官员都认为海山是合适的帝位继承人；虽然爱育黎拔力八达先控制了宫廷，但他也只敢摄政，而不敢自己即位。

相反，和世瑓是居于遥远的中亚 12 年的政治流亡者。当弑君事件发生时，图帖睦尔和燕铁木儿已经在汉地建立了他们自己的统治机器，而和世瑓则是个完全的局外人。此外，海山作为全国最强大的军队的最高统帅，在即位时带来了 3 万人的军队；而和世瑓带到王忽察都的只有 1800 名卫士，在军事实力上不可能超过他的弟弟。[⑤] 因此，和世瑓未能抓住帝位，主要是因为他个人的问题，由于他是一个政治流亡者并缺乏政治和军事的支持，而不是因为草原地区在元代政治中

① [653]《元史》，卷 31，第 701 页。

② [651] 权衡：《庚申外史》，1b；[440] 赫尔穆特·舒尔特—乌夫拉格德文译本，第 27 页。

③ [653]《元史》，卷 40，第 856 页。

④ 如窦德士指出：“海山的即位是当时仍未稳定的边疆所造成”，但是他将蒙古有效统合于由中原而非由蒙古所控制的帝国体制之内。这使得“他的长子不可能步他的后尘”。见 [84]《征服者与儒士》，第 30 页。

⑤ [852] 萧功秦：《论元代皇位继承问题》，第 33 页。

的重要性下降。

研究能够使海山的后人在1328—1329年即位的力量，可以看出推动1328年事变的力量不是一股，而是与帝位继承有利害关系的个人和集团的多股力量缠结在了一起。① 这包括了希望恢复海山帝系的人，试图掌握权力的色目人，尤其是官僚中的突厥人，还有试图扩大自己在官僚体系中影响的儒臣。

我们不应过分强调这次皇位更迭的种族意义和思想意义。冯承钧（1885—1946年）发展了这次皇位更迭是突厥系统的钦察人、阿速人与当权的回回人、蒙古人的斗争的论点。② 虽然上都派和大都派的为首者分别是回回人和突厥人，但是在两派中，蒙古诸王和官员都与回回人、突厥人同伴起着同等重要的作用。

儒臣与大都派的关系似乎也很微妙。③ 大都派的首脑人物肯定没有儒者倾向，而且除了汪古部人赵世延外，没有任何著名儒臣曾积极参与。因此，在这次帝位更迭中，无论是种族还是思想，都不是重要的因素。更准确的说法应该是恢复海山帝系的想法把被也孙铁木儿疏远的诸王和官员组合在了一起，他们为实现集团利益和个人野心而有效地将这一想法变成了一个激励人心的口号。

燕铁木儿与伯颜的专权

图帖睦尔在位的四年被篾儿乞部人伯颜，尤其是燕铁木儿所左右。作为争夺帝位的主要功臣，燕铁木儿和伯颜得到了蒙古历史上帝国前所未有的权力和荣誉。燕铁木儿被封为太平王，赐予蒙古人的荣誉称号答剌罕和汉人的最高勋号太师。④ 他被任命为中书省右丞相并且在图帖睦尔在位的绝大多数时间中居独相地位，还兼任知枢密院事、御史大夫、提调宫相府事、奎章阁大学士等职。

---

① [84] 窦德士：《征服者与儒士》，第42页。
② [725] 冯承钧：《元代的几个南家台》，第216页。
③ [84] 窦德士：《征服者与儒士》，第32页。
④ [653]《元史》，卷138，第3332—3333页；[84] 窦德士：《征服者与儒士》，第46—50页。

这样，燕铁木儿囊括了政府的政治、军事、监察和文化事业的所有权力。

为保住他的权力，燕铁木儿在 1329 年建立了大都督府，这使他可以直接控制 6 个卫军机构，其中 3 个是由他同族的钦察士兵组成的。在他的家庭上也显示出了特殊地位，燕铁木儿被允许以也孙铁木儿的一个后妃及宗室妇女 40 人为妻。燕铁木儿的亲属亦分享了他的权力，他的叔父不花帖木儿，弟弟撒敦和答邻答里，撒敦子唐其势(死于 1335 年)，都被委以要职。燕铁木儿的四个姐妹中，有三个与皇室成员成婚。

篾儿乞部人伯颜的权力和荣誉仅次于燕铁木儿。[①] 他是燕铁木儿之外惟一兼任三职以上的人，给他的封号有太尉、太保和太傅，任御史大夫、中书省左丞相，并长期任知枢密院事，此外还有许多兼职。与燕铁木儿相同，伯颜直接控制着忠翊卫和宣毅万户两个卫军机构，并被封为浚宁王。对他最高的荣誉是将忽必烈的曾孙女许配给他为妻。与燕铁木儿一样，伯颜的亲属也分享了他的权力。

尽管有很大的权力，伯颜似乎满足于充当燕铁木儿之下的副手。可能是基于过去在海山手下参加平叛战争时的同伴关系和在帝位争夺中建立的关系，两人之间显然有一个妥协办法。他们二人显然代表了蒙元历史上权臣的一种新模式，与过去的八邻部人伯颜及玉昔帖木儿、哈剌哈孙或铁木迭儿都不同。虽然八邻部人伯颜和玉昔帖木儿、哈剌哈孙都在皇帝即位时起过重要作用，但在皇帝即位后，他们作为皇帝手下的蒙古那颜，都表示出恭顺和效忠。铁木迭儿确实专权，但这是在皇太后答己的支持之下，没有他自己的独立权力基础。相反，燕铁木儿和伯颜不仅是名副其实的帝王废立操纵者，他们还在官僚体系和军事体系上构建了自己的权力。图帖睦尔在位期间处于二人阴影之下，他自始至终充任的角色不过是名义上的皇帝和正统的标志，以及官职和爵号的分发者。

---

① [653]《元史》，卷 138。第 3337 页。

政治发展和财政政策

打着恢复海山帝系旗号并通过兵变掌握权力之后，图帖睦尔政权对其政敌进行了血腥的清洗，并采取措施为夺取帝位制造合理性。在1328年11月上都投降之后，对也孙铁木儿后人的支持者的清洗既彻底又残忍。不仅上都派的首要人物都被处死或放逐，他们的财产亦都被没收。[①] 宫廷中弥漫着极强的报复气氛，甚至有人建议把所有随同也孙铁木儿巡幸上都的官员全部处死。[②]

此外，为使也孙铁木儿称帝不具合法性，图帖睦尔不仅不给他谥号，还将其父亲甘麻剌的牌位从太庙中移出并毁掉。清洗还延及和世㻋的追随者。和世㻋被杀后留下来的三个主要支持者，在1330年或被处死，或从官场上消失。[③]

恢复名誉的有海山朝的宣徽院使伯答沙（死于1332年）和知枢密院事也儿吉尼，他们被授予太傅和太尉的爵号。[④] 被爱育黎拔力八达处死和定上恶名的海山朝的尚书省丞相三宝奴和脱脱都被恢复了名誉，并将没收的家财给还其家。除了海山的旧随从外，对帝系回归有功的人都被委以要职。

值得注意的是，由于也孙铁木儿的下属机构中回回人占明显优势，在图帖睦尔的中央机构中，没有一个回回人任要职，只有少数的几个回回人在行省机构任职，回回人受到了有元一代最为沉重的打击。[⑤]

同样重要的是，汉人儒官和他们的汉化色目同僚，亦未能在政府中造成更大的影响。只有几个汉人或色目儒官出任中书省平章政事，敬俨和王毅任平章政事分别为一个月及八个月，这是汉人官员可能得

① ［653］《元史》，卷32，第716—724页。

② ［653］《元史》，卷175，第4096页。

③ ［653］《元史》，卷34，第759、761、766页。

④ ［653］《元史》，卷110，第2792页；卷124，第3058页；［689］《蒙兀儿史记》，卷156，11b—12a。

⑤ ［753］杨志玖：《元代回回人的政治地位》，第266—269、281页。

到的最高官职①；汪古部人赵世延任平章政事一年，但是此时他已年老并且迎合燕铁木儿；1330 年，在御史台的弹劾下，赵世延从中书省致仕。②

由于图帖睦尔的即位很明显是不合法的，为争取贵族和官僚的支持，慷慨的封赠和巨额的赏赐对他来说比以前任何一朝都更为重要。图帖睦尔在位四年中，封了 24 个王，其中 9 个是一字王。在这 9 个一字王里，甚至有 7 人不是忽必烈的后人。③ 不仅在 1329 年恢复了岁赐，上都派被没收的财产亦全部分赐给在帝位争夺中有功的宗王和大臣；估计被易手的有 125 份私人财产。④

争取蒙古各汗国承认的活动亦加紧进行。1329 年，显然是在和世瓎被谋杀后，木华黎的后人乃蛮台（死于 1348 年）被派往察合台汗燕只吉台的汗廷，送去的礼品是窝阔台汗在一个世纪前铸造的"皇兄之宝"印章；燕只吉台是和世瓎争位的主要支持者，此举显然是要平息他对和世瓎被杀的愤怒。⑤ 第二年，推动了更广泛的外交攻势，三个宗王奉命出使察合台、钦察和伊利汗国。西方三个汗国对这一姿态表示赞赏。在其后三年中，钦察汗国两次派贡使前往图帖睦尔的宫廷，察合台汗国派贡使四次，伊利汗国派出的贡使则达八次之多。⑥ 这样，图帖睦尔为自己在蒙古世界重建了宗主权，并且与西方三个汗国保持着密切的联系。因此很难把 1328 年的帝位更迭视为元朝与更广泛的蒙古世界关系的转折点。⑦

尽管有这些努力，在贵族和官僚中还是有对图帖睦尔的非法即位的不满，这成为政治不安定的一个重要根源。图帖睦尔在位期间，至

① [653]《元史》，卷 175，第 4096 页；[689]《蒙兀儿史记》，卷 157，29a—b。
② [653]《元史》，卷 34，第 762 页。
③ [351] 野口周一：《元代后半期的王号授予》，第 65—67 页。
④ [653]《元史》，卷 32，第 716—724 页；[84] 窦德士：《征服者与儒士》，第 51 页。
⑤ [653]《元史》，卷 139，第 3352 页。
⑥ [435] 佐口透：《14 世纪元朝与西方三王的关系》，第 174—178 页。
⑦ 这是窦德士的观点，见 [84]《征服者与儒士》，第 7—8 页。

少发生了八次谋反事件，卷入事件的有好几个宗王和不少政府高官。[①] 在这些谋反事件中，只有 1330 年以知枢密院事阔彻伯为首的谋反，是以和世㻋的太子为名义。[②] 其他谋反的起因不详，但是这些谋反显然反映了在统治阶层中对图帖睦尔即位的不满。

频繁的自然灾害和少数民族起义，加剧了政治的不安定。腹里和陕西、河南、湖广、江浙行省都被严重和频繁的旱灾和水灾所扰，上百万人流离失所。[③] 如此广泛的灾害造成了巨大的损失，也造成了政治上的损害。江南频繁的少数民族起义，尤其是西南的少数民族起义，亦与政府有关。

在也孙铁木儿朝以前，汉地民众起义较少，因为忽必烈灭亡宋朝后成功地镇压了各地的起义。但是，元朝统治首先在少数民族地区开始动摇，有关民众起义的一篇论文指出：在 1295 年至 1332 年之间，在汉地只爆发了 24 次起义，而在少数民族地区爆发了 131 次起义。[④] 在这 131 次起义中，发生在也孙铁木儿朝的有 65 次，发生在图帖睦尔朝的有 21 次。在两朝内发生的 86 次起义，有 50 次以上发生在湖广，28 次发生在云南。有些起义规模很大，镇压它们需要政府花费巨大的人力和物力。

如此多的少数民族起义不能只简单地解释为这两朝政府的无能，还有这些少数民族对元廷的剥削和压迫的积怨。在这两朝发生的如此多的少数民族起义，加重了元廷的财政困难，亦反映了元廷对这些边疆地区控制的逐步削弱，并且是其后妥欢贴睦尔朝汉地爆发大规模起义的预示。

虽然政府与前朝一样有沉重的财政压力，但是没有回到海山的“新政”。除了造成财政紧张的传统原因外，与上都派的战争，镇压少数民族起义，对灾民的赈济，都需要增加开支，并成为图帖睦尔朝沉

① [653]《元史》，卷 32，第 740 页；卷 34，第 759、761 页；卷 35，第 776、778、789、793 页；卷 36，第 803 页。

② [653]《元史》，卷 38，第 816 页。

③ [762] 李则芬：《元史新讲》，第 3 卷，第 543 页。

④ [777] 陈世松：《试论元代中期的少数民族起义》。

重的经济负担。正如一位监察御史所言，仅1328年对抗上都的战争，花费就超过了政府岁入数倍。[①] 征讨云南的上都派，1330年一年的花费就至少有纸钞63万锭。[②] 1329年政府用于赈灾的纸钞是134.96万锭，粮食25.17万石。[③] 由于这些花费和其他开销，政府在1330年的经费缺239万锭。[④]

政府并没有尝试用任何激烈的手段来增加收入。为增加收入而采取的惟一措施是继续实行也孙铁木儿的卖官政策。[⑤] 政府试图削减岁赐、做佛事和宫廷的花费。如诸王、百官的参加即位朝会赏赐，按海山所定制，凡金银五铤以上的只给2/3。[⑥] 上都每年做佛事165所，在1330年亦减为104所。[⑦] 同一年裁省卫士和宫廷服侍人员，裁掉的卫士、鹰坊、内飨及其他人员超过了1万人。[⑧] 通过这些手段及其他措施，政府将财政赤字保持在可控制的指数之内。与此同时，政府通过海运从长江流域运来了充足的粮食，运到大都的粮食在1330年达到了3340306石的最高水平。[⑨] 可控制的财政赤字和大量的粮食储备，使政府不用靠印发纸钞来解决财政问题。这是使日用品价格仍保持在爱育黎拔力八达朝水平的部分原因。[⑩]

赞助中国艺文

由于实际权力大多数掌握在燕铁木儿和伯颜手中，图帖睦尔花费了大量的时间和精力营造宫廷的汉化即儒化氛围。他为此所做的努力一方面是为了提高自己在汉人臣民中的威信和合法性，另一方

① ［653］《元史》，卷31，第700页。
② ［762］李则芬：《元史新讲》，第3卷，第527页。
③ ［653］《元史》。卷34，第755页。
④ ［653］《元史》，卷184，第4238页。
⑤ ［653］《元史》，卷96，第2476—2477页；卷139，第3352页。
⑥ ［653］《元史》，卷33，第739页。
⑦ ［653］《元史》，卷34，第763页。
⑧ ［653］《元史》，卷34，第765页。
⑨ ［653］《元史》，卷93，第2369页；［441］舒尔曼：《元代经济结构》，第125页。
⑩ ［296］前田直典：《元代纸币的价值变动》，第139—140页。

面是出于自己的爱好。① 在元朝的所有皇帝中，图帖睦尔可能是最博学和最多才多艺的人，他很早就显示出了广博的知识和艺术爱好，在 1325 年至 1328 年任怀王时，身边就有很多著名的汉人文学家和艺术家。② 图帖睦尔据说有极好的汉文和历史知识，在诗歌、书法和绘画等方面都颇有造诣。作为中国绘画和书法的收藏家和鉴赏家，图帖睦尔完全可以与宋徽宗（1101—1125 年在位）和金章宗（1189—1208 年在位）媲美。甚至有人说他将徽宗作为自己的样板。

作为一个有修养的中国皇帝，图帖睦尔采取了许多尊崇儒教和倡导汉文化价值的措施。例如，1329 年图帖睦尔派遣官员前往曲阜代祀孔子③，第二年又加封儒学先贤封号。④ 1330 年，皇帝本人亲自参加祭天的郊祀，这是元朝皇帝第一次参加此项中原王朝传统的重要祭祀。⑤ 为发扬儒家道德，宫廷每年都表彰许多孝子与节妇。⑥

为阻止汉人追随蒙古人和非儒家习俗，1330 年下诏："诸人非其本俗，敢有弟收其嫂、子收庶母者，坐罪。"第二年，又下令汉人和南人严禁实行收继婚制。⑦ 同时，鼓励蒙古人和色目人接受汉人的习俗，蒙古和色目官员在 1329 年准许按汉人习俗为父母守丧三年。这是对前一年也孙铁木儿颁布的凡蒙古、色目人效汉法丁忧者除名的规定的否定。这一否定在五年后由妥欢贴睦尔重申，并将汉人的行丧习

---

① [277] 兰德彰：《虞集和他的蒙古君主：充当谋士的学者》。

② 关于图帖睦尔的汉文化程度，见 [235] 神田喜一郎：《元文宗的风流》，第 477—488 页；[557] 吉川幸次郎：《元代诸帝的文学》，第 243—276 页；[801] 罗贤佑：《元朝诸帝汉化述议》，第 72—73 页。

③ [653]《元史》，卷 33，第 730 页；卷 172，第 4028 页。

④ [653]《元史》，卷 34、第 763、770 页。

⑤ [653]《元史》，卷 34，第 768 页；卷 72，第 1791—1792 页；亦见 [126] 傅海波：《从部落领袖到至高无上的皇帝和神》，第 32—33 页。

⑥ [653]《元史》，卷 34—36。

⑦ [653]《元史》，卷 34，第 767 页；卷 103，第 2643—2644 页；亦见 [448] 司律思：《明朝初年中国的蒙古遗俗》，第 174—176 页。

俗推广到所有的蒙古人和色目人都要实行。①

图帖睦尔倡导汉学最具体的措施是建立奎章阁学士院。② 在1329年春季首次建立的奎章阁学士院，为其设定的职能就是“进经史之书，考帝王之治”③。其职能包括向皇帝进讲儒家经典和汉文史籍，教育贵族子孙和年轻怯薛成员，收集、校正和编辑书籍，对皇室所藏绘画和书法作品进行鉴定和分类。先后在学士院任职的113名官员中，有许多著名的汉族士人，包括学者兼作家的虞集（1272—1348年）、许有壬（1287—1364年）、揭傒斯（1274—1344年）、宋本（1281—1334年）、欧阳玄（1283—1357年）、苏天爵（1294—1352年）和柯九思。④ 此外，还有当时最杰出的汉化蒙古和色目学者：畏兀儿翻译家忽都鲁都儿迷失，汪古学者兼政治家赵世延，克烈部诗人阿荣（死于1335年），著名康里书法家巎巎（1295—1345年），康里理学家铁木儿塔识（1302—1347年），年轻的伯牙乌部进士、才华横溢的蒙古士人泰不华（1304—1352年）。上列诸人无疑是各族学者和艺术精华的代表，在元代各个机构中各族学者任职可说是最集中的一次。

在一个政府机构中集中如此多的干才，从事各种文学、艺术和教育活动，这不仅在元代是前所未有的，在中国历史上也是第一次。它可与唐玄宗时的集贤院相媲美。奎章阁学士院的各种活动有一定的政治意义。它们通过给予他的朝廷一个“精心安排的‘文明’外表”的方式来改变皇帝的形象。⑤ 由官方推动的艺术和文学修养，也可说是皇帝本人爱好的延伸。图帖睦尔有很多闲暇时间，他把这些时间都用

① [653]《元史》，卷30，第686页；卷38，第823页；卷83，第2086页。关于汉人守丧习俗对色目人的影响，见[787]陈垣：《元西域人华化考》，英译本，第241—252页。

② 关于奎章阁学士院，见以下研究成果：[820]姜一涵：《元代奎章阁及奎章人物》；[870]傅申：《元代皇室书画收藏史略》；[277]兰德彰：《虞集和他的蒙古君主》，第106—108页。

③ [277]兰德彰：《虞集和他的蒙古君主》，第108页。

④ 关于学士院的人物，见[820]姜一涵：《元代奎章阁及奎章人物》，第77—178页。

⑤ [277]兰德彰：《虞集和他的蒙古君主》，第106页。

在奎章阁临池赏画。奎章阁学士院的核心人物虞集和画家柯九思，得到了图帖睦尔的厚爱。虞集起草诏旨为皇帝的正统辩解，并且著文写诗歌颂皇帝，用自己的真才实学为皇帝效力；柯九思则以鉴赏书画取悦皇帝。①

奎章阁学士院确实编辑和出版了一些著作。② 它最重要的成就也是图帖睦尔朝的标志是编辑了大部头的政书《经世大典》。③ 按照唐、宋的《会要》体将元代所有重要的官方资料和法律规定编辑于本书中，其目的就是强调元代的统治与以前的中原王朝的统治一样完美。这个雄心勃勃的计划名义上是由燕铁木儿监修，但主要负责此事的是虞集。该书的编辑始于1330年5月，用了13个月时间全部完成，共计800卷，分为10编。前4编为君事，为编辑这4编，以前禁止汉人接触的许多蒙文资料被翻译成了汉文。另6编为臣事，按照儒家经典《周礼》和《会要》的体例编排。由于保存了大量的元代官方资料，《经世大典》不但是图帖睦尔的骄人成就，对后来的历史学家也颇有益处。它为明朝初年编撰的《元史》的各志提供了基本资料。虽然该书在1509年至1605年间散佚，但许多部分收入明朝类书《永乐大典》。④ 这些保留下来的部分是研究元代制度的重要史料。

尽管有如此辉煌的成就，奎章阁学士院却未使元政府更为儒化。由于官僚体系操纵在燕铁木儿和伯颜手中，他们并不赞成皇帝的汉化倾向，所以奎章阁学士院的影响只是局限在宫廷内部。可能是因为奎章阁的儒化含义并得到皇帝的过度关照，其官员不断受到御史台的弹劾。因此，迫于形势，奎章阁的主要官员在1330年集体辞职。⑤ 虞

---

① 关于柯九思的作用，见［70］柯立夫：《柯九思的〈宫词十五首〉》。

② 见［820］姜一涵：《元代奎章阁及奎章人物》，第75页。

③ 对《经世大典》最深入的研究见［747］苏振申：《元政书〈经世大典〉研究》。亦见［127］傅海波：《蒙古统治下中国的货币和经济》，第25—31页；［441］舒尔曼：《元代经济结构》，第9—14页；［195］萧启庆：《元代的军事制度》，第67—69页；［277］兰德彰：《虞集和他的蒙古君主》，第108—110页。

④ 关于《经世大典》的散失和保存下来的文字，见［747］苏振申：《元政书〈经世大典〉研究》，第13—18、33—78页。

⑤ ［747］苏振申：《元政书〈经世大典〉研究》，第20页。

集便认为他对政府的政策毫无影响。[①] 最后，燕铁木儿在 1332 年年初控制了奎章阁；仅 6 个月后，图帖睦尔即去世了。燕铁木儿控制奎章阁是为了限制它的成员接近皇帝。[②] 图帖睦尔去世后不久，奎章阁学士院即被撤销。虽然奎章阁学士院确实帮助图帖睦尔增加了宫廷的儒化表象，但是总的说来，它对政府的影响很有限。

调解继承关系的失败

在其短促在位期间，图帖睦尔一直被他不合法的帝位继承问题和他自己的继承人问题所困扰。他和正后卜答失里（约死于 1340 年）原本企图传位于长子阿剌忒纳答剌。阿剌忒纳答剌于 1330 年 3 月被封为燕王，这个王号原来只有真金得到过；1331 年 1 月，阿剌忒纳答剌被册立为皇太子。[③] 此时，为确保阿剌忒纳答剌平稳即位已采取了一些措施：和世㻋的正后八不沙被谋杀，妥欢贴睦尔在 1330 年 5 月被流徙到高丽。[④] 但是这些措施没有起作用，因为阿剌忒纳答剌在被封为皇太子后大约一个月即死去。[⑤]

儿子的去世完全打乱了图帖睦尔的继承人计划。此外，他似乎亦惧怕因谋杀兄长而得到报应。因此，他请求燕铁木儿照顾他的二儿子古纳答剌，并将古纳答剌的名字改为燕帖古思，意为“融洽”[⑥]。1332 年 9 月 2 日图帖睦尔去世，终年 28 岁，继承人问题此时还悬而未决。

据说图帖睦尔在临终前对谋杀兄长的行为表示悔恨，表示愿意将帝位传给和世㻋的长子妥欢贴睦尔，而不是传给自己的儿子燕帖古

① [653]《元史》，卷 181，第 4178 页。
② [84] 窦德士：《征服者与儒士》，第 48 页。
③ [653]《元史》，卷 34，第 754—770 页。《元史·卜答失里传》的译文，见 [77] 柯立夫：《1335 年张应瑞的汉蒙文碑铭》，第 35—36 页，注 35。
④ [653]《元史》，卷 34，第 756 页；卷 38，第 815 页；卷 114，第 2877 页。
⑤ [653]《元史》，卷 34，第 774 页。
⑥ [653]《元史》，卷 35，第 790 页；卷 36，第 802 页。

思。[①] 燕铁木儿完全明白自己在和世瑓之死中的作用，他立即感到恐慌，因为和世瑓任何一子的即位都会对他不利，所以力主燕帖古思即位。[②] 卜答失里皇后可能与图帖睦尔一样惧怕报应，否定了燕铁木儿的建议，和世瑓的二儿子、年仅 6 岁的懿璘质班（宁宗）被选定为继承人，并于 1332 年 10 月 13 日在大都即位。没想到年幼的皇帝在即位后仅 53 天即死去。[③] 懿璘质班之死标志着元中期的结束，并为他哥哥妥欢贴睦尔 35 年的统治铺平了道路。

时代的回顾

这一章说明了元中期的统治者未能善用天下太平的时机而在忽必烈留下的基础之上创造更多建设性变化。在元中期的绝大多数时间里，国家很少受到外来战争、征服战争和民众起义的干扰，因为元中期诸帝从忽必烈手中继承的是一个强大、和平的帝国，而他们又放弃了扩张政策。此外，他们成功地重建了蒙古人世界的和平，并且还保持对各蒙古汗国的宗主地位。但是，他们没能巩固他们的成果，这主要是因为在统治阶级内部经常发生争斗。

激烈的帝位之争使得元中期的政治残酷而易变。在 39 年中，有 9 个皇帝即位，平均在位时间只有 4.3 年。9 个皇帝中的 6 个是在激烈争吵或武装冲突后登基的；9 个皇帝中有两位被杀，还有一位在被推翻后失踪。[④] 不仅皇帝成为争斗的牺牲品，政府的高官显贵亦经常大幅度更换，因为一次帝位争夺之后总是伴随着血腥的清洗。由于帝位的竞争者有人是汉地背景，有人是草原背景，所以使得朝廷的政策经常摇摆。

虽然有草原背景的帝位竞争者没有汉地主要官僚派系的支持显然

① [651] 权衡：《庚申外史》，1a—b；英译本，第 27—28 页。

② [653]《元史》，卷 38，第 815 页。

③ 关于懿璘质班，见 [653]《元史》，卷 37。

④ 不是被杀死或推翻的另 6 位皇帝的平均寿命只有 29.3 岁，与前 5 位蒙古大汗形成鲜明对照，他们的平均寿命为 58.2 岁。这亦能反映蒙古皇室生理和政治上的蜕变。

不可能成功地夺取帝位，但背景完全不同的皇帝的交替，不可避免地带来朝廷政策的大幅度变化，甚至影响朝廷的文化走向。由于帝国是成吉思汗子孙的共同财产的蒙古人观念与汉人的君主专制观念水火不相容，加上草原与汉地间的紧张关系及权臣和官僚派系的兴起，加剧了后忽必烈时期的帝位争夺。

元中期权臣的兴起在蒙元历史上是前所未有的，这是忽必烈加强中央集权和建立官僚体制政策的结果。这一政策虽然远未达到目的，但已使官僚在削弱诸王权力后得到更多权力，而诸王原来在某种程度上分享着皇帝的权力。频繁的帝位争夺削弱了皇权，对希望夺得帝位的人来说，官僚的支持亦远比依靠诸王的支持重要，官僚的权力因此而更加膨胀。结果不仅是更多的权力集中在各官僚派系的首脑手中，权臣与君主的关系也发生了变化。

八邻部人伯颜、玉昔帖木儿和哈剌哈孙都在皇帝即位时起过重要作用，但是他们还是属于旧蒙古那颜一类，在新皇帝即位后，他们都表示出绝对恭顺和效忠。铁木迭儿是一个过渡型的例子。虽然没有坚实的独立权力基础，其政治生命完全依靠皇太后答己的支持，铁木迭儿还是能够蔑视爱育黎拔力八达和硕德八剌的权威，并且在硕德八剌朝初年，对他的对手实行恐怖统治。燕铁木儿和篾儿乞部人伯颜是强臣专权的代表。他们是名副其实的帝王废立操纵者，他们还从各方面控制着政府的活动。权臣的兴起，削弱了皇帝的权威及群臣对他的效忠。

派系之争是帝位继承危机和强臣兴起的必然产物。为了支持或反对强臣，亦为了控制皇帝，在官僚中形成了不同的派系，并且经常与诸王集团联盟。

除权力之争外，派系之争有时亦有思想体系的纠缠。为控制国家的发展方向经常爆发争斗，也就是说到底是继续汉化和加强中央集权，还是继续维持国家的蒙古特征及保证蒙古和色目精英的家产封建特权。

派系之争的激烈程度及其思想体系的纠缠，在爱育黎拔力八达朝和硕德八剌朝铁木迭儿派与其儒臣反对派的长期和激烈的争斗中显示得最为清楚。铁木迭儿派坚持维持现状，强烈反对他们的儒臣政敌支持皇帝采取的各种政策。这种冲突导致了爱育黎拔力八达在位后期政府的瘫痪和硕德八剌的被杀。在海山朝和也孙铁木儿朝，旧蒙古贵族显然占了上风，儒臣的声势被压了下去。同样，在图帖睦尔朝，燕铁木儿和伯颜控制了朝廷。虽然诸王和高官不断图谋反对他们或是反对皇帝，但这些图谋都没有成功。虽然皇帝信任儒臣，但儒臣无法影响朝廷的政策，因为燕铁木儿和伯颜紧紧控制着朝廷。

帝位继承危机的不断出现，权臣和官僚派系的兴起，加剧了元中期政治的紊乱和政策摇摆，并且削弱了元朝政府。政府亦被不断膨胀但效率急剧下降的官僚队伍、财政紧缺和通货膨胀等问题所扰。政府还面临着军队衰弱的问题。虽然这些问题通常出现在王朝衰弱时期，但事实上元朝是一个征服王朝，元中期的政治形势毫无疑问使这些问题越来越严重。

元中期的政府确实有一些变化。它通过实行汉法的深化改革，特别是在爱育黎拔力八达、硕德八剌和图帖睦尔朝，使蒙古人的国家在汉地的根基扎得更深。爱育黎拔力八达提高了儒臣在政府中的地位，为使官僚体系更加儒化，他恢复了科举考试制度，为使政府部门有效运转和公平审案而编纂了新的法典，为使蒙古和色目精英了解汉人历史经验和治国理论推动了汉文著作的蒙文翻译。为加强中央集权，朝廷采取了削弱贵族权力的措施。硕德八剌继续推行并扩大了他父亲的改革。图帖睦尔在倡导儒家价值和保护汉地艺文方面做出了最大的努力。甚至在海山朝和也孙铁木儿朝，他们两人的草原背景最强，也没有完全回归蒙古草原传统。

但是这些变化并没有推动元朝国家性格的基本转化。甚至推行改革的皇帝亦没有多做使国家性质发生变化的事情，因为他们惧怕彻底背离祖先的统治模式会引起保守势力的强烈反对。爱育黎拔力八达限制贵族特权的失败，就是因为保守势力的反对。科举考试从未达到严重损害精英家族的地步。其他改革措施不过为一个社会政治结构没有根本性变化的朝廷增加了一点汉化和儒化外表。因此，元朝的政府还是保留了部分家产封建制度和部分官僚化的结构。儒学不过是相互竞争以期引起皇帝注意的诸多“宗教”中的一种。蒙古和色目精英与汉人臣民之间的巨大政治和社会鸿沟，虽然较前狭化，但还是没有完全弥合。中期诸帝留给末代皇帝妥欢贴睦尔的，是一个因统治阶级内部经常爆发的激烈争斗而严重削弱了的国家，也是一个已在中国社会扎根但植根还不够深的国家。

第七章

顺帝与元朝统治在中国的结束

妥欢贴睦尔（顺帝）在位时期的元代中国

1333 年 7 月妥欢贴睦尔刚年满十三，就被带到夏都上都，在那里被立为元朝的第十位皇帝。他名义上统治的那片国土已经有很长时间处于紧张状态，一部分原因是统治集团内部有复杂的特殊的矛盾，另一部分原因则是中国本身长期以来存在的问题。虽然尚没有立即垮台的迹象，但具有一定讽刺意味的是，在所有元朝皇帝当中，他这个末代皇帝在中国统治的时间反而最长。作为一个被动的统治者，他这一朝政治生活的整个特征则为下一个朝代明代的创建者提供了鲜明的反面教材，这就没什么讽刺意味了。妥欢贴睦尔（一般以其庙号顺帝相称）在中国，至少在大都（今北京）的统治到 1368 年结束。[①] 1370 年他死于漠南。他这一朝的历史提出了一个重要的问题，即为什么元朝以如此方式和在这样一个时候灭亡？对这个问题并没有简单的答案。蒙古人和汉人肯定都不是没有尽力去拯救它。

这位年轻的皇帝继承的政府系统规模庞大、复杂奢华，一方面是由于它需要为享有特权的蒙古、色目这些为数不算少的少数民族上层提供官衔与供职机会，另一方面，尽管国家主要是公共的官僚机构，但在一定程度上又是帝国皇室与某些权贵的私人财产。这里简单叙述一下到 1333 年为止时这些特征发展的情况，可以为多灾多难的妥欢

---

① 妥欢贴睦尔被明朝追封为顺帝。妥欢贴睦尔的小传，见傅海波：《妥欢贴睦尔》，载[159]《明人传记辞典》，第 1289—1293 页。

贴睦尔一朝所发生的事件提供一些背景资料。

元朝不只有一个国都，而是有两个。主要的都城是大都，还有一个夏都称为上都，在大都以北约 200 英里的内蒙古草原。妥欢贴睦尔 1333 年 7 月在上都即位，9 月或 10 月返回大都。以后他每年夏天都诚心地巡幸上都，保持着祖先游牧生活的作风。每年阴历四月妥欢贴睦尔北上，八月返回大都，直到 1359 年 1 月上都被中国的造反者破坏之前一直如此。每年的北上行程很消耗时间，如 1347 年花了 23 天。① 这样，皇帝每年要花一个半月在路上，每天以散步的速度约走 15 公里。他要携带大批随行人员，这些人在每年夏天的几个月中就在上都处理公务。这种每年一度的出行所造成的消耗尚无人试图统计，这里面还包括大量的支应部门、运输与传递服务，以及一整套专门负责出行的机构。14 世纪三四十年代，两位南方士大夫黄溍与胡助曾对这些旅程的情景和夏都均作了热情洋溢、诗一般的描述。胡助写得更早些，充满赞美之词。②

大都同样给来自中国南方的文人以深刻的印象。是他们使我们得到一些当时的描述与评论，其中有年轻的胡助对环居着大批贫民的宏伟繁盛的大都（它是座生活费用昂贵的城市）所表示的敬畏，有陶宗仪细致详尽的记述，还有萧洵在 1368 年即新成立的明政府有意地毁掉这座宫阙的前夕所编写的精细的清单。③ 大都外城周长为 28.6 公里。皇城在城市的南部，包括中央朝廷、宫殿和湖泊，约占整个市区的 1/12（见图 33）。

依然含有传统成分的元政权，很明显是以一种可归为半公共的、表面上官僚化的商业帝国的政权而存在着。这个帝国有农业、宫殿庙宇建筑业和制造业。其制造业包括了各个方面，从原材料的获取到装运、贮存，以及令人吃惊的种种物品（主要是奢侈品）的配送。约有 300 个作坊，大多在北方，雇佣在册匠户劳力，生产各类织品、食

① ［617］黄溍（1277—1357 年）：《黄文献集》，卷 7，71b—72b 页。

② ［626］胡助（1276—约 1353 年）：《纯白斋类稿》，卷 2，5a。

③ ［819］侯仁之、金涛：《北京史话》，第 61—95 页。

品、饮料、珠宝、车辆、铁器、毡子、砖瓦、皮革和其他各种产品。[①] 这些产品直接用于征服者上层集团的消费，其中的一些也在都城的店铺中销售。作坊的主人都是皇室成员及其配偶和朝廷的高官权贵们；可是皇帝能够重新分配这些财产，而且也这么做过。在政治顶层上的换班保证他们过一定时期就可没收财产并重新分配。

若将世袭的和任命的文武官员及其定编的候补官员都加在一起，妥欢贴睦尔开始时期的元政府约有 3.3 万人。它是一个多民族的结合体，其中约 30%是非汉族人。法律规定某些职位只能由一定民族成分的人担当，但这些规定常常被暗中躲过，有时还遭到公开的漠视或被改变。

大多数政府部门的职位经常由不同民族的人共同担任，为了政府工作能顺利进行，需要创造出相互适应的工作方式。[②] 在汉人关于等级制、个人权利及其责任的观念与蒙古的议政传统之间，官方的工作程序要求的是并不容易做到的妥协。公务活动中使用的文字至少有四种：汉语文言、元代白话、蒙古语，也可能还使用波斯文，因为政府重要部门总是任用回回书吏。[③] 官僚机构中既有笔译，又有口译通事。

一切进行得比人们猜测的要好。为了增强官员们的民族凝聚力，政府有意地以一种惟一可行的方式不断做出努力：鼓励对各特定的组织机构的忠心。例如，在元朝晚期，曾刻写大量的题名记，用来宣传政府各机构的责任与重要性，并从高到低列出当时全部在职者的姓名，以此在任职的所有不同民族的人当中建立起一种具有共同目标的意识。14 世纪 60 年代修成的元朝一个机构的全史《秘书监志》完整地保留了下来，显示出组成这一机构的众多的汉人、蒙古人、回回及其他民族对这一机构的认同感是多么坚定。[④] 妥欢贴睦尔时期御史台

---

① ［759］李干：《元代经济史稿》，第 229—243 页；［364］大岛立子：《元代的匠户》。
② ［103］伊丽莎白·恩迪科特—韦斯特在《元代的中央机构》一文中论述了这一问题。
③ ［199］黄时鉴：《元代中国的波斯语》。
④ ［643］王士点编：《秘书监志》。

显示出了各族之间通过政治制度而形成凝聚力的最重要的表现。御史台成员坚持监察的权利。因此直至元朝末年，他们在对高级官员的政治弹劾方面一直起着轴心作用。

在政府中任用外族人造成机构膨胀。举个例子，只负责涉及两都蒙古人或外族人案件的最高司法机关就有 96 人，以 42 名从一品蒙古札鲁忽赤为首，他们享有高薪与特权。① 妥欢贴睦尔时期，“冗官”问题偶尔提到朝廷上来，但由于政治原因，尽管财政拮据，元朝统治集团从未能裁减过多的职位。

在元朝晚期有几个渠道可以进入官僚机构。大多数低级官吏以衙门见习官吏或儒学教官的身份任职。征服集团中的年轻人（也有一些汉人）首先做怯薛（宿卫）或皇室的家臣。成吉思汗最亲信的三名功臣的后代掌管怯薛，后来怯薛拥有 1.3 万名年轻人，被称为“官僚的摇篮”和“元统治阶级的大本营”。② 怯薛成员享有“根脚”的称呼，暗示着他们有在其他人之上的贵族出身。

1315 年开始实行的三年一次的科举考试，从统计学的意义上说只是进入低级官僚阶层的一个小小入口（到 1333 年，总共只有 550 多名进士，最多只占官员人数的 2%），但从政治上来讲这却是十分重要的。这一制度十分优待蒙古人（考生不多，供过于求），对南人则不利（极多人应考，求大于供），然而尽管有这些规章上的不公平，这个制度还是在那些考中的人士中创造出了共同的前景并形成了不同民族间的凝聚力。

1333 年的科举，始于春季，最终的殿试结束于当年的阴历九月，年轻的皇帝刚从上都返回大都不久。③ 这是在元朝统治下第一次举行的允许各民族人士参加的科举考试，显然体现了对科举兴趣的增加以及高等教育的推广。那年考中进士的人名单保存至今。④ 从名单中可

---

① ［653］《元史》，卷 87，第 2187—2188 页。

② ［195］萧启庆：《元代的军事制度》，第 39—44 页；亦见［856］《元代史新探》，第 141—230 页。

③ ［620］宋褧（1294—1346 年）：《燕石集》，卷 15，13a。

④ ［855］萧启庆在《元统元年进士录校注》中有全面的考证。

以看出，50名汉人的平均年龄比50名非汉人的年龄要大一些，平均岁数分别为31岁与28岁。此外，92%的汉人已婚，而非汉人已婚的则是74%。有趣的是蒙古和其他少数民族的人士跟汉人结婚的比率很高：其中，母亲为汉人的占58%，而已婚的那些人中近70%是娶汉人为妻。不论民族成分如何，每个中式者授予的第一个官职均是职位差不多的地方官。在非汉人名单上名列榜眼的叫余阙，河南人（译者注：元庐州人，今安徽合肥），其祖先是不出名的唐兀人。这是一个典型的例子，对这类出身不显赫的非汉人青年来说，科举最可能成为通向名誉和富裕的途径。后来余阙成为一位出色的地方官与改革者。同时他又是一个很有才气的诗人，精通汉族文学，他的著述保存至今。①

因此，1333年进士题名录恰逢其时地表现了一定时间内反映元朝官僚机构特征的一些缠结在一起的分裂与融合情况：制度化的民族不平等以及与此并存的普遍通婚现象；征服民族在吸收它所占领的土地上被统治人民的道德观念、文学传统以及行政管理传统；汉族上层则主动、积极地介入了统治他们的外族王朝。

1333年元朝政府的控制，在中国南北两大区域仍旧很不平衡。最引人注目的是在华北一带维持了如此密集的地方行政组织，而这一地区在蒙古人的征服中备受创伤，人口由于不断南徙或者迁入城市而进一步下降，并屡遭洪水、地震、干旱、蝗灾、疫病与饥荒。② 杨维桢1348年所讲的北方“一邑生灵有弗敌江以南一族之聚”，一点儿也没有夸张。③ 对于人口众多、更加富庶的南方，政府有意在政策上实行宽松的管理。依人口比例，南方地方官仅是北方的1/5，而南方人所交税也比北方少很多。对于这种差别而给予的心照不宣的补偿，就是北方汉人比南方汉人在官场上更受优待，特别是在官职的任用

① ［624］余阙（1303—1358年）：《青阳先生文集》。

② 有高岩在［17］《元代农民的生活》一文中列举了有关资料；亦见［773］吴晗：《元帝国之崩溃与明之建立》。

③ ［625］杨维桢（1296—1370年）：《东维子文集》，卷4，9b—10b。

方面。

最后一点，1333年，元王朝有了广泛的财源。除了地租、商业税以外，政府还在许多商业部门中投入了资金，并对屯田，特别是盐业进行国家控制。到1333年时，由国家盐业垄断所得的收入已经稳定上升，每年最多能收入约合760万锭的纸钞，足够满足中央政府所需的80%。海运系统则将大批粮食从长江三角洲运到大都，供养整个定居的征服者，以及在大都居住的各种人户，包括大量穷人，还为住在北方草原上的蒙古人提供食粮。1329年这些至关紧要的漕运活动达到高峰。之后不久，数量开始下滑，起初缓慢些（到1341年下降了25%），然后是灾难性的下跌。元王朝在提高收入方面已再无多少可能，事实上它很快将陷入岁入递减与消费增加的夹击之中。[①]

以上是妥欢贴睦尔即位时元朝晚期的概况，20年之后元朝开始走向崩溃。尤其重要的是要记住这些事件距离忽必烈时期（1260—1294年）并不远，虽然中间经历了八个皇帝的更替。几个在1333年时也就六十多岁的高官显贵，是在王朝创建者的时代成人并开始发迹的。忽必烈在他们的记忆中还很清晰，出任丞相的伯颜便是如此。

妥欢贴睦尔即位与伯颜专权，1333—1340年

关于妥欢贴睦尔的出身，还不能够完全肯定。1340年他正式宣布他是忽必烈的合法后代，是忽必烈的第六世孙，是被刺杀的明宗和世㻋（1329年在位）与哈剌鲁妃的长子。而早先文宗图帖睦尔（1328年，1329—1332年在位）发出的上谕（由当时最受尊敬、颇有影响的汉人儒生虞集起草），称妥欢贴睦尔并不真是和世㻋的儿子，这显然是根据妥欢贴睦尔的乳母的丈夫的说法。[②] 此外还有一个被广泛

---

① 有关元代财政的最主要论著还是［127］傅海波的《蒙古统治下中国的货币和经济》，亦见［441］舒尔曼：《元代经济结构》。

② ［277］兰德彰：《虞集和他的蒙古君主》，第111页；［653］《元史》，卷181，第4180页。

接受的故事，说他的父亲是宋朝皇帝的后裔，母亲是一位穆斯林，和世瑓收养了他。[①] 因此，妥欢贴睦尔 10 岁时被流放到高丽海岸附近的一个岛上，12 岁时迁到今广西桂林，跟一个和尚学习《论语》与《孝经》，交了一大群猴子朋友，猴为他的生肖（他生于 1320 年）。他在此过了一年，直到被召回继承皇位。

文宗图帖睦尔 1332 年 9 月去世，妥欢贴睦尔年仅 6 岁的异母弟懿璘质班继位，但只统治了两个月，12 月就去世了。以后的七个月里皇位空缺，在此期间大都的那些能左右拥立的要人们都在为各自所中意的候选人而明争暗斗。燕铁木儿及其家族是最强的政治集团，他们支持图帖睦尔的小儿子燕帖古思。其母卜答失里认为燕帖古思太小，建议他做妥欢贴睦尔的继承人。她的目的终于达到了，部分原因是燕铁木儿得到允许将其女儿嫁给妥欢贴睦尔，而更主要的原因则是她赢得了篾儿乞部人伯颜的支持。伯颜在当时几乎是政治上最有势力的人，他已得到很高的职位（中书左丞相），兼任知枢密院事，并在各宿卫及内廷机关中主事。由于帮助妥欢贴睦尔登基成功，他于 1333 年终于获得了最高的文官职位——右丞相。1335 年他成为大丞相，直到 1340 年被赶下台。

很明显，妥欢贴睦尔扮演的是临时傀儡的角色。他是一个 13 岁的孩子，又没受过训练，从法定意义上讲还是非正统的，自然容易被取代；实际上他被规劝呆在暗处，不直接参与对帝国的统治。后来他曾说当皇帝的最初几年总是处于畏惧状态，这话在一定程度上是真实的。他的统治在不稳固的基础上开始，却维持了一个长时期的统治，即使这一统治或多或少是被动的。

丞相伯颜搞了一次血腥的袭击，1335 年夏季他杀掉了他以前的同党燕铁木儿所有的家属，把他们都说成有叛逆罪。然后他采取了一个特别的行动，用《元史》上的话说，就是打算“用国初故事”[②]。妥欢贴睦尔的年号改为“至元”，与忽必烈 1264 年至 1294 年间的年

① ［666］万斯同（1638—1702 年）在《庚申君遗事》中引用了这一说法。

② ［653］《元史》，卷 138，第 3337 页。

号一模一样。伯颜的用意显然是通过改年号重现元朝初年的盛世。这意味着什么呢？为什么他要这么做？

伯颜的个人经历可以提供一些线索。他和他的祖先都曾担任怯薛歹，世代充当大汗一家的家仆。伯颜年轻时是皇子海山的卫士。他在草原战争的最后阶段（1300—1306 年）表现英勇，传统的诸王大会忽邻勒台授予他拔都（勇士）称号。后来海山当了皇帝（庙号武宗，1307—1311 年在位），伯颜历任朝中的高官和汉地军队中的指挥官。1311 年以后，他在行省任职并卓有成效，这期间他将皇帝赏赐给他的大片农田捐献给怯薛以及元朝宫廷喇嘛。1328 年他成为海山之子图帖睦尔（文宗）即位的一个主要支持者。至少在初年，伯颜像《元史》本传所描写的那样“弘毅深沉，明达果断”①。所有这些似乎都描绘了一个有长期广泛经历的贵族的肖像，他对元朝这一蒙汉混合政权中的蒙古一方有着深深的忠心，从个人、民族以及制度角度看都是如此。

显然，伯颜相信自忽必烈去世后 40 年来朝政一直在向并不理想的方向发展，他要重新恢复以往的局面。但是下诏改元，重新采用“至元”年号意味着什么，解释并不明确。有关上谕模糊地提到上天警告的预兆，说尽管国家仍享受着繁荣与和平，天象观测者们已注意到异象，这些异象要求政府要重新恢复忽必烈统治下“天人协和，诸福咸至”的旧典，以改进政府管理。② 换句话说，当官方宣布“海宇清谧”的时候，最重要、或许是令人痛苦的变化就要发生了。由于普遍缺乏危机感，由于伯颜要做的事没有得到广泛的道义和政治上的支持，也由于他的计划缺乏清晰的定义，伯颜很快就不得不用强迫手段达到其目的了。

下面要弄清伯颜自己的想法，并把它与他的众多汉人和非汉人对手所认定的他的想法区分开来，这是很重要的。

伯颜的改革有两个主要部分。其一，也是常常被忽略的，是他基

① ［653］《元史》，卷 138，第 3335 页。
② ［653］《元史》，卷 38。第 830 页。

于在中国进行管理的相当多的知识与经验，为减轻贫困，从总体上改进生活状况为目标的改革。宫廷支出被缩减（有时以忽必烈朝的开支水平为标准）；盐的专卖比例减少；同时有意识地、不断地对全国各灾区提供及时的、适当的赈济。至此，一切都还不错。

伯颜所作努力的第二部分，是试图重建他认为是忽必烈最初规划的统治制度，但这最终证明是不可行的。这主要要求在政治、军事两方面都严格实行民族区分。依伯颜之见，这是元朝统治中国的绝对基础。为达此目的要将历史倒推半个世纪，显然伯颜在一开始没有料到这将会多么困难。

这时候蒙古人、其他外族人与南、北汉人上层之间文化、社会关系方面曾经十分单一的民族划分早已变得模糊了，它已随着复杂的民族融合而不复存在。许多有心往上爬的汉人采用蒙古名字（伯颜对此颇为不满）、学习蒙古语、与蒙古人结婚，以及通过其他方法使自己逐渐而巧妙地进入蒙古人的权力机构。而另一方面，许多蒙古人和其他外族人则与汉人意气相投。

例如，蒙古克烈部人阿荣（死于 1333 年），也同伯颜一样给海山当过怯薛，是一位能力很强的行政与军事长官。总之，表面上看，他的情况很像伯颜，但在文化上他与伯颜走的是完全不同的两个方向。他喜欢赌博、打猎、打球，他也学习中国的历史，喜爱南方葱郁的山水画。他在湖南有一所被称作“梅月村”的闲居，在那里他种了几百棵梅树①，并与汉人文士谈得来，关系融洽。伯颜要实行民族区别，给阿荣这样的人在民族间的个人交往上，也在升迁和事业上蒙上了阴影。所以，伯颜的计划对阿荣等人来讲毫无吸引力（阿荣曾经很伤心地跟虞集预言，伯颜不久会取消科举制度）。在上层文人当中，外族人与汉人不再能被清楚地加以区别。这是伯颜的计划在政治上遇到麻烦的核心所在。

具体地说，伯颜重申了在中国的外族统治集团的优势地位，当然还包括没收汉人（高丽人也在内）的武器和马匹。他还要从此禁止汉

① ［620］宋褧：《燕石集》，卷 8，13—15 页；［653］《元史》，卷 143，3420—3421 页。

人学习蒙古语和其他外族语言，尽管这一措施不久就取消了。他规定官僚机构中许多领导职位只能由蒙古人、色目人充当。与其说是伯颜本人，倒不如说是那些头脑发热的地方官，下令没收所有铁制农具，并严禁演出汉人传统戏剧和说书。人们普遍相信，这位丞相曾下令在全国范围内搜括所有未婚的童男女，并诛杀五大姓（译者按：张、王、刘、李、赵）汉人。这虽不是伯颜实际上执行了的政策，但的确反映了那个时代民众的心理，反映了他的政策在汉人中引起的恐惧。

伯颜引起精英阶层强烈不满的实际措施之一，是他在 1335 年取消了科举考试。这实际上影响了各族考生：汉人、南人、蒙古人和其他外族人。这不但使受过教育的汉人，也使住在汉地各省的、与怯薛或在京城有影响的人沾不上边的年轻的蒙古人与其他外族人在事业上的希望化成了泡影，他们的生活和精力大多都已集中在认真准备科举考试上了。既然如此，有什么理由取消这一制度而引起他们的反对呢?

这里没有一个简单的答案。取消科举的谕旨没有大胆地说出一个理由。以后问起来，伯颜也未能给人一个满意的答复。但他主意已定，1336 年和 1339 年都没有举行科举考试。

反对科举的人当中最能言善辩的不是伯颜，而是阿儿浑部人彻里帖木儿。他年轻时也跟伯颜一样当过怯薛，后来事业成功，当上高级行政长官与军事将领。彻里帖木儿并不极端，他有学识、有能力，在赈济方面尤有经验。关于科举，使他困扰的是财政问题。他曾目睹行省在乡试时动用驿传和紧缺的财政资源。他还要求将提供给学校贡士的庄田租转供怯薛歹衣食之用。①

但问题要复杂得多，绝不仅仅是个开源节流的问题。忽必烈从未举行科举考试。自从 1315 年实行科举以来，新登科的进士开始受到一定优待，不必在政府低级职位上与那些年轻的书记、通事们不公平地竞争，他们有（或被认为有）更好的继续晋升的机会。有了进士头衔，就是对怯薛优越性形成威胁的开始。但是进士头衔并不保证有行

① ［653］《元史》，卷 142，第 3403—3406 页。

政才能，这是伯颜和其他很多人所目睹的。取消科举则是强调贵族世袭特权并显示实际经验重要的一种方式。在准备人仕时，虽然不排斥学习儒家经典，但已被降至次要的地位。

改革不过如此。根据贵族习惯，伯颜升为大丞相之后即开始积攒个人巨额的财富。对伯颜持否定态度的汉文文献有谨慎而详细的记载。他占有头等投下分地，同时兼管许多中央、皇宫的机构和卫军，以及世掌斡脱。1338 年为伯颜祝寿的官员们拥塞了街道，以致一位年老的汉人官员几乎被踩死。① 大丞相通过京城街道时，由诸卫队精兵充当导从，盛大而威武，相比之下，皇帝的仪卫要寥落得多了。或许可以说，伯颜起码在表面上达到了他政治上的目标，但他也开始自满与腐化。

然而他的地位仍不牢固。伯颜很快地就发现在贵族的更上一层还有敌人。他杀掉了四个具有皇族血统的对手。其中之一名叫彻彻秃（郯王），在蒙古草原指挥军队。他于 1338 年被捕，送至大都，在东城门外被公开处死。这被认为是极为不义的行为。彻彻秃在京城享有广泛威信，在南方儒士当中的地位也不低，因为他有段时间曾在自己府邸任用一名南方学者，并十分尊重这位学者的建议。②

在汉地各省社会的底层，不祥的动乱引起了伯颜的注意。河南、广东、江西几次爆发小规模平民起义，虽然不久就被镇压了下去，但伯颜很快怀疑他们背后有更大的阴谋。1339 年底，一个名叫范孟的不得意的汉人书吏杀死了一批官吏，占据河南首府汴梁。虽然马上他被捕处死，但伯颜坚持认为这一事件后面有一场更大的汉人阴谋，他下令进行最严格的调查，并要求检举每一个哪怕是稍有牵连的人，他还对占据敏感的政府职务的汉人进行了一场普遍的清洗。

这做得太过分了。树敌过多，伯颜的丞相也就做到了头。把伯颜赶下台的不是别人，正是他自己的侄子脱脱，伯颜曾给予种种优待的

---

① [648] 杨瑀（1285—1361 年）：《山居新话》，17a。该书被傅海波译成了德文，见[115]《杨瑀〈山居新话〉》。

② [657] 危素（1303—1372 年）：《危太朴集》，卷 8，8a—9b。

年轻人。1340 年 3 月，在一场精心安排的突然事变中，伯颜所有的职位一下子都被革除，首先黜往河南，又徙南方边地，4 月他死于被放逐的路途中。

脱脱及其对抗势力，1340—1355 年

驱逐伯颜的事变在一定程度上代表了蒙古年轻一代对年长一代的反叛，他们比老一代更适应中国社会。随着伯颜的消失，重现忽必烈时代的努力作为一种政治理想已经消亡，政治冲突转移到一个全新的意识形态战场上。

脱脱约 26 岁，脱颖而出成为他那个时代最杰出的人物。他被描绘成一名高大强壮、武艺出众的弓箭手。他当过 10 年怯薛，曾在内廷担任要职，对幕后阴谋活动很内行。从他的南方汉人家庭教师吴直方那里，他也受过儒学训练。

脱脱后来两次任右丞相，一次从 1340 年至 1344 年，另一次从 1349 年至 1355 年。事实表明，在中央一级，晚元政治史发展有一定的周期循环，呈现出不同的行政管理集团相互接替的现象，各自采用一套不同的指导思想，平均周期约五年。自伯颜 1333 年至 1340 年当政之后，接下来的脱脱，任期为 1340 年至 1344 年。从 1344 年至 1349 年这段时间内，主要是别儿怯不花当政，然后脱脱又重掌朝政，时间为 1349 年至 1355 年。1355 年以后，这种节奏中断，那时元朝已开始土崩瓦解，内外交困的中央政府已不再能有效地对国家进行政治统治，但即使在朝廷已不再直接管理的那些地区，元朝还是被看作是正统的，还是人们效忠的中心。

乍看起来，这些关于对伯颜之后的政府的研究似乎对理解元朝的即将崩溃没有关系，因为这些当政人物没有一位缺乏主见或精力，全都愿意解决重大问题，拯救危机，作出改革。伯颜倒台以后的当权人物个个精力旺盛，有眼光，有能力，不气馁，也不倒退。脱脱执政时在政治上力争中央集权，而别儿怯不花时期则相反，尽可能给地方以权力，发挥地方上的主动性。元朝崩溃的责任由谁来负似乎极成问

题：到底是当政者个人还是制度的缺陷，抑或中国的危机过于严重，以致政府根本不可能控制。

脱脱的首任期肯定显示出了一种新的生机。年轻的首脑人物迅速表现出他的统治与伯颜完全不同。新年号的制定就是为表明这一点。伯颜实行的清洗被制止了，那些伯颜规定汉人不能充任的职位又对他们开放了。许多名儒曾自愿引退或被放逐，现在又返回京城。科举恢复。伯颜的旧部下被解职。伯颜解职之后仅仅一个月就死于放逐的途中。

在为中央政府指出一个新的正确方向上，脱脱显示了某些早期迹象。他带头尽力修建一条从大海经大都到山西（译者注：应为西山）山下的海运之路，由于技术原因没有成功①；此后的又一项规划——筹款修撰长期未完的辽、金、宋正史，以大功告成。②

这个政府也使皇帝妥欢贴睦尔得以以新的面目出现。现在他 19 岁。在策划反伯颜的事变中起了次要的作用。1340 年 7 月年轻的皇帝对其已故的叔叔图帖睦尔进行了谴责，撤掉了他在太庙中的牌位，将皇太后卜答失里（即他的婶婶）逐出流放，将堂弟，也就是预定的接班人燕帖古思也安排流放，接下来的暗杀也有可能是他安排的。他将自己尚是婴孩的儿子爱猷识理达腊交给脱脱家抚养。现在这位统治者亲自主持国家的祭孔典礼，聆听儒家经典的讲解，举行国宴。

在全国各地发生了一系列地方性的起义之后，皇帝于 1344 年 6 月接受了脱脱不寻常的辞职请求。③ 1344 年至 1349 年几个短命的政府相继登台，他们根据某些无可辩驳的理由，而采取了与脱脱截然不同的解决问题的方式。中国各地连年自然灾害积累的结果，再加上愈演愈烈的土匪活动和其他造成社会动乱的迹象，都要求中央政府特别重视行省与地方行政管理的改善。主要要做的两件事是：其一，委派

① ［84］窦德士：《征服者与儒士》，第 79—80 页。
② 关于三史的修撰，见［46］陈学霖：《元代官修史学：辽、金、宋三史的修撰》。
③ 详见［84］窦德士：《征服者与儒士》，第 80—81 页。

合格的能干的人到地方上去任职；其二，给这些人以便宜行事权来处理赈济等问题。事实上是把国家赈济的工作分散到了地方。

这时期的一个主要人物是别儿怯不花，他做过行省长官，十分得力。在对1341年杭州大火进行善后处理时，他体会到，为了赈灾，有时不得不违反中央制定的规章，不然就来不及了。① 与此类似，为了对付流窜的土匪，地方驻军需要有一些不受限制的权力。在处理灾荒或地方动乱时，地方官需要少受干扰，而作更多的努力来争取当地人民的合作。1345年，中央派出12个调查组，每组以一个汉人、一个非汉人共同领导。他们赴全国各地纠正错误，为民“造福除灾”。同时，为了更有效地对付土匪，在河南重新细致地划分了各区域的界限。②

妥欢贴睦尔也在这个新举措中参加了一些方面的工作。他亲自告诫新上任的地方官要有所作为，他也参与了对那些在地方上政绩卓著者的奖励与晋升。

然而这些行政上的新尝试并未使元代中国的问题减少，反而在14世纪40年代日益增加，其性质、规模使得那些地方官或安抚地方的官员束手无策，因为他们只能做到零敲碎补。中央政府现在还面临着持续不断的财政收入下跌。海道漕运大幅度下降，由1329年334万石的高峰降到1342年的260万石；此外，自1348年起，方国珍弟兄为首的海盗活动持续不断，政府对他们镇压不下去，只得试图安抚。③ 不仅如此，连绵不断的大雨使黄河河水猛涨，冲决堤岸，终于开始改道，泛滥成灾。④ 应采取不同的行政策略似乎已提上日程，经过官僚机构内部一些复杂的斗争，1349年8月皇帝将脱脱召回任职右丞相。他们要寻找和实行激进的措施了。

① [656] 宋濂（1310—1381年）：《宋文宪公集》，卷49，6b—11a。[648] 杨瑀：《山居新话》，35a—36b。[653]《元史》，卷51，第1100页；卷138，第3366页。

② 见[621] 苏天爵（1294—1352年）：《滋溪文稿》，12a—15a；[625] 杨维桢：《东维子文集》，卷4，9a—10a。

③ [84] 窦德士：《征服者与儒士》，第88—89页。

④ [84] 窦德士：《征服者与儒士》，第87页。

脱脱以及他那一派人很积极很热心。据记载：

> 脱脱有意兴作，盖为前相无闻，其礼乐文章制度之事漠如也。欲大有为，以震耀于天下，超轶祖宗旧法，垂名竹帛于无穷也。[①]

这些话是否准确地反映出当时的乐观情绪还有争论。但可以肯定的一点是，在中央政府的圈子里存在着一股坚定的信念：危机是能够解决的，只要从上层下达命令，一夜之间就可以重建一个世界。如果没有这个信念，就不会有后来的任何努力。

脱脱所有的新措施都是要保证中央的指导与控制。[②] 他们也欢迎从下面来的建议，但一经采纳，便由中央政府推行。地区与地方上的主动性则受到严格的限制。

若按年代顺序，脱脱的第一个重大举措是必须立即广开财源。但他认为增加土地、盐业、商业等传统税收的税率是不可行的，这些税收大多都在不断收缩。接着是 1350 年底决定印行新纸钞（但却并没有财源做后盾），1351 年首批就印行了价值 200 万锭的纸钞，政府就靠这些纸钞的流通来支付劳工与材料的费用。[③]

政府急迫地应付了经济问题之后，于 1351 年 4 月宣布了治理黄河的计划，决定重修黄河下游河道，使之再从山东半岛以南入海。反对此计划的意见不少。脱脱和他的同僚也很清楚，还从没人干过这样的工程。但在通过发行纸钞而筹集的资金基础上，1351 年 5 月就开始了黄河河道工程，同年 12 月胜利完工；17 万兵士与乡民参加了修河。欧阳玄代表官方撰写纪念文章——《至正河防记》，从技术上详

---

① ［652］权衡：《庚申外史》，19a—b。这段文字有完全不同的译文，见［84］窦德士：《征服者与儒士》，第 96—97 页；［440］赫尔穆特·舒尔特—乌夫拉格德译本《庚申外史》，第 56 页。

② 关于脱脱第二任期的详情，见［84］窦德士：《征服者与儒士》，第 95—118 页。

③ 元代钱币是个重要课题，西方文字的研究力作还是［127］傅海波的《元朝中国的货币和经济》。近年的研究成果有［477］南希·S. 斯坦哈特：《元代中国的货币流通》。

细描写了水利工程所取得的重大成就，以示庆贺。[1]

与此同时，与黄河工程有一段距离的淮河流域1351年夏发生决口。民众的起义接二连三，这些起义迅速扩展，成为全国性的社会大爆炸。土匪、宗教信徒，以及其他叛逆者日益狂暴，他们一地又一地占领城市、抢劫店铺、杀害官员，向地方上复仇。关于这些起义，剑桥中国史另有详述[2]，这里只简略提及。脱脱及其追随者对这种动乱的爆发十分警觉，马上迎战，设法对付，到1354年，经过了三年的时间，控制了局势。从一定意义上说，中央政权把全国范围的平乱看作是一个更重大的问题，并已充分做好了应对的准备。

有些人认为元朝的正规军由于腐化、管理不当等原因，已蜕化到在动乱时不能保卫王朝了。[3] 这一说法可能含有不少真实性。但事实上，无论军队的条件或训练状态如何，并没有要求一支随时保持充足兵力的元朝正规军来控制14世纪50年代初期那些把中国都燃烧起来的暴动。一些蒙古军队起初没有纪律，缺乏准备，但如果说他们开始时曾败给起义军的话，那么他们很快就赢得了很多胜利。元军各部队由各族人组成，服役是强制的。特别是在中国南方，地方民防组织必要时招募汉人，很大程度上靠他们来镇压起义，此外别无他法。[4]

脱脱不但能设法创造一个全国性的镇压机器，而且能有效地控制它，这点的确很不简单。时不时地建立与解散较大的军事组织，经常不断地将军队将领从一地区调到另一地区，任何一个政府部门或王侯任命的头目都不允许左右一次较大的行动，精心地从组织上将后勤保障与其他军事行动区别开来。依靠上面几条，脱脱能够防止军权下落到地方手中，也能防止军队将领在行省一级建立起自己的权力基础。至于那些最大的行动，至少是那些最具象征意义的行动，脱脱都是亲

① ［653］《元史》，卷66，第1646—1654页。据我所知，这篇文字还没有译文，但在李约瑟：《中国科学技术史》第4卷有简略的介绍，见第325、344页。亦见［551］杨联陞：《汉学综览》，第222—223页。

② 见牟复礼与崔瑞德在［323］《剑桥中国明代史》中撰写的章节。

③ 如萧启庆就持这一观点，见［195］《元代的军事制度》，第63页。

④ 详情见［84］窦德士：《征服者与儒士》，第104页等。

自指挥，如他成功地于1352年重新占领今江苏西北的徐州这个极其重要的行政管理中心，使淮河流域又恢复了秩序。

当进行这些军事行动的时候，来自南方的漕运停止了。脱脱不与仍旧活跃的海盗方国珍谈判恢复漕运，而是决定在京郊解决粮食供应问题。这个决定与脱脱一向把行政管理权集中在中央的努力是一致的。这是一个相当庞大、极端昂贵的行动，新发行了价值500万锭的纸钞作为拨款，相当于黄河改道工程费用的两倍半。

元朝时期中国北方异常潮湿，提早进行的试种证明了那里确实可以种植水稻。分司农司于1353年建立，从南方招募了2000名修堤者和种稻农民，发给他们钱钞，在这里工作一年，作为当地农民的技术指导，因为当地农民不会种稻。另外，又从山东迁来一些农民以增加当地人口。国家还在河南行省及辽阳行省南部建起了屯田。由于脱脱政治上的骤然倒台以及内战的继续，这些国家所属的屯田实际上成功与否并不很清楚。但是企图一夜之间就将中国北方千年农业传统改换过来的大胆计划，是脱脱认为振作起来的政府有无限能力的一个典型例子。

1354年底，脱脱亲自率领了第二次军事大讨伐。这次是进攻扬州北面大运河附近的高邮。高邮被原盐贩子张士诚所占领。这次讨伐成了脱脱最后一次的官方行动。如果这次围攻高邮实际上能迫使张士诚投降（它几乎成为现实），那么全国起义的支柱毫无疑问将会遭到破坏。果若如此，那些仍在活动着的起义者，就会因被追捕而东躲西藏，他们几乎不可能幸存下来。然而，就在围攻进行之时，妥欢贴睦尔出人意料地在一个错误的时机作出一个错误的判断，他下令将脱脱解职，并将其流放。很不幸，脱脱出于对朝廷的忠诚而服从，高邮之围因此而解。元朝丧失了军事与政治的主动权，几乎马上就要平息的起义又采取新的形式复苏了。而正是在这一反复中，一个新王朝明朝出现了，十三年之后，明朝重新统一了中国。

脱脱为什么被解职？似乎有多种原因，其中之一可能是已成常规的政府每五年一换班的周期所致。每经过五年左右的时间，晚元统治集团的各派系中，腐化、宠信以及个人感情的嫌恶似乎就达到某种严重的地步。脱脱的周期也不例外，正是他自己的一个不忠的追随者哈麻在宫廷角逐中所起的重要作用导致了他的垮台。而且，脱脱雄心勃勃的举措已走上正轨，目标几乎都已达到，黄河被驯服，各处的叛乱活动几乎被摧毁。在脱脱的国事日程上，除了一些细节也没有什么可做的了。换届的时候到了。

在这一点上，人们还应认识到，那些在政府中反对脱脱的人，与其说他们是出于个人的立场，不如说是因为他们相信应当用不同的手段达到目标，用不同的方式进行统治。脱脱大刀阔斧的行动要求纪律与中央集权：御史台受到控制，行省和地方官员几乎没有主动性；军事将领在行动中也仅有最小限度的行动自由。有明确的证据证明，1344 年至 1349 年在职的行政官员中至少有一部分人不喜欢脱脱的严密控制，并对脱脱向忠于他的那派人给予的保护有怨恨情绪。这些人现在要求恢复到分权的统治状态．要求在制度上给地方和个人以更大范围的主动性。这种观念上的冲突使人想起北宋晚期改革派与保守派之间的斗争。

妥欢贴睦尔也有他自己的原因要撤换脱脱。脱脱像他的前任、他的叔叔伯颜一样，已经掌握了相当大的权力。或许是由于不经心，他未能及时表示同意将爱猷识理达腊册立为皇太子，从而显露了他的这种权势。对此，妥欢贴睦尔极为恼火和不满。是什么破坏了丞相与皇室之间的关系呢？

当时妥欢贴睦尔 34 岁，从各个方面都表现出已进入一种半退休的状态。[①] 他跟他圈内的一些人一起定期带着宫中舞女们举行藏传佛教的密宗仪式。他至少有一次资助 108 名和尚游皇城。另外，他还亲手制造了一条样船，下令据此建造一条大型游船在皇宫的海子里游玩。他本人还参与设计、制作了一个相当复杂的大型宫漏计时器。[②] 或许是为了这条新船，一项十分糜费的疏浚皇宫水道的工程开始了。

---

① 有一种观点认为，皇帝在脱脱第一次任职期间（1340—1344 年）对朝政的兴趣达到顶峰，见［150］藤岛建树：《元顺帝时代》。

② ［343］李约瑟：《计时器：中世纪中国的大型天文钟》，第 140 页。

同时，妥欢贴睦尔采取了一系列步骤让长子爱猷识理达腊学习并担负起一些统治方面的责任。1354 年爱猷识理达腊约 15 岁，他 9 岁时曾学过回鹘文（畏兀儿文），10 岁学汉字。之后不久的 1349 年，在举行了精心准备的隆重仪式后，特别为爱猷识理达腊在宫内修建了一所特殊的汉式学校，有九位老师任教。其中资格最老的李好文特地为他年轻的学生编写了与汉文主题有关的四册课本。

四年之后妥欢贴睦尔又为继承人建立了詹事院，至少有 83 名官员与办事人员。此外，爱猷识理达腊的独立办事机构掌管着一个礼仪卫队以及两个卫军机构，爱猷识理达腊个人有 250 名怯薛歹。他们得到 2.75 万锭的补助，而爱猷识理达腊的夫人则得到 10 万锭以上。一座没有使用过的宫殿经过修缮后让爱猷识理达腊居住。爱猷识理达腊还有特权任命自己的官员。1354 年年底（脱脱在外征讨）爱猷识理达腊被授权审理所有上报他父皇的官方奏折。总之，妥欢贴睦尔在很大程度上在皇宫内创造了一个新的、大的、昂贵的、有影响的政治中心，以他指定的继承人为首。只剩下举行册封皇太子的正式典礼了。

脱脱拖延这个典礼，显然是因为他意识到爱猷识理达腊的崛起对他是一个威胁。但事实上爱猷识理达腊与脱脱关系十分密切。他的童年是在脱脱家度过的，他 10 岁时的启蒙汉语书是《孝经》，他的导师是脱脱家的家庭教师郑深。[①] 不仅如此，脱脱个人还捐了 12.2 万锭，修建大都北门外的佛寺，为的就是不断地为爱猷识理达腊的健康祈祷。

拖延的另一个原因可能是爱猷识理达腊不是正宫之子，脱脱认为他不够格。爱猷识理达腊的母亲原先是添茶倒水的宫女，出身高丽。妥欢贴睦尔很宠爱她，1340 年立她为“第二皇后”。当时不少人反对这一举动，因为蒙古人给予高丽人的地位从来很低，她的新地位对元与高丽之间的复杂关系会产生影响。[②] 妥欢贴睦尔的正妻是一位谦卑的蒙古女人，只生了一个儿子，在婴儿期就夭折了，生卒年月不详，但如果在 1353—1354 年他仍活着的话，那么，脱脱对皇太子问题有

---

① ［656］宋濂：《宋文宪公集》，卷 49，6b—11a。

② 关于高丽对此事的记述，见［856］萧启庆：《元代史新探》，第 231—262 页。

所踌躇也是可以理解的。然而这些都只是推测：很可能脱脱只是忙于处理帝国的危机而没有抽出时间来安排此事。问题的症结在于皇帝怀疑拖延是有意的。1355 年春，脱脱被撤职之后，终于举行了庄严的册封皇太子典礼。

元朝的瓦解

也可能皇帝认为撤掉脱脱是很正常的措施。以往他曾多次采用这类措施，结果并未妨碍王朝的完整。但撤掉脱脱事实上却结束了作为一个完整的政治体系的元朝。原因主要在于，与 1344—1349 年间的地方分权时期不同，此时中国很多地方已创建了各种新的军事、行政机构来对付 1351 年以后的暴动；这些机构在人力与财力两方面都能够独立行动，并在不久后确实这样做了。大都的权力机构已不能再像以往那样以一个具有中央特权的实体去任命地区及以下的官员了。中国各行省都落到有自主权的地方人物（可能把他们称作军阀更为合适）手中。这些人有些是早先的造反者，有些是镇压造反的军队将领。从 1355 年至 1368 年，元朝中央政府尽了最大努力让那些在地方上已自主的将领至少在表面上忠于朝廷，并且与诸如方国珍、张士诚这些名义上投降的造反者进行谈判。同时，其他起义运动领导人如陈友谅、朱元璋在脱脱倒台以后崛起并且建立了更有力的地方割据，从整体上持续地对元朝采取敌对态势。所以，从各方面来说，元政府成了一个只能控制京城及其周围地区的地区性政府了，尽管直到最终它还作为全中国的政府残留着它的正统性（参见第九章）。

在妥欢贴睦尔统治中国的最后十几年（1355—1368 年）中，最重要的发展就是奠基于南京的明朝的兴起，特别是 1360 年明与儒家道德—政治革命（实际上是原教旨主义的革命）的领导人的联盟。这场革命是在晚元统治这个总的条件下，在 1351—1354 年的暴动中，在脱脱倒台之后王朝解体的过程中形成的。

要说明这个道德革命的根源，还需要多一点笔墨，因为它关系到社会史、家庭史、税务与财源开发、法律史以及儒家思想的发展等等敏感的话题。[①] 这个革命可以说是从基层积聚起了力量．主要是在中国的东南地区。它早期的一个表现可以追溯到 1342 年，在财政收入无足轻重的绍兴，一项具有方向性的赋税改革取得了成功。

然而，这是个处于庞大组织结构上的小裂缝，在这里，那些在朝和在野的具有儒家思想的活跃分子克服了许多障碍，他们通过将改革与道德的重新觉醒结合起来，实现了赋役的均平分派。通过恢复古老的乡饮酒礼，当地乡民被有目的地分为好人与坏人两极，在这个仪式中，自私与不服管束被揭露出来，公开遭到耻笑，而良好的德行则受到尊敬。1350 年这一做法在金华与衢州也得到恢复。余阙作为官方代表进行了指导。他是 1333 年的进士，前面谈进士题名录的非汉人部分时曾提到他是一个唐兀人。这种活动颇费精力；元政府的财政收入几近于零；以及它是在官方等级制度的如此低的级别上进行（与脱脱的中央计划的压力毫不相关），所有这些都导致朝廷没有注意到它。但是此举在当地儒家的著述中，是被作为道德上的一大胜利来庆祝的，这些著述产生了程度不同的广泛影响。如果说元大都的统治者对这个影响几乎没有注意到的话，那么明朝的开创者则是马上给予了关注。[②]

在各地儒者的著述中，我们还可以看出“公众”对群众暴动以及 1355 年元朝中央权力崩溃的反应。一般认为，暴动是公众对元政府的规模、开销、腐败和由此产生的繁重的不公平的财政需求所作出的不可避免的反应。为了修正这些错误做法，一般都认为政府应大幅度削减支出，官僚机关应严惩腐败（元朝在这些问题上从未有所作为，最终还是明朝将勤俭建国作为其指导方针）。

关于 1355 年以后元朝统治的地区化，儒家的看法不一，确实很难正确评价。当时一些儒者提出任用割据一方的军阀如方国珍或张士诚等人为元朝省一级官员的做法与周朝分封制是合拍的，因此可以认

① 关于这一问题的新研究成果，有［63］陈恒昭：《蒙古统治下的中国法律传统》；［186］詹尼弗·霍姆格伦：《尤重于财产转移的早期蒙古与元代社会的婚姻和继承关系研究》；［276］兰德彰：《蒙古统治下金华学派的政治思想》。

② ［83］窦德士：《1342—1359 年元代末年浙江的儒学、地方改革和集权》。

为是正统的，只要这些人服从朝廷、严格按照伦理标准做事。持此观点的人相信只要儒者给他们施以足够的道德压力，他们就可以做到这一点。这样的观点丝毫不切合实际，但它可以保证减少武装冲突，并吸引足够的力量来保持直到 14 世纪 60 年代中国南方许多地区还存在着的对元王朝的忠诚。

可是也有一些儒者提出相反的看法，他们人数不多，但影响力颇大，他们是道德革命的代表。依他们之见，地方化没有任何好处，它不过是为横行不法、贪得无厌、自我扩张以及由来已久的徇私偏袒和腐败堕落穿上了永久的伪装，原先就是这些丑恶现象造成了元朝现在这种令人遗憾的局面。一个给予罪犯高职和荣誉的王朝必然会丧失社会道德方面的领导权。

这派之中的一个最有说服力的人物是刘基，他是 1333 年进士录（50 名）汉人中的第三十八名。刘基在 14 世纪 50 年代初在地方和省级的几个较低职位上任职。这期间他发现他的上级中有许多人胡作非为并着意掩饰，这助长了他的不满。他早就是方国珍不共戴天的仇敌，以致朝廷为维持和平决定招安而不是镇压那伙海盗之后，他一度被投入监狱。后来，刘基于 1356 年在江浙行枢密院担任一个不大的官职——经历。这个部门是新在杭州建立的，也是 14 世纪 50 年代危机中元政府机构膨胀的众多例子之一。作为经历，他立即被派到浙江内地，他在那里的上司是石抹宜孙，担任几个州的行政助理。接下来便发生了元末历史上很特殊和关键的一幕。

由于这直接关系到中国的未来，所以很有必要将当时的情景重新描绘一下。远在大都的元朝中央政府尽其所能正在对付极为复杂的全国形势。当时行省官员都握有很大的自主权。1356 年 3 月，对地方官员的民族限制都被取消了。造反者放弃了被战争毁坏的中原淮河地区，以期在其他地区建立根据地：朱元璋跨过长江占领了南京，领导着在一定程度上是宗教派别的运动；由于脱脱被皇帝撤职而在高邮得以幸免的张士诚，现在南下，占据了苏州。江浙行省平章达识贴睦迩是一个受过儒家教育的康里贵族，他采取非常的权宜之策，试图挑起军阀的互斗，先是与一个军阀合作，然后再与另一个军阀合作。1356

年，他诱使方国珍援助了一场抗击张士诚的战斗。江南行御史台很喜欢这一策略。但是江南行枢密院坚决反对，部分原因是行省平章本人常常任命憎恨方国珍的人在这个部门任职。各个机构均有自己的军队。另外还有互不统属的乡兵武装，这些人经常出乎意料地变换立场，造成更为模糊不清、复杂难解的局面。这就是 1356 年元廷面临的支离破碎的局面。

刘基、石抹宜孙及其同僚在这个摇摇欲坠的体系中只占了靠近底层的地位，似乎微不足道，但是他们，也只有他们有着明确的道德洞察力，在省内公开宣传他们的思想与行动，并以此作为真正地长久地复兴元朝在中国统治所必要的努力的惟一可行的实践样板。在省政权内部，善与恶判然分明，几乎就像摩尼教的善恶两极那样，人们都滑向了两个极端。所有善的都是利他的、中央集权制的；所有恶的都是以个人为中心的、搞地方独立的、地区化的。要取得地方上的平定，就要将一切资源和领导权都集中在善的力量的领导者身上，引导这股力量积极地不屈不挠地对抗恶的力量。例如，地主与土匪就被认为是与方国珍勾结在一起的。与偏处中国东南的行枢密院中一位行政助手的职位相比，石抹宜孙的作用是无可限量的。用刘基的话来说，他是一位救世英雄，他的真正使命是整顿、复兴元王朝，就如两千年前齐桓公拯救了奄奄一息的周王朝一样。

1357 年，元廷同意给石抹宜孙、刘基及他们这派人小小的提升，但拒绝把他们升到元朝官僚机构中更有影响的地位上来。地区化的政策还将继续。于是，就像当时省政权内部其他一些儒者那样，刘基因心灰意冷而辞职，并写下他对于道德与政治的看法。1360 年，未来的明朝创建者（朱元璋）占据了他们所在的地区，这些思想家们就投奔了朱元璋。所以，是明代第一位皇帝而不是妥欢贴睦尔有效地实施了 1342 年起就在江浙行省实行的平均赋役和公众动员措施；是他接受了元朝于 1357 年拒绝采纳的道德专制主义主张；还是他最终在中国建立了史无前例的高度中央集权制度。①

① ［82］窦德士：《儒学与独裁统治：建立明朝的精英》。

结论:元朝为什么灭亡?

元廷在1368年退回草原后的一些年间，仍旧声明自己是中国的朝廷，但他们一直陷于想入非非之中，而不能使头脑冷静下来，去弄明白造成自己统治灾难性垮台的原因是什么。相反，在明朝创建者的头脑中，这个垮台仍然历历在目，他们认真思考元朝垮台的原因，以此作为反面教训，胸有成竹地构筑起他们的明王朝。简单地讲，他们的药方是缩减官僚机构的规模，坚决打击任何自私现象与腐化行为；由皇帝自己直接负责处理政务，行动中不能顾虑重重和宠信偏爱（妥欢贴睦尔在这点上最糟糕）。这样，这一统治体系就能真正使儒家的基本道德原则得到加强，就能保证千秋万代的和平与繁荣。

明朝的这些方针政策是否基于对元朝缺点的正确的公允的评价之上呢？元朝的垮台是不是因为妥欢贴睦尔没有尽到责任，允许官僚机构中的派系斗争加剧、腐化日增而没有加以抑制？或许是这样。至少可以以14世纪五六十年代当一个庞大的特权统治阶层面临着日益严重的国家财政入不敷出时所可能发生的事件为例作出明白无误的解释：因地方自治而形成的全国四分五裂的局面，确实给了那些地方大员们更接近财源的机会。

要将妥欢贴睦尔说成是具有号召力的领导是很困难的。脱脱曾积极地设法维持中央对全国资源及人事的控制权，当然部分地是通过印制越来越多的没有任何财源为后盾的纸钞这样一种毫无前途的权宜办法，但这种通货膨胀政策不能无限期地实行下去（事实上1356年纸钞已毫不值钱并停止了流通）。我们还可以说，由于脱脱杰出的个人才能，元朝才完整地存在了这样长时间；脱脱的解职极不合时宜，在他离开后，中央集权的元朝统治也就不复存在了。明朝开创者们从元末混乱局面中吸取的教训确实有某些合理的因素。

然而，还应该回想一下14世纪到处发生灾害这个事实。在各个蒙古汗国内外，从欧亚大陆一端的冰岛和英国，到另一端的日本，各国都苦于瘟疫、饥荒、农业减产、人口下降以及社会动乱，几乎没有一个社会能免遭其中的某些灾害。中国则无一幸免。在14世纪中，至少有36个冬天异常严寒，比有记载的任何一个世纪都多。[①] 在黄河流域地区，水灾与旱灾在14世纪似乎比以往任何时候发生得都要频繁。[②] 14世纪四五十年代还发生了极为严重的瘟疫。[③] 妥欢贴睦尔朝几乎年年有饥荒的记载，这些饥荒导致人口大量死亡，政府要花大量钱财进行赈济。[④] 自然灾害使众多的百姓背井离乡，陷于贫困，酿成了14世纪50年代破坏全国的起义运动。

元末的各届政府都尽了最大努力试图从这些灾难中解脱出来，他们并没有忽视这些问题。从各方面来看，元朝在医药和食物的赈济上所作的努力都是认真负责的、富有经验的。事实上，妥欢贴睦尔朝的历史提出了这样一个问题：面临这样反反复复的大规模的灾难时，还有哪一个朝代能比元朝做得更好？如此反复的自然灾害长期积累的后果，很有可能使任何一个政府都束手无策。如果中国正常的年景多一些，元朝有可能比它实际存在的时间要长得多。

对于元朝垮台的主要因素及一系列原因，将来肯定还要有长时间的研究与争论。但我们也要记住，从任何意义上说，元朝在历史上都不是盲目力量的牺牲者。1368年，元朝是被一个意识上极端、道德上激进的革命运动赶出中国的。反抗者们以坚定不移的决心，进行了艰苦的斗争，付出了不懈的努力。他们利用14世纪五六十年代元政府一切明显的弱点，从而使自己看到了一个和平安定的中国的前景。元朝政府本身也曾有机会去获得这种远见，但它却令人不解地没有这么做。如此看来，元朝的最终倒台是因为明朝的开创者决意要它如此。

---

① 见［274］H. H. 拉姆：《气候：过去、现在和未来》，第2卷，第447页。关于妥欢贴睦尔在位期间严寒气候的详情，见［653］《元史》，卷51，第1097—1098页。

② ［57］赵冈：《经济分析：中国历史中的人与土地》，第203页。

③ ［653］《元史》，卷51。第1111页。

④ ［653］《元史》，卷51，第1109—1110页。

第八章

元代政府与社会

政　府

元代政府结构的形成发生在忽必烈（世祖，1260—1294 年在位）统治期间。尽管有元一代政府组成机构的功能与形成一直在变动之中，但忽必烈时创建的政府官僚机构的基本组成因素一直保持到 1368 年元朝结束。

在政府的创建中，忽必烈本人提出了许多新的设想。为了创造一个反映各种文化的官僚系统，他注意听取汉人、契丹人、女真人、畏兀儿人、吐蕃佛教徒以及蒙古人的建议。元朝官僚机构所用的正式名称可能会导致这样的结论：忽必烈不过是建立了一个近于纯汉化结构的政府。但实际上，元朝官僚机构是由各种不同的政治与文化因素相混合而组成的。即使是元朝官僚机构中的“纯汉”因素，也能追溯到契丹人的辽朝、女真人的金朝以及汉人的唐、宋各朝政府。

在忽必烈早期朝廷中影响最大的汉人是刘秉忠（1216—1274 年）。刘秉忠是禅宗佛教徒，是蒙古皇帝的心腹。在刘秉忠与王鹗（1190—1273 年）、姚枢（1201—1278 年）、许衡（1209—1281 年）等一小批汉人谋士的指导下，在忽必烈朝的最初十年内，建立了政府的中央行政机构。[1] 行政、军事与监察机关之间的三足鼎立、权力平衡的中国传统方式并没有改变（至少在表面上是这样），建立了中书

---

① 见［49］陈学霖：《忽必烈时期兼通佛道的政治家刘秉忠》。刘秉忠的传见［653］《元史》，卷 157，第 3687—3695 页。亦见［52］陈学霖：《王鹗》。

省处理行政事务、枢密院负责军事事务、御史台负责政府内的检查监督的机制。[①] 在中央与地方政府机构的实际功能方面，我们看到军事与民政的管辖范围有很大的重叠。汉族文士们对这种重叠有很多批评，而重叠的根源则在于蒙古人传统上把军事部门和军队将领倚靠为政府的核心。

尽管蒙古人倾向于将权力赋予军队，但他们在中国还是创立了一个自成体系的文职官僚系统。在忽必烈统治时就形成的元朝文官机构的最上层是中书省。虽然窝阔台（太宗）于 1231 年首创中书省，但如同元朝政府大多数机构一样，只是在忽必烈统治下，中书省才有了十分明确的权限。中书省是整个文官官僚机构的神经中枢。在元朝的组织结构中，就联系与控制方面而言，其大多数部门都最终对中书省负责。例如，军队将领与监察系统的高级官员以外的人写的所有奏折都要通过中书省送呈皇帝。反过来，中书省也有权荐举官员，草拟诏书，并奏请皇帝批准。除了作为联络中心外，中书省事实上对帝国范围内所有的文职官员的任命都有控制权。但是，军队、监察、宣徽院、宣政院和世袭的投下的职位则通过它们各自的系统来进行。

在元代不同时期，还建立过尚书省，结果被废置。但元朝从来没有运用过唐代存在过的三省制度，即尚书省、中书省和门下省。[②] 元朝中央政府没有依靠三省而只是一省，这点与女真人的金朝极为相似，金朝于 1156 年取消了三省中的两个，而仅留下尚书省，下设六部。

仅依赖一省而不是三省，并不能作为元代政府中央集权的象征。很多其他因素都不利于中央集权。明显的有，军事官僚机构侵犯文官权限范围的趋势；处于政府正常控制之外的那些半自治的投下的存

---

① 下述元代中央机构的情况，参看［110］戴维·M．法夸尔：《元代政府的结构与职能》；［412］拉契内夫斯基：《元法典》，第 1 卷；［653］《元史》，卷 85—92《百官志八》。

② ［653］《元史》，卷 85，第 2121 页。见［202］贺凯：《中国职官辞典》，第 28—31、40—44、55—57 页。

在；以及地区与地方官员无视联络与控制的金字塔结构，而给自己留下了很大的活动空间。

中书省的最高长官是中书令，在忽必烈朝这一职位由皇太子充任。由于有元一代中书令一职经常空缺，中书令以下的两个官员右丞相与左丞相事实上成了帝国职务最高的长官。他们直接控制六部——吏部、户部、礼部、兵部、刑部和工部。

在忽必烈时代正式建立起来的六部之中，吏部也许是最有影响的，因为它有任命全部帝国文官的功能。那些与普通百姓有直接接触的地方文官们定期由吏部进行考评，决定其晋升、降职或迁调。这些被任命的官员，其任期应该是 30 个月（若在京）或三年（若在行省），但在制度的实际执行中，常出现任期长得多的例子。

户部掌管人口统计、赋税记录、国家财政、钞币以及官府制造业。户部的一个最重要的职责是对元代典章中有关纸钞的详细规定加以实施。由于元政府下定决心在帝国范围流通纸钞，印刷与管理纸钞的程序是相当粗放式的。政府对此深为不安，这可以从伪造纸钞要判处死刑这一事实得到证明。[①]

就政治与经济的权力而言，礼部的权限比吏部、户部窄得多。宫廷仪式、音乐、聚会和祭祀等由礼部各部门负责，此外还有诸如追封庙号、供应御膳、制造玉玺之类事宜。但礼部的权力不仅仅限于宫廷礼仪，它还延伸到制定限制浪费的法令以及婚丧仪式等等这些在一定程度上影响到普通百姓生活的方面。而且，礼部负责支持元代中国所有不同民族实行各自的礼仪的权利，别的民族不必向汉族标准看齐。例如，畏兀儿人被要求按照自己的礼仪行丧；如果他们无视自己的风俗而按汉人风俗行丧，他们的财产就会被没收。[②] 礼部还负责管理国

① 见［628］《元典章》卷 20 所记规定。关于元代的纸钞，见［553］杨联陞：《中国货币与信贷简史》，第 62—66 页；更深入的研究见［127］傅海波：《蒙古统治下中国的货币和经济》，第 34—106 页。

② ［628］《元典章》，卷 29—30。畏兀儿人的丧俗，见《元典章》，卷 30，8a—8b。在［78］柯立夫的《畏兀儿人的丧葬习俗》一文中，有此段史料的译文。被没收的财产，限定为一半。

家所属的学校和对宗教设置作出规定。①

六部之中的兵部最不重要，因为元代真正的军事权力在枢密院。1263年建立的枢密院，是一个独立的最高军事机构，而兵部仅是文职官僚机构中书省的下属部门。《元史·兵志》在叙述元代军事组织机构时甚至不提兵部，仅说“立枢密院以总之”②，从这里完全可以反映出兵部的微不足道。一切军事机关，包括宿卫，在军事指挥系统中都是对枢密院负绝对责任的。

兵部的主要职责是管理军屯人口、驿站人事，调拨军事所需牲畜，并监督驿站的供应。但是到了1320年，兵部对驿站的管辖权转给了通政院，通政院是1276年成立的独立于军事系统之外的专门综理驿站事务的机构。总之，兵部的无权反映了蒙古人不愿意将他们的军事建制置于政府的文官机构之下。将权力放在枢密院，元统治者就能够将军事事务与文官系统区别开来，对文官保密。事实上，《元史》对枢密院的描写，一开头就说它“掌天下兵甲机密之务”③。

刑部的职责在于起草刑法政令，复审涉及死刑的案例，登记罪犯家属与注册没收物品。与以前的朝代相比，元代刑部的地位更为重要，因为它取代了以往大理寺的案件复审权。大理寺是在北齐和隋朝创建的，是全国最高的司法机关，而元朝却没有大理寺。从1283年至1285年很短的一段时间里大理寺曾仅仅在名义上存在过，实际上是临时代替了都护府。④ 这样，没有大理寺，由刑部来作出与执行司法决定，这些司法决定只有中书省或皇帝本人偶尔修正一下。

元代司法系统中刑部地位很高，但其权力并未延伸到与蒙古人和畏兀儿人有关的案件中。大宗正府审断涉及蒙古人的案件，而有关畏

---

① 关于学校的规定，见［628］《元典章》，卷31—32；关于宗教的规定，见《元典章》，卷33。

② ［653］《元史》，卷98，第2508页。《元史》卷98在［195］萧启庆的《元代的军事制度》中译成了英文。

③ ［653］《元史》，卷86，第2155页；［412］拉契内夫斯基：《元法典》，第1卷，第140页。

④ 关于元以前的大理寺，见［202］贺凯：《中国职官辞典》，第468页。关于元代的刑部，见［63］陈恒昭：《蒙古统治下的中国法律传统》，第78—79页。

兀儿人与其他色目人的案子则由都护府审断。不同的民族按照各自的法律与风俗来判决。[①] 因此，蒙古断事官札鲁忽赤在宗正府内解决蒙古人发生的纠纷。如果涉案人来自不同的民族，就由汉人与蒙古人混合组成一个审判组来裁决。1328 年以后，此类案件由宗正府处理。

六部中的第六个是工部。其职责是监管官府作坊，修筑城堡，选调国家工匠，铨选工匠官，征募政府工程所需劳力。

自隋唐以来，六部一直是传统的中国中央政府的一部分。因此元朝六部的存在往往给人造成一种印象，元朝官僚行政机构是汉化了的。但是从这些部的实际功能中，却反映出蒙古人是如何按照其优先考虑与方针而将这些机构进行了改造。例如，兵部的架空以及对刑部管辖权的限制就是蒙古人进行改制的例子。

蒙古人的地方行政管理与标准的中国地方行政管理差别颇大。蒙古人大量运用分支机构，在类似中央机构的名称前加上前辍词“行”字，建立起行中书省或行省以及行枢密院。蒙古人不是内亚民族中第一个依靠行政分支来统治帝国的。三国时期（公元 220—264 年）的魏首先使用“行台”这一术语，指的是地方军事管理机构，这些机构都是临时设置的。[②] 为元朝地方行政机构作出先例的最重要的是金朝的行台尚书省，女真人的金朝在各地建立此机构以监视当地军政两方面的事务。[③]

在元代，行政机关的分支有长久与临时两种类型。[④] 中书省和御史台通过永久性的行中书省和行御史台在地方一级行使其权力。而枢密院仅仅在军情紧急时才设行枢密院，而且紧急情况一旦解除，这些行枢密院也就被撤销。在元朝初期，当军事当局和民事当局集中精力

① 分民族判案的例证，见［63］陈恒昭：《蒙古统治下的中国法律传统》，第 82—84 页。大宗正府在仁宗在位时（1311—1320 年）改名为宗正府。

② 关于 3—7 世纪的行台，见［16］青山公亮：《历代行台考》。

③ ［488］陶晋生：《女真统治对中国政治制度的影响》；［489］陶晋生：《12 世纪中国女真人的汉化研究》，第 35—36、43—44 页。

④ 以下叙述，参看［653］《元史》，卷 91；［412］拉契内夫斯基：《元法典》，第 1 卷；［105］伊丽莎白·恩迪科特—韦斯特：《蒙古在中国的统治：元代的地方行政管理》。

巩固自己权力的时候，一些其他的临时分支机构也曾在地方上建立过。如1263年下令在陕西建置行户部，负责征收当地赋税。[①] 1276年在华北大名府也设置了行户部以印刷纸钞在江南流通，因为中国南方马上就要被占领了。[②] 1274年行工部的建置，负责管辖两千多名曾逃离其主人的驱口。[③] 但是这样临时的地区性的部门仅是一些例外，元代史料中没有吏部、礼部、兵部或刑部通过分支机构或地方机构行使权力的记载。

永久性的行中书省（或称行省）总共有11个，是在忽必烈时期正式建立的，为的是进行行政区的管理，抚绥边疆地区，管理漕运，在地区一级全面负责军、政事务。在联络与控制的结构中，行中书省直接听命于中书省。开始，在忽必烈继位之前的几十年中，蒙古人还处在安定华北的过程中，一些兼管军、政的长官被称为行省，但是这些人的实际职责并未以条例固定下来。前忽必烈时期，这些行省的官称有时可以与达鲁花赤及留守互换。尽管在忽必烈时代军民分治得到巩固，但在行省一级军政管辖是合一的。行省对国内戍军的大部分都有统帅权，但在紧急军事情况下要临时设置行枢密院统管军队。

至少在1287年与1309年，行中书省两次在短期内被称为行尚书省，以后又恢复其本来的名称。这种名称的变换在元代制度史上是很典型的。我们可以断定的是，这种机构名称的改换，通常没有伴随着实际功能的变动。

一些历史学家曾强调行中书省对中书省的独立与自主，但元代史料却很少有材料来证实这一观点。在叙述行中书省的职责与机构时，《元史》间接提到它们有权根据需要任命自己的书吏、通事、知印、宣使以及衙门中的其他一些低级人员，但还没有证据说明行省进而对级别较高的或者更重要的行政官员有任命权。[④]

① ［653］《元史》，卷5，第90页。
② ［653］《元史》，卷9，第183页；卷157，第3697页。
③ ［653］《元史》，卷8，第158页。
④ 戴维·法夸尔将行省称为“分立王国”，见［110］《元代政府的结构与职能》第52页。

元代文官政府与早先的中国文官政府的不同之处在于京都以下的多层次政府机构以及这些机构中文官官职的冗杂。这样，行省以下依次为：道、路、散府或府、州、县，以及路或府之下被称为录事司的特别区。在行政宝塔层中，并不是在每一层都必有下属机关。换句话说，11 个行省中的 8 个直接管辖府，它们中间没有路一级机构。而甘肃等处行中书省除了管辖 7 个路以外，还直接管辖两个州。

高丽行省，即征东等处行中书省，其下属政府机构又有所不同，因为在元代高丽国王曾充任中书省左丞相，被授予权力选派自己的下属。[①] 在蒙古人第二次东征日本失败的 1281 年，日本行中书省曾短暂地存在过。[②] 不用说，这个短命的行省在日本既无职任又无权力；它的设立仅仅反映了蒙古人对于东征的乐观，以及他们利用高丽作为侵日基地的意图。

统辖蒙古本土的岭北行省的组织亦与其他行省不同。尽管岭北地域广阔，岭北行省下并无特别机构，仅设和宁路这一行政机构而已。

行省以下一级为道。那些由宣慰司管理的道，作为地区一级军政总管是十分重要的。宣慰司本身掌管边疆的军务，监督当地的军队调动及其物资供应。作为政府的一个地区性机关的道，其部分职能与御史台有关。御史台的肃政廉访司设在道一级，其数目由 1277 年的 8 个到 1299 年的 22 个，逐年增加。行省和宣慰司管理的道的地理范围跟御史台肃政廉访司下的道的地理范围究竟是不是一致，我们还不是很清楚。[③]

道下边的行政级别为路。路依据人口及战略地位分为上、下两等。同样，州、县亦根据人口多寡而分为上、中、下三等，而府并无

---

① 见 [653]《元史》，卷 11，第 231、236 页。

② 关于元代的高丽，见 [181] 威廉·E. 亨索恩：《高丽：蒙古的入侵》。关于征东行省，见 [208] 池内宏：《满鲜史研究》，第 3 卷。池内宏指出，征东行省在《元史》中亦称为征日本行省。

③ 关于宣慰司和道，见 [653]《元史》，卷 91，第 2308 页；[412] 拉契内夫斯基：《元法典》，第 1 卷，第 93 页注 1；[650] 叶子奇：《草木子》，卷 3，第 64 页。关于肃政廉访司，见《元法典》，第 169—170、179 页，及 [110] 法夸尔：《元代政府的结构与职能》，第 34 页。

此区分。《元史》指出府的责任在于促进农业、监督军户或奥鲁，与路的职责相同。

行省以下各级政府机构有一相似特征，即每一级均有任命的达鲁花赤，其级别、俸禄、衙门的大小都跟另一个主管官相同。例如，一县之长县尹与县达鲁花赤领取同样的俸禄，两人有同样大小的衙门，两人的品秩亦相同。虽然这种双官制可能起因于占领者的心理，但忽必烈时期以及后来的文职达鲁花赤并未享受到什么特权。

元代有关携带武器的条例稍许显示了这样的迹象：文官达鲁花赤在这方面比与他地位相等的行政官员要受到些优待。1263 年忽必烈即位不久下御旨，特别给予蒙古、畏兀儿、回回、斡脱商人、猎户、弓手与达鲁花赤等携带武器的权利。① 可是元代儒官王恽（1227—1304 年）在其慷慨激昂的文章中曾提到对武器的控制，他只提到军户、斡脱商人、弓手、猎户及回回这几种人准许携带弓箭。此外他指出，行省文官三品以下均不准携带武器，在武装起来的强盗面前是无力自卫的。② 在王恽所列的有权携带武器的几种人中并无达鲁花赤。文官达鲁花赤的最高品秩为正三品（上路），这也证明了王恽的观察：所有副二品以下地方官在携带武器方面都受同样规定的限制。根据元代其他有关武器的条例，只有在没有蒙古武官的情况下，文官达鲁花赤与色目长官才能进入武库进行监督。③

达鲁花赤的日常职责与他们的同行一样，主要是对其他官员的工作进行监督指导，并不亲自参与收税一类工作，因为收税要直接与当地百姓打交道。即使根据民族成分来看，达鲁花赤与其他的地方政府主官也不是总能区分开来的。忽必烈曾下谕旨，只许蒙古人充任达鲁花赤，在没有蒙古人的情况下才任用色目人。但在实践中却很难行得通，有时候达鲁花赤这一蒙古人的职位却由汉人充当。

---

① ［628］《元典章》，卷 35，2b—3a。

② ［608］王恽：《秋涧先生大全文集》，卷 84，6b—7a。

③ ［628］《元典章》，卷 35，3a—3b。

由于人口有限，受过训练有能力担任达鲁花赤地方官的蒙古人供不应求。从元代方志中可以看出达鲁花赤的民族成分与信仰是相当广泛的，有蒙古人、回回、畏兀儿人、也里可温、汉人、女真人、钦察人、康里人、唐兀人等等。达鲁花赤确实是有元一代蒙古人统治中国过程演变的缩影。虽然蒙古人对定居民族进行统治时，不得不对自身的制度有所调整，但是他们仍然用这种或那种形式将这些制度保留到了最后。

在元朝统治下，地方官的人数和权力都增长得很快。由于科举直到1313年才被恢复，所以它在元朝并不是进入仕途的主要途径，很多人不管是否受过专业训练，都是首先当书吏，从无品秩或低品秩干起，直到年资较高时，才可能取得地方官的品秩与薪俸。①

这一入仕过程与清朝不同。清代幕友常常已经是秀才或举人，却仍旧留在幕府较长时间，等待清代官僚机关的空缺。元代的吏员不经过科举，他们的升迁是通过周期为30个月或40个月一次的铨选。

举个例子，某人做了30个月的县司吏并且铨选通过，就可以在府或州一级为吏，又过30个月，如果他能继续通过铨选，就可以担任路吏。担任路吏之后还要通过三次铨选，即要当90个月的路吏，才有可能进入官僚机构成为正式的官员。总之，要在地方政府官僚机构中谋求一个小官职（其地位并不比最高的吏高），一个人要花上12年半的时间充当吏员。但30个月期满后是否能够得到晋升仍无保证，吏员往往是在同一级的不同机构之间迁调，如库吏转为狱吏等。当时人对元政府的批评中就提到吏员从地方调至中央，然后又调回地方，根本不考虑他就职的连续性。②

即使成为一名县吏也非易事。一个人在十四五岁时最有可能成为贴书，也许干上十年抄抄写写的事而没有任何薪俸。然后到二十四五岁他有可能当上县吏；如果幸运的话，他40岁时可以成为

① 以下叙述参看［105］《蒙古在中国的统治》第5章和［298］牧野修二：《元代勾当官体系的研究》，第65—66页。

② ［606］胡祗遹：《紫山大全集》，卷22，31a。

路吏。

汉人学者对元代吏员的指责是十分强烈的。他们敏感地将官僚机构各种各样的失职无能都归咎于此。虽然元代的吏员不是文盲，但他们通常仅有十分有限的儒学修养，往往用法律方面的知识而不是伦理道德来处事。尽管他们受到汉人学者的蔑视，但后者的儒学修养并不能给他们带来官员的地位。元代吏员不同于以往的吏员，他们长于法律的背景无疑使他们更适合主管衙门，他们以精通法律而闻名，而正是这些知识与技能造成使他们对政府的日常行政事务比以往任何时候都有更大的控制权。许多地方长官受到告诫，要对他们的吏员进行控制。[①]

政府专门机构

大司农司、都水监和管理海外贸易、斡脱商人的机构均是文官政府系统以外负责管理财政的机构，这些机构同样重要，而且更加专门。

甚至在创立正式的大司农司之前，忽必烈在他即位当年（1260年）就令全国各地的宣抚使挑选精通农业的人充任劝农官。[②]《元史》称赞忽必烈及时地将注意力转向中国经济的基础，“其睿见英识，与古先帝王无异，岂辽、金所能比哉”。

东部蒙古人决意留居中国不仅仅反映在忽必烈 1260 年将首都从漠北迁到中原上，而且还表现为 1260 年以后他们曾数次为中国农业经济的繁荣作出了努力。1261 年创建第一个监督农业的管理部门——劝农司，1270 年由司农司取而代之，司农司的职责涉及农业、养蚕及水利灌溉等各种事务。农业与水利专家们被派往各地调查并上

---

① 见［63］陈恒昭：《蒙古统治下的中国法律传统》，第 88—98 页；［276］兰德彰：《蒙古统治下金华学派的政治思想》，第 184—185 页。实例见［604］张养浩（1270—1329年）：《牧民忠告》，10b—11b、13a。

② 关于司农机构，见［653］《元史》，卷 87，第 2188—2189、2193 页；卷 93，第 2354—2357 页；亦见［412］拉契内夫斯基：《元法典》，第 1 卷，第 188—191 页；［441］舒尔曼：《元代经济结构》，第 43—64 页。

报官员在劝农方面的成绩与失误。实际上，在官员的铨选中是要考虑这些活动的记录的。

后来，在1270—1271年，司农司又更名为大司农司。尽管以后又有三次更名（农政院、务农司、司农寺），1286年以后还是一直使用大司农司这个名称。①

征服南宋十年之后，即1288年，在江南设立行大司农司。成宗铁穆耳汗时期，这些行司于1295年被撤销，但这并不表明忽必烈之后的元朝皇帝就不重视农业了。各地方官，特别是达鲁花赤，继续在当地社会负责推动并保护农业生产。元代的一条史料谈到江南设行大司农司的最初目的是调查那些隐瞒农业资产以偷税漏税的大户。由于这类隐瞒的例子没有发现多少，所以在1295年就将行司撤销了。②

毫无疑问，政府介入并监督农业始于忽必烈时期。不但在这期间创建了监管农业的机构，而且司农司还印行了《农桑辑要》这本有关农业的手册，这是一部元朝早期百科全书式的农书，它的印行是为了让天下人都能读到此书的内容，因而掌握农业技能。③ 翰林学士王磐为它作的序承认《农桑辑要》是根据以前的农业手册编纂的；换句话说，此书关于农业技术的知识并不是新的。据王磐讲，此书旨在教育政府管理农业的官员。④

除了刊行农书外，元廷在13世纪70年代初即根据以前基层社会组织中早已存在的某种形式建立了农业团体——社，社的头目无薪俸，他们在社中应促进农业生产，维护义仓，监督赋役，培育正确的道德风尚。每社由50户组成。但是，是否13世纪中国农村所有地方都存在这种单位还不能确定。不管怎样，在地方社会建立国家组织这

---

① 舒尔曼在《元代经济结构》第48页认为大司农司在1290年撤销后再未重置。我未看到1290年撤销大司农司的直接证据。实际上，《元史》，卷87，第2188页有1290年后大司农司的叙述；《元史》卷17，第372页，提到了1293年的大司农司江南分司；《元史》，卷43，第908页，提到了脱脱在1353年被任命为大司农司的长官。

② [640]《大元官制杂记》，5a—5b。亦见［110］法夸尔：《元代政府的结构与职能》，第41—42页。

③ [634] 陈元靓编：《事林广记》，卷12，1a。

④ [605]《农桑辑要》，7a。

一做法与忽必烈34年中始终为恢复战后的中国经济所作的努力是相一致的。

与大司农司类似，都水监也是一个专门的行政机构，“掌治河渠并堤防水利桥梁闸堰之事”①。都水监创于1291年，1292年领河道提举司，这样，有关内河道的所有事物都统管起来了。毫不奇怪，政府又设置了行都水监来处理地方问题和自然灾害。

还有一些与大司农司、都水监相似的机构也同时建立起来，以管理海外贸易，特别是对斡脱商人的活动进行规范化管理。② 蒙古亡宋之前，这种监督机关并不存在。只是到了忽必烈时期，为了鼓励对外贸易并因此而从海外贸易税中获取利润，元政府才重新设立市舶司。这样做是仿照宋朝的先例。宋朝于1087年在福建沿海重镇泉州设市舶司，1277年元朝也在那里设立了它的第一个市舶司。1293年市舶司的数目增加到7个，因为忽必烈的理财大臣想通过船货和贸易的税收来充实国库。

市舶司的主管部门并不是固定的：有一时期属地方盐政机构管辖，而另一时期又属泉府司这个主要的商业管理部门。元代海外贸易历史是与回回等其他外族商人的活动密切相连的。那些商人与蒙古皇室及政府官员在贸易上的合伙关系被称作斡脱（蒙语 ortogh，起源于突厥语 ortaq；波斯语 ūrtaāq，也源于突厥语 ortaq）。1286年忽必烈的大臣卢世荣甚至试图停止所有的私人对外贸易，为的是让政府与斡脱商人垄断海外贸易，但没有成功。③

泉府司并不是元朝所设的第一个控制斡脱商人的机构，最早是1268年设立的斡脱总管府，接着斡脱所或斡脱局也于1269年建立。

① [653]《元史》，卷90，第2295—2296页；[412] 拉契内夫斯基：《元法典》，第1卷，第267页注2；[202] 贺凯：《中国职官辞典》，第542页；[110] 法夸尔：《元代政府的结构与职能》，第42—43页。

② 关于海外贸易，见 [441] 舒尔曼：《元代经济结构》，第222—236页。关于斡脱商人及其经商活动管理的史料，见 [104] 伊丽莎白·恩迪科特—韦斯特的《元代中国的商人组合：斡脱》所引资料。

③ [628]《元典章》，卷22，47a。

1280年泉府司取代了总管府，监督皇族对斡脱商人的投资。这些资金贷给商人，资助西域地区的陆地商队和海外贸易。所以，泉府司1286年掌管市舶司这一事实表明斡脱商人在海外贸易中起了比私商重要得多的作用。相比之下，斡脱商人在汉儒心目中留下的却是很不受欢迎的形象。

军 事

关于元朝政府与社会的军事化程度，学者们已经争论了很长时间。显然，文、武两个官僚系统是分立的，尽管也有证据表明军队将领并非根本不插手行政事务，而行政官员也并非不介入军队事务。虽然可以说行政官僚机构基本上是汉化的，军队系统基本上是蒙古式的，但是，我们有关蒙古人对行政官僚系统的创新与改造的讨论就说明它们并不是截然分开的。①

另一个问题是军事制度是否纯粹蒙古式的。甚至早在征服中国北方的那几十年当中，也就是在忽必烈上台以前的年代里，由于蒙古人人数有限，他们就已经认识到有必要吸收外族军队到自己的队伍中来。当时，色目人，从摇摇欲坠的金朝叛逃过来的女真人，急欲抗金的契丹人，以及征募来的汉人都对灭金做出了贡献。民族区分是蒙古军队组织的一个惯例。所谓汉军由北方汉人、契丹人、女真人、高丽人组成；而蒙古军与探马赤军则由蒙古人组成。南宋被征服后，当地的居民被编入新附军。

忽必烈将成吉思汗的蒙古贵族亲兵怯薛扩编为宿卫，而宿卫的民族成分也不是单一的，其中一半为色目人与蒙古人，一半是汉人卫兵。到14世纪初，宿卫因其具有的吸引力而使自身的民族成分受到了影响。其经济与社会地位的优越引诱了很大一批汉人平民加入怯薛，虽然元廷在尽力使怯薛成为内亚军事力量的基础与核心。

从管理系统上说，宿卫的各卫由独立的最高军事管理机构枢密院

① 舒尔曼在［443］《元代政治组织上的若干问题》，第27页就用了“汉人官僚和蒙古人军事二元制”的说法。

管辖，但枢密院不直接管理驻防在大都路以外的各省军队。驻防军从万户府（蒙古语为 tüimen）中抽出，万户府对行省负责，而行省是文职官僚系统的地区行政机关。这种在地区一级的军、政权力交叉，其目的显然在于促进文武双方的合作。但是如我们以上提到的，在诸如反政府暴动的紧急情况下，临时性的行枢密院就会建立，直到紧急情况解除时为止。

在管理屯田的过程中，军、政管辖权也是交叉的。其中有些屯田与军户直属枢密院，有一些归大司农司，还有一些直属宣徽院，为宫廷和政府部门提供所需的特殊产品；又一些归中书省；另外一些则由行省管理。[①]

军、政官僚系统合管的还有奥鲁，或称军户。奥鲁户的管理似乎自然应属军事机构，因为招募兵士、征集军需品应属军务。但 1268 年对这些军户的管理权转给了地方文官，专门管理奥鲁的军事机关撤销了。文官对他们辖区内的奥鲁户不再实行免税。所以枢密院在这场所谓的文武管辖之争中，提出那些辖有奥鲁户的地方文官应属枢密院，甚至还应根据枢密院的文官等级系列来决定他们的升降。[②]

军、政官僚系统的共同点是蒙古人强调世袭官职。在元代，做文官的一条主要途径是荫补，即高级官员有特权提名他们的子孙继承他们的职位。[③] 而武官的儿子，主要是蒙古人、色目人的子弟，能够在其父亲去世或退休、甚至晋升时继承他的职位。蒙古人传统上重视忠，将忠作为最基本的美德，而武职的世袭在蒙古统治者的眼中是保证官员可靠性的最理想的途径。当然，这种对忠的强调妨碍了有系统地寻求有能力有才干的人，13、14 世纪之交官僚组织呈现蜕化这一事实已证明了这一点。所以，到了 13 世纪 60 年代，虽然军、政官僚

① 见［653］《元史》，卷 100，第 2558—2579 页；卷 87，第 2204 页；［110］法夸尔：《元代政府的结构与职能》，第 50 页；［195］萧启庆：《元代的军事制度》，第 177 页。

② 见［195］萧启庆：《元代的军事制度》，第 81、193、135—136 页；［105］伊丽莎白·恩迪科特—韦斯特：《蒙古在中国的统治》，第 2 章。

③ 关于元代荫的特权，见［102］伊丽莎白·恩迪科特—韦斯特：《元代的世袭特权荫》；关于军官的承袭，见［195］萧启庆：《元代的军事制度》，第 25—27 页。

成员都享有固定的薪俸，传统的蒙古价值观念如忠诚与世袭等还是决定了中国官僚系统的演变。

御史台

文武两个官僚系统的成员均受御史台的监督，御史台是元廷的第三大机构。① 元朝跟以往各朝在监察制度方面的不同之点在于其活动范围更广、官员数目更多。这种人员的增加与活动范围的拓宽是与御史台本身组织层次的激增相联系的。御史台只是一面镜子，映射出元代地方政府管辖层次增多以及随之而来的必须增加官员人数来填补更为复杂的机构这一总趋势。

蒙古人在大都的御史台有 32 个监察御史，江南、陕西两个长期设立的行御史台分别有 28 个与 20 个监察御史。另外，还有两个短期的行御史台分别设于河西（13 世纪 70 年代末至 1283 年）和云南（1290—1297 年）。

尽管行御史台受权监督 11 个行省，但一直是 24 个监察部门（初名提刑按察司，后名肃政廉访司）在监察着较下层的政府行政机关。

元朝有关照刷与刷卷的规定清楚地表明御史台是参与政府的日常事务的。对于日常文书与案卷中有关日期、签名、印章、计算等内容的检查、订正、核实，这些单调乏味的工作都有监察人员的参与。② 从中书省到县一级，所有的政府部门的文书案卷都定期受监察人员的审查。能够得以免检的只有那些涉及军事机密的文书案卷，例如，军队及马匹的数目等就属于头等机密。

元朝御史台的职责也包括告诫规劝，这类活动传统上是监察系统之外的专门机关的特权。从元代开始，御史台以及后来的监察部门既

① 以下关于元代御史台的叙述，参看［653］《元史》，卷 86，第 2177—2182 页；［203］贺凯：《元代在监察史上的贡献》；［201］贺凯：《明代中国的监察制度》，第 25—28 页；［202］贺凯：《中国职官辞典》，第 61 页；［821］洪金富：《元代监察制度研究》。

② 见［628］《元典章》，卷 6，14a—18b；［412］拉契内夫斯基：《元法典》，第 1 卷，第 40—41 页；［203］贺凯：《元代在监察史上的贡献》，第 221 页；［821］洪金富：《元代监察制度研究》，第 2 卷，74a—77b。

监督又规劝，二者同时进行。

元朝御史台在政治上很活跃，因此对宫廷复杂的派系斗争不能不卷入。例如，一位监察御史出于政治目的弹劾并因而导致了很有权势的右丞相脱脱于1354年年底被削职。历史学家们一般认为脱脱的倒台是元朝走向厄运的转折点。

在京御史台的大多数高级官员都是蒙古人与色目人，只有少数是例外，但品位较低的正七品监察御史对汉人是开放的。事实上，1268年京城监察御史的前12名均为汉人。虽然1282年蒙古御史的人数超过汉人，但值得注意的是有两个南人于1285年被任命为御史。1286年江南行御史台新设14名监察御史的名额定为蒙古人，仅有四个汉人名额，可是有几个汉人学者也成为监察御史，他们之中有的是1315年后的进士，有的以前做过国学祭酒，这一事实说明御史台的职位远不是仅仅限于蒙古人与色目人才能担任。①

皇家机构

在军、政、监察系统以外还有一些部门，其职责范围是服务于皇帝本人与皇族其他成员。实际上元朝户籍分类中有些户就是直属这些皇家机构管辖的，如负责匠户、打捕户、鹰房户的各院司。②

在保证皇室福利的部门中最重要的是宣徽院。元代宣徽院相当大，它沿袭了唐、宋、辽、金的先例，是一个汉式机构。在忽必烈时期，宣徽院于1278年设立，掌供玉食等皇家事务。这类事务在忽必烈以前则由宿卫军怯薛执掌。③ 但怯薛并没有完全由汉化的宣徽院所替代，因为宿卫的成员实际上还是在隶属于侍正府的下属部门服务。

蒙汉成分的混合一直是元朝官僚机构的一个特征。我们也能够找

---

① 关于汉人学者的实例，见［762］李则芬：《元史新讲》，第4卷，第439页。

② 法夸尔在《元代政府的结构与职能》一文中将服务于皇帝的机构与服务于其他皇族成员的机构截然分开，本处则采用了与他不同的分类方法。

③ 关于宣徽院及其分支机构，见［653］《元史》，卷87，第2200—2213页；［412］拉契内夫斯基：《元法典》，第1卷，第143—146页；［195］萧启庆：《元代的军事制度》，第39—40页。

出没有汉人的纯蒙古人机构的例子，如宣徽院下属的阑遗监。阑遗监的职责是管理那些遗失无主的物品、牲畜、人口（主要是奴隶），为其寻找主人；如果找不到主人的话，就将他（它）们转给皇家。阑遗监的职能显然反映了蒙古人对财产所有权以及什么属于皇家财产等观念；另一方面，毫不奇怪，这一机构理所当然归纯汉式的宣徽院所辖。

除了众多负责皇家物质福利的机关以外，皇帝在礼仪和知识方面的活动则由翰林兼国史院、蒙古翰林院等其他一些机构负责安排。

将翰林院与国史院合一的改革是1261年忽必烈听从年长的老翰林承旨王鹗的建议而实行的。① 显然是王鹗试图说服忽必烈有必要开始编修辽、金史以及忽必烈之前蒙古统治者的历史。1264年，随着迁都大都（今北京），翰林兼国史院正式设立，因此而奠定了撰修辽、金史的基础。

翰林兼国史院以外，还有一个蒙古翰林院，它负责起草蒙文谕旨，将官方文书从蒙文译成汉文或其他文字并作为副本。② 每一份文书都用八思巴文和畏兀儿字蒙古文写出。八思巴文据藏文字母创制，竖写；而畏兀儿字蒙古文是1204年采用畏兀儿字母书写的蒙古文。畏兀儿字与新创的八思巴文同时使用，虽然1269年3月曾下旨令此后用八思巴文撰写政府所发文书。有资格上疏的官员要用蒙古文上疏，所以蒙古翰林院在上传下达、与皇帝沟通方面起着关键作用，因为是蒙古语而不是汉语才是元代中国的官方语言。

蒙古翰林院还负责蒙古国子监与蒙古国子学，教育蒙汉权贵子弟。1269年在各路所设的蒙古字学接收一批官员的子弟侄孙入学。对他们的民族成分并不考虑。1315年蒙古国子学有50％为蒙古人，

① 见［46］陈学霖：《元代官修史学：辽、金、宋三史的修撰》，第62—64页；［52］陈学霖：《王鹗》，第54—57页；［653］《元史》，卷87，第2189页；［412］拉契内夫斯基：《元法典》，第148—149页。

② 关于这一机构及蒙古学校，元代官方文书使用蒙古文字的情况，见［653］《元史》，卷87，第2190—2191页；［412］《元法典》，第1卷，第149—151页；［552］杨联陞：《〈元典章〉研究》，第126—128页；［105］伊丽莎白·恩迪科特—韦斯特：《蒙古在中国的统治》，第3章。

可惜我们没有蒙古字学学生成分的资料。但据说，那些有心在元朝做官的汉人是有机会学习蒙古文的。

与蒙古国子监和蒙古国子学相当的汉人机构属集贤院管辖。[①] 国子监招收七品及其以上朝官的子孙，可以是汉人、蒙古人或其他民族的人，三品及其以上的朝廷官员可以推荐有特殊才干的平民作为国子监的免费旁听生。1285 年集贤院由翰林院分出来，并附加了一项职责：由国家任命的道教管理人员兼管全国道观道教事务。

在管理道观等道教事务方面，元代中国的集贤院的作用与宣政院并无什么根本的不同，后者直接管理全国的佛教徒，并在名义上管辖吐蕃地区。还可以找出另外一个相对应的现象：集贤院靠任命各道观的道长来监督道教，这样的做法也类似于元廷对儒学书院的规定。儒学教授与书院山长均由政府指派或者是要经过政府批准。

如果说元廷曾有意通过归并而将宗教与教育建置罗致到其官僚机构系统中去，那么最多可以说这个成功是拼合而成的。宣政院很多高级官员是僧侣或佛教信徒，这也许能解释为什么宣政院对佛教徒（其实也包括道士、回回和其他信仰者）宽容地实行免税。这种免税在宣政院与地方官员之间引起很大摩擦。元末 30 年间书院数目骤增的现象也可以用同样的现由来解释。把土地捐献给书院的人可以免除强征的差役，而元末的徭役负担不但相当繁重，而且还在不断增加。

另外，还有一些为皇室服务的专门机构，从它们的名称就可以知道它们的功能，例如太史院、司天监、回回司天监、太医院等。有些机构负责管理皇太子、皇后属下的匠户，其中一部分工匠及其家属划分为民匠，另一部分为怯怜口（蒙语口语 get-ink'e'ü，书面语 ger-ün köbegüd），意为“家中儿郎”，即童仆或奴隶工匠。元朝王室、贵族都有分封得到的世袭占有的匠户，这是蒙古早期遗留下来的习俗。由

① 下文所述集贤院、宣政院和元代学校的情况，参看［653］《元史》，卷 87，第 2192—2193 页；［412］拉契内夫斯基：《元法典》，第 2 卷，第 25—26 页；［279］劳延煊：《元代初期的南方学者和教育制度初探》；［480］孙克宽：《虞集与元代江南的道教》，第 223—224 页；［143］傅海波：《元代中国的吐蕃人》，第 311—315 页；［272］鲁比·拉姆：《元代书院的作用》。

于经常在各居住地之间迁徙，需要带着整批有技能的工匠和奴隶来修建住所。

除了分配工匠，蒙古统治者还将土地尤其是中国北方的土地（连同土地上的人口）分封给蒙古诸王、贵族和勋臣。对这种分封所用的术语不一，主要的是“投下”，意为封地，或分地（分配的领地）。[①]经皇帝批准得到封地的领主，可以任命自己领地的达鲁花赤和扎鲁忽赤（断事官），通过政府通常的渠道来任命的官员是少数。有元一代，朝廷与诸王之间为了取得对领地经济、政治上的控制权而斗争不断，并经常导致政府最高层的动荡。

《元史》有一卷专门讲岁赐，在北方，赏赐的是银与丝，在南方，则是纸钞。领取岁赐的大多是皇室或蒙古贵族成员，而岁赐的来源是分地里的汉族人口。分地的这些汉户一般在交税给领主的同时，还要向大都的元廷交税。我们应指出，《元史》中的岁赐卷在各史均无前例。以往的断代史没有这样一卷，因为这种制度是纯粹内亚式的，起源于蒙古人早期将征服的人口和部落作为分子（战利品）分给统治家族的成员这样一种习俗。与此类似，很多元廷的制度与做法是以汉化的官方术语来称呼，但这不过是外表，同它们的内亚实质相距甚远。

社　会

把国家机器与社会分成两个不同的领域进行探讨是历史学家们对中国进行研究、写作时所用的一种现代模式，然而13世纪的蒙古人却没有这样的区分。由于源于部落与军事社会，13世纪早期中期的游牧蒙古人几乎不存在社会分层。在财产拥有两极分化这个现象上，游牧社会远没有定居的农业社会那么极端和那么容易衡量。[②] 例如成

① 关于投下的研究成果很多，如［849］黄清连：《元代户计制度研究》，第41—47、209页；［105］伊丽莎白·恩迪科特—韦斯特：《蒙古在中国的统治》，第4章；［502］伊森拜克·图干：《〈元史〉中的岁赐门》。

② 对此问题的讨论，见［154］欧内斯特·盖尔纳：《迁徙无常的家》。

吉思汗早期的随从称作那可儿，即伴当，成吉思汗是平等对待的。随着成吉思汗权力的增长，那可儿成为享有特权的亲兵与家内侍从，他们实际是侍卫亲军怯薛的骨干。同时，他们被成吉思汗作为弟弟对待。成吉思汗在世时，国家与社会的界限极不分明，二者都是随着战事而变动着。

蒙古社会自然也有它自己的一套礼仪和禁忌，一些曾到过哈剌和林的也里可温教士曾写下详细的记载。但是，与汉人利用宫廷礼仪来确定特权与社会地位相比较，元大都宫廷里的蒙古人一定显得格外不正规，事实也是如此，蒙古人在这些仪式上是颇不讲究的。因此，我们先来讨论一下元朝社会的顶层，对蒙古宫廷生活的性质有所了解。

大都的蒙古宫廷的松弛气氛，明显地表现在蒙古统治者对姓名丝毫不避讳。① 汉人曾注意到蒙古人餐桌上的举止及其烹调方式，这些蒙古人更喜爱的饭菜并不是汉式的。② 例如，蒙古人吃饭时用小镔铁匕首切肉，就有损于他们在汉人儒士眼中的形象。

但这并不是说蒙古人对汉人仪式一概不要，在儒士的极力说服下，蒙古统治者默许了郊祀等儒家仪式，可他们一般不亲自参加这些仪式。这完全可能是因为蒙古皇室觉得八思巴所传的佛教仪式更合他们的口味。皇室成员亲身参加每年正月举行的佛教仪式，并观赏汉人、回回、唐兀人艺人表演的戏曲。③ 蒙古统治者也一直举行萨满教仪式。显然，在他们看来，源于不止一种宗教—意识形态传统的正统地位并不存在什么矛盾的地方。

在帝国首都大都，蒙古人居住的方式也表明了他们在固守草原习俗。毫无疑问，大都作为一座帝国都城采取了汉式建筑模式，但是直到 14 世纪，一些蒙古统治者与皇室成员依然愿意住在市区皇家花园里搭起的帐篷中，不肯住进宫殿，这个事实很能说明问题。忽必烈曾

---

① ［650］叶子奇：《草木子》，卷 3，第 59 页；［628］《元典章》，卷 28，6b—7a。

② ［322］牟复礼：《元代和明代》，第 204—208 页。

③ 关于元代礼仪作用的最优秀的著作是［126］傅海波的《从部落领袖到至高无上的皇帝和神：元代的正统观念》，参见该书第 32—35、60—61 页。

下令将蒙古草原的草坯运来移植到皇家花园，而帐篷就搭在这些移植过来的草地上。其中有一个花园中的毡帐十分高大宏伟，而宫殿内的墙上还有一些是兽皮布置。帝国另一都城上都，在大都完工以后主要用来作为皇室成员打猎消遣的场所。[①]

所有这些有关餐桌举止、典礼仪式、住房搭帐，以及打猎的细节，都说明在很大程度上皇室对于模仿汉人生活方式并不热衷，他们对汉族文化也没有太大的兴趣。当然也有例外，元文宗图帖睦尔（1328—1332年在位）支持学术与艺术，他曾在京城建立奎章阁即是一例。[②] 蒙古统治者还对《孝经》表现了极大兴趣，下旨将此书译为八思巴蒙古文，并印行分发给蒙古诸王。[③]

皇室之外，虽不占多数但为数不算少的蒙古人开始学习汉文化，并在追求文学艺术中取得了出色的成绩，这些人多出身于蒙古贵族。[④] 这些有成就的蒙古学者中有一些是汉人母亲与蒙古父亲的混血儿。很明显，他们是在汉人文化的熏陶下长大的。虽然这些汉化的蒙古人在中国全部蒙古人中只占很小的比例，但在元后期他们的人数颇有增加。

汉文化对整个蒙古民族的影响是微乎其微的；反过来，蒙古人的宫廷生活在中国整体来说也没有什么反映。对于这种在一个民族当中保持另一种民族的独立性的特殊局面，人们还是要问，中国社会在外族非汉化的统治下，是怎样运转与进展的呢？

比较早期的一种对元代中国社会的看法是蒙古人对整个社会强加了严格的等级制。[⑤] 元代社会根据民族成分而划分为四等人：蒙古

① 关于元大都的深入论述，见［478］南希·S. 斯坦哈特：《蒙古影响下的都城建筑：忽必烈的帝都大都》。

② 见［277］兰德彰：《虞集和他的蒙古君主》；［478］南希·S. 斯坦哈特：《蒙古影响下的都城建筑》，第38页。

③ 见柯立夫对《孝经》蒙文译本研究的前言，［71］柯立夫：《早期蒙文译本〈孝经〉第一章》，第70页；［118］傅海波：《蒙古统治下的中国史学》，第22—24页。

④ 这一观点来自［858］萧启庆：《元代蒙古人的汉学》。

⑤ 下文关于元代社会的论述，参看［874］蒙思明：《元代社会阶级制度》；［556］易洪明（译音）：《元代阶级制度：评蒙思明〈元代社会阶级制度〉》。

人、色目人（西域人）、汉人（北方中国金朝原来统治下的各族人）以及南人（倒台的南宋统治下的居民），一级比一级低下。在过去的50年中许多学者已经不再认为等级制在元代中国起作用。根据官方规定，汉人是不能担任达鲁花赤等官职的，但事实上却很容易找出汉人当达鲁花赤的例子。元政府曾试图把一些职位专门留给某些民族成分的人，但这些规定却一次又一次地被破例，说明有相当大的政治上的灵活性。当然，在汉人学者看来，当官的途径与传统的方式完全不同了。

然而，这并不是说蒙古统治者不曾试图造成这样一个有等级的社会：他们自己以及在征服中国前就与其结为联盟的色目人将受到最优待遇。虽然由于人口比例的关系，他们不得不在几乎所有各级政府中都任用了汉人，但是蒙古人还是尽力保留了对非汉族人的一定的优待。

就处于上层的民族来说，突厥人在13、14世纪的中国当然是仅次于蒙古人的最受信任与优待的民族。这种优越的地位最容易得到解释，因为在13世纪初叶，蒙古人已经与突厥各部落发展了一种特殊的关系。[①] 到1225年，畏兀儿、哈剌鲁、钦察、汪古、克烈、乃蛮等都归降了成吉思汗（其中克烈与乃蛮究竟属蒙古语族还是突厥语族仍有争议）。蒙古人采用了突厥畏兀儿竖写的文字来书写蒙古口头语言，而突厥人，其中有许多是畏兀儿人，充当了前忽必烈时期蒙古人的军事谋士、书记官、大臣与行政官员。这一时期东部草原通行的语言是突厥语而不是波斯语。

在忽必烈时代，相当数量的突厥人继续在朝廷担任顾问、皇室子弟的导师、翻译与武官。忽必烈的母亲唆鲁和帖尼别吉就是一位克烈公主，忽必烈本人就是在这些突厥谋士们的环绕中成长的。在忽必烈以后的元代朝廷，突厥人在政治角斗中取胜，他们之中最有影响的一个是钦察人燕铁木儿（卒于1333年）。

在各突厥语部落中，畏兀儿人在蒙汉文化中间所起的沟通作用最

① 见［398］罗依果：《蒙古统治下的突厥人》。

大，很多畏兀儿翻译把汉文与其他语言的作品译成蒙古文。从其中一些畏兀儿人在中国文学及学术上的成就来看，他们无疑是汉化了。色目人中取得进士头衔的多是畏兀儿人。

但如果仅仅依据民族成分来判断元代中国谁属于上等人是不准确的。有一部分人得宠于蒙古人，似乎主要是由于他们的宗教或者是由于他们在经商方面的作用：穆斯林斡脱就是一个例子。这些商人组织的成员与蒙古皇室形成合作（斡脱）关系。汉文史料仅仅提到他们是穆斯林，但有关他们的民族背景资料则很缺乏。元朝有关赋役的规定力图澄清斡脱商人的纳税类别：如果他们是穆斯林或者是商人，他们的户税并不能免除；只有穆斯林军户或者是居住在清真寺的无其他生计来源的穆斯林（阿訇）能免税。虽然斡脱商人与皇室有优越的共同经商的关系，他们也要和其他人一样交同样的税。[①] 但汉人儒士将斡脱商人看作是很得宠的商业与宗教方面的上层人物，指责他们偷税及放高利贷的做法。在这些方面，肯定有一些斡脱商人是有责任的；但也很可能是蒙古人乐得让穆斯林去承担这类攻击，因为蒙古人自己就可以解脱了。

有一些汉人商人在蒙古人的庇护下也经营得不错。张瑄、朱清这两个海盗在 13 世纪 70 年代连同其船队归降了蒙古。他们在从江南到大都的海运中起了很大作用，他们也从中取得暴利。张、朱两人生前不仅有权印钞，而且被授予通常只有蒙古或色目人才能享有的军事头衔，他们也不必服役。虽然最后张瑄被处死，朱清也死得极不体面，但这两个汉人商人的成功表明了蒙古人在中国与他们在欧亚其他地域的统治一样，对那些为朝廷服务的商人是给予重赏的。

除了民族、宗教、商业方面的上层以外，蒙古人对南宋原有的大地主也是优待的。征服中国北方时对女真人及汉人所造成的经济上的混乱远远比征服南宋时对南方大地主造成的损失要大得多。事实上，江南作为税收基地的重要性阻止了蒙古人进一步扰乱这个地区的社会

① ［629］《通制条格》，卷 2，14b—15a。关于元代中国的穆斯林，见［427］罗沙比：《元代初期的穆斯林》。

经济秩序。因此，世袭制的投下分地绝大多数都是在北方分封的。蒙古人充分认识到了江南对于整个中国经济的重要性还表现在他们在忽必烈时期完成了对大运河的修建，大运河是长江流域与首都大都之间极为重要的经济和政治纽带。

在元朝的经济政策下，江南地主受益匪浅，其间惟一的例外，是忽必烈的大臣吐蕃佛教信徒桑哥，于 13 世纪 80 年代后期到 1291 年曾发起一个运动，追缴那些未曾上交的钱谷。桑哥刚被处死，他那很不得人心的经济政策便被纠正，江南不用再被强征繁重的赋税了。所以，江南汉人地主可以被视为经济上的上层，在元代他们总的来说是不受干扰的。①

蒙古人主要根据各种不同的职业对元代中国社会的人口进行了户籍分类。② 诸如民户、匠户、窑冶户这些从事生产的非上层的户籍主要由汉人和南人组成，而蒙古人主要划分为军户、打捕户与站户。色目人一般划分为军户、斡脱户、商贾户（不是所有的非汉族商人都是斡脱）和宗教户等。各种户籍大多世代相承，在蒙古人看来，每一种户籍都是为国家服务的。依据民族成分以及各类户籍职业对国家经济的相对重要性，由蒙古人决定是否给予免除赋役或给予其他福利。

然而政府却对儒户给予生活费，免除劳役与从军义务，这似乎与蒙古人的标准相矛盾。蒙古皇帝勉强同意了那些要求给儒户以优待的上疏，很可能是为了抚慰这一比例很小但相当重要的一部分人。1276 年儒户仅有 3890 户，蒙古人完全可以不要求这部分人承担对国家的某些义务。儒户的数量一直比较低，主要原因是儒户并不世代相承，不够格的学者就有可能失去这一地位。

元代社会的最底层是各种奴隶。与中国以往各代相比，元代奴隶的数目增加了。为解释这一现象，历史学家们深入研究了蒙古人成为征服者之前其社会内部的发展状况。虽然中华人民共和国的学者倾向

---

① 见［513］植松正：《元代初期对江南的控制》。

② 见［849］黄清连：《元代户计制度研究》；［364］大岛立子：《元代的匠户》；［854］萧启庆：《元代的儒户：儒士地位演进史上的一章》。

于将13世纪初的蒙古社会描述成正经历着从奴隶所有制阶段向封建制早期阶段的转变（他们遵循马克思主义的理论，历史上所有的社会都必经这些社会经济阶段），但苏联和蒙古人民共和国的学者却坚定地认为，蒙古人没有经过奴隶所有制而是直接从氏族社会转变为封建社会。[①] 虽然这些争论与我们这里的讨论没有直接的关系，但可以充分说明在叙述早期蒙古社会里奴隶的作用这一课题时历史学家们所遇到的困难。13世纪蒙古人确实占有奴隶，这些奴隶常常是战俘而不是蒙古人，但是将奴隶占有说成是蒙古氏族游牧社会经济的一个主要特征就不正确了。

在元代中国，奴隶对于蒙古兵士的经济具有特殊的重要性。[②] 蒙古人在军事征战中获取战俘，很多战俘成了奴隶，即驱口。驱口及其家属分配给兵士，从事耕作，因为蒙古士兵们都厌恶自身从事农耕。很多驱口是汉人。到13、14世纪之交，相当多的驱口逃亡，导致蒙古军户破产。具有讽刺意味的是，从13世纪末开始，蒙古男人和女人也开始到印度和穆斯林国家做了奴隶。

虽然元代中国大多数奴隶是13世纪的战俘，但也有证据表明有元一代强迫为奴及买卖奴隶的现象一直存在。有些人是在国内叛乱中被抓为奴，但也有些人只是被强词夺理的官兵强逼为奴的。当时的人曾目睹大都存在奴隶市场，痛惜人被当作牛马一样对待。然而对蒙古人来说，奴隶在概念上与所有权（不管是有生命的还是无生命的）是相连的。阑遗监的存在就可以表现出这一点，无论是逃跑的奴隶、丢失的物品，还是无主的牲畜，毫无区别均归阑遗监处理。

元代政府与社会既是中国过去的延续，又使中国过去中断。元朝的政治制度与统治方式建立在蒙古、内亚和中国的先例上，要将各种因素区别开来常常很难做到。蒙古人常常利用汉人的方式达到蒙古人

① 见［841］高文德：《蒙古奴隶制研究》；［712］卢明辉：《三十年来中国蒙古史研究概况》；关于苏联和蒙古人民共和国对蒙古社会和元史的研究，见［106］伊丽莎白·恩迪科特—韦斯特在《苏联对前现代化中国的研究》中的“元代”部分。

② ［195］萧启庆：《元代的军事制度》，第21、29—30页；［100］海老泽哲雄：《元代的契约》。日本学者对元代中国的奴隶有很多研究成果。

自己的目的（例如，利用汉族人的“荫”袭来维持民族特权）；他们也利用蒙古人的方式来达到历史上任何一个中国土地上的王朝都力争达到的目标（如建立达鲁花赤这一制度来监督当地政府）。

蒙古统治上层的特殊需要使一些本不可能在蒙古人中出现的统治方法产生了。研究元代中国的历史学家还在对蒙古统治的独特因素进行评价，或者更确切地说，是对那些构成其统治方式的“非汉”的（实际存在的或可以领悟到的）因素进行研究。对元代政治制度与社会实践进行识别、解释和评价，可以为历史学家进一步确认蒙古统治时代的与众不同的特征。

第九章

蒙古统治下的中国社会，1215—1368年

中国历史中的蒙古时期

1260年忽必烈取得了蒙古帝国最高统治者大汗（更恰当地说是可汗）的称号，到1271年年底他更进一步，宣称从新的一年起，将国号改为“大元”。他这样做是听取了汉人和汉化了的非汉人谋士的建议，新国号运用了谋士们提供的中国历代所惯用的隐喻。他们采取这样的国号是为了将外族征服王朝纳入中原治国的传统中来，以体现出他所宣称的仁政是以他的中国臣民及其文化传统为目标的。① 这样就有了一个恰当的幌子，但又毫不掩饰蒙古人入主中原以扩充自身并巩固他们的比中国还要广阔的军事帝国这样一个事实。他们处于这样的压力之下：一定要保持自己在中国的军事和政治优势，以便剥削和利用这个世界上最大最富有的国家的资源。早从1215年成吉思汗攻打女真金朝起直至1368年蒙古人被赶出中国，就在这150年当中，蒙古人成功地运用了灵活的手段。忽必烈汗1272年采用中国传统的国号这一举动，标志着蒙古人在政府模式上开始大受汉族的影响。长久而辉煌的忽必烈朝，也标志着元朝统治方式最充分的正规化。但是我们必须指出，对于那些企图把蒙古人的统治与它的根源——草原传统和蒙古帝国的规范标准，这是蒙古人从完全不同的历史体验中得来的——割裂开来的汉式“指导”，忽必烈是不一定都接受的。

---

① 改建国号诏书的译文及改建国号意义的讨论，见［275］兰德彰编《蒙古统治下的中国》的“前言”，第3—21页。

然而，从那时起，中国人却将蒙古统治当作符合他们政治传统的一个正统王朝接受下来。虽然现在有充分证据说明那一个半世纪构成了中国社会历史的一个时代，而中国人也一直是这样认为的，但是我们还必须毫不含糊地认清这样的事实：在那个阶段中国社会的管理确实是发生了异乎寻常的变化。我们必须注意到这些变化对元代社会历史产生的效应，我们还必须努力对元以后的历史所受到的影响作出评价。从长远的观点来看，不管怎样，持续性是主流。1240 年蒙古人摧毁了基辅，不久钦察汗国又占领了斡罗斯公国，一直到 1480 年占领才结束。历史学家们在叙述俄罗斯历史时，指出这导致了俄罗斯历史的根本性变化和转向，[①] 而在中国历史中，我们却看不到这种根本性的转变。在东亚，蒙古人的征服终止了一些民族的历史，改变了另一些民族的历史，同时也创造了一些新的民族，而最引人注目的是蒙古民族自己。

1215 年至 1234 年蒙古人取胜的早期年月里，他们摧毁了其领土大部分在中国北方边疆的女真人与党项人的国家，这两个民族的成员大量流散或实际上消失了。对汉人的征服则不存在类似的现象。早期征服战争中的那种一味的屠杀不再常见，无论如何，再对付如此的大乱时，其屠杀的规模可能已不再那么大了。13 世纪 40 年代以后蒙古人的征服方式发生了某种程度的转变。这以后的蒙古征服者蒙哥（1250—1259 年在位）和忽必烈（1260—1294 年在位），与他们那可畏的尚武前辈们相比，更能从蒙古国家的利益出发，有目的地、有成效地对待他们的定居臣民，而中国就是在这一时期归并到蒙古大帝国中的。他们的政策也较好地适应了被征服民族的利益，在一定程度上，这种利益的一致起到了作用。这样说并不是否认那些随后发生的

① ［165］查理斯·J. 哈柏林在《钦察汗国与俄罗斯：蒙古对俄罗斯中世纪史的影响》一书中，没有提出这里所说的俄罗斯“历史的根本性变化和转向”的说法，不过是强调了由“蒙古影响”促成的文化延续及对俄罗斯社会的有益推动。俄国史学家始终否定蒙古在俄罗斯的统治起过好的作用，哈柏林意在纠正这种观点。相反，中国史学家尽管对其亦持批判态度，但并不强调外来统治对中国的破坏，而是强调文化的延续性，不过这种延续性是因为对中国文化输入了“积极”的因素，而不是外族影响。

与中国正常秩序不合的灾难性的偏离，但是中国人最终感受到，在蒙古人这种前所未有的对古老文明进行征服所带来的灾难中，他们生存下来而且胜利了。

除外界强加的危机以及汉人对危机的适应这些问题之外，还有一些论据有力地说明元朝正是中国历史发展中的一个分水岭。一方面，中国文明中的一些基本的变化，特别是在组织政府与治国方略方面，在那个时代的末期已经显现出来。这可以看作是在中国长期存在的发展趋势已经达到了它的顶点，而蒙古统治这一特殊条件更增强了这种趋势。另一方面，我们也必须考虑到破坏性的变化，以及汉人对外族统治带来的所有这些新因素所做出的不同反应。这里采用的观点是后者，一系列直接由蒙古统治产生的情况，可解释政治史与社会史的许多问题。从较大范围的社会生活去罗列证据要比仅从政治领域做起来困难得多。本章旨在提出一些在今天历史学家们看来对研究元代有意义、有重要性的社会史方面的问题。

元代中国的人口

一些有关元代社会的最基本的事实目前尚无定论，仍在讨论研究中。最突出的一个例子就是还无法确定中国人口的数字及其分布。本章后一部分将说明，为了社会管理这一目标，元政府比以往任何一个朝代的政府都更重视对其属民按地位与职业进行分类统计。但是，户口、人口实际统计数字并没有像其他中原王朝那样与财政制度直接挂钩；而且元朝负责人口、赋税、土地登记的行政系统并不十分有效。因此，这些数据的可靠性是很值得怀疑的。历史人口统计学家认为，忽必烈朝晚期 1290 年的那次统计，是元代历次统计中最可靠的。按照《元史》的说法，[①] 在籍的有 1319 万户，计 58834711 人（见地图 37）。

但是历史学家们指出，这里既没有包括新征服的云南行省，也不包括一些分散在边疆地区的州县级行政单位以及住在山区、沼泽和其

① ［653］《元史》，卷 58，第 1346 页。

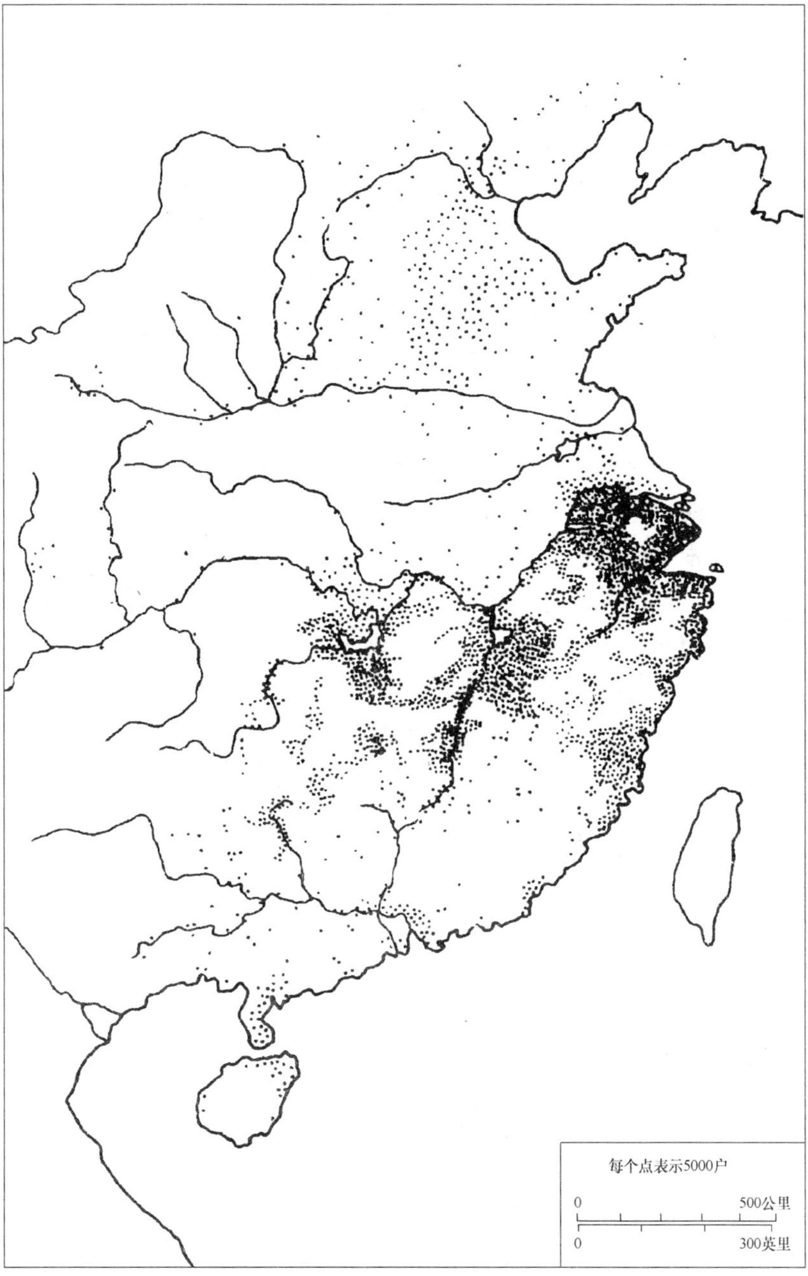

地图37　元代中国登记在册的人口分布

他边远地区的人口，另外，有几个较大的类别，如僧道、兵士和属于投下的户口都不在其内。

征服南宋后元朝所作的仅有的另一次全国性的人口统计是在1330年，这次新统计的数字表明人口仅有微不足道的增长，所以，很可能其中大部分数字取自1290年的统计结果，并非新的人口统计数字。据1290年人口统计，每户平均人口约4.5人，似乎低于实际，但也不是不可能。假设13世纪70年代征服南宋后不久元代中国的人口约6500万，这似乎是可以讲得通的。明初1393年的统计数字为10652789户，60545812人，这与1290年的数字是能吻合的，每户平均人口为5.68人，总人口6050万，跟一个世纪以前元朝的数字很接近。有一部长期以来令人信服的著作认为1393年的实际人口要更多一些，这部书还指出在进行人口登记的时候，首先考虑的是财政收入，所以不交税的儿童、寡妇与年老体弱者是不必计算在内的（若都计算在内，每户平均人口就会多一点儿）。[①] 这样，元朝1290年的数字似乎从明朝早期也就是1393年的数字得到了进一步的确认。

我们对这些数字的相信受到这样一个事实的挑战：中国的人口在宋代要比这多得多。1109年北宋政府登记了2000万户（人口总数应超过1亿）。1200年前后，金与南宋的人口总和超过1亿。[②] 很难相信到了13世纪中国的人口减少了一半，而元朝灭亡之后经过1/4世纪的恢复，到14世纪末人口还是那么少。可是如果我们考虑到行政管理的松散，也就是说政府没有能力进行彻底的统计，还有一部分有意的漏报，比如分给蒙古贵族投下的驱口户等，我们就能够解释为什么1290年的数字如此之低。[③] 1393年当明朝的行政能力加强，有可能进行较全面的统计时，明初的统计数字应有显著增加，至少户的数字应该是接近实际的，即使由于仅考虑财政收入而使人口数字发生了偏差。不料，这些数字却与1290年的数字很接近。尽管这些数字没

① [184] 何炳棣：《1368—1953年的中国人口研究》，第10—12页。

② [183] 何炳棣：《中国宋金时期人口的估算》。

③ 关于元代漏报户口的情况，见 [849] 黄清连：《元代户计制度研究》，第128—135页。

有一个能看作是努力对全国人口进行全面统计的结果，尽管这些统计是出于财政管理的需要而不是为了进行纯粹人口学的研究，但这些数字显示出来的人口增减及人口分布的总趋势很可能还是反映现实的。因此，我们完全可以设想，1200 年到 1400 年之间中国人口曾发生灾难性的锐减，出现了中国历史上的极端情况。

如果进一步仔细研究这些数字，更显得以上设想是可能的。1207 年主要领土在淮河以北的金朝的人口统计为 840 万户，5350 万人（每户平均 6.63 人）；1223 年南宋在籍的有 1260 万户，以每户 5 口计算（宋朝的统计无人口数字，不管怎样，每户 5 人的比率并不算高），假定为 6300 万人。1215 年蒙古人入侵北部中国，而 1215 年中国人口总数就可以由以上两组数字相加之和得出，约在 1.1 亿人到 1.2 亿人之间。如果我们看一下 1290 年元朝在籍人口的分布，我们会看到华北平原人口损失最为严重。1215 年至 1234 年蒙古—女真之间的战争；1235 年直到 1260 年忽必烈登基这几十年松弛的管理所导致的混乱；以及忽必烈朝初期河北、山东军阀的反叛，所有这些都对这一地区起了严重破坏作用。1290 年人口统计中与河北、山东大致相当的行政区划的数字，可以拿来与 1207 年、[①] 1393 年在这一地区注册的统计数字相比较，见表 8。

表 8　**河北、山东注册的户数**　单位：户

1207 年	1290 年	1393 年
330 万	130 万	110 万

1207 年总共 330 万户这个数字意味着人口总数为 1700 万至 2000 万。1290 年在这两省注册的仅仅约有这个数字的 1/3：如此锐减在当时中国北方是很典型的，包括河南、山西和陕西。很可能直到 16 世

① 1207 年的数字来自脱脱等编的［646］《金史》，卷 24，第 572—578 页；卷 25，第 599—616 页；卷 26，第 627—629 页，缺少后来隶于江苏的三个州和隶于河南的七个府州的人口数字。1290 年的数字，来自［653］《元史》，卷 58，第 1347—1383 页。1393 年的数字来自［184］何炳棣：《1368—1953 年的中国人口研究》，表 3，第 10 页。

纪末，中国北方的人口才恢复到12世纪末13世纪初的水平。但是我们还不能肯定在人口统计中显示出来的这种减少现象是由于进行户籍登记的行政机关不力，还是由于人口的实际丧失所引起的。如果是后者，我们也不清楚是否由于人民逃难而大批内徙、死于战争、死于由战乱带来的饥荒及疫病，还是由于生活艰难和处于乱世而大大降低了出生率所致。

有很多材料充分说明13世纪和14世纪华北大部分地区长期频繁遭灾，但人口史的准确数字却不能由此引申而出。如果在中国范围内的人口迁徙是一个很重要的因素，那么我们本可指望这些流民的后代会在1393年的人口统计数字中显示出来，结果却没有。我们可以想像人口的减少是各种因素综合造成的，战争、天灾造成人口锐减，在几十年的艰难时世中又很难使人口得到补充，造成了这种不可避免的结果。在这类问题上面对这样大的一个谜是很麻烦的：如果现代历史学家们不能知道确切的人口数字、人口分布以及波动的原因，他们怎么能对这一时期的社会史自信地说出什么来呢？①

虽然数字资料目前尚不能解开元代人口史之谜，但幸运的是与定性有关的资料却能使历史学家们对蒙古统治下的中国社会生活作出比较满意的结论，当然决不是说没有不同的意见。

社会—心理因素

汉人在历史上有好几次经历了外族统治，但此前还从没有外族统

① 邱树森、王颋在［775］《元代户口问题刍议》中，对有关元代人口问题的历史资料作了全面分析。这一研究引用了元代的统计数字，估计有20%的人口没有登记。他们估计从1290年括户后到1340年的几十年中，元代实际户口最高曾达到1990万户，近9000万人。因为元末的战乱，人口再次减少，到1368年元朝灭亡时，只有1300万户，6000余万人。这一结论有两个问题，它提出了人口大幅度增减，却没有分析1290年至1340年间人口的年增长率。而这对估算1340年的最高人口数是很必要的；该文亦没有解释为什么1368年后的数年间没有再次出现大幅度人口增加。此外，还需注意两次灾难性的人口锐减，人口减少了30%至50%，一次在1215年之后达到高峰，一次在1340年之后。因此，这一研究值得认真推敲。

治整个中国的局面。1206年成吉思汗被他的蒙古部以及与之结盟的各部接受为大汗，以后的十年中，蒙古军队曾数次对中国北部地区发动试探性的进攻。在占领华北以前，他们首先征服了其他两个外族建立的政权：党项人建立的位于西北的西夏，它亡于1227年；征服女真人的金朝花了20年，1234年金朝终于灭亡。在蒙古历史的这一阶段，蒙古军同时西征，横跨亚洲大陆进入欧洲，他们的目标是摧毁任何一个不识时务而对蒙古进行抵抗的国家或城堡，但并不是要占据和统治它。中国北部屡遭蒙古军队的蹂躏，而当地军阀常常只是相互争斗，不能控制局面。所以说，在某些地方如何维持和平与秩序的问题，便在当地社会出现了。

中国北部这种不稳定的总趋势，从13世纪50年代开始转变。这时期成吉思汗的孙子、蒙哥汗的弟弟忽必烈被指派处理蒙古世界帝国中国地区的事务。1253—1254年，忽必烈攻打中国西南，征服了云南，13世纪50年代末他深深地卷入了中国北方的事务，不是作为征服者而是作为统治者，他开始任用汉人和其他族人做他的幕僚。蒙哥汗去世，忽必烈于1260年继位成了大汗。他成为淮河（与南宋的界河）以北中国的实际统治者，并宣称了他对蒙古大帝国的绝对统治权。他从没有使这一宣称名副其实，却越来越深地陷入中国事务，包括13世纪70年代完成了蒙古对南宋的征服，这就又导致他对中国作出长期规划并对在中国的统治更负有责任。中国一直是世界上最大的国家，统治这么一个拥有庞大的定居人口的国家，对这些出类拔萃的蒙古征服者来说是一种新的挑战。连续几个阶段的征服，在中国人当中已引起了不同的反响。

这种外族征服对汉人来说，特别是对那些最了解这一点的士大夫来说，具有矛盾的意味。一方面，中国获得了10世纪以来的第一次统一。忽必烈的将领们征服南宋以后，一些汉人高兴地看到那些长期被分隔在南方的人们又能够到北方去参观他们仰慕的中国文化古迹，像山东的孔子墓和陕西的汉唐都城。将全体中国人统一在一个受命于天的政权之下，从汉人的心理来说是极其重要的。但是，从另一方面看，垮台的宋朝被推崇为具有高度文明和繁荣文化的朝代。具有鲜明对照的是，蒙古人是外族，他们给被征服者印象最深的是军事上的勇武而不是文化上的成就。究竟这些草原斗士们是否能屈服于中国文明，或者说中国方式，还完全不能肯定。当时有些汉人不接受蒙古统治，拒绝为新政权服务，仍旧执拗地忠于已经垮台的宋朝，中国传统对此是赞同的。惧怕蒙古军事力量并且从一开始就认为蒙古人不配统治文明的中心而加以拒绝，无疑加强了这种反作用力，它一直持续到13世纪末，甚至还要晚一些。

然而，中国的文明对一个新王朝是否为正统只有一个衡量标准，蒙古人看来是通过了这个检验。天命论并没有限定中国的统治者必须是汉人，只要求他们接受中国封建体制所依据的框架（正），并且将全体中国人都归于一个整体的统治（统）之下。① 这个天命理论暗示了一种依附于神圣的礼仪观念的人类伦理与社会价值的共同基础，同时也暗示了一种由符合儒家标准的官僚机构实行的卓有成效的文官统治方式。

忽必烈声称他的蒙古皇族是受命于天的，尽管他也可以完全不理会这一套而仅凭武力来进行统治。他正式宣称天命所授是在1272年宣布新的元朝国号的时候，而真正得到确认则是在又过了几年征服南宋之后。那时候，忽必烈让宋朝最后一个统治者正式退位，然后给予他微不足道的称号与收入。蒙古人在军事上占有绝对的优势，但他们在接触汉人的那套纲常名教时仍然是很谨慎的。他们可能已经正确地预计到假若宋统治者公开承认天命的转移，就可以进一步减弱汉人军事上和心理上的对抗，如此做法也给汉人转而服务于新的政府铺平了道路。

与初兴时期的蒙古人的做法相比，忽必烈和他那一代蒙古将领在中国的所作所为表明他们在适应中国的环境方面已经迈出了很大一步。但是后来蒙古人的政府却未能与汉人的理想模式合拍。忽必烈是最懂得中国的一位蒙古统治者，他为设计既能满足蒙古帝国需要又能

---

① [86] 戴仁柱：《史学观和杨维桢的〈正统辩〉》。关于“正统辩”的背景，见 [48] 陈学霖：《中华帝国的正统观：女真—金朝（1115—1234年）的讨论》。

符合汉人要求的模式而开创了一个光明的起点。在维护蒙古人利益的必要前提下，一些出色的蒙古官员、一批色目人和很多汉人儒生做出极大努力，合理有序地统治中国。但是，元朝在中国漫长的政治史上从未成为正常的时期。在直接为蒙古皇帝利益服务的军事系统与逐渐建立起来的中国式文官政府系统之间，不能很协调的矛盾始终没能够解决。

另一个问题是继忽必烈较长而且有远见的一朝之后，以后的（直至 1368 年元朝灭亡）历代蒙古帝王，大多短命且无建树，他们常常成为相互竞争的派别的傀儡。由于处于持续不稳定状态，蒙古的力量逐渐削弱，政府出现了质的蜕化。名义上的准则与实际执行之间的巨大差距，使很多官员和百姓都产生了玩世不恭和悲观失望情绪。只有很少的汉人还在以此为据对蒙古人受命于天的正统性表示怀疑，而更多的人则开始预言蒙古人将很快失去天命。说汉族精英们接受了蒙古人统治的正统性可能是过于夸大，虽然他们中很多人无疑只是默认了这一点，这是他们在不利的局面下尽力把损失降到最低限度。这种情况在汉人作为统治者的朝代也不是没有的。无论如何，服务于正统的统治者，忠于任命自己为官员的统治者及其朝代都是非常重要的，这一儒家思想一直是有约束力的行为准则。汉人对蒙古统治的异乎寻常的反应是非常复杂难解的。[①]

当代那些把元朝当作非常时期的历史学家们，并没有从当时人以及中国传统历史学家的著述中找到如他们所期望的那么多的直接证据来证明他们的观点。中国人将元朝说成是他们自己历史上的一个时期，他们总是忽视元朝中国是一个更大的世界帝国的附属部分这一事实；他们忘记了蒙古历史是独立于中国的历史进程而具有自身的整体性的，即使是像元朝这样一个有两种历史在很大程度上相互交错的时期也是如此。[②] 今天，我们必须认识到这一时期以中国为中心的历史

① ［320］牟复礼：《元代的儒家隐士》。

② 当代中国学者李则芬将此称为中国元史学的三弊之一，见［762］李则芬：《元史新讲》前言，第 1 卷第 2 页。当代的台湾学者和大陆学者已注意到这一缺陷，但是还没有克服它。

和以蒙古帝国为中心的历史各自都是有确实根据的，我们应当努力超越这两者的局限性。但是，是汉文文献的记载为这两者提供了主要的资料。我们要有洞察力地利用这些文献才能理解这两个社会的关系，理解二者并立产生的中国当时特殊的条件。

我们不可能指望过去时代的汉人，即使是不太远的过去，都能用我们今天认为正确的观点和方法来分析汉蒙关系。例如，汉人的记载常常对蒙古社会的懈怠和政治上的缺陷表示诧异。同时，这些记载总是致力于维护汉人的文化信仰、汉人的制度与理想所起的作用，充分肯定元代政府中他们所熟悉的汉化组成部分是最根本的。但是我们能够看出，记载中真正能够说明他们观点的证据比他们所相信的要少得多。我们还应对植根于蒙古人的规范的特殊因素予以应有的重视。

大多数汉人表示，他们相信天命确实赋予了蒙古大汗，从而使蒙古人坐上了中国皇帝的宝座。今天我们看到是蒙古的军事力量而不是其他帮助使他们获胜。我们也很容易看出汉人的观点是他们在被征服后所作的理性的思索，如果不是天真的话。汉人相信或者说希望征服者们采取一些他们传统模式中的方法来进行统治，因为他们只意识到人类一个文明的优势。但另一方面，我们也看到蒙古人在中国也像在草原、在中亚和波斯、在俄罗斯那样，对他们征服的所有这些地域的各种文明都能灵活地适应。汉人所观察到的蒙古人对他们大一统文化的尊敬，事实上是蒙古人奉行的不论何时何地都要最大限度地为蒙古利益服务的实用主义决策。①

13、14世纪的汉人学者与官员往往注意到蒙古人童稚式的简朴、诚实、大度和信任这些美德：他们在一定程度上是“贵族式的野蛮人”，但同时他们又是通向文明道路上的倒退者。然而我们却能认识到蒙古人无论是可爱还是可畏的品质，在如何最大限度地剥削他们所征服的民族这方面他们是相当精明的。忽必烈汗首先将蒙古人的长远利益与他们称霸世界的中国基础统一起来，但并不放弃以蒙古为中心

① [9] 托马斯·T. 爱尔森：《蒙古帝国主义：蒙哥汗对中国、俄罗斯和伊斯兰地区的政策，1251—1259年》，第221—225页。

的考虑。接下来在元朝中期和后期，接受一定程度的汉化是以牺牲蒙古人对草原的控制为代价的；对这一过程究竟能走多远，以及假若蒙古人能再在北京继续统治一个世纪会有什么后果等问题，当代的历史学家还持有不同意见。[①] 这一问题无论多难解答，却不是历史事实。1368 年蒙古人被赶出中国的时候，他们身上仍旧保留着草原民族的基本特征。这也可以在很大程度上说明为什么他们在中国的统治没有成功，为什么他们不能继续作为漠北的强有力的民族而存在。但他们在中国统治的失败却最能说明他们的汉人臣民生活的特殊条件。汉人如何适应那些特殊的条件，将是以下讨论的重点。

社会阶层：传统精英与新兴精英

长期以来，人们习惯于认为所有影响社会地位升降的阻碍已在宋朝（960—1279 年）有相当大的削弱。也就是说，在宋代，较高的社会地位是通过科举或运用其他个人能力而获得的个人成就。以前靠家族的巨大财富和显赫地位来保证世代相传的精英身份与政治地位的模式，到了宋代已让位于更符合儒家开放社会的理想：进入上层社会圈子是通过个人努力，这些人来自更广阔的社会基层，官阶不是世袭的，这在社会上起主导作用。[②]

更新的学术成果对以上学术观点有所修正，但没有否定它。这一开放社会的理想对社会意识产生的影响是生动深刻的，其影响的程度，比对东、西方其他前近代社会的影响都大。在蒙古征服前的中国社会，已经没有命中注定的贵族，没有法律上享有特权或被剥夺了权利的封闭的阶级，没有哪个阶级的人根本无权提高自己的社会地位或成为官员，也没有哪一部分人口被系于一定的土地或职业而不得流

① 萧启庆在对元代蒙古人的开创性研究中，分析了 78 位掌握汉学和汉文化技巧并在元代文献中有明确记载的蒙古人。他的结论是到了元代末期，出自精英家族的蒙古人大多已经“儒化”，他们未必是蒙古人中的主流，但采用汉文化的趋势却在不断加强。见［858］萧启庆：《元代蒙古人的汉学》。

② 对宋代的最精辟的描述，见［433］佐伯富、竺沙雅章：《宋代的新文化》。

动。当然，以上是指一般情形，不论是社会顶层还是底层，肯定有少数例外，但不是主要的。人们普遍认为是生活在一个开放的社会里；无论城市还是农村，贫穷还是富贵，官员还是百姓，这一认识都是对社会理想和社会行为的有力推动。

由于宋代的绅士阶层享有国家给予他们的历史上从未有过的最大程度的社会声望与利益，因此他们毫不怀疑自己是社会与政府的理所当然的引路人。他们受益于复兴的儒家，即理学；历经三个世纪，儒家战胜了它的竞争对手佛、道两家，确定了自己无可争辩的稳固地位。

学者和官员们被称之为“儒”，包括那些有望当官、实际当官和已经引退了的人物。儒在中国历史这一时期是指接受孔孟之教或是有文化修养的人；在宋代社会，个人最高的奖赏、最大的满足是成为儒。“儒”这个词不仅限于绅士阶层，最受尊重的画家是儒士艺术家，最有知识的医生是儒医，甚至军事将领也努力争取得到儒将的称呼(但宋朝的军事力量却没有明显的加强)。国家通过各种法律、经济以及制度上的调整，承认并鼓励这一趋势。这一自然形成的社会领袖集团因此而与宋朝的存亡有最大的利害关系。他们发现他们的理想在中国北部甚至得到外族征服者女真金朝的有力支持。即使当北方已落入蒙古人的先遣部队手中时，南宋儒士们的心中仍充满自信。而在蒙古征服所带来的社会变化中，他们丧失的最多，感到的痛苦也最大。①

草原游牧社会的组织是迥然不同的。虽然从实践上看，有能力的军事领导人大可派上用场，因而使得精英圈子相对来说是对有非常能力的人开放的，但他们的部落军事社会是按以下的原则和理想组织起来的：封闭的社会阶层，世袭的特权（即使最初是凭个人功绩挣得的)，世代相承的职业和地位，以及根据实际的或者传说的血统把人们分为不同类别。蒙古人将这样一种社会制度带到中国，并力图以此为其征服者的利益服务。

在一定程度上蒙古人的理想与他们的现实也是有差距的，但是他

① ［854］见萧启庆：《元代的儒户：儒士地位演进史上的一章》。

们对社会的期望却与汉人形成了鲜明的对照。征服民族带来了如此不同的组织社会的经验，使处在征服民族统治之下的那一社会发展阶段的汉人受到的震惊比以往中国历史上任何时候都要大。元代社会史可引出许多有兴趣的问题，比如经过不断的修正，蒙古人是怎样将自己的统治经验运用于统治中国的，他们的主张在中国社会得到实施的范围究竟有多大，汉人是如何抵制和适应蒙古人的统治原则的，这个前所未有的环境给中国的社会基础带来的持久变化究竟达到了何种程度。

元朝是处于汉人统治的宋朝与汉人重建统治的明朝之间的外族统治时期。明初的政治格局同宋代的对比是极其强烈的，这一点十分明显；人们可以将这种现象解释为相当程度上蒙古人统治的累积性结果。但是中国社会的结构或精神所经历的深刻而持久的变革，除去其中的某些变化（并不是所有的变化都是机能失调或阻碍生产的）可以观察到影响外，就远不是那么清楚了。可以肯定，汉人中的许多文化精英对元朝统治给他们所崇尚的社会与政治生活模式带来的中断是痛苦的，但与此同时，他们又强烈地倾向于将注意力集中到理想的形式与中国历史的连续性上，从而忽视或低估这种中断的累积性后果。重复一遍我们先前谈到的一点，我们在阅读当时人的感想时必须格外谨慎，要加以分析。

经历了 1215 年至 1234 年间对中国北部的金朝的征服后不久，蒙古人在中国的统帅就在大汗窝阔台（1229—1241 年在位）与蒙哥（1251—1259 年在位）遥控下，开始酝酿一套方案来区分征服者与被征服者，并剥削后者以支持他们在欧亚大陆的作战。“进行括户是蒙古人努力动员帝国中定居地区人力财力的关键，户口登记的目的在于便利赋税的征调，识别有技能的工匠以及征兵的需要。”① 为了管理财政而进行户口登记的主张来自汉人，蒙古人最初知道这项措施很可能是在与哈剌契丹（西辽）接触的时候。女真征辽时西逃的汉化契丹人在 12 世纪初创立了西辽，而中国新疆的畏兀儿人给哈剌契丹和

① ［13］托马斯·T. 爱尔森：《13 世纪的元朝和吐鲁番的畏兀儿人》，第 262 页。

13世纪初的成吉思汗都提供了行政管理人才。[①]

在中国，蒙古人采用了他们自己的统治方法和他们模仿建立的行政管理系统。在征服中国的最初几十年中，他们应用的原则与他们在其他地区进行征服时的原则别无二致：把被俘的人民与被征服的民族看作他们的战利品，仅仅是一笔财产，因而将其沦为奴隶。战场上进行掠夺是蒙古士兵的权利。地产连同其主人、牲畜、房屋、物品统统被当作赏赐而奖给军事将领和统治者的亲信。由主要军事首领构成的最高阶层，其赏赐形式是封地，诸王也经常得到封地。

在进行征服的游牧社会内部，蒙古人自然居于领导地位，但他们在建立帝国的过程中迅速地接纳了许多合作者。1227年成吉思汗去世时，蒙古人的战争机器中已经包括了很多内亚和西亚人（色目人），这些人并不是来自蒙古草原的游牧部落，而是来自广大的沙漠绿洲中的定居社会或者其他一些国家。其中有一些是由于被征服而被迫合作的，另外一些则是自愿地与蒙古人结合起来。他们之中不少人作为伟大征服事业的合作者而被授予特权地位，并承担着责任与义务。在汉文记载中，他们被称作诸国人或色目人（各色各目之人）。这些词语译成英语时常常被不太严格地写作"西亚人"，因为他们中的大多数实际上属于中国以西地区的各民族。

在这些色目人中，数量与作用都占优势的是畏兀儿人。早在1209年成吉思汗尚未用强制方法兼并他们时，他们就自愿地宣布自己为属国，从而与蒙古人之间有了一种特殊的关系。[②] 畏兀儿人曾于8、9世纪创立过一个强大的游牧国家，那时他们与唐朝的关系十分密切，但也很敌对。9世期中期他们被迫西迁至中国新疆，此后又几经辗转。他们在富庶的绿洲耕作、经商，成为定居民族。他们也开始放弃曾十分崇信的摩尼教而改信佛教和景教（聂思脱里教），13世纪

① ［13］爱尔森：《13世纪的元朝和吐鲁番的畏兀儿人》，第246—248页。亦见［849］黄清连：《元代户计制度研究》，第128—135页。

② ［13］爱尔森：《13世纪的元朝和吐鲁番的畏兀儿人》；［398］罗依果：《蒙古统治下的突厥人：13—14世纪突厥与蒙古关系初探》。畏兀儿人的首领早在1204年就已得到蒙古人的宠信。

时他们中的一部分人又皈依了伊斯兰教。

畏兀儿人本身具有丰富的汉人行政管理的知识，他们成为经商、理财及文官政府机构中的专家，在他们自己的地域，也在部分汉化了的哈剌契丹的西辽国服务。他们采用从叙利亚文发展而来的一套字母书写自己的突厥语，从而有了文字。畏兀儿人作为可信任的同盟者、能干的斗士和掌握读写技术的专家，与蒙古人建立了紧密的关系，这一关系注定了蒙古人很愿意依赖他们的帮助来统治中国。在归入色目人的二十个以上的民族或部族中，畏兀儿人是最重要的。

色目人是蒙古国法律上承认的第二等人。随着蒙古人对北部中国的兼并和其后对整个中国的占领，又在法律上出现了另外两等人。在蒙古人统治下，征服者与被征服者的划分在范围上有了定义并被宣布为永久性的，这是在以往征服者的统治下都未曾有过的。在 1215 年至 1234 年征服金朝之后的 20 年内，有两千多万定居人口，主要是华北的汉人，也有西夏的党项人、渤海人、高丽人以及中国北方的其他居民，都处于蒙古人的统治之下。[①]

为了行政管理的目的，这些新被征服的属民被称为“汉人”。而对于汉人来说，这个词本身指的则是整个汉文化共同体或汉民族共同体；当时在法律上被称为汉人的蒙古属民中的绝大部分当然也是汉人。但是这个词又被用来指所有曾经在中国北方的金朝统治下的属民，不管他们是不是汉族，也不管他们是不是游牧民。[②] 1275 年至 1279 年蒙古人又征服了南宋，第四等人也随之被规定下来，这就是“南人”，它专指 5000 万以上的南宋遗民。[③]

这就是著名的法律上的四等人制度。在统治中国的初期，蒙古人试图通过颁布法律来创建一种与汉人的社会结构、社会意识形态的所有特征都相反的社会秩序。蒙古人、色目人、汉人、南人按种族集团

---

① 本章前面已提到 1207 年金朝在籍人口超过 5000 万。其中不少于一半的人口在元朝初年的户口统计中被计入户籍。

② [674] 钱大昕：《十驾斋养新录》，卷 9，第 205—206 页。“汉人八种”，指在汉人下包括 8 个种族集团。

③ [828] 姚从吾：《忽必烈汗对于汉化态度的分析》。

分为四等，似乎并没有系统地正式宣布过。但是即使在对人数最多的第四等人征服之前，在忽必烈朝初期，各种机构的设置和为实施文官管理所作的各项规定，都已充分考虑了这些区别，并且从法律上加以强化。它们确实具有法律的效力，一直到一个世纪之后元朝灭亡为止。这些规定被歧视性地用于所有与国家有关的规范人民生活的各项事务中：它们能影响赋役，决定选派官员的资格条件，决定处理民事和刑事案件时的不同权利、特权和量刑轻重，确定可否免除义务，同时，这些规定还可作为授予各种特权的基础。在这个制度中前两等人所得到的某些利益，与以前宋朝文官的地位带给士大夫的特权与优待相当，但文官的地位要经过科举成功才能赢得。元朝的制度是硬性的，不考虑个人成就，它是世袭的，在原则上一切个人或家庭都逃脱不出已被指定的地位。

从统治者的角度来看，四等人制度有它自身的道理。它是维护统治者利益的一种便利方法，可以得到可信赖的合作者的帮助并给其奖励，使他们担当起基本的军政任务，而让被征服者保持服从的地位，不构成威胁。当蒙古人还在把注意力集中在更大规模的征服时，为了处理从未有过的繁多紧迫行政事务，他们采取了一系列措施。恰在这个过程中，四等人的制度产生了。因此，在征服是以直接掠夺为目的时，它代表了一种进步，因为它体现了某种感性认识：对组成社会的各个集团，应在作用与义务、奖励与责任等方面给予明确划分。

我们看待四等人这一制度，应将它与蒙古人实行的颇为复杂的户计制度联系起来。[①] 户计制度这一手段既是种族社会四等人制度的补充，又是它的延伸。户计制度是将蒙古人及其所有属民都以一定职业按户划分。最重要的是它将被征服人口，特别是汉族，不管属于汉人还是属于南人，都根据他们对于统治者的重要性而加以分类。有一个学者列出了 83 种户计的表格。[②] 这些分类标明了特殊的技艺与生产功能，为的是保证这些划定了户计的后代能够继续他们各自的职业，

① ［849］黄清连：《元代户计制度研究》，第 13—18 页。
② ［849］黄清连：《元代户计制度研究》，第 197—216 页。

这在中国制度史上是没有先例的。在这儿我们看到的是一个游牧的完全军事化的部落社会，有选择地采用各种建议与经验，就能够在管理一个全然不同的社会时，创造出一种十分复杂的、有关社会地位与生产功能的制度并对其进行监督。虽然四等级社会阶级制度以及对不同行业户籍的确定在对社会尤其是对社会变革的认识上是短视的，但它们仍代表了一种并非无足轻重的成就。我们应当从蒙古历史的基础以及在中国社会史的范围内对此加以评价。[①]

在任何情况下我们只能得出这样的结论，元朝强加的社会阶层以及世代相袭的职业、地位的企图并没有成功地实现，也许它不可能成功地实现；也没有积极地加以维持，因为它显然违反常规。可是它并未被放弃。它使最好的行政管理人员遇挫，使被统治者恼怒，它又是必要的改革的阻碍，可是却一直捱到了元朝灭亡，甚至还影响了随之而来的明代制度的发展。

但是我们此处的兴趣是要理解元朝统治的所有特殊条件是如何影响汉人生活的。蒙古人和色目人组成的两级特权阶层垄断了通过社会地位与权力而获得的利益，这直接冲击了旧的具有学问与修养的汉人精英阶层的存在，冲击了他们在政治与社会上作为领袖的传统。对此，他们的反应不尽相同，从苦涩的抱怨与蔑视，到犹豫地或被动地接受。但是，最终他们中的大多数都接受了元朝统治，而且很多人接受了政府的聘用，在较为屈辱的环境下做了文化上不敌他们的人的低级助手。

在汉人儒士适应调整过程中的一个有趣的现象是，外族上层掌握真正权力的现实，既没有消除中国社会对文人的崇尚，也没有完全摧垮被征服者中原来属于社会上层的那些人的经济实力。就是说，汉人士大夫们尽管与高官无缘，但仍旧被百姓看作是地方社会的领袖。只要翻一翻当时人的著述，就可以看出，征服者的新秩序在很大程度上

① ［874］蒙思明的《元代社会阶级制度》发表在50年前，但至今还未被新成果取代。它还留下了许多未解决的问题。见［856］萧启庆《元代史新探》中的评述，第43—44页注25。

并没有干扰老百姓心目中所认为的社会精英“应有的”资格。那些拥有土地或靠经商致富的汉人在蒙古人统治北方的最初几十年虽然被没收了财产，但是有很多事例说明，到忽必烈时期他们财产的安全程度与宋朝统治时相比并无明显的降低。

事实上，在13世纪最后几十年，在忽必烈的元朝统治制度化了的新条件下，同时存在着两个精英集团：一个是法律上的，另一个是事实上的。一开始，前者得势，后者心理上受到极大压抑，物质上也遭受不同程度的剥夺。但是对于旧有的汉人精英，不管是那些忽必烈朝以前在受损较重的北方的，还是那些在新被征服的受损较轻的南方宋朝的，征服者都没有任何消灭他们的企图，也没想对社会秩序进行革命。原来的汉人精英被迫适应粗暴的、不舒服的环境，而且大多数人都这么做了，其中有些人还事业有成。但也有不少人作为个人而不是有组织的政治阴谋分子，对这种征服进行嘲讽，不承认元朝。更多的则是消极抵抗或隐居不出，成为传说或神话的题材。① 在北方，被蒙古人征服的第一代人中产生了一种强烈的反抗精神，在13世纪70年代忽必烈的军队征服南宋疆域时，精忠报国的精神表现得尤为强烈。

有一个流传甚久但却缺乏充分根据的说法是忽必烈征服时期强加给中国社会的“十类划分”。根据传说，蒙古人和色目人当然优于汉人而不在这个系统之内。头两类为官和吏，第八类是妓，儒为第九类，丐被划为第十类，是社会上最低下的一类人。半个世纪之前，有人作了明确的论证：虽被经济上的不稳定和心理上受到的压抑所困扰，中国社会等级中事实上的精英，在社会中仍是一个优越的阶层。② 他们不再可能通过科举考试取得地位、官职和财富。他们被迫与法律上的精英合作，表现出各种高尚的与不那么高尚的动机。但是汉人儒士在蒙古统治下存在下来了，并保留了他们文化的完整，即使在时代的压力与机会下不是完全没有改变。

---

① [320] 牟复礼：《元代的儒家隐士》。

② [874] 蒙思明：《元代社会阶级制度》，下同。

必须指出，尽管社会的四等级制度没有消灭以前存在的中国精英阶层，也并不想把所有的中国人都降到一个低下的经济水平上，但这一制度也没有保证所有的蒙古人和色目人都获得优越的经济地位。尽管他们在法律上保有许多种特权，但这两类上等人中的经济地位是高下不等的，很多蒙古人和色目人陷于贫困的境地，甚至不如汉人。他们中的富人自然和与他们相当的汉人结为联盟，而他们中的穷人也像处于低下阶层的汉人那样忍受着同样的贫困。

蒙古人有关民族歧视的规定的一个主要后果（虽然不是有意的），是造成了汉人精英的赋闲或无所事事这样一种大环境，但却没有破坏这个集团的群体意识和内聚力。蒙古人是想将汉人排斥在政府最高职位之外，不让文官系统成为不能控制的汉人行动的舞台。至于这个汉人精英集团在失去了他们社会地位的主要支持之后能否仍旧在社会上作为精英集团而存在，就不是蒙古人的政治策略所关心的了。

有元一代，仅仅有很少的几个汉人曾在政府中任较高的官职。终于，做如此尝试的汉人越来越少了。按汉人的标准有资格做官的那些人中，大多数人对于不允许他们献身于仕途感到泄气。政府的各机构同时设两个长官，较高的职位与权力都给了蒙古人和色目人，对他们并不要求具备实际的资格，而这些资格却是等而下之的汉人通常必须具备的。

如同那些严格的等级规定导致了汉人精英的漠不关心一样，在这一环境下的公众生活也是冷漠的。一方面，从传统的观点来看，它扭曲了官场的组成；另一方面，它使那些自认为是儒士的人改变了对职业的选择，很多人不得不转而去从事各种本不愿从事的职业。其中那些能够负担得起闲散生活开支的人常常钻进艺术、学术和经典作品中去，或者是过着醉生梦死的生活。当然，更多的人负担不起过这样的生活，他们必须找工作。他们有文化，可以去从事某些卑微的职业，如当职员、教师、医生、算命先生，或者从事更低下的职业。一些人皈依佛教或道教，纵使不出家的话，他们也与当地的宗教组织保持着联系。当把做官作为惟一的职业理想而“暂时”不能实现时，当这种标准的认识影响因此而削弱时，元代那些想当而当不上士大夫的人往往会有奇怪的失落感。

儒 户

一些知识精英在括户中被划为“儒户”，这是为他们的命运做出的新安排，被划为这一类的人的社会责任就是“研习以备任用”。元代社会制度的这种特殊现象值得进一步探讨。[①]“儒户”这个词在元代律令中具有特定的意义，表示划入那类户口的人有希望作为中间等级而成为吏员，也就是这一世袭职业的成员有义务世世代代提供这种特殊的服务。

“儒户”这样一种概念，以前是没有听说过的。在蒙古人统治北部中国最初的几十年，与这一划分类似的特殊的户籍，还规定有以佛教、道教、聂思脱里派、答失蛮（穆斯林）以及阴阳先生、术士、萨满教和其他宗教信仰确定的户籍。蒙古人以优待、奖赏和免税来鼓励所有的宗教专职人员。当某一派得到什么好处时，其他的派别也竞相提出要求，往往就可以得到同等的待遇。但是儒士并不认为自己是一个宗教派别的成员，常常鄙视专业的宗教人士。可是，宗教在那时的汉语中称作教，犹如孔教。

对于蒙古人来说这种类推无疑是够准确的了，所以在非常特殊的条件下，根据向大汗窝阔台的建议，儒士们被赐予了这种职业上的划分。随着蒙古人在 13 世纪 30 年代完成了平定金朝的战争，一种残酷的命运降临到老百姓头上。如我们已经看到的那样，在战场上得胜的将领们可以抢掠财产、牲畜和人口，把人变为他们的奴隶或家奴，一点也不考虑这些人原来的身份。耶律楚材[②]是窝阔台朝廷的一位高度汉化的契丹人谋士，他目睹蒙古人不能更有目的地利用人才而给社会造成的损失，于 1238 年建议在户计制度中加上“儒户”这一项。在

---

① 下文的叙述引自［854］萧启庆：《元代的儒户》。

② 耶律楚材先服务于成吉思汗，但在窝阔台在位时影响更大，见［399］罗依果：《耶律楚材（1189—1243 年）：佛教徒和治国儒者》。

这之前他就为儒士争取到了免除赋役的规定，同样是以佛教徒和道士所受优待作的类推。这个新的户籍类别划分确实是给了他们好处，在当时是一个重要的策略上的巧妙考虑。直到130年后元朝灭亡，这一规定一直在起作用。

户籍类别划分起初使文人们在如此巨大不幸的年代中得到了一些保护，以后又成为元朝制度的一个固定部分。耶律楚材的意图是利用这个特殊的户籍分类作为起步，然后系统地以这些受到保护的文人来充实整个政府的行政管理机构。在实现这个较大的目标方面他没有成功。他在朝廷的影响下降了，而1243年他死之后的一段时间里，没有一个具有较大影响的、在政府中有地位的人同情儒士并为他们说话。

在大汗蒙哥（1251—1259年在位）统治时期，忽必烈——蒙哥的弟弟，未来的大汗，蒙哥在汉地的代理人——担负着统治北部中国的责任。在这件事上他接纳了儒士们的意见。13世纪50年代初，他公布了保护儒户的规定，然后努力寻找那些在蒙古征服金朝过程中沦为奴隶的文人并解放他们。政府答应免除儒户的主要税务并给予其他优待，这使得申请儒户地位的人猛增。配不上这一地位的富户就向当地官员们行贿，由此引起蒙古官员的指责，导致了考试的实行。通过考试，1276年在中国北部有将近4000户得到儒户的资格。

到1275—1279年征服南宋的时候，对儒家文人的态度比四十多年前在北部时好多了。明文规定军事将领不得在战场上抓捕和奴役儒士。地方官府受命评定哪些户有资格成为儒户，军事机构要听从这些决定。此后十多年中对儒户又作了进一步的补充规定，这也是将南宋汉族人口纳入统治范围的一部分。最后，又宣布1290年括户时登记为儒户的将永远保持这一世袭身份。粗略的估计表明，在南方有10万儒户。加上北方的4000户，合起来还不到总登记户数的1%。以上是元朝早期这个制度发展的大致情况。

儒户登记出现了很多异常情况。传统上，儒士们以属于“书香世家”为骄傲。所以，他们能够接受世袭服务这样的观念，但是在孔子学说中他们找不到这样的说法：保护那些本身不够资格却又厕身其间的人，或排斥那些本人有天才却没出生在这样家庭的人。此外，在国家看来，他们与和尚、阴阳先生们是差不多的，被认为是一个有组织的宗教派别的教士，这种联系使他们感到身份被降低了。

在儒士们眼里，这一制度的最大缺点是没有使他们成为保证通向高官的一个优越阶层。虽然这一制度能够保证对经书有一定研修的某些个人在需要时在政府中任职，但它不能提供这样的条件，即那些学术上杰出的人应当自动地在政府中任职。简言之，它不能取代废除了的科举制度。那是因为有元一代，重要的官职大都留给了蒙古人和色目人，或者世袭，或者在任命时受到优待。政府需要大批熟悉行政机构中传统公文程序的汉人，但是在这些职位上的汉人的高升机会却是极其有限的。那些出身于经过特别划分的儒户并受过教育的子弟还不得不低声下气地在当地政府的官员手下充当书吏，或充当官职很低的地方教官，这两种情况都使提升的前景暗淡。

另一方面，儒户这一身份带来了一定的经济利益，尽管津贴的数量、免除赋役的种类很不相同。那些有限的优遇与宋、金时代做官所带来的经济上的保障当然是不能相比的。儒户比社会阶梯的底层要高得多，但他们比起顶层来却又低得多了。他们对经济上的利益远远不能满意，给予他们的自尊、尊敬以及心理上的满足是相当可怜的。这些就是他们感到苦涩的根源。

1315 年终于恢复了科举考试（1313 年诏行科举后），不论是否属于儒户的文人们都十分兴奋。对于他们，这是一条出路，他们终于有了正当的出路。但是在元朝余下的年代里，从 1315 年到 1366 年，科举考试每三年一次，共举行了 16 次，只取了 1139 名进士（虽然每年 100 个名额，可以取 1600 名）。根据规定，其中一半名额分配给了蒙古人与色目人，他们参加的考试要容易一些，判分标准也低一些。把这些蒙古人、色目人也算进来，平均每年也只有 23 名新进士，仅为宋、金时期平均数的一小部分。而且，元代的科举被作弊和欺诈行为严重败坏，以致那些自尊的学者有回避的倾向。简言之，无论科举的恢复对把那些有雄心的外族人引入中国文化模式是多么重要，它都没有在实质上改变儒家学者沮丧的前途，尽管它开始时曾带给汉族文人以喜悦，使他们感到文明胜利的希望。所以毫不奇怪，许多在文学和学术上有天才的人到别的地方去寻找他们的事业，常常追求某些在其他时代最不正常的生活方式。

精英作用的扩散

中国社会很多有才干的人，因为上述原因被迫去寻找不易实现理想的出路，而这些出路大多远离官场而处于社会较下层。这群人已经形成了一个相当大的人才圈子。有人计算大约有 50 万受过教育的人，算上他们的家属，可能占全部人口的 5%。[①] 北方金朝最后一次进士科举考试是在 1233 年，而南宋是在 1274 年。直到 1315 年进士考试才得以恢复，而且规模要小多了。

科举考试既为政府任用官员提供人才，又为社会上所有有志为官的人树立了努力的目标。在任何时代，那些通过科举成功走上官场的人都仅仅是大批考生中遴选出的一部分。13 世纪中叶蒙古人进行统治之后，那些中举的进士以及数以万计合格的候选人几乎都不可能受到合适的任用。可是因较高的教育而使他们进入的那个人才圈子还在不断扩大。社会对于这类教育的高度赞誉，再加上有朝一日终会有所作为的信心，继续吸引着那些为学者踏上这条传统的做学问的道路。征服及其后果并未改变这种形势。事实上的精英继续产生出来，出身于这种家庭的年轻人还有其他什么可做的呢?

国家对于传统的培养社会领袖的方式缺乏关心，甚至使得儒生们对教育更加信奉。那些实现不了“更高追求的学者”，就把大量的个人精力投入到教育中来。[②] 尽管命运不济、政治上受到冷漠，以及必须学会善于生存的技巧，一个在教育上保存了自身地位的精英阶层还

① 为大致计算，可以采用忽必烈朝汉人为 6000 万的较低数字。可以通过下列方式计算出出身精英家庭的总人数：假如占总人口的 5%，或 300 万人，属于精英家庭，以每家平均 6 口人计算，假如每 6 人中有一个是成年男子，精英集团中计有 50 万成年男子。这只是大略的推算，没有任何史料依据。

② [279] 劳延煊：《元代初期的南方学者和教育制度初探》。

是出现了。这个阶层在元朝反常的条件下对社会做出了很不寻常的贡献，他们的才干得到新的发挥。

这个传统定义上的精英阶层对于整个社会生活所产生的作用与其他时代不同。首先，因为他们并没有被拉到脱离下层的政府高位上，所以他们能与为数更多的地位相近的集团密切相处，与社会的联系更为紧密，而不论他们是住在农村还是住在城市。例如，如果为了经济上的自身利益或是出于保护财产的考虑，这些儒士们就寻求与当地佛教寺院保持一种关系，这样一来他们也就卷入了社会的宗教生活。如果他们被迫以教私塾为生，或者他们这样做纯粹是出于一种责任感，否则便无事可做的话，那么他们就卷入了那些就学者的普通家庭的生活。如果他们不得不在当地政府的机构中担任卑微的书吏，那么他们观察政府的角度常常是那些有资格成为社会上层分子的人所得不到的；他们将自己的历史和哲学知识带到工作中，而这类工作通常是接触不到这些知识的。如果这些儒士有绘画和书法的才能而现在又不得不以出售他们的艺术品为生，他们便开始认识到市场的环境以及这些非艺术家们对于艺术所起的作用。如果那些在行政机构中得不到发挥的管理术不得不转向商业的话，那么这个商业世界就随着这些精英阶层的生意人实际经验的增长而变得深奥复杂了。

总而言之，元代生活中反常的条件给予这一精英阶层带来的震动，无疑使很多人遭受痛苦，也使社会在较大范围内遭受了损失，但是又为新的生长和变化创造了更大的潜能。重构元代社会史的任务艰巨，现在刚刚开始引起学术界的关注。

元杂剧在元代社会史中的意义

元杂剧的历史从侧面展示了精英文化与通俗文化是如何相互作用的，同时也展示了元代中国有文化修养的精英阶层在促进这种相互作用时的新作用。元杂剧的历史长期以来被错误地解释，并据此证实有关元代事实上的精英阶层所遭受的屈辱与排斥的程度的荒诞说法。早在 14 世纪，中国作家开始渲染说，由于贫困的学者在社会上不能找到他们合适的位置，为求生被迫为他们残酷的蒙古与色目主人写通俗的东西取乐，这些杂剧就突然在他们的头脑中呈现出来了。根据这种解释，这些地位改变、陷于贫困的才子们首次集中在一种活动上，在这种活动中他们深厚的文化资源必然造就出一种表达思想感情的工具，这就是大众戏剧文学中突然涌现出优秀剧作的原因。这种解释包含了部分的真实性，使之有着魔术般的吸引力，但在根本上它是错误的。

戏剧作为一种文艺形式在中国历史上发展得颇晚，然后在一段很短的时间内又突然达到繁荣，这是事实。杂剧（一般称为元杂剧）这一戏剧形式的最优秀作品，则是由一小批才子创作的，他们不过两代人。[①] 此外，戏剧的确含有二重性，既包含高层次的文化价值因素，又包含通俗娱乐的因素，而在中国人的传统看法中，这两类因素实际上是相互排斥的。

这一现象要求作出特别的解释，而传统的解释通过几个世纪的夸大被不加批判地接受了，直到 20 世纪初为止。20 世纪初是一个对中国文化遗产重新估价的时代，加上中国和日本对蒙古在东亚和世界史中的地位表现出更大的兴趣，由此导致了对元杂剧的重新评价。这个阶段的重新评价以吉川幸次郎的《元杂剧研究》最为典型，除了提供严格的文学上的分析以外，还将作者与观众的问题作为中国社会史的因素进行了研究。[②] 吉川幸次郎强调，剧作家、演员和观众，包括汉族和其他民族的支持者，他们之间的相互作用使得元杂剧一下子繁荣起来。

以前被忽略的元杂剧前身的历史现在也更加充分地显露出来，部分原因是考古证据要求对文献记录进行更仔细的研究。现在已

① [453] 史仲文：《中国戏剧的黄金时代：元杂剧》，第 3—19 页；[80] 詹姆斯·I. 克伦普：《忽必烈时期的中国戏剧》，第 3—30 页。

② [558] 吉川幸次郎：《元杂剧研究》，第 72—241 页；郑清茂汉译本，第 44—162 页。

经清楚，13世纪元杂剧的繁荣过程经历了一个较长的时期，不论有没有蒙古征服，这个艺术形式都会繁荣。① 重新估价那段历史的时候，像吉川幸次郎这样的既对文学史也对社会史感兴趣的作者，就会在元代特别的环境中找到对元杂剧特征的很多解释以及元杂剧进一步发展的原因：

> 在过去20年中，有足够的考古发掘证明最晚从11世纪起中国就已经存在受大众喜爱的戏剧传统。这个证据驳倒了早些时候的论断：是蒙古人剥夺了文人的权利而导致杂剧的兴盛。它也驳倒了是文人将杂剧形式推向高峰这样的设想。更可能的结论似乎是：杂剧作为一种自我维系自我发展的传统，到13世纪真正成熟为一种合宜的有吸引力的文学表达媒介。在蒙古人统治下，北方的“精英”作家们发现自己在一个不熟悉的世界中沉浮，与社会的和政治的成功绝缘，而传统的文学形式所能赢得的类似于以往的尊敬也得不到了。由于有时间、有机会与演员长期密切合作，他们开始参加戏剧活动，写剧本，可能还参加演出。这样，从这个过渡时期起，这些“精英”作家就在把杂剧从纯粹的表演艺术发展为文学创作的过程中起了主要作用。②

从社会角度讲，蒙古人统治最重大的后果就是使汉人精英的社会作用得到了暂时的传播扩散。元杂剧的社会史就为此提供了一个证明。③

将这个论点再扩展一下，人们可以看到精英们活动的每个领域内都有类似的发展。相互矛盾的发展影响到旧有精英中的两

① [206] 威尔特·L. 艾德玛、斯蒂芬·H. 韦斯特：《1100—1450年间的中国戏剧史料》，第1—94页等。

② [539] 斯蒂芬·H. 韦斯特：《北戏发展中的蒙古影响》。

③ [799] 邵循正：《元代的文学与社会》，邵的观点对许多当代学者颇有启示。

极。那些缺乏自立生活手段的人常常被迫与普通人民的生活有更广泛的接触，并在一个有助于革新的时代里在大众文化中起创造性作用。这种情况不仅仅表现在元杂剧上，还表现在思想和民间宗教方面，表现在基层的各级政府中（在这里，那些够格做精英的人是不能正常供职的），表现在提供农业和医疗等应用技术上，无疑还有一些尚未被当代的学者确认与研究的行业。然而，相比之下，还有一些旧有精英拥有可靠的生活来源，这在受扰乱较少的南方更是如此，他们蔑视时代潮流，不屑与民众交往，他们或许已变得与自己社会的日常生活格格不入了。他们不能也不肯在政府中服务，因此他们也缺少儒家那种对公众生活负责的实践上的动力。以上两者是极端，与后者相比，我们更容易想起前者多得多的实例，但这两种现象都是存在的。

这两类地位大不如前的元代文人精英，以两种不同的方式，与整个精英社会一起，创造出了艺术、文学的丰硕成果。由蒙古统治造成的在某些文化发展领域中的特殊状况产生出了一种建设性的力量。在13世纪最后40年忽必烈长期统治期间，蒙古人的都城大都（今北京）的建设规模颇为宏大，展现出城市布局与建筑的辉煌，并辅以井然有序的水利工程。蒙古人和包括波斯人、阿拉伯人在内的西亚人精通天文、数学以及发源于中东和地中海东部的其他领域的知识。其中的一些知识已经传到元大都，而源于中国的知识也开始反向传播。元大都统治者的世界观并不局限于中国的传统。在当时及以后的中国人的认识中更重要的是：蒙古人的统治重新统一了长期处于分裂而同属于汉文化圈的南北两部分。在思想、经学、经世之学、科学以及书法、绘画和诗歌方面都出现了多种流派，并且各具特色。这些异彩纷呈的流派现在都被吸纳到国际性的蒙古大都这个母体中来，然后又发散到各行省的大城市中去。元代中国提供了比以往中国正常情况下要宽泛得多的精英层——超精英层。同时，它又提供了自盛唐以来中国精英们从未体验过的各种刺激与交流的一个活动舞台。正如我们已经指出的，这些积极的因素，其中很多并未被当时的精英们所珍惜，也遭到其后各朝代的诋毁，直到现在我们才可能予以重新评价。

元朝作为宋、明两朝之间的一个朝代，尽管给传统的精英阶层带来了冲击，但从社会史角度来说，它印证了中国社会结构及其正统模式的牢固性。那种经历了一个多世纪的“短暂的”精英阶层作用的扩散，一直被仅仅看成是暂时的、不合常规的现象。一种关于应当拯救什么样社会的观点，以这一个世纪的权宜性妥协为由而坚持了以上看法，这一观点很有生命力，实际上是不可动摇的。元代有意无意施加的各种压力，都没有使中国在其早已确立的社会发展轨道上转向。但这些压力还是导致了对非正常条件的许多有益的反应，尽管人们还没有充分意识到这一点。

多元文化

文化史学家们不能不对由于蒙古帝国统治下的和平才可能在13世纪的中国聚集起来的欧亚文化的形形色色的内容感兴趣。蒙古皇帝们欢迎贸易和商人（而汉人统治者却不是这样），在他们横跨欧亚大陆的地域内搜罗工匠，对他们接触到的所有宗教都给予庇护，并且很愿意任用副手在他们多民族、泛欧亚的政府部门中协助管理。就是在蒙古世界分为四个汗国、早期蒙古大汗强加给他们广阔领土上的短暂和平出现危机之后，在中国，这些多元化的诸多表现依然延续到了14世纪。

到14世纪，从帝国最西边的势力范围来到最东边的中国领土的旅行者已经少多了，但是非汉人社会仍留在中国首都和全国各行省。其中有包括阿拉伯人和波斯穆斯林在内的宗教团体，有从帕米尔东部来的不久前皈依伊斯兰教的人群，有从内亚—地中海东部来的聂思脱里和罗马天主教徒（也里可温），有摩尼教徒，有犹太人，有各种非汉人的佛教徒，还有西伯利亚和东亚的各种萨满教信仰者。在那个时代，居住在帕米尔以东的所有民族都有人群住在中国，成了在中国的事实上的代表；此外，帕米尔以西的民族，已知也有多少人在中国聚居。

许多种字母以及表意汉字的三种变体（契丹文、女真文和西夏文）都曾使用过，居住在中国或在中国旅行的人们阅读着用这些文字写成的读物。那时在中国使用的口语，几乎包括了历史学家们认为在当时应存在过的所有汉—藏语系和阿尔泰语系的语言，以及重要的西亚语言和某些欧洲语言。在忽必烈时代的中国能遇到的这些服装、举止、仪式、食物、艺术、技艺、哲学和学说的多样性，是自 7、8 世纪唐代长安的盛况以来从未见过的。

与多样性的接触给文化与社会带来了什么影响？诸如兴趣爱好上明显的新倾向，艺术、音乐、文学或建筑上的新风格，本土宗教或思想中的新动向等等，这些特殊的影响在文献中显然都被淡化了，最多不过是模糊地提及。这个时期的汉人精英不能说是已经真正地国际化了，也就是说他们还不能为他们自身的利益而对外族人及其思想、事物发生兴趣。那个时期的作品中没有多少探讨外来事物的内容，知道了外来的事情也没有表现出欣喜。与此相反，许多著述不经意地将远方的某地与另一地相混淆，并且分不清摩尼教、聂思脱里教与佛教，或者引用了某个当时使用的外来语词汇，但是却说没法知道它的真正意思。解决这些问题时完全不去寻根究底。如果当时中国的统治者是汉人的话，当汉人通过军事扩张把这样的多元化带到中国来时，或许这些有知识的人就会努力探究这些问题了。就是因为是外族统治，几乎没有例外，这些事没有什么可庆幸的，只有忍耐。无论是什么原因，我们几乎看不到元代外族文化给当时或者以后的汉人生活带来的影响。

色目人与汉人精英关系的改变

如果对在元代社会法律上享有精英地位的西亚人（色目人）的命运一点不加以注意，那么对元代精英的讨论就不能结束。如果说汉人对那些有利害关系的外族人可能对他们的文明做出什么贡献不那么感兴趣的话，那么他们对于外族人的汉化则有很深的兴趣。这种兴趣一直持续到现在，并且在态度上没有什么不同。当代一位著名的学者写道：

> 在辽、金、宋时代，中国仅有间歇性的和平，三百年内南北之间的交通中断了。
>
> 从元代开始，国门大开，西北成千上万平方公里的土地加到了国家的领土之上。色目人可以不受限制地住在中国领土之上。
>
> 我们国家的文化向所有人开放，西域人很为羡慕，他们不知不觉地汉化了。①

这一写于 20 世纪 20 年代的论断，也完全有可能在元朝以后任何一个时间写出来；它完全是以汉人为中心。虽然作者批判了前人不能欣赏元朝统治下汉化了的外族人的文化成就，但他自己感兴趣的仍是中国对于这些外族人的影响，而不是与此相反。

尽管如此，以上所引的这本书仍然具有历史学术价值，它研究了 133 个生活在元代中国有色目人背景的男男女女，他们汉化了的生活以及他们的成就。特别使作者感兴趣的是儒教（对中国的道教和佛教也略有述及）的主张具有的说服力，但这不能充分反映这些人文化适应的全貌，即他们既能够在文化上双元或多元，又有能力生活在说蒙古语、突厥语或波斯语的统治者及其同伴的世界中，还能在文明的中国社会中起作用。在某些事例中，他们被中国文明所吸引，能够完全掌握其形式与内容，这些似乎总是在显示中国的优越感。很自然，这对于元代和元以后的汉人来讲总是一个满意的观察，而且这其中确有很大的客观真实性成分存在。但是，当代历史学家们也能够在那些记载中看到其他的含义。

毫无疑问，中国文明对于草原民族具有很强的吸引力。在辽

① [787] 陈垣：《元西域人华化考》，英译本，第 287 页。

代统治（906—1125 年）的两个世纪中，契丹人设法使他们的部落贵族在很大程度上具有双元文化，而普通的契丹人则仍然在这个文化进程之外。可是，虽然契丹人在智力活动上达到很高程度，也掌握了汉人的高层文化，但他们仍旧是“草原民族”，并没有完全脱离他们游牧生活的价值观。征服了契丹人的女真人，领土的大部分也是在中国的北部，开始时模仿契丹人的双元文化，但为时很短。契丹人的领土上只有很小一部分是定居世界，而女真人则统治了几乎半个中国。女真人很快进入了他们生活方式的过渡阶段，热衷于适应汉人的规范，在这一过程中，他们丧失了自己的语言和他们原有的几乎全部文化，虽然还保留了一些女真制度特征以及他们的战士气质。

在汉人的所有北方邻居和征服者当中，蒙古人受定居文明的影响最小，不管在中国还是在欧亚大陆的其他地方，他们与定居民族接触时都是如此。在中国，他们几乎没有表现出契丹人那样的对精英文化的适应[①]，更没有表现出女真人那样的全面汉化。这使得他们在某些方面是强大的，但也使他们更加依靠色目人的帮助来使自己与其汉人属民沟通，执行日常管理工作。在成吉思汗以后的将近一个世纪中，很少有蒙古官员学习说汉语，学习读写的就更少了，虽然在元朝末年学习的人数有所增加，但元末在中国做官的蒙古人和色目人仍有人不识汉字。元仁宗（1311—1320 年在位）以后的四个蒙古皇帝中有三个懂一些汉文[②]，但并没有成为他们人民的榜样。对蒙古文化的自信和对草原生活价值观的深深依恋，导致他们远离汉文明的诱惑，而并非他们缺乏学习的能力。

色目人，也就是西亚人，他们的社会地位很高，在行政管理

① 但是应注意萧启庆对早期蒙古人儒化的研究，［858］萧启庆：《元代蒙古人的汉学》（参看 715 页注①）。

② 傅海波和吉川幸次郎都强调了这一点，见［122］傅海波：《蒙古皇帝能读、写汉文吗？》；［557］吉川幸次郎：《元代诸帝的文学》。

上受到充分任用；蒙古人信任他们，知道他们为了保住在中国的地位就要完全依赖他们的主人。取得财富的足够机会并没使色目人独立，他们的处境也是困难的。一方面，为了使主人满意，他们必须完成分配的任务；另一方面，为了完成任务，他们必须学会怎样在中国社会中运转自如。他们是真正的中间人，总是需要与他们的上级和下级打交道，在二者的文化之间转换。他们中很多人都懂多种语言，可是在他们的蒙古主人和汉人属民中，懂几种语言的人却十分稀少。比如，户部的一位畏兀儿官员，在朝廷要使用蒙古语，在衙门或是社交场合与他的色目人同事交谈时，或许用波斯语或者阿尔泰语系的另一语言，他还会发现，如果他能读汉文公文，或至少能直接与他属下的书吏交谈，那一定是最有用的。这后一种情形在13世纪时还不普遍，但到14世纪已经变得很正常了。

上面所引的陈垣的研究表明一百三十多个西亚人不仅能够使用汉文，他们还对传统的汉文化有出色的造诣。这之中有画家、书法家、诗人、剧作家、经学家和典型的学者—官员。他们应被视为居住在中国的西亚人社会的最值得注意的例子；至于那些不太引人注意的例子——有些人的成就没有被记录下来，但他们能够在中国文化背景下工作——则有成千上万。我们可以看到，几十年过后，这个中间群体事实上与汉人精英在感情、特别技能和文化观念等方面靠得更近了。

到14世纪中期，蒙古朝廷显然已不能再对西亚人的前途提供可靠的保障。他们中的很多人当然不愿意返回内亚或西亚的故土，所以他们全心全意地愿意成为中国人。对于这些人的功劳，汉人一般是不持偏见的，甚至他们宁愿将此解释为中国文明优越的证据。对于卷入这种局面下的很多外族人来说，留在中国是在那些不够完美的出路中比较好的选择，虽然不是理想的解决办法，但也实际可行。这些移民的子孙，特别是经济上富裕的那些人，在他们移居的土地上应该是很出色的，这一点无需我们这些20世纪末的观察者作特别的解释。过去中国人对此非常感兴趣，并以此来强调他们文化的优越，这也是完全可以理解的。

1368 年明朝军队到来之前，蒙古人连同他们的朝廷撤走了。有一小部分人永久地留了下来，他们大多是驻防军的士兵，在他们军事长官指挥下这些人生活在一起，是没有汉化的蒙古人，这时他们归属于新的明朝军队。[①] 而这时大批离开中国而重新加入他们草原同胞中去的蒙古人，其生活方式上也没有因为他们在中国的经历而有什么根本的改变。

我们不大了解当时在中国的色目人是什么情况。有一些人随着蒙古朝廷撤到了哈剌和林，但是很多人，可能是大多数，留在了中国。仅仅靠取个汉名，他们就可以在那儿安家，逐步地被完全同化，因为从其体貌来说已没有什么显著的区别。其中有几位在元明过渡时期非常卓越，明朝的开创者曾赞扬他们能够效法儒家行为效忠于衰落的元王朝。他们被树立为榜样，以此来羞辱那些在非常时期表现不那么好的汉人。文献中没有记载西亚人在多大程度上还保留着他们原来文化的因素并以此来丰富他们周围的汉人的生活。可是有一点是清楚的，这两个精英群体——法律上的精英色目人与事实上的精英汉族文人——在开始时即使没有公开敌对，也是相互怀疑的，他们在文化上的立足点是不同的，但是慢慢地他们互相吸引，最终合并成社会的一个精英阶层。我们可以设想在这两个社会的普通老百姓中，这种类似的过程也是同时发生的。

社会阶层：中等阶层与平民

军　户

关于蒙古人通过从法律上划分社会四等级以及通过划分固定世袭

---

① 蒙古人离开后如何在草原重组他们的社会还不清楚；虽然不是有秩序地全部撤退，但他们中的绝大多数显然返回了草原。见［447］司律思：《洪武朝中国的蒙古人》，第 5、6 章等。

职业的户籍登记制度来基本上改变中国社会等级的问题，已经讨论过了。特别值得注意的是他们努力创造的八十多个世袭的职业户计，将整个社会都囊括了，实际上是要将这些户计封闭起来，互不相通，而只是各自与政府保持特别的关系。其中军户和匠户这两类户籍对蒙古国家具有特殊的战略意义。这两个职业值得进一步讨论，因为他们可以使我们了解一下普通人民的生活，而且对于这些战略上很重要的社会群体的研究揭示了在中国的蒙古人在社会管理上面临的问题。

在元朝以前很久就已经确定了一条原则：中国文官政府一般应该从社会上的普通百姓中征募兵员，以组成军队。但是却没有形成一个行之有效的稳定的制度确保这一原则的执行，这与为充实文官官僚政府而训练和招收人员的越来越有效的制度形成了鲜明的对比。宋朝在意识形态上是反军事化的，但又处于最紧迫的军事需要之下，于是进行了不断的实验：专业化的禁军、募兵，偶尔使用非汉人士兵的边疆驻防军，以及乡兵。到宋末它的募兵制度特别成问题，已经被逃避征兵、开小差以及行政腐败搞得窘迫不堪。所以，虽然我们可以说存在着一条长期采用的原则——民一兵服务于军队，军队由文官进行非职业化控制——但是宋朝的经验很清楚地显示了在中国的传统中太缺乏组织军队的成功范例。

对中国形成致命威胁、源源而来的草原侵略者们（宋朝与之斗争了 3 个世纪）恰恰相反，他们是社会军事化的，但行政制度却很差，几乎不存在。所有 14 岁至 59 岁的男人都是战士，他们的军事地位是世袭的。在中国历史上的敌人之中，蒙古人尤其实现了人类历史上从未有过的高度军事化，它的整个社会都是流动的。随时可以用于征战，每一个人、畜随时都可以直接为军事服务。除了战士以外，他们几乎没有别的职业，他们知道自己是世界上最好的战士。所以并不奇怪他们自信其世袭军事职业的模式是成功的，并试图将这一模式推广到他们统治下的所有其他社会中去。

蒙古军事力量的这个特征正好填充无法解决的中国制度上的缺陷。也许并不奇怪，在蒙古人努力把他们的军事制度照搬到中国来的一个世纪以后，在 1368 年把蒙古人赶走并重新执政的汉人也倾向于保持这个制度。蒙古制度将军户分为四类。[①] 第一类就是“蒙古”军户，第二类叫做“探马赤”军户，即蒙古草原南方一带的蒙古人以及与他们联系在一起的其他草原游牧民。[②] 另外两类是汉军（基本上是在 1250 年前那个征服阶段中投靠蒙古一边的汉人）和新附军（在 13 世纪 70 年代征服南宋时招附的）军户。这些军户的地位和待遇是不同的。

在强加给中国的军事统治的一个世纪中，蒙古人保持了世袭军户的编制，他们自己社会的大部分人都属于这一编制；在征服过程中所吸收的色目人中，他们也推行了类似的编制，很多色目人都被带到了中国。蒙古人在汉人中也大量征兵，并在汉人人口中组织起类似的军事单位作为他们的补充力量。[③]

早在 1232 年，窝阔台在中国北方战场的将领就有权将汉人军阀的队伍编到蒙古统帅之下，称他们为千户或万户，这样他们就与蒙古军的组织相像了，被征服的人口也被分为民户与军户。根据 1241 年官方的统计数字，那时中国北方的军户占总人口的 1/7，有一些地区比例高达 1/3。[④] 显然，由武装起来的汉人组成的汉军是在中国的蒙古军队的一个重要组成部分，汉军的组成从对中国北方最早的征服时就开始了。[⑤] 在北方，有一些汉人情况不同，他们曾在金朝的骑兵队伍里作战，或者经历过与草原军队对抗的战争，他们在很多方面与蒙古人相同；由于相似的社会经历，他们可以与蒙古人并肩作战。但是他们在汉人士兵中并不具有代表性，大多数还是来自乡村的农民雇佣兵。

“新附军”是 13 世纪 70 年代吸收到蒙古军事机器中来的宋朝投

① 详细的分析见［793］陈高华：《论元代的军户》。

② 对探马赤军已有不少考释。近来发表的成果有［752］杨志玖：《元史三论》，第 1—66 页；［838］贾敬颜：《探马赤军考》。

③ ［195］萧启庆：《元代军事制度》。这是研究元代军事组织的杰出著作，下文叙述中多处引用了该书的论点。

④ ［653］《元史》，卷 98，第 2507—2522 页，尤其是第 2510 页；陈高华在［793］《论元代的军户》中已引用，见第 73 页，注 9。

⑤ ［744］孙克宽：《蒙古汉军及汉文化研究》，第 1—5 页。

降军队，以蒙古人和色目人作为他们的将领。他们被派到忽必烈东亚征战的各个前线。没有他们，蒙古人对人力的需要就难以满足。在13世纪70年代征南宋以及后来征日本、征爪哇的战争中，忽必烈的水军完全由投降过来的汉人和高丽人组成。在一些地区，当地的民兵也被编进军队系统，或者留在本地维持秩序，或者补充到主要战场。

所有这些武装起来的汉人都被划分为汉人军户中的两类；每一户总是要保持有一名战士在军队，世代如此。军户是受优待的，他们可以免除一定的赋役，并领到生活补偿、钱粮奖赏。在普通汉人百姓中，军户相对来说有些特权。但是与此同时，他们又必须提供在役士兵，如果其逃跑、被杀或死亡，他们必须再提供一个人顶替他，这成为很沉重的负担。

这种军事制度的最主要的特征是：世袭身份；在与政府的关系上一般是脱离社会的；通过地区和基层的军官直接隶属于枢密院。如果我们不去看中国社会的性质，那么用这个方法来解决当时军事上的需要还是有其管理逻辑的。这个制度一旦建立起来，在元代一个世纪的历史中就一直在起作用。它的不足之处随着时间的推移日渐明显，也遭到越来越多的批评，但从没有从根本上改变。这种制度上的僵化成为忽必烈朝以后元代历史很多方面的特征。

从一开始，这种军事制度就是与中国社会意识形态与组织结构的倾向背道而驰的。中国的男人很少愿意当兵，如果他们被限制在这个受人轻视的职业中，他们常常想办法逃避。对这种职业身份的优待并不能抵偿他们所负的责任与义务。开始的时候，以及在征服南宋的过程中，靠这一制度提供了大量的士兵，而在钱财与管理上的消耗则是最小限度的。后来，在忽必烈朝以后，行政效率急剧下降，虽然只要蒙古军存在，元朝的军事机器就可以有效地运行，但就总体而言，其兵员严重不足，训练质量低劣，纪律松弛，缺乏应有的装备，已到了形同虚设的地步。元朝末年，各地军阀队伍有些表面上忠于朝廷，另一些则公开反叛，足以表明元朝政府已不再掌握一支可以强制百姓服从的可靠军队了。无比混乱的局势和内战结束了元朝统治。元朝的建立靠的是军事上的优势，又是军事上的积弱导致了它的倒台。

元朝军事制度的失败有几个原因，其中一个是蒙古人不能确定在接受非蒙古人作为完全可信赖的士兵和将领时究竟能走多远。在文官范围内，汉人官员们能够担负起主要的日常工作，但是他们未被吸收进参与决策的高层官员圈子之内。至于将汉人融入军队，即使是作为低级官员和士兵，也还是一个尤为敏感的问题。蒙古人不愿意在汉人当中建立任何可能背离军事传统的军事力量，背离军事传统显然有损于蒙古人的优先权。

在忽必烈朝之前，统治定居汉人的问题还没有上升到重要位置，汉人军阀被接纳为重要帮手，他们只要显示出军事能力，便享有高官与信任。在忽必烈朝期间，重点在于各项制度的规范化。势力最大的北方汉人军阀及其万户受到严格控制。当然，有些人直到元朝灭亡还保持着他们的世袭地位，但他们的行动自由却被大大地剥夺了。忽必烈朝以后，统治阶层对汉人的怀疑与歧视增加了，对汉军及其将领的任用也相应减少。①

元朝的最后一个皇帝顺帝从 1333 年统治到元朝灭亡，这期间王保保的事例很能说明朝廷对汉人的不信任。王保保的父亲是汉人，母亲是突厥—蒙古人，她是自我壮大的河南军阀察罕帖木儿的女儿（译者注：应为姐姐）。② 王保保是察罕帖木儿的继子和继承人，最终成功地统率了河南地区强大的军队。为表彰王保保对皇帝的忠心和贡献，皇帝赐给他蒙古名字脱脱（译者注：应为扩廓帖木儿）。作为脱脱［扩廓帖木儿］的王保保表现出对元朝事业的忠心不渝，而从不卷入朝廷的政治斗争，他真正追随了蒙古人。

在最终导致明朝创建的十年军事斗争中，汉人对手们收买不了脱脱［扩廓帖木儿］，也不能打败他。虽然一些汉族文人骂他是汉奸，但明朝奠基人却将他作为最可尊敬的对手而在他死后大加褒扬。尽管

① 陈高华在分析军户的论文中写道："元朝政府的一条基本方针，便是推行民族歧视，制造民族之间的隔阂和矛盾。蒙古军、探马赤军和汉军尽管都是它的统治工具，但在待遇、使用上，厚薄亲疏是很鲜明的。元朝政府竭力保持蒙古军和探马赤军的特殊地位。"见［793］陈高华：《论元代的军户》，第 78 页。

② ［84］窦德士：《征服者与儒士：元代后期政治发展面面观》，第 132—146 页。

脱脱［扩廓帖木儿］在元朝末年是朝廷最主要的军事支柱，但因他是汉人、外人而受到怀疑，在朝议如何利用他不可缺少的军事支持时，这种怀疑始终占上风，因此与他保持距离，不能使他人尽其才。事实上，对于大多数作为蒙古人军事帮手的汉人来说，没有可以放心的位置给他们，即使是对有一半草原血统、自认为是不折不扣的蒙古人的王保保也是如此。明初，汉人更加成功地接受与利用了蒙古人的军事组织，虽然在大多数情况下这些组织（不论是出于自愿还是被安置的）在几代人时间内都是与社会脱离的。[①]

元朝在中国社会建立世袭军户制度的失败，第二个原因在于蒙古人感到他们必须与被他们征服的定居人口保持距离，因此不能有效地将定居人口融入蒙古人的军事机器中去。这一点是可能的，因为汉人的军事分队从来不是蒙古军队惟一的或者是主要的组成部分。蒙古人得益于实际上早已成为过去的常胜不败的神话。但最主要的解释是这个制度建立在蒙古体制的模式上，将它强加于中国社会并没有考虑到是否相合。一方面，外族统治者不能强令创造出像在自己的游牧社会那样有效的必要的结构条件；另一方面，中国社会除非重新组织，否则不可能把这一军事组织模式吸收到它的长期形成的占主导地位的文化系统中来。这个军事制度失败的第三个原因是 14 世纪元朝急剧走下坡路的总趋势：在蒙古军和汉军里，管理都极腐败、低劣，普通士兵及其家属受到不可容忍的剥削。他们的反应是大批逃亡，或者拒绝参战，他们不再是战士了。

匠　户

匠户涉及的问题有所不同。元代括户对工匠又分为工与匠等不同种类。在分类中有一些被定为生产中特定的专业，如制陶、冶炼、纺织染色、酿酒及食油和盐的生产等。在汉语中工匠不包括所有生产活动中的熟练工人，比如打鱼、作坊、食品生产等，但编制户籍时都要分门别类地进行登记。

① ［447］司律思：《洪武朝中国的蒙古人》。

简言之，这项制度并不是从汉语的概念或语言的用法中自然产生出来的；这是蒙古人的概念，反映了他们对社会分工的认识。特别明显的是在元代这一制度下受到特殊优待的工匠的三个类别，有着特殊的地位，受到政府的严密管理。对元朝统治者异常重要的这三类匠是建设工程的工匠、制作军事器械的工匠以及为政府机构提供所需物品和为贵族消费生产奢侈品的工匠。[①] 这些工匠都受到特殊优待，免除赋役、奖励生活费、发放俸金，还得到其他形式的物质支持。

对匠户的特殊优待使他们与其他普通户区别开来，这种情况与军户相似。许多人都设法得到匠户的身份；实际上，匠户的数字不得不加以限制，偶尔他们还必须显示出他们是能够胜任的。众所周知，在战争时期，蒙古军队的战场指挥官们都接到严格的命令，要确认和保护各类工匠，那时其他的人是会遭到屠杀或沦为奴隶的。在这种情况下，许多普通人都自称工匠，以此逃生。因此，战时记载的工匠数字显然是夸大的。有的历史学家计算出在官府作坊受雇的工匠数字在忽必烈朝大致为 40 万人。[②]

系名匠户的既有色目人也有汉人。蒙古人早期征战中亚时，攻占了以工艺而著称的城市不花剌和巴剌黑等，俘虏的工匠中有一些被带到了东方来。但是，在中原的工匠大多数是从汉人中寻找出来的。对这些有技能的工匠进行管理的行政机构规模相当大，是元朝政府中一个比较重要的组成部分。[③]

所谓系官工匠编隶于官府的各种局院，根据命令生产产品或建造房屋、桥梁以及防御工事等。军匠隶于军籍不属民籍，他们主要生产武器、盔甲、军车、攻城器械等。民匠属官府管辖，大多数属工部。显然他们之中包括了很多行业的熟练工人，这些人对于军事以及其他方面都十分重要。系官工匠、军匠和民匠每年都要在一定月份里完成分配的任务，或是完成一定数量的工作。

① [849] 黄清连：《元代户计制度研究》，第 81—83 页。
② 鞠清远：《元代系官工匠》，载 [89]《中国社会史论著选译》，第 234—246 页。
③ [744] 孙克宽：《蒙古汉军及汉文化研究》，第 66—74 页。

之后他们就可以受雇于人或生产产品去卖。这一制度的很多细节还不是很清楚，做更深入的研究可以大大增加我们在这方面的知识。

在元朝制度下对于工匠的管理，清楚地反映了蒙古征服定居民族前工匠在蒙古社会中的地位。蒙古社会本身有限的有技能的工匠受到极大的尊重。突出的例子是铁匠，就军事保障来说，他们的技艺是很关键的。他们一般都要随军队行动，同时也是战斗者。在蒙古统治中国的早期，要求来自西亚的匠户和汉人居民提供一定比例的男人，这些人也可以去当士兵。[①] 蒙古人在所征服的社会中，不大尊重农民与学者，却尊重各种宗教专职人员。但由于工匠阶层对于战争行动有着不可忽视的作用，所以工匠特别受到重视。还有一些有技术的职业虽然没有那么重要，但与急于想要的奢侈品又是分不开的，诸如皮毛、纺织品、珠宝、皮革以及精工细作的金属制品等。所以，在进入中原以前，蒙古人就已经习惯于像战利品那样给工匠们分类了。

在中国，这个组织和管理工匠的制度引起了腐败、偷漏以及其他形式的不良行为。有一个来自社会基层的例子说明了这一点。未来的明朝皇帝朱元璋的家庭被定为匠户之一的淘金户。他们住在靠近现在南京的江苏南部，在 14 世纪时那里产不出多少黄金。他们曾经是职业淘金者，从含金的砂子中把金子洗出来，被迫每年生产出一定数量的金砂上交政府。他们找不到这样的金砂来源，又逃避不了这类户籍的划分及其义务，只得拼命租田来种，以便用农产品在市场上换到黄金。但是由政府保护的商人为了榨取更多的钱，控制了黄金的价格。朱家的家长像其他许多情况类似的人那样，决定带领全家逃到长江以北的淮河地区。在那里，作为外来户的他们很容易被抓和被判刑，也很容易遭到租给他们地种的地主的剥削，于是他们被迫在由于战争与灾难而荒芜的闲地上劳作。

1328 年朱元璋出生前其家庭两代人的历史就证明了这个制度

---

① ［744］孙克宽：《蒙古汉军及汉文化研究》，第 66—67 页。

的弊端。他们一无所有，被迫不断地迁徙以求生存。这一处于绝境的贫困家庭的故事能够重新讲出来仅仅是因为从这个家庭产生了一个未来的皇帝。否则，我们几乎无法知道括户对于普通工匠的生活，或者更实际地说，对组成人口大多数的农民的生活有什么样的影响。无论如何，从我们知道的这一点点情况就强烈地说明了这个制度并不符合社会需要，它从经济上说是不明智的，从社会上说也不公正的。如果说这些特性在十三四世纪大多数国家的社会史中并不占据主导地位的话，那么它们在元以前以及元以后的中国社会史中却是很突出的。

奇怪的是，曾在自己的家庭中亲历了这个制度的不平等并做了明显努力来改善中国最贫困农民的生活的这位明朝皇帝，却依旧保留着世袭军户和匠户这一元代的观念，力图将这些户分别注册，并世代固定在一定的职业上。明朝没有实行像元代那样分类过细的户籍制度，他们主要实行四种分类：官、民、军、匠。[①] 只有后两类是世袭的，而不论对军户还是匠户，这一制度都没能贯彻到底，不久军队或政府工程必需的人力就难以保证了。明朝创建者在这点上的判断是错误的。可以设想元朝末期混乱的特殊环境使他无法取得在正常条件下中国社会生活的经验，因此干扰了他的判断。

但在元朝时期，匠户的管理制度与军户的管理制度截然不同，因此二者必须分开来评价。让手工业得到最广泛的发展对于元朝政府来讲并不可怕，也没有什么可损失的，这并不威胁到蒙古人的特权。在战争中拯救出的工匠的生命又重新付还给了征服者以及整个社会，并且是成倍地付还。广泛建立的组织和所雇佣的大量工匠使朝廷随时可以应付战争，建设或重建城市，恢复公共设施，并为精英阶层提供大量消费品。这一组织无疑有助于保留与发展技能，保持工匠传统，并

① 灶户也是世袭职业群体，其特殊生产技能对明代税收和财务制度都极其重要。见［197］黄仁宇：《明代的财政管理》，第 189—224 页。但是，应该注意到明初曾采用超过 80 种户计的户籍制度。显然是受了元代模式的影响，王毓铨即将发表的成果已研究了这一问题。

造福社会。当然，如果没有外族征服，这些人的技能可能会更好地保存下来并广为传播，社会也会更加富裕。但在入侵已经成为历史事实的情况下，我们就应该对由于蒙古人重视工匠而使灾难有所减轻这一点有所感激了。显然这加强了蒙古政权，同时也有助中国社会的继续生存。

元代社会史的其他方面

城　市

在 12 世纪早期金朝征服北宋之后，中国的北方与南方经历了明显不同的社会转变。中国南北方在社会生态学上的区别总是要呈现出来。在整个国家统一期间，这些区别对于社会生活方式与文化表现形式的影响趋于弱化。10 世纪以后，除了自然环境的不同，还要加上由于外族侵略、战事的混乱、贸易体系的改变，以及反映外族统治者利益的政府模式的改变等等所带来的区别。1120 年女真人的金朝对整个北方的征服是两个世纪以来混乱的顶点。它加深了南、北中国的分裂，直到 13 世纪 70 年代蒙古人才最终征服南方，统一了中国。

当蒙古人以武力重新统一中国的时候，南北方之间的差距之大是惊人的，北方的经济在衰落，而南方正在繁荣（南方是指“历史上的南方”，即长江下游及东南沿海省份）。人口的迁徙最明显地体现了这些不同之处。直到唐代还是中国人口中心的北方，此时最多只有 1/3 的人口。地区性的贸易难以开展，陆路交通日渐衰败，交通费用十分昂贵，北方已几乎见不到大城市。可以肯定，蒙古统治者在大都（今北京）建设起一座宏伟的首都，是根据古典中国帝王的规划而设计的①，但可能最多只有 50 万居民。虽然它是当时世界的一流城市，但还没有宋朝的或中国更早的首都大。前南宋首都杭州仍然是当时中

① ［479］南希·S. 斯坦哈特：《忽必烈的都城规划》。

国最大的城市，人口将近 100 万。[①] 除去大都，元代中国北方没有一个城市人口超过 10 万。11 世纪时的北宋首都开封曾有 100 万人口，但在 12 世纪初被宋朝放弃之后就衰落了。13 世纪末整个开封府也仅有 18.5 万人在册。

从金朝至蒙古统一前，淮河是南北中国的分界，在元代，淮河以南有许多大城市，人口从 25 万到 50 万，还有一些城市人口更多。除了县或路有人口统计数字外，由其管理的城市通常没有单独的人口数字，但在 1290 年的统计数字中，那些拥有大城市的路的人口数字能够透露出一些实情：扬州路在册人口 150 万，附近的常州路 100 万，嘉兴（浙江北部，与杭州接境）225 万，浙江与江苏还有几个人口为 100 万到 250 万的路；在江西北部的饶州路，其中包括瓷器生产中心景德镇，我们惊奇地发现有 450 多万人口。这些数字所表明的人口密集程度，不仅显示了城市居民可能的稠密度，还向我们显示了那里有为工艺和手工业提供的劳动力，有专门用于销售的农产品，有发达的内河和沿海航运，这些都维持了人口的密集。

中国中南部的中心地区在经济上始终是一体化的，我们知道在蒙古征服之前的南宋时期就一直如此。[②] 日本社会史学家斯波义信提醒我们对"中世纪中国贸易革命"的重视，在其他地方它又被描绘为公元 750 年至 1000 年间中国社会的"根本性过渡"，其中最引人注目的特征就是伴随着城市化的发展和城市阶级及其亚文化的出现而来的"贸易大膨胀"。[③] 在蒙古占领之前的几个世纪内过渡中的中国的那种发展，在 1125 年后的中国北方没有继续下去，但是在宋朝的南方却迅速进行。为了回答城市、城市文化、贸易以及农业经济的商品化这些问题，我们先要面对这样的问题：元代中国的统一在多大程度上使北方地区恢复了生机，元朝统治是否压抑了南方的经济。

① [431] 吉尔伯特·罗兹曼：《金代中国和幕府日本的城市网》，第 30—36 页。该书对中国和日本历史中的城市化作了制度方面的论述。

② [452] 斯波义信：《宋代对外贸易：范围与组织》；亦见 [451] 斯波义信：《宋代商业史研究》或其英译本。

③ 引自 [511] 崔瑞德：《晚唐的商人、贸易和政府》，第 63 页。

蒙古人优待西亚商人的组织斡脱，给予他们贸易特权和为国家服务的财政责任。在元帝国范围内，从波斯和地中海一直到中国和高丽都有斡脱商人活动，他们或许为当时的中国长途贸易更加国际化做出了贡献。斡脱特权究竟是扰乱了中国的贸易方式，还是全面发展了中国的贸易，增加了中国的财富？现在我们还不可能给予完整的回答。[①] 人们普遍认为，元代中国的斡脱是蒙古霸主的一个卑劣共谋者，蒙古霸主把从汉人身上榨取来的资金借给他们，资助其不可告人的、伤害政府与人民的活动。居于高位的蒙古人与色目人确实是把钱借给了斡脱商人，斡脱商人又以高利贷形式转借给地方政府中那些完不成税收任务的部门，或者是转借给有同样经济需求的个人，然后他们又依靠与地方长官的关系收取债款。说斡脱商人们贪得无厌可能有些言过其实，但是一般人似乎把他们看作很多苦难的根源。对那个时代的描述常常指出斡脱商人“熟悉城市的各条道路”，而那里恰恰是经商的场所，他们残酷地运用自己经商的技巧来充实他们自己及其蒙古主子的腰包。

关于元代大都、杭州这样的大城市的生活有一些描写。杭州优美的景色、温润的气候，以及她的奢华与娱乐，对蒙古、色目官僚以及宗教人士、商人都有强烈的吸引力。闻名于宋朝最后几十年的巧夺天工的城市发展，并没因为被征服而消失。[②] 1275 年至 1291 年来中国的马可·波罗对这座城市十分了解，他称其为“华美绝伦的城市，在世界上首屈一指”。但 14 世纪中叶这座大城市遭到毁灭性的火灾，在元末内战中又几次易手，显然在有元一代走了下坡路。还没有其他城市显示出这种值得注意的发展。大运河的重新开发无疑对国内经济产生了有益的影响。其工程不涉及江南段，即杭州至长江段，但是江苏北部的运河要重修，一直向北延伸，从黄河直到大都。1340 年以后

① 在准备写此章时，发表了两篇研究斡脱的论文。见［10］托马斯·T. 爱尔森：《1200—1260 年间的蒙古诸王与斡脱》；［104］伊丽莎白·恩迪科特—韦斯特：《元代中国的商人组合：斡脱》。

② 谢和耐在［156］《蒙古入侵前中国的日常生活，1250—1276 年》中对杭州有神奇的描述，该书先以法文出版，后又有英文译本。

它毁于洪水，并因战事而使运输受阻。北方和南方经济上的一体化首先得益于运河的重建，但却没有继续得到完全与长久的利益。在北运河两旁的商业大城市得以再生却并不繁荣。在元代似乎没有哪类经济得到真正的繁荣，而不同地区条件的差别是相当大的。

有关元代中国城市生活的某些最直接最有色彩的信息来自元杂剧，我们在社会史部分已有论述。其中很多是描写普通人的家庭生活，虽然情节可能离奇，但这些杂剧从广阔的角度揭示了城市人的追求，显示了城市与农村生活之间的交流，向我们展示了每年的节日庆祝及宗教仪式，还描绘了对贫富、对官员、偶尔也有对居住在中国的外族人的态度。这些杂剧已有一些很好的译本，但是将它们作为研究元代社会的资料进行分析还仅仅是一个开始。[①] 关于《元典章》这部囊括法律、案例的大规模汇编，以及有关元代社会史的其他类文献的情况也是如此。[②]

乡村生活

如果说我们关于城市社会的知识不够的话，那么我们对于中国人口的大多数——在乡村居住的农民以及作为农村社会一小部分的工匠和商人——的情况的了解，就更难令人满意了。在元杂剧、笔记和其他非官方、非正式的历史资料中，关于乡村生活的材料比关于城市或关于各种背景的精英人士的材料要少得多。但是，就乡村社会的某些方面提供一些与现在的了解相比更详细的认识，还是能够做到的。

政府的基层是建立在得自于早先汉人实践的两种管理系统之上的。在忽必烈朝初期，政府下令各种户籍均归地方行政机构管辖。在城镇、近郊及其乡村地区，人户被编入我们可称之为“管区”或“界区”的组织内，在中国其称呼各地不同。它们的头目名义上是公众推选的，实际上是县衙从纳税最多的那些人中挑选出来的。他们的职责

① 见［180］乔治·A. 海登：《中世纪中国戏剧中的罪与罚：三出包公戏》。这是展示社会评判观念的公案戏。许多元杂剧现在还没有译本。

② 关于《元典章》的研究情况，见本书由我写的“元史传统史料”。

是催督差税，也负责维持秩序。

在忽必烈统治早期，他下令从事各种职业的农村人户，特别是从事农业的人户，每50户编为一社。征服南宋以后，村社制度又推广到南方，但是零星的证据表明社的规模相差甚大，有的可能包括几百户。开始时，至少在名义上，社负责劝农以及乡村的恢复。最终社趋向于与负责税收和治安的基层组织合并为一。有人怀疑这一制度既没有全面施行，也没有很有效地坚持下去。但是，这两种村社制度却提示我们：这些对于社会来说多少具有自然性质的村社组织形式，是为了社会管理的目的而被承认和利用的，这很像以前各朝代中它们被利用时的情形。[1] 对于大多数中国农民、小商贩以及乡村工匠来说，世袭的户籍和社会的四等级制度对于他们日常生活的影响可能不如对城市和城郊人口的影响那么强烈。

驱　口

元朝统治下，乡村生活最受直接影响的方面，是整个地方人口中被征服者军队的将领们占有的、有时人数可达几千或几万的那一部分人，也包括这部分人经营的农田。蒙古人的做法是将军事行动中俘虏来的被征服民族的人口作为战利品奖给黄金家族的成员或者功臣，这些人口不在正常的户计之内，而处于类似于农奴或奴隶的地位。这类人被称作“驱口”（义近俘虏）。[2] 在征服早期，这一做法在中国北部相当广泛，而在忽必烈统治时期得以一定程度的继续，并扩展到南方各省。[3]

1235年，即征服金朝后不久，蒙古人便开始进行户口统计与登

① 见伊丽莎白·恩迪科特—韦斯特为本书写的政府一章和她在［105］《蒙古在中国的统治：元代的地方行政管理》中的研究，第119—122页等。

② 关于“驱口”和其他被奴役的人的基本史料，见［759］李干：《元代社会经济史稿》，第38—58页。

③ 忽必烈汗时的例子，见李则芬：《元代的社会》，载［762］《元史新讲》第5卷，第348—528页，特别是第506—511页。

记，目的是核定军事将领投下的户数，并确定对整个人口统一实施的赋役额。当时登记在册的大致为 200 万户，而在此之外的投下所占有的户数，据查为 76 万多。[①] 为了从驱口户得到部分赋税，朝廷想将投下置于指定的官员管辖之下，但是投下主人将这些驱口看作他们的私有财产，隐瞒实际数字，以最大限度剥削他们的生产能力。在北方也有一些汉人投下封地，属于有世袭权的汉军将领，与蒙古人、色目人占有投下的情形一样。在对被征服的汉人进行剥削的问题上，中央政府与军事贵族的利益是矛盾的，这一矛盾在整个元代一直存在着。在这一利益冲突中，一般人除了离家逃走变为流民或流徙户以外，没有办法保护他们自己。因此，在 1215 年至 1260 年之间中国北方在册人口的剧减，可以用国内大规模迁徙来解释。

忽必烈和他的谋士们看到了与贵族争夺驱口控制权以及对驱口过度剥削造成农村生活的混乱等问题的严重性。他们力图采取广泛措施限制这种过度剥削，使农村安定。如上所述，通过设立负责劝农的社和负责税收、治安的基层组织，忽必烈政府力图减少或直接管辖属于投下名下的农村人户，使他们承担与自由农户类似的赋役。但是忽必烈汗不能够取消蒙古投下制及其驱口与匠户。一个折中的办法是指定行政官员去监督投下，并且从每年税收中拿出一部分来奖励投下领主。这并没有完全消除隐瞒、盘剥和其他一些与中央政府的矛盾。在忽必烈统治的这个较长时期内，约有 15%的人口仍是驱口，而隐瞒的数目有可能与此相当。有元一代，在基本的财源以及对待从事生产的农民和工匠方面存在的弊病一直没有克服。

在管理农村人口方面，元朝政府在北方一直使用 1260 年以前采用的赋役形式，在南方则实行宋朝的两税制。这既说明政府能够实际地采取灵活措施，又暴露了其行政管理的弱点。这种弱点十分明显，助长了全国范围的流徙以及地主所有制的滥行，这在富庶一些的南方省份尤为厉害。中国农村的经济条件依旧很恶劣。忽必烈时期农业曾

① 见［867］韩儒林主编：《元朝史》所列表格，第 1 卷，第 222 页，以及相关的论述。

有一些恢复，但是在其不得力的继承者时期又都丧失了。很多方面都可以证明这一点，尤其是当时文献中记载了大量流民的许多材料更能说明这个问题。①

可以说明元史中这一问题的另一个方面，是有关元末民间宗教及与之相关的造反运动的大量记载。与摩尼教有遥远的渊源关系的明教教义预言弥勒佛会在世界最黑暗、人民最苦难的时候出世。其大多数来自长江以北的几百万中国农民相信了 14 世纪中叶的元代中国世界就要接近黑暗的尽头，很快就会转入金色的、极乐的光明之中，天堂会在人间实现。

这个教义成功应用的原因之一是农村生活确实极端艰难，容易让人产生否极泰来的幻觉。这种思想使得普通民众的大多数易于追随声称与弥勒佛有一些关系的领导人物，而很多领导者都这样树立自己的形象。另一个原因是传统的儒家学者虽然在群众中仍享有原有的声望，却只能起到已无号召力的地方领袖的作用，普通人中的大多数已不大受到精英们传统式的影响。元末起义的一个特点就是儒士们一般都在政府徒劳地镇压各派起义中与政府站在一边。其他没有宗教性质纯粹是贫苦农民走投无路的起义也为数不少，其中很多只不过是以村社的自卫运动开始的，政府无力镇压强盗，村社就自己武装起来。近年研究 14 世纪的起义有很大进展，很快就会有能够较充分反映农村社会轮廓、描述日常生活实际状况的总结问世。②

我们要再回到本章开始的那一点上来：我们还处于这样的窘境，在可以允许的最大误差范围内仍不能说出元代中国究竟有多少人口，或者说不知道如何对我们得到的令人费解的统计数字所表明的人口剧减情况作出说明。只要对这个基础性的重要问题拿

---

① ［775］邱树森、王颋：《元代户口问题刍议》，第 116—118 页。

② 见本书第七章和我在［323］《剑桥中国明代史》中“明朝的兴起，1330—1350 年”里关于民众起义对明朝建立的作用的论述，第 11—57 页，特别是第 12—43 页。

不出答案来，我们就最多只能提出一些从宏观上加以阐述的历史问题，只能对与此有关的新近研究成果进行概述，只能提出一些有限的、暂时有用的总结意见。元史之所以引起我们的兴趣，是因为在那个重要的时间断限内，一定存在着引起社会变化的各种潮流或各种影响的某种联系，这对我们了解中国历史可能具有极大的启发价值。

参考文献介绍

1. 辽

传统史料

辽是资料特别缺乏的时期。辽朝政府像其他中国政府一样，产生了大量的用汉文和契丹文书写的公文。但是在辽朝灭亡之后，只有少量公文存留下来，可惜没有一件留存至今。

历史记载的缺乏是辽朝的一个重要特征。虽然辽朝有专司起居注的官员和史馆，但是它的史官从未像同时代的宋和后来的金代史官那样尽职和具有专业才干。造成这种现象的一个原因是直到辽朝后期还没有按中国模式确立一个固定的都城及宫廷和官府。契丹宫廷总是不断迁徙，皇帝从未放弃在帝国内的定期游徙和定期前往他们的四季行宫（捺钵）。这种形式的政府不利于正常保存国家的档案。各级政府的个人专断方式，加上辽朝管理体制被分割为北面官（管理部落民）和南面官（管理汉人），前者用契丹文记录部分公务，后者则专门使用汉文，更使资料不易保存。

辽朝和其他中原王朝一样有专司起居注的官员记录皇帝的日常活动。[①] 这些起居注应该是保密的，但是皇帝有时强加干涉，坚持要看起居注中如何记录他们的活动，并处罚那些拒绝给他们看起居注的官员。[②] 10 世纪末叶，辽朝已有按唐朝制度建立的国史院，它

---

① [645]《辽史》(北京，1974 年版)，卷 47，第 776 页。

② [645]《辽史》，卷 23，第 278 页。

的主管官员和三个僚属，既有契丹人，也有汉人。[①] 他们正常地将逐日的记录汇集成起居注。在圣宗（982—1031 年）时，他们还开始修撰前朝的实录，第一部奏上的实录是在 991 年。[②] 在道宗（1055—1101 年）时，委任了编撰“国史”的监修官。1085 年，国史院奏上了道宗朝以前的各朝实录。[③] 这些实录提供了一个从王朝建立到 1055 年的编年史，可能保存了早期各皇帝在位时的第一批经过整理的资料。道宗去世后，他的继承者天祚（1101—1125 年）在 1101 年下令续修至他以前的各朝实录。由耶律俨主持修撰的实录在 1103 年完成，共计 70 卷。[④] 这个实录保存到了明朝初年。天祚帝时没有起居注。

辽朝皇帝至少下令编撰过两部契丹建国前的史书。第一部是 941 年编撰的《始祖奇首可汗事迹》，可能是用契丹文写的。[⑤] 第二部是监修国史萧韩家奴主持编撰的汉文遥辇可汗至重熙以来事迹 20 卷，1044 年完成。[⑥] 萧韩家奴为了使契丹天子乃至庶人都能了解中国制度和古今成败，特别把一批汉文史书翻译成契丹文。被翻译的有 9 世纪时马总撰写的通史著作《通历》，薛居正撰写的《（旧）五代史》（后来被列为五代的正史），吴兢编辑的唐太宗和他的大臣讨论政务得失的《贞观政要》。[⑦] 《贞观政要》似乎很受来自北方的非汉人统治者喜爱，因为其中的治国言论较易于被接受。这部书后来又被翻译成西夏文、女真文、蒙古文和满文。

尽管宋人严格禁止图书出口，辽的宫廷史官和文士还是知道中国

① 契丹人耶律鲁不古在太宗朝已有“监修国史”的名号，但是史馆是否设立得如此早，颇值得怀疑，见［645］《辽史》，卷 47，第 781 页。

② ［645］《辽史》，卷 13，第 141 页；卷 79，第 1272 页。

③ ［645］《辽史》，卷 24，第 290 页。

④ ［645］《辽史》，卷 27，第 320 页；卷 98，第 1416 页。

⑤ ［645］《辽史》，卷 4，第 49 页。

⑥ ［645］《辽史》，卷 103，第 1450 页。

⑦ ［645］《辽史》，卷 103，第 1450 页。

的宋朝的历史著述。[①] 1096 年，辽廷的一个汉人官员在给道宗的上书中指出，宋廷虽然承认辽廷与之相同的地位，但是在欧阳修编撰的《新五代史》中，却将契丹附于四夷之中。他建议在辽人修的国史中给宋以同样的待遇。[②]

女真人的金朝受中国文化的影响远超过辽，在灭辽之后，金朝理应修撰前朝辽的正史。但是，关于辽是不是一个正统王朝的争论成为修史的一大问题。虽然辽具有中国式王朝的所有外在形式和地位，并得到了宋廷的认同，它的统治却从未超出中国北部的一个小边缘地带。甚至在与中国的宋朝持续不断地接触了两个世纪和吸收了大量的汉族臣民之后，辽统治者的汉化程度仍很低。修史者遇到的难题是把辽视为边疆地区的王国并将其历史附在五代史和宋史中，还是把辽作为完整的正统北方王朝，与宋分开，就像处理北魏及其 6 世纪的继承者那样，单独写它自己的历史。这个问题一直没有解决，直到 14 世纪，一个蒙古丞相终止了汉人正统史家的激烈争论，才对这一问题做出了专断地裁决。

第一次修辽史的尝试是在金熙宗（1135—1150 年）时，熙宗命契丹皇室后裔耶律固修撰辽史，这一任务后来由耶律固的弟子契丹人萧永祺承担，并在 1148 年完成，共计 70 卷（译者注：应为 75 卷）。[③] 但是，从 1189 年直到 1206 年，金的史馆显然没有全力从事完整的官修辽史计划，修史工作常被政治争斗所打断，所以一直没有完成，直至 1207 年才由陈大任完成并上奏朝廷。[④]

---

① 1006 年后，宋朝政府禁止在边境互市中出卖儒家经典著作及各种注本之外的各种图书，违犯禁令的人要受到处罚，贩卖的书籍没收入官。见 [644]《宋史》（北京，1977 年版），卷 186，第 4562 页；[584]《续资治通鉴长编》（北京，1979 年版），卷 64，第 1425 页。辽亦有禁止图书出口于宋的同样禁令，违犯禁令者要被处死。见 [577] 沈括：《梦溪笔谈》（北京，1956 年版），卷 15，第 160 页。亦见 [541] 魏特夫、冯家昇：《中国社会史：辽（907—1125 年）》（费城，1949 年版），第 502 页，注释 41。

② [645]《辽史》，卷 104，第 1455—1456 页。

③ [646]《金史》（北京，1975 年版），卷 4，第 84 页；卷 89，第 1988 页；卷 125，第 2720 页。

④ [646]《金史》，卷 12，第 282 页；卷 125，第 2727 页。

元朝时激烈的正统之争亦延缓了辽史的修撰，最终在 1343 年由担任辽、金、宋三史总撰官的脱脱丞相终止了无休止的争论。辽朝历史即现存《辽史》的修撰，用了不到一年的时间就完成了，1344 年成书，1345 年刊行。[①] 因为该书为我们提供了辽代的主要资料，有几点需要特别加以说明。

与其他正史不同，《辽史》是在辽灭亡后两个多世纪才修撰的，经过两次剧烈的朝代变迁，在修史时辽代的官方档案早以荡然无存。最不幸的是修史者没有应用任何契丹文资料，尽管当时在蒙古宫廷中还有学者能够读契丹文；似乎修史者亦没有应用任何辽廷的汉文档案资料。

《辽史》主要以三部现成的著作为底本：耶律俨于 1103 年编撰的《皇朝实录》、陈大任编撰并于 1206 年上奏给金廷的《辽史》和《契丹国志》。[②] 27 卷的《契丹国志》，南宋进士叶隆礼奉敕修撰，大约成书于 1247 年。[③] 该书依据的全部是宋人的文字资料，并带着鲜明的宋人的观点。作为修撰《辽史》的底本的这三部著作，只有一部保留下来，另两部已在明朝时散佚。《契丹国志》现有 V. S. 塔斯钦翻译的俄文译本。[④]

清代考据学成果

《辽史》修撰得实在太差了，不仅内部矛盾和史实出入充斥其中，而且在使用资料方面与《金史》和《宋史》（这是与《辽史》同时修撰的两部正史，出自同一群史官）及五代时期的两部正史、宋人的史书如《续资治通鉴长编》和其他当时的文献全然不同。考证《辽史》

---

① ［46］陈学霖：《元代官修史学：辽、金、宋三史的修撰》。

② 在《辽史·礼志》的总述中，明确提到了这些著作，见［645］《辽史》，卷 49，第 834 页。

③ 该书前序记成书时间为 1180 年，但是这个年份肯定是错误的。因为作者是 1247 年的进士。前序中的年号，可能被抄错（译者注：即将淳祐七年误写为淳熙七年）。详见［706］《契丹国志通检》（北京，1949 年版；台北，1968 年再版）前言及［595］上海古籍出版社 1985 年出版的《契丹国志》集注本，第 259 页。

④ 叶隆礼的《契丹国志》的影印本，加上俄文翻译、介绍、评价和索引，构成了［493］V. S. 塔斯钦的俄译本（莫斯科，1979 年版）。

的史实错误，成为清初的考据学家的一个专门领域，他们所做的大量资料考证工作，为现代史学家提供了便利条件。

第一个对《辽史》进行全面考证的是厉鹗（1692—1752年），他在《辽史拾遗》中，汇集了近400种宋、元著述中的相关资料。[1] 杨复吉（1747—1820年）后又增补史料，著出《辽史拾遗补》一书。[2] 钱大昕（1782—1804年）和赵翼（1727—1814年）二人都对辽代的资料作了大量的考释。19世纪末期，李有棠（1843—1902年）在《辽史纪事本末》中大量引用了厉鹗和杨复吉辑录的资料。[3]

在20世纪，《辽史》的史料研究由冯家昇、罗继祖等学者继续进行。他们的成果被收入赵铁寒编辑《辽史校勘记》中，包括冯家昇的《辽史初校》、罗继祖的《辽史校勘记》、冯家昇的《辽史与金史新旧五代史互证举例》和《辽史源流考》。[4] 其他学者对存世的辽代契丹文和汉文碑刻进行了研究。这些学者的研究清除了许多难点，但还是留下大量空白。辽史依然是中国历史中资料较缺乏的。

给当代辽史专家最大资料便利的是在杨家骆主持下编辑的10卷本《辽史汇编》。[5] 该书将所有重要资料、前面提到的考据成果及很多其他成果汇集在一起，并且大量选录了1960年前的现代学者的研究成果〔10卷本重印了魏特夫和冯家昇的《中国社会史：辽（907—1125年）》〕。增补该书的《辽史汇编补》[6] 于1974年出版。

近十年出版的两部辽代文献集也是重要的资料。陈述的《全辽文》辑录了包括碑文在内的辽代汉文文献。[7] 与之相同的契丹语文献的辑录，见清格尔泰等人合编的《契丹小字研究》[8]，该书亦包括对

---

① 厉鹗的《辽史拾遗》，收入［756］杨家骆编《辽史汇编》（台北，1973年版），卷3，第9种。

② 杨复吉的《辽史拾遗补》，收入［756］杨家骆编《辽史汇编》，卷3，第10种。

③ 李有棠：《辽史纪事本末》，3卷（北京，1980年版）。

④ 赵铁寒编《辽史校勘记》，收入《宋辽金元四史资料丛刊》（台北，1971年版）。

⑤ ［756］杨家骆：《辽史汇编》，10卷（台北，1973年版）。

⑥ ［757］杨家骆：《辽史汇编补》（台北，1974年版）。

⑦ ［784］陈述：《全辽文》（北京，1982年版）。

⑧ ［863］清格尔泰等：《契丹小字研究》（北京，1985年版）。

契丹文字、语言资料的翻译和评述。

当代研究成果

早期研究中国的西方历史学家对辽极不重视。第一次提到辽的是V. P. 瓦西里耶夫，在1859年出版的俄文东方史中亚部分中写了几句。第一部有关辽的专著是贾柏连的《辽史》，译文《满洲边缘的辽史》于1877年出版。① 基本接近于现在研究的是H. H. 霍渥斯的《中国的北疆·第五章：契丹人》②；在E. H. 帕克的《鞑靼千年史》中，对契丹则有了很长的描述。③

真正意义的现代研究成果是沙畹发表在《亚洲杂志》上的《出使契丹和女真的中国旅行者》④，该文翻译了出使契丹的宋人胡峤、王曾、路振和宋绶的行程记。

但是，这并没有激发对辽史的更深入研究。除了闵宣化的考古研究外，接下去对辽史研究有成就的是史泰安，他研究并翻译了《辽史》⑤ 和《说郛》中的《契丹国志》。这一研究涉及了有关契丹的亲族制度、社会结构以及风俗习惯等一系列问题。

魏特夫和冯家昇有关辽代的巨著《中国社会史：辽（907—1125年）》⑥，1949年出版，毫无疑问是迄今为止用各种文字出版的辽史研究著作中最重要的一本。它不仅对辽代社会组织、经济生活、管理制度和机构设置等各方面进行了系统分析和详细论述，还提供了大量的原始资料的译文，并列出了至该书出版时用各种文字发表的研究成果的全部目录。但是，固定的结构难以绘出不断发展的全景，使本书未能成为一个能够反映各种事件的完整的编年史。主要是因为该书的结构难以把握并难以阅读，使它

① [152] 贾柏连：《满洲边缘的辽史》（圣彼得堡，1877年版）。
② [193] H. H. 霍渥斯：《中国的北疆·第五章：契丹人》。
③ [370] E. H. 帕克：《鞑靼千年史》（伦敦和上海，1895年版）。
④ [61] 沙畹：《出使契丹和女真的中国旅行者》。
⑤ [473] 史泰安：《辽史》。
⑥ [541] 见魏特夫、冯家昇书。

一直没有得到应有的承认。这部著作，是任何对辽史有兴趣的学者都应该读的基本书。

可能是因为魏特夫和冯家昇的著作涉及了如此广泛的问题并打开了一个全新的领域，在该书问世后数年中，出现了一些研究辽史的西方文字论著。一个例外是在对外关系领域。关于宋辽外交关系研究的主要汉文成果是聂崇岐的长篇论文《宋辽交聘考》[①]，第一次发表是在1940年，重版载于聂崇岐的《宋史丛考》。傅乐焕（1913—1966年）亦就这一问题写了不少文章，见于他的论文集《辽史丛考》中。[②] 近来西方的学者已经重又否定了契丹是宋属下的"蛮夷"邻族的传统中国观点，集中研究当时的真正的多国制现象。在莫里斯·罗沙比编辑的一本极好的会议论文集《同等国家中的中国：10—14世纪的中国和它的邻国》中[③]，收录了王赓武、陶晋生、米歇尔·罗杰斯等人的论文，[④] 这些论文切中要害并勾画出了10—11世纪北亚多国制的场景，契丹和辽是参与其中的一支重要力量。C. 施瓦茨—席林的专题论文《澶渊之盟（1005年）》[⑤]，揭示了导致宋辽1005年和约的重大事件。克劳斯·蒂兹的《1074—1076年的辽宋边界冲突》[⑥]，详述了两国关系中不用战争而解决的最后一次危机。蒂勒·达格玛的《缔约：宋金间的外交（1117—1123年）》一书[⑦]，详述了辽朝末年的重要事件，尽管它的重点是研究宋金关系而不是宋辽关系。陶晋生在他的《宋辽关系史研究》[⑧]

① [837] 聂崇岐：《宋辽交聘考》。
② [871] 傅乐焕：《辽史丛考》，2卷，第283—387页。
③ [423] 莫里斯·罗沙比编：《同等国家中的中国：10—14世纪的中国和它的 邻国》（伯克力和洛杉矶，1983年版）。
④ [535] 王赓武：《小国的辩术：宋朝初期与其邻国的关系》；[487] 陶晋生：《蛮人或北人：北宋人心目中的契丹人》；[419] 米歇尔·罗杰斯：《朝鲜中世纪民族的觉醒：辽、金对高丽的影响》，均载于 [423] 莫里斯·罗沙比编：《同等国家中的中国：10—14世纪的中国和它的邻国》。
⑤ [444] C. 施瓦茨—席林：《澶渊之盟（1005年）：中国外交史的一大贡献》（威斯巴登，1959年版）。
⑥ [500] 克劳斯·蒂兹：《1074—1076年的辽宋边界冲突》。
⑦ [498]蒂勒·达格玛的《缔约：宋金间的外交（1117—1123年）》（威斯巴登，1971年版）。
⑧ 陶晋生：《宋辽关系史研究》（台北，1984年版）。

一书中对宋辽关系进行了全面研究，此后又出版了同样题目的英文论著《两个天子》。[①]

最近还有研究辽朝对外关系的两篇未发表的博士学位论文：珍妮特·诺维的《北宋政治家余靖和他与契丹的交往》[②] 和梅尔文·斯里克兰·安的《11—12世纪中国的宋辽外交：决定对外政策的社会与政治因素研究》。[③] 后者几乎就是对出使辽的宋朝官员的专门研究。

大量有意义的辽史研究著作出现在中国。傅乐焕的丰富的和卓有见地的研究成果，收入了著者死后出版的《辽史丛考》中。[④] 傅乐焕1966年的早逝，是辽史研究的一个重大损失。在中华人民共和国最引人注意和最多产的辽史学家是陈述，他的《契丹社会经济史稿》[⑤]，可能是中国学者对辽代社会和经济研究的最大胆尝试。陈述的分析与魏特夫、冯家昇的有所不同，他比较注重有条理地叙述，对薄弱和零碎的资料的考释不太注意。该书同样未对持续的社会变化给以更多的解释。陈述最近的著作《契丹政治史稿》[⑥]，包含了一系列有关契丹社会和政治制度各方面以及各种政治事件的令人感兴趣的、有些是独有见地的论文。陈述还给非专业读者写了一部通俗著作《辽代史话》。[⑦] 另一部引人注意的著作是张正明的《契丹史略》。[⑧] 该书的主要部分亦是对社会经济和政治制度的描述，但是更加完整并对历史演变给予更多的关注。更详细和更条理的辽史著作是舒焚的《辽史稿》[⑨]，可惜在本章完成后我还无法参考该书。

---

① [491] 陶晋生：《两个天子：宋辽关系研究》（塔克森，1988年版）。

② [353] 珍妮特·诺维：《北宋政治家余靖和他与契丹的交往》，印第安纳大学1983年博士学位论文。

③ [14] 梅尔文·斯里克兰·安：《11—12世纪中国的宋辽外交：决定对外政策的社会与政治因素研究》，宾夕法尼亚大学1983年博士学位论文。

④ [871] 傅乐焕：《辽史丛考》（北京，1984年版）。

⑤ [782] 陈述：《契丹社会经济史稿》（北京、上海，1963年版，1978年再版）。

⑥ [785] 陈述：《契丹政治史稿》（北京，1986年版）。

⑦ [783] 陈述：《辽代史话》（郑州，1981年版）。

⑧ [796] 张正明：《契丹史略》（北京，1979年版）。根据作者的前言，此书实际完成于1963年前后。

⑨ [872] 舒焚：《辽史稿》（武汉，1984年版）。

可能最好的辽代政治史大纲是由姚从吾的一系列内容详实的讲座组成的。姚从吾1971年去世后，陶晋生将他的讲义编入全集，并得以出版。[①] 姚教授写了多篇有关辽代政治和制度史的优秀论文，这些论文既有对复杂事件的深入研究，亦展示了作者的谨慎学风，所以很有价值。最重要的论著收入他的《东北史论丛》[②]，并且在《辽史汇编》及其补编中重版。

从20世纪30年代以来，日本学者出版了不少优秀的辽史著作，尤其是研究辽代社会和法律制度的著作。最重要的贡献是岛田正郎对辽代法律（与泷川政次郎合作）[③]、辽代社会[④]、辽代管理制度[⑤]、辽代社会与文化[⑥]、辽代官制[⑦]及辽史其他方面[⑧]的系列研究。这些成果深化了辽代法律和政治制度的研究。傅海波赞同并发展了岛田正郎关于辽律的观点，对辽律做了进一步研究，在1981年意大利贝拉焦举行的中国中世纪法律史研讨会上，提交了《从辽朝（907—1125年）看多民族社会的中国法律》的论文。[⑨] 同一作者还翻译了《辽史·刑法志》全文并作了评注。[⑩]

关于辽代宗族研究，詹尼弗·霍姆格伦发表了两篇引人注意的文章：《辽朝（907—1125年）契丹统治下的婚姻、亲族和继承》[⑪] 和《耶律、遥辇与大贺：早期契丹部主的世袭特权观念》。[⑫]

---

① [832] 姚从吾：《辽金元史讲义（甲）：辽朝史》，重版载《姚从吾先生全集》（台北，1972年版），2卷。

② [831] 姚从吾：《东北史论丛》（台北，1959年版），2卷。重版载杨家骆编《辽史汇编》。

③ [482] 泷川政次郎、岛田正郎：《辽律之研究》（东京，1943年版）。

④ [457] 岛田正郎：《辽代社会史研究》（京都，1952年版）。

⑤ [458] 岛田正郎：《辽制的研究》（东京，1954年版，1973年再版）。

⑥ [454] 岛田正郎：《辽代社会与文化》（东京，1956年版）。

⑦ [455] 岛田正郎：《辽朝官制研究》（东京，1978年版）。

⑧ [456] 岛田正郎：《辽朝史研究》（东京，1979年版）。

⑨ [119] 傅海波：《从辽朝（907—1125年）看多民族社会的中国法律》。

⑩ [145] 傅海波：《辽史中的“刑法志”》。

⑪ [185] 詹尼弗·霍姆格伦：《辽朝（907—1125年）契丹统治下的婚姻、亲族和继承》。

⑫ [187] 詹尼弗·霍姆格伦：《耶律、遥辇与大贺：早期契丹部主的世袭特权观念》。

关于辽代的佛教，最优秀的著作还是野上俊静的《辽金的佛教》。①

关于辽代的物质文化，第一批重要的证据来自考古，特别是来自辽皇陵的发掘。闵宣化的《巴林蒙古左旗的大辽帝国古都》② 和《辽代王陵》③ 二文，第一次引起了西方读者对辽代物质遗留的注意。这一领域，从人类学家兼考古学家的鸟居龙藏（1870—1953 年）开始，被日本考古学家大大发展了。鸟居龙藏在 20 世纪 30 年代初在《国华》上发表《辽代的壁画》的系列文章④，对新发现的辽代皇陵的壁画做了介绍。此后他又出版了《考古学所见辽代文化图谱》⑤，辑录了大量的古代图片，但释文似乎从未发表，可参见他的《辽代文化探讨》⑥ 一书。关于早期的日本考古学发掘，亦见田村实造、小林行雄对圣宗墓庆陵的研究⑦和岛田正郎关于祖州城的报告。⑧ 引人注意和更有价值的是田村实造在《庆陵的壁画》⑨ 中对庆陵及其壁画的研究。

20 世纪 50 年代以来，其他带有壁画和各种文物的陵墓被中国的考古学家发现。三个西方学者使用这些资料对契丹人生活的各个方面进行描述：埃伦·约翰斯顿·莱恩的《晚期中国墓葬装饰的模式和问题》⑩，琳达·库克·约翰逊的《辽朝公主的婚仪：吉林辽代墓葬的壁画》⑪ 和奥尔布赖特·罗雷克思的《辽墓壁画和中国画中反映游牧民的文姬故事》。⑫

---

① ［350］野上俊静：《辽金的佛教》（京都，1953 年版）。
② ［329］闵宣化：《巴林蒙古左旗的大辽帝国古都》。
③ ［332］闵宣化：《辽代王陵》。
④ ［505］鸟居龙藏：《辽代的壁画》。
⑤ ［503］鸟居龙藏：《考古学所见辽代文化图谱》，4 卷（东京，1936 年版）。
⑥ ［504］鸟居龙藏：《辽代文化探讨》（东京，1937 年版）。
⑦ ［486］田村实造、小林行雄：《庆陵》（京都，1953 年版）。
⑧ ［459］岛田正郎：《祖州城》（东京，1955 年版）。
⑨ ［484］田村实造：《庆陵的壁画》（京都，1977 年版）。
⑩ ［271］埃伦·约翰斯顿·莱恩：《晚期中国墓葬装饰的模式和问题》。
⑪ ［232］琳达·库克·约翰逊：《辽朝公主的婚仪：吉林辽代墓葬的壁画》。
⑫ ［422］奥尔布赖特·罗雷克思：《辽墓壁画和中国画中反映游牧民的文姬故事》。

关于辽代陶器和瓷窑，见威廉·沃森的《唐代和辽代的制陶术》[①] 和李文信、朱子方对辽宁省博物馆所藏辽代瓷器的叙述。[②] 亦可参考 Y. 迈纳为展览开列的目录《长城南北的辽代陶瓷》，附有参考书目，1973 年出版。[③]

在建筑领域辽代无疑做出了杰出的贡献。现存的超过 30 个的大型石木建筑，确有一些代表了技术方面的重要进步。关于辽、金建筑的经典之作是 1934 年由关野贞、竹岛卓一出版的图片集和竹岛卓一10 年后出版的研究著作。[④] 辽代建筑中最壮丽的是在山西省东北部应县的大木塔，陈明达对该塔研究的专著出版于 1980 年。[⑤] 南希·沙茨曼·斯坦哈特 1984 年出版的《中国传统建筑》[⑥]，对辽代建筑有精彩的简述。最后，关于辽代的都市规划，南希·沙茨曼·坦哈特的《中国的帝都规划》一书[⑦]中，包括了辽上京、南京和中京的规划。

2. 西　夏

西夏历史的研究，尽管人们认为它很重要，直到 20 世纪还是令人吃惊的少。西夏是一个持续了两个世纪的朝代，在中国北部和内亚的政治上起过巨大的作用，并且有它自己的一套复合的制度和高度混杂的文化。但是，西夏从未被中国正统历史学家视为正统王朝，可能是因为它甚至从唐代开始，占据的只是中国世界的边域地区。结果是从没有为西夏修过正史：在为辽、金的正统问题激烈争论几十年之后，终于在元朝的末代皇帝在位时的 1344—1345 年为这两个非汉人建立的王朝修了专史，但是从未有人提出给西夏以同等待遇的建议。

---

① [537] 威廉·沃森：《唐代和辽代的制陶术》（纽约，1984 年版）。
② [760] 李文信、朱子方：《辽宁省博物馆藏辽瓷选集》（北京，1962 年版）。
③ [314] Y. 迈纳：《长城南北的辽代陶瓷》（纽约，1973 年版）。
④ [446] 关野贞、竹岛卓一：《辽金时代的建筑与佛像》，2 卷（东京，1934 年版）；[481] 竹岛卓一：《辽金时代的建筑与佛像》（东京。1944 年版）。
⑤ [786] 陈明达：《应县木塔》（北京，1980 年版）。
⑥ [476] 南希·沙茨曼·斯坦哈特：《中国传统建筑》（纽约，1984 年版）。
⑦ [475] 南希·沙茨曼·斯坦哈特：《中国的帝都规划》（檀香山，1990 年版）。

中国史官由此把有关西夏的记载作为列传，分列在14世纪40年代同修的宋、辽、金三史中。① 这些列传，像其他“外国传”一样，没有集中叙述这个党项人国家的内部事务和制度，而是大量叙述它与中国世界其他政权的关系。此外，修传时所用的原始资料几乎全部是汉文的。夏和辽、金一样，有自己的史官，但是他们的作品以及用党项文字记录的西夏官方资料，都在1227年蒙古征服时被毁掉了。随着时间的推移，党项文字和语言知识逐渐失传，以至存世的用党项文字书写的碑文直至近几十年前还不能识读。

在正史之外，宋人的史书和文学作品中保留了许多有关西夏的资料。宋人有专论西夏的著作，大多数与边疆防卫和战略相关，但是仅存书目，原书早已不存。② 王偁撰写的《西夏事略》是惟一的例外，该书在13世纪时还以此名单独成书，但正如18世纪时编辑“四库”者所述，它实际上只是王偁《东都事略》（1186年成书）中的西夏传，出版时独立出来并被后来的出版者给予新的书名。③

将所有保留下来的汉文史料合成西夏史的尝试开始于18世纪。洪亮吉是为西夏写史的学者之一，他的《西夏国志》没有完成；秦恩复的《西夏书》，则在完成后不久被毁。两部19世纪的大部头作品刊印并保留下来：吴广成的编年体史书《西夏书事》，42卷，1825—1827年成书；张鉴的纪事本末体史书《西夏纪事本末》，36卷，1884年成书。这两部书对现代史学家仍很重要。《西夏纪事本末》的绝大多数原始史料都能在其他著作中找到，但是《西夏书事》保存的大量重要资料找不到出处。正因为吴广成引用的很多史料出处不明，有些还颇值得怀疑，所以他的作品虽然很有价值，但是使用时需要特别谨慎。

编撰这类传统史书的最近尝试是戴锡章的《西夏纪》，1927年

---

① ［644］《宋史》，卷485—486，第13981—14033页；［645］《辽史》，卷115，第1523—1530页；［646］《金史》，卷134，第2865—2879页。

② ［771］详见吴天墀：《西夏史稿》（成都，1983年版），第338—339页。

③ ［668］纪昀等撰：《四库全书总目提要》。

（译者注：实为 1917 年）成书。与以前的作者不同，戴锡章精心编撰的这部书核对了所有资料并开列了参考书。他惟一没有使用的重要宋代资料是《宋会要辑稿》，因为当时该书还没有出版。

多产的中国历史学家朱希祖于 1943 年撰文对这些早期史书做的研究，① 虽非长篇大论，但还是很有用处的。

党项资料的发现和语言翻译

戴锡章的著作出版前，对党项人和西夏的研究因为西夏语言和文字的原始资料大量被发现而有了巨大的发展。部分资料是斯坦因和伯希和在敦煌发现的。1908—1909 年，由 P. K. 柯兹洛夫率领的一支俄罗斯探险队发现并发掘了额济纳的西夏古城（黑水城）。在他们的发现中，有一座著名佛教僧侣的坟墓，里面有成千的印刷或手写的图书和文书。后来斯文·赫定带领探险队考察了同一地区，斯坦因和兰登·沃纳也对这一地区进行了考察。虽然这次考察没有像柯兹洛夫那样收获巨大，还是发现了很多资料。其他的资料是中国的考古学家近几十年发现的。这些新资料，尽管没有完全被识读，还是从党项人本身而不是它的中国邻人方面提供了大量的历史证据。

对党项语言试探性研究的成果在上述发现之前就已经出版，在 19 世纪的最后几年，M. G. 德维利亚对一些双语碑文作了考释，但是远没有达到释读党项语的目的。真正的党项语研究始于 1909 年，伊凤阁的研究主要依靠柯兹洛夫发现的党项—汉语辞典，亦使用了一些其他资料，他后来编纂了一部党项语辞典。1922 年，伊凤阁被苏联派往北京做外交使节，在北京他与中国学者广泛接触，尤其是与罗振玉的儿子罗福成、罗福苌兄弟及王静如过往甚密，他鼓励他们也从事党项语的研究。伊凤阁还影响了另一位俄罗斯学者聂历山，他不久即开始将存在列宁格勒的柯兹洛夫发现的文献进行系统的编目。对党项研究极不幸的是，1937 年，伊凤阁和聂历山都在斯大林的清洗中蒙难，他们的手稿全部被没收。

---

① ［731］朱希祖：《西夏史籍考》。

第二次世界大战亦中断了中国的党项研究。当时在这一领域几乎仅有的是日本学者石滨纯太郎和他的学生西田龙雄主要从事的党项语佛教经典的研究。

在20世纪50年代后期和60年代，（前）苏联的党项研究复苏，一批年轻学者终于掌握了阅读党项文献的技能，并能以令人信服的新方式翻译资料，有些资料具有重要的历史价值。此时出现了第一部现代西方的党项史著：E. I. 克恰诺夫的《西夏史纲》。[①] 该书主要还是依据汉文史料，但是也使用了党项资料。

此后不久，出现了两部主要依靠汉文史料的深入研究党项早期历史的著作：保罗·弗里德兰的学位论文《早期党项史》[②] 和日本学者冈崎精郎对同一课题的更细致研究。[③] 对西夏进行全面研究的英文著述，仅有邓如萍的博士学位论文，[④] 作者引用了至1983年以前（前）苏联和中国的绝大多数研究成果。

几乎同一时期出现的这些研究成果，引起了西方汉学家对中国邻人研究的兴趣，从20世纪60年代后期开始，在近20年中成果越来越多。现在，我们对党项与中国及其与契丹、回纥、吐蕃等邻族的关系能够有更深了解，亦能看到中国北部的复杂世界及其边疆民族的各个方面。

近年来中国的研究

从20世纪70年代以来，中国亦重兴西夏和党项研究，充满活力的语言和历史研究论著不断出版。中国最重要的成果是吴天墀的《西夏史稿》，初版于1980年，后来又增补和修订再版。[⑤] 这部著作是当前最有价值的党项史的综合论著。

---

① [266] E. I. 克恰诺夫：《西夏史纲》（莫斯科，1968年版）。
② [148] 保罗·弗里德兰：《早期党项史》（华盛顿大学1969年博士学位论文）。
③ [356] 冈崎精郎：《党项古代史》（京都，1972年版）。
④ [97] 邓如萍：《党项和党项人的国家西夏》（普林斯顿大学1983年博士学位论文）。
⑤ [771] 吴天墀：《西夏史稿》（成都，1980年版，1983年修订版）。

白滨编辑并于1984年出版的论文集[①]，反映了中国学者关注的课题。其他学者如李范文[②]、陈炳应[③]、李蔚[④]等，也出版了有关西夏历史和文化的论文集。在这些作者中，陈炳应注意收集党项语的资料，而李蔚则仅限于使用汉文资料。

李范文是一个经验丰富的党项语言学家，他出版了党项同音字典〈同音〉的影印和汉文译本。[⑤] 虽然对他的语音重构还有争议，但他的成果加上史金波、白滨、黄振华出版的另一部党项字典《文海》的影印和汉文译本[⑥]，保留了一批必需的资料。史金波还出版了一部研究党项佛教的论著。[⑦]

最近，史金波、白滨、吴峰云编辑出版了《西夏文物》[⑧]，开列了党项文物的目录并附有介绍文章，该书提供了大部分西夏文化遗址和遗物的新图片（包括许多彩色图片），此外还有大量的文书。

中国学者的新研究的最重要方面是通过使用新发现的党项史料使西夏的研究更为完整；大范围的考古新发现亦为党项人的物质文化、生活和艺术提供了有价值的、完整的新证据。

俄罗斯的学者也在继续出版重要的新著。语言学家K. 克平出版了许多列宁格勒所藏党项文书的译文和研究成果。[⑨] 依据党项语言资料进行研究的最有意义的贡献毫无疑问是E. I. 克恰诺夫已经完成的西夏法典翻译的经典之作。[⑩] 现在已经出版的这批译著将使历史学家对西夏特有的社会结构和管理制度以及党项人根据自己的需要采用

① [724] 白滨编：《西夏史论文集》（银川，1984年版）。
② [764] 李范文：《西夏研究论集》（银川，1983年版）。
③ [789] 陈炳应：《西夏文物研究》（银川，1985年版）。
④ [770] 李蔚：《西夏史研究》（银川，1989年版）。
⑤ [765] 李范文：《〈同音〉研究》（银川，1986年版）。
⑥ [718] 史金波、白滨、黄振华：《文海研究》（北京，1983年版）。
⑦ [720] 史金波：《西夏佛教史略》（银川，1988年版）。
⑧ [721] 史金波、白滨、吴峰云：《西夏文物》（北京，1988年版）。
⑨ [96] 详见邓如萍：《1982—1987年苏联对中世纪中国的研究》。
⑩ [260] E. I. 克恰诺夫：《天盛旧改新定律令（1149—1169年）》，4卷（莫斯科，1987—1989年版）。

中国成文法的过程有全新的理解。就在最近，克恰诺夫与傅海波合作翻译和研究了党项人的军事法典①，其中有许多涉及西夏军事组织的内容，他们将其与宋人的制度作了比较研究。

3. 金　朝

金代的基本史料是《金史》②，由以汉人学者欧阳玄（1283—1357 年）为首的元代史馆编撰，成书于 1344—1345 年，主修官是丞相脱脱（1314—1355 年）。现在还有部分 1345 年的最早刻本存世。元廷 1348 年的覆刻本保存了下来并于 1958 年在上海影印出版。在以元代两种刊本互补影印的百衲本（1931 年）③ 出版之前，人们普遍使用的是这个版本。这个版本虽有一些刻、抄错误，但还是可靠的。至今已知《金史》有不同刻本和抄本超过 30 种。百衲本现在已被中华书局 1975 年在北京出版的 8 册点校本所取代，点校本采用了我们的脚注形式。另一个两册的标点本 1970 年在台湾出版④，这个版本虽然不如中华书局的点校本，但是包括了许多有关金代的其他史料并开列了金代汉文文献书目，所以还是有用的。

《金史》的目录是按照传统的正史模式排列的，包括本纪、志、表和列传。最后的列传，与传统正史一样，亦是论述与外国（西夏、高丽）关系的专传。但是《金史》在两方面与其他中国正史不同。《金史》表列了各国的来往使节、条约和有关对外关系的重大事件，为了解金与邻国（宋、西夏、高丽和辽）的关系提供了便利的线索。另一点不同是在全书最后开列了《金史》中的国语即非汉语名称，并给予这些女真名称以汉文翻译。此外，还开列了女真部名及其汉姓，有些显然是从女真姓名翻译过来的。这些资料对于研究 12 世纪和 13

---

① ［268］E. I. 克恰诺夫、傅海波：《11—13 世纪西夏文与汉文军事法典》（慕尼黑，1990 年版）。

② ［646］《金史》（北京，1975 年版）。

③ 百衲本《金史》，1931 年出版。

④ ［646］《金史》（台北，1970 年版）。

世纪初叶的女真语言非常重要。但是，乾隆朝（1736—1795 年）时的学者试图用满文译写《金史》中的外族名称的尝试实在是一种无用功，1781 年初版的《金史语解》[①] 亦因此而不被认可。乾隆朝《金史》和其他同时代文献的刻本，都因为学者的“改字”而不能在今天被使用。

《金史》的修撰主要依靠的金的材料，如金朝历代皇帝的实录、文集中的人物传和少量其他同时代的资料。由于主要资料相对一致，所以《金史》的内部矛盾比同在 14 世纪 40 年代修撰的另两部正史《辽史》和《宋史》少得多。1970 年前对《金史》编撰和史料的最现代和最广泛的研究是陈学霖的《金代史学三论》。[②]

使用《金史》应该利用几种重要的现代工具书。第一部传记索引是哈佛燕京学社引得丛书第 35 卷的《辽金元传记三十种综合引得》[③]，其中包括了《金史》。《金史》中的人名，均被编入崔文印的《金史人名索引》。[④] 更有用和更详细的索引，是小野川秀美主持编辑的 3 卷本《金史语汇集成》。[⑤] 该书不仅列出了人名和地名，还列出了《金史》中出现的所有重要词汇。它使用的是百衲本，而崔文印的索引用的是北京 1975 年出版的新标点本。

另一个同时代的重要史料是《大金国志》。[⑥] 此书主要使用了金、宋的资料，署名宇文懋昭撰写，但是成书时间还不能确定（可能是在 13 世纪中叶）。它是按正史的模式写的，以本纪开头。本纪后面是 13 个开国功臣的列传，然后是三十多个活跃于金朝的汉人文学之士的列传。金的傀儡楚和齐单独成传。《大金国志》的叙事远比《金史》简单和狭窄，但是不能否定它的史料价值，因为它保

---

① 《金史语解》（北京，1781 年版）。

② [47] 陈学霖：《金代史学三论》（威斯巴登，1970 年版）。

③ [691]《辽金元传记三十种综合引得》（北京，1940 年版）。

④ [862] 崔文印：《金史人名索引》（北京，1980 年版）。

⑤ [362] 小野川秀美：《金史语汇集成》（东京，1960—1962 年版）。

⑥ [596] 宇文懋昭：《大金国志》。[597] 崔文印有新点校本《大金国志校证》（北京，1986 年版）。

留了一些《金史》未载的细节和几份政治文件的全文，如宋金的盟约。使用《大金国志》的资料很方便，因为已有吴晓铃等编辑的《大金国志通检》。①

另一部文书集是《大金吊伐录》。② 它主要包括外交信件、盟约和与金、宋1123—1127年间建立重要关系相关的文书。不幸的是，最常使用的版本是被乾隆朝的“改字”弄混的版本。尽管如此，该书还是保留了有关北宋军事和政治形势的大量资料。

王鹗（1190—1273年）原来是金的汉族官员，金国灭亡后成为胜利者蒙古人的官员。他在日记中记录了1233—1234年金国的最后几个月发生的事情。他的《汝南遗事》③ 详述了金廷最后的统治者在宋和蒙古的围攻中为求生存而采取的不顾一切的尝试。陈学霖在《〈汝南遗事〉导论：1234年蒙古包围下的晚金实录》④ 一文中对该书作了研究。陈学霖还在《金代史学三论》中，对另一部晚金著作刘祁（1203—1250年）的《归潜志》作了有价值的评述。⑤《归潜志》⑥ 收录了许多晚金人物传和轶事，主要是根据个人所见写成，并详细地描述了金国最后几年开封的生活状况。它也包括蒙古军队围攻开封的目击记，这段记载被埃里希·海涅什在《两个王朝的灭亡》中翻译成德文。⑦ 在金代史料中，我们还应提到金代作者张玮的40卷的《大金集礼》。⑧ 这是一部卷数众多的叙述金朝统治下中国礼仪和宫廷礼仪的专著，所记内容比《金史》中内容相同的志要详细得多。

并不是说在同时代的史料中，在金朝统治下的汉人作者的文集不重要。它们包含了许多人物传记。在最近的两部工具书中，已列出了

---

① [772] 吴晓铃等编：《大金国志通检》（北京，1949年版）。
② [593]《大金吊伐录》（上海，1959年版）。
③ [602] 王鹗：《汝南遗事》（上海，1959年版）。
④ [50] 陈学霖：《〈汝南遗事〉导论：1234年蒙古包围下的晚金宫廷实录》。
⑤ [47] 陈学霖：《金代史学三论》，第121—166页。
⑥ [594]《归潜志》（北京，1983年版）。
⑦ [163] 埃里希·海涅什：《两个王朝的灭亡：1232—1233年和1368—1370年目击者的报告》（威斯巴登，1969年版），第7—26页。
⑧ [592] 张玮：《大金集礼》（上海，1936年版）。

这些人物传记的索引：梅原郁和衣川强的《辽金元人传记索引》[①]，罗依果的《金、元文集传记资料索引》。[②] 后者特别有用，因为它还包括《道藏》[③] 中保存的全真道徒的作品中的传记资料和来自佛教史书中的传记资料。

有史料价值的还有两部金人文选，保留了许多在存世金人文集中找不到的材料。这两部书是庄仲方（1780—1857 年）的《金文雅》[④] 和张金吾的《金文最》。[⑤] 这两部当代再版的文选现在很容易使用。特别是《金文最》，保留了许多重要资料，包括碑文资料。两部书都按照作品的类别排列，所以即便没有索引也比较容易找到需要的资料。元好问（1190—1257 年）于 1233—1249 年间编辑的金代诗集《中州集》，[⑥] 也是一个很好的传记资料，因为它为诗集中的每个作者提供了一个小传。陈学霖亦研究了这部诗集。[⑦]

我们的叙述集中于金的文献，但是宋的史料几乎同等重要。没有宋的资料，不可能写出金代历史，亦不可能写出金、宋间长期斗争的历史。从宋代史料中收集大量的资料并非易事。毫不夸张地说，在南宋人的政治性著述中，都不难发现有关女真人的金国的一些记载。所有南宋的编年史料中，也是如此。在这些著述中，篇幅最大也最具有史料价值的是徐梦莘（1126—1207 年）编的《三朝北盟会编》，大约成书于 1196 年。它囊括了从 1117 年至 1162 年的事件，也保存了女真建国之前的有价值的详细记录。这部 250 卷的会编，包括大量的原始文书如信件、诏敕、史册及使者和其他官员的报告。在《三朝北盟会编》中的不可忽视的大量资料，几乎能将所有重大事件的详情逐日写出来，例如 1126—1127 年北宋灭亡时的情景。通行的版本是袁祖

① [518] 梅原郁、衣川强编：《辽金元人传记索引》（京都，1972 年版）。

② [400] 罗依果：《金、元文集传记资料索引》，3 卷（堪培拉，1970—1979 年版）。

③ 《道藏》（台北，1962 年重印本）。

④ [680] 庄仲方：《金文雅》（台北，1967 年版）。

⑤ [682] 张金吾：《金文最》（台北，1967 年版）。

⑥ [600] 元好问：《中州集》（《四部丛刊》本）。

⑦ [47] 陈学霖：《金代史学三论》，第 67—119 页。

安 1878 年的刻本，近来又重印了此版本。[①]

其他重要史料是使者报告中保存的一些在女真国家中的见闻。傅海波撰文对一个使者的日记作了研究：《1211—1212 年宋人使者的日记：程卓的〈使金录〉》。[②] 其他使者的记述在将近一个世纪前由沙畹——他在中国研究的很多领域里成绩突出——在他的论文《出使契丹和女真的中国旅行者》[③] 和《北辕录：周煇的北使记录》[④] 中翻译成法文。另一部以在女真人中间的亲身经历写成的书是洪皓（1088—1155 年）的《松漠纪闻》。[⑤] 洪皓于 1129 年受命使金，被金扣留，直至 1143 年才被放回。该书最完整的版本是《豫章丛书》本，它包括了传抄中丢失的部分内容。《三朝北盟会编》中有关金朝初期的大量资料，就是出自《松漠纪闻》，它直接记录的 12 世纪 30 年代北方的生活情景确实令人着迷。

有关辽代和元代的史料对研究金朝的兴亡显然也很重要。因此，要研究 1125 年之前和 13 世纪初叶的历史，必须分别参考《辽史》和《元史》。对研究女真与高丽之间的关系的最重要史料是完全独立成书的《高丽史》[⑥]，郑麟趾撰，叙事从 918 年至 1392 年。该书可以被用来核对金、宋有关高丽北疆发生事件的史料。

有关金的研究成果

对金史的学术研究在元代和明代实际上不存在。只是在满洲人于 17 世纪统一中国之后，由于女真是满洲人的祖先，对金朝的兴趣才高涨起来。1646 年，满洲人的清朝建立后仅两年，经过改编的金史编年就被翻译成了满语。这本名为 Aisin gurun-isuduri bithe

---

① [583] 徐梦莘：《三朝北盟会编》（袁祖安 1878 年刻本；台北 1966 年重印 4 卷本）。
② [140] 傅海波：《1211—1212 年宋人使者的日记：程卓的〈使金录〉》。
③ [61] 沙畹：《出使契丹和女真的中国旅行者》。
④ [59] 沙畹：《北辕录：周煇的北使记录》。
⑤ [579] 洪皓：《松漠纪闻》（南昌，1915 年版）。
⑥ 郑麟趾：《高丽史》，3 卷（东京，1908—1909 年版）。

(《金国编年史》)的书，1887 年由夏尔·J. de 阿尔雷兹翻译成了法文。[①] 第一个考释《金史》史料的中国学者似乎是施国祁（约 1790—1820 年)。他的《金史详校》[②] 标出了《金史》各卷中的错讹字及矛盾之处，对更好地理解《金史》颇有价值。施国祁的大部分考证已被收入中华书局 1975 年的《金史》点校本。张金吾和庄仲方最初尝试编辑金人文选是在 19 世纪前半叶。但是这些活动都是孤立的，中国金史研究的初兴是在 20 世纪初，例如在王国维（1877—1927 年）的著作中，就有对金于 12 世纪 90 年代修建的对付蒙古人的界壕的研究。[③]

直到最近，日本对金研究的兴趣还大大超过中国。这种兴趣与日本的政治发展相一致，日本认为满洲属于日本的势力范围。还在第一次世界大战之前，日本学者对金代的满洲史已做出了重要贡献，特别是在历史地理方面。早期学者如稻叶岩吉、池内宏的研究，为后几代学者奠定了坚实的基础。在白鸟库吉的主持下，他们的一些权威性研究成果在 1912—1914 年间被翻译成了德文。[④] 这部译著有极好的索引，对那些能够阅读德文但不太懂日文且不能直接引用日本译文[⑤]的当代学者尤其有用。甚至在第二次世界大战期间，日本有关金和女真的学术著作的出版不仅没被打断，还继续一浪高过一浪。特别值得一提的是两部大部头的著作。三上次男的经典性著作《金史研究》[⑥] 是经过校定后出版的文集，收录了他以前发表的研究金史问题的论文。第 1 卷《金代女真社会研究》（1970 年版）是对建国前和建国初年的女真人的琐细研究，详述了从女真兴起到建国的历程。第 2 卷《金代政治制度研究》

① Aisin Gurun-I. Suduri bithe，［90］夏尔·J. de 阿尔雷兹译：《金帝国史》（卢万，1887 年版）。

② ［681］施国祁：《金史详校》（北京，1975 年版）。

③ ［697］王国维：《金界壕考》。

④ ［460］白鸟库吉：《满洲历史地理》，2 卷（东京，1912—1914 年版）。

⑤ ［461］白鸟库吉、箭内亘、松井等、稻叶岩吉：《满洲历史地理》，2 卷（东京，1913 年版，1940 年再版）。

⑥ ［309—311］三上次男：《金史研究》，3 卷（东京，1970—1973 年版）。

（1972年版）是从建国初年到以后的政府和管理体制的研究。第3卷《金代政治社会研究》（1973年版）是有关女真人控制的金朝的附属人口、女真部落的一致性、在中国环境下保存女真文化等问题的研究，还有一章专门研究金与高丽的关系。3卷书后面都附有索引。另一部日本著名的著作是外山军治的《金朝史研究》。① 与三上次男的著作一样，这部书亦主要是作者早期研究的论文集。一些文章是研究金朝的少数民族问题，其他文章研究金宋关系和12世纪蒙古的作用。外山军治的一个重要贡献是揭示了黄河洪水泛滥对金经济的衰落的作用。

在西方，除了沙畹的开拓性研究外，实际上近年之前一直没有研究金的力作。奥托·福兰阁的《中华帝国史》② 第4卷和第5卷中的有关金的章节，很多年来都是用西方语言叙述金史的最有说服力的作品，但是现在应该承认它已过时了，不过对宋金关系和军事事件的叙述还是有用的。卢森·吉伯特的《满洲历史地理辞典》③ 是一个重要的资料库。虽然这本按字母排列的辞典没有标出史料的出处，但它提供了金人和古代满洲部族的许多有关资料。作为一个基本的资料来源，它还是有特殊的价值。

最具说服力的用西方语言写作的女真和金国历史的著作是俄罗斯学者M. V. 沃罗别夫的《女真和金国》④，1975年出版，该书对事件和社会经济结构的叙述和分析最为精彩（用西欧语言写的书评，见傅海波在《文献丛刊》的评论）。⑤ 另一部力作是陶晋生的《12世纪中国女真人的汉化研究》，⑥ 与沃罗别夫的著作几乎同时出版。并非像题目所示，该书的研究大大超出了汉化的范围，它还描述了政府制度、人员的补充及女真的经济形势。在傅海波的《从建国到蒙古征服

① ［506］外山军治：《金朝史研究》（京都，1964年版）。
② ［147］奥托·福兰阁：《中华帝国史》，5卷（柏林，1930—1954年版）。
③ ［157］卢森·吉伯特：《满洲历史地理辞典》（香港，1934年版）。
④ ［530］M. V. 沃罗别夫：《女真和金国》（莫斯科，1975年版）。
⑤ ［132］傅海波：《评M. V. 沃罗别夫的〈女真和金国〉》。
⑥ ［489］陶晋生：《12世纪中国女真人的汉化研究》（西雅图，1977年版）。

的北中国：金代（1115—1234年）的经济与社会》[1] 中，有对金代社会和经济，包括财政制度的简短的研究。

在当代中国学者的研究成果中，必须提到的是陈述的《金史拾补五种》。[2] 研究女真部落、女真人姓名和女真家系的历史必须参考此书。陈述著作特别有价值的一点是列出了不同史料的各种版本中女真姓名的各种写法。一般说来，用通古斯语言比较女真人姓名的语言学研究早已过时，而陈述的著作则是研究女真人姓名的优秀基础之作。

现在已有好几部深入研究金代社会经济条件的论著。何炳棣的《中国宋金时期人口的估算》[3]，是最早的也是最好的对金代人口数字的研究。对金代对外贸易的考证，有加藤繁的《宋金间的贸易》和《宋金贸易中的茶、铜币、丝织品》，初次发表于1937年和1935年，分别收入作者的《中国经济史考证》中。[4] 曾我部静雄在《日宋金货币交流史》[5] 中对金与其邻国间的货币流通进行了研究。全汉昇在《宋金间的走私贸易》一文[6]中讨论了宋金间的非法贸易问题。张博泉的《金代经济史略》[7] 对金代经济作了简洁的描述。陈学霖在《女真—金朝的茶叶生产和贸易》[8] 中详述了金代茶叶专卖的状况；酒的专卖则有傅海波的研究《葡萄酒小考》。[9]

有几种用西方文字发表的研究宋金间外交与军事关系的论著。

---

① ［130］傅海波：《从建国到蒙古征服的北中国：金代（1115—1234年）的经济与社会》（奥普拉登，1978年版）。

② ［781］陈述：《金史拾补五种》（北京，1960年版）。

③ ［183］何炳棣：《中国宋金时期人口的估算》。

④ ［243］加藤繁：《宋金间的贸易》，1937年；《宋金贸易中的茶、铜币、丝织品》，1935年；再版收入《中国经济史考证》（东京，1953年版），2卷，第247—304页。

⑤ ［471］曾我部静雄：《日宋金货币交流史》（东京，1949年版）。

⑥ ［732］全汉昇：《宋金间的走私贸易》。

⑦ ［798］张博泉：《金代经济史略》（沈阳，1981年版）。

⑧ ［51］陈学霖：《女真—金朝的茶叶生产和贸易》。

⑨ ［131］傅海波：《葡萄酒小考》。

达格玛·蒂勒的《缔约：宋金间的外交（1117—1123年）》[①]，详尽地叙述了宋廷与新兴的金国缔约以推翻已经日薄西山的辽朝的努力以及宋金反目并导致了北宋的灭亡。

对两国间条约的考释有傅海波的《宋金条约》。[②] 该文既研究了1141年的和约，也研究了后来的条约。作为插曲的1205—1208年两国间的战争，成为科林娜·汉娜《开禧间（1205—1208年）德安城攻防战研究》的主题。[③] 该书不仅翻译和注释了争夺战略城镇德安之战的目击记，还叙述了宋金间的使者往来并重签早期的和约以及宋金争端的再起。海罗撒脱·伊威的《蒲鲜万奴国号大真的来源和意义》[④]，对叛金并在满洲建立了一个短命王国的蒲鲜万奴作了研究。对女真与高丽的进一步研究，有米歇尔·C. 罗杰斯的《朝鲜史研究（2）：高丽的军事独裁及其与金朝的关系》。[⑤] 这些文章都是以中国和朝鲜的史料为基础的。

在翻译有关文献的同时展开对早期女真文明的研究，见傅海波《有关女真的汉文史料：〈三朝北盟会编〉中有关女真资料的翻译》[⑥] 和《有关女真的汉文史料（2）：〈金史〉卷1翻译》。[⑦] 女真的物质文化，尤其是建国前的物质文化，现在已经比较清楚了，这要感谢（前）苏联考古学家的发掘。靺鞨（女真的先民）文明的遗存是E. I. 德利万科的《中阿穆尔的遗存》[⑧] 研究的主题。

---

① [498] 达格玛·蒂勒：《缔约：宋金间的外交（1117—1123年）》（威斯巴登，1971年版）。

② [144] 傅海波：《宋金条约》。

③ [174] 科林娜·汉娜：《开禧间（1205—1208年）德安城攻防战研究》（威斯巴登，1970年版）。

④ [219] 海罗撒脱·伊威：《蒲鲜万奴国号大真的来源和意义》。

⑤ [421] 米歇尔·C. 罗杰斯：《朝鲜史研究（2）：高丽的军事独裁及其与金朝的关系》。

⑥ [120] 傅海波：《有关女真的汉文史料：〈三朝北盟会编〉中有关女真资料的翻译》。

⑦ [121] 傅海波：《有关女真的汉文史料：〈金史〉卷1翻译》。

⑧ [94] E. I. 德利万科：《中阿穆尔的靺鞨遗存》（新西伯利亚，：1975年版）。

在（前）苏联沿海省份的女真墓葬提供了大量令人感兴趣的资料，见V.E.梅德韦杰夫的《10世纪后期和11世纪阿穆尔女真的文明》。[①] 另一部关于女真遗存的研究论著是V.D.连科夫的《萨金斯克村遗存所见12世纪女真的冶金和金属制造》。[②] A.P.奥克拉德尼柯夫和V.E.梅德韦杰夫的《考古资料揭示的阿穆尔女真地区》[③] 一文，对（前）苏联的考古成果作了综述。

不幸的是至今还没有人用西欧文字研究（前）苏联考古学家的发现。我们对中国有关金代的艺术和考古资料则要熟悉得多。中国在东北地区的许多新发现发表在考古学刊物如《文物》和《考古》上。苏珊·布什的《金朝（1122—1234年）的文人文化》文章[④]，论述了独立于南宋画风之外的金代中国画开创的新风。乔治·凯茨的《紫禁城创建时代新说》[⑤]，为金代北京的建筑史提供了重要的资料。关野贞、竹岛卓一的《辽金时代的建筑与佛像》[⑥] 中，对金代的佛教艺术有较详细的描述。但是，一部资料完整的金代艺术史，还没有写出来。

部分植根于民间文学形式的金代中国文学，在西方已经被反复地研究，例如，詹姆斯·I.克伦普的《院本：元杂剧的祖源》[⑦] 和斯蒂芬·H.韦斯特的《杂耍与话本：金代戏剧的形态》。[⑧] 对金代戏剧最有名的是M.笞里吉洛娃—维林杰洛娃和詹姆斯·I.克伦普的翻译及研究《刘知远诸宫调：藏龙卧虎的民谣》。[⑨]

---

① [308] V.E.梅德韦杰夫：《10世纪后期和11世纪阿穆尔女真的文明》（新西伯利亚，1977年版）。

② [283] V.D.连科夫：《萨金斯克村遗存所见12世纪女真的冶金和金属制造》（新西伯利亚，1974年版）。

③ [358] A.P.奥克拉德尼柯夫、V.E.梅德韦杰夫：《考古资料揭示的阿穆尔女真地区》。

④ [44] 苏珊·布什：《金朝（1122—1234年）的文人文化》。

⑤ [242] 乔治·凯茨的《紫禁城创建时代新说》。

⑥ [446] 关野贞、竹岛卓一：《辽金时代的建筑与佛像》（东京，1934年版）。

⑦ [81] 詹姆斯·I.克伦普：《院本：元杂剧的祖源》。

⑧ [540] 斯蒂芬·H.韦斯特：《杂耍与话本：金代戏剧的形态》（威斯巴登，1977年版）。

⑨ [95] M.笞里吉洛娃—维林杰洛娃、詹姆斯·I.克伦普：《刘知远诸宫调：藏龙卧虎的民谣》（牛津，1971年版）。

虽然佛教在金廷得宠，这一时期最重要的宗教革新是道教的全真派的兴起。第一个注意这些变化的西方学者是阿瑟·韦利，在他翻译的《长春真人西游记》[①] 中，利用了道教的文献。对全真派的权威性研究是陈垣的《南宋初河北新道教考》[②]，他所持的全真派是中国反女真势力的观点似乎不妥，但是作为一部资料书，陈垣的著作还是举世无双的。

对金代法律最好的研究是叶潜昭的《金律之研究》。[③] 作者不仅通过分析法律文献研究女真的习惯法，还对金律和唐律作了比较研究。傅海波则在《女真习惯法与金代中国的法律》[④] 一文中对金代女真习惯法与中国成文法的相互关系做了研究。

最后，必须提到研究女真语言和文字的书目资料。长田夏树在《女真文字与现存资料》[⑤] 中列举了女真文字的资料，但是现在已经过时了，因为在东北和其他地方又有了不少新发现。我们现在的女真文字知识来自明代 16 世纪时编辑的一部附有相关资料的辞典。辞典分类排列语辞，每一个女真原字都附有汉语音译和汉文释义。这部极有价值的资料用的是后期女真的语言。

另一部未附原文的后期女真语辞典是石田干之助的《女真文》。[⑥] 带女真原文的辞典的开创性研究是葛鲁贝的《女真的语言与文字》[⑦]，该书翻译了 871 个带有原文的女真词汇。在葛鲁贝之后，有越来越多的日本和欧洲学者研究女真语言和文字。在路易斯·李盖蒂的《女真小字译注》[⑧] 和《女真文碑文考释》[⑨] 二文中，对以前的研究，尤其是对女真语音的研究方法，给予了重要的改

---

① [534] 阿瑟·韦利译《长春真人西游记》(伦敦，1931 年版)。

② [788] 陈垣：《南宋初河北新道教考》(北京，1941 年版，1962 年再版)。

③ [714] 叶潜昭：《金律之研究》(台北，1972 年版)。

④ [128] 傅海波：《女真习惯法与金代中国的法律》。

⑤ [363] 长田夏树：《女真文字与现存资料》。

⑥ [215] 石田干之助：《女真文》。

⑦ [161] 葛鲁贝：《女真的语言与文字》(莱比锡，1896 年版)。

⑧ [289] 路易斯·李盖蒂：《女真小字译注》。

⑨ [287] 路易斯·李盖蒂：《女真文碑文考释》。

进。在葛鲁贝的上述著作中，只引用了一个碑文和相关的资料，新研究应该更广泛地应用保存在日本的其他碑文。吉斯布勒·N. 基约瑟在《女真语言文字研究：重构与翻译》① 一书中，作了这方面的工作。

葛鲁贝和基约瑟等学者研究的语言，是1500年前后的女真语，与12和13世纪的老女真语有所不同。但是，明代辞典中抄录的文字更像碑文中发现的老女真文字，有相当大的一致性。这些资料是1185—1413年间的。正因为我们已经从明代的双语辞典中知道了字词的用法，就更有可能在确定范围内翻译这些碑文。

现在对存世女真碑文的最好的研究成果是金光平和金启孮的《女真语言文字研究》。② 作者成功地构造了似乎合理的读音并翻译了绝大部分现存碑文。这个碑文资料的容量似嫌过窄，对历史学家来说，存世的金代汉文碑文更为重要。但是，老女真文献对研究金代的多语文化还是极有价值的。几乎所有已知的女真文字都是石刻或在金属（如印章）上，但是还存有一份写在纸上的女真文字。它保存在列宁格勒东方研究所，几年前已被发表，见D. 卡拉等的《书写在纸上的女真文字的首次发现》。③ 这份文书还没有被翻译。对不附原文的汉文—女真文辞典的最新研究是D. A. 凯恩的《四夷馆的女真译语》。④ 它所反映的语言可能比带原文辞典的语言处于更晚的阶段。

在这个简短的书目介绍中，显然不能评价金史研究领域的所有成果。至少在一个确定的范围内选择的这些论著是很重要的。但是，它恰又显示了金史的研究还是在许多不同国家的学者个人和零散的努力，很少有广泛合作的努力。如果注意一下，就会发现中国忽视日本

① [251] 吉斯布勒·N. 基约瑟：《女真语言文字研究：重构与翻译》（京都，1977年版）。

② [805] 金光平、金启孮：《女真语言文字研究》（北京1980年版）。这部著作是 [806] 金启棕的《女真文字典》（北京，1984年版）基础之作。

③ [240] D. 卡拉等：《书写在纸上的女真文字的首次发现》。

④ [237] D. A. 凯恩：《四夷馆的女真译语》（澳大利亚国立大学1975年博士学位论文）。D. 凯恩后来出版了修改的增补本《四夷馆的女真译语》（布卢明顿，1989年版）。

学术成果的很多明显事例，反之亦然。在这两个国家中，甚至在学术带头人中，都普遍存在忽视西方学者研究成果的现象。结果是出现了一些不必要的重复劳动，因为可资利用的资料多多少少有相同之处。无论如何，一个金代研究的宽泛书目还是迫切需要的，因为它有助于各国该领域研究学者间的相互沟通。

元史的传统史料①

《元　史》

《元史》是现代历史学家研究元代的基本史料，210 卷，编撰于 1369—1370 年。该书在 1370 年成书后不久便刻板付印，此后不断再版和重印。现在标准的版本是中华书局 1976 年出版的 15 册的点校本②；虽然有各种影印本，但这个版本还是最有用的。百衲本《二十四史》③ 影印了 1370 年刻本，编者在影印时曾描修不清楚和丢失的字，反而造成了不少错误。④

这部包括 47 卷本纪、8 卷表、58 卷志和 97 卷列传的大部头史书，成书比其他正史快得多，并由于成书仓促、纰漏过多而经常受到批评。虽然它确实有许多错误⑤，但是在现代学者看来，作为中国标准正史的这些缺陷已被它的其他价值所抵消。该书有相当一部分是将未经删改和加工的资料仓促抄入正文，极少反映出史家的分析和评判。它确实不像过于精心编纂的《明史》那样内部条理清楚和叙事简捷，后者的编修过程延续了 90 年。正因为《元史》没有经过如此精心地提炼，它几乎完整地保留了史料的原貌，而许多史料在其他地方

① 牟复礼撰（译者注：原文没有编顺序号。）

② [653] 宋濂等撰：《元史》（北京，1976 年版），210 卷。

③ 百衲本《二十四史》（上海商务印书馆，1935 年版）。

④ 见 1976 年版前附出版说明。

⑤ [670] 见赵翼（1727—1814 年）：《廿二史札记》所引例证，杜维运编《廿二史札记及补编》（台北，1975 年版），卷 29，第 642—678 页。亦见 [674] 钱大昕（1728—1804 年）：《十驾斋养新录》（上海，1935 年版，1957 年再版），卷 9，第 195—225 页。

早已见不到了。

此外，参加编撰《元史》的学者，都曾在元代生活，并有不少人是元廷的官员，所以他们对元代有直接的了解。在明朝的新都南京曾为修《元史》两次设立史局，以宋濂（1310—1381年）和王祎（1322—1372年）为总裁，16人组成的史局1369年工作了188天，14人组成的史局（还有一个负责抄写的书记）1370年工作了143天。把这样一部书编完，不过用了331天，确实令人惊异。在将它上奏朝廷之前，是否有任何编修者将它通读过一遍，颇值得怀疑。

两个史局的第一个，在1369年将《元史》修撰至1333年，即顺帝妥欢贴睦尔（1333—1368年在位，1370年死于漠南）即位时为止。编修者利用了“十三朝实录”，“十三朝”指的是从成吉思汗到宁宗懿璘质班（1332年春季即位后仅53天即去世）的所有大汗和后继的皇帝。十三朝实录和其他档案资料在1368年9月明军进入元都大都（今北京）时有可能被毁，赖于几个服务于明廷的汉人文士的果敢行动才得以保存下来。[①] 这些档案全部被运到南京并在其后的一年里为修《元史》的史局所用。正如参加修史的官员在《上元史表》中所述，他们不得不以1333年为终点，因为缺乏最后一朝的真实记录，这样已成书的部分共有159卷。[②]

但是这样一部没有完成的史书实在令人难以忍受，所以在其后的1370年又设立了第二个史局，编修至1368年的部分。当然，没有建立史馆去修撰妥欢贴睦尔朝的实录，后继的王朝是不会这样做的。虽然如此，还是找到了许多资料，传记增加了，书的其他部分也得到了补充，共计修出了53个新卷。第一个史局的159卷加上第二个史局的53个新卷，全书应该是212卷，而不是后来成书时的210卷。卷

① [159] 见富路特、房兆楹编：《明人传记辞典》（纽约和伦敦，1976年版），载陈学霖撰《危素传》，第1465页。本书导言注释中所引柯立夫文亦讨论了1368年北京的元代档案的保护问题。（译者注：柯立夫文导言未引用。）

② 见 [75] 柯立夫：《现存〈元史〉简论》。

数的不符已得到了这样的解释：一些新传可能已经与第一次的159卷中的其他传合并了。

对十三朝实录的情况已经不可能知道得更多，因为它们早已散佚，过去亦没有研究史学史的历史学家对它们进行过考证。不管怎么说，它们不是保存在宫廷中的按照中国史家传统真实记录宫廷活动的起居注。[①] 它们应该是在元代具有历史观点的汉人学者的推动下产生出来的。

1260年，前金朝官员（1234年金灭亡前）13世纪并在50年代加入忽必烈幕府的文官王鹗建议忽必烈设立史局，纂修以前各帝的实录，指出若不乘时记录，恐怕久而遗亡。根据这个建议，在1262年正式下令，命王鹗集廷臣商榷史事并收集先朝的文字记录和口头传说，尽管蒙古统治者曾完全禁止汉人臣民接触他们的历史记录和口头传说。[②]

结果是不久后即完成了《（皇元）圣武亲征录》。[③] 曾有该书出自王鹗之手的说法，但是现在一般不再接受这种说法。此书比随后写成的《秘史》资料广泛，记事也准确得多，尤其是在记述政治事件方面。[④]《元史》太祖至宪宗的本纪（卷1—3，来自实录）与本书用语的一致，说明这部书在编撰成吉思汗（庙号太祖）、窝阔台汗（太宗）、贵由汗（定宗）和蒙哥汗（宪宗）实录时是作为基本史料使用的。这些在忽必烈之前的本纪，用中国记述帝王的方式记录了前四汗的功绩，虽然他们四人从未宣称自己是中国的皇帝，在他们在位时也从未认为自己是中国的皇帝。《元史》这几卷的记事零散，恰恰表明

① [554] 见杨联陞：《中国官修史学的组织：从唐朝到明朝正史修撰的原则与方法》。文中特别提到了修撰《元史》的史局的结构。

② 关于王鹗对早期元廷史学的影响，陈学霖已有精辟的论述，见他的[52]《王鹗（1190—1273年）》，第54—57页。这是罗依果主持编撰元代人物传记中的一个人物传的译文稿。

③ [601]《圣武亲征录校注》，载王国维编《蒙古史料四种》（北京1926年版，台北1962年、1975年再版）。

④ [375]《圣武亲征录》的简译本，先由伯希和翻译，后由他的学生韩百诗继续翻译并出版（莱登，1951年版）。

了编修前四汗实录时收集必需的历史资料的努力没有完全成功。

关于13世纪60年代或其后直到元朝结束还有哪些史家能够接触蒙古口述或文字记录的史料，已经无从知道。但是，从13世纪60年代往后，从忽必烈到宁宗九朝的实录在每一个皇帝去世后都着手修撰，尽管没有证据表明元廷有固定的制度根据逐日记录的统治者言行编写起居注并按照以前的中国官修史学模式由在位统治者编撰前朝皇帝的实录。不管怎么说，《元史》中从忽必烈（世祖）往下的本纪，无论是怎么编排的，都非常详细和繁琐，同样很少加工。

《元史》中的53卷志，大多数出自《经世大典》，① 这是一部880卷（另有记载说800卷）的大型文献，由奎章阁的学者编辑。奎章阁是文宗图帖睦尔（1328—1332年在位）建立的国家图书馆和艺术品收藏地，亦是全国的最高学术机构。②《经世大典》主要是在元末著名文臣虞集（1272—1348年）③ 的监督下编修的。这部大部头的作品从未刊刻，所有的抄件似乎在明朝灭亡之前都已经散失，只有不到5%的部分保存到今天，因为在15世纪的第一个10年里被分目抄入《永乐大典》，而《永乐大典》本身亦只剩下了很小的一部分。正因为《经世大典》被抄入了《永乐大典》，所以早就有人认为《元史》的修撰者在修志时把《经世大典》直接照搬了过来。我们已经发现了一个间接的证据，如在卷58—63《地理志》④ 中包括了至1331年的行政地理变化，但是没有该年以后的内容。学者们早已同意顾炎武（1613—1682年）在研究了《地理志》中的专用术语和特定资料后得出的观点：《地理志》的正文像是政府官员的公务资料，而不像一部史书。⑤

《元史》中没有《艺文志》，是一个严重的不足。钱大昕（1728—

① [747] 苏振申：《元政书〈经世大典〉之研究》（台北，1984年版），第270页。苏振申在对《经世大典》进行研究后，对《元史》修撰者引用该书的方式颇有非议。

② 见[820] 姜一涵：《元代奎章阁及奎章人物》（台北，1981年版）。

③ [277] 兰德彰：《虞集和他的蒙古君主：充当谋士的学者》。

④ [653]《元史》，卷58—63。

⑤ [662] 顾炎武：《日知录》卷26，《元史》。

1804 年）为此特别编撰了《补元史艺文志》。[1] 他对元史的其他深入研究（包括他的著名的《元史氏族表》）[2]，可以扩展成一部新《元史》，但是没有完成。

占了《元史》8 卷的 6 个表，是后妃表、宗室世系表、诸王表、诸公主表、三公表和宰相年表。有的表并不完整，表中列举的许多高官的名字在《元史》列传中没有专传，这显然严重违反了中国的史学标准。

占了 97 卷的列传，是《元史》中遭受批评最多的部分。例如，至少有 9 例一人（非汉族人氏）两传的情况，由于名字的写法不同，被编者视为两个人分别立传。一个人的名字在不同的传里写法不同，更是常见的现象。列传中许多其他的错误亦早已被指出，特别是在清代几次尝试增补或重修《元史》时。由于有关 1260 年前的蒙古史资料不足，所以人们对这段历史给以特别的关注。这种关注延续下来，直到 20 世纪入甚至现在还吸引着日本和西方历史学家。中国学者对元代的研究在 18 世纪后期和 19 世纪达到高潮[3]，但是可能所有明代和清代的汉人史学家都从未获得过准确的关于蒙古的知识。他们的重点主要是研究外族统治中国时期，而不是蒙古本身。

《秘　史》

蒙古人关于自己早期历史的最重要的文献是所谓的《蒙古秘史》，在汉文中通常称为《元朝秘史》。该书的蒙文名称被汉文音译为《忙豁仑·纽察·脱卜察安》，它更精确的汉文译法是《蒙古秘史》，与英文题目 Secret history of the Mongols 意思相同。两种汉文名称现在都在使用。用汉字标音（极不准确）的汉文译本

① ［672］钱大昕：《补元史艺文志》，1791 年序（江苏，1874 年版）。

② ［673］钱大昕：《元史氏族表》，1791 年序（江苏，1874 年版）。

③ ［815］见郑鹤声：《清儒对元史学之研究》。亦见［749］杜维运：《清代史学与史家》（台北，1984 年版）。

是仅存的版本，它是所有现代蒙文还原本和汉文、日文及西方文字译本的基础。[①]

学者们在《秘史》写作的时间、用蒙古文（畏兀儿字）录写下来的时间、第一次翻译成汉文的时间或第一次刊刻的时间等方面有不同看法。柯立夫在他的英译本的导言中考证了《秘史》先是口述历史、然后用蒙古文写下来、再后用汉字音译和汉文翻译的复杂沿承关系。柯立夫论证用蒙文录写该书正文的时间是在1228年至1264年之间，虽然有的学者认定是在1340年之后。他认为汉字音译和汉文翻译的时间极可能在1368—1370年，并同意没有证据表明《元史》的修撰者曾使用过《秘史》。现在亦不清楚汉字音译和汉文翻译本是否在明廷1382年下令编修蒙汉文对照的辞典《华夷译语》后与其一同刊印（1387年?），或者是它的一个手抄本仅由它的两位畏兀儿编辑者保存。现存有《华夷译语》的洪武残刻本，但是是否存有同时刊刻的《秘史》残本，还是学者争论的问题。

不管《秘史》的成书有多少问题，学者们都一致认为该书是研究元史和蒙古文明的一流重要著作。它用说书人的风格首先陈述了蒙古部落起源的传说，然后详述历史事件，始于成吉思汗的早年生活，终于他的儿子和继承者窝阔台汗在位时，大致终于1240年。

当代学者姚从吾是这样评价《秘史》的："超出中国的正史和汉文历史资料的范围，它是仅有的用蒙古文并用蒙古人的观点写成的大型历史著作，直接叙述了长城之外的中国边疆地区人民的生活情况。"他认为中国史书忽视了《秘史》准确叙述史实的价值。[②]

《秘史》的形式更像一部文学作品而不是历史著作，引起一些人

① 见［76］柯立夫英译本《蒙古秘史》，第1卷（坎布里奇，1982年版），导言，第17—25页。有关《秘史》的研究成果，见［11］托马斯·T. 爱尔森：《12—14世纪东亚的蒙古人：基本西文论著目录》，第7—10页；亦见［710］札奇斯钦：《〈蒙古秘史〉新译并注释》，前附姚从吾的导言（台北，1979年版）。《秘史》最新的英译本由罗依果发表在［394］《远东史论集》第4、5、10、13、16、18、21、23、26、30、31期上（堪培拉，1971—1985年）。

② 姚从吾研究《秘史》的论文后又作为前揭札奇斯钦的汉译本的导言发表。札奇斯钦的前言（第21—24页）又增加了至1978年前的研究该书的资料。

对它的明显错误和神奇的叙述方法的批评，但其他人则为它丰富的社会历史内容而赞不绝口。在明代和清代的绝大多数时间里没有中国学者注意《秘史》，该书的重新发现在19世纪。首先是中国学者顾广圻（1776—1835年）发现了一个抄本，他校勘了该本并在1805年告知其他学者；其后一个名为巴拉第的俄国神甫在北京停留，在1877年根据汉文旁译（没有还原成蒙古原文）将其翻译成俄文，用的是从《永乐大典》抄出的版本。这个译本虽然不完整，但是使该书名扬西方，从而引发了中国之外的对此书的一个世纪的研究。它现在已经成为元史研究的一个特殊领域。

中国对域外蒙古史的了解

从汉文文献反映出，生活在元代的汉人学者了解一些蒙古口头传说，当时还有数量颇多的蒙古文文献，这两点对两个史局都很有利。但是在明朝初年，一般中国人对有关蒙古和元朝的事物采取极为冷淡的态度，汉人学者亦有意规避这些传说和文献。① 这是很不幸的。《元史》不应该仅仅是中国人作为自己历史的忽必烈即位的1260年以后元朝在中国的历史（更准确地说，是在忽必烈1272年采用元的国号并宣布王朝的建立之后），也是13和14世纪全体蒙古民族历史的基本记录。

不同寻常的是，中国人还没有去寻求历史详情，就为以蒙古人武力建立的帝国的大规模扩张而骄傲，并把帝国看成是中国的胜利（原因是它的外族统治者已经被视为中国的正统皇帝），而不是把它看成蒙古人的世界性帝国而中国人只是它的臣民。《元史》实际上根本没提中国和东亚之外的蒙古帝国，使得中国的历史学家有一个很严重的知识缺陷（但是除了少数例外，没有人认识到这一点）。

这个知识缺陷直到19世纪后期才得以弥补。特别是外交官洪钧（1840—1893年）在柏林和圣彼得堡停留时，发现了欧洲和西亚的史

① ［277］兰德彰：《虞集和他的蒙古君主》，第109页。

料和已有的研究成果，他由此知道了有令人吃惊的新资料能够大大补充蒙古和中国的历史。[①] 洪钧翻译的新资料，大多被柯绍忞（1850—1933 年）收入《新元史》中，于 1922 年出版。[②] 一般说来，中国学者知道了蒙古人是与中国历史中描述的完全不同的世界历史舞台上的大角色，或者换一种说法，蒙古人的历史不等于中国的历史；中国学者甚至赞同必须等到能够把眼界拓宽到从世界范围看 20 世纪时，蒙古史和蒙古文明才能作为合适的研究课题。中国的学者，包括汉人和蒙古、满族及其他中亚学者，在过去的一百年里为拓宽中国人的眼界做出了重要的贡献。他们亦按照史学传统，在几个世纪中校订、增补或者重修了《元史》。

明、清对《元史》的研究

《元史》中的错误需要改正，这在该书于 1370 年首次刊刻后就知道了。解缙（1369—1415 年）曾在洪武年间（1368—1398 年）后期受皇帝之命修改《元史》的错误，但是他什么也没有做。[③] 随后在明代有一些对元史的研究，[④] 此外最重要的是《元史纪事本末》，[⑤] 27 卷，1606 年成书，陈邦瞻（1636 年去世）撰。该书真实地再述了元史，同一作者亦完成再述宋史的相同著作。这部书在中国传统史学中的评价很高。

由于一些原因，清代与明代相反，是对元代研究兴趣高涨的时期。当时产生了一系列补充和修订《元史》的重要著作，但是没有重修《元史》。最重要的著作有以下几种：[⑥]

---

① 见［508］杜联喆撰写的洪钧传。洪钧将一些中世纪西亚的史料和欧洲当时有关西亚史料的研究成果翻译成了汉文。

② ［687］柯绍忞：《新元史》（天津，1922 年私人出版）。

③ ［665］见《明史·解缙传》，卷 147，第 4120 页。

④ ［766］李思纯：《元史学》（上海，1926 年版），第 58—61 页，指出在明代有三部或四部有关元史的著作。

⑤ ［661］陈邦瞻：《元史纪事本末》（北京，1955 年版，1979 年再版）。

⑥ ［766］李思纯：《元史学》，该书虽然已是 50 年前出版的老书，但还是为清代的元史研究成果提供了有用的叙述，特别是在第 61—74 页。

1. 邵远平（始于1664年），《元史类编》[①]，42卷，1693年成书。一个不能令人满意的替代《元史》的尝试，按照郑樵（1102—1160年）编撰的宋代制度史《通志》的体例排目。[②]

2. 钱大昕（1728—1804年），除了为《元史》补充了两个重要的表以外，钱大昕在他漫长和光辉的学术生涯中对考据学研究贡献极大，据说他还有意编写一部新的《元史》。有报告说19世纪的学者见到了新《元史》的手稿，但那不过是向着这个目标努力的一些研究成果而已。钱的各种论著中包括了大量有关元代的考据题目。应该特别注意钱大昕的《十驾斋养新录》，20卷，以及他的《廿二史考异》[③]，100卷，还有他的文集《潜研堂文集》[④]，70卷。钱大昕对元史研究的特殊贡献，在郑鹤声与杜维运研究清代史学的论著中有专门论述（参看第699页注③）。

3. 汪辉祖（1731—1807年），《元史本证》，50卷。[⑤] 书名强调“本证”，这是清代考据学家的一个高标准，集中为纠正错误、遗漏和讹写的名字。

4. 魏源（1794—1856年），《元史新编》，95卷，1853年成书。[⑥] 第一部按照标准史书的模式完全重写的元史，使用了《秘史》和元代的多种文献。

5. 曾廉（生于1860年），《元书》[⑦]，102卷，上述魏源书的重作，对今天来说用处不大，但是为晚清考据学的元史研究提供了许多重要的资料。

6. 洪钧（1840—1893年），《元史译文证补》[⑧]，30卷。

---

① [663] 邵远平：《元史类编》，1699年初版。
② [46] 见陈学霖在《元代官修史学：辽、金、宋三史的修撰》第103页及注140对该书的简介。
③ [671] 钱大昕：《廿二史考异》（北京，1935年版，1959年再版）。
④ [676] 钱大昕：《潜研堂文集》（上海，1929年版）。
⑤ [678] 汪辉祖：《元史本证》，2册（北京，1984年版）。
⑥ [684] 魏源：《元史新编》（江苏，1905年版）。
⑦ [686] 曾廉：《元书》（邵阳，1911年版）。
⑧ [685] 洪钧：《元史译文证补》（江苏，1897年版）。

7. 屠寄（1856—1921年），《蒙兀儿史记》。这是一部著名的晚期传统史著。19世纪90年代作者任官于满洲，始对中国北疆的地理感兴趣，用二十年时间研究蒙古民族的历史，把他的著作称为“蒙古人的历史记录”。他选择的这个书名会使人误解该书是一部蒙古民族的历史，而不是中国历史中的元朝史。他受了洪钧介绍的新资料的影响。在许多方面，尤其是在史料引用的广泛和准确方面，《蒙兀儿史记》超过了所有明、清时期有关元史的著作，包括柯绍忞的《新元史》（1919—1930年）。[①] 这是一部今天对学者还有很高参考价值的著作。[②]

《元典章》和其他元史资料

《元典章》，60卷，1270年至1320年前后的条例和案例汇编。正如一个研究法律的学者所言：

> 该书收录了大量的条律、敕令、惯例、案例和官员的断案记录，由此反映了元代法律和社会生活的丰富内容。《元典章》中的许多条目是由元代熟悉管理和法律事务的政府官吏按照中国官府公文的式样书写的。行文中保留了大量口语。此外，还有许多条目直接译自蒙古原文。正由于《元典章》具有这些特点，所以传统儒士经常贬低其价值。[③]

《元典章》实际上是一部有关元代社会史和政府的百科全书，因为有相当多的律例是用元代特定的汉人口语形式书写的，并且在许多

---

① [687] 柯绍忞：《新元史》（天津，1922年版；北京，1930年二版），二十五史刊行委员会编《二十五史》再版（上海，1935年版；台北，1962—1969年再版）。

② 关于屠寄著作的价值及其与其他有关元史的著作的关系的评述，见余大钧：《论屠寄的蒙兀儿史记》，《元史论丛》第3辑，第219—230页。

③ [63] 陈恒昭：《蒙古统治下的中国法律传统：1291年法典复原》（普林斯顿，1979年版），第31—32页。

律例中反映出按汉文公文模式书写的蒙古文公文的用词和语法，尽管它很难读懂并由于语言粗糙而被文雅的汉人所厌恶。自从1908年著名法学家沈家本出版该书后，《元典章》引起了中国和日本学者的注意并成为元史研究的一个重要的特殊领域，历史语言学家、法学家、研究制度史的学者及其他学者都卷入了这一领域。沈家本的刊本，是以流传了几个世纪的一个错误颇多的抄本为底本的，在1972年以前，所有学者使用的都是这个版本。1972年故宫博物院（台北）影印出版了1320年刊本，这是一个极好的本子。[1] 日本学者对该书及相关历史问题的研究极有价值。[2]

元代公文中使用汉人口语的特殊问题，不仅存在于《元典章》中，也存在于其他文献中。研究带有汉人口语的碑文，即所谓“白话碑”，与研究元杂剧中的语言一样，近年来已经成为一个专门的研究领域。当然，这牵涉到语言研究和社会研究两方面的问题（见第9章）。三方面的研究（《元典章》、白话碑和元杂剧）都是在20世纪才引起学者的注意，但是学术研究发展很快，各国学者在这一领域已做出了有意义的贡献。

总的说来，对元代的研究在20世纪已经成为国际性的研究，对中国前现代其他时期的研究可能都没有达到这一程度。从一定意义上说，这是因为13—14世纪的蒙古帝国曾经直接介入了西亚和东欧国家的历史。它也反映了19世纪和20世纪日本、俄国、英国及其他强国对蒙古研究的战略意义。中国正统的传统史学的元史研究在中国依然盛行，同时新的研究成果也从国外介绍了进来。例如，在第二次世

---

① ［628］《元典章》，出版时用的是全名《大元圣政国朝典章》（台北，国立故宫博物院，1972年版），60卷，16册。书后附有博物院职员昌彼得的重要跋文。

② 最有代表性的是京都大学元典章研究班20世纪40—50年代的成果，包括［270］1957年出版的《元典章索引稿》（台北，1973年再版）和《东洋学报》24期（1954年）为元典章研究出的特刊。近年的成果有［515］植松正编辑的典章正文的年代索引《〈元典章〉年代索引》（东京，1980年版）。［221］岩村忍、田中谦二编校了《元典章》卷39—57“刑部”部分——即犯罪和断案部分——并以《元典章·刑部》之名出版，2卷（京都，1964、1972年版）。关于日本的其他研究成果，见［516］植松正的《元代制度与社会》的介绍。

界大战时期，一些中国学者前往日本和欧洲研究蒙古及其他阿尔泰和西亚语言；他们回国后在中国的大学和研究机构中展开了这方面的研究。他们还热心地介绍和翻译了大量的日本和西方学者的现代研究成果。一方面，有中国学者与蒙古学者之间的相互影响；另一方面，有中国学者与国外其他研究中心的相互影响，人们可以说元代和蒙古研究在今天已经是“国际学”。① 这对中国的元史研究也产生了持续的影响。

需要介绍的近年来出版的元史研究成果实在是太多了，我们在这里只能介绍在本书各章中引用的成果。

4. 蒙古帝国的兴起及其在中国北部的统治

蒙古帝国的兴起在同时代或者相近时代的史料中有较详细的记载，尤其是蒙古文、汉文、波斯文史料最为重要。

由于《蒙古秘史》的神话特征、年代含混，加之有关它的作者、成书及刊刻年代颇有争议，常使人低估它的史料价值；尽管如此，该书还是成吉思汗和窝阔台汗时期的关键史料。成书于 13 世纪中叶某时的《秘史》(更准确的名称是“成吉思合罕讷忽札兀尔”，成吉思皇帝的根源)，提供了蒙古帝国兴起的独一无二的画面，揭示了其他史料未能提供的蒙古人的动机和目标。同样重要的是，它还有建国前蒙古制度发展的生动叙述。我们现在已有柯立夫的《蒙古秘史》英译本②和罗依果的又一个英译本。

1369 年成书的《元史》对前四汗时期的记载颇令人失望，这主要是因为有关早期蒙古的记录已经丢失和毁坏。例如在志中很少涉及忽必烈以前的情况，本纪也很简单，很多关键性人物如马合木·牙老瓦赤没有立传。元人文集中收录的传记资料能够部分补充《元史》的

---

① [106] 伊丽莎白·恩迪科特—韦思特在《苏联对前现代化中国的研究》中的《元代》里，介绍了（前）苏联的研究情况。对其他国家研究成果的综述，现在还没有。

② [76] 柯立夫英译《蒙古秘史》(坎布里奇、伦敦，1982 年版)。

不足。耶律楚材的神道碑，被收入苏天爵（1294—1352 年）编录的《元文类》[①] 中，就包括了不少《元史》本传没有记载的重要资料。有关帝国早期其他重要人物（如镇海、速不台等）的资料，可在罗依果等编的《金元文集传记资料索引》中查到。[②]

使者的报告和游记是当时的另一种重要资料，代表作是 1221 年出使中国北部的宋人赵珙的《蒙鞑备录》和 1234—1235 年前往窝阔台汗廷出使的彭大雅、徐霆所写的《黑鞑事略》。李志常的《西游记》记录了受成吉思汗邀请于 1221 年至 1223 年前往中亚的长春道士旅途的见闻，包括了与帝国建立者会面情况的描述。阿瑟·韦利在《长春真人西游记》中将该书翻译成了英文。[③]《圣武亲征录》[④] 是另一种不同的著述，作者不详，用编年形式记述了成吉思汗和窝阔台时期的事迹。虽然记载简略，但是该书还是很重要，因为它源自现已不存的蒙古原文。后者翻译成汉文的时间是在 1285 年以前，后来被《元史》的编撰者用来作为前两个皇帝本纪的资料之一。这四部著作的汉文本被王国维编成了《蒙古史料四种》。[⑤]

总的说来，忽必烈以前的文献资料是极其有限的。元代主要文书的编辑是在 14 世纪初叶，收录的是忽必烈及其继承者在位时的资料。但是，在这后几十年的资料中涉及到沿用窝阔台和蒙哥的政策，有些引用或保留了早期公文（通常是诏令）的实际内容。1322 年成书的《元典章》和 1321 年成书的《通制条格》中有关资料的详细索引，将大大有助于早期帝国历史的研究。植松正编的《〈元典章〉年代索引》[⑥]，是当前很有用的一部工具书。

有关前四汗时期的波斯史料保存了许多其他地方未提及的资料。当然最重要的是《史集》，成书于伊利汗完者都在位时（1304—1316

① ［623］苏天爵：《国朝文类》（《四部丛刊》本）。

② ［400］罗依果等编：《金元文集传记资料索引》，3 卷（堪培拉，1970—1979 年版）。

③ ［534］阿瑟·韦利：《长春真人西游记》（伦敦，1931 年版）。

④ ［601］《圣武亲征录》，载王国维编《蒙古史料四种》（台北，1975 年版）。

⑤ 王国维编：《蒙古史料四种》（台北，1975 年版）。

⑥ ［515］植松正：《〈元典章〉年代索引》（东京，1980 年版）。

年)，作者是波斯的蒙古汗廷的高官拉施特。由于拉施特的官员身份和宫廷的支持，他能够在为写作成吉思汗和他的直接继承者的历史准备资料时接触到现在已经散失的蒙古记录和故事。他所用的一种史料显然就是以《圣武亲征录》为名翻译成了汉文的蒙古编年史。拉施特书仅有的全本，但是并不意味是最令人满意的版本，是B. 哈力迷编的原文本。[①] 窝阔台、贵由和蒙哥部分，被约翰·A. 波义耳翻译成英文，名为《成吉思汗的继承者》。[②] 拉施特的另一部著作是《五世系谱》,[③] 展示了他的家族对《史集》的支持，也保留了许多有关成吉思汗、窝阔台、蒙哥时期官员的名号和种族背景的资料。可惜这部珍贵重要的手稿至今还没有刊本问世。

在写作窝阔台、贵由和蒙哥朝历史时，拉施特频繁使用了志费尼的《世界征服者史》。[④] 此书完成于1260年前后，有穆罕默德·可疾维尼的极好的校本和约翰·A. 波义耳的优秀译本。志费尼是在波斯的蒙古统治机构的中级官员，相当熟悉13世纪40至50年代的政策和人物；尽管是亲蒙古和总是亲拖雷家族的，志费尼对这一时期的叙事还是相当重要的，特别是关于税收和统治机构的描述。另一个波斯史家术兹札尼用编年的体例叙述了蒙古帝国从初起至1259年的历史，这部称为《纳昔儿史话》[⑤] 的著作，有助于纠正志费尼的亲蒙古态度。术兹札尼并不掩饰对入侵者的敌意，是从完全不同的角度看待蒙古对伊斯兰世界的征服。术兹札尼的著作有H. G. 拉弗梯的一个使用便利但是偏执的译本《纳昔儿史话》。[⑥] 在

---

① [404] 拉施特：《史集》，2卷，哈力迷编（德黑兰，1959年版）。

② [407] 拉施特：《成吉思汗的继承者》，约翰·A. 波义耳翻译（纽约，1971年版）。

③ [406] 拉施特：《五世系谱》，手稿，脱卡比·撒拉伊博物馆，编号2932号。

④ [19] 阿塔蔑力克·志费尼：《世界征服者史》，3卷，米尔咱·穆罕默德·可疾维尼校勘波斯文本（伦敦，1912—1937年版）；[18] 阿塔蔑力克·志费尼：《世界征服者史》，2卷，约翰·A. 波义耳英译本（坎布里奇，1958年版）。

⑤ [312] 米哈伊·阿老丁·术兹札尼：《纳昔儿史话》，W. 纳骚·李士编（加尔各答，1864年版）。

⑥ [313] 米哈伊·阿老丁·术兹札尼：《纳昔儿史话》，H. G. 拉弗梯译，2卷（新德里，1970年版）。

看待早期帝国历史时，这三部波斯史著总是相互参考并要对它们的资料进行认真的对比。

欧洲人对早期蒙古人的叙述并不多，但是1245—1247年前往蒙古的加宾尼和1253—1255年前往蒙古的鲁不鲁乞的游记，有帝国在其巅峰期的迷人的叙述。尤其是鲁不鲁乞，是一个认真和批判地对待蒙古人事务的观察者，他的叙述为成吉思汗家族诸王间的政治关系、蒙古人在征服地区的政策以及宫帐哈剌和林无与伦比的场景提供了很多资料。这两部著作可在克里斯托弗·道森编的《出使蒙古记》[①] 中找到。

叙述早期蒙古历史的研究，揭示了这样一个事实：直到1970年才有了第一部关于帝国建立者的学术传记，李则芬于当年出版了他的优秀论著《成吉思汗新传》[②]；更近的有保尔·拉契内夫斯基的同样扎实的传记《成吉思汗：他的生平和事业》。[③] 韩百诗的《成吉思汗》虽然是通俗本，叙事简洁，亦是一个对成吉思汗的极好介绍。[④] 关于窝阔台时期，见N. TS. 蒙库耶夫的《关于蒙古早期大汗的汉文史料》[⑤]，该书重点叙述了耶律楚材的改革。罗依果在《耶律楚材（1189—1243年）：佛教徒和治国儒者》[⑥] 中亦探讨了同一问题。保罗·比尔的学位论文《早期蒙古中国的部落、汗和兀鲁思：早期元史绪论》[⑦] 是研究窝阔台时期和总的蒙古统治制度的一个重要贡献。关于蒙哥时期，见托马斯·T. 爱尔森的《蒙古帝国主义：蒙哥汗对中国、俄罗斯和伊斯兰地区的

① [87] 克里斯托弗·道森编：《出使蒙古记》（纽约，1955年版）。
② [761] 李则芬：《成吉思汗新传》（台北，1970年版）。
③ [409] 保尔·拉契内夫斯基：《成吉思汗：他的生平和事业》（威斯巴登，1983年版）。
④ [168] 韩百诗：《成吉思汗》（巴黎，1973年版）。
⑤ [333] N. TS. 蒙库耶夫：《关于蒙古早期大汗的汉文史料》（莫斯科，1965年版）。
⑥ [399] 罗依果：《耶律楚材（1189—1243年）：佛教徒和治国儒者》。
⑦ 保罗·比尔：《早期蒙古中国的部落、汗和兀鲁思：早期元史绪论》（华盛顿大学1977年博士学位论文）。

政策，1251—1259 年》。[①]

对蒙古人进军中亚的最好的研究仍然是 W. 巴托尔德的经典之作《蒙古入侵时代的突厥斯坦》。[②] 对金朝的攻击，已经成为新的研究课题，见 H. 德斯蒙德·马丁的《成吉思汗的兴起及其征服中国北方》。[③] 罗依果在他的重要论文《蒙古早期的北中国人》[④] 中，讨论了征服带来的政治问题。亦见《元人传记》[⑤]，该书包括了许多为早期在中国北部的蒙古统治者服务的汉人和外族官员的传记。关于儒学在中国北部的命运，见牧野修二的《金后期和元初期〈十经〉的翻译》。[⑥]

关于前四汗的财政政策，有 H. F. 舒尔曼的细致讨论《13 世纪蒙古的贡纳制》[⑦] 和约翰·马森·史密斯的《蒙古人和游牧民的税收》。[⑧] 关于他们的政府模式，见保罗·比尔的《蒙古不花剌的汉—契丹管理机构》[⑨] 和托马斯·T. 爱尔森的《蒙哥汗时期（1251—1259 年）的护卫与统治机构》。[⑩]

研究这一时期的学者遇到的最困难的问题之一是史料中出现的大量蒙古和突厥专用词语。为寻找答案，可以首先参考格哈德·多尔佛的《新波斯文中的突厥和蒙古要素》。[⑪] 总的说来在这一领域里伯希和与柯立夫功不可没，他们做了许多语言学的基础工作，为后来的历史研究起了奠基作用。此外，他们的技术性研究经常包含有价值的历

① ［9］托马斯·T. 爱尔森：《蒙古帝国主义：蒙哥汗对中国、俄罗斯和伊斯兰地区的政策，1251—1259 年》（伯克力和洛杉矶，1987 年版）。

② ［29］W. 巴托尔德：《蒙古入侵时代及其前的突厥斯坦》，第 3 版（伦敦，1968 年版）。

③ ［301］H. 德斯蒙德·马丁：《成吉思汗的兴起及其征服中国北方》（巴尔的摩，1950 年版）。

④ ［391］罗依果：《蒙古早期的北中国人》。

⑤ 罗依果、陈学霖等编：《元人传记》，第 1 卷（威斯巴登，即将出版）。

⑥ ［299］牧野修二：《金后期和元初期〈十经〉的翻译》。

⑦ ［442］H. F. 舒尔曼：《13 世纪蒙古的贡纳制》。

⑧ ［469］约翰·马森·史密斯：《蒙古人和游牧民的税收》。

⑨ ［43］保罗·比尔：《蒙古不花剌的汉—契丹管理机构》。

⑩ ［6］托马斯·T. 爱尔森：《蒙哥汗时期（1251—1259 年）的护卫与统治机构》。

⑪ 格哈德·多尔佛：《新波斯文中的突厥和蒙古要素》（威斯巴登，1963—1975 年版）。

史评论。伯希和在《〈马可·波罗游记〉注释》中对成吉思汗的诠释[①]，校正和解决了一些长期争论的年代问题。柯立夫的《1240年的汉蒙文碑》[②]，提供了意想不到的有关蒙古驿站制度的重要资料。为弥补多尔佛一类参考书对于汉文史料中的蒙古和突厥词语的缺陷，伯希和与柯立夫论著中讨论的大量词汇的索引将最受欢迎并是对这一领域的最有用的贡献。

有关蒙古帝国时期的论著目录，见丹尼斯·西诺的《中世纪欧亚大陆研究介绍》[③] 和托马斯·T. 爱尔森的《12—14世纪东亚的蒙古人：基本西文论著目录》。[④] 收录更广和不受时间限制的是亨利·G. 施瓦茨的《蒙古书目》[⑤]，包括了英文、法文和德文论著。

5. 忽必烈汗的统治

有关忽必烈时期的汉文基本史料既零散又相互歧异。《元史》中忽必烈的本纪是极有用的编年记录，应该与该书中重要人物的列传一起阅读。后出的柯绍忞的《新元史》、邵远平的《元史类编》、屠寄的《蒙兀儿史记》都有为《元史》作的补传并提供了《元史》所没有的有价值的细节。陈邦瞻的《宋史纪事本末》和《元史纪事本末》用主题叙事的方式论述重要事件特别是军事，而不是简单的编年史。

14世纪30年代刊行的元代基本行政手册《元典章》，囊括了忽必烈时期的财政和政府管理及其问题。两个被蒙古征服的朝代

① [373] 伯希和：《〈马可·波罗游记〉注释》(巴黎，1959年版)，第1卷，第281—363页。

② 柯立夫：《1240年的汉蒙文碑》，《哈佛亚洲研究杂志》，第23期（1960—1961年），第62—75页。

③ 丹尼斯·西诺的《中世纪欧亚大陆研究介绍》（威斯巴登，1963年版），第294—319页。

④ [11] 托马斯·T. 爱尔森：《12—14世纪东亚的蒙古人：基本西文论著目录》。

⑤ 亨利·G. 施瓦茨：《蒙古书目》(贝林哈姆，1978年版)。

的历史《金史》和《宋史》，不仅校正了蒙古人的观点，亦可瞥见金和宋对蒙古人的回应。查尔斯·A. 彼德森用这两部史书，参考其他资料，写出了两篇有关宋对蒙古入侵中国北方的反应的重要论文。①

其他汉文基本史料集中反映了忽必烈初起和在位时的特殊事件。《辨伪录》② 和念常的《佛祖历代通载》③，记述了 1258 年和 1281 年佛道辩论的基本情况。《南诏野史》(卡米耶·塞松翻译)④ 叙述了忽必烈成为蒙古世界领袖之前进军云南的情况。还有专门的典籍专述元朝与高丽的重要关系（《元高丽纪事》)⑤、税粮政策（《大元仓库记》)⑥、马匹管理（《大元马政记》)⑦ 和海运的革新（《大元海运记》)。⑧ 著名元代官员和文士如赵孟頫的作品亦记述了在忽必烈时期起过重要作用人物的生平轶事，既有汉人也有蒙古人。

由于元是更大的蒙古世界的一部分，外国历史学家和游客的作品也是极有价值的史料。同时代的波斯史家志费尼、拉施特和术兹札尼的著作（前两部被约翰·A. 波义耳翻译成英文，第三部由 H. G. 拉弗梯译成英文)⑨，都提供了有关忽必烈朝的可信记载。1451 年由郑麟趾完成的高丽编年史《高丽史》，提供了元与早已和中国频繁密切接触的高丽间关系的不可缺少的记录。前往蒙古统治区的基督教使节的作品，在克里斯托弗·道森的《出使蒙古记》⑩ 中有通俗易懂的译文，另有威廉·柔克义翻译的《鲁不鲁乞东游记》。⑪ 这一时期从

① [379] 查尔斯·A. 彼德森：《旧幻想与新现实：1217—1234 年宋的对外政策》；[378]《1211—1217 年宋对蒙古入侵北方的最初反应》。

② [632] 祥迈：《辨伪录》，《大正新修大藏经》，卷 52，第 751—781 页。

③ [633] 念常：《佛祖历代通载》，《大正新修大藏经》，卷 49，第 477—735 页。

④ [436] 卡米耶·塞松：《南诏野史》(巴黎，1904 年版)。

⑤ [641] 无名氏：《元高丽纪事》，《史料丛编》四编（台北，1972 年版)。

⑥ [639] 无名氏：《大元仓库记》，《史料丛编》四编（台北，1972 年版)。

⑦ [638] 无名氏：《大元马政记》，《史料丛编》四编（台北，1972 年版)。

⑧ [637] 无名氏：《大元海运记》，《史料丛编》四编（台北，1972 年版)。

⑨ 见本书第 708 页注释②、③、④、⑤、⑥。

⑩ [87] 克里斯托弗·道森编：《出使蒙古记》(纽约，1955 年版)。

⑪ [415] 威廉·柔克义：《鲁不鲁乞东游记》(伦敦，1900 年版)。

欧洲前往中国的最著名的旅行家马可·波罗对忽必烈的盛世作了无与伦比的描述。慕阿德和伯希和在《马可·波罗游记》中翻译了马可·波罗的著作[①]，辅之以大量的注释（单独出版）[②]；此外还有里奥刺多·奥勒斯基的《马可·波罗的亚洲》的译文。[③] 马可·波罗的著作为忽必烈和他的宫廷以及他统治时代的中国绘出了引人注意的图景。蒙古编年史《白史》[④] 记述了忽必烈和他的继承者将萨满和佛教僧侣观点糅合的过程。后来的蒙古编年史书如《阿勒坦·脱卜赤》[⑤] 受佛教影响甚深，公正地说，它们的叙事并不是很精确。藏文史书《青史》[⑥]，叙利亚《叙利亚编年史》的记载[⑦]，亚美尼亚国王海都的游记，[⑧] 尽管不像其他内容详尽的外国编年史书那样有意义，也还是有用的。

当代研究成果

忽必烈的仅有的西方文字的传记是莫里斯·罗沙比的《忽必烈汗：他的生活和时代》[⑨]，该书还提供了一个亚洲文字和西方文字史料的参考书目。同一作者的其他论著研究了忽必烈和他的家族，包括《忽必烈汗和他家族的妇女》[⑩] 和《关于少数民族的中国神话：对忽必烈的个案研究》。[⑪] 其他的中文和日文的

① [328] 慕阿德、伯希和：《马可·波罗游记》（伦敦，1938 年版）。

② [326] 慕阿德：《马可·波罗游记别注》（坎布里奇，1957 年版）；[373] 伯希和：《〈马可·波罗游记〉注释》，3 卷（巴黎，1958—1973 年版）。

③ [361] 里奥刺多·奥勒斯基：《马可·波罗的亚洲》（伯克力，1960 年版）。

④ [434] 克劳斯·萨噶斯特译：《白史》（威斯巴登，1976 年版）。

⑤ [32] 查尔斯·R. 鲍登译：《蒙古编年史阿勒坦·脱卜赤》（威斯巴登，1955 年版）。

⑥ [416] 罗列赫译：《青史》，第 2 版（德里，1976 年版）。

⑦ [40] 沃利斯·布治译：《叙利亚编年史》，2 卷（伦敦，1932 年版）。

⑧ [37] 约翰·A. 波义耳在《小亚美尼亚国王海都出使蒙哥汗廷纪行》一文中，对此游记作了说明。

⑨ [426] 莫里斯·罗沙比：《忽必烈汗：他的生活和时代》（伯克力和洛杉矶，1988 年版）。

⑩ [425] 莫里斯·罗沙比：《忽必烈汗和他家族的妇女》。

⑪ [424] 莫里斯·罗沙比：《关于少数民族的中国神话：对忽必烈的个案研究》。

传记，如周良霄[①]、胜藤猛[②]、李唐[③]、爱宕松男[④]所写的传记，主要依据的是东亚的资料，很少引用中东的史料和西方文字的研究成果。

研究忽必烈早年生活和他的谋臣的，有罗沙比的论著和萧启庆[⑤]、姚从吾[⑥]、夏光南[⑦]的论文，特别是陈学霖研究忽必烈谋臣刘秉忠[⑧]和姚枢[⑨]的论文。

有几部深入研究忽必烈的都城的著作，研究大都最细致的是南希·S. 斯坦哈特的博士论文；[⑩] 原田淑人[⑪]、驹井和爱[⑫]、石田干之助[⑬]以及最近南希·S. 斯坦哈特[⑭]都对忽必烈的夏都上都进行了研究。吉谢列夫则报告了（前）苏联发掘哈剌和林蒙古古城的情况。[⑮]

研究忽必烈的早期政策的成果有戴维·M. 法夸尔对元代政府结构的研究[⑯]和傅海波的《从部落领袖到至高无上的皇帝和神：元代的正统观念》[⑰]，后者对忽必烈的政治敏锐作了精辟的论述。舒尔曼关

① ［810］周良霄：《忽必烈》（长春，1986 年版）。
② ［244］胜藤猛：《忽必烈汗》（东京，1966 年版）。
③ ［767］李唐：《元世祖》（台北，1978 年版）。
④ ［366］爱宕松男：《忽必烈汗》（东京，1941 年版）。
⑤ ［853］萧启庆：《忽必烈时代“潜邸旧侣”考》。
⑥ ［828］姚从吾：《忽必烈汗对于汉化态度的分析》。
⑦ ［839］夏光南：《元代云南史地丛考目录》（上海，1935 年版）。
⑧ ［49］陈学霖：《忽必烈时期兼通佛道的政治家刘秉忠（1216—1274 年）》。
⑨ ［54］陈学霖：《姚枢（1201—1278 年）》。
⑩ ［478］见南希·S. 斯坦哈特：《蒙古影响下的都城建筑：忽必烈的帝都大都》（哈佛大学 1981 年博士论文）；［479］亦见她的论文《忽必烈的都城规划》。
⑪ ［177］原田淑人：《元代夏都上都》（东京，1941 年版）。
⑫ ［252］驹井和爱：《元上都与大都的平面比较》。
⑬ ［214］石田干之助：《关于元之上都》。
⑭ ［475］斯坦哈特：《中国的帝都规划》，第 150—154 页。
⑮ ［250］S. V. 吉谢列夫编：《古代蒙古城市》（莫斯科，1965 年版）。
⑯ ［110］戴维·M. 法夸尔：《元代政府的结构与职能》。
⑰ ［126］傅海波：《从部落领袖到至高无上的皇帝和神：元代的正统观念》（慕尼黑，1978 年版）。

于元代财政制度的论著[①]，详细解释了忽必烈的经济政策。其他社会和经济问题的研究有高岩对农民的研究[②]，罗荣邦对大运河的研究[③]，鞠清远[④]、翁独健[⑤]对匠人的研究，村上正二[⑥]、爱宕松男[⑦]和近年来托马斯·T. 爱尔森[⑧]、伊丽莎白·恩迪科特—韦思特[⑨]对“斡脱”进行的研究。彼得·奥勃里赫特的著述研究了驿传制度。[⑩] 最近研究蒙古和元代军事制度的有萧启庆[⑪]和冈瑟·曼戈尔德。[⑫] 陈恒昭[⑬]和保尔·拉契内夫斯基[⑭]研究了法律革新问题。

忽必烈时期学术的发展开始引起注意。在陈学霖和威廉·T. 德巴里编辑的论文集[⑮]中收录了一批研究元代理学的论文。野上俊静[⑯]和保尔·拉契内夫斯基[⑰]探讨了元代佛道之争中佛教的地位问题。约瑟夫·蒂洛也对佛道之争做了研究。[⑱] 吐蕃佛教僧人八思巴的贡献，现在还没有全面的研究。L. 毕达克的《吐蕃与宋、

① 见［441］舒尔曼：《元代经济结构：〈元史〉卷93—94译注》（坎布里奇，1956年版）和［442］《13世纪蒙古的贡纳制》。

② ［17］有高岩：《元代农民的生活》。

③ ［292］罗荣邦：《忽必烈时期（1260—1294年）关于粮食运输的争论》。

④ ［879］鞠清远：《元代系官匠户研究》。

⑤ ［840］翁独健：《斡脱杂考》。

⑥ ［336］村上正二：《元朝投下的意义》。

⑦ ［365］爱宕松男：《斡脱钱及其背景》。

⑧ ［10］托马斯·T. 爱尔森：《1200—1260年间的蒙古诸王与斡脱》。

⑨ ［104］伊丽莎白·恩迪科特—韦思特：《元代中国的官商：斡脱》。

⑩ ［359］彼得·奥勃里赫特：《13—14世纪蒙古统治下中国的驿传制度》（威斯巴登。1954年版）。

⑪ ［195］萧启庆：《元代的军事制度》（坎布里奇，1978年版）。

⑫ ［300］冈瑟·曼戈尔德：《蒙古统治下的中国军事制度》（班贝格，1971年版）。

⑬ ［63］陈恒昭：《蒙古统治下的中国法律传统》（普林斯顿，1979年版）。

⑭ ［412］保尔·拉契内夫斯基：《元法典》，4卷（巴黎，1937—1985年版）。

⑮ ［55］陈学霖和威廉·T. 德巴里编：《元代思想：蒙古统治下的中国思想和宗教》（纽约，1982年版）。

⑯ 见［348］野上俊静：《元代道佛二教的争执》和［349］《关于元代的宣政院》二文。

⑰ ［410］保尔·拉契内夫斯基：《蒙古大汗和佛教》（莱比锡，1954年版）。

⑱ ［497］约瑟夫·蒂洛：《蒙古时期的佛道之争》。

蒙古的关系》[1] 和傅海波的《元代中国的吐蕃人》[2]，以及中野美代子关于八思巴新字的研究[3]，是很好的开头，但是对八思巴的影响还需要更多的研究。莫里斯·罗沙比研究了伊斯兰教的作用。[4] 孙克宽在他的论文《虞集与元代江南的道教》[5] 和用中文写作的其他论著中，研究了道教新教规和元代道教的影响。慕阿德在《1550 年前中国的基督教徒》[6] 中叙述了基督教与蒙古的关系。E. A. 沃利斯·布治[7]和詹姆斯·A. 蒙哥马利[8]翻译了聂思脱里教徒在中东和欧洲的旅行记。

元代宫廷的文化保护已经引起学者的注意，并否定了蒙古人保留蒙昧野蛮状态的设想。尼古拉·鲍培[9]和中野美代子[10]对八思巴新字做了研究。在詹姆斯·I. 克伦普的著作中论述了蒙古人对戏剧的保护[11]，斯蒂芬·H. 韦斯特的论文探讨了蒙古对中国戏剧的影响。[12] 李雪曼和何惠鉴的《蒙古统治下的中国艺术：元代（1279—1368 年）》[13]，詹姆斯·卡希尔的《山水画：元代（1279—1368 年）的中国画》[14]，玛格丽特·梅得利的《元代瓷器与硬陶器》[15]，探讨了元代对艺术的影响，包括绘画、制陶、雕刻

---

① ［377］L. 毕达克：《吐蕃与宋、蒙古的关系》。

② ［143］傅海波：《元代中国的吐蕃人》。

③ ［340］中野美代子：《八思巴字与〈蒙古字韵〉研究》（堪培拉，1971 年版）。

④ ［427］莫里斯·罗沙比：《元代初期的穆斯林》。

⑤ ［480］孙克宽：《虞集与元代江南的道教》。

⑥ ［325］慕阿德：《1550 年前中国的基督教徒》（伦敦，1930 年版）。

⑦ ［41］E. A. 沃利斯·布治：《中国皇帝忽必烈汗的僧侣》（伦敦，1928 年版）。

⑧ 詹姆斯·A. 蒙哥马利译：《亚巴拉哈三世史》（纽约，1927 年版）。

⑨ ［384］尼古拉·鲍培：《蒙古八思巴字文献》（威斯巴登，1957 年版）。

⑩ ［340］中野美代子前揭书。

⑪ ［80］詹姆斯·I. 克伦普：《忽必烈汗时期的中国戏剧》（塔克森，1980 年版）。

⑫ ［539］斯蒂芬·H. 韦斯特：《北戏发展中的蒙古影响》。

⑬ ［282］李雪曼和何惠鉴：《蒙古统治下的中国艺术：元代（1279—1368 年）》（克利夫兰，1968 年版）。

⑭ ［45］詹姆斯·卡希尔：《山水画：元代（1279—1368 年）的中国画》（纽约，1976 年版）。

⑮ ［307］玛格丽特·梅得利：《元代瓷器与硬陶器》（纽约，1974 年版）。

和纺织等方面。

并不是所有忽必烈发动的对外军事战争都已被深入研究过。威廉·亨索恩在《高丽：蒙古的入侵》① 中研究了蒙古在高丽的扩张问题。乔治·桑塞姆的《1334 年前的日本史》②，Hori Kyotsu 的博士论文《蒙古入侵和镰仓幕府》③，对认识征伐日本有很大帮助。④ 在《从蒙古帝国到元朝：帝国在蒙古和中亚统治形式的变化》⑤ 中，窦德士对与海都的战争进行了深入的研究。对南亚的远征，尤其是对爪哇的战争，还急需展开研究。

忽必烈后期的衰败迹象，也需要更多的研究。四十年前傅海波对阿合马的研究⑥，需要补充修改。他对桑哥的研究⑦，已为 L. 毕达克近来的研究所补充。⑧ 但是需要更多的基础研究来澄清对这两个官员的看法，亦要澄清对卢世荣的看法，他在《元史》中也被列为奸臣。杨琏真加的活动也应该重新加以考证，因为戴密微名为《南宋陵墓》的论文⑨，是在 60 年前发表的。傅海波在《蒙古统治下的中国》中的论文里，已对杨发掘宋陵的作用作了新的评价。⑩

① ［181］威廉·亨索恩：《高丽：蒙古的入侵》（莱登，1963 年版）。

② ［437］乔治·桑塞姆：《1334 年前的日本史》（斯坦福，1958 年版）。

③ ［190］Hori Kyotsu：《蒙古入侵和镰仓幕府》（哥伦比亚大学 1967 年博士论文）。

④ 关于蒙古入侵的研究，日本有很多成果。经典性的研究是［207］池内宏的《元寇的新研究》（东京，1931 年版）。近年的论著有［546］山口修的《蒙古袭来》（东京，1964 年版，1979 年再版）；［179］旗田巍的《元寇：蒙古帝国的内部事务》（东京，1965 年版）；［4］阿部征宽：《元寇袭来》（东京，1980 年版）；［5］相田二郎：《蒙古袭来之研究》（东京，1971 年版）。［246］川添昭二的《蒙古袭来研究史论》（东京，1977 年版），对新研究成果进行了历史分析。亦见［216］石井进《中世纪日本》的有关章节，载《剑桥日本史》第 3 卷（坎布里奇，1990 年版），第 131—148 页。

⑤ ［85］窦德士：《从蒙古帝国到元朝：帝国在蒙古和中亚统治形式的变化》。

⑥ ［114］傅海波：《阿合马在忽必烈时期经济发展方面的贡献》。

⑦ ［134］傅海波：《从〈元史〉卷 205〈奸臣传〉看忽必烈时期的畏兀儿政治家桑哥的活动》。

⑧ ［376］L. 毕达克：《元代的吐蕃政治家桑哥》。

⑨ ［93］戴密微：《南宋陵墓》。

⑩ ［143］傅海波：《元代中国的吐蕃人》，第 296—328 页，特别是第 321—325 页。

6. 元中期政治

元中期政治史的研究远比对蒙古人的元朝其他时期的研究薄弱。历史学家之所以忽视这段历史，部分因为这个时期夹在朝代创建者忽必烈汗光辉的历史时期和妥欢贴睦尔的“末代乱世”之间，似乎缺乏历史意义。还有一个次要的原因，就是与此有关的资料和各种原始资料的短缺。

与蒙古早期诸汗和忽必烈时期不同的是，现存的有关这一时期的蒙古和西方文字的历史资料很少。波斯史书拉施特的《史集》，对研究早期蒙古帝国的历史很有价值，但是只记述到铁穆耳汗时期。该书关于铁穆耳时期的叙述，现在有波义耳的英文译本[①]，亦有俄文和中文译本。记述铁穆耳汗以后时期的，有哈撒尼的《完者都史》[②] 和瓦撒夫的《瓦撒夫史》[③]，这些仅有波斯的史料主要对研究元朝与西方汗国的关系有用。由此，研究元代中期的政治史，只能主要依靠汉文史料。

在汉文史料中，《元史》里各帝的本纪和这一时期重要人物的列传是重构这一时期政治史的最基本的和不可缺少的史料。在后继的明朝的初期急忙拼凑起来的官修史书《元史》的缺憾是众所周知的。[④]绝大多数史学家对《元史》的整体批评都适应于该书有关这一时期的部分。

首先，没有为海山和也孙铁木儿朝的主要大臣立传。因此，《元史》的叙述必须得到元中期和晚期文集中的相关资料的补充和确认，这些文集的作者不少曾在官府任职。此外，亦应参考后

① ［407］拉施特：《成吉思汗的继承者》，约翰·A. 波义耳译（纽约，1971年版）。

② ［387］哈撒尼：《完者都史》，马因·汗八力编（德黑兰，1969年版）。

③ ［536］瓦撒夫：《瓦撒夫史》，石印本（孟买，1852—1853年版）；穆哈默德·马丁·伊斯法尼再编本（德黑兰，1959—1960年版）。

④ ［653］宋濂等撰：《元史》（北京，1976年版）。

来邵远平[①]、屠寄[②]和柯绍忞[③]编的元史。这一时期最有用的文集包括赵孟頫、程钜夫、刘敏中、张养浩、黄溍、虞集、揭傒斯、马祖常、苏天爵、欧阳玄、许有壬、危素的文集。苏天爵编的诗文选集《国朝文类》[④]，也保留了许多别处未载的资料；但是，该书收文终止的时间是在 1310 年前。苏天爵编的另一部书《元朝名臣事略》[⑤]，是从蒙古帝国初期到铁穆耳朝重要官员的列传，只对我们这个时期的早期部分有用。元朝中期和晚期的笔记，包括长谷真逸的《农田余话》[⑥]、杨瑀的《山居新话》[⑦]、孔齐的《至正直记》[⑧]、陶宗仪的《南村辍耕录》[⑨]，都对《元史》的叙述有补充作用。

为研究各种制度的发展，《元史》各志中的资料是最重要的材料。但是，志的资料必须用《元典章》[⑩] 和《通制条格》[⑪] 收录的基础文书补充，两书所收文书的终止时间分别是 1322 年和 1315 年。研究元代制度的其他有用的基本史料包括 1330—1331 年编撰的政书《经世大典》[⑫] 的残存部分和妥欢贴睦尔时的几部官修书。后者包括《宪台

① [663] 邵远平：《元史类编》（扫叶山房本）。

② [689] 屠寄：《蒙兀儿史记》（北京，1934 年版）。

③ [687] 柯绍忞：《新元史》（天津，1922 年版；北京 1930 年第二次修订版）；重版载二十五史刊行委员会编《二十五史》（上海，1935 年版；台北 1962—1969 年再版。以及近年来的其他影印本）。

④ [623] 苏天爵编：《国朝文类》（《四部丛刊》本）。

⑤ [622] 苏天爵编：《元朝名臣事略》（1335 年刊本，北京 1962 年重印）。

⑥ [630] 长谷真逸：《农田余话》（宝颜堂秘籍本）。

⑦ [648] 杨瑀：《山居新话》（《知不足斋丛书》本）。该书在 [115] 傅海波的《蒙古统治下中国文化的成就》中翻译成了德文（威斯巴登，1956 年版）。

⑧ [647] 孔齐：《至正直记》，伍崇耀编《粤雅堂丛书》卷 321—324（1853 年再版；台北，1965 年重版）。

⑨ [649] 陶宗仪：《南村辍耕录》（北京，1958 年版）。

⑩ [628]《大元国朝圣政典章》（《元典章》）（元刊本，台北，1972 年重印）。

⑪ [629]《大元通制》残存的条格部分，由国立北京图书馆 1930 年重印，名为《通制条格》。

⑫ 关于该书的全目，见 [747] 苏振申：《元政书〈经世大典〉之研究》（台北，1984 年版），第 40—50、64—74 页。

通记》[①] 和《南台备要》[②]，两书都是记述御史台的；还有《秘书监志》[③]，收录了秘书监的资料。

只是在近些年来，元中期政治史在现代标准的历史著作中才得到应有的注意。对政治史的最精彩的叙述可在《元朝史》[④] 中见到。该书由中国元史界的权威韩儒林教授主编，但写作者是南京大学历史系的教员，包括著名的研究元史的学者陈得芝和邱树森。作为一个完整的断代史的现代著作，1986 年《元朝史》的出版是元史研究的一个重要里程碑。同样有用的有关元代政治的叙述亦见于《中国通史》[⑤]，该书的作者是中国的另一组元史专家，包括蔡美彪、周良霄和周清澍。李则芬的《元史新讲》[⑥] 对元中期政治的论述最长，但是常有不可靠的地方。

除了多桑和亨利·霍渥斯的在上个世纪的历史著述外，元中期政治没有引起西方学者的重视，直到 70 年后，才出版了窦德士的《征服者与儒士》。[⑦] 尽管作者主要叙述的是妥欢贴睦尔朝的政治变化，但是在书中他用前两章陈述了他所讨论的元朝后期政治所必需的元中期背景。虽然我不同意他的主要论点，他把出自海山系的人重登帝位的 1328 年视为元代草原政治不可逆转的终结和元代政治生活“完全儒化”的开端的标志，但是《剑桥史》的这一章还是大大得益于窦德士的敏锐观察和分析。

除窦德士的著作外，兰德彰关于虞集的论文[⑧]通过对这个汉人大儒谋臣鼓吹图帖睦尔的正统和权威的分析，探讨了图帖睦尔朝的政治。韩百诗是著名的法国元史研究专家，著文研究了篾儿乞部的伯

---

① [635]《宪台通记》，收入《永乐大典》（北京，1960 年版），卷 2608—2609。

② [636]《南台备要》，收入《永乐大典》（北京，1960 年版），卷 2610—2611。

③ [643]《秘书监志》（《广仓学窘丛书》本）。

④ [867] 韩儒林主编：《元朝史》，2 卷（北京，1986 年版）。

⑤ [876] 蔡美彪、周良霄、周清澍等著：《中国通史》第 7 卷（北京，1983 年版）。

⑥ [762] 李则芬：《元史新讲》，第 3 卷（台北，1978 年版）。

⑦ [84] 窦德士：《征服者与儒士：元代后期政治发展面面观》（纽约，1973 年版）。

⑧ [277] 兰德彰：《虞集和他的蒙古君主：充当谋士的学者》。

颜[①]，此人在图帖睦尔朝和妥欢贴睦尔朝初期是官僚强人。

对元代中期和早期蒙古帝国的帝位继承危机的研究很多。箭内亘关于蒙古贵族选举大汗的集会“忽邻勒台”的经典性研究[②]，发表于1917年，是该问题研究的开端。对帝位继承危机最全面和最有价值的研究是萧功秦的两篇文章[③]，涉及了早期蒙古大汗和元朝的皇帝。他把元代循环发生的帝位继承危机归因于蒙古政治制度的不彻底的转变。虽然按照草原传统在忽邻勒台上“选举”新的大汗不过是一种形式，“选举”的概念依然被各种企图谋取汗位的力量所利用。

周良霄近年发表文章指出，元代的帝位继承依然遵循蒙古人的传统举行仪式。[④] 傅礼初的两篇文章[⑤]和伊丽莎白·恩迪科特—韦斯特的文章[⑥]，虽然没有专论元代中期，亦对元代中期帝位继承危机的研究有指导性意义。傅礼初认为游牧民除了武装争斗之外没有其他的继承制度，他把这种现象称为“血腥继承”。恩迪科特—韦思特认为忽邻勒台不是一个选举集会，而是一个口头表决和政治协商的会议。她用该制度的存在否定了蒙古统治加强了中国专制传统的观点。

除了窦德士、兰德彰、韩百诗的论著之外，只有中国和日本的学者对重要政治事件和人物进行了研究。植松正撰文对1303年被元廷处死的富有的江南汉人官员朱清和张瑄做了研究[⑦]，用他们的例子解释了铁穆耳朝后期的政治阵线，指出这是卜鲁罕皇后为增强财力以备铁穆耳死后控制帝位而制造的事件。松田孝一研究了海山汗的早年生活，特别是他在对抗海都的草原战争中的作用。[⑧] 孙克宽的众多文章

---

① [170] 韩百诗：《篾儿乞部伯颜传札记》。

② [549] 箭内亘：《关于蒙古国会忽邻勒台》，重版见岩井大慧编《蒙古史研究》（东京，1930年版），第361—447页。

③ [852] 萧功秦：《论元代皇位继承问题》；[851]《论大蒙古国的汗位继承危机》。

④ [811] 周良霄：《蒙古选汗仪制与元朝皇位继承问题》。

⑤ [113] 傅礼初：《奥托曼帝国中的突厥—蒙古人的君主制传统》；[112]《蒙古人：生态环境和社会视野》。

⑥ [103] 伊丽莎白·恩迪科特-韦斯特：《元代的中央机构》。

⑦ [514] 植松正：《关于元代江南的豪民朱清张瑄》。

⑧ [305] 松田孝一：《海山出镇西北蒙古》。

中有一篇专述爱育黎拔力八达时期——他称之为“儒治”的文章。[①]萧功秦研究硕德八剌汗在1323年被谋杀的文章[②]中指出，这是保守的蒙古、色目贵族和官僚势力反对年轻君主推行的汉化改革的结果。匡裕彻论述了左丞相拜住在硕德八剌改革中的贡献。[③]藤岛建树在一篇短文中[④]考证了1329年被谋杀的和世瓎的悲惨生涯。总的说来，现有的关于元代中期宫廷政治的研究，还远远不够。其他方面的问题，如海山汗为增加国家税收采取的“新政”，也孙铁木儿朝的政治和政策，都还没有仔细地研究过。这一时期的关键人物哈剌哈孙、李孟、倒剌沙和燕铁木儿，都值得专门研究。各派力量准确的思想分野，也需要深入研究。

因为元朝只是部分官僚化和部分世袭封建的国家，有封地的贵族、皇亲和大臣在皇朝政治中起着重要的作用。有封地的贵族，在汉文文献中称为“投下”，已经引起许多学者的注意。除了吴晗的研究外，村上正二[⑤]、岩村忍[⑥]、保尔·拉契内夫斯基[⑦]、周良霄[⑧]和洪金富[⑨]都撰写了有关投下的专文，把其作为政治、军事、法律和财政特权制度研究它在元代的发展。研究诸王和贵族家族的亦多了起来。特别是下列成果与探索元代中期的政治有关：海老泽哲雄[⑩]和崛江雅明[⑪]对成吉思汗诸弟的后人即所谓三个东方“兀鲁思”的研究；松田孝一对安西王阿难答家族的研究[⑫]；周清澍对汪古部的研究。[⑬]萧启庆对成吉思汗四

① [745] 孙克宽：《江南访贤与延祐儒治》。
② [850] 萧功秦：《英宗新政与南坡之变》。
③ [730] 匡裕彻：《拜住及其新政》。
④ [151] 藤岛建树：《元明宗的生涯》。
⑤ [336] 村上正二：《元朝投下的意义》。
⑥ [220] 岩村忍：《蒙古社会经济史研究》（京都，1964年版），第401—469页。
⑦ [413] 保尔·拉契内夫斯基：《蒙古时期投下的意义》。
⑧ [809] 周良霄：《元代投下分封制度初探》。
⑨ [822] 洪金富：《从投下分封制度看元朝政权的性质》。
⑩ [101] 海老泽哲雄：《蒙古帝国的东方三王家族研究》。
⑪ [191] 崛江雅明：《蒙古—元朝时期东方三王研究序说》。
⑫ [304] 松田孝一：《从安西王看元朝的分封制度》。
⑬ [812] 周清澍：《汪古部事辑》。

大功臣的后人进行了研究，强调了他们的政治持久性和他们世袭的封建和为官性质。[①] 这些研究强调投下是世袭特权制度，更需要注意的是这个贵族阶层在国家政治及其官僚体制中的实际作用。

西方和中亚各族人，被称之为色目，在元代政治中起着重要的但是不同的作用。色目人集团政治命运的变迁已是引起重视的课题。下列研究与元代中期的政治有关：杨志玖对回回人的研究[②]；罗依果对突厥人的整体研究[③]；陆峻岭、何高济合作的研究来自突厥的康里、钦察、阿速人的论文[④]；汤开建对唐兀人的研究[⑤]；札奇斯钦[⑥]和傅海波[⑦]对吐蕃人的研究。这些研究显示了这些色目集团在元代政府中的不同作用和命运。现在我们应该把命运变换的色目人作为一个集团来分析它的政治作用。

元朝在内亚草原的地位及其他与西方汗国的关系很重要，因为元朝的统治者喜好作为全体蒙古人的大汗的地位，也喜欢设在中国的政府的政治和文化地位。有关元朝与海都和笃哇的战争与和平问题的研究越来越多起来。著名的波兰学者 W. 柯维思在 50 年前发表了他的关于蒙古世界 1303 年获得和平的开创性的研究成果。[⑧] 日本学者惠足俊之撰写了关于海都与元的战争的文章。[⑨] 刘迎胜是近年来研究元与中亚汗国关系的最积极的学者，他比较汉文和波斯文史料，撰写了好几篇论文。[⑩] 日本老蒙古学家佐口透关于 1303 年和平及元朝后期与西方诸汗国的关系的长文，发表于 1942 年，对研究 1303 年以后元

---

① [857] 萧启庆：《元代蒙古四大家族》。

② [753] 杨志玖：《元代回回人的政治地位》。

③ [398] 罗依果：《蒙古统治下的突厥人：13—14 世纪突厥与蒙古关系初探》。

④ [776] 陆峻岭、何高济：《元代的阿速、钦察、康里人》。

⑤ [736] 汤开建：《元代西夏人的政治地位》。

⑥ [709] 札奇斯钦：《蒙古与西藏历史关系之研究》(台北，1978 年版)。

⑦ [143] 傅海波：《元代中国的吐蕃人》。

⑧ [253] W. 柯维思：《蒙古人：12 世纪（原文如此）初叶世界和平思想的倡导者》。

⑨ [107] 惠足俊之：《海都之乱的考察》。

⑩ [740] 刘迎胜：《〈史集〉窝阔台汗国末年纪事补证》；[739]《元代蒙古诸汗国间的约和及窝阔台汗国的灭亡》。

与西方诸汗国的关系依然有用。[①] 托马斯·爱尔森研究了元与窝阔台和察合台汗国为争夺畏兀儿斯坦控制权的斗争。[②] 除了在《征服者与儒士》中关于元与草原关系转变的研究之外，窦德士还撰写了一篇有意义的深入研究的文章，指出元朝从遥远的中国控制蒙古和中亚的努力的限度，导致了14世纪20年代后期中亚的丢失，他把此称为“空间限度”[③]。

研究一个时期的政治史，不能完全忽视这一时期政府的政治、法律、经济和文化制度以及它的政策。日本学者青山公亮著书研究了元代中期的新政治制度和海山为增加税收建立的尚书省。[④] 对爱育黎拔力八达恢复科举进行研究的，有宫崎市定[⑤]、杨树藩[⑥]、姚大力[⑦]和丁昆健。[⑧] 萧启庆通过对1333年进士的研究，探讨了恢复科举考试对精英流动的影响。[⑨] 关于法律的发展，保尔·拉契内夫斯基的《元法典》[⑩] 中保留了许多资料，每个元代制度史的研究者都应该参考。陈恒昭的《蒙古统治下的中国法律传统》[⑪]，虽然主要研究1291年的法典，也考察了元中期和其他时期的立法活动。

没有单独的著作专门研究元代中期的财政和经济政策。我们不得不依靠那些整体研究元代的专著。在这类专著中，舒尔曼在《元代经济结构》[⑫] 一书中对赋税、海运、纸钞和官府专卖做了极好的开拓性

---

① [435] 佐口透：《14世纪元朝与西方三王的关系》。

② [13] 托马斯·T. 爱尔森：《13世纪的元朝和吐鲁番的畏兀儿人》。

③ [85] 窦德士：《从蒙古帝国到元朝：帝国在蒙古和中亚统治形式的变化》。

④ [15] 青山公亮：《元朝尚书省考》(东京，1951年版)。

⑤ [315] 宫崎市定：《元朝的蒙古官职和蒙汉关系：科举复兴意义再探》。

⑥ [755] 杨树藩：《元代科举制度》。

⑦ [824] 姚大力：《元代科举制度的行废及其社会背景》。

⑧ [692] 丁昆健：《元代的科举制度》。

⑨ [859] 萧启庆：《元代科举与精英流动：以元统元年进士为中心》。

⑩ [412] 保尔·拉契内夫斯基：《元法典》，4卷(巴黎，1937—1985年版)。

⑪ [63] 陈恒昭：《蒙古统治下的中国法律传统：1291年法典复原》(普林斯顿。1979年版)。

⑫ [441] 舒尔曼：《元代经济结构》(坎布里奇，1956年版，1967年再版)。

研究。田山茂探讨了元政府的收支问题。[①] 傅海波在《元朝中国的货币和经济》[②] 中最充分地研究了货币制度，他认为元代从未过多发行纸钞，货币政策对元朝的衰亡没有直接影响。全汉昇[③]、前田直典、岩村忍[④]和彭信威[⑤]从不同角度对傅海波论述的问题进行了研究。颁给皇亲的“岁赐”，给政府带来了严重的财政枯竭，史卫民对此作了考证。[⑥] 从长江下游到首都的粮食海运，对保证中央政府的经济和政治稳固极其重要，吴辑华研究了这一问题。[⑦]

对元中期文化倾向和文化政策的研究很多。吉川幸次郎对元代诸帝的中国文学程度的考释[⑧]，发表于 1943—1945 年，仍是这一课题的最有深度的力作。傅海波的《蒙古皇帝能读、写汉文吗?》，[⑨] 与吉川幸次郎的论著类似但是独立写作的。二文都指出元代中期和后期的多数君主有很高的中国文学修养。关于图帖睦尔汗的书画收藏，在姜一涵和傅申对图帖睦尔专为收藏书画建立的机构奎章阁的研究中作了探讨。[⑩] 傅申的著作亦包括了妥欢贴睦尔朝。在不同皇帝支持下的汉文著作翻译成蒙古文方面，有沃尔特·富克斯[⑪]、傅海波[⑫]和罗依果[⑬]的研究。

有人认为元代的蒙古人一般对汉人文化一无所知，为消除这一误解，萧启庆撰写了两篇论文，考释了 102 个蒙古人，其中大多数是元

① [494] 田山茂：《元代财政史的有关资料：以收支额为中心》。
② [127] 傅海波：《元朝中国的货币和经济》（莱比锡，1949 年版）。
③ [733] 全汉昇：《元代的纸币》。
④ [220] 岩村忍：《蒙古社会经济史研究》，第 421—432 页。
⑤ [864] 彭信威：《中国货币史》（上海，1958 年版）。
⑥ [715] 史卫民：《元岁赐考实》。
⑦ [774] 吴辑华：《元朝与明初海运》。
⑧ [557] 吉川幸次郎：《元代诸帝的文学》。
⑨ [122] 傅海波：《蒙古皇帝能读、写汉文吗?》。
⑩ [820] 姜一涵：《元代奎章阁及奎章人物》；[870] 傅申：《元代皇室书画收藏史略》（台北，1981 年版）。
⑪ [149] 沃尔特·富克斯：《元代的蒙文译著》。
⑫ [118] 傅海波：《蒙古统治下的中国史学：民族涵化中史学的作用》。
⑬ [392] 罗依果：《蒙文译本〈孝经〉》。

代中期和后期的官员，他们都很熟悉汉人的文化。[1] 色目精英的汉文化程度在陈垣的著名著作《元西域人华化考》中有精辟的考证；该书出版于20世纪20年代，现在已有英文译本。[2]

但是还没有可靠的论著解释元廷和蒙古精英如何保留草原文化。这样我们对元廷和蒙古精英的文化倾向的描述只来自一个方面并且是不完整的，因为我们能清楚地看到在中国的蒙古人的逐步汉化，但是我们不知道他们在征服王朝成熟期的元朝所保留的草原文化形态。

7. 顺帝与元朝统治在中国的结束

有关顺帝朝的主要史料是明朝初建时修的正史《元史》。但是，《元史》实际上是分两段编修的，指出这点很重要。第一段编修了该书的大部分，从蒙古初起至宁宗朝（1332年），1369年完成。1333—1368年的顺帝朝放在第二段，需要完全不同的设计。因为元廷没有留下顺帝朝的实录，元代政书（1332年成书的《经世大典》）又没有续修下来，明政府不得不派人专门收集有关资料。据说派了12个使者到全国各地去收集资料并把它们送往设在南京的史馆。在宋濂的文集里有一段详细记录，叙述这些使者中最重要的一人如何收集史料，此人是被派往元故都的：

> 顺帝三十六年之事旧乏实录，史臣无所于考，阙略不备。于是礼部尚书崔亮、主事黄肃与濂等发凡举例，奏遣使者十又一人，偏行天下，凡涉史事者悉上送官。今之北平，乃元氏故都，山东亦号重镇，一代典章文献当有存者，特择有职于官者行示，不敢轻也。章贡吕仲善者时司膳成均，乃被是选。
>
> 是月癸卯（1369年8月13日）即乘驿北去，八月丁卯（9

① ［858］萧启庆：《元代蒙古人的汉学》；［860］《元代蒙古人汉学再探》。

② ［787］陈垣：《元西域人华化考》，钱兴海（译音）和L. C. 古德里奇译注（洛杉矶，1966年版）。

月6日）抵北平，凡诏令、章疏、拜罢、奏请布在方册者，悉辑为一。有涉于番书，则令译而成文。其不系公牍，若乘舆巡幸、宫中隐讳、时政善恶、民俗歌谣以至忠孝、乱贼、灾祥之属，或见之野史，或登之碑碣，或载群儒家集，莫不悉心咨访。且遣儒生危于等分行平滦、燕南诸郡，示以期日，有慢令者罪及之。爰自丁丑（9月16日）开局于故国子监，至冬十又一月壬辰朔（11月30日）始完，以帙计者八十，择高丽翠纸为之衣，舁至行中书，借官印识之，进于南京。

乙未（12月4日）赴山东，河水方冻，大雪深二三尺，仲善驾牛车遵陆而行，一吸一呼，冰生鬓间。己未（12月27日）至济南，其咨询大略如北平时。又明年春正月甲寅竣事，成书又四十帙。所拓碑文，北平四百通，山东一百通不在数中，仍印识如前。三月壬寅（4月9日），辇还京师（南京）。

已而诸使者咸集，濂于是有所依据，修成续史四十八卷，夏六月（1370年7月23日）复诣阙上进。①

除了认真收集资料外，《元史》有关元后期的部分颇多缺点且随意性很强。整个设计如此急速地完成，主要是因为顺帝和他的继承者爱猷识理达腊还在漠南活动，并且没有放弃中国正统统治者的称号。《元史》的刊行是一个明显的标志，向中国内外的人昭示元代已经结束。

《元史》后一部分作为史料使用的几部非官方著述，单独保存了下来。有些已经翻译并加了注释，著名的有杨瑀的《山居新话》，傅海波译②；《庚申外史》，赫尔穆特·舒尔特—乌夫拉格译③；埃里希·海涅什的《两个王朝的灭亡》④ 后半部分翻译了顺

① ［656］宋濂：《宋文宪公集》，卷7，15a—b。

② ［115］傅海波：《杨瑀〈山居新话〉：蒙古统治下中国文化的成就》（威斯巴登，1956年版）。

③ ［440］赫尔穆特·舒尔特—乌夫拉格译：《庚申外史》（柏林，1963年版）。

④ ［163］埃里希·海涅什：《两个王朝的灭亡》（威斯巴登，1969年版）。

帝 1368—1370 年北逃时的日记。其他的资料，读者可在傅海波的《13—14 世纪中国私修史著》中查到，此文收录在 W. G. 宾斯利和 E. G. 普利布兰克编辑的《中国和日本的史学家》中。[①]

在同时代人的文集中，有丰富的关于元代后期的各种记载，已经被利用的只是很小一部分。文集的作者，主要是汉人，也有其他族人。文集版本和所在图书馆的细目，在日本有山根幸夫和小川尚的书目[②]，在中国大陆有周清澍的书目。[③]

西方对元后期的研究是近些年才开始的，还有大量的工作要做。在中国，对元末的研究至少可以追溯到 1936 年，吴晗于此年发表了《元帝国之崩溃与明之建立》的长文。[④] 最活跃的新出版中心之一是南京大学历史系元史组，该组出版的期刊是《元史及北方民族史研究集刊》。[⑤] 从 1982 年开始，元史研究会亦出版了元史研究的系列论集，名为《元史论丛》。[⑥] 因为元后期的研究与阿尔泰和蒙古研究、明史研究以及元史本身的研究关系密切，所以新著作的产生有很大难度。两个有价值的通讯有时登载有关元后期的论著，一是《宋元研究通讯》，即从前的《宋史研究通讯》；另外是《明史研究》。

8. 元代政府与社会

有关元代政府的最重要的资料收录在基本史书《元史》（编于 1369—1370 年）、《元典章》（编于 1320—1322 年）和《通制条格》

① [136] 傅海波：《13—14 世纪中国私修史著》，W. G. 宾斯利和 E. G. 普利布兰克编：《中国和日本的史学家》（伦敦，1961 年版），第 115—134 页。

② 山根幸夫、小川尚编：《日本现存元人文集目录》（东京，1970 年版）。

③ [813] 周清澍：《元人文集版本目录》（南京，1983 年版）。

④ [773] 吴晗：《元帝国之崩溃与明之建立》。

⑤ 南京大学历史系元史组编：《元史及北方民族史研究集刊》。

⑥ 元史研究会编：《元史论丛》，（北京，中华书局），第 1 辑，1982 年；第 2 辑，1983 年；第 3 辑，1986 年。

(编于 1321 年)。[①] 由于元代各皇帝的实录没有保存下来，当代治史者不能像研究明史和清史那样直接使用元代的第一手资料。[②] 一方面，《元史》保留了许多原始资料，但是另一方面，正如人们多次指出的那样，它又压缩或摘录史料，而这些史料在《元典章》和《通制条格》中更为完整。从这一点说，《元史》本身只能被看作第二手资料，因为它的编修者与他们所叙述的事件有三代或四代人的距离。

《通制条格》和《元典章》中难以读懂的口语形式公文，妨碍学者更充分地利用这些文献。傅海波恰如其分地把这种公文中的特殊语言称为“蒙古语序的汉译”[③]。因为元朝官府使用双语，不像契丹人的辽朝和女真人的金朝只用汉语作为官方语言，所以一定会有许多蒙古公文的译文保留下来。《元典章》和其他元代史料中被特别称为“令旨”的国家法令，是从蒙古文翻译成白话的汉文。[④] 阅读和翻译令旨需要一些蒙古语知识，因为这些令旨渗入了蒙古语的句法。

日本和前苏联学者在翻译《元典章》和《通制条格》方面有很大贡献。(前) 苏联语言学家 I. T. 佐格拉夫的《蒙汉文献翻译》(莫斯科，1984 年版) 是最近的成果之一。佐格拉夫在书中分析了中华人民共和国 1955 年出版的元史专家蔡美彪编录的元代白话碑铭。[⑤] 日本学者岩村忍和田中谦二出版了两卷本的《元典章·刑部》(卷 39—57) 译注，在他们的著作的第一卷附有两篇有用的文章，一篇是田中谦二的，

---

① 关于《元典章》和《通制条格》的简单介绍，见常备参考字典《中国历史大辞典：辽夏金元史》(上海，上海辞书出版社，1986 年版)，第 55—56 页 (《元典章》)；第 16—17 页 (《通制条格》)。亦见陈高华主编的《中国古代史料学》(北京，1983 年版) 第 311—353 页的元代部分。亦见中华人民共和国 1986 年出版的《通制条格》，《元代史料丛刊：通制条格》(浙江古籍出版社) 第 1—5 页的介绍文章。

② 近年叶幼泉、王慎荣在《元史探源》中对《元史》编修过程作了新的考释，见《文史》27 辑 (1986 年)。第 177—194 页，特别是第 178—183 页关于元实录的叙述。亦见 [75] 柯立夫的《现存〈元史〉简论》。

③ [118] 傅海波：《蒙古统治下的中国史学：民族涵化中史学的作用》。

④ 见 [552] 杨联陞的专论：《〈元典章〉研究》。

⑤ [875] 蔡美彪：《元代白话碑集录》(北京，1955 年版)。

一篇是吉川幸次郎的，叙述了《元典章》中公文的语言形式。①

元代政府和法律文书翻译成法文和英文，丰富了制度史研究的资料。保尔·拉契内夫斯基的4卷本的《元史·刑法志》（卷102—105）译注，亦包括了许多《元典章》中有关资料的翻译。拉契内夫斯基著作的第3卷是索引，对查找元代制度的专用术语很有用处。②陈恒昭复原并翻译了元1291年的法典《至元新格》。③

元代的一些政治和经济制度在《元史》中没有专门的叙述。“达鲁花赤”官在《元史》的《百官志》中就没有得到特别的注意；“斡脱”制度（穆斯林商人协助蒙古贵族经商）在《食货志》中亦没有专门的叙述。这类蒙古和内亚的特殊制度似乎超出了中国传统史学的通常记述之外，这样今天的历史学家就必须广泛使用各种元代史料并将有关这些制度的零散叙述集中起来。作为其他史料的一种，元人文集提供了有关蒙古政治制度和财政政策的重要和详细的资料。170种元代和明初的文集的篇目索引，于1979年在中华人民共和国出版。④10部元代的地方志于1980年在台湾重印，可以用它们来了解政府机构如何在特殊地区发挥作用。⑤

最后，用英文发表研究元代城市、军事、法律和财政制度成果最多的是柯立夫教授培养的两代学生。其中有后来正式出版的由柯立夫教授指导的博士学位论文，如H.F.舒尔曼的《元代经济结构：〈元史〉卷93—94译注》（1956年）；萧启庆的《元代的军事制度》（1978年）；陈恒昭的《蒙古统治下的中国法律传统：1291年法典复原》（1979年）；伊丽莎白·恩迪科特-韦斯特的《蒙古在中国的统

① ［221］岩村忍、田中谦二：《元典章·刑部》2卷（京都，1964年、1972年版）。在第1卷前附的文章是，吉川幸次郎：《元典章中所见汉文史牍文体》；田中谦二：《元典章的蒙文直译体文本》。

② ［412］保尔·拉契内夫斯基：《元法典》，1卷（巴黎，1937年版）；2卷（巴黎，1972年版）；3卷（巴黎，1977年版）；4卷（巴黎，1985年版）。

③ ［63］陈恒昭：《蒙古统治下的中国法律传统：1291年法典复原》（普林斯顿，1979年版）。

④ 见陆峻岭：《元人文集篇目分类索引》（北京，中华书局1979年版）。

⑤ 《宋元地方志三十四种》，12卷（台北，国泰文化事业委员会1980年版）。

治：元代的地方行政管理》（1989年）。还有两篇柯立夫教授指导的博士学位论文没有出版，伊森拜克·图干的《〈元史〉岁赐门》，2卷（哈佛大学1973年博士学位论文）和刘元珠的《元史·选举志一》（哈佛大学1979年博士学位论文）。

柯立夫教授自己的60余篇论文，涉及广泛的课题。从纯粹的语言学到元代文学、文化及历史各方面的研究。柯立夫1934—1985年发表的论著目录，刊登在他的纪念文集中。[①]

9. 蒙古统治下的中国社会[②]

元代社会史涉及的许多问题和史料以及现代研究成果，已见于本书其他章作者的介绍。此处只介绍有关元代社会史的特殊问题及其相关史料和研究成果。

19世纪末和20世纪初，与西方史学家的接触将中世纪欧洲和西亚的史料引入中国，并在中国兴起了研究蒙古欧亚大帝国的新潮。以前在中国对此很少注意，但是在民族主义增强的时代气氛下，中国人将蒙古征服视为对中国历史有利的现象，并开始拓宽眼界，将草原社会视为现代中国的组成部分。同时，同样的民族主义因素亦导致了他们仇恨作为外国征服者的蒙古人，有时出于时代的谬误将13—14世纪协助蒙古人统治中国的汉人斥为汉奸。简而言之，以前对该时期的文化中心论开始被现代的民族主义观点所取代，导致了对这一时代完全不同的评价，尤其是对它的社会史。元代社会史的现代研究因此充满压力和矛盾。在复杂的局面下，很多中国的元史研究不仅陷入完全僵硬的马克思主义说教，还必须在中国社会史与游牧草原社会两种不同的说法中进行调和，亦要结合因考古发现和发掘传统史料而产生的大量新学术资料。社会历史学家因此不得不经常评估和尽最大可能使

① 见《福兰克·W. 柯立夫纪念专集》，《突厥研究》杂志1985年第9期，第5—7页。

② 萧启庆教授对本文初稿的口头、书面意见和批评，修正了文中的不少错误，作者深表感谢。但是萧教授未看到最后的译文，对文中任何错误不负责任。

用大量有意义的旧资料和新资料。

19 世纪后半叶和 20 世纪初，俄国和日本最重视对蒙古的研究，二者都对蒙古及其相邻地区有扩张兴趣。他们的研究成果，还有法国和德国以及更新的英国和美国的蒙古研究，主要注重于语言学方面。他们亦将汉学的研究题目集中在用汉文资料来研究蒙古文献上。典型的例子是在本书的“元史的传统史料介绍”中附上了有关《蒙古秘史》的讨论。对元代社会史的研究，与元史研究的其他领域一样，还是主要依靠语言学和历史学的研究。尽管我们的学术领域在尽力加宽，开拓性的蒙古学家和汉学家的基本技巧还是必须掌握的。下面是一个基本的介绍。

蒙古研究当然是一个独立的研究领域。许多著名的蒙古学家并不是中国学者，但是在近千年的历史中蒙古史与中国史的联系是如此紧密，将蒙古研究与中国研究相结合的学者都做出了重要的贡献。傅礼初在他的文章《全史：1500—1800 年近代化初期的平行发展与相互交流》[①] 中反复强调应该有一部包括全亚洲的“全史”。如果不是他的突然早逝，傅礼初将在《剑桥中国史》本卷和其他卷的章节中应用这一观点。编撰一部中国、蒙古和其他东亚与内亚人的很接近全史的理想，本卷各章的作者完全接受。但是，这是一个难以实现的理想。

这种困难的典型例子就在元代社会史研究领域中。（前）苏联蒙古学家符拉基米尔佐夫（1931 年逝世）研究游牧封建主义的著作在他去世后的 1934 年出版。[②] 该书由米歇尔·卡肖翻译成法文，书名为《蒙古社会制度：游牧封建主义》[③]；此书还由政府主持翻译成日文（1941 年）并从日文翻译成了中文。[④]《蒙古社会制度史》和符拉

① ［111］傅礼初：《全史：1500—1800 年近代化初期的平行发展与相互交流》。

② ［524］B. IA. 符拉基米尔佐夫：《蒙古社会制度史》（列宁格勒，1934 年版）。

③ ［525］米歇尔·卡肖译：《蒙古社会制度：游牧封建主义》（巴黎，1948 年版）。

④ ［526］B. IA. 符拉基米尔佐夫：《蒙古社会制度史》，张兴唐、吴禅昆（音译）汉译（台北，中国文化出版事业委员会 1957 年版，1967 年再版）。［527］另一部直接译自俄文原著的是刘荣焌的译本《蒙古社会制度史》（北京，1980 年版）。

基米尔佐夫的《成吉思汗的一生》[①] 不断地被学者引用，在本章中亦多次提到。在估价蒙古人对在他们统治下的其他社会的社会管理观念的影响时，确实应该先了解蒙古社会的性质。符拉基米尔佐夫试图用他的游牧封建主义的理论来解释蒙古历史，并用同样的理论来阐述俄罗斯和西方历史，并不是没有招致批评，见劳伦斯·克拉德的书评《中世纪的封建和鞑靼政体》。[②] 虽然符拉基米尔佐夫的著作诱导中国、蒙古和其他国家的学者试图理解蒙古社会的性质并带着这样的理解来分析元代的社会条件，但是这种努力还没有达到雄辩和有用的高水平。社会史研究领域正在向"全史"发展，但是还有很长的路要走。

李则芬的《元史新讲》是当代最大部头的中文元史专著，该书对元代社会确实有一段很长的叙述。[③] 这部大部头著作对许多问题进行了认真的分析，这些问题是从清代到当前的学术研究积累下来的。需要进一步说明的是，从本国传统来说，它确实已达到顶点，从很多方面讲是一部最有用的著作。不过，就社会史而言，即使是这样一部部头很大的著作，也还是肤浅的。

中国的元代社会史研究还没有更多地注意政治史、制度史、文学史、艺术史和思想史的研究。在中国大陆，注意力集中在元代社会结构上，主要是单纯的阶级分析，特别是注重元末民众起义的研究。尽管常常是教条的，热情发掘资料和巧妙地利用新考古资料，还是贡献了有意义的新资料。这方面的重要例子有《元代农民战争史料汇编》。[④] 第一部分，1237—1350 年的资料，杨讷、陈高华编；第二部分分为两卷，是 1351—1368 年朱元璋之外的起义军资料，杨讷、陈高华、朱国炤、刘炎编；第三部分一卷，是 1328—1367 年朱元璋起义和建立明朝的资料，杨讷、陈高华编。这部书将极有

① ［522］B. IA. 符拉基米尔佐夫：《成吉思汗》，米歇尔·卡肖译（巴黎，1948 年版）。
② ［256］劳伦斯·克拉德：《中世纪的封建和鞑靼政体》。
③ ［762］李则芬：《元史新讲》（台北，1978 年版），卷 5。
④ ［751］杨讷、陈高华等编：《元代农民战争史料汇编》，4 卷（北京，1985 年版）。

利于全面研究元代的民众起义，特别是元朝统治的最后几十年的民众起义的研究。

韩儒林（1986 年去世）是元史研究的带头人，他于 20 世纪 30 年代在巴黎作为伯希和的学生，完全熟悉西方包括（前）苏联的研究。他对中国当代元史学界的影响可从两卷本的《元朝史》[1] 看出来，该书由在他管理下的南京大学元史研究室的一组助手写作，他是研究室的创建者并是多年的负责人。这部书是最近在中国大陆出版的最好的断代史之一。但是，它的社会史部分比较零散和薄弱。韩儒林的文集《穹庐集》于 1982 年出版。[2]

在南京大学元史研究室 1984 年出版的《元史论集》中，有重要的介绍中国大陆自 1949 年以来的元史研究成果的文章，其中包括一些与社会史有关的重要研究。该书还有一个经过选择的从 1949 年至 1980 年发表的论著的分类索引。[3]

在台湾，由于亦曾于 20 世纪 30 年代在欧洲（主要在德国）学习的姚从吾教授的推动，一代元史研究专家已经成长起来。有些人前往国外接受蒙古研究的训练，直到现在中国的大学还不能广泛提供这种训练。姚教授最主要的论著，发表在《东北史论丛》[4] 和《姚从吾先生全集》[5] 中，他集中研究的是草原民族的汉化问题。不管是从卡尔·马克思的理论角度评判，还是出自民族主义的需求，这个问题在中国的征服王朝研究中都很受重视。对这种问题研究的最好的证明是 20 世纪 20 年代陈垣发表的《元西域人华化考》，1935 年的修订版后来在陈垣的论文集中重印。[6] 钱星海（译音）和 L.C. 古德里奇于 1966 年出版了陈垣著作的英文译注本，书名为《蒙古统治下中国的

---

① [867] 韩儒林：《元朝史》（北京，1986 年版）。

② [866] 韩儒林：《穹庐集：元史及西北民族史研究》（上海，1982 年版）。

③ [818] 南京大学历史系元史研究室编：《元史论集》（北京，1984 年版），共计 770 页。注意附录：《1949—1980 年的中国元史研究》和《1949—1980 年部分元史论文目录》。

④ [831] 姚从吾：《东北史论丛》（台北，1959 年版）。

⑤ [835] 姚从吾：《姚从吾先生全集》（台北，1971—1982 年版）。

⑥ [787] 陈垣：《元西域人华化考》（修订版，1935 年），在《元史研究》（台北，1977 年版）中重印。

西亚和中亚人的汉化》。[①]

在台湾和国外的大多数姚从吾的学生集中研究政治和制度。虽然年长但与姚从吾同属一代并受到姚从吾极大影响的学者是孙克宽，他是近几十年来的元史研究者中最多产的一位。兰德彰在他编辑的论集《蒙古统治下的中国》中，对孙克宽的论著作了介绍和评价。[②] 札奇斯钦亦受姚从吾的影响，他的许多有关元史的研究结合了蒙古学和汉学的技巧。他们在著作中显示的“全史”理想，已传递给本书。这些学者结合蒙古学和汉学的研究方法，代表了这一领域的一个重要和有益的方向。

元代社会史各领域的研究几乎都没有什么发展，但是还是能够列举几项特别有用的研究成果。

慕尼黑大学的汉学家、蒙古学家傅海波，在埃里希·海涅什领导下从事研究工作，他对汉文“笔记"的史料价值作了极高评价。傅海波论著涉猎的时间跨度很大，选题也很宽，详见他的65岁祝寿论集《汉—蒙古研究》。[③] 傅海波是第一个也是仅有的将元代“笔记”完整翻译并加以注释的学者，见他的《杨瑀〈山居新话〉：蒙古统治下中国文化的成就》。[④] 他还对家谱作了介绍，最重要的是指出了它对社会史的作用，见他的《13—14世纪中国私修史著》，载威廉·G. 宾斯利和E.G. 普利布兰克编辑的《中国和日本的史学家》。[⑤]

元代社会阶级制度的当代研究始于先行的日本元史学家箭内亘(1875—1926年)，他的著作被翻译成中文，名为《元代蒙汉色目待

---

① 陈垣：《蒙古统治下中国的西亚和中亚人的汉化》，钱星海（译音）和L.C. 古德里奇译（洛杉矶，1966年版）。

② [275] 兰德彰编：《蒙古统治下的中国》（普林斯顿，1981年版），第212—253页。

③ [31] 见沃尔夫冈·鲍尔编：《汉—蒙古研究：傅海波颂寿论集》（威斯巴登，1979年版）及傅海波的论著目录，第451—470页。

④ [115] 傅海波：《杨瑀〈山居新话〉：蒙古统治下中国文化的成就》（威斯巴登，1956年版）。

⑤ [136] 傅海波：《13—14世纪中国私修史著》，载威廉·G. 宾斯利、E.G. 普利布兰克编：《中国和日本的史学家》（伦敦，1961年版），第115—134页。

遇考》①，出版于20世纪30年代中期，陈清泉翻译。我没有得到1916年首次出版的日文原版的复印件。箭内亘的大量优秀元史和蒙古制度史研究论著在30年代被翻译成中文出版。箭内亘关于社会阶级的著作，显然蒙思明在写作他的精深之作《元代社会阶级制度》②时还不知道。蒙思明的里程碑式的著作可以被视为近半个世纪来最重要的元代社会史佳作，直到70年代才有几部有意义的著作出版。30年代的重要成果还有鞠清远的对元代匠户的开创性研究，因英文节译登载在1956年出版的《中国社会史》上而知名。③

在最近出版的有意义的著作中，有萧启庆对元代社会史的研究成果。萧启庆是姚从吾、札奇斯钦和柯立夫的学生，他的论文集《元代史新探》1983年出版。④ 他的学生黄清连研究元代户计制度的论文《元代户计制度研究》1977年出版。⑤ 有关元代社会史的较小的研究也大量出现。综合该领域新成果的时代已经到来。1985年出版的李干的《元代社会经济史稿》⑥，尽管是初步的，还是向综合成果走了一步。

陈学霖的主要贡献是金、元、明时期民间信仰和民间传说的研究（他还写作了许多其他题目的元史论著）。他在《中国明、清的白莲教教义和民众起义》⑦ 的论文中着重指出民间宗教是引发元末民众起义并导致新王朝的建立的一个因素。这个题目引起了中国大陆最著名的元史研究中心南京大学元史研究室的注意，最积极研究这个题目的是该室的学者邱树森。研究室出版了两种极有意思的刊物：《元史及北

---

① ［548］箭内亘：《元代社会三阶级》，《满鲜地理历史研究报告》（1916年12月），陈捷、陈清泉汉译本：《元代蒙汉色目待遇考》（上海，无出版日期；台北，1963年重印）。

② ［874］蒙思明：《元代社会阶级制度》（1938年版；香港，1967年再版）。

③ ［879］鞠清远：《元代系官匠户研究：质认为元代官局匠户是奴隶的人们》。英文节译载于［89］约翰·德弗朗西斯、孙任以都翻译：《中国社会史论著选译》（华盛顿，1956年版），第234—246页。

④ ［856］萧启庆：《元代史新探》（台北，1983年版）。

⑤ ［849］黄清连：《元代户计制度研究》（台北，1977年版）。

⑥ ［759］李干：《元代社会经济史稿》（武汉，1985年版）。

⑦ ［53］陈学霖：《中国明、清的白莲教教义和民众起义》。

方民族史研究集刊》和《元史论集》。

中华人民共和国的另一个著名的元史研究中心位于呼和浩特的内蒙古大学。元史研究领域的学术带头人陈高华在中国社会科学院历史研究所（北京），他主要研究社会和制度问题；还有周良霄，主要研究政治史和前元时期的蒙古史。

伊丽莎白·恩迪科特-韦斯特研究元代地方政府①和前元及元代的“斡脱”商人，托马斯·T. 爱尔森亦对此有研究②，这些研究都与元代社会史有重要的关系。莫里斯·罗沙比的忽必烈汗的新传记（1988年出版），加深了我们对这个元代最伟大的统治者的了解，在他统治时期，实现了社会立法。罗沙比的著作和他的论文《忽必烈汗和他家族的妇女》③ 叙述了元代宫廷和皇帝家族的社会史，揭示了那一时代蒙古人和汉人精英社会方式的极大不同。

① [105] 伊丽莎白·恩迪科特-韦斯特：《蒙古在中国的统治：元代的地方行政管理》（坎布里奇，1989年版）。

② [10] 托马斯·T. 爱尔森：《1200—1260年间的蒙古诸王与斡脱》；[104] 伊丽莎白·恩迪科特-韦斯特：《元代中国的商人组合：斡脱》。

③ [425] 莫里斯·罗沙比：《忽必烈汗和他家族的妇女》。

参 考 书 目

英日文等书目

[1] Abe Takeo 安部健夫. "Daigen tsūsei no kaisetsu 大元通制の解說." In Abe Takeo, *Gendaishi no kenkyū* 元代史の研究 Tokyo: Sōbunsha, 1972, pp. 253—319.
安部健夫:《〈大元通制〉解说》,《元代史研究》,第 253—319 页。

[2] Abe Takeo. "Gendai chishikijin to kakyo 元代知識人と科舉." In Abe Takeo, *Gendaishi no kenkyū* 元代史の研究. Tokyo: Sōbunsha, 1972, pp. 3—53.
安部健夫:《元代知识分子与科举》,《元代史研究》,第 3—53 页。

[3] Abe Takeo. "Where was the capital of the West Uighurs?" In the *Silver jubilee uolume of the Zimbun kagaku kenkyūsbo*. Kyoto: Kyōto daigaku jimbun kagaku kenkyūjo, 1954, pp. 435—450.
安部健夫:《西回鹘的都城何在?》,《京都大学人文科学研究所 25 周年纪念论文集》,第 435—450 页。

[4] Abe Yukihiro 阿部征寛. *Mōko shūrai* 蒙古襲来. Tokyo: kyōikusha, 1980.
阿部征宽:《蒙古袭来》。

[5] Aida Nitō 相田二郎. *Mōko shūrai no kenkyū* 蒙古襲来の研究. Tokyo: Yoshikawa kōbunkan, 1971.
相田二郎:《蒙古袭来之研究》。

[6] Allsen, Thomas T. "Guard and government in the reign of the grand Qan Möngke." *Harvard Journal of Asiatic Studies*, 46(1986), pp. 500—521.
托马斯. T. 爱尔森:《蒙哥汗时期的护卫与统治机构》,《哈佛亚洲研究杂志》46 期,第 500—521 页。

[7] Allsen, Thomas T. "Mahmfid Yalavach." In *Yüan personalities*, de. Igor de Rachewiltz and Hok-lam Chan. Wiesbáden: Otto Harrassowitz, forthcoming.

托马斯. T. 爱尔森:《马合木·牙老瓦赤》,《元代人物传》,待出版。

[8] Allsen,Thomas T. "Mongol census taking in Rus',1245—1275." *Haruard Ukrainian Studies*,5(1981),pp. 32—53.

托马斯·T. 爱尔森:《1245—1275 年蒙古在俄罗斯的户口调查》,《哈佛乌克兰研究》5 期,第 32—53 页。

[9] Allsen,Thomas T. *Mongol imperialism: The policies of the Grand Qan Möngke in China, Russia, and the Islamic lands*,1251—1259. Berkeley and Los Angeles: University of California Press,1987.

托马斯·T. 爱尔森:《蒙古帝国主义:蒙哥汗对中国、俄罗斯和伊斯兰地区的政策(1251—1259 年)》。

[10] Allsen, Thomas T. "Mongolian princes and their merchant partners, 1200—1260." *Asia Major*,3rd series,2(1989),pt. 2,pp. 83—126.

托马斯. T. 爱尔森:《1200—1260 年间的蒙古诸王与斡脱》,《大亚细亚》,3 编 2 期,第 83—126 页。

[11] Allsen,Thomas T. *The Mongols in East Asia, twelfth-fourteenth centuries: A preliminary bibliography of books and articles in Western languages*. Sung Studies Research Aids no. I. Philadelphia: Sung Studies Newsletter,1976.

托马斯·T. 爱尔森:《12—14 世纪东亚的蒙古人:基本西文论著目录》,《宋史研究通信》,1976 年。

[12] Allsen,Thomas T. "Prelude to the western campaigns: Mongol military operations in the Volga-Ural region, 1217—1237." *Archivum Eurasiae Medii Aevi*,3(1983),pp. 5—24.

托马斯·T. 爱尔森:《西征的前奏:1217—1237 年蒙古对伏尔加—乌拉尔地区的军事行动》,《中古内陆亚洲文献研究》3 期,第 5—24 页。

[13] Allsen,Thomas T. "The Yüan dynasty and the Uighurs of Turfan in the 13th century." In *China among equals: The Middle Kingdom and its neighbors, 10th—14th centuries*, ed. Morris Rossabi. Berkeley and Los Angeles: University of California Press,1983,pp. 243—80.

托马斯·T. 爱尔森:《13 世纪的元朝和吐鲁番的畏兀儿人》,《同等国家中的中国:10—14 世纪的中国和它的邻国》,第 243—280 页。

[14] Ang,Melvin Thlick-len. "Sung-Liao diplomacy in eleventh-and twelfth-century China: A study of the social and political determinants of foreign policy." Ph. D. diss., University of Pennsylvania,1983.

梅尔文·斯里克兰·安:《11—12世纪中国的宋辽外交:决定对外政策的社会与政治因素研究》,宾夕法尼亚大学1983年博士论文。

[15] Aoyama Kōryō 青山公亮. *Genchō shōshoshō kō* 元朝尚书省考. Tokyo: Meiji daigaku bungaku kenkyūjō,1951.
青山公亮:《元朝尚书省考》。

[16] Aoyama Kōryō. "Rekidai kōdai kō 歷代行臺考." *Taihoku teikoku daiku bunsei gakubu shigaku ka kenkyū nempō* 臺北帝國大學文政學部史學科研究年報,2(1935),pp. 143—66.
青山公亮:《历代行台考》,《台北帝国大学文政学部史学科研究年报》2期,第143—166页。

[17] Aritaka 1wao 有高岩. "Gendai no nōmin seikatsu ni tsuite 元代の農民生活について." In *Kuwabara Hakushi kanreki kinen Tōyōshi ronsō* 桑原博士還歷紀念東洋史論叢, ed. Kuwabara Hakushi kanreki kinen shukugakai 桑原博士還歷紀念祝賀會. Kyoto: Kōbundō,1934, pp. 945—97.
有高岩:《元代农民的生活》,《桑原博士诞辰纪念东洋史论丛》,第945—997页。

[18] Atā Malik Juvaynī. *The history of the world conqueror*. 2 vols. Trans. John A. Boyle. Cambridge, Mass.: Harvard University Press, 1958.
阿塔蔑力克·志费尼:《世界征服者史》,约翰·A. 波义耳英译本,2卷。

[19] Atā Malik Juvaynī. *Tarīkh-i jahān gushā*. 3 vols. Ed. Mīrzā Muhammad Qazvīnī. London: Luzac, 1912—37.
阿塔蔑力克·志费尼:《世界征服者史》,米尔咱·穆罕默德·可疾维尼校勘波斯文本,3卷。

[20] Aubin, Francoise. "Géographie administrative et défense nationale en Chine: L'Exemple des dernières années des Chin(Kin)." In *Studia Sino Mongolica: Festschrift für Herbert Franke*, ed. Wolfgang Bauer. Münchener Ostasiatische Studien no. 25. Wiesbaden: Franz Steiner, 1979, pp. 83—8.
弗郎索瓦兹·奥班:《保护中国民族的地域行政管理:金朝末年的实例》,《汉—蒙古研究:傅海波颂寿论集》,第83—88页。

[21] Aubin, Francoise. "The rebirth of Chinese rule in times of trouble: North China in the early thirteenth century." In *Foundations and limits of state Power in China*, ed. Stuart R. Schram. London: School of Oriental and African Studies, University of London, and Hong Kong: Chinese Uni-

versity Press, 1987, pp. 113—46.

弗朗索瓦兹·奥班:《13 世纪初叶的北中国:困难境况下中原统治的重建》,《中国国家权力的基础与局限》,第 113—146 页。

[22] Ayers, John. "Some characteristic wares of the Yüan dynasty." *Transactions of the Oriental Ceramic Society*, 29(1957), pp. 69—86.

约翰·艾尔斯:《元代的典型瓷器》,《东方陶瓷学会会刊》,第 69—86 页。

[23] Backus, Charles. *The Nan-chao kingdom and T'ang China's southwestern frontier*. Cambridge: Cambridge University Press, 1981.

查尔斯·巴库斯:《南诏王国与唐代中国的西南边界》。

[24] Bacon, Elizabeth E. *Obok: A study of social structure in Eurasia*. Wenner-Gren Foundation for Anthropological Research, Publications in Anthropology no. 25. New York: Wenner-Gren Foundation for Anthropological Research, 1958.

伊丽莎白·E. 培根:《斡孛黑:欧亚大陆的社会结构研究》。

[25] Barfield, Thomas J. "The Hsiung-nu imperial confederation: Organization and foreign policy." *Journal of Asian Studies*, 41(1981), pp. 45—61.

托马斯·J. 巴菲尔德:《匈奴帝国联盟:组织结构与对外政策》,《亚洲研究杂志》41 期,第 45—61 页。

[26] Bafield Thomas J. *The perilous frontier: Nomadic empires and China*. Ed. Charles Tilly. Oxford: Basil Blackwell. 1989.

托马斯·J. 巴菲尔德:《危险的边界:游牧帝国与中国》,查尔斯·蒂利编。

[27] Barthold, Wilhelm (Vasilii V. Bartol'd). *Four studies on the history of Central Asia*. Trans. V. Minorsky and T. Minorsky. 3 vols. Leiden: Brill, 1956—62.

W. 巴托尔德:《中亚史四论》,V. 米诺斯基与 T. 米诺斯基英译本,3 卷。

[28] Barthold, Wilhelm (Vasilii V. Bartol'd). *Istoriia Turkestana*. Repr. in Wilhelm Barthold, *Sochineniia*, vol. 2, pt. 1. Moscow: Izdatel'stvo Vostoehnoi Literatury, 1963.

W. 巴托尔德:《突厥斯坦史》,2 卷。

[29] Barthold, Wilhelm (Vasilii V. Bartol'd). *Turkestan down to the Mongol invasion*. Trans. T. Minorsky. 3rd ed. E. J. W. Gibb Memorial Series, n. s., no. 5. London: Luzac, 1968.

W. 巴托尔德:《蒙古入侵时代及其前的突厥斯坦》,T. 米诺斯基英译本。

[30] Bauer, Wolfgang. *Der chinesische Personenname: Die Bildungsgesetze*

and hauptächlichsten Bedeutungsinhalte uon Ming, Tzu und Hsiao-ming. Asiatische Forschungn. Monographienreihe zur Geschichte, Kultur, und Sprache der Völker Ost-und Zentralasiens no. 4. Wiesbaden: Otto Harrassowitz, 1959.

沃尔夫冈·鲍尔:《中国人的名字:名、字和小名的形式和主要含义》。

[31] Bauer, Wolfgang, ed. *Studia Sino-Mongolica: Festschrift für Herbert Franke*. Münchener Ostasiatisehe Studien no. 25. Wiesbaden: Franz Steiner, 1979.

沃尔夫冈·鲍尔编:《汉—蒙古研究:傅海波颂寿论集》。

[32] Bawden, Charles R. *The Mongol Chronicle Altan Tobci*. Wiesbaden: Otto Harrassowitz, 1955.

查尔斯·R.鲍登:《蒙古编年史阿勒坦·脱卜赤》。

[33] Bawden, C. R., and S. Jagchid. "Some notes on the horse policy of theYüan dynasty." *Central Asiatic Journal*, 10(1965), pp. 246—68.

查尔斯·R.鲍登、札奇斯钦:《大元马政记简注》,《中亚杂志》10 期,第 246—268 页。

[34] Boodberg, Peter. "Dayan, Čінggis, and Shan-yü." In *Selected works of Peter A. Boodberg*, comp. Alvin P. Cohen. Berkeley and Los Angeles: University of California Press, 1979, pp. 85—9.

彼得·A.布德勃格:《达颜、成吉思和单于》,《彼得·A.布德勃格著作选》,第 85—89 页。

[35] Boyle, John A. "The burial place of the great khan Ogedei." *Acta Orientalia*, 32(1970), pp. 45—50.

约翰·A.波义耳:《窝阔台汗的葬地》,《东方杂志》32 期,第 45—50 页。

[36] Boyle, John A. "Dynastic and political history of the Īl Khāns." In *the Saljuq and Mongol periods*. Vo1. 5 of *The Cambridge history of Iran*, ed. John A. Boyle. Cambridge: Cambridge University Press, 1968, pp. 303—421.

约翰·A.波义耳:《伊利汗王朝史和政治史》,《剑桥伊朗史》,第 5 卷,第 303—421 页。

[37] Boyle, John A. "The Journey of Het'um, king of Little Armenia, to the court of the great khan Möngke." *Central Asiatic Journal*, 9(1964), pp. 175—89.

约翰·A.波义耳:《小亚美尼亚国王海都出使蒙哥汗廷纪行》,《中亚杂志》9期,第175—189页。

[38] Boyle,John A.,trans. *The successors of Genghis Khan: Translated from the Persian of Rashīd al-Din*. New York: Columbia University Press, 1971.

约翰·A.波义耳译,拉施特书:《成吉思汗的继承者》。

[39] Brown,William A. *Wen T'ien-hsiang: A biographical study of a Sung patriot*. San Francisco: Chinese Materials Center Publications, 1986.

威廉·A.布朗:《文天祥:一个宋朝爱国者的传记研究》。

[40] Budge,E. A. Wallis, trails. *The chronography of Gregory Abü'l faraj the son of Aaron, the Hebrew physician commonly known as Bar Hebraeus*. 2 vols. Oxford: Oxford University Press, 1932.

E. A.沃利斯·布治译:《格里哥里·阿布·法剌兹编年史》,作者为希伯来医生,通常称为把·赫卜列思(本书简译为《叙利亚编年史》)。

[41] Budge, E. A. Wallis, *trans, The monks of Kublai khan, emperor of China*. London: Religious Tract Society, 1928.

E. A.沃利斯·布治:《中国皇帝忽必烈汗的僧侣》。

[42] Buell,Paul D. "The role of the Sino-Mongolian frontier zone in the rise of Činggis Qan." In *Studies on Mongolia: Proceedings of the first North American conference on Mongolian studies*, ed. Henry G. Schwartz. Bellingham: Center for East Asian Studies, Western Washington University, 1979, pp. 63—76.

保罗·D.比尔:《成吉思汗兴起时汉地与蒙古边界的作用》,《蒙古研究:第一次北美蒙古研究学会会刊》,1979年,第63—76页。

[43] Buell,Paul D. "Sino-Khitan administration in Mongol Bukhara." *Journal of Asian History*, 13(1979), pp. 121—51.

保罗·D.比尔:《蒙古不花剌的汉—契丹管理机构》,《亚洲历史学刊》13期,第121—151页。

[44] Bush,Susan. "Literati culture under the Chin(1122—1234)." *Oriental Art*, n. s., vol. 15(1969), pp. 103—12.

苏珊·布什:《金朝(1122—1234年)的文人文化》,《东方艺术》,15卷,第103—112页。

[45] Cahill,James. Hills beyond a river: *Chinese painting of the Yüan dynasty*. New York: John Weatherhill, 1976.

詹姆斯·卡希尔:《山水画:元代的中国画》。

[46] Chan, Hok－lam(Ch'an Hsüeh-lin). "Chinese official historiography at the Yüan court: The composition of the Liao, Chin, and Sung histories." In *China under Mongol rule*, ed. John D. Langlois, Jr. Princeton, N. J.: Princeton University Press, 1981, pp. 56—106.

陈学霖:《元代官修史学:辽、金、宋三史的修撰》,《蒙古统治下的中国》,第 56—106 页。

[47] Chan, Hok-lam(Ch'en Hsüeh-lin). *The historiography of the Chin drnasty: Thtee studies*. Wiesbaden: Franz Steiner, 1970.

陈学霖:《金代史学三论》。

[48] Chan, Hok-1am(Ch'en Hsüeh-lin). *Legitimation in imperial China: Discussions under the Jurchen-Chin dynasty*(1115—1234). Seattle: University of Washington Press, 1984.

陈学霖:《中华帝国的正统观:女真—金朝(1115—1234 年)的讨论》。

[49] Chan, Hok-lam(Ch'en Hsüeh-lin). "Liu Ping-chung 劉秉忠(1216—74): A Buddhist-Taoist statesman at the court of Khubilai khan." *T'oung Pao*, 53(1967), pp. 98—146.

陈学霖:《忽必烈时期兼通佛道的政治家刘秉忠(1216—1274 年)》,《通报》53 期,第 98—146 页。

[50] Chan, Hok-lam(Ch'en Hsüeh-1in). "Prolegomena to the Ju-nan i shih: A memoir of the last Chin court under the Mongol siege of 1234." *Sung Studies Newsletter* 10. suppl. 1(1974), pp. 2—19.

陈学霖:《〈汝南遗事〉导论:1234 年蒙古包围下的晚金宫廷实录》,《宋史研究通信》10 期,第 2—19 页。

[51] Chan, Hok-lam(Ch'en Hsüeh-lin). "Tea production and tea trade under the Jurchen-Chin dynasty." In *Studia Sino-Mongolica: Festschrift für Herbert Franke*, ed. Wolfgang Bauer. Münchener Ostasiatische Studien no. 25. Wiesbaden: Franz Steiner, 1979, pp. 104—25.

陈学霖:《女真—金朝的茶叶生产和贸易》,《汉—蒙古研究:傅海波颂寿论集》,第 104—125 页。

[52] Chan, Hok-lam(Ch'en Hsüeh-lin). "Wang O(1190—1273)." *Papers on Far Eastern History*, 12(1975), pp. 43—70.

陈学霖:《王鹗(1190—1273 年)》,《远东史集刊》12 期,第 43—70 页。

[53] Chan, Hok-lam(Ch'en Hsüeh-lin). "The White Lotus-Maitreya doctrine and popular uprisings in Ming and Ch'ing China." *Sinologica*, 10(1968—

9), pp. 211—33.

陈学霖:《中国明、清的白莲教教义和民众起义》,《汉学》10 期,第 211—233 页。

[54] Chan, Hok-lam (Ch'en Hsüeh-lin). "Yao Shu (1201—1278)." *Papers on Far Eastern History*. 22 (1980), pp. 17—50.

陈学霖:《姚枢(1201—1278 年)》,《远东史集刊》22 期,第 17—50 页。

[55] Chan, Hok-lam (Ch'en Hsüeh-lin), and William Theodore de Bary, eds. *Yüan thought: Chinese thought and religion under the Mongols*. New York: Columbia University Press, 1982.

陈学霖、威廉·T. 德巴里:《元代思想:蒙古统治下的中国思想和宗教》。

[56] Chan, Wing-trsit. "Chu Hsi and Yüan Neo-Confucianism." In *Yüan thought: Chinese thought and religion under the Mongols*, ed. Hok-lain Ch'an and William Theodore de Bary. New York: Columbia University Press, 1982, pp. 197—231.

陈荣捷:《朱熹和元代理学》,《元代思想:蒙古统治下的中国思想和宗教》,第 197—231 页。

[57] Chao Kang. *Man and land in Chinese history: An economic analysis*. Stanford, Calif.: Stanford University Press, 1986.

赵冈:《经济分析:中国历史中的人与土地》。

[58] Chavannes, Édouard. "Inscriptions et pièces de chancellerie chinoises de l'époque mongole." *T'oung Pao*, 5 (1904), pp. 357—447; 6 (1905), pp. 1—42; 9 (1908), pp. 297—428.

沙畹:《蒙古时代的汉文碑铭和文献》,《通报》,5 卷,第 357—447 页;6 卷,第 1—42 页;9 卷,第 297—428 页。

[59] Chavannes, Édouard. "Pei Yuan lou 北轅録: Récit d'un voyage dans le Nord par Tcheou Chan 周煇." *T'oung Pao*, 5 (1904), pp. 162—92.

沙畹:《周煇的北辕录》,《通报》,5 卷,第 162—192 页。

[60] Chavannes, Édouard. Review of A. I. Ivanov, "Stranitsa iz isorij Si-sia (Une page de l'histoire du Si-hia; Bulletin de l'Aeademie impériale des sciences de SaintPéersbourg, 1911, pp. 831—836." *T'oung Pao*, 12 (1911), pp. 441—6.

沙畹:《A. I. 伊凤阁西夏史论评述》,《通报》,12 卷,第 441—446 页。

[61] Chavannes, ÉdOuard. "Voyageurs Chinöis chez les Khitan et les Joutchen," pt. 1. *Journal Asiatique*, 9th series, no. 9 (1897), pp. 377—442; pt. 2.

Journal Asiatique, 9th series, no. 11(1898), pp. 361—439.
沙畹:《出使契丹和女真的中国旅行者》,《亚洲杂志》,9 卷 9 号,第 377—442 页;9 卷 11 号,第 361—439 页。

[62] Ch'en, Kenneth. *Buddhism in China: A historical survey*. Princeton, N.J.: Princeton University Press, 1964.
陈观胜:《中国的佛教:历史的考察》。

[63] Ch'en, Paul Heng-chao. *Chinese legal tradition under the Mongols: The code of 1291 as reconstructed*. Princeton, N.J.: Princeton University Press, 1979.
陈恒昭:《蒙古统治下的中国法律传统:1291 年法典复原》。

[64] Clark, Larry V. "The theme of revenge in the *Secret history of the Mongols*." *In* vo 1.2 *of Aspects of Altaic civilization*, ed. Larry V. Clark and Paul A. Draghi. Indiana University Uralic and Altaic Series no. 134. Bloomington: Indiana University Press, 1978, pp. 37—57.
拉里·V. 克拉克:《〈蒙古秘史〉的复仇主题》,《阿尔泰文明形态》,2 卷,第 37—57 页。

[65] Cleaves, Francis W. "The biography of Bayan of the Bārin in the Yüan shih." *Harvard Journal of Asiatic Studies*, 19(1956), pp. 185—303.
柯立夫:《〈元史〉中的八邻部人伯颜传》,《哈佛亚洲研究杂志》19 期,第 185—303 页。

[66] Cleaves, Francis W. "The biography of the empress Čabi in the *Yüan shih*." *Harvard Ukrainian Studies*, 3—4(1979—80), pp. 138—50.
柯立夫:《〈元史〉中的察必皇后传》,《哈佛乌克兰研究》3—4 期,第 138—150 页。

[67] Cleaves, Francis W. "A Chinese source bearing on Marco Polo's departure from China and a Persian source on his arrival in Persia." *Harvard Journal of Asiatic Studies*, 36(1976), pp. 181—203.
柯立夫:《关于马可·波罗离开中国的中文史料和到达波斯的波斯文史料》,《哈佛亚洲研究》杂志 36 期,第 181—203 页。

[68] Cleaves, Francis W. "*Darugha and gerege*." *Harvard Journal of Asiatic Studies*, 16(1953), pp. 237—59.
柯立夫:《达鲁花赤考》,《哈佛亚洲研究》杂志 16 期,第 237—259 页。

[69] Cleaves, Francis W. "The eighteenth chapter of an early Mongolian version of the *Hsiao ching*." *Harvard Journal of Asiatic Studies*, 45

(1985.), pp. 225—54.

柯立夫:《早期蒙文译本〈孝经〉第十八章》,《哈佛亚洲研究杂志》45 期,第 225—254 页。

[70] Cleaves, Francis W. "The 'Fifteen "Palace poems" by K'o Chiu-ssu." *Harvard Journal of Asiatic Studies*, 20(1957), pp. 391—479.

柯立夫:《柯九思的〈宫词十五首〉》,《哈佛亚洲研究杂志》20 期,第 391—479 页。

[71] Cleaves, Francis W. "The first chapter of an early Mongolian version of the Hsiao ching." *Acta Orientalia Academiae Scientiarum Hungaricae*, 36(1982), pp. 69—88.

柯立夫:《早期蒙文译本〈孝经〉第一章》,《匈牙利科学院东方研究杂志》36 期,第 69—88 页。

[72] Cleaves, Francis W. "The historicity of the Baljuna covenant." *Harvard Journal of Asiatic Studies*, 18(1955), pp. 357—421.

柯立夫:《班朱尼誓约的史实性》,《哈佛亚洲研究杂志》18 期,第 357—421 页。

[73] Cleaves, Francis W. "K'uei-k'uei or Nao-nao?" *Harvard Journal of Asiatic Studies*, 10(1947), pp. 1—12.

柯立夫:《巎巎考》,《哈佛亚洲研究杂志》10 期,第 1—12 页。

[74] Cleaves, Francis W. "The ling ji of Aruy of 1340." *Harvard Journal of Asiatic Studies*, 25(1964—5), pp. 31—79.

柯立夫:《1340 年阿鲁忽的令旨》,《哈佛亚洲研究杂志》25 期,第 31—79 页。

[75] Cleaves, Francis W. "The memorial for presenting the *Yüan shih*." *Asia Major*, *3rd series*, 1(1988), pp. 59—69.

柯立夫:《现存〈元史〉简论》,《大亚细亚》,3 编 1 期,第 59—69 页。

[76] Cleaves, Francis W., trans. *The secret history of the Mongols: For the first time done into English out of the original tongue, and provided with an exe getical com mentary*. Vol. 1. Cambridge, Mass.: Harvard University Press, 1982.

柯立夫英译:《蒙古秘史》,第 1 卷。

[77] Cleaves, Francis W. "The sino-Mongolian inscription of 1335 in memory of Chang Ying-jui." *Harvard Journal of Asiatic Studies*, 13(1950), pp. 1—131.

柯立夫:《1335 年张应瑞的汉蒙文碑铭》,《哈佛亚洲研究杂志》13 期,第 1—131 页。

[78] Cleaves, Francis W. "Uighuric mourning regulations." *Journal of Turkish Studies*, 1(1977), pp. 65—93.

柯立夫:《畏兀儿人的丧葬习俗》,《突厥研究杂志》1 期,第 65—93 页。

[79] Cordier, Henri. *Ser Marco Polo: Notes and addenda to Sir Henry Yule's edition, containing the results of recent research and discovery*. London: Murray, and New York: Scribner, 1920.

戈狄埃:《玉尔编译〈马可·波罗游记〉的注释和补遗》。

[80] Crump, James I. *Chinese theater in the days of Kublai khan. Tucson: University of Arizona Press*, 1980.

詹姆斯·I. 克伦普:《忽必烈汗时期的中国戏剧》。

[81] Crump, James I. "*Yüan-pen, Yüan drama's rowdy ancestor.*" *East and West*, 14(1970), pp. 473—91.

詹姆斯·I. 克伦普:《院本:元杂剧的祖源》,《东方与西方》14 期,第 473—491 页。

[82] Dardess, John W. *Confucianism and autocracy: Professional elites in the founding of the Ming dynasty*. Berkeley and Los Angeles: University of California Press, 1983.

窦德士:《儒学与独裁统治:建立明朝的精英》。

[83] Dardess, John W. "Confucianism, local reform, and centralization in late Yüan Chekiang, 1342—59." In *Yüan thought: Chinese thought and religion under the Mongols*, ed. Chan Hok-Lam and William Theodore de Bary. New York: Columbia University Press: 1982, pp. 327—74.

窦德士:《1342—1359 年元代末年浙江的儒学、地方改革和集权》,《元代思想:蒙古统治下的中国思想和宗教》,第 327—374 页。

[84] Dardess, John W. *Conquerors and Confucians: Aspects of political change in late Yüan China*. New York: Columbia University Press, 1973.

窦德士:《征服者与儒士:元代后期政治发展面面观》。

[85] Dardess, John W. "From Mongol empire to Yüan dynasty: Changing forms of imperial rule in Mongolia and Central Asia." *Monumenta Serica* 30(1972—3), pp. 117—65.

窦德士:《从蒙古帝国到元朝:帝国在蒙古和中亚统治形式的变化》,《华裔学志》30 期,第 117—165 页。

[86] Davis, Richard L. "Historiography as politics and Yang Wei-chen's 'Polemic on legitimate succession'." *T'oung Pao*, 59(1983), pp. 33—72.
戴仁柱:《史学观和杨维桢的〈正统辩〉》,《通报》59 期,第 33—72 页。

[87] Dawson, Christopher, ed. *The Mongol mission: Narratives and letters of the Franciscan missionaries in Mongolia and China in the thirteenth and fourteenth centuries*. New York: Sheed and Ward, 1955.
克里斯托弗・道森编:《出使蒙古记》。

[88] De Bary, William Theodore. *Neo-Confucian orthodoxy and the learning 0f the mind-and-beart*. New York: Columbia University Press, 1981.
狄百瑞:《理学和心学》。

[89] De Francis, John, and E-tu Zen Sun, trans. and eds. *Chinese social history: Translations of selected studies*. Washington, D. C.: American Council of Learned Societies, 1956.
约翰・德弗朗西斯、孙任以都编译:《中国社会史论著选译》。

[90] deHarlez, Charles J., trails. *Histoire del'empire de Kin ou empire d'Or, Aisin-Gurun-I-Suduri Bithe traduit du Mandchou*. Louvain: Charles Peeters, 1887.
夏尔・J. de 阿尔雷兹译:《金帝国史》。

[91] Demié ville, Paul. "Notes d'archéologie chinoise." *Bulletin de l'Ecole Franc aise d'Extrêeme-Orient*, 25(1925), pp. 458—67. Repr. in Paul Demiéville, *Choix d'études sinologiques* (1921—1970), ed. Yves Hervouet. Leiden: Brill, 1973, pp. 17—26.
戴密微:《中国考古札记》,《法兰西远东学院学报》25 期,第 458—467 页;《汉学研究(1921—1970 年)选集》第 17—26 页重载。

[92] Demiéville, Paul. "La Situation religieuse en Chine au temps de Marco Polo." In *Oriente Poliano: Studi e conferenze tenute all'Is. M. E. O. in occasione del VII centenario della nascita di Marco Polo* (1254—1954), ed. Istituto Italiano per il Medio ed Estremo Oriente. Rome: Istituto Italiano per il Medio ed Estremo Oriente, 1957, pp. 193—236.
戴密微:《马可・波罗时代中国的宗教形势》,《极东:意大利中东和远东研究所马可・波罗 700 周年寿诞学术讨论会文集》,第 193—236 页。

[93] Demiéville, Paul. "Les Tombeaux des Song méridionaux." *Bulletin de i'École Francaise d'Extreme-Orient*, 25(1925), pp. 458—467. Repr. in Paul Demiviélle, Choix d'études sinologiques(1921—1970), ed. YvesHer-

vouet. Leiden:Brill,1973,pp. 17—26.

戴密微:《南宋陵墓》,《法兰西远东学院学报》25 期,第 458—467 页;《汉学研究(1921—1970 年)选集》第 17—26 页重载。

[94] Derevianko, Evgeniia I. *Mokheskie pamiatniki Srednogo Amura*. Novosibirsk:Nauka,1975.

E. I. 德利万科:《中阿穆尔的靺鞨遗存》。

[95] Doleželová-Velingerová, M., and James I. Crump, trans. *Liu Chih-yüan chu-kungtiao: Ballad of the bidden dragon*. Oxford: Clarendon Press, 1971.

M. 答里吉洛娃-维林杰洛娃、詹姆斯 · I. 克伦普英译:《刘知远诸宫调:藏龙卧虎的民谣》。

[96] Dunnell, Ruth. "Soviet scholarship on Medieval China, 1982—1987." *Bulletin of Sung-Yüan Studies*, 20(1988), pp. 137—42.

邓如萍:《1982—1987 年苏联对中世纪中国的研究》,《宋元史研究通信》20 期,第 137—142 页。

[97] Dunnell, Ruth. "Tanguts and the Tangut state of Ta Hsia." Ph. D. diss, Princeton University, 1983.

邓如萍:《党项和党项人的国家西夏》,普林斯顿大学 1983 年博士论文。

[98] Dunnell, Ruth. "Who are the Tanguts? Remarks on Tangut ethnogenesis and the ethnonym Tangut." *Journal of Asian History*, 18(1984), pp. 78—89.

邓如萍:《谁是党项人? 党项的人种与种族特征》,《亚洲研究杂志》18 期,第 78—89 页。

[99] Eberhard, Wolfram. "Die Chin im chinesischen Theater." In *Studia Sino-Mongolica: Festschrift für Herbert Franke*, ed. Wolfgang Bauer. Münchener Ostasiatische Studien no. 25. Wiesbaden: Franz Steiner, 1979, pp. 345—52.

沃尔弗勒姆 · 埃伯哈德:《金朝的中国戏剧》,《汉—蒙古研究:傅海波颂寿论集》,第 345—352 页。

[100] Ebisawa, Tetsuo 海老澤哲雄. "Bondservants in the Yüan." *Acta Asiatica*, 45(1983), pp. 27—48.

海老泽哲雄:《元代的契约》,《亚洲杂志》45 期,第 27—48 页。

[101] Ebisawa Tetsuo. "Mongoru teikoku no tōhō sanōke ni kansuru shornondaiモンゴル帝國の東方三王家に關する諸問題." *Saitama daigaku*

kiyō 琦玉大學紀要,21(1972),pp. 31—46.

海老泽哲雄:《蒙古帝国的东方三王家族研究》,《琦玉大学学报》21 期,第 31—46 页。

[102] Endicott-West, Elizabeth. "Hereditary privilege in the Yüan dynasty." *Journal of Turkish Studies* (*Festschrift for Francis W. Cleayes*), 9 (1985), pp. 15—20.

伊丽莎白·恩迪科特—韦斯特:《元代的世袭特权荫》,《突厥研究杂志》9 期,第 15—20 页。

[103] Endicott-West, Elizabeth. "Imperial governance in Yüan times." *Harvard Journal of Asiatic Studies*, 46(1986), pp. 523—49.

伊丽莎白·恩迪科特—韦斯特:《元代的中央机构》,《哈佛亚洲研究杂志》46 期,第 523—549 页。

[104] Endicott-West, Elizabeth. "Merchant associations in Yüan China: The *ortogh*." *Asia Major*, 3rd series, 2(1989), pp. 127—54.

伊丽莎白·恩迪科特—韦斯特:《元代中国的商人组合:斡脱》,《大亚细亚》,3 编 2 期,第 127—154 页。

[105] Endicott-West, Elizabeth. *Mongolian rule in China: Local administation in the Yüan dynasty*. Cambridge, Mass.: Harvard University Press, 1989.

伊丽莎白·恩迪科特—韦斯特:《蒙古在中国的统治:元代的地方行政管理》。

[106] Endicott-West, Elizabeth. "The Yüan." In *Soviet studies of premodern China*, ed. Gilbert Rozman. Ann Arbor: University of Michigan Center for Chinese Studies, 1984, pp. 97—110.

伊丽莎白·恩迪科特—韦斯特:《元代》,《苏联对前现代化中国的研究》,第 97—110 页。

[107] Etani Toshiyuki 惠谷俊之. "Kaidō no ran ni kansuru ichi kōsatsu カイドウの亂に關する一考察" *In Tamura Hakushi shōsju Tōyōshi ronsō* 田村博士頌壽東洋史論叢, ed. Tamura Hakushi taikan kinen jigyōkai 田村博士退官紀念事業會. Kyoto: Tamura Hakushi taikan kinen jigyōkai, 1968, pp. 89—104.

惠谷俊之:《海都之乱的考察》,《田村博士颂寿东洋史论丛》,第 89—104 页。

[108] Farquhar, David M. *The government of China under Mongolian rule-A*

reference guide. Münchener Ostasiatische Studien no. 53. Stuttgart: Franz Steiner, 1990.

戴维·M.法夸尔:《蒙古统治下的中国政府:资料指南》。

[109] Farquhar, David M. "The official seals and ciphers of the Yüan period." *Monumenta Serica*, 25(1966), pp. 362—93.

戴维·M.法夸尔:《元代的官印和花押》,《华裔学志》25 期,第 362—393 页。

[110] Farquhar, David M. "Structure and function in the Yüan imperial government." In *China under Mongol rule*, ed. John D. Langlois, Jr. Princeton, N. J.: Princeton University Press, 1981, pp. 25—55.

戴维·M.法夸尔:《元代政府的结构与职能》,《蒙古统治下的中国》,第 25—55 页。

[111] Fletcher, Joseph. "Integrative history: Parallels and interconnections in the early modern period, 1500—1800." *Journal of Turkish Studies*, 9 (1985), pp. 37—57.

傅礼初:《全史:1500—1800 年近代化初期的平行发展与相互交流》,《突厥研究杂志》9 期,第 37—57 页。

[112] Fletcher, Joseph. "The Mongols: Ec ological and social perspectives." *Harvard Journal of Asiatic Studies*, 46(1986), pp. 11—50.

傅礼初:《蒙古人:生态环境和社会视野》,《哈佛亚洲研究杂志》46 期,第 11—50 页。

[113] Fletcher, Joseph. "Turco-Mongolian monarchic tradition in the Ottoman empire." *Harvard Ukrainian Studies*, 3—4(1979—80), pp. 236—51.

傅礼初:《奥托曼帝国中的突厥—蒙古人的君主制传统》,《哈佛乌克兰研究》3—4 期,第 236—251 页。

[114] Franke, Herbert. "Ahmed: Ein Beitrag zur Wirtschaftsgeschichte Chinas unter Qubilai." *Oriens*, 1(1948) pp. 222—36.

傅海波:《阿合马在忽必烈时期经济发展方面的贡献》,《东方》1 期,第 222—236 页。

[115] Franke, Herbert, trans. *Beiträge zur Kulturgeschichte Chinas unter der Mongolenberrschaft: Das Shah-kü sin-hua des Yang Yü*. Abhandlungen für die Kunde des Morgen landes, vol. 32, no. 2. Wiesbaden: Franz Steiner, 1956.

傅海波德文译本:《杨瑀〈山居新话〉:蒙古统治下中国文化的成就》。

[116] Franke, Herbert. "Die Belagerung von Hsiang-yang: Eine Episode aus dem Krieg zwischen Sung und Chin, 1206—1207." *Society and history: Essays in honor of Karl August Wittfogel*, ed. G. Ulmen. Berlin: de Gruyter, 1978, pp. 351—7.
傅海波:《1206—1207 年的围攻襄阳:宋金战争中的插曲》,《社会与历史:纪念卡尔·A. 魏特夫论文集》,第 351—357 页。

[117] Franke, Herbert. "Chia Ssu-tao(1213—1275): A 'bad last minister.'" In *Confucian personalities*, ed. Arthur F. Wright and Denis C. Twitchett. Stanford, Calif.: Stanford University Press, 1962, pp. 217—34.
傅海波:《贾似道(1213—1275 年):宋末权臣》,《儒士列传》,第 217—234 页。

[118] Franke, Herbert. "Chinese historiography under Mongol rule: The role of history in acculturation." Mongolian Studies, 1(1974), pp. 15—26.
傅海波:《蒙古统治下的中国史学:民族涵化中史学的作用》,《蒙古研究》1 期,第 15—26 页。

[119] Franke, Herbert. "Chinese law in a multinational society: The case of the Liao(907—1125)." Paper presented to the History of Chinese Medieval Law Conference, Bellagio, Italy, August 1981.
傅海波:《从辽朝(907—1125 年)看多民族社会的中国法律》,1981 年 8 月中国中世纪法律史研讨会论文。

[120] Franke, Herbert. "Chinese texts on the Jurchen: A translation of the Jurchen monograph in the *San ch'ao pei meng hui pien*." *Zentralasiatische Studien*, 9(1975), pp. 119—86.
傅海波:《有关女真的汉文史料:〈三朝北盟会编〉中有关女真资料的翻译》,《中亚细亚研究》9 期,第 119—186 页。

[121] Franke, Herbert. "Chinese texts on the Jurchen Ⅱ: A translation of chapter one of the *Chin shih*." *Zentralasiatische Studien*, 12(1978), pp. 413—52.
傅海波:《有关女真的汉文史料(2):〈金史〉卷 1 翻译》,《中亚细亚研究》12 期,第 413—452 页。

[122] Franke, Herbert. "Could the Mongol emperors read and write Chinese?" *Asia Major*, n. s., 3(1952), pp. 28—41.
傅海波:《蒙古皇帝能读、写汉文吗?》,《大亚细亚》新 3 期,第 28—41 页。

[123] Franke, Herbert. *Diplomatic missions of the Sung state*, 960—1276. Canberra: Australian National University, 1981.
傅海波:《宋朝(960—1276 年)的外交使节》。

[124] Franke, Herbert. "*Dsehau Mong-fu: Das Leben eines chinesisehen Staatsmannes, Gelehrten und Künstlers unter der Mongolenherrschaft.*" Sinica, 15(1940), pp. 25—48.
傅海波:《赵孟頫:一个中国政治家、学者和艺术家在蒙古统治下的生活经历》,《中国研究》15 期,第 25—48 页。

[125] Franke, Herbert. "Etymologische Bemerkungen zu den Vokabularen der Jureen-Sprache." In *Florilegia Manjurica in memoriam Walter Fuchs*, ed. Michael Weiers and Giovanni Stary. Asiatische Forsehungen no. 80. Wiesbaden: Otto Harrassowitz, 1982, pp. 7—18.
傅海波:《关于女真语的词源学注释》,《纪念瓦尔特·福克斯满学论集》,第 7—18 页。

[126] Franke, Herbert. *From tribal chieftain to universal emperor and god: The legitimation of the Yüan dynasty*. Munich: Verlag der Bayerisehen Akademie der Wissensehaften, 1978.
傅海波:《从部落领袖到至高无上的皇帝和神:元代的正统观念》。

[127] Franke, Herbert. *Gela und Wirtschaft in China unter der Mongolenherrschaft: Beiträge zur Wirtschaftsgeschichte der Yuan-Zeit*. Leipzig: Otto Harrassowitz, 1949.
傅海波:《蒙古统治下中国的货币和经济:元代经济史研究》。

[128] Franke, Herbert. "Jurehen customary law and the Chinese law of the Chin dynasty." In *State and law in East Asia: Festschrift Karl Bünger*, ed. Dieter Eikemeier and Herbert Franke. Wiesbaden: Otto Harrassowitz. 1981. pp. 215—33.
傅海波:《女真习惯法和金代中国的法律》,《东亚的国家与法律:卡尔·宾格尔颂寿论集》,第 215—233 页。

[129] Franke, Herbert. "The legal system of the Chin dynasty." In *Collected studies on Sung history dedicated to Professor JaragsT. C. Liu in celebration of his seventieth birthday*, ed. Tsuyoshi Kinugawa. Kyoto: Dohōsha, 1989, pp. 387—409.
傅海波:《金代的法律制度》,《刘子健教授古希颂寿宋史纪念论集》,第 387—409 页。

[130] Franke, Herbert. *Nordchina am Vorabend der mongolischen Eroberungen: Wirtschaft und Gesellschaft unter der Chin-Dynastie*. Geisteswissenschaften, Vorträge-Rheiniseh-Westfäische Akademie der Wissensehaften no. G 228. Opladen: Westdeutscher Vedag, 1978.
傅海波:《从建国到蒙古征服前的北中国:金代的经济与社会》。

[131] Franke, Herbert. "A note on wine." *Zentralasiatische Studien*. 8(1974), pp. 241—5.
傅海波:《葡萄酒小考》,《中亚细亚研究》8 期,第 241—245 页。

[132] Franke, Herbert. "Review of Vorob'ev, M. V., *Chzhurzheni i gosudarstvo Tszin'*." *Monumenta Serica*, 32(1978), pp. 404—8.
傅海波:《评 M. V. 沃罗别夫的〈女真和金国〉》,《华裔学志》32 期,第 404—408 页。

[133] Franke, Herbert. "The role of the state as structural element in polyethnic societies." In *Foundations and limits of state power in China*, ed. Stuart R. Schram. London: School of Oriental and African Studies, and Hong Kong: Chinese University Press, 1987, pp. 87—112.
傅海波:《多种族社会中国家作为一种结构成分的作用》,《国家权力在中国的作用和限制》,第 87—112 页。

[134] Franke, Herbert. "Sen-ge: Das Leben eines uigurisehen Staatsbeamten zur Zeit Chubilai's dargestellt nach Kapitel 205 der Yüan-Annalen." *Sinica*, 17(1942), pp. 90—113.
傅海波:《从〈元史〉卷 205〈奸臣传〉看忽必烈时期的畏兀儿政治家桑哥的活动》,《中国研究》17 期,第 90—113 页。

[135] Franke, Herbert. "Sino-Western contaets under the Mongol empire." *Journal of the Royal Asiatic Society: Hong Kong Branch*, 6(1966), pp. 49—72.
傅海波:《蒙古帝国时期的中西接触》,《皇家亚洲学会集刊》6 期,第 49—72 页。

[136] Franke, Herbert. "Some aspects of Chinese private historiography in the thirteenth and fourteenth centuries." In *Historians of China and Japan*, ed. William G. Beasley and Edwin G. Pulleyblank. Oxford: Oxford University Press, 1961, pp. 115—34.
傅海波:《13—14 世纪中国私修史著》,《中国和日本的史学家》,第 115—134 页。

[137] Franke, Herbert. "Some folkloristic data in the dynastic history of the Chin." In *Legend, lore and religion in China: Essays in honor of Wolfram Eberhard on his seventieth birthday*. ed. Sarah AUan and Alvin P. Cohen. San Francisco: Chinese Materials Center, 1979, pp. 135—53.
傅海波:《金朝史中的一些民间传说资料》,《中国传说、学术与宗教:艾木华七十荣庆论文集》,第135—153页。

[138] Franke, Herbert. *Studien und Texte zur Kriegsgeschichte der südlichen Sungzeit*. Asiatische Forsehungen no. 102. Wiesbaden: Otto Harrassowitz, 1987.
傅海波:《南宋战争史研究与资料》。

[139] Franke, Herbert, ed. Sung biographies. 4 vols. Wiesbaden: Franz Steiner. 1976—8.
傅海波:《宋人传记》,4卷。

[140] Franke, Herbert. "A Sung embassy diary of 1211—1212: The *Shih-Chin lu of Ch'eng Cho*." *Bulletin de l'École Francaise d'Extrême-Orient*, 69 (1981), pp. 171—207.
傅海波:《1211—1212年宋人使者的日记:程卓的〈使金录〉》,《法兰西远东学院学报》69期,第171—207页。

[141] Franke, Herbert. *Tangutische und čhinesische Quellen zur Militärgesetzgebung des* Ⅱ. *bis* 13. *Jahrhunderts*. *See* Evgenii I. Kychanov.
傅海波:《11—13世纪的西夏文与汉文军事法典》,见克恰诺夫的论著。

[142] Franke, Herbert. "Tan-pa, a Tibetan lama at the court of the greatkhans." In vol. 1 of *Orientalia Venetiana*. ed. Mario Sabattini. Florence: Leo S. Olsehki, 1984, pp. 157—80.
傅海波:《胆巴:汗庭中的吐蕃喇嘛》,《东方威尼斯》,第1卷,第157—180页。

[143] Franke, Herbert. "Tibetans in Yüan China." In *China under Mongol rule*. ed. John D. Langlois, Jr. Princeton, N. J.: Princeton University Press, 1981, pp. 296—328.
傅海波:《元代中国的吐蕃人》,《蒙古统治下的中国》,第296—328页。

[144] Franke, Herbert. "Treaties between Sung and Chin." In *Études Song in memoriam Étienne Balázs*, 1st series, no. 1. Paris: Mouton and École pratique des hautes études, 1970, pp. 55—84.

傅海波:《宋金条约》,《纪念白乐日宋史论文集》,第 55—84 页。

[145] Franke, Herbert. "The 'Treatise on punishments' in the Liao history." *Central Asiatic Journal*, 27(1983), pp. 9—38.

傅海波:《辽史中的"刑法志"》,《中亚杂志》27 期,第 9—38 页。

[146] Franke, Herbert. "Women under the dynasties of conquest." In *La Donna nella Cina imperiale e nella Cina repubblicana*, ed. Lionello Lanciotti. Florence: Leo S. Olschki, 1980, pp. 23—43.

傅海波:《征服王朝下的妇女》,《帝国时代和共和国时代的中国妇女》,第 23—43 页。

[147] Franke, Otto. *Geschichte des chinesischen Reiches*. 5 vols. Berlin: W. de Gruyter, vol. 1, 1930; vol. 2, 1936; vol. 3, 1937; vol. 4, 1948; vol. 5, 1952.

奥托・福兰阁:《中华帝国史》,5 卷。

[148] Friedland, Paul. "A reconstruction of early Tangut history." Ph. D. diss., University of Washington, 1969.

保罗・弗里德兰:《早期党项史》,华盛顿大学 1969 年博士论文。

[149] Fuchs, Walter. "Analecta zur mongolischen Übersetzungsliteratur der Yüan-Zeit." *Monumenta Serica*, 11(1946), pp. 33—64.

沃尔特. 富克斯:《元代的蒙文译著》,《华裔学志》11 期,第 33—64 页。

[150] FujishimaTateki 藤島建樹. "Gen no Juntei to sono jidai 元の順帝とその時代." *Ōtani gakuhō* 大谷學報, 49 (March 1970), pp. 50—65.

藤岛建树:《元顺帝时代》,《大谷学报》49 期,第 50—65 页。

[151] Fujishima Tateki. "Gen no Minsō no shōgai 元の明宗の生涯." *Ōtani shigaku* 大谷學報, 12(1970), pp. 12—28.

藤岛建树:《元明宗的生涯》,《大谷学报》12 期,第 12—28 页。

[152] Gabelentz, Hans Conon von der. *Geschichte der grossen Liao aus dem Mandschu übersetzt*. St. Petersburg: Commissionaire der kaiserlischen Akademie der Wissenschaften, 1877.

贾柏连德译本:《满洲边缘的辽史》。

[153] Geley, Jean-Philippe. "L'Ethnonyme mongol à l'époque prečinggisqanide (XII siècle)." *Études Mongoles*, 10(1979), pp. 59—89.

简—菲立浦・戈里:《成吉思汗前的蒙古族(12 世纪)》,《蒙古研究》10 期,第 59—89 页。

[154] Gellner, Ernest. "Anomalies of no fixed abode." *Times Literary Supple-*

ment, 13 March 1981, p. 273.

欧内斯特·盖尔纳:《迁徙无常的家》,《纽约时报副刊》1981 年 3 月 13 日,第 273 页。

[155] Gernet, Jacques. *Daily life in China on the eve of the Mongol invasion*, 1250—1276. Trans. H. M. Wright. New York: Macmillan, 1962.

谢和耐(H. M. 赖特英译):《蒙古入侵前中国的日常生活,1250—1276 年》。

[156] Gemet, Jacques. *La Vie quotidienne en Chine à la veille de l'invasion Mongole*, 1250—1276. Paris: Hachette, 1959.

谢和耐:《蒙古入侵前中国的日常生活,1250—1276 年》(法文)。

[157] Gibert, Lucien. *Dictionnaire historique et géographique de la Mandchourie*. Hong Kong: Imprimerie de la Société des Missions-Étrangers, 1934.

卢森·吉伯特:《满洲历史地理辞典》。

[158] Golden, Peter B. "Imperial ideology and the sources of political unity amongst the pre-Činggisid nomads of western Eurasia." *Archivum Eurasiae Medii Aevi*. 2(1982), pp. 57—76.

彼德·B. 戈尔登:《西欧亚大陆前成吉思汗游牧部落的政治组织和国家观念》,《中世纪欧亚文献》2 期,第 57—76 页。

[159] Goodrich, L. Carrington, and Chaoying Fang, eds. *Dictionary of Ming biography*. 2 vols. New York: Columbia University Press, 1976.

富路特、房兆楹编:《明人传记辞典》,2 卷。

[160] Groeneveldt, W. P. "The expedition of the Mongols against Java in 1293A. D. "*China Review*, 4(January-February 1876), pp. 246—54.

W. P. 格罗内瓦特:《1293 年蒙古人对爪哇的征伐》,《中国评论》4 期,第 246—254 页。

[161] Grube, Wilhelm. *Die Sprache und Schrift der Jucen*. Leipzig: Otto Harrassowitz, 1896; repr. Peking: Licoph Service, 1939.

葛鲁贝:《女真的语言与文字》。

[162] Haeger, John W. "Marco Polo in China? Problems with internal evidence. "*Bulletin of Sung and Yüan Studies*, 14(1978), pp. 22—30.

约翰·W. 海格尔:《马可·波罗到过中国吗? 从内证中看到的问题》,《宋元研究会刊》14 期,第 22—30 页。

[163] Haenisch, Erich. *Zum Untergang zweier Reiche: Berichte von Au-*

genzeugen aus den Jahren 1232—33 *und* 1268—70. Wiesbaden: Otto Harrassowitz, 1969.

E. 海涅什:《两个王朝的灭亡:1232—1233 年和 1368—1370 年目击者的报告》。

[164] Haenisch, Erich, and Yao Ts'ung-wu. Trans and ed. Peter Olbrieht and Elisabeth Pinks. *Meng-ta pei-lu und Hei-ta shih-lüeh: Chinesische Gesandtenberichte über die frühen Mongolen* 1221*und* 1237. nach Vorarbeiten von Erich Haenisch und Yao Ts'ung-wu ubersetzt und kommentiert von Peter Olbrieht und Elisabeth Pinks: Eingeleitet von Werner Banek. Wiesbaden: Otto Harrassowitz, 1980.

E. 海涅什、姚从吾等编译:《〈蒙鞑备录〉与〈黑鞑事略〉》。

[165] Halperin, Charles J. *Russia and the Golden Horde: The Mongol impact on medieval Russian history*. Bloomington: Indiana UniversiIy Press, 1985.

查理斯·J. 哈柏林:《金帐汗国与俄罗斯:蒙古对俄罗斯中世纪史的影响》。

[166] Hambis, Louis, trans. *Le chapitre cviii du Yuan che: Les Fiefs attribés aux membres de la famille impéiale et aux ministres de la cour mongoled' après l'histoire chinoise officidte de la dynastic mongole. Monographies du T'oung Pao*, vol. 3. Leiden: Brill, 1954.

韩百诗:《〈元史〉卷 108〈诸王表〉译注》。

[167] Hambis, Louis, trans. *Le chapitre cvii du Yuan che: Les Généalogies impériales mongoles dans l'histoire chinoise officielle de la dynastie mongole. Avec des notes supplémentaires par Paul Pelliot*. T'oung Pao Suppl. no. 38. Leiden: Brill, 1945.

韩百诗:《〈元史〉卷 107〈宗室世系表〉译注》。

[168] Hambis, Louis. *Gengis khan*. Paris: Presses Universitaires de France, 1973.

韩百诗:《成吉思汗》。

[169] Hambis, Louis. "L'Hismire des Mongols avant Genghi-khan d'après les sources chinoises et mongoles, et la documentation conservée parRašīd-al-Dīn. "*Central Asiatic Journal*, 14(1970), pp. 125—33.

韩百诗:《成吉思汗先世史:以汉、蒙文史料及拉施特的记载为依据》,《中亚学报》14 期,第 125—133 页。

[170] Hambis, Louis. "Notes préiliminaires à une biographie de Bayan le Märkit." *Journal Asiatique*, 241(1953), pp. 215—48.
韩百诗:《篾儿乞部伯颜传札记》,《亚洲杂志》241 期, 第 215—248 页。

[171] Hambis, Louis. "Notes sur l'histoire de Corée à l'époque mongole." *T'oung Pao*, 45(1957), pp. 151—218.
韩百诗:《蒙古时代高丽史札记》,《通报》45 期,第 151—218 页。

[172] Hamilton, James R. *Les Ouighours à l'époque des cinq dynasties d'après les documents chinois*. Paris: Presses Universitaires de France, 1955.
吉姆斯·R. 哈密顿:《中国史料中五代的回鹘》。

[173] Han Woo-keun(Han U-gŭn). *The history of Korea*. Trans. Lee Kyung-shik. Honolulu: East-West Center Press, 1971.
韩沽劢:《高丽史》,李京植英译。

[174] Hana, Cofinna. *Bericht uber die Vertidigung der Stadt le-an wahrend der Periode K'aihsi*, 1205 *bis* 1208. Wiesbaden: Franz Steiner, 1970.
科林娜·汉娜:《开禧间(1205—1208 年)德安城攻防战研究》。

[175] Haneda Tōru 羽田亨"Genchō ekiden zakkō 元朝驛傳雜考. Tōyō bunko sō kan; *Eiraku daiten. keisei daiten tan-sekima fukusd bon no fuhen* 東洋文庫叢刊:永樂大典,經世大典站赤門復制本の附篇. Tokyo: Tōyō bunko, 1930. Rpt. in *Haneda Hakushi shigaku rōmbun shū, jōkan, rekishihen* 羽田博士史學論文集,上卷:歷史篇(Kyoto, *Tōyōshi kenkyū sōkan* 3, 1—2, pp. 32—114).
羽田亨:《元朝驿传杂考》,原载东洋文库丛刊《永乐大典·经世大典·站赤》附篇,复载于《羽田博士史学论文集》上卷《历史篇》。

[176] Hanedu Tōru. "Mōko ekiden kō 蒙古驛傳考." Tokyo, *Tōyō kyōkai chōsabu gakujutsu hōkoku* 東洋協會調查部學術報告, vol. 1, 1909. Repr. in *Haneda Hakushi shigaku rombun shū, jōkan, rekishihen.* (Kyoto: *Tōyōshi kenkyū sō kan*, 3, 1—2, pp. 1—31.)
羽田亨:《蒙古驿传考》,原载《东洋协会调查部学术报告》卷 1,复载于《羽田博士史学论文集》上卷《历史篇》。

[177] Harada, Yoshito. *Shang-tu: The summer capital of the Yuan dynasty*. Tokyo: Tōa kokugakukai, 1941.
原田淑人:《元代夏都上都》。

[178] Hartwell, Robert. "A cycle of economic change in impefial China: Coal

and iron in northeast China, 750—1350." *Journal of the Economic and Social History of the Orient*, 10(1959), pp. 102—59.
罗伯特・哈特韦尔:《中华帝国经济变化周期:750—1350年东北中国的煤和铁》,《东方经济与社会史集刊》10期,第102—159页。

[179] Hatada Takashi 旗田巍. *Genkō: Mōko teikoku no naibu jijō* 元寇:蒙古帝國の内部事情. Tokyo: Chūōkōronsha, 1965.
旗田巍:《元寇:蒙古帝国的内部事务》。

[180] Hayden, George A. *Crime and punishment in medieval Chinese drama: Three Judge Pao plays*. Harvard East Asian Monographs no. 82. Cambridge, Mass.: Harvard University Press, 1978.
乔治・A. 海登:《中世纪中国戏剧中的罪与罚:三出包公戏》。

[181] Henthorn, William E. *Korea: The Mongol invasions*. Leiden: Brill, 1963.
威廉・E. 亨索恩:《高丽:蒙古的入侵》。

[182] Hino Kaisaburō 日野開三郎. "Teian koku 定安國." In vol. 6 of *Ajia rekishi jiten* アヅア歴史事典. Tokyo: Heibonsha, 1960, p. 388.
日野开三郎:《定安国》,《亚洲历史辞典》,第388页。

[183] Ho, Ping-ti. "An estimate of the total population of Sung-Chin China." In *Etudes Song in memoriam Étienne Balázs*, 1st series, no. 1, ed. Françoise Aubin. Paris: Mouton and École pratique des hautes études, 1970. pp. 33—53.
何炳棣:《中国宋金时期人口的估算》,《纪念白乐日宋史论文集》,第33—53页。

[184] Ho Ping-ti. *Studies on the population of China*, 1368—1953. Cambridge, Mass.: Harvard University Press, 1959.
何炳棣:《1368—1953年的中国人口研究》。

[185] Holmgren, Jennifer. "Marriage, kinship and succession under the Ch'itan rulers of the Liao dynasty (907—1125)." *T'oung Pao*, 72(1986), pp. 44—91.
詹尼弗・霍姆格伦:《辽朝(907—1125年)契丹统治下的婚姻、亲族和继承》,《通报》72期,第44—91页。

[186] Holmgren, Jennifer. "Observations on marriage and inheritance practices in early Mongol and Yiian society with particular reference to the levirate." *Journal of Asian History*, 20(1986), pp. 127—92.
詹尼弗・霍姆格伦:《尤重于财产转移的早期蒙古与元代社会的婚姻和

继承关系研究》,《亚洲历史杂志》20 期,第 127—192 页。

[187] Holmgren, Jennifer. "Yeh-lü, Yao-lien and Ta-ho: Views of the hereditary prerogative in early Khitan leadership." *Papers on Far Eastern History*, 34(1986), pp. 37—81.

詹尼弗·霍姆格伦:《耶律、遥辇与大贺:早期契丹部主的世袭特权观念》,《远东历史论集》34 期,第 37—81 页。

[188] Holt, P. M., Ann K. S. Lambton, and Bernard Lewis, eds. *The Cambridge history of Islam*. 2 vols. Cambridge: Cambridge University Press, 1970.

P. M. 霍尔特等编著:《剑桥伊斯兰史》。

[189] Hoog, Constance, trans. *Prince Jin-gim's textbook of Tibetan Buddhism*. Leiden: Brill, 1983.

康斯坦茨·胡格:《真金王子的西藏佛教经书》。

[190] Hori Kyotsu. *The Mongol invasions and the Kamakura bakufu*. Ph. D. diss., Columbia University, 1967.

Hori Kyotsu:《蒙古入侵和镰仓幕府》,哥伦比亚大学 1967 年博士论文。

[191] Horie Masaaki 崛江雅明. "Mongoru-Genehō jidai no tōhō san-urusu kenkyūjosetsuモソゴル—元朝時代の東方三ウルス研究序說." In *Tōhōgaku, ronshu: Ono Katsutoshi hakushi shjōu kinen* 東方學論集:小野勝年博士頌壽紀念, ed. Ono Katsutoshi hakushi shōju kinenkai 小野勝年博士頌壽紀念會. Kyoto: Ryūkoku daigaku Tŏyŏ shigaku kenkyūkai, 1982, pp. 377—410.

崛江雅明:《蒙古—元朝时期东方三王研究序说》,《小野胜年博士颂寿纪念东方学论集》,第 377—410 页。

[192] Horie Masaaki. "Temuge Otehigin to sono shisonラムゲオッチギンとその子孫." *Tōyō shien* 東洋史苑, 24—25(1986), pp. 225—70.

崛江雅明:《铁木哥斡赤斤的子孙》,《东洋史苑》24—25 期,第 225—270 页。

[193] Howorth, Sir Henry Hoyle. "The northern frontagers of China. Pt. V: The Khitai or Khitans." *Journal of the Royal Asiatic Society*, n. s., 13 (1881), pp. 121—82.

亨利·霍伊尔·霍渥斯:《中国的北疆·第五章:契丹人》,《皇家亚洲社会史集刊》13 期,第 121—182 页。

[194] Hsia, Chih-tsing. *The classic Chinese novel: A critical introduction*.

New York:Columbia University Press,1968.
夏志清:《中国古典小说导论》。

[195] Hsiao,Ch'i-ch'ing. *The military establishment of the Yüan dynasty*. Cambridge,Mass. :Harvard University Press,1978.
萧启庆:《元代的军事制度》。

[196] Hsiao,Ch'i -ch'ing. "Yen Shih,1182—1240." *Papers on Far Eastern History*,33(1986),pp. 113—28.
萧启庆:《严实,1182—1240 年》,《远东历史论集》33 期,第 113—128 页。

[197] Huang,Ray. "Ming fiscal administration." In *The Ming dynasty*, 1368—1644,pt. 2,vol. 8 of *The Cambrige history of China*,ed. Frederick W. Mote and Denis C. Twitchett (forthcoming).
黄仁宇:《明代的财政管理》,载于《剑桥中国明代史》(第 8 卷)。

[198] Huang,Ray. *Taxation and governmental finance in sixteenth-century Ming China*. Cambridge:Cambridge University Press,1974.
黄仁宇:《16 世纪明代的税收和政府财政》。

[199] Huang Shijian(Huang Shih-chien). "The Persian language in China during the Yüan dynasty." *Papers on Far Eastern History*,34(1986),pp. 83—95.
黄时鉴:《元代中国的波斯语》,《远东历史论集》34 期,第 83—95 页。

[200] Huber,Édouard,"Études Indoehinoises: V. -La Fin de al'dynastie de Pagan." *Bulletin de l' École Francaise d'Extrême-Orient*,9(1909),pp. 633—80.
于贝尔:《印度支那研究(5):蒲甘王朝》,《法兰西远东学院学报》9 期,第 633—680 页。

[201] Hucker,Charles O. *The censorial system of Ming China*. Stanford, Calif. :Stanford University Press,1966.
贺凯:《明代中国的监察制度》。

[202] Hucker,Charles O. *A dictionary of official titles in imperial China*. Stanford,Calif. :Stanford University Press,1985.
贺凯:《中国职官辞典》。

[203] Hucker,Charles O. "The Yüan contribution to censorial history." *Chung yang yen chiu yüan li shih yü yen yen chiu so chi k'an* 中央研究院歷史語言研究所集刊. *Bulletin of the Institute of History and Phi-*

lology, *Academia Sinica*, extra vol. 4(1960), pp. 219—27.

贺凯:《元代在监察史上的贡献》,《中央研究院历史语言研究所集刊》,增刊第 4 期,第 219—227 页。

[204] Hulsewé, A. "Review of Christian Schwarz-Schilling, *Der Friede von Shan-Yüan* (1005 *n. Chr.*): *Ein Beitrag zur Geschichte der chinesischen Diplomatie*." *T'oung Pao*, 47(1959), pp. 445—74.

A. 忽瑟维:《评施瓦茨—席林的〈澶渊之盟(1005 年):中国外交史的一大贡献〉》,《通报》47 期,第 445—474 页。

[205] Hummel, Arthur W., ed. *Eminent Chinese of the Ch'ing period*. 2 vols. Washington, D. C.: U. S. Government Printing Office, 1943— 44.

阿瑟·W. 赫梅尔编:《清代著名人物》,2 卷。

[206] Idema, Wilt L,, and Stephen H. West. *Chinese theater* 1100—1450: *A source book*. Wiesbaden: Franz Steiner, 1982.

威尔特·L. 艾德玛、斯蒂芬·H. 韦斯特:《1100—1450 年间的中国戏剧史料》。

[207] Ikeuchi Hiroshi 池内宏. *Genkō no shinkenkyu* 元寇の新研究. 2 vols. Tokyo: Tōyō bunko, 1931.

池内宏:《元寇的新研究》,2 卷。

[208] Ikeuchi Hiroshi. *Man-Sen shi kenkyū. vol.* 3: *Chūsei* 满鲜史研究: 中世. Tokyo: Yoshikawa kōbunken, 1963.

池内宏:《满鲜史研究》,3 卷。

[209] Imai Hidenori 今井秀周. "Kinchō ni okeru jikan meigaku no hatsubai 金朝に於る寺觀名額の發賣." *Tōhō shūky* 東方宗教, 45(1975), pp. 48—70.

今井秀周:《金朝寺观名额的出售》,《东方宗教》45 期,第 48—70 页。

[210] Imai Hidenori. "Kindai Joshin no shinkō-Saiten wo chūshin to shite 金代女真の信仰—祭天た中心とレこ." In *Tōyōgaku ronshū*: *Mori Mikisaburō Hakushi shōju kinen* 東洋學論集:森三樹三郎博士頌壽紀念, ed. Mori Mikisaburō Hakushi shōju kinen jigyōkai 森三樹三郎博士頌壽紀念事業會. Kyoto: Hōyū shoten, 1979, pp. 773—90.

今井秀周:《金代女真人以祭天为中心的信仰》,《森三树三郎博士颂寿纪念东洋学论集》,第 773—790 页。

[211] Inosaki Takaoki 井崎隆興. "Gendai no take no sembaiken to sono shikō Suru igi 元代の竹の專賣權とその施行する意義" *Tōyōshi kenkyū* 東洋

史研究,16(Seprember 1957)! pp. 29—47.
井崎隆兴:《元代施行竹专卖及其意义》,《东洋史研究》16期,第29—47页。

[212] Inosaki Takaoki. "Gendai shasei no seijiteki kōsatsu 元代社制の政治的考察." *Tōyōshi kenkyū* 東洋史研究,15(July 1956),pp. 1—25.
井崎隆兴:《元代社制政治的考察》,《东洋史研究》15期,第1—25页。

[213] Ishida Mikinosuke 石田幹之助。"Gendai no kōgeika Nepfiru no ōzoku Aniko no den ni tsuite 元代の工藝家ネパール王族阿尼哥の傳に就いて." *Mōko gakuhō* 蒙古學報,2(1941),pp. 244—60.
石田干之助:《出身尼泊尔王族的元代工艺家阿尼哥》,《蒙古学报》2期,第244—260页。

[214] Ishida Mikinosuke. "Gen no jōto ni tsuite 元の上都に就いて." In vol. 1 of *Nihon daigaku sōritsu shichijūnen kinen rombunshaū* 日本大學創立七十年紀念論文集, ed. Nihon daigaku 日本大學. Tokyo: Nihon daigaku, 1960. pp. 271—319.
石田干之助:《关于元之上都》,《日本大学创立70周年纪念论文集》,1卷,第271—319页。

[215] Ishida Mikinosuke. "Jurčica." In *Ikeuchi hakushi kanreki kinen Tōyōshi ronsō* 池内博士還歷紀念東洋史論叢. Tokyo: Sayubō kankōkai, 1940, pp. 39—57. Repr. in Ishida Mikinosuke, *Tōa bunkashi sōkō* 東亚文化史叢考. Tokyo: Tōyō bunko, 1973, pp. 71—86.
石田干之助:《女真文》,《东亚文化史丛考》,第71—86页。

[216] Ishii Susumu. "The decline of the Kamakura bakufu." In *Medieval Japan*, ed. Kozo Yamamura, vol 3 of *The Cambridge histor of Japan*. Cambridge: Cambridge University Press, 1990, pp. 128—75.
石井进:《镰仓幕府的衰落》,《剑桥日本史》,第3卷,第128—175页。

[217] Isono, Fujiko. "A few reflections on the *anda* relationship." In vol. 2 of *Aspects of Altaic civilization*, ed. Larry V. Clark and Paul A. Draghi. Indiana University Uralic and Altaic Series no. 134. Bloomington: Indiana University, 1978, pp. 81—7.
弗吉克·伊索诺:《"安答"关系初探》,《阿尔泰文明》,2卷,第81—87页。

[218] Isžamc, N. "L'État féodal mongol et les conditions de sa formation." *Etudes Mongoles*, 5(1974), pp. 127—30.

N. 伊斯拉克:《蒙古封建制的形成》,《蒙古研究》5 期,第 127—130 页。

[219] Iwai, Hirosato. "The source and meaning of Ta'chen, the dynastic title of P'u-hsien Wan-nu." *Memoirs of the Research Department of the Toyo bunko*, 9(1937), pp. 111—61.

海罗撒脱·伊威:《蒲鲜万奴国号大真的来源和意义》。

[220] Iwamura Shinobu 岩村忍. *Mongoru shakai keizaishi no kenkyū* モソゴル社會經濟史の研究. Kyoto: Kyōto daigaku jimbun kagaku kenkyōjo, 1968.

岩村忍:《蒙古社会经济史研究》。

[221] Iwamura Shinobu and Tanaka Kenji 田中謙二, eds. (*Kōteibon*) *Gentenshō: Keibu*(校定本)元典章;刑部. 2 vols. Kyōto: Kyōto daigaku jimbun kagaku kenkyūjo, 1964, 1972.

岩村忍、田中谦二编校:《元典章·刑部》,2 卷。

[222] Iwasaki Tsutomu 岩崎力. "Seiryōfu Banrashi seiken shimatsu kō 西涼府潘羅支政權始末考." *Tōhōgaku* 東方學, 47(1974), pp. 25—41.

岩崎力:《西凉府潘罗支政权始末考》,《东方学》47 期,第 25—41 页。

[223] Iwasaki Tsutomu. "Seiryōfu seiken no metsubō to Sōka zoku no batten 西涼府政權の滅亡と宗哥族の發展." In *Suzuki Shun sensei koki kinen Tōyōshi ronsō* 鈴木俊先生古稀紀念東洋史論叢, ed. Suzuki Shun sensei koki kinen Tōyōshi ronsō henshū iinkai 鈴木俊先生古稀記年東洋史論叢編集委員會. Tokyo: Yamakawa shuppansha, 1975, pp. 73—88.

岩崎力:《西凉府政权的灭亡与宗哥族的发展》,《铃木俊先生古稀纪念东洋史论丛》,第 73—88 页。

[224] Iwasaki Tsutomu. "Sōka jō Kokushira seiken no seikaku to kito 宗哥城唃廝啰政權の性格と企圖." *Chūō daigaku Ajia shi kenkyū* 中央大學アヅア史研究, 2(1978), pp. 1—28.

岩崎力:《宗哥城唃厮啰政权的性质与企图》,《中央大学蒙古史研究》2 期,第 1—28 页。

[225] Jagehid, Sechin. "Kitan struggles against Jürchen oppression: Nomadism versus sinicization." *Zentralasiatische Studien*, 16(1982), pp. 165— 85.

札奇斯钦:《契丹反对女真压迫的斗争:游牧与农耕》,《中亚细亚研究》16 期,第 165—185 页。

[226] Jagehid, Sechin. "The Kitans and their cities." *Centrat Astatic Journal*, 25(1981), pp. 70—88.

札奇斯钦:《契丹人和他们的城市》,《中亚杂志》25 期,第 70—88 页。

[227] Jagchid, Sechin. "Patterns of trade and conflict between China and the nomads of Mongolia." *Zentralasiatische Studien*, 11(1977), pp. 177—204.

札奇斯钦:《中原与蒙古游牧民的贸易往来和冲突》,《中亚细亚研究》11 期,第 177—204 页。

[228] Jagchid, Sechin, and Paul Hyer. *Mongolia's society and culture*. Boulder, Colo.: Westview, 1979.

札奇斯钦、保罗・海尔:《蒙古社会与文化》。

[229] Jagehid, Seehin, and Van Jay Simons. *Peace, war, and trade along the Great Wall: Nomadic-Chinese interaction through two millennia*. Bloomington: Indiana University Press, 1989.

札奇斯钦、范杰伊・西蒙斯:《长城沿线的和平、战争和贸易:二千年中游牧民与中国人的相互影响》。

[230] Jan, Yun-hua. "Chinese Buddhism in Ta-tu: The new situation and new problems." In *Yüan thought: Chinese thought and religion under the Mongols*. ed. Hok-lam Chan and William Theodore de Bary. New York: Columbia University Press, 1982, pp. 375—417.

冉云华:《大都的中国佛教:新形势和新问题》,《元代思想:蒙古统治下的中国思想和宗教》,第 375—417 页。

[231] Johnson, Douglas L. *The nature of nomadism: A comparative study of pastoral migrations in southwestern Asia and northern Afrtca*. University of Chicago, Department of Geography. Research paper no. 118. Chicago: University of Chicago Press, 1969.

道格拉斯・L. 约翰逊:《游牧生活的特性:西南亚和北非游牧民的比较研究》。

[232] Johnson, Linda Cooke. "The wedding ceremony for an imperial Liao princess: Wall paintings from a Liao dynasty tomb in Jilin." *Artibus Asiae*, 44(1983), pp. 107—36.

琳达・库克・约翰逊:《辽朝公主的婚仪:吉林辽代墓葬的壁画》,《亚洲艺术》44 期,第 107—136 页。

[233] Johnson, Wallace. *The T'ang code. vol. 1: General principles*. Princeton, N. J.: Princeton University Press, 1979.

华莱士・约翰逊:《唐律》,卷 1。

[234] Kahle, Paul. "Chinese porcelain in the lands of Islam." *Transactions of the Oriental Ceramic Society*, 18(1940—1), pp. 27—46.
保罗・卡尔:《伊斯兰地区的中国瓷器》,《东方陶瓷学会会刊》18 期,第 27—46 页。

[235] Kanda Kiichirō 神田喜一郎. "Gen no Bunsō no fūryō ni tsuite 元の文宗の風流に就いて." In *Haneda Hakushi shoju kinen Tōyoshi ronsō* 羽田博士頌壽紀念東洋史論叢, ed. Haneda Hakushi kanreki kinenkai 羽田博士還歷紀念會. Kyoto: Tōyōshi kenkyūkai, 1950, pp. 453—68.
神田喜一郎:《元文宗的风流》,《羽田博士颂寿纪念东洋史论丛》,第 453—468 页。

[236] Kane, Daniel A. "The Sino-Jurchen vocabulary of the Bureau of Interpreters." Ph. D. Diss.. Australian National University, 1975.
丹尼尔・A. 凯恩:《四夷馆的女真译语》,澳大利亚国立大学 1975 年博士论文。

[237] Kane, Daniel A. *The Sino-Jurchen vocabulary of the Bureau of Interpreters*. Bloomington: Indiana University Research Institute for Inner Asian Studies, 1989.
丹尼尔・A. 凯恩:《四夷馆的女真译语》。

[238] Kao Yu-kung. "Source materials on the Fang La rebellion." *Harvard Journal of Asiatic Studies*, 26(1966), pp. 211—40.
高友工:《方腊起义的原始资料》,《哈佛亚洲研究杂志》26 期,第 211—240 页。

[239] Kara, D. {Kara, György}. *Knigi mongol'skikh kochevnikov*. Moscow: Nauka, 1972.
卡拉:《蒙古游牧民的书籍》。

[240] Kara, D., E. I. Kychanov, and V. S. Starokov, "Pervaia nakhodka chzhurchzhen's kikhrukopisnykh tekstov na bumage." *Pis'mennye Pamiatniki Vostoka*, 1969, pp. 223—38.
卡拉、克恰诺夫、斯塔诺科夫:《书写在纸上的女真文字的首次发现》,《东方文献》,第 223—238 页。

[241] Karmay, Heather. *Early, Sino-Tibeta art*. Warminster: Aris and Phillips, 1975.
希瑟・卡尔梅:《早期汉藏艺术》。

[242] Kates, George N. "A new date for the origins of the Forbidden City."

Harvard Journal of Asiatic Studies,7(1943),pp. 180—202.
乔治·N. 凯茨:《紫禁城创建时代新说》,《哈佛亚洲研究杂志》7 期,第 180—202 页。

[243] Katō Shigeshi 加藤繁. *Shina keizaishi kōshō* 支那經濟史考證. 2 vols. Tōyō bunko ronsō 東洋文库论丛 no. 34. Tokyo: Tōyō bunko, 1952—3.
加藤繁:《中国经济史考证》,2 卷。

[244] Karsufuji Takeshi 勝藤猛. *Fubirai kan* 忽必烈汗. Tokyo: Jimbutsu shūraisha, 1966.
胜藤猛:《忽必烈汗》.

[245] Kawazoe Shōji. "Japan and East Asia." In *Medieval Japan*, ed. Kozo Yamamura, vol. 3 of *The Cambridge history of Japan*. Cambridge: Cambridge University Press, 1990, pp. 396—446.
川添昭二:《日本和东亚》,《剑桥日本史》,3 卷,第 396—446 页。

[246] Kawazoe, shōji 川添昭二. *Mōko shūrai kenkyū shiron* 蒙古襲来研究史論. Tokyo: Yūzankaku, 1977.
川添昭二:《蒙古袭来研究史论》。

[247] Kennedy, E. S. "The exact sciences in Iran under the Saljuqs and Mongols." In *The Saljuq and Mongol periods*, ed. John A. Boyle, vol. 5 of *The Cambridge history of Iran*. Cambridge: Cambridge University Press, 1968. pp. 659—79.
E. S. 肯尼迪:《撒勒术克和蒙古人统治下的伊朗精密科学》,《剑桥伊朗史》,5 卷,第 659—679 页。

[248] Khazanov, Anatoli M. *Nomads and the outside world*. Trans. Julia Crookenden. Cambridge: Cambridge University Press, 1984.
阿纳托尔·M. 卡扎诺夫:《游牧民与外部世界》,朱莉娅·克鲁肯登英译。

[249] Kirakos, Gandzaketsi. *Istoriia Armenii*. Trans. L. A. Khanlarian. Moscow: Nauka, 1976.
刚扎克茨·乞剌可思:《阿儿马尼(亚美尼亚)史》,L A. 甘拉瑞恩俄译。

[250] Kiselev, Sergei V., ed. *Drevnemongol'skie goroda*. Moscow: Nauka, 1965.
S. V. 吉谢列夫:《古代蒙古城市》。

[251] Kiyose, Gisaburo N. *A study of the Jurchen language and script: Reconstruction and decipherment*. Kyoto: Hōritsu bunkasha, 1977.

吉斯布勒·N. 基约瑟:《女真语言文字研究:重构与翻译》。

[252] Komai Kazuchikai 駒井和愛. "Gen no jōto narabi ni Daito no heimen ni tsuite 元の上都并びに大都の平面に就いて." Tōa ronsō 東亞論叢, 3 (1940), pp. 129—39.

駒井和爱:《元上都与大都的平面比较》,《东亚论丛》3 期,第 129—139 页。

[253] Kotwicz, Wtadystaw, "Les Mongols, promoteurs de 1'idée de paix universelle au début du Ⅻ-e{*sic*} siècle." In *La Pologne au VI-e congrès international des sciences historiques*. Warsaw; 1933. pp. 199—204. Repr. in *Rocznik Orientalistyczny*, 16 (1950, actually published 1953), pp. 428—34.

W. 柯维思:《蒙古人:12 世纪(原文如此)初叶世界和平思想的倡导者》,《6 世纪的波兰国际历史科学代表大会文集》,第 199—204 页;《波兰东方学报》16 期转载,第 428—434 页。

[254] Koyama Fujio 小山富士夫. "Pasupa moji aur Shina furu tōji 八思巴文字ある支那古陶磁. "*Gasetsu* 畫説, 1(1937), pp. 23—31。

小山富士夫:《带有八思巴字的中国陶瓷》,《画说》1 期,第 23—31 页。

[255] Kracke, Edward A. *Civil service in early Sung China*, 960—1067. Harvard-Yenehing Institute Monograph Series no. 13. Cambridge, Mass.: Harvard University Press, 1953.

爱德华·A. 克拉克:《宋朝初期(960—1067 年)的市民职役》。

[256] Krader, Lawrence. "Feudalism and the Tatar polity of the Middle Ages. "*Comparative Studies in Society and History*, 1 (1958—9), pp: 76—99.

劳伦斯·克拉德:《中世纪的封建和鞑靼政体》,《社会历史比较研究》1 期,第 76—99 页。

[257] Kubo, Noritada. "Prolegomena on the study of the controversies between Buddhists and Taoists in the Yüan period. "*Memoirs of the Research Department of the Toyō bunko*, 25(1967), pp. 39—61.

库伯:《元代佛道之争研究绪论》。

[258] Kuwabara Jitsuzō. "On p'u Shou-keng 蒲壽庚: A man of the western regions who was the superintendent of the Trading Ships'Office in Ch'üanchou towards the end of the Sung dynasty, together with a general skereh of trade of the Arabs in China during the T'ang and Sung eras."

Memoirs of the Research Department of the Tōyō bunko, 2(1928), pp. 1—79; 7 (1935), pp. 1—104.

桑原骘藏:《蒲寿庚考:宋末控制泉州市舶司的西域人,兼述唐宋时期阿拉伯人在中国的贸易》。

[259] Kychanov, Evgenii I. "From the history of the Tangut translations of the Buddhist canon." In *Tibetan and Buddhist studies cornmemorating the 200th anniversary of the birth of Alexander Csoma de Körös*. ed. Louis Ligeti. Budapest: Akadémiai Kiadō, 1984。pp. 377—87.

E. I. 克恰诺夫:《党项译经史》,《纪念乔玛诞生 200 周年文集——西藏和佛教研究》,第 377—387 页。

[260] Kychanov, Evgenii I. *Izmennyi i. zanovo utverzhdennyi kodeks devisa tsarstvovaniia nebesnoe protsvetanie* (1149—1169). Vol. 1, Moscow: Nauka, 1988; Vol. 2, Moscow: Nauka, 1987; Vol. 3, Moscow: Nauka, 1989; Vol. 4, Moscow: Nauka, 1989.

E. I. 克恰诺夫:《天盛旧改新定律令(1149—1169 年)》,4 卷。

[261] Kychanov, Evgenii I. "Les Guerres entre les Sung du nord et le Hsi-Hsia." In *Études Song in memoriam Étienne Balàzs*, ed. Francoise Aubin, 2nd series, no. 2. Paris: Mouton, 1971, pp. 106—18.

E. I. 克恰诺夫:《宋夏战争》,《纪念白乐日宋史论文集》,第 106—118 页。

[262] Kychanov, Evgenii I. "Mongol-Tangutskie voiny i gibel'gosudarstva Si Sia." In *Tataro-Mongoly v Azii i Evrope*. ed. S. L. Tikhvinskii. 2nd ed. Moscow: Nauka, 1977, pp. 46—61.

E. I. 克恰诺夫:《蒙古—西夏之战与西夏的灭亡》,《亚洲和欧洲的鞑靼—蒙古人》,第 46—61 页。

[263] Kychanov, Evgenii I. "Mongoly v VI-pervoi polovine XII v." In *Dal'nii Vostok i sosednie territorii v srednie veka*, ed. V. E. Larichev. Novosibirsk: Nauka, 1980, pp. 136—48.

E. I. 克恰诺夫:《6—12 世纪上半叶的蒙古》,《中国远东及其周边》,第 136—148 页。

[264] Kychanov, Evgenii I. "Monuments of Tangut legislation(12th—13th centudes)." In *Études Tibétaines*. Actes du xxixe Congrès international des Orientalistes, July 1973. Paris: L'Asiathèque, 1976, pp. 29—42.

E. I. 克恰诺夫:《西夏法典(12—13 世纪)》,《西藏研究:第 29 届国 际东方学会文集》,第 29—42 页。

[265] Kychanov, Evgenii I. "O nekotorykh naimenovaniiakh gorodov i mestnostei byvshei territorii Tangutskogo gosvdarstva." In vol. 1 of *Pis'mennye pamiatniki i problemy istorii i kul'tury naradov vostoka: XI. Godichnaia nauchnaia sessia LO IV. AN. SSSR (Tezisy)*. Moscow: Nauka, 1975, pp. 47—51.

E. I. 克恰诺夫:《西夏旧城旧地考》,《东方民族的文献和文化历史问题:苏联科学院东方研究所列宁格勒分所科学年会论集》,第47—51页。

[266] Kychanov, Evgenii I. *Ocherk istoriz tangutskogo gosudarstva*. Moscow: Nauka, 1968.

E. I. 克恰诺夫:《西夏史纲》。

[267] Kychanov, Evgenii I. "Svod voennykh zakonov Tangut skogo gosudarstva'Iashmovoe Zertsala upravleniia let tsarstvovaniia Chzhen'-Kuan' (1101—1113)." In *Pis'mennye pamiatniki vostoka*, 1969. Moscow: Nauka, 1972, pp. 229—43.

E. I. 克恰诺夫:《西夏军事法典:1101—1113年的〈贞观玉镜统〉》,《东方文献》,第229—243页。

[268] Kyčanov {Kychanov}, Evgenii I., and Herbert Franke. *Tangutische und chinesische Quellen zur Militärgesetzgebung des* 11. *bis* 13. *Jahrhunderts.* Munich: Bayerischen Akademie den Wissensehaften, *Philosophische-Historische Klasse Abbandlungen: Neue Folge*, vol. 104, 1990.

E. I. 克恰诺夫、傅海波:《11—13世纪的西夏文与汉文军事法典》,《巴亚尔科学院哲学历史论文集》,104卷。

[269] Kychanov Evgenii I. Vnev sobrannye dragotsennye parnye izrecheniia. Moscow: Nauka, 1974.

E. I. 克恰诺夫:《新集对联》。

[270] Kyōto daigaku jimbun kagaku kenkyūjo Gentenshō kenkyū han 京都大學文科學研究所元典章研究。comp. *Gentenshō sakuin-kō zoku han* 元典章索引稿. Kyoto: Kyōto daigaku jimbun kagaku kenkyūjo, 1957. Repr. as *Gentenshō sakuin-ko*. Taipei: Wen-hai ch'u-pan she, 1973.

京都大学人文研究所:《元典章索引稿》。

[271] Laing, Ellen Johnston. "patterns and problems in later Chinese tomb decoration." *Journal of Oriental Studies*, 16(1978), pp. 3—20.

埃伦·约翰斯顿·莱恩:《晚期中国墓葬装饰的模式和问题》,《东方研究杂志》16期,第3—20页。

[272] Lam, Ruby. "The role of *shu-yüan* in Yüan China." Unpublished paper.
鲁比・拉姆:《元代书院的作用》,未发表论文。

[273] Lam, Yuan-chu. "On the Yüan examination system: The role of northern Cheng-Chu pioneering scholars." *Journal of Turkish Studies, Festschrift for Francis W. Cleaves*, 9(1985), pp. 15—20.
刘元珠:《关于元代的考试制度:北方程朱理学儒士的作用》,《突厥研究杂志》9 期,第 15—20 页。

[274] Lamb, H. H. *Climate: Present, past and future*. 2 vols. London: Methuen, 1977.
H. H. 拉姆:《气候:过去,现在和未来》,2 卷。

[275] Langlois, John D., Jr., ed. *China under Mongol rule*. Princeton, N. J.: Princeton University Press, 1981.
兰德彰编:《蒙古统治下的中国》。

[276] Langlois, John D., Jr. "Political thought in Chin-hua under Mongol rule." In *China under Mongol rule*, ed. John D. Langlois, Jr. Princeton, N. J.: Princeton University Press, 1981, pp. 137—85.
兰德彰:《蒙古统治下金华学派的政治思想》,《蒙古统治下的中国》,第 137—185 页。

[277] Langlois, John D., Jr. "Yü Chi and his Mongol sovereign: The scholar as apologist." *Journal of Asian Studies*, 38(1978), pp. 99—116.
兰德彰:《虞集和他的蒙古君主:充当谋士的学者》,《亚洲研究杂志》38 期,第 99—116 页。

[278] Lao, Yan-shuan. "The *Chung-t'ang shih-chi* of Wang Yün: An annotated translation with an introduction." Ph D. diss., Harvard University, 1962.
劳延煊:《王恽〈中堂事记〉:译注与介绍》,哈佛大学 1962 年博士论文。

[279] Lao, Yan-shuan. "Southern Chinese scholars and educational institutions in early Yüan: Some preliminary remark." In *China under Mongol rule*, ed. John D. Langlois, Jr. Princeton, N. J.: Princeton University Press, 1981. pp. 107—33.
劳延煊:《元代初期的南方学者和教育制度初探》,《蒙古统治下的中国》,第 107—133 页。

[280] Ledyard, Gari. "The Mongol campaigns in Korea and the dating of the *Secret history of the Mongols*." *Central Asiatic Journal*, 9(1964),

pp. 1—22.

加里·莱迪亚德:《蒙古人侵高丽及〈蒙古秘史〉的成书时间》,《中亚杂志》9 期,第 1—22 页。

[281] Lee, Ki-baik. *A new history of Korea*. Trans. Edward W. Wagner. Cambridge, Mass.: Harvard University Press, 1984.

李基白:《新编高丽史》,爱德华·W. 瓦格纳英译。

[282] Lee, Sherman E., and Wai-kam Ho. *Chinese art under the Mongols: The Yüan dynasty*(1279—1368). Cleveland: Press of Case Westem Reserve University, 1968.

李雪曼、何惠鉴:《蒙古时期的中国艺术:元代(1279—1368 年)》。

[283] Len'kov, Vitalii D. *Metallurgiia i metalloobrabota u Chzhurchzhenei v XII veka(po materialam issledovanii Shaiginskogo gorodishcha)*. Novosibirsk: Nauka, 1974.

V. D. 连科夫:《萨金斯克村遗存所见 12 世纪女真的冶金和金属制造》。

[284] Leslie, Donald D. *The survival of the Chinese Jews: The Jewish community of K'ai-feng*. Leiden. Brill, 1972.

唐纳德·D. 莱斯利:《中国犹太人的遗存:开封的犹太人群体》。

[285] Lewis, Bernard. "Egypt and Syria." In *The central Islamic lands*, ed. P. M. Holt, Ann K. S. Lambton, and Bernard Lewis, vol. 1A of *The Cambridge history of Islam*. Cambridge: Cambridge University Press, 1970. pp. 175—230.

波拿德·路易士:《埃及与叙利亚》,《剑桥伊斯兰史》,1 卷上,第 175—230 页。

[286] Lie, Hiu. *Die Mandschu-Sprachkunde in Kored*. Indiana University Publications, Uralie and Altaie Series, vol. 1 14. Bloomington: Indiana University Press. 1972.

列修:《女真文在高丽》。

[287] Ligeti, Louis. "Les inseriptions djurtchen de Tyr. La formule Om mani padme hum." *Acta Orientalia Academiae Scientarum Hungaricae*, 12 (1961), pp. 5—26.

路易斯·李盖蒂:《女真文碑文考释》,《匈牙利科学院东方学报》12 期,第 5—26 页。

[288] Ligeti, Louis. "Les Noms mongols de Wen-tsong des Yuan." *T'oung Pao*, 27(1930), pp. 57—61.

路易斯·李盖蒂:《元文宗时的蒙古人》,《通报》27 期,第 57—61 页。

[289] Ligeti, Louis. "Note prdliminaire sur le déchiffrement des petits caractères Joutchen." *Acta Orientalia Academiae Scientarum Hungaricae*, 3(1953),pp. 221—8.

路易斯·李盖蒂:《女真小字译注》,《匈牙利科学院东方学报》3 期,第 221—228 页。

[290] Ligeti,Louis. "Le Tabghatch,un dialecte de la langue Sien-pi." In *Mongolian studies*, ed. Louis Ligeti. Amsterdam: B. R. Grüner, 1970, pp. 265—308.

路易斯·李盖蒂:《拓跋语:一种鲜卑语》,《蒙古研究》,第 265—308 页。

[291] Lindner,Rudi Paul. "What was a nomadic tribe?" *Comparative Studies in Society and History*,24(1982),pp. 689—711.

拉迪·保罗·林德纳:《什么是游牧部落?》,《社会历史比较研究》24 期,第 689—711 页。

[292] Lo Jung-pang. "The controversy over grain conveyance during the reign of Qubilai Qaqan,1260—94." *Far Eastern Quarterly*, 13(1954), pp. 263—85.

罗荣邦:《忽必烈时期(1260—1294 年)关于粮食运输的争论》,《远东杂志》13 期,第 263—285 页。

[293] Lo Jung-pang. "Maritime commerce and its relation to the Sung navy." *Journal of the Economic and Social History of the Orient*,12(1969), pp. 57—101.

罗荣邦:《海路贸易及其与宋水军的关系》,《东方经济史和社会史杂志》12 期,第 57—101 页。

[294] Lynn,Richard J. Kuan Yün-shih. Boston:Twayne,1980.

理查德·J. 林恩:《贯云石》。

[295] Maeda Masana 前田正名. *Kasai no rekishi-chirigakuteki kenkyū* 河西の歴史地理學的研究. Tokyo:Yoshikawa kōbunkan,1964.

前田正名:《河西历史地理学研究》。

[296] Maeda Naonori 前田直典. "Genchō jidai ni okeru shihei no kachi hendō 元朝时代に於ける紙幣の價值變動." In Maeda Naonori,*Genchō shi no kenkyū* 元朝史の研究. Tokyo:Tōkyo daigaku shuppankai。1973,pp. 107—43.

前田直典:《元代纸币的价值变动》,《元朝史研究》,第 107—143 页。

[297] Maejima Shinji 前嶋信次. "Senshū no Perushiyajin to Ho Jukō 泉州の波斯人と蒲壽庚."*Shigaku* 史學,25(1952)pp. 256—321.
前嶋信次:《泉州的波斯人蒲寿庚》,《史学》25 期,第 256—321 页。

[298] Makino Shūji 牧野修二. *Gendai kōtōkan no taikeiteki kenkyū* 元代勾當官の體系的研究. Tokyo:Taimedō,1979.
牧野修二:《元代勾当官体系的研究》。

[299] Makino,Shūji. "Transformation of the *shih-jen* in the late Chin and early Yüan."*Acta Asiatica*,45(1983),pp. 1—26.
牧野修二:《金后期和元初期〈十经〉的翻译》,《亚洲杂志》45 期,第 1—26 页。

[300] Mangold,Gunther. *Das Militärwesen in China unter dew Mongolenherrschaft*. Bamberg:Aku Fotodruek,1971.
冈瑟·曼戈尔德:《蒙古统治下的中国军事制度》。

[301] Martin,Henry Desmond. *The rise of Chingis khan and his conquest of north China*. Baltimore: Johns Hopkins University Press, 1950; repr. New York:Octagon,1971.
亨利·D. 马丁:《成吉思汗的兴起及其征服中国北方》。

[302] Marugame Kinsaku 丸龜金作. "Korai to Sō to no tsūkō mondai 高麗と宋との通交问题."*Chōsen gakuhō* 朝鮮學報,17(1960),pp. 1—50; 18(1961),pp. 58—82.
丸龟金作:《高丽与宋的交往问题》,《朝鲜学报》17 期,第 1—50 页;18 期,第 58—62 页。

[303] Matsui Shūichi 松井秀一. "Roryū hanchin kō 盧龍藩鎮考."*Shigaku zasshi* 史學雜志。68(1959),pp. 1397—1432.
松井秀一:《卢龙藩镇考》,《史学杂志》68 期,第 1397—1432 页。

[304] Matsuda Kōiehi 松田孝一. "Genehō chi no bumpōsei-Anseiō no jirei wo chūshin to shite 元朝期の分封制—安西王の事例を中心として"*Shigaku zasshi* 史學雜志,88(1979),pp. 1249—86.
松田孝一:《从安西王看元朝的分封制度》,《史学杂志》88 期,第 1249—1286 页。

[305] Matsuda Kōichi. "Kaishan no seihoku Mongoria shutsujinカイツヤンの西北モンゴリア出鎮."*Tōhōgaku* 東方學,64(1982),pp. 73—87.
松田孝一:《海山出镇西北蒙古》,《东方学》64 期,第 73—87 页。

[306] Matsuura Shigeru 松浦茂. "Kindai Joshin shizoku no kōsei ni tsuite 金代

女真氏族の構成について"Tōyōshi kenkyū 東洋史研究, 36, no. 4 (March 1978), pp. 1—38.

松浦茂:《金代女真氏族的构成》,《东洋史研究》36 期 4 卷,第 1—38 页。

[307] Medley, Margaret. *Yüan porcelain and stoneware*. New York: Pitman, 1974.

玛格丽特·梅得利:《元代瓷器与硬陶器》。

[308] Medvedev, Vitalii E. *Kul'tura Amurskikh Chzhurchzhene ikonets* Ⅹ-Ⅺ *vek(po materialam gruntovykh mogil'n ikov)*. Novosibirsk: Nauka, 1977.

V. E. 梅德韦杰夫:《10 世纪后期和 11 世纪阿穆尔女真的文明》。

[309] Mikami Tsugio 三上次男. *Kindai Joshin shakai no kenkyū* 金代女真社會の研究. Vol. 1 of Mikami Tsugio, *Kinshi kenkyū* 金史研究. Tokyo: Chūōkōron bijitsu shuppan, 1972.

三上次男:《金代女真社会研究》,《金史研究》卷 1。

[310] Mikami Tsugio. *Kindai seiji seido no kenkyu* 金代政治制度の研究. Vol. 2 of Mikami Tsugio, *Kinshi kenkya* 金史研究. Tokyo: Chūōkōron bijitsu shuppan, 1970.

三上次男:《金代政治制度研究》,《金史研究》卷 2。

[311] Mikami Tsugio. *Kindai seiji, shakai no kenkyū* 金代政治社會の研究. Vol. 3 of Mikami Tsugio, Kinshi kenkyū 金史研究. Tokyo: Chūōkōron bijitsu shuppan, 1973.

三上次男:《金代政治社会研究》,《金史研究》卷 3。

[312] Minhāj al-Din Jūzjānī. *Tabaqdt-i nasīrī* Ed. W. Nassau Lees. Calcutta: Calcutta Collie Press, 1964.

米哈伊·阿老丁·术兹扎尼:《纳昔儿史话》,W. 纳骚·李士编。

[313] Minhāj al-Dīn Jūzjānī. *Tabaqdt-i nasīrī*. 2 vols. Trans. H. G. Raverty. New Delhi: Oriental Books Reprint Corporation, 1970.

米哈伊·阿老丁·术兹扎尼:《纳昔儿史话》,H. G. 拉弗梯译。

[314] Mino, Yutaka. *Ceramics in the Liao dynasty: North and south of the Great Wall*. New York: China Institute in America, 1973.

Y. 迈纳:《长城南北的辽代陶瓷》。

[315] Miyazaki Ichisada 宮崎市定. "Genchō chika no Mōkoteki kanshoku wo meguru Mō Kan kankei-kakyo fukkō no igi no saikentō 元朝治下の蒙古的官職をめぐる蒙漢關系—科舉復興の意義の再檢討." *Tōyōshi*

kenkyū 東洋史研究,23(1965),pp. 428—91.

宫崎市定:《元朝的蒙古官职和蒙汉关系:科举复兴意义再探》,《东洋史研究》23 期,第 428—491 页。

[316] Molè, Gabriella. *The T'u-yü-hun from the Northern Wei to the time of the Five Dynasties*. Rome: Istituto Italiano per il Medio ed Estremo Oriente, 1970.

加布里埃尔·莫尔:《从北魏到五代时期的吐谷浑》。

[317] Moriyasu Takao 森安孝夫. "Uiguru to Tonkō ウイダルと敦煌." In *Tonkō no rekishi* 敦煌の歴史, vol. 2 of *Kōza Tonkō* 詩座敦煌, ed. Enoki kazuo 榎一雄. Tokyo: Daitō shuppansha, 1980, pp. 297—338.

森安孝夫:《畏兀儿与敦煌》,《敦煌历史》,2 卷,第 297—338 页。

[318] Moses, Larry. "A theoretical approach to the process of Inner Asian confederation." *Études Mongoles*, 5(1974), pp. 113—22.

拉里·摩西:《内亚联盟形成过程的探讨》,《蒙古研究》,第 113—122 页。

[319] Mostaert, Antoine, and Francis W. Cleaves. *Les Lettres de 1280 et 1305 des ilhan Arghun et Öljeitii à Phillipe le Bel*. Cambridge, Mass.: Harvard University Press, 1962.

田清波、柯立夫:《1280—1305 年伊利汗阿鲁浑、完者都致美男子腓力四世的信》。

[320] Mote, Frederick W. "Confucian eremitism in the Yüan period." In *The Confucian persuasion*, ed. Arthur F. Wright. Stanford, Calif: Stanford University Press, 1960, pp. 202—40.

牟复礼:《元代的儒家隐士》,《儒家学说》,第 202—240 页。

[321] Mote, Frederick W. "The growth of Chinese despotism: A critique of Wittfogel's theory of oriental despotism as applied to China." *Oriens Extremus*, 8(1961), pp. 1—41.

牟复礼:《中国专制主义的成长:对魏特夫运用于中国的东方专制主义理论的评论》,《远东杂志》8 期,第 1—41 页。

[322] Mote, Frederick W. "Yüan and Ming." In *Food in Chinese culture: Anthropological and historical perspectives*, ed. K. C. Chang. New Haven, Conn.: Yale University Press, 1977, pp. 195—267.

牟复礼:《元代和明代》,《中国饮食文化:人类学和历史学的研究》,第 195—267 页。

[323] Mote, Frederick W., and Denis C. Twitchett, eds. *The Ming dynasty, 1368—1644*, pt. 1, vol. 7 of *The Cambridge history of China*. Cambridge: Cambridge University Press, 1988.
牟复礼、崔瑞德:《剑桥中国明代史(1368—1644 年)》,第 7 卷。

[324] Mote, Frederick W., and Denis C. Twitchett, eds. *The Ming dynasty, 1368—1644*, pt. 2, vol. 8 of *The Cambridge history of China* (forthcoming).
牟复礼、崔瑞德:《剑桥中国明代史(1368—1644 年)》,第 8 卷(即将出版)。

[325] Moule, Arthur C. *Christians in China before the year 1550*. London: Society for Promoting Christian Knowledge, 1930.
慕阿德:《1550 年前中国的基督教徒》。

[326] Moule, Arthur C. *Quinsai, with other notes on Marco Polo*. Cambridge: Cambridge University Press, 1957.
慕阿德:《马可·波罗游记别注》。

[327] Moule, Arthur C. *The rulers of China*. London: Roufledge & Kegan Paul, 1957.
慕阿德:《中国的统治者》。

[328] Moule, Arthur C., and Paul Pelliot. *Marco Polo: The description of the world*. 2 vols. London: Routledge and Sons, 1938.
慕阿德、伯希和:《马可·波罗游记》。

[329] Mullie, Joseph L. "Les Aneiennes Villes de l'empire des grands Leao au royaume mongol de Bārin." *T'oung Pao*, 21(1922), pp. 105—231.
闵宣化:《巴林蒙古左旗的大辽帝国古城》,《通报》,21 卷,第 105—231 页。

[330] Mullie, Jozef {Joseph} L. *De Mongoolse prins Nayan*. Mededelingen van de Koninklÿke Vlaamse Academie voor Wetenschappen, Letteren an Schone Kunsten van België. Klasse der Letteren, vol. 26, no. 3. Brussels: Paleis der Aeademiën, 1964.
闵宣化:《蒙古诸王乃颜》。

[331] Mullie, Joseph {Jozef} L. "Une planche a assignats de 1214." *T'oung Pao*, 33(1937), pp. 150—7.
闵宣化:《1214 年的钞版》,《通报》,33 卷,第 150—157 页。

[332] Mullie, Joseph L. "Les Sepultures de K'ing des Leao." *T'oung Pao*, 30

(1933),pp. 1—25.

闵宣化:《辽代王陵》,《通报》,30 卷,第 1—25 页。

[333] Munkuev, Nikolai TS. *Kitaiskii istochnik o pervykh mongol's kikh khanakh*. Moscow:Nauka,1965.

尼古拉·TS. 蒙库耶夫:《关于蒙古早期大汗的汉文史料》。

[334] Munkuev,Nikolai TS. "Zametki o drevnikh mongolakh. "In *TataroMongolyv Azii i Evrope*, ed. S. L. Tikhvinskii. 2nd ed. Moscow: Nauka, 1977,pp. 377—408.

尼古拉·TS. 蒙库耶夫:《古代蒙古人简述》,载齐赫文斯基编:《亚洲和欧洲的鞑靼—蒙古人》,第 377—408 页。

[335] Murakami Masatsugu 村上正二. "Genchō ni okeru senfushi to attatsu 元朝い於せる泉府司と斡脱. "*Tōhō gakuhō*(*Tokyo*)東方學報,13(1942), pp. 143—96.

村上正二:《元朝的泉府司和斡脱》,《东方学报》13 期,第 143—196 页。

[336] Murakami Masatsugu. "Genehō ni okeru trka no igi 元朝に於げる投下の意義. "*Mōko gakuhō* 蒙古學報,1(1940),pp. 169—215.

村上正二:《元朝投下的意义》,《蒙古学报》1 期,第 169—215 页。

[337] Murakami Masatsugu. "Mongoru chō chika no hōyūsei no kigenモンゴル朝治下の封邑制の起源. "*Tōyō gakuhō* 東洋學報,44(1961),pp. 305—39.

村上正二:《蒙古王朝统治下封邑制的起源》,《东洋学报》44 期,第 305—339 页。

[338] Mydans, Shelley, and Carl Mydans. "A shrine city, golden and white: The seldomvisited Pagan in Burma. " *Smithsonian Magazine*, October 1974. pp. 72—80.

谢利·迈登斯、卡尔·迈登斯:《阳光城:难得访问的缅甸蒲甘城》,《史密斯孛尼安杂志》,1974 年 10 月号,第 72—80 页。

[339] Nacagdorž. , S. "L'Organisation sociale et son développement chez les peuples nomades d'Asie Centrale. "*Études Mongoles*,5(1974),pp. 135—44.

S. 纳楚克道尔吉:《中亚游牧民族中的社会组织及其发展》,《蒙古研究》5 期,第 135—144 页。

[340] Nakano,Miyoko,*A phonological study in the'Phags-pa script and the Meng-ku tzu yiin*. Canberra:Australian National University Press,1971.

中野美代子:《八思巴字与〈蒙古字韵〉研究》。

[341] Needham, Joseph. *Clerks and craftsmen in China and the West*. Cambridge: Cambridge University Press, 1970, pp. 263—93.
李约瑟:《中国与西方的职员和技工》。

[342] Needham, Joseph. "Medicine and Chinese culture." In Joseph Needham, *Clerks and craftsmen in China and the West*. Cambridge: Cambridge University Press. 1970. pp. 263—93.
李约瑟:《中医文化》,《中国与西方的职员和技工》,第 263—293 页。

[343] Needham, Joseph, et al. *Heavenly clockwork: The great astronomical clocks of medieval China*. 2nd ed. Cambridge: Cambridge University Press, 1986.
李约瑟:《计时器:中世纪中国的大型天文钟》。

[344] Needham, Joseph, et al. *Civil engineering and nautics*, pt. 3 of *Physics and physical technology*, vol. 4 of *Science and civilization in China*. Cambridge: Cambridge University Press, 1971.
李约瑟:《工程和航海》,《中国科学技术史》第 4 卷,《物理学和物理学技术》。

[345] Nevskii, Nikolai A. *Tangutskaia filologiia*. 2 vols. Moscow: Izdat. vostochnoi literatury, 1960.
尼古莱 · A. 聂力山:《西夏语文学》,2 卷。

[346] Niida Noboru 仁井田昇 *Chūgoku hōsei shi kenkyū: Keihō* 中國法制史研究:刑法. Tokyo: Tōkyo daigaku shuppankai, 1959.
仁井田升:《中国法制史研究:刑法》。

[347] Nishida Tatsuo 西田龍雄. *Seikago no kenkyū: Seikago no sai kōsei to Seika moji no kaidoku* 西夏語の研究:西夏語の再構成と西夏文字の解讀. 2 vols. Kyoto. Zayuhō kankōkai, 1964—6.
西田龙雄:《西夏语的研究:西夏语的再构成与西夏字的解读》,2 卷。

[348] Nogami Sbunjō 野上俊静. "Gendai dōbutsu nikyō no kakushitsu 元代道佛二教の確執." *Ōtani daigaku kenkyū nempō* 大谷大學研究年報, 2 (1943), pp. 213—65.
野上俊静:《元代道佛二教的争执》,《大谷大学研究年报》2 期,第 213—265 页。

[349] Nogami Shunjō. "Gen no senseiin ni tsuite 元の宣政院に就いて." In *Haneda hakushi shōju kinen Tōyōshi ronsō* 羽田博士頌壽紀念東洋史論

叢. Kyoto：Tōyōshi kenkyūkai 東洋史研究會，1950，pp. 779—95.
野上俊静：《关于元代的宣政院》，《羽田博士颂寿纪念东洋史论丛》，第 779—795 页。

［350］ Nogami Shunjō. Ryō Kin no Bukkyō 遼金の佛教. Kyoto：Heirakuji shoten，1953.
野上俊静：《辽金的佛教》。

［351］ Noguchi Shūichi 野口周一. "Gendai kohanki no ōgō juyo ni tsuite 元代後半期の王號授與について. "*Shigaku* 史學，56(1986)，pp. 53—83.
野口周一：《元代后半期的王号授予》，《史学》56 期，第 53—83 页。

［352］ Noguchi Shfiichi. "Gendai Mushū chō no ōgō juyo ni tsuite：Genshi Shoōhyō ni kansuru ichi kōsatsu 元代武宗朝の王號授與に就いて［元史］诸王表に關する一考察. "In *Ajia shominzoku ni okeru shakai to bunka：Okamoto Yoshiji sensei taikan kinen nonshū* アヅア諸民族に於ける社會と文化：岡本敬二先生退官纪念論集，*ed. Okamoto Yoshiji sensei taikan kinen ronshū kankōkai* 岡本敬二先生退官紀念論集刊行會. *Tokyo*：*Kokusho kankōkai*，1984，pp. 271—305.
野口周一：《元武宗朝的王号授予：关于〈元史・诸王表〉的一个考察》，《冈本敬二先生退官纪念论集》，第 271—305 页。

［353］ *Novey，Janet. "Yü Ching，a Northern Sung statesman，and his treatise on the Ch'i-tan bureaucracy. "Ph. D. diss.，Indiana University*，1983.
珍妮特・诺维：《北宋政治家余靖和他与契丹的交往》，印第安纳大学 1983 年博士论文。

［354］ Ohsson，Constantin M. d'. *Histoire des mongols depuis Tchinguiz-khan jusqu'à Timour Bey ou Tamerlan*. 4 vols. The Hague：Les Frères Van Cleef. 1834.
康斯坦丁・M. 多桑：《蒙古史》，4 卷。

［355］ Okazaki Seirō 岡崎精郎. "Seika no Ri Genkō to tokuhatsu rei 西夏の李元昊と秃發令. "*Tōhōgaku* 東方學，19(1959)，pp. 77—86.
冈崎精郎：《西夏李元昊及其秃发令》，《东方学》19 期，第 77—86 页。

［356］ Okazaki Seirō. *Tangū to kodaishi kenkyū* タソゴート古代史. Kyōto：Kyōto daigaku Tōyōshi kenkyūkai，1972.
冈崎精郎：《党项古代史》。

［357］ Okladnikov，Aleksei，P.，and Anatolii P. Derevianko. *Dalekoe proshloe Primor'ia i Priamur'ia*. Vladivostok：1973.

A. P. 奥克拉德尼柯夫、P. D. 杰列万科:《滨海遥远的过去》。

[358] Okladnikov, Aleksei P., and V. E. Medvedev. "Chzhurchzheni Priamur'ia po dannym arkheologii." *Problemy Dal'nego Vostoka*, 1974: 4, pp. 118—28.

A. P. 奥克拉德尼柯夫、V. E. 梅德韦杰夫:《考古资料揭示的阿穆尔女真地区》,《远东问题》1974 年第 4 期,第 118—128 页。

[359] Olbricht, Peter. *Das Postwesen in China unter der Mongolenherrschaft im 13. und 14. Jahrhundert.* Wiesbaden: Otto Harrassowitz, 1954.

彼得·奥勃理赫特:《13—14 世纪蒙古统治下中国的驿传制度》。

[360] Olschki, Leonardo. *Guillaume Boucher: A French artist at the court of the khans.* Baltimore: Johns Hopkins University Press, 1946.

里奥刺多·奥勒斯基:《威廉·布涉:汗廷中的法国艺术家》。

[361] Olsehki, Leonardo. *Marco Polo's Asia*. Berkeley and Los Angeles: University of California Press, 1960.

里奥刺多·奥勒斯基:《马可·波罗的亚洲》。

[362] Onogawa Hidemi 小野川秀美. *Kinshi goi shūsei* 金史語匯集成. 3 vols. Kyōto: Kyōto diagaku jimbun kagaku kenkyūjo, 1960—2.

小野川秀美:《金史语汇集成》,3 卷。

[363] Osada Natsuki 長田夏樹. "Joshin moji to genson shiryō 女真文字と現存资料." *Rekishi kyōiku*, 18, pt. 7(1970), pp. 25—31.

长田夏树:《女真文字与现存资料》。

[364] Oshima Ritsuko. "The *chiang-hu in* the Yüan." *Acta Asiatica*. 45 (1983), pp. 69—95.

大岛立子:《元代的匠户》,《亚洲杂志》45 期,第 69—95 页。

[365] Otagi Matsuo 愛宕松男. "Attatsu sen to sono haikei 斡脱錢とその背景." *Tōvōshi kenkyū* 32, no. 1(1973) pp. 1—27; 32, no. 2 (1973), pp. 23—61.

爱宕松男:《斡脱钱及其背景》,《东洋史研究》32 期,1 卷,第 1—27 页;2 卷,第 23—61 页。

[366] Otagi Matsuo. Fubirai kan 忽必烈汗. Tokyo: Fuzambō, 1941.

爱宕松男:《忽必烈汗》。

[367] Otagi Matsuo. Kittan kodai shi no kenkyū 契丹古代史の研究. Tōyōshi kenkyū sokan 東洋史研究丛刊 no. 6. Kyoto: Tōyōshi kenkyūkai, 1959.

爱宕松男:《契丹古代史研究》。

[368] Otagi Matsuo. "Ri Dan no hanran to sono seijiteki igi: Mōko chō chika ni okeru Kanchi no hōkensei to sono shūkensei e no tenkai 李璮叛亂の叛亂とその政治的意義:蒙古朝治下じ於けゐ漢地の封建制とその州縣への展開."Tōyōshi kenky 東洋史研究. 6(August-September 1941), pp. 253—78.

爱宕松男:《李璮之乱及其政治意义:蒙古统治下汉地封建制向州县制的转化》,《东洋史研究》6 期,第 253—278 页。

[369] Pan, Jixing. "On the origin of rockets."*T' oung Pao*, 73(1987), pp. 2—15.

潘吉星:《火箭的发明》,《通报》73 期,第 2—15 页。

[370] Parker, Edward H. *A thousand years of the Tartars*. London and Shanghai: Kelly & Walsh, Ltd., 1895; 2nd ed. London: Kegan Paul, Trench, Tribner; and New York: Knopf, 1924; repr. New York: Dorset, 1987.

爱德华・H. 帕克:《鞑靼千年史》。

[371] Pelliot, Paul. *Les Mongols et la papauté*. Paris: Librairie Auguste Picard, 1923; repr. Peking: Licoph Service, 1939.

伯希和:《蒙古与教廷》。

[372] Pelliot, Paul. *Notes critiques d'histoire Kalmouke*, vol. 1. Paris: Li brairie d'Amrique et d'Orient, 1960.

伯希和:《卡尔梅克史评注》。

[373] Pelliot, Paul. *Notes on Marco Polo*. 3 vols. Paris: Imprimerie Nationale, Librairie Adrien-Maisonneuve, 1959, 1963, 1973.

伯希和:《〈马可・波罗游记〉注释》,3 卷。

[374] Pelliot, Paul. Review of E. Haenisch, "Die letzten Feldzge Cinggis Han's und sein Tod. Nach der ostasiatischen Ueberlieferung"(*Asia Ma jor*, 9 {1933}, pp. 503—51). *T' oung Pao*, 31(1934), pp. 157— 67.

伯希和:《评 E. 海涅什的〈成吉思汗的最后一次出征和去世〉》,《通报》, 31 卷,第 157—167 页。

[375] Pelliot, Paul, and Louis Hambis, trans. *Histoire des campagnes de Gengis Khan, Chengwou Ts' in-Tcheng Lou*. Leiden: Brill, 1951.

伯希和、韩百诗译注:《圣武亲征录》。

[376] Petech, Luciano. "Sang-ko, a Tibetan statesman in Yüan China."*Acta Orientalia Academiae Scientiarum Hungaricae*, 34 (1980), pp. 193—208.

L. 毕达克:《元代的吐蕃政治家桑哥》,《匈牙利科学院东方学刊》34 期,第 193—208 页。

[377] Petech, Luciano. "Tibetan relations with Sung China and with the Mongols." In *China among equals: The Middle Kingdom and its neighbors, 10th—14th centuries*. ed. Morris Rossabi. Berkeley and Los Angeles: University of California Press, 1983, pp. 173—203.

L. 毕达克:《吐蕃与宋、蒙古的关系》,《同等国家中的中国:10—14 世纪的中国和它的邻国》,第 173—203 页。

[378] Peterson, Charles A. "First Sung reactions to the Mongol invasions of the north, 1211—1217." In *Crisis and prosperity in sung China*. ed. John W. Haeger. Tucson: University of Arizona Press, 1975.

查尔斯·A. 彼得森:《1211—1217 年宋对蒙古入侵北方的最初反应》,载《宋代中国的危机与繁荣》。

[379] Peterson, Charles A. "Old illusions and new realities: Sung foreign policy, 1217—1234." In *China among equals: The Middle Kingdom and its neighbors, 10th—14th centuries*, ed. Morris Rossabi. Berkeley and Los Angeles: University of California Press, 1983, pp. 204—39.

查尔斯·A. 彼得森:《旧幻想与新现实:1217—1234 年宋的对外政策》,《同等国家中的中国:10—14 世纪的中国和它的邻国》,第 204—239 页。

[380] Petrushevskii, Ilia P. "Pokhod mongol'skikh voisk v sredniuiu Aziiu v 1219—1244 gg. i ego posledstviia." In *Tataro-Mongoly y Azii i Evrope*, ed. S. L. Tikhvinskii. 2nd ed. Moscow: Nauka, 1977, pp. 107—39.

I. P. 彼得鲁合夫斯基:《1219—1244 年蒙古军在中亚的远征及其后果》,《亚洲和欧洲的鞑靼—蒙古人》,第 107—139 页。

[381] Pinks, Elizabeth. *Die Uiguren von Kan-chou in der frühen Sung-Zeit*. Wiesbaden: Otto Harrassowitz, 1968.

伊丽莎白·平克斯:《前宋时期的甘州回鹘》。

[382] Pope, John A. *Fourteenth-century blue and white: A group of Chinese porcelains in the Topkapu Sarayi Müzesi, Istanbul*. Washington, D. C.: Freer Galley of Art, 1952.

约翰·A. 波普:《14 世纪的青白瓷:伊斯坦布尔脱卡比·撒拉伊博物馆的一组中国瓷器》。

[383] Poppe, Nicholas. "Jurchen and Mongolian." In *Studies on Mongolia*:

Proceedings of the first North American conference on Mongolian studies, ed. Henry G. Schwartz. Bellingham: Center for East Asian Studies, West ern Washington University, 1979, pp. 30—7.
尼古拉·鲍培:《女真人与蒙古人》,《蒙古研究:第一届北美蒙古研究会论集》,第 30—37 页。

[384] Poppe, Nicholas, trans. *The Mongolian monuments in Phags-pa script*. Ed. John R. Krueger Wiesbaden: Otto Harrassowitz, 1957.
尼古拉·鲍培:《蒙古八思巴字文献》。

[385] Poueha, Pavel. "Uber den Inhalt und die Rekonstruktion des ersten mon golischen Gesetzbuches. "In *Mongolian studies*, ed. Louis Ligeti. Amster dam: B. R. Griiner, 1970, pp. 377—415.
帕维·鲍查:《第一部蒙古法典的复原及其内容》,《蒙古研究》,第 377—415 页。

[386] Pulleyblank, Edwin G. "A Sogdian colony in Inner Mongolia. "*T' oung Pao*, 41(1952), pp. 317—56.
埃德温·G. 普利布兰克:《内蒙古的粟特居地》,《通报》41 期,第 317—356 页。

[387] Qāshānī, Abūal-Qāsim Abd Allāh Ibn Ali. *Tārīkh-ī Uljāytū*. Ed. Mahin Hambly. Tehran: Bungāhi Tarjameh va Nashr-i Kitāb, 1969.
阿布勒·哈希姆·阿卜杜拉·伊本·阿里·哈撒尼:《完者都史》。

[388] Rachewiltz, Igor de. "The Hsi-yu lu 西游录 by Yeh-lü Ch' u-tS' ai 耶律楚材. "*Monumenta Serica*, 21(1962), pp. 1—128.
罗依果:《耶律楚材的〈西游录〉》,《华裔学志》21 期,第 1—128 页。

[389] Rachewiltz, Igor de. "More about the preclassical Mongolian version of the *Hsiaoching*. "*Zentralasiatiche Studien*, 19(1986), pp. 27—37.
罗依果:《蒙文译本〈孝经〉续论》,《中亚细亚研究》19 期,第 27—37 页。

[390] Rachewiltz, Igor de. "Muqali, Bōl, Tas and An-t' ung. "*Papers on Far Eastern History*, 15(1977), pp. 45—62.
罗依果:《木华黎、孛鲁、塔思和安童》,《远东史论丛》15 期,第 45—62 页。

[391] Rachewiltz, Igor de. "Personnel and personalities in north China in the early Mongol period. "*Journal of the Economic and Social History of the Orient*, 9(1966), pp. 88—144.
罗依果:《蒙古早期的北中国人》,《东方经济与社会史杂志》9 期,第

88—144 页。

[392] Rachewiltz, Igor de. "The preelassieal Mongolian version of the *Hsiao-ching*." *Zentralasiatische Studien*, 16(1982), pp. 7—109。
罗依果:《蒙文译本〈孝经〉》,《中亚细亚研究》16 期,第 7—109 页。

[393] Rachewiltz, Igor de. "Qan, qa'an and the seal of Güyüg." In *Documenta Barbarorum: Festchrift für Walter Heissig zum 70. Geburststag*. ed. K. Sagaster and M. Weiers. Wiesbaden: Otto Harrassowitz, 1983.
罗依果:《汗、合罕与贵由的印》。

[394] Rachewiltz, Igor de, trans. "The Secret History of the Mongols." *Papets on Far Eastern History*, 4(1971), pp. 115—63; 5(1972), pp. 149—75; 10(1974), pp. 55—82; 13(1976), pp. 41—75; 16 (1977), pp. 27—65; 18 (1978), pp. 43—80; 21(1980), pp. 17—57; 23(1981), pp. 111—46; 26 (1982), pp. 39—84; 30(1984), pp. 81—160; 31(1985), pp. 21—93.
罗依果译:《蒙古秘史》,载《远东史论集》4、5、10、13、16、18、21、23、26、30、31 期。

[395] Rachewiltz, Igor de. "Some remarks on the ideological foundations of Chinggis khan's empire." *Papers on Far Eastern History*, 7(1973), pp. 21—36.
罗依果:《论成吉思汗的帝国思想基础》,《远东史论集》7 期,第 21—36 页。

[396] Rachewiltz, Igor de. "Some remarks on the language problem in Yüan China." *Journal of the Oriental Society of Australia*, 5(1967), pp. 65—80.
罗依果:《论元代的语言问题》,《澳大利亚东方学会杂志》5 期,第 65—80 页。

[397] Rachewiltz, Igor de. "Some remarks on Töregene's edict of 1240." *Paperson Far Eastern History*, 23(1981), pp. 38—63.
罗依果:《论脱列哥那 1240 年的旨令》,《远东史论集》23 期,第 38—63 页。

[398] Rachewiltz, Igor de. "Turks in China under the Mongols: A preliminary investigation of Turco-Mongol relations in the 13th and 14th centuries." In *China among equals: The Middle Kingdom and its neighbors. 10th—14th centuries* ed. Morris Rossabi. Berkeley and Los Angeles: University of California Press, 1983, pp. 281—310.

罗依果:《蒙古统治下的突厥人:13—14 世纪突厥与蒙古关系初探》,载《同等国家中的中国:10—14 世纪的中国和它的邻国》,第 281—310 页。

[399] Rachewiltz, Igor de. "Yeh-lü Ch'u-ts'ai (1189—1243): Buddhist idealist and Confucian statesman." In *Confucian personalities*, ed. Arthur F. Wright and Denis C. Twitchett. Stanford, Calif.: Stanford University Press, 1962, pp. 189—216.

罗依果:《耶律楚材(1189—1243 年):佛教徒和治国儒者》,《儒士传》,第 189—216 页。

[400] Rachewiltz, Igor de, et al. *Index to biographical material in Chin and Yüan literary works*. 1st series (with Miyoko Nakano). Canberra: Australian National University Press. 1970. 2nd series (with May Wang). Canberra: Australian National University Press. 1972. 3rd series (with May Wang). Canberra: Australian National University Press, 1979.

罗依果:《金元文集传记资料索引》。

[401] Rachewiltz, Igor de, Hok-lam Chan, Hsiao Ch'i-Ch'ing, and Peter W. Geier, eds. *In the service of the khan: eminent personalities of the early Mongol-yuan period* (1200—1300). Wiesbaden: Otto Harrassowitz, 1992.

罗依果、陈学霖、萧启庆、昌彼得编:《蒙元早期(1200—1300 年)汗廷的著名人物》。

[402] Rall, Jutta. *Die vier grossen Medizinschulen der Mongolenzeit: Stand und Entwicklung der chinesischen Medizin in der Chin-und Yüan-Zeit*, Wiesbaden: Franz Steiner, 1970.

朱达·拉尔:《蒙古时期医学的发展:金元两代中医的复兴和发展》。

[403] Rashīd al-Dīn. *Jāmi al-Tavārīkh*, vol. 1, pt. 1. Ed. A. A. Alizade. Moscow: Nauka, 1968.

拉施特:《史集》,第 1 卷第 1 分册,A. A. 赫塔古罗夫译注,阿里札德编校。

[404] Rashīd al-Dīn. *Jāmi al-Tavārīkh*. 2 vols. Ed. B. Karīmī. Teheran: Iqbal, 1959.

拉施特:《史集》,2 卷,B. 哈力迷编校。

[405] Rashīd al-Dīn. *Sbornik letopisei*, vol. 1 pt. 2, Trans. O. I. Smirnova. Leningrad: Nauka, 1952.

拉施特:《史集》,第 1 卷第 2 分册,O. I. 斯米尔诺娃译注。

[406] Rashīd al-Dīn. *Shu ab-i panjgnah*. Maunscript, Topkapi Sarayi Museum, Catalogue no. 2932.
拉施特:《五世系谱》,手稿,脱卡比·撒拉伊博物馆,第2932号。

[407] Rashīd al-Dīn. *The successors of Genghis khan*. Trans. John A. Boyle. New York: Columbia University Press, 1971.
拉施特:《成吉思汗的继承者》,约翰·A.波义耳译注。

[408] Ratehnevsky, Paul. "Les Che-wei étaient-ils des Mongols?" In vol. 1 of *Mélanges de sinologie offerts à Monsieur Paul Demiéville*. Bibliothèque de I'Institut des Hautes Études Chinoises, vol. 20. Paris: Presses Universitaires de France, 1966, pp. 225—51.
保尔·拉契内夫斯基:《室韦是蒙古人的祖先吗?》,《戴密微汉学论集》,第1卷,第225—251页。

[409] Ratchnevsky, Paul. *Činggis-khan: Sein Leben und Wirken*. Wies baden: Franz Steiner, 1983.
保尔·拉契内夫斯基:《成吉思汗:他的生平和事业》。

[410] Ratchnevsky, Paul. "Die mongolischen Grosskhane und die buddhistische Kirche." In *Asiatica: Festschrift Friedrich Weller zum 65. Geburtstag*, ed. Johannes Schubert. Leipzig: Otto Harrassowitz, 1954, pp. 489—504.
保尔·拉契内夫斯基:《蒙古大汗和佛教》,《弗里德里希·韦勒65岁颂寿亚洲论集》,第489—504页。

[411] Ratchnevsky, Paul. "Über den mongolischen Kult am Hofe der Grosskhane in China." In *Mongolian studies*, ed. Louis Iigeti. Amsterdam: B. R. Grüner, 1970, pp. 417—43.
保尔·拉契内夫斯基:《中国汗廷中的蒙古祭礼》,《蒙古研究》,第417—443页。

[412] Ratchnevsky, Paul. *Un code des Yuan. 4 vols. Vol. 1: Paris: Librairie Ernest Leroux, 1937; vol. 2: Paris: Presses Universitaires de France, 1972; vol. 3: Paris: Presses Universitaires de France, 1977; vol. 4: Paris: Collège de France, Institut des Hautes Études Chinoises, 1985.*
保尔·拉契内夫斯基:《元法典》,4卷。

[413] *Ratchnevsky, Paul. "Zum Ausdruch 't' ouhsia' in der Mongole-nzeit." Collectanea Mongolica: Festschrift für Professor Dr. Rintchen zum 60. Geburtstag*. Wiesbaden: Otto Harrassowitz, 1966. pp. 173—91.
保尔·拉契内夫斯基:《蒙古时期投下的意义》,《仁钦教授60岁颂寿蒙

古论集》,第 173—191 页。

[414] Rerikh, Iurii N. (George N. Roerich). "Tangutskii titul dzha-gambu Kereitskogo. "*Kratkie soobshcheniia instituta naradov Azii*. 44(1961), pp. 41—4.

列里赫:《克列部的西夏封号札阿绀孛》,

[415] Rockhill, William. *The journey of William of Rubruck to the Eastern parts of the world*. London: Hakluyt Society, 1900.

柔克义译:《鲁不鲁乞东游记》。

[416] Roerich, George. *The blue annals*. 2nd ed. Delhi: Motilal Banarsidass, 1976.

罗列赫:《青史》。

[417] Rogers, Michael C. "The late Chin debates on dynastic legitimacy." *Sung Studies Newsletter*, 13(1977), pp. 57—66.

米歇尔・C. 罗杰斯:《金朝后期关于正统的争论》,《宋史研究通信》13 期,第 57—66 页。

[418] Rogers, Michael C. "The myth of the battle of the Fei River (A. D. 383). "*T'oung Pao*, 54(1968), pp. 50—72.

米歇尔・C. 罗杰斯:《淝水之战(公元 383 年)的神话》,《通报》54 期,第 50—72 页。

[419] Rogers, Michael C. "National consciousness in medieval Korea: The impact of Liao and Chin on Kory. "In *China among equats: I he Middle Kingdom and its neighbors. 10th—14th centuries*, ed. Morris Rossabi. Berkeley and Los Angeles: University of California Press, 1983, pp. 151—72.

米歇尔・C. 罗杰斯:《朝鲜中世纪民族的觉醒:辽、金对高丽的影响》,《同等国家中的中国:10—14 世纪的中国和它的邻国》,第 151—172 页。

[420] Rogers, Michael C. "The regularization of Koryŏ-Chin relations (1116—1131). "*Central Asiatic Journal*, 6(1961), pp. 51—84.

米歇尔・C. 罗杰斯:《高丽与金朝关系(1116—1131 年)述论》,《中亚杂志》6 期,第 51—84 页。

[421] Rogers, Michael C. "Studies in Korean history, Ⅱ: Koryŏ's military dictatorship and its relations with Chin. "*T'oung Pao*, 47(1959), pp. 42—62.

米歇尔・C. 罗杰斯:《朝鲜史研究(2):高丽的军事独裁及其与金朝的关

系》,《通报》47 期,第 42—62 页。

[422] Rorex, Albright. "*Some Liao tomb murals and images of nomads in Chinese paintings of the Wen-chi story.*" *Artibus Asiae*, 45 (1984), pp. 174—98.

奥尔布赖特·罗雷克思:《辽墓壁画和中国画中反映游牧民的文姬故事》,《亚洲艺术》45 期,第 174—198 页。

[423] Rossabi, Morris, ed. *China among equals: The Middle Kingdom and its neighbors, 10th—14th centuries*. Berkeley and Los Angeles: University of California Press, 1983.

莫里斯·罗沙比编:《同等国家中的中国:10—14 世纪的中国和它的邻国》。

[424] Rossabi, Morris. "Chinese myths about the national minorities: Khubilai Khan, a case study." *Central and Inner Asian Studies*, 1(1987), pp. 47—81.

莫里斯·罗沙比:《关于少数民族的中国神话:对忽必烈的个案研究》,《中亚和内亚研究》1 期,第 47—81 页。

[425] Rossabi, Morris. "Khubilai Khan and the Women in his family." In *Studia Sino-Mongolica: Festschrift fr Herbert für Herbert Franke*, ed. Wolfgang Bauer. Münchener Ostasiatische Studien no. 25. Wiesbaden: Franz Steiner, 1979, pp. 153—80.

莫里斯·罗沙比:《忽必烈汗和他家族的妇女》,《汉—蒙古研究:傅海波颂寿论集》,第 153—180 页。

[426] Rossabi, Morris. *Khubilai Khan: His life and times*. Berkeley and Los Angeles: University of California Press, 1988.

莫里斯·罗沙比:《忽必烈汗:他的生活和时代》。

[427] Rossabi, Morris. "The Muslims in the early Yüan dynasty." In *China under Mongol rule*, ed. John D. Langlois, Jr. Princeton, N. J.: Princeton University Press. 1981. pp. 257—95.

莫里斯·罗沙比:《元代初期的穆斯林》,《蒙古统治下的中国》,第 257—295 页。

[428] Rossabi, Morris. *Voyager from Xanadu: Rabban Sauma and the first journey from China to the west*. New York: Kodansha, 1992.

莫里斯·罗沙比:《来自上都的旅行者:列班·骚马与从中国到西方的首次旅途》。

[429] Roux, Jean-Paul. "Le Chaman gengiskhanide." *Anthropos*, 54(1959), pp. 401—32.
让-保罗·鲁:《成吉思汗朝的萨满》,《人类学》54 期,第 401—432 页。

[430] Rozman, Gilbert, ed. *Soviet studies of pre-modern China: Assessments of recent scholarship*. Ann Arbor: Center for Chinese Studies, University of Michigan, 1984.
吉尔伯特·罗兹曼:《苏联近年中国古代史研究评价》。

[431] Rozman, Gilbert. *Urban networks in Ch'ing China and Tokugawa Japan*. Princeton, N.J.: Princeton University Press, 1973.
吉尔伯特·罗兹曼:《金代中国和幕府日本的城市网》。

[432] Saccheti, Maurizia Dinacci. "Sull'adozione del nome dinastico Yüan." *Annali. Istituto Orientale di Napoli*, 31(1971), pp. 553—8.
M, D. 撒彻迪:《元代国号考》,《那不勒斯远东学院年报》31 期,第 553—558 页。

[433] Saeki Tomi 佐伯富 and Chikusa Masaaki 竺沙雅章. Sō no shin bunka 宋の新文化. Vol. 6 of Tōyō no reikishi 東洋の歷史, ed. Saeki Tomi. Kyoto: Jimbutsu ōraisha, 1967.
佐伯富、竺沙雅章:《宋代的新文化》。

[434] Sagaster, Klaus. *Die weisse Geschichte. Wiesbaden: Otto Harrossowitz*, 1976.
克劳斯·萨噶斯特:《白史》。

[435] Saguchi Tōru 佐口透. "*Jūiyon seiki ni okeru Genchō daikan to seihō sanōke to no rentaisei ni tsuite* 十四世紀に於ける元朝大カーソと西方三王連家のと連帶性に就いて." *Kita Ajia gakuh* 北亞细亞學報, 1(1942), pp. 151—214.
佐口透:《14 世纪元朝与西方三王的关系》,《北亚细亚学报》1 期,第 151—214 页。

[436] Sainson, Gamille. *Nan-tchao ye che, histoire particulière de Nan-tchao. Paris: Imprimerie Nationale, Ernest Leroux, éditeur*, 1904.
卡米耶·塞松:《南诏野史》。

[437] *Sansom, George B. A history of Japan to* 1334. Stanford, Calif.: Stanford University Press, 1958.
乔治·B. 桑塞姆:《1334 年前的日本史》。

[438] Satō Hisashi 佐藤長. *Kodai Chibetto shi kenkyū* 古代チベット史研究.

2 vols. Kyōto: Kyōto daigaku Tōyōshi kenkyūkai, 1958—9.
佐藤长:《古代吐蕃史研究》。

[439] sayf ibn Muhammad. *Ta'rīkh-i nāmah-i Hart*. Ed. Muhammad Zubayr al-Siddīqī. Calcutta: Baptist Missionary Press, 1944.
撒亦夫·伊本·穆哈默德:《也里州志》。

[440] Schulte-Uffelage, Helmut, trans. and ed. *Dans Keng-shen wai-shih: Eine Quelle zur späten Mongolenzeit*. Ostasiatische Forschungen, Sonder reihe Monographien no. 2. Berlin: Akademie-Verlag, 1963.
赫尔穆特·舒尔特—乌夫拉格译:《庚申外史》。

[441] Schurmann, Herbert F. *Economic structure of the yüan dynasty: Translation of chapters* 93 *and* 94 *of the yüan shih*. Harvard-Yenching Institute Studies, vol. 16. Cambridge, Mass.: Harvard University Press, 1956; repr. 1967.
舒尔曼:《元代经济结构:〈元史〉卷 93—94 译注》。

[442] Schurmann, Herbert F. "Mongolian tributary practices of the thirteenth century." *Harvard Journal of Asiatic Studies*, 19(1956), pp. 304—89.
舒尔曼:《13 世纪蒙古的贡纳制》,《哈佛亚洲研究杂志》19 期,第 304—389 页。

[443] Schurmann, Herbert F. "Problems of political organization during the Yüan dynasty." In vol. 5 of *Trudy XXV Mezhdunarodnogo kongressa vos tokovedov*. Moscow: Izdatel'stvo Vostochnov Literatury, 1963, pp. 26—30.
舒尔曼:《元代政治组织上的若干问题》,《第 25 届国际东方学会论文集》,5 卷,第 26—30 页。

[444] Sehwartz-Schilling, Christian. *Der Friede von Shan-yüan* (1005 *n. Chr.*): *Ein Beitrag zur Geschichte der chineschen Diplomatie*. Asiatische Forschungen no. 1. Wiesbaden: Otto Harrassowitz, 1959.
克里斯蒂安·施瓦茨—席林:《澶渊之盟(1005 年):中国外交史的一大贡献》。

[445] Seifeddini, M. A. "Monety s nadpis'iu 'ulug mangul ulus-bek'." *Numizmatika i epigrafika*, 9(1971), pp. 115—21.
M. A. 塞非迪尼:《具有大蒙古国别乞铭文的钱币》,《古钱学和题铭学》9 期,第 115—121 页。

[446] Sekino Tadashi 關野貞 and Takejima Takuichi 竹島卓一. *Ryō Kin jidai*

no kenchiku to sono butsuz 遼金時代ノ建築卜其ノ佛像. 2 vols of pla10tes. Tokyo: Tōhō bunka gakuin Tōkyō kenkyūjo, 1934.
关野贞、竹岛卓一:《辽金时代的建筑与佛像》。

[447] Serruys, Henry. *The Mongols in China during the Hung-wu period*. Mélanges Chinois et Bouddhiques no. 11. Bruges: L' Institut Belge des Hautes Études Chinoises, 1959.
司律思:《洪武朝中国的蒙古人》。

[448] Serruys, Henry. "Remains of Mongol customs in China during the early Ming." *Monumenta Serica*, 16(1957), pp. 137—90.
司律思:《明朝初年中国的蒙古遗俗》,《华裔学志》,16 期,第 137—190 页。

[449] serruys, Paul. "Notes marginales sur le folklore des Mongols Ordos." *Han-Hiue* 漢學: *Bulletin du Centre d' Études Sinologiques de Pékin*, 3 (1948), pp. 15—210.
司律思:《蒙古鄂尔多斯的民间传说》,《汉学》3 期,第 15—210 页。

[450] Shiba, Yoshinobu, *Commerce and society in Sung China*. Trans. Mark Elvin. Ann Arbor: Center for Chinese Studies, University of Michigan, 1970.
斯波义信:《宋代商业史研究》,马克・埃尔文译。

[451] Shiba Yoshinobu 斯波義信. *Sōdai shgyōshi kenkyū* 宋代商業史研究. Tokyo: Kazama shobō, 1968.
斯波义信:《宋代商业史研究》。

[452] Shiba, Yoshinobu. "Sung foreign trade: Its scope and organization." In *China among equals: The Middle Kingdom and its neighbors, 10th—14th centuries*. ed. Morris Rossabi. Berkeley and Los Angeles: University of California Press, 1983, pp. 89—115.
斯波义信:《宋代对外贸易:范围与组织》,《同等国家中的中国:10—14 世纪的中国和它的邻国》,[423]第 89—115 页。

[453] Shih, Chung-wen. *The golden age of Chinese drama: Yüan Tsa-chü*. Princeton, N. J.: Princeton University Press, 1976.
史仲文:《中国戏剧的黄金时代:元杂剧》。

[454] Shimada Masao 島田正郎. *Ryō no shahai to bunka* 遼の社會文化. Tokyo: Kōrbundō, 1956.
岛田正郎:《辽代社会与文化》。

[455] Shimada Masao. *Ryōchō kansei no kenkyū* 遼朝官制の研究. Tōyō hōshi ronshū 東洋法史論集 no. 1. Tokyo:Sōbunsha,1978.
岛田正郎:《辽朝官制研究》。

[456] Shimada Masao. *Ryōchō shi no kenkyū* 遼朝史の研究. Tokyo: Sbunsha, 1979.
岛田正郎:《辽朝史研究》。

[457] Shimada Masao. Ryōdai shakai shi kenkyū 遼代社會史研究. Kyoto: Sanwa shobo,1952.
岛田正郎:《辽代社会史研究》。

[458] Shimada Masao. *Ryōsei no kenkyū* 遼制研究. *Tokyo:Nakazawa in-satsu kabushiki kaisha*,1954;*repr*. 1973.
岛田正郎:《辽制的研究》。

[459] *Shimada Masao. So-shū jō* 祖州城. *Tokyo:Bunkōdō shoten*,1955.
岛田正郎:《祖州城》。

[460] *Shiratori, Kurakichi, ed.; Yanai, Wataru; Inaba, Iwakichi; and Matsui, Hitoshi. Beitrge zur historischen Geographie der Mans-churei.* (Translation of their *Mansh rekishi chiri*). 2 vols. Tokyo: Verlag der Südmandschurischen Eisenbahn A. G.;vol. 1,1914;vol. 2,1912.
白鸟库吉、箭内亘、松井等、稻叶岩吉:《满洲历史地理》,2卷,A. G. 爱森巴赫译。

[461] Shiratori Kurakichi 白鳥庫吉. Yanai Wataru 箭内亘. Matsui Hitoshi 松井等,and Inaba Iwakichi 稻葉岩吉. *Mansh rekishi chiri* 满洲歷史地理. *2vols. Tokyo: Minami Manshū Tetsudō kabushiki kaisha*. 1913: *repr* Tokyo:Maruzen. 1940.
白鸟库吉、箭内亘、松井等、稻叶岩吉:《满洲历史地理》,2卷。

[462] Shkoliar, Sergei A. *Kitaiskaia doognestrel' naia artilleria*. Moscow: Nauka,1980.
谢尔盖·什科里尔:《火炮前的中国炮》。

[463] Sinor,Denis. "The Inner Asian warriors." *Journal of the American Oriental Society*,101(1981),pp. 133—44.
丹尼斯·塞诺尔:《内亚的战士》,《美国东方学会会刊》101期,第133—144页。

[464] Sinor,Denis. "The legendary origin of the Trks." In *Folklorica: Festschrift for Felix J. Oinas*. ed. Egle Victoria Žygas and Peter Voorhies.

Bloomington, Ind. : Research Institute for Inner Asian Studies, 1982. pp. 223—57.

丹尼斯·塞诺尔:《传说中的突厥人的起源》,《费利克斯·J. 奥依纳思颂寿民间传说论集》,第 223—257 页。

[465] Sinor, Denis. "On Mongol strategy." In *Proceedings of the fourth East Asian Altaistic conference*, ed. Ch'en Chieh-hsien. T'ai-nan: National Ch'eng-kung University, 1975, pp. 238—49.

丹尼斯·塞诺尔:《论蒙古的兵法》,《第四届东亚阿尔泰会议集刊》,第 238—249 页。

[466] Siren, Osvald. "Chinese sculpture of the Sung, Liao and Chin dynasties." *Bulletin of the Museum of Far Eastern Antiquities* (*Östasiatiska Samlingarna*), 14(1942), pp. 45—64.

奥斯瓦尔德·希瑞:《宋、辽、金朝的中国雕塑》,《远东古代文物博物馆馆刊》14 期,第 45—64 页。

[467] Skelton, R. A., trans. *The Vinland map and the Tartar relation*. New Haven, Conn. : Yale University Press, 1965.

R. A. 斯克尔顿译:《芬兰地图及其与鞑靼的关系》。

[468] Smith, John M. "Ain Jālt: Mamlūk success or Mongol failure?" *Harvard Journal of Asiatic Studies*, 44(1984), pp. 307—45.

约翰·M. 史密斯:《爱因扎鲁特:马鲁克的胜利或是蒙古的失败?》,《哈佛亚洲研究杂志》44 期,第 307—345 页。

[469] Smith, John M. "Mongol and nomadic taxation." *Harvard Journal of Asiatic Studies*, 30(1970), pp. 46—86.

约翰·M. 史密斯:《蒙古人和游牧民的税收》,《哈佛亚洲研究杂志》30 期,第 46—86 页。

[470] Smith, John M. "Mongol manpower and Persian population." *Journal of the Economic and Social History of the Orient*, 18(1975), pp. 270—99.

约翰·M. 史密斯:《蒙古人力与波斯的人口》,《东方经济史与社会史杂志》18 期,第 270—299 页。

[471] Sogabe Shizuo 曾我部静雄. *Nissōkin kahei kōryūshi* 日宋金貨幣交流史. Tokyo: Hōbunkan, 1949.

曾我部静雄:《日宋金货币交流史》。

[472] Stein, M. Aurel, *Innermost Asia*, vol. 1. Oxford: Clarendon Press, 1928.

斯坦因:《内亚大陆》。

[473] Stein, Rolf A. "Leao-Tche." *T'oung Pao*, 35(1939), pp. 1—154. 史泰安:《辽史》,《通报》35 期,第 1—154 页。

[474] Stein, Rolf A. "Mi-ag et Si-hia: Cographie historique et 1gendes ancestrales." *Bulletin de l'cole Francaise d'Extrme-Orient*, 44(1947 50), pp. 223—65.

史泰安:《弭药和西夏:历史地理与祖先传说》,《法兰西远东学院学报》44 期,第 223—265 页。

[475] Steinhardt, Nancy S. *Chinese imperial city planning*. Honolulu: University of Hawaii Press. 1990.

南希・S. 斯坦哈特:《中国的帝都规划》。

[476] Steinhardt, Nancy S. *Chinese traditional architecture*. New York: Chi na Institute in America, 1984.

南希・S. 斯坦哈特:《中国传统建筑》。

[477] Steinhardt, Nancy S. "Currency Issues in Yüan China." *Bulletin of Sung-Yan Studies*, 16(1980), pp. 59—81.

南希・S. 斯坦哈特:《元代中国的货币流通》,《宋元研究集刊》16 期,第 59—81 页。

[478] Steinhardt, Nancy S. "Imperial architecture under Mongolian patronage: Khubilai'S imperial city of Daidu." Ph. D. diss., Harvard University, 1981.

南希・S. 斯坦哈特:《蒙古影响下的都城建筑:忽必烈的帝都大都》,哈佛大学 1981 年博士论文。

[479] Steinhardt, Nancy S. "The plan of Khubilai Khan's imperial city." *Art ibus Asiae*, 44(1983), pp. 137—58.

南希・S. 斯坦哈特:《忽必烈的都城规划》,《亚洲文献》44 期,第 137—158 页。

[480] *under Mongol rule*, ed. John D. Langlois, Jr. Princeton, N. J.: Princeton University Press, 1981, pp. 212—53.

孙克宽:《虞集与元代江南的道教》,《蒙古统治下的中国》,第 212—253 页。

[481] Takejima Takuichi 竹島卓一. *Ryō Kin jidai no kenchiku to sono butsuzō* 遼 金時代の建築と其の佛像. *Tokyo: Ryūbun shokyoku*. 1944.

竹岛卓一:《辽金时代的建筑与佛像》。

[482] *Takigawa Masajirō* 瀧川政次郎 *and Shimada Masao* 島田正郎.

Ryōritsu no kenkyu 遼律之研究. *Tokyo*:*Osaka yogō shoten*,1943.
泷川政次郎、岛田正郎:《辽律之研究》。

[483] *Tamura Jitsuzō* 田村實造. *Chūgoku seifuku ōchō no kenkyū* 中國征服王朝の研究. 2 vols. Kyoto:Tōyōshi kenkyūkai,1964—71.
田村实造:《中国征服王朝研究》,2 卷。

[484] Tamura Jitsuzō. *Keiryō no hekiga* 慶陵の壁畫. Kyoto:Dōhōsha, 1977.
田村实造:《庆陵的壁画》。

[485] Tamura Jitsuzo. "The legend of the origin of the Mongols and problems concerning their migration. "*Acta Asiatica*,24(1973),pp. 1—19.
田村实造:《蒙古族起源的传说和蒙古人迁徙的有关问题》。

[486] Tamura Jitsuzō and Kobayashi Yukio 小林行雄. *Keiryō* 慶陵. Kyōoto: Kyto daigaku bungakubu,1953.
田村实造、小林行雄:《庆陵》。

[487] Tao,Jing—shen. "Barbarians or northerners:Northern Sung images of the Khitan. " In *China among equals*: *The Middle Kingdom and its neighbors*, *10th—14th centuries*, ed. Morris Rossabi. Berkeley and Los Angeles:University of California Press,1983,pp. 66—86.
陶晋生:《蛮人或北人:北宋人心目中的契丹人》,《同等国家中的中国:10—14 世纪的中国和它的邻国》,第 66—86 页。

[488] Tao,Jing-shen. "The influence of Jurchen rule on Chinese political institutions. "*Journal of Asian Studies*,30(1970),pp. 121—30.
陶晋生:《女真统治对中国政治制度的影响》,《亚洲研究杂志》30 期,第 121—130 页。

[489] Tao,Jing-shen. *The Jurchen in twelfth-century China*:*A study of sinicization*. Seattle:University of Washington Press,1977.
陶晋生:《12 世纪中国女真人的汉化研究》。

[490] Tao,Jing-shen. "Political recruitment in the Chin dynasty. "*Journal of the American Driental Society*,94(1974),pp. 24—35.
陶晋生:《金代的任官政策》,《美国东方学会会刊》94 期,第 24—35 页。

[491] Tao,Jing-shen. *Two sons of heaven*: *Studies in Sung-Liao relations*. Tucson: University of Arizona Press,1988.
陶晋生:《两个天子:宋辽关系研究》。

[492] Tao,Jing-shen. "Yü Ching and Sung policies toward Liao and Hsia, 1042—44. "*Journal of Asian History*,6(1972),pp. 114—22.

陶晋生:《余靖和 1042—1044 年宋对辽、夏的政策》,《亚洲历史杂志》6 期,第 114—122 页。

[493] Taskin, V. S. , trans. E Lun-i(Yeh Lung-li), *Istoriia gosudarstva Kidanei (Tsidan' go chzhi): Perevod s kitaĭskogo, vvedenie, kommentariĭ i prilozheniia*. In *Pamiatniki pis'mennosti vostoka*, 81, no. 35. Moscow: Nauka, 1979.

叶隆礼:《契丹国志》,V. S. 塔斯钦翻译。

[494] Tayama Shigeru 田山茂. "Cendai zaiseishi ni kansuru oboegaki-shūshi no gaku Wo chūshin to shite 元代財政史に關する覺書—收の額を支中心として." In Tōyō no seiji keizai 東洋の政治經濟. Hiroshima: Mokukoku shten, 1949, pp. 191—266.

田山茂:《元代财政史的有关资料:以收支额为中心》,《东洋的政治经济》,第 191—266 页。

[495] Taylor, Keith W. *The birth of Vietnam*. Berkeley and Los Angeles: University of California Press, 1983.

基思·W. 泰勒:《越南的诞生》。

[496] Terentyev-Katansky, A. P. "The appearance, clothes and utensils of the Tanguts." In *The countries and peoples of the East*, ed. D. A. Olderogge. moscow: Nauka, 1974, PP. 215—24.

A. P. 捷伦捷也夫—卡坦斯基:《党项人的外表、服装和器具》,载 D. A. 奥尔德罗格主编:《东方的国家和人民》,第 215—224 页。

[497] Thiel, Joseph. "Der Streit der Buddhisten und Taoisten zur Mongolenzeit." *Monumenta Serica*, 20(1961), pp. 1—81.

约瑟夫·蒂洛:《蒙古时期的佛道之争》,《华裔学志》20 期,第 1—81 页。

[498] Thiele, Dagmar. *Der Abschluss eines Vertrages: Diplomatie zwischen Sung und Chin Dynastie. 1117—1123*. Münchener Ostasiatische Studien no. 6. Wiesbaden: Franz Steiner, 1971.

达格玛·蒂勒:《缔约:宋金间的外交(1117—1123 年)》。

[499] T'ien Ju-kang. "Mongol rulers and Chinese pirates." *History Today*, 33 (1983), pp. 33—8.

田汝康:《蒙古统治者与中国海盗》,《当代历史》33 期,第 33—38 页。

[500] Tietze, Klaus. "The Liao-Sung border conflict of 1074—76." In *Studia Sino-Mongolica: Festschrift für Herbert Franke*, ed. Wolfgang Bauer.

Wiesbaden:FranZ Steiner,1979,pp. 127—51.

克劳斯·蒂兹:《1074—1076 年的辽宋边界冲突》,《汉—蒙古研究:傅海波颂寿论集》,第 127—151 页。

[501] Tikhvinskii,S. L. ,ed. *Tartar-Mongoly v Azii i Europe*, Moscow: Nauka,1977.

S. L. 齐克文斯基主编:《亚洲及欧洲的鞑靼—蒙古人》。

[502] Togan, Isenbike. "The chapter on annual grants in the Yüan shih." 2 vols. Ph. D. diss. ,Harvard University,1973.

伊森拜克·图干:《〈元史〉中的岁赐门》,2 卷,哈佛大学 1973 年博士论文。

[503] Torii Ryūzō 島居龍藏 *Kokogakujō yori mitaru Ryō no bunka*:*Zufu* 考古學上より見十たゐ遼の文化:圖譜 4 vols. Tokyo:Tōhōbunka gakuin, Tōkyō kenkyūsho,1936.

岛居龙藏:《考古学所见辽代文化图谱》,4 卷。

[504] Torii Ryūzō. *Ryō no bunka wo sagur* 遼の文化を探ゐ. Tokyo: shokasha. 1937.

岛居龙藏:《辽代文化探讨》。

[505] Torii Ryūzō. "Ryōdai no hekiga ni tsuite 遼代の壁畫に就いて." *Kokka* 國華, 490, pp. 272—80; 491, pp. 283—9; 492, pp. 313—17; 493, pp. 343—50(1931).

岛居龙藏:《辽代的壁画》,载《国华》490—493 期。

[506] Toyama Gunji 外山軍治. *Kinchōshi kenkyū* 金朝史研究. Tōyōshi kenkyū sōkan 東洋史研究叢刊. no. 13. Kyoto:Tryshi kenkykai,1964.

外山军治:《金朝史研究》。

[507] Tsunoda, Ryusaku, and L. C. Goodrich. *Japan in the Chinese dynastic histories*. South Pasadena,Calif. :P. D. and Ione Perkins,1951.

卢萨库·楚诺答、L. C. 古德里奇:《中国王朝史中的日本》。

[508] Tu Lien-che. "Hung chün. "In vol. 1 of *Eminent Chinese of the Ch' ing period*, ed. Arthur O. Hummel. Washington, D. C. : U. S. Government Printing Office. 1943. pp. 360—1.

杜联喆:《洪钧》,《清代的著名汉人》,第 360—361 页。

[509] Tucci,Guiseppe. *Tibetan painted scrolls*. 2 vols. Rome:La Libreria dello stato,1949.

G. 杜齐:《西藏画卷》,2 卷。

[510] Tung Chieh-yüan. *Master Tung's western chamber romance*(*Tung Hsi-hsiang chu-kung-tiao*): *A Chinese chantefable*. Trans. Li-li Ch'-en. Cambridge:Cambridge University Press,1976.
董解元:《董西厢诸宫调:一个中国传说》,陈莉莉英译。

[511] Twitchett,Denis C. "Merchant,trade and government in late T'ang." *Asia Major*,14(1968),pp. 63—95.
崔瑞德:《晚唐的商人、贸易和政府》,《大亚细亚》14 期,第 63—95 页。

[512] Twitchett,Denis C. ,and John K. Fairbank,eds. *Sui and T'ang China*, 589—906,pt. 1. Vol. 3 of *The Cambridge history of China*. Cambridge: Cambridge University Press,1979.
崔瑞德、费正清编著:《剑桥中国隋唐史》。

[513] Uematsu,Tadashi 植松正. "The control of Chiang-nan in early Yüan." *Acta Asiatca*,45(1983),pp. 49—68.
植松正:《元代初期对江南的控制》,《亚洲杂志》45 期,第 49—68 页。

[514] Uemamu Tadashi. "Gendai Kōnan no gōmin Shu Sei Chō Sen ni tsuite: Sono chsatsu to zaisan kambotsu Wo megutte 元代江南の豪民朱清張瑄について:その 誅殺と財官没をめぐつて."*Tōyōshi kenkyū* 東洋史研究,27(1968),pp. 46—71.
植松正:《关于元代江南的豪民朱清张瑄》,《东洋史研究》27 期,第 46—71 页。

[515] Uematsu Tadashi. *Gentenshō nendai sakuin* 元典章年代索引. Tokyo: Dōhōsha,1980.
植松正:《〈元典章〉年代索引》。

[516] Uematsu,Tadashi. "Institutions of the Yuan Dynasty and Yuan society."*Gest Library Journal*,5(1992),pp. 57—69.
植松正:《元代制度与社会》,《图书馆杂志》5 期,第 57—69 页。

[517] Uematsu Tadashi. "Ishū *Shigen shingaku* narabini kaisetsu 彙輯《至元新格》并びに解説."*Tōyōshi kenkyū* 東洋史研究,30(1972),pp. 1—29.
植松正:《汇辑〈至元新格〉与解说》,《东洋史研究》30 期,第 1—29 页。

[518] Umehara Kaoru 梅原郁 and Kinugawa Tsuyoshi 衣川强,comps. Ryō *Kin Genjin denki sakuin* 遼金元人傳記索引. Kyoto:Kyōto daigaku jimbun kagaku kenkyjo,1972.
梅原郁、衣川强编:《辽金元人传记索引》。

[519] Vásáry,István. "The origin of the institution of *basqaqs*."*Acta Orienta-*

lia Academiae Scientarum Hungaricae,32(1978),pp. 201—6.
伊斯特万·瓦撒理:《巴思哈制的起源》,《匈牙利科学院东方学报》,32期,第201—206页。

[520] Viktorova, L. L. *Mongoly: Proiskhozhdenie naroda i istoki kul' tury*. Moscow: Nauka, 1980.
L. L. 维克托罗娃:《蒙古人:民族起源与文化渊源》。

[521] Visdelou, Claude de. *Histoire abrégée dela Tartarie*. In vol. 4 of *Bibliothèque orientale: Ou dictionnaire universel, contenant tout ce qui fait connitre des peuples de l' Orient*. ed. Barthlemy d' Herbelot de Modainville. Maestricht: J. E. Dufour & P. Roux, 1780.
刘应:《鞑靼史纲》,《东方丛书:东方民族知识大全辞典》,第4卷。

[522] Vladimirtsov, Boris IAkovlevich. *Gengis-khan*. Trans Michel Carsow Introduction historique par René Grousset. Paris: Librairie d' Amérique et. d'Orient Adrien-Maisonneuve, 1948.
博里斯·雅科弗列维奇·符拉基米尔佐夫:《成吉思汗》,米歇尔·卡肖法文译本。

[523] Vladmirtsov, Boris IA. *The life of Genghis khan*. Trans. Prince D. S. Mirsky. Boston: Houghton Mifflin, 1930.
博里斯·雅科弗列维奇·符拉基米尔佐夫:《成吉思汗的一生》,D. S. 米尔斯基英译本。

[524] Vladimirtsov, Boris IA. *Obshchestvennyj stroj Mongolov: Mongol' skii kochevoj feodalizm*. Leningrad: Nauka, 1934.
博里斯·雅科弗列维奇·符拉基米尔佐夫:《蒙古社会制度史》。

[525] Vladimirtsov, Boris IA. *La Régime social des Mongols: Le Féodalisme nomade*. Trans. Michel Carsow. Paris: Librairie d' Amrique et d' Orient Adrien-Maisonneuve, 1948.
博里斯·雅科弗列维奇·符拉基米尔佐夫:《蒙古社会制度史》,米歇尔·卡肖法文译本。

[526] Vladimirtsov, Boris IA. *Meng-ku she huichih tu shih* 蒙古社會制度史. Trans. Chang Hsing-t'ang 張興唐. Taipei: Chung-kuo wen hua ch'u pan shih yeh wei yüan hui, 1957; repr. Taipei: Shih Chung hua ch'U pan shih yen wei in hui, 1967.
博里斯·雅科弗列维奇·符拉基米尔佐夫:《蒙古社会制度史》,张兴唐中文译本。

[527] Vladimirtsov, Boris IA. *Meng ku she hui chih tu shih*, Trans. Liu Jung chün. 劉榮焌 Peking: Chung-kuo she hui k'o hsüeh ch'u pan she, 1980.
博里斯・雅科弗列维奇・符拉基米尔佐夫:《蒙古社会制度史》,刘荣焌中文译本。

[528] Vladimirtsov, Boris IA. *Mko shakai seidoshi* 蒙古社会制度史. Trans. Gaimush chsabu. Tokyo: Gaimush. 1934.
博里斯・雅科弗列维奇・符拉基米尔佐夫:《蒙古社会制度史》。

[529] Voegelin, Eric"The Mongol orders of submission to the European powers, 1245—1255. "*Byzantion*, 15(1940—1), pp. 378—413.
埃里克・沃格林:《1245—1255 年招降欧洲君主的蒙古令旨》,《拜占庭》15 期,第 378—413 页。

[530] Vorob'ev, Mikhail V. *Chzhurchzheni i gosudarstvo Tszin'(X v. -1234 g.): Istoricheskii Ocherk*. Moscow: Nauka, 1975.
M. V. 沃罗别夫:《女真和金国(10 世纪—1234 年):历史纲要》。

[531] Vorob'ev, Mikhail V. "O estestvennykh naukakh v chzhurchzhen'skom gosudarstve Tszin'. "In *Istoriia, kul'tura yazyki narodov Vostoka*. Ed. YU. A. Petrosian. Moscow: Nauka, 1970, pp. 145—9.
M. V. 沃罗别夫:《论金代的自然科学》,《东方民族的历史与语言文化》,第 145—149 页。

[532] Wada Sei 和田清. "Teian koku ni tsuite 定安國に就いて. "*Tōyō gakuhō* 東洋學報, 6(1915); repr. with revisions in Wada Sei, Tōa shi *kenkyū*: *Manshū hen* 東亞史研究:滿洲篇. Tōyō bunko ronsō 東洋文庫論叢 no. 37. Tokyo: Ty bunko, 1955, pp. 161—89.
和田清:《定安国》,《东洋学报》6 期,重版载《东亚史研究・满洲篇》,第 161—189 页。

[533] Waldron, Arthur N. *The Great Wall: From history to myth*. Cambridge: Cambridge University Press, 1990.
阿瑟・N. 沃尔德伦:《长城:从历史到神话》。

[534] Waley, Arthur. *The travels of an alchemist: The journey of the Taoist Ch'ang-ch'un from China to the Hindukush at the summons of Chingiz khan. Recorded by his disciple Li Chih-ch'ang*. London: Routledge and Sons, 1931.
阿瑟・韦利:《长春真人西游记》。

[535] Wang Gung-wu. "The rhetoric of a lesser empire: Early Sung relations

with its neighbors. "In *China among equals*: *The Middle Kingdom and its neighbors*, *10th—14th centuries*, ed. Morris Rossabi. Berkeley and Los Angeles: University of California Press, 1983, pp. 47—65.
王庚武:《小国的辩术:宋朝初期与其邻国的关系》,《同等国家中的中国:10—14 世纪的中国和它的邻国》,第 47—65 页。

[536] Wassāf(Abd Allh WassM al. Hadra). *Tarīkh-i Wassāf*. Lithograph ed. Bombay: 1852—3, re-ed. Mohammad Mahdi Isfaāhnī. Tehran: 1959— 60.
瓦撒夫:《瓦撒夫史》。

[537] Watson, william. *T'ang and Liao ceramics*. New York: Rizzoli, 1984.
威廉·沃森:《唐代和辽代的制陶术》。

[538] West, Stephen H. "Jurchen elements in the northern drama Hu-t'oup'ai. "*T'oung Pao*, 63(1977), pp. 273—95.
斯蒂芬·H. 韦斯特:《北戏〈虎头牌〉中的女真因素》,《通报》63 期,第 273—295 页。

[539] West, Stephen H. " Mongol influence on the development of northern drama. "In *China under Mongol rule*, ed. John D. Lang-lois, Jr. P rince ton, N. J.: Princeton University Press, 1981, pp. 434—65.
斯蒂芬·H. 韦斯特:《北戏发展中的蒙古影响》,《蒙古统治下的中国》,第 434—465 页。

[540] West, Stephen H. *VaudeVille and narrative*: *Aspects of Chin theater*. Munehener Ostasiatische Studien no. 20. Wiesbaden: Franz Steiner, 1977.
斯蒂芬·H. 韦斯特:《杂耍与话本:金代戏剧的形态》。

[541] Wittfogel, Karl A., and Feng Chia-sheng. *History of Chinese society*, *Liao(907—1125)*. VTransactions of the American Philosophical Society, n. s., vol. 36. Philadelphia: American Philosophical Society, 1949.
卡尔·A. 魏特夫、冯家昇:《中国社会史:辽(907—1125 年)》。

[542] Wright, Arthur F., ed. *The Confucian persuasion*. Stanford, Calif.: Stanford University Press, 1960.
阿瑟·F. 赖特编:《儒家学说》。

[543] Wright, Arthur F., and Denis C. Twitehett, eds. *Confucian personali ties*. Stanford, Calif.: Stanford University Press, 1962.
阿瑟·F. 赖特、崔瑞德编:《儒士传》。

[544] Wu Chi-yu. "Sur la version tangoute d'un commentaire du *Louen-yu* eon-

serve Leningrad. "*T'oung Pan*, 55(1969), pp. 298—315.
吴其昱:《列宁格勒藏〈论语〉西夏文译本》,《通报》55 期,第 298—315 页。

[545] Wylie, Turrell V. "The first Mongol conquest of Tibet reinterpreted." *Harvard Journal of Asiatic Studies*, 37(1977), pp. 103—33.
特里尔·V. 怀利:《吐蕃的第一个蒙古征服者再释》,《哈佛亚洲研究杂志》37 期,第 103—133 页。

[546] Yamaguehi Osamu 山口修, *Mōko shūrai* 蒙古襲來. Tokyo: Tōgensha, 1964, repr, 1979.
山口修:《蒙古袭来》。

[547] Yamamura Kozo, ed. *Medieval Japan*. Vol. 3 of *The Cambridge history of Japan*. Cambridge: Cambridge University Press, 1990.
Yamamura Kozo 编:《剑桥日本史》第 3 卷《中世纪日本》。

[548] Yanai Wataru 箭内亙. "Gendai shakai san kaikyū(shikimoku ko)元代社會三階級(色目考)," *Man-Sen chiri rekishi kenkyū hōkoku* 滿鮮地理歷史研究報告. 1916. Trans. into Chinese as *Yüan tai Meng Han Se-mu tai yü k'ao* 元代蒙漢色目待遇考 by Ch'en Cheh 陳捷 and Ch'en Ch'ing-chuan 陳清泉. Shanghai, n. d.; repr. Taipei: Shang-wu yin-shukuan, 1963.
箭内亙:《元代社会三阶级》,《满鲜地理历史研究报告》;陈捷、陈清泉汉译:《元代蒙汉色目待遇考》,上海,无出版日期;台北,商务印书馆 1963 年重版。

[549] Yanai Wataru. "Mōko no kokkai sunawachi'kurirutai'ni tsulte 蒙古の國會即ち《クリルタイ》に就いて." *Shigaku zasshi* 史學雜志, 28(1917), no. 4, pp. 47; no. 5, pp. 457—84; no. 7, pp, 688—722. Retr. in Yanai Wataru, *Mōkoshi kenkyū* 蒙古史研究, ed. Iwai Hirosato 岩井大慧 et al. Tokyo: Tōkō shoin, 1930, pp. 361—447.
箭内亙:《关于蒙古国会忽邻勒台》,《史学杂志》28 卷,收入箭内亙:《蒙古史研究》(岩井大慧编),第 361—447 页。

[550] Yanai Wataru. *Mōkōshi kenkyū* 蒙古史研究. Tokyo: Tōkō shoin. 1930.
箭内亙:《蒙古史研究》。

[551] Yang, Lien-sheng. *Excursions in sinology*. Cambridge, Mass.: Harvard University Press, 1969.
杨联陞:《汉学综览》。

[552] Yang, Lien-sheng. "Marginalia to the *Yüan tien-chang*." *Harvard Journal of Asiatic Studies*, 19(1956), pp. 42—51; repr. in Lien-sheng Yang, *Excursions in sinology*. Harvard-Yenching lnstitute Studies no. 24. Cambridge, Mass.: Harvard University Press, 1969, pp. 126—35.

杨联陞:《〈元典章〉研究》,《哈佛亚洲研究杂志》19 期,第 42—51 页;收入《汉学综览》,第 126—135 页。

[553] Yang, Lien-sheng. *Money and credit China: A short history*. Harvard-Yenching lnstitute Monograph Series, vol. 12. Cambridge, Mass., 1952; repr. Cambridge, Mass.: Harvard University Press, 1971.

杨联陞:《中国货币与信贷简史》。

[554] Yang, Lien-sheng. "The organization of Chinese official historiography: Principles and methods of the standard histories from the T'ang through the Ming dynasty." In *Historians of China and Japan*, ed, William G. Beasley and Edwin G. Pulleyblank. Oxford: Oxford University Press, 1961, pp. 44—59.

杨联陞:《中国官修史学的组织:从唐朝到明朝正史修撰的原则与方法》,载威廉·G. 比斯利等编:《中国和日本的史学家》,第 44—59 页。

[555] Yao, Tao-chung. "Ch'iu Ch'u-chi and Chinggis khan." *Harvard. Journal of Asiatic Studies*, 46(1986), pp. 201—19.

姚道中(译音):《丘处机与成吉思汗》,《哈佛亚洲研究杂志》46 期,第 201—219 页。

[556] Yip, Hon-ming. "The class system of Yüan society: A critique of Meng Siming's *Yüandai shehui jieji zhidu*." *Journal of Asian Culture*, 4 (1980), pp. 81—106.

易洪明(译音):《元代阶级制度:评蒙思明〈元代社会阶级制度〉》,《亚洲文化杂志》4 期,第 82—106 页。

[557] Yoshikawa KōJirō 吉川幸次郎. "Gen no shotei no bungaku 元の諸帝の文學." In vol. 15 of *Yoshikawa Kōjirō zenshū* 吉川幸次郎全書. Tokyo: Chikuma shobō, 1969, pp. 232—303.

吉川幸次郎:《元代诸帝的文学》,《吉川幸次郎全书》,15 卷,第 232—303 页。

[558] Yoshikawa Kōjirō. *Gen zatsugeki kenkyū* 元雜劇研究. Tokyo: Iwanami shoten, 1948; 2nd rev. ed. 1958. Trans. hy Cheng Ch'ing-mao 鄭清茂 as *Yüan tsa chü yen chiu* 元雜劇研究. Taipei: l-wen yin-shu kuan, 1960.

吉川幸次郎:《元杂剧研究》。亦有郑清茂汉译本,台北,艺文印书馆 1960 年版。

[559] Yoshikawa Kōjirō. "Genkyō kinsen ki 元曲金錢記." In vol. 14 of *Yoshikawa Kōjirō zenshū* 吉川幸次郎全書. Tokyo: Chikuma shobō, 1968, pp. 453—68.

吉川幸次郎:《元曲金钱记》,《吉川幸次郎全书》,14 卷,第 453—468 页。

[560] Yule, Henry. *The book of Ser Marco Polo*. 3rd ed, rev. by Henry Cordier. 2 vols. London: Murray, 1903.

亨利·玉尔:《马可·波罗游记》。

[561] Zhou Liangxiao(Chou Liang-hsiao). "On Khubilai khan." *Social Sciences in China*. 2(1981), pp. 177—94.

周良霄:《论忽必烈》,《中国社会科学》,1981 年第 2 期,第 177—194 页。

中文书目

一　古籍与史料(按时间先后排列)

[562] 魏收:《魏书》,北京,中华书局 1974 年版。

[563] 李百药等撰:《北齐书》,北京,中华书局 1972 年版。

[564] 魏徵、令狐德棻等撰:《隋书》,北京,中华书局 1973 年版。

[565] 《唐律疏议》,北京,中华书局 1983 年版。

[566] 杜佑:《通典》,载王云五编:《十通》,上海,商务印书馆 1935—1937 年版;台北,新兴书局 1965 年重版。

[567] 刘昫等撰:《旧唐书》,北京,中华书局 1975 年版。

[568] 薛居正等撰:《旧五代史》,北京,中华书局 1976 年版。

[569] 王溥:《唐会要》,3 册,上海,商务印书馆 1935 年版;北京,中华书局 1955 年重版。

[570] 王溥:《五代会要》,3 册,上海古籍出版社 1978 年版;亦有《国学基本丛书》本。

[571] 欧阳修、宋祁:《新唐书》,北京,中华书局 1975 年版。

[572] 欧阳修:《新五代史》(原名《五代史记》),北京,中华书局 1974 年版。

[573] 司马光等撰:《资治通鉴》,北京,中华书局 1956 年版。

[574] 司马光:《涑水记闻》,《丛书集成》本。

[575] 苏轼:《东坡志林》,《丛书集成》本。

[576] 苏辙:《栾城集》,3册,北京,中华书局1984年版。
[577] 沈括:《梦溪笔谈》,胡道静点校,2册,上海出版公司1956年版;台北,世界书局1965年重版。
[578] 李远:《青塘录》,12世纪,载陶宗仪《说郛》,卷35,台北,商务印书馆1972年影印本。
[579] 洪皓:《松漠纪闻》,重版载金毓黻编《辽海丛书》第3卷,大连,辽海学社1931—1954年版;台北,艺文印书馆1971年(?)版;亦有《丛书集成》本。
[580] 王鼎:《焚椒录》,1089年序,载陈继儒编《宝颜堂秘笈》,1606年刻本;上海,文明书局1922年重版。
[581] 王偁:《东都事略》,重版载赵铁寒编《宋史资料萃编》,第1辑,卷11—14,台北,文海出版社1974年版。
[582] 楼钥:《北行日录》,《丛书集成》本。
[583] 徐梦莘:《三朝北盟会编》,袁祖安1878年刻本;台北,文海出版社1966年重印4卷本。
[584] 李焘等撰:《续资治通鉴长编》,北京,中华书局1979年版;亦见浙江1881年刻本;台北,世界书局1961年重版。
[585] 李心传:《建炎以来朝野杂记》,重版载赵铁寒编《宋史资料萃编》,第1辑,21—22卷,台北,文海出版社1967年版;亦见《国学基本丛书》本。
[586] 郑樵:《通志》,《国学基本丛书》本。
[587] 周必大:《文忠集》(《周益国文忠公文集》),《四库珍本》本。
[588] 徐松:《宋会要辑稿》,北京1936年重版影印抄本;北京,1957年重版;台北,新文丰出版社1975年版。
[589] 马端临:《文献通考》,《十通》本,上海,商务印书馆1936年版。
[590] 《刘豫事迹》,《丛书集成》本。
[591] 程卓:《使金录》,《碧云琅馆丛书》本。
[592] 张玮:《大金集礼》,《丛书集成》本。
[593] 《大金吊伐录》,《丛书集成》本。
[594] 刘祁:《归潜志》,北京,中华书局1983年重版。
[595] 叶隆礼:《契丹国志》,上海古籍出版社1985年版。
[596] 宇文懋昭:《大金国志》,《国学基本丛书》本。
[597] 宇文懋昭:《大金国志》,崔文印点校,北京,中华书局1986年版。
[598] 赵珙:《蒙鞑备录》,载王国维编《蒙古史料四种》,北京1926年版;台北,正中书局1962、1975年重版。
[599] 彭大雅撰,徐霆注:《黑鞑事略》,载王国维编《蒙古史料四种》,北京1926

年版；台北，正中书局 1962 年、1975 年重版。
[600] 元好问：《中州集》，《四部丛刊》本。
[601] 《圣武亲征录校注》，载王国维编《蒙古史料四种》，北京 1926 年版；台北，正中书局 1962 年、1975 年重版。
[602] 王鹗：《汝南遗事》，《丛书集成》本。
[603] 张养浩：《归田类稿》，《四库全书》本。
[604] 张养浩：《牧民忠告》，载《为政忠告》，《四部丛刊》本。
[605] 《农桑辑要》，《四部备要》本。
[606] 胡祗遹：《紫山大全集》，《四库全书》本。
[607] 赵孟頫：《赵孟頫集》，任道斌编，杭州，浙江人民出版社 1986 年版。
[608] 王恽：《秋涧先生大全文集》，《四部丛刊》本。
[609] 姚燧：《牧庵集》，《四部丛刊》本。
[610] 程钜夫：《雪楼集》，《湖北先正遗书》本，亦载《四库全书》本。
[611] 袁桷：《清容居士集》，《四部丛刊》本。
[612] 刘敏中：《中庵集》，《四库全书》本；台北，商务印书馆《影印文渊阁四库全书》，1986 年版。
[613] 马祖常：《马石田文集》，编于明代，重版载王德毅编《元人文集珍本丛刊》，台北，新文丰出版社 1985 年版。
[614] 虞集：《道园学古录》，《四部丛刊》本。
[615] 虞集：《道园类稿》，元抚州路儒学 1345 年刻本；重版载王德毅编《元人文集珍本丛刊》，台北，新文丰出版公司 1985 年版。
[616] 黄溍：《金华黄先生文集》，《四部丛刊》本。
[617] 黄溍：《黄文献集》，《丛书集成》本。
[618] 欧阳玄：《圭斋集》，《四部丛刊》本。
[619] 许有壬：《至正集》，山东聊城 1911 年版；王德毅编《元人文集珍本丛刊》重版，台北，新文丰出版社 1985 年版。
[620] 宋褧：《燕石集》，《四库全书》本。
[621] 苏天爵：《滋溪文稿》，重版载《元代珍本文集汇刊》，台北，国立中央图书馆 1970 年版。
[622] 苏天爵：《元朝名臣事略》，建安 1335 年刻本；北京，中华书局 1962 年重版。
[623] 苏天爵：《国朝文类》，《四部丛刊》本。
[624] 余阙：《青阳先生文集》，《四部丛刊》本。
[625] 杨维桢：《东维子文集》，《四部丛刊》本。

［626］ 胡助:《纯白斋类稿》,《丛书集成》本。
［627］ 王逢:《梧溪集》,《丛书集成》本。
［628］ 《大元圣政国朝典章》(简称《元典章》),1320 年增刻;台北,国立公共博物馆 1972 年版。
［629］ 《通制条格》,北京,国立北京图书馆 1930 年版。
［630］ 长谷真逸:《农田余话》,《丛书集成》本。
［631］ 夏文彦:《图绘宝鉴》,《国学基本丛书》本。
［632］ 祥迈:《辨伪录》,载《大正新修大藏经》卷 52,第 751—781 页。
［633］ 念常:《佛祖历代通载》,载《大正新修大藏经》,东京 1929—1934 年版。
［634］ 陈元靓:《事林广记》,建安,春庄书院 1330—1333 年版;北京,中华书局 1963 年重版。
［635］ 《宪台通记》,载《永乐大典》卷 2608—2609,北京,中华书局 1960 年版。
［636］ 《南台备要》,载《永乐大典》卷 2610—2611,北京,中华书局 1960 年版。
［637］ 《大元海运记》,2 卷,载胡敬《雪堂丛刻》,重版载《史料丛编》四编,台北,广文书局 1972 年版。
［638］ 《大元马政记》,重版载《史料丛编》四编,台北,广文书局 1972 年版;亦载《国学文库》1937 年版。
［639］ 《大元仓库记》,重版载《史料丛编》四编,台北,广文书局 1972 年版;亦载《国学文库》1936 年版。
［640］ 《大元官制杂记》,载姬佛陀编《学术丛编》,卷 9,台北,艺文印书馆 1971 年版。
［641］ 《元高丽纪事》,重版载《史料丛编》四编,台北,广文书局 1972 年版。
［642］ 《元朝征缅录》,《丛书集成》本。
［643］ 王士点编:《秘书监志》,《四库全书》本。
［644］ 脱脱等撰:《宋史》,40 册,北京,中华书局 1977 年版。
［645］ 脱脱等撰:《辽史》,5 册,北京,中华书局 1974 年版。
［646］ 脱脱等撰:《金史》,8 册,北京,中华书局 1975 年版;台北,国防研究院 1970 年版。
［647］ 孔齐:《至正直记》,伍崇曜编《粤雅堂丛书》本;台北,艺文印书馆 1965 年重版。
［648］ 杨瑀:《山居新话》,《丛书集成》本。
［649］ 陶宗仪:《南村辍耕录》,北京,中华书局 1959 年版。
［650］ 叶子奇:《草木子》,北京,中华书局 1959 年版,1984 年重版。
［651］ 权衡:《庚申外史》,载陈继儒辑《宝颜堂秘笈》1606 年版;台北,艺文印书

馆 1965 年版。
[652] 权衡:《庚申外史》,重版载《史料丛编》三编,台北,广文书局 1968 年版。
[653] 宋濂等撰:《元史》,15 册,北京,中华书局 1976 年版。
[654] 萧洵:《故宫遗录》,载《北平考》,北京出版社 1963 年版。
[655] 胡粹中:《元史续编》,《四库全书》本。
[656] 宋濂:《宋文宪公集》,《四部备要》本;台北,中华书局 1965 年重版。
[657] 危素:《危太朴集》,吴兴刘氏嘉业堂 1913 年刻本;重版载王德毅编《元人文集珍本丛刊》,台北,新文丰出版公司,1985 年版。
[658] 《永乐大典》,残卷,北京,中华书局 1960 年版;台北,世界书局 1962 年重版。
[659] 杨慎:《南诏野史》,台北,华文书局 1968 年重版。
[660] 陈邦瞻:《宋史纪事本末》,3 册,北京,中华书局 1974 年版。
[661] 陈邦瞻:《元史纪事本末》,江西书局 1874 年版;北京,中华书局 1955 年版,1979 年重版。
[662] 顾炎武(黄汝成编):《日知录集释:外七种》,上海人民出版社 1985 年版。
[663] 邵远平:(《续弘简录》)《元史类编》,仁和邵氏 1699 年刻本;重版载席世臣编《宋辽金元别史》,常熟,席氏扫叶山房 1797 年刻本。
[664] 邵远平:《元史类编》,1699 年刻本;重版载《史料丛编续编》,卷 49—58,台北,广文书局 1968 年版。
[665] 张廷玉等撰:《明史》,28 册,北京,中华书局 1974 年版。
[666] 万斯同编:《庚申君遗事》,重版载《史料丛编》四编,台北,广文书局 1968 年版。
[667] 万斯同:《辽大臣年表》,重版载杨家骆编《辽史汇编》,台北,鼎文书局 1973 年版。
[668] 纪昀等撰:《四库全书总目提要》,上海 1931 年版;上海,商务印书馆 1934 年重版。
[669] 钟庚起:《甘州府志》,1779 年版,《中国方志丛书·华北地方》重版,第 561 册;台北,成文出版社 1976 年版。
[670] 赵翼:《廿二史札记》,载杜维运编《廿二史札记及补编》,台北,鼎文书局 1975 年版。
[671] 钱大昕:《廿二史考异》,1782 年序,北京,商务印书馆 1959 年版。
[672] 钱大昕:《(补)元史艺文志》,1791 年序,江苏书局 1874 年版。
[673] 钱大昕:《元史氏族表》,1791 年序,江苏书局 1874 年版。

[674] 钱大昕:《十驾斋养新录》,1799年序,上海,商务印书馆1935年版,1957年重版。

[675] 钱大昕:《潜研堂文集》,1884年版;上海,商务印书馆1929年重版。

[676] 钱大昕:《潜研堂金石文跋尾》,长沙,《卢氏家书》本。

[677] 《钦定金史语解》,载《钦定三史语解》,江苏书局1878年版。

[678] 汪辉祖:《元史本证》,2册,北京,中华书局1984年版。

[679] 吴广成:《西夏书事》,1826年序,重版载《史料丛编续编》,卷88—91,台北,广文书局1968年版。

[680] 庄仲方:《金文雅》,1891年版,台北,成文出版社1967年影印重版。

[681] 施国祁:《金史详校》,《丛书集成》本。

[682] 张金吾:《金文最》,苏州1895年刻本;台北,成文出版社1967年重版。

[683] 彭百川:《太平治绩统类》,载张钧衡编《适园丛书》,卷10,1917年版;台北,成文出版社1966年重版。

[684] 魏源:《元史新编》,邵阳魏氏1905年刊本。

[685] 洪钧:《元史译文证补》,江苏元和陆润庠1897年刊本。

[686] 曾廉:《元书》,邵阳曾氏1911年刊本。

[687] 柯绍忞:《新元史》,天津,退耕堂1922年版;北京,1930年第2次修订本;重版载二十五史刊行委员会编《二十五史》,上海,1935年版;台北,开明书店1962—1969年版。

[688] 戴锡章:《西夏记》,1924年版;重版载王云五编《中华文史丛书》,卷4,台北,华文书局1968年版。

[689] 屠寄:《蒙兀儿史记》,江苏武进1934年版;北京,科技出版社1958年版;北京,中华书局1962年版;台北,世界书局i962年版,1968年重版。

[690] 二十五史刊行委员会编:《二十五史》,上海,开明书店1935年版。

[691] 《辽金元传记三十种综合引得》,《哈佛—燕京学社引得丛书》,卷35,北京1940年版。

二 近人研究论著(按著者姓氏笔画排列)

二画

[692] 丁崑健:《元代的科举制度》,《华学月刊》124期(1982年),第46—57页;125期(1982年5月),第28—51页。

[693] 卜平:《西夏皇帝称号考》,《宁夏社会科学》1981年第1期,第70—82页。

四画

[694] 王民信:《契丹的“柴册礼”和“再生仪”》,《故宫图书集刊》3卷3期(1973年),第31—52页。

[695] 王民信:《澶渊缔盟的检讨》,《食货月刊》5期(1975年),第97—107页。

[696] 王尧:《西夏黑水桥碑考补》,《中央民族学院学报》1978年第1期,第51—63页。

[697] 王国维:《金界壕考》,《燕京学报》1卷(1927年),第1—14页。

[698] 王国维:《鞑靼考》,载《观堂集林》,北京,中华书局1959年重版,第634—686页。

[699] 王忠:《论西夏的兴起》,《历史研究》1962年第5期,第20—32页。

[700] 王静如:《西夏研究》,3辑;第1辑,北京,国立中央研究院历史语言研究所1932年,第8期专刊;第2辑,北京,国立中央研究院历史语言研究所1933年,第11期专刊;第3辑,北京,国立中央研究院历史语言研究所1933年,第13期专刊。

[701] 王德毅编:《元人文集珍本丛刊》,台北,新文丰出版公司1985年版。

[702] 元大都考古队:《元大都的勘察与发掘》,《考古》1972年第1期,第19—28页。

[703] 元大都考古队:《记元大都发现的八思巴字文物》,《考古》1972年第4期,第54—57页。

[704] 元大都考古队:《北京后英房元代居住遗址》,《考古》1972年第6期,第2—15页。

[705] 中国社会科学院考古研究所编:《新中国的考古发现和研究》,北京,文物出版社1984年版。

[706] 中法汉学研究所编:《契丹国志通检》,载《中法汉学研究所通检丛刊》,12,北京1949年版;台北,成文出版社1968年重版。

[707] 中法汉学研究所编:《大金国志通检》,北京1949年版;香港,龙门书店1967年重版。

[708] 方广锠:《元史考证两篇》,《文史》1988年第1期,第229—253页。

五画

[709] 札奇斯钦:《蒙古与西藏历史关系之研究》,台北,正中书局1978年版。

[710] 札奇斯钦:《〈蒙古秘史〉新译并注释》,台北,联经出版事业公司1979年版。

[711] 札奇斯钦:《说〈元史〉中的札鲁忽赤并兼论元初的尚书省》,《蒙古史论

丛》第1卷，台北学海书局1980年版，第233—363页。
[712] 卢明辉：《三十年来中国蒙古史研究概况》，载卢明辉等编《蒙古史研究论文集》，北京，中国社会科学出版社1984年版，第240—245页。
[713] 叶新民：《斡赤斤家族与蒙元汗廷的关系》，《内蒙古大学学报》1988年第2期，第14—26页。
[714] 叶潜昭：《金律之研究》，台北，商务印书馆1972年版。
[715] 史卫民：《元岁赐考实》，《元史论丛》第3辑(1986年)，第144—153页。
[716] 史金波、白滨：《明代西夏文经卷和石幢初探》，《考古学报》1977年第1期，第143—164页。
[717] 史金波：《西夏译经图解》，《文献》1979年第1期，第215—229页。
[718] 史金波、白滨、黄振华：《文海研究》，北京，中国社会科学出版社1983年版。
[719] 史金波：《西夏文化》，长春，吉林教育出版社1986年版。
[720] 史金波：《西夏佛教史略》，银川，宁夏人民出版社1988年版。
[721] 史金波、白滨、吴峰云：《西夏文物》，北京，文物出版社1988年版。
[722] 白钢：《关于忽必烈附会汉法的历史考察》，《中国史研究》1981年第4期，第93—107页。
[723] 白滨、史金波：《大元肃州路也可达鲁花赤世袭之碑》，《民族研究》1979年第1期，第68—80页。
[724] 白滨编：《西夏史论文集》，银川，宁夏人民出版社1984年版。
[725] 冯承钧：《元代的几个南家台》，载冯承钧《西域南海史地考证论著汇辑》，九龙，中华书局香港分局1976年版，第200—216页。
[726] 冯家昇：《辽史初校》，重版再《辽史校勘记》，见赵铁寒编《宋辽金元四史资料丛刊》，台北，大华印书馆1971年版，第1—260页。
[727] 冯家昇：《辽史与金史新旧五代史互证举例》，重版载《辽史校勘记》，见赵铁寒编《宋辽金元四史资料丛刊》，第517—584页。
[728] 冯家昇：《辽史源流考》，重版载《辽史校勘记》，见赵铁寒编《宋辽金元四史资料丛刊》，第585—657页。
[729] 许凡：《元代吏制研究》，北京，劳动人事出版社1987年版。

六画

[730] 匡裕彻：《拜住及其新政》，《内蒙古社会科学》1984年第5期，第59—62页。
[731] 朱希祖：《西夏史籍考》，《说文月刊》3卷11期(1943年)，第25—30页。

[732] 全汉昇:《宋金间的走私贸易》,《中央研究院历史语言研究所集刊》11 卷(1944 年),第 425—447 页;重版载全汉昇《中国经济史论丛》,第 1 卷,第 211—233 页。

[733] 全汉昇:《元代的纸币》,《中央研究院历史语言研究所集刊》15 卷(1948 年),第 1—48 页;重版载全汉昇《中国经济史论丛》,第 1 卷,第 369—416 页。

[734] 全汉昇:《中国经济史论丛》,2 卷,香港,新亚研究所 1972 年版。

[725] 庄练:《明清史事丛谈》,台北,学生书局 1972 年版。

[736] 汤开建:《元代西夏人的政治地位》,《甘肃民族研究》1987 年 1—2 期,第 10—26 页。

[737] 汤承业:《隋文帝政治事功之研究》,台北,商务印书馆 1967 年版。

[738] 刘凤翥、玉宝林:《女真文字大金得胜陀颂校勘记》,载民族语文编辑部编《民族语言论集》,北京,中国社会科学出版社 1981 年版,第 292—344 页。

[739] 刘迎胜:《元代蒙古诸汗国之间的约和及窝阔台汗国的灭亡》,《新疆大学学报》1985 年第 2 期,第 31—43 页。

[740] 刘迎胜:《〈史集〉窝阔台汗国末年纪事补证》,《元史及北方民族史研究集刊》10 期(1986 年),第 48—59 页。

[741] 刘迎胜:《元朝与察合台汗国的关系》,《元史论丛》第 3 辑(1986 年),第 56—81 页。

[742] 刘铭恕:《元代之户口青册》,《中国文化研究汇刊》7 卷(1947 年),第 101—106 页。

[743] 孙克宽:《元初李璮事变的分析》,《大陆杂志》13 卷 8 期(1956 年),第 7—15 页。

[744] 孙克宽:《蒙古汉军及汉文化研究》,台北,文星书店 1958 年版。

[745] 孙克宽:《江南访贤与延祐儒治》,载孙克宽编《元代汉文化的活动》,台北,中华书局 1968 年版,第 345—363 页。

[746] 孙菊园:《青唐录辑稿》,《西藏研究》1982 年第 2 期,第 144—155 页。

七画

[747] 苏振申:《元政书〈经世大典〉之研究》,台北,中国文化大学出版社 1984 年版。

[748] 杜玉亭:《元代罗罗斯史料辑考》,成都,四川民族出版社 1979 年版。

[749] 杜维运:《清代史学与史家》,台北,东大图书有限公司 1984 年版。

[750] 杨讷:《元代农村社制研究》,《历史研究》1965 年第 4 期,第 117—134 页。
[751] 杨讷、陈高华编:《元代农民战争史料汇编》,4 卷,北京,中华书局 1985 年版。
[752] 杨志玖:《元史三论》,北京,人民出版社 1985 年版。
[753] 杨志玖:《元代回回人的政治地位》,载《元史三论》,第 245—283 页。
[754] 杨育镁:《元代江南田赋税制考》,《中国历史学会史学集刊》,21 期(1989 年),第 143—170 页。
[755] 杨树藩:《元代科举制度》,《国立政治大学学报》17 期(1968 年),第 99—120 页。
[756] 杨家骆编:《辽史汇编》,10 卷,台北,鼎文书局 1973 年版。
[757] 杨家骆编:《辽史汇编补》,台北,鼎文书局 1974 年版。
[758] 杨镰:《贯云石评传》,乌鲁木齐,新疆人民出版社 1983 年版。
[759] 李干:《元代社会经济史稿》,武汉,湖北人民出版社 1985 年版。
[760] 李文信:《辽宁省博物馆藏辽瓷选集》,北京,文物出版社 1962 年版。
[761] 李则芬:《成吉思汗新传》,台北,中华书局 1970 年版。
[762] 李则芬:《元史新讲》,5 卷,台北,中华书局 1978 年版。
[763] 李范文:《西夏遗民调查记》,《宁夏社会科学》1981 年第 1 期,第 38—62 页。
[764] 李范文:《西夏研究论集》,银川,宁夏人民出版社 1983 年版。
[765] 李范文:《〈同音〉研究》,银川,宁夏人民出版社 1986 年版。
[766] 李思纯:《元史学》,上海,中华书局 1926 年版。
[767] 李唐:《元世祖》,香港宏业书局 1978 年版;台北,河洛图书出版社 1978 年版。
[768] 李涵、沈学明:《略论奚族在辽代的发展》,《宋辽金史研究》第 1 辑(1985 年),第 277—294 页。
[769] 李锡厚:《试论辽代玉田韩氏家族的历史地位》,《宋辽金史论丛》第 1 辑(1985 年),第 251—266 页。
[770] 李蔚:《西夏史研究》,银川,宁夏人民出版社 1989 年版。
[771] 吴天墀:《西夏史稿》,成都,四川人民出版社 1980 年版,1983 年修订版。
[772] 吴晓铃等编:《大金国志通检》,北京,中法汉学研究所 1949 年版。
[773] 吴晗:《元帝国之崩溃与明之建立》,《清华学报》11 卷(1936 年),第 359—423 页。
[774] 吴缉华:《元朝与明初海运》,《中央研究院历史语言研究所集刊》28 期

(1956年),第363—380页;重版载吴缉华《明代社会经济论丛》,第1卷,台北,台湾学生书局1970年版,第298—315页。

[775] 邱树森、王颋:《元代户口问题刍议》,《元史论丛》第2辑(1983年),第111—124页。

[776] 陆峻岭、何高济:《元代的阿速、钦察、康里人》,《文史》第16辑(1982年),第117—130页。

[777] 陈世松:《试论元代中期的少数民族起义》,载南京大学历史系元史研究室编《元史论集》,北京,人民出版社1984年版,第565—582页。

[778] 陈世松:《蒙古定蜀史稿》,成都,四川社会科学出版社1985年版。

[779] 陈庆英:《元朝在西藏所封白兰王》,《西藏研究》1983年第4期,第29—32页。

[780] 陈述:《哈剌契丹说——兼论拓跋改姓和元代清代的国号》,《历史研究》1956年第2期,第67—77页。

[781] 陈述:《金史拾补五种》,北京,科学出版社1960年版。

[782] 陈述:《契丹社会经济史稿》,北京,生活·读书·新知三联书店1963年版,1978年重版。

[783] 陈述:《辽代史话》,郑州,河南人民出版社1981年版。

[784] 陈述:《全辽文》,北京,中华书局1982年版。

[785] 陈述:《契丹政治史稿》,北京,人民出版社1986年版。

[786] 陈明达:《应县木塔》,北京,文物出版社1980年版。

[787] 陈垣:《元西域人华化考》,1935年修订版;重版载陈垣《元史研究》,台北,久思出版社1977年版。

[788] 陈垣:《南宋初河北新道教考》,《辅仁大学丛书》第8卷,北京1941年版;北京,科学出版社1958年重版;北京,中华书局1962年重版。

[789] 陈炳应:《西夏文物研究》,银川,宁夏人民出版社1985年版。

[790] 陈高华:《元代盐政及其社会影响》,《历史论丛》第1辑(1964年),第175—217页。

[791] 陈高华:《元代役法简论》,《文史》第11辑(1980年),第157—173页。

[792] 陈高华:《元代前期和中期各族人民起义斗争》,载陆树庆编《中国农民战争史论丛》第2期,河南人民出版社1980年版,第286—320页。

[793] 陈高华:《论元代的军户》,《元史论丛》第1辑(1982年),第72—90页。

[794] 陈高华:《元大都》,北京出版社1982年版;佐竹靖彦日译本,东京1984年版。

[795] 张元济:《校史随笔》,台北,商务印书馆1967年版。

[796] 张正明:《契丹史略》,北京,中华书局 1979 年版。
[797] 张宁:《记元大都出土文物》,《考古》1972 年第 6 期,第 25—34 页。
[798] 张博泉:《金代经济史略》,沈阳,辽宁人民出版社 1981 年版。
[799] 邵循正:《元代的文学与社会》,《图书月刊》3 卷(1943 年);重版载《元史论丛》第 1 辑(1982 年),第 221—224 页。

八画

[800] 昌彼得、王德毅、程元敏、侯俊德编:《宋人传记资料索引》,6 卷,台北,鼎文书局 1974—1976 年版。
[801] 罗贤佑:《元朝诸帝汉化述议》,《民族研究》1987 年第 5 期,第 67—74 页。
[802] 罗继祖:《辽汉臣世系表》,重版载杨家骆编《辽史汇编》卷 4,台北,鼎文书局 1973 年版。
[803] 罗继祖:《辽史校勘记》,1938 年初版;上海,1958 年修订版;重版载赵铁寒编《宋辽金元四史资料丛刊》,台北,大华印书馆 1971 年版,第 261—515 页。
[804] 罗球庆:《宋夏战争中的蕃部与堡寨》,《崇基学报》6 期(1966—1967 年),第 223—243 页。
[805] 金光平、金启孮:《女真语言文字研究》,北京,文物出版社 1980 年版。
[806] 金启孮:《女真文字典》,北京,文物出版社 1984 年版。
[807] 金渭显:《契丹的东北政策》,台北,华世出版社 1981 年版。
[808] 金毓黻:《辽陵石刻集录》,1934 年版;重版作为《辽金元语文仅存录》第 1 卷,台北,台联国风出版社 1974 年版。
[809] 周良霄:《元代投下分封制度初探》,《元史论丛》第 2 辑(1983 年),第 53—76 页。
[810] 周良霄:《忽必烈》,长春,吉林教育出版社 1986 年版。
[811] 周良霄:《蒙古选汗仪制与元朝皇位继承问题》,《元史论丛》第 3 辑(1986 年),第 31—46 页。
[812] 周清澍:《汪古部事辑》,《中国蒙古史学会成立大会纪念集刊》,呼和浩特,中国蒙古史学会,1979 年,第 147—229 页。
[813] 周清澍:《元人文集版本目录》,南京大学《南京大学学报丛刊》1983 年版。
[814] 郑绍宗、王静如:《保定出土明代西夏文石幢》,《考古学报》1977 年第 1 期,第 133—141 页。

[815] 郑鹤声:《清儒对于元史学之研究》,《史地学报》3 卷 4 期(1924 年 12 月),第 1—23 页;3 卷 5 期(1925 年 1 月),第 1—22 页。

[816] 宗典:《柯九思年谱》,上海人民出版社 1963 年版。

九画

[817] 赵康民、韩伟:《关于陕西临潼出土的金代税银的几个问题》,《文物》1975 年第 8 期,第 73—81 页。

[818] 南京大学历史系元史研究室编:《元史论集》,北京,人民出版社 1984 年版。

[819] 侯仁之、金涛:《北京史话》,上海人民出版社 1980 年版。

[820] 姜一涵:《元代奎章阁及奎章人物》,台北,联经出版事业公司 1981 年版。

[821] 洪金富:《元代监察制度研究》,2 卷,台北,国立台湾大学历史学研究所 1972 年版。

[822] 洪金富:《从投下分封制度看元朝政权的性质》,《中央研究院历史语言研究所集刊》58 期(1987 年),第 483—907 页。

[823] 祝启源:《唃厮啰政权形成初探》,《西藏研究》1982 年第 2 期,第 68—77 页。

[824] 姚大力:《元代科举制度的行废及其社会背景》,《元史及北方民族史研究集刊》6 期(1982 年),第 26—59 页。

[825] 姚从吾:《说阿保机时代的汉城》,《国学集刊》5 卷(1935 年),第 53—78 页;重版载姚从吾《东北史论丛》第 1 卷,台北,正中书局 1959 年版,第 193—216 页。

[826] 姚从吾:《契丹君位继承问题的分析》,《文史哲学报》2 期(1951 年),第 81—111 页;重版载姚从吾《东北史论丛》第 1 卷,第 248—282 页。

[827] 姚从吾:《阿保机与后唐使臣姚坤会见谈话集录》,《文史哲学报》5 期(1953 年),第 91—112 页;修订版载姚从吾《东北史论丛》第 1 卷,第 217—247 页。

[828] 姚从吾:《忽必烈汗对于汉化态度的分析》,《大陆杂志》11 卷 1 期(1955 年 7 月),第 22—32 页。

[829] 姚从吾:《辽道宗宣懿皇后十香词冤狱的文化的分析》,《文史哲学报》8 期(1985 年),第 97—134 页。

[830] 姚从吾:《说契丹的捺钵文化》,载姚从吾《东北史论丛》第 2 卷,台北,正中书局 1959 年版,第 1—30 页。

[831] 姚从吾:《东北史论丛》,2 卷,台北,正中书局 1959 年版。
[832] 姚从吾:《辽金元史讲义(甲):辽朝史》,重版作为《姚从吾先生全集》第 2 卷,台北,正中书局 1972 年版。
[833] 姚从吾:《元世祖忽必烈汗:他的家世、他的时代与他在位期间重要措施》,载《姚从吾先生全集》第 6 卷,台北,正中书局 1972 年版,第 399—416 页。
[834] 姚从吾:《忽必烈平宋以后的南人问题》,载陈捷先、札奇斯钦编《姚从吾先生全集》第 7 卷,台北,正中书局 1982 年版,第 1—86 页。
[835] 姚从吾:《姚从吾先生全集》第 7 卷,陈捷先、札奇斯钦编,台北,正中书局 1971—1982 年版。

十画

[826] 袁冀(国藩):《元史研究论集》,台北,商务印书馆 1974 年版。
[837] 聂崇岐:《宋辽交聘考》,《燕京学报》27 卷(1940 年),第 1—51 页;重版载聂崇岐《宋史丛考》,北京,中华书局 1980 年版,第 283—387 页。
[838] 贾敬颜:《探马赤军考》,《元史论丛》第 2 辑(1983 年),第 22—42 页。
[839] 夏光南:《元代云南史地丛考目录》,上海,中华书局 1935 年版。
[840] 翁独健:《斡脱杂考》,《燕京学报》29 卷(1941 年),第 201—218 页。
[841] 高文德:《蒙古奴隶制研究》,呼和浩特,内蒙古人民出版社 1980 年版。
[842] 高文德:《元泰定帝寿年证误》,载中国社会科学院民族研究所民族史室编《民族史论丛》,第 1 卷,中华书局 1987 年版,第 38 页。
[843] 桑秀云:《金室完颜氏婚制之试释》,《中央研究院历史语言研究所集刊》39 期(1969 年),第 255—288 页。
[844] 陶希圣:《元代弥勒白莲教会的暴动》,《食货月刊》1 卷(1935 年),第 152—155 页。
[845] 陶晋生:《金海陵帝的伐宋与采石战役的考实》,台北,国立台湾大学文学院 1963 年版。

十一画

[846] 黄庆云:《关于北宋与西夏和约中银绢茶的数量问题》,《中学历史教学》1957 年第 9 期,第 19—20 页。
[847] 黄时鉴:《木华黎国王麾下诸军考》,《元史论丛》第 1 辑(1982 年),第 57—71 页。
[848] 黄时鉴:《真金与元初政治》,《元史论丛》第 3 辑(1986 年),第 193—

204 页。
[849] 黄清连:《元代户计制度研究》,台北,国立台湾大学文学院 1977 年版。
[850] 萧功秦:《英宗新政与南坡之变》,《元史及北方民族史研究集刊》第 4 期(1980 年),第 36—46 页。
[851] 萧功秦:《论大蒙古国的汗位继承危机》,《元史及北方民族史研究集刊》第 5 期(1981 年),第 48—59 页。
[852] 萧功秦:《论元代皇位继承问题》,《元史及北方民族史研究集刊》第 7 期(1983 年),第 22—39 页。
[853] 萧启庆:《忽必烈时代"潜邸旧侣"考》,《大陆杂志》25 卷 1 期(1962 年 7 月),第 16—22 页;2 期(1962 年 7 月),第 25—28 页;3 期(1962 年 8 月),第 22—27 页。
[854] 萧启庆:《元代的儒户:儒士地位演进史上的一章》,《东方文化》16 期(1978 年),第 151—178 页;重版载《元代史新探》,第 1—58 页。
[855] 萧启庆:《元统元年进士录校注》,《食货月刊》13 期(1983 年),第 72—90、147—162 页。
[856] 萧启庆:《元代史新探》,台北,新文丰出版社 1983 年版。
[857] 萧启庆:《元代四大蒙古家族》,载《元代史新探》,第 141—230 页。
[858] 萧启庆:《元代蒙古人的汉学》,载林恩显编《国际中国边疆学术会议论文集》,台北,国立政治大学 1985 年版,第 369—428 页。
[859] 萧启庆:《元代科举与精英流动——以元统元年进士为中心》,《汉学研究》第 5 期(1987 年),第 129—160 页。
[860] 萧启庆:《元代蒙古人汉学再探》,载杨连陞编《国史释论:陶希圣先生九秩荣庆祝寿论文集》,2 卷,台北,食货出版社 1988 年版,2 卷,第 373—388 页。
[861] 阎简弼:《南宋六陵遗事正名及诸攒宫发毁年代考》,《燕京学报》30 卷(1946 年),第 27—50 页。
[862] 崔文印:《金史人名索引》,北京,中华书局 1980 年版。
[863] 清格尔泰、陈乃雄、邢复礼、刘凤翥、于宝麟:《契丹小字研究》,北京,中国社会科学出版社 1985 年版。

十二画

[864] 彭信威:《中国货币史》,上海人民出版社 1958 年版。
[865] 韩荫晟:《麟府州建置与折氏源流》,《宁夏社会科学》1981 年第 1 期,第 63—67 页。

[866] 韩儒林:《穹庐集:元史及西北民族史研究》,上海人民出版社 1982 年版。
[867] 韩儒林主编:《元朝史》,2 卷,北京,人民出版社 1986 年版。
[868] 蒋复璁:《宋史新探》,台北,正中书局 1966 年版。
[869] 程光裕:《宋太宗对辽战争考》,台北,商务印书馆 1972 年版。
[870] 傅申:《元代皇室书画收藏史略》,台北,国立故宫博物院 1981 年版。
[871] 傅乐焕:《辽史丛考》,北京,中华书局 1984 年版。
[872] 舒焚:《辽史稿》,武汉,湖北人民出版社 1984 年版。
[873] 温玉成:《元安西王与宗教》,《考古与文物》1984 年第 4 期,第 95—97 页。

十三画

[874] 蒙思明:《元代社会阶级制度》,《燕京中国研究杂志》专集第 16 辑,北京 1938 年版;香港,龙门书店 1967 年重版。

十四画

[875] 蔡美彪:《元代白话碑集录》,北京,科学出版社 1955 年版。
[876] 蔡美彪、周良霄、周清澍:《中国通史》第 7 卷,北京,人民出版社 1983 年版。
[877] 廖隆盛:《北宋对吐蕃的政策》,《国立台湾师范大学历史学报》4 期(1976 年),第 141—177 页。
[878] 廖隆盛:《宋夏关系中的青白盐问题》,《食货月刊》5 期(1976 年),第 462—469 页。

十七画

[879] 鞠清远:《元代系官匠户研究:质认为元代官局匠户是奴隶的人们》,《食货月刊》1 卷(1935 年),第 367—401 页。